포르튀네 뒤 부아고베(1821~1891) 프랑스 소설가

◀피뉴롤 요새
피에몬테주
가면 죄수는 바스티유에서 이곳으로 옮겨지면서 감옥장 베스모에 이어 생 마르가 끝까지 감시하게 된다.

▼에그질 요새
피에몬테주

▶프로방스의 세인트 마르그리트 요새 로열 망루

▼세인트 마르그리트 요새 감옥
가면 죄수는 이곳에서 바스티유로 다시 옮겨졌다.

프랑스의 역사·전설에 나오는 수수께끼의 정치범이 착용했다는 철가면

World Book 205

Fortuné du Boisgobey
DEUX MERLES DE MONSIEUR DE SAINT-MARS
철가면
부아고베/김문운 옮김

동서문화사

디자인 : 동서랑 미술팀

철가면
차례

머리글 … 11
1 '찢어진 비단'에서의 결투 … 17
2 '하얀 침대'의 비밀 … 33
3 수수께끼 작은 상자 … 58
4 나로 노인의 간계 … 80
5 방다의 눈물 … 95
6 권모술수 … 119
7 진격의 함정 … 139
8 일제사격 … 168
9 보복 … 200
10 페론을 떠나다 … 248
11 바스티유의 죄수 … 263
12 여자 점술가의 꿍꿍이 … 311
13 결단 … 335
14 탈옥 계획 … 345
15 가면의 정체 … 354
16 판사의 구혼 … 394
17 도망 … 423
18 보석상의 비밀 … 453

19 고문 … 468
20 그레브 광장 … 482
21 화형대로 가는 길 … 492
22 인과응보 … 502
23 슬픈 재회 … 527
24 피뉴롤 감옥장 … 542
25 집요한 추적 … 566
26 백작부인의 책략 … 601
27 발각 … 626
28 노병의 죽음 … 642
29 눈물 젖은 하룻밤 … 656
30 밀고 … 661
31 죽음과 태양왕 … 672
32 젊은 장관 … 686
33 하얀 티티새라 불리운 남자 … 697
34 철가면 … 720
에필로그 … 739

철가면과 부아고베에 대하여 … 749

〈주요 등장인물〉

모리스 데자르모아스 청년 기사. 키펜바하라고 불리며, 루이 14세에 보복할 것을 맹세하고 그를 왕좌에서 끌어내리려는 음모를 꾸미는 주모자.

방다 프레스니츠 모리스의 연인. 배신자에 대한 복수심에 불타 모리스의 부하를 지휘한다.

르부아 모반을 꾸미는 모리스 일당을 잡으려는 국무총리.

수와송 백작부인 종복 필립에게 연정을 불태우는 정열적인 귀부인.

카트린 보아젱 여자 점술가.

필립 드 트리 수와송 부인의 종복. 피에몽 연대 대위 도르빌리에라는 이름으로 모리스에게 접근해 그를 함정에 빠뜨린다.

나로 르부아의 수하. 회계장.

엔 남작 나로와 함께 모반자 일당을 쫓는다.

레스핀 보르가르 페론 총독.

브리강디에르 모리스의 부하. 용감한 하사.

바시몽 대위 모리스의 부하. 브리강디에르와 함께 방다를 호위한다.

크스키 모리스의 병졸. 폴란드인.

알리 모리스의 병졸. 터키인.

베스모 바스티유 감옥장.

머리글

1703년 11월 19일(월요일)—생 마르 감옥장이 성 마르그리트 섬에서 데려와 오랫동안 감시해 온 죄수가 죽었다. 이 죄수는 신원 불명으로 늘 검은 벨벳 가면을 쓰고 지냈으며, 어제 미사에 참석한 뒤 중태에 빠졌다가 오늘 밤 10시쯤 별다른 고통 없이 숨을 거두었다.

어젯밤 감옥의 고해신부인 지로 신부가 죄수의 참회를 들었다. 죽음의 순간이 너무 갑작스레 찾아오는 바람에 죄수는 병자성사를 받을 수 없었다. 다만 그가 죽기 직전에 고해신부가 위로의 말을 건넸다.

11월 20일(화요일)—오랜 기간 구치되어 있던 신원 불명의 죄수는 오후 4시 교구 내 성 폴 성당 묘지에 매장되었다.

사망증명서에 어떤 이름이 기재되었는지조차 밝혀지지 않았다. 로자르주 부관과 외과의사 레이유 씨가 증명서에 서명했다.

그 뒤 내가 들은 이야기는 사망증명서에 죄수 이름이 마르키엘이라고 쓰여 있으며, 매장 비용은 40리브르[*1]였다는 것이다.

이 자료는 국왕대리인 장카가 꼼꼼하게 기록했던 일기에서 발췌한 것이다. 장카는 1690년 이래 바스티유 감옥장 베스모를 보좌했으며, 1698년부터는 베스모의 후임 생 마르 씨의 보좌를 지냈다.

장카가 지극히 냉담하고 간결하게 그 갑작스러운 죽음을 알렸던 죄수는 언제부터 바스티유에 유폐되어 있었을까?

다음 자료를 보면 그 점이 판명된다.

두말할 것 없이 이것 또한 장카의 일기에서 발췌한 내용이다.

---

*1 옛날 프랑스의 화폐 단위.

1698년 9월 18일(목요일)—오후 3시, 신임 바스티유 감옥장 생 마르 씨가 전임지 성 마르그리트 섬에서 취임. 일찍이 피뉴롤 감옥장 시절부터 감시해 온 죄수를 자기 가마에 태워 호송해 왔다. 이 죄수는 언제나 가면을 쓰고 있으며, 이름은 비밀에 부쳐져 있다.

생 마르 씨는 가마에서 내리자마자 죄수를 바지니엘 탑 제1실에 가뒀다. 밤 9시가 되자 나는 감옥장님이 데리고 오신 간수 중 하나인 로자르주 씨와 함께 베르트디에르 탑 남쪽 방으로 죄수를 옮기라는 명령을 받았다. 그곳은 생 마르 씨의 명령으로 며칠 전에 내가 가구를 넣어 둔 방이다. 죄수의 뒤치다꺼리는 로자르주 간수가 맡고, 식사는 감옥장님이 주기로 되어 있다.

이상 확실한 두 기록을 통해, 가면을 쓴 수수께끼 인물이 바스티유에 있었던 사실을 확인할 수 있다. 지극히 변칙적인 장카의 철자법을 수정한 것 외에 자료는 그대로 인용했다. 이 수수께끼 인물은 생전에도 사후에도 끝내 정체불명인 채로 남았다.

위 기술을 보면, 1789년 7월 14일에 파괴된 그 유명한 감옥에 수수께끼의 죄수가 유폐된 것은 5년 남짓한 기간이다. 그 전에 이 죄수는 오랜 기간에 걸쳐 처음에는 도피네 지방과의 접경에 가까운 피에몬테 지방의 피뉴롤 요새에, 그 다음에는 프로방스 연안의 성 마르그리트 섬에 있는 성에 감금되었으며, 늘 생 마르의 감시를 받았다.

바스티유 감옥 죄수 명부를 보면 더 자세한 사실을 알 수 있지 않았을까?

그 명부는 바스티유가 함락된 뒤에 발견되어, 그런 목적으로 결성된 학자 위원회에서 자세히 조사되고 검토되고 분석되었다.

그러나 애석하게도 120쪽, 즉 정체불명의 죄수가 바스티유에 도착한 1698년에 해당하는 부분은 아주 깔끔하게 사라져 있었다.

또한 1703년 말, 즉 죄수가 죽은 시기에 해당하는 몇 쪽도 찢겨 나가고 없었다.

이런 연유로 18세기 중반 이래 세간의 관심을 한몸에 받았던 역사적인 수수께끼를 이 방면에서 파헤치기란 어렵게 되었다.

독자 여러분도 이미 짐작하셨겠지만, 바로 이 사람이 그 신비롭고도 불행한 인물, 세상이 말하는 '철가면'이다.

수수께끼의 죄수가 40리브르의 비용으로 성 폴 성당 묘지에 묻힌 지 170년이 지난 오늘에 이르기까지 문제 해결의 열쇠는 발견되지 않았다.

충분히 찾지 않은 것은 절대로 아니다.

이미 150년도 전부터 많은 역사가가 공허한 노력을 거듭했다. 그들은 가면 쓴 사나이의 정체를 밝히고자 다양한 가설을 세웠다. 이 가설들은 인정받다가 이윽고 부정되고 다시 인정받았는데, 결국은 사실에 근거한 정확한 조사를 통해 쓰레기만 한 가치도 없다는 것이 증명되고 말았다.

이 기괴하기 짝이 없는 사건에 관해 실로 기상천외한 가설들이 제기되었다.

볼테르는 이 사건을 처음으로 언급한 인물은 아닐지언정 세상에 널리 퍼트린 최초의 인물이다.

날카롭고 명석한 정신과 화려한 상상력을 타고났지만 결코 박학하지는 않았던 볼테르는 '철가면'의 가슴 아픈 실화에 근거해 일종의 전설을 만들어 내고 말았다. 이 전설은 오늘에 이르기까지 전승되어, 프랑스에서는 어떤 무식한 사람이라도 알 정도로 인구에 회자되고 있다.

그러나 볼테르의 이야기는 곳곳에 들어간 삽화를 제외하면 거의 가치가 없다. 그가 주장하는 가설에는 어떤 확고한 논거도 없다.

볼테르는 가면 쓴 사나이가 루이 13세의 아내 안 도트리슈의 사생아 또는 루이 14세와 라 발리에르 공작부인 사이에서 태어난 사생아 베르망두아 백작이라고 주장했다.

그러나 이 백작은 확실히 1683년에 베르사유에서 죽었으며, 첫 번째 가설도 연호를 잘 따져 보면 도저히 인정할 수 없는 것임을 명백히 알 수 있다.

볼테르에 이어 다른 작가들도 여러 가설을 내세웠지만, 모두 용인하기 어려운 것뿐이다.

어떤 이들은 '철가면'이 영국 왕 찰스 2세의 사생아 망모스 공이라고 주장하지만, 망모스 공은 1685년 7월 16일에 참수형 당했다.

어떤 이들은 '철가면'의 정체가 보포르 공이라고 말했지만, 보포르 공은 1669년 6월 26일에 칸디아[*2] 포위전 때 전사했다.

[*2] 크레타 섬 이라클리온의 옛 이름.

또 어떤 이들은 '철가면'이 저 유명한 푸케 재무장관과 동일인물이라고 주장했다. 과연 푸케도 피뉴롤에 유폐되긴 했지만, 그곳에서 1680년 3월 23일에 죽었다.

이상의 견해는 모두 황당무계하다고밖에 표현할 길이 없다.

이밖에 1790년 무렵에 유명한 샹포르[3]가 퍼트린 네 번째 가설이 있다.

공상을 좋아하는 몇몇 문필가는 이 가설에 동의했으며, 시스몽디[4]와 같은 정통 역사가조차 그것을 믿고 말았다. 특히 열심히 이것을 지지한 무리는 소설가들이었다. 여기에는 충분한 이유가 있다.

이 가설에 따르면, 안 도트리슈는 루이 14세를 쌍둥이로 낳았는데, 뒷날 이들이 프랑스 국왕 자리를 놓고 다툴 것을 우려해 안됐지만 왕의 동생을 감옥에 가두고 평생 가면을 쓰고 살게 했다는 것이다.

물론 이런 설명은 조금이라도 가능성 있는 것이라면 극적 흥미를 부르지 않을 리 없었다.

1831년에 푸르니에와 아르노 두 사람이 오데옹 극장에서 이 사건을 소재로 한 연극을 상연했으며, 최근에는 알렉산드르 뒤마가 《브라쥘롱 자작》[5]에서 이 이야기를 아주 효과적으로 이용했다.

몹시 유감스럽게도 이 가슴 아픈 이야기는 새빨간 거짓말이다. 가짜 고문서를 대대적으로 만들던 슬라비 신부라는 자가 상상력을 발휘해 꾸며 낸 이야기였다.

마지막으로, 이 정도로 시적 정취는 없지만 그래도 수많은 정통 문필가, 특히 마리우스 토팡 등이 인정한 가설이 있다. 토팡 씨는 1869년에 〈르뷔 데 되 몽드〉지에 아주 귀중한 연구를 발표했다.

수수께끼의 죄수가 바로 만토바 공의 가신 마티올리라는 것이었다.

마티올리는 카살레 요새 양도 안건을 둘러싸고 프랑스와 만토바 공이 교섭을 벌일 때 외교 문제에 나서 양쪽을 저울질하다가 사보이 공과 루이 14세를 배신하고, 군주에게 돈을 받아 놓고도 프랑스의 적에게 조약에 관한 비밀을 판 죄로 결국 토리노에서 납치되어 1679년 피뉴롤에 투옥된 인물이다.

---

[3] 18세기 후반 모럴리스트.
[4] 스위스 역사가이자 경제학자. 1773~1842.
[5] 《달타냥 이야기 10》

실제로 마티올리는 역사적 사실로 봐도 '철가면'과 흡사한 점이 있다. 이 사나이는 뒷날 성 마르그리트 섬으로 옮겨졌는데, 그렇다면 '철가면'이 유폐됐던 감옥 중 두 군데에 잇달아 감금된 셈이 되기 때문이다.

마리우스 토팡의 상상력과 연구 덕택에 그토록 풀리지 않던 난문도 마침내 해결되는 듯이 보이던 찰나, 융의 주목할 만한 저술이 출판되어 모든 것이 원점으로 돌아가고 말았다.

참모 본부 장교인 융은 '군사자료관'에 소장된 방대하고 귀중한 문헌들을 오랫동안 꼼꼼히 조사했다. 그중에는 르부아가 그의 부하, 특히 생 마르와 교환한 편지도 있었다. 생 마르는 '철가면'이 투옥된 30년이란 긴 세월 동안 그를 끈질기게 감시했던 감옥장으로, '철가면'이 피뉴롤에서 에그지르(현재 이탈리아령)로, 에그지르에서 성 마르그리트 섬으로, 다시 성 마르그리트 섬에서 바스티유로 옮길 때마다 따라다녔던 인물이다.

그런데 르부아와 생 마르의 편지에서 마티올리가 성 마르그리트 섬에 도착한 지 얼마 지나지 않은 1694년 4월 말에 죽었다는 틀림없는 사실이 밝혀졌다.

따라서 1703년 11월에 성 폴 성당 묘지에서 로자르주가 묻은 가면 쓴 죄수는 마티올리가 될 수 없었다.

그럼 그는 누구였을까?

여기서 표제에 '?'가 붙는 이야기를 풀어놓음으로써 필자가 무엇을 시도하려는 건지 간단히 설명하고 넘어가고자 한다.

우견에 따른다면, '철가면' 문제는 완전히 해명되어, 우리나라 역사상 매우 기이한 수수께끼였던 이 사건에 관한 연구는 모두 같은 결론에 도달해야 옳다.

그러나 필자는 독자적으로 꼼꼼한 조사를 벌인 결과 다음과 같이 확신했다. 즉, 아주 최근까지 모두가 길을 잘못 들었으며, 수수께끼를 푸는 열쇠는 생 마르의 죄수가 살았던 시대의 몇몇 사건을 철저하게 검토해야만 얻을 수 있다는 것이다.

겉으로는 루이 14세 치세만큼 잘 알려진 시대는 없다. 그러나 그 내막이 이토록 알려지지 않은 시대도 없을 것이다.

언론이란 것이 존재하지 않았던 이 시대에 일어났던 주요 사건의 진상은 재판 기록, 사적인 편지, 얼핏 중요해 보이지 않는 자료 등에서 그 실마리가 발견된다.

이 시대의 생활상을 여실히 드러내는 것은 학식 풍부한 역사가보다는 자세한 형사재판 기록이나 세비녜 부인의 편지 한 통이다.

이러한 방법을 사용함으로써 마침내 '철가면'의 정체도 분명히 드러났다. 독자 여러분도 이 비밀을 꼭 알고 싶으실 것이다.

단, 필자로서는 독자 여러분이 그 수수께끼 죄수의 불행한 운명에 얽힌 비극적 사건에도 관심을 두셨으면 한다. 그런 사건들이 '철가면'의 운명의 배경을 이루고 있기 때문이다.

따라서 필자는 역사적인 대발견을 세상에 널리 알릴 수 있는 가장 효과적인 수단으로서 소설이라는 형식을 이용하기로 했다.

요컨대 필자는 독자가 크나큰 호기심을 가지고 이 이야기에 열중하고 마침내 그 호기심이 충족되는 기쁨을 맛보는 것을 방해할 마음이 털끝만큼도 없다.

그러므로 문제는 첫머리에서 제기하되, 해결은 이야기 끄트머리까지 가지고 가겠다.

1 '찢어진 비단'에서의 결투

1673년 2월 9일, 고도 브뤼셀의 중심가 시에르 에 팡 골목 입구에 자리한 '찢어진 비단'의 나지막한 홀에서 엄청난 싸움이 벌어졌다.

이 오래된 술집은 적어도 겉보기에는 훌륭하지 않았다. 박공지붕 정면 벽은 온통 벌레가 먹었고, 납 창틀에 둘러싸인 조그만 마름모꼴 창문은 백 년 묵은 먼지로 덮여 있었다.

이 궁상맞은 술집이 있는 지저분한 골목도 매력이라고는 눈을 씻고도 찾아볼 수 없는 길로, 유일한 장점이라면 그 옛날 브뤼셀 시민이 일으킨 반란의 무대이기도 했던 유명한 시청 앞 광장으로 연결된다는 것 정도였다.

길 한가운데에는 울퉁불퉁한 포석 사이로 개골창이 흘렀다. 양쪽에는 입구가 좁은 집들이 배를 불뚝 내밀고 다닥다닥 붙어 있어, 행인들 머리 위에서 좌우 집들이 서로 달라붙어 있는 것처럼 보였다. 골목 양 끝에는 커다란 표석이 놓여 있었다. 표석에는 그 옛날 밤마다 거리를 봉쇄하느라 쇠사슬을 걸었던 고리가 여전히 달려 있었다. 이상이 이 괴상한 이름을 가진 길의 풍경이다. 이곳 주민도 길 이름에 뒤질세라 괴상한 사람들이었다.

평화를 사랑하는 시민은 이 골목에 정착하지 못했다. 그곳에는 술집, 생선요릿집, 고깃집, 튀김집 등 음식점을 경영하는 사람들만 살게 되었다.

그러나 일반 시민도 저녁이 되면, 자기 마누라 옆에서는 절대로 맛볼 수 없는 떠들썩하고 풍족한 쾌락을 찾아 이 골목으로 부러 발걸음을 옮기는 것이었다.

특히 토요일 밤이면 그들은 사람 눈을 피해 벽을 따라 살그머니 걸어서 '찢어진 비단'의 너덜너덜한 문 앞으로 어김없이 찾아왔다. 이 술집의 주인 반 호텐의 소고기 스테이크나 훈제 청어, 정향 냄새가 나는 케이크는 알아주었고, 그가 파는 파로[*1]나 램빅[*2]은 플랑드르 지방의 어느 맥주에도 뒤지지 않는 일등품이었다.

이 이야기가 시작되는 날은 공교롭게도 토요일이었으므로 술집은 초만원이고 주인은 눈코 뜰 새 없이 바빴다.

이 명물은 얼굴이 불그스름한 뚱뚱보로, 당당하게 튀어나온 커다란 배를 짧고 굵은 다리가 X자로 지지하고 있는 듯한 몸매를 가진 인물이었다.

그러나 이 사나이는 놀랍도록 날렵하게 가게 안을 왔다 갔다 하면서 벤치를 옮기고, 주석 주전자를 훌쩍 넘고, 마룻바닥에 쓰러진 취객을 일으켜 세우고 다녔다.

방금 손님들 사이에 있었는가 싶으면 어느새 조리실에 모습을 드러내고, 다음 순간에는 술 창고에 있는 식으로 신출귀몰한 날렵함을 보였다. 조리실에서는 생기발랄한 왈론족 여자가 스테이크며 꼬치구이를 정성껏 굽고, 술 창고에서는 희끄무레한 금발머리의 덩치 큰 종업원이 술통 마개를 빼고 있었다.

이렇게 쉴 새 없이 바쁜 와중에도 주인은 두 기사가 탁자에 마주앉아 있는 작은 방을 힐끔힐끔 쳐다보는 것을 잊지 않았다.

방문은 열린 채였다. 그 두 사람은 다른 천한 손님들과 섞여 앉기는 싫지만 그렇다고 남에게 모습을 보여서는 안 되는 신분도 아닌 것 같았다.

흔히 있는 일이었으므로 주인은 별다른 관심을 두지 않고, 조금 더 신경 써서 응대하는 데에만 그쳤다. 두 사람이 앉은 탁자에는 카나리아 제도에서 만든 포도주가 든 커다란 병이 놓여 있었다.

확실히 이 두 사람은 분위기로 보나 복장으로 보나, 가게에 있는 다른 브뤼셀 시민과는 전혀 달랐다.

다른 손님들은 누런 옷을 입고, 검은색이나 회색 망토를 둘렀으며, 끈으로 단단히 고정한 가발 위에 챙이 넓은 모자를 쓰고서, 맥주를 넣어 만든 수프를 천천히 홀짝이거나 커다란 네덜란드식 담뱃대를 말없이 피우고 있었다.

이들 태도에서는 사소한 동작에 이르기까지 어딘가 묵직한 신중함이 엿보였다. 냉정하고 힘센 플랑드르 지방 사람들의 오랜 특징이었다.

그러나 작은 방 탁자에 앉은 두 손님은 플랑드르풍의 옷을 입지도 않았고, 태도도 달랐다.

―――――――――――
＊1 맥아에 밀을 섞어서 만드는 연한 맥주.
＊2 알코올 도수가 강한 맥주.

둘 중 키가 큰 쪽은 나이도 위인 것 같았는데, 그래 봐야 고작 스물 일고여덟쯤 되어 보였고 매우 화려한 옷을 입고 있었다.

청년의 붉은색 조끼는 녹색 리본으로 장식되어 있었다. 그 아래로는 은실로 박음질한 윗도리가 엿보였다. 다부진 목을 우아하게 감싸는 훌륭한 레이스 옷깃은 자수가 들어간 장식 끈으로 묶여 있었다. 녹색 반바지와 비단 양말은 청년의 날씬한 다리를 더욱 돋보이게 했으며, 스페인풍 모자 챙은 어깨까지 늘어진 풍성한 금발에 그림자를 드리웠다.

청년은 단정한 생김새였다. 눈빛은 날카롭고, 코는 매부리코였으며, 치아는 새하얗게 빛나고, 입술은 붉었다. 그 싱싱한 얼굴은 어딘지 거만하고 위엄 있어 보였지만, 호감 가는 용모였다.

개나 소나 루이 14세처럼 콧수염을 짧게 다듬던 당시로서는 드물게, 녹색 리본 장식을 단 이 귀족의 콧수염은 길게 길러서 끝을 갈퀴처럼 꼬아 올린 모양이었다. 신성 로마 제국을 위해 싸우는 크로아티아나 헝가리 기병들이 기르는 수염이었다.

반대로, 다른 한 사람은 수염 없이 멀끔한 얼굴이었다.

이쪽은 하얗고 홀쭉한 것이 자못 가냘파 보였다. 얼핏 교실을 빠져나온 소년처럼도 보였지만, 베이지색 부츠를 신은 작은 발과 생선살처럼 하얀 손가락에 주의한다면, 그가 남장한 젊은 여자라는 사실을 간파하기란 쉬운 일이었다.

여자는 탁자에 팔꿈치를 괸 채, 빨간 깃털이 달린 회색 모자를 뒤로 젖히고 앉아, 멋진 콧수염을 기른 귀족의 얼굴에 사랑이 듬뿍 담긴 뜨거운 눈빛을 보냈다.

남자는 여자의 눈빛에 응답하는 대신 안절부절못하며 가게 안을 둘러보거나 금색 허리띠에 찬 길고 날씬한 칼자루를 초조하게 만지작거렸다.

그런 동작들로 보아 남자는 누군가를 기다리는 것처럼 보였다. 여자와 단둘이 있기가 지긋지긋한 것 같았다.

"무슨 생각해, 모리스?" 남장 여인이 살며시 물었다.

"무슨 생각을 하느냐고? 잘도 그런 질문이 나오는군, 방다." 청년이 불쾌한 듯이 말했다. "〈네덜란드 신문〉 말고 또 무슨 생각을 하겠어? 기다린 지 벌써 한 시간이나 지났는데 아직 안 오잖아."

"〈네덜란드 신문〉……. 아참, 그랬지! 깜빡 잊고 있었네." 여자가 중얼거렸다.

"요즘 들어 기억력이 떨어진 것 같은데." 모리스라 불린 사나이가 퉁명스럽게 말했다.

"다른 사람은 몰라도 당신만큼은 나한테 그런 말 할 권리 없어." 방다가 억울하다는 듯이 대꾸했다. "당신을 위해 내가 얼마나 많은 걸 잊었는데……."

"흥, 그래? 그거 혹시 보헤미아 흉갑기병대 연대장을 말하는 건가? 당신 부모님이 사윗감으로 점찍어 놓은 그 사람? 하루에 두 번 토카이 포도주를 마시고 고주망태가 되는 게 특기였던 그 사람? 내가 듣기로 그 남자는 2년 전에 죽었다던데. 프라하에 있는 묘지에 겨우 조용히 잠들었는데 인제 와서 깨울 수는 없잖아."

"어쩜 그리 잔혹해, 모리스? 잔혹하고 억지스러워. 난 당신을 위해 내 과거를 모조리 희생했어. 당신을 위해 내 명예도 버리고 지금은 이렇게 목숨까지 바칠 각오로 있다고."

"미안해, 내가 잘못했어." 청년이 목소리를 조금 누그러뜨렸다. "너무 걱정돼서 그래……. 오늘 밤에 기다리고 있는 소식은 아주 중요한 거야. 생각해 봐! 이 어두침침한 술집에서 보내는 하룻밤이 내 운명, 내 일생을 결정짓게 될 거라고."

"우리 둘의 일생이지." 방다가 수정했다. "이 위험한 계획 때문에 당신이 죽기라도 한다면 나도 당신을 따라 죽을 생각이니까."

"알아." 조용히 중얼거리며 모리스가 내민 손을 여자는 두 손으로 부드럽게 감쌌다.

"당신은 어떤 일이 있어도 이 대담한 계획을 실행할 생각이지? 너무나 대담해서 나한텐 무모하다고밖에 보이지 않지만……."

"난 할 수밖에 없어, 방다. 난 무슨 일이 있어도 복수해야 해. 저 어용시인들이 태양왕이라고 부르는 폭군에게 반드시 복수해야 해. 저 왕관 쓴 춤꾼이 어처구니없게도 내 연대를 빼앗았다고. 우리 집은 조상 대대로 로렌 기병대장을 지낸 집안인데. 게다가 난 재수 없는 르부아 자식을 해치워야 분이 풀릴 것 같아. 그 벼락출세한 법률가 놈, 감히 부하를 시켜 유서 깊은 무인들을 문전박대하다니.

"두고 봐. 베르사유에 사는 폭군과 간신 놈들에게 내가 받은 모욕을 반드시 되돌려 줄 테니. 기사 모리스 데자르모아스를 모욕하면 어떤 꼴을 당하게 되는지 보여주겠어!"

"모리스! 목소리가 너무 커." 제지하면서 방다는 남자의 입을 막으려는 듯이 엉덩이를 들썩였다.

"경솔했군!" 남자도 고개를 끄덕이며 목소리를 낮추었다. "주위를 의식하지 않고 내 이름을 외치다니, 내가 생각이 짧았어. 멍청한 플랑드르 놈들은 귀가 밝은 편은 아니지만, 자칭 르부아 후작, 그 르테리에의 첩자 놈들이 어디에 숨어 있을지 알 수 없으니까. 조심하는 게 제일이지.

네덜란드에서 온 느려 터진 우편마차가 도착해서 〈네덜란드 신문〉을 전해 주는 대로 이 지저분한 술집을 나가자. 신문에는 내 친구이자 젤란트 지방의 수장인 아스프르 남작의 중개로 좋은 소식이 암호로 실려 있을 거야.

지금은 한시라도 빨리 준비를 마쳐야 해. 만일 〈네덜란드 신문〉에 신호가 실려 있으면 난 늦어도 내일 저녁 전에는 프랑스로 떠날 생각이니까.

내 부하들은 무장을 마쳤고, 역마도 준비되어 있어."

"나도 다 준비됐어." 방다가 속삭였다. "그런데 우편마차가 너무 늦네……."

"도중에 플랑드르 놈들에게 강도를 당하지 않았어야 하는데……, 아니 누구에게라도. 어이, 주인장!" 모리스가 칼자루로 탁자를 두드리며 외쳤다.

술집 주인이 곧 다가와 방 입구에서 커다란 붉은 얼굴을 들이밀었다.

"어떻게 된 거야? 신문은 아직인가?" 모리스가 건방진 말투로 물었다.

"죄송합니다만, 우편마차가 아직 도착하지 않아서요. 하지만 곧 올 겁니다. 오면 곧바로 손님께 전해 드리라고, 저기 있는 창고 담당 종업원 이안에게 일러두었습니다."

"좋아! 그럼 기다리는 동안 술을 한 병 더 가져와. 이건 15분 전에 벌써 비웠다고."

가게 주인은 머리를 조아린 뒤, 스페인산 포도주가 소중히 보관되어 있는 술 창고로 향했다.

"생각만으로도 가슴이 벅차올라." 모리스가 중얼거렸다. "저 불친절한 종업원 이안이 가지고 오는 신문에는 어쩌면 세계 역사까지 바꿀지 모르는 중대한 소식이 실려 있을 거야. 물론 얼핏 보면 평범한 기사지. 제1면 첫머리에 고작해야 세 줄 정도로 이런 뉴스가 실려 있을 거야. '파리에서 온 정보에 따르면, 로마에서 파견한 특별 사절이 파리에 도착했다고 한다.' 기사는 이게 다지만, 이게 유럽 해방의 신호탄, 내 복수의 신호탄인 거지."

"우리의 파멸을 알리는 신호탄이 될지도 몰라." 방다가 조그맣게 중얼거렸다.

"즉," 모리스가 눈을 빛내며 말을 이었다. "마침내 기다리고 기다리던 날이 와서, 루이 14세에 대한 반란이 노르망디에서도 생통주에서도 기옌에서도 일어나는 거야. 나도 드디어 국경을 넘어 해방군을 이끌고 파리로 향할 수 있어."

여기까지 말하고 모리스는 황급히 입을 닫았다. 창고 담당 종업원 이안이 한 손에 이름난 포도주를, 다른 한 손에는 애타게 기다리던 신문을 들고 느릿느릿 가게를 가로질러 오는 모습이 보였기 때문이다.

"드디어 왔다!" 모리스가 나지막이 말했다. 그는 느려 터진 종업원을 기다리기가 답답해 벌떡 일어섰다.

그때 대문이 벌컥 열리더니, 하늘을 찌를 듯이 키 큰 사나이가 들어왔다. 사나이는 헐렁한 갈색 망토 깃에 턱을 파묻고 펠트 모자를 깊숙이 눌러쓰고 있었다.

사나이 뒤로 종인지 친구인지 모를 볼품없는 사나이가 멀찍이 떨어져 따라 들어왔다.

두 사람은 이안에게 다가가는 모리스의 진로와 직각으로 걸어갔다.

당연히 두 사람은 모리스와 맞부딪치게 되었다. 게다가 이 두 직선이 교차하는 곳은 종업원 이안이 있는 바로 그 지점이 될 것으로 보였다.

그러나 모자를 깊이 눌러쓴 사나이는 한걸음 빨리 종업원에게 다가가 아주 태연하게 〈네덜란드 신문〉을 낚아채더니 가까운 의자에 털썩 앉았다. 그러고는 어리둥절하고 있는 종업원에게 거만한 말투로 이렇게 명령했다.

"이봐, 멍청히 서 있지 말고 르방 맥주 한 병하고 컵을 두 개 가져와! 난 목을 축이면서 느긋하게 프랑스 소식을 읽는 걸 좋아하거든!"

물론 이 방약무인한 태도는 일동을 놀라게 했다.

이 무례한 사나이가 앉은 자리 가까이에 있던 시민들은 허겁지겁 자리를 떴다. 따라 들어온 깡마른 사나이는 동행의 위세에 겁먹은 손님들이 자리를 비운 틈을 타서 잽싸게 벤치 끄트머리를 차지했다.

종업원 이안은 입을 떡 벌리고, 겁먹은 눈을 휘둥그레 뜨고, 팔을 깃대처럼 뻣뻣이 내민 채 껑충한 다리로 그 자리에 못 박힌 듯이 서 있었다.

방다도 작은 방 문간에서 창백한 얼굴을 내밀고 걱정스럽게 이 이상한 광경을 지켜보았다.

가장 형용하기 어려운 것은, 학수고대하던 〈네덜란드 신문〉을 순식간에 빼앗긴 기사 모리스 데자르모아스의 황당한 표정이었다.

모리스는 새빨개진 얼굴로 한 손으로는 콧수염 끝을 잡아 비틀고, 다른 한 손으로는 칼자루를 쥐고 있었다. 그러나 그 표정에는 분노보다는 놀라움의 빛이 강하게 떠올라 있었다.

모리스는 불쑥 나타나 중요한 신문을 가로챈 이 침입자의 무례한 행동이 대체 무엇을 의미하는지 파악하려는 기색이 역력했다. 뭔가 꿍꿍이가 있는 함정인지, 단순히 오만무도한 자의 난폭한 행동에 지나지 않는지 분간할 수가 없었던 것이다.

그사이 문제의 사나이는 탁자에 등을 돌린 채 다리를 꼬고 벤치에 떡하니 앉아 신문을 펼치고 읽기 시작했다.

모리스는 상대의 전투력을 파악하려는 듯이 머리끝부터 발끝까지 신중히 뜯어보았다. 그러나 사나이가 모자를 뒤로 젖혀 쓰고 망토 깃을 풀어헤쳤는데도 대단한 것은 알아내지 못했다.

이 기묘한 인물은 마흔에서 쉰쯤 되어 보였다. 아주 강인하고 거친 인상으로, 얼굴은 울퉁불퉁 각지고, 짙은 눈썹 밑으로 잿빛 눈이 날카롭게 빛났다.

옷차림으로 보면 그야말로 건달이었다. 소매에 붙인 금박 장식이 벗겨지려 하는 가죽 갑옷에 박차가 달린 양가죽 장화, 닳아빠진 흰 옷깃, 금실로 자수한 자국이 있는 오렌지색 비단 손수건, 팔꿈치까지 올라오는 사슴 가죽 장갑 등, 거리에서 남이나 등쳐 먹는 사기꾼 같은 차림이었다.

허리에 찬 검은 가죽 허리띠에는 철제 자루가 달린 커다란 칼이 매달려 있었다.

옷차림도 수상하고 주정뱅이를 상대로 싸울 마음도 없었으므로 모리스는 화를 가라앉히고, 다른 방법으로 〈네덜란드 신문〉을 손에 넣기로 했다.

"주인이 나한테 주라고 했던 신문은 어디 있지?" 모리스는 엄한 어조로 종업원을 다그쳤다.

"그게, 저……." 불쌍한 이안이 우물거렸다. "그게 제 탓이 아니라……. 역마차가 막 도착했기에 냉큼 가져다 드리려고 했는데, 그게 그만……."

"그래서?"

"그게…… 저 손님이 가져가시는 바람에……." 불운한 종업원은 사건에 휘말리고 싶지 않다는 듯이 몇 발짝 물러나며 변명했다.

문제의 사나이는 이 대화가 들릴 게 분명한데도 시치미를 뚝 떼고 있었다. 눈을 들려고도 하지 않은 채, 사냥 때 뿔피리로 연주하는 곡조를 휘파람으로 불면서 신문만 들여다봤다. 겨우 화를 눌러 참고 있던 모리스가 이 오만한 태도를 견디다 못해 위압적으로 물었다.

"실례합니다만, 이 종업원의 말이 사실인지요?"

그러자 상대는 거의 드러눕듯이 앉아 모리스에게 차가운 시선을 던지고 잠깐 어깨를 으쓱하는가 싶더니 한마디도 없이 다시 〈네덜란드 신문〉을 읽기 시작했다.

"이런 건방진 놈을 봤나!" 모리스가 낯빛을 바꾸며 소리쳤다. "천민이라면 모를까 훌륭한 집안의 자제가 이렇게 말을 거는데 한마디 대꾸도 안 하다니!"

"난 내키지 않으면 입을 열지 않는 사람이라서." 사나이가 심드렁하게 말했다.

"그 말은 신문을 가로챈 걸 인정하지 않겠다는 거군?"

"가로챘는지 아닌지 정도는 보면 알 텐데. 봐, 이렇게 내가 들고 있잖아? 이야, 오늘 신문은 정말 재미있군. 한번 읽기 시작했더니 다 읽을 때까지 놓을 수가 없을 것 같아."

모리스는 사나이에게 달려들고 싶은 기분을 이번에도 겨우 눌러 참았다.

곧 모반 계획을 실행해야 할 처지에 있는 이상 경솔한 행동은 절대 금물이었기 때문이다. 그렇게 단념한 모리스는 다시 한 번 상대를 설득해 보기로 했다.

곰곰이 생각해 보면, 무뢰배의 방약무인한 행동을 참고 넘기는 편이 싸움에 휘말리는 것보다 나았다.

브뤼셀 시는 치안이 좋아서 시 당국은 칼부림을 엄격하게 처벌한다. 싸우다가 야경에게 잡히기라도 하면 큰일이었다.

더구나 이곳 플랑드르 지방에는 르부아의 첩자가 곳곳에 깔려 있었다.

따라서 모리스는 거사를 치르기 전날 밤에 남의 이목을 끄는 짓은 절대로 삼가야 했다.

"모르시겠지만," 모리스는 애써 냉정한 태도로 정중하게 말했다. "사실 난 당신이 종업원의 손에서 빼앗은 신문이 오기를 한 시간 전부터 기다렸습니다."

"아, 그건 몰랐군." 상대가 비웃듯이 내뱉었다. "하지만 그런 건 나랑 관계없는 일인데."

모리스는 피가 배어나올 정도로 입술을 꽉 깨물고 한동안 잠자코 있다가 다시 입을 열었다. "하지만 귀족의 예법에 따라 내가 그 신문을 보여 달라고 정중히 부탁한다면 설마 거절하진 않으시겠지요?"

"만일 그쪽이 그렇게 부탁한다면 난 정중히 거절하겠소. 난 한번 시작한 일은 반드시 끝내고야 마는 남자니까. 지금 막 아주 재미있는 기사를 읽기 시작했으니까 다 읽을 때까지 기다리시오."

"다 읽으면?"

"그때 어떻게 할지는 내 맘이지. 호주머니에 넣어 둘지도 모를 일이고."

여기까지 듣자 모리스도 마침내 폭발하고 말았다.

모리스는 사나이를 향해 성큼성큼 걸어갔다. 그 험악한 기세에 놀란 손님들이 일제히 일어나 문간으로 슬금슬금 움직이기 시작했다.

이안은 창고로 도망가다가 반 호텐과 부딪칠 뻔했다. 주인은 맥주를 가득 담은 주석 단지를 두 손에 들고 창고에서 나오는 참이었다.

태연하던 주인도 이때만큼은 두 손에 든 단지를 떨어뜨릴 뻔했다. 진짜로 떨어뜨렸다면 '찢어진 비단'의 마룻바닥은 거품 이는 물바다가 되었을 것이다.

다행히 주인은 플라밍어로 한두 마디 욕지거리만 내뱉고, 실랑이 소식을 듣고 조리실 문간으로 구경 나온 덩치 좋은 왈론족 여자 두 명이 있는 곳으로 얼른 피신했다.

방다는 작은 방 칸막이벽에 바짝 붙어 불안스레 귀를 쫑긋 세우고 있었다.

"한 번만 더 묻지." 모리스가 쩌렁쩌렁한 목소리로 말했다. "그 신문을 주지 않을 텐가?"

대답 대신 사나이는 벤치 끝에 말을 타듯 걸터앉은 동행을 향해 이렇게 소리쳤다.

"이봐, 친구! 이런 브뤼셀 촌구석에서 베르사유 궁전 소식을 알고 싶어 안달이 난 녀석을 만날 줄은 꿈에도 생각 못했는걸."

이 '친구'라는 사람은 파리하고 왜소한 노인으로, 족제비 같은 얼굴을 하고 있었다. 노인이 귀에 거슬리는 신경질적인 목소리로 비웃듯이 깔깔 웃고는 이렇게 중얼거렸다.

"뭐 어때. 세상 물정을 알고 싶어 하는 건 이 나리 마음이잖아."

이 천박하게 생긴 노인이 무례한 말을 지껄이는 사이에 모리스는 사나이의 어깨에 손을 얹었다. 상대는 몸을 움찔했다.

"일어나!" 모리스가 이렇게 고함치면서 상대의 가죽 갑옷 멱살을 붙잡고 힘껏 일으켜 세우자 그 덩치 큰 사나이가 맥없이 딸려 올라왔다.

"벌써 5분 전부터 네놈한테 말을 걸고 있잖아." 모리스가 차가운 말투로 말을 이었다. "그러니까 진작 네놈을 일으켜 세웠어도 이상할 것 없다고."

사나이가 모리스의 손을 뿌리치더니 재빠르게 물러나 방어 자세를 취하며 침착하게 입을 열었다.

"좋아, 그렇게 내 검의 맛을 보고 싶다면 상대해 줄 테니 어서 덤벼! 이 명검 '브랑베르진'도 오늘 아침에 날을 갈고서 빨리 칼집에서 나오고 싶어 근질대던 참이니까."

사나이는 온 술집에 쩌렁쩌렁 울려 퍼지는 목소리로 이렇게 고함을 지르며 〈네덜란드 신문〉을 보란 듯이 접어서 가죽 갑옷 밑에 쑤셔 넣고는 히죽 웃더니 이렇게 덧붙였다.

"그렇게 프랑스 소식이 알고 싶거든 힘으로 뺏어 봐, 애송이!"

"방다." 모리스가 조용히 명령했다. "미안하지만, 대문에 빗장을 걸어 줘."

방다는 아까보다 한층 창백하게 질린 채 애원하듯이 모리스를 바라보았지만, 하는 수 없이 비틀거리며 대문으로 향했다.

가게 안에는 이미 아무도 없었다. 손님들은 하나둘 사라져 버렸고, 남아서 결투를 지켜보는 사람은 반 호텐과 종업원들, 그리고 방다와 교활해 보이는 노인뿐이었다.

모리스는 벌써 칼을 빼들고, 칼날이 휘도록 칼끝을 구두코에 대고 있었다. 한편, 사나이는 검술의 달인처럼 침착하고 능숙하게 결투 준비를 하고 있었다.

사나이는 망토와 장갑을 벗고, 발이 걸려 넘어지지 않도록 박차를 푼 다음 챙 넓은 모자도 벗었다. 모자에 앞이 가려 칼을 잘못 휘두를 염려가 있었기 때문이다.

이처럼 꼼꼼히 결투 준비를 한 뒤 마침내 '브랑베르진'을 칼집에서 빼들고, 본격적으로 결투하기에 앞서 한 번 휘두른 다음 발을 몇 번 쾅쾅 구르더니 자세를 잡았다. 그 모습은 자못 한 치의 빈틈도 없는 검객이었다.

"준비됐나, 애송이?" 사나이가 깔보듯이 외쳤다. "어느 방향에서든 덤비라고, 멋쟁이. 그렇게 꾸물거릴 때가 아닐 텐데."

그동안 사나이의 동행은 자칫 결투 중에 칼을 맞을 위험이 없는 높은 곳에서 구경하려고 탁자 위로 기어 올라갔다. 방다는 조마조마한 나머지 넋이 나간 듯 벤치에 멍하니 앉아 있었고, 가게 주인은 "이런 사건이 벌어진 이상 이제는 아무도 이 가게를 찾지 않겠지" 하고 하늘을 향해 탄식했다.

모리스는 험악한 표정으로 신중하게 적의 동태를 살폈다. 문득 어떤 의심이 든 것이다.

'혹시 이자는 국경을 넘기 전에 나를 죽이라고 국무총리 르부아가 보낸 수하가 아닐까?'

"왜 그러느냐, 뒷골목의 색골아!" 사나이가 고래고래 고함을 질렀다.

"아까부터 내가 여기 서 있는 게 안 보이느냐!" 모리스가 차갑게 대꾸한 뒤 나직이 중얼거렸다.

"이 악당, 용케 나를 죽이더라도 비밀은 절대로 알아내지 못할 것이다."

모리스가 세 발짝 앞으로 나아갔다. 두 사람의 검이 부딪쳤다.

루이 14세 시대의 결투는 오늘날의 결투와는 사뭇 달랐다.

19세기인 지금도 신의 심판을 흉내 낸 '결투'라는 중세의 산물이 남아 있지만, 오늘날의 결투는 처음부터 끝까지 규칙투성이다. 맞붙기까지의 준비 과정은 숫제 공증인이 입회한 계약하고 똑같다.

즉, 검이나 총알의 무게를 재고 제비뽑기로 무기를 정하는 등, 요컨대 승부의 기회를 되도록 균등하게 주려고 한다.

그러나 귀족이라면 누구나 칼을 차고 다녔던 옛날에는 사정이 완전히 달랐다.

옛날에는 결투가 벌어지면 귀찮은 준비 따위는 일절 생략한 채 그 자리에서 칼을 뽑아 휘둘렀는데, 그래도 별다른 문제는 일어나지 않았다.

당시는 서로 죽이는 빈도가 다소 높아서 무사히 아침을 먹는 사람의 수가 조금 적었을지는 모른다. 그 대신, 남에게 받은 모욕을 종일 마음에 품고 있지 않아도 되었고, 분노가 가라앉은 다음에 서로 죽이는 일도 없었다.

'찢어진 비단'에서 벌어진 결투도 현대의 결투 입회인들이 요구하는 조건을 충족하지는 않았다.

첫째로 덩치 큰 사나이는 물소 가죽으로 만든 갑옷으로 몸을 보호하고 있었다. 상의는 전쟁용 갑옷처럼 튼튼하지는 않았으나 어느 정도는 칼끝을 튕겨 낼 수 있어 보였다. 그러나 모리스는 얇은 천으로 된 옷밖에 가슴을 보호할 것을 입고 있지 않았다.

또한 신문을 가로챈 무뢰한의 칼 '브랑베르진'은 모리스의 가느다란 칼보다 8센티미터나 길었으며, 튼튼한 강철 코등이가 달려 있었다. 그에 반해 모리스의 칼코등이는 주먹을 보호하는 데에도 도움이 되지 않는 작은 금속 장식이었다.

두 사람의 육체적 차이도, 적어도 체격 면에서는 전혀 달랐다.

무뢰한은 하늘을 찌를 듯 키가 컸지만, 모리스의 키는 상대의 가슴팍에 겨우 닿았다. 무뢰한의 우람한 팔뚝은 한 방에 모리스의 가슴을 꿰뚫을 것처럼 보였다.

이렇게 만만치 않은 상대와 싸울 때는 어지간히 민첩하게 움직이지 않으면 승산이 없을 것 같겠지만, 모리스는 처음부터 상대에게 뒤지지 않는 칼솜씨를 발휘했다.

암묵적 합의로 두 사람이 결투 장소로 고른 곳은, 손님이 떠나간 기다란 탁자와 작은 방 입구 사이에 있는 넓은 공간이었다.

그곳에서라면 의자에 부딪히거나 술병에 발이 걸릴 걱정 없이 자유롭게 움직일 수 있었다.

방다는 덩치 큰 사나이 뒤에 앉아 있었고, 족제비같이 생긴 노인은 모리스를 내려다보는 위치에 있었다.

모리스는 속셈이 있어 몸을 낮췄다.

등을 구부정하게 하고 무릎을 꺾어 몸을 구부린 뒤, 팔을 굽혀 팔꿈치를 옆구리에 딱 붙이고 최대한 몸을 작게 만들었다. 기회가 있으면 재빨리 덤벼들고, 공격당하면 몸을 비틀어 칼을 피할 수 있는 자세였다.

이에 반해 적은 거대한 몸집에 걸맞은 전술로 나왔다.

아치형 교각같이 굵다란 다리로 버티고 서서 가슴을 펴고 머리를 뒤로 젖혔다.

그 자세는 조각상과도 같았다. 그는 손목에 눈이라도 달린 것처럼 칼끝을 정확히 내질렀다.

처음으로 검과 검이 부딪친 순간 두 사람은 앗 소리 하나 내지 않은 채 꼼짝 않고 서로 노려봤다.

서로 상대의 속셈을 간파하려는 것이었다.

먼저 모리스가 교차한 검을 재빨리 움직여 한 번 내지른 뒤, 검을 거둘 틈도 없이 연달아 내질렀다.

이 두 번의 공격은 다소 부정확하긴 했지만, 기세만큼은 대단했다.

그러나 사나이는 반격에 나서는 기색도 없이 바위처럼 꼼짝도 안 했다.

검술에 조예가 깊은 사람이 아니더라도 이 사나이의 계략을 알아채기란 간단했다. 먼저 모리스를 지치게 한 뒤 손쉽게 해치우려는 속셈이었다.

모리스도 그것을 간파하고, 단숨에 승부를 가르려고 분발하면서도 자칫 역공을 당하지 않도록 세심한 작전을 세워 공격했다.

약 30초 사이에 우박 떨어지는 요란한 소리를 내며 두 검이 분주하게 부딪쳤다.

모리스가 휘두르는 날렵한 검은 획획 허공을 가르며, 눈에 보이지도 않을 만큼 빠르게 복잡한 원이며 소용돌이를 그렸다.

때로는 검이 뱀처럼 구불거리며 적의 칼날에 휘감기는 것처럼 보이기까지 했다.

그러나 무뢰한의 검 '브랑베르진'은 한순간도 방어 위치를 벗어나는 법 없이 집요하게 모리스의 눈높이에서 모리스를 겨냥하고 있었다. 마침내 모리스는 한 발짝 물러나 방어 태세로 돌아섰다.

"어이, 멋쟁이! 그렇게 무턱대고 검만 휘두르면 어떡하나." 무뢰한이 큰 목소리로 비아냥거렸다. "철을 두드리는 대장장이 같잖아. 내 '브랑베르진'을 모루로 착각한 것 아니야?"

"이봐, 덩치만 큰 멍청한 형씨, 그 올챙이배에 구멍이 뚫리지 않도록 조심이나 하라고." 모리스가 이렇게 외치며 칼자루를 고쳐 잡고 적의 배를 향해 팔을 뻗었다. 그러나 칼끝은 보기 좋게 빗나가 오렌지색 스카프 끝을 스쳤을 뿐이었다.

"오호!" 덩치 큰 사나이가 말했다. "이번 건 훌륭했어. 상대가 내가 아니었다면 찰과상 정도는 입었을 거야. 하지만 난 몸을 아끼는 사람이지. 그래서 내 몸은 내가 지켜……. 이렇게 말이야."

이렇게 큰소리치면서 사나이가 내지른 날카로운 일격을 모리스는 슬쩍 몸을 비켜 피했다.

사나이는 아직 돌진해 오지는 않았지만, 곧 본격적인 반격에 나설 기색이었다.

"어쭈, 애송이." 사나이가 빈정거렸다. "좀 싸울 줄 아는데? 그런데 검술 선생이 두꺼비였던 모양이야. 그렇게 바닥에 납작 엎드려만 있다간 곧 내 가랑이 사이를 지나게 될걸."

조롱당한 모리스는 격분한 나머지 새하얗게 질린 채 이를 바득바득 갈며 씩씩거렸다.

적은 모리스의 정신을 흩뜨려 놓을 요량으로 이런 천박한 조롱을 한 것이었지만, 흥분한 모리스는 이 계략을 꿰뚫어 보지 못했다.

그러나 무뢰한의 꿍꿍이를 간파한 듯한 방다는 벤치에서 용감하게 벌떡 일어나 애인을 보면서 입술에 검지를 세워, 헛된 말싸움에 말려들지 말라는 신호를 보냈다.

신호를 알아챈 모리스는 입을 다물고 전술을 바꿔 공격을 재개했다.

먼저 재빨리 옆으로 날아들며 호를 그리듯 검을 휘둘러 적의 빈틈을 찌르고, 이어 세 발짝 뒤로 물러나, 따라 움직이는 상대의 옆구리를 향해 격렬하고도 정확한 공격을 했다.

"이런, 이런!" 무뢰한이 외쳤다. "이번에는 청개구리처럼 폴짝폴짝 뛰어다니는군. 그럼 나도 슬슬 네 번째 솜씨를 보여 줄까."

그 말이 채 끝나기도 전에 무뢰한은 모리스의 어깨를 향해 전광석화와 같은 일격을 날렸다. 모리스는 가까스로 몸을 구부려 화를 면했다.

 적의 칼날에 스쳐, 모리스의 옷에 달린 장식 끈이 찢어졌다.

 모리스는 상체를 세우고 반격을 시도했다.

 그러나 적은 이미 만반의 태세를 갖추고 석궁 같은 기세로 연달아 공격을 퍼부었다.

 그와 동시에 또다시 욕설을 퍼붓기 시작했다.

 "이봐, 검술의 달인. 그런 식으로 하다가 어디 오늘 밤 내로 〈네덜란드 신문〉을 읽을 수 있겠어?"

 "읽을 수 있는지 없는지는 곧 알게 될 거야." 모리스가 받아쳤다.

 "그런데 왜 그렇게 〈네덜란드 신문〉을 읽고 싶어 하는 거지?"

 모리스는 여전히 적의 칼을 피하기는 했지만, 지친 기색이 역력해지기 시작했다. 체력이 앞선 무뢰한이 점점 우세로 돌아섰다.

 빙빙 돌면서 싸우다 보니, 모리스는 탁자 위에 올라가서 구경하던 노인 쪽으로 다가가게 되었다. 노인은 자기편이 검을 내지를 때마다 원숭이처럼 호들갑스럽게 발을 구르거나 손뼉을 쳐 댔다.

 그 모습은 용감한 기사를 단칼에 두 조각 내는 거인을 보고 방방 뛰며 기뻐하는 도깨비와도 같았다.

 방다는 무시무시한 마법사에게 붙들린 공주 역할로, 기사 이야기의 여주인공답게 꼿꼿한 자세를 잃지 않았다.

 눈물도 내비치지 않은 채 이를 앙다물고 가냘픈 칼자루를 쥐고 서서, 운명의 장난 탓에 이 사투에 휘말린 연인에게 뜨거운 시선을 보냈다.

 이러한 모습으로 보건대 이 여인은 지금까지도 종종 무시무시한 위험을 만나, 사랑은 알지만 두려움은 모르는 마음의 소유자 같았다.

 결투는 점점 격렬해졌다. 검이 계속해서 부딪치고, 무뢰한의 욕설은 그칠 줄을 몰랐다.

 "그렇게 화내지 말라고, 애송이! 이래봬도 난 너그러운 남자야. 신문은 절대로 줄 수 없지만, 어떤 내용이 쓰여 있는지는 가르쳐 줄 수도 있어. 뭐가 알고 싶지? 프랑스 국왕 폐하가 대리석 광장에서 근위 연대를 사열하셨다는 뉴스인가? 이건 2월 2일 성모 정화 축일 때 일이라고 쓰여 있어……

어이쿠! 지금 그 칼 놀림은 꽤 훌륭했어. 내 손이 조금만 더 약했더라면 '브랑베르진'이 저만큼 날아가, 저기서 구경하고 있는 주인장 얼굴에 박혔을 거야."

모리스는 발끈해서 맹렬히 공격했으며, 마침내 적의 윗도리에 두 번에 걸쳐 구멍을 뚫는 데 성공했다.

"아무래도 왕궁 열병식 이야기에는 흥미가 없는 모양이군." 무뢰한이 비웃었다. "그렇다면 이 뉴스는 어떨까? 이것도 〈네덜란드 신문〉에 실린 기사인데, 현재 르부아 대신은 내년 봄으로 예정된 국왕 폐하의 마스트리흐트 포위 작전 준비로 몹시 바쁘다는 소식이야. 아, 이것도 원하던 기사가 아닌 모양이군. 고맙다는 말 대신에 세 번째 공격을 해 오는 걸 보니……."

"이거나 먹어라, 살인자!" 이렇게 외치기가 무섭게 모리스는 회심의 일격을 날렸다.

그러나 무뢰한은 그 일격을 멋지게 되받아쳐 맹렬한 기세로 반격했다. 모리스는 가슴의 급소를 찔러 똑바로 쓰러졌다.

의식을 잃기 직전에 청년의 귀에 적의 광폭한 목소리가 울려 퍼졌다.

"아하, 이제 알겠군! 네놈이 찾던 건 '로마에서 온 특별 사절이 파리에 도착했다'는 기사였어. 어때, 내 말이 맞지!"

2 '하얀 침대'의 비밀

모리스는 예상 밖의 일격을 당한 동시에 고대하던 소식을 알게 되었다.
따라서 〈네덜란드 신문〉에 실린 기사의 중요성을 생각할 여유는 없었지만, 4번 갈비뼈와 5번 갈비뼈 사이에 8센티미터쯤 박힌 '브랑베르진'의 날카로움은 똑똑히 느꼈다.
모리스는 쓰러지면서 눈을 감았다. 입에서 엄청난 양의 피가 쏟아져 나왔다.
미친 듯이 달려온 방다가 바닥에 쓰러진 청년의 몸을 가슴에 품었다.
이 용감한 젊은 여인은 말없이 신속하게 응급조치를 취했다.
먼저 가까운 의자를 끌어와 깊은 상처를 입은 청년의 머리를 받치고, 무뢰한의 일격에 뚫린 웃옷의 단추를 푼 뒤, 연인의 가슴에 난 상처를 열심히 빨기 시작했다. 상처는 얼핏 가벼운 자상처럼 보였다.
그런 방다의 모습은 태어나서 지금까지 전쟁터에서 죽어 가는 부상자만 간호해 온 사람처럼 아주 침착했다.
반 호텐과 세 명의 종업원은 그렇게 침착하지 못했다.
모리스가 쓰러진 것을 보고 이들은 겁먹은 공작 같은 비명을 지르며 뒷계단으로 도망쳐 버렸다. 이제 홀에 남은 사람은 승자와 패자 외에 방다와 코끝이 뾰족한 노인뿐이었다.
노인은 결투 내내 올라가 있던 탁자에서 재빨리 뛰어 내려와, 승리를 거머쥔 동행의 소매를 잡아끌며 얼른 가게에서 나가자고 재촉했다.
사나이는 물소 가죽 갑옷 소매로 칼날을 정성껏 닦았다.
다 닦고 나자 칼을 칼집에 넣고 망토를 주워 들고 모자를 깊이 눌러쓰고서 쉰 목소리로 말했다.
"귀여운 작은 새는 날개를 다쳐 당분간은 남쪽으로 날아가지 못할 거야. 자, 우리는 브뤼셀의 신선한 공기를 마시러 나갈까? 이 가게 안은 생맥주가 발효하는 냄새 때문에 구역질이 날 정도로 숨 막혀."

무뢰한은 그렇게 내뱉더니, 쓰러진 모리스를 치료하는 방다의 애절한 모습에는 눈길도 주지 않은 채 대문으로 나가 버렸다. 교활해 보이는 노인도 동행이 활짝 열어젖힌 문을 닫고 그 뒤를 바짝 쫓아 나갔다.

맑게 갠 추운 밤이었다. 시에르 에 팡 골목의 울퉁불퉁한 지면은 눈으로 뒤덮여 있었다.

곧장 시청 앞 광장으로 향한 두 악당은 좁고 기다란 광장 복판쯤 와서 작은 목소리로 말을 주고받기 시작했다.

"남작," 검은 옷을 입은 노인이 힐책하듯 말했다. "대체 어쩔 셈으로 오늘 밤 그런 짓을 했는지 설명해 주지 않겠나?"

"맙소사, 무슨 소리를 하는 거야, 나로! 설명하고 자시고 할 게 뭐 있어! 내 행동은 당신이 본 그대로야. 계집애 같은 녀석이 싸움을 걸어오니까 검술 실력을 보여 준 것뿐이라고. 지금쯤 녀석은 짐을 챙겨서 지옥으로 가는 여행길에 올랐을 거야. 그리고 우리 둘은 선량한 여행객답게 조용히 숙소로 돌아가는 중이지. 마침 소등을 알리는 종도 쳤으니까. 이 이상 알아야 할 게 있어?"

"잠깐만, 엔 남작. 그렇게 얼버무리고 넘어갈 생각 마. 내 말의 의미는 자네도 잘 알 텐데. 르부아 대신님께서는 우리를 술집에서 우연히 만난 남자와 칼싸움이나 벌이라고 플랑드르로 보내신 게 아니야."

"지금 그 녹색 리본으로 멋을 낸 멋쟁이가 그냥 우연히 만난 남자라고 생각하는 거야?"

"설사 그자가 대신님의 적이었다 해도 어차피 위험인물일 리는 없었어. 지금은 그런 자와 결투를 벌이면서 시간을 낭비할 때가 아니잖아."

"침착하게 내 말을 들어 봐. 그러면 생 라자르 수도원에서 회계장으로 일하는 수완가로서 조금 경솔한 말을 했다고 인정하지 않을 수 없을 테니까."

"이야기를 듣기 전에는 뭐라고도 할 수 없군."

"뭐, 간단한 이야기야. 먼저, 베르사유를 떠나던 날 우리 둘이 받은 명령을 떠올려 봐. 당신은 육군 담당 르부아 국무총리님에게서, 나는 생 푸앙주 차관님에게서 명령을 받았어."

"남작, 미안하지만, 우리 둘의 임무는 전혀 다르다는 점을 명심했으면 하네.

물론 우리는 협력해서 행동하면서 필요에 따라 서로 지원해야 해. 하지만 내 임무는 이곳에 와서 국왕에 대한 모반을 일으키려는 고명한 귀부인을 감시하는 일이야. 자네는 오로지 키펜바하라는 사나이를 미행하기로 되어 있지. 루이 드 올단부르라고도 불리는 그 남자는 이 패씸한 반란의 주모자야."

"됐어, 그만해, 회계장! 거기까지 말하지 않아도 다 알아들어. 어쨌든, 로렌에서 태어나 독일 황제의 기병연대장으로 근무하는 그자가 프랑스 국왕을 위협할 걱정은 이제 없어졌어. 아까 내가 술집 바닥에 쓰러뜨리고 왔으니까."

"뭐라고! 그 새빨간 옷을 입은 계집애 같은 자가……."

"바로 키펜바하, 아니, 이 나라에서는 모리스 데자르모아스로 불리는 사나이지."

"그자의 정체며 그 술집에 있다는 정보는 어디에서 입수한 거야?" 나로가 분하다는 듯이 말했다.

"간단해! 난 젤란트에 친구가 많거든. 그것도 다 정보통으로. 그중 한 명은 직접 음모에 가담해 있어서 뭐든지 잘 알아. 오늘 밤 그자가 〈네덜란드 신문〉에 실린 모반 신호를 찾으러 그 술집에 나타날 거라고 알려 준 것도 그 친구지. '부하들을 데리고 프랑스 영내로 진격하라'는 신호였다는군……."

"진격해 봤자 금방 잡히고 말 거야." 노인이 끼어들었다. "국경은 경비들이 철통같이 지키고 있고, 요새사령관에게도 경고가 내려졌어. 군대는 벌써 출동했고……."

"그야 그럴지도 모르지." 엔 남작이 차갑게 대꾸했다. "하지만 정확하게 겨냥한 칼 한 방이 더 확실해."

"르부아 대신님도 그런 의견일지 장담할 수가 없군." 나로가 중얼거렸다. "어쨌거나 그자에게 신문에 실린 신호를 가르쳐 준 건 쓸데없는 짓이었어."

"저승길 선물로 가르쳐 준 거야. 무사의 동정심이라고나 할까."

"하지만 명줄을 끊어 버렸던 적이 다시 살아나는 건 흔히 있는 일이야."

"'브랑베르진'에 찔리고도 다시 살아난 사람은 없어!" 엔 남작이 가슴을 펴며 큰소리쳤다.

그 말을 듣고 나로 회계장은 잠자코 어깨를 으쓱해 보였다. 그때 시청 종탑의 종이 천천히 울리기 시작했다.

"10시다!" 나로가 외쳤다. "서두르지 않으면 백작부인보다 늦게 도착하겠어. 여기서 파셰코 거리까지는 한참이라고."

"하지만 어젯밤 그 귀부인이 묵은 몬스는 더 멀어. 그러니까 오늘 밤 내에 이 마을에 도착하는 일은 없을 거야."

"아니, 그 부인을 태운 마차는 틀림없이 지금쯤 브뤼셀 성문을 통과하고 있을 거야. 30분 뒤에는 예정된 숙소에 도착할 거고. 난 그곳에서 기다리고 있어야 해."

"좋아! 그럼 출발할까! 이렇게 눈 내리는 밤에는 불에 장화 바닥을 말리면서 술 한잔으로 몸을 덥히고 싶지만."

르부아 국무총리의 두 부하는 광장을 가로질러 구불구불한 언덕길을 지나, 마을 반대편에 있는 파셰코 거리로 향했다.

만일 뒤를 돌아봤다면 그들은 적당한 거리를 두고 벽에 바짝 붙어 뒤쫓아 오는 그림자를 발견했을지도 모른다.

그러나 눈이 이 미행자의 발자국을 지우고 있었고, 나로 회계장과 엔 남작은 서두르느라 뒤를 돌아볼 여유가 없었다.

성 귀될 성당이 가까워져 오자 경사가 더욱 급해졌으므로 두 사람은 어쩔 수 없이 걸음을 늦추었다.

"나로 회계장." 엔 남작이 말했다. "아까 난 당신의 질문에 최대한 솔직히 대답했어. 그러니까 이번엔 내가 질문을 하나 해도 될까?"

"물론이지, 남작."

"그럼 묻지. 당신 같은 훌륭한 재무관과, 죽은 마자랭 추기경의 조카이자 왕족에 시집간 수와송 백작부인은 대체 어떤 사이지?"

"그건 알아 뭐하게?"

"그냥 궁금해서 그래. 내가 받은 명령에는 궁중에서 '만시니의 딸'이라 불리는 여자에 관한 건 한마디도 없거든."

"쓸데없는 참견은 하지 말라고 말하고 싶지만, 그렇게 궁금하다면 가르쳐주지. 나는 오래전부터 수와송 저택에 드나들며 백작부인의 신망을 얻었어. 그러니까 부인이 브뤼셀을 방문할 때 내 숙소에 묵는 건 지극히 자연스러운 일이라 할 수 있지."

"당신의 숙소라기보다는, 당신이 그 사람을 맞이하기 위해 특별히 빌려서 가구를 채워 넣은 숙소라고 해야 옳지. 어쨌든, 이제 이해가 갔어. 르부아 대신님은 수와송 부인, 그러니까 아름다운 올랭프가 당신에게 보내는 신뢰를 이용해서, 그 부인이 뭘 하러 이곳에 찾아왔는지를 캐내려는 거군."

"자네는 스핑크스가 낸 수수께끼를 푼 오이디푸스만큼 명민하군, 남작." 나로가 빈정거리며 말했다.

"하지만 그런 나도 모르는 게 하나 있어. 그 엄청나게 큰 상자 안에 당신이 소중히 간직하고 있는 커다란 기계의 정체 말이야. 그것 때문에 여행 내내 말이 얼마나 고생했는지 몰라."

"그건……" 나로가 목소리를 죽였다. "그건 '하얀 침대'야."

"하얀 침대? 그건 또 무슨 신발명품이지?"

"내 피땀이 어린 걸작이지. 르부아 대신님도 감동해서 상을 듬뿍 내려 주셨어."

"뭐라고! 이런, 날 놀리는 건가! 아르투아 출신의 귀족을 놀리다간 큰코다칠 줄 알라고!"

"그만!" 나로가 단호하게 제지했다. "서두르세. 길 저쪽에 백작부인의 마차가 보여."

아닌 게 아니라 저 멀리서 횃불이 빛나고, 육중한 마차를 끄는 말을 모는 종복의 목소리가 들렸다.

두 첩자는 수와송 부인을 정중히 맞이하기 위해 숙소 계단으로 달려갔다.

두 사람을 미행하던 사나이는 앞으로 파세코 거리에서 무슨 일이 일어날지 지켜볼 수 있도록 길가 경계석에 앉았다.

수와송 백작부인을 태운 마차는 아주 훌륭했다. 그러나 루이 14세의 원정을 그린 그림이 당시의 육중한 마차의 모습을 후세에 잘 전달하고 있으므로, 여기서 자세히 묘사할 필요는 없을 것이다. 그 무렵 귀족의 마차는 여섯 마리 말이 겨우 끌 수 있을 정도로 무겁고, 최소한 마차 안에 여덟 명은 탈 수 있었으며, 그 밖에도 계단에 하인들이 탈 수 있었다.

나로가 가리킨 마차는 파세코 거리를 완전히 꽉 막고 있었다. 시동이며 종복들이 내지르는 시끄러운 목소리를 듣고서 주민들이 창문으로 고개를 내밀었다.

두 사나이가 숙소 계단 아래에 도착한 바로 그 순간 마차 문의 장막이 열렸다.

엔 남작은 벽에 딱 붙어, 연대기를 앞세운 군인처럼 직립부동 자세를 취했다. 나로 회계장은 모자를 든 채 두 팔꿈치를 꺾고 등을 구부려, 깡마른 몸을 최대한 우아하게 보이려고 애썼다.

한 사나이가 마차에서 가볍게 폴짝 뛰어내려 수와송 백작부인에게 손을 내밀었다. 그 바람에 가냘픈 나로는 튕겨져 나갈 뻔했다. 부인이 그 손을 잡고 사뿐사뿐 마차에서 내렸다.

"잘 지냈나요, 나로?" 부인이 쌀쌀맞게 말했다. "나와 하인들이 푹 쉴 수 있도록 만반의 준비를 해 놓았겠죠?"

"먼 길 오시느라 얼마나 피곤하셨습니까." 나로가 간드러진 목소리로 한껏 공손하게 물었다.

"마차라면 이제 지긋지긋해. 울퉁불퉁한 길에 시달리느라 온몸이 젖은 솜뭉치 같지 뭐예요. 어서 방으로 안내해 줘요. 한시라도 빨리 옷을 벗고 침대에 눕고 싶으니까."

나로는 이마가 땅에 닿을 정도로 깊숙이 절하고, 소리를 듣고 달려온 수행원의 손에서 횃불을 뺏어 들고는 백작부인을 안내했다.

그때 수와송 부인을 따라 마차에서 내린 시녀가 부인의 망토를 들고 앞으로 나왔다.

"필립." 부인이 마차에서 내릴 때 손을 빌려 주었던 수행원에게 무뚝뚝하게 말했다. "당신은 먼저 가요. 내 시중을 드는 건 로렌차 혼자서도 충분하니까."

그러고는 청동 못을 박은 무거운 떡갈나무 문 옆에 말뚝처럼 뻣뻣하게 서 있는 엔 남작에게 시선을 고정하고 물었다.

"이쪽은 누구?"

"아르투아 출신의 귀족으로, 제 둘도 없는 친구입니다." 나로가 의미심장한 투로 대답했다.

수와송 부인은 이 간결한 설명에 만족했다. 일동은 넓은 돌계단을 따라 이 호화로운 저택의 2층으로 올라갔다.

나로 회계장은 벽에는 수직으로 짠 태피스트리가 걸려 있고, 아름다운 가구가 갖추어진 넓은 방으로 손님을 안내했다.

르부아에게서 받은 돈으로 철저한 준비를 한 것이 틀림없었다.

식탁에는 요리가 담긴 커다란 접시와 술병 등이 상다리가 부러지게 놓여 있었다. 손님들이 잠자리에 들기 전에 가벼운 식사를 들고 싶다고 말할 때를 대비해서 준비한 것이었다.

"어머나!" 부인이 외쳤다. "눈치가 빠르기도 하지. 수와송 성에서도 이런 훌륭한 요리는 본 적이 없어. 하지만 유감스럽게도 난 식욕도 없고 너무나 졸리는군요."

"잠자리는 준비되어 있습니다." 나로가 얼른 대답했다.

엔 남작은 일행을 따라가도 괜찮으리라는 생각에 방 입구에서 귀부인을 유심히 관찰하고 있었다.

수와송 부인, 즉 올랭프 만시니는 마자랭의 다섯 조카―아직도 프롱드의 난을 일으킨 잔당들에게는 "만시니 집안의 여자들"이라고 멸시당하고 있었다―중 막내[*1]로 당시 서른다섯 살이었다.

올랭프는 젊어서 루이 14세에게 사랑받기도 했지만, 뛰어난 미인으로 이름난 여자는 아니었다.

몽트빌 부인의 《회상록》에 따르면, 올랭프는 "얼굴이 길고 턱이 뾰족하며 피부는 올리브색이었다."

그러나 해가 갈수록 부인의 집시(로마 민족) 같은 생김새, 젖은 까마귀 깃털 같은 머리카락, 정열을 품은 까무잡잡한 피부, 깊은 눈빛을 지닌 까만 눈동자에는 격렬하고 매혹적인 독특한 아름다움이 더해졌다.

엔 남작이 지켜보는 가운데 부인은 난로 앞에 꼿꼿이 서서 민첩한 눈동자를 빛내며 하인 필립과 시녀 로렌차를 번갈아 바라보았다.

필립은 예전에는 수와송 백작의 시동이었으나 지금은 스위스 위병부대의 기수로 근무하며, 베르사유 궁전에서는 백작부인의 애인이라는 소문이 퍼져 있는 사나이였다.

당시 '멋쟁이'라는 말이 크게 유행했다. 엔 남작이 모리스를 그렇게 부른 것은 적절하지 않았지만, 이 기센 백작부인을 모시는 젊고 매력적인 수행원에게는 '멋쟁이'라는 수식어가 딱 맞아떨어졌다. 이 청년은 천사처럼 순수하

[*1] 실제로는 다섯 자매 중 둘째이다.

고, 궁정 시동처럼 여성스럽게 잘 차려입고 있었던 것이다.

시녀는 전형적인 롬바르디아 미인이었다.

로렌차는 밀라노 출신이었다. 백작부인이 오만하고 정열적으로 보이는 것과 대조적으로 이 예쁘고 젊은 처녀는 다정하고 착해 보였다.

수행원 필립과 눈빛을 교환하던 로렌차는 자신의 시선을 수와송 부인이 쫓는 것을 눈치채고 황급히 시선을 내렸다.

"저렇게 서로 한참을 들여다보다니……. 인제 그만 내쫓아야겠어." 자존심 센 수와송 부인이 중얼거렸다.

그리고 목청을 높여 물었다.

"나로, 하인들은 어디에 묵으면 되죠?"

"네, 종복들과 말은 제 하인이 별채로 데려갈 겁니다. 필립 님은 제 방에 묵으시고, 시녀 님은……."

"로렌차는 나랑 함께 있을 거예요." 백작부인이 말을 잘랐다. "자, 침실로 안내해 줘요. 졸려서 견딜 수가 없어."

나로 회계장이 부랴부랴 횃불을 들고, 인물상을 짜 넣은 육중한 태피스트리를 들추어 수와송 부인에게 널찍한 방을 보여 주었다. 거기에는 횃불과 등불이 켜져 있었다. 방 안쪽에는 어마어마하게 넓은 침대가 있고, 그 위에는 흰 벨벳 커튼이 드리워져 있었다.

"세상에! 정말 멋지네." 수와송 부인이 말했다. "프랑스 왕비도 이렇게 훌륭한 침대에서 자지는 않을 거야."

"백작부인, 시키실 일 있습니까?" 잘생긴 필립이 공손하게 물었다.

"시킬 게 있으면 내일 아침 일찍 말하겠어요." 부인이 쌀쌀맞게 대답했다.

"가자, 로렌차!"

앳된 시녀는 아름다운 팔에 백작부인의 침실용 모자를 안고서 수행원 필립과 한 번 더 시선을 교환한 뒤 부인을 따라갔다. 그동안 엔 남작은 부인의 침소를 흘끔 바라보았다.

"저게 바로 늙은 너구리 같은 나로가 파리에서 가져온 문제의 '하얀 침대'구나." 남작이 중얼거렸다. "도대체 왜 수와송 부인을 저 침대에 재우는 거지? 도무지 짐작이 가지 않는군."

수와송 부인은 난로 쪽으로 성큼성큼 다가가, 비단 쿠션이 놓여 있는 커다란 안락의자에 몸을 파묻었다.

　시녀는 품에 가득 안은 잠옷이며 침실용 모자를 내려놓고 방문을 잠근 뒤, 백작부인이 머리를 기대고 있는 의자 등받이 뒤로 왔다.

　"마님, 모자를 씌워 드릴까요?" 시녀가 상냥한 목소리로 조심스럽게 물었다.

　"그럴 필요 없어. 난 잘 생각 없으니까." 수와송 부인이 차갑게 대답했다.

　"하지만 마님……. 긴 여행을 하시느라 무척 피곤해 보이시는데요……."

　"잘못 본 거야. 난 편지를 써야 해. 저 천것들에게 빨리 자고 싶다고 말한 건 혼자 있고 싶어서였어."

　로렌차는 그 이상 아무 말도 하지 않았다. 저도 모르게 한숨을 내쉰 것 같았지만, 그건 하품이었을지도 모른다.

　"아무래도 쉬고 싶은 건 너인 것 같은데, 로렌차." 그렇게 말하면서 백작부인이 뚫어지게 쳐다봤으므로 시녀는 얼굴을 붉혔다.

　"덜컹대는 마차에 너무 시달리느라……." 시녀가 기어 들어가는 목소리로 변명했다. "하지만 마님께서 아직 시킬 일이 있으시다면……."

　"없어."

　"그럼 물러가도 되겠습니까?"

　"어머나, 물러가서 어디로 가려고?"

　"아까 그 검은 옷을 입은 늙은 귀족에게 부탁해서 이 침실 옆방에 쿠션을 가져다 놓으려고요. 그러면 마님께서 언제든 저를 부르실 수 있으니까요."

　수와송 부인은 미간을 찌푸린 채, 옆에 놓인 작은 탁자에 팔꿈치를 괴고 미끈한 하얀 손으로 까만 머리를 받치고서 잠시 아무 말이 없었다.

　"이 방에서 나가지 마." 부인이 불쑥 말했다. "촛대 두 개를 이쪽으로 가지고 와. 난 밤새 편지를 쓸 거야. 서 있을 수 없을 정도로 피곤하다면 넌 저 침대에 누워 쉬도록 해."

　"당치 않습니다. 어떻게 그런 무례한 짓을 하겠어요. 저도 깨어 있겠습니다."

　"아니야. 넌 저 침대에 누워 자도록 해. 언제부터 그렇게 말대답을 했지?" 수와송 부인이 반은 위압적으로, 반은 친근하게 말했다.

　"하지만 마님…… 저……."

　"아직도 할 말이 있어?"

"하지만 어떻게……." 가엾은 로렌차는 안절부절못하며, 용의주도한 나로 회계장이 백작부인을 위해 완벽하게 꾸민 훌륭한 침대를 가리켰다.

"정말 호화로운 침대야. 그 나로란 사람, 여간내기가 아니야." 수와송 부인은 네 개의 나선 원주에 둘러싸인 침대를 바라보며 고개를 주억거렸다.

침대는 어마어마했다. 제단처럼 값비싼 융단을 깐 긴 계단이 설치돼 있고, 천장의 네 귀퉁이에는 훌륭한 날개 장식이 달려 있었으며, 중앙에는 커다란 왕관이 놓여 있었다.

천장, 휘장, 베개, 레이스 등 모든 것이 눈처럼 새하얗고 값비싼 것이었다.

"지금 플랑드르 지방에서는 이런 게 유행하나 보지?" 부인이 말을 이었다. "아무튼, 이런 새하얀 침대는 너 같은 젊은 아가씨한테 더 잘 어울려. 어려워 말고 어서 누워!"

한번 말을 내뱉으면 절대로 무르지 않는 부인의 성격을 잘 아는 로렌차는 명령을 거역할 용기가 나지 않았다. 게다가 사실 너무 지쳐서 쓰러질 것만 같았다. 그래서 부인의 손에 입 맞춘 뒤 살금살금 걸어가, 옷을 입은 채로 하얀 침대 한가운데에 누웠다.

수와송 부인은 잠시 그 모습을 지켜보았다. 로렌차는 금방 눈을 감았다.

이내 규칙적인 숨소리가 조용히 들려왔다. 로렌차가 깊이 잠든 것이다.

백작부인은 생각에 잠기기 시작했다. 이따금 거칠게 몸을 움찔거리기도 하고 두서없는 혼잣말을 하기도 했다.

"저 밀라노 아이는 행복하구나." 부인이 뜨거운 이마를 손으로 짚으며 중얼거렸다. "사랑과 질투가 어떤 것인지 모르니까……."

갑자기 부인이 벌떡 일어나, 도무지 떨쳐낼 수 없는 생각에서 도망치려는 듯이 방 안을 성큼성큼 돌아다니기 시작했다.

"역시 그 점술가의 예언이 맞았어." 부인이 나지막하게 말했다. "난 배신당할 운명인 거야……. 버림받을 운명인 거야. 지금껏 맛본 고통은 이제부터 맛볼 고통에 비하면 아무것도 아니겠지. 나이를 먹을수록 내 미모도 쇠퇴해 가……. 지금도 더는 아름답지 않을지도 몰라."

비통한 어조로 중얼거리면서 부인은 베니스제 거울 앞에 멈춰 섰다.

"아니야, 그렇지 않아." 부인이 천천히 말을 이었다. "내 머리카락은 검고, 내 눈은 세상에서 가장 위대한 왕이 별에 비유했을 때와 변함없이 빛나고 있어…….

 국왕은 날 잊어버렸어. 그 야속한 사람은 변심해서 꺽다리에 절름발이 라발리에르에게 관심을 쏟으며, 이 올랭프 만시니에게는 베르사유 궁에서 가끔 무심한 시선을 던질 뿐이야. 한때는 왕비 자리도 꿈만은 아니라고 생각되던 나인데…….

 그래, 왕은 잊어버렸어. 하지만 난 똑똑히 기억해. 그리고 이제 복수의 날이 다가오고 있어."

 백작부인은 난로 앞으로 돌아와 다시 안락의자에 몸을 묻고 가만히 생각에 잠겼다.

 로렌차는 꼼짝도 하지 않고 깊이 잠들어 있었다. 두 여인을 감싸는 침묵을 깨는 것은 난롯불이 탁탁 타오르는 소리뿐이었다.

 이렇게 한두 시간쯤 지났을까.

 갑자기 수와송 부인이 긴 꿈에서 깬 듯이 몸을 일으키더니 입속으로 중얼거렸다.

 "더는 참을 수 없어……. 필립마저 날 배신하다니. 비참한 처지에서 구해내 기껏 신경 써 줬는데……. 그는 로렌차를 사랑해……. 지금 당장 만나서 얘기 좀 해야겠어."

 격정에 휩싸인 백작부인은 잘생긴 수행원을 찾으러 가려고 일어섰다가 문득 하얀 침대로 시선을 돌렸다.

 그때 이상한 광경이 눈에 들어왔다.

 젊은 시녀가 잠들어 있는 이불 양 끝이 소리 없이 들리며 천천히 맞붙는 것과 동시에 침대 가운데가 수렁처럼 움푹 꺼지기 시작한 것이다.

 하얀 침대는 조금씩 커다란 원통 같은 모양이 되어 갔다. 얼마 뒤면 로렌차를 집어삼켜 질식시킬 것만 같았다.

 불운한 젊은 시녀는 아무것도 모른 채 곤히 잠들어 있었다.

 순간 백작부인은 달려가 로렌차를 흔들어 깨우려고 했다.

 그러나 불행하게도 부인은 놀란 나머지 몇 초간 그 자리에 못 박힌 듯 서 있었다. 그사이 이 이탈리아 여인의 머릿속에는 온갖 생각이 스쳐 지나갔다.

 질투에 한창 미쳐 있을 때 침대가 똬리를 트는, 그야말로 환상에 가까운 광경을 목격하고서 순간 수와송 부인은 잘생긴 종복은 까맣게 잊고 오로지

시녀에게 닥친 위험만 생각했다.

그러나 마침내 끔찍한 생각이 떠올랐다.

"이 애는 그를 사랑해." 부인이 중얼거렸다. "이 애의 시선에는 뜨거운 애정이 담겨 있었어. 그는…… 어쩌면 그도 이 애를 사랑하는지 몰라. 난 그를 위해 모든 것을, 왕의 사랑을 되찾겠다는 희망마저 버렸는데……. 하지만 이 애가 죽으면……."

수와송 부인은 그 이상 상상을 진행할 용기가 없었지만, 그 눈은 명백히 이렇게 말하고 있었다—이 애가 죽으면 내 연적이 사라진다.

그동안에도 나로 회계장이 발명한 이 끔찍한 장치는 천천히 무자비하게 움직였다.

'하얀 침대'는 점점 가운데가 꺼져 들어갔다. 이불이 순식간에 동그랗게 말리며, 잠든 시녀를 옥죄었다.

조금 있으면 이불 양쪽 끝이 맞닿고, 푹신한 이불에 둘둘 말린 로렌차는 비명을 지를 틈도 없이 질식하고 말 것이다.

고대 폭군들이 고안한 잔인하기 그지없는 고문도 사람을 산 채로 부드럽게 매장하는 이 기계 장치만큼 끔찍하지는 않았을 것이다.

맹목적인 파도의 힘에 제압당한 바다가 바위섬에 매달린 조난자를 천천히 삼켜 가듯이, 무시무시한 침대는 그 이불에 누운 사람의 믿음을 저버리고 점점 그를 삼켜 간다.

천장 휘장은 수의가 되고, 침대는 관이 되는 것이다.

불현듯 수와송 부인은 끈질기게 따라다니는 유혹을 떨쳐내려는 듯 고개를 흔들고, 무시무시한 장치 쪽으로 곧장 걸어갔다.

어쩌려는 셈일까? 이 살인 기계를 어떻게 멈추려는 것일까?

그것은 부인 자신도 전혀 알 수 없었다. 다만 마음속에서 연민의 정이 승리를 거두어, 먼저 로렌차를 깊은 잠에서 깨어나게 해야 한다는 사실을 깨달은 것이다.

잠든 시녀 얼굴 위로 남은 공간이 점점 좁아져 갔다. 곧 공기가 완전히 없어질 것만 같았다.

수와송 부인은 시녀 위로 몸을 굽혀 이름을 불렀다.

로렌차는 전혀 눈을 뜨지 않고, 몸을 조금 뒤척이면서 입술 사이로 가느다란 목소리를 흘렸다.

"필립!"

수와송 부인은 뱀이라도 밟은 듯이 화들짝 놀랐다.

"필립이라고!" 부인은 분노를 죽이며 중얼거렸다. "그의 이름이야. 이 애가 필립 드 트리를 불렀어……. 그의 꿈을 꾸는 거야……. 그럼 두 사람은 벌써 연인인 게로군……. 그렇다면 복수해 주지!"

그렇게 말하고 주먹을 꽉 쥐었다. 얼굴에 고뇌의 빛을 역력히 드러내고 눈을 형형히 빛내면서 잔인한 수와송 부인은 침대에서 물러났다.

누가 이 모습을 목격했다면, 그는 부인에게서 만시니 가문의 핏줄을 발견했을 것이다. 이때 부인의 눈빛에는 그 일가의 잔인함이 똑똑히 나타나 있었다. 13세기 이탈리아 여자의 눈빛 속에서도 이토록 격렬하고 이토록 어두운 정열의 불길은 타오르지 않았으리라고 생각될 정도였다.

부인은 잠든 채 죽음의 세계로 떠나려 하는 불쌍한 시녀를 생각할 여유가 없었다. 필립 생각으로 마음이 가득 차, 동정심이 끼어들 여지가 없었던 것이다.

그럼에도 부인은 이 무언의 참극에서 눈을 돌릴 수가 없었다. 이 범죄를 중단하는 것도, 성공하게 하는 것도 부인의 의지 하나에 달린 것이다.

음침한 원통형 장치는 여전히 소리 없이 매끄럽게 움직였다.

이제 몇 초 뒤면 로렌차는 뱀에 휘감긴 산양처럼 불길한 하얀 천에 휘감겨 질식해 죽을 것이다.

"안 돼. 저 애를 죽게 해선 안 돼. 필립이 나를 배신한 게 맞다고 자백하도록 추궁해야 해!" 이렇게 외치면서 수와송 부인은 무시무시한 침대로 달려갔다.

그러나 부인이 침대에 손을 댔을 때는 죽음의 선회가 끝나 있었다. 시녀는 잔인한 장치 속에 파묻혀 거의 보이지 않았다.

백작부인은 황급히 장막을 걷으려고 했지만, 비단 아래에 단단한 금속 물체가 있는 것을 알자 이제 손쓸 도리가 없음을 깨달았다.

불쌍한 로렌차는 말하자면 이동식 묘지에 갇혀 버린 것이다.

거의 들리지 않을 정도로 희미한 비명이 흘러나오고 몸이 두세 번 움직거리더니 잠잠해졌다.

아무리 질투에 몸이 달아 있었다고는 하나, 또 아무리 냉혹하고 무정하게 굴 생각이었다고는 하나, 수와송 부인은 얼굴이 창백해지고 온몸에 전율이 흐르는 것을 느꼈다.

그때 누군가가 위층을 걷는 소리가 들렸다.

불면에 시달리다가 조금이라도 잠들려고 침실을 왔다 갔다 하는 남자의 느릿하고 규칙적인 발소리였다.

"왠지 필립의 발소리 같아." 부인이 이마에 손을 갖다 대며 중얼거렸다.

"그러고 보니 아까 나로가 자기 침실을 필립에게 주겠다고 했지……. 이 저택은 3층까지밖에 없고, 그리 넓지도 않아……. 그러니까 필립은 이 방 위에서 묵는 게 틀림없어……. 저건 분명히 그의 발소리야……. 그의 박차 소리가 들려……. 어째서 아직도 깨어 있을까? 어제 몬스에서는 여행 때문에 완전히 녹초가 되었다고 말했으면서."

갑자기 이 무서운 이탈리아 여인은 천장을 향해 주먹을 휘두르며 소리쳤다.

"아, 이 염치도 모르는 놈! 이제 다 알았어! 로렌차가 올 줄 알고 자지도 않고 기다리는 거야."

그리고는 뭐라 형용할 수 없는 어조로 이렇게 덧붙였다.

"평생 기다려 보시지, 필립! 로렌차는 안 와! ……나 대신 누군가가 복수해 주었으니까!"

사방이 쥐 죽은 듯 고요했다. 커다란 은촛대 위에서 다 타들어가는 희미한 촛불에 비쳐 침실은 신기루처럼 아렴풋해 보였다.

'하얀 침대'는 관을 올려놓는 대처럼 방 한가운데를 차지하고 있었다. 세로로 짠 태피스트리의 인물상이 방금 목격한 범죄를 막으려고 하지 않은 수와송 부인에게 비난의 시선을 던지는 듯이 보였다.

방 안은 깊은 침묵에 갇혔으며, 모든 것이 얼어붙은 듯 정지되어 있었다. 만일 이때 백작부인의 시동이나 나로 회계장의 종복이 문간에서 살짝 엿봤더라면, 어떤 처녀의 장례가 치러지는 줄로 착각했을 것이다. 설마 조금 전까지 쌩쌩히 살아 있던 눈부시게 아름다운 여인이 눈처럼 하얀 침대 휘장 밑에서 조용히 잠들어 있을 줄은 꿈에도 생각 못했을 것이다.

그러나 내막을 다 아는 수와송 부인은 조금씩 후회와 공포심을 느끼기 시작했다.

"대체 누가 이런 짓을 했을까?" 부인이 천천히 말했다. "이 끔찍한 덫은 누구를 노린 것일까? 내가 로렌차에게 대신 쉬라고 말하리라고는 아무도 예상하지 못했겠지……. 그렇다면 이 끔찍한 죽음은…… 나에게 준비된 것이었어…….

아! 안 좋은 일을 하도 당하다 보니 머리가 완전히 뒤죽박죽되어 버렸어. 이젠 누구를 탓해야 좋을지도 모르겠어. 모두 날 배신해……. 필립마저……. 그토록 아꼈던 필립마저……. 지금도 그를 위해서라면 목숨도 버리고 가문에 먹칠을 해도 좋다고까지 생각하는데……."

굵은 눈물방울이 올리브색 뺨을 타고 흘러내렸다. 부인의 입술은 기도문을 중얼거릴 때처럼 떨렸다.

"난 왜 이리 어리석었을까." 부인이 불쑥 외쳤다. "점술가 보아젱의 예언을 잊고 있었다니. 머지않아 커다란 위험에 처할 거라고 경고했는데……. 날 섬기는 사람 중에 나이 든 남자를 조심하라고 했는데…….

그래! 그 역겨운 나로가 한 짓이 틀림없어! ……그자는 예전에 르부아 국무총리 밑에서 일한 적이 있는 데다 지금도 비밀리에 만난다는 소문이 있잖아…….

반란의 주동자들과 만나게 해 준다며 나에게 이 여행을 권고한 건 그자야……. 이곳에서 베르사유 궁전에 대한 모반을 꾀하는 리졸라와 아스프르 등과 만나게 해 준다며…….

난 라 발리에르와 루이 왕을 증오한 나머지 눈이 멀었었어……. 무슨 위험이 도사리고 있는지도 간파하지 못한 채, 그 시커먼 가발을 쓴 배신자의 수중에 떨어진 거야."

수와송 부인은 벌떡 일어나 주위를 두리번거리며 작은 목소리로 중얼거렸다.

"난 끝이야! ……그 악당은 날이 밝기 전에 찾아와, 자기가 꾸민 끔찍한 계략이 성공했는지 확인할 거야……. 내가 아직 살아 있는 걸 알면 부하를 시켜 죽이겠지……. 로렌차가 살아남았다고 해도, 입을 막기 위해 역시 죽여 버렸을 거야……."

자기 대신 죽은 불쌍한 시녀의 이름을 부르면서 백작부인은 저도 모르게 하얀 침대로 눈을 돌렸다. 그 순간 부인의 입에서 공포의 비명이 흘러나왔다.

조금 전부터 부인은 젊은 시녀를 삼켜 버린 침대 쪽을 바라볼 용기가 나지 않았다. 그런데 지금 보니, 그 무시무시한 침대가 다시 천천히 소리 없이 펴지면서 로렌초의 몸이 조금씩 보이는 것이 아닌가!

수와송 부인은 머리카락이 곤두서고 온몸의 피가 얼어붙는 기분이었다.

복수의 신이 백작부인을 저주하라고 불쌍한 시녀를 무덤에서 내보낸 것 같았다.

'날 죽였으니 천벌을 받을 줄 알아라!'라고.

무시무시한 기계는 계속 작동했다. 그동안 수와송 부인은 벽을 등지고 우두커니 선 채 태피스트리에 매달려 창백한 얼굴을 하고서 멍한 눈으로 이 끔찍한 광경을 지켜보았다.

1분도 채 지나지 않아 침대는 원래대로 돌아왔다.[*2]

화려한 휘장과 이불은 전과 조금도 다름없었다.

천장의 하얀 벨벳 커튼은 기계 장치의 희미한 떨림에도 흔들림 없이 네 개의 나선 원주 주위로 아무 일도 없었다는 듯이 장중하게 늘어져 있었다.

얼핏 로렌차는 처음에 이 무시무시한 죽음의 잠자리에 들었을 때와 똑같은 자세로 깊고 편안히 잠든 것처럼 보였다.

"하느님! 부인 이 애가 죽어 있지 않기를!" 수와송 부인은 손을 맞잡고 기도했다.

질투에 이끌렸던 자신의 행동이 얼마나 비열했는지를 깨닫고 부인은 이제

---

*2 원주. 소설에는 주석이 불필요하고, 창작에 증거 자료는 필요 없다. 그러나 여기서 독자 여러분에게 나로 회계장의 '하얀 침대'가 실재했다는 사실을 알려드리는 것은 무의미한 일이 아닐 것이다.

이 사실은 군사자료관에 보관된 고문서로 증명된다.

이 귀중한 문서 제301권에는 1673년 7월 28일에 르부아가 부하에게 보낸 편지가 있는데, 거기에는 다음과 같은 구절이 적혀 있다—"고(故) 나로 회계장의 집에서 하얀 침대를 운반하라. 파손되는 일이 없도록 주의할 것."

한 달 뒤인 8월 20일에 나로의 여동생 오브리 부인은 르부아에게 다음과 같은 답장을 보냈다—

"대신님, 제가 칼파트리 씨에게 대신님의 하얀 침대를 넘긴 것은 그에게 들어 알고 있으시리라 생각합니다. 오라버니는 제가 입이 무거운 여자인 줄 알기에 죽기 전에 그 사건에 관해 제게 털어놓았습니다."

이상과 같은 인용문을 보아, 이 소설이 적당히 꾸며 낸 이야기가 아님을 명백히 알 수 있을 것이다. 또한 이 이야기를 계속 읽다 보면, 필자가 되도록 역사적 사실에서 벗어나지 않도록 세심한 주의를 기울이고 있음을 알아주시리라 기대하는 바이다.

그 죄를 씻기 위해서라면 목숨까지 바쳐도 좋다고 생각하고 있었다.

이 시칠리아 여인의 마음은 무슨 일에건 극단적이었다—사랑도, 미움도, 유혹에 몸을 맡겼을 때도, 후회할 때도.

인간의 행위를 음미하는 유일한 최고 재판관인 하느님은 이 만시니 가문의 막내딸이 시작은 창대하나 끝은 미약한 긴 일생을 마치고 하느님 앞에 섰을 때, 그녀가 이 시녀에게 보냈던 동정심을 고려해 주었을지도 모른다.

그러나 이 음산한 사건이 일어난 밤에는 부인의 기도를 들어주지 않았다.

부인이 창백하게 질린 채 바들바들 떨며 겨우 침대로 다가가 몸을 숙여 로렌차를 들여다보니, 그 가엾고 순진한 얼굴에는 이미 죽음의 각인이 찍혀 있었다.

그러나 그 얼굴은 흉하지 않았다. 단말마의 고통이 짧았기 때문이다. 잔인한 원통에 옥죄였던 그 유연한 몸에도 마지막 경련의 흔적조차 남아 있지 않았다.

다만 크게 뜬 눈은 영혼이 날아가 버린 눈동자가 그러하듯 기분 나쁘게 한 곳에 고정되어 있었고, 입술은 마지막 숨을 거두기를 거부하듯이 굳게 다물어져 있었다.

로렌차는 별다른 고통을 느끼지 않은 듯했다.

사랑하는 남자의 꿈을 꾸면서 저세상으로 떠난 것이다.

백작부인은 자기 대신 죽은 불쌍한 시녀의 차가운 손을 잡고 입술을 갖다 댔다.

"앞으로는 너를 위해 복수해 주마." 부인이 기백이 서린 목소리로 속삭였다.

그러고는 몸을 쓱 일으켰다. 자존심 강한 백작부인은 얼굴에 늘어진 검고 구불구불한 머리카락을 단정히 정리하고, 거친 숨을 쉬고 있는 가슴 위에 아름다운 팔로 팔짱을 꼈다.

이제는 모든 것이 분명해졌다. 나로 회계장의 악마 같은 계략이 얼마나 악랄했는지도 똑똑히 이해할 수 있었다.

나로는 적들과 내통하며, 강력하고 집요한 르부아 국무총리를 위해 수와송 백작부인을 해치우는 역할을 떠맡은 것이 분명했다. 그리고 이렇게 고귀한 부인이 급사하면 곧 온 유럽에 소문이 파다하게 퍼질 것이 뻔하므로, 목적 달성을 위해 확실하고 조용한 수단을 선택했다.

이제 앙리 3세가 성가신 기즈 공을 해치우기 위해 근위병에게 죽여 버리라고 명령만 내리면 되었던 시대는 끝났다. 근엄한 17세기 왕은 1588년에 블루아 성내에서 45명의 친위대가 수행한 학살 같은 것은 마음에 들지 않았던 게 틀림없었다.

왜소한 몸집에 얼굴이 뾰족한 나로 노인은 사상이나 기질 면에서 떠들썩한 칼싸움을 싫어했으며, 그 때문에 전날 밤 이미 거친 기질의 엔 남작과 언쟁을 벌였다. 이 노인에게는 더 은밀하고 세밀한 수단이 성격에 맞았다.

나로가 고안한 '하얀 침대'는 마키아벨리 시대의 이탈리아인이 생각해 낸 그 어떤 정교한 장치에도 필적하기에 충분한 발명품이었다. 체사레 보르지아도 이 초라한 검은 옷을 입은 징세원을 부러워했을 것이다.

하얀 침대에 누워서 잠든 사람은 두 번 다시 눈을 뜨지 못한다. 게다가 모든 일은 세상의 이목을 피해 조용히 이루어진다.

나로의 발명품은 기계 회전이 다 끝난 뒤, 이 죄 없는 장치 때문에 저세상으로 보내진 피해자의 몸이 다음 날 아침 상처 하나 없이 깨끗한 상태로 발견되어, 아주 교묘하게 일을 처리한 가해자의 결백을 증명해 준다는 점에서 특히 훌륭했다.

"만약 내가 당했더라면 〈네덜란드 신문〉에는 뇌졸중 발작으로 죽었다는 기사가 실렸겠지." 백작부인이 중얼거렸다. "베르사유에서는 늙은 돌팔이 의사 파공이 왕의 취침 전 접견 때 이 급사 원인에 관해 멋대로 떠들어 댔을 거야. 그 악당이 굵은 지팡이에 달라붙어 있는 모습이 눈에 선하군. 몽테스팡 부인이 속닥거리는 소리가 들리는 것 같아. 흥! 아직 그들 뜻대로 되게 놔둘 순 없지. 만시니 가문의 딸들은 남을 죽일지언정 죽는 일은 없다는 걸 보여 주겠어……."

이런 순간에도 증오스러운 루이 왕 일당에 대한 복수를 다짐하는 것을 보면 과연 죽은 마자랭의 조카다웠다. 불찰로 들어와 버린 이 저택에서 수와송 부인에게 승산은 없었기 때문이다.

그 시각 부인의 가신들은 별채 다락방에서 곤히 잠들어 있어서 도움을 요청할 길이 없었다.

기댈 곳이라고는 그 잘생기고 배은망덕한 필립뿐이었다. 아까 위층에서 발소리가 들리긴 했으나, 도대체 어떤 방법으로 도움을 청해야 좋단 말인가? 게다가 그가 예상대로 로렌차를 사랑했다면, 이 시녀의 갑작스럽고 불가사의한 죽음에 부인이 전혀 관여되어 있지 않다는 사실을 어떻게 이해시켜야 좋으랴?

나로는 날이 밝기 전이나 어렴풋이 밝아 올 무렵, 피에 굶주린 여우가 닭장에 숨어들듯이 침실을 조용히 찾아올 것이 분명했다. 물론 수와송 백작부인이 죽은 채 하얀 침대에 누워 있고, 시녀가 안락의자에서 잠들어 있으리라 생각하고서.

그때 악마의 장치가 예상과 달리 성공을 거두지 못했음을 안다면, 여우가 호랑이로 돌변해, 만일을 대비해 옆방에 대기시켜 놓았던 자객을 부르지 않으리라고 누가 보장할 수 있을까?

그렇게 되면 "난폭한 방법은 쓰지 말고 베개로 이 여자를 질식시키라"고 자객들에게 명령하면 그만이다.

이때 수와송 부인은 이곳에 도착했을 때 본 엔 남작의 거칠고 음침한 얼굴이 떠올랐다. 닳아빠진 물소 가죽 갑옷이며 더러운 리본이며 긴 칼이며, 어디로 보나 돈으로 고용된 살인 청부업자 그 자체였다.

'무슨 수를 써서라도 한시라도 빨리 이곳에서 도망가야 해.'

부인은 결심했다. 그렇게 생각하자 절박한 심정이 든 부인은 우리를 부수려는 암사자 같은 기세로 방 안을 빙빙 돌기 시작했다.

머리카락은 헝클어져 창백한 이마 주위로 아무렇게나 흘러내리고, 어둠 속에서 눈은 형형히 빛났다.

그러나 벽에 걸린 태피스트리의 주름을 아무리 꼼꼼히 살펴봐도, 가녀린 손이 아플 정도로 떡갈나무 문을 여기저기 두드려 보아도, 가장 처음 나로가 공손하게 열었던 문 이외의 출구라고는 파셰코 거리에 면한 것으로 추측되는 창문 하나뿐이었다.

백작부인은 그곳으로 달려가 낑낑대며 무거운 창문을 열어젖히고 밖으로 고개를 내밀었다. 플랑드르식으로 두 개의 홈을 따라 위아래로 움직이도록 만들어진 창문이었다.

그 순간 부인의 얼굴로 눈보라가 확 끼쳐 오며, 좁은 틈으로 들이닥친 바람이 로렌차의 시체 옆에서 아직도 타고 있던 촛불을 꺼 버렸다.

부인은 자연의 맹위 따위는 신경도 쓰지 않았다. 저택의 삼각형 지붕을 뒤

흔드는 돌풍도 그보다 훨씬 스산한 내면의 폭풍우에 휩싸인 여자에게는 전혀 무서운 존재가 아니었다.

부인은 바람에 겁먹지 않고 냉정하게 포장도로까지의 거리를 눈으로 쟀다.

지면까지 8미터는 족히 되었다. 뛰어내렸다가는 팔다리가 부러져 버릴 것 같았다.

더구나 주위에는 인적도 드물고, 높은 현관 돌층계 앞길에는 눈이 두껍게 쌓여 있었다.

새하얗게 쌓인 눈 위에는 개미새끼 한 마리 보이지 않았다. 오래된 집마다 불이 켜진 창문이 하나도 없었고, 뾰족한 지붕들은 성지로 출정하는 중세 성당 기사처럼 길고 새하얀 망토를 걸치고 있었다.

수와송 부인은 이 위험한 길을 통해 도망치려 해 봐야 소용없음을 깨닫고 창문을 조용히 내렸다.

난로도 꺼져 가고 있어서 거의 깜깜해진 방 안에서 끔찍한 침대에 누운 로렌차의 시체가 어렴풋이 보였다.

백작부인은 세상에 무서운 것이 없을 정도로 당찼지만, 이탈리아 미신을 듣고 자란 탓에, 시체 옆에서 밤을 지새우는 것만큼은 도저히 할 수 없을 것 같았다.

"자," 부인이 가슴을 펴고 말했다. "왕가의 핏줄을 물려받은 귀부인답게 문으로 당당히 나가자. 계단에는 감시자가 있을지도 몰라. 감시자도 있고, 자객이랑 맞닥뜨리게 되면, 그때는…… 나도 필립을 부르자…… 그러면 그가 와서 악당들 손에서 날 구해 주겠지……. 그가 싸우다 죽는다면…… 그래! 그렇게 되면 우리 둘은 같이 죽는 거다. 적어도 그는 이 올랭프 만시니가 아닌 그 어떤 여자의 것도 되지 않아."

이렇게 격렬한 질투심을 드러내며, 죽음을 개의치 않는 긍지 높은 영혼으로 부르짖은 뒤, 수와송 부인은 서둘러 여행용 망토로 몸을 감쌌다. 불운한 로렌차가 이 끔찍한 방에 들어왔을 때 의자 위에 두었던 망토였다.

"안녕." 저주받을 나로의 희생양이 된 불쌍한 시녀가 누운 침대를 향해 손을 뻗으며 부인이 속삭였다. "안녕, 나 대신 죽은 가엾은 로렌차! 가증스러운 살인자의 손에서 널 구해 주지 못한 날 용서해 다오. 나도 네가 필립을 사랑한 걸 용서해 주마."

이렇게 후회를 기묘한 형태로 표출하고 나자 이제 부인은 양심의 가책을 느끼지 않는 듯했다. 눈에 고인 눈물도 마르고, 표정에는 다시 불굴의 투지가 넘쳤다.

부인은 이 저택 주인이 야식을 차려 놓은 넓은 방으로 통하는 문을 향해 성큼성큼 걸어가 태피스트리에 귀를 갖다 댔다.

들리는 것이라고는 휘잉휘잉 복도를 지나가는 북풍 소리뿐이었다. 부인의 귀에 그 구슬픈 소리가 유난히 기분 나쁘게 울렸다.

그 소리가 떠도는 영혼의 신음인 것 같아, 부인은 죽은 시녀의 마지막 숨결이 머리카락을 스치고 지나간 것처럼 저도 모르게 몸서리쳤다.

부인은 계속 귀를 기울였다. 아마 무슨 일이 있어도 뒤를 돌아보고 싶지는 않았을 것이다.

그러나 이 정적이 부인을 안도하게 했다. 집안사람들은 모두 잠든 것 같았고, 침실 근처에 감시자가 있는 기척도 없었다.

부인은 혹시 몰라 열쇠 구멍에 눈을 대고 내다보았다. 넓은 방은 아직 불이 켜져 있긴 했지만 어두컴컴했다.

식탁 위에는 접시며 술병이 그대로 남아 있었다.

그러나 누군가가 야식에 손을 댄 것 같았다. 지저분하게 먹은 흔적이 있는 것으로 보아, 부인이 침실로 들어간 뒤, 나로 회계장이 준비한 찬 고기며 과일을 누군가가 배불리 먹은 모양이었다.

이 광경을 보고 부인은 다시 걱정이 됐다. 그러나 아무리 자세히 살펴봐도 인기척은 느껴지지 않았다.

분명 야식을 먹은 자들은 한잔 마신 뒤 잠들었을 것이다. 인생의 절반을 식탁과 침대에서 보내는 것이 이 태평성대의 관습이었다.

그런데 포크와 유리잔이 부딪치는 소리가 왜 하나도 들리지 않았을까. 부인은 이상하게 여겼다. 그러나 그들은 귀빈의 잠을 방해하지 말라는 나로의 명령을 받고 조용히 잔치를 벌였던 것이 분명했다.

모든 정황으로 미루어 보아 바로 지금이 도망칠 기회였다.

백작부인은 1초도 허비하지 않았다.

최대한 조심스럽게 자물쇠를 풀고 세심한 주의를 기울여 열쇠를 돌리고는 소리 없이 문을 빠져나갔다.

침실을 나오자마자 재빨리 주변을 살폈다. 수상한 것이 아무것도 없는 것을 확인하고, 현관으로 통하는 정면 계단을 향해 발소리를 죽여 걸어갔다.

큰 방에는 청동 점화구가 달린 등불 하나만 켜져 있었다. 그 흔들리는 불빛 속에서는 모든 것이 희미하게 보였다.

그래서 백작부인은 방구석에 놓인 안락의자에서 자고 있는 사나이를 전혀 눈치채지 못했다.

부인이 방을 다 가로질렀을 때 그 사나이가 번쩍 눈을 뜨고 눈을 비비더니 벌떡 일어났다.

수와송 부인은 흠칫 놀라 뒷걸음질치며 저도 모르게 낮은 비명을 질렀다.

사나이가 우뚝 버티고 서서 갈라진 목소리로 고함쳤다.

"누구냐!"

그와 동시에 사나이는 칼자루에 손을 대는 동작을 했다.

부인은 이 갑작스러운 일에 당황하면서도, 눈앞에 나타난 방해꾼을 재빨리 훑어보아 금방 정체를 알아냈다.

나로가 친구라며 소개했던 아르투아 출신의 귀족이었다. 즉, 부인이 마차에서 내렸을 때 현관 옆에서 보초처럼 꼿꼿하게 서 있던 덩치 큰 남자였다.

이런 깊은 밤에 이 남자가 이 방에 있는 것은 나쁜 징조였다. 엔 남작은 이름만 남작이지 아무리 봐도 속이 시커먼 자객의 얼굴을 하고 있었기 때문이다.

"이봐, 누구냐고 묻잖아!" 무뢰한이 거듭 외쳤다.

수와송 부인이 대답하지 않자 남작이 중얼거렸다.

"아무래도 여자 같은데! 이봐, 아가씨! 어디를 그렇게 바삐 가는 거야?"

'취했군.' 부인은 생각했다. 남자는 혀도 잘 돌아가지 않는 데다 다리도 풀린 것 같았다.

"아하, 알겠다." 남작이 말을 이었다. "그 예쁘게 생긴 시녀 로렌차로군……. 어떤 호색한을 찾아가려던 참이야?"

백작부인은 기가 막혀서 저도 모르게 콧방귀를 꼈다.

"그렇게 화내지 말라고, 예쁜 아가씨……. 나도 미인을 알아보는 눈쯤은 있어……. 그 금발머리 종복 녀석, 참 복도 많지……. 너 같은 절세미인을 만나다니……."

"난 수와송 백작부인이에요." 분개한 부인이 무뢰한의 말을 가로막았다.

"백작부인…… 맙소사! 비전하셨다니……. 이, 이런 결례를……." 술 취한 사나이는 우물쭈물하면서 후들거리는 다리로 버티고 선 채 혼란스러운 머리를 필사적으로 굴렸다.

상대가 판단력을 잃은 것은 부인으로서 바라지도 않던 행운이었다. 이 기회를 놓치지 않고 부인은 술에 취한 남작에게 위압적인 태도를 보였다.

"이런 곳에서 뭘 하는 거죠?" 부인이 자못 엄숙하게 물었다. "누구 허락을 받고 내 침소 앞을 지키는 거예요?"

"그게, 저…… 저 파계승…… 아니, 그러니까 저 빌어먹을 나로가 시켜서……."

"그게 무슨 말이죠?"

"그러니까 저…… 그자가 제가 배고파하는 걸 보더니 저더러 부인께서 손을 대시지 않았던 야식을 먹고 이 방에서 감시하고 있으라고 했습니다……."

"세상에! 그랬군! 그래서, 그 충실한 나로가 뭐라고 명령했죠?"

"아무도 침실에 접근하게 하지 말라고……. 저 방에는 '하얀 침대'가 있다며……."

"역시 내 생각이 맞았어." 수와송 부인이 중얼거렸다. "누구도 의심하지 못하도록 조용히 내 목숨을 거둬 가려고 일을 꾸민 사람이 그자가 맞아. 이 주정뱅이는 멍청해서 나로가 이자한테 비밀을 털어놓았을 것 같지는 않은데."

이렇게 생각한 부인은 남작에게 말했다.

"사정은 잘 알았어요. 나로가 신경을 참 많이 썼군요. 하지만 설마 내가 나가겠다는데 그러지 못하게 막으라고 하지는 않았겠죠?"

"당치 않습니다, 부인! 전 지금은 르부아 후작의 충실한 종복이지만, 한때는 마자랭 추기경님께 충성을 다했던 사람입니다. 이런 제가 부인의 뜻을 거스르다니요! 그랬다가는 지옥에 떨어질 겁……."

"됐어요, 남작! 자, 이 등을 들고 현관까지 날 안내해요."

"현관까지라니요! 부인, 이런 눈보라 치는 밤에 어딜 나가시려고요? 오늘 밤은 눈보라가 얼마나 휘몰아치는지, 작년 네덜란드 원정에서 라인 강을 건널 때 쏟아 붓던 포격을 능가하는데……."

2 '하얀 침대'의 비밀 55

"어서 걷기나 해요. 르부아 후작의 부하라면 명령에는 따라야 한다는 것쯤은 알 것 아녜요?"

남작은 당혹스러운 표정으로 쩔쩔매기만 했다.

물론 이 깊은 밤에 수와송 부인이 떠나 버리면 나로는 길길이 뛸 것이다. 르부아의 원대한 계획에도 차질이 생길지 모른다. 어렴풋하게나마 이런 생각이 들었으므로 남작은 백작부인의 기세등등한 명령에 금방 따를 마음이 들지 않았다.

부인은 오만한 태도를 유지하는 한편, 엔 남작의 너부데데한 얼굴에 차례로 떠오르는 표정을 불안스레 유심히 관찰했다.

"에라 모르겠다!" 남작이 중얼거렸다. "내가 알 바 아니지. 그러기에 나로 영감, 자기 일은 자기가 하면 좋잖아. 내가 플랑드르에 온 건 키펜바하, 즉 모리스 데자르모아스가 프랑스 영내로 들어오는 것을 막기 위해서라고. 아까 나는 그놈을 멋지게 해치웠어……. 그러니까 내 임무는 진작 끝난 거야……."

작은 혼잣말이었지만, 백작부인은 한마디도 놓치지 않고 들었다.

기회는 이때다 싶어 부인은 그 옛날 태양왕 루이 곁에서 그를 섬기며 익힌 위엄 있는 태도로 호통쳤다.

"남작, 뭘 그렇게 꾸물대는 거죠?"

모리스를 쓰러뜨린 무뢰한도 여기에는 한마디 대꾸도 못하고, 잘 길든 곰처럼 꼴사나운 모습으로 청동 등을 들고서 계단을 내려가기 시작했다.

백작부인은 그 뒤를 따라갔다. 심장의 두근거림이 진정되지 않았다. 무사히 밖으로 나가 브뤼셀의 포장도로를 밟기 전에는 위험이 지나갔다고 말할 수 없었기 때문이다.

그러나 현관에 도착할 때까지 아무 일도 일어나지 않았다. 다만, 남작이 비틀대다가 자기 칼에 걸려 넘어져 하마터면 계단에서 굴러떨어질 뻔했다.

겨우 현관에 도착해 평평한 땅에 발을 디디자 남작은 필사적으로 취기를 떨쳐내려 했다.

그것을 눈치챈 수와송 부인은 상대에게 그럴 틈을 주지 않고 곧바로 이렇게 명령했다.

"문을 열어 줘요."

"그쯤은 식은 죽 먹기죠." 이렇게 말하면서 남작은 거대한 현관문에 달린 복잡한 자물쇠를 만지기 시작했다. "그런데 부인, 적어도 호위는 하게 해 주십시오. 밤길은 안전하지 않습니다. 제 '브랑베르진'이 도움이 될지도 모르고요……."

이 말이 끝나기가 무섭게, 생각보다 빨리 무거운 문이 남작의 이마를 때리며 벌컥 열렸다. 휙 불어온 바람에 등불이 꺼졌다.

"난 호위는 필요 없어요. 따라오지 마세요."

그렇게 내뱉고서 부인은 뒤도 돌아보지 않고 돌계단을 총총히 내려갔다. 뒤에 남은 엔 남작은 이마를 문지르면서 나로 회계장의 저택이 떠나가라 고함을 질러 댔다.

3 수수께끼 작은 상자

일단 큰길로 나오자 수와송 부인은 느긋하게 생각할 여유도 없이 발걸음을 서둘렀다. 엔 남작이 마음이 변해 따라올지도 몰랐기 때문이다.

부인은 나로 회계장의 환대 덕분에 하마터면 자기 무덤이 될 뻔했던 저택에 한 번 눈길을 주었을 뿐이었다.

지금 막 부인이 나온 침실 창은 이미 어두워져 있었지만, 그 위층 스테인드글라스에는 불빛이 하나 켜져 있었다.

'필립은 아직 깨어 있어. 도움을 청할까?' 이런 생각이 떠올랐지만, 금방 격렬한 분노에 지워졌다.

'아니야! 그에게 고통을 줘야 해……. 날이 밝아 그 저주스러운 방에 아침 햇살이 비쳤을 때 그 방의 광경을 보여 주어야 해…….'

이렇게 고쳐 생각한 부인은 포장도로에 쌓인 눈을 헤치고 최대한 빨리 그 자리에서 도망쳤다.

부인의 새틴 구두는 눈 속을 걷기에는 전혀 적합하지 않았고, 부인의 조그만 발은 베르사유나 생제르맹 왕궁의 잔디밖에 밟은 적이 없었다.

그렇지만 지금은 덩치 큰 플랑드르인 하녀처럼 파세코 거리에 쌓인 눈을 밟으며 걸어야 했다. 이 순간만큼은 자부심 강한 만시니 가문의 딸도 자신의 광적인 정념의 늪이 얼마나 깊은지 절실히 깨달았을 것이다.

비할 데 없는 권세를 지닌 대신의 조카로 태어나 한때는 대왕 루이 14세의 총애를 받은 몸이었지만 지금은 오밤중에 브뤼셀 거리를 도망 다니며 고작 스위스 위병부대 기수 따위에게 질투하는 처지라니, 그 고귀한 부인의 긍지도 이제는 끝난 것 같았다.

그러나 이 여인은 왕가의 핏줄을 물려받은 수와송 백작이라는 귀족과 결혼한 뒤에도 처녀 적에 품었던 증오와 야심을 잊으려고 하지 않았다.

부인의 영혼은 그 생김새처럼 정열적이고 번개처럼 재빠른 찰나의 사랑에 줄곧 미친 듯이 불타올랐다.

이 대담무쌍한 영혼이요, 부끄러움을 모르는 동시에 가식 없는 여인이요, 격정적이고 충동적인 성격의 소유자에게 차갑고 딱딱한 궁정의 예법은 늘 갑갑한 쇠사슬처럼 느껴졌다.

한마디로 말해 이 여인은 신분 높은 귀부인을 구속하는 족쇄를 벗어던지고, 격정의 폭풍우에 몸을 맡긴 채 자유롭게 떠돌아다니는 데에 짜릿한 쾌감을 느꼈다.

이때 수와송 부인은 대체 어디로 가려고 했을까? 그건 본인도 알 수 없었다. 아니, 그런 걸 생각할 여유가 없었다.

부인이 플랑드르로 길고 괴로운 여행을 떠난 데에는 그럴만한 동기가 있었다.

벌써 몇 년 전부터 수와송 백작부인, 즉 올랭프 만시니는 루이 14세의 총비 중 존재감이 가장 없는 사람이 되어 있었다. 어떤 때는 라 발리에르의 헌신적인 사랑에 대항하지 못하고, 어떤 때는 앙리에트 당글테르의 눈부신 미모에 기죽고, 또 어떤 때는 젊은 퐁탕주나 신망 두터운 몽테스팡 부인과 왕의 총애를 겨루었다가 번번이 패배했다.

나이가 들어갈수록 야심이 좌절당한 분한 마음, 이루지 못한 꿈에 대한 실망, 채우지 못한 욕망에 대한 초조함만 커질 뿐이었다.

몽트빌 부인의 회상록에 있듯이 "방년 18세, 미끈한 팔, 아름다운 손, 왕의 총애와 화려한 의상이 그녀의 평범한 아름다움에 광채를 준" 시대는 지나갔다.

수와송 부인은 처음에는 바르드를, 그다음에는 빌르루아를 연애 상대로 골랐으며, 마지막에는 남편의 시동이었던 잘생긴 필립 드 트리에게 아낌없는 사랑을 쏟기에 이르렀다. 그러나 그런 필립이 부인을 배신한 것이다.

왕의 총비라는 높은 지위에서 몰락한 사람은 반드시 어떠한 보상을 치르게 되어 있다. 이 정열적인 이탈리아 여인의 성격도 그 불명예스러운 연애 편력에 따라 차츰 천박하게 변했다.

지금 부인은 한때 사랑했던 국왕에 대한 모반을 꾀하고 있었다.

이 이야기가 시작되기 몇 달 전인 1672년 끝 무렵부터 루이 왕의 절대 권력은 쇠퇴하기 시작해, 네덜란드를 정복하고 지금은 유럽 전역의 지배를 꿈꾸는 강대한 군주를 포획할 은밀한 음모의 그물망이 여기저기서 펼쳐지고 있었다.

프랑스 국경에 가깝다는 지리적 이점 덕분에 브뤼셀은 유럽 각국의 불평분자가 모이는 소굴이 되었다.

독일 황제의 첩자, 스페인 국왕의 사자, 망명 중인 개신교 교도, 루이 왕의 분노를 산 귀족들, 직업을 잃은 프롱드의 난의 잔당—프랑스 안팎의 온갖 불평분자가 같은 증오심을 품고 이 브라방 공국의 수도에 모여 은밀히 거사를 모의했다.

자존심에 상처를 입은 수와송 부인이 현재 외국에 온 것은 이 음침한 군단에 가담하기 위해서였다. 이는 백 년 뒤 프랑스 혁명 때 망명 귀족들이 콩데 군에 가담하러 코블렌츠로 향했던 것과 비슷했다.

한동안 격정의 폭풍우에 휩쓸렸던 부인은 자기가 얽혀 있는 무시무시한 정치 음모를 잊고 있었다. 로렌차의 비참한 죽음을 목격하고서, 남자보다 강인한 마자랭의 조카도 순간 그 중대한 계획을 잊고 만 것이다.

그러나 고요하게 잠든 마을을 정처 없이 걷기 시작하고, 하늘의 저주처럼 귓전에서 울리는 차가운 북풍에 떠밀리고, 곱은 손가락으로 망토의 두건을 뜨거운 이마로 끌어내리고, 한 걸음 내디딜 때마다 젖은 포장도로에 발이 미끄러져 비틀거리면서, 수와송 부인은 프랑스 국왕의 적들이 자신을 애타게 기다린다는 사실을 떠올렸다.

독일 황제 레오폴드의 냉혹한 부하 리졸라가 기다리고 있다. 고귀한 공범자 수와송 백작부인이 도착하면 대문을 활짝 열고 환영하려고 기다리고 있다.

그라브 후작도 기다리고 있다. 온 유럽에 발을 뻗치고 있는 이 음모자는 르부아의 명령으로 리에주에서 추방되어 온 사나이다. 랑그도크 최고법원에서 사형 선고를 받은 폴 사르당도 있다. 이 사나이는 오렌지 공과 교섭하여 프랑스령의 네 개 주에서 봉기를 꾀하고 있었다.

이 두 사람도 왕에게 반역한 수와송 백작부인을 지지하는 것은 대단한 명예라고 생각하고 있을 것이 분명했다.

이번 모반의 비밀을 속속들이 알고 있는 브뤼셀 시민 아브라함 키피예드도 있다. 이 사나이도 루이 왕과 그 잔인한 대신 르부아에 맞서기 위해 안전한 은신처를 찾고 있는 백작부인을 자기 집으로 맞아들일 수만 있다면 무릎을 꿇고 환대할 것이다.

　이 몰락한 귀족과 불평분자, 베르사유 궁전의 영광을 멸시하는 사람들을 백작부인은 한 명도 빠짐없이 알고 있었다. 몸을 의탁할 곳은 충분히 있었다.

　유일한 문제는 이 한밤중에, 그것도 이렇게 눈보라가 치는 밤에 어떻게 아군의 집을 찾느냐는 것이었다.

　게다가 사실 백작부인은 태양왕 루이의 불구대천의 원수들의 집 대문을 두드리기가 어쩐지 내키지 않았다. 이미 상당히 깊숙이 모반에 가담했다고는 하나, 부인은 아직 가면을 완전히 벗어던지지 않았기 때문이다.

　부인은 이번 플랑드르 여행에도 그럴싸한 구실을 붙여 궁전을 빠져나왔다. 그런데 지금, 국왕에게 공공연히 반기를 든 사람들의 집에 숨었다가는 영원히 프랑스로 돌아갈 수 없게 되는 것이다.

　이런 연유로 부인은 정처 없이 발걸음을 옮기며 머릿속으로 온갖 대담한 계획을 세우고, 자신이 크게 믿는 여자 점술가의 예언을 떠올리며 라틴어 기도문을 조그맣게 읊조렸다.

　이따금 뒤에서 발소리가 나는 기분이 들었다. 혹시 나로의 부하일까 싶어 부인은 더욱 빨리 걸었다.

　이렇게 파셰코 거리를 빠져나와, 어디를 걷는지도 모른 채, 성 귀될 성당으로 향하는 언덕길을 내려갔다.

　어두운 골목 귀퉁이까지 왔을 때, 한 사나이와 부딪칠 뻔했다. 망토를 느슨하게 걸친 그 사나이는 벽을 따라 걸어오다가 부인을 보고는 흠칫 놀란 듯이 뒷걸음질쳤다.

　수와송 부인도 깜짝 놀랐지만, 상대의 태도에서 적의가 느껴지지 않았으므로 금방 마음을 다잡고, 이 기회를 이용해 알고 싶은 것을 캐내기로 마음먹었다.

　일단 아무 여관이나 잡아 밤을 보내는 것이 첫 번째 목적이었다.

　물론 날이 밝는 대로 사람을 보내 자신의 수행원, 특히 필립 드 트리를 부를 생각이었다.

　나로 회계장에게는 어떻게 대처할지 아직 정하지 못했다. 그런 것보다는 이 위험한 인물의 손이 닿지 않는 곳으로 도망치는 것이 먼저였다. 그러려면 눈앞에 있는 이 사나이의 도움을 빌리는 것이 좋을 것 같았다.

"잠깐만요." 부인이 자못 위엄 있는 말투로 불렀다. "묻고 싶은 게 있는데요."

부인의 말투가 다소 무뚝뚝하고 거만해서였는지, 상대는 이 명령을 따르는 대신 점점 뒷걸음질쳤다. 숫제 등 뒤 벽으로 파고들어 갈 기세였다.

사나이가 경계하며 뒷걸음질치는 것을 보고 수와송 부인은 점점 대담해져 이번에는 얼마간 정중하고 솔직하게 상대의 동정심에 호소하기로 했다.

"누구신지는 모르겠지만, 평민이든 귀족이든, 길 잃은 불쌍한 여인이 길을 묻는데 그냥 무시하진 않으시겠죠?"

"흠!" 사나이가 수상쩍은 듯이 말했다. "꼭 이렇게 늦은 밤에 길을 물어야겠소?"

"나도 좋아서 이런 시간에 돌아다니는 게 아니에요. 난 오늘 저녁에 이 마을에 막 도착한 외국인인데, 어디 묵을 만한 여관이 없을지 묻고 싶어서 당신을 부른 거예요."

"쳇!" 사나이가 빈정거리듯이 말했다. "꼭 묵을 만한 여관이어야 하오?"

이 말을 들은 수와송 부인이 노기 어린 표정을 짓자 사나이가 당황하여 태도를 바꾸었다.

"이거 실례했습니다. 플랑드르 지방에서는 귀한 댁 부인께서 수행원도 거느리지 않은 채 이런 오밤중에 길을 나돌아다니는 일이 없어서 그만 착각을 했지 뭡니까. 저 같은 놈이라도 괜찮으시다면 기꺼이 기사가 되어 드리죠."

"그 말투로 보아하니 귀족인 모양이군요." 부인이 기품 있게 말했다. "그렇다면 같은 귀족 신분인 나를 호위하고, 필요하다면 기꺼이 보호까지 해 주겠지요?"

백작부인이 선심을 써서 귀족이라는 칭호를 하사했음에도, 정작 본인은 기사도 정신에 대한 이런 요구를 그다지 반기는 것 같지 않았다.

"이거 난처하군요!" 사나이가 우물쭈물 말했다. "다른 때라면 귀부인을 호위하는 기사 노릇을 거절하지 않는 저이지만, 하필 오늘 밤은 중대한 용건이 있어 나온 참이라 그렇게 시간을 지체할 수가…… 그러니까……."

"그러니까 비겁하게도 이 인적 없는 마을에서 어려움에 부닥친 여자를 못 본 척 지나가시겠다는 거군요. 그럼 맘대로 하세요. 이게 바로 인정 많은 브라방 지방의 관습이군요. 프랑스에서는 아무리 비천한 양치기라도 좀 더 신사답게 행동하지만."

"프랑스라고요!" 상대가 황급히 물었다. "혹시 프랑스에서 얼마 전에 도착하시지 않았습니까?"

"오늘 밤에 막 도착했는데, 이럴 줄 알았으면 프랑스를 벗어나지 말걸 하고 후회하는 중이죠."

"맙소사, 부인, 그렇다면 얘기가 다르죠. 전 옛날부터 당신의 나라에 특별한 애정이 있었습니다. 당신 같은 분께 도움이 된다면 그것보다 큰 행복은 없을 겁니다……."

"친절은 고마워요." 백작부인이 쌀쌀맞게 말했다. "하지만 행동이 따르지 않는 말뿐이라면 아무 도움도 되지 않죠……."

"프랑스 귀부인의 마음에 들고 싶어 하는 제 진심이 아직도 의심스러우십니까?"

"입발림 소리는 그만둬요. 제 부탁을 들어줄 건가요, 아니면 싫은가요?"

"싫다니요, 당치도 않습니다! 뭐든 말씀만 하세요. 금방 그 명령대로 할 테니……."

"부탁은 아까 했잖아요. 날 여관까지 안내해 달라고요."

"식은 죽 먹기죠. 마침 저도 어느 여관으로 가던 중입니다. 그곳 주인이 아주 말이 잘 통하는 사람이에요……."

"주인이 어떤 사람이건 난 하룻밤만 묵으면 돼요. 오래 묵을 생각은 없으니까. 나처럼 고귀한 신분에 어울리는 곳이기만 하면 돼요."

생각이 짧은 백작부인은 이 말을 내뱉자마자 아차 하고 후회했다.

아니나 다를까 사나이는 얼른 다가와, 자기가 왕이나 되는 듯이 말하는 이 아름다운 여성의 얼굴을 가까이서 들여다보았다.

"부인, 혹시 제가 거슬리는 말을 했다면 용서해 주십시오." 사나이는 망토로 얼굴을 잔뜩 가린 백작부인에게 변명했다. "전 다만, 이 마을 관리들은 여행자에게 까다로운 절차를 요구하지만, 제가 모시려고 하는 여관의 주인이라면 제 소개만으로 부인을 묵게 해 줄 거라는 말을 하고 싶었던 겁니다."

"알겠어요. 그럼 가죠." 수와송 부인은 쌀쌀맞게 재촉했다.

지금 이 말을 들으니, 사나이가 갑자기 친절해진 것이 이상하게 느껴졌다. 동시에 이렇게 아무 사람이나 붙잡고 도움을 요청하는 게 아니었다는 후회가 들기 시작했다. 그러나 말을 뒤집을 수는 없었다. 이제는 눈 딱 감고 갈 데까지 가는 수밖에 없었다.

게다가 우연히 만난 이 사나이가 마침 부인의 비밀을 캐내려고 노리던 자일 리는 없지 않은가?

그날 밤 달은 없었지만, 눈에 반사된 빛으로 어슴푸레하게 보이는 모습으로 판단하건대 그 사나이는 다부진 몸에 소박한 차림을 한 전형적인 플랑드르 사람이었다.

사나이는 그 이상은 아무 말도 하지 않고, 부인의 말을 따라 나란히 걷기 시작했다.

이 어울리지 않는 두 사람은 마을로 향하는 급한 경사를 말없이 내려갔다.

돌풍은 멎었지만, 길은 더욱 험해졌다. 가엾은 백작부인은 당시 브뤼셀 거리에 깔려 있던 빛나는 조약돌 위를 걷는 데 몹시 애를 먹었다.

부인은 넘어지지 않으려고 길가 차양에 여러 번 매달려야 했다. 여전히 수상쩍은 냄새를 풍기는 사나이의 팔에는 매달리고 싶지 않았다.

그렇게 15분쯤을 필사적으로 걸은 끝에 부인은 자신이 거의 나아가지 못했다는 사실, 그리고 벌써 기진맥진해졌다는 사실을 인정하지 않을 수 없었다.

"그 여관까지는 아직 멀었나요?" 이렇게 묻는 부인의 목소리에는 불안감이 가득했다.

"딱 절반 왔습니다." 상대가 조용히 대답했다. "제 어깨를 붙잡고 걸으시면 더 편하게 가실 수 있을 텐데요."

순간 부인은 망설였지만, 결국 상대의 제안을 받아들이기로 했다. 그리하여 한때는 왕의 칭찬의 눈길을 받았던 아름다운 팔이 이 다부진 사나이의 어깨에 놓이게 되었다. 그러나 사나이는 그것을 별로 명예라고 생각하지 않는 눈치였다.

"부인." 뜻하지 않던 사정으로 부인과 몸이 붙게 되자 기분이 좋아진 사나이가 말했다. "이런 말씀 때문에 기분이 상하지 않으셨으면 좋겠는데, 저희 같은 북쪽 지방 사람들은 베르사유를 훨씬 빛나는 태양으로 생각해서 궁전의 뒷이야기를 듣는 것만으로 몸이 따뜻해지는 기분이 들지요……."

"난 파리에서 와서 베르사유 사정은 잘 몰라요." 부인이 당황해서 대답했다. "원하시는 대답은 해드릴 수 없을 것 같군요."

부인은 내심 이렇게 생각했다.

'기가 막혀서! 청어 장수 같은 플랑드르인 주제에 태양이니 궁전의 뒷얘기니 하며 건방을 떨다니! 베르사유 이야기는 들어서 뭐하게?'

"하지만 전 파리에도 대단히 흥미가 있는 걸요." 사나이가 말을 이었다. "이래 봬도 작년에 파리로 여행을 갔었죠. 과분하지만 사교계에 얼굴을 내미는 행운도 얻었고요……."

"어머, 그랬어요?" 수와송 부인은 다소 호기심이 생겼다.

"네, 부인. 뤽상부르 각하의 저택에서 환대받는 영광도 얻었고, 부이용 공작부인에게도 초대받고……."

"좋았겠네요." 부인은 대화가 위험한 쪽으로 흐를까 봐 경계하며 말을 잘랐다. "하지만 난 방드모아 지방에 살아요. 파리에는 별로 묵은 적이 없어서 궁전과 마찬가지로 파리도 잘 알지 못한답니다."

어떤 속셈에서인지는 모르나 귀족들과 교제 범위를 넓혀 왔던 사나이는 이 쌀쌀맞은 대답으로 이야기의 맥이 끊긴 꼴이었다.

사나이는 어떻게든 자랑을 계속하고 싶었다. 그러나 백작부인이 무뚝뚝한 대답밖에 하지 않았으므로 대화를 이어 갈 수가 없었다.

그러는 사이에 두 사람은 꽤 먼 길을 걸어서, 이전에도 몇 번인가 브뤼셀을 방문한 적이 있는 백작부인도 전혀 모르는 외곽까지 왔다.

길은 미로처럼 구불구불하고, 길 양쪽에는 음침하게 생긴 높은 집들이 늘어서 있었다.

"다 왔습니다." 어느 초라한 집 앞에 멈춰 서며 사나이가 불쑥 말했다.

"맙소사! 나더러 이런 곳에서 묵으라는 거예요?" 부인이 돌발사태를 대비해 잔뜩 경계하며 사나이에게서 얼른 떨어지며 분개해서 소리쳤다.

"강요하지는 않겠습니다. 다만 이 여관 주인이 제 친구여서, 부인이 여기서 묵으시겠다면 최대한 깍듯이 대접해 드릴 거라고 말씀드리는 것뿐이죠."

"알았어요. 그렇게 하죠." 수와송 부인은 잠시 입을 다물었다가 말했다. "난 누구도 두려워할 필요가 없으니까."

사나이가 벌레 파먹은 자국투성이인 대문을 세 번 두드렸다.

집주인이 손님을 기다리고 있었는지, 곧 복도의 돌바닥을 밟는 무거운 발소리가 들려왔다.

이윽고 빗장을 빼는 소리가 나고 문이 열리며 한 사나이가 문간에 나타나, 손에 든 등불로 백작부인의 얼굴을 정면으로 비췄다.

두 사나이가 동시에 놀라며 비명을 질렀다.

"아스프르 님!" 여관 주인이 외쳤다.

"수와송 백작부인!" 망토 입은 사나이도 큰 소리를 질렀다.

이 뜻밖의 사건에 세 사람은 잠시 멍하니 서 있었다.

수와송 백작부인은 브뤼셀 거리에서 우연히 만난 플랑드르인이 자신의 얼굴을 아는 데에 깜짝 놀랐다.

플랑드르인도 프랑스와 사보아 왕가를 이어 준 귀부인을 우연한 만남으로 호위하는 영광을 얻은 데에 놀랐다.

세 사람 중 여관 주인이 가장 침착했다.

여관 주인은 이 아스프르라는 사나이가 오늘 밤 찾아오리라고는 꿈에도 생각하지 못했다. 그러나 수와송 백작부인이 누군지 전혀 아는 바가 없었으므로 그 이름을 듣고도 놀라지 않았던 것이다.

한편 수와송 부인은 당장 이 자리에서 도망치고 싶은 충동에 휩싸였다.

냉혹한 나로의 함정에서 어렵게 빠져나왔는데 이번에는 길 가던 사나이에게 정체를 들키다니, 불운도 이런 불운이 없었다.

몹시 불안스러운 상황이었다. 이번 플랑드르 여행은 유유자적하게 경치나 감상하는 여행이 아니었으므로 부인은 낯선 사람에게 세심한 주의를 기울여야 했다.

음모를 꾸미는 자에게 낯선 사람은 모두 의심스러운 인물이다.

지금 수와송 부인은 음모에 가담한 몸이었다. 게다가 우연히 길에서 만난 이 사나이의 얼굴을 아무리 뜯어봐도, 전에 만난 기억은 없었다.

그러나 밤길을 어슬렁거리던 이 수상한 사나이에게서는 적의가 전혀 느껴지지 않았다.

오히려 그는 상대가 수와송 부인이라는 걸 깨닫자 얼른 모자를 벗고 아주 정중하고 공손하게 고개를 숙이며 한 발 물러나, 그 볼품없는 여관 문턱을 먼저 넘도록 부인에게 길을 양보했다.

그와 동시에 잔뜩 헛바람이 들어간 말투로 이렇게 재촉했다.

"비전하, 이 집에 들어가 주신다면, 그 옛날 우리 집 술 창고를 담당했던 반 호텐이 아주 정중한 대접을……."

"어떻게 내 이름을 알죠?" 부인이 새까만 눈동자로 상대의 얼굴을 똑바로 쳐다보며 말을 잘랐다.

"어떻게 그 얼굴을 잊겠습니까. 전 작년 겨울 수와송 백작님의 저택에 계신 비전하를 방문하는 눈부신 영광을 얻었습니다. 그때는 프랑스 국왕 폐하께 네덜란드 진출을 연기하시라고 청하기 위해 연방공화국 대표들과 함께 파리를 방문했었죠."

"그 사절단이라면 기억해요. 그런데 당신은……?"

"젤란트 지방의 수장이자 부인의 충실한 종 아스프르 남작입니다."

"그렇군요. 그럼 들어갈까요?" 이런 중요한 이야기를 길바닥에서 장황하게 할 수는 없었으므로 수와송 부인은 서둘러 말했다.

반 호텐—즉, 이곳은 '찢어진 비단'의 뒷문이고, 문을 연 사람은 술집 주인이었다—은 '비전하'라는 칭호를 듣자마자, 고귀한 사람들에 대한 존경심에서 잽싸게 공손한 태도를 보였다.

주인은 귀까지 새빨개진 얼굴로 얼른 모자를 벗었다.

"자, 자, 주인장." 아스프르 남작이 재촉했다. "부인을 가장 좋은 방으로 안내하고, 가장 좋은 침대에서 쉬게 해 드려. 얼른! 이안을 불러! 당장 하녀들도 깨우고!"

그러나 주인은 냉큼 달려가는 대신 난처한 기색으로 쭈뼛거렸다.

"왜 그래? 내 말이 안 들려?"

"남작님." 반 호텐이 우물거리며 말했다. "실은…… 저희 집엔 부인이 묵으실 만한…… 신분 높은 부인께서 묵으실 만한 방이 딱 한 개 있는데, 그것이……."

"그게 뭐?"

"공교롭게도 다른 손님이 쓰고 계십니다."

"기껏해야 브뤼주의 방직업자나 오스탕드의 생선장수일 거 아니야. 그거라면 간단하잖아. 당장 내쫓아 버려."

"그럴 수 없습니다, 남작님. 그 방에는 여자 분이 계시는데……."

수와송 부인은 저도 모르게 몸서리쳤다. 로렌차가 생각났기 때문이다.

"침대에 다친 남자가 누워 있습니다."

"뭐야?"

"거짓말이 아닙니다, 남작님. 오늘 저녁에 이곳에서 끔찍한 일이 일어났어요." 반 호텐이 한숨을 섞어 말했다.

"대체 그게 무슨 소리야?" 아스프르가 고함을 질렀다. "주인장, 머리가 좀 이상해진 거 아니야?"

"그런 거라면 차라리 좋겠습니다!" 주인이 처량한 목소리로 말했다. "그 재수 없는 〈네덜란드 신문〉을 읽게 하라고 남작님께서 이리로 보내신 기병 대원한테 카나리아산 포도주를 두 병이나 마시게 하는 게 아니었는데!"

"뭐야! 키펜바하가! 그 기사가……."

아스프르 남작도 어지간히 놀란 모양이었다. 평소라면 위험한 인물의 이름을 함부로 입에 담는 사람이 아니었기 때문이다.

"기산지 키펜바한지는 모르겠지만, 어쨌든 그 사람이 가게에서 결투를 벌이다가 깊은 상처를 입었어요. 외과의사 딜레니우스 선생 말로는 살아날지 어떨지 모르겠다는군요."

"그래, 상처를 입힌 사람은 누군데?" 아스프르 남작이 몹시 허둥대며 물었다.

"저도 한 시간 전에 처음 본 사람인 걸요. 그래도 이안한테 그 성질 더럽게 생긴 작자의 뒤를 미행하라고 시켜서 겨우 알아냈습니다. 이안은 그자의 이름까지는 알아내지 못했지만, 그자가 동행과 함께 파셰코 거리에 묵었다고 했어요. 그 동행이란 온통 새카맣게 차려입은 깡마른 노인이지요. 둘 다 지난주에 프랑스에서 도착했다고 합니다……."

"결투를 벌였던 외국인은 덩치 큰 남자로, 물소 가죽 갑옷을 입고 목에 오렌지색 스카프를 매고 있었지?"

"맞습니다. 결투의 원인은 제가 다른 한 사람을 위해 받아 두었던 신문이고요."

'역시 그랬군. 그자는 깡패 같은 엔 남작이 틀림없어. 이 자식, 도대체 무슨 짓을 벌인 거야!' 아스프르 남작은 생각했다. '그런 멍청한 놈과 일을 같이하다간 될 일도 안 되겠어. 어렵게 쳐 놓은 거미줄이 갈가리 찢어질 판이잖아. 좋아, 그런 녀석은—'

"혹시 지금 말한 키펜바하라는 사람, 석 달 전 날 만나러 수와송 궁으로 찾아왔던 사람이 아닐까?" 백작부인이 불쑥 입을 열었다.

부인은 아스프르와 술집 주인의 대화를 시종 조용히 듣고 있는 듯이 보였지만, 그 이글대는 눈빛에는 마음의 동요가 드러나 있었다.

"맞습니다. 키펜바하 남작은 그 무렵 파리에 있었는데……." 아스프르 남작이 말끝을 흐렸다.

"그 사람이 분명해요. 당장 그 사람을 봐야겠어요." 부인이 특유의 위압적인 말투로 말했다.

"하지만 부인, 그건……."

"그는 날 만날 상태가 아니라고 말하고 싶은 건가요?"

"치료해 준 의사의 말로는 부상자가 입 한 번이라도 떼었다가는 죽을 거라고 하던데요."

"그래요? 하지만 혼자 있는 건 아니잖아요?"

"네, 부인이…… 아니, 같이 있던 여자 분이…… 아, 그러니까……."

"누구든 상관없어요. 어쨌든, 그 여자한테 할 이야기가 있어요."

"정 그러시다면, 파란 방 옆에 설거지를 담당하는 리에주 여자의 방이 있으니 그리로 가시지요. 그 파란 방이 다친 귀족을 눕혀 놓은 방입니다……. 그분이 귀족이란 건 한눈에 알아봤지요. 옷차림도 화려하고, 태도도 아주 당당했으니까요……."

"알겠어요. 그 방으로 안내해 주세요. 그리고 그 여자에게 내가 만나고 싶어 한다고 일러 줘요."

"안 됩니다, 마마님." 아스프르 남작이 외쳤다. "파리의 귀부인께서 플랑드르의 하녀 방에 어찌 발을 들여놓는단 말입니까. 그보다는 제가……."

"남작." 부인이 평소보다 엄중한 어조로 말했다. "여기까지 안내하느라 수고했어요. 이제 돌아가도록 해요."

"비전하의 말씀을 거역할 생각은 아닙니다만, 이런 여관에서 혼자 어찌……."

"내일 내 수행원이 마차를 끌고 데리러 올 거예요. 그러면 난 프랑스로 돌아갈 거고요."

아스프르 남작의 얼굴에 당혹스러운 빛이 스쳤으나 곧 공손하게 말했다.

"부인, 그럼 저도 더는 말씀 드리지 않겠습니다. 실은 리졸라 님의 저택으로 모시고 싶었는데……. 저도 리졸라 님 댁에서 살거든요."

"뭐라고요! 그럼 리졸라와 친한가요?" 수와송 부인이 깜짝 놀라 외쳤다.

"아주 막역하게 지내지요." 아스프르 남작이 무겁게 고개를 끄덕이며 대답했다.

잠시 침묵이 이어졌다. 이때 만약 누군가가 이 무언의 장면을 엿봤다면, 그는 실로 기묘한 광경을 볼 수 있었을 것이다.

아스프르 남작은 아주 순진한 표정을 짓고 있었지만, 그 눈은 쾌재를 부르며 회심의 미소를 짓고 있었다.

수와송 부인은 난처할 때 마주친 아스프르 남작에 대한 불신감과 이 사나이도 모반에 가담했는지 아닌지를 알고 싶은 마음 사이에서 갈등하고 있었다.

슬쩍 곁눈질로 표정을 살폈지만, 이 평범하고 차가운 얼굴에서는 거의 아무것도 읽을 수 없었다.

동시에 갖가지 불안한 생각이 부인의 마음에 떠올랐다.

'나로는 등을 돌렸고, 키펜바하는 목숨이 위태로운 중상을 입었고, 필립도 나를 배신했어! ……난 저주받은 여자야!'

이윽고 부인이 입을 열었다. "그냥 가 주세요."

아스프르 남작은 말없이 고개 숙여 인사하고, 반 호텐이 깜빡 잊고 닫지 않은 문으로 조용히 사라졌다.

"좋았어!" 밖으로 나오자마자 아스프르가 중얼거렸다. "엔 남작의 실책은 너그럽게 넘어가지. 모리스 데자르모아스에게 칼을 꽂음으로써 그는 뜻하지 않게 어부가 물고기를 한 번에 잡아들이려고 수면을 때리는 효과를 거둔 셈이니까."

반 호텐은 비전하라 불린 콧대 높은 여인과 단둘이 되자 어찌할 바를 모르고 허둥거렸다.

처음에는 등불을 들고 말뚝처럼 우뚝 서 있다가, 수와송 부인이 하녀 방으로 안내하라고 거듭 재촉하고 나서야 겨우 걸음을 뗐다.

늘 중류 계급 사람들만 손님으로 받았던 주인은 이런 영광을 얻을 줄은 꿈에도 생각하지 못했다. '찢어진 비단'의 소박한 지붕 아래에 이런 고귀한 손님이 묵은 일은 지금껏 없었기 때문이다.

아닌 게 아니라, 약속이나 한 듯이 유독 그날 밤만 귀족들이 이 여관을 찾아왔다.

그러나 세상에 못할 짓이 궁중살이라는 말도 있듯이, 반 호텐에게 이 엄청난 투숙객들을 맞이하는 일은 오히려 짐스러운 영광이었다.

몇 시간 전부터 주인은 뇌졸중을 일으키기 쉬운 체질에는 금물인 극심한 흥분 상태에 있었으며, 줄곧 계단을 오르락내리락하는 바람에 지칠 대로 지쳐 있었다.

왕가의 피를 이어받은 귀부인의 출현은 주인에게 결정적인 일격과 같았다. 더구나 그 부인이 리졸라 저택이 아니라 이 여관에서 묵겠다고 말하자, 주인은 뒤로 자빠질 정도로 놀랐다.

그러나 주인은 속으로 투덜대면서도 그 명령을 따라 부인을 방으로 안내했다. 그들은 사다리라 불러야 좋을 법한 썩은 계단을 올라갔다.

계단은 매우 가팔랐지만, 수와송 부인의 가슴이 두근거리는 것은 숨이 차서가 아니라 극심한 흥분 때문이었다.

그러나 '하얀 침대'의 끔찍한 광경을 목격한 이래 부인은 어떤 일에도 동요하지 않게 되었다. 지금도 운명이 이끄는 대로 당도한 초라한 집 안으로 머리를 꼿꼿이 쳐든 채 똑바로 앞을 보고 걸어갔다.

그곳은 2층 층계참과 반 호텐이 귀한 손님에게 내주는 '파란 방' 사이에 있는 방으로, 벽이 움푹 꺼져 들어간 듯한 곳이었다.

싸구려 침대, 나무 의자 두 개, 기우뚱한 탁자—가구라고는 그게 전부인 지저분한 방을 보고 부인은 정말 이 방에 묵어야 할지 순간 망설였다.

"아까도 말씀드렸다시피 부인께서 묵으실 만한 방이 전혀 아닙니다……."
반 호텐이 조심스럽게 말했다.

매우 낮은 목소리로 말했지만, 그 순간 조금 열려 있던 옆방 문으로 방다가 모습을 드러냈다.

이 젊은 여인은 여전히 남장을 하고 있었다. 그러나 빨간 깃털 장식이 달린 모자는 벗은 뒤라서, 길고 곱슬곱슬한 금발머리가 걱정에 새파랗게 질린 얼굴 주위에 아무렇게나 흩어져 있었다.

눈가에는 그늘이 져 있고, 커다란 눈동자는 열에 들뜬 듯 형형하게 빛났다. 볼은 움푹 꺼지고, 창백한 입술은 굳게 다물어져 있었으며, 바들바들 떨리는 손은 거친 숨결로 오르락내리락하는 가슴을 누르고 있었다.

그럼에도 방다는 아름다웠다. 어쩌면 가장 처음 술집의 작은 방에서 팔꿈치를 괴고 모리스와 마주앉아 사랑하는 용감한 기병대원의 얼굴을 황홀하게 바라보고 있던 때보다 아름다워진 것 같았다.

고통이 이 가련하고 아름다운 얼굴에 광채를 더한 것이다. 그 빛을 알아본 수와송 부인은 눈앞이 아찔했다.

방다도 여관 주인 옆에 서 있는 여자가 이 초라한 집에는 전혀 어울리지 않게 기품 있고 옷차림도 아름다운 것을 보고 온몸이 바들바들 떨렸다.

다음 순간 시선이 마주친 두 여인은 서로 의구심을 감추지 않았다.

"등을 탁자 위에 두고 우리끼리만 있게 해 줘요." 수와송 부인이 여관 주인에게 명령했다.

반 호텐은 그 말을 듣기가 무섭게, 서로 죽이려고 으르렁대는 두 마리 암사자 앞에서 도망치듯이 허겁지겁 방을 나갔다.

주인이 등을 돌리기를 기다렸다가 수와송 부인이 몇 걸음 앞으로 나갔다. 방다는 이 여인이 부상자가 누워 있는 방에 들어가려나 싶어 결연히 그 앞을 가로막았다.

"거기 있는 사람, 키펜바하 기사 맞죠?" 수와송 부인이 무뚝뚝하게 물었다.

"그걸 어떻게 알았죠?" 방다는 그만 비명을 질렀다. 그것이 비밀을 털어놓는 꼴이라는 걸 생각할 여유도 없었다.

"어떻게 안 게 뭐가 중요하죠? 어쨌든 난 알고 있으니, 그걸로 됐어요."

"그렇군요. 그런데 그 사람한테 무슨 볼일이죠?"

"지금은 볼일 없어요. 중상을 입고 죽어 가고 있으니."

"죽어 가고 있다니요! 누가 그래요! 거짓말이에요! 의사 선생님께서 그 사람은 반드시 살아날 거라고 했어요……. 게다가 당신은 그 사람을 사랑하지 않아요……. 지금 여기서 뭐라고 말할 수 있는 권리가 있는 사람은, 그 사람을 사랑하는 나뿐이에요……."

이렇게 더듬더듬 외친 방다의 말에는 서슬 퍼런 기백이 서려 있었다.

"그 사람이 살아남길 바라는 마음은 내가 누구보다 커요. 난 그 사람이 나를 위해 복수해 주기를 바라거든요." 수와송 부인이 차갑게 대꾸했다.

"당신을 위해 복수를 한다고요?" 모리스의 연인이 물었다. "내가 잘못 들었나? 아님 머리가 어떻게 돼 버린 건가? 아, 부인, 하느님이 부인에게 고통을 주지 않으셨다고 해서 이렇게 고통 속에 있는 사람을 우롱하는 건 너무 잔혹하지 않나요?"

"하느님은 나한테도 충분히 고통을 주셨어요." 수와송 부인이 음침한 목소리로 말했다. "그래서 고통받는 사람을 놀릴 마음은 털끝만큼도 없죠."

"그럼 대체 무슨 말을 하러 온 거죠? 어서 말씀해 보세요! 내가 그 사람의 머리맡으로 되돌아가고 싶어 안달하는 게 안 보여요?"

수와송 부인이 방다를 뚫어지게 바라보며 나지막하게 속삭였다.

"난 수와송 백작부인이에요."

갑자기 이 이름을 듣고 방다는 놀란 나머지 현기증이 나서 탁자를 붙들어야 했다.

수와송 부인은 방다의 손을 잡고 부드럽게 의자에 앉힌 뒤, 자신도 반 호텐이 두고 간 싸구려 의자에 앉았다.

"그 사람은 당신한테도 내 이야기를 했나 보군요?" 부인이 무척 감개무량한 투로 물었다.

"네." 방다가 서글프게 대답했다. "그 사람은 우리 둘의 목숨을 앗아갈 무모한 계획을 생각해 내고는 날마다 당신의 이름을 불렀어요. 그 사람을 파리로 불러들여 프랑스와 프랑스 국왕에 대한 증오심을 심어 놓은 사람은 당신이었죠.

그러고도 모자라 이제는 내 손에서 그 사람을 빼앗아 피비린내 나는 일을 시키려고 여길 찾아왔나요? 부인! 전 지금까지 한 번도 당신을 본 적이 없지만, 모리스와 나 사이에 당신이 나타나는 날 내 행복이 와르르 무너지리라는 걸 예상하고 있었어요."

"이 여자는 그를 정말 깊이 사랑하는구나." 정열이 무엇인지 아는 수와송 부인은 조용히 중얼거렸다.

"내 사랑이 얼마나 깊으냐고요! 난 밤마다 하느님께 이렇게 기도해요—언젠가 그 사람을 구하기 위해 목숨을 버리는 기쁨을 제게 주십시오! 그 사람의 피 한 방울을 위해서라면 내 온몸의 피를 바쳐도 아깝지 않습니다! 내 깊은 사랑이 의심스러우십니까? 전 그 사람의 뒤를 따르기 위해 부모도, 신분도, 조국도 버렸습니다. 그 사람과 나란히 말을 달리고, 무인으로서 모반자로서 힘든 삶을 살기 위해서 행복한 삶을 내던져 버렸습니다!

그런 식으로 말씀하시는 걸 보니, 당신같이 고귀한 부인은 사랑이 뭔지 모르시나 보군요."

"그럴까요?" 부인의 말투에는 가슴 아픈 추억이 서려 있었다.

그 냉소적인 목소리를 듣고 방다는 저도 모르게 몸서리치며 두 손으로 얼굴을 감쌌다.

"가엾게도!" 수와송 부인이 천천히 말을 이었다. "당신은 내가 부르봉 왕조의 문장을 쓰는 사람답게 마음을 다치지 않으리라고 생각하는군요?"

"하지만 당신이 마음으로 피를 흘린 적이 있다면, 내 마음을 갈가리 찢는 말을 어쩜 그렇게 태연히 하죠? 왜 모리스를 데려가려고 해요? 왜 죽어 가는 사람의 머리맡에서 나를 끌어내려고 하죠?"

"왜 내가 그런 짓을 하러 왔다고 단정해요?"

"그럼 뭘 하러 왔는데요?"

"먼저 그 사람을 살리기 위해. 그리고 그 사람의 위험한 계획을 돕기 위해."

"그게 정말이라면……."

"당신의 연인이 살아나서 승리를 거두기를 원한다면 내 말을 잘 듣고 솔직히 대답해 줘요."

"더 자세히 설명해 주세요, 부인. 그러면 틀림없이……."

"먼저 그 사람에게 내 말이 들리는지 아닌지 확인해 줘요."

"모리스는 깊이 잠들었어요. 너무 깊이 잠들어, 죽은 건 아닌가 걱정될 정도로요. 의사 선생님께서는 푹 자는 게 상처에 좋다고 말씀하셨어요. 조금이라도 흥분하면 죽는다고도……."

"그럼 절대로 흥분하게 해선 안 되겠군요! 그런데 당신, 그 사람을 대신해 이야기를 듣거나 행동할 수 있겠죠?"

이 말을 듣고 방다는 눈을 번쩍 빛내며 힘차게 대답했다.

"그런 각오는 되어 있어요."

"좋아요. 그럼 내 말 잘 들어요. 당신의 소중한 사람을 찌른 건 르부아의 수하예요. 그 사람을 암살할 목적으로 일부러 이곳까지 파견되어 온 자객이죠."

"부인은 그를 아세요?"

"알아요. 그래서 반드시 복수할 생각이죠. 그리고 그 자객 못지않게 비열한 그의 동료도 앙갚음당하게 될 거예요."

"그렇다면 결투를 구경했던 그 기분 나쁜 노인이……."

"그도 사악한 르부아의 심복이니까 살려둘 수 없어요. 하지만 여기 있는 한 난 그 악당들에게 손대지 못해요. 프랑스로 돌아갈 때까지 기다려야 하죠.

사흘 뒤면 난 브뤼셀을 떠날 거예요. 두 달, 빠르면 한 달 이내에 모리스는 베르사유로 진군할 수 있게 될 거예요.

우리가 행동할 수 있게 되기 전까지 우리의 비밀이 밖으로 새어나가는 일이 있어서는 안 돼요. 그러기 위해, 우리 목이 달아나지 않기 위해, 그 상자가 어디에 있는지 알아야 해요."

수와송 부인이 그렇게 말한 순간 방다는 낯빛을 싹 바꾸며 의자에서 벌떡 일어났다.

"상자라니, 무슨 상자를 말씀하시는 거죠?" 방다가 짐짓 놀란 척하며 물었다.

수와송 부인은 그 질문은 무시하고 어깨를 으쓱한 뒤 연민과 경멸이 섞인 눈빛으로 상대를 빤히 바라보았다.

"당신, 몇 살이죠?" 부인이 또박또박 물었다.

"스물둘이요. 나이는 왜 물으세요?"

"당신이 그렇게 젊지 않았다면, 날 의심한 걸 용서하지 않았을 테니까."

"무슨 말씀인지 전혀 모르겠어요, 부인."

"그럼 더 알아듣기 쉽게 설명하죠. 당신은 아마 대답하지 않겠죠. 내가 덫을 놓고 있다고 생각하니까. 하지만 나를 좀 더 잘 알았다면, 내가 술책을 부리는 여자가 아니라는 걸 깨달았을 거예요. 난 적을 공격하고 친구를 보호하지만, 남을 속이는 짓은 안 해요.

당신, 나에 관해 알아요?"

"왕비의 사랑을 받으며 자랐고, 위대한 왕의 총애를 받은 분이라는 건 알아요."

"맞아요. 하지만 이런 건 모르겠죠. 난 로마인 아버지와 시칠리아인 어머니 사이에서 태어나 굴복도 용서도 모른 채 자랐고, 최근 10년 동안은 몸속을 흐르는 이탈리아의 피가 명령하는 대로 누군가를 격렬하게 증오하고 격렬하게 사랑하기 위해서만 살아온 여자예요."

"저도 온몸과 온 영혼을 바쳐 누구를 사랑하지만," 방다가 생각에 잠긴 채 말했다. "아직 미워하는 법을 배우지는 못했어요."

"그거야 어쨌든," 수와송 부인이 개의치 않고 말을 이었다. "모리스의 적은 곧 내 적이에요. 그 증거로, 오늘 밤 그들이 나까지 죽이려고 했어요."

"뭐라고요! 당신처럼 왕가의 핏줄을 이어받은 분마저……. 세상 무서운 줄 모르고…….."

"내가 좋아서 이런 보잘것없는 여관에 자러 온 줄 알았어요? 내가 여기 온 건, 자칫 암살당할 뻔한 바람에 예정된 숙소에서 도망쳐야 했기 때문이에요!

그들의 계획은 정말 빈틈이 없었어요. 세 악당은 각자 나눠서 일을 처리했지요. 당신의 연인은 자객의 칼에 쓰러지고, 나는 모습도 성격도 거미랑 똑같은 나로가 쳐 놓은 거미줄에 걸려 죽을 뻔했어요.

하지만 난 이렇게 도망쳤고, 모리스도 분명 살아날 거예요. 이제 우리 둘이 복수를 위해 손을 잡아야 하는 이유를 알겠죠?"

"모리스는 자기 행동을 자기가 결정하는 사람이고, 저도 그 사람의 지시가 없으면 아무것도 할 수 없어요."

"그런 말을 하는 걸 보니, 모리스가 완전히 회복될 때까지 며칠은 족히 걸린다는 사실을 잊은 모양이군요. 당장 내일에라도, 우리의 비밀이 모두 들어 있는 그 상자가 우리를 모조리 죽이려는 잔인한 르부아의 부하 손에 넘어갈지 모르는 이 마당에!

그 상자가 있는 곳을 가르쳐 주지 않는 걸 보니 당신, 아직 날 의심하고 있군요……."

방다는 항의하려고 입을 열었지만, 백작부인이 먼저였다.

"부정해도 소용없어요! 당신 얼굴에 빤히 쓰여 있는 걸요. 하지만 용서해 주죠. 내가 거짓말하는 게 아니라는 증거도 보여 주겠어요.

잘 들으세요! 이 음모를 지휘하는 사람은 렌 거리에 사는 리졸라예요. 군자금은 오렌지 공 윌리엄이 댔고, 암스텔 암스테르담 하얀 거리에 사는 은행가 팡 그로트가 보관하고 있죠. 반란은 각지에서 일제히 일어나게 되어 있어요. 노르망디에서는 로앙 기사의 지휘로, 기옌과 생통주에서는 오디조 대위의 지휘로. 그동안 당신의 연인 키펜바하, 즉 모리스 데자르모아스는 기병대를 이끌고 프랑스에 침입해 생제르맹에서 출타한 국왕을 납치해……."

"부인, 그 이상은 말하지 마세요!" 수와송 부인의 경솔함에 두려움을 느낀 방다가 말을 가로막았다.

"그렇군요. 낮말은 새가 듣고 밤말은 쥐가 듣는다니까. 어쨌든, 내가 당신과 같은 뜻을 품고 있다는 건 알았겠죠?"

"네, 믿어요. 하지만……."

"아직 뭐가 부족한가요? 왕족의 명예를 걸고 맹세라도 하라는 건가요?"

"그런 게 아니에요. 다만, 제가 맹세한 게 있어서……."

"당신이? 도대체 무슨 맹세를 했기에?"

"부인, 전 무식해서 정치는 전혀 몰라요. 오르뮈츠 근처에 있는 아버지의 성에서 처음으로 모리스를 만났을 때 전 아직 방다 프레스니츠라고 불렸죠. 모리스는 스위스 위병대의 창병들을 이끌고 아버지의 성에 주둔하러 왔었어요. 당시 열여섯이던 저는 모리스에게 완전히 마음을 빼앗겼지요.

나중에 집이 파산해서 어쩔 수 없이 늙은 라티보르 백작에게 시집간 뒤에 프라하에서 모리스와 재회했을 때, 전 그 사람을 따라가기 위해 백작부인이라는 칭호도, 막대한 재산도, 무엇보다 오점 하나 없는 명성도 깨끗하게 버렸어요.

지금 전 그 사람의 노예이자 그 사람의 소유물이에요. 제 목숨은 모리스가 쥐고 있지요. 전 그 사람의 명령대로 움직여요. 그 사람이 가라면 가고, 말하라면 말하고, 입을 다물라면 다물죠.

그러니 그 사람이 의식을 잃고 누워 있는 한 전 없는 거나 마찬가지예요. 그 사람이 다시 말할 수 있게 되는 날까지 저도 입을 다물고 있을 생각이에요."

수와송 부인은 방다의 말을 듣고 상당히 감동한 눈치였다.

부인은 두 가지 성격을 갖고 있었다. 사랑을 먹고 사는 여자로서의 성격과 세상의 모든 영광을 꿈꾸는 야심가로서의 성격이었다.

그러나 거의 늘 우위를 차지하는 것은 여자로서의 성격이었다. 이때도 부인은 감동한 듯이 중얼거렸다.

"나도 그렇게 사랑받고 싶어!"

굵은 눈물방울이 부인의 올리브색 뺨을 타고 흘러내렸다. 부인이 방다의 손을 잡고 다정하게 물었다.

"그럼 모리스가 그 상자의 위치를 누구에게도 말하지 말라고 당부한 거군요?"

"작년 11월 2일 위령의 날에 그 사람이 절 성 귀될 성당으로 데리고 갔어요." 방다가 목소리를 낮추었다. "성당에는 검은 장막이 처져 있었어요. 본당 안쪽에는 촛불이 켜져 있고, 죽은 자의 명복을 비는 성가가 울리고 있었죠. 전 프라하 대성당에 있는 듯한 기분이었어요. 옛날에 그 어두컴컴한 대성당에 자주 가서 기도하곤 했었거든요.

모리스는 절 제단 앞에 무릎 꿇게 하고 자기도 제 옆에 엎드렸어요. 우린 먼지투성이 마룻바닥에 이마를 댔고, 모리스는 이제부터 털어놓을 비밀을 다른 사람한테 절대로 말해서는 안 된다고 제게 맹세시켰죠.

다음 날 그 사람은 파리로 떠났어요."

"그리고 나랑 첫 대면 한 거군요." 부인이 중얼거렸다.

"파리에서 돌아왔을 때, 그는 어떤 위험이든 무릅쓸 각오가 되어 있었어요." 방다가 비통하게 말했다.

"그리고 브뤼셀을 떠나기 전에 그 상자를 당신에게 맡겼군요?"

"그런 건 말할 수 없어요, 부인!"

"방다," 부인이 다정하고 우아한 투로 말했다. 부인은 남의 마음을 움직이고 싶을 때면 그런 말투를 썼다. "이제 아무것도 묻지 않겠어요. 이 이상은 아무것도 알고 싶지 않아요. 다만, 당신이 아직 모르는 사실을 한 가지 알려주죠."

방다가 깜짝 놀라 눈을 휘둥그레 떴다.

"그 사실이란 이런 거예요." 부인이 목소리를 죽여 말을 이었다. "당신은 프랑스에서 가장 신분이 높은 귀족들과 귀부인들의 운명을 쥐고 있어요.

당신이 조금이라도 신중함을 잃고 한마디라도 비밀을 누설한다면 스무 명이나 되는 사람의 목이 잘려 나가게 돼요. 나라에서 가장 높은 지위에 있는 스무 명의 목이 말이죠. 게다가 몇천 명이나 되는 이름 없는 불쌍한 사람이 그 냉혹한 르부아에게 잔인한 복수를 당하게 될 거예요. 그 상자에는 음모에 가담한 사람과 그 주동자들의 이름을 적은 명부가 들어 있고, 스페인이나 네덜란드의 첩자들과 교환한 편지도 들어 있으니까요."

"부인," 방다가 당당하게 말했다. "전 지금껏 한 번도 남을 배신한 적이 없어요. 그러니까 배신이 어떤 결과를 낳는지 저한테 설명하실 필요는 없어요. 단, 이것만큼은 말씀드리죠. 저에게는 프랑스 왕후 귀족의 목숨보다 모리스 한 사람의 목숨이 소중해요."

"우리 계획이 발각되면 모리스는 무사할 것 같아요?"

"아뇨. 하지만 그때는 저도 그 사람과 함께 죽을 각오예요. 또, 그 사람이 살아났는데 적이 저에게서 비밀을 캐내려 한다면 전 어떤 고문도 견딜 자신이 있어요."

방다의 목소리가 실로 힘차고 그 눈빛에 조금도 그늘이 없었으므로 수와송 부인은 이 젊은 여자가 진실을 말한다는 걸 깨달았다.

'그 상자를 지키는 사람으로는' 부인은 생각했다. '사랑에 빠진 여자가 적임일지도 모르겠군. 적어도 이 여자는 돈에 눈이 멀어 적에게 정보를 팔거나 뜨내기 호색한에게 속아 넘어갈 염려는 없어. 그에 비하면 남자들이란……. 남자들은 작위 때문에 신의를 저버리고, 예쁜 시녀의 눈동자 때문에 연인을 배신하지.'

문득 괘씸한 필립의 모습이 눈앞에 떠올라 백작부인은 순간 모반에 관한 것은 까맣게 잊고 타오르는 연정에 가슴을 태웠다.

"내일은 무슨 일이 있어도 필립을 만나야 해." 부인이 중얼거렸다.

"부인," 방다가 속삭였다. "전 이 이상 모리스를 혼자 둘 수 없어요."

"그럼 그 사람 곁으로 가세요! 난 당장 이 집을 떠나겠어요." 그렇게 말하고 부인은 즉시 일어섰다.

"맙소사! 부인, 이런 깊은 밤에……."

"여기서 시청까지는 먼가요?"

"이 집 앞으로 난 길을 따라가면 시청 앞 광장이 나와요. 하지만……."

"그럼 잘 있어요!" 부인이 조그맣게 작별인사를 했다. "당신의 연인이 의식을 되찾거든 이렇게 전해 주세요. 수와송 백작부인이 생제르맹에서 기다린다고. 그러면 알아들을 거예요."

방다는 무모한 부인을 말리려 했지만, 그때 옆방에서 괴로운 신음이 들렸으므로 서둘러 환자에게 달려갔다. 그사이 수와송 부인은 주체할 수 없는 질투심에 휩싸인 채, 반 호텐의 여관의 낡은 계단을 뛰듯이 내려와 고요한 밤거리로 다시 나왔다.

4 나로 노인의 간계

 2월 9일 토요일 밤에 잇달아 불행한 사건이 일어난 지 사흘 뒤, 나이도 겉모습도 전혀 다른 두 사나이가 파셰코 거리에 있는 저택 난롯가에 앉아 조용히 대화를 나누고 있었다.
 두 사람이 천천히 대화를 나누기 위해 고른 장소는 전전날 밤 엔 남작이 술에 취해 곯아떨어졌던 넓은 방이었다. 그러나 두 사람이 이따금 팔꿈치를 괴는 탁자 위에는 사암도기로 만든 커다란 술 항아리와 네덜란드산 진이 든 유리잔 두 개가 놓여 있을 뿐이었다.
 하긴 지금은 점심을 먹을 시각도 저녁을 먹을 시각도 아니었다. 겨우 동이 트기 시작한 무렵으로, 높고 좁다란 창으로 겨울의 희미한 아침 햇살이 비쳐 들었다.
 이 자리에 엔 남작은 초대되지 않았다. 남작이 있었다면 일찌감치 떠들썩한 술잔치가 벌어졌을 것이다.
 나로 회계장은 엔 남작에게 이 자리에 낄 자격이 없다고 판단한 모양이었다. 뭐니 뭐니 해도 나로가 이 집 주인이었으므로 남작도 어쩔 수 없이 꼭두새벽부터 단골 술집으로 한잔하러 나가야 했다.
 분명히 말해 나로 회계장은 르부아의 명령으로 함께 일하고 있는 이 난폭한 동료를 그다지 높게 평가하지 않았다.
 그 대신, 수와송 부인이 도착한 날 밤 처음 만난 필립 드 트리에게 각별한 호감을 품게 되었다.
 그래서 이날 날이 밝자마자 직접 필립을 깨우러 가서, 기분이 몹시 울적하니 기분전환 겸 진을 한잔 마시지 않겠느냐고 제안했던 것이다.
 필립도 기꺼이 이 제안을 수락했다. 진이라면 사족을 못 쓰는 데다, 브뤼셀의 안개가 체질에 맞지 않아서인지 로렌차의 급사에 충격을 받아서인지 평소 같지 않게 우울했기 때문이었다.

불쌍한 로렌차는 전날 성 조스 성당 묘지에 묻혔다. 친절한 나로 회계장은 매장 비용도 부담해 주고, 꽃다운 나이에 죽은 불운한 여자를 위해 눈물도 흘려주었다.

이 갑작스러운 죽음의 원인을 밝히고자 나로는 시내의 명의를 모두 불러 모았다. 의사들은 몰리에르의 연극에 등장하는 푸르곤 박사처럼 어떤 결론도 내리지 않고 거들먹거리며 장광설만 늘어놓았다. 참고로 말하자면, 몰리에르는 로렌차가 죽은 지 정확히 일주일 뒤에 〈상상병 환자〉를 연기하던 중에 무대 위에서 죽었다.

그뿐만 아니라 나로는 수와송 부인에게 경의를 표하려는 마음에서인지 상주를 자처하기까지 했다. 부인은 그 끔찍한 사건이 있었던 밤을 마지막으로 자취를 감춘 상태였다.

어떤 충심에서 우러나오는 슬픔도 시간이 지나면 치유된다는 말처럼, 착한 나로 회계장의 슬픔도 장례식 다음날에는 씻은 듯이 사라진 것 같았다.

나로는 벽난로 앞에 위트레흐트산 벨벳을 씌운 커다란 안락의자를 놓고 거기에 몸을 파묻은 채, 앙상하고 굽은 두 다리를 교대로 난롯불에 쬐며, 어떤 일을 끝내고 흡족해하는 사람처럼 두 손을 맞비볐다.

동시에 그는 자기 맞은편 소박한 의자에 앉아 있는 필립 드 트리를 관찰했다.

이 잘생긴 수행원은 슬퍼한다기보다는 깊은 생각에 잠긴 듯이 보였다. 딴 생각을 하는 사람처럼, 기다란 금발 고수머리를 손으로 빗어 내리면서 이따금 잡념을 떨쳐 버리려는 듯이 진을 한 모금씩 들이켰다.

"회계장님," 필립이 불쑥 입을 열었다. "솔직히 부인이 어디로 도망간 것 같습니까?"

"그런 걸 누가 알겠어." 나로가 코웃음 치며 말했다. "귀부인들이란 가끔 이상한 변덕을 부리니까. 난 아주 오래전부터 여자의 마음을 읽는 걸 포기했지.

그런 건 자네가 더 잘 알잖아. 그렇게나 젊고 그렇게나 수와송 부인의 총애를 받았으니."

"분노를 사기도 했지요." 필립이 중얼거렸다. "그분을 모시기는 쉽지 않았어요. 하지만 지금 제가 걱정하는 건 그런 게 아닙니다.

최근 사흘 동안 전 이 저주스러운 집에서 모두의 웃음거리였어요. 한시라도 빨리 이 집에서 나가고 싶습니다. 그리고…….”
"어허, 집주인인 나한테 실례되는 말 아닌가?" 나로가 놀랐다.
"어이쿠, 실례했습니다, 회계장님! 하지만 회계장님께 불평하는 게 아니에요. 확실히 회계장님의 접대는 더할 나위 없이 훌륭합니다. 하지만 무인으로서 귀부인의 변덕에 놀아나는 게 얼마나 견디기 어려운 굴욕인지 아시잖아요. 거기다 그 귀부인은 당장 내일에라도 혼해 빠진 종복을 자르듯 간단히 절 해고할지도 모른단 말입니다."
"무슨 소리! 백작부인이 자네를 얼마나 아끼는데. 그런 일은 절대로 없을걸세. 만에 하나 부인이 자네에게 질렸다 하더라도, 그때는 백작의 비호를 받으면 되지 않나. 자네는 옛날에 백작의 시동이었으니까."
나로 노인의 표정은 진지했지만, 그 말투에 다소 비아냥거림이 섞여 있는 것을 필립은 놓치지 않았다.
"수와송 백작은 옛날 종자에게 두 번 다시 관심을 두지 않습니다." 필립이 푸념하듯 말했다. "까딱하다간 평생 스위스 위병부대 기수로만 있게 생겼어요."
"그건 너무 불공평하지. 프랑스가 아무리 넓다 해도 자네만큼 국왕에게 충성을 바치는 사람은 또 없을 텐데."
"전 저에게 이익을 주는 사람한테만 충성하는 사람입니다."
"현명한 생각이야. 요즘 젊은이들이 자네를 본받아야 하는데.
그런데 어떤가, 지난주에 네덜란드에서 막 들어온 이 진을 한잔 더 하지 않겠나?"
필립 드 트리는 술잔을 내밀고, 나로가 따라 준 술을 한 방울도 남김없이 다 마셨다.
이국땅 묘지에 누워 있는 로렌차가 남자다운 기사인 줄로만 알던 이 잘생긴 청년의 현재 모습을 보고 그 말까지 들을 수 있었다면, 비운의 죽음을 맞은 이 여인은 묘석을 들어 올리고 무덤에서 나와, 벌써 자신을 잊어버린 이 남자의 꿈속에 나타났을 것이다.
그러나 이 수행원은 영혼의 존재 따위를 믿지 않았다. 당시 말로 자유사상가였던 이 청년은 이승에서 출세하기 위해 발버둥 치느라 바빴으므로 저승으로 가 버린 여자를 생각할 틈이 없었다.

"회계장님," 필립이 등을 곧게 펴며 말했다. "뭔가 숨기시는 것 같은데, 솔직히 털어놓으시는 게 좋을 겁니다."

"내가 뭘 감춘다고 그래!" 나로 회계장이 두 손을 맞잡으며 말했다. "유감스럽게도 난 재무관이라는 직무상 24시간 투명하게 행동할 수밖에 없다고."

"무슨 말씀을! 제가 그런 말에 속아 넘어갈 줄 아십니까? 확실히 어르신은 재무관이지만, 르부아 대신님을 위해 플랑드르에 출장을 온 징세원이 청렴결백하다고는 도저히 생각되지 않는데요."

"르부아 대신님은 위대한 국무총리야!" 나로가 거드름 피우며 끼어들었다.

"물론 위대한 대신이고말고요. 펜 놀림 한 번으로 저에게서 스위스 위병대 기수라는 지위를 박탈할 수도 있으니까."

"자네를 근위 중대장으로 승진시킬 수도 있지." 나로가 작고 날카로운 눈으로 상대를 응시하면서 대꾸했다.

"그야 그럴지도 모르죠! 하지만 지금은 르부아 후작은 제쳐 두고 제 소박한 의문에 대답해 주시겠습니까?

당신은 수와송 부인이 어디에 있는지 모른다고 주장합니다. 그렇다면 왜 당신 하인 피카르가 시청 앞 광장에 면한 창에서 부인의 모습을 보았다고 말하는 걸까요?"

"그건 있을 수 있는 일이지." 나로가 차분하게 말했다.

"이것도 당신 하인한테서 들은 이야기인데, 그것은 브뤼셀의 이름난 부자 아브라함 키피예드네 집 2층에 있는 창이었다고 합니다."

"정말로 피카르가 거기까지 파악했다면, 참으로 머리가 좋은 녀석이군."

"그렇지요! 하지만 자기 주인도 아닌 사람한테까지 그런 사실을 떠벌리고 다니다니, 그다지 입이 무거운 자라고는 할 수 없군요."

노인은 거기에는 대꾸하지 않고, 술잔에 가득 채운 진을 천천히 음미했다.

"아무 말씀도 없는 걸 보니 제 짐작이 맞군요." 필립이 말을 이었다. "역시 당신은 백작부인이 어디 있는지 알고 있습니다. 그럼 묻겠는데, 회계장님, 당신은 부인이 도망쳤고 그때부터 지금까지 내내 저한테 연락하지 않는다는 것을 어떻게 생각하십니까?"

나로가 쿡쿡 웃으며 말했다. "아니, 뭐, 생각하는 바야 많지만."

"당신의 의견을 들려주십시오. 그 보답으로, 제가 도와드릴 일이 있다면 기꺼이 하겠습니다."

"날 위해 일해도 출셋길은 열리지 않아. 하지만 자네같이 훌륭한 청년의 부탁을 물리칠 수도 없는 노릇이니 내 의견을 들려주지.

내 생각으로 이것은 단순한 질투에서 비롯한 문제네. 비전하는 죽은 시녀가 자네에게 뜨거운 시선을 보내는 게 괘씸해서……."

"부인이 로렌차를 죽였다는 겁니까?" 필립이 목소리를 죽여 물었다. "의사들은 병사라고 했는데……. 저도 도저히……."

"나도 장담은 할 수 없네. 다만 의사들 말로는 이탈리아인은 플랑드르에서는 전혀 알려지지 않은 식물 즙의 효과를 잘 알고 있다더군."

"그게 확실한 사실이라면……!" 필립이 중얼거렸다.

"세상에 확실한 건 아무것도 없네. 여자 마음도 그렇지. 아! 어제 피카르가 이런 말을 했었네. 지금 시청 바로 옆 여인숙에 칼을 맞고 쓰러진 잘생긴 기사가 있다고."

"시청 바로 옆이요? 그럼 비전하가 그 사람 집에 묵은 건 그 남자를 만나기 쉽기 때문이군요!"

"글쎄."

"허, 거짓말쟁이!" 필립이 주먹으로 탁자를 내리치며 소리쳤다. "이 여행이 끝나면 대위로 임명받게 해 주겠다고 약속해 놓고!"

"안됐군." 나로가 차갑게 말했다. "아무래도 수와송 부인보다 강력한 보호자를 찾아내는 편이 현명할 것 같군."

필립은 뚱한 표정으로 어깨를 으쓱했을 뿐, 이 친절한 말에 대꾸하려 하지 않았다.

이 청년의 비열한 영혼은, 그것이 실제든 억측이든, 수와송 부인에게 버림받아 자신의 야심이 타격을 입었다는 생각에만 사로잡혀 로렌차에 대한 동정심은 눈곱만큼도 품지 않았다.

애초부터 필립은 여성으로서의 수와송 부인이 아니라 그녀의 지위와 재산에 집착했다.

필립 드 트리는 도피네 지방의 가난한 시골 귀족의 막내로 태어나 어릴 적부터 수와송 백작을 섬겼다. 당시 가난한 귀족이 으레 그러했듯이, 이 젊은 시동은 왕족 저택에서 고용살이하는 것에 만족하면서도 어떤 대가를 치르더라도 출세할 것을 결의했다.

약삭빠르고, 아첨 잘하고, 야무지고, 매력적인 용모와 목적을 위해서는 수단을 가리지 않는 뻔뻔함을 타고난 이 사나이는 성공에 필요한 모든 조건을 갖춘 사람이었다.

그러나 불행하게도 필립은 시대를 늦게 타고 태어났다.

15년이나 20년 전에 태어났다면, 프롱드의 난을 일으키려는 음모가 소용돌이치는 가운데 이 청년은 두각을 나타냈을 것이다. 그는 꽤 용감하기도 했으니 게릴라전에서 틀림없이 공훈을 세울 수도 있었을 것이다.

그러나 프랑스에서는 질서가 회복됨과 동시에 주군의 은혜조차 가문에 좌우되게 되어 버렸다. 능력을 발휘할 기회가 없는 야심가 필립은 승진길이 막혀 답답한 나날을 보내야 했다.

영달에 대한 희망은 파도처럼 흔들리는 여심 하나에 달려 있어서, 조금이라도 추풍이 불면 필립의 사상누각은 흔적도 없이 사라져 버린다.

그런데 나로의 말이 사실이라면, 지금 그 추풍이 불기 시작하고 있었다. 필립은 자신의 꿈이 덧없이 사라지는 것을 보고 눈앞이 캄캄해지는 기분이었다.

만일 이 노인이 이른바 수와송 부인의 실종 동기를 불쑥 알림으로써, 오래전부터 준비한 제안을 필립에게 제시할 포석을 깔았다면 이 작전은 멋지게 성공한 셈이리라.

이때 파멸의 구렁텅이에 빠지기 직전이었던 약삭빠른 필립 드 트리는 거기에서 기어 나오기 위해서라면 악마에게 영혼이라도 팔고 싶은 심정이었던 것이다.

나로는 자신이 빠뜨린 절망의 구렁텅이에서 상대가 몸부림치는 모습을 잠시 즐기다가 거센 공격에 나섰다.

"여보게." 나로가 나긋나긋한 목소리로 말했다. "이런 말을 하긴 뭣하지만, 이렇게 된 마당에 주인만 바꾸면 이득을 보게 될 텐데 뭘 그렇게 망설이는 건지 모르겠군. 자넨 어느 모로 보나 나무랄 데 없는 기사 아닌가."

"절 놀리시는군요." 필립이 퉁명스럽게 말했다. "전 제 이름에 의지할 만큼 좋은 가문 출신이 아닙니다. 저 같은 일개 장교에게 관심을 보일 귀족이 있을 것 같지도 않고요."

"내가 보기에는 섣부른 판단 같은데. 귀족들 사이에서 자네의 진가는 자네가 생각하는 것보다 훨씬 알려져 있다고 단언할 수 있네."

이렇게 말하는 나로 회계장의 말투가 너무나도 자신만만한 데다 그 눈빛이 자못 의미심장했으므로 필립은 저도 모르게 솔깃해졌다.

"그거 놀랍군요. 귀족들이 저를 그렇게나 눈여겨보고 있을 줄은 꿈에도 생각 못했습니다." 필립이 겸허하게 대꾸했다. "하지만 제가 저도 모르는 사이에 궁전에 아군을 만들었다는 게 사실이라고는 해도, 그들이 수와송 부인을 능가하는 세력을 갖고 있을 리는 없지 않습니까?"

필립의 말투가 더 자세한 설명을 기대하는 것 같았으므로 나로는 더욱 신이 나서 말했다.

"아니, 그게 실은 그렇다네." 나로가 고개를 끄덕여 보였다.

"맙소사! 대체 그 사람이 누군지 가르쳐 주세요. 저로서는 짐작도 안 갑니다. 수와송 부인보다 큰 세력을 가진 인물은 그리 많지 않을 텐데요. 뭐니뭐니 해도 마자랭의 조카에, 왕가의 핏줄을 물려받은 귀족과 결혼한 뒤 왕비의 여관장을 맡아서……."

"그만하게. 수와송 부인의 칭호라면 나도 잘 아네."

"그만큼 신분이 높은 귀부인보다 지위가 더 높은 사람이라니, 그게 대체 누구죠?"

"맞혀보게. 나도 거들지."

"음…… 먼저…… 국왕."

"그건 지위가 심하게 높아."

"몽테스팡 부인?"

"옆길로 새 버렸군."

"알겠다! 폐하의 측근 봉탕이죠?"

"이번에는 지위가 너무 낮아."

"도무지 모르겠는걸요."

"사실 난 자네가 좀 더 통찰력 있고 사교계 사정에 밝은 사람인 줄 알았는데."

"어쩔 수 없지요! 벌써 7년 전부터 수와송 백작 저택에 틀어박혀 지냈으니 베르사유에서 누가 활개를 치고 있는지 알 턱이 있습니까."

"흠! 내가 생각하는 사람은 자네도 잘 아는 사람일세."

"전혀 모르겠는데요……. 잠깐……. 하지만, 설마……. 그럴 리는 없는데!"

"요즘 세상에 있을 수 없는 일은 없네. 고명한 국무총리의 눈에 드는 일도 가능하지."

"네? 그럼 역시…… 르부아 후작을 말씀하시는 거군요?"

"겨우 맞혔군! 아무래도 진지하게 생각하지 않았었나 봐."

필립은 전율했다. 그러나 그다지 기쁜 표정은 아니었다.

"확실히 르부아 대신의 권세는 대단하죠. 그건 인정합니다." 필립이 신중하게 단어를 골라 말했다. "그런데 대신이 절 눈여겨보고 있다는 걸 어떻게 알죠?"

"그렇지 않다는 증거라도 있나?"

"전 수와송 부인을 섬기는 몸이고, 부인은 대신과 견원지간이니까요."

"그렇다고 해서 대신님이 자넬 미워한다고는 말할 수 없지."

"물론 당신처럼 양쪽에서 서로 원하는 사람도 있는 건 압니다. 하지만 전 그렇게 요령 있게 굴지 못하는 걸요. 제가 르부아 대신의 마음에 들었다고는 도저히 믿을 수가 없어요. 지금껏 대신에게 승진을 요청하면 그때마다 냉담한 거절의 편지가 돌아왔는걸요."

"하지만 지금은 사정이 다르지. 만약……."

"만약……?"

"만약 자네가 그럴 마음만 있다면……."

"뭐라고요! 저한테 그럴 마음만 있다면이라니요! 제가 그 사람의 호의를 받아들이지 않겠다고 생각할 리 없지 않습니까. 다만…… 그러려면 뭘 해야 하죠?"

"어떤 중대한 사건에 관해 국왕에게 충성을 다하면 돼."

"너무 막연한 이야기군요. 좀 더 자세히 설명해 주세요."

나로는 안락의자에 몸을 파묻고, 검은 벨벳 웃옷 위에서 팔짱을 낀 채, 필립에게 날카로운 시선을 던지며 천천히 말했다.

"자세한 설명 따위는 필요 없어. 르부아 후작이 자네에게 바라는 건 아주 간단한 일이야. 이 마을에서 비밀리에 진행되고 있는 국왕 폐하에 대한 모반 계획을 막기만 하면 되네. 그 일을 할 수 있는 건 자네뿐이야."

"저뿐이라니요!" 필립이 어리둥절해서 외쳤다.

"자네가 성공하면" 나로가 태연하게 말을 이었다. "대신님은 국왕에게 자네를 중대장이 아니라 연대장으로 승진시켜 달라고 부탁할 거야."

"지금 대신의 명령으로 저한테 그런 제안을 하는 겁니까? 저를 놀리시는 건 아니지요?" 필립이 기쁨에 볼을 붉히며 물었다.

"놀리다니, 당치 않아. 그 증거로, 보게, 여기 연대장으로 임명한다는 칙허장이 있어. 폐하의 서명이 들어가 있고, 연대장 이름을 쓰는 부분은 비어 있지 않은가."

나로 노인이 품에서 양피지 문서를 꺼내어, 반쯤 넋이 나간 필립의 눈앞에 펼쳐 보였다.

"이거 놀랍군요! 르부아 후작은 사람을 설득하는 기술을 아는 분이에요!" 필립이 기뻐 어쩔 줄 몰라 하며 외쳤다. "이렇게 된 이상 그분 명령이라면 뭐든 따르겠습니다."

이렇게 제안을 받아들이고 나서 이 야심가 청년은 조용히 중얼거렸다.

"백작부인의 거짓 약속 따위는 똥이나 처먹으라지! 그 여자 뒤꽁무니를 쫓아다니는 것보다 연대를 지휘하는 편이 훨씬 좋아."

"그런데" 나로가 입을 열었다. "대신을 섬기겠다고 결정하기 전에 내 말을 명심해 두는 게 좋을 거야."

"뭔데요." 필립이 조금 불안한 표정으로 속삭였다.

"아까 내가 모반 계획이 있다고 말했지? 이제부터 그 사건에 관해 어떻게 하면 자네가 국왕에게 도움이 될지 설명하겠네."

"제 팔과 칼과 목숨을 전부 폐하께 바치겠습니다! 모반자 열 명을 상대로 혼자 싸우게 된다 해도……."

"자넨 싸울 필요가 없어. 자네의 칼은 우리에게 도움이 되지 않네. 우리가 이용하고 싶은 건 자네의 팔보다는 자네 머리니까."

"무슨 말씀인지 잘 모르겠습니다."

"곧 알게 돼. 반란의 주모자는 자네와 나이가 비슷한 기병대원으로, 자네처럼 귀족 출신 장교네. 그러니 자네는 내가 주는 소개장을 들고 그와 어렵지 않게 접촉할 수 있을 거야. 그 소개장에는 그가 크게 신뢰하는 사람의 서명이 들어가 있지."

"그런 일이라면 할 수 있습니다."

"자네라면 파리에서 파견된 동지인 척하면서 이런저런 친절을 베풀어 상대의 신뢰를 얻기도 쉬울 거야.

그러는 목적은 첫 번째, 어떤 상자가 숨겨진 장소를 알아내는 것이네. 그 상자에 관해서는 나중에 더 자세히 설명하지. 두 번째 목적은 그를 따라 프랑스 국내로 들어가, 미리 정해 놓은 매복 장소로 그를 데려가는 것이네."

"뭐라고요! 그럼 저더러 첩자 노릇을 해서 사람의 믿음을 배신하라는 거군요!"

"말을 끝까지 듣고 뭐라고 하게.

르부아 대신은 자네의 활약으로 모반의 증거를 잡으면 대단한 명문가 사람들을 사형에 처할 수 있어. 그중에서도 가장 고명한 사람은……."

"그게 누굽니까?"

"자네의 은인, 수와송 부인이네." 나로가 냉정하게 말했다.

필립의 명예를 위해 이쯤에서 말해 두지만, 이 수와송 부인의 종자는 나로의 말을 듣고 얼굴에 그늘이 드리웠다. 자신의 가장 큰 은인이 사형집행인의 도끼에 목이 잘려 나갈 위기에 있는 것이다.

아무리 출세를 위해서는 수단을 가리지 않는다고는 하나, 귀족 출신인 필립 드 트리는 자신의 주인이자 은인이기도 한 여성의 목숨을 적에게 팔아넘긴다고 생각하니 그것만으로도 끔찍했다.

그러나 교활한 나로 노인이 자신이 권유하는 행위의 부당함을 필립으로 하여금 처음부터 똑똑히 깨닫게 한 데에는 그만한 이유가 있었다.

나로는 결코 경솔한 말을 하는 사람이 아니었다. 지금도 어려운 이야기를 단도직입적으로 꺼낸 데에는 충분한 생각이 있었다.

요 이틀간 필립을 차분히 관찰한 결과, 나로는 이 청년의 성격이 유약하고 호색적이며 남의 영향을 쉽게 받는다는 점을 간파했다.

잘생긴 필립은 매우 남자다운 겉모습 아래에 여자 같은 나약함과 변덕을 숨기고 있었다.

이런 청년은 쉽게 끓어오르고 쉽게 식으며, 나로 회계장 같은 냉철한 책사의 손에 걸리면 밀랍처럼 간단히 뭉개져 버린다.
 더 나아가 나로는 먼저 통렬한 일격을 날린 뒤 결정적인 두 번째 화살을 쏠 준비를 하고 있었다.
 "회계장님." 필립이 음침한 목소리로 말했다. "즉 저더러 비열한이 되라는 말씀이군요."
 "필립." 나로가 받아쳤다. "난 과장을 싫어하네. 그러니 지금 자네가 사용한 단어를 주제로 토론하면서 시간을 허비하고 싶지는 않네.
 내 의견으로는 국가의 적 이외에 비열한은 없어. 리슐리외 추기경도 그렇게 생각하시고, 마자랭 추기경도 그렇고, 르부아 대신님도 그 위대한 두 재상과 똑같은 의견이네."
 "그건 저도 인정합니다. 하지만 국가의 안녕을 위해 유익한, 더 나아가 필요불가결한 행위 중에서도 신의를 중시하는 신사가 해서는 안 될 행위가 있습니다. 그건 당신도 부정하지 않으시겠지요?"
 나로의 얼굴은 북극 얼음처럼 차가운 채였다.
 "그러니까" 상대가 너무도 태연했으므로 필립은 조금 당황하며 말을 이었다. "만일 백작부인이 폐하에 대한 모반을 꾸미고 있다고 해도, 전 부인의 음모를 폭로할 수 없습니다. 왜 르부아 대신은 자신의 밀정에게 이 임무를 맡기지 않는 거죠? 이를테면……."
 "이를테면 나 같은 사람 말이지?" 나로가 끼어들었다.
 필립이 잠자코 고개를 끄덕였다.
 "그 질문에는 대답해 주어야겠군." 나로가 말을 이었다. "먼저 내가 아무것도 숨기는 게 없다는 걸 증명하기 위해 솔직히 털어놓겠네. 난 평생을 수와송 백작 저택에 드나든 사람이지만, 몸과 영혼은 르부아 대신에게 바쳤어. 물론 난 평민이니까 귀족처럼 굴 의무는 없지. 자넨 분명히 이렇게 반론하겠지.
 하지만 이것만큼은 말해 두지. 르부아 대신이 자네를 염두에 두게 된 건 내가 추천했기 때문이야."
 "고맙습니다. 그런데 제가 당신 눈에 든 이유는 또 뭐죠?"
 "자네는 유능한데도 지금까지 아무런 보상도 받지 못한 채 능력에 어울리지 않는 낮은 지위에 있으며, 그 자리에서 벗어나기를 열망한다는 사실을 아니까."

"칭찬해 주서서 감사하지만, 그것으로는 왜 수많은 사람 가운데 제가 뽑혔는지 이해가 가지 않는군요."

"아무나 국왕을 위해 일할 수 있다고 생각한다면 큰 착각이네. 우리에게 필요한 사람은 젊고 잘생기고 명석하고 용감하기까지 한 남자야. 하지만 이런 조건을 두루 갖춘 사람은 그리 흔하지 않지.

애석하게도 난 그 조건들과는 거리가 멀고, 내가 파리에서 데려온 엔 남작은 더욱 낙제야. 그 오만하기 짝이 없는 남작이 하마터면 모든 걸 엉망으로 만들 뻔했다니까."

"실례입니다만, 회계장, 당신이 저에게 있다고 하신 용기며 여러 장점이 어디에 쓸모가 있는지 잘 모르겠습니다."

"자네의 용기는 자네의 안내로 프랑스 영내에 들어간 반란군 수령이 마침내 체포될 때 도움이 될 걸세. 자네 용모의 이용가치에 관해서는" 나로가 의미를 알 수 없는 엷은 미소를 띤 채 덧붙였다. "이 음모에서는 여자가 중요한 역할을 맡고 있다는 점만 말해 두면 충분할 것 같군."

"여자가요!" 필립이 놀라서 외쳤다.

"그렇다네! 먼저 모반의 중심인물이라 해야 할 수와송 부인이 있지……."

"하지만 당신 말대로 제가 그 여자를 배신하면, 그 여자에 대한 저의 영향력은 사라져 버릴 겁니다." 필립이 비아냥조로 지적했다.

"그건 그럴지도 모르지." 나로가 의미심장하게 말했다. "여자란 자기를 배신한 남자에게 강하게 이끌리는 법이지만, 언젠가는……. 그렇지만 백작부인은 둘째치고라도 여자가 한 명 더 있어. 그 괘씸한 수령의 애인이지. 그의 뒤를 따르기 위해, 제국군 대위였던 남편을 버린 여자야."

그 여자는 애인에게 큰 신뢰를 받아 음모의 비밀을 모조리 쥐고 있지. 그 여자를 이용하면 우리도 모든 비밀을 알 수 있어. 자네 같은 호색한이라면 보헤미아 촌구석에서 온 말괄량이를 길들이는 것쯤 누워서 떡 먹기 아닐까 싶은데."

필립은 은색 장식 끈이 달린 윗도리를 입은 몸을 꼿꼿이 펴고서, 날씬하게 뻗은 자신의 다리를 만족스럽게 내려다보았다.

나로는 이미 상대의 양심에 생긴 상처 속에 공격의 칼날을 한층 깊게 꽂을 기회가 왔음을 간파했다.

"여보게." 나로가 자못 선한 말투로 말했다. "물론 백작부인을 갑자기 배신하는 걸 부끄럽게 여기는 자네의 마음은 훌륭하다고 생각하네. 게다가 난 연애문제에는 젬병이라서 마지막 의견을 말하기가 망설여지네만……."

"계속 말씀해 보십시오."

"아니, 내가 보기에 자네는 그 모반의 수령과 백작부인 양쪽에게 불이익을 가져다주는 행동을 했다고 해서 껄끄러워할 필요가 전혀 없을 것 같네. 그 둘은 사이가 무척 좋으니까."

"그게 대체 무슨 뜻이죠?"

"그 위험한 악당은 상당히 잘생긴 청년이어서, 프랑스 국왕에게 위해를 가할 준비를 하는 틈틈이 백작부인의 마음을 빼앗아 버렸다는 말일세."

"그럴 수가! 그자가 어디서 부인을 만났는데요?"

"부인이 매일같이 병문안하거든. 난폭한 엔 남작에게 입은 상처가 아직 낫지 않아서."

"뭐라고요! 그럼 부인이 그를 찾아다닌단 말입니까? 그래서 시청 근처에 숙소를 잡았군요!" 필립은 얼굴이 창백하게 질린 채 벌떡 일어났다.

"맞아." 나로가 침착하게 대꾸했다.

필립은 보이지 않는 적을 향해 주먹을 휘두르고, 이마를 탁 치고, 입속으로 무슨 말을 중얼거리며 방 안을 성큼성큼 거닐기 시작했다.

"그래……. 그렇고말고……. 그러고도 남을 여자야. 만시니 가문의 피를 이어받은 여자잖아……. 그 여자는 나한테 질려서 그자에게 한눈에 반한 거야……. 갑자기 모습을 감춘 것도 그렇고……. 아무 연락이 없는 것도 그렇고……. 꼬박 이틀이 지나도록 부르지 않는 것도 그렇고……. 날 아직도 사랑한다면 편지쯤은 보낼 법하건만……."

'당연히 편지를 보냈지, 멍청이야.' 나로가 생각했다. '하지만 내가 처분했지.'

사실 수와송 부인은 필립에게 쓴 편지를 아브라함 키피예드네 집 하인에게 맡겼지만, 나로 노인이 가로채 버렸다. 아무리 기다려도 답장이 안 오자 부인도 필립에게 배신당했다고 확신하게 되었다.

필립이 미친 사람처럼 방 안을 돌아다니는 동안 난롯불을 휘젓느라 여념이 없어 보이던 나로가 입을 열었다. "가끔 나는 이렇게 늙어 빠진 내 몸이 원망스러워. 내가 자네만큼 젊고 잘생겼다면, 국왕을 섬기는 동시에 사랑의 원한을 갚을 수 있는 이 좋은 기회를 잡고 뛸 듯이 기뻤을 텐데. 두고 봐, 키펜바하 기사에게 본때를 보여 줄 테니." 나로가 불쏘시개를 휘두르며 외쳤다. 이 전투적인 동작과 노인의 새된 목소리는 우스꽝스러운 조합이었으나, 그런 것은 개의치 않는 눈치였다.

"키펜바하? 지금 키펜바하라고 그랬습니까?" 필립이 황급히 물었다.

"그 극악무도한 자가 파리에서 그런 이름을 썼네. 여기서는 모리스 데자르모아스라고 불리지만……"

"그렇군……. 그자라면 수와송 백작 저택에서 본 적이 있어……. 부인에게 정중한 대접을 받았었지……. 틀림없어……. 부인은 그를 사랑하는 겁니다."

"그럴 가능성은 충분히 있지." 나로가 다시 조용한 말투로 돌아와서 말했다.

"회계장님." 필립이 나지막하게 물었다. "제가 그 임무를 맡는다면, 르부아 후작님은 절 위해 뭘 해 주십니까?"

"그건 아까 말했잖아. 키펜바하가 체포되고 자네가 그 상자를 나한테 넘기면 르부아 후작님은 자네가 연대장으로 임명되도록 손써 주실 걸세. 그 상자에 관해서는 조만간 자세히 설명하지."

"제가 싫다고 하면?"

"자네가 거절한다면, 확실히 말해 자네는 매우 위험해질 거야. 르부아 대신님은 자신의 비밀을 남에게 알리는 걸 싫어하는 분이지. 대신님은 자네를 위험 인물로 간주하고, 자네가 어디를 가든 반드시 미행을 붙일 거야."

이때 필립은 차마 눈뜨고 보지 못할 처참한 표정을 지었다. 얼굴에는 마음속 고뇌가 역력히 드러났다.

"수락한다면 뭘 해야 합니까?" 필립이 불쑥 물었다.

"브뤼셀에는 프랑스 국왕의 지배력이 미치지 않아. 그러니까 자네가 가장 먼저 할 일은 상자의 위치를 아는 보헤미아 여자의 마음에 드는 일이네. 그게 연적에 대한 자네의 첫 복수야.

마침내 국경을 넘어 프랑스 영내로 들어가면, 백작부인의 마음을 빼앗은 호색한을 정면에서 공격하게.

　여기 있는 동안에는 머리를 쓰고, 프랑스에서는 힘으로 싸우는 거야."

　"나로 회계장님, 당신의 말을 따르겠습니다." 필립 드 트리는 마침내 배신자의 오명을 쓸 결심을 하고 그렇게 속삭였다.

　이 청년을 진심으로 사랑했던 로렌차가 아무것도 모른 채 죽어 간 것은 불행 중 다행이었다고 할 수 있을 것이다.

5 방다의 눈물

그로부터 6주가 흘렀다.

봄이 찾아오고 햇볕이 따뜻해지면서 모리스 데자르모아스의 건강도 회복되어 갔다.

모리스의 상처는 처음 예상만큼 심각하지 않았다.

다행히도 엔 남작의 칼이 갈비뼈에 맞고 조금 오른쪽으로 비켜서 폐에는 도달하지 않았던 것이다.

명검 '브랑베르진'의 끝이 이렇게 빗나가는 일은 좀처럼 없었다.

따라서 이 칼을 허리에 찬 오만한 검객은 나로의 입에서 그 기사가 그 맹렬한 일격에도 죽지 않았다는 사실을 듣고 펄쩍 뛸 만큼 놀랐다.

분한 마음을 달래려 엔 남작은 이런 말을 했다. "그날 밤 모리스는 어떤 마법의 힘으로 보호받고 있었던 게 틀림없어. 보헤미아 여자 방다가 애인의 적에게 저주를 걸었는지도 모르지."

이 사건이 일어났을 때 불쌍한 방다가 사용한 유일한 마법의 약은 한결같은 사랑뿐이었다. 그러나 이 젊은 여인의 정성 어린 간호가 늙은 의사 딜레니우스의 각종 약보다 모리스의 회복에 훨씬 도움이 된 것은 사실이었다.

방다는 사랑하는 남자의 머리맡을 스무 날 동안 떠나지 않고 간호했다. 남자가 어떤 부탁을 해도 들어주고, 조금이라도 고통스러운 빛이 떠오르지 않을까 유심히 얼굴을 관찰하고, 호흡을 살피고, 말에 귀를 기울이고, 손짓의 의미를 헤아렸다.

자식을 병구완하는 어머니도 이만큼 세심한 애정을 보이지는 못할 것이다.

환자의 상태가 위독한 동안 방다는 그의 머리맡을 한시도 떠나려 하지 않았다. 모리스가 잠들면, 위령의 날에 둘이서 예배를 드리러 갔던 오래된 성당을 이따금 찾아가 하느님께 기도를 올릴 뿐이었다.

여기서 반 호텐의 명예를 위해 말해 두지만, 주인은 슬픈 운명의 장난으로 이 여관에 묵게 된 젊은 여성에게 최대한 도움의 손길을 내밀었다.

이 착한 여관 주인은 처음에는 가게 안을 결투장으로 만들어 버린 외국인들을 저주하며, '찢어진 비단'의 평판에 손상이 간 것을 한탄했지만, 이윽고 마음을 고쳐먹었다.

더구나 모리스가 '파란 방'에 눌러앉은 덕분에, 검소한 마을 손님들의 발걸음이 멀어져서 본 손해를 메우고도 남을 만큼 주인장의 주머니는 두둑해졌다. 훈제 청어를 안주로 맥주를 한잔하러 오는 마을 사람들이 쓰는 돈이라 봐야 뻔한 수준이었던 것이다.

하늘이 보내 주신 이 환자는 여간 큰 부자에 씀씀이가 넉넉한 사람이 아닌지, 방다는 돈을 물 쓰듯 펑펑 써 댔다. 방다의 씀씀이는 그 상냥한 태도 덕분에 한층 돋보였다. 특히 이안과 두 하녀는 그 상냥함에 크게 감동했다.

일주일이 지나자 소박한 여관 종업원들은 이 '예쁜 보헤미아 마님'을 위해서라면 불 속에라도 뛰어들겠다고 할 정도로 홀딱 반해 버렸다.

따라서 모리스가 거동하게 되어, 브뤼셀 최고의 고급주택가 렌 거리에 빌려 두었던 훌륭한 저택으로 옮기게 되었을 때, 반 호텐의 여관에서는 의기소침하지 않은 사람이 없었다.

주인이 옛날에 섬기던 아스프르 남작은 모리스의 상태를 묻기 위해 이따금 잠깐씩 들르곤 했는데, 주인의 한탄을 듣고는 그도 당연한 일이라고 크게 동정했다.

시청 앞 광장에 있는 숙소에 머무는 내내 부지런히 환자를 문병한 수와송 백작부인은 물론이요 각계 명사들이 저녁이면 시에르 에 팡 골목으로 모여드는 듯이 보였던 것이다.

장화를 신고 박차를 찬 늠름한 기병대원, 리본으로 아름답게 꾸민 귀족, 스페인풍 망토로 얼굴을 가린 음침한 영주 등이 저녁마다 '찢어진 비단'의 뒷문을 두드리고 조용히 계단을 올라 '파란 방'으로 들어갔다. 그리고 이 신분 높은 문병객들은 한 명도 빠짐없이 네덜란드 금화나 베네치아 금화, 적어도 피렌체 금화를 여관 주인 손에 쥐어 주고 돌아갔던 것이다.

그러나 이 돈줄도 모리스가 병상에서 일어난 날 끊겨 버렸다. 그날 반 호텐이 이렇게나 빨리 환자를 고쳐 버린 외과 의사를 마음속으로 저주하지 않았다고는 단언할 수 없다.

그와는 반대로 방다는 회복기에 들어간 애인이 시내 주택지에 있는 저택을 향해 가마를 타고 가는 모습을 보고 펄쩍 뛸 듯이 기뻤다.

그 저택에서 방다는 1672년 여름에 모리스가 브뤼셀로 옮겨 온 이래 단둘이서 보냈던 행복한 생활을 다시 시작했다.

플랑드르 지방으로 오기까지 이 두 사람은 파란만장한 방랑생활을 했다. 그러나 마지막 1년은 조용하고 평화로운 나날이 이어져 연인들만의 행복을 만끽할 수 있었다.

방다의 장래를 위협하는 유일한 먹구름은 모리스가 수령을 맡은 모반 계획이었다.

방다는 이 계획이 좌절되기만을 바라며, 이 끔찍한 모험에 모리스가 뛰어드는 날이 다가오는 것을 불안에 떨면서 지켜보았다.

그러나 하늘의 뜻으로 엔 남작의 칼에 일격을 맞은 이래, 특히 기적적으로 상처가 나은 이래, 모리스는 프랑스 영내로 침공하겠다는 계획을 입에 담지 않게 되었다.

더 나아가 정치 문제 따위는 까맣게 잊었는지, 방다가 좋아할 만한 계획만 말하며 그녀의 마음에 들려고 노력했다.

방다는 자신들이 정식으로 결혼해서 고향으로 돌아갈 날을 마음속에 그리며, 영원히 평화롭게 사는 행복을 꿈꾸게 되었다.

결투 직후에는 수와송 부인의 문병이, 특히 그녀의 말이 방다를 불안하게 했다. 그러나 부인은 일주일 동안 르부아와 그 수하에게 어떻게 복수할지 이리저리 생각하고, 프랑스의 적들을 모아 비밀 회합을 열고, 괘씸한 필립을 저주하고 그리워하고 하더니 어느 날 아침 갑자기 프랑스로 돌아가기로 정했다. 마차도 하인도 없이, 그보다 더 심한 것은 잘생긴 종자도 없이.

부인은 비천한 마을 아낙네처럼 발랑시엔행 역마차를 타고 떠났다. 출발하기 전에 다시 한 번 필립과 만나려고 사방팔방 수소문했지만, 파셰코 거리의 저택에서 홀연히 자취를 감춘 필립의 행방은 끝내 알 수 없었다.

"변덕쟁이 필립은 내 뒤를 따라 파리로 돌아올지도 몰라." 그런 실낱같은 희망을 품고서 백작부인이 마차에 흔들리며 파리를 향해 가고 있을 무렵, 방다는 부인의 히스테리와 집요한 심문에서 해방되어 가슴을 쓸어내렸다.

방다의 마음에 걸리는 일이 하나 더 있었다. 렌 거리로 옮겨 온 지금도 모리스가 음모의 일당처럼 보이는 사람들과 빈번하게 만난다는 사실이었다. 그러나 하나같이 모리스를 문병하러 '찢어진 비단'을 찾아 주었던 사람뿐이어서 방다도 지금 모리스가 그들을 만나는 것은 그 힘든 시기에 건강을 걱정해 주었던 친절함에 대한 감사 때문이라고 생각했다.

게다가 모리스는 그런 방문객 때문에 동요하는 기색이 전혀 없었고, 그들을 따뜻하게 접대한 뒤에는 평소보다 방다를 따뜻하게 대해 주었다.

렌 거리의 저택을 가장 뻔질나게 방문한 외국인은 젊고 씩씩한 미남 청년으로, 방다가 '찢어진 비단'에서 만났던 기억이 없는 인물이었다.

그는 프랑스에서 온 지 얼마 안 된다고 했다. 아닌 게 아니라, 한 치의 흐트러짐도 없는 옷차림이며 말투에서 베르사유 냄새가 폴폴 풍기는 것 같았다.

모리스는 지난번에 파리에 갔을 때 친해진 남자라며 그를 점점 가족처럼 대했다. 피에몽 연대 대위 도르빌리에 자작이라며 방다에게도 소개해 주었다.

방다는 연인에 대한 지나친 배려에서, 회복기에 있는 모리스의 침실에 낯선 사람이 드나드는 것을 별로 좋게 여기지 않았다. 그러나 곧 이 사나이의 방문이 모리스를 대단히 기분좋게 한다는 사실을 깨달았다.

모리스는 이 붙임성 좋은 대위와 한 시간쯤 단둘이 보내면 기분이 완전히 좋아져서 손님을 옆에 붙들어 앉히고 방다를 불러 그녀가 있는 자리에서 전쟁 이야기며 무용담을 신나게 나누었다.

도르빌리에 자작은 아주 쾌활하고 매력적인 이야기 상대였다. 궁정과 수도 사정에 밝고 재치 있는 격언을 말하며 재기에 넘치는 데다가 귀족 출신답게 예의도 바른 사나이였다.

방다는 그의 이야기에 기꺼이 귀를 기울였으나, 늘 왠지 모를 불신감을 품고 있었다. 확실히 이야기는 재미있지만, 도무지 호감이 가지 않는 인물이었던 것이다.

3월 중순에 모리스는 처음으로 외출하여 신선한 바깥 공기를 쐬고 더욱 빠르게 건강을 회복해 가며 거의 매일같이 오랜 시간 브뤼셀 교외를 산책하게 되었다. 산책에는 방다가 따라갈 때도 있었지만, 대개는 그 도르빌리에라는 프랑스인이 함께 나갔다.

화창한 어느 이른 봄날 아침, 모리스는 방다의 팔에 기대어 캠브르 숲까지 나갔다. 방다는 이렇게 먼 산책이 모리스의 몸에 부담을 주지 않을까 걱정이

됐다.

"무리하면 안 돼, 모리스." 방다가 애정이 듬뿍 담긴 시선으로 말했다. "그만 돌아가자."

"무슨 소리!" 모리스가 외쳤다. "난 아주 건강하다고. 게다가 네가 깜짝 놀랄 이야기가 있어."

"어떤 이야기?" 방다가 놀라서 물었다.

"여기서 400미터쯤 떨어진 숲 가에서 우리를 기다리는 사람이 있어."

"우리를 기다리는 사람?" 방다가 조금 불안한 듯이 말했다. "대체 누가?"

"그건 비밀이야!" 모리스가 쾌활하게 대답했다. "널 놀라게 해 주고 싶어."

"그럼 굳이 묻지 않을게." 방다가 모리스의 즐거운 말투에 안심해서 말했다. "날 위해 줘서 기뻐. 이런 기분 좋은 아침에 나쁜 일이 일어날 리는 없겠지."

"응. 멀리 원정 나가기에 딱 좋은 날씨야."

"부탁인데, 이제 전쟁 얘기는 그만해 줘. 난 파란만장한 삶은 완전히 잊고 조용하게 살고 싶어. 너도 내 꿈을 부수는 잔혹한 짓은 못하겠지?

봐! 새들이 나뭇가지에 앉아 노래하고 있어. 숲도 푸르름을 더하기 시작했고, 태양은 새싹을 통해 빛나고 있어.

하느님이 봄을 만드신 건 인간이 서로 사랑하기 때문이 아닐까? 그러니까 자연이 되살아나는 이 아름다운 계절에 서로 파괴하는 것은 하느님을 모독하는 행위야."

"적당히 좀 해! 오늘따라 왜 이렇게 시인같이 굴지?

확실히 저 오래된 숲 속을 너와 함께 산책하는 건 기분 좋은 일이고, 숲의 공기는 반 호텐의 다 쓰러져 가는 여관 공기보다 훨씬 몸에 좋을 거야. 하지만 슬슬 말을 타고 들판을 맘껏 달려 보고 싶어졌어. 등자에 발을 디디지 않은 지 아주 오래됐으니까!"

"설마 벌써 말을 타려는 건 아니지?" 방다가 매섭게 말했다. "어제 딜레니우스 선생님께서 완전히 낫고 싶다면 절대로 무리하지 말라고 하셨잖아."

"딜레니우스 선생도 다른 의사들과 마찬가지로 아무것도 몰라. 의사들은 하나같이 구제불능 바보라고.

그 사람들 말을 일일이 듣다 보면 평생 약에 절어서 살게 될 걸. 태양왕이 돌팔이 의사 파공의 헛소리를 듣건 말건 그건 왕이 알아서 할 일이야. 하지만 난 군인이니까 내 몸은 내 식으로 고쳐. 내 생각에 검은 애마에 올라타면 그 재수 없는 칼의 일격을 받기 전보다도 더 건강해질 것 같은데."

방다는 아무 말 없이 한숨을 푹 내쉬었다.

모리스의 전투적인 계획을 생각하는 것만으로 방다는 몸이 떨렸으나, 그 흑마는 렌 거리의 저택 마구간에 매여 있었으므로 모리스도 금방은 충동을 실행에 옮기지 못하리라는 생각이 들어 가슴을 쓸어내렸다.

방다는 모리스 옆에 딱 붙어 수풀 아래를 나란히 걸으며, 두서는 없지만 연인의 마음에 스며드는 부드러운 말을 귓전에 속삭이기 시작했다.

유감스럽게도 모리스는 마음이 콩밭에 가 있는 것 같았다. 독일 행진곡을 휘파람으로 불다가 이따금 멈춰 서서 아름드리 떡갈나무를 올려다보는가 하면 다시 목적지를 향해 발걸음을 재촉했다.

두 사람이 지나간 숲은 루이스델의 풍경화처럼 북국의 억센 식물이 훌륭하게 우거져 있었다.

좁은 오솔길 좌우에서 옹이진 나뭇가지가 뻗어 나와 저 멀리까지 아치를 만들었고, 그 아치는 거대한 대성당 기둥처럼 나란히 늘어선 이끼 낀 고목 기둥에 얹혀 있었다.

그 사이로 이어지는 길은 푸르고 짧은 풀로 덮여 있었다. 별로 인적이 없는 길인지 잔디를 밟은 흔적도 없고, 말라 죽은 나뭇가지가 여기저기 앞길을 가로막았다.

방다는 작년 가을 브뤼셀 근교를 몇 번이나 말을 타고 돌았지만, 이 주변에 왔던 기억은 없었다.

그러나 방다는 이 신선한 경치에 황홀해져서, 봄의 숨결이 가슴으로 흘러 들어온 듯이 희망에 벅차올랐다.

이따금 아이 같은 충동에 휩싸여 그녀는 모리스의 곁을 떠나, 길가에 핀 앵초나 제비꽃을 꺾으려고 저만치 달려갔다가 활짝 웃으며 돌아와 사나이의 검은 벨벳 웃옷을 꽃으로 장식했다. 그러나 사나이는 아주 형식적인 미소를 지을 뿐이었다.

이리하여 두 사람은 퍽 경사진 곳에 다다랐다. 길이 험하고 돌부리투성이라서 방다는 올라가는 데 조금 애를 먹었다.

꼭대기에 이르자, 마법에 걸린 듯이 경치가 일변했다.

눈앞에는 군데군데 휑한 잡목림이 펼쳐지고, 그 너머에는 초가가, 더 멀리에는 마을의 교회 탑이 보였다.

모리스는 그곳에서 잠시 쉬었다. 지쳤는지도 모르고 나무들 사이로 길을 찾았는지도 모른다.

숲에 들어오고부터 두 사람은 누구와도 만나지 못했다. 지금도 이 쓸쓸한 풍경은 나무꾼의 도끼 소리조차 내지 않은 채 쥐 죽은 듯 고요했다.

그러나 이윽고 말 달리는 소리가 언덕 위까지 들리더니, 마침내 언덕에서 몇 백 걸음 떨어진 숲 가에서 말 달리는 사람이 보였다.

"이상하네." 방다가 중얼거렸다. "저 사람, 꼭 쫓기는 사람처럼 서두르잖아."

모리스가 웃으며 무심히 대답했다. "술집에서 시간 가는 줄 모르고 있던 왈론군 기병이 옆 마을에 주둔하는 자기 부대로 서둘러 돌아가는 중일 거야."

방다가 이 설명에 납득하려 할 때, 잡목림 안 공터에 말을 탄 다른 사나이가 휙 나타나더니 처음 사나이와 마찬가지로 전속력으로 같은 방향을 향해 달려갔다.

다음 순간, 조금 더 떨어진 숲 속 다른 곳에서 평야 쪽으로 질주하는 말 탄 사람 그림자가 가지 사이로 슬쩍슬쩍 보인 것 같았다.

"무슨 일일까?" 방다가 불안스레 모리스를 쳐다보았다.

"아까 그 기병은 혼자 술 마시기를 싫어하는 성격이고, 함께 간 두 동료는 그 녀석보다 술집에 오래 남아 있었던 거겠지."

방다는 애인의 가슴에 몸을 파묻고 목소리를 죽였다.

"그럴지도 몰라. 하지만 나, 왠지 무서워……."

"바보 같은 소리 마! 뭐가 무섭다고 그래?"

"우리는 마을에서 멀리 떨어져 있고…… 무기도 없잖아. 저 남자들은 우리가 숲 가에 나타날 때까지 잠복해 있으라는 명령을 받았던 걸지도 몰라……. 루이 왕의 첩자가 외국 영토에서 누군가를 붙잡아 프랑스 국내로 납치하는 건 흔히 있는 이야기잖아…….”

"괜찮아. 난 누굴 붙잡을지언정 붙잡히지 않아. 게다가 저놈들은 우리에게 위해를 가할 생각이 없어. 너도 곧 알게 될 거야. 우리는 바로 저들을 만나러 가는 길이니까.”

"어디로 가는데?” 방다가 놀라서 물었다.

"저기.” 모리스가 내뱉듯이 말하면서 탑이 있는 마을을 가리키고 다시 걷기 시작했다. 방다는 그 이상 질문할 용기가 나지 않아 묵묵히 뒤를 따랐다.

모리스의 침착한 태도를 보고 방다도 안심하는 동시에 다른 생각을 하기 시작했다.

아까 모리스는 깜짝 놀랄 일이 있다고 말했다. 실제로 이렇게 계속 걷는 건 뜻밖의 기쁨을 마지막까지 비밀로 해 두었다가 방다를 깜짝 놀라게 하려는 속셈이 틀림없었다.

젊은 방다는 이 수수께끼에 관해 이리저리 머리를 굴린 끝에 불현듯 어떤 생각이 떠올라 기쁨에 몸서리쳤다.

'모리스는 마을의 교회를 가리켰어. 나를 그곳으로 데리고 갈 생각인 거야……. 그곳에서 신부님이 기다리고 있다가 우리 결혼식을 올려 주시는 거겠지…….'

이때 모리스가 방다를 봤더라면, 그녀의 눈이 왜 빛나는지 그 팔이 왜 떨리는지 짐작했을지도 모른다. 그러나 머리를 꼿꼿이 쳐들고 걷는 모리스의 마음은 캠브르 숲에서 멀리 떨어진 곳으로 날아가 있는지, 자기 옆에서 일어난 일을 전혀 눈치채지 못했다.

'모리스가 이렇게 깊이 날 사랑하다니!' 방다가 나지막하게 중얼거렸다. '드디어 이 사람은 끔찍한 계획을 잊고 행복한 삶을 살기로 한 거야! 난 알고 있었어. 이 사람이 무시무시한 음모에 질려 나만의 사람이 되는 날이 반드시 오리라는 걸.'

"이거 참" 모리스가 웃으면서 말했다. "널 이렇게 피곤하게 해서 정말 미안해. 도르빌리에가 이런 꼴을 봤다면, 이렇게 여자에게 산길을 걷게 하는 게 얼마나 기사도 정신에 어긋나는지 아느냐고 날 혼냈겠지.”

"난 조금도 피곤하지 않아." 방다가 행복감에 얼굴을 빛내며 얼른 대답했다. "그 탑이 있는 곳으로 가기 위해서라면 기꺼이 십 리라도 더 걷겠어.”

"장하다, 방다. 넌 옛날 웨스트팔리아의 전쟁터를 돌아다닐 때랑 조금도 변하지 않았어."

"너도 조금도 변하지 않았어, 모리스." 방다가 말할 수 없는 다정함을 담아 속삭였다.

그사이에도 두 사람은 성큼성큼 나아갔다.

평야에 이르는 길은 언덕 위에서 봤을 때보다 가까워서 30분쯤 가자 두 사람은 숲 가에 도착했다.

도중에 네 명째 사나이가 말을 타고 두 사람을 추월해 갔다. 가까이서 보니 그 사나이는 왈론군 군복을 입고 있지 않았지만, 방다는 잔뜩 흥분한 터라 그런 것은 신경도 쓰지 않았다.

교회는 숲에서 고작 400미터쯤 떨어진 곳에 있었다. 방다의 눈앞에서 종이 힘차게 울리고 있었다.

"우리를 기다리는 사람이 있다는 곳이 바로 저기 제단이 있는 데지? 내 말이 맞지?" 방다가 모리스에게 매달리며 말했다.

"제단이라니!" 모리스가 몹시 놀란 듯이 되물었다. "무슨 말도 안 되는 소리야. 여기가 우리 목적지야. 이제 더 갈 필요 없어."

그렇게 말하고 방다의 팔을 조용히 뿌리치고서 모리스는 잡목림 가장자리로 가서 주위를 두리번거렸다.

캠브르 숲은 그곳에서 뚝 끊겨서, 모리스와 방다가 멈춰 선 곳은 잔디 강둑으로 되어 있었다.

두 사람의 발밑에는 데이지가 흐드러지게 핀 연녹색 목장이 한가득 펼쳐져 있었다.

백 걸음쯤 떨어진 곳에는 위풍당당한 플랑드르 암소 두 마리가 유유히 풀을 뜯고 있었다. 파울루스 포테르가 네덜란드 풍경화에 즐겨 그린 얼룩소였다. 왼편에는 농가의 초가지붕 굴뚝에서 연기가 피어오르고, 그 너머 야트막한 동산에는 종이 울리는 교회와 민가가 늘어서 있었다.

지평선 여기저기에서 뾰족한 탑과 커다란 날개를 사방으로 뻗은 풍차가 평화로운 전원 풍경을 완벽하게 만들어 주었다.

그러나 이 풍요롭고 싱그러운 시골 풍경의 가장 큰 특징은 사람 그림자가 어디에도 보이지 않는다는 점이었다.

소를 치는 농부의 모습도 없거니와 집 문간에서 실을 잣는 여자도 없었다.

초가지붕 굴뚝에서 피어오르는 연기가 보이지 않는 마을 사람의 존재를 말해 주지 않았더라면, 아무도 살지 않는 마을에 왔다는 느낌이 들 정도였다.

교회 종은 주변에 계속 울려 퍼지고, 이따금 농가 뒤쪽에서 말이 이히힝 울거나 마구를 흔드는 소리가 들려왔다.

그러나 아까 평야 쪽으로 말을 달려가던 남자들의 모습은 어디에도 보이지 않았다.

신기루처럼 사라져 버린 것이다.

하늘은 여전히 푸르고, 봄날 햇살은 이 평화로운 풍경에 가득 내리쬐었다. 그러나 이 상쾌한 자연 앞에서 방다는 울음을 터트렸다.

방다의 즐거운 꿈은 허무하게 사라졌다. 아까까지는 결혼식을 알리며 즐겁게 축하해 주는 듯이 들렸던 종소리도 지금은 장례식 종소리처럼 들렸다.

닥쳐오는 위험한 예감에 가슴이 죄어드는 것 같았다. 은밀한 본능은 이 아름다운 아침이 운명의 슬픈 전기가 될 것임을 알리고 있었다.

한편 모리스는 울지는 않았지만, 불안한 표정으로 주변을 주의 깊게 살폈다.

"아직 오지 않았어. 이상한데." 모리스가 중얼거렸다.

그러다가 갑자기 방다의 뺨을 흐르는 눈물을 눈치채고서 퉁명스럽게 물었다.

"왜 그래? 사형장에 끌려온 얼굴이잖아.

지금 이 근처에서 우리를 지켜보는 농부가 있다면, 그는 네가 주느비에브 드 브라방 같은 정숙한 공주고, 나는 공주를 숲 속으로 끌고 온 무례한 종자라고 생각할 거야."

이 차가운 농담을 하면서 모리스가 지어 보인 쌀쌀하고 신경질적인 미소를 방다는 아주 오래전부터 잘 알고 있었다.

모리스가 이런 웃음을 짓는 것은 위험이 닥쳤을 때로, 갈매기가 울음소리로 폭풍우를 예고하는 것과 비슷했다.

"아무것도 아니야." 방다가 눈물을 훔치면서 말했다. "미안해. 나, 실은……."

"뭐야, 그런 거였어?" 모리스가 요란하게 웃으면서 외쳤다. "깜짝 놀랄 일이 있다고 해서 착각했구나.

캠브르 숲에서 나가면, 플랑드르의 훌륭한 레이스를 파는 페트로뉴 할머니나 호화로운 보석을 팔고 다니는 프리피에 거리의 유대인 보석상을 만날 줄 알았나 보지?"

"아니야, 모리스. 내가 생각했던 건 그런 게 아니야." 방다가 서글프게 부정했다.

"내가 널 따라다니려고 여자다운 옷차림을 포기한 건 너도 잘 알잖아." 그렇게 말하면서 여전히 입고 있는 기병대원 복장을 내려다보았다.

"알지, 알아! 하지만 그렇게 멋과 무관하게 지낼 날도 이제 얼마 남지 않았어. 언제까지고 브뤼셀에 있을 필요도 없고. 보석이나 레이스도 조만간 꼭 갖게 될 거야……. 그런데 그 깜짝 놀랄 일이란 게…… 아! 호랑이도 제 말 하면 온다더니!"

이렇게 외치자마자 모리스는 뒤를 재빨리 돌아보았다. 뒤에서 나뭇가지가 뚝뚝 부러지는 소리가 들렸으므로 방다는 깜짝 놀라 뒷걸음질쳤다.

그러나 그 소리는 덤불에서 튀어나온 멧돼지의 발소리가 아니었다. 놀랍게도, 수풀 안에 서 있는 것은 모리스의 친한 벗 도르빌리에 대위의 말쑥한 모습이었다.

도르빌리에는 평소 같으면 박음질 부분에 은실 자수가 들어가고 장미색 새틴 리본이며 장식 끈을 단 하늘색 웃옷을 입었지만, 이날은 달랐다.

그러한 사교계용 사치품은 숲을 빠져나올 때 거치적거린다고 판단했는지, 오늘은 원정용 물소 가죽 웃옷에 커다란 장화를 신고 길쭉한 칼까지 차고 있었다.

이 사나이가 이런 군인 복장을 한 것을 방다는 처음 보았다. 지금까지는 피에몽 연대 대위라고 말하면서도, 모리스의 집을 방문할 때는 베르사유 궁정의 예법에 따라 늘 화려하게 꾸민 완벽한 차림으로 나타났던 것이다.

궁정풍 의상은 숙소에 두고 왔지만, 도르빌리에는 궁정식 예의범절을 잊지 않았다.

여성에게 말을 걸 때는 반드시 자리에서 일어나 모자를 벗어 들었다는 루이 14세를 본받아 이 자작도 모자를 들고 덤불에서 나오더니 방다를 향해 공손하게 인사했다. 베르사유의 오렌지 온실 계단 위에서 귀부인을 만났을 때와 같은 태도였다.

"무례를 용서하세요, 부인." 도르빌리에가 달콤한 목소리로 말했다. "이렇게 불쑥 나타나 부인을 놀라게 해 버렸지만, 부디……."
 "그래, 그 일은 어떻게 됐지?" 모리스가 청산유수 같은 인사를 자르며 끼어들었다.
 "만사가 순조롭게 진행되고 있습니다." 도르빌리에가 의미심장한 눈짓을 보내며 대답했다. "어쨌든 먼저 부인께 한마디……."
 "브리강디에르와 바시몽은?"
 "한 시간 이내에 이곳으로 올 예정입니다."
 "그래, 드디어 오는군!" 모리스가 기쁨을 억누르듯이 말했다.
 "부인." 예의 바른 자작이 말을 이었다. "실례를 용서해 주시리라 믿습니다만……."
 "방다는 신경 쓰지 않아." 모리스가 다시 끼어들었다. "이렇게 좋은 소식도 가져와 주었으니, 우리 셋이서 이 멋진 잔디 위 그늘에 앉아, 다른 사람들이 올 때까지 한잔하지 않겠나?"
 그렇게 말하며 강둑 가장자리에 앉더니, 옆에 앉으라고 방다에게 손짓했다.
 방다는 울음은 그쳤으나 마음의 동요가 얼굴에 나타나 있었다.
 지금 모리스가 말한 두 사람의 이름을 듣고 방다는 두려움에 몸서리쳤다. 이 황량한 곳에서, 자기가 모르는 사이에 맺어졌던 약속의 의미를 뼈저릴 정도로 명료하게 깨달은 것이다.
 그러나 방다는 불안을 애써 감추려고 했다.
 그날 모리스의 언동이 아무리 이상했다고는 하나, 아직 방다는 모리스가 갑자기 이 평화롭고 행복한 생활을 버리고 새로운 모험에 나서리라고는 믿을 수 없었다.
 오늘의 긴 산책은 모리스의 순간적인 충동의 결과이고, 도르빌리에 자작도 갑자기 시골 풍경을 감상하고 싶어졌던 게 틀림없다. 방다는 그렇게 생각하려고 했다.
 다소 지나친 억지였지만, 도르빌리에 자작이 평소보다 더 쾌활하고 편안해 보였으므로 이 희망적 관측도 아주 틀리지만은 않다는 생각이 들었다.
 방다가 모리스 옆에 앉자, 쾌활한 자작은 맞은편 길가에 앉았다. 무릎에 팔꿈치를 괴고, 긴 칼을 넓적다리 위에 얹고, 모자를 뒤로 젖혀 흰 이마와 구불거리는 금발 가발을 드러내고서, 이제부터 즐거운 대화를 나눠 보자는 듯한 태도를 보였다.

자작은 탄탄하면서도 미끈한 다리를 훤히 드러내듯 앉아, 귀족적인 손으로 주의를 끌기 위해 어깨띠를 무심한 척 만지면서 흰 이를 드러내고 웃었다.

그러나 방다는 달콤한 환상을 품게 한 종루를 아직 촉촉한 눈동자로 멍하니 바라보았고, 모리스도 친구의 풍채나 맵시 있는 모습을 주목하기보다는 근처 농가를 관찰하는 데 정신이 팔려 있었다.

"모리스," 자작이 말을 걸었다. "우리는 이 황량한 길가에서 한 시간이나 더 기다려야 합니다. 그동안 계속 그렇게 무거운 얼굴을 하고 있어 봐야 뭐 합니까?

드디어 기다리고 기다리던 날이 왔습니다! 그러니 즐겁게 축하하지 않겠습니까?"

"그런 건 자네가 잘할 것 같은데." 모리스가 별로 내키지 않는 투로 말했다.

"좋습니다. 그 역할은 제가 맡죠. 그럼 먼저 묻겠습니다만, 당신은 우리 친구 리졸라 씨가 최근에 낸 소책자에 대한 대답으로서 그 잘난척쟁이 르부아가 펴낸 괴문서*1를 읽으셨는지요?"

"무슨 소리! 난 그런 한심한 문서를 읽을 만큼 한가하지 않아."

"자자, 르부아를 너무 욕하지는 말자고요. 그 괴문서의 제목은 《특명 전권 요리사에게 고하다》인데, 이것은 옛날에 리졸라 씨가 황제 레오폴드 폐하의 주방에서 수습 요리사로 있던 것을 비꼰 것입니다.

그 이야기가 어찌나 웃긴지, 웃다가 죽을 정도로 걸작이지요. 부인께서 듣고 싶으시다면……."

"죄송하지만 전 정치는 아무것도 몰라요." 방다가 쌀쌀맞게 대꾸했다.

도르빌리에는 입술을 깨물고, 더 재미있는 이야기를 생각해 내려고 했다. 그때 모리스가 불쑥 입을 열었다.

"저기 저 말 탄 남자는 누구지? 브리강디에르 아니야?"

도르빌리에는 고개를 돌리고 이마에 손을 얹고서 유심히 바라보았다. 2백 미터쯤 떨어진 왼편에서 말 탄 사나이가 숲에서 나왔는가 싶더니 곧 농가

---

*1 원주. 이 괴문서는 리졸라가 펴낸 소책자 《신 포도즙이 들어간 소스》로 브뤼셀에서 출판되었다. 리졸라의 소책자 제목은 플랑드르 지방으로 파견된 르부아의 부하 드 베르주를 빗대어 지은 것(베르주는 신 포도즙이라는 뜻의 프랑스어).

뒤쪽으로 모습을 감추었다.

"우리 부하는 틀림없지만," 도르빌리에가 의미심장한 투로 말했다. "브리강디에르는 아닙니다.

저 남자의 모자에 붉은 깃털 장식이 보이지 않는 데다, 브리강디에르는 몬스 가도를 통해서 오니까 저 방향에서 올 리가 없지요.

더구나 우리가 여기 앉은 지 아직 10분도 지나지 않았습니다. 정오까지 45분은 넉넉히 남았어요. 그러니까……."

"그렇군. 내가 착각을 한 모양이야. 신경이 곤두서서 눈이 착각을 일으켰나 봐." 모리스가 중얼거렸다.

방다는 몸이 부르르 떨렸다. 오늘 벌써 두 번이나 이름이 나온 브리강디에르는 이전 모리스의 부하로 있던 하사로, 위험한 원정 때는 반드시 부관을 맡았던 사나이였기 때문이다.

"기다리노라면 좋은 날이 온다고 하지 않습니까." 도르빌리에가 거들먹거리며 말했다.

"그러니 느긋하게 기다리기로 하고, 심심풀이로 요전 사육제 때 파리에서 대유행한 노래를 들려 드리죠. 리졸라 씨에 대한 괴문서 이야기에는 별로 흥미가 없으신 것 같으니."

"노래라!" 모리스가 다소 경멸스러운 투로 말했다.

"네, 노래요. 고귀한 발레 무용수와 대신과 총희들을 골탕 먹이는 노래로, 아주 짜릿하고 통쾌합니다.

그래 봤자 고작 노래 아니냐고 얕보시면 안 됩니다. 프랑스에서는 민심을 움직이는 데 노래만큼 좋은 게 없거든요. 프롱드의 난이 일어난 것도, 마자랭을 풍자하는 노래가 오랫동안 유행했던 것이 발단이었으니까요."

"우리가 계획하는 프롱드의 난은 칼로써 일어났으면 좋겠군."

"아멘! 며칠 내로 그 기도가 이루어질 겁니다. 그때가 오면 우리는 어느 가도 근처에서 어떤 인물이 탄 마차가 지나가기를 기다릴 예정이니까요. 그 마차를 모는 자는 우리가 그런 곳에서 모습을 드러내리라고는 꿈에도 생각지 못할 겁니다."

"그 노래라는 걸 들려줘." 모리스는 이야기가 위험한 쪽으로 흐르는 것을 우려해 말을 끊었다.

이번에야말로 일이 어떻게 돌아가는지 똑똑히 깨달은 방다는 시체처럼 창백해졌다.

"이 노래는 '덫'이라는 곡의 가락으로 불립니다. 부인도 틀림없이 들어 보신 적이 있을 거예요. 플랑드르 지방에서도 꽤 불리니까요."

그렇게 말하고 도르빌리에는 일부러 엉망으로 부르기 시작했다.

> 오늘은 마차를 누가 끌지?
> 눈부시게 빛나는 황제는
> 탈 줄은 알아도
> 끌 줄은 모르네.
> 끄는 건 늙어 빠진 말 네 마리,
> 앞을 가는 건 암말 두 마리.
> 끄는 건 늙어 빠진 말 네 마리,
> 보기에는 볼품없지만 대단한 명마.[*2]

"재미있는 노래군." 모리스가 평했다. "왕이 태양신 아폴론처럼 구는 것을 훌륭하게 비꼬았어."

"그다음도 들어 보세요. 늙어 빠진 말과 암말의 묘사가 아주 걸작이니까요." 도르빌리에가 더욱 신나서 노래를 시작했다.

> 가장 앞에 있는 놈은 세상이 다 아는
> 교활한 늙은 너구리.
> 일이라면 모르는 게 없는 그놈은
> 정확하디 정확한 발걸음으로
> 따각따각 천천히 걷네.
> 긴 일생을 빈틈없이 보내고
> 정확하디 정확한 발걸음으로,

[*2] 원주. 확인을 위해 덧붙이자면, 이 노래는 프랑스 국립도서관에 보관된 방대한 노래집 원고에서 한 자도 바꾸지 않고 그대로 인용했다. 이 흥미 깊은 속요집에는 루이 14세와 궁정을 공격한 수백 편의 시가 실려 있다.

헛디디는 법도 결코 없네.

"지금 노래는 역겨운 르부아의 아비 르테리에 영감을 빗댄 것이군." 모리스가 중얼거렸다.
"다음 노래도 알겠는지 들어 보십시오."

두 번째 놈은 아들인 주제에
울룩불룩 뒤룩뒤룩 살지고
걸핏하면 화내서 감당하기 어렵네.
군마가 되겠다는 원대한 포부를 안고,
해님이 아무리 호통을 쳐도
난폭한 그 말은 통 말을 듣지 않네.
불같이 화를 내며 성깔을 부리고
언제나 길길이 날뛰기만 하네.

"허허! 이거 두말할 것도 없이 르부아인데. 정말 교묘하게 묘사했군."
"그것 보세요! 제 말이 맞죠? 부인도 그렇게 생각하시지 않습니까?" 도르빌리에가 깊은 시름에 잠긴 듯한 방다에게 정중히 고개를 숙이면서 물었다.
방다는 경멸스러운 눈초리로 쌀쌀맞게 대답했다.
"저는 르부아 후작이 누군지도 모르고, 지금은 노래를 들을 기분도 아니에요."
"그럼 이런 건 어떨까요?" 도르빌리에가 태연한 얼굴로 말했다. "이걸로도 부인의 기분이 풀리지 않는다면, 제가 피에몽 연대에 있다는 걸 믿지 않으셔도 됩니다."

두 마리 암말은 성큼성큼 나아가네,
익숙한 길이니까.
푸케와 로안이 옆에 붙어서
생제르맹으로 끌고 갔다네.

암말 한 마리는 다리를 절고······.

"라 발리에르를 말하는 거군!" 모리스가 웃으면서 외쳤다.
"그렇습니다. 그럼 이건?"

　　　다른 한 마리는 뚱뚱한 붉은 털.

"몽테스팡 부인이야!"
"맞았습니다! 그럼 마지막 2행을 들어 보세요."

　　　한 마리는 비쩍 말라 뼈와 가죽뿐이고,
　　　다른 한 마리는 터질 듯하네.

"암말 두 마리가 눈앞에 보이는 듯하군. 그 두 마리를 기르느라 지금 프랑스 국민이 얼마나 많은 돈을 내고 있는지. 기생오라비같이 생긴 루이 왕, 그 오만한 자가 파에톤*3처럼 번쩍번쩍한 금발 가발을 뒤집어쓰고, 대신 네 명과 총희 두 명이 끄는 마차를 모는 모습도 눈에 선해!"
"루이 왕의 마차도 파에톤의 수레처럼 뒤집어지면 좋을 텐데요."
"자네 정말 남의 기분을 좋게 하는 데 재주가 있군."
"그렇게 칭찬해 주시니 황송합니다. 그런데 부인께서는 그렇게 생각하지 않으시는 것 같군요." 도르빌리에가 아는 체하는 얼굴로 말했다.
"방다는 가끔 괜히 울적해하지." 모리스가 속삭였다.
방다는 아직 눈물이 마르지 않은 아름다운 눈을 들어 애인을 매섭게 쏘아보았다. 4년 전부터 온갖 위험과 고난을 씩씩하게 함께 극복해 온 자신에게 그런 바보스러운 결점이 있다고 말하는 것이 분했던 것이다.
그때 어린아이의 청아한 노랫소리가 숲 속에서 들렸다.
그 목소리는 느릿하고 구슬프게 플랑드르 지방의 오래된 민요를 불렀다. 조

---

*3 그리스신화에 나오는 태양신 헬리오스와 클리메네의 아들. 성인이 되어 처음으로 만난 부신이 어떤 소원도 들어주겠다고 하자, 단 하루만의 약속으로 아버지의 마차를 빌려서 하늘을 날게 되었으나, 거친 말을 제어하는 방법을 몰라 추락했다.

금 전 도르빌리에가 명랑하게 불렀던 경쾌한 가락과는 대조적인 곡이었다.

모든 돌발 사건을 경계하고 보는 자답게 두 사나이는 귀를 쫑긋 세웠다. 그러나 가사를 이해할 수 있는 방다는 숙연히 들었다.

그 목소리는 이렇게 노래했다—

>Ik heb vandagen myn lief gezien,
>Tuschen de boomen ueer van hier.

이렇게 쓰면 영문을 알 수 없는 문자의 나열로밖에 보이지 않는 이 가사도, 청아하게 울려 퍼지는 어린아이의 목소리로 부르자 이루 말할 수 없는 애수를 띠었다.

"이런 괘씸한!" 도르빌리에가 외쳤다. "이 근방에 사는 양치기 계집애가 우리를 놀리는 겁니다. 저런 괴상한 사투리는 못 쓰게 해야 합니다."

"하느님께서 저 계집이 기르는 칠면조에게도 언어를 주셨다면, 그 칠면조는 저렇게 노래했을 거야." 모리스도 비웃었다.

"저 아이가 뭐라고 노래하는지 알아?" 방다가 성을 내며 물었다.

"되는대로 부르는 거겠지! 알고 싶지도 않아."

"저 애는 이렇게 말하고 있어." 방다가 슬픈 표정으로 설명했다. "'오늘 난 숲 속 나무 아래에서 사랑하는 사람을 만났네. 곧 멀리 떠나 버릴 사랑하는 그 사람을.'"

"아하, 이제 알겠다! 넌 저 바보 같은 노래가 네 미래를 예언하고 있다고 생각하는 거야. 넌 초자연을 믿으니까.

난 네가 좀 더 똑똑한 여잔 줄 알았는데. 도르빌리에에게 아까 그 노래의 끝을 들려 달라고 해야겠어. 네 판단력을 흐리게 하는 뚱딴지같은 환상을 내쫓으려면 말이야."

"하지만," 도르빌리에가 목소리를 죽여 말했다. "저 민요를 부르는 아이가 무엇을 하러 이곳에 왔는지 알기 전까지는 조용히 있는 편이 안전할지도 모릅니다."

"그렇군. 르부아의 첩자는 어디에나 있고, 못하는 변장이 없으니까." 모리스도 반신반의하면서 동의했다.

그러나 양치기 소녀는 별로 걱정할 필요가 없다는 사실을 곧 알 수 있었다. 소녀는 스무 걸음쯤 떨어진 오른쪽 앞 숲에서 여전히 노래를 부르며 나타나더니, 세 사람에게는 눈길도 주지 않고 천천히 멀어져 갔다.

"뭐야!" 도르빌리에가 말했다. "고작 열두 살이나 될까 말까 한 꼬마였잖아. 아무리 르부아 국무총리라 해도 나막신을 신은 시골 계집애까지 첩자로 고용하지는 않겠지요."

"나도 동감이지만, 난 보지도 듣지도 못한 자는 누구든 의심하고 보는 성격이야."

"저한테만큼은 예외인 것 같은데요." 도르빌리에가 웃었다. "3주 전 처음 만났을 때부터 저를 오랜 친구처럼 대해 주시지 않습니까."

"그건 사정이 전혀 다르지. 무엇보다 자네는 보지도 듣지도 못한 자가 아니었어. 우리 조직에서 가장 헌신적인 동지한테서 강력 추천을 받고 왔으니까."

"네, 그 친절한 아스프르 남작한테 추천을 받았죠. 확실히 그 사람이 루이 14세나 르부아 국무총리에게 호의적이라는 의심은 할 수가 없습니다. 모든 기회를 동원해서 직접적으로든 간접적으로든 왕과 대신에게 해를 끼치려고 하니까요."

"특히 간접적으로 그렇지." 모리스가 중얼거렸다. "그는 남을 잘 구슬리지만, 자기가 직접 행동에 나서는 법은 없어. 실은 말이지, 그 사람이 요즘 통 모습을 보이지 않아서 이상하게 생각하던 참이야."

"젤란트 주의 수령이라는 위치상 신중하게 행동할 수밖에 없는 거겠죠." 도르빌리에가 황급히 변호에 나섰다. "그는 우리와 함께 프랑스 영내로 진입하기보다 암스테르담의 낡은 지붕 아래에 있는 편이 우리에게 도움이 됩니다."

"그럴지도 몰라. 앞으로는 그의 도움을 빌릴 일도 없고. 난 배신자는 조금도 두렵지 않아. 우리 부대에 숨어든 자가 있다고 해도, 조금이라도 수상한 모습을 보인다면 그 즉시 그놈의 머리통을 날려 버릴 테니까."

"현명하십니다." 도르빌리에 자작이 침착하게 말했다.

그러나 방다는 자작의 얼굴이 언뜻 흐려지는 것을 놓치지 않았다.

"아," 도르빌리에가 농가 쪽을 보면서 말을 이었다. "이번에는 진짜로 브리강디에르가 옵니다."
 자작이 이 말을 채 마치기도 전에 모리스는 이미 일어나 있었다.
 방다도 점점 커지는 불안감을 안은 채 일어나 농가 쪽을 바라보았다.
 한 사나이가 마을에서 나와 숲으로 다가오고 있었다. 평소 말만 타고 다니느라 땅을 밟은 적이 없는 사람이 그러하듯 느릿하고 무거운 발걸음이었다.
 "자네 말이 맞았군. 브리강디에르 하사가 틀림없어." 모리스가 환성을 질렀다. "저 녀석, 중요한 소식을 가지고 오는 주제에 내 검은 말에게 먹일 풀을 가지고 올 때처럼 느긋하게 걷고 있잖아. 저 녀석은 늘 저렇다니까."
 "보십시오! 제가 기다리노라면 좋은 날이 온다고 하지 않았습니까." 도르빌리에도 자못 안심한 듯이 말했다.
 방다만이 슬픈 기색이었는데, 거기에는 충분한 이유가 있었.
 오늘 산책의 목적이 마침내 분명해졌기 때문이다. 불행이 코앞으로 닥쳐왔다는 사실에는 이제 의심할 여지도 없었다.
 그사이에도 학수고대하던 사자는 이쪽으로 다가왔다. 모리스는 기쁨을 억누르지 못하고, 목소리가 닿는 지점까지 상대가 왔다는 확신이 들기가 무섭게 고래고래 고함을 질렀다.
 "이봐! 준비는 어떻게 되었나!"
 "길은 자유롭게 다닐 수 있습니다, 대령님." 사나이가 다소 챙이 넓은 모자에 손을 얹으며 대답했다.
 "아, 드디어!" 모리스가 중얼거렸다.
 "자자," 도르빌리에가 엷은 미소를 띠고서 말했다. "오늘은 우리에게 기념할 만한 날이 될 겁니다. 르부아 후작만 얌전히 있어 준다면요!"
 "어서 오게, 브리강디에르. 보고를 듣고 싶어!"
 "네, 대령님. 곧 가겠습니다." 이 특이한 이름을 가진 사나이가 대답했다.
 사나이는 강둑 가장자리까지 오자 다시 한 번 경례하고, 칼을 찬 어깨띠가 흘러내리려는 것을 붙잡은 뒤 허리에 손을 얹고 모리스의 질문을 기다렸다. 그 칼은 뒤꿈치에 닿을 정도로 길고 튼튼해 보였다.
 이 사나이는 쉰쯤 된 건장한 무사로, 어깨는 떡 벌어졌지만 뼈가 드러날 정도로 말랐다. 평생 산과 들을 뛰어다닌 탓에 살이 찔 틈이 없었던 것이다.
 젊은 대장을 따라 브리강디에르도 콧수염을 길게 기르고 있었지만 이쪽은 백발이 꽤 섞여 있었으며, 얼굴 가죽은 야영과 전초전의 포화로 시뻘겋게 그을어 코르도바의 가죽 세공품 같았다.

뾰족한 턱, 매부리코, 날카로운 안광을 뿜는 움푹 꺼진 눈을 더하면 이 무인의 초상은 완성된다.

장비로 말하자면, 이보다 완벽한 장비는 없다고 생각될 정도였다. 브리강디에르는 갈색 모직 군용 망토 밑에 반질반질한 강철 갑옷을 입고 팔 보호대를 차고 있었다.

이러한 장비는 프롱드의 난이 끝난 이래 완전히 사라져, 요즘 이런 차림을 하고 다니는 사람은 30년 전쟁 때 독일에서 싸운 노병 정도였다.

"멍하니 있지 말고 어서 말해 봐!" 상대가 말없이 우두커니 서 있자 모리스가 답답해하며 호통을 쳤다. "이리 오는 도중에 뭐가 있던가? 국경 경비는 어때?"

"대령님." 브리강디에르가 침착하게 입을 열었다. "전 밤새 말을 달려, 강가에서 기다리던 농부와 새벽에 만났습니다.

농부 말로는 케누아에 주둔한 프랑스의 용기병들이 그 주변으로 정찰하러 올 염려는 전혀 없고, 최근 3주간 세관원들도 전혀 모습을 드러내지 않았다고 합니다.

농부는 오늘 해 질 녘에 강둑에 올라 보고, 길이 안전하다면 자기 물레방앗간 입구에 불을 켠 석유등을 걸어 놓기로 되어 있습니다.

저는 농부에게 약속대로 은화 열 닢을 주고 프랑스산 고급 브랜디를 한 잔 대접받은 뒤 나는 듯이 말을 달려 여기까지 한달음에 왔습니다.

강 이름은 오넬이고, 물레방앗간은 스불이라는 마을에서 조금 내려간 곳에 있습니다. 이상입니다."

보고를 마치자 브리강디에르는 칼자루에 왼손을 얹고, 상관 앞에서 잔뜩 긴장한 부하처럼 다시 입을 꾹 다물었다.

이 보고는 다소 서툴기는 하나 간단명료하다는 큰 장점을 지니고 있었다.

이 노병은 어제부터 적어도 120km는 말을 타고 달려왔을 게 분명한데도, 브뤼셀에서 가볍게 잠깐 달려왔나 싶을 정도로 피곤한 기색을 보이지 않았다.

모리스는 이 사나이의 수행능력을 크게 평가하는 듯이 이렇게 치하했다.

"수고했어, 브리강디에르. 한 달 내로 리졸라 님이 널 중대장으로 임명하실 거야. 내가 그렇게 청하지. 그런데 부하 녀석들은 어디에 있지?"

"모두 그 농가에 있습니다. 말은 안장을 얹은 채 헛간에 매여 있습니다."

"내 흑마와 밤색 암말도 있겠지?"

"상카르티에가 렌 가의 마구간에서 끌고 왔습니다. 르방 문으로 마을을 나왔는데, 위병은 아무것도 묻지 않고 내보내 주었다고 합니다."

"굳이 말하지 않아도 될 것 같긴 합니다만," 도르빌리에가 끼어들었다. "제 고동색 말도 무사히 데려왔습니다. 말도 주인도 도중에 돌아갈 생각은 없으니까요."

"알고말고." 모리스가 우정이 듬뿍 담긴 눈빛으로 말했다.

"그런데 바시몽은 뭘 하고 있지?" 모리스가 브리강디에르에게 물었다.

"바시몽 님은 농가에서 난로를 쬐고 계십니다. 병사들이 술 창고로 가서 술통을 따고 싶다고 난리를 치는 통에 그걸 막느라 애를 먹는 것 같습니다. 녀석들을 이곳에 오래 묵게 했다가는 문제를 일으키고 말 겁니다."

"네 말이 맞아. 무엇보다 해 질 녘에 오넬 강에 닿을 생각이라면 한시도 지체해선 안 되지.

바시몽에게 가서, 모두에게 말을 탈 준비를 하라고 명령하라고 전해."

브리강디에르가 가볍게 고개 숙여 인사하고 몸을 휙 돌려 다시 절도 있는 걸음걸이로 목장을 가로질러 갔다.

"그럼 우리도 빨리 그쪽으로 가지요." 도르빌리에가 빨리 원정을 떠나고 싶어 근질근질하다는 듯이 재촉했다.

"모리스, 역시 떠날 생각이구나?" 아까부터 조금 뒤쪽으로 물러나 있던 방다가 입을 열었다.

"그래." 모리스가 무뚝뚝하게 대답했다.

"그런데도 난 혹시 네가 그 상식을 벗어난 계획을 포기해 주지나 않을까 하고 헛된 희망을 품고 있었어!" 방다가 눈에 눈물이 그렁그렁한 채 중얼거렸다.

"상식을 벗어났다고? 어떻게 그런 말을 할 수가 있지? 성공이 바로 코앞에 와 있다고!

어제 도르빌리에가 조만간 루이 왕이 생제르맹으로 떠날 거라는 정보를 받았어. 왕을 태운 마차는 4월 1일 정오부터 5시 사이에 말리에 있는 작은 여인숙 앞을 통과할 예정이야.

오늘은 3월 24일이지. 일주일이면 그곳에 가서 이 절호의 기회를 손에 넣기에 충분한 시간이야. 그래, 반드시 손에 넣어 보이겠어."

"거기서 왕을 죽이거나 납치하는 데 성공한다고 해서 승리가 완전히 우리 것이 되는 줄 알아?"

"완전하지는 않지만 80%는 우리 것이지. 우리의 성공 소식을 듣는 대로 노르망디에서도 생통주에서도 기옌에서도 반란이 일어날 거야. 파리 시민은 베르사유로 쳐들어가 르부아를 교수형에 처할 테지. 그러면 우린 복수의 목적을 이루는 셈이야!"

"복수!" 방다가 애처롭게 말했다. "넌 네 개인적인 복수를 하자고 프랑스와 유럽 전역을 화염으로 물들이고, 아무 죄도 없는 사람들을 희생하고, 너 자신과 친구들의 목숨을 위험에 빠뜨릴 생각이야!"

"나와 내 친구들의 목숨은 문제없어. 신중에 신중을 거듭해 일을 진행해 왔으니까."

"배신자가 있을지도 모른다는 사실을 잊지 않았으면 좋겠다."

"맙소사." 모리스가 답답하다는 듯이 말했다. "너, 어디까지 나한테 대들 셈이야? 맹세를 잊은 거야?"

"잊긴 왜 잊어?"

"됐어. 넌 마음이 바뀌었어. 나와 위험을 같이하는 게 싫어진 거야. 하지만 널 탓할 마음은 없어. 내가 돌아올 때까지 집에서 기다리고 싶다면 그렇게 해. 그럼 그 상자를 바로 옆에서 지킬 수 있는 셈이니 차라리 잘됐지. 사실 목숨을 걸고 싸울 각오를 한 귀족과 병사들 틈에 여자가 끼다니, 썩 어울리는 일은 아니야. 그러니까 빨리……."

"모리스, 어쩜 그렇게 심한 말을 하니? 난 언제든 성심성의껏 너를 위해 왔어." 방다가 당당하게 가슴을 펴고 말했다.

"글쎄," 모리스가 차갑게 재촉했다. "어떻게 할지 얼른 정하기나 해.

내 결심은 절대로 바뀌지 않아. 네가 반대한다는 건 처음부터 알고 있었어. 그래서 오늘 이 약속도 너한테는 비밀로 한 거야.

아군은 남들 눈에 띄지 않도록 뿔뿔이 흩어져 브뤼셀을 어렵게 나왔어. 도르빌리에도 모두가 손쉽게 출발할 수 있도록, 국경에서 말리로 가는 도중에 있는 숙박지를 알아보는 데 크게 애를 먹었고.

 그러니까 인제 와서 계획을 무르거나 망설일 수는 없어. 하지만 지금 말했듯이 넌 억지로 우릴 따라오지 않아도 돼.

 마을은 그리 멀지 않으니까 너 혼자서도 걸어서 돌아갈 수 있지? 은행가 팡 그로트에게 말해 두었으니, 필요한 돈은 그한테 받아서 써. 네가 허리띠에 감추고 있는 다이아몬드만으로도 충분할 테지만.

 뒤에 남을지 함께 떠날지 정해. 어느 쪽이든 좋으니까 어서 결정해 줘. 우리는 오늘 저녁에는 국경을 넘어야 하니까."

 "같이 갈게." 방다가 눈물을 훔치며 말했다. "네가 이렇게 행복한 나날을 별안간 중단해 버린 것을 후회하는 일이 절대로 없었으면 좋겠다!"

 "난 아무것도 후회하지 않아. 우리 앞길은 희망으로 차 있는걸." 모리스가 대꾸했다. "가자. 다들 농가에서 기다리고 있어. 브리강디에르가 네 여행용 옷도 가져왔을 거야."

 부하들과 합류할 생각에 마음이 급해서 모리스는 친구 도르빌리에에게 가자는 말을 하는 것도 잊어버린 채 걷기 시작했다. 그러나 이때 방다와 나란히 목장을 가로지르며 뒤를 돌아보았더라면, 도르빌리에가 아까 그 양치기 소녀에게 금화와 편지를 건네는 것을 보았을지도 모른다. 양치기 소녀는 멀리 빙 돌아 다시 숲으로 돌아와 있었던 것이다.

 불행하게도, 이미 꽤 앞서 걷던 모리스는 그 아름다운 플랑드르 민요를 부르던 소녀에게 도르빌리에가 이렇게 속삭이는 것을 듣지 못했다.

 "저녁 전까지 이 쪽지를 아스프르 남작에게 전해 주면 남작님께서 네게 금화를 한 닢 더 주실 거다."

6 권모술수

　이렇게 거친 모험으로 되돌아온 방다가 모리스와 도르빌리에와 함께 말을 달리고 있을 무렵, 수와송 부인은 남편의 웅장한 저택에서 답답한 나날을 보내고 있었다.
　신기한 인연으로 아주 잠깐 만난 이 닮은 구석이라고는 전혀 없는 두 여인은 얄궂은 운명의 장난으로 지금 전혀 다른 삶을 강요당하면서도 둘 다 자신이 놓인 상황을 저주했다.
　방다는 평온한 행복과 장애물 없는 사랑을 꿈꿨는데도 마지못해 전란의 소용돌이에 휘말려 암담한 심정으로 애인의 야심이 이끄는 대로 끌려갔다.
　정열적인 수와송 부인은 음모나 전투를 위해 태어난 듯한 여자로, 전설 속 불도마뱀이 불 속에서 살듯이 권모술수나 파란만장한 사랑을 삶의 보람으로 삼았다. 그런데도 이 만시니 가문의 말괄량이는 사랑하는 필립에게 배신당하고 친절했던 나로에게 쫓겨 싸움을 포기하고 전선에서 떠나 파리로 도망쳐, 부르르 치를 떨면서도 갑갑한 왕족 부인 자리로 돌아와야 했다.
　물론 이 갑갑한 자리란 많은 여성이 선망하는 이른바 황금 의자였다.
　백작부인은 마음만 먹는다면 이 땅에서 바랄 수 있는 모든 행복을 맛볼 수도 있었다.
　가문으로 보나 배우자로 보나 궁중에서의 지위로 보나 수와송 부인은 가장 신분 높은 사람들과 동격이었고, 그 자산은 막대했다. 당시 이미 600만 리브르를 훌쩍 넘었다고 하니, 현재[*1] 돈으로 환산하면 3천만을 넘게 된다. 더구나 이것은 왕족에게 주어지던 영지나 연금을 제외한 금액이다.
　수와송 백작은 부르봉 왕가의 어머니와 사보이 가문의 아버지 사이에서 태어났는데, 둘 다 유럽에서 가장 오래된 가문이다. 샹파뉴 지방 총독과 스

[*1] 19세기 후반.

위스 위병부대 명예 대장을 겸임하고 있으며 남편으로서도 나무랄 데 없는 남자로, 질투심은 조금도 없고 더할 나위 없이 다정했다.

부부 사이에는 여덟 명의 자식이 있는데, 아내를 철저하게 믿는 백작은 한 번도 본처 소생임을 부인하지 않았다. 여덟 명 중 막내는 뒷날 외젠 전하라 불리며, 신성 로마 제국군의 원수가 되어 프랑스를 적으로 돌려 집요하게 싸워 말플라케 전투에서 승리를 거둔 유명한 인물이다.

여자로서 아내로서 어머니로서 하느님의 은총을 듬뿍 받은 수와송 부인은 자신의 격정 때문에 짊어지게 된 인생의 책임을 자기 이외의 누구에게도 지게 할 수 없었다.

그렇지만 자칫 목숨을 잃을 뻔한 플랑드르 여행에서 돌아와서도 부인은 후회 따위는 해 보지도 않았다.

부상당한 암사자가 깊은 숲으로 도망치듯이, 부인은 호화로운 저택 깊숙이 틀어박혀 밤이고 낮이고 자신의 운명을 저주하며 안절부절못했다.

이 으리으리한 저택도 그 옛날 청년 루이 14세가 저녁마다 찾아 주었을 때는 그토록 활기에 넘쳤는데, 태양이 베르사유 위로 뜨게 된 지금은 음침하고 적막하기만 했다.

신하들도 왕의 뒤를 따라갔다. 홀로 남은 수와송 부인은 이제 이름도 없는 하인을 거느리며 다 녹슨 궁전에 군림할 뿐이었다.

온후한 수와송 백작은 스위스 위병대 명예 대장이라는 직무상 왕의 곁에 붙어 있어야 해서 부인을 만날 틈이 없었다. 게다가 봄에는 폐하가 마스트리흐트 포위 작전을 계획했으므로, 다가올 원정 준비로 정신없이 바빴다.

따라서 수와송 부인에게는 멜레레 공작부인이 된 언니 오르탕스[*2]가 이따금 찾아오거나, 또 다른 언니인 유명한 부이용 공작부인[*3]이 그보다 더 드물게 찾아오는 정도였다. 라 퐁텐은 이 두 사람을 시로 이렇게 노래했다—

　　비길 데 없이 빼어난 마리 안, 견줄 자 없는 오르탕스.

두 사람을 이렇게 부른 사람은 라 사브리엘 부인이 "나의 우화작가"라는

[*2] 실제로는 올랭프가 언니.
[*3] 실제로는 부이용 부인(마리 안)이 만시니 가문의 막내딸.

멋들어진 별명을 붙였던 위대한 시인이었다.

이렇게 고독한 가운데 수와송 부인은 필립 드 트리를 잃은 고통을 뼈저리게 느꼈다. 부인의 상처 입은 마음은 뜻밖이었던 만큼 더 견디기 어려운 남자의 변심을 몹시 원망했다.

그러나 부인의 정열적이고 분방한 마음은 이상한 방향으로 흘렀다. 처음에는 자신을 배신한 괘씸한 애인에 대한 분노로 불탔지만, 그 배신의 증거가 명백해짐에 따라 다시 그를 뜨겁게 사랑하게 된 것이다.

브뤼셀을 떠나기까지 부인은 필립이 발밑에 매달려 용서를 구하리라고 기대했으며, 그렇게 하면 아주 너그럽게 용서해 줄 생각이었다.

이런 상상을 한 적도 있다. 어쩌면 필립은 기수 임무를 수행하기 위해 프랑스로 소환되어 급히 떠나야 했는지도 모른다. 그게 아니라면 나를 이렇게 외면할 리 없다. 편지에 답장하지 않은 것도, 그 편지를 전달받지 못했기 때문이다. 조만간 수와송 백작의 저택으로 무례를 사죄하러 올 것이 틀림없다.

이렇게 있을 법하지도 않은 온갖 억측으로 자신을 기만함으로써, 귀국 당시 부인은 지루함을 달래고 공상에 빠질 수가 있었다.

그러나 아무리 기다려도 그 잘생긴 수행원이 모습을 드러내지 않자 부인의 슬픔이 절망으로 바뀌면서 다시 필립에 대한 애정이 격렬하게 불타올랐다.

이 이탈리아 여인의 마음을 태우는 불길은 애인의 부재로 한층 훨훨 타올랐다. 그토록 그 남자를 저주했건만, 두 번 다시 만날 수 없다고 생각하니 이제 그 없이는 못 살 것 같은 마음이 들기 시작한 것이다.

부인의 분노조차도 이제는 후회로 바뀌어 있었다.

그 파셰코 거리에 있는 저주스러운 집을 나올 때 필립을 데리고 나올걸. 그 '하얀 침대'가 끔찍한 효과를 발휘하던 밤, 필립이 위층 방을 거니는 소리를 들었으면서도 그 방으로 가 보지 않았던 무기력한 내가 나빴다.

물론 이런 후회에는 그 불운한 로렌차에 대한 기억도 얼마간 영향을 주었다. 그러나 사실을 말하자면, 당시 부인의 마음에 줄곧 떠오른 것은 나로의 희생양이 된 불쌍한 여자의 모습보다도 필립의 얼굴이었다.

부인의 눈에 떠오른 것은 르부아의 잔인한 수하에게 붙잡힌 필립의 모습이었다. 감옥에 갇혀 여주인의 비밀을 캐내려는 악당들에게 고문당하고, 비밀을 털어놓기보다는 죽음을 택하는 필립의 모습이었다.

이러한 환상에 사로잡히면 부인은 신들린 무녀처럼 검은 머리카락을 마구 풀어헤친 채 무시무시한 비명을 지르고 주먹으로 벽을 치면서 저택 회랑을 미친 사람처럼 뛰어다녔다.

이런 고뇌는 한 달도 넘게 계속되었다. 부인의 흥분을 가라앉히고 고통을 누그러뜨려 주는 일은 아무것도 일어나지 않았다.

부인이 플랑드르에 사는 친구에게 아무리 편지로 물어보아도, 브뤼셀에 심부름꾼을 보내도, 〈네덜란드 신문〉을 열심히 읽고 스위스 위병대 장교에게 질문해 보아도, 누구 하나 필립의 소식을 알지 못했다.

필립은 홀연히 사라졌으며, 이상하게도 나로마저 행방불명이 되어 버렸다.

나로는 이미 브뤼셀에 살지 않았고, 파리의 자택에도 돌아오지 않았다.

부인은 격앙하여 불면에 시달리고 불안감에 초조해하며 하루가 다르게 쇠약해져 갔다. 부인을 걱정하는 하인들은 부인이 저택 작은 탑 꼭대기에 있는 방에 틀어박혀 지내는 것을 보고 몹시 마음을 졸였다.

부인은 그 방에 필립의 소지품을 산더미처럼 모아 놓고 이 소중한 유품 곁을 차마 떠나지 못했다. 또한, 그 방에는 점성술책이며 유리병, 증류기 등이 어지럽게 놓여 있었다. 수와송 부인은 옛날부터 마술이나 점성술에 흥미가 있었으며, 연금술사나 점술가를 맹신했다.

3월 말 어느 밤, 부인은 이 방 구석에 깔아 놓은 호랑이 가죽 위에 누워 아치형 창으로 하늘을 멍하니 올려다보며, 사랑하는 필립의 귀환을 알리는 말발굽 소리를 기다리듯이 거리의 소음에 귀를 기울였다.

수와송 백작 저택은 마을 한가운데에 우뚝 서 있었다. 그 웅장한 건물은 현재 파리의 한 구역에 해당할 정도로 부지가 넓었다.

저택 정면은 오늘날 이미 사라지고 없는 포앙 거리에 접해 있으며, 앞뜰에서는 성 외스타슈 성당의 정면 입구가 비스듬히 보였다.

구부러진 건물이 코키예르 가를 따라 솟아 있고, 드넓은 정원이 그르넬 생 토노레 가와 두제큐 가의 한 모퉁이를 차지했다.

이 왕족 저택 부지에는 1789년 대혁명 이후 무수한 집이 들어섰다.

루이 14세 시대에 이 저택은 중앙시장 근처의 인구밀도 높은 상업지구와, 금융업계나 사법계에서 재산을 모은 평민이 사는 빅토와르 광장 사이에서 이른바 귀족 계급의 오아시스와 같은 위치에 있었다.

수와송 부인이 괴로운 나날을 보냈던 작은 탑은 코키예르 가와 그르넬 가가 만나는 지점에 있는 시장 문 옆에 솟아 있었다.

옛날 젊은 국왕은 이 사람 눈에 띄지 않는 중문으로 해 질 녘에 몰래 숨어들곤 했다. 뒷날 영광과 권세에 마음을 빼앗긴 것처럼 그때 왕은 수와송 부인의 야성적이고 요염한 미모에 마음을 빼앗겼었다.

해가 바뀌면서 이 문의 용도도 바뀌어, 지금은 연금술사, 미약 조제사, 점쟁이, 그밖에 백작부인이 빠져 있는 수상한 비술의 전수자들이 드나들 뿐이었다.

지금 부인을 덮친 불행은 이런 가짜 치료사나 점술가, 마술사들에게 바라지도 않던 좋은 기회였다.

그날 밤도 부인은 자신의 결정에 중대한 영향을 미칠 인물이 방문하기를 눈이 빠지게 기다리고 있었다. 따라서 좁은 돌계단에서 옷자락 스치는 기척이 나자마자 부인은 엉덩이를 들썩이며 귀를 기울였다.

이내 탕탕 문 두드리는 소리가 나고, 부인의 예감이 적중했음이 밝혀졌다.

"들어와, 카트린." 부인이 말했다.

문이 빼꼼히 열리며 한 여자가 스르륵 들어와 조심스레 문을 닫았.

이 조심성 많은 여자는 머리끝부터 발끝까지 짙은 색 망토로 잔뜩 가리고 있었는데, 그 때문에 실제보다 크고 날씬해 보였다.

여자는 곧 이 신비로운 의상을 벗고 부유한 아낙네다운 말쑥한 모습을 드러냈다.

그러고는 수와송 부인이 앉은 소파 쪽으로 엄숙하게 다가와 그 앞에 무릎 꿇고 존경과 동정을 담아 부인의 손에 입 맞추었다.

"정말 오래 기다렸어, 카트린." 부인이 퉁명스럽게 말했다. "의논할 게 있어서 얼마나 초조하게 기다렸는지 몰라.

어머, 벌써 어두워졌네. 촛불을 켜고 거기 앉아."

여자는 잠자코 명령에 따랐다. 온갖 괴상한 잡동사니가 진열된 선반 위에서 은촛대를 꺼내어, 방 한가운데 있는 화로에 든 숯불을 불면서 초를 불길에 가져다 댔다. 이탈리아 태생의 수와송 부인은 추위를 몹시 타서 불기 없이는 지내지 못했다.

"세상에, 안색이 너무 안 좋으세요!" 흔들리는 촛불에 비친 수척한 부인의 얼굴을 보자마자 여자가 상냥하게 말했다.

"응. 요 한 달이 10년처럼 느껴져." 부인이 중얼거렸다. "하지만 괴로운 건 몸이 아니라 마음이지."

"전 마음의 병을 고치는 법도 알아요." 카트린이 얌전하게 말했다.

"잘됐네." 수와송 부인이 조급하게 외쳤다. "널 처음 만난 지 곧 3년이 돼. 그리고 넌 옛날부터 우리 언니 마리 안을 충실히 섬겼지."

"말씀하신 대로 부이용 공작부인은 저를 믿어 주시고, 오늘날까지 그것을 후회하신 적은 한 번도 없지요."

"그래. 그리고 나도 네 예언이 하나하나 실현되었다는 걸 인정하지 않을 수 없어. 하지만 오늘은 미래를 점치려는 게 아니야.

날 괴롭히는 건 현재야. 현재에 관해 너의 조언이 필요해.

네 마술의 힘으로 지금 내가 사랑하는 남자가 무엇을 하고 있는지 내게 알려 줄 수 있을까?"

카트린이라는 여자는 두건으로 완전히 감싼 머리를 숙이고 조용히 생각에 잠긴 듯했다.

얼핏 보기에 아직 젊고 용모도 나쁜 편이 아니었다.

여기서 이 17세기의 기묘한 인물에 관하여 오늘날 알려진 사실을 말해 두겠다. 여자의 결혼 전 이름은 카트린 데제로, 당시는 아직 스물여덟 살을 넘지 않았다.

카트린이 젊어서 시집간 앙투안 몽보아젱은 꽤 여러 곳과 거래했던 훌륭한 보석상으로, 이 젊은 아내 때문에 뒷날 자신의 이름이 나쁜 평판을 얻으리라고는 꿈에도 생각하지 못했다.

이 여자는 아홉 살 때부터 강령술, 점, 비약 조합 등 야릇한 비술을 행했다. 피렌체 태생의 왕비를 따라 궁정으로 온 이탈리아인들이 이러한 비술을 발루아 왕조 시대의 프랑스에까지 전하고 널리 퍼뜨렸다.

따라서 카트린 드 메디시스는 이 1세기 후의 카트린에게 수호성인과도 같은 존재였다. 이 카트린은 남편 성의 일부를 따서 라 보아젱이라는 이름을 걸고, 샤를 9세와 앙리 3세의 어머니가 정치 음모에 자주 이용했던 위험한 비법을 먹고사는 수단으로 이용했다.

이 장사는 남편의 장사 못지않게 번창하여 큰 이익을 가져다주었으며, 상류사회에 드나드는 계기도 되었다.

 이미 1673년에 라 보아젱의 단골 중에는 귀족원 의원 공작도 있고, 원수나 왕족 여성도 있었다.

 라 보아젱의 고객층은 대 부르주아 계급에까지 확대되어 있었다. 그보다 낮은 계급 손님은 전혀 없었다. 루이 14세 시대의 점술가란 현대에 트럼프로 점을 치는 비천한 점술가 따위와는 전혀 격이 달랐다.

 제1차 제정시대의 르노르망은 17세기 고명한 여자 점술가의 후예였다.

 뒷날 나폴레옹의 황후가 된 조제핀 보아르네를 비롯한 수많은 상류층이 르노르망을 찾아가 점을 봤지만, 오늘날 점술가를 찾는 사람은 요리하는 아낙네들 정도일 것이다.

 수와송 부인이 살았던 시대에 마녀는 후한 대접을 받았을 뿐 아니라 암묵적으로 공인되었다. 그 이유 중 첫 번째는 가장 교양 있는 사람 중에도 아직 요술을 믿는 사람이 많이 있었기 때문이며, 두 번째는 이러한 마법이나 별점으로 먹고사는 사람들은 경찰 당국에 특별한 이용 가치가 있었기 때문이다.

 운명의 예고를 팔아 먹고사는 여자들은 때때로 커다란 음모를 폭로하는 단서를 판사에게 제공할 수 있었다. 혹시 그들이 너무 커다란 소동을 일으키면 화형에 처해 버리면 그만이었다.

 수년 뒤 라 보아젱은 이 저속한 비술을 행하는 자에게 세상만사가 장밋빛만은 아니라는 사실을 깨닫게 되었다. 그러나 당시 그녀는 자신감의 절정에 있었다.

 돈, 보석, 값비싼 식기, 널따란 부지에 서 있는 호화로운 집 등 현세의 부를 원하는 만큼 손에 넣은 라 보아젱은 내세에 어떤 운명이 자신을 기다리고 있는지를 별로 신경 쓰지 않았다.

 그러나 그녀는 명성에 취하는 일 없이, 이 세상 유력자들에게는 공손한 태도로 대했다.

 따라서 수와송 부인은 그녀에게 존경을 받을 자격이 충분히 있었지만, 가령 부인이 양치기나 징세원의 아내였다 할지라도 라 보아젱은 부인에게 진심을 다했을 것이다. 이 여자 점술가와 미신을 맹신하는 마자랭의 조카—대콩데 공이 "시칠리아의 말괄량이"라 불렸던 여자—사이에는 은근히 비슷한 점이 몇 가지 있었기 때문이다.

이런 연유로 부인에게 호감을 품었던 라 보아젱은 부인을 위해서라면 비장의 요술을 썼으며, 돈이 되는 연금술이나 '상속촉진제' 일을 제쳐 놓고라도 아주 사소한 고민이나 이해 문제에 관해 부인에게 조언을 주러 달려올 각오가 되어 있었다.

게다가 수와송 부인은 백부 마자랭 추기경에 필적할 만큼 부유하고 백부보다 훨씬 씀씀이가 좋았으므로, 여자 점술가는 이 점에서도 크게 만족했다.

따라서 부인이 자신의 연애 문제에 관해 상담하고 싶다고 말했을 때도 약삭빠른 이 점술가는 순식간에 한몫 단단히 잡을 수 있겠다고 생각했다.

지금이야말로 영리한 머리를 최대한 가동해서 이 호기를 최대한 이용해야 한다.

예로부터 점술의 비법은 자기에게 화가 미치지 않도록 분명한 말은 한마디도 하지 않는 것이었다. 델포이 신탁 이래 신의 계시란 언제나 불명료한 것뿐이었다.

이때 라 보아젱의 대답도 이러한 예언자의 전통에 충실한 것이었다.

"부인께서 사랑하시는 사람은" 여자 점술가가 신들린 목소리로 알렸다. "부인께서 사랑하시는 사람은 지금 큰 위험에 처해 있습니다."

"그게 정말이야?" 수와송 부인이 외쳤다.

"그 사람은 부인을 사랑하기를 그만둔 탓에 파멸의 길을 걷고 있습니다."

"아, 역시 내 생각이 맞았어!"

부인은 그렇게 말하더니 검은 머리카락을 쥐어뜯으며 벌떡 일어나 와락 울음을 터트렸다.

"그 사람은 부인을 사랑하기를 그만두었습니다. 하지만 다시 사랑하게 될 것입니다." 점술가가 조용히 속삭였다. 언제나 이렇게 불행한 소식과 동시에 위로를 주는 여자였다.

"내가 어떻게 하면 되지? 난 재산도 지위도 목숨도 아무것도 아깝지 않아……."

점술가는 아주 교묘하게 태연함을 가장한 채 속으로 쾌재를 부르며, 이 좋은 기회를 더욱 유효하게 활용하기 위해 다시 명상에 잠겼다.

수와송 부인이 오늘 같은 절호의 기회를 준 적은 일찍이 없었다.

지금까지 부인이 점을 쳐 달라고 했던 것은 주로 국왕의 총애에 관한 것으로, 부인은 잃어버린 총애를 되찾고 싶어 했었다.

과연 이 눈치 빠른 점술가도 부인의 애정의 대상이 변한 줄은 아직 눈치채지 못했다. 다만, 드디어 부인을 전보다 더 사악한 요술로 꾀어 들일 때가 왔다고 판단했다.

사실 라 보아쟁의 목적은 여러 가지였다.

확실히 이 점술가는 멍청한 사람들을 상대로 연금술 비법이나 보석을 숨겨 둔 곳을 찾아내는 주문 등을 팔았다. 그러나 그와 동시에 야심가, 탐욕스러운 상속인, 복수심에 불타는 사람들을 위해서 나이 든 부자나 거치적거리는 남편을 급사시키거나 천천히 죽이는 비약도 조합해 주었다.

사실을 말하자면, 라 보아쟁의 수입은 대부분 이런 비술에서 나왔다. 이 점술가는 수와송 부인에게도 이런 비법을 전수하고 그녀를 자신의 공범으로 삼기로 했던 것이다.

"부인의 소원이 이루어지는 데 큰 장해물이 있습니다." 여자 점술가가 한숨을 쉬며 말했다.

"장해라니, 그게 뭐지? 가르쳐 줘! 빨리 가르쳐 달라니까! 꾸물거리다간 그 사람은 영원히 나한테서 멀어져 버릴 거야……."

"그건…… 수와송 백작님입니다." 점술가가 중얼거렸다.

"내 남편?! 남편은 아무 상관 없잖아. 그이는 한 번도 내 행동을 가지고 잔소리한 적 없는걸. 나랑 결혼했다고 해서 내 의지까지 좌지우지할 권리가 있다는 거야?

그게 무슨 말이야, 카트린? 난 백작에 관해 묻자고 널 부른 게 아니야. 내가 원하는 건 내 연인이야. 내가 밤이고 낮이고 부르는 이름은 날 버리고 간 내 사랑이라고. 게다가 그 사람은 죽을지도 몰라…….

그 사람이 내게 돌아올 수 있도록 해 줘. 그러면 내 전 재산을 너에게 줄게."

"부인," 점술가가 자신의 추측이 빗나갔음을 겨우 깨닫고 조금 우물쭈물했다. "그러려면 밀랍 인형을 써서 9일간 주술을 걸어야 합니다만……."

"9일이나!" 부인이 절망해서 외쳤다.

"하지만 원하신다면 오늘 밤부터 당장 시작할 수 있습니다. 제 집에 마리 안 님의 명령으로 만들었던 밀랍 인형이 있으니까요. 그건 왕께서 라 발리에르 아가씨께 연정을 품기 시작했을 때……."

"왕이라니! 누가 왕을 사랑한대? 내가 사랑하는 사람은 필립이라고! 난 행방불명된 필립을 찾고 싶은 거야!"

여자 점술가는 아차 싶었으나, 이미 늦었다. 이 냉정한 점술가도 저도 모르게 얼굴을 붉혔다.

이 실수로 점술가는 궁지에 몰릴 뻔했으나, 마침 그때 문이 소리도 없이 열리더니 늙은 종이 조용히 들어와 작은 목소리로 속삭였다.

"밑에 어떤 귀족이 오셔서, 중요한 일로 마님을 뵙고 싶다고 하십니다……."

"쫓아 버려!" 수와송 부인이 노발대발하며 소리쳤다.

"그분이 브뤼셀에서 왔다고 전하라던데요……." 하인이 겁에 잔뜩 질린 채 말했다.

"브뤼셀에서 왔다고?" 백작부인이 자기 귀를 의심하며 되물었다. "지금 분명히 브뤼셀에서 왔다고 했지?"

"네, 마님. 틀림없습니다. 마님께 플랑드르 소식을 전하러 닷새 동안 전속력으로 말을 달려 왔다고 하셨습니다."

"누가 보낸 사람인데?"

"그건 말씀하시지 않았습니다."

"자기 이름 정도는 말했겠지?"

"여쭤 봤는데, 말해도 마님께서는 모르는 이름이라며 대답하지 않으셨습니다."

"이상하네. 그 사람이 귀족이란 건 확실하고?"

"장교복 차림에 칼을 차고 있었습니다. 전속력으로 말을 타고 왔다는 건 절대로 거짓말이 아닙니다. 문밖에 매어 둔 말을 보아하니, 더는 서 있을 수조차 없을 정도로 녹초가 되었더라고요."

수와송 부인이 방 안을 성큼성큼 거닐기 시작했다. 종의 보고에 몹시 동요한 모양인지 두서없는 말을 중얼거리기도 하고 손을 의미 없이 휘휘 내젓기도 했다.

나로가 놓은 덫이 아직 기억에 생생하게 남아 있는 부인은 뜻밖의 사태가 일어나면 어김없이 또 함정이 아닌가 경계했다.

부인을 만나러 그렇게 서둘러 말을 달려 왔다는 남자는 아무래도 수상쩍었다.

그러나 브뤼셀에서 자신이 묵었던 집의 주인 아브라함 키피예드나 키펜바하 남작, 그밖에 그 음모에 가담한 누군가의 명령으로 이 사나이가 자신을 찾아왔을 가능성도 충분히 있었다. 필립의 실종 이래 부인은 모반 계획을 까마득하게 잊고 있었다.

그렇다면 부인은 그 사나이와 반드시 만나야 했다.

이렇게 부인이 아무 결정도 못 내리고 있을 때 라 보아젱이 문제를 단번에 해결해 주었다.

영리한 점술가가 명안을 생각해 낸 것이다. 이 작전이 성공하면, 수와송 부인의 마음속 인물을 잘못 짚음으로써 실추된 자신의 권위를 회복할 수 있을지도 몰랐다.

점술가는 공손히 부인에게 다가가, 결정을 내리지 못하고 있는 상대의 귓전에 입을 바짝 갖다 대고 이 영험하고 신통방통한 말을 속삭였다.

"그 귀족은 필립 드 트리 님이 보낸 사람입니다."

"어떻게 그런 걸 알지?" 수와송 부인이 외쳤다. 그 얼굴은 연인의 전갈을 받는다는 생각만으로도 감동과 행복으로 상기되었다.

"영감으로 알 수 있지요." 점술가가 뻔뻔스럽게 대답했다.

"이제 네 영감 같은 건 믿지 않아. 넌 아까 내 마음도 못 읽었잖아. 그런데 어떻게 필립이 보낸 사람이라는 걸 알지?"

"아까 부인께서 제 말을 끝까지 들으셨더라면, 제가 절대로 틀리지 않았다는 사실을 아셨을 겁니다. 전 필립 님이 계신 곳이 오늘 밤 밝혀질 거라고 말할 생각이었고, 왕에 관해 말하고 싶었던 건……."

여기서 점술가는 자신의 신탁에 위엄을 더하기 위해 잠시 입을 다물었다가 종의 귀에 들리지 않을 만큼 나지막한 목소리로 이렇게 덧붙였다.

"루이 왕의 죽음이 필립 님의 목숨을 구하게 되리라는 것이었습니다."

"네 말이 진짠지 아닌지 내 영혼을 걸고라도 지켜보겠어." 수와송 부인이 노기등등하게 말하고, 하인에게 이렇게 명령했다.

"그 남자를 데리고 와. 그리고 아무도 계단을 올라오지 못하도록 밑에서 감시해. 알겠지? 아무도…… 남편도 안 돼."

종이 고개 숙여 절하고 나갔다. 뒤에 남은 두 여인은 각각 전혀 다른 이유에서 불안해했다.

수와송 부인은 이제나저제나 하고 안절부절못하며 기대감에 떨었다. 여자 점술가 라 보아젱은 부인의 신뢰를 잃지 않으려고 모 아니면 도의 큰 도박을 시도한 참이었으므로 이 만남의 결과가 걱정되었지만, 애써 대담하게 난국을 헤쳐 나가려고 했다.

"그렇습니다." 점술가가 중얼거렸다. "루이는 죽어야 합니다. 이제 9일이 지나면 반드시 죽을 겁니다."

"뭐라고! 그럼 아까 밀랍 인형이니 주술이니 한 게 다……."

"왕이 지독한 미열에 시달리게 하기 위해서였죠. 어제 전 별의 위치를 살펴보고, 컵에 든 물로 미래를 점치는 아이에게도 물어봤습니다."

"그랬더니?"

"둘 다 루이가 살아 있는 한 부인께서 필립과 재회할 일은 없다는 결론이었습니다."

백작부인은 험악한 표정을 지었지만, 점술가의 기괴한 예언을 더는 따지고 들 여유가 없었다. 마침 그때 나선계단의 포석을 밟는 무거운 발소리가 들렸던 것이다.

"손님 앞에서는 입 다물고 있어!" 부인이 입술에 손을 대며 말했다.

점술가는 알았다는 듯이 고개를 끄덕이고, 어두운 방구석에 몸을 숨겼다. 그때 문이 천천히 열렸다.

들어온 사람은 군인처럼 생긴 키 큰 사나이로, 장화를 신고 박차를 찼으며, 허리에 찬 긴 칼의 칼집이 갈색 망토 자락을 들어 올리고 있었다.

사나이가 모자를 벗어 손에 들었다. 각진 얼굴이 길고 푸석푸석한 검은 곱슬머리로 싸여 있는 듯이 보였다.

그러나 방 안이 어두워서 그 얼굴에서 또렷이 보이는 것은 빛나는 두 눈과 짙은 눈썹뿐이었다.

"용건이 뭐죠?" 부인이 쌀쌀맞게 물었다. "플랑드르에서 소식을 가지고 왔다고 하던데, 플랑드르의 누가 보냈죠?"

"제가 누군지 알아보지 못하시는 모양이군요." 전갈을 가져온 사나이는 그렇게 말하고 한 발짝 앞으로 나왔다.

부인은 선반 위에서 타고 있는 촛불을 들어 이 정체불명 사나이의 코앞에 무례하게 바짝 들이밀었다.

사나이는 침착하게 부인의 시선을 받았다. 몇 초 뒤 부인은 깜짝 놀라 외쳤다.

"나로와 함께 있던 귀족이군요!"

"네, 부인. 다시 인사드리겠습니다. 전 엔 남작이라고 하며, 아르투아 지방 피엔의 영주입니다. 무사 귀족 집안 출신으로 전직 대위였으며 소속 부대는……."

"당신의 칭호 따위는 아무래도 좋으니, 뭐하러 왔는지나 말해요."

"부인께 도움을 드리고자 왔지요."

"내가 보기에 나로는 더 이상 내 편이 아닌 것 같던데요. 당신도 그걸 모르진 않을 테죠. 그러니 내가 그자의 친구를 경계하는 건 당연하지 않을까요?"

"제가요!" 무뢰한이 외쳤다. "제가 그 늙어 빠진 엉터리 수도사의 친구라고요! 그 더러운 세금 도둑의 친구라고요! 그렇게 될 바엔 녀석의 목을 이 손으로 조르는 편이 낫겠습니다!"

"그렇다면 당신은 브뤼셀에 있는 그자의 집에서 대체 뭘 하고 있었던 거죠? 아무리 봐도 내 침실 입구를 지키고 있었다고밖에 생각되지 않는데요. 그것도 그자의 명령으로. 당신은 꼭 종복처럼 행동했잖아요."

"부인, 내 변명을 하자고 이 이상 시간을 헛되이 쓰는 일은 그만두겠습니다. 그보다 제 이야기를 끝까지 들으시면, 제가 당신 편이라는 사실을 알게 될 테니까요."

"어디 말해 보세요." 백작부인이 위엄 있게 말했다.

"말씀드리겠습니다. 두 달 전쯤 저는 그 불쾌한 나로라는 남자와 함께 르 부아에게 명령받은 임무를 수행하러 플랑드르로 파견되었습니다."

"그것 보세요. 스스로 그렇게 인정하고 있으면서!" 부인이 외쳤다.

"부인, 끝까지 들어 보세요. 그 임무란 수와송 백작부인 및 키펜바하 기사, 별칭 모리스 데자르모아스라는 사나이를 감시하는 일이었습니다. 전 그자를 기다리다가 그자에게 칼을 한 방 먹임으로써 제 책임을 완수했죠. 나로는 비열하게도 부인을 암살하려고 했지만, 다행히도 성공하지 못했습니다. 나로가 부인을 유인한 복마전의 문을 영광스럽게도 제가 열어 드렸기 때문인지도 모르지만요."

"그런 건 듣지 않아도 알아요. 다른 할 말이 없다면……."

"아니요, 지금부터 부인께서 가장 관심을 보일 만한 이야기를 하겠습니다. 부인께서 나가신 뒤 그 집에서는 이상한 일이 일어났습니다. 원인은 전혀 알 수 없지만, 젊은 여자가 죽거나 부인의 종자가 그 재수 없는 교활한 나로의 거짓말에 감쪽같이 걸려드는 식으로요……."

"내 종자가!" 백작부인의 얼굴이 순식간에 파랗게 질렸다. "그게 무슨 뜻이죠! 필립 드 트리한테 무슨 일이 생겼나요?"

"유감이지만, 부인," 엔 남작이 슬프게 대답했다. "그 청년도 우리처럼 음흉한 나로의 모략에 희생되었습니다. '우리처럼'이라고 말한 건 저도 영광스럽게 나로의 증오의 대상이 되었기 때문이죠.

그놈은 저에게 불리한 사실을 르부아 각하에게 보고했습니다. 그 바람에 저는 목이 잘렸죠. 전 나로에게도 르부아에게도 복수하고 싶어요. 그래야 직성이 풀릴 것 같습니다."

"그보다 필립 얘기를 해 봐요." 부인이 강한 어조로 말했다. "그 사람은 어떻게 됐나요? 지금 어디 있어요? 이봐요, 내가 초조해하는 거 안 보여요?"

"먼저 나로는 부인께서 그 종자에게 보내신 편지를 모조리 가로채 버렸습니다. 그리고 그 청년에게—저는 그 청년을 참 좋아했는데 말이죠—, 하여튼 그놈이 그 청년에게 말했습니다. '부인은 네 얼굴을 두 번 다시 보고 싶지 않아서 이 저택을 떠나신 거다.' 덤으로 '부인은 모리스 데자르모아스에게 푹 빠지셨다'고도 했어요."

"아, 그래, 이제야 알겠어!" 부인이 몸부림치면서 외쳤다. "필립은 속아 넘어간 거야. 그런데도 나는 그 사람을 원망하고 있었어!"

"그렇습니다, 부인. 완전히 속아 넘어가서 르부아 각하의 첩자 편에 붙기로 한 겁니다."

수와송 부인은 표범처럼 펄쩍 뛰더니 무뢰한을 향해 주먹을 휘두르며 절규했다.

"아냐, 거짓말이야!"

엔 남작은 아마 부인의 감정이 폭발하리라는 것을 예측하고 있었던 듯하다. 그는 눈썹 하나 까딱하지 않고 태연하게 말을 이었다.

"필립은 모리스 데자르모아스를 자신의 연적이라고 믿게 되었습니다. 그는 가명을 써서 그 남자에게 접근했어요. 그 뒤로 날마다 음모 진행 경과를 보고하는 편지를 나로에게 보내고 있죠."

"아아, 끔찍해라!" 부인이 손으로 얼굴을 감싸며 중얼거렸다.

그러더니 갑자기 목소리를 싹 바꾸어 쉰 소리로 말했다.

"증거, 증거를 보여 줘요!"

"증거라면 여기 있습니다. 하지만 저는 필립을 비난할 생각은 없습니다. 부디 그 점은 오해하지 말아 주십시오.

오히려 저는 그 청년을 구하려고 600리나 말을 달려 왔습니다."

"그 사람을 구한다고?" 부인이 냉정을 잃고 질문했다. "그 사람이 위험에 처했다는 건가요?"

"끔찍한 위험에 처해 있지요. 지금이라도 알려 줄 만한 여유가 있으면 좋으련만!"

"그 전에 당신이 거짓말을 하지 않았다는 증거부터 보여 주세요. 당신이 한 이야기가 사실이라면 나는 필립을 구하기 위해, 그리고 당신의 노고에 보답하기 위해 전 재산이라도 기꺼이 내놓을 거예요."

"부인께서 저를 의심하시는 것도 당연합니다. 일주일 전까지만 해도 전 부인의 적 편에 서 있었으니까요. 아군을 저버린 병사는 적진에 붙지 못하도록 만일을 위해 감옥에 처넣어지죠. 그것이 전쟁터의 규칙입니다. 전 평생 군인으로 살아와서 군율을 잘 알죠."

"그런 이야기는 아무래도 좋아요. 빨리 증거나 보여 주세요!"

"지금 그 이야기를 하려던 참입니다. 이런 제안은 어떻습니까? 제 이야기를 끝까지 들으시면, 제 이야기가 사실인지 아닌지 확인할 때까지 저를 이 집에 가두고 엄중히 감시하세요.

전 천장이 낮은 방에서 짚 한 다발에 빵과 파이, 부르고뉴산 포도주 몇 병, 그리고 제 말에게 먹일 메귀리 약간만 얻으면 충분합니다.

사흘 이내에 제 말이 사실인지 확인하지 못하신다면, 전 이 집 정원의 해자 앞에서 총살당해도 불평하지 않겠습니다."

"좋아요. 당신의 제안을 받아들이죠." 수와송 부인이 차갑게 대꾸했다. "이제 말해 봐요!"

"부인, 아까 저는 필립이 모리스의 집에 드나들게 되었다고 말씀드렸습니다. 그 집은 아랑베르 공작 자택 바로 근처인 렌 거리에 있습니다. 필립은 도르빌리에 자작이라는 가명을 쓰면서, 피에몽 중대장이라고 말했습니다.

제가 이런 세세한 점까지 알고 있다는 사실을 주목해 주십시오. 이것이……."

"계속하세요. 얼른 필립에게 닥친 위험이 뭔지 들려주세요." 부인이 더는 참지 못하고 재촉했다.

"필립이 받은 임무는 이중 임무입니다. 하나는 모리스와 동거하는 여자, 보헤미아 대령의 미망인이라고 하는 그 여자의 비위를 최대한 맞추는 것입니다."

"방다 프레스니츠 말이죠? 알아요. 그래서요?"

"나로 놈은 그 여자를 이용해서 음모 계획의 모든 비밀과 모든 일당의 이름을 알아내려 하고 있어요. 그건 호두나무로 만든 작은 상자 안에 감추어져 있다고 하는데……."

"방다가 그 상자의 위치를 가르쳐 줄 거로 생각한다면 큰 착각이에요." 백작부인은 그녀와 만났을 때를 떠올리면서 말했다.

"나로는 주로 필립의 외모와 태도에 기대를 거는 것 같습니다. 그 청년은 정말 나무랄 데 없는 신사니까요."

"그렇다면 필립이 그런 파렴치한 일을 하려고 한단 말인가요? 설마, 그런 일은 있을 수 없어요!"

"부인은 나로가 그 청년을 속이고 있다는 점을 잊으신 것 같군요. 나로는 정말 교활한 놈이에요! 필립의 질투심을 일으키려고, 부인이 모리스를 방문했던 동기를 제멋대로 지어내는 교묘한 술수를 썼으니까요. 그 결과 필립은 방다의 마음을 사로잡음으로써 연적에게 복수할 수 있다고 믿게 되었지요."

"그 나로란 자는 악마의 화신이 틀림없어!" 수와송 부인이 슬픔과 분노로 미친 듯이 소리쳤다. "그렇구나…… 필립은 나한테 버림받았다고 생각한 거야……. 그런 끔찍한 책략에 걸려들지 않았다면 날 배신하지도 않았겠지……. 게다가 난 잘 알아……. 괘씸한 연인에게 복수하고 싶은 마음은 아직 상대를 사랑한다는 증거라는 걸……. 하지만 아까 라 보아젱한테서 들은 이야기로는…….”

수와송 부인은 완전히 흥분한 상태여서 목청껏 혼잣말을 하고 있었다. 그래서 방구석에 웅크리고 있던 라 보아젱은 부인의 마음의 동요를 완벽하게 읽을 수 있었다.

엔 남작은 산전수전 다 겪은 노병답게, 부인의 걱정이 가라앉기를 침착하게 기다렸다.

“하지만 방다는 예뻐.” 수와송 부인이 방 안을 왔다 갔다 하면서 말을 이었다. “그 여잔 젊어. 그런데 나는…….”

이렇게 내뱉듯이 말하더니 부인은 얼굴을 경직시키고 인상을 잔뜩 쓴 채 눈을 번뜩 빛냈다.

질투가 부인의 마음을 사로잡았다. 이때 부인이 견딘 고통은 지금껏 인간이 받았던 어떤 고문보다 훨씬 격렬했다.

그러나 다행히도 부인의 격정적 발작은 오래가지 않았다.

“나도 참 바보지!” 갑자기 안심한 표정으로 부인이 외쳤다. “방다가 모리스를 사랑한다는 사실을 잊고 있었어!”

돌풍이 불어 큰 파도를 일으키고는 곧 수평선 너머로 사라지는 것처럼 부인의 격정의 폭풍우는 사라지고 바다는 잔잔해졌다.

“이야기를 계속해 봐요.” 부인이 평정을 되찾고 말했다.

“곧 끝납니다.” 엔 남작이 대답했다. “필립은 역시 나로 영감의 명령으로 모리스가 완쾌되기를 기다렸다가, 모리스가 말에 탈 수 있게 되면 곧 가짜 편지를 보이게 되어 있었습니다. 그 편지에는 프랑스 전역에서 봉기 준비가 끝났으며, 베르사유에서 생제르맹으로 향하는 길에서 왕을 납치하러 모리스가 병사를 이끌고 오기를 기다린다는 내용이 쓰여 있었습니다.”

“확실히 그건 리졸라의 계획이야.” 백작부인이 작게 중얼거렸다.

“필립은 모리스에게 원정을 결의시킨 뒤, 함께 국경을 넘어 계속 행동을 함께하기로 되어 있습니다. 그렇게 미리 약속한 곳까지 오면, 르부아의 부하가 기다리고 있다가 모반자들을 한 명도 남김없이 붙잡을…….”

“그 사람이 프랑스로 오는군요! 다시 만날 수 있어!” 부인이 기쁨에 이성을 잃고 소리 지르다가 곧 흥분을 가라앉히고 엔 남작을 뚫어지게 바라보면서 물었다.

"그런데 당신은 그런 이야기를 어떻게 알았죠?"

"그건 이렇습니다, 부인. 나로는 전부터 제게 속을 털어놓는 법이 없었지만, 요즘은 특히 절 차갑게 대하게 되었습니다. 절 집에서 쫓아내기까지는 하지 않더라도요.

그래서 전 그놈이 저를 함정에 빠뜨릴 음모를 계획하고 있는 건 아닌가 걱정이 되었습니다. 대신한테 밀고라도 하는 날엔 귀국과 동시에 붙잡혀 바스티유에 갇히게 될지도 모른다는 생각이 들었던 거죠. 그래서 전 나로의 책략을 파악해서 허를 찌르려고 나로의 거동을 살피게 되었습니다.

놈은 밤마다 아스프르 남작이라는 네덜란드인의 방문을 받고 있었습니다."

"세상에! 젤란트 주의 수장 아스프르 남작이라면 우리의 가장 충실한 동지 중 하나인데……."

"아니요, 그자는 르부아의 충실한 수하로, 같은 편 수령을 적에게 팔아넘긴 자입니다. 필립을 모리스에게 소개한 것도 그자가 꾸민 짓이지요.

어느 밤 그 여우새끼 두 마리가 파셰코 거리에 있는 소굴에 모였을 때, 전 태피스트리 뒤에 숨어서 많은 이야기를 엿들었습니다.

먼저 그 천하의 괘씸한 나로는 말단 경관을 시켜 아라스에서 잠복해 있다가 이 엄연한 아르투아 귀족인 엔 남작을 붙잡아 감옥으로 끌고 갈 계획을 세우고 있었습니다. 게다가 그 이유란 게 이런 거였습니다. 즉, 모리스에게 칼을 휘두르고 그날 밤 수와송 백작부인의 도망을 눈감아 줌으로써 제가 작전을 실패로 끝나게 할 뻔했다는 거죠……."

"그래서 나로는 필립을 어쩔 셈이죠?" 수와송 부인이 조급하게 물었다.

"저보다 심한 꼴을 당하게 할 생각입니다! 놈이 아스프르에게 이렇게 지껄이는 걸 들었거든요. '그 잘생긴 수행원은 먹잇감을 함정으로 몰아넣는 역할을 마치면 이번에는 자기가 먹잇감 취급을 받게 될 거야.'"

"그게 무슨 뜻이죠?" 부인이 시체처럼 창백하게 질린 채 우물거렸다.

"부인, 애석하게도 이 말의 의미는 이보다 더 분명할 수 없을 만큼 분명합니다.

필립의 역할은 모리스와 그 일당을 르부아의 부하가 대거 잠복해 있는 곳까지 데리고 가는 겁니다. 나로는 필립이 그곳에 도착하기 전에 수하들의 대장을 몰래 보내 그를 모반자 일당에서 빠져나오도록 도와주겠다고 그를 속였습니다.

하지만 사실은 누구도 도와주러 오지 않죠. 필립은 자신이 안내한 자들을 잡으려고 설치한 함정에 스스로 빠지게 될 겁니다."

"함정! ……르부아의 수하들이 필립에게 무슨 짓을 할까!"

"나로는 이렇게 말했습니다. '그 젊은 제비는 너무 많은 걸 알아. 그놈이 입을 함부로 놀리면 골치 아픈 일이 생길 거야. 르부아 각하께서 그놈의 입을 막으려고 하시는 건 그 때문이지.'"

"그럼 그 사람은 감옥에 갇혀…… 자칫 잘못하단 죽음을 당할 수도 있겠군요. 하지만 필립은 그 호랑이 같은 자들에게 붙잡히지 않을 거예요……. 내가 당장 출발해서 사흘 내에는 브뤼셀에 도착해 모리스를 찾아간 다음…… 모든 걸 이야기하겠어요……. 그러면 모리스는 틀림없이 내게 필립을 돌려줄 거예요. 그러면, 필립을 되찾으면, 절대로 그 사람을 르부아의 손에 넘기지 않을 거예요!"

"이미 늦었습니다, 부인." 엔 남작이 고개를 저으며 말했다. "오늘이 3월 27일인데, 필립은 24일에 모리스 일당과 함께 프랑스 영내로 들어갔습니다."

"정말 너무하군요!" 백작부인이 절규하면서 엔 남작에게 달려들었다. "그런 걸 인제 와서 알리다니! 일주일 전에 그 정보를 갖고 왔더라면, 왕후 귀족이 부럽지 않을 만큼 당신을 부자로 만들어 주었을 텐데!"

"부인, 전 엄중히 감시당하느라 이것도 겨우 빠져나온 겁니다. 정말이라니까요. 게다가 한시라도 빨리 파리에 도착하려고 서두르다 보니 말도 지금 죽기 일보 직전입니다."

"3월 24일!" 부인이 중얼거렸다. "어쩌면 그자들이 벌써 필립을 붙잡았는지도 몰라……. 그 사람이 어떤 길을 지나갔죠? 르부아의 부하는 어디에 잠복해 있어요?"

"정확한 건 모르지만, 나로는 이렇게 말했습니다. 피카르디의 국왕대리관 레스핀 보르가르가 체포 작전을 지휘하라는 명령을 받았다고요. 이 귀족은 페론에서 총독으로 있으니, 잠복 장소도 그 근처 아니겠습니까?"

"페론! 그렇다면 필립은 아직 거기까지 가지 못했을 거예요. 내일 모레나, 이르면 내일 중에 그리로 가서 그 사람에게 모든 걸 얘기할 수 있어요…

…. 그 사람을 구해 내겠어요……. 그러지 못한다면 같이 죽는 수밖에…….
 말을 준비시켜! 내 마차를 꺼내 와! 한 시간 이내에 페론으로 출발할 거야. 빨리, 카트린. 하인을 불러 줘." 부인이 여자 점술가의 목에 매달리다시피 하며 부르짖었다.
 엔 남작이 어둠 속에 숨어 있던 부인을 그제야 눈치채고 깜짝 놀라는 사이, 점술가는 수와송 부인에게 낮은 목소리로 속삭였다.
 "아까 제가 필립의 소식을 곧 듣게 될 거라고 예언했죠? 이제 저에게 미래를 예언하는 능력이 있다는 사실을 믿으시겠습니까?"

7 진격의 함정

 여자 점술가 라 보아젱이 진짜로 투시력을 갖고 있으며, 그녀의 주장대로 투명한 컵에 든 물을 보고 과거·현재·미래를 알아낼 수 있다면, 이 여자는 필립의 운명을 걱정하는 백작부인에게 실로 다양한 기괴한 일을 알릴 수 있었을 것이다.
 엔 남작이 가져온 소식은 다소 때 지난 것이었다. 남작이 브뤼셀을 떠난 것은 모리스와 그 무리가 캠브르 숲 가에서 모였다가 원정을 떠나기 전전날이었던 것이다.
 3월 24일에 개시된 원정의 전개 과정은 아주 흥미로운 것이었다. 27일 저녁 사랑하는 필립을 찾으러 육두마차를 타고 급히 파리를 떠난 수와송 부인도 그 경과가 내내 궁금했다. 일단 피카르디를 향해 출발했는데, 이것은 다소 감에 의존한 행동이었다.
 모리스 일당의 원정 첫날은 방다의 크나큰 걱정에도 불구하고 매우 순조롭게 지나갔다.
 도르빌리에 자작, 즉 필립은 칭찬받아 마땅한 열의와 실행력과 총명함으로 출발을 준비했다. 약속 장소에 모습을 드러내지 않은 자는 한 사람도 없었으며, 주도면밀한 계획에 따라 숲 가에 모인 반란군 유격대는 두 시간 뒤에는 이미 브뤼셀을 멀리 떠나 있었다.
 일행은 모두 열다섯 명이었다. 겨우 열다섯 명의 용감무쌍한 게릴라가 생제르맹과 베르사유 사이에서 다름 아닌 대왕 루이 14세를, 네덜란드를 정복하고 유럽 전역을 두려움에 떨게 만든 이 위대한 왕을 납치하려는 것이었다.
 게다가 열다섯 명 중 한 명은 여자였다. 그래도 모리스는 충분하다는 확신이 있었다.
 이 계획은 오늘날에는 미친 짓이라고밖에 생각되지 않을지 모르지만, 절대로 실행 불가능했다는 증거는 없다.

물론 오늘날과 같은 철도와 전신의 시대에 허리에 칼을 찬 기마 부대가 들판을 달렸다면 그 즉시 헌병대와 일전을 벌이는 사태가 일어났을 것이다.

그러나 1673년 무렵에는 사정이 다소 달랐다.

먼저 길의 수가 적었다. 파리와 플랑드르 지방을 연결하는 가도와 같은 간선도로를 제외하면, 여행자는 짐승들이 만들어 놓은 길이나 다름없는 오솔길을 가까스로 더듬어 다녔다.

따라서 여행하는 사람도 별로 없어서, 왕래가 잦은 가도나 다리나 마을을 피해 가면 오랫동안 누구와도 마주치지 않고 걸을 수 있었고, 관헌에게 붙잡힐 염려는 더욱 없었다.

길에서 마주치는 것이라고는 농민뿐이었다. 농민이란 본디 호기심이 별로 없는 족속인 데다, 프롱드의 난 이래 갑옷과 투구로 무장하고 전원 지대를 지나가는 귀족 무리에는 익숙해져 있었다.

당시 풍습으로는 아무리 가난한 시골 귀족이라도 지방 총독을 방문할 때는 물론이요 근처 성의 안주인을 방문할 때조차 말을 탄 종복을 대여섯 거느리고 가는 것이 보통이었다.

따라서 부하를 데리고 프랑스 국토의 1/4 정도를 수월하게 가로지를 수 있다는 모리스의 주장도 그리 비상식적이지는 않았다.

성공을 위해서는 요새를 요령껏 피해 지나가기만 하면 되었다. 그러지 않으면 기마헌병대 지휘관에게 의심을 사게 된다.

국왕 습격이라는 최종 목표도 충분히 실현 가능한 목표였다. 국왕은 생제르맹까지의 아주 짧은 거리를 나설 때는 거의 호위를 거느리지 않는 것이 습관이었기 때문이다.

더구나 모리스는 말리의 언덕 꼭대기에 있는 어느 작은 여관에 지인이 있어서, 밤중에 도착하여 일행을 그곳에 숨기고 국왕의 마차, 그 짧은 노래 가사에 있었던 '태양신의 마차'가 지나갈 때까지 대기할 수 있었다.

요컨대 이 계획은 모리스처럼 모험을 좋아하는 사나이의 마음을 사로잡을 조건을 갖추고 있었다. 게다가 목적을 위해서는 수단을 가리지 않는 대담한 자의 머리에 이러한 계획이 떠오른 것은 이때가 마지막이 아니었다. 더 현대에 가까운 시대에 접어들어서도 조르주 카두달[*1]은 파리와 마르메종 사이에서 제1집정관 나폴레옹 보나파르트의 마차를 습격하려고 프랑스 영내에 잠입했었다.

친구 도르빌리에의 적극 협력을 얻은 모리스는 음모 계획의 성공을 믿어 의심치 않았다.

첫째 날, 프랑스 영내로 진입하기 전부터 모리스는 일부러 빙 돌아 되도록 삼림지대를 지나갔다.

일행은 먼저 수와니 숲을 가로지른 뒤 몬스 마을에 너무 접근하지 않도록 주의하면서 오른쪽으로 꺾어 저녁에는 기복이 심한 땅에 도착했다. 그곳은 산울타리와 수로가 종횡으로 가로지르고 잡목림이 여기저기 흩어져 있는 곳이어서 이 작은 부대의 움직임을 숨기기에 아주 적당했다.

일행은 군대식으로 질서 있게 행진했다.

먼저 말을 가장 능숙하게 타는 두 명이 지리에 밝은 늙은 병사 브리강디에르의 안내로 척후병 역할을 하며 본대보다 300걸음쯤 앞서 갔다.

다음으로 데자르모아스와 도르빌리에가 방다를 사이에 끼고 갔다.

그 뒤로 바시몽이 이끄는 아홉 명의 병사로 구성된 군단이 따랐다.

이 유랑자들은 충분히 무장하고 좋은 말을 타고 보수를 듬뿍 받을 수만 있다면 세상 끝까지라도 대장을 따라갈 각오가 된 자뿐이었다.

이 오합지졸 부대에는 당시 전쟁으로 세월을 보낸 유럽 각국 국민의 표본이 모두 모여 있었다.

스페인군에서 제대한 왈론인도 있거니와 전년에 라인 강에서 프랑스군과 싸웠던 네덜란드 병사도 있었고, 레오폴드 황제의 군대에서 탈영해 온 크로아티아인도 있었다.

그뿐만 아니라 폴란드인 탈영병 한 명과 일명 꼬챙이 형벌을 피하려고 헝가리에서 도망 온 터키 근위병까지 섞여 있었다.

결국, 모두 극악무도한 자였으나, 병사로서는 용감무쌍하고 지칠 줄 모르고 포화 속에서도 침착함을 잃지 않았으며, 자신의 목숨 따위는 늑대가 앵두를 무시하는 것처럼 전혀 개의치 않았다.

모리스 밑에서 병사들을 직접 지휘하는 바시몽이라는 사나이는 아르투아 지방의 루르쿨과 이브랑슈 및 바시몽의 영주로, 로베르 드 미르라는 이름이

---

*1 1800, 1804년 두 번에 걸쳐 나폴레옹에 대항하여 반란을 꾀했다.

었다. 이 사나이는 피카르디 연대 대위였지만, 1670년 르부아에게 계급을 박탈당했다.

이만큼 부하들을 훌륭하게 지휘하고 이만큼 프랑스 국왕과 르부아 국무총리에게 복수를 굳게 다짐하고 있는 사나이는 또 없을 것이었다.

첫째 날 행군은 특히 이렇다 할 사건 없이 지나갔다. 해가 저물자 일행은 그날 밤 묵기로 되어 있는 방앗간이 보이는 오넬 강 기슭 어느 지점에 도착했다.

혼자서 먼저 강 주변을 정찰하러 갔던 브리강디에르가, 방앗간 주인과 신호로 약속했던 횃불이 건너편 기슭에서 타오르고 있다고 보고했다.

모리스는 자기가 앞서 강을 건너겠다고 강경하게 주장하면서 명령을 내렸다. 물론 방다도 애인이 탄 흑마 옆에 자기의 밤색 암말을 찰싹 붙이고서 걸었다.

오넬 강은 얕은 개울에 지나지 않았으므로 일행은 수월하게 건넜다.

브리강디에르가 정찰에서 돌아온 지 15분이 지났을 때, 일행은 이미 방앗간에 도착해 있었다. 방앗간 주인은 어디든 맘대로 써도 좋다고 흔쾌히 말해 주었다.

병사들은 브리강디에르의 감독하에 천장이 낮은 넓은 방에다 여장을 풀었다. 방다, 모리스, 도르빌리에, 바시몽 네 사람은 2층의 길쭉한 탁자를 둘러싸고 앉았다. 거기에는 친절한 방앗간 주인의 배려로, 베이컨이 든 커다란 오믈렛과 맥주병이 몇 개 놓여 있었다.

일고여덟 시간을 내리 말을 타고 오느라 모두 몹시 허기져 있었으므로 이 초라한 저녁을 맛있게 먹었다. 단, 방다만은 슬픔에 잠겨 별로 기분이 좋아 보이지 않았다.

방다는 캠브르 숲 가의 농가를 떠난 뒤로 거의 입을 열지 않았다. 쾌활한 도르빌리에가 재미있는 궁정 이야기나 유쾌한 노래를 들려주어 어떻게든 기분을 풀어 주려고 했으나 헛수고로 끝났다.

도르빌리에가 이때만큼 방다에게 세심하게 신경을 쓴 적은 없었다. 그녀에 대한 모리스의 차가운 태도를 메우려는 듯한 모습이었다.

일동은 배부르게 먹고 나자 탁자에 팔꿈치를 괴고서 잡담을 시작했다. 도르빌리에는 완전히 신이 나서 혼자 떠들어 댔다.

그중에서도 걸작이었던 것은 태양왕이 납치된 뒤 베르사유 궁에서 무슨 일이 일어날까 하는 가공의 정경 묘사였다. 궁전으로 쳐들어간 민중의 분노를 피하고자 몽테스팡 부인이 어부의 아내로 변장하고 있는 모습을 도르빌리에가 흉내 내자 모리스와 바시몽은 배를 잡고 웃었다.

이렇게 유쾌한 잡담은 10시 무렵까지 이어지다가, 브리강디에르가 다음 날 행군 명령을 들으러 옴으로써 겨우 끝났다.

"주인은 우리 말들을 자신의 나귀와 함께 헛간에 넣어 놓겠다고 했지만," 브리강디에르가 보고했다. "저는 목장의 말뚝에 매어 놓는 편이 좋을 것 같아서 그렇게 했습니다. 안장도 풀지 말라고 말해 두었습니다."

"그러는 게 좋아. 조금이라도 수상한 점이 있으면 금방 출발할 수 있도록 해 둬야 하니까."

"보초도 두 명 세워 두었습니다. 한 명은 앞쪽 캉브레 가도에, 한 명은 뒤쪽 강 여울 이편에 세워 두었습니다."

"과연 명성이 자자한 하사답군. 아주 지혜로워." 도르빌리에가 쩌렁쩌렁한 목소리로 말했다. "아주 감탄할 만한 조심성이야."

"난 당신에게 고용당한 사람이 아니오." 브리강디에르가 매우 퉁명스럽게 말했다. "당신한테 명령받거나 칭찬받을 이유는 전혀 없소."

잘생긴 도르빌리에에게 자꾸만 반감이 들던 방다는 이렇게 도르빌리에를 함부로 대하는 노병에게 곧 공감했다.

"시끄러워." 모리스가 하사를 나무랐다. "얼른 부하들한테 돌아가. 너무 깊이 잠들지 말고. 동트기 한 시간 전에 출발할 수 있도록 만반의 준비를 해 놓아."

브리강디에르는 경례하고 나갔으나, 나가기 전에 도르빌리에를 흘끔 노려보았다. 그 눈빛에는 경멸감이 역력히 떠올라 있었다.

잔다고는 해도 여기저기 쌓아 올린 밀가루 포대 말고는 깔고 잘 것이 없었다. 먼저 모리스가 높다랗게 쌓아 올린 커다란 포대 위에 눕자 방다도 그 옆에 몸을 뉘었다.

나머지 두 사람은 방 반대편에 각자 자리를 잡고 곧 잠이 들었다. 모리스도 금방 잠이 들었으나, 방다만큼은 정신이 또렷하니 잠이 오지 않았.

그렇게 두 시간쯤 슬픔에 잠겨 이런저런 생각에 빠져 있는데, 12시 무렵 누군가가 방다의 소매를 슬쩍 잡아당겼다.

방다는 깜짝 놀라 모리스에게 도움을 구하려고 했다.

그러나 이 여인은 오랜 방랑 생활을 하는 동안 웬만한 일로는 당황하지 않게 되었으므로 가만히 마음을 진정시키고 나지막하게 물었다.

"누구죠?"

"접니다." 역시 나지막하게 대답한 것은 브리강디에르의 목소리였다. "지금 당장 할 이야기가 있습니다. 그것도 여기서는 말고요."

깊은 밤 이런 건장한 사나이가 단둘이서 할 이야기가 있다고 하면 젊은 여자라면 누구나 고개를 끄덕이기 전에 생각에 잠길 것이다.

뜻밖의 일에 익숙한 방다였지만, 과연 이 말에는 망설여졌다. 그러나 브리강디에르가 이렇게 덧붙였다.

"대장님의 목숨과 우리 모두의 목숨이 걸린 문제입니다."

"손을 잡아 줘요. 당신을 따라갈 테니까." 방다가 위엄 있게 말했다.

방 안은 어슴푸레했다. 밀가루 포대 위에 누워 있는 세 사나이는 곤히 잠들었는지 크고 고른 숨소리를 내고 있었다.

특히 깊은 상처가 겨우 아문 모리스는 하루 종일 강행군하느라 완전히 지쳐 세상모르게 자고 있었다. 따라서 방다는 모리스를 깨우지 않고 계단까지 빠져나갈 수 있었다.

브리강디에르는 방다에게 시범을 보이듯, 적의 눈을 기만하는 인디언처럼 조심스럽고 교묘하게 마룻바닥을 기어갔다.

또 방다보다 먼저 사다리를 내려가, 부하들의 코 고는 소리가 오르간처럼 울려 퍼지는 1층을 가로질렀다.

용감하게도 방다는 브리강디에르의 옷자락을 붙잡고, 깊이 잠든 사나이들의 몸뚱이를 건너 잠자코 따라갔다.

그러나 문밖으로 나오자 걸음을 딱 멈추고 작은 목소리로 말했다.

"무슨 얘기를 하려는지 알기 전까지는 이 이상 갈 수 없어요."

"부탁이니 강기슭까지 따라와 주십시오." 브리강디에르가 속삭였다. "여기서는 누가 엿들을지도 모릅니다. 그렇게 되면 모든 게 끝장입니다."

오래전부터 모리스가 원정을 갈 때마다 따라오는 이 건장한 사나이를 관찰해 온 방다는 이 투박한 외모와 거친 태도 밑에 굳은 의지와 강한 정의감,

충실하고 은혜를 잊지 않는 마음이 숨어 있다는 것을 간파하고 있었다.

브뤼셀에서 브리강디에르는 언제나 마구간에 틀어박혀 지냈으므로 방다는 이 사나이를 거의 만날 기회가 없었다. 그러나 결점도 많은 대신 용기와 충성심이라는, 병사에게 없어서는 안 될 두 가지 덕목을 지닌 이 노병에게 방다는 호감을 느꼈다.

게다가 이 난폭해 보이는 노병은 자신이 섬기는 대장의 연인 앞에 서면 갑자기 온순한 태도를 보이는 것 같았다. 아무에게나 달려드는 불도그가 자기가 지키는 집의 안주인을 보면 순식간에 온순해지는 것처럼.

그래서 방다는 브리강디에르가 조금도 두렵지 않았다. 늦은 밤이라 당연히 조금은 망설여졌지만, 곧 뒤를 따라갔다.

브리강디에르의 손에 이끌려 방앗간을 따라 걷다 보니, 몇 시간 전 일행이 말을 타고 올라온 강둑이 나왔다.

몹시 어두운 밤이었다. 집과 개울 사이에 늘어선 아름드리나무가 장막이 되어 주위 어둠을 한층 짙게 만들었다.

밤은 쥐 죽은 듯이 고요했다. 수문이 닫혀 있어 물레방아는 멈춰 있었다. 오넬 강은 아주 잔잔해서, 강변에 자란 갈대 사이로 지나가는 물소리조차 거의 들리지 않았다.

그러나 방다는 방앗간에서 스무 걸음쯤 떨어진 버드나무 아래에서 사람 그림자를 언뜻 본 것 같아 말없이 그쪽을 가리켰다. 브리강디에르가 방다의 귓전에 대고 이렇게 속삭였다.

"우리 편입니다. 여울을 감시하고 있지요. 적어도 저쪽에서 공격받을 걱정은 없는 셈입니다."

"공격이라니요! 지금 우리가 습격을 받을지도 모른다는 건가요?"

"아마도. 하지만 확실한 건 우리가 배신당했다는 겁니다."

"대체 누구한테요?"

"방앗간 주인 놈이죠. 게다가 놈은 저 피에몽 연대 대위라는 자와 한통속입니다."

"도르빌리에 자작이요?"

"네. 대장님이 눈여겨보시는 그 멋쟁이는 우리의 목숨을 적에게 비싼 값에 팔아넘길 게 분명합니다. 전 그렇게 생각합니다."

"무슨 근거로요?"

"제 눈은 괜히 뚫려 있는 게 아닙니다. 귀도 멋으로 달린 게 아니고요.

간단히 말하자면 이렇습니다. 그 괘씸한 주인 놈이 술 창고에 맥주통을 가지러 가는 척하며 나간 뒤 전 목장으로 가서 말들이 제대로 매여 있는지 확인해 보았습니다.

대장님의 말이 말뚝을 뽑기 직전이길래 전 그 앞에 앉아 부드러운 흙 속에 말뚝을 박으려고 했지요. 그때 근처에서 이야기소리가 들리는 겁니다. 전 그게 도르빌리에의 목소리라는 걸 알았죠.

이상한 예감이 들기에 전 그 이야기를 엿들었습니다."

"그러고 보니 그 사람은 저녁 식사 전에 잠깐 자리를 비웠었어요."

"그럴 만한 이유가 있었던 거죠! 그자가 방앗간 주인에게 뭐라고 말했는지 아십니까? 이렇게 말했습니다. '여기 약속한 은화 백 닢일세. 하지만 오늘 밤 일을 그르치면 내일 밤은 감옥에서 자게 될 거야.'"

"이상하군요······. 당신, 확실히······."

"제 말을 끝까지 들으십시오. 주인은 이렇게 대답했습니다. '각하,' 그놈이 그 기생오라비 같은 작자에게 '각하'라고 하더군요. '각하, 마음 놓으십시오. 모든 준비를 새벽 1시 전까지 마치겠습니다. 혹 제 일 처리가 마음에 들지 않으시거든 절 교수형에 처하셔도 좋습니다.'"

"그래서요?" 방다가 몹시 동요해서 물었다.

"그다음에 은화가 짤랑거리는 소리가 나더니 거래는 끝난 것 같았습니다. 두 사람은 헤어져 도르빌리에는 방앗간으로 돌아가고, 주인은 어딘가로 사라졌으니까요."

"그 뒤로 두 사람은 아무 말도 않던가요?"

"이 정도면 충분하지 않습니까? 아참, 그 금발 가발을 쓴 유대인이 이런 말도 했군요. '딴 건 몰라도, 시작하기 전에 말을 모두 헛간에 집어넣는 걸 잊지 말도록.'

그자가 왜 말을 밖에서 자지 못하게 했는지 전혀 짐작이 가지 않습니다."

브리강디에르는 당장에라도 적이 습격해 올까 봐 경계하듯이 목소리를 잔뜩 죽인 채 말했다. 방다는 바들바들 떨면서 그 이야기에 귀를 기울였다.

"하지만," 방다가 말했다. "그 두 사람이 만난 지 벌써 몇 시간이나 지났는데 아직 아무 일도 일어나지 않았잖아요……. 도르빌리에 자작은 2층에서 자고 있고……. 바시몽 대위 옆에서요. 바시몽 대위는 내가 아는 한 배신자가 아니에요."

"물론입니다. 배신자는커녕 우리와 함께 배신자 도르빌리에를 해치워 줄 겁니다."

"왜 모리스에게 이 사실을 알리지 않죠? 여자인 내가 뭘 할 수 있다고 나에게 이런 얘기를 해요?"

"부인, 대장님은 그자에게 완전히 마음을 빼앗겨서 제 말을 믿어 주지 않을 게 뻔합니다……. 게다가 대장님을 깨우면 놈도 덩달아 눈을 뜰 것 같았거든요. 반면에 부인께서 잠들지 못하고 있다는 건 확실히 알았으니까요."

"하지만 모리스를 부르지 않으면…… 모두를 깨우지 않으면…… 배신자의 위협에 직면해 있는데 이렇게 손 놓고 있을 수는 없어요……."

"저에게 한 가지 생각이 있습니다." 브리강디에르가 속삭였다.

"어떤 생각인데요?"

"아무것도 하지 않는 겁니다."

"뭐라고요? 그 악당들에게 불시의 습격을 할 시간을 주자는 건가요?"

"아니요, 부인. 불시의 습격 따위는 허락하지 않을 겁니다.

보세요, 저기 우리 보초가 한 명 보이죠? 다른 한 사람은 캉브레 가도에 배치해 놓았습니다. 그리고 혹시 몰라 모든 부하에게 칼과 권총을 찬 채 자라고 해 두었죠. 조금이라도 수상한 일이 있으면 금방 일어날 겁니다. 만일 방앗간 주인이 헌병대를 부르러 간 거라면 르부아의 수하들에게 처절한 응징을 할 겁니다.

놈들을 모조리 죽이는 거죠. 한 놈도 남김없이 해치운 다음, 대장님께 경위를 설명할 겁니다. 그러면 대장님은 도르빌리에와 공모한 방앗간 주인을 화승총으로 쏴 죽이겠지요. 하지만 지금은 대장님께 경고하려 해도 결정적인 증거가 없습니다. 도르빌리에는 교묘한 변명으로 빠져나가겠지요. 우리는 이곳을 떠나 다른 곳에서 야영하게 될 겁니다. 내일 밤 배신자들은 또 똑같은 짓을 할 거고요. 하지만 제가 오늘 밤처럼 놈들의 계획을 다시 간파해 내리란 보장은 없습니다."

"그렇군요." 방다가 생각에 잠긴 채 말했다. "당신 말이 맞을지도 몰라요.

그 도르빌리에라는 자는 모리스에게 큰 영향을 미치고 있어요. 우리가 프랑스 영내로 깊이 진입하기 전에 그자의 배신을 폭로해야 해요.

적어도 여기서 공격받는다면 우리는 플랑드르 영내로 피난할 수 있어요. 그러면 아무리 르부아의 수하라 해도 쫓아오지 못하겠지요.”

“네. 불상사가 생겼을 때는 저도 그렇게 하는 게 좋다고 생각했습니다.”

“하지만 정체 모를 위험에 이렇게 줄곧 떨면서 지내는 건 견딜 수가 없어요……. 알겠어요? 우리에게 목숨을 맡긴 저 용감한 병사들은 아무런 의심도 없이 잠들어 있다고요. 당장에라도 적의 기습이 있을지도 모른다는 걸 알면서 잠자코 있을 수는 없어요!

절대로 그럴 수 없고말고요. 게다가 모리스에게 무슨 일이라도 생기면, 그건 다 내 책임이에요.”

“좋은 해결 방법이 딱 하나 있습니다. 부인께서 2층으로 돌아가 조용히 대장님을 깨우고, 여기 이 기슭으로 오시라고 살짝 부탁하십시오. 그러면 제가 대장님께 말씀해 보죠. 당신이 한마디 거들어 주신다면 대장님도 제 말을 믿어 주실 겁니다. 대장님도 우리와 함께 이곳에서 잠시 기다려 주신다면, 우리 셋이서 그 기생오라비의 배신 현장을 덮칠 수 있습니다.”

“그렇게 하겠어요.” 방다는 이렇게 말하고 방앗간으로 돌아가려 했다. 그때 브리강디에르가 방다의 팔을 붙잡고 속삭였다.

“이미 늦었습니다. 배신이 시작되었어요. 저걸 보십시오.”

“불이야!” 방다가 비명을 질렀다.

불시에 불기둥이 하늘을 비추며 방앗간 지붕 위에서 모자 깃털 장식처럼 솟아올랐다.

“그 악당들 짓이야!” 브리강디에르가 욕설을 해 댔다. “저게 그 두 놈이 계획했던 거로군! 우리를 통째로 구워 버리려는 거야!

하지만 내가 있는 한 그렇게는 안 될 거다. 병사들은 벌써 일어나 있을 거야. 두고 봐라, 도르빌리에와 주인 놈. 15분도 지나지 않아 네놈들이 놓은 불 속에서 타 죽게 해 줄 테니.”

‘모리스! 모리스를 구해야 해!’

방다는 이런 생각이 먼저 들었다.

그와 동시에 두 사람에게서 몇 걸음 떨어진 곳에서 망을 보던 보초가 경계

신호를 보냈다. 캉브레 가도에 서 있던 보초도 곧이어 신호를 보냈다.

물레방앗간 안에서도 누군가가 이 경보에 응했고, 곧 소란스러운 고함과 부산스러운 발소리가 들렸다. 1층에 있는 사람은 모두 일어난 것이다.

그러나 1층 병사들보다 2층에서 자고 있는 모리스가 훨씬 걱정이었던 방다는 물레방앗간 뒤편에 있는 계단을 향해 전속력으로 내달렸다.

"불은 지금 막 번졌어……. 분명 늦지 않았을 거야." 방다가 중얼거렸다.

브리강디에르도 방다의 뒤를 바짝 쫓으며 긴 칼을 빼서 휘두르면서 이렇게 고함쳤다.

"주인 놈은 근처에 있을 거다. 도르빌리에는 다른 사람들과 함께 타 죽지 않으려고 몰래 빠져나갔겠지……. 둘 다 꼬챙이에 꿰어 버리겠다!"

물레방앗간 뒤편에 다다르자 뜻밖의 광경이 눈앞에 펼쳐졌다.

거대한 불기둥이 동풍에 소용돌이치며 탁탁하는 기분 나쁜 소리를 내면서 멀리 평원까지 비추고 있었다.

그러나 불타고 있는 것은 물레방앗간이 아니었다.

불길이 물레방앗간을 또렷하게 비추어 주변은 대낮처럼 환했다. 방다의 눈에 가장 먼저 들어온 것은 창문에서 불길을 바라보는 모리스와 도르빌리에의 모습이었다.

도르빌리에는 하늘로 고개를 한껏 꺾고서 고래고래 고함을 지르고 있었다. 모리스는 더 침착하게 바시몽을 불러 뭔가 지시를 내리고 있었다.

"아, 다행이야! 걱정할 것 없었구나." 방다가 말했다.

"놈들이 대체 어디다 불을 지른 거지?" 브리강디에르가 중얼거렸다. "난 틀림없이…… 잠깐, 그리고 보니…… 방앗간 주인은 은화 백 닢밖에 받지 않았지만, 물레방앗간은 더 비쌀 텐데……. 게다가 저 기생오라비가 도망가지 않은 걸 보면……."

그동안 병사들은 밖으로 뛰쳐나와, 난데없이 잠을 깬 사람이 흔히 그러듯 뭐가 뭔지 어리둥절해서 이리저리 뛰어다녔다.

불길은 물레방앗간에서 왼쪽 조금 앞에 있는 수풀 뒤쪽에서 시작된 것 같았다. 불은 이미 아름드리나무로 번져 있었다.

그때 갑자기 불운한 방앗간 주인이 나타나 애처롭게 울부짖으면서 병사들에게 도움을 청했다.

"내 헛간이! ……작년에 거둬들인 건초가 다 타 버렸어! ……난 이제 망했다! ……"

"헛간이라고! ……알겠다…… 어제 내가 본 헛간이군……. 지붕 아래에 건초와 짚을 가득 채워 두었던 판자 건물이야……. 왜 그런 곳에 불을 질렀는지 전혀 모르겠군……."

브리강디에르가 이 말을 채 마치기도 전에, 불길이 내는 낮은 굉음을 뚫고 트럼펫 같이 날카로운 말 울음소리가 연달아 들려왔다.

"큰일이다!" 브리강디에르의 안색이 바뀌었다. "말이 아직 목장에 매여 있어야 할 텐데!"

이렇게 외치고 브리강디에르는 전날 밤 이곳에 도착했을 때 직접 말을 매어 두었던 목장으로 쏜살같이 달렸다.

방다는 계단을 뛰어 올라갔다. 위에서 모리스와 두 사나이가 굴러떨어지듯 내려오더니 방다에게 말도 붙이지 않고 달려갔다.

할 수 없이 방다도 세 사람의 뒤를 쫓아 뛰었다. 대장 이하 온 부대원이 불타는 헛간 앞에 모였다.

불행히도 이제는 손 쓸 도리가 없었다. 불이 난 곳은 전나무로 만든 지붕과 기둥으로만 된 창고로, 바람이 잘 통하는 데다 건초와 짚으로 절반 정도가 차 있었던 것이다.

성 요하네 축일 때 화톳불을 피우려고 쌓아 올린 장작더미도 이 정도로 순식간에 타오르지는 않았을 것이다.

병사들은 방앗간 주인이 머리카락을 쥐어뜯으며 울부짖는 것을 보고 웃고 있었다. 그러나 모리스는 헛간 안에 무언가가 있는 것을 재빨리 발견했다.

헛간을 감싼 자욱한 연기를 통해 말 엉덩이가 꿈틀대는 것이 보이더니, 순간 연기 틈으로 애마의 검은 털이 슬쩍 보였다.

사정이 일변했다. 사소한 사건으로 생각했던 이 화재가 모리스의 향후 계획에 중대한 영향을 미칠지도 모르는 것이었다.

"말을 구해 낸 자에게는 금화 50닢을 주겠다!" 모리스가 외쳤다.

그 말을 듣자마자 병사 서너 명이 맹렬한 불길 속으로 용감히 뛰어들었다.

이자들은 금화 50닢을 위해서라면 바스티유 습격도, 도버 해협을 헤엄쳐 건너는 것도 마다치 않았을 것이다.

병사들은 일단 연기 속으로 사라졌지만, 이윽고 열기를 못 이기고 비틀거리며 후퇴했다.

전직 터키 친위대원만이 홀로 물러나지 않았.

이 사나이는 칸디아 포위전에서 몇 번이고 불길을 헤치고 싸웠으며, 세 번이나 지뢰가 폭발하여 나가떨어진 적이 있었던 것이다.

말발굽이 땅을 차는 소리, 몇 개 국어로 떠드는 소리, 이히힝 하고 말 우는 소리가 들리더니 얼마 뒤 터키 병사가 콧수염이고 눈썹이고 할 것 없이 모두 새카맣게 탄 채 돌아와 절망적으로 손을 치켜들고 외쳤다. "알라신이여, 굽어살피소서! 말을 구해 내기란 도저히 불가능합니다!"

모리스는 이 사나이를 책망하지 않았다.

말은 화재를 당하면 흥분하기 때문에 이 헛간처럼 벽이 없는 곳에서도 절대로 끌어낼 수 없다는 사실을 오랜 경험으로 알고 있기 때문이었다.

"안에 어떤 말들이 있나?"

"대장님 말과 부인의 말, 그리고 점박이 암말입니다."

"내 말이야!" 브리강디에르가 불같이 성을 내며 외쳤다. "반드시 되갚아 줄 테다, 이 악당 놈들!"

"잘도 그런 말을 지껄이는군, 이 멍청이!" 이렇게 고함지르고서 모리스는 노병의 멱살을 움켜쥐었다. "목장 말뚝에 매어 놓았다고 말한 건 네놈이잖아!"

"대장님, 전 맹세코……."

"네놈의 맹세 따위 듣고 싶지 않다. 원칙대로 하자면 네놈의 머리통을 부수어, 임무를 완수하지 못하면 어떻게 되는지 본보기로 삼아야 할 판이니까."

"대장님, 전 확실히 이 손으로 말을 목장에 매어 두었습니다."

"맞아, 모리스. 나도 브리강디에르가 진실을 말하고 있다는 걸 보장해."

"그렇다면 이 안에 배신자가 있다는 소린데!" 모리스가 벼락같이 고함을 질렀다.

"네, 두 명 있지요……. 주범은 한 명이지만……." 브리강디에르가 중얼거렸다.

"내 건초가! 내일 발랑시엔 시장에 내다 팔려고 했는데!" 방앗간 주인이 울부짖었다.

"이거 참 안됐군요." 도르빌리에가 자못 동정심 가득한 표정을 지어 보였다.

"제길, 다 헛일이 됐어!" 모리스가 분한 듯이 발을 쾅쾅 굴렀다.

격분한 모리스는 브리강디에르의 혼잣말도 듣지 못하고, 방다가 줄기차게 보내는 신호도 보지 못했다.

"뭘요! 고작 예정보다 하루 늦어지는 정도인 걸요." 도르빌리에가 위로했다. "말 열다섯 필 중 없어진 건 세 필뿐입니다. 다른 말은 저기 목장에 있으니까요. 세 마리야 다시 구하면 되지 않습니까?"

"하지만 어떻게? 이렇게 인적 드문 곳에서 말을 어떻게 구해?"

"그거야 쉽지요! 돈만 주면 말을 제공할 농부는 지천으로 깔렸습니다."

"그건 나도 생각한 바지만, 그런 농부가 있는 곳을 누구에게 묻는단 말이야?"

"이자가 있지 않습니까!" 도르빌리에가 방앗간 주인을 가리키며 말했다.

"물론입니다, 나리들. 건초 값을 주시겠다고 약속만 해 주신다면, 찾으시는 말이 있는 농가로 안내하지요."

"제대로 안내해 준다면 헛간 값으로 금화 30닢, 거기다 내가 살 말 한 필당 금화 2닢씩 주지." 이렇게 외친 뒤 모리스는 노기등등하게 명령했다. "브리강디에르, 바시몽 대위와 내가 탈 말 두 마리에 안장을 얹어. 이 농부가 탈 말도 한 마리 준비하고. 도르빌리에, 내가 돌아올 때까지 부대 지휘는 자네에게 맡기겠네."

"맙소사! 아침까지 기다리지 않고 나가시렵니까?"

"물론이지. 내일 오전 중에 이곳으로 돌아올 수 있도록 시간을 유효하게 쓰는 거야. 이봐, 뭘 그리 꾸물대?" 모리스가 꼼짝 않고 서 있는 브리강디에르에게 호통쳤다.

"대장님, 저도 데려가주십시오. 분명 도움이 될 겁니다."

"이놈, 언제부터 내 명령에 토를 달았느냐! 시킨 일이나 어서 해! 10분 이내로 출발할 수 있도록 하란 말이다."

한번 말을 내뱉으면 절대로 무르는 법이 없는 대장의 성격을 아는 브리강디에르는 그 자리에서 물러났으나, 방다 앞을 지나가면서 방다에게 의미심장한 눈짓을 보냈다.

"모리스, 나는? 나도 가면 안 돼?" 방다가 조용히 물었다.

"안 돼. 네가 따라가면 시간이 지체돼. 한 시간이라도 허비하면 그만큼 적의 함정에 빠질 위험이 커진다고. 민첩하게 행동하면 그 위험은 피할 수 있어. 그런 것도 몰라?"

'바로 그 점이 내가 노리는 것이지.' 도르빌리에는 속으로 히죽 웃었다.

"그럴 수 없어, 모리스." 방다가 동요를 드러내며 말했다. "이렇게 위험한 때에 내가 네 곁을 떠날 수 있을 거라 생각해?"

"위험하긴 뭐가 위험해!" 모리스가 초조한 목소리로 물었다.

"들판을 달리다가 르부아의 부하에게 붙잡힐지도 모르잖아? 호위도 없이 소수로 나가는 건 위험해. 내 역할은 네 곁에 붙어 있는 거야."

"난 그렇게 생각하지 않는데." 모리스가 차갑게 대꾸했다. "지금 가장 중요한 건 재빠르게 사람 눈을 피해 행동하는 거야. 그런데 넌 몹시 지쳐 보이는 데다 여자는 반드시 이목을 끌게 돼 있지. 그러니까 넌 이곳에 남아야 해."

"하지만," 방다가 목소리를 낮추어 말했다. "난 무서워……. 혼자서 이…… 이상한 일이 일어나는 이 물레방앗간에 남는 게……."

"너 왜 이렇게 변했어? 옛날 혼자서 내 부하를 데리고 쾨니히슈타인 부근의 산간을 정찰할 때랑은 전혀 다른 사람 같잖아. 그때 넌 지금 같은 겁쟁이가 아니었어."

"그때는 너한테 사랑을 받았으니까." 방다가 괴로운 심정을 담아 대답했다. "게다가 그때는 내가 위험에 뛰어들면 널 기습에서 지켜 낼 수 있다는 걸 알았어.

지금도 그 마음에 변함은 없어. 내가 내 안위를 걱정해서 이러는 것 같아? 잊지 마! 난 너를 쫓아 아버지의 집을 나왔을 때부터 내 목숨을 네게 바친 여자야.

난 아무것도 두렵지 않아, 모리스. 내가 두려운 건 네 주위에 설치되어 있는 함정뿐이야. 난 네가 배신당했다는 걸 알아……. 난 너와 단둘이 진지하게 대화를 나누고 싶어. 그래서 널 따라가고 싶은 거야. 그뿐이야."

방다가 모리스의 귓전에 입을 딱 붙이고 속삭였으므로 도르빌리에는 무슨 말을 하는지 들을 수가 없었다. 그러나 도르빌리에는 머리 회전이 빠른 사나이였으므로, 방다가 자신에게 호감을 느끼고 있지 않다는 사실은 충분히 눈치챘다.

브뤼셀에서도 그랬고, 브뤼셀을 떠나고부터는 더욱더 방다는 도르빌리에에게 언제나 무뚝뚝하게 굴었다. 도르빌리에는 이 여자가 매우 만만치 않은 상대라는 사실을 깨달았다.

"모리스 대장님," 도르빌리에가 곱슬곱슬한 금발 가발을 쓰다듬으며 입을 열었다. "저도 꼭 대장님을 따라가고 싶은데요."

"아니, 난 이곳 지리에 밝은 바시몽 대위를 데려갈 거야. 자네는 부하들을 감독해야지."

"그럼 그렇게 하십시오. 단, 적어도 제 말은 타고 가십시오. 그 말이 병사들의 말보다 빠르고 지구력도 좋으니까요."

"고맙네." 모리스가 상대의 배려에 감격하며 대답했다. "하지만 벌써 브리강디에르가 말을 골라 데리고 왔어. 인제 와서 말을 바꾸는 건 시간 낭비지. 게다가 자네가 이곳 사령부를 지휘한다면 자네야말로 좋은 말을 타야 하지 않겠나?"

그러고는 방다를 가리키며 이렇게 덧붙였다.

"내 가장 소중한 보물을 자네에게 맡기지."

"제 목숨을 걸고, 부인의 머리카락 한 올이라도 상하지 못하도록 지키겠습니다!" 이렇게 외친 도르빌리에의 열띤 모습도 방다를 속일 수는 없었다.

방다는 다시 한 번 모리스와 단둘이서 이야기하려 했다. 이번에야말로 자신이 어째서 불안해하는지 그 진짜 이유를 털어놓고, 배신자의 정체를 밝혀야겠다고 생각한 것이다.

그러나 자기 계획에 완전히 심취한 모리스에게 도저히 말을 붙일 재간이 없었다.

게다가 지금은 이런 중대한 비밀을 털어놓기에 전혀 적당한 때가 아니었다. 무엇보다 병사들에게 둘러싸여 있고 불길이 환하게 비추고 있었으므로, 모두의 시선을 피해 움직이거나 입을 열기란 불가능했다.

어쩔 수 없이 방다는 입을 다물고 고개를 푹 수그린 채, 더 좋은 기회를 기다리기로 했다.

불길은 잦아들고 있었다.

말들의 울음소리도 멈추었다. 마지막까지 남아 있던 지붕이 불길 속에서 무너져 내렸다.

연기에 묻혀 불길이 약해졌다. 세 마리 준마가 목숨을 잃은 헛간에서 코를 찌르는 악취가 나기 시작했다.

병사들은 그 냄새를 견디지 못하고 흩어졌다.

브리강디에르가 안장을 얹고 고삐를 맨 말 세 필을 끌고 천천히 다가왔다.

"대장님," 브리강디에르가 확신에 찬 어조로 말했다. "말을 매어 두었던 말뚝을 자세히 살펴봤지만, 제대로 박혀 있었습니다. 그러니 점박이 말과 밤색 말과 검은 말 세 필은 스스로 목장에서 도망친 게 아니라는 얘기가 됩니다. 그 세 마리는 나란히 매여 있지도 않았고요. 전 누가 끈을 끊은 게 분명하다고 봅니다."

"누가 끊었다는 거지? 또 그렇다 쳐도, 왜 말들이 헛간에 들어갔는지 설명이 되지 않잖아."

"억지로 끌고 간 거죠."

"아닙니다!" 방앗간 주인이 외쳤다. "건초 냄새를 맡고 달려온 게 틀림없습니다. 제 나귀도 겨우내 목장에 풀어놓으면 어김없이 그랬으니까요."

"정신 차려, 브리강디에르. 지금 잠꼬대하는 거야?" 모리스가 어깨를 으쓱하며 말했다.

"말뚝에 맨 끈이 낡았는데, 브뤼셀에서 출발할 때 미처 확인 못한 것 아니야? 이번만큼은 넘어가지만, 두 번 다시는 이런 실수 하지 말도록."

브리강디에르는 어금니를 꽉 깨물며 기다란 반백의 콧수염을 계속해서 비틀었다.

도르빌리에의 배때기에 칼을 꽂아도 좋다는 허락을 받을 수 있다면 일 년치 급료를 다 날려도 아깝지 않을 것 같은 심정이었다.

"주인장," 모리스가 우렁차게 말했다. "우리를 어디로 안내할 셈이지?"

"네, 나리." 방앗간 주인이 굽실거리며 대답했다. "내일은 케누아에 장이 서는 날입니다. 여기서 백 리면 닿는 곳인데, 그곳에 가면 왕의 기병대 전원이 탈 수 있을 만큼 좋은 말을 얼마든지 구할 수 있지요."

"안 돼! 마을에 가는 건 절대로 싫어."

"거간꾼이란 죄 사기꾼이니까. 바가지를 쓰기는 싫다고." 도르빌리에가 친구를 대신해 설명했다. "아까 망아지를 키우는 농장이 있다고 하지 않았나? 값만 치러 주면 팔 거라고 하지 않았어?"

"네, 나리. 하지만 그 농장은 레즘 숲을 지나야 있습니다……. 발랑시엔을 통과하지 않으려면 울퉁불퉁한 길을 50리는 족히 가야 하지요……."

"상관없어. 그 정도 거리라면 두세 시간이면 충분해. 아침 일찍 도착해서 두 시간 만에 거래를 마치고 세 시간 만에 떠나면 오전 중에 이곳으로 돌아올 수 있겠지."

"글쎄요! 플랑드르 사람들은 거래를 빨리 진행하는 편이 아닌 데다, 마을을 통과하지 않으려면 시간이 그만큼 더 걸리니까요……."

"그럼 여기서 더 이러고 있을 시간이 없지. 자, 주인장! 얼른 이 말에 올라타. 바시몽, 준비는 됐나? 자네도 함께 가는 거야."

"네, 대장님. 지금 허리띠를 매는 중입니다." 바시몽이 대답했다. 키 크고 홀쭉한 사나이로, 머리카락은 잿빛이고, 등이 조금 굽었으나 더없이 건강하고 체구가 당당했다.

"그럼 말을 타고 출발하자!" 모리스가 이렇게 외치면서, 브리강디에르가 고른 말의 목에 손을 얹었다.

"뭐야! 왜 아직도 멍하니 서 있는 거야!" 모리스가 방앗간 주인에게 호통쳤다.

"하지만 나리, 전 나리들처럼 밤낮으로 말을 타는 군인이랑 달라서 이런 기운 넘치는 말은 타지 못합니다……."

"갈기나 안장을 붙잡아도 좋으니 아무튼 올라타. 안 그러면 브리강디에르가 네놈을 번쩍 들어 올려서 안장에 꽁꽁 묶어 버릴 거다."

"그것만큼은 참아 주십시오! 저 스스로 타겠습니다." 이렇게 말하면서 방앗간 주인은 우는소리를 했던 것치고는 가볍게 말에 훌쩍 뛰어올랐다.

바시몽은 이미 말에 걸터앉아 있었다. 모리스도 등자에 발을 얹었다. 그때 브리강디에르가 나지막하게 속삭였다.

"대장님, 드릴 말씀이 있습니다……."

"네놈까지 그러는 건가! 적당히 좀 해!" 모리스가 꽥 소리를 질렀다. "개나 소나 들러붙어서 쓸데없는 소리를 늘어놓아 내 시간을 허비하려 하고 있어. 대체 무슨 얘긴데 그래?"

"여기서는 말씀드릴 수 없습니다, 대장님." 브리강디에르가 의미심장한 눈빛으로 도르빌리에를 바라보면서 대답했다.

"그 젠체하는 태도는 정말 지긋지긋하군. 이놈이 아무래도 머리가 어떻게 된 모양이야."

"그보다도 프랑스산 브랜디를 너무 많이 마신 게 아닐까요?" 도르빌리에가 모리스의 귓전에 속삭였다.

"이자를 잘 감시해, 도르빌리에. 난 늦어도 내일 정오 전에 돌아올 거야. 저녁부터는 적어도 반나절 분은 행군할 수 있도록 준비해 둬."

이렇게 말하고 모리스는 말을 타고 고삐를 쥐었다.

"대장님, 제 말을 듣지 않으시겠다면," 브리강디에르가 포기하지 않고 물고 늘어졌다. "적어도 이 방앗간 주인을 조심하겠다고 약속해 주십시오."

"오늘 밤 이자가 이상한 짓을 하면 머리통을 날려 버리지. 하지만 내일이 돼서도 네놈이 계속 잔소리를 늘어놓는다면 그땐 네놈도 같은 꼴을 당할 줄 알아라. 그럼 다녀올게, 방다." 이렇게 말하고 모리스는 애인에게 손을 흔들었다.

출발 준비가 부산스럽게 진행되는 동안 방다는 줄곧 입을 다물고 있었다.

배신자는 혹시라도 제 정체가 탄로 나면 감언이설로 단순한 모리스를 구슬리려고 그 자리에서 기다리고 있었다. 그러니 지금은 무슨 말을 해도 소용 없을 것이었다. 이렇게 생각하고 방다는 입을 다문 것이었다.

그러나 드디어 모리스가 출발할 때가 되자 방다는 더는 참지 못하고 이렇게 외치고 말았다.

"모리스, 제발 날 이 사람 손에 넘기지 말아 줘! 이자는 우리를 배신했어!"

하지만 모리스는 이미 전속력으로 말을 달리기 시작해서 그 소리를 듣지 못했다.

말을 달리기 전에 모리스는 방앗간 주인에게 앞장서라고 명령했.

주인은 곧 그 명령을 따라, 그렇게 겁을 냈던 것이 거짓말인 것처럼 오넬 강을 따라 질주했다. 안장 앞을 붙잡지 않고도 훌륭하게 말을 달렸다.

얼마 뒤 주인과 바시몽과 모리스는 어둠 속으로 사라졌다.

방다는 완전히 넋을 놓고, 멀어져 가는 애인의 뒷모습 쪽으로 손을 뻗은

7 진격의 함정 157

채 그 자리에 우두커니 서 있었다. 브리강디에르는 콧수염을 씹으면서 발을 쾅쾅 굴렀다.

이에 반해 매력적인 도르빌리에 자작은 오늘 밤 사건을 전혀 개의치 않는 듯이 콧노래로 미뉴에트 곡조를 흥얼거렸다.

도르빌리에의 점박이 말은 목장에 남아 있었던 덕에, 헛간에서 불에 타 죽은 세 마리 말 같은 비참한 신세를 면했다.

피에몽 연대 대위를 칭하는 이 사나이는 방다의 마지막 절규가 귀에 들어오지 않았다는 듯이 몸을 홱 돌리더니 방다에게 다가와, 그 뻔뻔함에 경악하는 여자 앞에 태연한 얼굴로 멈춰 섰다.

"부인," 도르빌리에가 나긋나긋한 목소리로 말했다. "그 비통한 심정은 충분히 이해합니다. 하지만 걱정 놓으십시오. 모리스는 곧 돌아올 겁니다. 그동안 저를 부인의 가장 충실한 종으로 생각하시지요."

그 말투는 베르사유 궁정에서 써도 부끄럽지 않을 만큼 정중했다. 그러나 방다에게 무엇보다도 기쁜 것은 도르빌리에가 이내 사라졌다는 사실이었다.

자신이 의심받는 사실을 눈치챈 건지 친구의 애인을 배려해서인지는 모르나 도르빌리에는 깊이 고개 숙여 인사하고는 그 자리를 떠났다.

"이제 어쩌면 좋죠?" 방다가 반쯤 정신이 나가 중얼거렸다.

"걱정하지 마십시오, 부인." 브리강디에르가 속삭였다. "제가 감시하고 있으니까요. 저 도르빌리에 놈이 수상한 짓을 시작하면 가만 놔두지 않겠습니다."

"하지만 당신은 모리스를 보호할 수 없잖아요." 방다가 비통한 표정으로 말했다.

"그야 그렇지요. 하지만 대장님은 제가 없어도 자기 몸을 지킬 수 있는 분입니다. 바시몽과 둘이서라면 기병대를 상대로도 싸울 수 있지요. 그 방앗간 주인도 대장님을 함정에 빠뜨리지는 못할 겁니다. 그랬다간 머리통이 날아갈 테니까요."

"제발 당신 말대로 됐으면 좋겠군요! 이번 여행은 시작부터 징조가 좋지 않아요."

"마지막은 좋아질 겁니다. 대장님도 언제까지고 오늘 밤처럼 심기가 불편하지는 않을 거고요……. 내일 밤 다음 야영지에 도착하면 틀림없이 제 말에 귀를 기울여 주실 겁니다. 그러면 모든 걸 말씀드리죠.

자, 이제부터 전 병사들에게 가서 단단히 감시하라고 명령할 생각인데, 부인은…… 도르빌리에와 함께 2층에 있을 수도 없고…….”

'모리스는 그런 생각도 해 주지 않았어.' 방다는 속으로 원망하면서 이렇게 말했다.

"난 1층에서 병사들과 함께 밤을 새우겠어요. 적어도 그 사람들은 여자를 배신하지 않겠죠."

그날 밤은 그 뒤로 아무 일 없이 지나갔다. 그러나 다음 날, 아무리 기다려도 모리스는 돌아오지 않았다.

브리강디에르는 분을 참지 못했고, 방다는 죽을 만큼 마음을 졸였다. 도르빌리에조차 불안해하는 것 같았다.

도르빌리에는 병사들을 교대로 내보내, 방앗간 주변에 수상한 사람은 없는지 정찰하게 했다.

그뿐만 아니라 이따금 직접 정찰을 나가고, 만에 하나라도 적이 모습을 드러내면 멀리서도 발견할 수 있도록 지붕 위에까지 감시병을 세웠다.

도르빌리에가 이렇게 마음을 다했으므로, 결국에는 브리강디에르도 전날 밤 자신이 보고 들은 것이 꿈이 아니었을까 하는 생각이 들 정도였다.

방다에 대한 도르빌리에의 태도는 여전히 완벽했다. 지극히 정중할 뿐만 아니라 방해가 되지 않도록 세심하게 주의하고, 상대가 말을 걸면 대답은 해도 자기가 먼저 말을 거는 일은 자제했다.

이런 사려 깊은 태도는 방다의 경계심을 가라앉히고 반감을 누그러뜨리려 완벽하게 계산된 것이었다.

시간이 흐르고 초조함이 더할수록, 그때까지 입을 다물고 있던 방다는 조금씩 입을 열게 되었고, 이윽고 도르빌리에에게 질문까지 하기에 이르렀다.

방다는 모리스의 귀가가 늦어지는 것을 어떻게 생각하는지 몇 번이고 물었고, 그때마다 도르빌리에는 애써 방다를 안심시키면서 "너무 늦는다 싶으면 내가 나서서 찾아보겠다"고 말했다.

병사들과 방다 사이를 오가던 브리강디에르는 도르빌리에의 열의와 총명함과 배려를 인정하지 않을 수 없었으며, 그를 배신자 취급했던 것을 후회하기 시작했다.

방다도 이렇게 생각했다. '도르빌리에가 배신자였다면 이런 태도를 보일 리 없어. 모리스를 르부아에게 넘기기 위해서라면, 헛간에서 말을 세 마리나 태워 죽이는 미친 짓을 하지 않더라도 다른 방법이 얼마든지 있었을 거야.'

이렇게 생각하기 시작한 방다가 해 질 무렵 오넬 강 기슭에서 남몰래 눈물을 흘리고 있을 때 도르빌리에가 조심스럽게 찾아왔다.

"부인," 도르빌리에가 자못 절박한 투로 말을 꺼냈다. "이 이상 잠자코 있다가는 두고두고 후회하게 될 것 같아 드리는 말씀인데, 이제 두 손 놓고 모리스의 귀가를 기다리고 있을 수만은 없습니다. 모리스에게 아무런 재앙이 닥치지 않았다면 다행이지만, 최악의 사태도 생각해 둘 필요가 있으니까요."

"즉 모리스가 죽었다고 생각하시는 거군요?" 방다가 낯빛을 바꾸며 말했다.

"천만에요! 다만 아주 난처한 상황에 빠져 도움을 구하고 있을지도 모르니까 외람되지만 부인께서……."

"같이 그 사람을 도우러 가자는 말씀이군요! 고마워요. 잘 생각해 주었어요. 저도 기꺼이 가겠어요."

"부인께서요? 당치 않습니다! 그렇게 무의미하게 부인의 목숨을 위험에 빠뜨리는 데 찬성한다면 모리스는 절대로 절 용서하지 않을 겁니다.

제가 병사를 두세 명 데리고 얼른 이 근방을 정찰하고 오겠습니다. 이 근처 지리에는 꽤 밝으니, 길을 잃을 염려는 없습니다.

그동안 부인은 부인께서 깊이 신뢰하시는 브리강디에르의 호위를 받아 브뤼셀로 돌아가십시오. 그곳이라면 안전하니까요. 제 예상대로 모리스가 발견되면 즉시 사자를 보내 희소식을 전하고, 부인이 다시 우리에게 올 수 있도록 조처하겠습니다. 귀족의 명예를 걸고 약속합니다."

이 말에는 자신의 의무를 다하려는 사나이의 진심과 결의가 담겨 있었으므로 방다는 이 성의 넘치는 제안에 크게 감동했다.

이렇게까지 말하는 도르빌리에를 그 이상 어떻게 의심할 수 있겠는가? 이 사나이는 이렇게 헌신적으로 모리스를 수색하고, 방다를 브리강디에르의 손에 맡기겠다고 말하고 있는 것이다. 방다가 자신의 안위를 걱정한다면 브리강디에르야말로 길 안내를 부탁하고 싶은 유일한 사람이었다.

도르빌리에는 대체 어떤 속셈으로 가장 위험한 임무를 자처하고, 방다에게 그녀가 호감을 느끼는 노병과 함께 출발하라고 권하는 것일까?

"도르빌리에," 방다가 감동한 목소리로 말했다. "지금 당신이 보여 주신 모리스에 대한 우정의 증표를 전 절대로 잊지 않겠어요. 하지만…… 친절한 말씀은 고맙지만, 전 절대로 모리스와 다른 운명을 걸을 생각은 없답니다.

무슨 일이 있어도 전 이곳에 남아, 어떤 미래가 펼쳐지더라도 모리스와 운명을 함께할 각오예요."

"역시! 당신이 그렇게 대답하실 줄 알았습니다." 도르빌리에가 깊이 감동한 듯이 말했다. "정말이지 훌륭한 각오입니다. 그럼 이 이상 아무 말씀도 올리지 않도록 하죠. 단, 모리스를 찾으러 떠나기 전에 제가 해야 할 일이 딱 한 가지 있는데……."

"어서 말씀해 보세요."

"이제부터 제가 드리는 질문의 목적을 오해하지 마십시오. 그런 질문을 하는 것도 형제나 다름없이 사랑하는 사람에게서 거듭 부탁받았던 일을 실행에 옮기는 것뿐이니까요……."

"그게 도대체 무슨 말이죠?"

"모리스는 제게 몇 번이고 이렇게 말했습니다. '난 적에게 붙잡히거나 죽음을 당할지도 몰라. 그렇게 되면 나와 언제나 함께 움직이는 방다도 같은 운명을 걷게 될 거야. 하지만 자네는 적의 손에서 벗어나 살아남을지도 모르지. 그러니 난 우리의 원수를 갚고, 무엇보다도 우리 편을 르부아의 박해에서 구해낼 수단을 자네에게 넘겨 둘 필요가 있어. 우리의 모든 비밀은 어떤 상자에 들어 있어…….'"

'상자'라는 단어를 듣고 방다는 중대한 책임을 떠올리고서 몸서리쳤다.

"'그 상자가 있는 곳…… 지금은 아직 그 장소를 자네에게 가르쳐줄 때가 아니네……. 그곳을 아는 사람은 방다와 나 둘뿐이야……. 하지만 우리가 프랑스 영내로 들어간 다음에 큰 위험을 만난다면 우리 둘 중 한 쪽에게 〈그 비밀이 사라져서는 안 된다〉는 사실을 상기시켜 주게. 그러면 나나 방다가 자네에게 그 장소를 가르쳐 줄 거야.'"

여기까지 말하고 도르빌리에는 입을 꾹 다물고, 친구의 유언에 따라 책임을 다한 사람답게 조용히 눈을 내리깔았다.

"그럼 역시 큰 위험이 닥친 거군요?" 이렇게 말한 방다의 비통한 목소리에 도르빌리에는 깊이 감동한 눈치였다.

"당신이 브뤼셀로 돌아가는 데 동의한다면, 위험에 빠진 사람은 모리스 한 사람뿐이 됩니다. 이때는 저도 친구로서 신성한 의무를 다한다는 이유로 당신에게 이런 말을 하지 않아도 되겠지요."

이토록 두터운 우정과 신중함에 넘치는 도르빌리에의 말에 방다는 깊이 감명받았다.

"당신 말이 맞아요. 나도 이곳에 머물러 있다가는 곧 죽을지도 모르죠. 하지만 모리스가 내게 부탁한 비밀도 신성해요. 그러니 상자의 위치를 당신에게 알려 주기 전에……."

방다가 갑자기 입을 다물었다.

말 몇 마리가 달려오는 소리가 들렸던 것이다.

"저 소리는!" 방다가 목소리를 죽여 말했다.

말발굽 소리가 급속히 가까워지더니 이내 사람 목소리며 등자가 부딪치는 소리까지 들리기 시작했다.

"프랑스군의 용기병이 습격해 온 거야!" 방다가 외쳤다. "모리스는 죽었어!"

"그게 아니라 모리스 일행이 돌아온 것 같은데요." 도르빌리에가 중얼거렸다.

이 낙관적인 말과는 달리 도르빌리에는 몹시 침울한 표정을 지으며, 해가 완전히 저물기까지 얼마나 남았는지가 갑자기 궁금해진 것처럼 서둘러 서쪽 하늘을 바라보았다.

방다는 꼼짝도 하지 않고 창백한 얼굴로 자신의 운명이 결정될 때를 기다렸다.

말 탄 사람들이 오넬 강변 오솔길을 따라 가까워져 왔다.

좋은 징조일 것 같은 예감이 들어맞았다. 곧 방앗간 주인이 멋진 말을 타고서, 그에 뒤지지 않는 훌륭한 준마를 한 마리 끌고 나타났다.

방다는 저도 모르게 환성을 질렀고, 도르빌리에는 분한 듯한 동작을 해 보였다.

방앗간 주인이 말의 속도를 늦추었다. 강가 오솔길이 좁아서, 뒤에서 오는 사람들은 주인에 가려 보이지 않았다.

"왜 이리 오래 걸린 거야!" 도르빌리에가 고함을 쳤다.

이에 익숙한 모리스의 목소리가 아주 흡족한 듯이 이렇게 대답했다.

"지금 돌아왔네! 일이 다 잘 풀렸어!"

곧 모리스가 모습을 드러냈다. 역시 말 한 마리를 끌고 있었다. 뒤에서 따라오는 바시몽도 세 번째 말을 끌고 왔다.

결과는 아주 좋았다. 말을 세 마리 모두 손에 넣은 것이다.

방다가 애인 곁으로 달려갔다. 말에서 풀쩍 뛰어내린 모리스가 출발 때보다 훨씬 다정하게 굴었다.

"어때, 이 바보야, 이제 네 노파심도 깨끗이 나았겠지?" 모리스가 이렇게 말하며 방다를 끌어안았다. "내가 네 말만 듣고 말을 구하러 가지 않았다면 대체 어떻게 됐겠어?"

"걱정돼서 죽는 줄 알았어." 방다가 속삭였다. "하지만 이렇게 돌아왔으니 다 잊도록 할게."

"이번엔 제 차례군요, 모리스." 이렇게 말하면서 도르빌리에가 환한 얼굴로 두 팔을 활짝 벌리며 다가왔다.

두 친구는 이 경사스러운 귀환에 걸맞게 진심을 담아 포옹했다.

"모리스, 솔직히 말하자면 저도 당신의 안전을 걱정하기 시작하던 참입니다." 도르빌리에가 말을 이었다. "오전 중에 돌아오는 줄 알았는데 벌써 해가 뉘엿뉘엿 저물어 가고 있으니까요."

"적당한 말을 찾을 때까지 농가를 열 채나 돌아야 했거든. 더구나 플랑드르 사람들은 거래에 두 시간은 족히 쓰더라고. 하지만 고생한 보람은 있어. 훌륭한 말을 세 마리나 발견했으니까……. 네 살인가 다섯 살로…… 가슴이 떡 벌어지고 다리는 칼날처럼 날씬하지……. 게다가 덩치도 아주 커……. 태양왕이 타는 말에도 뒤지지 않을 정도라고."

"그렇군요. 이 말을 타면 사흘 만에 말리에 도착할 것 같습니다." 도르빌리에가 말에 관해 지식이 좀 있는지 유심히 살피면서 말했다.

"이 회색 점박이 말이라면 방다의 밤색 말을 충분히 대신할 수 있을 거야." 모리스가 덧붙였다.

방다가 진심이 담긴 눈빛으로 감사의 마음을 표현했다.

"모리스는 날 생각해 주었어." 이렇게 중얼거린 방다의 눈에는 기쁨의 눈물이 넘쳤다.

"그럼 이 방앗간 주인은 제 역할을 다한 셈이군요?" 도르빌리에가 물었다.

"물론이지. 약속한 것보다 더 많은 보상을 주고 싶을 정도야. 그런데 병사들은 어땠지?"

"잘 따라 주었습니다. 게다가 브리강디에르는 흠잡을 데 없는 하사니까요."

때마침 브리강디에르가 다가와, 자기가 싫어하는 사나이의 입에서 이 칭찬을 듣게 되었다. 이렇게 칭찬받고 보니 브리강디에르도 기분이 나쁘지만은 않았다.

도르빌리에에 대한 이 노병의 평가가 전날 밤과는 조금 달라진 것이었다.

"대장님, 무사히 돌아오셔서 정말 다행입니다!" 브리강디에르가 외쳤다. "한 시간 뒤에도 돌아오지 않으시면 아무 말이나 잡아타고 찾으러 가려고 했었지요……. 물론 제 점박이 말이 불에 타 죽은 걸 생각하면 가슴이 찢어지는 것 같지만요."

"내가 끌고 온 갈색 말이라면 만족할 거야. 저 말이라면 너 같은 건장한 사내 두 명은 끄떡없이 탈 수 있을걸." 그렇게 말하면서 모리스는 한 말을 가리켰다. 반 데르 묄렌의 전쟁 그림에 등장하며 오늘날에는 멸종돼 버린 품종의 말로, 마스토돈*2의 자손으로 혼동할 만큼 거대한 짐승이었다.

"흠! 꼭 크다고 좋은 건 아니지만 날쌔게 달려 보이겠습니다." 브리강디에르가 중얼거렸다.

"자," 모리스가 말을 이었다. "이런 곳에서 꾸물거릴 틈이 없지. 오늘은 허무하게 날려 버렸어.

오늘 밤은 이곳에서 30리를 더 가서 묵도록 하지."

"맙소사! 곧바로 말을 타시겠다고요?" 도르빌리에가 외쳤다. "하지만 당신은 브뤼셀을 떠난 뒤로 전혀 쉬지 않았고, 4월 1일까지 말리에 도착하는 데 아직 엿새나 남지 않았습니까."

"이런 계획에는 언제나 돌발사고가 동반한다는 점을 명심해. 병사들에게 출발 준비를 하라고 전해." 모리스가 단호하게 대답했다.

"그렇지만 행군 계획을 세우는 게 먼저 아닐까요?" 도르빌리에가 불만스러운 기색을 숨김없이 드러내며 외쳤다.

＊2 신생대 플라이오세 때 살았던 장비류로, 코끼리 비슷한 동물.

"지금부터 할 생각이야. 브리강디에르, 말을 저리로 끌고 가. 병사들을 모아 30분 이내에 준비를 완료해.

바시몽, 이리 와. 자네도 방다와 도르빌리에와 함께 작전 회의에 끼도록 해."

명령에 따르는 수밖에 없었다.

브리강디에르와 방앗간 주인은 말 여섯 필을 끌고 사라졌다. 모리스는 버드나무 그루터기에 걸터앉아, 나머지 세 사람에게 잔디 위에 앉으라고 신호했다.

사실 도르빌리에는 몹시 슬픈 기색이었다. 이에 반해 방다는 기쁨에 얼굴을 빛내고 있었다.

방다는 이 끔찍한 물레방앗간에서 벗어나면, 어젯밤부터 마음을 떠나지 않던 어두운 불안감을 씻은 듯이 떨쳐낼 수 있을 것만 같았다.

바시몽은 중대에서 점호라도 할 때처럼 여유만만하고 침착했다.

이 사나이는 뼛속까지 게릴라였다. 웬만한 일에는 동요하지 않고, 위험을 즐겼다. 이 시대에 흔히 볼 수 있었던 모험가이자 몰락귀족의 전형이었다.

계급을 박탈당하고 적으로 돌아선 이 대위는 프랑스 혁명 후 집정관 시대에 공포정치 지지파의 잔당이 '로베스피에르의 꼬리'라고 불렸듯이 '프롱드의 난의 꼬리'라고 불릴 법한 귀족 중 한 사람이었다.

"제군," 모리스가 입을 열었다. "우리는 브뤼셀에서 몰래 빠져나오는 데 급급하느라, 베르사유-생제르맹 사이에 있는 가도까지 더 안전하게 가려면 어떻게 해야 좋을지 회의할 여유가 없었다.

이제 그 점에 관해 결정을 내릴 때가 온 것 같다. 따라서 곧 우리가 왕좌에서 끌어내릴 예정인 루이 왕처럼 작전 회의를 열기로 한다.

먼저 젊은 순서대로 모두의 의견을 듣겠다. 방다는 들으면서 발언을 기록하도록.

그럼 자네부터다, 도르빌리에."

모리스가 전혀 구김살 없는 쾌활한 어조로 말했으므로 방다의 불안감은 사라졌다.

모리스는 엘크를 쫓는 사냥의 순서를 정할 때처럼 들떠 있었다.

한편, 도르빌리에는 그처럼 쾌활하지 않은 태도로 다소 당혹스러운 듯이 의견을 말했다.

"글쎄요, 중요한 것은 일찍 도착하는 게 아니라 안전한 길을 선택하는 거라고 생각합니다. 따라서 뭐니 뭐니 해도 사람이 많이 다니는 가도나 인가가 많은 지역은 피해야 합니다. 특히 강을 건널 때는 다리에 감시꾼이 서 있을지도 모르니 여울을 건너가야 안전합니다."

"아주 좋은 의견이야, 도르빌리에. 하지만 몇 가지 길 중 어느 것을 선택해야 좋을지에 관해서는 전혀 말하지 않았군.

바시몽이라면 그에 관해 뭔가 생각하는 바가 있지 않을까?"

"제 의견으로는 똑바로 가는 게 좋다고 생각합니다." 바시몽이 대답했다. "즉, 캉브레와 카토 캉브레지 사이를 지나 퐁 생 막상스 부근에서 와즈 강 유역으로 나온 다음 뤼자르슈를 거쳐 센 강변의 콩플랑 선착장으로 갔다가 그곳에서 생제르맹으로 가는 겁니다. 그렇게 가면 닷새째 저녁에는 말리의 여인숙에 도착할 수 있을 겁니다."

"강은 어떻게 건너지?"

"레스코 강이라면, 카트레 부근의 수원까지 거슬러 올라가면 건너지 않아도 됩니다. 솜 강을 건너려면 페론 상류와 하류에 세 군데 정도 여울이 있고요……."

"저도 그 계획에 대찬성입니다." 도르빌리에가 우렁차게 말했다.

"자네는 이 근방 지리에 정말 밝은 모양이군." 모리스가 말했다.

"말하자면 제 고향 같은 곳이니까요." 바시몽이 대답했다. "제 영지는 지금부터 우리가 바로 옆을 지나게 될 아르투아 지방에 있습니다. 솜 강까지라면 눈을 감고도 안내할 수 있지요."

"그럼 솜 강에서 센 강까지는 저에게 안내를 맡겨 주십시오." 도르빌리에가 의욕적으로 말했다.

"그럼 행군의 진로는 만장일치로 채택된 걸로 보겠다." 모리스가 공언했다. "그런데 오늘 밤은 어디서 묵지?"

"솔렘이라는 큰 마을 근처가 좋을 것 같습니다. 여기서 40리도 안 떨어진 곳입니다. 내일은 지름길을 이용하면 카트레와 보앙 사이에 펼쳐진 숲까지 편하게 갈 수 있을 겁니다.

내일 밤은 그곳에서 야영하고, 그 다음 날 밤에는 솜 강 여울에 도착할 수 있습니다."

"좋아, 회의는 끝났다. 제군들, 말에 오르도록!" 모리스가 외쳤다. "브리강디에르는 벌써 안장에 올라타 있을 거야."

이렇게 말하고 모리스는 벌떡 일어났다. 방다도 기쁜 마음으로 뒤를 따랐다. 바시몽은 허리띠를 고쳐 맸다. 도르빌리에는 조용히 이렇게 중얼거렸다.

"놈들은 화재로 하루를 버렸어. 나로에게 덫을 놓을 여유를 주려면 앞으로 24시간은 더 놈들을 붙들어 놓을 방법을 찾아야 하는데."

8 일제사격

오넬 강 옆 물레방앗간을 바삐 출발한 지 사흘 뒤, 모리스 일행은 여전히 보앙 바로 옆, 카트레에서 그리 멀지 않은 프레몽이라는 마을 아래 나무가 우거진 협곡에서 야영하고 있었다.

모리스의 재촉과 브리강디에르의 열의에도 불구하고 일행은 신속하게 행동할 수가 없었다.

이때 이미 3월 28일 아침이었으니, 사실 프랑스 영내로 들어온 다음부터 일행은 하루에 50리씩밖에 진군하지 못한 셈이었다.

그 방앗간 주인이 이 계획에 저주를 건 게 아닐까 생각될 정도로 계속해서 앞길에 장해물이 나타나 일행의 발목을 붙들었다.

모든 악조건이 겹쳤다.

하루째 밤, 솔렘 옆 숙영지에서 병사들은 나귀를 끌고 가는 농부와 마주쳤다. 농부는 나귀 등에 작은 브랜디 통을 두 개 싣고, 케누와에 주둔한 용기병에게 팔러 가는 중이었다.

하필 그날 밤 모리스와 방다는 폐가로 변한 헛간을 발견해 전날 밤의 피로를 풀기 위해 곤히 잠들어 있었다.

도르빌리에와 바시몽은 버려진 창고 안에서 발견한 세탁통을 뒤집어 놓고 그 위에서 주사위 놀이를 했는데, 바로 옆에 벼락이 떨어져도 모를 정도로 정신이 팔려 있었다.

그 결과 병사들은 누구도 꾸중할 사람이 없는 틈을 타, 나귀를 끌고 가는 농부를 붙잡아 재갈을 물리고, 미리 값비싼 짐을 내려놓은 나귀 등에 묶은 뒤 나귀를 채찍으로 갈겨 쫓아내고, 술통에 구멍을 뚫어 보릿짚을 꽂고 번갈아 가며 술을 마시고는 동이 틀 때까지 전원 취해 뻗어 버렸다.

새벽에 출발 시각이 되었을 때 일어나 있는 사람은 방다와 세 장교, 그리고 브리강디에르뿐이었다.

브리강디에르는 곯아떨어진 병사들을 깨우려고 칼집을 휘두르고 다녔지만 별로 효과는 없었다.

모리스는 본보기로 병사 두세 명을 총살하겠다며 노발대발했다. 도르빌리에는 그렇지 않아도 소수 부대인데 이 이상 인원을 줄이는 것은 현명하지 않다며 타일렀다.

모리스는 씩씩거리면서도, 괘씸한 얼간이들의 취기가 다 가실 때까지 상당한 시간을 별수 없이 두 손 놓고 보내야 했다.

그날 일행은 오후 3시에 겨우 출발했지만, 병사들은 대부분 숙취에 시달려서 밤이 될 때까지 30리밖에 진군하지 못했다.

그 다음 날도 안 좋은 일이 일어났다.

이번에는 나귀를 끄는 농부는 만나지 않았지만, 다섯 필이나 되는 말의 편자가 어긋나는 바람에 대장장이를 찾으러 4시간 동안이나 농가에서 농가로 수소문하고 다녀야 했다.

이런 뜻밖의 사고 때문에 3월 26일에는 예정대로 카트레와 보앙 사이에 있는 숲에서 야영하는 대신 클라리 마을의 오른쪽 귀퉁이에서 야영했으며, 27일에는 예정대로라면 전날 도착했어야 할 프레몽의 숙영지에 겨우 도착할 수 있었다.

즉, 오넬 강의 물레방앗간에서 허비한 하루를 합쳐 예정보다 48시간 늦어진 셈이었다.

그러나 다음 날인 28일에 모리스 일행은 꼭두새벽같이 일어났다. 일행을 따라다니던 재앙도 한순간 물러간 듯이 보였다.

말발굽에는 새 편자를 박았고, 병사들은 엄중한 감시하에서 물이나 고작해야 맥주를 조금 마실 뿐이었다.

지금이라면 예정을 충분히 따라잡을 수 있었다. 단, 이제는 1분도 허투루 쓸 수 없었다.

4월 1일 이전에 말리의 여인숙에 도착하려면 앞으로 나흘밖에 남지 않았다. 따라서 하루에 예정보다 두 배의 거리는 가야 했다. 베르사유에서 생제르맹에 이르는 가도에 도착하기까지 아직 450리는 족히 남아 있었던 것이다. 사실 가장 중요한 일은 되도록 신속하게 솜 강을 건너는 것이었다. 이 원정에서 가장 어려운 문제는 강을 건너는 것이었는데, 그것도 아주 단순한 이유에서였다.

르부아가 모리스의 계획을 눈치챌 가능성은 충분히 예상되었다. 그러나 그때 광야 한복판에서 불과 열다섯 명으로 구성된 기마부대를 찾기란 대단히 어려운 일이었으므로, 르부아는 이 부대가 반드시 통과해야 할 지점을 몇 군데 감시하라는 명령을 내릴 게 분명했다.

이를테면 솜 강 여울은 마을을 지나지 않는 한 플랑드르에서 오는 여행객이 피할 수 없는 통과 지점이었다. 이 시대에는 전원 지대에 다리가 놓이는 일이 없었기 때문이다.

와즈 강과 센 강을 건너기란 그리 어렵지 않았다.

와즈 강은 콩플랑에서 센 강과 합류하는 지점까지 오른쪽 기슭을 따라 가면 되었다.

여기까지 오면 승선객이 별로 없는 나룻배를 찾을 수도 있고, 목적지까지 매우 가까우므로 다소 장해가 발생하더라도 문제는 되지 않을 것이었다.

모리스는 이런 사정을 충분히 알고 있었으므로 한시라도 빨리 페론을 지나 솜 강을 건너고 싶었다.

다행히 남은 여정은 100리도 되지 않았고, 그것도 비교적 편한 길이었다.

그렇게 서두르지 않아도 해 질 녘에는 강기슭에 도착해 그 주변 낮은 지대에서 완전히 날이 저물 때까지 숨어서 기다렸다가 강을 건널 수 있으리라.

일행은 프레봉 숲의 야영지를 동트기 전에 출발하여, 브뤼셀을 떠난 이래 계속해서 지켜왔던 순서대로 행군을 시작했다.

이렇게 캉브레 가도와 카토 가도의 교차점인 노로와라는 작은 마을까지 아무 일 없이 순조롭게 나아갔다.

그런데 그곳에 도착했을 때, 병사 네 명과 함께 선두에 섰던 브리강디에르가 자신의 말이 몹시 다리를 절룩거리기 시작한 것을 눈치챘다.

그 방앗간 주인의 안내로 모리스가 사온 세 마리 중 한 마리로, 거인을 태우려고 태어난 듯이 튼튼한 말이었다.

브리강디에르는 편자에 돌멩이라도 낀 게 아닌지 들여다보기도 하고 무릎도 만져보고 어깨도 살펴봤지만, 원인다운 것은 전혀 발견하지 못했다. 그러나 말은 확실히 다리를 절고 있었다.

이 거대한 말은 고삐에 잡아끌리고 박차에 차이고 하여 한 시간 정도는 어떻게 걸었으나 이윽고 한 발짝도 움직이지 않게 되었다. 브리강디에르는 어쩔 수 없이 말에서 내려, 이 새로운 재난을 대장에게 알리러 갔다.

모리스는 방다와 둘이서 선두와 본대 중간을 걷고 있었다.

도르빌리에는 주사위 놀이에서 금화 30닢을 한 번에 잃은 뒤로, 도박 상대였던 바시몽이 무척 마음에 들었는지 한시도 곁을 떠나려 하지 않았다. 그것은 잃은 돈을 되찾기 위해서였는지도 모르고, 다른 이유가 있어서였는지도 모른다.

"대장님," 브리강디에르가 애처롭게 말했다. "여기서부터 전 걸어가야겠습니다. 제 말은 서 있지도 못하는 상태입니다."

"맙소사! 어째서 이런 일들만 일어나는 거지!" 모리스가 한탄했다. "정말이지 르부아가 심술궂은 요정을 고용해서 우리 말에 저주를 걸고 있다고밖에 생각이 안 돼."

"요정 같은 게 아닐 거야." 방다가 나지막하게 중얼거렸다.

"대장님이 허락해 주신다면, 병사 중 한 명의 말을 제가 타고 그 병사를 뒤에 앉히고서 강을 건너겠습니다."

"그러도록 해." 모리스가 대답했다. "단, 안장은 풀어서 다른 말 목에 걸어 놓도록. 아무튼, 빨리해."

브리강디에르는 즉시 명령에 따랐으나, 그동안 도르빌리에와 바시몽이 길 한복판에 멈춰 서 있는 선두 무리를 따라잡아 버렸다.

"역시! 코끼리와 플랑드르 말 사이에서 태어난 것 같은 저 말이 그리 오래가지 못할 줄 알았습니다." 도르빌리에가 외쳤다. "정말이지 그 화재는 어처구니없는 재난이었군요! 브리강디에르는 이 근방 농가에 남아 있어도 되지 않을까요? 한 말에 두 사람이나 타면 더욱 늦어지기만 할 테고……."

"그래서 브리강디에르의 지혜와 힘을 빌리지 못하게 됐다가는 우리 계획이 실패하고 말 거야!" 방다가 끼어들었다. 전폭적으로 신뢰하는 유일한 부하와 절대로 떨어지고 싶지 않았던 것이다.

"그럴 리가요! 속담에도 수도사가 한 명 빠져도 수도원은 망하지 않는다고 하지 않습니까." 도르빌리에가 거침없이 말했다.

"브리강디에르는 데리고 가야 해." 모리스가 단호하게 결단을 내렸다.

10분 뒤, 브리강디에르는 전우를 자기 뒤에 태우고 늠름하게 전진했다.

그로부터 한 시간 정도 행군은 순조롭게 이어졌다.

그런데 오르막길에 접어들자 모리스는 자신의 말이 이상하게 헐떡인다는 것을 눈치챘다. 방다의 말도 당장에라도 쓰러질 듯이 휘청거리기 시작했다.

로와젤이라는 큰 마을에서 그리 멀지 않은 비탈에서 이 두 마리 말은 동시에 쓰러지더니, 아무리 해도 일어나지 못하게 되었다.

두 마리는 별안간 중병에 걸렸는지 아무리 간호해도 기운을 차리지 못했다. 하는 수 없이 모리스와 방다도 브리강디에르처럼 병사와 함께 말을 타야 했다.

모리스의 분노와 방다의 비탄은 이루 형용할 수가 없었다.

이러한 상황에서 남은 행군을 신속하게 마치기란 불가능했다.

저녁 7시가 지나 일행은 솜 강이 보이는 지점에 겨우 당도했다.

바시몽은 강까지 길 안내를 할 임무를 지고 있었으므로, 일행을 페론에서 조금 하류에 있는 에테르피니라는 작은 마을의 건너편 기슭까지 안내해 갔다. 강 건너에는 마을의 교회 탑이 보였다.

그날은 날씨가 무척 좋아서 저녁놀에 붉게 물든 하늘 아래 먼 들판까지 내다보였다.

방다는 모리스 옆에 말을 세웠다.

두 사람이 뒤에 태웠던 병사들은 말에서 내려, 조금 뒤에서 따라오는 본대로 되돌아갔다.

도르빌리에와 바시몽도 주변을 정찰하기 위해 앞으로 나아갔다.

브리강디에르는 부하들과 함께 있었다. 결정적인 순간이 다가오고 있었으므로, 지금까지보다 더 병사들을 단단히 감시해야 했기 때문이다.

세 장교와 방다는 언덕이라기보다는 솜 강이 내려다보이는 야트막한 능선 같은 곳에 올랐다.

오른편으로는 페론의 종루가 아주 가깝게 보였다.

왼편으로는 두세 개 마을의 교회 탑이 솟아 있고, 들판에 인가가 점점이 흩어져 있었다.

발밑에는 갈대가 우거진 평탄한 양쪽 강기슭 사이를 천천히 흐르는 솜 강이 있었다. 조금 더 하류로 가면 강은 완전한 늪지로 흘러들어 강줄기도 알아볼 수 없게 되었는데, 그 늪지가 페론 요새를 지키는 천연 방어시설을 형성하고 있었다.

주변 경치는 스산했다. 밤이 다가올수록, 탁한 수면 위로 자욱하게 끼는 안개에 덮여 어렴풋하고 흐릿하게 보였다.

방다는 이 경치를 보고 마음이 먹먹해졌다. 촌스러운 교회 첨탑에서 들려오는 저녁 기도 종소리에 저도 모르게 눈에 눈물이 고였다.

그러나 모리스는 그런 감상적인 기분과는 거리가 먼 듯, 기쁨으로 얼굴을 빛내고 있었다.

이 마지막 난관 저편 저녁 하늘에서 빛나는 금빛 구름 속에서 승리의 전조를 보기라도 한 듯한 모습이었다. 아니면 그 구름의 흐릿한 형태가 자기 손으로 수레에서 밀어 떨어뜨린 태양왕의 모습으로 보였는지도 모른다.

"드디어 왔다." 모리스가 흥분을 억누르며 말했다.

"고생은 많았지만요." 바시몽이 외쳤다. "한 시간 전만 해도 오늘 밤 내에 도착하리라고는 꿈에도 생각하지 못했습니다."

"이제 과거는 모두 잊고 현재에 전념해야지."

"네. 이제부터 실행에 옮길 작전은 결코 만만하지 않으니까 더욱 그렇게 하는 게 현명하겠지요."

"지금 우리가 있는 곳이 자네가 예정했던 지점이 맞나?"

"네, 대장님. 게다가 제가 이곳을 선택한 데에는 그럴 만한 이유가 있었습니다. 페론 부근에는 '여울 길'*1이 얼마든지 있지만, 이곳이 가장 안전하거든요.

다른 여울은 건너기에 위험하거나 마을에 너무 가깝지만, 이곳이라면 물도 그리 깊지 않고 성벽에서도 충분히 떨어져 있습니다."

"그렇군. 여간 눈이 좋은 총독이 아니라면 감시탑에서 우리를 발견하지 못하겠지."

"하지만 방심은 금물입니다. 이곳의 요새 사령관 레스핀 보르가르는 그 옛날 피카르디 연대를 이끌고 아라스에 주둔해 있을 무렵에 저도 만난 적 있는 자인데, 프랑스 왕국에서 제일 교활한 대관이지요. 더구나 르부아의 심복이기도 합니다."

---

*1 루이 14세 시대에는 강의 얕은 곳을 이렇게 불렀다. 이 단어는 르부아의 편지에 자주 등장한다.

"그자가 간신 르부아의 비열한 수하고 그 정도로 만만치 않은 요새지가 라면, 이곳에서 강을 건너 그놈의 뒤통수를 치는 일이 더욱 유쾌하겠군.

게다가, 아참, 까맣게 잊고 있었군! 페론 근처를 지나면 대단히 재수가 좋을 거야. 자네도 그렇게 생각하지 않나?"

"왜 그렇습니까, 대장님?"

"페론은 프랑스 국왕에게 불행을 가져다준 마을이니까. 샤를 단순왕(3세)은 저곳에서 베르망두아 백작에게 투옥되어 비참한 최후를 맞았어.

루이 11세도 부르고뉴의 샤를 호담공의 뜻에 따라 어리석게 페론에 찾아왔을 때 하마터면 큰 화를 당할 뻔했지."

"카페 왕조 때는 물론 발루아 왕조 때하고도 시대가 완전히 변했습니다. 루이 14세는 베르사유 궁전을 좀처럼 떠나지 않으니까요."

"그래서 우리가 왕이 있는 곳까지 가잖아. 하지만 그렇다고 해서 왕이 유리하다고는 할 수 없지. 우리가 왕을 붙잡기만 하면……."

"대장님," 바시몽이 가로막았다. "이 높은 지대에서 느긋하게 이러고 있을 게 아니라, 안전하게 강을 건널 수 있는 시각이 될 때까지 병사들과 말을 쉬게 하는 편이 현명할 것 같습니다."

"자네 말이 맞아. 지금은 프랑스 역사 이야기나 할 때가 아니지. 그런데 완전히 어두워질 때까지 어디에 있어야 하지?"

"아주 조금만 더 가면 폐가가 있을 겁니다. 옛날에 건너편 상류에 있는 파르비 늪으로 들오리며 물오리를 잡으러 갔을 때 몇 번 묵은 적이 있지요. 좀 음산하긴 합니다만, 두 시간쯤은 눈 깜짝할 새에 지나갈 테니까요……."

"그리고 여울을 건널 순서도 빨리 정해야 하니까.

그럼 그곳으로 안내하게. 도르빌리에, 자네는 그동안 브리강디에르에게 명령해서 병사들을 데리고 오라고 해."

모리스의 명령은 곧 실행에 옮겨져, 10분 뒤 일행은 바시몽이 지정한 집합 장소에 도착했다.

그 폐가는 거칠게 다듬은 통나무로 만든 초가집으로, 대여섯 명이 들어갈 수 있는 넓이였다.

서인도 제도의 선주민들이 사는 오두막과 비슷한 이 피난소 주변에는 잘 마른 평지가 펼쳐져 있어 병사들에게 일시적으로 야영지를 제공해 주었다.

그곳에서 병사들과 말들을 쉬게 하고 브리강디에르는 대장이 있는 오두막으로 들어갔다. 대장은 이미 다른 두 명과 회의를 하는 중이었다.

밤공기가 꽤 쌀쌀했지만, 브리강디에르는 부하들에게 모닥불을 엄금했다.

무슨 일이 있어도 인근 주민의 주의를 끄는 짓은 삼가야 했다.

그러나 오두막 안에서는 불을 켜도 상관없었으므로 브리강디에르는 언제나 커다란 안주머니에 넣고 다니는 송진 덩어리를 꺼내어 부싯돌로 불을 붙였다.

이 조잡한 조명 속에서 작전 회의가 열렸다. 물론 방다에게는 듣는 것만 허락되었다. 아직 전쟁 경험이 적어서 이런 민감한 문제에 결단을 내리기란 무리였기 때문이다.

그러나 방다는 오넬 강의 물레방앗간에 있었을 때보다 훨씬 침착해 보였다.

요 사흘간 계속된 재난에도 불구하고 그녀는 이 계획의 성공을 전보다 밝게 전망하기 시작했던 것이다.

가장 큰 원인은 모리스와 충분히 대화한 결과, 도르빌리에에 대해 완전히 안심하게 된 것이었다.

먼저 모리스는 방다의 불안감을 웃음으로 넘기며, 지난 재난을 도르빌리에가 배신했다는 증거로 생각하는 것은 단순한 착각에 지나지 않는다고 딱 잘라 말했다.

모리스가 말하기를, 방앗간 주인과 도르빌리에가 공모했다는 것은 사실무근이며, 브리강디에르는 직무에 충실한 나머지 있지도 않은 일을 믿어 버렸다는 것이다.

이어 모리스는 도르빌리에가 방다에게 상자의 위치를 물은 것은 자신의 지시에 따른 것에 불과하다며 이렇게 설명했다.

"진작 그에게 알려 주지 않은 건 그때까지 우리가 심각한 위험에 처한 적이 없었기 때문이야.

중대한 사태가 벌어지는 대로 난 서류를 숨긴 장소를 그에게 알려 줄 생각이야. 그런 진실한 귀족이 우리를 배신하리라고는 생각할 수 없고, 우리는 죽고 그만 살아남았을 때를 대비할 필요가 있으니까."

모리스가 너무도 자신만만한 말투로 이렇게 말했으므로 방다는 그 이상 아무 말도 할 수 없었으며, 그 다음부터는 도르빌리에를 그리 쌀쌀맞은 표정으로 대하지 않게 되었다.

그날 밤 도르빌리에는 평소보다 훨씬 기분이 좋았다.

도르빌리에가 말하는 것으로 보아서는 모든 일이 순조롭게 진행되는 것 같았다—도중에 쓰러진 말 세 마리를 대신할 것은 금방 찾을 수 있을 것이다. 솜 강에서 목적지까지는 엎어지면 코 닿을 거리이다. 강 건너편에서 사람 그림자는 보이지 않았으니 감시꾼이 있을 걱정도 없다. 날이 밝기 전에 레스핀 보르가르 총독과 페론의 낡은 요새에서 멀리 떨어진 곳까지 틀림없이 진군할 수 있을 것이다.

그러나 바시몽 대위는 그렇게 낙관적이지만은 않는지 짧게 이렇게 설명했다—여울은 안전하고 자신이 잘 아는 곳이다. 하지만 이 강은 말을 탄 사람은 편하게 건널 수 있지만, 걸어서 건너기에는 다소 깊은 감이 있어 위험하다. 그런데 매우 곤란하게도 말이 세 마리나 부족하다.

병사를 세 명 두고 갈 수도 없는 노릇이다. 그랬다가는 머릿수도 부족해지고, 무엇보다 그들이 페론에서 온 정찰대에게 붙잡힐 위험이 있기 때문이다.

아무것도 모르는 도르빌리에는 지금까지 그래 왔던 것처럼 한 말에 두 명이 타면 되지 않느냐고 말했다. 하지만 바시몽은 강을 건널 때 말에 그런 부담을 주는 것은 대단히 위험하다고 단언했다.

사태가 생각보다 심각해지자 모리스의 얼굴도 흐려졌다.

"뭐야!" 도르빌리에가 경멸스럽다는 듯이 말했다. "이깟 개골창 하나 건너는 데 그렇게 심각해질 필요 없잖아. 바시몽, 자네는 왜 고작 이깟 일로 그렇게 고민하나? 문제를 해결할 방법은 얼마든지 있는데."

"해결 방법은 하나면 충분합니다." 바시몽이 차갑게 대꾸했다. "어떤 방법이 있다는 건지 말씀해 보시지요."

"그야 아주 간단하지! 말이 세 마리 부족하다면 병사를 세 명 두고 가면 돼. 물론 가장 허약하고 가장 겁 많은 세 명으로 골라서. 그러면 손해를 최소한으로 할 수 있으니까."

"그러려면 그들이 남는 데 동의할지 먼저 물어봐야 해. 그럴 가능성은 없어 보이지만." 브리강디에르가 중얼거렸다.

"도르빌리에," 모리스도 말했다. "난 대장으로서, 날 믿고 이 계획에 참가해 준 병사들을 버릴 권리가 없어."

"뭘요! 돈만 듬뿍 쥐여 주면……."

"인간의 목숨은 물론이오 자유도 아무리 많은 돈으로도 살 수 없는 거야. 낯선 땅에 남겨질 병사들이 페론 총독에게 붙잡힐 건 불 보듯 뻔하잖아.

난 그런 잔혹한 짓에는 절대로 반대야. 게다가 그랬다가는 호된 보복을 당하게 될지도 몰라. 병사들이 붙잡히면 르부아의 첩자들이 우리의 발자취를 찾아내서 레스핀 보르가르 총독의 헌병들과 함께 뒤쫓아 올 테니까. 그러니 도르빌리에, 다른 방법을 생각해 보는 게 좋겠네."

"맙소사! 다른 뾰족한 수는 떠오르지 않는데요."

"좋은 생각이 났습니다." 브리강디에르가 조용히 말했다.

"얼른 설명해 봐."

"대장님, 인간이 혼자 걸어서 건널 수 없는 강이라도 무언가를 단단히 붙잡고 건너면 편하게 건널 수 있는 법입니다……."

"예를 들면?"

"예를 들면 이쪽 기슭에서 저쪽 기슭으로 밧줄을 쳐 놓고 건너는 거지요."

"오호라! 하지만 그 밧줄은 누가 치지?"

"허락하신다면 제가 치겠습니다. 제 배낭에 충분히 긴 밧줄이 있거든요. 치는 방법은 아주 간단하고요.

먼저 이쪽 기슭에 있는 나무 기둥이나 말뚝에 한쪽 끝을 묶고, 다른 끝을 들고서 말을 타고 강을 건넙니다. 말이 반대편 기슭에 닿으면 거기서도 밧줄을 단단히 고정하면 됩니다……."

"알겠군!" 모리스가 외쳤다. "걸어서 건너는 병사들은 그 밧줄을 잡고 가면 물살에 휩쓸리지도 않고 깊은 곳에 빠질 염려도 없이 건널 수 있는 셈이야. 자넨 어떻게 생각하나, 바시몽?"

"훌륭한 생각입니다. 이로써 전원이 무사히 건널 수 있게 되었군요.

지명된 세 병사는 브리강디에르가 밧줄을 다 칠 때까지 이곳에서 기다리다가, 미리 정해 둔 신호가 보이면 건너면 됩니다.

이 방법을 쓰면 물살에 떠내려가지도 않을 거고, 우리와 합류하는 데 15분도 걸리지 않을 겁니다."

"좋아, 그렇게 하지. 제군들, 남은 일은 강을 건널 시각을 정하는 것뿐이다. 나는 되도록 이른 편이 좋을 것 같은데."

"달이 지금 하현이니 밤늦게까지 뜨지 않을 겁니다." 바시몽이 말했다.

"자정까지 건너면 걱정할 게 없지요. 단, 전원이 솜 강을 건너는 대로, 걸어서 건넌 병사들을 말 뒤에 태우고 야간 행군을 계속하는 편이 현명하리라 생각합니다. 어쨌든 페론 부근에서 빨리 멀어져야 하니까요."

"나도 자네 의견에 찬성이야. 그럼 그렇게 하지."

"대장님, 말씀드릴 것이 또 한 가지 있습니다." 브리강디에르가 발언했다. "후위를 병사들에게만 맡기는 건 위험하다는 생각이 듭니다.

따라서 대장님 일행이 먼저 강을 건너 밧줄을 묶는 동안 제가 이쪽에 남는 편이 좋을 것 같습니다. 그러면 절대로 안전합니다."

모리스가 찬성의 표시로 고개를 끄덕였다.

그러나 방다는 아주 잠깐이라도 충실한 브리강디에르와 떨어지는 것이 못내 내키지 않았다.

도르빌리에도 왠지 강경하게 이 제안에 반대하면서 불쾌한 투로 말했다.

"브리강디에르가 직접 밧줄을 가지고 강을 건너는 편이 가장 좋습니다. 이쪽에서 병사들을 감독하는 일은 제가 맡지요."

"하지만 도르빌리에," 모리스가 외쳤다. "그러면 자네는 어깨까지 물이 잠긴 채 걸어서 강을 건너야 해."

"제가 그래서는 안 된다는 법은 없지요. 제가 계집애 같다고 생각하시는 겁니까?"

"당치 않아! 하지만 그건 장교의 역할도 아니고, 다친 말은 브리강디에르의 말이니까 용병들을 감독하는 일은 이자에게 맡기는 게 당연해."

도르빌리에는 그 이상 거역하지 않았지만, 이 조치에 불만을 감추지 않았다.

그 태도가 너무나도 부자연스러웠으므로 방다는 다시금 의심을 품기 시작했다.

'왜 저렇게 우리와 함께 행동하기를 싫어할까? 어쩌면 건너편 기슭에서 적이 기다리고 있는지도 몰라. 도르빌리에는 그걸 예측한 거야. 아니, 이자가 직접 그 일을 꾸민 건 아닐까?'

"바시몽," 모리스가 말했다. "이제 결론이 났으니 브리강디에르에게 병사들한테 가서 밧줄을 준비시키라고 일러.

준비가 끝날 때까지 우린 할 일이 없으니 강변을 정찰하도록 하지.

자네가 아무리 지형에 밝다고는 해도 만일을 대비해 한 번 더 봐 두는 건 나쁘지 않을 거야. 자, 제군들, 출발이다." 이렇게 말하고 모리스는 오두막에서 나갔다.

이번에는 대장의 결정에 거스르는 자가 없었다.

브리강디에르는 송진의 불을 끄고, 바로 옆에 모여 있는 병사들에게 갔다.

방다, 모리스, 그리고 두 장교는 바시몽을 앞세우고 천천히 강을 따라 걷기 시작했다.

강폭이 그리 넓지 않았으므로, 수면에 자욱하게 낀 안개만 없다면 건너편 지형까지 훤히 내다볼 수 있었을 것이다.

해가 지고부터 계속 솜 강에서 피어오르는 수증기가 점점 짙은 안개로 변한 것이었다.

그와 동시에 서풍이 일어 이따금 거무스름한 안개 덩어리를 말끔히 걷어 갔지만, 안개는 또다시 금방 주위를 뒤덮었다.

"레스핀 보르가르 총독이나 르부아 국무총리의 첩자들의 눈을 가리기에는 딱 좋은 밤이군." 모리스가 속삭였다.

"글쎄요! 우리한테 유리할지 어떨지 뭐라고 말할 수는 없군요." 바시몽이 작은 목소리로 대꾸했다. "5미터 앞도 보이지 않으니 여울을 건너기에는 그만큼 위험합니다."

"앞사람한테 딱 붙어서 가면 미아가 될 걱정은 없어."

"어쨌든, 일단 여울이 시작되는 지점을 찾아야 합니다." 이렇게 말하면서 바시몽은 한 걸음 갈 때마다 몸을 구부려 지면을 꼼꼼히 살폈다.

방다는 입을 꾹 다문 채 모리스에게 딱 붙어 걸었다. 차가운 밤공기에 뼛속까지 얼어붙고 마음은 깊은 근심으로 가득했던 것이다.

도르빌리에조차 평소의 쾌활한 모습은 어디론가 사라지고 입을 꾹 다문 채였다. 실수로 웅덩이에 발이 빠졌을 때만 잠깐 투덜거렸을 뿐이었다.

이렇게 네 사람은 아무 말 없이 느릿느릿 15분쯤 걸었다.

갑자기 바시몽이 목소리를 죽이며 말했다.

"여깁니다."

아닌 게 아니라 그곳에서 강까지는 완만한 경사를 이루었다. 몸을 구부려 보니 진흙 위에 사람 발자국과 말 발자국이 남아 있었다.

"제 기억이 틀리지 않다면," 바시몽이 말을 이었다. "조금 왼쪽에 배를 붙들어 매는 말뚝이 있을 겁니다……. 잠깐…… 보십시오! …… 여기 있습니다!"

"우리가 밧줄을 묶을 수 있도록 누군가가 일부러 박아 놓은 것 같구먼." 모리스가 중얼거렸다. "제군들, 내 의견으로는 이 이상 꾸물댈 필요가 없을 것 같은데."

"뭐라고요!" 도르빌리에가 외쳤다. "이런 안개를 뚫고 강을 건넌다고요?"

"그렇다고 내가 안개를 걷을 수 있는 것도 아니고, 시야가 좋아질 때까지 느긋하게 기다릴 수도 없는 노릇이잖아." 모리스가 퉁명스럽게 대답했다.

"그럴지도 모르죠! 하지만 조금 더 안개가 걷힐 때까지 기다리는 것도 좋지 않습니까. 생각해 보십시오! 이래서는 건너편에 총병이 쉰 명쯤 진을 치고 있다 한들 여기서는 안 보이지 않습니까."

"도르빌리에 대위의 말이 맞을지도 모르겠군요." 바시몽도 동의했다. "잠시 기다리면서 상황을 지켜보기로 하지요."

일동은 암묵리에 이 의견에 따라 저마다 강 건너편을 유심히 살폈다.

안개는 밤바람에 소용돌이치며 때로는 수면을 스치고 때로는 흰 망령처럼 길쭉한 기둥이 되어 솟아올랐다.

"건너편 기슭에 불빛이 보여." 방다가 모리스의 팔을 잡으며 말했다.

"엎드리세요." 바시몽이 속삭이며 시범을 보였다.

확실히 순간 희미한 불빛이 건너편 기슭에서 흔들렸지만, 이내 꺼졌다.

바시몽이 경고하기가 무섭게 일동은 땅에 바짝 엎드렸다.

일동이 빛의 출현에 겁먹은 것도 무리는 아니었다. 이런 인적 없는 강가에서, 그것도 이런 한밤중에 빛이 보인 것은, 석유등을 든 하사의 지휘로 분대가 건너편 기슭을 순찰하기 때문이라고밖에 생각되지 않았던 것이다.

방다는 뭔가 무시무시한 재앙이 닥쳐오는 게 틀림없다는 생각에 절망했다. 모리스도 이때만큼은 심한 불안감을 느꼈다.

도르빌리에만이 침착했다. 도르빌리에는 별로 몸을 낮추지도 않았을뿐더러 몇 초 뒤 껄껄 웃기까지 했다. 그 웃음소리가 하도 커서 모리스는 뭐가 그렇게 재미있느냐고 면박을 주었다.

"맙소사!" 도르빌리에가 외쳤다. "저게 갈대 사이를 날아다니는 도깨비불이라는 걸 모르시겠습니까? 이런 늪지에서는 그리 드문 현상이 아니지요."

"어떻게 그렇게 단언하지? 저게 석유등 불빛이 아니라는 증거가 있나?" 모리스가 언짢은 듯이 물었다.

"말대꾸하는 것 같지만, 보십시오, 불빛이 벌써 사라졌지요? 그게 석유등 불빛이라면 계속 이동하면서 빛날 것 아닙니까."

"신호용으로 잠깐 켰다가 금방 끈 걸지도 모르잖아."

"그럴 리가요! 레스핀 보르가르 총독의 부하가 건너편 기슭에 있다면, 녀석들이 우리에게만 보이는 신호를 일부러 보낼 리가 있겠습니까? 오히려 적절한 공격 기회를 잡을 때까지 꼭꼭 숨어 있겠지요."

"듣고 보니…… 일리가 있군." 모리스가 조금 안심해서 중얼거렸다.

"아무리 그래도 그렇게 큰 소리로 웃을 필요는 없잖습니까." 언제나 냉정하고 신중한 바시몽이 핀잔을 주었다.

"이제 아무것도 안 보여." 방다가 모리스의 귓전에 속삭였다. "다시 안개가 짙어진 것 같지만."

"안개가 끼어 있어도 소리는 들리지만, 지금은 쥐 죽은 듯이 조용합니다." 도르빌리에가 말했다. "즉, 저 건너에는 아무도 없다는 거지요. 그러니 이 이상 시간을 허비할 필요는 없습니다."

모리스는 아직 망설이고 있었다. 그러나 오늘 밤 행군을 지휘하는 것은 당연히 바시몽의 역할이었다. 바시몽은 곰곰이 생각한 끝에, 강을 건널 시각을 늦출 필요는 없다고 판단했다.

도르빌리에는 이 의견을 열심히 지지했다.

방다는 도르빌리에의 태도가 갑자기 바뀐 것을 눈치챘다. 아까까지는 그렇게 겁을 먹은 주제에 지금은 한시라도 빨리 모험에 나서고 싶어 안달복달하는 것처럼 보였다. 이제 도르빌리에는 모든 불안감과 당혹감에서 벗어나 투지에 넘쳐 있었다.

고대 히브리 민족이 불기둥을 따라 약속의 땅으로 향했던 것처럼, 도르빌리에는 이 짧은 불빛을 성공으로 인도하는 이정표로 생각한 것 같았다.

"바시몽," 모리스가 말했다. "병사들을 불러와. 우리는 이곳에서 기다리지. 이곳에서 움직이지 않는 편이 좋겠지? 이런 안개 속에서는 길을 잃을지도 모르니까."

바시몽은 즉시 명령에 따랐다. 그러나 도르빌리에는 그곳에 남았다. 방다는 그것이 몹시 불만스러웠다. 마음에 걸리는 것이 산더미처럼 많았으며, 무엇보다도 아주 잠깐이라도 좋으니 모리스와 단둘이 있고 싶었던 것이다.

"대장님," 도르빌리에가 잡담을 했다. "여간한 구두쇠가 아닌 한 리졸라는 우리에게 상당한 보상을 주겠지요? 이렇게 자기를 위해 몸과 마음을 다하고 있으니까요."

"난 그 사람이 아니라 그 사람의 증오를 위해 몸과 마음을 다하는 거야." 모리스가 음침하게 대답했다. "보상이라면 내 힘으로 얼마든지 얻어 낼 수 있어."

"그 말이 맞습니다. 조만간 우린 지상 최고 권력자와 대등한 위치에 서게 될 테니까요.

저로서는 대령 자리와 3~4천 리브르는 받아야 만족할 것 같습니다. 그만한 보상도 없다면, 평생 바스티유에 갇히거나 최악의 경우 숲 한구석에서 총살당할 위험까지 무릅쓴 보람이 없지요."

"내가 바라는 건 단 하나, 그 벼락출세한 법률가, 추종자들에게 르부아 각하라고 불리는 그 오만하기 짝이 없는 국무총리가 내 무릎에 매달려 자비를 비는 모습을 보는 것뿐이야."

"그럼 '하느님의 아들'*² 은요? 그 잘난 '하느님의 아들'을 짓밟고 싶은 생각은 없습니까?"

"그는 국왕이야. 죽는 걸로 충분하지. 하지만 르부아는 달라! 그자에게는 내가 받은 만큼 모욕을 주겠어! 그런 다음 비열하고 뻔뻔스러운 도둑처럼 교수형에 처해야지."

"모리스, 그만둬!" 방다가 애원했다. 이런 잔인한 말을 들으면 가슴이 답답해지곤 했던 것이다.

"조금만 더 참으십시오, 모리스. 일주일도 지나지 않아 그 소원이 반드시 이루어질 겁니다.

그런데 병사들이 도착하기 전에, 대장님이 이전부터 마음 쓰던 그 일에 관해 저에게 이야기하는 게 좋지 않을까요?"

---

*2 데오다투스(하느님의 아들)이란 당시 노래 속에서 루이 14세에게 붙여진 별명 중 하나. 그 중 한 구절은 특히 유명하다. "데오다투스는 행복한 자, 사랑하는 여인의 입술을 빠네."

"그 일이라니?"

"상자 말입니다. 괜한 말을 꺼내서 기분을 상하게 했다면 용서해 주십시오. 하지만 대장님은 어제도 솜 강을 건너기 전에 그 비밀을 털어놓고 싶다고 줄곧 말씀하셨지 않습니까?"

"그렇지." 모리스가 중얼거렸다. "만일을 대비해야 하니까. 무슨 일이 생기면……."

"물론 국왕의 병사들이 기습해 올 가능성이 오늘 밤에 특히 크다고 말하는 건 아닙니다. 하지만 우리가 이번 원정에서 가장 큰 난관에 부딪힌 건 사실이지요. 안개 때문에 여울에서 벗어날지도 모르고, 페론은 바로 코앞인데 그곳 총독은 대단히 교활한 자라서……."

"아까는 그렇게 걱정하는 것같이 보이지 않던데요." 방다가 도르빌리에와 모리스 사이에 끼어들며 비꼬듯 말했다.

"부인, 전 지금도 전혀 걱정하지 않습니다. 제가 그런 중대한 비밀을 억지로 캐내려 한다고 생각하지 마십시오. 전 그저 제 의무를 다하려고 했을 뿐이니까요."

"말 한번 잘했네, 도르빌리에. 하마터면 부주의할 뻔했어. 그 상자가 있는 곳은……."

"아, 브리강디에르가 병사들을 데리고 왔어." 방다가 말을 끊었다.

"정말이네! 왜 다가오는 소리가 들리지 않았지?"

"대장님, 제가 한마디라도 말하는 자가 있다면 그 자리에서 찔러 죽이겠다고 말했습니다." 브리강디에르가 속삭였다. 모리스에게 닿을 만큼 가까이 와 있었지만, 안개가 너무 짙어 보이지 않았던 것이다. "바시몽 님도 와 계시고, 병사들도 전원 도착했습니다. 제가 밧줄을 가지고 왔으니 이젠 묶는 일만 남았습니다."

"좋아. 넌 내가 건너편 기슭에 닿을 때까지 병사 두 명과 이곳에 남기로 했지. 누구를 고를 거지?"

"터키인과 폴란드인으로 하지요. 터키인은 불이건 물이건 두려워하지 않는 자이고, 폴란드인은 물고기처럼 헤엄을 잘 치는 자입니다."

"좋아. 그렇게 하지. 넌 말뚝에 밧줄을 단단히 동여매고 그 바로 옆에서 두 병사와 함께 대기해. 밧줄이 팽팽해지거든 우리가 무사히 건너편에 도착했으며 너희도 건너도 좋다는 신호인 줄 알아. 바시몽 대위가 말뚝이 있는 곳을 가르쳐 줄 거야."

"이젠 강을 건널 순서를 정하는 일만 남았군요." 브리강디에르와 바시몽이 밧줄을 준비하는 동안 도르빌리에가 말했다.

"그건 간단해." 모리스가 대답했다. "물론 우리 네 사람, 즉 자네, 방다, 나, 그리고 바시몽이 먼저 건널 거야. 바시몽은 이 여울을 잘 아니까 우리가 깊은 곳에 빠질 것 같으면 가르쳐 줄 거야. 말에 탄 병사 여덟 명은 되도록 우리를 바짝 쫓아올 거고."

"밧줄 끝은 누가 잡지요?"

"내가 잡겠어요." 방다가 대답했다.

"네가?" 모리스가 적잖이 놀라 물었다.

"그래. 다른 사람들은 무슨 일이 있을 때 금방 칼을 쥘 수 있도록 준비하고 있어야 하잖아. 난 여자니까 적을 공격할 때 도울 수는 없어도 이런 때 도움은 될 수 있지."

"네 말이 맞아, 방다. 고마워." 이렇게 말하며 모리스는 그녀를 끌어안았다.

방다는 모리스가 이마에 해 준 입맞춤에 몹시 감동하여 정신을 놓을 뻔했다. 모리스가 애정을 보여 준 것은 기뻤지만, 그럼에도 눈에서 눈물이 흘러 넘쳤다. 어쩐지 불길한 예감이 덮쳐와, 모리스의 품에 안기는 것도 이것이 마지막이란 생각이 들었던 걸지도 모른다.

"도르빌리에," 모리스가 쾌활하게 말했다. "드디어 중대한 비밀을 털어놓을 테니 이리 와."

방다는 다시 한 번 모리스 앞을 가로막고 이야기를 방해하려고 했다. 그러나 한발 앞서 도르빌리에가 모리스의 팔을 잡고는 한쪽 구석으로 그를 데리고 가 버렸다.

모리스가 운명의 갈림길이 된 중대한 비밀 이야기를 아주 낮은 목소리로 속삭였으므로, 그것을 들을 수 있었던 것은 도르빌리에 한 사람뿐이었다.

두 사람은 금방 이야기를 마치고 어깨를 부둥켜안았다. 그 모습은 서로 깊이 신뢰하는 친구지간이라는 인상을 주었다.

"하느님!" 방다가 중얼거렸다. "부디 지금 모리스가 한 말이 그의 사형 선고가 되지 않게 해 주세요."
"대장님, 준비가 끝났습니다." 브리강디에르가 보고했다.
"말에 타실 시각입니다." 바시몽이 덧붙였다.
"부인은 제 말을 타시는 게 좋겠습니다. 민첩한 말이니까요." 도르빌리에가 친절한 척하며 말했다. "전 뒤에 남기로 한 병사들의 말 중 한 마리에 타겠습니다."
"말씀은 고맙지만," 방다가 차갑게 거절했다. "당신이야말로 적의 습격을 대비해 좋은 말을 타야 하지 않겠어요?"
그러고는 작은 목소리로 이렇게 중얼거렸다. "이것도 함정일까?"
도르빌리에의 이상한 언동 때문에 아까부터 방다는 또다시 모든 것을 의혹의 눈으로 보게 되었다.
도르빌리에가 자기 말을 빌려 주겠다고 친절을 빙자해 말한 것은 더욱 수상했다.
두 장교와 브리강디에르에게 신경 쓸 여유도 없이 방다는 모리스의 팔을 잡고 이렇게 속삭였다.
"둘이서 할 이야기가 있어."
모리스는 답답하다는 기색을 보이면서도 몇 걸음 떨어진 곳까지 끌려갔다.
"지금 와서 무슨 얘기를 해? 준비는 다 끝났고, 1초라도 꾸물거리면 위험한 이 마당에. 여유작작하게 달콤한 이야기나 나눌 때가 아닌데, 너답지 않게 이상하다."
"우리 애정 문제 때문이 아니야." 방다가 목멘 소리로 말했다. "내 말 잘 들어, 모리스. 부탁이니까 잘 들으라고! 저 남자는 우리를 배신했어."
"또 그런 헛소리야!"
"정말이야. 배신했어! 정말 모르겠니? 건너편 기슭에 불빛이 보인 뒤에 저 남자의 언동이 돌변했어. 그 불은 적의 신호가 틀림없다고.
조금 전까지만 해도 밤이 깊을 때까지 조금 더 기다리자고 말했던 저 남자가 지금은 왜 한시라도 빨리 강을 건너고 싶어 하는지 그 이유를 모르겠어? 브리강디에르 대신 이쪽에 남겠다고 왜 그렇게 끈질기게 주장했는지, 왜 자기 말을 나한테 빌려 주겠다고 했는지 정말 몰라?"
"난 전혀 모르겠고, 알고 싶지도 않아."

"그래! 그럼 내가 가르쳐 주지. 저 남자가 강을 건널 시각을 늦추려 한 것은 공범인 르부아의 수하들이 건너편 기슭에 도착하기를 기다렸기 때문이야. 지금은 그자들이 와 있는 걸 알았으니까 빨리 우리를 덫으로 몰아가고 싶어 안달이 난 거고.

저 남자가 우리와 함께 강을 건너고 싶어 하지 않았던 건, 건너편 기슭에 도착하자마자 격렬한 전투에 휘말리는 게 싫었기 때문이야. 어둠 속에서는 총이 적군 아군 가리지 않고 발사될 테니 자기도 거기에 휘말려 죽을까 봐 두려웠던 거지.

그러니까 어쩔 수 없이 우리와 함께 강을 건너게 된 지금 나와 말을 바꾸자고 제안한 데에도 뭔가 꿍꿍이가 있을 거야."

"도대체 무슨 꿍꿍이?" 모리스가 끼어들었다. "가령 다른 점에서 도르빌리에의 행동이 의혹을 살 만하다고 인정한다 하더라도, 자기 말을 너한테 양보하겠다는 그의 제안에 무슨 속셈이 있다는 거야? 네가 말하는 '공범자들'이 건너편 기슭에 숨어서 기다리는 게 사실이라면, 저 남자는 오히려 자기 말에 커다란 표식을 붙여서 우리와 구별되도록 했을 거야. 그 점박이 말은 우리 말보다 5센티미터 이상은 키가 크니까……"

"하지만 그 남자가 르부아를 믿지 않는다면? 르부아가 임무를 마친 배신자는 처단하라는 명령을 내렸을 때를 대비해 퇴로를 확보하려고 한 거라면?"

이번만큼은 모리스도 대꾸할 말이 없어 조용히 생각에 잠겼다. 표정은 보이지 않았지만, 내심 방다의 말에 매우 동요하는 게 틀림없었다.

"모리스," 방다가 몰아붙이듯이 말을 이었다. "내 예감은 언제나 적중했어. 어렸을 때 보헤미아 사람들은 나더러 투시력이 있다고 했었지……. 어머니가 죽기 전날 밤 나는 어머니가 관에 누워 있는 환상을 보았어……. 그런데 오늘 밤…… 오늘 밤 나는 네가, 내가 가장 사랑하는 네가……"

"설마 내가 관에 누워 있는 환상을 보았다고 말하려는 건 아니겠지, 방다?" 모리스가 애써 놀리듯이 말했다. "르부아의 수하들이 날 죽인다면, 놈들은 내 시체를 솜 강에 물고기 먹이로 던질 테니까."

"난 네가 어두운 감옥에 묶여 있는 모습을 보았어." 방다가 흐느껴 울었다.

모리스는 저도 모르게 몸서리쳤으나, 금방 마음을 다잡고 단호한 어조로 말했다.

"인제 와서 물러설 수는 없어. 정말로 적이 건너편 기슭에 있다면 우리는 국경으로 되돌아간다 해도 언젠가는 붙잡힐 거야. 운은 하늘에 맡기는 수밖에 없어!"

방다가 와락 울음을 터트리며 모리스의 가슴에 매달렸다. 그러나 모리스는 그 손을 부드럽게 뿌리쳤다.

"게다가 난 도르빌리에가 배신자라고 생각하지 않아. 다른 누구도 아닌 아스프르 남작이 친자식처럼 믿는 사나이라며 보장했을 정도니까. 처음 만났을 때부터 그 남자는 우리 계획에 성심성의껏 임해 왔고, 그 열의는 한순간도 식은 적이 없었어.

네 상상은 근거가 없는 것들뿐이잖아. 네가 날 사랑한다는 건 잘 알아, 방다. 그러니까 네가 나를 걱정해 주는 것을 나무라진 않을게. 하지만 난 계속 전진하기로 정했어."

"알았어! 부디 내 생각이 틀리길 바라야지! 한 가지 부탁이 더 있어. 그 남자에게 비밀을 모두 털어놓았는지 가르쳐 줘."

"모두 털어놓았어. 딱 하나만 빼고. 그 남자는 상자에 뭐가 들었는지도 그 상자가 어디에 있는지도 알아. 하지만 어떤 사람의 이름만은 몰라……"

"그건……"

"그 이름을 입에 담아선 안 돼, 방다. 내가 영원히 감사해야 할 사람의 이름이야. 온 프랑스에서 나만큼 격렬하게 루이 왕과 르부아 국무총리를 미워하는 유일한 사람, 내가 기꺼이 모시는 유일한 사람이지.

그 사람 덕분에 우리는 폭군을 타도할 계획을 세울 수가 있었어. 그 사람이 우리와 행동을 함께하지 않는 건, 그런 높은 신분으로 태어난 사람은 베르사유에 남아 있는 편이 우리 위대한 계획에 도움이 되기 때문이야.

독립을 위해 싸우는 이름 없는 우리 병사들이 임무를 다한 날에는 그 사람이 이 대사업을 완성할 거야.

르부아는 그 남자의 이름을 알아낼 수만 있다면 아무리 큰돈도 아끼지 않겠지.

방다, 만일 내가 죽으면 그 이름을 결코 입 밖에 내서는 안 돼. 하느님께 맹세하고, 그 이름을 아는 사람은 너 한 사람뿐이야."

"대장님, 슬슬 출발하지 않으면 달이 뜰 겁니다." 브리강디에르가 조용히 다가와 재촉했다.

"좋아!" 모리스가 고개를 꼿꼿하게 쳐들며 대답했다. "전원 말에 탔나?"

"네, 단, 도르빌리에 대위님은 죽어도 말에 타지 않겠다고 버티고 있습니다."

모리스는 부하들이 기다리는 곳으로 말없이 바삐 걸어갔다.

"도르빌리에," 모리스가 말했다. "자네는 방다에게 자네의 점박이 말을 빌려 주겠다고 했지? 미안하지만, 그 말은 내가 타겠네."

이렇게 말하기가 무섭게 모리스는 고삐를 잡고, 상대의 대답도 기다리지 않은 채 말에 훌쩍 올라탔다.

"여기서는 내가 대장이니까 말을 고를 권리도 있겠지. 자네는 잿빛 돈점박이를 타게. 로와젤에서 쓰러진 말 대신에 여기까지 내가 타고 온 녀석이지. 방다는 폴란드인이 가진 붉은 점박이를 타."

모리스가 이렇게 명령했으므로 누구도 거역하지 못했다. 명령은 그대로 실행에 옮겨졌다.

일행은 브리강디에르와 뒤에 남은 두 병사를 제외하고는 입도 벙긋하지 않고 모두 말에 올라탔다.

바로 그때 안개가 살며시 걷혔으므로 방다는 그 자리의 광경을 한눈에 바라다볼 수가 있었다.

도르빌리에와 바시몽은 본대 조금 앞에 서 있고, 병사들은 네 명씩 2열로 서 있었다.

모리스는 도르빌리에의 검은 점박이를 타고 강기슭까지 갔는데, 등자를 밟고 서 있었으므로 날씬한 상반신이 부하들 머리 위로 솟아 있었다.

은 단추가 달린 회색 벨벳 상의에 검은 깃털로 장식한 커다란 펠트 모자, 연갈색 가죽 장화 차림의 모리스는 이런 어두운 밤이 아니었다면 멀리서도 금방 눈에 띄었을 것이었다.

"출발 준비는 다 되었나, 제군들?" 모리스가 주위를 둘러보며 물었다.

"되었습니다." 두 장교와 브리강디에르가 이구동성으로 대답했다.

"좋아. 바시몽은 여울을 아니까 방다의 오른쪽, 즉 솜 강 하류 쪽을 걷도록. 도르빌리에는 방다와 나란히 그 왼쪽을 걷도록. 난 도르빌리에의 왼쪽,

즉 가장 상류 쪽을 걷겠다.

병사들은 되도록 간격을 좁혀 뒤를 따르라.

브리강디에르, 우리가 밧줄을 흔들어 보내는 신호를 놓치지 않도록 주의하고 있어."

대원들이 저마다 대장의 지시에 따라 제 위치에 섰다.

방다는 손목에 밧줄 끝을 감았고, 브리강디에르는 밧줄의 다른 끝을 동여맨 말뚝 옆에 주저앉았다.

"모두 나를 따르라!" 모리스가 외치며 강 속으로 말을 몰았다.

1분 뒤, 이 짧은 대열은 모리스가 정한 순서에 따라 물살을 가르며 나아갔다.

솜 강은 이른 봄비로 수위가 높아져 생각보다 깊었다.

말은 가슴까지 물에 잠겨 천천히 나아갔고, 말에 탄 사람들은 진흙이 쌓인 미끄러운 강바닥에서 말이 발을 헛디디지 않도록 고삐를 단단히 쥐느라 애를 먹었다.

특히 방다는 한 손밖에 쓰지 못했으므로, 자기 말이 넘어지거나 진로에서 벗어나지 않도록 온 신경을 집중해 고삐를 조절해야 했다.

다행히 강은 평탄한 곳을 흐르고 있어 물살은 세지 않았다. 그러나 어둠이 짙고, 얼어붙은 듯한 안개가 피부를 찔렀다.

일행은 10분 만에 강을 다 건넜다. 방다에게는 아주 길게 느껴지는 10분이었지만, 아무 일도 없이 지나갔다.

곧 기슭으로 오르려 할 때 방다는 바로 옆을 지나가는 도르빌리에가 말 목에 매달리다시피 하며 안장 위에서 몸을 잔뜩 수그리고 있는 것을 보았다.

바로 그 순간 모리스가 다른 사람들보다 20초 정도 빨리 말을 기슭으로 올리고 승리를 축하하면서 모자를 흔들며 외쳤다.

"제군, 이제 우리는 정말로 프랑스 국왕의 영지에 진입했다. 루이 왕, 각오는 되었느냐!"

이 고함에 대한 대답은 순식간에 되돌아왔다.

점점이 이어진 불빛이 강기슭을 비추더니 스무 정쯤 되는 머스킷 소총이 일제히 굉음을 냈다.

이 무시무시한 일제사격의 불빛 속에서 방다는 바로 앞을 가던 모리스가 두 손을 앞으로 뻗은 채 쓰러지는 모습을 보았다.

이어 주위는 다시 어둠에 잠겼다.

그러나 일제사격은 모리스만을 노린 것이 아니었다. 부하들에게도 총알이 빗발치듯 쏟아졌다.

방다의 오른편에서 짓눌린 듯한 비명이 들려왔다. 왼편에서는 도르빌리에가 안장 위에서 일어나 몸을 한껏 젖히고 고삐를 쥔 채 말 뒷다리로 서 있었다. 말의 가슴을 방패 삼으려는 것 같았다.

뒤에서는 사람의 신음과 말의 울음소리가 기분 나쁜 합창처럼 들려왔다.

일순간 작은 기마부대는 물보라를 일으키며 미친 듯이 우왕좌왕했다.

사람은 솜 강 바닥에 잠기고, 말은 물살에 떠내려가 모습을 감추었다.

30초 뒤에는 사람 말 할 것 없이 모조리 물에 잠기고, 물 위에 떠 있는 것은 아무것도 없었다.

강은 모반에 가담한 사람들을 집어삼켰으며, 붉게 물든 강줄기는 시체 더미를 페론으로 가지고 갔다.

방다는—아마도 홀로—적의 총탄을 피했다. 그러나 말은 치명상을 입었는지 순식간에 픽 쓰러져 버렸다. 방다는 재빨리 고삐를 놓고 등자에서 발을 뺀 덕에, 말과 함께 물에 잠기는 것을 가까스로 면했다.

방다는 모리스의 이름을 중얼거리며 운명의 강가 저편을 바라보면서 쓰러졌다.

쓰러지는 방다의 눈에 안장 위에 납작 엎드려 말을 기슭으로 몰고 가는 남자의 모습이 보였다. 배신자 도르빌리에가 틀림없었다. 총병들의 공격을 면한 것이 바시몽이라면 그렇게 적진으로 뛰어드는 바보 같은 짓은 절대로 하지 않았을 것이다.

방다는 강물을 뒤집어쓰고 순간 방향 감각을 잃어버렸다. 그러나 곧 다시 수면으로 떠올라, 르부아의 병사들이 이렇게 외치는 소리를 들었다.

"저쪽에 있는 놈은 이미 죽었으니 내버려 둬. 살아 있는 놈을 붙잡아."

이어 적의 대장 같은 목소리가 이렇게 명령했다.

"죽은 사람 목에 돌을 매달아 강에 던져라. 살아 있는 놈은 꽁꽁 묶고 재갈을 물려."

이런 말도 들렸다.

"멍청한 것들, 내가 말만 쏘라고 분명히 말했을 텐데.

난 놈들을 둘 다 생포하고 싶었단 말이다. 그런데 네놈들은 총독 각하께서 가장 심문하고 싶어 하시는 놈을 죽여 버렸잖아."

낮은 신음과 몸싸움하는 소리와 승리의 외침이 들리더니 주위가 쥐 죽은 듯 고요해졌다.

르부아의 부하들이 역겨운 임무를 마친 모양이었다.

병사들이 대장에게 시체 한 구와 포로 한 명을 데리고 갔다.

그 이외에는 모조리 강이 삼켜 버렸다.

모리스 데자르모아스와 필립 드 트리, 대담무쌍한 모반의 수령과 도르빌리에라 칭하며 모반자들을 파멸로 이끈 사나이는 한 사람이 설치하고 다른 한 사람이 간파하지 못한 함정에 둘 다 빠진 것이다.

방다는 사랑하는 모리스와 운명을 같이하려고 강 밖으로 나가려고 했다. 그러나 오른팔에 감아 둔 밧줄 때문에 몸이 말을 듣지 않았다.

왼손으로 밧줄을 풀려다가 미끄러운 강바닥을 헛디뎌 휘청하는 바람에 물살에 휩쓸렸다. 제대로 딛고 설 곳을 찾을 여유도 없이 깊은 곳으로 밀려오고 말았다. 떠내려가지 않으려면 헤엄치는 수밖에 없었다.

방다는 모리스를 죽인 병사들을 큰 소리로 불러서, 사랑하는 이의 피로 물든 시체 위에서 자기도 죽여 달라고 애원하려고 했다.

그러나 목소리가 나오지 않았다. 강은 그녀를 가차 없이 데리고 갔다.

방다는 눈을 감고 죽음을 기다렸다.

솜 강의 탁류는 모리스에게 반한 이 아름다운 여인을 영원히 삼키려고 했다. 그런데 그때 어떤 생각이 머리에 떠올랐다. 복수를 위해 끝까지 살아남자는 숭고한 결의였다.

밧줄은 방다가 떠내려가는 동안에 팽팽해졌다. 한쪽 끝은 브리강디에르가 감시하는 오른쪽 기슭 말뚝에 묶여 있으니 그것을 두 손으로 붙잡고 가면 물속으로 가라앉을 걱정은 없었다.

물살에 몸을 맡기고 가다 보면 언젠가는 반드시 기슭에 닿을 것이었다. 사실 기슭은 생각보다 훨씬 가까워서 거기에 닿는 데는 1~2분도 걸리지 않았지만, 그동안에도 방다는 물살에 떠내려가는 시체가 몸을 쓸고 지나가는 끔찍한 감촉을 두 번이나 맛보았다.

뭍에 오르자 방다는 눈과 귀에 온 신경을 집중했다.

주위는 캄캄하고, 죽어 가는 사람들의 신음과 살인자들의 고함이 잦아들자 아무 소리도 들리지 않았다.

말에 탔던 사람들도, 말도, 르부아의 병사들도, 모두 자취를 감추어 버렸다. 사람과 말은 죽고 물에 빠지고 강바닥 진흙에 묻혀 버렸다. 적의 병사들은 포로와 모리스의 시체를 가지고, 레스핀 보르가르 총독이 기다리는 페론 요새로 돌아갔다.

안개 낀 밤의 적막이 주변을 뒤덮어, 인적 없는 강기슭은 쥐 죽은 듯이 고요했다.

그때 그 자리로 어떤 어부가 그물을 치러 왔다고 해도, 그는 바로 그곳에서 살육이 벌어졌으리라고는 상상하지 못했을 것이다.

솜 강에는 깊은 수렁이며 물살이 소용돌이치는 곳이 군데군데 있어서, 강에 떠내려간 시체를 꿀꺽 삼키고는 태연한 얼굴을 하고 있었다.

르부아는 피비린내 나는 비밀 작전을 수행하기에 딱 맞는 장소를 선택했던 것이다.

방다에게 남은 유일한 희망은 브리강디에르가 자기 자리를 떠나지 않고 틀림없이 지키고 있으리라는 것이었다.

브리강디에르를 잘 아는 방다는 그가 어떤 천재지변에도 꼼짝하지 않을 사람이라고 확신했다.

브리강디에르는 루이 14세 시대에 프랑스 영내에서 태어난 자는 아니었지만, 하늘이 무너지지 않는 한 어떤 것도 두려워하지 않는 골인의 피를 물려받았으며, 하늘이 무너진다 해도 그 하늘을 창끝으로 받쳐 보이겠다고 호언장담하는 사나이였다.

방다는 브리강디에르를 찾아내서, 지금 일어난 사건의 경위를 알려야 했다. 브리강디에르가 있는 오른쪽 기슭에서는 이 불행한 사건을 정확히 감지하지 못했을 것이었다.

이 용병들 중 브리강디에르는 죽은 대장의 미망인을 도울 충성심과 그녀를 지킬 만한 용기와 경험을 가진 유일한 사람이었다.

방다는 슬픔과 피로와 추위와 싸우면서 갈대를 헤치고 '여울 길' 입구에 당도했다.

그러나 그곳에는 아무도 없었다.

절망한 방다는 강기슭의 축축한 흙 위에 쓰러져, 그곳에서 죽음을 기다리기로 했다.

그때 희미한 숨소리가 방다의 귓전에 들리더니, 어떤 목소리가 이렇게 속삭였다.

"접니다. 따라 오십시오!"

방다는 몸서리쳤다. 자세히 보니, 바로 옆에 브리강디에르가 무릎을 꿇고 방다를 들여다보고 있었다.

일제사격 개시와 동시에 브리강디에르는 버드나무 뒤로 몸을 숨기고 있다가 그곳에서 막 나와 때마침 유일한 생존자를 발견한 것이었다.

방다는 입을 벙긋할 기력도 없었지만, 젖 먹던 힘을 다해 일어서서 따라갔다. 브리강디에르는 방다의 손을 잡고, 아까 작전 회의가 열렸던 오두막으로 데리고 갔다.

모리스의 운명이 결정된 그 초라한 건물 안으로 들어가자마자 방다는 팽팽했던 긴장감이 풀려 왈칵 눈물을 흘렸다.

"대장님은 돌아가셨지요?" 브리강디에르가 목멘 소리로 말하는 것을 듣자 방다는 온몸에 힘이 되살아나는 것을 느꼈다.

"네. 하지만 배신자는 살아 있어요."

"확실합니까?"

"모리스는 선두에 있었어요……. 적이 바로 가까이에서 총을 쏘았고…… 그 사람은 심장에 총알이 박힌 것처럼…… 픽 쓰러졌죠……. 우리를 적에게 팔아넘긴 악당은 총격을 예상했었어요……. 안장 위에 납작 엎드려, 위험이 지나갈 때까지 몸을 일으키지 않았거든요……. 그자가 기슭으로 올라갈 때 잿빛 돈점박이 무늬가 보이기에 그인 줄 알았죠……."

"이상하군요……. 그렇다면 왜 페론 총독의 부하들을 시켜 우리를 공격하지 않았을까요? 내가 두 부하와 함께 이곳에 남아 있는 것도 알고…… 강을 건너는 것도 쉬운 일인데……. 우리를 추격시키지 않을 이유가 없는데…… 어째서 우리를 놓아준 걸까요? 그런 끔찍한 배신행위를 했으니 자기 범죄의 증인은 한 명도 살려둘 수 없었을 텐데."

"왜냐니요!" 방다가 외쳤다. "공평하신 하느님께서 그런 역겨운 대죄가 그것을 저지른 자에게 이익을 가져다주도록 허락하지 않았기 때문이죠.

 난 모든 걸 들었어요……. 살인자들의 대장은 그 비겁한 놈을 묶고 재갈을 물리라고 명령했어요……. 그자는 지금쯤 감옥에 던져져 있을 거예요. 아마 평생 거기서 나오지 못하겠죠……."

"그런 일이!"

"그런 일이 있을 수 없다는 건가요? 당신은 르부아가 어떤 자인지 모르는군요! 그자는 꼭두각시가 필요해지면 여기저기를 뒤져서 찾아낸 다음 이용할 만큼 이용하고…… 부숴 버린다고요.

 정말이에요, 브리강디에르. 도르빌리에 자작은, 물론 이게 그자의 본명이라면 말이지만, 죽을 때까지 바스티유 같은 감옥에서 지내게 될 거예요."

"하지만 감옥이라면 탈옥할 수도 있어요." 브리강디에르가 침통한 표정으로 말했다. "하지만 대장님의 시체는 마지막 심판의 날까지 무덤에서 잠들 수조차 없죠."

"그이의 한을 풀 수 있도록 도와주겠어요?"

"물론입니다! 대장님의 적을 한 명도 남김없이 해치울 때까지는 눈을 감지 못할 겁니다."

"그럼 잘 들어요. 난 돈과 다이아몬드를 갖고 있고, 그보다 더 많은 증오심에 불타고 있어요.

 당신은 남자고 힘도 좋고 용감하고 참을성도 강하죠. 그러니 당신이 팔이 되어 움직여 준다면, 내가 머리가 되겠어요. 모리스를 죽인 놈들을 우리 둘이서 응징하기로 해요! 그렇게 맹세해요!"

"놈들을 한 놈도 남김없이 저승으로 보낼 때까지 계속 싸우겠다고 맹세합니다. 칼이든 총이든 독이든 모든 수단을 동원해서, 위로는 명령을 내린 르부아부터 아래로는 그것을 실행에 옮긴 비열한 용병들에 이르기까지 반드시 모조리 죽이고 말겠습니다. 유다가 그리스도를 팔았던 것처럼 대장님을 적에게 팔아넘긴 그 배신자가 다시 자유의 몸이 된다면, 놈의 뱃가죽을 가르고 심장을 후벼 파내겠다고 맹세합니다."

"그 말 내 가슴에 단단히 담아 두겠어요." 방다가 이렇게 말하며 브리강디에르에게 손을 내밀었다.

"맹세는 반드시 지키겠습니다." 브리강디에르가 외쳤다. "하느님이 우리를 이 고난에서 빠져나가게 해 주신다면 반드시."

"어떻게 하면 빠져나갈 수 있을까요?" 방다가 물었다.

"제게 한 가지 생각이 있습니다. 성공하리란 보장은 없지만요."

"어떤 생각인지 설명해 주시겠어요?" 방다가 사뭇 다른 어조로 명령했다. 고조되어 있던 감정이 진정됨에 따라 여성의 본능이 되살아나기 시작했다.

"지금 가장 급한 것은 옷을 갈아입는 일이에요. 이런 차림으로 있다간 20리도 못 가서 붙잡힐 거예요.

내일이면 페론 총독의 첩자들이 이 주변을 샅샅이 뒤질 거예요. 그러니까 그들의 눈을 피하려면 한시라도 빨리 다른 옷을 손에 넣어야 해요. 그 도르빌리에 놈이 우리의 특징을 르부아에게 알렸을 게 분명하니까."

"그렇군요……. 놈들은 우리를 짐승 다루듯 궁지로 몰아넣을 겁니다……. 우리 동료를 모조리 죽인 걸로는 성이 차지 않겠죠……. 왕이 베르사유 궁전에서 발을 쭉 뻗고 자려면 우리 두 사람 다 붙잡아 본보기로 처형해야 하겠죠……. 여자인 당신마저도!" 브리강디에르가 주먹을 불끈 쥐며 중얼거렸다. "하지만 결단코 그렇게 내버려 두지 않겠습니다. 하느님도 배신자가 끝까지 임무를 완수하는 걸 허락하실 리 없습니다.

부인, 이제부터 제가 하는 말을 실행할 용기가 있으시다면, 우리는 놈들의 손아귀에서 벗어날 수 있습니다."

"모리스의 복수를 할 수 있다는 희망이 있는 한 어떤 일이든 견디겠어요."

"좋습니다! 그렇다면 전 이곳에서 가장 가까운 농가의 문을 두드려 볼 생각입니다. 그렇게 멀지 않은 곳에 한 채 있는 것을 보았으니 거기까지 가는 건 간단합니다.

평민들은 과한 세금에 허덕이고 있어요. 그래서 국왕과 대신을 몹시 증오합니다. 우리 정체가 탄로 난다 해도 그들은 우리를 폭군의 수하들에게 넘기지 않을 겁니다. 제가 농가에 가서 부인과 저와 두 병사가 입을 낡은 옷을 사 오겠습니다. 네 명 다 옷을 갈아입으면, 페론 총독 그자가 우리 옆을 지나간다 해도 정체를 들킬 염려는 없을 겁니다.

내일 우리는 페론에서 플랑드르 지방으로 이어지는 도로 변에 있는 로와젤 마을까지 가서 브뤼셀행 마차를 탈 겁니다."

"그것도 좋은 생각이에요." 방다가 중얼거렸다.

"하지만 그러려면 아까 우리가 있었던 오두막에서 기다리셔야 합니다. 부인의 상태를 보자니 이런 곳에 남겨 두고 가기가 마음 아프지만……."

"겨우 그런 걸로 망설인단 말인가요? 사랑하는 사람의 원수를 갚기 위해 살아남아야 하는 마당에 몸이 쫄딱 젖건 욱신거리건 상관할 때냐 말이에요! 아! 놈들을 모조리 죽일 수만 있다면 더 극심한 고통에도 견뎌 보이겠어요!

날 오두막까지 데려다 주고 당신 혼자 다녀오세요. 남장한 여자가 눈에 띄었다가는 의심을 살 테니까. 당신 혼자라면 고작해야 탈영병이나 밀수업자쯤으로 알고 도와줄 거예요. 어려울 땐 서로 돕는 법이니까.

내 예상이 빗나가서 당신이 돌아오지 않는다면…… 그때는 저기에 솜 강이 있으니…… 모리스의 뒤를 따르면 돼요."

"절대로 그럴 일 없을 겁니다. 몇 시간 뒤면 틀림없이 돌아오지요. 병사를 한 명 데리고 가겠습니다. 나머지는 여기 두고 가지요."

"아참, 그랬지!" 방다가 씁쓸하게 말했다. "도르빌리에는 임무를 완수한 게 아니었어. 르부아에게 팔아넘긴 사람 중 두 명이나 더 빠져 있으니!"

"그럼 강을 건넌 사람들은 모두 죽었습니까?" 브리강디에르가 하늘을 올려다보며 탄식했다.

"네, 배신자를 뺀 전원이. 난 그 사람들이 말에서 떨어지는 것도 보고, 단말마의 비명을 지르는 것도 들었어요. 바시몽 대위는 내 바로 옆에서 총에 맞았지요. 기슭에 오른 다음에 죽은 사람은 선두에 있었던 모리스뿐이에요."

"좋아, 아군 한 명당 적군 네 명의 목숨을 빼앗아 주마. 대장님의 복수를 위해서는 10명은 죽여 주겠어." 브리강디에르가 이를 갈며 말했다. "1년 이내에 원수를 갚지 못한다면 지옥에 떨어져도 불평하지 않겠다."

"어서 가요. 나, 추워요." 방다가 말했다.

브리강디에르가 곧 자신의 망토를 벗어 방다의 어깨에 걸쳐 줬다. 그 주름이 잔뜩 잡힌 두꺼운 천으로 방다의 몸을 감싼 뒤, 갓난아기를 다루듯이 가볍게 안아 올렸다.

이 짐은 그리 무겁지 않았으므로 브리강디에르는 오두막까지 달려갈 수 있었다. 오두막에 도착했을 때 달이 막 떠오르기 시작했다. 조금만 늦었더라면 왼쪽 기슭에서도 두 사람의 모습이 발견되어 큰 화를 입었을 것이다.

잠시 뒤 방다는 오두막 한구석에 깔아 놓은 마른 갈대 요에 몸을 누이고, 거친 브리강디에르의 친절한 배려로 따뜻한 망토에 둘둘 감겨, 격렬한 흥분 끝에 찾아오는 나른함에 몸을 내맡긴 채 모리스의 명복을 빌면서 눈을 감았다. 브리강디에르는 방다가 잠들었다고 생각하고 즉시 행동을 개시했다.

화를 면한 두 병사도 그곳에 와 있었다.

일제사격이 시작되었을 때 브리강디에르는 두 사람을 오두막 뒤로 대피시키고, 자신은 용감한 병사답게 결연히 강기슭에 남아 있었던 것이다.

이 폴란드인과 터키인은 장교들에게 말을 빌려 준 덕분에 목숨을 구한 셈이었다.

단, 이 두 사람이 함께 목숨을 구한 것은 아주 짓궂은 운명의 장난 같았다. 모두 무척 사이좋게 지냈던 이 작은 부대에서 하필 이 두 사람만이 앙숙이었던 것이다.

애초에 이 두 사람은 마음이 잘 통하는 편이 오히려 이상할 정도로 몸도 마음도 전혀 다른 기질을 가지고 태어났다.

폴란드인은 키가 크고 홀쭉하며 내성적이고 술과 도박이라면 사족을 못 썼다.

터키인은 작달막하고 배가 불룩 튀어나왔으며 장난을 좋아하고 술을 못 마시는 짠돌이였다.

이 두 사람이 서로 미워하는 데는 두 사람의 조국이 수백 년 동안 일으킨 전쟁도 얼마간은 영향을 미쳤을지 모른다.

당시 폴란드는 그리스도교 세계의 전초라 해야 할 존재로, 적어도 터키인 치고 이 소비에스키의 나라를 벌레 보듯 싫어하지 않는 사람은 없었다.

이 두 사람은 이름까지 대조적이었다. 폴란드인은 라디슬라스 크스키라는 이름으로, 어머니의 조상은 야겔로 왕가의 자손이라고 했다.

터키인은 알리라고만 했으며, 조상 대대로 보스니아 반도에서 돼지를 쳤으므로 집안 따위는 전혀 신경 쓰지 않는 사나이였다.

두 사람 모두 용감한 병사였지만, 그 용기도 저마다 달랐다.

폴란드인은 멋진 제복을 입고 있을 때 누군가가 지켜봐 주기만 한다면 혈혈단신으로도 적진에 뛰어들 사람이었다.

터키인은 누가 보지 않아도 기꺼이 싸웠으며, 돈만 듬뿍 받을 수 있다면 한밤중에 성채 뒷문에 폭탄을 설치하러 가는 일도 꺼리지 않았다.

그러나 브리강디에르가 이 두 사람을 고른 데에는 그 나름의 이유가 있었다.

이 그리스도교도와 회교도는 끊임없이 서로 미워하고 경쟁심을 불태우면서, 상대가 명예를 독차지하지 못하도록 하려고 저마다 질세라 공훈을 세우려고 했다.

게다가 두 사람에게는 공통점이 딱 한 가지 있었다. 죽을 때까지 브리강디에르를 위해 몸과 마음을 바치겠다는 충성심이었다.

브리강디에르는 폴란드인을 데리고 가기로 했다. 이 사나이는 발이 빠르고 5~6개 국어를 유창히 구사하는 데다 피카르디 사람들을 설득하기에 적당한 지혜를 갖추고 있었기 때문이다.

터키인은 말이 서툴고 걷는 데에도 소질이 없었다. 그러나 목까지 물에 잠긴 채 솜 강 한가운데서 보초를 서라는 명령을 받는다면 제아무리 마호메트가 나타나 설득한다 해도 그 자리를 떠나지 않을 사람이었다.

따라서 방다를 호위하기에 안성맞춤이었다.

브리강디에르와 크스키는 강에서 2킬로미터쯤 떨어진 곳에 외따로 서 있는 오두막을 향해 들판을 가로질러 걷기 시작했다.

두 사람이 자리를 비운 네 시간 동안 알리는 오두막 문 앞에 쭈그리고 앉아, 아버지가 메카로 순례를 떠났다가 가지고 돌아온 낡은 염주를 만지작거리며, 하늘에 빛나는 별을 바라보며 시간을 보냈다.

달이 뜸과 동시에 안개가 걷혀 이 동양인 보초의 몽상은 아름다운 밤하늘을 훨훨 날아다녔다.

이 사나이는 마호메트의 낙원에서 자신을 기다리는 선녀들을 상상하고 있었을지도 모르고, 아무 생각도 하지 않았을지도 모른다.

어쨌거나 확실한 것은 이 사나이가 훌륭한 보초였다는 사실이다. 브리강디에르가 돌아왔을 때, 네 시간 전과 똑같은 자리에서 똑같은 자세를 유지하고 있었던 것이다.

방다는 완전히 지쳐 신음하며 자고 있었다.

임기응변에 능한 브리강디에르는 네 명분의 평민 옷을 완벽하게 조달해 왔다.

다행히도 브리강디에르가 찾아간 곳은 밀수와 밀렵으로 먹고사는 부유한 평민으로, 어떤 무법자에게라도 기꺼이 손을 빌려 줄 사나이였다.

브리강디에르와 크스키는 금화 수백 닢을 주고 남자 세 사람분과 여자 한 사람분, 이렇게 네 사람분의 옷을 손에 넣을 수 있었다.

브리강디에르는 먼저 자신과 두 병사의 옷을 갈아입게 했다.

오두막 옆 바람받이 안에서 완전히 변장을 마치자, 대장의 미망인에게 가서 조용히 깨운 뒤 옷을 건네면서 말했다.

"검은 옷으로 골라 왔습니다."

이 거친 남자는 상복을 입고 싶었던 방다의 마음을 헤아린 것이었다. 이 소박하고 따뜻한 배려에 방다는 깊이 감동했다.

세 병사가 군복을 물에 잠기게 할 돌을 줍는 동안 방다는 재빨리 옷을 갈아입었다.

네 사람이 벗은 옷은 물 위로 떠오르지 않도록 조약돌을 채워 솜 강 바닥에 던져 버렸다.

네 평민은 장터로 가는 마을 사람처럼 해가 뜰 무렵 로와젤에 닿을 수 있도록 동트기 한 시간 전에 출발했다.

9 보복

네 도망자가 아침 일찍 닿은 로와젤이라는 마을은 그 즈음 민가가 겨우 오륙십 채밖에 없었다.

브리강디에르가 마을의 크기나 위치에 대해 착각을 한 건지, 페론에서 캉브레에 이르는 가도는 이 마을을 지나지 않았다.

그러나 밀가루 장이 서는 매주 금요일에는 꽤 많은 사람이 이곳으로 모여들었다.

그해 3월 29일은 마침 금요일이었으므로 방다 일행은 그다지 이목을 끌지 않았다. 마을 사람들은 금요일이면 많은 이방인의 얼굴을 보는 데 익숙해 있었다.

네 사람은 장이 서는 광장에 모인 사람들 틈에 능숙하게 섞여들었으며, 그곳에서 엿들은 대화를 참고로 브리강디에르가 새로운 대책을 세웠다.

브리강디에르는 투르네 근방에 사는 곡물상으로, 장사를 위해 아내와 하인 두 사람을 데리고 여행하는 행세를 하기로 했다.

이 노병은 이해가 빨랐으므로 곧 밀가루 값이며 보리 값을 외웠으며, 한 시간쯤 지나자 보리 값이나 품질에 관해 누구와도 토론할 수 있을 정도가 되었다.

방다도 이 책략에 흔쾌히 찬성했다.

폴란드인과 터키인은 침묵을 지키면서 브리강디에르의 행동에 맞장구만 치면 되었다.

이 교묘한 책략 덕택에 네 도망자는 곧 필요한 정보를 잔뜩 알게 되었다.

피카르디 지방 사람들은 쾌활하고 수다쟁이여서, 로와젤 시장에서 입에 오르는 화제는 곡물에 관한 것만이 아니었다.

짧은 시간에 브리강디에르가 들은 이야기에서 최근 인두세가 올랐다는 것, 주민이 세무관이나 소금세 징수원에게 대단한 불만을 품고 있다는 것, 4

월에는 대규모 군대가 이 마을을 지날 예정이라는 것 등을 알 수 있었다.

이미 르부아 국무총리가 파견한 선발대가 이 근방을 시찰하며, 조만간 플랑드르 지방으로 이동할 예정인 국왕군을 위해 숙영지를 준비한다는 소문이었다.

또 국경에 가까운 캉브레로 가려면 카트레까지 가서, 생 캉탱에서 오는 역마차를 타야 한다는 정보를 얻은 브리강디에르는 되도록 빨리 그렇게 해야겠다고 생각했다. 신속하게 솜 강 유역에서 벗어나지 않으면 위험했기 때문이다.

마지막으로 브리강디에르는 페론에서 온 뚱뚱한 제분소 주인과 이런저런 잡담을 시작했다. 이 사나이 말로는 모든 사람이 페론 총독을 싫어한다는 것이었다.

레스핀 보르가르 총독은 냉혹하고 거만하며 몹시 사교성이 없는 악한이라는 평판이었다.

총독은 성채의 리슐리외 성루 근처 감시탑에 틀어박혀 지내며, 마을 광장에 모습을 드러내는 것은 부역 등 다양한 형태로 주민을 괴롭힐 때뿐이었다.

브리강디에르는 전날 밤 참극의 소문이 이미 마을에 퍼져 있는지 듣고 싶어 안달이 났지만, 의심을 사면 안 되므로 꾹 참았다.

게다가 사건이 공공연하게 퍼졌다면 그 제분소 주인도 분명 화제로 삼았을 것이다. 아무 말도 없는 것을 보면 그 살육은 극비리에 진행된 것 같았다.

이렇게 브리강디에르가 시장 사람들과 잡담하는 동안 방다는 마음속 동요를 드러낼 만한 언동은 절대 삼가도록 세심한 주의를 기울이면서 자신의 역할을 훌륭히 수행했다.

가엾은 모리스의 미망인은 남편의 여행길을 얌전히 따라다니며 남편 일에는 참견하지 않는 순종적인 상인의 아내를 연기하며 조용히 귀를 기울였다.

플랑드르 지방에서는 흔히 있는 광경이었으므로, 방다의 얌전한 침묵을 수상하게 생각하는 사람은 없었다.

충분히 이야기를 들었다고 판단하자 브리강디에르는 군중에서 멀어져 천천히 한 술집으로 걸어갔다. 출입문 위에 겨우살이가 장식되어 있어 멀리서도 눈에 띄는 가게였다.

어떤 고난 속에서도 인간의 욕구는 채워 주어야 한다. 브리강디에르의 이 생각은 지극히 옳았다. 네 사람은 이쯤에서 조금 몸을 쉬며 무엇보다도 배를 채워야 했다.

역마차가 지나가는 카트레 마을까지 20리는 족히 걸어야 했다.

게다가 지금은 시장에서 한창 거래가 활발한 때라 술집에는 손님이 그리 많지 않을 터였다.

방다는 잠자코 브리강디에르의 뒤를 따랐다. 두 병사는 몹시 허기졌으며, 무엇보다 목이 말랐으므로 이 계획에 반대할 이유가 없었다.

곧 네 사람은 천장이 낮은 가게에서 부지런한 피카르디 여자가 날라 온 요리 앞에 앉아 있었다. 탁자 여기저기에는 둥근 맥주병 자국이 찍혀 있었다.

네 사람 외에 손님이 없었으므로 여유롭게 이야기하기에는 아주 좋았다.

터키인과 폴란드인은 오믈렛을 게 눈 감추듯 먹고 맥주로 목을 축이면서 커다란 빵 덩어리를 뚝딱 해치웠지만, 브리강디에르는 몇 입 먹지 않았고, 방다는 이 빈약한 식사에 거의 손을 대지 않았다.

브리강디에르는 방다에게 억지로 음식을 권할 수는 없었으므로 곧 중요한 이야기를 꺼냈다.

"부인, 제 생각에는 이곳에 오래 있어 봐야 소용없습니다. 부인만 괜찮으시다면 당장에라도 카트레로 떠나는 편이 좋을 것 같습니다. 역마차에 공석만 있다면 오늘 밤은 캉브레에서 묵고, 내일은 국경을 넘을 수 있습니다.

지금 우리가 있는 마을은 페론 성채와 너무 가까워서 오래 머무를 수 없습니다."

"아무래도 상관없어요." 방다가 중얼거렸다.

"무슨 말씀을 그렇게 하십니까? 대장님의 원수를 갚기 위해 살아남자고 맹세한 게 바로 어젯밤입니다." 브리강디에르가 방다의 말에 놀라움과 실망감을 내비쳤다.

"플랑드르로 돌아가도 그 사람의 원수는 갚을 수 없어요."

"어째서요? 브뤼셀로 돌아가면 부인의 편이 되어 줄 강력한 비호자가 있지 않습니까?

리졸라 님과 아스프르 님을 비롯해, 대장님께 이 불행한 계획을 세우게 한 많은 사람이 부인께서 대장님의 유지를 이어 살인자들을 쫓아 복수할 수 있도록 도와주지 않겠습니까?"

"난 리졸라도 아스프르도 믿지 않아요. 모리스가 목숨을 걸고 프랑스로 향하는 동안, 조심스럽게 르부아의 손길이 미치지 않는 곳에 있던 훌륭한 귀족 나리 중 도움이 될 만한 사람이 한 명이라도 있나요?"

"그럼 누굴 믿는단 말입니까?"

"바로 나죠, 브리강디에르. 그리고 대장의 미망인에 대한 당신의 충성심을 믿어요."

"부인, 전 확실히 부인을 위해 목숨을 버릴 각오이지만, 저 같은 노병과 부인 같은 젊은 여성이 뭘 할 수 있겠습니까?"

"뭘 할 수 있는지 가르쳐 줄 테니 잘 들어요.

우리 두 사람은 넝쿨이 탑에 휘감기듯이, 그 비열한 덫을 놓은 자들을 휘감을 수 있어요. 한 발 한 발 놈들의 뒤를 쫓으면서 행동을 감시하고 기회를 엿봐서 한 사람씩 해치우는 거죠.

탑이 아무리 높고 견고해도 연약한 넝쿨은 돌 사이를 파고들어 축대를 흔들어요. 그러다가 어느 날 갑자기, 위용을 자랑하며 솟아 있던 탑은 넝쿨의 끈질긴 노력에 무너지죠. 넝쿨은 교만한 이 세상 권력자가 세운 탑을 쓰러뜨리기 위해 하느님이 만드신 식물이에요.

이제 내가 프랑스를 떠나고 싶어 하지 않는 이유를 알겠죠?"

"알겠습니다." 브리강디에르가 침통한 표정으로 대답했다. "하지만 그만큼 적에게 접근하려면 페론으로 들어가야 하고…… 파리에도…… 때에 따라서는 베르사유에까지 들어갈 필요가 있습니다. 그건 호랑이 굴로 뛰어드는 거나 마찬가지지요."

"맞아요. 난 먼저 페론으로, 그다음에 파리로 가고 싶어요. 그 뒤에 르부아라는 이름의 호랑이를 찾으러 베르사유라는 소굴까지 가야 한다면 가는 수밖에 없죠."

"하지만 그 도르빌리에 놈이 모든 걸 털어놓았을 게 분명합니다. 그자는 붙잡혀서 감옥으로 끌려갔을 겁니다.

자기 하나 살겠다고 우리에 관해 모조리 털어놓고, 어쩌면 자기도 추적에 가담해 우리를 쫓겠다고 르부아에게 제안했을지도 모릅니다."

"그렇다면 더 잘됐네요. 우리 손으로 놈을 죽일 수 있으니까."

브리강디에르는 고개를 수그리고 그 이상 입을 열지 않았다. 방다의 말에 수긍이 가서가 아니었다. 그는 오히려 페론 총독의 부하를 상대로는 승산이 없다고 생각했다.

그러나 방다의 성격을 잘 아는 브리강디에르는 무슨 말을 해도 이 대담한, 아니 비상식적인 계획을 단념시키지 못하리란 것을 눈치채고, 어차피 목숨을 버릴 각오를 한 이상 맹목적으로 명령에 따르기로 했다.

"1시간 뒤에 출발하기로 해요." 용감한 여자가 말했다. "그러면 로와젤 시장에서 돌아오는 주민들에 섞여 다리를 건널 수 있어요.

그중 한 사람에게 어딘가 적당한 여관을 가르쳐 달래서 그곳에서 묵으면 돼요. 여관 주인한테는, 우리 짐은 나중에 나귀가 싣고 올 거고 이틀 내로 플랑드르로 돌아갈 예정이라 도중에 두고 왔다고 말하고.

내일 당신과 두 부하는 마을을 돌아다니며 아무 병사하고나 친해지세요. 그동안 나는 여관 안주인에게 넌지시 물어볼게요.

하느님이 공평하시다면 우리는 분명 총독이 체포된 도르빌리에를 어떻게 했는지 알아낼 수 있을 거예요."

브리강디에르는 깊은 한숨을 내쉬고, 완전히 포기한 듯이 중얼거렸다.

"말씀에 따르겠습니다, 부인. 하지만 조만간 분명히 후회하게 될 겁니다."

"하지만," 방다가 비통한 심정으로 말했다. "모리스의 시체가 강기슭으로 밀려올지도 모르잖아요? 나까지 죽게 된다 하더라도, 그토록 깊이 사랑했던 모리스를 다시 한 번 끌어안기 위해서라면 어떤 고난도 감수할 생각이에요."

그때 거래를 마친 농부들이 술집으로 우르르 들어왔으므로 방다 일행은 대화를 멈추고 길을 떠났다.

방다의 계획은 매우 순조롭게 진행되었다.

일행은 그날 저녁 누구의 눈에도 띄지 않고 페론에 진입해, 로와젤에서 길동무가 된 곡물상의 소개로 마을 중심에 있는 '꽃바구니 여관'이라는 낡은 여인숙에서 묵게 되었다.

여관 여주인은 네 사람을 대단히 반겨 주었다. 그곳은 플랑드르 지방에서 온 여행객이 자주 들르는 여관이었으므로, 일행은 누구의 의심도 사지 않았다.

브리강디에르는 자신을 팡 스타벨이라고 소개했다. 장사하면서 프랑스 각지를 돌아다니는 사람인데 아내가 지쳐 페론에서 이삼일 쉬고 갈 생각이라고 말했다.

두 병사도 플랑드르식 가명을 대며, 장사꾼 밑에서 일하는 사람들이라고 소개했다.

되도록 입을 열지 말고, 그 대신 자세히 관찰하고 자세히 들으라는 명령을 받은 두 사람은 그 지시를 충실히 지켰다.

이렇게 모든 일이 순조롭게 지나가고, 네 사람은 다음 날 이른 아침부터 저마다 맡은 역할을 연기하기 시작했다.

방다는 여관 여주인과 이런저런 이야기를 나누었다. 다행히 여주인은 아주 쾌활하고 붙임성 좋은 수다쟁이였다.

상인은 서둘러 성 쪽으로 산책하러 나갔으며, 하인이라 칭한 두 사람은 마을의 명소를 구경하러 갔다.

팡 스타벨 부인인 방다는 이내 '꽃바구니 여관' 여주인의 마음에 들었다. 자신과 남편이 그렇게 나이 차이가 크게 나는 이유를 팡 스타벨 부인은 이렇게 설명했다. 자신은 최근에 부모를 여의어 부모님의 친구와 결혼했는데, 남편은 돈도 많고, 젊은 아내에게 무척 다정다감하며 친절하게 대해 준다. 훌륭한 사람과 한평생을 함께하게 돼서 정말 행복하다.

이런 그럴싸한 거짓말은 이전의 방다라면 도저히 못했을 것이다. 그러나 모리스의 죽음은 이 여인의 성격을 완전히 바꾸어 놓았다.

절망의 구렁텅이에 빠진 방다는 복수의 화신이 되어, 사랑하는 사람의 목숨을 빼앗아 간 살인자들을 쓰러뜨리기 위해서라면 수단을 가리지 않는 여자가 된 것이었다.

여주인은 방다의 이야기를 완전히 믿고 곧 자기의 이야기도 털어놓았다.

이 여인은 과부였지만, 남편의 죽음을 슬퍼하지는 않았다. 살아생전의 남편은 술과 도박에 빠져 있었던 데다가 폭력을 행사했기 때문이다.

남편이 살아 있는 동안에 '꽃바구니'는 그다지 번성하지 않았다. 그러나 남편이 저세상으로 떠나자 모든 일이 술술 풀리기 시작했다.

큰 장이 설 때면 여관은 손님으로 북적였고, 그렇지 않을 때도 페론을 방문하는 귀족들은 어김없이 이곳에서 묵었으므로, '꽃바구니'는 마을에서 가장 좋은 여관이라는 평판을 얻게 되었다.

작년에는 릴 총독 유미엘 후작과 피카르디 지사 루이에 드 쿠들레 각하도 일행을 데리고 이 여관에서 묵어 준 덕에 여주인은 뜻밖에 큰돈을 벌었다.

덕분에 여주인은 많은 재산을 모았으며, 귀족들에게도 마을 사람들에게도 좋은 평판을 얻고 있었다. 레스핀 보르가르 총독의 가차 없는 명령으로 병사들을 재워 주거나 그밖에 부역에 동원되는 일 외에는 아무런 불만 없는 생활을 하고 있었다.

방다가 여관 여주인의 이야기를 듣는 동안 브리강디에르는 이 상테르 지방의 고도를 산책했다.

브리강디에르는 자신을 플랑드르 출신이라고 소개한 이래 자못 순박한 태도를 가장하며 느릿느릿 걸었다.

더구나 옷을 팔아 준 농가에서 기다란 콧수염을 깎았으므로 군인다운 면모는 거의 없어졌다. 단, 곡물상치고는 지나치게 볕에 그을었으며 눈빛이 다소 날카로웠으나 이 결점은 온화한 태도와 공손한 말투로 충분히 가려졌다.

브리강디에르는 한 번도 페론에 와 본 적이 없었지만, 여관 여주인에게 길을 물으면 의심을 살까 봐 일단 정처 없이 마을을 어슬렁거리기로 했다.

다행히 그리 넓은 마을은 아니어서 마을 구석구석을 다니는 데 그다지 시간이 걸리지 않았다.

브리강디에르는 전쟁터를 정찰할 때처럼 마을을 둘러보았다. 건물의 배치나 길의 방향을 관찰하고, 요새 보루의 위치며 성벽의 높이를 머릿속에 단단히 새겼다.

산책한 지 1시간이 채 못 되어, 성벽은 타원형이고 그 세로축은 솜 강과 수직이며 네 군데에 문이 있다는 사실을 알아냈다.

파리 쪽을 가리키는 보루 모서리에 페론 성이 우뚝 솟아 있었다. 중세에 지어져 프랑수아 1세 시대에 수리·증축된 크고 튼튼한 성이었다.

총독이 사는 곳은 넓은 정사각형 안뜰에 면한 16세기 건물이었다.

이 관저가 서 있는 보루 네 귀퉁이에는 사암으로 만든 네 개의 첨탑이 높다랗게 솟아 있었다.

그중 하나는 일찍이 루이 11세가 유폐되었던 탑이었고, 샤를 단순왕이 교살된 감시탑 토대도 남아 있었다.

말할 것도 없이 브리강디에르가 마을에서 가장 관심을 보인 곳은 이곳이었다.

브리강디에르는 몇 번이고 성 앞뜰 앞을 왔다 갔다 했다. 총독의 신변 보호를 담당하는 게 분명한 푸른 제복을 입은 병사들이 앞뜰을 돌아다니고 있었다.

물론 병사들의 주의를 끌 만한 짓은 삼가야 했으므로 브리강디에르는 그곳에 별로 오래 머무르지 않고 마을 반대편으로 걸어갔다.

완벽한 정찰을 하려면 성벽 바깥을 한 바퀴 돌 필요가 있었다.

당시 페론은 인구도 별로 없고 그리 활기 있는 마을이 아니었다. 따라서 이런 이른 아침에는 거리를 돌아다니는 사람도 드물고 가게도 드문드문 열기 시작했으므로, 어떤 구실로 주민들에게 말을 붙여 잡담을 시작할 수는 없었다.

그 대신 브리강디에르는 성벽 북문 근처에서 폴란드인 크스키를 발견하고, 남문 근처에서 터키인 알리가 걸어가는 모습을 보았다.

견원지간인 두 사람은 당연히 반대 방향으로 돈 것이었다.

크스키는 두 병사가 앉아 있는 술집으로 들어가고, 알리는 커다란 꾸러미를 옆구리에 끼고 한 가게에서 나오는 참이었다.

마을에서 두 사람에게 말을 붙이면 이상해 보일까 봐, 브리강디에르는 남아도는 시간을 주체할 수 없다는 듯이 멍하니 하늘을 올려다보면서 캉브레문에서 마을 바깥으로 어슬렁어슬렁 나갔다.

전날 밤 네 사람이 마을로 들어온 것도 그 문을 통해서였다.

해자에 놓인 도개교를 건너자 브리강디에르는 오른쪽으로 꺾어 해자 바깥쪽으로 난 경사진 오솔길을 걸었다.

얼핏 유유자적하게 걷는 듯이 보였지만, 요새의 방어설비를 흘끔흘끔 쳐다보는 것도 잊지 않았다.

성벽은 벽돌로 되어 있었는데 상당히 파손되었으며, 아주 오르기 쉬워 보이는 둑 위에 세워져 있었다. 둑 아래로 이어지는 해자는 좁았지만 물은 탁하고 깊었다.

당시 이 요새는 본격 포위전에 저항할 수 있는 상태가 아니었지만, 죄인을 가둬 두기에는 알맞은 장소였다.

이윽고 브리강디에르는 한쪽으로 성이 우뚝 솟아 있는 리슐리외 보루 앞까지 와서 조용히 풀 위에 앉아 그 거대한 모습을 가까이서 관찰했다. 크고 작은 탑과 맞배지붕이 겹겹이 쌓아 올려진 커다란 파이 같은 모양이었다.

처음부터 감옥 용도로 지어진 것같이 보이는 이 살풍경한 성의 벽면에는 고작해야 서너 군데에 총안과 같은 작은 격자창이 뚫려 있을 뿐이었다.

브리강디에르는 시력이 좋았다. 그러나 창의 격자 뒤에는 사람 그림자가 전혀 보이지 않았고, 총안으로 보초가 총부리를 겨누고 있는 듯한 모습도 보이지 않았다.

성채는 샤를 호담공 때부터 폐허인 채 방치된 것처럼 쥐 죽은 듯이 고요했다. 그 주변에 보이는 사람이라곤 성문을 지나는 도개교 바로 밑 바위에 앉아서 낚싯줄을 늘어뜨린 낚시꾼뿐이었다.

낚시꾼은 파란 웃옷을 입고, 가느다란 금색 장식 끈이 달린 모자의 챙을 꺾어서 쓰고 있었다.

보아하니 총독 직속 소규모 수비대의 하급 장교 같았다.

그 낚시꾼을 유심히 지켜보던 브리강디에르는 이윽고 어떤 묘안이 떠올랐다. 도개교 바로 앞까지 걸어가 반바지 주머니에 손을 찔러 넣고 휘파람을 불면서 느릿느릿 도개교를 건넜다.

성문은 자유롭게 드나들 수 있게 되어 있었으며, 앞쪽에는 황량하고 작은 안뜰이 있는 것 같았다.

이쪽으로는 사람이 거의 지나가지 않는 것 같았다. 총독 저택의 모든 활동은 마을 내부에 면한 정면 현관 쪽에 집중되어 있는 것 같았다.

문득 보니 성벽 밑에 분명하지 않은 오솔길이 이어져 있었다. 낚시꾼은 그 길을 지나 도개교 아래로 내려간 것 같았다.

브리강디에르는 도개교 난간을 넘어 그 급한 비탈을 내려갔다.

낚싯줄을 늘어뜨린 사나이는 위쪽에서 조약돌 구르는 소리를 듣고 얼굴을 들었지만, 마을 사람이 내려오는 것을 보고 불쾌한 듯이 어깨를 으쓱하더니 탁한 수면으로 다시 시선을 돌리고 조용히 찌를 바라보았다.

브리강디에르는 이런 무시에도 아랑곳하지 않고 오솔길을 성큼성큼 내려가, 이 진지한 낚시꾼에게서 1미터도 떨어지지 않은 곳까지 갔다.

마침 그때 먹보 물고기가 미끼를 물었는지 찌가 움직이기 시작했다.

찌가 순식간에 물속으로 사라지고, 낚시꾼은 필사적으로 줄을 끌어올렸다……. 그러나 올라온 것은 미끼가 사라진 낚싯바늘뿐이었다.

"유감이군요!" 브리강디에르가 외쳤다. "아까웠어요. 찌가 흔들리는 걸로 봐서 커다란 잉어가 걸린 게 분명했는데……. 낚싯줄을 너무 빨리 끌어당겼어요."

"그렇게 잘 알면 직접 잡아 보든가." 서툰 낚시꾼이 퉁명스럽게 말했다.

"그럼 은화를 한 닢 드릴 테니 낚시를 시켜 주시겠습니까?"

이렇게 말하고 브리강디에르가 호주머니에서 은화를 꺼내자 낚시꾼은 갑자기 표정을 바꾸며 물었다.

"보아하니 페론 사람은 아닌 것 같은데."

"왜 그런 걸 묻습니까?"

"일단 이곳 사람들은 은화를 떡하니 내놓거나 하지 않거든. 게다가 이 마을 사람이라면 총독의 명령으로 해자에서 고기를 낚는 게 금지되어 있다는 사실쯤은 알 테니까."

"하지만…… 그러는 당신은……."

"난 예외야. 총독의 헌병대 대장 대리라서 특별 허가를 받았지."

"아, 그랬군요. 그럼 제발 지금 제가 한 말은 못 들은 걸로 해 주십시오. 이거 큰일이네! 이러고 있는 걸 들키기라도 하는 날엔 어마어마한 벌금을 물게 될 텐데. 잘못하면 당신까지 덩달아 벌을 받게 될지도 모르고요."

이렇게 말하면서 브리강디에르는 서둘러 은화를 호주머니에 도로 넣었다.

"글쎄." 헌병대장 대리가 중얼거렸다. "그렇게 위험하진 않을 거야. 누구한테 들킬 염려가 없으니까.

리슐리외 보루 수비대는 아주 오래전부터 근무하고 있지 않고, 이곳은 도개교에 가려 있어서 웬만큼 눈이 좋은 자가 아니면 우리를 볼 수 없을 테니까."

"정말 괜찮을까요?"

"그래, 내가 보장하지."

"그럼 은화를 드리는 대신……."

"그래, 그건 받아 두지."

브리강디에르는 번쩍번쩍 빛나는 보물을 다시 꺼냈다. 헌병은 그것을 받아 자기 호주머니에 넣었다.

"그럼 낚싯대를 빌려 주지." 총독의 부하가 거들먹거리며 말했다. "무사는 한 입으로 두말 안 하지. 어디 솜씨를 뽐내 봐. 한 번으로 부족하다면, 무사의 정으로 몇 번이든 하게 해 주지."

"그때마다 돈을 내야 하나요?"

"물론이지."

"또 부탁하게 될지도 모르겠습니다. 특히 운 좋게 첫 번에 낚아 올리게 되면 그만두기가 아쉬워질 테니까요……."

"오호! 낚시를 엄청나게 좋아하나 봐?"

"네. 낚시라면 환장하죠. 사실 전 플랑드르에서 이곳으로 밀가루를 사러 온 자인데, 도중에 개울이나 연못이 눈에 띄면 잉어나 장어라도 잡히지 않을까 하는 마음에 노새에서 내려 낚싯줄을 드리우고 싶어 몸이 근질근질했을 정도랍니다."

"아! 그렇다면 여기서는 마음껏 즐길 수 있을 거야. 이 해자에는 잉어나 송어가 잔뜩 있거든. 물론 작은 고기는 바글바글하고."

"그게 다 누구 것이지요?" 자칭 플랑드르인이 감탄한 듯이 손뼉을 치면서 외쳤다.

"다 총독 각하 것이지." 헌병이 가슴을 펴며 대답했다. "지금부터 자네는 왕족이나 맛볼 수 있는 즐거움을 누리게 되는 거야. 수와송 백작도 요전에 국왕의 군대에 가세하러 가는 도중 이곳에 들렀을 때 투망을 던진 적이 있다니까."

"그래서 많이 잡았나요?"

"두말하면 잔소리지. 아, 1시간도 안 돼서 150킬로그램이나 잡았다니까."

"듣기만 해도 구미가 당기는데요! 우리 플랑드르 사람은 그렇게 많은 고기를 본 적이 없거든요.

전 잉어 두세 마리나 잡으면 그걸로 만족합니다."

"아무튼 잡아 봐."

"꼭 생선이 먹고 싶어서가 아닙니다. 마누라랑 두 하인과 함께 여관에 묵고 있어서 그곳 여주인이 만들어 주는 식사에 만족해야 하거든요."

"알지. 그러니까 낚시질 자체가 좋다는 거 아니야."

"바로 그거죠! 정말 부럽습니다. 이렇게 훌륭한 명당에서 날마다 낚시를 즐길 수 있다니, 당신은 정말 운이 좋은 사람이에요. 총독이 당신을 무척 아끼나 보죠?"

"응. 난 총독에게 신임받는 영광을 얻었지." 헌병대장 대리가 잔뜩 거들먹 거리며 대답했다.

"아! 당신들 군인은 정말 행복하군요. 나도 총알만 무섭지 않다면 프랑스 국왕의 군대에 들어가서, 어쩌면 하사관 정도는 됐을지도 모르는데. 하지만 실제로는 전 프랑스나 브라방 지방의 시장에서 시장으로 옮겨 다니다가 투르네로 돌아가 가게를 경영해야 합니다……."

"그야 그럴지도 모르지! 하지만 자넨 돈이 있잖아!"

"에이! 확실히 장사는 잘되고 있지만, 그래도 저한테는 당신 직업이 더 좋아 보이는 걸요."

"뭐, 누구든 자기 처지에 만족하며 살아야지. 난 장사꾼이 훨씬 좋아 보이는데. 적어도 밤새도록 늪지를 지키다가 폐병까지는 아니더라도 신경통에 시달릴 위험을 감수하지 않아도 될 테니까. 어쨌든, 잡담은 그만두고 빨리 낚싯대나 던지게. 난 오늘 할 일이 있거든."

이 말을 듣고 브리강디에르는 속으로 쾌재를 불렀다. 이 헌병대장 대리에게서 야간 행군 이야기를 들을 수 있다면, 어떤 큰 물고기를 놓쳐도 조금도 아쉽지 않을 것 같았다.

그러나 서두르다 일을 그르칠 수 있었으므로 상대에게 질문하기를 일부러 그만두고, 지금 막 돈을 내고 빌린 낚싯줄과 낚싯바늘을 전문가다운 솜씨로 살펴보기 시작했다.

"미끼는 뭘 쓰십니까?" 브리강디에르가 심드렁한 얼굴로 물었다.

"그런 것도 몰라! 당연히 지렁이지."

"맙소사, 안 되지요! 투르네에서는 더 좋은 미끼를 씁니다. 자, 보십시오."

브리강디에르는 현대식으로 말하면 이른바 '스포츠'에 정통했다. 방랑생활을 하는 중에 근처 숲이나 강에서 먹을 것을 구해야만 하는 때가 수없이 있었기 때문이다.

브리강디에르는 전날 로와젤의 술집에서 산 네덜란드산 치즈를 호주머니에서 꺼냈다. 그러고는 아주 조금만 찢어 손가락으로 비벼 동그랗게 만들고, 이 냄새 좋은 미끼를 바늘에 꿰었다.

"세상에!" 헌병대장 대리가 외쳤다. "총독 각하의 잉어가 네덜란드인이 좋아하는 음식에 달려들 거라고 생각하는 거야?"

"곧 알게 될 겁니다." 브리강디에르는 침착하게 낚싯줄을 던졌다.

1분도 지나지 않아 찌가 물속으로 쑥 사라졌다.

브리강디에르는 정석대로 심호흡을 한 번 한 뒤 낚싯대를 휙 잡아당겨, 1킬로그램은 될 듯한 송어를 능숙하게 낚아 올렸다.

헌병대장 대리는 몹시 놀란 듯했다. 그 모습으로 미루어 보건대, 이 낚시꾼은 총독에게 흔치 않은 특권을 받아 두고서도 페론의 해자에서 쪼끄만 물고기 한 마리 낚은 적이 없는 것 같았다.

"이거 참 놀랍군! 정말 훌륭한 솜씨야. 이 정도라면 은화 한 닢으로는 도저히 살 수 없을걸. 싱싱한 송어의 맛은 끝내주니까……."

"그럼 오늘 밤 저녁 식사로 드셔 보시겠습니까?" 이렇게 말하고 브리강디에르는 물고기를 둑 위에 던져 놓았다.

"자네가 그렇게 말한다면 고맙게 받지. 군대 식당 안주인은 생선 스튜를 잘 끓이니까. 대여섯 마리만 더 잡으면 좋겠는데……."

"해 보죠. 그런데 당신 옆에 앉을 수 있도록 자리를 조금 비켜 주시지 않겠습니까? 그편이 더 잡기 편할 것 같은데요."

"그쯤이야 식은 죽 먹기지!"

두 낚시광은 사이좋게 나란히 앉았다. 브리강디에르는 낚싯줄을 드리운 채 이따금 파란 제복 입은 사나이를 곁눈질로 관찰했다.

이 헌병은 체격이 건장하고, 직업에 걸맞게 악당 같은 얼굴이었다.

루이 14세 시대의 헌병대는 군대와 경찰의 임무를 겸했다.

헌병은 계급이 낮은 병사로서 군대에 속해 있는 자가 많았으나, 칙명체포장을 받고 사람들을 연행하거나 르부아의 명령에 따라 사람을 죽이면서 일생을 보냈다.

개중에는 이른바 외교 수완까지 발휘하는 자도 있었다. 이를테면 데글레라는 헌병은 리에주의 주교관으로 도망친 브랑빌리에 후작부인에게 수도사 행세를 하며 접근해, 리에주 총독의 코앞에서 보란 듯이 부인을 유괴했다.

물론 모든 헌병에게 그런 재주가 있는 것은 아니었다. 대부분은 경호나 말단 간수 일을 하는 것이 고작이었다. 페론 총독이 아낀다는 이 사나이도 그런 부류에 들어갈 것 같았다.

'어쩌면 지지난밤 대장님을 죽인 병사들을 지휘한 자가 이자일지도 몰라.' 브리강디에르가 생각했다.

"이거 아쉽군!" 헌병이 마른 풀 위에서 맥없이 늘어져 있는 물고기를 바라보면서 한숨을 섞어 말했다. "자네가 잡은 물고기를 먹어 보고 싶은 마음은 굴뚝같지만, 사실 오늘 밤 막사에서 식사할 수 있을지 없을지조차 확실하지 않네."

"정말 안타깝군요. 이 작은 잉어만 해도 이렇게 맛있어 보이는데."

네덜란드산 치즈의 효과는 대단했다. 프랑스 국왕의 영지에 사는 물고기들은 아무 거리낌 없이 적국의 특산품에 달려들었다.

브리강디에르는 계속해서 낚싯바늘에 미끼를 꿰어, 페론의 해자에 사는 통통한 물고기들을 낚아 올렸다.

물고기가 낚일 때마다 헌병은 감탄사를 내뱉으며 허망한 한숨을 쉬었다.

그 미련이 가득한 모습이 브리강디에르는 결국 한마디 했다.

"총독 각하께서 당신의 맛있는 식사를 방해하지 않으면 좋을 텐데요. 만일 그렇게 된다면 총독께 당신이 잡은 물고기들을 바치는 수도 있습니다."

"아니! 총독은 눈앞에 닥친 일을 처리하느라 바빠서 여유롭게 물고기 요리나 먹을 기분이 아닐 거야."

"그래요? 전 국경에서 이렇게 멀리 떨어진 요새에서는 총독도 수도원 원장처럼 유유자적하게 지내고, 당신 같은 헌병대원들도 수도사처럼 맛있는 음식을 배불리 먹으며 여유롭게 지낼 줄 알았는데요."

"당치 않은 소리. 옛날에는 그랬을지 모르지만, 요즘은 르부아 각하 때문에 숨 쉴 틈도 없을 정도야.

조금 전에 명령이 떨어졌나 싶으면 곧바로 그 명령이 취소되기도 하고, 야간 행군에 죄수 호송에…… 그렇지, 바로 그저께도…… 이봐, 물고기가 미끼를 물었잖아." 이야기가 핵심에 접어들려는 바로 그 순간 헌병이 갑자기 화제를 바꾸며 외쳤다.

브리강디에르는 이야기를 계속 들을 수 있다면 새끼손가락 하나쯤은 없어져도 좋다고 생각했지만 꾹 눌러 참고, 위아래로 심하게 요동치는 찌를 바라보며 침착하게 낚싯대를 움직여 커다란 잉어를 낚아 올렸다.

"자넨 물고기를 불러들이는 비법을 알고 있는 게 틀림없어!"

헌병이 외쳤다.

"그럴 리가요! 낚싯대를 조금 잘 다루는 것뿐이지요."

"아냐, 솔직히 말하자면 난 여기서 가끔 낚시질을 하지만, 튀김 거리도 안 되는 작은 비단잉어 대여섯 마리를 낚으면 운수가 좋은 편인걸."

"오늘 밤은 식당 안주인에게 평소보다 좀 더 괜찮은 식재료를 가지고 돌아갈 수 있겠군요." 이렇게 말하며 브리강디에르는 다시 치즈 덩어리를 낚싯바늘에 꿰었다.

"어때, 안주인의 요리를 먹어 보지 않겠나? 성격이 아주 시원시원한 여자야. 바로 저기 리슐리외 보루에서 식당을 하고 있지."

"이렇게 친절하게 초대해 주시다니 몸 둘 바를 모르겠습니다."

"뭘! 우리 군인은 비싸게 굴지 않아. 자네가 오래 묵은 부르고뉴산 포도주를 한 상자 정도 돌린다면…… 식당에는 질 좋은 포도주가 많이 있거든……. 나도 다른 녀석들도 기꺼이 자네와 함께 만찬을 먹을 거야."

"정말입니까! 꼭 가겠습니다. 그런데 바로 전에는……."

"뭐?"

"바로 전에는 오늘 밤 근무 때문에 나가야 한다고 말씀하셨던 것 같은데……."

"아참, 그랬지! 깜빡 잊고 있었군."

"그럼 아무래도 당신과 건배할 기회는 포기해야겠군요. 전 가게 일이 걱정돼서 사나흘 안에 투르네로 돌아갈 생각이거든요."

"하지만 총독께서 그 죄수를 오늘 밤 당장 호송하겠다고 결정하신 건 아니야."

"죄수가 있나 보지요?"

"있다마다. 게다가 아주 중요한 죄수지. 우리 부대가 밤낮으로 절반씩 교대해 가며 성을 경비하면서 경계에 신경을 곤두세우고 있다니까.

뭐, 어차피 이 짓도 곧 끝날 테지만. 오늘 아침에 도착한 르부아 대신의 사자는 그 죄수를 끌고 오라는 명령을 총독에게 전하러 온 게 틀림없어."

"끌고 오라니요? 어디로요? 베르사유로 말입니까?"

"당연히 파리지! 즉, 바스티유란 말이지. 바스티유의 베스모 감옥장은 벌써 독방을 준비하고 있을걸.

우리는 하루에 100리를 행군하니까, 파리까지는 나흘이 걸릴 거야. 난 벌써 그런 식으로 파리를 여러 번 왔다 갔다 해서 잘 알지.”

“그럼 생선 요리와 더불어 부르고뉴산 포도주도 날아간 셈이군요.”

“그 죄수가 아직 호송될 상태가 아니라면 얘기가 다르지. 낙마해서 꽤 크게 다쳤다고 하니 그럴 가능성이 짙어.

아무튼, 저기 커다란 바위 밑으로 낚싯줄을 던져 봐……. 저기 저 바위 말이야.”

“물은 깊습니까?”

“깊이가 3미터에, 밑바닥 진흙이 적어도 2미터는 될걸. 떨어지면 절대로 올라오지 못하겠지. 하지만 잉어는 아주 많아.”

“그럼 한번 시험해 볼까요? 총독 각하께서 드셔도 부끄럽지 않을 생선 요리를 만들 수 있도록.”

“하지만 그 구두쇠는 돈을 주지 않을걸.” 헌병이 구시렁댔다.

“네? 설마요! 그래도 귀족인데, 그것도 국왕의 신하인데……”

“징세원 뺨칠 구두쇠라고. 자네한테니까 하는 말인데, 총독은 자기 잇속 밖에 챙길 줄 몰라서 우리 불쌍한 가난뱅이들까지 등쳐 먹으려고 한다니까.”

“그거 의원데요! 그 총독이, 르부아 대신의 신임이 두터운 그 사람이 그렇단 말이죠?”

“무슨 일이 있었는지 아나? 그젯밤 원정을 떠나기 전에 우리는 거액의 보상금을 약속받았어. 임무를 무사히 완수하면 난 금화 네 닢을, 부하는 각자 금화 한 닢씩을 받기로 되어 있었지. 그런데 실제로는 얼마를 받았는지 아나?”

“반 정도요?”

“틀렸어. 난 달랑 6리브르짜리 은화 한 닢을 받았고, 부하들은 한 사람당 30수짜리 은화 한 닢을 받았지.”

“너무 심하군요!”

“게다가 총독이 그렇게 보상금을 깎은 구실로 뭐라고 말했는지 아나?” 헌병은 뜯긴 돈 생각을 하자 점점 감정이 격해지는 모양이었다.

“짐작도 안 가는데요.”

"이런 말을 하더라고. '너희는 죽여서는 안 되는 자를 죽였다. 시체를 들고 왔는데 생포했을 때랑 똑같은 보상을 줄 수는 없는 노릇이지.'"

"세상에! 죽여서는 안 되는 자를 죽였다고요? 그럼 정말 누군가가 죽었습니까?"

"웬 잠꼬대야? 국왕이 우리를 물고기나 낚으라고 고용한 줄 아나?"

"하지만 전……."

"됐네. 우리는 절대로 놀면서 급료를 받을 수 없어! 특히 올해는……. 최근 6주 동안 난 사흘에 한 번꼴로 야영을 했네. 춥고 안개가 자욱하게 낀 밤을 강가에서 보내는 건 즐겁지 않은 일이야."

"부르르! 생각만으로도 몸이 얼어붙는 것 같습니다."

"그렇다니까. 6주나 그렇게 고생한 데다 요 일주일은 침상에서 잔 날이 달랑 이틀이야. 게다가 놈들이 완전 무장을 하는 바람에, 자칫 놓치기라도 하는 날엔 이쪽 목숨이 위태로운 상황이었지."

"정말 그렇군요! 소금 밀매업자들은 모두 난폭해서 총부터 쏘고 보니까요."

"무슨 소리야! 누가 소금 밀매업자래? 우리는 그런 자들은 상대하지 않아. 그젯밤에 우리가 죽인 사람은 엄연한 반란군이었다고. 국왕 폐하를 쓰러뜨리러 네덜란드 각지에서 파견된 모반자들이었지."

"모반자라고요! 그래서 그들과 전투를 벌였다는 겁니까?"

"그렇고말고! 그야말로 격전이었지. 난 그런 전투를 수없이 경험했는데, 그렇지 않았더라면 큰 부상을 당했을 거야."

"전투라니! 아이고 무서워라! 게다가 이 마을 바로 근처에서 말이죠?"

"솜 강 여울 근처였지……. 여기서 10리쯤 될까?"

"전 페론 사람들은 밀가루 거래만 하는 줄 알았습니다! 여관에서도 그런 대사건 이야기는 아무도 안 하던데요! 마을 사람들이 태평한 얼굴을 하고 있었던 건 그 일이 일상다반사이기 때문인가요?"

헌병이 경멸 섞인 조소를 띠며, 자못 중대한 비밀을 털어놓는 말투로 이렇게 대답했다.

"이런 일은 마을 사람들하고는 관계없는 일이야. 르부아 각하의 명령을 실행에 옮길 때 그 명령을 아는 건 총독과 헌병대원뿐이거든."

지금 시청에 가서 주임이나 시장을 붙들고 물어봐. 저기 오른쪽, 파리 문 바로 옆에 보이는 감시탑 안에 사슬에 묶인 죄인이 있고, 그놈을 붙잡는 것이 왈론군 연대를 통째로 체포하는 것보다 프랑스 국익에 더 도움이 된다는 사실은 아무도 모를 테니까."

"그렇군요! 그놈이 골리앗처럼 괴력을 가진 거인이라서 혼자서 총기병 열 명은 거뜬히 해치우나 보죠?"

"웬걸. 잘생긴 청년으로, 칼을 휘두르기보다는 미뉴에트나 샤콘을 추는 편이 어울릴 것 같았지. 그래도 지난밤에 붙잡기까지는 꽤 애를 먹었었어……. 자네한테니까 말하지만, 놈은 국가의 중대 기밀을 알고 있어……. 그래서…… 무슨 말인지 알겠지?"

"그렇군요. 다른 한 사람은……? 죽일 생각이 아니었는데 죽이고 말았다는 그자는요?"

"그도 비밀을 알고 있었던 것 같아. 총독 각하는 둘 다 심문하고 싶었나 봐. 하지만 우리의 총탄이 녀석을 저세상으로 보내 버린 건 따지고 보면 본인 탓이야.

우린 총부리를 낮게 겨눠 사격하라는 명령을 받았었어. 그런데 놈이 경계해서 그런 건지, 기슭으로 다가오자 안장에 납작 엎드리는 바람에, 말을 노렸던 총알이 맞아 버린 거지……."

"우와! 이번에는 잉어인 것 같습니다!" 이렇게 외치며 브리강디에르가 재빠르게 낚싯대를 올렸다.

"지금 뭐라고 하셨죠? ……."

"그러니까 총독이 공평한 사람이라면 우리에게 보상금을 듬뿍 주어야 한다는 말이야. 어쨌든 우리는 국왕 폐하의 목숨을 노리는 악당을 해치운 셈이니까.

그놈한테서 뭘 알아내기가 불가능해진 건 사실이지만, 그 대신 놈이 국왕에게 반역할 염려도 없어졌잖아. 내가 막지 않았다면 놈은 벌써 도망갔을 걸."

"그럼 당신이 그자를……."

"내가 가장 가까운 거리에서 겨누고 있다가 놈의 머리에 한 발을 먹였지. 그 공훈만으로도 은화 백 닢 가치는 충분한데 말이야."

"그걸로도 부족할 지경이죠." 브라방 지방의 민요를 휘파람으로 불면서 듣던 브리강디에르가 맞장구쳤다.

"마스트리흐트를 포위하러 가는 도중에 르부아 각하가 이 지방을 지날 때, 되도록 각하에게 직접 호소할 생각이야."

"그러면 분명히 상응하는 보상을 받을 수 있을 겁니다. 르부아 각하는 사리판단이 분명한 분이라고 하니까요."

"그래. 하지만 부하에게는 엄격한가 봐.
그런데 이야기에 집중하느라 낚시를 대충하면 안 돼."

"조금만 더 기다리십시오. 곧 미끼를 달 거니까요. 이번에는 큰놈이 잡힐 것 같은 예감이 드는데요. 그런데 목소리를 조금 낮추어 이야기할까요? 물고기가 놀라지 않도록."

"좋아. 자네가 잡아 올리는 잉어처럼 한마디도 않도록 하지."

"어이쿠!" 갑자기 브리강디에르가 외쳤다. "낚싯대를 놓쳤네……. 저기…… 당신 발밑에……."

브리강디에르가 실수로 놓친 낚싯대가 둑을 데굴데굴 구르다가 헌병 바로 밑에 있는 바위에 걸렸다.

"이리로 왔군." 헌병이 몸을 굽히며 말했다. "곧 주워 줄 테니 기다려."

그 순간 브리강디에르는 호랑이처럼 민첩하게 벌떡 일어나 바위로 다가가 어마어마한 힘으로 헌병을 날려 버렸다. 헌병은 진흙이 두껍게 쌓인 물속으로 거꾸로 떨어져 버렸다.

"한 놈 해치웠다!" 브리강디에르가 주먹을 불끈 쥐고 중얼거리며, 녹색을 띤 수면을 내려다보았다.

헌병은 떠오르지 않았다.

해자 밑바닥 진흙에 처박혀, 공평한 하늘의 안배로, 그날 밤 잡아먹으려던 잉어들의 식탁에 자신이 오르는 신세가 되었을 것이다.

복수는 시작되었다. 브리강디에르의 산책은 괜한 일이 아니었던 것이다.

그러나 브리강디에르는 다소 복잡한 심경으로 이렇게 생각했다.

너무 일렀나. 분노에 사로잡혀 그 역겨운 악당을 떨어뜨려 죽이지 말고 한 시간쯤 더 살려 두면서 더 많은 정보를 캐낼걸.

실제 브리강디에르가 들은 것은 그젯밤 붙잡은 죄수에 관한 모호하기 그

지없는 이야기뿐이었다. 잘 유도했다면 그 수다스러운 욕심쟁이 악당은 더 여러 가지를 떠들어 댔을 게 분명했다.

'하지만 그 푸른 제복을 입은 헌병이 부하의 총부리 방향을 바꾸어 모리스를 죽음에 이르게 했다고 자랑스럽게 지껄이는 걸 듣고 어떻게 냉정할 수 있었겠어!'

이미 벌어진 일은 후회해 봐야 소용없다. 이렇게 생각한 브리강디에르는 생각을 접었다.

헌병의 죽음을 사고로 보이게 하려고 브리강디에르는 작은 공작을 했다. 낚싯대는 떨어진 장소에 그대로 두고, 낚시꾼이 거칠게 반항하는 물고기를 건져 올리려다 실수로 발을 헛디딘 것처럼 보이도록 둑의 풀을 짓밟았다.

물론 고인이 그토록 먹고 싶어 했던 송어며 잉어며 농어를 바위틈에 남겨 놓음으로써, 불운한 헌병이 왜 이런 곳에 왔는지를 한눈에 알 수 있도록 해 두었다.

그러고는 조금 전에 내려왔던 오솔길을 도로 올라가 도개교 위로 되돌아왔다. 그곳에서 난간에 팔꿈치를 괴고, 몰리에르의 《인간 혐오자》에 나오는 "키다리 자작"처럼 심심풀이로 수면에 침을 뱉어 물결을 일으키는 느긋한 태도를 가장했다.

브리강디에르가 이렇게 그 자리를 뜨지 않는 데는 까닭이 있었다.

지금 이 광경을 누군가가 지켜보지는 않았는지 확인한 뒤에 안심하고 페론 성벽을 따라 산책을 계속하고 싶었기 때문이다.

다행히 감시탑 격자창에도, 성벽 총안에도, 해자 바깥쪽 경사에도 사람 그림자는 보이지 않았다.

살인을 목격한 것은 신뿐이었지만, 이 범죄의 동기를 아시는 신은 더없이 공정한 재판관으로서 범인의 죄를 용서하실 것이 틀림없었다.

브리강디에르는 아무런 죄책감 없이 가벼운 발걸음으로 걷기 시작했다. 일단 파리 문으로 갔다가 마을로 되돌아갈 생각이었다.

한시라도 빨리 대장의 미망인에게 이 사실을 보고하고 싶었다.

도개교에서 수백 보쯤 걷자 솜 강이 내려다보이는 야트막한 언덕 꼭대기에 다다랐다.

그곳에 서서 바라보니 작은 에테르피니 마을의 교회 탑이 보이고, 강 왼쪽 기슭에는 모리스와 그 부하가 목숨을 잃은 여울 반대편으로 이어지는 높은 제방이 보였다.

그 위치에서 보니, 총독의 헌병들이 북쪽에서 오는 모리스 일행에게 전혀 발각되지 않고 모래 산 뒤에서 매복할 수 있었던 이유를 잘 알 수 있었다.

그러는 사이에 그날 밤 광경이 잇달아 기억에 되살아나서 브리강디에르는 본디 정에 약한 성격이 아님에도 구릿빛 뺨을 타고 흐르는 굵은 눈물을 손으로 훔쳤다.

'대장님의 목숨 값으로 적 열 명의 목숨을 빼앗겠다. 그리고 저 검은 물속에 잠든 동료 한 사람당 네 명의 적을 죽이겠다. 모두 합쳐 마흔여섯 명이다.' 브리강디에르는 이를 갈며 속으로 중얼거렸다. '자, 이제 마흔다섯 명이다!'

마흔다섯 명이나 죽이는 것은 상당히 어려운 일이므로 지금은 르부아에게 희생된 아군의 운명을 느긋하게 한탄하고 있을 때가 아니었다.

빨리 일에 착수해야 했다. 방다를 너무 오래 혼자 둘 수도 없었다.

이렇게 생각한 브리강디에르는 이 기회에 마을 남문 쪽으로 걸어갔다. 그곳에서는 병사 두세 명이 먼 들판에서 이쪽으로 달려오는 마차를 유심히 바라보고 있었다.

마차에는 흥미가 없었던 브리강디에르는 파수병들의 주의를 끌지 않고 무사히 문을 빠져나왔다.

'꽃바구니'는 마을 반대쪽 끝에 있었다. 그곳으로 가는 길은 여러 갈래였다. 브리강디에르는 가장 인적이 드물 것 같은 길을 골라, 죽은 헌병대장 대리와 나눈 짧디 짧은 대화를 떠올리면서 걸어갔다.

그 사나이의 부주의한 말에서 몇 가지 귀중한 정보를 얻었다.

배신자 도르빌리에는 지금 성 탑 안에 사슬로 묶여 있다.

레스핀 보르가르 총독은 도르빌리에를 심문하고 곧 엄중한 감시를 붙여 바스티유로 호송하라는 명령을 받을 것이다.

어쩌면 아까 파리 가도를 달렸던 마차가 그 명령을 전하러 온 마차일는지도 모른다.

따라서 방다와 브리강디에르는 상황에 따라 즉시 행동할 수 있도록 준비해 둘 필요가 있었다.

음흉한 배신자를 세상 끝까지 쫓아가 그가 도망가지 못하도록 밤낮으로 감시하면서, 르부아 대신의 분노가 가라앉아 석방될 때를 노렸다가 그를 납치하여 정당한 복수를 한다. 이것이 젊은 과부와 노병이 짠 계획이었다.

헌병의 이야기를 들은 이래 브리강디에르는 총독 관저 앞뜰 근처에는 터키인을, 파리 가도에는 폴란드인을 각각 감시꾼으로 세우기로 결심했다.

이렇게 두 사람에게 감시하게 하고, 자신은 '꽃바구니 여관'에서 두 사람의 보고를 기다리면 된다. 통찰력이 날카로운 두 사람이니 총독 수비대의 동태를 놓칠 리 없었다.

그러려면 먼저 마을을 어슬렁거리는 두 병사를 발견해야 한다. 그러나 점심시간이 되면 알아서 숙소로 돌아올 것이 분명하므로 서둘러 찾을 필요는 없을 것이다.

생각은 이렇게 하면서도 브리강디에르는 역시 아까 두 사람을 발견했던 장소를 되도록 지나가려고 했다. 그러자 우연히도 두 시간 전에 폴란드인이 들어간 군대 식당 앞이 나왔다.

가게 문은 열려 있었다. 브리강디에르가 안을 들여다보려고 막 다가가는데 놀랍게도 폴란드인이 가게에서 나왔다.

폴란드인은 두 다리로 제대로 서려고 안간힘을 썼지만, 다리가 몹시 휘청거려서 문지방에 걸려 고꾸라질 뻔했다.

그러나 이 병사는 브리강디에르를 보자마자 차렷 자세로 식당 벽에 기대어, 농부들이 쓰는 커다란 모자에 손을 올리며 군대식으로 경례했다.

브리강디에르는 분노에 이성을 잃었다. 그곳이 인적 드문 들판 한복판이었다면, 이렇게 중대한 때에 술에 취해 인사불성이 된 괘씸한 부하는 그 자리에서 목을 졸라 죽였을 것이다.

"이 멍청한 놈!" 브리강디에르가 폴란드인의 코끝에 주먹을 들이대며 고함을 질렀다. "적지에서 정신이 나가도록 술을 마신 놈은 뼈를 부러뜨려도 시원치 않다. 네놈은 어째 늘 이 모양이냐!"

"제 잘못이 아닙니다." 폴란드인이 혀 꼬인 소리로 변명했다. "이래 봬도 전 술이 센 편이지만, 일곱 병째가 되자……."

"단 한 병이라도 마시지 말았어야지!"

"제발 용서해 주십시오. 제가 같이 마시지 않으면 놈들도 마시지 않겠다

고 하는 바람에…….''

"놈들이라니, 누구?"

"총독의 병사 두 명이요."

"왜 그들에게 술을 먹여야 했지? 무슨 정보라도 얻었나?" 브리강디에르가 목소리를 죽여 물었다.

"정보요? 그다지 대단한 이야기는 듣지 못했지만, 이제 놈들은 아무한테도 말하지 못할 겁니다."

"그게 무슨 뜻이지?"

"저길 보세요." 그렇게 말하고 폴란드인이 가게 출입구를 가리켰다.

브리강디에르는 고개를 쭉 내밀어 안을 들여다보았다. 이상한 광경이 눈에 들어왔다.

바닥에 두 병사가 시뻘건 얼굴로 대자로 뻗어 있었다. 둘 다 낚시를 하러 갔다가 불행한 꼴을 당한 그 헌병처럼 파란 옷을 입고 있었다.

그 안에는 희끄무레한 금발 머리의 여자—그 헌병이 말한 여자 같았다—가 벤치에 드러누워 있었다. 누가 봐도 술에 취해 잠이 든 모습이었다.

"이 멍청한 놈," 브리강디에르가 속삭였다. "곧 깰 사람들이잖아……."

"여자는 그렇지만, 다른 두 명은 그렇지 않습니다."

"뭐야?"

"아무런 속셈도 없이 미쳤다고 저들한테 한턱냈겠습니까?"

"무슨 속셈?"

"전 늘 호주머니에 에틸알코올을 한 병 넣어서 다니죠. 요즘엔 브랜디 정도로는 몸이 따뜻해지지 않는 기분이 들어서요.

폴란드에서는 날씨가 흐리면 강장제를 대신해 에틸알코올을 한 모금 마시는 습관이 있지요.

하지만 프랑스인이 그걸 1리터나 마셨다면 즉시 저세상 행입니다. 그것도 모르고 저 두 사람은 2리터나 마셨지요……."

"그 무서운 술을 저놈들 포도주에 섞었단 말인가……."

"네, 그렇습니다. 놈들은 전혀 눈치채지 못한 것 같았지만, 덕분에 제 병은 빈 병이 되었고, 저도…… 조금 머리가 아픕니다."

"저놈들이 죽은 게 확실해?"

"네, 확인했습니다. 몸을 만져 봤는데, 5분 전쯤에 이미 심장이 멈췄습니다."

"여관까지 걸어갈 수 있겠나?"

"어떻게든 해 봐야지요."

"좋아. 여관 마구간으로 가서 술이 깰 때까지 짚더미를 베고 누워 있어. 오늘 밤 할 일이 있으니까."

그렇게 명령하고 브리강디에르는 낮은 목소리로 이렇게 중얼거리며 그 자리를 뒤로했다.

"저 폴란드인의 주량은 알아줘야 해. 어쨌든, 좋았어! ……이제 남은 놈은 마흔세 명이다."

그날은 웬일인지 우연히 맞닥뜨리는 사람이 많았다.

폴란드인과 헤어져서 얼마쯤 걷다가, 인적 없는 골목 모퉁이에서 터키인 알리와 딱 부딪칠 뻔한 것이다.

그다지 열렬하지 않은 이 회교도는 무슨 나쁜 짓을 한 사람처럼 담장을 따라 살금살금 걸어오고 있었다. 그 얼굴에는 어딘가 만족스러운 표정이 떠올라 있었다.

"어디 갔었나?" 브리강디에르가 물었다.

"총독의 헌병대 병영이요." 알리가 한쪽 눈을 찡긋해 보였다.

"그런 곳에서 뭘 했는데?"

"잠깐 놀다 오는 길입니다."

"놀다 왔다고! 지금이 놀 땐가!"

"시간을 헛되이 쓴 건 절대로 아닙니다."

"그럼 뭘 했는데?"

"성 안뜰 문에서 담배를 피우던 병사에게 불을 빌려 달라고 부탁했지요. 그랬더니 그자가 저더러 이상한 사투리를 쓴다고 하는 겁니다.

그래서 나는 보헤미아 출신으로, 노래를 부르면 더 이상한 사투리가 나온다고 대꾸했죠.

그랬더니 다른 병사들도 몰려와 맥주를 주면서 민요를 불러 달라고 하는 겁니다."

"그래서 정말로 불렀어?"

"설마요! 콧노래로 코란 경전을 외웠더니 그걸 보헤미아 말인 줄 아는 것 같았습니다.

제가 노래하면서 우스꽝스러운 표정을 짓자 녀석들은 배를 잡고 웃었죠. 우리는 금세 의기투합했습니다.

병사들이 문 안으로 저를 불러들여 주어서 전 함께 술을 마시고 어렵지 않게 정보를 캐낼 수 있었습니다. 알라신이여, 굽어살피소서! 그 프랑스놈들, 어찌나 멍청하던지!"

"그자들이 뭐라고 했는데?" 브리강디에르가 끼어들었다.

"대장님을 죽이고 도르빌리에 대위를 체포한 사람이 자기들이라고요……."

"헌병대장 대리의 지휘로 총독의 명령을 수행했다고 하지?"

"네. 그리고 두 상관에 대해 엄청난 불만을 토로했습니다. 하지만 이밖에 다른 이야기도 했지요……."

"죄수가 곧 파리로 호송될 거라는 이야긴가?"

"그럴 예정이라던데요. 오늘 밤 그 날짜와 시간을 물어보려고요."

"뭐야? 또 수비대가 있는 곳으로 가겠다는 건가?"

"해가 질 무렵에요. 재밌는 걸 보여 주겠다고 약속했거든요."

"지금 제정신인가?"

"물론 제정신이죠. 아무튼, 소등 시간까지 기다려 주십시오. 걱정하실 만한 짓은 하지 않을 테니까.

밤이 되면 적어도 병사 열두셋은 모일 겁니다. 모두 엊그제 살육에 가담했던 놈이지요."

"그래서 그자들 앞에서 우스꽝스러운 짓을 한다는 거야? 부끄럽지도 않아?"

"전 그런 거 신경 안 쓰는데요. 터키 근위보병대에 들어가기 전에는 콘스탄티노플의 큰길에서 인형극도 한 걸요. 하지만 저런 야만인들에게는 터키의 인형극이 아깝죠. 다른 걸 생각하는 중입니다."

"어떤 걸?"

"깜짝 놀랄 만한 것을요."

"어떤 식으로?"

"이 이상은 묻지 마시고 저한테 맡겨 주십시오. 내일 아침에 오늘 밤 일에 만족하지 못하신다면 제 목을 잘라도 좋습니다."

이렇게 말하는 알리의 태도가 자못 자신만만했으므로 브리강디에르도 그 이상은 캐물을 수가 없었다.

브리강디에르는 이 사나이의 성격을 잘 알았다. 자기 멋대로라는 단점이 있는 반면 대단히 쓸모 있는 부하였다.

이 괴짜를 잘 이용하려면 뭐든지 원하는 대로 하도록 내버려 두는 게 제일이었다.

이 사나이는 심한 감시를 받으면 주어진 임무밖에 해내지 못하지만, 신뢰와 함께 임무를 받았다고 느끼면 동양인 특유의 대담함을 발휘하는 동시에 교묘한 계략을 생각해 내는 것이었다.

헝가리 부다를 포위할 때 하수구를 통해 시내로 숨어들어, 농성군이 대단히 숭배하던 성 스테파노의 작은 입상을 훔쳐 내 터키 근위대 지휘관에게 가지고 돌아온 사람도 바로 이 알리였다.

그 입상은 순금으로 되었으며 보석이 박혀 있었다. 단, 알리가 지휘관의 발밑에 신상을 놓았을 때는 보석이 도중에 떨어졌을 리도 없는데 어찌 된 영문인지 한 개도 남김없이 사라져 있었다.

브리강디에르도 예전에 이 이야기를 들은 적이 있었다. 이 이야기에서도 알 수 있듯이, 알리는 결코 욕심이 없다고는 할 수 없으나 확실히 머리 회전이 빠른 사나이였다.

이런저런 이유로 브리강디에르는 알리가 하고 싶은 대로 놔둬도 괜찮겠다고 판단했다.

"좋아. 그 악당들을 속일 수 있도록 마음대로 해 봐." 이렇게 말하고 브리강디에르는 알리의 경쟁심을 부추기기 위해 아주 태연한 표정으로 이렇게 덧붙였다. "크스키는 벌써 두 명을 해치웠던데."

알리의 눈이 번뜩 빛났다.

"더구나 우리 짓이라고는 아무도 예상하지 못할 교묘한 수법으로. 자네도 잘해 봐."

이렇게 내던지듯 말하고 브리강디에르는 상대의 대답도 기다리지 않고 여관 쪽으로 척척 걸어갔다.

효과는 즉시 나타나 알리는 명예를 걸고 임무를 수행할 것이 분명했다.

알리는 총독의 헌병들을 쓰러뜨리는 공명을 다투는 싸움에서 폴란드인에게 질 바에는 마호메트에 대한 신앙심과 자신의 목숨을 버리는 편이 낫다고 생각했던 것이다.

한편 브리강디에르는 방다에게 돌아가 오늘 아침 일을 보고하려는 생각에 빨리 걸었다.

오늘 아침 산책은 꽤 만족스러웠으나, 새로운 정보는 그다지 입수하지 못했다. 알아낸 것은 도르빌리에가 유폐된 장소와 곧 바스티유로 호송될 예정이라는 사실뿐이었다.

이 두 가지를 바탕으로 앞으로의 작전을 짜야 한다. 조금 더 페론에 머무르느냐 당장 파리로 출발해서 죄수가 도착하기를 기다리느냐는 방다가 결정할 일이었다.

방다는 창가에 기대어, 자신의 남편 행세를 하는 사나이가 돌아오기를 기다렸다.

이 투르네 상인의 아내에게 큰 호감을 품은 여관 여주인은 '꽃바구니 여관'에서 가장 멋지고 큰길에 접한 2층 방을 내주었다.

화창한 날이었다. 방다는 방에 딸린 발코니 난간에 팔꿈치를 괴고 푸른 하늘을 바라보며, 모리스에게 이끌려 캠브르 숲을 통과하던 날을 떠올렸다.

브리강디에르는 멀리서 "괜찮다"는 뜻으로 손을 흔들어 보이고 걸음을 빨리했다. 그러나 여관 여주인이 문간에서 기다리다가, 산책은 어땠냐, 페론의 유적지는 어떤 인상이었느냐 하고 꼬치꼬치 캐묻는 바람에 발을 멈추고 그 질문들에 대답해야 했다.

플랑드르를 모두 뒤져도 페론 성만큼 훌륭한 성은 없을 것이고, 성 요하네 성당의 스테인드글라스를 보기 위해서라도 이 마을을 방문할 가치가 있다. 그 성벽이라면 온 유럽의 군대가 공격해 온들 끄떡없을 것이다.

대충 이렇게 대답하고 여주인에게서 겨우 해방되자 브리강디에르는 서둘러 계단을 올랐다. 방다는 방문 앞에 서 있었다.

"뭐 좀 알아냈나요?" 방다가 작은 목소리로 물었다.

"네, 부인. 그 배신자 놈은 이 마을에 있습니다. 성 탑에 갇혀 있는 것 같습니다. 리슐리외 보루 바로 옆에 붙어 있는 세 번째 탑에요. 놈은 엄중한 호위 속에 파리로 호송될 예정입니다."

"파리로?"

"네, 바스티유로요. 아마 거기서 르부아 대신에게 직접 심문받을 겁니다. 그 배신자는 여러 가지를 아니까요."

"르부아는 모든 걸 알아내고 나면 그를 풀어주겠죠……."

"아니면 모험담을 여기저기 떠벌리고 다니지 못하도록, 죽을 때까지 감옥에 묶어 둘지도 모르죠."

"그라라지! 어쨌든, 호송부대와 동시에 이곳을 떠나야 해. 바스티유 근처에서 여관을 잡도록 해요. 세상 끝까지라도 모리스의 원수를 쫓아가겠어요. 그 남자가 계속 유폐된다면 탈주하지 못하도록 감시할 거고, 석방된다면 감옥 문을 나서자마자 죽여 버리겠어요."

브리강디에르는 아무 말 없이 슬픈 얼굴로 고개를 저었다.

"호송대는 언제 출발하죠?"

"곧 출발할 겁니다. 당장 오늘 밤일지도 모르고요. 제게 이 이야기를 해 준 헌병이 말하는 걸로 봐서는 언제 명령이 떨어져도 이상하지 않은 느낌이었습니다……."

"그리고…… 모리스는?"

"아, 부인! 유감스럽게도 부인이 잘못 보신 게 아닌 것 같습니다. 대장님은 기슭에 올라가자마자 총에 맞았습니다. 적병들은 말을 쏴서 대장님을 생포하라는 명령을 받았다고 하는데, 운 나쁘게도 대장님이 안장에 바짝 엎드리는 바람에……."

"도르빌리에도 그러고 있었어요……. 지금도 눈에 훤한걸요……."

"네, 하지만 대장님의 말은 선두에 있었기 때문에 가장 가까운 거리에서 총에 맞았습니다……. 대장님을 쏜 자의 입으로 직접 들은 말이니 틀림없습니다."

"뭐라고요! 모리스를 죽인 범인과 이야기해 놓고 그대로……."

"아니요, 죽였습니다, 부인." 브리강디에르가 불쑥 말했다.

방다는 브리강디에르를 감사함이 담긴 눈빛으로 쳐다보고, 이미 모리스의 복수를 개시한 그 손을 굳게 쥐었다.

"크스키도 두 놈을 해치웠습니다. 알리도 남은 놈들을 해치울 방법을 생각해 낸 것 같고요.

적어도 페론에서 시간을 헛되이 쓰지는 않은 것 같습니다."

"도르빌리에가 살아 있는 한 우리 일이 끝났다고는 할 수 없어요." 방다가 어두운 표정으로 말했다. "두 병사에게 언제든지 출발할 수 있도록 준비하라고 명령해 둬요."

"네, 부인. 호송대가 마을 문을 나가는 즉시…… 잠깐, 여관 앞에서 무슨 큰 소동이 빚어진 것 같은데…… 대체 뭐지?"

브리강디에르가 발코니로 달려갔다. 방다도 뒤를 따랐다.

'꽃바구니 여관' 앞에 육두마차가 서 있고, 여주인이 하인을 거느리고 서둘러 마중하는 참이었다.

"오호라!" 브리강디에르가 나지막하게 중얼거렸다. "뜻밖의 사태군. 이렇게 떠들썩하게 온 자는 어쩌면……."

"대체 누굴까?" 방다가 흥분해서 속삭였다.

"어쩌면…… 르부아 대신일지도 모릅니다."

"뭐라고요!" 방다가 소리 질렀다. "르부아가 여기에? 설마!"

"그렇지 않다고는 할 수 없지요, 부인! 그자라면 중요한 포로를 심문하러 400리 길을 한달음에 달려오는 것쯤은 식은 죽 먹기일 테니까요."

"하지만 르부아라면 이런 여관이 아니라 총독 관저에서 묵을 거예요."

브리강디에르는 거기까지 생각하지 못했다. 아닌 게 아니라 위세 당당한 국무총리가 '꽃바구니 여관'에 투숙하다니, 있을 법하지도 않은 일이었다.

게다가 르부아라면 호송대를 거느리고 있을 텐데, 마차 주위에는 아무도 눈에 띄지 않았다.

"곧 누군지 알게 되겠지요." 브리강디에르가 속삭였다. "마차 문에서 장막이 걷히고, 여관 여주인이 접이식 계단을 펴는 중입니다."

방다는 더 잘 보려고 발코니에서 몸을 내밀었다. 그때 긴 망토로 몸을 휘감고 헐렁한 두건으로 얼굴을 폭 감싼 여자가 모습을 드러냈다.

상당히 비천해 보이는 여자로, 시녀쯤 돼 보였다. 그녀는 땅으로 풀쩍 뛰어내리더니 마차 안에 있는 다른 한 여인을 부축하려고 황급히 손을 내밀었다.

두 번째 여자도 곧 마차 문으로 모습을 드러냈다.

그 부인은 좁은 문으로 나오려고 몸을 굽히고 있어서 처음에는 얼굴이 보이지 않았다. 그러나 복장은 심하게 흐트러지긴 했어도 매우 값비싼 것이었다.

빨간 비단옷 몸통 부분에는 리본이며 레이스 장식이 가득 달려 있었는데, 장식도 치마도 잔뜩 구겨져 있었다. 훌륭한 플랑드르제 레이스 숄은 금방이라도 흘러내릴 것 같았고, 풍성한 소매는 한쪽이 다 떨어져 덜렁덜렁 달려 있었다.

부인의 까만 고수머리는 목덜미에 아무렇게나 흩어져 있었고, 장갑은 한쪽만 끼고 있었다.

잔뜩 사치를 부린 우아함과 지저분하다고 표현해도 좋을 정도의 너저분함이 뒤섞인 괴상망측한 모습이었다.

한창 떠들썩한 연회를 즐기다가 억지로 끌려나와 마차에 태워져 강제로 여행길에 오르게 된 게 아닐까 상상하고 싶어지는 광경이었다.

실제로 이 거대한 마차 안에서 부인을 따라 헌병과 순사가 두세 명 나왔다고 해도 방다는 그리 놀라지 않았을 것이다. 그것이 왕의 명령으로 체포된 사람에게 반드시 따라붙는 호위였기 때문이다.

그러나 포장도로에 내려선 부인이 고개를 들어 창백한 얼굴과 번뜩이는 눈동자를 드러낸 순간, 방다는 깜짝 놀라고 말았다.

"수와송 백작부인!"

저도 모르게 외친 방다의 목소리를 들은 부인이 위를 올려다보고 목소리의 주인이 누구인지 알자 침을 꿀꺽 삼키고는 시녀와 여관 여주인을 밀치고 여관 안으로 다급히 뛰어 들어왔다.

여관 여주인은 수와송 부인을 수상한 사람으로 착각한 모양이었지만, 브리강디에르와 방다는 여주인의 당혹스러운 표정을 느긋하게 구경할 여유가 없었다.

수와송 부인을 만난 적이 없는 브리강디에르는 어찌 된 영문인지 도무지 알 수가 없었다. 단, 곡물상의 아내와 상류층 귀부인이 아는 사이라면, 스스로 투르네에서 온 부부라고 밝힌 두 사람의 정체도 들킬 게 분명하다고 생각했다.

그래서 브리강디에르는 여관 하인들이 지켜보는 앞에서 방다가 귀부인과 만나지 못하게 해야 한다고 생각했다.

그러나 방다는 수와송 부인이 계단을 올라오는 사이에 방문까지 달려가 있었다.

뜻하지 않은 백작부인의 출현에 잔뜩 흥분한 방다는 한시라도 빨리 이 예기치 못한 구원자에게 그간의 이야기를 들려주고 싶어 안달이 났다. 이 부인이라면 부인 자신도 모반에 깊이 관여해 있는 만큼 솜 강의 비극에서 살아남은 자신들을 기꺼이 보호해 줄 것이며, 배신자 도르빌리에를 처단할 계획에 도움을 줄 만한 힘도 있었다.

두 여자는 복도에서 마주쳤다. 먼저 입을 연 사람은 수와송 부인이었다.

"당신이 이런 곳에 있을 줄이야!" 부인이 외쳤다. "당신은 모리스 데자르모아스와 함께 있어야 하잖아요?"

"부인 말씀이 맞아요." 방다가 서글프게 대답했다. "난 그 사람과 함께 강 밑바닥 진흙 속에 누워 있어야 하지요……."

"맙소사! 그럼 그 사람이 죽었단 말인가요?"

"네, 르부아의 명령으로 우리 진로에 잠복해 있던 살인자들한테……."

"쉿! 누가 들겠어요.

당신 방으로 가서 문을 단단히 걸어 잠그고 이야기해요. 그자의 첩자가 사방에 있으니까."

방다는 백작부인을 자기 방으로 데리고 간 다음 브리강디에르에게 자리를 비워 달라는 눈짓을 했다. 브리강디에르는 마지못해 그 명령을 따랐다.

"누구예요?" 백작부인이 물었다.

"모리스의 친구 중 가장 충실한 남자지요." 방다가 자랑스럽게 대답했다.

"아, 알겠어요! 당신들 지금 어쩔 수 없이 변장하고 있군요. 대체 무슨 일이 있었죠?"

"아까 부인께서 마차에서 내리는 모습을 봤을 때는 부인도 사정을 아시는 줄 알았는데요."

"난 아무것도 몰라요. 그저 어떤 사람에게서 모리스가 부하를 이끌고 프랑스로 들어왔으며, 그 행동이 모두 노출되어 위험에 빠져 있다는 소식을 들었을 뿐인걸요.

페론 근처에 함정을 파 놓았다는 이야기도 했어요.

그 소식을 들은 게 밤인데…… 전 길을 떠날 준비가 되어 있지 않았지만, 일단은 마차에 말을 매고 파리 문을 열게 했죠……. 밤낮없이 달려왔어요…

…. 운 나쁘게 릴라당에서 차축이 부러져 몇 시간이나 허비하고 말았지만, 어쨌든 이렇게 이곳에 도착했죠."

"유감스럽게도 이미 늦으셨어요!"

"도대체 무슨 일이 있었던 거예요?"

"총독의 부하가 솜 강 기슭에서 매복해 있다가 우리를 총살했어요. 수많은 용감한 병사 중 살아남은 것은 불과 세 사람이에요."

"세 사람? 누구누구인데요?"

"방금 여기 있던 남자랑 병사 두 사람이요."

"당신도 그 자리에 있었나요?"

"있었죠. 하지만 전 죽지 못했어요."

"아, 그 사악한 르부아의 계략에 걸려든 거군요! 그놈은 반란 계획의 허를 찔렀어요……. 어쩌면 우리의 비밀을 알고 있는지도 몰라요……."

"네. 배신자가 그 비밀을 팔아넘겼죠."

"배신자라니!" 백작부인이 불안스레 말했다. "누가 당신들을 배신했나요?"

"한 달쯤 전에 처음 만난 사나이죠.

그자는 르부아 대신에게 부당한 대우를 받았다며 우리에게 접근해 모리스를 완전히 믿게 만들었어요. 모리스는 그자의 말만 따라, 적이 기다리는 곳으로 끌려갔지요."

"그자가 먼저 당신을 유혹하려고 했죠?" 백작부인이 쥐어짜는 목소리로 말했다.

"아니요. 비열한 짓만 골라서 했지만, 그것만큼은 할 수 없었나 봐요. 전 그자의 얼굴만 봐도 속이 메스꺼웠는데, 그자도 그걸 눈치챘던 모양이죠."

백작부인은 안도의 한숨을 내쉬고, 방다에게는 들리지 않는 낮은 목소리로 중얼거렸다.

"그럼 그 사람이 아니군!"

"그다음은 차마 이야기하기도 괴로운 일뿐이랍니다!" 방다가 슬픔에 몸부림치며 말을 이었다. "전 그자의 꿍꿍이를 간파하고 모리스에게 조심하라고 애원했지만, 모리스는 제 말을 완전히 무시하고…… 그 결과…… 나머지는 부인도 아시는 바와 같아요……."

그렇게 말하면서 방다는 흐느껴 울었다. 백작부인도 몹시 동정하는 눈치였다.

두 사람은 잠시 아무 말이 없었다.

방다는 뜨거운 눈물을 흘렸고, 백작부인은 극심한 불안이 기우로 끝났다는 생각에 마음을 가라앉히려고 했다.

'엔 남작이 나한테 거짓말을 한 거군.' 부인은 생각했다. '파리로 돌아가면 총살해 버려야지. 어쩌면 나로가 그놈을 이용해 나를 페론으로 유인한 건지도 몰라.'

"부인," 방다가 마음을 추스르고 입을 열었다. "전 어제까지 절망의 구렁텅이에 빠져 있었어요. 하지만 이렇게 부인께서 와 주신 걸 보니 하느님은 아직 절 버리지 않으셨나 봐요.

부인도 누구를 사랑한 적이 있으시죠? ……지금도 사랑하고 있는지도 모르고요……. 그러니 제 마음을 이해하시리라 믿어요…….

제 목숨은 모리스가 있기에 존재했답니다. 그이의 원수를 갚을 의무가 없었다면 전 이틀 전에 죽었을 거예요…….

부인, 절 도와주시겠어요?"

"그러고 싶은 마음은 굴뚝같지만," 백작부인이 침통한 표정으로 고개를 저으며 대답했다. "상대가 르부아라면 우리로서는 어쩔 수가 없어요. 견줄 바 없는 권세를 지닌 국무총리에게 복수하겠다니, 턱도 없는 소리죠. 그보다도 우리는 그자의 분노에서 한시라도 빨리 벗어날 길을 마련해야 해요.

내가 타고 온 마차로 플랑드르까지 가요. 그렇게 해요……."

"전 르부아에게 복수하려는 게 아니에요."

"그럼 누구에게 복수한다는 거죠? 설마 국왕은 아니겠죠?"

"국왕도 대신도 아니에요. 그 두 사람은 우리의 공격을 받고 자신들의 몸을 지켰을 뿐인걸요. 잔인하고 비열한 방법을 썼을지언정 이른바 정당방위였죠.

하지만 그 배신자는 아니에요. 그자는 들판 한복판에서 정정당당하게 결투해서 모리스를 쓰러뜨릴 수도 있었어요. 그렇다면 국가를 위해 장렬하게 죽은 셈이니까 나도 그자를 원망할지언정 복수 따위는 생각하지 않았겠죠.

그런데 그자는 우리를 적에게 팔아넘김으로써, 벼락출세한 르부아의 첩자가운데서도 가장 비열한 작자들과 똑같은 비열한이 되었어요. 그러니까 전 조금의 망설임도 없이 그자를 독사처럼 궁지로 몰아넣을 수 있답니다."

"그렇다면 그 악당은 아직 살아 있군요?" 백작부인이 크게 감동하여 물었다.

"네, 그자는 자기가 배신한 사람들을 학살한 헌병들에게 붙들려 페론 성탑으로 끌려가 그곳에 갇혀 있어요.

오늘 밤이나 늦어도 내일 파리로 호송될 예정이지요. 파리에 도착하면, 풀려나기 위해 우리 모두의 목숨을 르부아에게 팔아넘길 거예요.

그러니까 전 무슨 수를 써서라도 그자를 쫓아가서 바스티유 문 앞에서 기다리고 있다가, 그자가 나오면 온갖 고통을 맛보게 한 뒤 죽여야 분이 풀릴 것 같아요!"

"그자의 목을 우리 손으로 베어 버리도록 해요! 나도 당신과 함께 파리로 가겠어요." 백작부인이 외쳤다. "배신자가 나도 밀고할지 몰라요. 하지만 난 프랑스 왕가와 이탈리아 왕가와 인척관계라서 르부아의 분노 따위는 무섭지 않아요.

이제 울음을 그치고 함께 수와송 궁으로 가요. 왕의 명예를 걸고 맹세하죠. 배신자는 죽을 때까지 바스티유에서 있게 하든가, 만일 출옥한다면 끔찍한 맛을 보여 주겠어요.

그자는 어떤 남자죠? 어디서 온 자예요?"

"젊고 이목구비가 뚜렷하고, 베르사유 궁정 사람들 같은 말투를 썼어요."

"하지만 아까는 그자의 얼굴을 보면 속이 메스껍다고 했잖아요." 백작부인이 얼굴이 창백하게 질려 가며 중얼거렸다.

"아스프르 남작의 소개장을 갖고 있었어요……."

"이름은? 이름이 뭐래요?"

"피에몽 연대 대위 도르빌리에 자작이라고 했어요."

"아, 어쩌면 좋아!" 백작부인이 외쳤다. "엔은 거짓말을 한 게 아니었어……. 그자가 바로 필립이에요!"

"필립!" 방다는 저도 모르게 뒷걸음질치며 그 말을 되풀이했다.

"네, 필립 드 트리. 내 수행원이자 내……."

"그 배신자를 아시는군요!"

"그를 사랑해요." 이렇게 외치며 부인은 얼굴을 두 손에 파묻었다.

"세상에 이런 일이! ……분명 뭔가 착오가 있는 거예요……. 브뤼셀에서 모리스를 문병해 주셨던 부인께서…… 모리스를 살인자들에게 데려간 비열한을 사랑하신다니…….”

"정말로 사랑해요!”

"정말인가요! 하지만 그자는 부인을 배신했어요. 자신의 애인이자 은인이기도 한 부인의 자유와 목숨을 르부아에게 팔아넘겼다고요.”

"시끄러워요! 당신이…… 당신이 뭘 안다고 그래요?”

"제가 아는 건 제 연인이 필립인가 하는 그자의 공범자들의 흉탄에 맞아 쓰러졌다는 사실이에요. 내일이면 수와송 백작부인도 모반에 가담했다는 사실이 르부아 대신의 귀에 들어갈 거라는 것도 알죠.”

"르부아 같은 쩨쩨한 자가 내 모반 사실을 안다고 한들 조금도 두렵지 않아요. 나 정도 신분의 사람에게 함부로 하지는 못할 테니까.”

"그럼,” 방다가 비아냥조로 말했다. “비전하께서는 신분이 낮은 자들은 목이 달아나도 괜찮다는 말씀이세요? 도르빌리에의 배신에 수천수만의 지방 주민이 끔찍한 꼴을 당해도 괜찮다는 건가요!

부인, 그자는 모리스에게서 모든 비밀을 캐냈습니다……. 이제 그자의 말 한마디에, 음모 계획과 아군의 명부가 든 상자가 르부아의 손에 넘어갈 거라고요.

그 한마디를 그자는 분명히 할 겁니다. 이것도 아직 안 했다고 가정할 때의 이야기지만…….”

"거짓말! 필립은 그렇게 비열하지 않아.”

"그렇게 비열하지 않다고요? 그자는 가명을 써서 도둑놈처럼 모리스의 집에 숨어든 다음 몇 주에 걸쳐 조금씩 배신할 준비를 진행했어요. 독살 범인이 아무에게도 들키지 않도록 한 방울씩 독을 타는 것처럼!

그자는 석방되고 싶은 일념에 르부아가 시키는 대로 할 게 분명해요. 단 한 시간의 자유를 위해서라도 우리 모두의 목숨을 팔 거라고요.”

"잘 들어요.” 백작부인이 갈라진 목소리로 말했다. “필립에게는 죄가 없어요. 그도 속아 넘어간 거라고요……. 그도 나를 죽이려던 역겨운 나로의 희생양이 된 거예요.

다 내 탓이에요! 다 내가 도망가서 이렇게 된 거예요. 그가 음흉한 나로의 유혹에 걸려들도록 두어서는 안 되는 거였는데.

필립은 날 사랑했어요……. 그런데 속임수에 넘어가서 내가 키펜바하와 바람을 피운다고 오해한 거라고요."

"부인이 모리스와! 아! 그런 끔찍한 거짓말을 잘도 지어냈군요!"

"가엾게도 필립은 귓전에서 속삭이는 뱀의 말을 믿고 복수를 다짐한 거예요."

"하지만 누구에게 복수한다는 거죠?"

"나와 당신과 모리스죠. 사랑으로 가득 찬 그의 마음이 한번 상처를 입자 증오로 부풀어 오른 거죠.

날 깊이 사랑한 만큼 날 짓밟겠다고 생각한 거예요. 날 사랑하지 않았다면 나로의 거짓말 따위를 믿으려고도 하지 않았겠죠."

"그럼 부인은 질투가 원인이라면 어떤 비열한 행위도 용서할 수 있다는 건가요?

만일 제가 사랑의 맹세를 저버렸다면, 모리스가 절 짓밟기 위해 적 쪽에 붙어 첩자가 되었을까요?

아니요, 부인. 모리스는 절 배신할 바엔 절 단칼에 죽였을 거예요!"

"그런 말을 하는 걸 보니 당신은 진심으로 누구를 사랑한 적이 없군요.

좋아요, 방다! 난 여자지만, 필립을 돕기 위해서라면 온 유럽을 전쟁에 끌어들이고 가족도…… 자식들마저도…… 희생해도 아깝지 않아요. 그런데도 내게 버림받았다고 생각하고 귀족의 명예를 스스로 짓밟은 필립의 마음을 모르겠어요?

그가 복수를 망설였다면 난 그를 증오했을 거예요!"

"전 그런 식으로 복수한 남자를 증오해요."

"됐어요, 이제 그만하죠!" 백작부인이 소리쳤다. "날 화나게 하지 마요! 당신을 다치게 할 생각은 없지만, 필립을 해치려는 자는 모두 내 적이에요."

"부인은 적을 가차 없이 응징하는 분이셨지요?"

"태어나서 지금까지 적을 용서한 적은 단 한 번도 없지요."

"그럼 저도 부인의 용서를 빌지 않겠어요. 하지만 분명히 말해 두는데, 그 자가 아무리 부인의 연인이라 해도 전 그자를 끝까지 추적할 생각이에요.

전 보호해 줄 사람도 없이 고립무원해 있고, 르부아의 잔인한 첩자들은 이미 제 인상서를 갖고 있겠죠.

난 상인의 아내로 변장해서, 나와 마찬가지로 프랑스 국왕에 대한 모반을 꾀하는 충실한 세 부하와 함께 페론으로 왔어요.

한마디라도 밀고하는 사람이 있다면, 아주 조그마한 단서를 가지고도 총독은 우리를 체포해서 투옥하거나 솜 강에 던져 버릴 수 있죠.

그러면 총독은 르부아에게 상을 받을 것이고, 국왕에게 처벌된 이름 없는 모반자들을 신경 쓰는 사람은 없을 거예요.

부인, 어서 총독한테 가서, 코앞에 있는 마을 여관에 모반자 모리스 데자르모아스의 공범이 네 명 있다고 전하세요. 그러면 총독은 이 귀중한 정보에 대한 보답으로 도르빌리에 대위를 풀어줄지도 모르잖아요."

수와송 백작부인은 죽은 사람처럼 얼굴이 창백해지며 순간 눈을 번뜩 빛냈다. 그러나 그 빛은 곧 사라졌다.

그러고서 부인은 성큼성큼 방 안을 거닐며 하늘을 향해 주먹을 휘두르면서 두서없이 중얼거렸다.

"아니오, 그런 짓은 안 해요." 부인이 방다 앞에 우뚝 멈춰 서서 말했다.

"왜죠? 부인이 사랑하는 사람의 목숨이 외국인 여자와 비천한 몇몇 병사의 목숨보다 중요하지 않은가요?"

"우리 집안은 공격은 해도 밀고는 하지 않아요."

"아! 역시 부인은 몸속에 귀족의 피가 흐르는 사람이라면 어지간한 비열한이 아닌 한 사람을 배신하지 않는다는 사실을 인정하시는군요!"

"네, 그래요. 인정해요." 백작부인이 풍성한 검은 머리카락을 흔들며 절규했다. "그래요, 필립은 비열해요. 필립은 비열한이에요. 하지만 난 그 사람에게 빠져 있어요!

난 그 사람에게 푹 빠져서 그 사람 없이는 살 수 없다고요! 반드시 그를 되찾겠어요! 나도 모두에게 버림받은 외톨이라서 그 사람 없이는 안 돼요……."

"부인이 외톨이라고요!" 방다가 경멸을 담아 빈정거렸다.

"그래요. 수와송 백작부인으로서 부와 권력을 마음껏 누리는 나도 말이에요!

아! 당신은 내가 훌륭한 저택에 살고, 마차를 타고 다니고, 종복들의 시중을 받고, 금고에 돈을 잔뜩 쌓아 놓고, 칭호와 작위를 갖고 있으니 행복할 거라고 생각하는군요……."

"부인은 남편이신 백작님의 존재를 잊으신 것 같군요." 끝내 모리스와 정식으로 결혼하지 못한 방다가 끼어들었다.

"백작? 로마의 가난한 귀족과 결혼해서 가문의 명예에 금이 갔다고 생각하는 그 사람 말인가요? 내가 넓고 휑한 저택에서 고통으로 몸부림칠 때, 베르사유에서 스위스 위병부대 열병식에 정신이 팔려 있는 그 남자? …….

혹시 내 아이들 이야기도 꺼낼 생각인가요? 아이들은 여왕 폐하의 기상 의식 때 시중드는 하인들처럼 서먹한 태도로 유모 손에 이끌려서 날 찾아오죠. 그 애들은 내가 비전하라고 불리게 되기 전에는 만시니 가문의 딸이었다는 사실을 이미 알아요.

혹시 나한테 언니들이 있지 않으냐고 말하고 싶은가요? 언니들은 공작부인인 주제에 더러운 술책에 빠져 있어요.

그래요, 방다. 난 필립 드 트리가 나타났을 때, 누구에게도 사랑받지 못하는 여자였어요."

"저한테도 모리스밖에 없었어요." 방다가 중얼거렸다.

"게다가 필립은 아직 어린애예요. 밝고 신중하지 못하고 남한테 속기 쉽죠. 가엾게도 나로의 새빨간 거짓말에 완전히 넘어가 끔찍한 욕망의 불길에 휩싸여 있는 게 틀림없어요.

분명 나로는 가당치도 않은 연극을 했을 거예요. 궁정에서 모두가 부러워할 높은 자리에 앉혀 주겠다거나 백작이 죽으면 나와 결혼하는 것도 꿈이 아니라거나 하는 헛소리를 늘어놓으면서."

"지금 그 야심가는 감옥 한구석에서 아름다운 꿈이 허무하게 사라진 것을 한탄하고 있겠죠.

하느님은 공평하니까!"

"감옥? ……그렇군요! 그 사람, 지금 페론에 있군요! 그런데도 난 그 사람을 구하는 대신, 다시 한 번 그 사람을 만날 방법을 생각하는 대신, 이런 곳에서 한탄이나 하고 있다니…….

그는 어디에 있죠? 방다, 가르쳐 줘요! 가르쳐 주면 내 영혼의 구원을 걸고 당신의 잃어버린 행복을 되찾아 주겠어요……."

9 보복 237

"그런 맹세는 그만두세요, 부인. 하느님이 제게 모리스를 되돌려 주실 리는 없으니까, 그런 맹세를 했다간 부인의 영혼이 지옥에 떨어질 거예요.
그 배신자가 어디에 있는지 가르쳐 달라고 하셨나요? 아까도 말씀드렸다시피 성 탑 안에 갇혀 있어요."

"알겠어요. 지금 당장 가 보지요.
내가 이름만 대면 어떤 문이라도 열릴 거예요. 총독은 비천한 귀족이니 수와송 백작부인의 말에 따르지 않을 수가 없을 거예요."

"뭔가 크게 착각하시는 것 같군요. 사람을 배신할 줄 모르는 여자로서 부인께 충고 드리는데, 성에 들어가시는 순간 부인은 파멸하실 거예요. 배신자가 이미 부인에 관해 르부아에게 밀고했을 테니까."

"거짓말! 거짓말! 아까도 말했잖아요. 필립은 그런 짓 하지 않는다고. 게다가 만일 그 사람과 함께 갇힌다면…… 그럼 적어도 한 번은 그 사람을 만날 수 있는 셈이죠……. 하지만 설마 날 가두는 크나큰 실수를 할 리는 없을 거예요……. 필요하다면 간수 발밑에 엎드려 그를 풀어 달라고 간청해 보겠어요."

이렇게 말하고 백작부인은 방문으로 향했지만, 문을 열기 직전에 멈춰 서더니 척척 되돌아왔다.

"그 사람, 분명히 살아 있겠죠?" 부인이 몸을 오들오들 떨며 물었다. "살인자들의 총알이 그 사람을 빗나간 게 확실해요?"

"네, 확실해요. 모리스가 죽은 게 확실한 것처럼."

"누가 그래요?"

"제가 직접 제 눈으로 봤어요. 내가 사랑하는 단 한 사람이 피에 물들어 강가에 쓰러져 있고, 배신자는 자신의 단죄를 피하려고 몸을 납작 엎드리고 있는 걸 봤지요.
하느님은 머지않아 더 끔찍한 벌을 내리실 거예요. 하느님이 제 목숨을 살려 두신 건, 저더러 이승에서 천벌을 내리라는 뜻이 분명해요."

"잘 있어요." 백작부인이 차갑게 말했다. "모리스에 대한 당신의 사랑이 갸륵해서 필립에 대한 증오는 용서해 주겠어요. 하지만 잘 들어요. 내 계획을 방해하지 마요."

"전 목숨이 붙어 있는 한 모리스의 원수를 갚을 생각입니다." 방다가 꿋꿋하게 말했다.

"반항도 정도껏 하도록! 날 너무 화나게 하면 모리스의 뒤를 쫓아가게 될 테니까.

당장 이 마을을 떠나도록 해요! 두 번 다신 얼굴을 보고 싶지 않군요!"

"보고 싶지 않아도 반드시 다시 보게 될 거예요." 방에서 뛰어나가는 부인을 지켜보며 방다가 중얼거렸다.

수와송 백작부인은 계단을 넘어질 듯 달려 내려가, 복도에서 마주친 여관 하녀에게 성으로 가는 길을 묻고는 미친 사람처럼 바깥으로 뛰어나갔다. '꽃바구니 여관'에 남기고 온 사람들에 대해서는 이미 까맣게 잊고 있었다.

부인의 마차는 말을 비끄러매지 않은 채 현관 앞에 서 있고, 1층 홀 구석에는 부인과 함께 온 여자가 난롯불에 발을 쬐고 있었다. 봄이라고는 해도 아침은 아직 쌀쌀해서 여관 여주인이 이탄을 잔뜩 땠던 것이다.

방다는 백작부인과 함께 온 여자를 전혀 유심히 보지 않았으나, 이 여자는 부인과는 대조적인 모습을 하고 있었다.

백작부인은 이성을 잃은 상태였으나, 이 여자는 아주 침착한 표정으로 방긋 웃고 있었다.

부인이 허겁지겁 2층으로 달려 올라간 뒤 이 여자가 여관 여주인과 이야기를 시작하며 위엄 있는 말투로 명령을 내렸으므로 여관 하인들은 그 기세에 완전히 눌리고 말았다.

여자는 가장 좋은 방을 두 개 요구하면서, 하룻밤만 묵고 다음 날 아침에는 출발할 예정이라고 말했다.

여관 여주인은 "정말 죄송하지만, 가장 좋은 방에는 투르네에서 온 상인 부부가 묵고 있다"고 대답했다. 그러자 여자는 "우리는 어떤 비천한 자도 배려할 필요가 없으니 당장 내쫓아 버리라"고 주장했다.

여자가 수와송 부인의 이름을 댄 것은 아니었지만, 부인의 태도에서 미루어 볼 때 상류 귀족이라는 사실은 한눈에 알아볼 수 있었으므로 여관 여주인은 머리를 조아리며 사과했다.

"하는 데까지는 해 볼 테니 부디 너그럽게 용서해 주십시오. 게다가 그 상인의 부인과 손님의 일행분이 서로 아는 사이 같으니 방 문제도 그 두 분께서 상의하시면 되지 않을까요?"

"좋아요. 두 분의 이야기가 끝나기를 기다리죠." 여자가 쌀쌀맞게 말했다. "날 편히 쉴 수 있는 곳으로 안내해 줘요."

여관 여주인은 단골손님과 잡담을 나눌 때 쓰는 방으로 여자를 데리고 갔다.

마침 그때 방다의 방에서 나온 브리강디에르도 그곳으로 왔다. 대체 무슨 일이 일어난 건지 전혀 짐작할 수 없었으므로 조용히 생각해 보고 싶었던 것이다.

따라서 브리강디에르는 그 방에 다른 손님이 먼저 와 있는 것을 보고 저도 모르게 못마땅한 표정을 지으며 곧 현관 쪽으로 가려고 했다. 그때 여관 여주인이 말을 걸었다.

"손님, 실은 이쪽 부인께서 매우 피곤하셔서 방이 필요하다고 하십니다. 그런데 손님은 오늘 밤 떠날 예정이라고 하셨지요? 그래서 말씀인데……."

"그래서 내 방에서 묵게 하겠다고?" 자칭 상인이 말했다. "같은 장사꾼한테 양보하라고 하면 웬만해서는 그러지 않겠지만, 이 부인을 위해서라면 기꺼이 방을 비워 주지."

조심성 많은 브리강디에르는 여관 여주인의 기분을 상하게 하면 안 된다는 사실을 금방 간파하고, 지금 막 도착한 여자의 기분도 맞춰 둘 필요가 있을지도 모른다고 생각했다.

어쨌거나 저녁까지는 페론을 떠날 생각이었으므로, 지금 방을 비워 줘도 큰 상관은 없었다.

"어머나, 잘됐네!" 여주인이 기뻐서 외쳤다. "이제 한시름 놓았어요. 손님, 나중에 2층에서 부인께서 내려오시면, 부인께서도 분명 방을 양보하는 데 찬성하실 거예요."

"내 마누라는 내 말이라면 뭐든지 들으니까." 브리강디에르가 침착하게 대꾸했다.

"그렇지 않더라도 양보할 걸요!" 여주인이 난롯불을 쑤시며 말했다. "부인께서는 남편분이 모르는 상류층 부인과 아는 사이 같으니까."

"우리 마누라는 돌아가신 장인어른이 직물상을 하셔서 함께 몇 번이나 파리에 다녀온 적이 있거든. 그 부인도 분명……."

"네, 파리에서 왔어요." 낯선 여자가 입을 열었다.

"그 훌륭한 마차를 본 순간 금방 그런 줄 알았습니다." 브리강디에르가 이 정체 모를 여자를 곁눈질로 슬쩍 살피며 대꾸했다.

여자는 아직 젊고 깔끔한 옷차림을 하고 있었다. 몸매도 얼굴도 상당히 매력적이었다.

특히 그 아름다운 눈은 브리강디에르에게 고정되어 있었다.

"친절하게 방을 양보해 주셔서 고맙습니다." 여자가 마음을 녹이는 달콤한 목소리로 말했다. "플랑드르에서 오셨나요?"

"네, 전 투르네에서 곡물상을 합니다."

"어머, 그러세요? 전 틀림없이 군인인 줄 알았는데."

"허허, 그런 높은 신분이 아니랍니다." 브리강디에르가 거짓으로 웃어 보이며 말했다. "벌써 100년쯤 전부터 조상 대대로 밀가루를 팔아 먹고살았지요. 친척을 다 뒤져도 총이나 칼을 쥐어 본 적이 있는 사람은 눈 씻고 찾으려야 찾을 수가 없습니다."

"저도 상인을 경멸해서 한 말이 아니에요. 제 남편도 금은세공을 하는걸요."

"정말입니까, 부인? 전 귀족이신 줄로만 알았습니다."

"저흰 주로 궁정 사람들이 단골이거든요." 여자가 별것 아니라는 투로 말했다.

"그럼 이번 여행도 영업상?"

"페론 총독에게 아주 훌륭한 은 접시를 헌상하러 왔지요."

"그럼 2층에 계시는 그 부인은……."

"총독의 친척뻘 되시는 분이에요. 절 총독에게 소개하려고 일부러 동행해 주셨죠."

"세상에! 그럼 레스핀 보르가르 총독을 만나러 온 거란 말입니까?"

"네, 그게 왜요?"

"아, 아닙니다. 듣자 하니 총독은 대단히 훌륭한 인물로, 이 지방 주민들에게 매우 존경받는다고 하더군요."

"전 방을 준비하고 오겠습니다." 여관 여주인이 불쑥 말했다. 총독을 증오하는 여주인은 이 칭찬을 듣고 화가 나서 그 자리에 있을 수 없었던 것이다.

여주인이 서둘러 방을 나가자, 브리강디에르는 낯선 여자와 단둘이 되었다.

두 사람은 오랫동안 말없이 바라보기만 했다. 먼저 눈을 내리깐 사람은 브리강디에르였다.

웬만한 일에는 동요하지 않는 백전노장도 이때만큼은 대규모 헌병대를 상대로 홀로 싸우게 되었을 때보다 훨씬 당황했다.

여자의 고양이처럼 빛나는 눈동자는 몹시 음침했고, 그 목소리는 묘하게 신경을 건드리는 느낌이었다.

한편 지금 2층에서 오가고 있는 대화도 대단히 마음에 걸렸으므로, 브리강디에르는 이 수상한 두 여자의 정체가 무엇인지 짐작해 보려고 줄곧 머리를 굴렸다.

"손을 쥐 보세요." 여자가 불현듯 말했다.

브리강디에르는 그 말대로 손을 내미는 대신 몇 발짝 뒤로 물러났다.

"여자를 무서워하는 것 같군요?" 여자가 방긋 웃으며 말했다. "플랑드르 남자들은 용감하다고 들었는데."

브리강디에르는 여자가 자신의 불안감을 눈치채서는 안 될 것 같아, 영문도 모르면서 일단 커다란 손바닥을 펴서 내밀었다.

여자가 그 손을 덥석 잡더니 주의 깊게 살피기 시작했다.

"정말 놀라운데요!" 얼마 뒤 여자가 큰 목소리로 말했다. "여기 엄지에서 검지까지 이어져 있는 선을 보니 당신의 인생은 싸움과 위험의 연속인 것 같군요. 지금까지도 그랬고, 앞으로도.

곡물상이란 게 그렇게 파란만장한 직업인 줄은 몰랐네요."

"모르는 말씀입니다!" 브리강디에르가 당황해서 말했다. "전 행상인인데, 이런 전시에는 국경 부근의 길이 안전하지 않아서 때로는……."

"어머, 그래요? 그리고 이 비너스의 언덕을 가로지르는 선을 보아하니, 당신에게 사랑은 정말 작은 의미밖에 지니지 않는군요……."

"그럴지도 모르죠! 우리 플랑드르 사람은 정열하고는 거리가 머니까……."

"당신은 사랑에 무관심해서 결혼한 적도 없다고 손금에 나와 있어요."

이 말을 듣고 브리강디에르는 몹시 당황했다.

17세기 사람들이 다 그렇듯이 브리강디에르도 마법을 믿었으므로, 길에서 우연히 만난 여자에게 진실을 들키자 눈앞이 캄캄해졌던 것이다.

"결혼한 지가 얼마 안 돼서…… 혹시 그것 때문인가…….” 브리강디에르가 횡설수설하며 변명했다.

여자는 손금 보기를 그만두고 마음속까지 꿰뚫어 보는 듯한 눈빛으로 브리강디에르를 바라보았다.

"아참, 그렇지!" 여자가 갑자기 생각났다는 듯이 외쳤다. "당신과 결혼했다는 여자분의 과거와 미래를 가르쳐 드릴까요?”

"아닙니다, 부인." 브리강디에르가 아주 정중하게 거절했다. "전 책을 읽은 적도 없는 무식한 놈입니다. 그래서 아직도 투르네 신부님의 말을 지키고 있지요. 신부님은 얼마 전에도 마법을 써서는 안 된다고 설교하셨어요.”

"어머, 그래요?" 낯선 여자가 경멸을 담아 말했다. "그럼 아까 발코니에 있던 상복 입은 여자한테 가서 그 여자도 같은 의견인지 아닌지, 키펜바하라는 남자의 운명에 관해 알고 싶은지 아닌지 물어볼까요?”

이 마법사가 대장의 가명을 말하자 브리강디에르는 가슴이 철렁 내려앉았다.

바로 그때 방문이 열리더니 방다가 나타났다.

백작부인이 부랴부랴 사라진 뒤, 방다는 부인이 나가기 전에 던지고 간 선전포고에 충격을 받아 잠시 멍하니 서 있었다.

이제부터 시작될 전쟁은 방다로서는 승산 없는 싸움이었다. 백작부인의 협박을 들었다면, 방다보다 훨씬 용감한 자라도 압도되고 말았을 것이다.

그러나 방다는 오래 망설이지 않았다. 이미 목숨은 아깝지 않았다. 배신자를 처단하기 위해서라면 자유를 잃어도 좋다는 생각마저 했다.

방다는 페론 총독이 도르빌리에를 어떻게 할 셈인지 알아내기 위해, 이곳에 머무르면서 백작부인이 돌아오기를 기다릴 각오도 되어 있었다.

그러나 남의 목숨을 쥐고 있는 이상, 자기와 운명을 같이하겠다고 맹세한 브리강디에르와 두 부하의 목숨을 경솔히 위험에 빠뜨릴 수는 없었다.

그래서 당장 페론을 떠나, 총독 부하의 눈이 닿지 않는 파리에서 자신의 계획을 속행하기로 마음을 굳혔다. 한동안 멍하니 있던 방다는 곧 정신을 차리고 브리강디에르를 찾기 시작했다.

브리강디에르는 방에서 그리 멀지 않은 곳에 있을 것이 분명했다. 어쩌면 마차를 타고 온 수수께끼의 여자에 관한 정보를 얻기 위해 곧장 여관 여주인에게 갔을지도 몰랐다.

이렇게 생각한 방다는 먼저 여주인이 누구를 만날 때 늘 사용하는 1층의 한 방으로 갔다. 여주인은 그곳 난로 앞에 앉아 단골손님과 수다를 떨거나 하인을 야단치거나 했던 것이다.

그 방 문을 열고 낯선 여자의 얼굴을 봤을 때, 방다는 기겁을 할 만큼 놀랐다. 게다가 여자 앞에는 브리강디에르가 기죽은 태도로 서 있었다.

커다란 두건과 갈색 망토에서 이 여자가 백작부인의 일행이라는 사실을 한눈에 알 수 있었으므로, 방다는 즉시 물러나려고 했다.

그러나 여자는 방다를 보자마자 벌떡 일어나더니, 도망갈 틈도 주지 않고 다가와 손을 잡았다.

"당신은 그 사람을 깊이 사랑하죠? 키펜바하라는 이름의 기병대원을?" 이 괴상한 여자가 느릿느릿 물었다.

방다는 뱀이라도 밟은 듯이 흠칫 놀라며 뒷걸음질쳤다.

"무서워할 것 없어요." 여자가 부드럽게 말했다. "날 적이라고 생각하지 마세요."

방다는 이 이상한 상황을 설명해 달라는 듯이 브리강디에르를 바라보았다. 그러나 브리강디에르도 몹시 머리가 혼란스러워서 몸짓으로든 말로든 방다의 의문에 도저히 대답해 줄 처지가 아니었다.

"난 수와송 백작부인과 함께 페론으로 왔어요." 망토를 몸에 두른 여자가 말했다. "백작부인은 당신도 잘 알죠? 약 30분 동안 단둘이서 이야기를 나누었으니까.

이런 말을 하는 것도, 내가 당신에게 적의를 품고 있지 않다는 것과 당신이 본명이나 이 마을에 온 목적을 숨겨도 소용없다는 것을 알아주었으면 해서예요."

"그런 걸 누구한테 들었죠?"

"누구한테 들은 게 아니에요. 난 뭐든 알죠.

그래요! 당신과 백작부인 사이에 무슨 일이 있었는지 맞혀 볼까요?"

방다는 죽은 사람처럼 창백하게 질린 채 고개만 간신히 끄덕였다.

"백작부인은 부인의 연인이 당신에게 무슨 짓을 했는지 물으셨어요." 여자가 혼령이 내린 투로 말했다. "그에 대한 대답으로 당신은 그 남자가 당신의 연인에게 어떤 짓을 했는지 부인에게 말했겠지요."

너무 놀라 다리가 후들거린 방다는 저도 모르게 브리강디에르의 팔을 붙잡았다.

"더는 숨기지 않겠어요." 방다가 중얼거렸다. "당신 친구인 백작부인이 이미 애인을 석방시키기 위해 총독에게 달려갔으니까요. 부인은 내가 자기 계획을 방해하면 그냥 두지 않겠다고 말했어요.

부디 그분 계획에 협력하세요. 당신은 우리의 계획을 모두 알고 있고, 우리를 르부아의 손에 넘기지 않을 이유도 없을 테니까요."

"제가요?" 여자가 소리쳤다. "르부아 대신이나 백작부인을 위해 내가 당신을 배신한다고요?

나 카트린 보아젱은 누구의 지시도 받지 않는 여자예요."

카트린 보아젱이라는 이름은 파리에서는 이미 유명했지만, 방다와 브리강디에르는 아직 들은 적이 없었다. 이 여자 점술가의 기묘한 명성은 아직 프랑스 밖에는 알려지지 않았던 것이다.

"당신은 내가 나를 맘대로 끌고 다니는 저 비전하를 몸바쳐 섬긴다고 생각하나 보죠?" 자신의 정체를 알고도 상대가 전혀 놀라지 않자 김이 빠진 점술가가 말을 이었다. "당치 않아요! 내가 섬기는 것은 바로 학문뿐이에요."

"학문?" 방다가 물었다.

"그래요! 과거를 알고 미래를 예고하는 학문이죠."

"난 하느님밖에 믿지 않아요!" 방다가 의연하게 대꾸했다.

"정말 유치한 생각이군요! 그럼 모리스가 어떻게 됐는지 가르쳐 줄까요?"

"그 사람은 죽었어요."

"그럴지도 모르죠. 손금을 보여 주면 확실한 걸 알 수 있어요."

방다는 잠시 망설였으나 곧 이렇게 중얼거렸다.

"그건 불신자들이나 하는 짓이야……."

"그럼 당신은 평생 의심에 괴로워하다 인생을 망쳐도 좋은가요?"

"의심이라니요! 유감스럽게도 이제 의심할 건 없어요. 적의 총알에 맞지 않은 건 우리 넷 외에 단 한 사람, 백작부인의 연인뿐이니까."

"어떻게 그렇게 단정하죠?"

"무슨 말을 해도 소용없어요! 지금쯤 필립 드 트리인가 하는 그자가 이미 우리를 페론 총독에게 밀고했을 게 틀림없으니까. 그자가 유일한 생존자라는 사실을 알아내기 위해 마법의 힘을 빌릴 필요는 없단 말이에요. 우리가 오늘 밤에도 이곳에 머무른다면, 모리스의 공범으로서 체포되어 감옥에 갇히게 되겠죠."

"그럼 어서 도망가세요. 누가 도망가지 못하게 방해라도 한답니까?"

"당신이요. 마음만 내키면 총독한테 고자질하러 갈 거잖아요."

"아까도 말했지만, 카트린 보아젱은 첩자질 따위 하지 않아요. 그 증거로, 당신들이 국경을 넘을 때까지 백작부인을 이 마을에 붙들어 두죠."

"그편이 안전할지도 몰라." 브리강디에르가 낮게 중얼거렸다.

"아니면 파리로 도망가고 싶은가요? 그렇다면 우리 집에 숨겨 주겠어요."

"말씀은 고맙지만," 방다가 차갑게 말했다. "당신이 정말 우리를 생각해 준다는 걸 어떻게 믿지요? 난 백작부인에게 목숨을 걸고 대항할 각오예요. 나한테는 의지할 곳도, 친구도, 힘도 없어요. 게다가 당신하고는 오늘 처음 만난 사이고, 당신의 제안도 거절했는데……."

"난 언제나 약자 편이 되어 주고 싶은 사람이죠! 당신을 총독에게 밀고하기는커녕 오히려 보호해 주고 싶어요!

내가 상류층 귀부인과 함께한다고 해서 그 여자와 애증을 나눈 사이라고 생각하는 건가요?

귀부인한테 돈을 받고 싶어서 그 여자의 노예라도 될 것 같아요?

나도 돈이라면 산더미만큼 갖고 있어요! 내가 돈을 사랑하는 건 돈이 나를 자립시켜 주기 때문이죠. 난 내 비밀이나 도움을 얻어 내려고 돈을 주는 비전하나 공작부인이나 영주들이 몹시 싫어요. 경멸하죠.

난 그들에게 대항하는 자들 편이에요. 수와송 백작부인을 돕고 싶은 마음이 든 것도, 그 여자가 본디는 만시니 가문의 딸이고 어제까지는 왕의 절대 권력에 대항하여 모반을 꾸몄기 때문이에요.

이제 당신을 돕고 싶은 내 진심을 알겠어요?"

거짓과 진실이 미묘하게 뒤섞여 분노의 외침이 된 이 해괴한 신념 고백을 방다는 잠자코 들었다.

카트린 보아젱의 이상한 이중인격을 방다가 알아볼 수 있을 리 없었다. 이 여자는 루이 14세 시대에서 가장 특이한 인물이었다.

이 기이한 여자는 자신의 예지 능력을 믿어 의심치 않는 한편 아무렇지도 않게 미약이나 독약을 팔았으며, 미개인의 불타는 정열과 백 년 뒤 사람들의 뇌리에 싹틀 반항과 평등의 사상을 동시에 품고 있었다.

 화형재판소에 남아 있는 이 여자에 관한 재판 기록에는, 이 여자가 왕후 귀족들을 대단히 거만하게 대했다는 사실과 이른바 광신적인 정열을 불태우며 기도 행위를 했다는 사실이 분명히 적혀 있다.

 이 여자는 쉽게 속는 사람들을 등쳐 먹고 당대 내로라하는 유력인사들의 뒤통수를 치면서 평생을 살았다. 죽음을 앞두고는 재판관과 사형집행인을 우롱하고 악마마저 업신여겼지만, 악마의 존재는 믿었다.

 "부인," 지금까지는 잠자코 두 여인의 말을 듣기만 하던 브리강디에르가 처음으로 끼어들었다. "지금 당장 출발한다는 건 바라지도 않던 기회입니다. 이 부인이 누구에게도 말하지 않겠다고 약속하시니……."

 "당신들을 만났다는 사실조차 절대로 말하지 않겠어요." 여자 점술가가 단호하게 말하고, 방다에게 엄숙한 투로 이렇게 덧붙였다.

 "어디로 갈 건지는 묻지 않겠어요. 알고 싶으면 별을 보고 점을 칠 수도 있지만, 그럴 생각은 없어요.

 자, 어서 가세요! 단, 카트린 보아젱이 모리스의 운명을 가르쳐 주겠다고 했다는 사실과 만약 모리스가 죽었다면 그 원수를 갚는 데 도움을 주겠다고 제안했다는 사실을 잊지 마세요."

 방다는 한시라도 빨리 그 자리를 뜨고 싶었다. 숨이 턱 막혀서, 방에서 나오자마자 브리강디에르의 팔에 매달려야 했다.

 브리강디에르는 방다를 복도로 부축해 와서 귓전에 대고 속삭였.

 "부인, 되도록 빨리 파리 문을 통해 마을 밖으로 나가시지요.

 크스키는 마구간에서 자고 있으니 지금 가서 깨우겠습니다. 알리를 데리고 마을 아래쪽 강기슭으로 와서 우리와 합류하자고 말해 놓겠습니다.

 그러면 저녁에는 가장 가까운 마을에 도착했다가 내일 아침에는 지나가는 역마차에 탈 수 있을 겁니다."

10 페론을 떠나다

 여주인이 마차를 타고 온 귀부인들의 방을 준비하는 데 정신이 없는 사이에 방다는 '꽃바구니 여관'을 쉽사리 떠날 수 있었다.
 때마침 여관 여주인이 자리를 비워, 귀찮은 질문에 대답하지 않아도 되었던 것이다.
 이런 갑작스러운 출발은 여주인의 호기심을 자극할 것이 분명했으나, 방다는 거짓말하기도 귀찮은 기분이었다.
 브리강디에르도 여관 하인들과 수다를 떨 기분이 아니었다.
 다행히 그럴 필요도 없었다.
 오늘 아침 산책에 나서기 전에 여관비 계산을 마쳐 놓았던 것이다.
 짐 따위는 없었으므로, 짐 걱정을 할 필요도 없었다.
 그러니까 당장 출발하는 데 아무 문제도 없었던 것이다.
 만일을 대비해 브리강디에르는 여관 여주인에게 이렇게 대답하라고 크스키에게 지시했다―주인 부부는 뒤에 남기고 온 나귀가 있는 곳까지 걸어서 가기로 했으므로 이 이상 페론에는 머무를 수 없다.
 이 설명을 들은 여주인은 자기가 갑자기 방을 비워 달라고 하는 바람에 손님이 화가 나서 나가 버렸다고 생각할지도 모른다.
 때에 따라서는 백작부인이나 여자 점술가 카트린 보아젱이 더 그럴듯한 이유를 설명해 줄 것이다. 둘 다 오랜 친구처럼 친하게 대화를 나누었던 상대방의 처지를 곤란하게 하는 말은 하지 않을 터였다.
 취기가 금방 깨는 크스키는 브리강디에르가 깨웠을 때는 그 지시를 충분히 이해할 정도로 정신이 또렷해져 있었다.
 이렇게 만사가 수월하게 풀린 덕에, 여자 점술가와 기묘한 대화를 나눈 지 30분 뒤에 방다와 브리강디에르는 이미 마을 밖으로 나가 있었다.
 둘 다 눈에 띄지 않는 차림이어서 파리 문의 파수병들은 두 사람을 아무 의심 없이 통과시켜 주었다.

브리강디에르가 조금 전에 간단히 방다에게 설명한 계획은 다리를 건너 왼쪽 기슭을 따라 솜 강 하류로 내려가, 페론에서 4~5킬로미터 아래의 작은 강과 합류하는 지점에 있는 늪까지 걸어간다는 것이었다.

군인 특유의 날카로운 통찰력을 지닌 브리강디에르는 오늘 아침 산책하러 나갔다가 돌아오는 길에 요새의 경사진 둑 위에서 주위를 둘러보고서 이 늪 근처라면 안전한 은신처가 되어 줄 거라고 어림했었다.

물론 크스키에게도 그곳으로 가는 길을 가르쳐 주었다. 길눈이 밝은 크스키라면 알리를 데리고 그곳까지 무사히 올 수 있을 것이었다.

브리강디에르는 밤이 되면 어디서 묵어야 좋을지, 길 가는 주민에게 물어볼 생각이었다.

방다로서는 배신자가 여전히 갇혀 있는 성에서 멀어지는 것이 영 못마땅했다.

그러나 사태가 너무 급박하게 돌아갔으므로 이 이상 페론에 머물기가 위험해져 버렸다.

어쨌든 지금은 수와송 백작부인의 손길이 미치지 않는 곳까지 도망가야 했다.

그러나 브리강디에르는 방다의 간절한 소원에, 배신자의 운명을 확실히 알 때까지는 마을 주변에서 절대로 멀어지지 않겠다고 약속해야 했다.

도중에 별다른 문제는 없었다. 40~50분쯤 걸었을까, 마을에서 멀리 떨어진 한 초가 앞까지 온 두 사람은 그곳에서 한숨 돌리기로 했다.

그 집에는 늙은 농부 아낙네가 혼자 살고 있었다. 손님에게 대접할 음식이라고는 검은 빵과 달걀과 약한 맥주뿐이었다.

이 노파는, 서쪽으로 계속 가면 주민도 적고 여행객도 별로 지나지 않는 지방을 가로질러 거의 하루 만에 아미앵에 도착할 수 있을 거라고 했다.

방다와 브리강디에르에게 그것은 바라지도 않던 여로였다. 그렇다면 도중에 껄끄러운 상대와 맞닥뜨릴 염려도 없었고, 아미앵이라면 피카르디 지방의 주도이므로 파리로 가는 교통 기관이 얼마든지 있을 터였다.

친절한 노파의 집에서 느긋하게 휴식을 취한 뒤, 두 사람은 브리강디에르가 찍어 둔 은신처로 향했다.

그곳은 물줄기가 내려다보이는 언덕 위였다. 물줄기는 그 지점에서 크게 휘었다.

오른편에는 페론 마을, 그리고 페론에서 몽디디에로 향하는 가도가 보였다. 오늘 아침 수와송 백작부인이 지나온 길이었다.

왼편에는 두 마을의 교회 탑이 보였다. 브리강디에르는 한 마을이 피에르이고 다른 한 마을이 클레리 슈르 솜이라는 것까지 알고 있었다.

언덕 아래에는 늪지대가 펼쳐져 있었다. 쐐기풀이며 갈대 등 물가에서 자라는 풀들이 잔뜩 우거져, 멀리서 보면 푸른 덤불 같았다.

"부인," 브리강디에르가 말했다. "여긴 두 병사를 기다리기에 이상적인 곳입니다. 멀리서 사람이 오는 모습도 보이고, 불시의 공격을 받을 염려도 없으니까요."

"그러네요." 방다가 중얼거렸다. "게다가 그 죄수가 오늘 저녁에 파리로 호송된다면 그 일행의 마차가 보일 거예요."

"그렇군요! 하지만 총독은 완전히 캄캄해진 다음에야 죄수를 마을 밖으로 내보낼 겁니다. 두 병사 중 한 사람을 이곳에 남겨 놓으면 어떨까요?

죄수 일행을 멀찍이 떨어져서 미행하게 하다가 파리에서 우리와 합류하는 겁니다.

지금은 페론에서 되도록 멀어지는 것이 급선무입니다."

"하지만 미행하다가 정체를 들켜서 체포되면 어쩌지요?"

"들키지 않고 적을 감시하는 데는 병사가 제격입니다. 예를 들어, 언제까지 바스티유 문 앞으로 오라고 명령하면 그는 틀림없이 약속 시각에 정확히 나타날 겁니다. 게다가 만에 하나 붙잡힌다 해도, 르부아 대신이 도르빌리에를 어떻게 처리할지 알아낼 방법은 아직 남아 있습니다."

"어떤 방법이죠?"

"아까 우리 운세를 점쳐 준다던, 그 고양이 눈을 한 여자에게 물으면 되지요."

"그런 말도 안 되는 소리를 믿으세요?"

"아니요……. 그런 건 아닙니다만……. 내 고향에는 마법사에 관한 여러 전설이 있거든요……. 어쨌든, 그 여자가 백작부인에게 강한 영향력이 있다는 점과 당신을 돕고 싶어 한다는 점만은 확실합니다."

"난 아무래도 의심스러워요."

"하지만 부인, 그 여자는 우리를 얼마든지 밀고할 수 있었는데도 그러는 대신 우리에게 당장 출발하라고 권하면서 뒷날 조력과 보호를 구하러 오라고 말하지 않았습니까.

파리에 도착하면 저 혼자서 그 여자를 찾아가, 우리가 도망온 뒤 페론에서 무슨 일이 있었는지 물어보고 와도 되겠지요?"

"그 여자가 어디 사는지도 모르잖아요."

"틀림없이 찾아내겠습니다. 그런 고귀한 부인과 함께 여행할 정도라면 꽤 널리 알려진 사람일 테니까요. 지나가는 사람을 붙잡고 물어보면 주소쯤은 금방 알려 줄 겁니다.

그리고 걱정하지 마십시오, 부인. 전 신중해서, 상대에게 알리면 안 되는 사실은 절대로 발설하지 않으니까요."

"네……. 끝내 다른 뾰족한 방법을 못 찾는다면 그러는 수밖에 없겠죠."

"우리는 어딘가 조용한 곳에다 집을 빌리기로 합시다. 부인은 지방 귀족의 미망인으로, 소송 청원 문제로 파리에 왔다고 하세요. 전 부인의 집사라고 하지요. 부부 행세는 그리 오래가지 못할 것 같군요.

알리와 크스키가 부인의 종복 행세를 할 테니 낯선 자를 고용할 필요도 없습니다.

넷이서 힘을 합치면 여간 재수가 없지 않는 한 바라던 바를 이룰 수 있을 겁니다."

"하지만 그건 배신자가 바스티유에 투옥된다고 가정했을 때의 이야기지, 그렇지 않다면……."

"그건 그 보아젱인가 하는 여자에게 물으면 알겠지요. 그러면 르부아가 어디로 도르빌리에를 보내든 그 뒤를 쫓을 수 있을 겁니다."

이번에는 방다도 이의를 제기할 수가 없었다.

브리강디에르의 계획은 생각할 수 있는 한 가장 타당해 보였으므로, 방다는 그것을 실행에 옮기기로 거의 마음먹었다.

그러나 모리스가 잠들어 있는 이 강을 떠나기란 어딘가 꺼림칙했다.

노병의 말에 대꾸하는 대신 방다는 잠자코 풀 위에 앉아 황량한 주변 풍경을 슬픈 심정으로 둘러보았다.

온통 완만한 들판이 펼쳐져 있을 뿐, 숲도 목장도 없었다. 지평선에 윤곽을 드러낸 산도 없고 경작지의 단조로움을 깨는 거목도 없이, 몇 채 안 되는 농가의 지붕이 잿빛 대지에 드문드문 빨간 점을 찍고 있을 뿐이었다.

평화롭고 단조로운 산문적 풍경이었다.

그러나 솜 강 삼각주에 의해 형성된 늪에는 독특한 분위기가 흘렀다. 군데군데 푸른 작은 섬이 떠 있는 그 탁한 물은 이미 기울기 시작한 봄의 햇살 속에서 납빛으로 빛났다.

희미한 서풍에 네덜란드 창포의 줄기는 휘고, 수련의 커다랗고 하얀 꽃부리는 바르르 떨렸다.

가끔 백로 한 마리가 키 큰 풀 사이에서 무겁게 날아올라 애조 띤 목소리로 꽥꽥 울어 주위의 적막을 깨고는 오래된 버드나무 밑동으로 내려와 거들먹거리는 표정을 한 채 한쪽 다리로 섰다.

방다의 시선은 멀리 솟은 페론 성의 거대한 탑과 성벽으로 빨려들어 가 있었다. 그러나 브리강디에르는 조금 전부터 유난히 주의 깊게 늪을 바라보고 있었다.

갈대 수풀 사이에서 무언가가 움직이는 것 같았기 때문이다. 현재 상황에서 모든 심상치 않은 움직임은 의심하고 봐야 했다.

처음에 브리강디에르는 수달 따위가 물고기를 잡으려고 몸을 숨기고 있다고 생각했다.

아니면 갈대숲 사이에서 그 불운한 헌병대장 대리처럼 낚시를 좋아하는 사람이 낚싯대를 드리우고 있는지도 몰랐다.

잠시 유심히 들여다보던 브리강디에르는 늪지 식물 사이에 숨어 있는 양서류 같은 생물이 무엇인지 똑똑히 알아볼 수 있었다.

머리가 보였다. 검은 가발을 쓴 머리였다.

사람이었다.

불안해진 브리강디에르는 자신들 발밑에서 일어나는 일에 주의하라는 뜻으로 방다의 팔꿈치를 쿡 찔렀다.

갈대 덤불에 숨은 사나이는 모습이 잘 보이지 않았다.

사나이가 고개를 쭉 뻗어 사방을 둘러보더니 다시 풀숲으로 고개를 감추어 버렸다.

아무래도 이 수상한 인물은 언덕 위의 남녀를 본 모양이었다. 숨는 데는 그만한 이유가 있을 터였다.

"저 남자, 아주 수상한데요." 브리강디에르가 조그맣게 속삭였다.

"대체 누굴까요?" 방다가 심드렁하게 물었다.

"누구긴요……. 틀림없이 총독의 첩자겠지요. 우리를 엿보는 겁니다. 이곳에서 몰래 빠져나가 빨리 도망갈 준비를 하는 편이 좋겠어요."

"하지만 병사들과 이곳에서 만나기로 했으니 이곳을 떠날 수는 없어요. 게다가 저 남자는 이미 우리를 발견했어요. 정말 우리를 감시하는 거라면 가까운 마을까지 우리 뒤를 따라온 다음 지원을 요청하겠죠. 상대가 한 명일 때 정체를 알아 두는 편이 현명해요."

"부인 말씀이 맞습니다. 공격은 최선의 방어라고 하니까요. 제가 가서, 대체 뭘 하고 있는지 물어보겠습니다."

"조심하세요. 무장했을지도 모르니까. 그리고……."

브리강디에르는 방다의 충고를 끝까지 듣지 않고 재빨리 언덕을 뛰어 내려가 풀숲으로 성큼성큼 다가갔다.

한 발짝쯤 남겨 놓았을 때, 덤불에서 쉰 목소리가 외쳤다.

"가까이 오지 마! 오면 머리를 날려 버린다."

'이런!' 브리강디에르가 생각했다. '아무래도 저쪽이 우리보다 겁에 질린 것 같은데. 정말로 내 머리를 날려 버릴 수 있다면 진작 그렇게 했을 것 아닌가.'

이렇게 생각하면서 그는 수수께끼의 사나이가 숨은 수생 식물 덤불을 헤치려고 손을 내밀었다.

그 순간 검은 가발을 쓴 머리가 쓱 나타나는 동시에 긴 칼을 휘두르는 손이 불쑥 나왔다.

브리강디에르는 옆으로 가볍게 몸을 날려 맹렬한 일격을 피했다. 그러나 상대는 숨은 곳에서 나와, 자기 집에서 쫓겨난 멧돼지 같은 기세로 돌진해 왔다.

격렬한 칼싸움이 벌어지려는 찰나 두 사람은 서로 상대가 누구인지 눈치 챘다.

"브리강디에르!"

"대위님!"

두 사람이 동시에 외친 소리는 손에 땀을 쥐며 멀리서 그 모습을 지켜보던 방다의 귀에도 들려왔다.

진흙투성이가 된 너덜너덜한 제복을 입은 사나이가 뛰어나오는 것을 보고, 브리강디에르가 "대위님!"이라고 외친 것을 들었을 때, 하느님의 은총으로 도르빌리에와 마주쳤다고 생각한 방다는 브리강디에르가 상대를 붙잡을 수 있도록 도와주러 내달리기 시작했다.

그러나 그것이 착각임은 곧 밝혀졌다. 두 사나이는 힘껏 부둥켜안고 있었다. 조금 가까이 다가가 진흙이 질퍽하게 묻은 얼굴을 자세히 들여다보니, 그 사나이는 바로 피카르디 포병연대에 소속되어 있던 바시몽 대위였다.

한동안 세 사람은 놀란 나머지 횡설수설하며 서로 동문서답했다.

이윽고 브리강디에르가 기적적으로 생환한 대위를 언덕 기슭으로 데리고 갔다.

풀 위에 바시몽을 앉히자, 과연 아수라장을 수없이 빠져나온 경험이 있는 브리강디에르는 평정을 되찾기 시작했다. 그는 먼저 품속에서 브랜디 병을 꺼내어 건넸다.

꿀꺽 한 모금 마신 바시몽은 곧 기운을 차렸다.

"고맙네." 바시몽이 거친 숨을 쉬면서 말했다. "덕분에 살았어."

브리강디에르는 용의주도한 사나이였으므로 호주머니에는 여러 물건이 들어 있었다.

다음으로 브리강디에르가 꺼낸 것은 커다란 검은 빵 덩어리였다. 아까 늙은 농부 아낙네의 집에서 식사한 뒤에 혹시 몰라 호주머니에 넣어 놓길 잘했던 것이다. 바시몽은 그것을 움켜쥐고 우적우적 먹었다.

방다는 이 가엾은 사나이가 얼른 주린 배를 채우고 찬찬히 설명하기를 초조하게 기다렸다.

이 사나이 외에도 총알에 맞지 않고 물에 빠져 죽지도 않은 사람이 있지는 않을까 생각하니 심장이 두방망이질 쳤다.

모리스가 살아 있는 모습을 다시 볼 수 있으리라는 소망이 아무리 가망성 없는 것이라 해도 방다는 지푸라기에 매달리는 심정으로 그 희망에 매달리고 싶었다.

그러나 곧 그 꿈은 바시몽에 의해 사라졌다.

바시몽은 일제사격 때 말이 총에 맞아 물에 빠진 순간부터 아무것도 볼 수가 없었다.

그뿐만 아니라 너무 갑작스럽게 말에서 떨어지는 바람에 반쯤 정신이 나가 있어 확실한 것은 거의 기억하지 못했다.

다행히 물살에 50미터쯤 떠밀려 내려와 하류 왼쪽 기슭에서 정신이 들었으며, 그때부터 그곳에서 몸을 숨기고 있었다.

바시몽은 멀어져 가는 헌병들의 목소리 정도는 들은 것 같았으나, 동료들이 어떤 운명을 맞이했는지는 전혀 짐작조차 못했다.

기슭으로 떠밀려 올라온 다음부터는 이렇다 할 일도 일어나지 않았다.

페론에서 꽤 멀어지기까지 강줄기에서 벗어나지 않도록 조심해서 걷는 동안에 마을에서 조금 하류 쪽으로 내려온 지점에서 날이 밝아 버렸다. 어쩔 수 없이, 수비대에게 들키지 않도록 움푹 들어간 강둑에 숨었다.

그렇게 추위와 굶주림과 피로에 죽을 고비를 넘기며 3월 29일 낮을 보냈다.

해가 저물자 숨어 있던 곳에서 나와, 아까 브리강디에르에게 들켰을 때 있었던 늪에 간신히 도착했다. 그러나 거기서 기력이 다해 버렸고, 앞으로 나아갈 기운을 되찾기도 전에 다시 새벽이 되었다.

하는 수 없이 허리까지 진흙에 잠긴 채 다시 날이 저물기를 기다리기로 했다. 그러나 참을성에 한계를 느껴, 브리강디에르에게 들켰을 때는 어딘가 가까운 농가에 도움을 구하러 가려고 일어섰던 참이었다. 이 눅눅한 은신처에서 개죽음당할 바에는 체포당하는 편이 낫겠다고 생각했던 것이다.

이 비참한 모험담을 다 듣자 브리강디에르는 그보다는 조금 나았던 자신들 네 명의 체험과 앞으로의 계획을 들려주었다.

방다의 복수 계획을 다 듣고 바시몽은 이렇게 제안했다.

"제게 맡겨 주십시오, 부인. 제가 르부아에 대한 반란에 가담한 것은 오랜 원한을 갚기 위해서였고, 이 음모 계획의 성공이 제게 이득이 된다고 생각했기 때문이었습니다.

하지만 지금은 다릅니다. 르부아는 제 친구들을 죽이고 저를 짐승처럼 사지로 몰아넣었습니다. 그러니 오늘부터는 그자에게 죽을 각오로 대항할 것입니다.

부디 뭐든 명령해 주십시오. 베르사유 궁 한가운데서 그자를 찔러 죽이라 하셔도 전 부인의 명령에 따를 각오입니다."

"내가 뒤쫓고 싶은 사람은 르부아가 아니라 우리를 적에게 팔아넘긴 배신자예요." 방다가 외쳤다.

"그렇다면 둘 다 해치워 버리지요. 하지만 부인의 말씀대로 도르빌리에가 바스티유에 있다면 우리가 굳이 붙잡을 것도 없지 않습니까. 한번 그곳에 들어간 자는 두 번 다시 나오지 못하니까요."

"하지만 수와송 백작부인이라면 그자를 바스티유에서 빼낼 수도 있어요. 그러면……."

"아참, 그랬죠! 방금 들은 이야기를 까먹었네요. 확실히 그 백작부인이라면 애인을 구하기 위해 무슨 짓이든 할 겁니다. 그렇다면 부인도 제가 맡지요! 전 맹세코……."

"저길 보십시오!" 브리강디에르가 끼어들었다. 조금 전부터 페론 쪽에서 일어나는 일에 주목하고 있었던 것이다.

방다와 바시몽이 놀라서 고개를 돌리자, 대규모 마차 행렬이 솜 강 다리를 건너는 중이었다.

다리까지의 거리는 그리 멀지 않았으며 화창한 날이었으므로 이동하는 사람과 말의 모습이 지평선에 또렷이 보였다.

스무 기쯤 되는 기마병이 2열로 행군하고, 수레 위에 얹은 커다란 가마가 네 마리 튼튼한 말에 끌려 그 사이를 가고 있었다.

지평선 아래로 기울어 가는 태양 빛을 받아 병사들의 칼날이 번쩍번쩍 빛났다.

"그자예요!" 방다가 외쳤다.

"어쨌든 중요한 죄수인 것은 분명하군요." 바시몽이 말했다. "오랫동안 군인으로 일해서 잘 압니다만, 흔해 빠진 체포자라면 저렇게 호들갑스러운 호위는 붙이지 않을 테니까요."

"이상한데." 브리강디에르가 중얼거렸다. "어째서 총독의 부하에게 호위시키지 않는 거지?

페론 총독의 헌병은 보병인데, 저기는 기병뿐이야."

"저건 기마헌병대야!" 바시몽이 가르쳐 주었다.

"하늘은 정의 편이야! 수와송 백작부인도 어쩔 수 없었나 보지." 방다가 작게 말했다.

"하지만 부인은 분명 파리까지 행렬을 따라갈 겁니다." 브리강디에르가 말했다.

"우리가 부인보다 먼저 파리에 도착해야 할 텐데."

"어떻게든 해 보죠. 가마는 그리 속도가 빠르지 못하니, 만약 우리가 오늘 밤 아미앵까지 간다면……."

"자넨 아미앵으로 향할 예정이란 말인가?" 바시몽이 물었다.

"그렇습니다. 그곳에서 파리행 역마차를 탈 생각이지요. 크스키와 알리가 약속 시각에 와 준다면 틀림없이 갈 수 있을 겁니다…….

하지만 벌써 해가 저물어 가고 있는데 녀석들이 아직 나타나지 않는군요. 그 술꾼 크스키 녀석이 또 술을 퍼마시기 시작한 건 아니어야 할 텐데……. 알리를 잘 찾았을까……. 그 두 사람이 꾸물대는 사이에 밤이 되어 버리면 그냥 놔두고 가야지……."

"안 돼요. 그 둘을 놓고 갈 수는 없어요." 방다가 단호하게 제지했다.

"언덕 위로 올라가 보죠. 그러면 두 사람의 모습이 보일지도 모릅니다." 바시몽이 제안했다.

바시몽은 방다와 브리강디에르의 뒤를 따라 비탈을 오르기가 버거운 것 같아 보였지만, 어찌어찌 꼭대기까지 올라갔다. 1분 뒤 세 사람은 늪지가 내려다보이는 언덕 위에서 주위 들판을 두리번거리기 시작했다.

그 직후였다. 땅이 요동치면서 주위 공기가 격렬하게 진동했다.

피카르디 지방에서는 지진이 좀처럼 일어나지 않았으므로 이 현상이 지진 탓이라고는 도저히 생각되지 않았다.

진동의 원인은 곧 밝혀졌다.

페론 성 상공에 흰 연기가 피어오르더니 어마어마한 폭음이 솜 강 골짜기에 메아리쳤다.

공중으로 거대한 검은 점이 붕 날았다. 커다란 성벽 파편이 통째로 날아가는 것이었다. 이어서 시커먼 연기가 뭉게뭉게 피어오르더니 군데군데에서 시뻘건 불꽃이 혀를 날름거렸다.

이윽고 모든 것이 끝났다.

10 페론을 떠나다

바람이 연기를 휩쓸어 가자 주위는 다시 고요해졌다.

세 사람은 대체 무슨 일이 일어난 건지 묻듯이 얼굴을 마주 보았다.

"성이 날아갔어요!" 브리강디에르가 외쳤다.

"그게 아니야." 바시몽이 말했다. "탑은 아직 그대로야."

"15분만 빨리 일어났더라면 배신자 도르빌리에도 죽었을 텐데." 방다가 중얼거렸다.

"억세게 운 좋은 녀석이군." 브리강디에르가 맞장구쳤다. "저기 보십시오. 호송대 녀석들이 바빠지기 시작했습니다."

정말로 평원을 구불구불 나아가던 행렬이 행군을 멈추고 기마 병사들이 가마 주위로 모여드는 것이 똑똑히 보였다.

"총독도 일행에 끼어 있다면, 자기 감시탑이 어떤 꼴이 됐는지 보러 돌아갈지도 모르겠군요." 바시몽이 말했다.

"아니…… 잠깐……. 전령 두 사람이 마을 쪽으로 말을 몰고 갔습니다. 나머지는 다시 행군을 계속합니다."

과연 부대는 다시 행군을 시작했다. 어떤 구출 작전에서도 죄수를 멀리 떨어뜨리겠다는 듯이 빠르게 말을 몰았다.

"저대로 사흘만 달리면 우리보다 먼저 파리에 도착하겠는데요." 브리강디에르가 이를 갈았다. "대체 페론에서 무슨 일이 일어난 걸까?"

"마을로 가서 알아보고 싶지는 않은데." 바시몽이 말했다. "게다가 저거야 아무럼 어때? 폭발로 총독의 병사가 몇 명은 죽었겠지만, 그놈들이 불쌍하다는 생각은 안 들어."

"우리 병사들이 무사해야 할 텐데!" 방다가 외쳤다.

"그 둘은 저런 소동에 휘말릴 정도로 얼빠진 자들이 아닙니다……. 게다가…… 잠깐, 저건……. 내가 잘못 본 건 아니겠지……." 브리강디에르가 말끝을 흐렸다.

"뭐야! 설마 버드나무 길을 따라 살금살금 오고 있는 저 두 농군이……."

"아군의 후위가 분명합니다. 성큼성큼 다가오는 종아리가 긴 사나이가 크스키고, 그 뒤에서 고꾸라질 듯이 따라오는 자가 알리입니다.

늦지 않아 다행이군. 이미 해가 졌으니, 저 녀석들이 한 시간만 더 늦게 왔다면 우리 계획도 어그러졌을 텐데."

"저 두 사람이 뭔가 정보를 갖고 왔는지도 몰라." 바시몽이 말했다.
"글쎄요. 아무튼, 이 이상 이곳에서 기다릴 필요가 없어졌으니 내일 아침까지는 아미앵에 도착할 수 있습니다.
앗! 우리를 봤나 봅니다. 빨리 달려오고 있어요."
크스키가 큰 보폭으로 날다시피 다가왔다. 알리도 질세라 분발하여, 두 사람은 방다 일행이 기다리는 언덕 꼭대기에 동시에 도착했다.
일동은 부둥켜안고 서로 무사함을 기뻐했다. 바시몽 대위마저 계급의 차이를 잊고, 용감한 두 동지를 껴안았다.
"명령을 정확히 실행한 것은 잘한 일이지만, 이렇게 늦은 이유는 뭐지?" 브리강디에르가 작은 목소리로 말했다.
"알리를 찾는 데 종일 걸렸거든요." 크스키가 기다렸다는 듯이 변명했다. "게다가 겨우 찾았나 싶었더니, 아 글쎄 이놈이 마을에 볼일이 있으니 그게 끝나기 전에는 출발할 수 없다며 우기는 겁니다."
브리강디에르가 "정말이냐"고 묻듯이 노려보자 알리가 "그렇다"고 인정하는 대신 낮은 신음을 내뱉었다.
"부인과 내가 떠난 뒤 여관 상황은 어땠지?"
"아무 문제 없었습니다. 여주인은 손님이 말없이 떠난 것을 알고 한바탕 난리를 쳤지만, 그 두건 쓴 부인이 입을 다물게 했죠."
"그리고?" 이렇게 물으면서 브리강디에르는 "그것 보십시오, 제 말이 맞죠?"라고 말하듯이 방다의 얼굴을 바라보았다.
"그러고는 그 마차를 타고 왔던 비전하가 돌아왔습니다. 비전하라고는 하는데 그렇게 보이지는 않았어요. 정신이 나간 사람 같던데요. 엉엉 울면서 다른 한 여자 목에 매달려, 총독이 어떻다, 르부아가 어떻다, 베르사유로 르부아를 만나러 가야겠다 그러는 것 같았습니다……
전 그 틈에 아무에게도 들키지 않고 몰래 빠져나왔고요."
"너와 함께 막사 식당에서 술을 마신 두 헌병은 어찌 되었어?"
"그들을 실은 들것이 막사로 돌아가는 걸 봤습니다. 들것을 든 병사들이 '이 술꾼들도 결국 술 때문에 목숨을 잃었군'이라고 말했습니다."
"잘했어! 너 같은 부하가 있어서 나도 자랑스럽다."
이 칭찬을 들은 크스키는 가슴을 쭉 폈으며, 알리는 입을 삐죽거렸다.

10 페론을 떠나다

"그런데 조금 전에 들린 어마어마한 소리는 뭔지 아나?"

"그건 제가 한 일입니다." 알리가 한 발 앞으로 나서며 대답했다.

"뭐라고! 네가?"

"네. 제가 보초 막사를 그 안에 든 헌병들과 함께 날려 버렸지요."

"그게 정말이야?"

"제가 언제 거짓말을 하던가요?"

"하지만 어떻게?"

"아침에 그 주위를 어슬렁거리는데 환기창이 보이길래 그곳으로 기어 들어갔지요. 병사 대기소 바로 아래에 있는 지하실로 들어가 보니 구석에 화약통과 산더미처럼 쌓인 약협이 있는 겁니다.

전 병사들에게 저녁이 되면 재미있는 구경거리를 보여 주겠다고 말했었지요. 그러니 그 무렵에는 대원이 한 사람도 빠짐없이 모여 있을 것이었습니다. 해가 지기 시작하자 전 다시 한 번 지하실로 숨어들어 톱으로 화약통에 구멍을 내고 밧줄을 도화선 삼아 부싯돌로 불을 붙인 뒤 크스키가 있는 곳으로 돌아왔죠.

아무도 제가 숨어든 걸 모르는 것 같았으니, 아까 우리 둘이 여유롭게 강기슭을 걷고 있을 때 헌병들은 모두 지옥에 떨어졌을 겁니다."

"큰일 해냈구나, 장하다!" 브리강디에르가 흥분해서 외쳤다.

"사울은 적병 천 명을 죽였지만, 다윗은 만 명을 죽였지." 바시몽이 중얼거렸다. 그는 가끔 이렇게 성서를 인용하는 버릇이 있었다.

터키인 알리가 공훈을 칭찬받자 이번에는 폴란드인 크스키가 입을 삐죽거렸다.

"배신자도 헌병들과 함께 있었으면 좋았을걸!" 방다가 한숨을 내쉬었다.

"그렇게 모든 일이 잘 풀릴 수는 없습니다." 터키인이 투덜거렸다.

"자," 브리강디에르가 큰 소리로 재촉했다. "출발하자. 이 이상 이런 곳에 있을 필요는 없어. 게다가 아까 폭파사건 때문에 총독이 페론 주위를 샅샅이 뒤지라는 명령을 내렸을지도 몰라.

아미앵까지는 120리쯤 되니까 이 이상 시간을 허비해서는 안 돼."

"그곳부터는 나한테 맡겨. 프랑스 국왕의 첩자의 손길이 절대로 미치지 못할 은신처를 찾아낼 테니." 바시몽이 나섰다. "옛날에 같은 연대에 있던 동료가 오투와 외곽에 살거든.

그에게 부탁하면 갈아입을 옷도 마련해 주고, 필요한 만큼 숨을 곳도 제공해 줄 거야."

"그곳에 그렇게 오래 있을 계획은 아닙니다."

"그럼 곧바로 파리로 간다고?"

"네. 호송대보다 먼저 파리에 도착해야 하니까요. 저들은 고작해야 사나흘이면 도착할 겁니다."

"좋아! 나도 함께 가지!" 바시몽이 외쳤다. "저 도르빌리에 놈을 두 눈 똑바로 뜨고 감시하겠어."

브리강디에르는 잠자코 있었으나, 그 표정에서는 바시몽의 동행을 반기지 않는 마음이 역력히 읽혔다.

"내가 자네 작전을 방해라도 할까 봐 그래?" 바시몽이 물었다.

"아뇨, 그런 건 아니지만, 대위님," 브리강디에르가 당혹스러운 듯이 대답했다. "하지만…… 대위님은 프랑스군의 장교셨으니 궁정 귀족들에게 얼굴이 알려졌을지도 모릅니다……. 그러니까…… 즉…… 대위님을 위해서나 우리를 위해서나……."

"계속해 봐."

"대위님은 브뤼셀에서 우리가 돌아오기를 기다리시는 편이 낫지 않을까요?

특히 브뤼셀에는 중요한 상자가 숨겨져 있습니다. 르부아의 수하들은 틀림없이 그것을 빼앗으려고 할 테고요."

"그러네요." 방다가 작게 말했다. "상자가 위험하다는 사실을 까맣게 잊고 있었어요."

"부인," 바시몽이 다시 입을 열었다. "이제부터는 부인의 목적이 곧 제 목적이니 명령대로 행동하겠습니다."

"그렇다면 대위님은 플랑드르에 계시는 편이 우리에게 도움이 될 것 같아요.

대위님께서 플랑드르에 계셔 주시겠다면 우리 편 사람에게 소개장을 써 드리죠. 특히 그중 한 사람은 우리의 비밀을 모조리 아는 사람이에요. 지금이라면 나로가 상자를 빼앗아 가는 걸 막을 수 있을지도 몰라요."

"부인은 르부아의 분노를 개의치 않고 파리로 들어가실 생각인 모양인데, 그에게 발각되는 것이 두렵지 않습니까? 발각되는 날엔……."
"우리는 숨바꼭질의 명수니까 괜찮습니다." 브리강디에르가 끼어들었다. "이 용감한 두 사나이와 함께 르부아의 뒤통수를 치겠습니다.
게다가 우린 언제까지고 프랑스에 머물러 있을 생각은 없으니까요."
"언제까지고 머물 생각인데요. 그 배신자가 프랑스에서 나가지 않는 한은." 방다가 어두운 표정으로 말했다.
브리강디에르는 지금은 그런 중대 문제를 따질 때가 아니라는 생각에 입을 다물었다.
이미 땅거미가 주위 들판에 내리기 시작했다. 페론 성 탑도 밤이슬 속에 잠겨 갔다.
브리강디에르는 부하에게 몇 마디 지시를 내려 정찰을 보낸 뒤 출발 신호를 했다.

11 바스티유의 죄수

무사히 페론을 탈출한 지 2주일쯤 지난 1673년 4월 중순, 방다, 브리강디에르, 그리고 두 병사는 파리의 성 앙투안 거리 근처에 있는 집에서 기거하고 있었다.

솜 강에서 대참사가 있고부터는 운명이 늘 이 네 사람의 편을 들어 주어 브리강디에르의 계획은 모두 순조롭게 이행되었다.

일행은 무사히 아미앵에 도착하여 바시몽의 친구 집에서 하룻밤 피로를 푼 뒤 역마차를 타고 세 시간도 안 되어 파리에 도착했다.

바시몽 대위는 방다의 명령을 따라 브뤼셀로 가서, 아직 늦지 않았다면 그 위험한 상자를 안전한 곳으로 옮기는 임무를 맡기로 했다.

바시몽이 써 준 소개장 덕택에 방다 일행은 파리에 도착하자마자, 생자크 거리에서 책방을 하는 베로라는 사나이의 집에서 숨어 지낼 수 있게 되었다.

'샤플리'라는 상호로 시당국의 허가를 받아 영업하는 이 사나이는 바시몽을 위해서라면 목숨까지도 바칠 사람이었다. 처음에는 그 이유를 잘 몰랐지만, 어쨌든 이 사나이는 방다 일행이 안전한 장소에 몸을 숨길 수 있도록 정말이지 온 힘을 써 주었다.

이 사나이 덕분에 방다는 파리에 도착한 다음 날, 페론 총독의 죄수가 바로 그날 바스티유에 갇혔다는 정보를 입수했다. 이후 방다는 오로지 그 무시무시한 감옥 근처에 집을 마련하고 싶어 했다.

다행히 방다는 이 소망을 실현하기에 아주 좋은 상황에 있었다. 허리띠 안에 적어도 30만 리브르에 상당하는 다이아몬드가 들어 있었기 때문이다. 이만한 노자가 있으면 돈이 궁할 때 뭐든 마음껏 할 수 있었다.

이 보석은 비상시를 대비해 모리스가 맡긴 것이었다. 방다가 이 재산을 잃어버리지 않은 것은 정말이지 행운이었다. 이러한 군자금이 없었다면 대부호 수와송 백작부인을 상대로 싸우는 일 따위는 애초에 포기해야 했을 것이다.

또 정말로 궁지에 몰리면, 국왕의 서기로 일하는 피에르 카드랑이라는 파리의 은행가를 만나 모리스 데자르모아스라는 이름을 대고 거의 무제한으로 돈을 빌릴 수도 있었다. 단, 그러려면 모반자 수령의 미망인이라는 신분을 밝혀야 했다. 지금으로선 그런 위험은 무릅쓰지 않는 편이 현명했다.

그리하여 방다는 바시몽의 친구인 책방 주인에게 훌륭한 다이아몬드 두 알만 팔아 달라고 부탁했다. 어떤 보석상이 시가의 2/3 가격인 4만 4천 리브르에 그것을 사 주었다.

방다는 그 돈으로 작전을 개시할 수 있었다. 볼일 때문에 파리에 어쩔 수 없이 머물게 된 유복한 지방 귀부인답게 사치스러운 생활을 시작한 것이다.

방다는 라에 부인이라는 가명을 썼다. 푸아티에 귀족의 미망인으로, 남편에게 유산과 함께 상속받은 재산청구권을 주장하기 위해 상업재판소에 출두하러 파리에 온 척을 했다.

브리강디에르는 발랑탱이라는 이름의 집사를 연기하기로 했다.

크스키는 라피에르, 알리는 프티장이라는 가명을 썼다. 라에 부인의 시중을 들러 푸아티에에서 부인을 따라온 종복 역할이었다.

책방 주인 베로는 영리한 사나이였으므로 방다 일행에게 딱 맞는 집을 금세 찾아 주었다.

성 앙투안 문 바로 코앞에 있는, 랑파르 거리와 장 보쉬르 거리 사이에 있는 넓은 저택이었다.

이 저택은 한때 최고법원의 대심부 판사가 살았던 곳이었다. 외부에서 들여다볼 수 없도록 높은 담장으로 둘러싸인 정원이 딸린 4층 건물로, 삼면에 입구가 있었다.

판사는 상당히 훌륭한 가구를 남기고 죽었는데 판사의 유족이 그것을 싸게 팔아치웠으므로, 방다 일행은 일주일도 안 되어 집을 완벽하게 꾸밀 수 있었다.

이런 좋은 조건에 더불어 이 집에는 방다로서는 무엇과도 바꿀 수 없는 이점이 있었다.

바스티유 정면에 있다는 점이었다.

저택의 정확한 위치를 이해하려면 루이 14세 시대에 그 주변이 어떤 상태였는지를 알아야 한다. 악명 높은 바스티유 감옥이 부서진 이래 이 일대가 완전히 바뀌어 버렸기 때문이다.

당시 엄밀한 의미에서 파리 시는 성 앙투안 문까지였다. 성 앙투안 문은 현재 보마르셰 대로라 불리는 길과 평행하게 있었다.

문 너머는 교외고, 파리 시와 교외 사이에는 현재의 생 마르탱 운하와 거의 비슷한 위치에 깊은 해자가 있었다.

랑파르 거리는 보마르셰 대로가 연장되면서 없어져 버렸다.

장 보쉬르 거리는 보마르셰 대로와 투르네 거리 사이에 아직도 남아 있다.

바스티유 감옥은 거의 현재의 바스티유 광장 전역을 차지했는데, 특히 성 앙투안 거리와 아스날(보병 공창) 쪽으로 넓게 퍼져 있었다.

교외 쪽에서 보면 오각형 보루가 보였는데, 역대 감옥장은 그곳을 정원으로 이용했다. 보루의 모서리는 담장 위로 삐죽 나와 있었다.

성은 이 북서쪽 보루를 병풍 삼아 우뚝 솟아 있었다.

성의 나머지 삼면은 깊은 해자로 보호되어 있었다.

성은 길쭉한 사각형으로, 크고 작은 안뜰이 두 개 있었다. 주위에 늘어선 둥근 탑 여덟 개 중 네 개는 파리 시 쪽을, 나머지 네 개는 교외 쪽을 향해 있었다. 건물 전체는 묵직한 느낌으로, 건축미하고는 거리가 멀었다.

바스티유는 외관상 방위용 성이었다. 샤를 5세 시대에 파리, 특히 당시 왕궁이었던 성 폴 궁전을 지키기 위해 위그 오브리오가 지은 건물이었다.

그러나 1651년 프롱드의 반란 때 반란군 병사의 퇴각을 돕기 위해 몽팡시에 공주가 국왕의 군대를 향해 바스티유의 대포를 발포시킨 이래, 이 낡은 성채는 죄수를 가두는 곳으로만 쓰이게 되었다.

라에 부인, 즉 방다가 빌린 집은 직사각형의 짧은 변 가운데 서쪽 벽과 마주 보고 있었다.

집 창문에서 보면 고작 50미터쯤 떨어진 곳에 여덟 개 중 두 개의 탑과 그 탑들 사이를 잇는 성벽이 솟아 있었다. 성벽은 탑만큼 높고 창문이라고 부를 만한 것은 한 개도 없었다.

아래로 눈을 돌리면 공터가 보였다. 성 앙투안 거리의 연장처럼 보이는 곳으로, 조금 왼쪽으로 간 지점에서 성 앙투안 문과 만났다.

바스티유의 입구는 반대편 아스날 쪽에 있었다. 그러나 시간에 따라서는 수많은 감옥 관계자, 간수, 헌병, 순사 등이 루아얄 광장 근처의 고급 주택가를 산책하기도 했다.

따라서 방다 일행은 그들을 자세히 관찰할 수가 있었다.

페론에서 호송되어 온 죄수에 관한 정보를 입수하고, 르부아가 그 죄수를 어떻게 처리할지 알아내려면 바스티유 내부 관계자의 이야기를 듣는 것이 가장 빠르고 효과적인 방법이었다.

그래서 이사 온 날부터 방다 일행은 그 목표를 이루기 위한 노력을 시작했다. 네 사람은 역할을 분담했다.

'라에 부인'은 감옥장의 부하들과 말을 섞을 수는 없었으므로, 이웃에 사는 늙은 재판소장 부인과 친해지는 정도가 고작이었다.

젊은 시절 사교계에서 활약한 경험이 있어 궁정이나 파리의 소문을 한없이 알고 있는 이 노부인은 귀부인을 상대로 이런저런 소식에 관해 수다를 떠는 것이 취미였다.

세 번째 방문했을 때 이미 노부인에게 깊은 신뢰를 얻은 방다는 마침내 다음과 같은 귀중한 정보를 얻을 수 있었다.

며칠 전 한 죄수가 엄중한 감시 속에 가마에 태워져 바스티유에 도착했다. 감옥장 베스모 드 몽르장은 베르트디에르 탑에 수용된 이 죄수에 관해 "르부아 대신이 직접 심문하러 벌써 세 번이나 찾아온 걸 보면 대단히 중요한 인물이 틀림없다"고 말했다고 한다.

생 물이라는 이름의 이 재판소장 부인은 베스모 감옥장과도 친분이 있었다. 방다는 언젠가 이 인맥을 이용해야겠다고 속으로 몰래 생각했다.

이렇게 여주인이 이용 가치 있는 지인을 만드는 동안 '집사'도 수수방관하고 있지만은 않았다.

'집사'는 사수공원이라 불리는 광장의 숲을 산책하던 중에 레퀴에라는 사나이와 알게 되었다. 이 사나이는 바스티유 성문 경비대장으로, 성내에서는 장교와 일반 간수의 중간 같은 역할을 했다.

라피에르와 프티장, 즉 폴란드인 크스키와 터키인 알리는 술집마다 돌아다니며 가장 계급이 낮은 옥리들과 친해졌다. 특히 앙투안 뤼와 자크 부르그앙이라는 두 사나이와 친밀해졌다. 이 둘은 감옥 열쇠를 보관하는 관리였다.

이것만으로도 엄청난 수확이었지만, 방다는 만족하지 않았다. 네 사람 모두 확실한 정보는 아직 아무것도 입수하지 못했기 때문이다.

네 사람은 어떤 일에도 신중히 행동했다. 감옥 관계자들의 경계심을 자극할 만한 언동은 절대로 삼가야 했다.

단, '집사 발랑탱'은 성문 경비대장과 꽤 자주 만났다. 이 사나이를 완전히 포섭하기도 불가능하지는 않다고 생각했다.

어느 날 오후, 집사로 변한 브리강디에르는 성 앙투안 거리와 프티뮈스크 거리가 만나는 지점에 있는 마옌 궁전의 문 앞에서 일광욕을 했다. 레퀴에가 그 주변으로 자주 지나다닌다는 사실을 알았기 때문이다. 아니나 다를까 레퀴에가 나타나 평소보다 훨씬 빠른 속도로 다가왔다.

바스티유 성문 경비대장 레퀴에를 보자 '집사'는 예의 바르게 모자를 벗어 들고 얼른 맞이했다.

간수 계급 중 이 정도로 지위가 높은 사람에게 '집사'가 예를 다하는 것은 지극히 당연한 일이었다.

레퀴에는 키가 크고 살집이 있으며 풍채가 당당한 사나이였다. 꽤 나이가 들었음에도 혈기왕성했다. 군복이라고도 종복의 복장이라고도 볼 수 없는 인조 벨벳에 은 몰이 달린 윗도리를 입고, 금도금한 구리 손잡이가 달린 기다란 지팡이를 짚었으며, 본디는 검었지만 너무 오래 써서 색이 붉게 빠져 버린 가발을 쓰고 있었다.

거들먹거리는 태도에, 눈알은 불안하게 흔들리고, 볼은 불룩했으며, 코는 기다랗고 새빨갰다.

성문 경비대장이라는 호들갑스러운 직함 아래 이 사나이가 맡은 임무는 간단히 말해 성 출입구를 지키는 일이었다.

평소 이 유력한 옥리는 감옥장에게 두터운 신임을 얻고 있는 관리답게 딱딱하고 위엄 있게 굴었지만, 이날만큼은 웬일인지 흥분된 표정으로 어깨를 들썩이며 걸어왔다. 재빨리 이 변화를 감지한 브리강디에르는 상대의 동요를 이용할 절호의 기회라고 생각했다.

"이거 경비대장님 아니십니까!" 브리강디에르가 90도로 인사하며 말했다.

"아, 발랑탱이군." 레퀴에는 심드렁하게 인사했지만, 아랫사람에 대한 배려심에 이렇게 덧붙였다.

"모자를 쓰게. 오늘은 추워서 맨머리를 드러내면 안 돼. 난 더워서 숨이 막힐 지경이지만."

"그럼 시원한 술이라도 한잔 드시겠습니까?" 발랑탱, 즉 브리강디에르가 모자를 다시 쓰면서 물었다. "바로 저기에 샴페인처럼 거품이 나오는 앙주산 포도주를 파는 가게가 있는데요."

"아, 나도 알아. 프티뮈스크 거리에 있는 '풍차' 말이지? 거기 안주인은 감각이 좋아서 꽤 좋은 술을 가져다 놓지. 하지만 난 술을 천천히 즐기면서 마시는 편이어서……."

"국왕을 위해 일하느라 숨 쉴 틈도 없이 바쁘다는 말씀입니까?"

"그래, 정말 숨 쉴 틈도 없을 정도야.

이 뚱뚱한 몸을 이끌고 아침부터 벌써 여섯 번이나 베르트디에르 탑의 계단을 오르내렸다니까. 게다가 감옥장님한테도 가 봐야 해서 안뜰 두 개를 왔다 갔다 했더니 정말 미치겠더라고. 딱 15분 짬이 나기에 잠시 바깥 공기 좀 마시러 나온 거야."

"바깥 공기라면 '풍차'에서도 마실 수 있습니다. 그곳 안뜰에서 맛 좋은 술을 한두 병 마시면 기분이 최고로 좋아지실 겁니다."

"그럼 딱 한 병만 하지. 난 근무 중이니까."

"네, 한 병만 하시지요. 이렇게 함께 마시게 되어 정말 기쁩니다.

전 오늘 오후 내내 시간이 빕니다. 마님께서 미니모 수도회에 가셨다가 저녁에나 돌아오실 예정이거든요.

저처럼 대도시에서 외톨이나 다름없는 촌놈이 옥리님처럼 훌륭한 분과 친해질 수 있다니, 전 정말 재수가 좋은 놈입니다."

"흠, 내가 재미있는 이야기를 많이 알긴 알지." 문지기 겸 경비대장이 만족스러운 미소를 지으며 말했다. "직무상 비밀은 말할 수 없지만."

'곧 말하게 될 거다.' 브리강디에르가 생각했다. 자신의 역량에도 다소 자신감이 있었지만, 상대의 입을 가볍게 하는 데에 무엇보다 앙주산 포도주의 효과에 큰 기대를 걸고 있었다.

"자네가 모시는 마님은 대단한 부자인가?" 술집으로 느릿느릿 걸어가면서 레퀴에가 물었다.

"어마어마한 부자지요. 돌아가신 나리께는 자식이 없거든요. 마님은 아주 비옥한 땅에서 연간 3만 리브르의 수입을 얻으시지요. 게다가 지금 재판소에서 변제를 청구 중인 금액이 22만 9천 리브르 16수 9드니에나 되고요."

"그럼 자네도 수입이 좋겠구먼?"

"웬걸요. 푸아티에 지방에서는 고액의 봉급을 받는 사람이 없어요!"

"하지만 땅값이며 소작료며 여러 가지가 있으니 적당히 떼어먹을 수도 있을 텐데."

"그런 건 얼마 되지도 않아요! 죽은 나리는 꼼꼼한 분이셔서, 우리 같은 시골 집사는 당신처럼 국왕을 섬기는 관리와 다르게 무엇 하나 자기 마음대로 할 수 없으니까요. 제가 1년 동안 버는 돈은 당신이 반년에 버는 금액의 절반도 안 될 겁니다."

"무슨 소리! 신분 높은 죄수가 있을 때는 수입이 짭짤할 때도 있지만, 그런 일은 좀처럼 없거든.

하루에 36리브르의 수용비가 나오는 부사령관급 죄수는 10년에 한 번꼴로 들어오니까.

그 외에는 피라미뿐이야. 하루 식비로 금화 한 닢밖에 지급되지 않는 불쌍한 죄수를 등쳐 먹는다고 얼마나 되겠어?

그리고 자네한테니까 하는 얘긴데, 삥땅친 돈은 대부분 감옥장의 호주머니로 들어가거든."

"정말입니까? 전 베스모 감옥장은 대단히 통이 큰 부자인 줄로만 알았습니다."

"당치 않아! 확실히 감옥장은 식사에 엄청난 돈을 들이지만, 그 비용은 다 죄수가 내는 셈이야.

놀라지 말고 들어. 빵집이고 푸줏간이고 양계장이고 감옥에 납품하기 위해 각자 감옥장에게 뇌물을 바치고 있어.

감옥장은 음료수 운반인한테까지 뇌물을 받고, 매장 비용까지 삥땅치지.

성 폴 성당 참사의원에게 죄수 장례식에 참석하도록 의뢰하라는 명목으로 경찰총장한테서 금화 50닢이 지급되거든. 그런데 시체를 묘지에 나르는 건 자정부터 1시 사이인 데다, 수도사 한 사람이든 참사의원 전원이든 누가 읽어도 기도문은 똑같으니까…… 무슨 말인지 알아듣겠지?"

"그럼요, 알다마다요."

브리강디에르는 페론 총독의 부하였던 헌병과 나누었던 이야기를 떠올리고서 이렇게 생각했다.

'프랑스 국왕의 총독이며 감옥장 놈들은 다 거기서 거기군.'

그러는 사이에 두 사람은 '풍차'에 도착했다. 술집 마당은 신록이 아름다웠다. 정자가 길 가는 사람에게 "나무 그늘에서 한잔하고 가라"고 유혹하는 것 같았다.

술집 안주인 자크린은 이미 아는 사이인 '집사'를 반갑게 맞이했다.

가게 한구석에 쌓인 장작더미 뒤에서 술병 두 개가 날라져 왔다. 두 병 다 먼지에 거미줄투성이였다.

싹싹한 안주인이 여종을 대신해 직접 병을 들고 와 마개를 땄다. '집사 발랑탱'은 단골이었고, 바스티유의 관리 제복도 존경심을 불러일으켰던 것이다. 앙주산 포도주가 술잔 안에서 거품을 일으켰다. 레퀴에가 그것을 두세 잔 마시자 대화는 활기를 띠어 갔다.

엄숙한 경비대장도 잠시 체면을 잊고 쉬지 않고 입을 놀리며 이 거품 나는 술을 칭찬했다.

"정말 좋은 포도원에서 생산한 술이군. 1669년산이 분명해." 레퀴에가 거들먹거리며 말했다. "젊었을 때 낭트 성에서 근무한 적이 있어서 술에는 빠삭하거든.

푸케 재무대신이 연행되어 온 것도 거기서 근무할 때였지. 난 재무대신이 남긴 음식을 먹곤 했는데 퍽 괜찮은 진수성찬이었어."

"푸케가 체포되었을 때 일은 저도 기억합니다. 당시 아주 떠들썩했으니까요. 그런데 그 불쌍한 사람은 지금 어디에 있지요?"

"피에몬테의 피네롤 요새에 있네. 재판 뒤 국왕의 명령으로 그곳으로 호송되었지. 바스티유에서 재판이 벌어졌던 1666년에 나는 이미 지금의 자리에 있었어."

"그럼 재무대신을 본 적이 있겠군요?"

"그럼. 지금 이렇게 자네와 마주 앉아 있듯이 가까이서 보았지."

"그밖에도 유명한 사람을 많이 보았겠네요?"

"그냥 뭐, 몇 명은 봤지."

"국가에 커다란 발자취를 남긴 죄수와 날마다 만날 수 있는 것도 정말 자랑스럽겠습니다! 모두에게 명령을 내렸던 사람에게 반대로 명령을 내리는 일은 얼마나 기분이 좋을까요!"

"그렇지도 않아! 익숙해지면 아무 느낌도 없어. 게다가 우리라고 죄수의 신분을 다 아는 건 아니거든. 우리는 칙명체포장에 쓰여 있는 이름을 명부에 옮겨 적을 뿐인데, 죄수는 살아 있는 동안에는 물론이요 죽은 다음에도, 바스티유를 나가기 전에는 그 이름으로 불리게 되지. 하지만 그게 본명이 아닐 때도 많아. 난 그런 일에 관한 한 누구보다 잘 알지. 왜냐, 난 수감 담당자니까."

"멍청한 질문일지도 모르겠습니다만, '수감'이란 어떤 거죠?"

"서기가 죄수 이름을 명부에 기재하면, 죄수의 몸을 수색해서 돈과 소지품을 몰수하는 거지. 이를테면 담뱃갑이라든가 반지라든가……."

"그럼 당신이 그걸……."

"그래. 하지만 보관증을 써야 해. 소지품은 죄수가 석방될 때 돌려주게 되어 있으니까."

"운 좋게도, 죄수가 석방되는 일은 거의 없죠?"

"거의가 뭐야. 가뭄에 콩 나듯이지."

"죄수가 귀족원의원 공작인지 평범한 귀족인지 소상공인인지 알 방법은 전혀 없나요?"

"물론 있지! 감옥 내에서 대우가 다르거든. 예를 들어 하루 식비는 서민이라면 3리브르, 소상공인이라면 5리브르, 귀족이라면 7리브르, 특히 중요한 죄수라면 12리브르야. 아, 그래그래! 지난주에 가마를 타고 연행되어 온 죄수는 12리브르를 받네."

브리갱디에르는 눈을 번쩍 빛냈으나, 짐짓 얼빠진 감탄사를 내뱉었다.

"우와! 그 죄수는 신분이 높은가 보죠?"

"그래. 어쨌든 영 성가신 죄수야! 그놈 때문에 이렇게 종일 계단을 오르락내리락하고 있으니까.

그 자식, 사람을 24시간 부려 먹는단 말이야. 감옥장에게 할 말이 있다, 외과의사 아브라함 레이유에게 볼일이 있다 하는가 하면, 참회하고 싶으니 신부님을 불러 달라는 식으로 말이야."

"정말 바라는 것도 많은 죄수군요."

"그뿐이면 말도 안 하지. 그 죄수를 뻔질나게 찾아오는 어느 귀부인을 쫓아내느라 얼마나 힘이 든다고."

"귀부인이라고요?" '집사 발랑탱'이 몹시 놀랍다는 듯이 외쳤다.

"그것도 왕가의 핏줄을 이어받은 부인이야."

"왕가의 핏줄을 이어받은 부인!"

"뭐, 인척이긴 하지만. 그 부인이란…… 이 정도는 얘기해도 상관없겠지…… 바로 수와송 백작부인이네."

"흠!" '집사'는 그 이름이 누구를 말하는지 모르겠다는 표정을 지어 보였다.

"아무래도 자넨 궁정 여자들에 관해서는 잘 모르는 모양이군." 레퀴에 경비대장이 그럴 줄 알았다는 듯이 거만하게 말했다. "수와송 백작부인은 사보이 공 토마 전하의 손자와 결혼한 여자야. 그 토마 전하라는 사람이 그 유명한 수와송 백작, 즉 1641년에 스당 근처에서 전사한 백작의 여동생과 결혼한 남자지. 백작부인은 죽은 마자랭 추기경의 조카이기도 해."

"예? 그 대재상 마자랭이요?"

"그래. 게다가 마자랭에게서 막대한 유산을 상속받았지."

"그렇다면……," '발랑탱'이 깊은 생각에 잠긴 채 말했다. "그 부인은…… 아무래도 제 추측이 맞을 것 같은데…… '만시니의 딸들'이라 불렸던 자매 중 한 사람 맞죠?"

"오호라!" 레퀴에가 놀리듯이 말했다. "시골뜨기치고 잘 아는데."

"그냥 주위들은 겁니다! 기옌 주 총독 알브레 공작은 궁정을 방문하고 돌아오는 길에 자주 푸아티에에서 하루 이틀 머물렀는데, 그 수행원들하고 얘기한 적이 있었거든요."

"옛날에는 '만시니'라는 이름을 함부로 입에 올렸다가는 호된 꼴을 당했었지. 추기경이 살아 있을 때 그런 말을 지껄이는 걸 누구에게 들켰다면, 자넨 내 하숙인 중 한 사람이 되었을 거야."

"경비대장님, 부탁입니다! 제발 아무것도 못 들은 걸로 해 주십시오!" '발랑탱'이 겁에 잔뜩 질린 목소리로 외쳤다.

"진정해. 그렇게 벌벌 떨 것 없어. 시간이 지나도 감옥은 남지만, 왕의 총애는 움직이기 쉽지. 만시니의 딸에 대한 총애는 몇 년 전부터 완전히 사라져 버렸네."

"휴, 덕분에 식은땀이 났습니다. 바스티유에 들어갈지도 모른다는 얘기만 들어도 등골이 오싹하는군요."

"그럼 한잔 쭉 들이켜서 몸을 좀 덥히게."

"그러고 싶은 마음은 굴뚝같지만, 같이 마셔 주시지 않으면 싫습니다."

"암, 같이 마시고말고!" 이렇게 말하고 레퀴에가 내민 잔에 '집사'는 술을 가득 따랐다. 레퀴에가 그것을 단숨에 들이켜더니 의기양양한 얼굴로 덧붙였다. "캬! 이 앙주산 포도주는 정말 기가 막히는구먼. 어때, 한 병 더 마실 텐가?"

"원하신다면 세 병이라도 마시지요."

"그건 나중에 생각하기로 하지. 너무 늦어지면 안 되니까. 뭐니 뭐니 해도 일이 먼저잖아. 감옥장님은 7시에 저녁을 드신다네. 그때 난 종복들을 감독해야 해."

"에이! 성 폴 성당의 종이 5시 반을 막 알린 참인데요. 그러니까……"

"이어서 말하자면," 레퀴에 경비대장이 말을 이었다. 취하면 말수가 많아지는 사나이였던 것이다. "가엾게도 수와송 백작부인의 시대는 끝나 버린 거야.

옛날 같으면 베스모 감옥장이 부하를 총동원해서 부인을 맞이했겠지. 그런데! 놀라지 말게. 감옥장은 내게 제1위병대기소보다 안쪽으로 부인을 들여서는 안 된다고 명령했다네.

그게 얼마나 곤란한 명령인지 몰라. 부인이 날마다 찾아오는 통에 정말 어찌해야 할 바를 모르겠어."

"대체 뭘 바라고 오는 걸까요?"

"그 죄수를 만나고 싶다는 거야. 내가 마차 있는 데까지 돌려보낼 때마다 울고불고 협박하면서 뇌물까지 약속한다니까.

부엌데기로 변장하고 올 테니 자기를 베르트디에르 탑 3층으로 몰래 들여보내 주면 금화 1만 닢을 주겠다고 하니까 놀라지 않겠어?"

"베르트디에르 탑 3층이 왜요?"

"그 죄수가 있는 방이 베르트디에르 탑 3층에 있거든."

"혹시 우리 집 창문으로 보이는 그 탑 말인가요?"

"아니, 성 반대쪽에 있는 탑이야. 안뜰 두 개 중 넓은 쪽 귀퉁이에 있지."

"그렇군!" 이렇게 중얼거리며 '발랑탱'은 이 정보를 똑똑히 머릿속에 넣어 두어야겠다고 생각했다.

"즉 하루에 두 번 죄수들한테 식사를 날라다 주는 아낙들과 함께 탑 안으로 들어가겠다는 거지."

"금화 1만 닢이라니, 어마어마하군요." '발랑탱'이 고개를 도리도리 저으며 말했다.

"그건 그렇지만, 그 대신 난 잘릴지도 모르고, 재수가 나쁘면 지하 감옥에 평생 갇히게 될지도 모르는걸. 그렇게 되면 아무리 금화가 있어 봐야 무슨 소용이겠나."

"왜요! 저한테 그런 행운이 굴러들어온다면 과감히 위험을 무릅쓸 텐데요. 그 대신, 돈을 받자마자 외국으로 내뺄 각오로요."

"난 돈에 매수되는 사람이 아니네. 때로는 유혹에 넘어갈 뻔하기도 하지만."

"그 죄수는 백작부인의 친척인가 보군요……."

"그건 나도 몰라. 안다고 해도 절대로 말할 수 없고." 레퀴에 경비대장이 자못 엄숙한 태도로 뻐겼다.

"그럼 저도 다시는 묻지 않도록 조심하겠습니다." '발랑탱'이 미안하다는 듯이 말했다. "죄수들한테 곧잘 가명을 붙인다면, 감옥장님도 누가 누군지 모르시겠군요."

"아니, 감옥장님은 다 아시지. 칙명체포장이 발부된 이유를 레니 경찰청장이나 차석의 데그랑주 씨가 알려 주니까. 그렇지 않을 때는 폰샤르트랑 대신이 설명해 주지만, 르 프루와 때처럼 르부아 각하가 직접 걸음하시기도 해."

"르 프루와? 르 프루와가 누굽니까?"

"내가 지금 르 프루와라고 했나?" 레퀴에는 입술을 잘근 씹더니, 입을 잘못 놀려 버린 실수를 잊기 위해 술을 한 모금 들이켜고 어깨를 으쓱한 다음 말을 이었다. "쩝, 자네가 알았다고 해서 별 지장이 있는 것도 아니니까! 푸아티에 같은 시골 사람들은 나라의 정치 문제 따위에 관심이 없을 테니까, 새로 들어온 죄수의 명부에 기재된 이름이 르 프루와라는 사실도 자네한테는 흥미롭지 않을 거야."

"네, 이 가게에서 나갈 무렵에는 까맣게 잊고 있을 겁니다. 그런데 그건 아무래도 가명 같은데요."

귀부인과 아는 사이인데 이름이 르 프루와*¹라니, 말도 안 됩니다."

"일개 르 프루와 따위를 심문하러 르부아 대신이 사나흘이나 연달아 찾아온 것부터가 이상해."

"대신님은 바쁘신 분이니 웬만한 일이 없는 한 일부러 바스티유를 방문하지 않을 텐데요."

"바로 그거야. 특히 지금은 국왕 폐하를 모시고 원정을 떠날 준비가 한창이니까. 듣자하니 다음 달 1일에 출발할 예정이라는군."

"그런데도 베르사유에서 파리까지 찾아와 그 베르트디에르 탑 3층인지에 있는 독방까지 올라가다니, 미친 짓이 따로 없군요! 국왕 폐하도 참, 좋은 신하를 둬서 정말 좋겠습니다."

"무슨 소릴 하는 거야!" 슬슬 혀가 꼬이기 시작한 레퀴에가 버럭 소리 질렀다. "베르트디에르 3층에 있는 방은 독방이 아니라고."

"그렇군요. 전 그런 줄로만……."

"베르트디에르 3층에 있는 방은 바스티유에서 가장 좋은 방이야. 신분 높은 사람밖에 못 들어가지.

폭 5미터 높이 5미터로, 녹색 모직을 깐 침대에 같은 천으로 된 커튼, 탁자 두 개에 의자 세 개, 그리고 값비싼 난로가 딸려 있지. 즉, 왕후의 숙소야."

'이 역겨운 옥졸 놈! 언젠가 네놈이 그 방에서 뒈져 버리면 좋겠다!' 브리강디에르는 생각했다.

"식사도 얼마나 호화롭다고! 하루에 두 번, 수프, 찜 요리, 스테이크, 샐러드가 나오고, 봄에는 딸기마저 나오지. 정진일에는 가재 수프, 맛좋은 생선을 삶거나 튀겨서 만든 요리, 신선한 채소가 나와. 식사 때마다 최고급 부르고뉴 포도주가 한 병 딸려 나오고."

"듣기만 해도 군침이 나오지만, 이 양주산 포도주도 나쁘지 않죠?" '발랑탱', 즉 브리강디에르가 다시 상대의 술잔을 채우며 말했다.

"파리에서 제일가는 여관에 머문다 해도 그만한 대우는 기대하지 못할 거야."

---

*1 froid. 냉기, 한기, 추위, 오한, 전율이라는 뜻.

"그 말을 들으니, 수와송 부인이 부엌데기로 변장하려는 이유를 알겠습니다. 그만한 식사를 베르트디에르 3층까지 나르려면 일손이 많이 필요할 테니까요."

"응. 하지만 식사를 나르는 사람은 안까지는 들어가지 못해. 백작부인은 도중에 붙잡히고 말 거야."

"하지만 제 생각에는……"

"이해가 안 가는 것도 무리는 아니지. 설명해 줄 테니 잘 들어." 레퀴에 경비대장이 거드름을 피우며 말했다. "먼저 베르트디에르 3층에는 이중문이 있고, 이중문 앞에는 회전문이 있어.

식사 시간이 다가오면, 바스티유 부감옥장 같은 자리에 있는 국왕대리관이 죄수의 방으로 들어가지.

5분 뒤에 아낙들이 요리를 가지고 와, 회전문 앞에 놓인 탁자에 올려놓아. 아낙들이 물러가면 국왕대리관이 안쪽 문을 열고 식사를 가지고 죄수에게 가지.

식기를 물릴 때도 같은 순서로 진행돼."

"그렇군요. 그렇다면 아낙들은 절대로 죄수들의 얼굴을 볼 수가 없겠군요. 참 기가 막힌 생각입니다.

그래도 경비대장님은 그 불쌍한 남자를 볼 수 있겠죠?"

"한 번도 보지 못했어."

"네? 경비대장님도요?"

"나뿐만이 아니야. 감옥장님과 국왕대리관 외에는 아무도 죄수의 얼굴을 볼 수 없어."

"설마…… 죄수가 여기에 도착했을 때는 봤겠죠?"

"도착했을 때, 죄수가 갇혀 있던 가마는 소식을 들은 베스모 감옥장이 기다리는 안뜰로 들어갔지.

이윽고 호송부대 병사들은 밖으로 나오고, 베스모 감옥장과 열쇠를 가진 부감옥장 두 사람만 베르트디에르 3층으로 죄수를 데리고 갔어."

"믿기 어려운 이야기군요!" '집사 발랑탱'이 외쳤다. 죄수의 생김새를 물을 수 없어서 내심 몹시 낙담했던 것이다. "그럼 젊은이인지 늙은이인지, 키가 큰지 작은지조차 모르십니까?"

"응. 교황이 어떻게 생겼는지 짐작할 수 없는 것과 마찬가지지."
"하지만 아까는 죄수가 외과 의사나 신부님을 데리고 오라고 해서 심부름을 다닌다고 하셨잖습니까……."
"부감옥장이 나한테 명령을 전달하면, 내가 외과 의사나 신부를 문 앞까지 데리고 가는 식이지. 난 문부터는 안으로 들어갈 수 없어."
'발랑탱', 즉 브리강디에르는 더 자세한 이야기를 듣고 싶었다. 그런데 그때 마당 입구 앞을 서성거리는 알리의 모습이 눈에 들어왔다.
그 모습으로 보아, 용건도 없이 괜히 서성이는 것은 아닌 것 같았다.
알리가 '풍차'로 브리강디에르를 찾으러 왔다고 해서 별로 놀랄 일은 아니다.
브리강디에르는 두 부하에게 자기가 집에 없을 때는 이곳을 찾으라며 두세 군데를 가르쳐 주었는데, '풍차'의 마당도 그중 하나였던 것이다.
또한, 긴박한 때를 빼고는 자기 뒤를 쫓지 말라는 것과 다른 사람이 함께 있으면 자기가 신호할 때까지 접근하지 말라는 것을 지시해 두었다.
따라서 알리가 문 앞을 떠나지 않고 왔다 갔다 한다는 것은 뭔가 중대한 소식을 듣고 온 것이 틀림없었으므로 너무 오래 기다리게 하지 않는 편이 좋을 것 같았다.
반면 모처럼 아주 쓸모 있고 흥미로운 이야기를 듣고 있는데 이렇게 빨리 중단해야 하는 것은 유감이었다.
게다가 신이 잔뜩 나서 맘껏 떠들고 있는 경비대장의 이야기를 잘랐다가는 오히려 상대의 경계심을 일깨울지도 몰랐다.
행동이 굼떠 애를 먹이면서도 급소를 한 번 찔리면 미친 듯이 내달리는 말이 있듯이, 처음에는 그토록 입이 무거웠던 레퀴에가 지금은 바스티유의 극비 정보마저 털어놓을 정도로 취해 있었다.
앙주산 포도주가 이 기적을 가져온 것이다. 브리강디에르는 필요할 때 한 번 더 이 방법을 쓰기로 마음먹었다.
어쨌든 지금은 어떻게든 이 자리를 빠져나가야 했다.
그때 운 좋게도 성 폴 성당의 시계가 구원의 손길을 내밀어 주었다.
시계 종이 우렁차게 6시를 알리기 시작하자 레퀴에 경비대장은 마지막 심판의 나팔소리를 들은 사람처럼 태도가 변했다.
경비대장은 술을 한 방울도 남기지 않고 다 마신 뒤 술잔을 탁자에 올려놓고, 가랑이 사이에 껴 두었던 커다란 지팡이의 손잡이를 움켜쥐더니 용수철 인형처럼 튕기듯이 일어났다.

종소리가 울리기 무섭게, 이 붙임성 좋은 술친구는 조심성 많은 옥리로 돌변했다.

"6시다!" 손등으로 입술을 훔치면서 경비대장이 중얼거렸다. "당장 성으로 돌아가야겠어."

"벌써 가십니까? 모처럼 재미있는 이야기를 듣던 참인데 아쉽군요! 지금 막 안주인이 세 번째 병을 가지러 술 창고로 갔는데!"

"다음에 다시 이야기하지. 난 일을 우선으로 치는 사람이라고.

빌어먹을! 내가 감옥장과 죄수들의 저녁 식사를 소홀히 하면 감옥장은 불같이 화를 낼 거야."

"일을 대신해 줄 사람이 없습니까?"

"열쇠 보관을 담당하는 뤼와 부르그앙이 있긴 하지만, 뤼는 술꾼이고 부르그앙은 얼간이야. 게다가" 레퀴에가 가슴을 펴고 말했다. "베스모 감옥장이 믿는 사람은 나 한 사람이거든."

"그야 그렇겠지요."

"그럼 발랑탱, 조만간 다시 보자고."

"마지막으로 한 잔만 더 하시지요."

"오늘은 안 돼. 르부아 각하가 불시에 베르사유에서 오셔서, 베르트디에르 탑 3층에 있는 죄수를 심문하겠다고 하실지도 모른단 말이야. 그때 자리에 없었다가는 목이 달아나고 말 거야."

"설마! 르부아 각하가 이렇게 늦게 오겠어요?"

"아니란 법도 없네. 실제로 지난주에는 자정 조금 전에 각하의 마차가 도개교에 도착했고, 각하는 새벽까지 죄수의 방에서 계셨으니까."

"네? 1대 1로요? 르부아 각하도 어지간히 용감한 분인가 봅니다."

"위험할 건 눈곱만큼도 없는걸, 뭐. 죄수들은 무기는 물론 난로에 쓰는 불쏘시개나 삽 같은 도구도 갖고 있지 않아.

게다가 문밖에는 국왕대리관이 순사 네 명, 헌병 한 명을 거느리고 대기하고 있지.

이크! 또 수다를 떨어 버렸네. 발랑탱, 이번엔 진짜로 가봐야겠네."

이렇게 말하면서 한 손으로는 검은 가발 위에 삼각 모자를 얹고 다른 한 손으로는 커다란 지팡이를 잡고서, 성문 경비대장은 브리강디에르에게 등을 돌리고 조금 무겁기는 하나 확실한 발걸음으로 멀어져 갔다.

브리강디에르는 이 당당한 인물이 성 앙투안 거리 모퉁이에 닿을 때까지 지켜본 뒤 계산을 마치고 가게에서 나왔다.

알리는 브리강디에르가 자기를 발견한 걸 알아채자 눈치 빠르게 마당 앞을 지나갔다.

마당 대문에서 열 걸음쯤 떨어진 곳에서 브리강디에르는 알리를 따라잡아 작은 목소리로 물었다.

"무슨 일이야, 알리? 무슨 일이라도 났나?"

"부인께서 하사님이 돌아오시기를 기다리십니다.
생 물 재판소장 부인이 와서, 오늘 밤 베스모 감옥장이 부인을 저녁 식사에 초대하고 싶어 한다고 전했거든요. 그래서 부인은 우리를 모두 데리고 갈 생각이십니다."

"그거 좋은 소식이군. 수고했어." 이렇게 말하면서 브리강디에르는 6리브르짜리 금화 한 닢을 알리의 손에 쥐어 주었다. 이렇게 알리의 열의에 보답하는 것이 대단히 효과적이라는 사실을 경험상 알았던 것이다.

알리가 태어난 나라에서는 짐꾼에서 술탄에게 승전보를 전하러 오는 대신에 이르기까지 누구나 보상금을 받는 것이 습관이었다.

게다가 브리강디에르는 날아갈 듯한 심정이었다.

가장 쉽고 가장 쾌적한 방법으로 바스티유에 들어갈 수 있게 되었으니 참으로 대단한 성과였다.

레퀴에 경비대장과의 잡담에서도 수많은 유익한 정보를 얻었다. 특히 중요한 정보는 다음과 같은 사실이었다. 레퀴에가 청렴결백한 옥리라는 본인 주장의 진위는 둘째 치고, 수와송 부인은 이 사나이의 마음을 뒤흔드는 데 성공했다. 따라서 조만간 죄수가 탈옥을 시도할 가능성을 경계할 필요가 있는 셈이다.

한시라도 빨리 이 모든 것을 방다에게 보고하고 싶은 브리강디에르는 서둘러 '풍차'에서 장 보쉬르 거리에 있는 집으로 달려갔다.

집에서는 방다가 이미 몸단장을 마치고 기다리고 있었으므로, 브리강디에르는 느긋하게 대화를 나눌 틈도 없이 서둘러 자기 방으로 가서 검은 외출복으로 갈아입어야 했다.

"저와 함께 가 주세요." 방다가 간결하게 말했다. "제가 감옥장과 함께 식사하는 동안 당신은 문을 지키는 장교의 접대를 받게 될 거예요. 여러 가지를 관찰할 수 있는 절호의 기회니까 충분히 이용하세요."

"그 경비 장교는 기절초풍하게 될 겁니다. 조금 전에 그자와 헤어진 참이니까요. 그자에게서 들은 이야기는 나중에 자세히 알려 드리겠습니다. 아무튼, 모든 일이 우리 계획대로 돌아가는군요. 이대로라면 수와송 백작부인에게 질 염려는 없을 것 같습니다."

'라에 부인', 즉 방다의 가마는 새 하인 제복을 차려입은 크스키와 알리의 호위를 받으며 문 앞에서 대기하고 있었다.

재판소장 부인의 가마는 근처 성문 거리에 세워져 있었다. 이 부인의 저택은 그 거리에 있었다.

시계가 6시 반을 알리자, 두 귀부인은 멀리서 허리 굽혀 인사를 나누고 각자 가마에 올랐다. 행렬은 명문가 집사처럼 예장한 브리강디에르의 선도로 조용히 움직이기 시작했다.

당시 가마는 시내에서 가장 흔히 이용되는 교통수단이었다.

파리에는 삯마차가 거의 없었고, 신분 높은 사람들은 멀리 외출할 때를 빼고는 여간해서 자기 마차를 이용하지 않았다.

걸어서 가기란 도저히 무리였다. 도로가 시궁창과 다를 바 없는 상태여서 무릎까지 진흙에 빠진 채 걸어야 했기 때문이다.

따라서 아름다운 귀부인들이나 신분 높은 귀족들도 가마를 타고 외출하기를 꺼리지 않았다. 단, 남자는 몰리에르의 희극에 나오는 마스카리유처럼, 모자에 달린 커다란 깃털 장식이 가마 밖으로 삐져나와 비에 젖는 것을 각오해야 했다.

이런 연유에서 브리강디에르는 파리에 도착하자마자 가마를 한 대 사 두었다. 그것을 크스키와 알리가 태어나서 지금까지 다른 일은 해본 적도 없는 사람들처럼 아주 익숙하게 짊어 맸다.

이 두 사람은 재판소장 부인의 두 종복보다 훨씬 혈색이 좋았다. 재판소장 부인의 종복들은 오랜 노동으로 핼쑥해진 백발 노인으로, 종복이라기보다는 최고재판소의 수위 같은 느낌이었다.

  그러나 방다가 이웃 부인과 친해질 수 있었던 것은 따지고 보면 이 종복들 덕분이었다. 이 두 사람이 '라피에르'와 '프티장', 즉 크스키와 알리와 알게 되어 술집에서 의기투합한 것이 인연의 시작이었던 것이다.

  '라피에르'와 '프티장'이 '라에 부인'을 칭찬한 것이 종복들을 통해 생 물 재판소장 부인 귀에 들어갔으며, 이를 계기로 적극적인 성격의 부인이 이웃집 여주인을 방문할 마음을 먹은 것이었다.

  오늘날에는 이러한 행동이 경솔하게 여겨질지도 모르지만, 당시로서는 지극히 자연스러운 일이었다.

  먼저 귀족 출신이라는 사실 하나만으로 일종의 동료 의식 같은 것이 생겼다. 신분 높은 사람들은 지극히 근대적이고 영국적인 소개라는 절차를 밟지 않고 자유롭게 교제할 수 있었다.

  더욱이 17세기 파리에 사는 상류 사교계 사람들은 우아하고 예의 바른 그들만의 사회를 형성하고 있었는데, 거기에 끼고 싶어 하는 재인들을 거부하지 않았다. 요컨대 오늘날 사교계 인사처럼 폐쇄적이지도 거만하지도 않았다. 예를 들어 세비녜 후작부인처럼 고귀한 부인조차, 재기발랄한 코르뉘에르 부인 같은 소상공인 여성을 살롱으로 아무렇지도 않게 불러들이곤 했다.

  베스모 감옥장도 예전부터 알고 지내던 재판소장 부인의 이웃으로 이사 온 사람이 젊고 아름다운 상당한 가문의 부인이라는 사실을 알자 당연히 이 부인을 식사에 초대했다.

  오늘날 지방 출신 여성은 제아무리 매력적이라도 파리 사교계에 소개받지 않는 한, 10년 동안 같은 집에 살아도 아무도 인사를 건네 오지 않는 수모를 당하곤 한다.

  장 보쉬르 거리에서 바스티유 입구까지는 그리 멀지 않았다. 행렬이 출발한 지 10분 뒤 선두의 브리강디에르는 그 무시무시한 감옥의 첫 번째 문 앞에 멈췄다.

  처음에 두 보초는 총부리를 이쪽으로 겨누었다.

  '이 자식들, 내 정체를 안다면, 안으로 들이기보다 밖으로 내쫓는 것을 난 감해 하겠지.'

  이렇게 생각하면서 브리강디에르는 자신을 베스모 감옥장의 초대를 받은 두 부인의 길잡이라고 소개하며 보초들과 교섭을 시작했다.

보초들이 위병대기소에 있던 헌병을 불렀다. 헌병은 성문 경비대장의 판단을 구했다. 그러자 레퀴에 경비대장이 문에서 검은 가발 밑에 있는 붉은 얼굴을 내밀었다.

술친구 '발랑탱'을 본 순간 레퀴에는 기절할 듯이 놀랐다. 그러나 앙주산 포도주의 효과로 기분이 좋은 데다 분노가 가라앉아 있었으므로 웃는 낯으로 다가왔다.

"우리는 감옥장 각하의 저녁 초대를 받았습니다." '집사'가 근엄한 얼굴로 말했다.

경비대장은 재판소장 부인의 종복들을 보더니 알겠다는 듯이 한쪽 눈을 찡긋하며 외쳤다.

"어서 들어가. 자네가 모시는 부인은 푸아티에에서는 절대로 보지 못할 진수성찬을 드시게 될 걸세. 하지만 나도 자네를 식사에 초대하지."

이렇게 말한 뒤 레퀴에는 목소리를 낮추어 덧붙였다.

"베스모 감옥장이 남긴 음식도 꽤 괜찮다는 걸 곧 알게 될 거야."

경비대장의 명령 하에 보초들은 길을 비켜 주었다. 행렬은 무사히 바스티유의 무시무시한 대문을 통과했다. 그 문 위에는 단테의 《신곡》에 나오는 지옥의 문처럼 "이곳으로 들어가는 자는 희망을 버려라"라는 문구가 새겨져 있어야 어울릴 것 같았다.

해자 밖에 있는 위병대기소는 제1 안뜰을 감시할 수 있게 되어 있었으며, 안뜰 주위에는 상이군인의 막사와 마구간과 감옥장의 차고가 있었다.

좁은 해자에 걸려 있는 도개교 너머에는 제2 안뜰이 펼쳐져 있었다.

제2 안뜰 오른편에는 감옥장의 관사가 있고, 그 옆 건물은 통째로 조리장으로 쓰였다.

이 모든 것이 '대 해자'에 걸쳐져 있는 다리 위에 있었다. '대 해자'란 바스티유 전체를 둘러싸며, 끝 부분은 파리 시 성문 앞에 있는 해자와 합류하는 수로를 말한다.

이 건조물들은 바깥쪽 해자에 의해 파리에서 분리되고 내호[*2]에 의해 좁은

[*2] 성 안에 있는 해자.

의미의 바스티유에서 분리된 작은 섬 같은 형태였으며, 양쪽 해자에는 도개교가 걸려 있었다.

따라서 베스모 감옥장의 관저는 죄수들이 갇힌 곳에서 적당히 떨어져 있었으며, 음침한 탑이나 총안과 두꺼운 석벽과는 대조적으로 밝고 깔끔한 느낌이었다.

감옥장의 관저는 감옥 안에 있다고 할 수 없었다. 내호에 걸린 도개교를 건너서야 감옥 내 널따란 안뜰에 발을 들여놓게 되어 있었기 때문이다. 산책 시간이 되면 가엾은 죄수들은 그 안뜰을 여기저기 돌아다녔지만, 입구의 튼튼한 철책에 다가가는 것은 금지되어 있었다.

도개교 이쪽에서 본다면 그 안뜰 안쪽에 있는 시계의 바늘이 몇 시를 가리키는지 너무 멀어서 잘 알 수가 없었을 것이다. 그것이 유명한 바스티유의 시계로, 사슬에 묶인 노예를 본뜬 우의적인 기둥에 떠받쳐져 있었다.

그러나 뭔가 뜻하지 않은 기회가 찾아올지도 모르며, 특히 성문 경비대장이 호의적인 태도를 보이고 있으므로 그것을 이용할 수가 있겠다고 생각한 브리강디에르는 마음을 다시 굳게 먹었다.

성문 경비대장은 재판소장 부인과 '라에 부인'을 공손하게 맞이하며 직접 두 사람을 가마에서 부축해서 내렸다.

부인들이 가마에서 내린 장소는 감옥장 관저 바로 앞이었다. 경비대장의 특별 배려로 일행은 모두 그곳까지 들어갈 수 있었던 것이다.

경비대장이 사는 곳은 제1 위병대기소 밑에 있는 커다란 병기고에 인접해 있었다. 대장은 '집사 발랑탱'과 네 종복을 자택으로 데리고 가서, 두 부인이 감옥장의 접대를 받는 동안 크게 환대하기로 했다.

베스모 감옥장은 고지식한 귀족이어서 옛날식 예법에 따라 손님을 맞이했다. 즉, 부인들의 도착을 알리는 종이 울리자마자 아래층까지 마중 나가 예를 다했다.

감옥장 베스모 드 몽르장은 1615년에 태어났으니, 당시는 아직 노인이라 부르기에 조금 이른 정도였다.

그런데도 허리가 완전히 굽어 지팡이에 매달려 뒤뚱뒤뚱 걸었으므로 스무 살은 더 늙어 보였다.

그러나 젊은 시절 베스모 감옥장은 군인이었다.

마자랭 추기경의 근위대장을 지내며 프롱드의 난 때에는 음모와 내전의 소용돌이에서 활약했으며, 1658년 4월 10일 이후 정치적·군사적 공적을 인정받아 바스티유 감옥장 자리를 얻었다.

따라서 이 사나이는 딱 15년 전부터 국사범의 신병을 지키는 옥졸이라는 힘든 임무를 수행해 왔다.

어쩌면 일 때문에 건강을 해친 걸지도 몰랐다. 아직 그럴 나이도 아닌데 늙어 버린 것은 샤를 5세가 지은 낡은 요새에 너무 오래 살았기 때문이리라.

바스티유 탑의 그늘에서는 식물도 잘 자라지 않는다고 일컬어졌다. 그런 환경이 사람 몸에 좋을 리 없었다.

그러나 몸은 늙었을지언정 정신은 불행한 죄수들과의 끊임없는 접촉에 그리 많은 영향을 받지 않았다.

젊었을 때와 다름없이 멋과 사치를 잘 부리고 고상한 말을 썼으며, 여성에게 친절하고 미식을 좋아하고 농담을 잘했다. 특히 술이 들어가면 장난을 곧잘 쳤다.

게다가 감옥장의 수입은 화려하고 사교를 좋아하는 성격을 만족시키기에 충분하고도 남을 정도였다. 바스티유 감옥장이라는 지위는 마자랭이 아끼는 부하에게 준 보상 중에서도 특히나 훌륭한 것이었다.

고정 수입만 해도 10만 리브르—지금 돈으로 환산하면 50~60만 리브르—가 넘었으며, 이외에 레퀴에 경비대장이 브리강디에르에게 푼넘했던 대로 다양한 부수입이 있었다.

베스모 감옥장에게 자신의 감독하에 놓인 죄수는 모두 문자 그대로 황금알이었다.

날마다 각 죄수의 식비에서 떼어 낸 일정한 금액의 금화가 그 사람이 갇힌 우리를 관리하는 지배자의 손에 떨어지는 구조였다.

착취 대상이 된 죄수가 국가에서 받는 금액이 많으면 많을수록 그 죄수는 감옥장의 지갑을 더욱 두둑하게 해 주었다. 개중에는 비옥한 보스 지방의 농장보다 더 높은 수입을 가져다주는 자도 있었다.

따라서 착한 베스모 감옥장은 날이 갈수록 자기 죄수들에게 정이 들어, 석방되거나 목이 잘리러 그들이 끌려나갈 때는 눈물을 흘리며 이별을 슬퍼하기조차 했다.

그날 저녁은 영지 경영이 아주 순조로웠는지 감옥장은 매우 기분이 좋았다.

감옥장은 재판소장 부인의 손에 입 맞추고, 제발 그러지 말기를 바라던 '라에 부인'에게도 똑같이 경의를 표하며 아부를 했다.

방다는 이미 모든 감정을 죽여서 절대로 혐오감을 얼굴에 드러내지 않기로 결심했었다.

따라서 입가에 미소를 띤 채 케케묵은 아부에 응하긴 했지만, 속으로는 이런 르부아의 수하 따위는 단숨에 목 졸라 죽이고 싶다고 생각했다.

감옥장은 두 부인에게 팔을 빌려 주고, 젊은 과부와 위풍당당한 재판소장 부인 사이에 끼어 관저 정면 계단을 올라갔다.

저녁 식사가 차려진 넓은 식당에는 여기저기 사슴뿔이 장식되어 있었다. 젊은 시절 감옥장은 사냥을 즐겼던 것이다.

음식을 나르는 사람은 키 크고 건장한 사나이 대여섯이었다. 이렇게 훌륭한 종복을 모집하기란 그리 어려운 일이 아니었다. 성 수비대 가운데 가장 용모 단정한 병사를 골라 시중을 들게 하면 그만이었다.

해자 안에 있는 한 감옥장은 절대 군주와도 같은 권력을 지녔다.

묵직하고 으리으리한 은 식기의 무게로 식탁은 문자 그대로 상다리가 휠 지경이었다.

그중에는 많은 죄수가 눈물로 바친 식기가 적잖이 있었다.

감옥장은 배가 고팠으므로 식전 기도를 서둘러 끝냈다. 일동은 곧 자리에 앉았다.

오늘날에는 어떤 비천한 소상공인이라도 중요한 손님을 대접할 때 현관에서 곧장 식탁으로 안내하는 실수는 저지르지 않는다.

그러나 우리 조상들은 식사는 야회의 부가물에 지나지 않는다는 현대의 세련된 습관을 몰랐다.

17세기 사람들은 돌려 말할 줄 몰랐으므로, 손님을 저녁 식사에 초대하는 것은 말 그대로 저녁 식사를 하기 위해서이지 살롱에서 고상한 대화를 하기 위해서가 아니었다.

또한, 17세기 사람들이 평생 먹은 식사 내용을 본다면 현대인은 진저리를 칠 것이다. 우리 위장은 그 시대 연회에 나온 대량의 음식을 소화할 정도로 튼튼하게 만들어져 있지 않다.

당시 루이 14세의 먹성은 뭇사람이 감탄할 정도였다. 바스티유 감옥장은 자신도 주군을 본받아 엄청난 대식가인 것을 자랑스럽게 여겼다.

쉬지 않고 계속해서 날라져 오는 요리에 방다는 거의 손을 대지 않았다. 재판소장 부인은 대식가라기보다는 미식가였으므로 가재나 메추라기를 몇 입 깨작거리는 정도였다. 그동안 감옥장은 자기 접시에 여러 음식을 산더미처럼 쌓아 놓고 왕성한 식욕을 보이며 게걸스럽게 먹어 치웠다.

방다는 식사가 이런 식으로 진행된다면 대단한 정보도 얻지 못한 채 돌아가게 될 것 같은 생각이 들었다. 그러나 재판소장 부인은 오랫동안 입을 다물고 있는 여자가 아니었다. 그녀는 샴페인이 일동의 잔에 채워지는 것을 계기로 입을 열고, 5분 전부터 감옥장이 계속 떠들어 대고 있는 송아지 고기에 대한 칭찬보다 좀 더 유익한 화제를 제공하려고 애썼다.

"베스모 감옥장님, 기억나세요? 우린 종종 같이 마자랭 추기경님의 저택에 초대되어 훌륭한 만찬을 대접받았잖아요."

"기억하다마다요!" 베스모가 추억에 잠긴 눈빛으로 대답했다. "추기경님은 세계 제일의 요리사를 거느리고 계셨죠."

"수와송 저택에도 자주 갔었죠?"

방다는 귀를 쫑긋 세웠다. 대화에 흥미가 생기기 시작했다.

"글쎄요!" 감옥장이 의미심장하게 입을 삐죽거렸다. "그 집 만찬은 그렇게 그립지 않군요."

"아니 왜요?" 재판소장 부인이 웃음을 꾹 참으며 물었다. 감옥장이 그런 대답을 하는 이유는 묻지 않아도 알 수 있었던 것이다.

"아, 그곳에서 안개밖에 더 먹었습니까?

저녁 식사라는 건 이름뿐이고, 수다쟁이 여자가 이삼십 명 모여 시니 문학이니 하는 이야기만 했잖아요.

전 시를 먹고 배가 불러지는 체질이 아니라서, 돌아올 무렵에는 배가 고파 죽을 지경이었죠. 그래서 수와송 저택에 초대될 때는 집을 나서기 전에 요리사에게 지시를 내렸죠. 내가 돌아오는 시간에 맞춰 살진 통닭 요리를 준비하라고요."

"그래요, 당신 말이 맞아요. 나는 맛있는 수프로 산다. 미사여구로는 살 수 없다.*³ 이건 몰리에르의 말이지요."

"몰리에르요?"

"아시잖아요, 얼마 전에 죽은 배우. 국왕의 연회에 한 번 초대받은 적이 있는데요."

"그러고 보니 그런 이름의 배우에 관해 들은 적이 있군요. 아마 마자랭 추기경님은 그자를 그다지 높이 평가하지 않았었죠."

"추기경님은 이탈리아 어릿광대를 더 좋아했으니까요. 하지만 그건 추기경님이 보는 눈이 없어서예요. 게다가 마자랭 추기경님이 살아 계실 무렵에 몰리에르는 막 자기 연극을 상연하기 시작한 신출내기였잖아요."

"부인, 절 바스티유 감옥장으로 임명해 주신 추기경님을 험담하지 마십시오. 그분이 안 계셨더라면 전 이렇게 오늘 밤 여러분에게 음식을 대접할 수도 없었을 테니까요. 라에 부인, 저 같은 자의 초대를 받아 주셔서 어떤 감사의 말을 해야 할지 황송할 따름입니다."

이 우스꽝스러운 멋쟁이의 아부에 방다는 가볍게 고개를 숙였다. 상대의 기분을 해치지 않도록 조심할 필요가 있었기 때문이다.

방다는 어떻게든 대화에 끼어들어, 자신이 바라는 방향으로 화제를 유도하고 싶었다. 그러나 적당한 말이 떠오르지 않았다. 하는 수 없이, 낯선 파리 상류 사교계에서 어찌할 바를 모르는 시골 여자 역할에 충실하게 거의 입을 다물고 있었다.

다행히 재판소장 부인이 두 명 몫을 떠들어 주었다. 세 명 몫을 떠들어 대화를 독차지할 때조차 있었다.

"정 그러시다면 마자랭 추기경을 위해 건배해도 좋아요. 하지만 추기경의 조카딸들은 험담해선 안 돼요. 당신도 한때는 오르탕스나 마리 안, 심지어 올랭프에게라도 초대받으면 아주 들떠서 찾아가곤 했잖아요. 지금은 당신들이 잡아먹을 듯이 비난하는 불쌍한 올랭프의 집으로 말이죠."

재판소장 부인이 도도하게 지껄였다. 그 서슴없는 태도가 감옥장은 마음에 들지 않았다.

---

*3 몰리에르 〈여자 학자〉 2막 7장.

"부인, 전 일개 군인에 지나지 않아 국왕 폐하의 적 이외에는 적이 없습니다. 하지만 그 올랭프, 즉 수와송 백작부인은……."

"기가 막혀서! 당신이 무슨 말을 하려는지 다 알아요! 근거도 없는 헛소리죠!

국왕에 대한 충성심이라면 나도 갖고 있어요. 하지만 그 국왕은 젊은 시절 숫제 그 여자의 집에서 살았죠. 그러다가 마음이 바뀌어, 키만 껑충한 발리에르 공작부인이나 뚱뚱한 빨간 머리 몽테스팡 부인을 총애하게 되었어요. 불쌍한 수와송 백작부인이 국왕을 조금 원망하는 것도 당연하지 않나요? 무엇보다 그 여자의 백부 덕에 출세한 당신에게는 그 여자를 비난할 권리가 없을 텐데요."

"부인, 돌아가신 생 몰 재판소장님이 살아 계셨더라면, 그런 식으로 말씀하지 않았을 겁니다." 이렇게 말한 감옥장의 목소리는 다소 노기를 띠고 있었다. "수와송 백작부인은 이 나라를 혼란에 빠뜨리려는 불평분자 일당에 가담했습니다. 내가 아는 사실을 부인도 아신다면……."

"무슨 이야기를 하려고요? 백작부인이 매일같이 찾아와서, 바스티유 안으로 들여보내 달라고 애원하는데도 당신은 부인을 만날 생각도 하지 않는다는 이야기가 하고 싶은가요? 정말 이상한 이야기죠! 그 이야기라면 벌써 인근에 쫙 퍼져서, 루아얄 광장에 가면 그 소문으로 떠들썩합니다."

"어떤 놈이 그런 말을……." 감옥장이 분노에 목소리를 떨며 말했다. "아하, 성문 경비대장이 떠들고 다닌 게 분명해. 레퀴에 놈, 당장 잘라 버려야지……."

"그렇게 흥분하지 마세요! 경비대장 탓은 아니에요. 발 없는 말이 천 리를 간다고 하잖아요.

어쨌거나 수와송 부인에게 조금 더 친절하게 대하지 그랬어요.

재기발랄한 올랭프,

제왕들의 마음에도

손톱자국을 남긴 여인

이라는 말까지 들은 사람인데."

"부인, 이 이야기는 그만하죠!" 감옥장이 외쳤다. "부인과 어울릴 수 있는 걸 영광으로 생각하지만, 그때마다 제 평정심이 흐트러진다면 교제하지 않는 편이 낫지요.

전 들어서는 안 되는 말이 있습니다. 특히 여기에 있는 동안에는……."

"아 그러세요, 엄숙한 감옥장 나리?" 재판소장 부인이 웃음을 터뜨리며 말을 잘랐다. "내가 당신을 일부러 곤란하게 하려고 놀리고 있는 걸 모르시겠어요?

당신도 잘 알다시피 나도 그 만시니 가문의 딸들은 좋아하지 않아요. 그 여자들은 언제나 마녀나 협잡꾼들과 시간을 보내니까요. 그 이탈리아 여자들이 언젠가 당신의 성 탑에서 일생을 마감하게 된다 해도 난 조금도 놀라지 않을 거예요……."

"부인, 그런 말씀은 삼가 주십시오……."

"그러죠, 베스모 씨.

그렇지 않아도 이런 곰팡내 나는 고루한 이야기만 하다가는 여기 있는 내 젊은 친구 라에 부인이 파리의 야회가 다 따분한 줄로 오해할 테니까요."

"급사, 라에 부인에게 젤리를 끼얹은 뇌조를 내드려." 이만한 진미를 제공하는 것은 어떤 세련된 아부보다 낫다고 확신한 감옥장이 명령했다.

방다는 눈앞에 놓인 요리를 예의상 맛보고 웃어 보이려고 노력했다. 그러나 아무래도 입을 열고 싶은 마음은 들지 않았다.

수와송 백작부인이 화제에 오를 때마다 괴로운 기억이 생생하게 떠올라 가슴이 먹먹해졌던 것이다.

이 젊은 부인의 흥미를 끌 수단을 잘못 골랐음을 깨달은 베스모 감옥장은 이를 만회하기 위해 가능한 한 친절하게 굴기로 했다.

"부인," 깜냥에는 근심스러운 표정을 지을 생각으로 눈알을 뒤룩뒤룩 굴리면서 감옥장이 입을 열었다. "부인께서 이 정도로 젊지 않으셨다면, 부인 같은 절세 미녀를 기억하지 못하는 걸 저 자신도 이상하게 생각했을 겁니다. 하지만 제가 연대를 이끌고 푸아티에 간 것은 1654년이니, 부인은 아직 유모에게 안겨 있었을 테지요."

"게다가 그 무렵 우리는 푸아티에 살지 않았어요." 방다가 끼어들었다. 푸아티에 관한 질문을 받는다면 대답하지 못할 것이 뻔했기 때문이다.

"하지만 전 당신의 돌아가신 남편을 잘 알았습니다. 아주 훌륭한 귀족이셨죠." 감옥장이 태연하게 말을 이었다.

그 말을 듣고 방다는 얼굴이 창백해졌다.

"슬픈 일을 떠올리게 해서 죄송합니다. 하지만 1654년의 어느 밤 남편분과 함께 식사한 뒤에 일어난 일을 이야기하지 않고 넘어갈 수는 없군요. 장 드 라에 씨는 젊은 귀족으로, 추밀원 고문이었습니다…….

그렇죠? 남편분이 틀림없죠?"

방다는 가시방석에 앉은 기분으로 고개만 간신히 끄덕였다.

"그날 밤 우리하고 페리고르의 시골 귀족 사이에 싸움이 시작되었죠……."

"베스모 씨, 정말 왜 이러세요?" 재판소장 부인이 외쳤다. "오늘 밤엔 정말 이상하시군요.

아까는 어려운 정치 이야기로 내 친구를 주눅이 들게 하더니 이번에는 이 분의 돌아가신 남편의 지난 악행을 들출 셈이세요?

차라리 돌아가신 댁의 주인이 명재판관 실력을 발휘했던 증인 심문 이야기를 하시지 그러세요?"

감옥장은 자기 이야기에 사사건건 면박을 주는 재판소장 부인을 밉살스럽다는 듯이 노려보았다. 한편 방다는 진심으로 이 부인에게 고마움을 느꼈다.

감옥장이 푸아티에의 귀족 이름을 열거하며 질문 공세를 퍼부으면 어쩌나 하는 생각에 제정신이 아니었던 것이다.

"참, 그렇지!" 재판소장 부인이 말을 이었다. "당신 친구 레니 경찰청장한테 들은 재미있는 이야기를 해 주세요.

이를테면, 브랑빌리에 사건은 그 뒤에 어떻게 되었죠?"

"브랑빌리에 후작부인은 여전히 플랑드르 지방 리에주에 있다고 하며, 공범들에 대한 재판은 진행 중입니다.

민사대관을 독살한 악당 라 쇼세가 범행을 모두 자백했습니다."

"네, 그건 나도 알아요. 그런데 프노티에는요? 내가 알고 싶은 건 프노티에에 관한 거예요. 생트 크루아의 집에서 발견된 서류는 그 남자에게 매우 불리한 것이라고 들었는데."

"무슨 말씀을 하십니까! 그 남자는 회계과장에 백만장자에 국가 최고 권력자들과 친분까지 있습니다! 그런 인물이 그 불명예스러운 사건과 관련이 있을 리 없잖습니까?"

"과연 그럴까요? 그렇게 단언하지 않는 편이 좋을 걸요. 그 남자도 머잖아 당신의 하숙인이 될지 모르니까."

"그자가 온다면 제 주머니가 더욱 두둑해지겠군요." 감옥장이 히죽 웃으며 말했다. "하지만 그리 기대하지는 않습니다. 무엇보다 프노티에게는 든든한 바람막이가 있으니까요. 요전에도 그라몽 원수가 이런 말을 했었죠. '놈은 맛있는 음식을 빼앗기는 정도에 그칠 거야.'"

"어쨌거나 무서운 이야기예요!" 재판소장 부인이 말했다. "나한텐 조급한 유산상속인이 없어서 다행이지 뭐예요. 그 무시무시한 '상속촉진제'라는 걸 쓰는 날엔……."

"맙소사! 그건 다 지어낸 이야깁니다……."

"지어낸 이야기라고요? 하지만 불과 반년 전에 국왕의 어의 마레샬이 이런 말을 한 걸요. 생트 크루아의 집에서 발견한 독약을 쓰면 어떤 의사도 속일 수 있다고요!

그 독약은 땅, 물, 불, 바람 네 가지 원소보다 강력하고, 물에 넣으면 떠오르며 불에도 견딘대요. 인체에 흡수돼도 몸의 각 부분은 건강한 채라는군요. 약의 독소는 실로 정교하게 작용해서, 죽음의 물을 몸속에 부어 넣는 동안에도 얼핏 보면 활력을 주는 것 같대요. 즉 그야말로 악마의 발명품으로서……."

"부인, 이로써 저와 피장파장이 되었군요." 감옥장이 끼어들었다. "생각해 보십시오. 그런 형사재판소의 구두변론 같은 이야기를 듣고 이 아름다운 라에 부인이 기뻐할 것 같은지."

재판소장 부인이 우스워 죽겠다는 듯이 깔깔 웃었다.

"그 말씀이 맞아요, 베스모 씨! 우리 다른 이야기를 해요. 수와송 부인의 이름이 나오는 바람에 그만 무시무시한 이야기를 떠올리고 말았네요. 그 여자는 연금술사나 수상한 약을 조제하는 사람 같은 이탈리아 악당들에게 빠져 있으니까."

재판소장 부인의 수다는 멈출 줄 모르고 계속되었으나, 이미 감옥장 귀에는 들어오지 않았다.

계단 쪽에서 들려오는 소리가 신경 쓰이기 시작했던 감옥장은 종복을 보내 무슨 소린지 알아 오게 하려고 생각했다. 그때 우당탕 소리와 함께 문이 열렸다.

식탁에 앉은 세 사람은 도대체 어떤 무뢰한이 그런 식으로 감옥장의 식당에 쳐들어 왔는지 보려고 일제히 고개를 들었다.

문 정면에 앉아 있던 베스모 감옥장이 가장 먼저 침입자의 얼굴을 보았다. 그 순간 감옥장은 놀란 나머지 의자에서 굴러떨어질 뻔했다.

"르, 르부아 각하!" 필사적으로 일어나려고 하면서 감옥장이 떨리는 목소리로 말했다.

그 이름을 듣고 방다도 저도 모르게 낯빛이 바뀌었으나 필사적으로 마음을 진정시키고, 자신을 과부로 만든 증오스러운 사나이를 가만히 노려보았다. 이 유명한 국무총리, 프랑스 사상 가장 위대한 육군대신, 르부아 후작 프랑수아 미셸 르테리에는 당시 아직 서른두 살이었으나 마흔이라고 해도 좋을 정도로 늙어 보였다.

키는 그다지 크지 않으나 체격이 아주 다부졌다. 온몸이 각진 느낌으로, 슬슬 배가 나오기 시작했다.

옅은 구릿빛 피부와 이따금 피로 물들인 듯 시뻘게지는 얼굴 때문에 이 사나이의 광폭하고 공격적인 인상은 한층 무시무시해 보였다. 그 앞에 서면 부사령관들이나 귀족원 귀족들도 벌벌 떨었다.

그러나 뭐니 뭐니 해도 이 무시무시한 얼굴의 가장 큰 특징은 미간에서 딱 붙은 새까만 송충이 눈썹이었다. 이 눈썹에 덮인 날카로운 눈은 분노에 이글이글 불타며 사방을 관찰했다.

그 얼굴에는 조금의 우아함도 없었고, 궁정 풍의 세련된 느낌도 없었다. 어느 동시대인이 말한 대로 "소름 돋는 얼굴"이었다.

교만한 르부아는 예의범절을 무시했다. 당시 권력자의 상징이었던 화려한 옷 입기도 아무렇지 않게 거부했다.

이 사나이는 늙은 사자의 갈기를 연상케 하는 푸석한 검은 가발을 쓰고, 자수 하나 들어가지 않은 새카만 벨벳 옷을 입고서 그 밑에 성령기사단의 상징인 파란 리본을 소중히 몰래 달고 있었다. 이 천재적인 벼락출세가, 20년 남짓 온 프랑스 귀족을 철저히 감시하며, 공작이 보내는 편지에까지 '각하'라고 쓰게 했던 이 소상공인의 아들, 종종 루이 14세의 뜻을 거슬렀던 자부심 강한 대신은 지극히 소박한 차림을 하고 있었다. 타고난 우수한 두뇌와

왕의 총애를 이용해 획득한 절대 권력을 호화로운 의상 따위로 꾸미는 것을 좋게 여기지 않았던 것이다.

방다가 공포와 호기심이 뒤섞인 눈초리로 르부아를 바라보고 재판소장 부인이 당황하며 몇 번이고 허리 굽혀 인사하는 동안, 감옥장은 겨우 자리에서 일어나 대신 앞으로 달려가 땅에 머리를 조아린 채 상대의 말을 기다렸다.

"아주 즐거운 모양이군, 베스모." 르부아가 거만한 말투로 쏘아붙였다.

"각하," 감옥장이 목소리를 떨었다. "오늘 저녁에 각하께서 납실 줄 알았더라면……"

"국왕 폐하를 섬기는 자에게는 태만도 지각도 허락되지 않는다. 나는 국왕의 대리다. 넌 밤낮 구분 없이 나를 맞이할 준비를 해야 하는 것이다."

"예, 잘 알지요. 당장에라도 각하를 바스티유 어디로든 안내하고 어떤 명령에라도 따르겠습니다……"

"하지만 지금 넌 내 명령을 어기고 있다. 그것도 가장 중요한 명령을."

"대체 어떤 명령을 말씀하시는지……?" 베스모가 깜짝 놀라 물었다.

"지금은 죄수들이 식사할 시간이다. 그런데도 넌 왜 베르트디에르 탑 3층에 가 있지 않은 거지?"

"각하, 그건 저…… 제 생각에는……"

"무슨 생각?"

"가끔은 저 대신 부하인 국왕대리관을 보내도 괜찮다고 생각했습니다. 아주 믿을 만한 친구거든요. 각하께서도 그를 저만큼 믿으셔도 괜찮으실 겁니다."

"너만큼 믿으라? 그럼 그 국왕대리관을 너 대신 바스티유 감옥장으로 임명하지. 국가 예산에 여유가 없을 때, 관리 한 명으로 충분한 자리에 두 명분의 임금을 배정하는 건 낭비니까."

"각하!" 감옥장이 애처로운 목소리를 냈다. "그건 너무한 처사입니다. 저같이 늙은 종에게 그런 무자비한 벌을 내리시면 안 됩니다. 전 마자랭 추기경의 친위대장도 지냈고, 성 앙투안 문에서 국왕 폐하를 위해 반란군과 싸운 적도 있으니……"

"프롱드가 반란을 일으켰던 시대는 옛날에 지났어." 르부아가 노기 띤 목소리로 말했다. "게다가 국왕 폐하는 마자랭 추기경과는 다른 형태의 복종을 요구하신다. 그 점을 잘 기억해 두도록.”

감옥장은 사시나무처럼 몸을 떨었다. 당장에라도 르부아의 발밑에 엎드려 가랑이에 매달릴 기세였다.

방다는 창백한 얼굴로 입을 꾹 다물고 가만히 눈을 내리깐 채, 마음의 동요를 가까스로 억누르고 있었다.

재판소장 부인은 가장 침착했으나, 그래도 이 자리가 어떤 결과를 불러올지 걱정이 되었다. 감옥장의 초대에 응한 것을 후회했다.

그때까지 식당 입구에 서서, 어떤 용자라도 움츠러들게 하는 험악한 표정으로 감옥장과 두 부인을 노려보던 르부아가 갑자기 몇 발짝 앞으로 나왔다. 그 모습이 너무나 무서워서 종복들은 벽에 납작 달라붙었다. 대신의 분노에서 벗어나기 위해, 벽에 구멍이라도 파고 숨어들고 싶은 심정이었으리라.

르부아의 동작이 너무나도 갑작스러웠으므로 재판소장 부인은 움찔하며 의자에서 벌떡 일어나고, 가엾은 감옥장은 이제 끝장이라는 심정으로 눈을 감았다.

그러나 무서운 국무총리는 ‘라에 부인’, 즉 방다 앞으로 척척 다가가 그녀를 뚫어지게 훑어보았다.

방다는 애써 평정을 가장했으나, 눈을 내리깔고 식탁보를 바라보고 있어도 르부아의 시선이 자신에게 쏠려 있는 것을 느끼지 않을 수 없었다.

강렬한 의지에 찬 독수리 같은 날카로운 눈빛에 쏘여 방다는 마음 밑바닥까지 파헤쳐진 느낌이었다.

‘이자군.’ 고통과 분노에 떨면서 방다는 생각했다. ‘이자가 모리스를 죽인 냉혈한이야. 놈은 나를 보고 있다……. 내 정체를 간파했는지도 몰라……. 하지만 난 상관 안 해! 어서 내 본명을 말하고, 수하들에게 체포하라고 명령해라……. 그러면 적어도 난 대놓고 이자의 악행을 까발릴 수 있다……. 이자를 증오한다고 말해 주리라……. 이자를 경멸한다고…….’

“당신은 누구시죠?” 르부아가 매우 상냥한 목소리로 물었다.

방다는 몸만 부들부들 떨 뿐 대답하지 않았다.

숨이 막혀 목소리가 나오지 않았던 것이다.

재판소장 부인이 얼른 거들고 나섰다.

“각하, 이 부인은 소송 때문에 지방에서 올라오셨답니다. 어느 푸아티에 귀족의 미망인으로, 제 친한 친구지요."

"자네 친구이기도 하겠지, 베스모?" 여전히 땅으로 꺼지고 싶어 하는 기색의 감옥장을 머리끝부터 발끝까지 뚫어지게 바라보면서 르부아가 물었다.

"아닙니다, 각하." 불쌍한 감옥장이 우는소리로 중얼거렸다. "제 친구가 아닙니다. 재판소장 부인은 제 친구지만…… 이쪽 부인은 소장 부인의 이웃으로, 서로 친하게 지낸다고 하여…… 오늘 저녁 식사에 초대해도 좋을 것 같아서……. 하지만 아까도 말씀드렸듯이, 각하께서 오실 줄 알았더라면……."

"됐네, 베스모." 르부아가 말을 끊었다. "이 부인은 나무랄 데 없는 귀부인이야. 이렇게 아름다운 여성은 인품도 틀림없이 훌륭할 테니, 내가 나중에 돌아오거든 나도 식사 자리에 끼워 주게."

"각하, 더없는 영광입니다!" 베스모 감옥장이 얼굴을 빛내며 외쳤다.

"정말 영광입니다, 각하." 재판소장 부인도 거들었다.

좀처럼 칭찬을 하지 않는 대신에게서 칭찬을 듣고서도 '라에 부인'만은 전혀 기쁜 기색이 없었다. 눈을 들려고조차 하지 않았다.

"그럼 베르트디에르 탑으로 안내하게." 르부아가 몸을 홱 돌리며 명령했다.

"뭣들 하고 있어! 각하를 위해 횃불을 가져와!" 완전히 기운을 되찾은 감옥장이 아직 바들바들 떨고 있는 종복들에게 호통쳤다.

그러고서 채찍에 얻어맞은 사냥개처럼 얌전하게 주인 눈치를 살피면서 르부아의 뒤를 쫓아갔다.

식사가 중단된 식탁 앞에 앉은 두 부인은 공포에 질려 돌처럼 굳은 종복 두세 명과 함께 남겨졌다.

르부아는 돌풍처럼 왔다가 돌풍처럼 사라졌다.

회오리바람이 지나간 뒤 나뭇가지 부러지는 소리가 나듯이, 한동안은 소음과 쇠살문 경첩이 삐걱거리는 소리가 들렸다.

이윽고 주위가 고요해지고, 재판소장 부인의 가늘고 날카로운 목소리만이 감옥장의 식당에 내려앉은 침묵을 뚫고 울렸다.

"정말 놀라워! 당신의 매력에 걸리면 프랑스 제일의 권력자도 태도가 바뀌는군요!"

"제가 뭘 했나요?" 방다가 꿈에서 깬 듯한 멍한 표정으로 중얼거렸다.

"그가 어떤 표정으로 당신을 바라봤는지 깨닫지 못했어요?"

"네……. 전 왠지 속이 울렁거려서…… 오한이 들었거든요……."

"어머나, 그랬어요? 하지만 곧 좋아질 거예요. 이따가 르부아 대신이 돌아오면, 그가 생각만큼 어려운 상대가 아니라는 걸 알게 될 거예요."

"이따가요? 그럼 그가 다시 이리로 온단 말인가요?"

"그럼요, 오지요. 그리고 이렇게 된 이상 당신 소송도 이긴 거나 다름없어요."

"제 소송이요?" 방다가 얼빠진 표정으로 되물었다.

"그래요! 상사재판소에 계쟁 중인 반환청구소송 말이에요……. 당신은 분명 유리한 판결을 받을 거예요……. 그것도 이른 시일 내에. 그렇게 되고말고요."

방다는 드디어 사태를 파악했다.

르부아 대신은 이 젊은 과부의 미모에 완전히 반했으며, 어이없게도 방다는 모리스를 살해한 장본인에게 사랑받는 기가 막힌 처지에 몰린 것이다.

방다는 격렬한 혐오감이 들었다. 이 기괴한 운명의 만남을 복수에 이용할 수 있을지도 모른다는 생각을 할 여유조차 없었다.

오로지 사랑하는 모리스를 죽게 한 증오스러운 남자에게서 벗어나야겠다는 생각뿐이었다.

"부인," 방다가 창백한 얼굴로 비틀비틀 일어서며 말했다. "전 당장에라도 기절할 것만 같아요. 종복에게 저를 가마까지 안내하라고 명령해 주세요."

"무슨 소리예요!" 재판소장 부인이 외쳤다. "당장에라도 르부아 대신이 돌아올지도 모르는데 어딜 간다고 그래요?"

"도저히 못 있겠어요……. 너무 고통스러워서 죽을 것만 같아요." 방다가 헐떡이며 말했다.

"하지만 작별 인사도 하지 않고 돌아가 버리면 감옥장이 뭐라고 말할지……."

"어떻게 생각하건 상관없어요……. 감옥장에게는 부인이 대신 사과해 주세요……."

'시골뜨기 주제에 궁정 귀부인들처럼 심신증이라니 참 건방지네!' 이렇게 중얼거리면서도 재판소장 부인은 그 자리에 있던 종복들에게 명령했다. "부인을 가마까지 모셔다 드려!"

 재판소장 부인은 르부아 대신과 함께 식사하는 둘도 없는 기회를 어떻게든 놓치고 싶지 않았던 것이다.

 어쩌면 이 부인은 상사재판소에서 '라에 부인'의 소송보다 더 중요한 소송을 진행 중이었는지도 모르겠다.

 "그럼 내일 아침 하인을 보내 상태를 여쭐게요. 오늘 밤은 같이 돌아가 주지 않는다고 섭섭해하지 마세요." 이렇게 말하고서 소장 부인은 르부아가 돌아오기를 내일 아침까지라도 기다릴 심산이라는 듯이 의자에 도로 털썩 앉았다.

 방다는 상대의 말이 귀에 들어오지도 않을 정도로 넋이 나간 채 계단을 내려갔다. 안내는 악당처럼 생긴 두 거한이 맡았다. 그날 밤은 마침 훌륭한 제복을 차려입고 있었지만, 본업은 옥리였다.

 두 사람은 상황을 전혀 모르는지, 감옥장 관저 앞에 있는 짧은 통로로 접어들자 고개를 돌리고 방다의 지시를 기다렸다.

 "내 하인이 기다리는 곳으로 안내해 줘……. 성문 경비대장과 함께 있을 거야."

 방다는 이 짧은 말을 하는 데도 힘이 들었다.

 지금 발을 멈춘 곳에서 보니, 도개교 저편에서 감옥 내 넓은 안뜰을 왔다 갔다 하는 병사들이 손에 든 횃불이 환하게 빛나고 있었다.

 르부아의 내방으로 바스티유의 옥리란 옥리는 총동원된 모양이었다. 간수들의 주의를 끌지 않고 조용히 빠져나가려면 민첩하게 움직여야 했다.

 죄수들이 절대로 나갈 수 없는 쇠창살을 한 번 더 뒤돌아본 뒤 방다는 반대쪽으로 걷고 있는 종복들의 뒤를 따라갔다.

 브리강디에르와 두 부하가 기다리는 곳으로 가려면 다리를 하나 건너고 제1 안뜰로 통하는 도개교를 하나 더 건너야 했다. 그곳에 제1 위병대기소와 레퀴에 경비대장의 거처가 있었다.

 밤이 되자 주위는 음산했다.

 하늘에 별이 보이지 않았다. 높이 솟은 요새 탑 그림자가 짙은 어둠에 덧칠을 했다. 총안을 통과하는 바람이 휘휘 처량한 소리를 냈.

 그러나 경비대장의 거처에 가까워질수록 불빛이 밝아지고 소란스러운 소리가 들리기 시작했다. 현관 아치 아래까지 오자, 사내 네다섯 명이 술에 취해 노래하는 소리가 들렸다. 브리강디에르의 중저음이 특히 크게 들렸다.

'내가 이렇게 괴로워하는 동안 저 충실한 브리강디에르는 노래나 부르고 있구나.' 이렇게 생각하자 방다는 몹시 슬퍼졌다. 당장 자신의 하인을 불러오라고 두 종복에게 명령하려는 순간 갑자기 성 밖에서 "멈춰라! 누구냐!" 하는 목소리가 몇 번 울리더니, 성 안으로 들어가려는 자와 보초가 옥신각신하는 기척이 들렸다.

언쟁이 매우 격렬했으므로 그 소리가 위병대기소 위에서 고래고래 고함을 지르던 주정뱅이들의 귀에도 들어왔다. 노랫소리가 뚝 멎었다. 몇 초 뒤, 레퀴에 경비대장이 갈지자걸음으로 계단을 내려왔다. 수염은 비틀어지고, 웃옷 가슴은 풀어헤쳤으며, 얼굴은 도깨비처럼 벌겠다.

한창 즐거울 때 방해를 받아 화가 머리끝까지 난 경비대장은 방다를 그 소동의 장본인으로 착각하고 방다에게 호통을 치려고 했다.

곧바로 따라 내려온 브리강디에르가 그 착각을 지적하고, 경비대장이 머리를 조아리며 사과하는 사이에 방다에게 다가가 조용히 속삭였다.

"지금 르부아 대신이 감옥에 찾아왔습니다."

"알아요. 그래서 빨리 이곳에서 나가고 싶어요." 방다도 작은 목소리로 대답했다. "저자에게 난 속이 안 좋아서 돌아가야 한다고 말해 줘요. 그리고 가마를 이리로 가져와요."

맹렬한 분노에 사로잡힌 레퀴에 경비대장은 두 사람이 속닥거리는 소리를 듣지 못했다.

경비대장은 머리카락을 쥐어뜯고, 두 손을 하늘로 뻗은 채 무서운 저주를 내뱉으면서 발을 쾅쾅 굴렀다.

"이제 내 목은 달아났다." 경비대장이 한탄했다. "아까 르부아 각하께 그렇게 야단을 맞았는데 또 이런 일이……. 아깐 내가 식사 중이었던 게 못마땅하셨던 게지……. 각하께서 감옥장에게 가시기에 두세 시간은 편하게 있어도 될 줄 알고 보장시산 포도주를 마시며 희희낙락했는데, 가당치 않은 착각이었어! 다시 소동이 벌어질 줄이야!

이번에는 분명 그 만시니 가문의 얼간이가 찾아온 게 틀림없어……."

"수와송 부인!" 경비대장의 혼잣말에 가만히 귀를 기울이던 방다가 중얼거렸다.

"정말 그 여자가 맞는지 아닌지 금방 알 수 있습니다, 부인. 제게 맡겨 주세요." 브리강디에르가 방다의 귓전에 속삭이고 목청 높여 말했다.

"경비대장님, 아무리 즐거운 모임이라도 언젠가는 파할 수밖에 없지요. 저희 마님께서 속이 안 좋아서 저택으로 돌아가시겠다고 합니다. 번거로우시겠지만 위병에게 우리를 통과시키라고 명령해 주십시오."

"그럼 이쪽으로 오십시오, 부인!" 경비대장이 외쳤다. "보초와 말다툼하는 사람이 수와송 부인이 맞고, 감옥장이 부인을 성 안으로 들였다는 사실이 알려진다면, 큰 소동이 빚어질 겁니다."

"그렇게 되지 않으려면 마님이 이곳에서 가마에 오르시는 편이 좋겠군요." 브리강디에르가 얼른 말했다. "라피에르, 프티장, 이리 와!"

두 '종복', 즉 폴란드인 크스키와 터키인 알리는 이미 대기 중이었다. 여간해서는 취하지 않는 크스키는 맨 정신일 때처럼 말짱했고, 알리는 실례가 되지 않을 만큼만 마셨었다.

경비대장의 연회에 동석할 자격을 인정받지 못한 재판소장 부인의 늙은 종복 두 사람은 어느 귀퉁이에서 잠이 들었는지 코빼기도 보이지 않았다.

방다가 가마에 오르자 행렬은 출발했다. 앞에 선 경비대장이 가장 바깥쪽 성문을 열게 했다. 아니나 다를까, 그곳에서는 협박과 애원을 번갈아 늘어놓는 한 여인을 상대하느라 보초들이 애를 먹고 있었다.

그 여인은 역시 수와송 백작부인이었다. 평소보다 심하게 흥분한 부인은 성 앙투안 거리 끝에서 마차에서 내려, 일제사격을 받거나 개머리판으로 얻어맞을 위험을 무릅쓰고 대담하게도 혼자 위병에게 다가간 것이었다.

경비대장이 든 석유등 불빛에 브리강디에르는 백작부인의 얼굴을 똑똑히 볼 수 있었다. 그는 모자를 깊이 눌러쓰고 신중하게 얼굴을 가렸다.

그러나 수와송 부인은 브리강디에르 따위는 안중에 없었다.

경비대장을 본 부인은 지금까지 몇 번을 애원해도 번번이 쫓겨났으면서도 포기하지 않고 애절하게 절규하면서 달려왔다.

"그를 만나게 해 줘요……. 제발 만나게 해 줘요……. 이 병사들에게 죽임을 당한다 해도 난 여기를 떠나지 않겠어요……. 당신이 들여보내 주지 않는 한……. 들여보내 준다면 돈을 줄게요……. 왕후 귀족처럼 살 수 있을 만큼 큰돈을……."

"부인, 제발 돌아가세요." 경비대장이 단호하게 말했다. "그러지 않으면 큰일이 날 겁니다……. 지금 르부아 각하께서 바스티유에 계시는데…… 곧 나오실 겁니다……. 부인께서 여기 계신 걸 본다면 각하께서 불같이 화를 내실 게 틀림없어요……."

"르부아가 여기에 있다고요?" 수와송 부인이 외쳤다. "그놈은 날 세 번이나 문전박대했어……. 겨우 그자를 만날 수 있게 됐군! 그자를 꼭 만나야 해……."

"부인, 제발……."

"저 아스날 근처에서 대기하고 있는 게 그자의 마차군요? 수행원이라고는 종자 두 사람뿐이지만……."

"아니, 저기……."

"이번에야말로 기필코 만나고야 말겠어……. 어서 가야 해! ……당신은 건방지지만, 말단 관리니 너그럽게 용서해 주지……."

경비대장이 이 모욕에 대꾸할 겨를도 없이, 이성을 잃은 비전하는 어둠 속으로 모습을 감추어 버렸다.

"빌어먹을 년, 역병에 걸려 콱 뒈져 버려라!" 화가 머리끝까지 난 레퀴에가 말했다. "저 이탈리아 계집 때문에 난 파멸할 거야……. 르부아 각하를 기다리겠다는 정신 나간 생각을 하다니! 맹세코 이건 내 잘못이 아니야……. 필요해지면 자네도 증언해 주겠지, 발랑탱?"

"물론이죠. 하지만 경비대장님 잘못이라고 말하는 사람은 없을 겁니다……. 그야 당연하지 않습니까.

그럼 우린 이만 돌아가도 되겠지요, 대장님?"

"그래, 어서 가 봐. 저 미친 여자한테 발각되기 전에 얼른 가라고!"

브리강디에르는 곧 그 말에 따랐다. 두 종복을 불러 가마를 들게 하고 경비대장에게 인사한 뒤 자신도 가마의 뒤를 따랐다. 한시라도 빨리 저택으로 돌아가 오늘 밤 사건에 관해 방다와 이야기하고 싶었다. 방다도 같은 마음일 거라 생각했다.

그러나 놀랍게도, 바스티유 성문을 나와 해자를 둘러싼 돌담을 따라 50걸음쯤 갔을 때 방다가 가마를 멈추라고 명령했다.

명령대로 가마가 멈추자마자 방다는 얼른 가마에서 내려 다급하게 말했다.
"그 여자의 뒤를 따라가고 싶어요."
"왜 갑자기 그런 생각을 하셨지요?" 브리강디에르가 놀라서 물었다.
"당신도 그 여자가 경비대장에게 말하는 걸 들었겠죠……? 그 여자는 르부아를 기다릴 생각이에요……. 난 그 여자와 르부아가 만나는 장면을 엿보고 싶어요……."
"하지만 그러다가 발각되는 날엔……."
"그럴 걱정은 없어요……. 오늘 밤은 무척 어둡고, 르부아는 혼자서 마차까지 돌아갈 거예요. 그자가 아스날에서 마차를 내린 건 오늘 밤 바스티유 방문을 비밀로 하고 싶기 때문이 분명하니까……. 그러니까 우리는 담장 뒤에 숨어 있으면 돼요."
"부인 뜻에 따르겠습니다." 브리강디에르가 한숨을 쉬며 말했다.
그러나 브리강디에르는 방다의 말에 따르면서도 불의의 사태에 대비해 만반의 준비를 게을리 하지 않았다. 먼저 가마와 충실한 두 종복을 숨기기에 가장 안전한 장소를 직접 찾았다.
앞으로 펼쳐질 장면을 충분히 이해하려면 다음 사항을 알아 두어야 한다. 바스티유 성문—정확히는 두 개의 성문—과 성 앙투안 거리 사이에는 긴 아케이드가 있으며, 그 아래는 상점들이 즐비했다. 아케이드 임대료도 감옥장의 수입원 중 하나였다.
이 상점가 중앙에는 아치형 지붕이 덮인 통로가 있어 보행자뿐만 아니라 마차도 지나갈 수 있게 되어 있었다.
낮에는 번화한 이 길도 해가 진 뒤에는 거의 인적이 끊겼다.
아케이드 너머에 있는 마을은 적어도 소등시각 전까지는 북적였으나, 지금 방다가 가마에서 내린 이쪽 주변은 쥐 죽은 듯이 고요했다.
왼편에는 무기고가 늘어서 있었다. 그 앞에는 정사각형 작은 마당이 있었는데, 바스티유 요새의 도개교 중 하나가 그곳으로 연결되어 있었다. 공식방문자 전용 도개교였다.
그 주변 공간이 교묘하게 배치되어 있어, 어둠 속에서 불시의 습격을 받을 염려 없이 돌아다닐 수 있었다.
수와송 부인은 아까 무기고 쪽으로 달려갔다. 부인의 말로 짐작건대 르부아의 마차는 그 근처에 세워져 있다고 봐도 좋을 것 같았다.

부인의 마차는 그곳에서 멀리 떨어진 마옌 궁 근처에서 대기하고 있었다. 부인은 자신의 비상식적인 바스티유 방문을 종자들에게 알리고 싶지 않았던 것이다.

브리강디에르는 방다의 말을 듣자마자 이 모든 것을 이해하고 신속하게 작전을 세웠다.

크스키와 알리는 방다와 브리강디에르가 돌아올 때까지 아케이드 내 상점 뒤에 꼼짝 말고 숨어 있으라는 명령을 받았다.

방다와 브리강디에르는 무기고 앞마당으로 살금살금 걸어갔다. 제1교 끝에 서 있는 두 보초에게서 충분히 거리를 두고 조심하면서 나아갔다.

그 마당은 아무나 자유롭게 드나들 수 있었지만, 지금은 어둡고 한산했다. 수와송 부인은 어디에 숨어 있을까? 처음에 브리강디에르는 아무것도 보이지 않았다. 르부아의 마차가 있는지조차 확인할 수가 없었다.

그러나 가장 어두운 구석에 숨은 지 5분도 지나기 전에 말이 목청 높여 우는 소리가 들려 마차의 존재가 분명해졌다.

이윽고 눈이 어둠에 익숙해짐에 따라 안쪽 담장에 있는 커다란 검은 점 같은 부동의 물체가 어렴풋이 보이기 시작했다.

수와송 부인도 분명 그 근처에 있을 것이었다. 이제는 조용히 기다리는 수밖에 없었다.

단, 퍽 오래 기다려야 할는지도 모른다.

레퀴에 경비대장 말로는 가끔 르부아가 베르트디에르 탑에 갇힌 죄수의 방에서 몇 시간을 보낸다는 것이었다.

새벽녘까지 돌아가지 않은 적도 있다고 했다.

따라서 참을성 있게 기다리겠다는 각오가 필요했는데, 방다는 목적을 이루기 위해서라면 어떤 일에도 견디는 끈기를 지니고 있었으므로 그 점은 걱정 없었다.

방다는 앞으로 어떤 일이 벌어질지 모른 채, 르부아와 수와송 부인이 만나는 장면을 꼭 지켜보고 싶다는 일념으로 가득했다.

두 사람의 대화를 한마디도 빼놓지 않고 들으리라. 그러면 꽤 많은 사실을 알 수 있을 것이다. 본능적으로 이렇게 느꼈던 것이다.

한편 브리강디에르는 다른 생각을 했다.

늘 바지 주머니에 기다란 칼을 가지고 다니던 그는 이 절호의 기회를 이용해 르부아의 등에 그 칼을 푹 내리꽂고 싶었던 것이다.

이 계획을 방다에게 간단히 말했으나, 방다는 찬성하지 않았다. 방다는 모리스 살해 명령을 내린 사나이를 몹시 증오했지만, 도르빌리에 자작을 가둔 무자비한 사나이가 지금 죽어 버리면 좋을 것이 없다고 생각했다.

르부아가 죽으면 그 후계자는 배신자 도르빌리에를 가두어 둘 필요가 없다고 판단할지도 몰랐다.

따라서 도르빌리에의 운명이 최종 결정될 때까지는 르부아를 습격하지 않는 편이 좋았다.

이런 이유에서 브리강디에르의 계획을 중단시킨 것이었다.

두 시간은 넉넉히 기다렸을 때, 바스티유 쪽에서 무슨 소리가 나며 르부아가 감옥장에게 작별 인사를 하는 기척이 느껴졌다. 물론 감옥장은 자기 성의 가장 끄트머리까지 이 고명한 방문객을 배웅했다.

위병들이 든 횃불이 보였다. 순간 감옥장도 르부아를 따라 마차가 있는 곳까지 나오는 것이 아닌가 하는 걱정이 들었다.

그러나 비밀스러운 방문이라며 르부아가 제지했는지 불빛은 곧 꺼졌다. 주위의 정적을 깨는 것은 돌바닥을 빠르게 걷는 자신만만한 구두 소리뿐이었다.

드디어 결정적인 순간이 다가왔다.

방다와 브리강디에르는 어떤 일이 벌어질지 가슴을 졸이며 기다렸다.

이윽고 앞마당 입구에 사람 그림자가 보였다. 키가 작고 다부진 르부아의 윤곽이 분명했다. 헐렁한 망토로 몸을 감싸고 모자를 깊이 눌러쓰고 있었다.

르부아는 벌써 성벽 밖으로 나왔다. 방다는 수와송 부인이 기다리다 지쳐 돌아갔나 보다 생각했다. 그런데 그때 사람 그림자가 대신의 앞길을 쓱 가로막았다.

깜짝 놀란 르부아가 한 발짝 주춤 물러났다.

"각하." 틀림없이 수와송 부인의 목소리였다. "각하, 할 이야기가 있어요."

"누구냐!" 르부아가 거칠게 물었다.

"수와송 백작부인이에요. 바로 어제도 당신이 베르사유에서 문전박대했던 사람이지요." 부인이 당당하게 대답했다.

"그럼 여기서도 이야기를 들을 순 없지." 이렇게 말하며 르부아가 부인을 지나치려 했다.

"하지만 각하, 전 꼭 말해야겠습니다.

장소가 좋지 않다는 것은 압니다. 하지만 이것도 당신 탓이에요. 당신은 신분이 높은 여성이 찾아와도 집무실 입구에서 오래도록 기다리게 하니까요. 당신이 일개 차관이었을 때 국왕의 방문을 수도 없이 받았던 여성을 말이죠."

수와송 부인은 세상을 호령하는 국무총리의 비위를 맞추려고 하지 않았다. 그러나 이 오만한 말투는 세련된 외교사령보다 오히려 효과적이었다.

"그래, 바라는 게 뭡니까?" 르부아가 물었다.

"필립 드 트리를 풀어 주세요!"

"그게 누구죠?"

"맙소사! 그를 끔찍한 함정에 빠뜨린 장본인이면서 잘도 그런 뻔뻔한 말을 하는군요! 그가 불명예스러운 배신을 하도록 부추긴 사람은 당신 수하잖아요! 그 불쌍한 청년을 거짓 약속으로 꼬드겨 놓고 감옥에 가둔 주제에!"

"말조심하십시오, 부인. 당신이 풀어 달라고 요구하는 그 죄수는 국왕의 적입니다. 국왕은 당신이 종종 모반자들과 만난다는 사실을 아십니다."

"그게 무슨 상관이람! 그렇다면 날 체포해서 바스티유로 끌고 가라고 명령하세요! ……날 그 사람하고 같이 가두라고요……. 그러면 적어도 그 사람을 만날 수 있으니까!"

"저곳에 있는 자는." 말하다 말고 르부아는 요새 쪽을 가리켰다. "저기서 죽을 예정인 자는 부인에게든 누구에게든 두 번 다시 얼굴을 보이지 못할 겁니다."

"그가 대체 무슨 죄를 지었다고 그래요? 그가 무슨 짓을 했죠? 당신은 그렇게 젊은 사람을 왜 두려워하는 거죠?"

"그자에게 관심이 있으시다면, 내가 그자를 공범들과 함께 죽여 버리지 않은 사실에 감사하셔야죠."

"공범이라니! 각하, 그 사람한테 공범 따위는 없어요!"

그는 체포될 당시 함께 있던 모반자들과 두 달 전에 처음 만난 사이였어요……. 그것도 교활한 나로의 꼬임에 넘어가 당신을 위해, 국왕에게 도움이 되기 위해, 음모에 가담한 척을 했을 뿐인데…….”

르부아는 짧은 비명, 아니 코웃음에 가까운 소리를 냈다.

“그 필립 드 트리라는 자는 비전하의 저택에서 종자로 일하던 자 아닌가요?

그렇다면 헛수고는 그만두시지요. 그는 죽었습니다.”

“죽다니요? 필립이 죽었다고요? ……그런 말도 안 되는……. 나를 속이려는 거군요……. 죽은 건 같이 잡힌 다른 사람이에요…….”

“저로서는 이 이상 아무 말씀도 드릴 수 없군요. 그만 비켜 주세요.”

수와송 부인이 비통하게 절규했다. 바스티유 보초들의 귀에도 들릴 만큼 커다란 비명이었다. 부인이 르부아의 옷자락에 매달려 애원했다.

“각하, 마지막으로 딱 한 가지만 부탁해요……. 딱 한 가지만……. 죄수의 얼굴을 보여 주세요……. 당신 말이 사실이라는 게 밝혀지면…… 두 번 다시 당신을 귀찮게 하지 않겠어요.”

“하지만 부인, 전 국왕의 명령을 받은 몸입니다. 저 이외에 누구도 그를 만나서는 안 된다는 명령이죠.”

“잠깐만요! 각하, 전 모반자들의 비밀을 알아요……. 한 번이라도 좋으니 그가 있는 감방으로 들여보내 준다면 모든 걸 말하겠어요.”

“당신이 팔아넘기려는 그 비밀은 내일이면 제 손에 들어옵니다, 부인. 그 상자에 들어 있는 명부에 당신 이름이 올라 있지 않기를 신께 기도하십시오.”

이렇게 내뱉고서 르부아는 거칠게 수와송 부인을 밀치고 마차로 걸어갔다.

마차 문이 닫히는 소리가 나고, 방다의 눈앞을 말이 질주해 지나갔다.

르부아는 떠났다. 그러나 수와송 부인은 아직 그곳에 남아 있었다.

어둠에 숨어 있는 방다와 브리강디에르의 귀에 부인의 낮은 신음이 들려왔다. 부인은 상처 입은 표범처럼 한곳을 빙글빙글 돌다가 마침내 이성을 잃은 듯이 팔을 휘휘 저으며 앞마당에서 뛰쳐나갔다.

성 앙투안 거리 입구에 세워 놓은 마차로 돌아가는 것 같았다. 부인이 그곳에 닿을 때까지 기다리면 방다 일행은 당당하게 집으로 돌아갈 수 있었다.

10분 뒤 브리강디에르는 방다의 소매를 가만히 잡아끌어 가마로 데리고 돌아갔다.

크스키와 알리가 작은 목소리로 보고한 바에 따르면, 먼저 두 사람 앞을 재판소장 부인이 지나가고 뒤이어 한 여자가 미친 사람처럼 달려간 이래 아무 일도 일어나지 않았다.

르부아의 마차는 무기고 모퉁이를 돌아 센 강 쪽으로 갔을 것이다.

이런 곳에 계속 있다가는 순찰하는 야경에게 들킬 염려가 있었다. 게다가 오늘 밤 있었던 일에 관해 한시라도 빨리 이야기를 나누고 싶었다.

이렇게 생각한 네 사람은 즉시 장 보쉬르 거리에 있는 저택으로 향했다. 성 앙투안 문 앞의 작은 광장을 가로지르면 저택은 바로 코앞에 있었으므로 도중에 아무도 만나지 않고 집에 도착할 수 있었다.

방다 일행은 뭔가 중대한 결정을 내려야 할 때면 1층 거실에 모여 의논하기로 정했었다.

지금이 바로 그곳에 모일 때였다. 언제 상황이 뒤바뀔지 알 수 없었기 때문이다.

먼저 크스키와 알리가 보고했다. 두 사람은 열쇠 보관 담당인 뤼와 부르그앙을 포섭해서 꽤 흥미로운 내부 정보를 캐냈다.

며칠 전부터 종복 몇 명에게 통 큰 술대접을 받고 완전히 넘어간 이 말단 간수들은 조만간 단물을 더 빨아먹을 수 있으리라는 뜻의 말을 거들먹거리며 이야기했다.

레퀴에 성문 경비대장만큼 양심적이지 않은 이들은 지금까지 죄수의 가족이나 친구들에게서 금화나 은화를 받고 여러 편의를 봐 준 적이 수차례 있다고 했다.

따라서 수와송 부인의 종복들이 본격적으로 매수에 나서면 그들이 시키는 대로 할 가능성이 높았다.

그런 사태를 두 눈 부릅뜨고 경계할 필요가 있었다.

브리강디에르는 크스키와 알리에게 술집에서 두 간수와 더 친해지라고 명령하고, 가능하면 수와송 부인의 종복들에게도 접근해 보라고 말했다.

수와송 부인이 죄수의 탈옥을 계획하고 있다면, 그에 관한 정보를 입수하여 계획의 진행 상황을 파악하고, 필요하다면 방해해야 했다.

보고를 마친 크스키와 알리를 물러가게 한 뒤, 방다와 브리강디에르는 눈앞에 닥친 문제에 관해 이야기하기 시작했다.

"이 저택에서 나가야 해요." 단둘이 되기가 무섭게 방다가 입을 열었다. "그것도 되도록 빨리."

"그게 무슨 말씀입니까, 부인! 어렵게 전쟁 준비도 마쳤고, 우리 쪽 형세가 압도적으로 유리한데 퇴각이라니요!"

"실은 오늘 밤 아직 당신이 모르는 일이 일어났어요. 우리가 식사하는 중에 르부아가 들어왔는데, 그자가 건방지게도 내게 케케묵은 칭찬을 늘어놓지 뭐예요."

"그건 그자가 부인의 정체를 전혀 눈치채지 못했다는 증거입니다."

"지금은 그렇죠. 하지만 곧 눈치챌 거예요."

"그자를 다시 만나는 일은 없을 겁니다."

"그러면 좋겠지만, 그자가 나를 어떤 눈빛으로 봤는지, 여자라면 그 의미를 금방 알 수 있어요.

그자는 내가 파리에 연고가 없는 시골 여자라고 생각해요. 어쩌면 날 유력한 대신의 비호를 기꺼이 받을 야심가라고 생각할지도 몰라요.

르부아는 궁정 귀족이고 파리의 부자고 모조리 자기 발밑에 엎드리는 걸 보아 왔으니, 내가 자기를 문전박대하리라고는 꿈에도 생각하지 못할 거예요. 그자는 반드시 와요. 이곳으로 올 거라고요. 재판소장 부인의 말투에서도 분명히 알 수 있어요."

"좋아!" 브리강디에르가 호주머니 속에 든 커다란 칼을 떠올리며 중얼거렸다. "만일 놈이 뻔뻔스럽게 이 집에 들어온다면 본때를 보여 주겠다."

"하지만 르부아를 죽여 버리면 그 배신자에 대한 복수는 어떻게 되죠? 그랬다가는 우린 용의자가 되어 르부아의 심복 레니 경찰청장의 수하들에게 쫓겨 프랑스를 떠나야 할 거예요. 그러면 수와송 부인이 제멋대로 굴고 다니는 걸 제지할 수 없게 되고요.

나는 그가 아니라 도르빌리에를 처단하고 싶어요. 난 그자가 바스티유에서 도망치지 못하도록 감시하러 이 구역질 나는 마을에 어쩔 수 없이 머물러 있지만, 아무래도 조용히 숨어 지내야겠어요."

"그럴 수는 없습니다, 부인.

지금은 많은 사람이 우리의 존재를 압니다. 갑자기 이곳을 떠나 다른 곳에 숨어 버린다면 오히려 이목을 끌게 되어 곧 정체가 탄로 날 겁니다.

무엇보다, 다른 곳으로 이사하면 감옥은 어떻게 감시한단 말입니까?"

"그럼 대체 어쩌면 좋을까요?"

"이곳에 계셔야 합니다, 부인. 도망쳐서 숨지 말고 르부아를 기다리는 겁니다."

"그자와 말을 섞거나 역겨운 칭찬을 참고 들어야 한다니, 나한텐 도저히 그런 용기가 없군요."

"하지만 바스티유의 내부 정보를 확보하기엔 그게 가장 좋은 방법입니다. 어쩌면 르부아 입으로, 그자가 죄수를 어떻게 할 생각인지 직접 들을 수 있을지도 모르지 않습니까?"

"안 되겠어요……. 그자와 함께 있어야 한다니, 난 그런 고통을 도저히 견디지 못할 것 같아요."

"그 고통도 그리 길지는 않을 겁니다. 르부아는 국왕에 앞서 늦어도 5월 1일에는 마스트리흐트로 떠나야 하니까요.

그러니까 고작 며칠만 참으면 됩니다. 그것도 부인이 상상하시는 대로, 플랑드르 지방으로 떠나는 중대한 원정을 앞두고 르부아가 연애에 몸이 달 여유가 있다면 말이지만요.

게다가 건강을 핑계로 적당히 얼버무릴 수도 있지 않습니까?"

"그렇네요……. 아까 감옥장 관저에서 저녁 식사가 중단되었을 때도 속이 안 좋다는 핑계를 대고 나왔으니까."

"잘됐군요. 부인은 침대에 누워 있으세요. 그러면 재판소장 부인이 머리맡에 붙어 앉아 간호해 줄 테니, 르부아가 정말로 찾아온다면 소장 부인과 함께 놈을 만나면 됩니다.

르부아는 일주일 뒤에 출발합니다. 하지만 분명히 그전에 죄수의 운명을 결정지을 겁니다.

이제 우리는 바스티유 내부에 아는 사람이 많이 생겨서, 그곳에서 벌어지는 일이라면 모조리 알 수 있게 되었습니다. 르부아가 떠난 뒤에는 우리 생각대로 사태에 대처할 수 있을 겁니다."

"당신 말이 맞는지도 몰라요." 방다가 단념한 듯이 말했다. "용기를 달라고 하느님께 기도하겠어요."

"용기가 필요한 사람은 부인만이 아닙니다. ……부인 귀에 들어갔을지 어떨지 모르겠지만, 그 상자 건으로 르부아가 수와송 부인에게 말한 게 있으니까요."

"네……. 바시몽 대위가 늦었나 봐요. 하지만 그게 무슨 상관이죠? 어차피 모리스는 죽었는데."

그이를 죽음으로 내몬 신분 높은 귀족과 귀부인들의 운명에 내가 큰 관심을 품고 있으리라고 생각하는 건가요?

그들 목이 잘린다 해도, 그건 인과응보예요."

"르부아는 다른 말도 했습니다." 브리강디에르가 나지막하게 말했다.

"뭐라고 말했죠?"

"필립 드 트리, 즉 도르빌리에라는 가명을 쓰던 남자는 죽었다고요."

"그건 수와송 부인을 쫓아 버리려고 지어낸 말이에요."

"저도 부인과 같은 생각입니다. 하지만……."

"하지만 뭐죠? 말해 보세요."

"정말로 그 악당이 솜 강에서 죽었다면…… 그렇다면…… 베르트디에르 탑에 갇힌 죄수는……."

"그게 누구라는 거죠?"

"대장님이라는 말이 됩니다."

"말도 안 돼요!" 방다가 외쳤다. "모리스가 쓰러지는 걸 이 눈으로 직접 봤는걸요."

브리강디에르는 아무 말 없이 침통한 표정으로 인상을 찌푸렸다.

"게다가" 방다가 말을 이었다. "그 상자의 비밀을 르부아가 안다는 건, 그걸 말한 사람이 도르빌리에라는 증거 아니겠어요?"

"그렇군요……. 거기까지는 생각하지 못했습니다. 하지만…… 아니, 아무것도 아닙니다……. 어쨌든 르부아한테서 무슨 정보를 빼내면 좋을 텐데요."

"나는 그렇게 뻔뻔스럽게 굴지 못할 것 같군요."

"차라리 나로라면 입이 가벼울 텐데. 그자도 정보에는 밝다고 하니까."

"그자는 플랑드르에 남아 있겠죠?"

"벌써 돌아왔을 겁니다. 상자를 쉽사리 손에 넣었을 테니."

전 그자의 여동생이 파리에 산다는 걸 조사해 놓았습니다. 그 여자를 이용하면 여러 정보를 얻을 수 있을 겁니다. 제가 얼른 가서……."

"그건 그렇고, 아미앵에서 헤어진 뒤 바시몽에게서 아무 소식이 없는 건 왜일까요?" 방다가 끼어들었다.

"내일 베로를 찾아가서, 무슨 연락이 있었는지 물어보겠습니다. 바시몽 대위가 보낸 편지는 생자크 거리의 '샤플리 책방'으로 오게 되어 있을 겁니다. 그리고 조만간 찾아가야 할 사람이 한 명 더 있습니다."

"그게 누군데요?"

"누구냐니요. 페론에서 만난 그 여자 점술가지요. 그 여자라면 수와송 부인의 비밀을 다 알고 있을 겁니다."

"진심으로 하는 말인가요?"

"진심이고말고요. 그래서 어제 그 여자에 관한 정보를 모아 왔죠. 필요한 건 모두 파악했습니다.

제 감은 틀림없습니다, 부인. 그 여자를 이용하면 우린 분명 성공할 겁니다."

12 여자 점술가의 꿍꿍이

 베르트디에르 탑에 갇힌 수수께끼 죄수의 운명에 관해 저마다 다른 생각을 품은 세 사람이 바스티유를 둘러싸고 부산한 움직임을 보인 바로 다음 날, 여자 점술가 라 보아젱의 저택에서 그와는 전혀 다른 광경이 전개되었다.
 그렇다. 여자 점술가 라 보아젱은 저택에서 살았다. 물론 수와송 백작부인의 저택만큼 으리으리하지는 않지만, 적어도 비슷한 수준의 호화로운 가구로 치장되고 무엇보다 훨씬 살기 편한 구조로 지어진 저택이었다.
 3년 전 거액의 현금을 주고 사들인 이래 아름답게 수리한 이 집은 당시 파리의 최고급 주택지였던 루아얄 광장 근방에 있었다.
 저택에는 크고 작은 방들이 있고, 마차가 드나드는 용도로만 쓰이는 웅장한 대문 외에 비밀 문이 두 군데 있었다. 밤중에 눈에 띄지 않는 어두운색 망토를 입고 이 문으로 몰래 들어오면 이웃들에게 들킬 염려 없이 출입할 수 있었다. 게다가 그 주변은 워낙 인적이 드물었다.
 그러나 이 저택이 집주인에게 유리한 점은 뭐니 뭐니 해도 널따란 정원 한가운데에 파묻히듯 세워져 있다는 것이었다.
 넓이가 족히 50아르는 되었으니 오늘날로 치면 대정원이나 다름없었다.
 점술가를 방문한 사람들은 몇 백 년은 된 아름드리나무 아래서 현재와 미래에 관해 이야기도 하고, 거금을 주고 백부나 남편의 건강을 점치기도 하고, 개암나무 가지를 사용해 땅속 보물을 찾아내는 기술을 배우기도 했다. 별 없는 밤에는 악마를 불러내기도 했다.
 이 정원에는 여러 식물이 재배되었다. 그 용도에 관해서는 뒤에서 설명하겠지만, 어쨌든 이 정원의 주인은 그 땅을 비옥한 브리 지방의 일급 농장과도 바꾸고 싶어 하지 않았을 것이다.
 누구나 이 정원에 들어올 수 있는 것은 아니었다. 여자 점술가는 평범한 아낙들을 넓은 서재로 안내하여 그곳에서 죄 없는 '백마술'만 선보였다. 즉,

손금을 보거나 타로나 커피 찌꺼기로 점을 쳐 주었다.

지붕 위에는 작은 탑이 서 있었는데, 그 창문에서는 별이 손에 잡힐 듯이 가까이 보였다. 당시 이미 노스트라다무스의 학설은 구시대의 산물로 여겨졌지만, 그래도 가끔 점성술 신봉자가 오면 여자 점술가는 그들을 그 탑으로 데리고 올라갔다.

그러나 신분 높은 귀족이나 귀부인은 대부분 기분 나쁠 정도로 캄캄한 덤불 속으로 안내되었다.

거무스름한 이파리가 묘지를 연상케 하는 주목 숲을 빠져나가면, 서로 뒤엉킨 뱀과 착각하리만큼 기묘하게 뒤틀린 나뭇가지가 아치를 이루는 곳이 나왔다.

이 식물로 된 동굴 안쪽에 오두막 같은 것이 있었다. 그곳 지면에는 오늘날 극장 무대 마룻바닥 같은 장치가 되어 있었는데, 여자 점술가는 그것을 이용해서 순진한 사람들의 심장을 철렁하게 만들었다.

악마의 오두막에는 그 목적에 걸맞은 도구가 모두 갖추어져 있었다. 약병, 별자리를 새긴 은판, 검은 수지로 만든 초, 납으로 만든 작은 조각상, 말라비틀어진 사람 손가락, 증류기, 부뚜막 등이 어지러이 놓여 있고, 그 가운데에 가장 중요한 도구로서 커다란 백통 냄비가 놓여 있었다. 그 냄비 안을 들여다보면 적의 모습 또는 애인의 모습이 뜻하는 대로 보인다고 했다.

두말할 것 없이 카트린 보아젱은 이 이상하고 드넓은 영지의 독재자였다.

남편은 진작 쫓겨나 귀금속 거리에 있는 보석가게에서 살았다.

그렇지만 여자 점술가는 남편의 전처가 낳은 딸을 곁에 두었다. 요술 제자로 삼을 생각인 건지 정말 그 딸에게 애착을 느끼는 건지는 분명하지 않았다.

마리에트라는 이름의 이 소녀는 당시 겨우 열세 살이라는 어중간한 나이였지만, 크면 반드시 절세미인이 되리라고 예상되었다.

이 소녀는 계모에게서 지극히 죄 없는 마술 같은 것을 몇 가지 배웠을 뿐이었지만, 여자 점술가의 영혼 깊숙이 남아 있는 얼마 안 되는 상냥함은 모두 이 소녀에게 향해 있었다.

언젠가 이 소녀에게 막대한 유산을 물려주기로 마음먹은 여자 점술가는 이 소녀가 낳는 아이들이 귀족이 될 수 있도록 그녀를 고등법원 판사와 결혼시킬 생각이었다.

어떤 사악한 영혼이라도 선행으로 죄 갚음을 할 수 있다는 자연법칙을 따르려던 셈이었을까? 아니면 단순히, 부정한 수단으로 모든 재산을 사법계 일원에게 줌으로써 사법관들을 조롱거리로 만들려는 꿍꿍이였을까?

진상은 누구도 알 수 없다. 라 보아젱이라는 여자는 많은 사람의 비밀 이야기를 들으면서도, 누구에게도 자신의 속내를 말하려 하지 않았다. 기인이 속출한 17세기에서도 특히나 기괴한 이 인물은 동시대 사람들에게 수수께끼였던 것처럼 후세 사람들에게도 수수께끼로 남아 있다.

때로 이 여인은 페론에서 브리강디에르와 만났을 때처럼 사회를 날카롭게 규탄했다. 그러나 그런 공격도 결코 경솔하게 하지 않았으며, 권력자 앞에서는 적당히 몸을 사릴 줄도 알았다.

예를 들어 수와송 부인에게는 늘 나긋나긋한 목소리로 말했으며 부인이 어떤 억지를 부려도 화내지 않았으므로, 툭하면 화내고 잘 속아 넘어가는 부인은 곧 그녀의 손아귀에서 놀아나는 처지가 되었다.

그러나 페론 여행이 좋지 않은 결과로 끝난 이래 백작부인과 여자 점술가는 한 번도 만나지 않았다.

어떻게든 바스티유로 들어가겠다는 일념으로 폭풍우와 같은 나날을 보내느라 정신이 없는 수와송 부인은 한때 몰두했던 환상의 세계 따위 까맣게 잊은 것이었다.

본디 파리를 비우는 일이 거의 없는 여자 점술가도 집으로 돌아온 뒤 마술과 요술에 몰두하느라 수와송 부인의 저택을 찾아갈 여유가 전혀 없었다.

물론 이 여인이 부인을 만나러 가지 않은 데에는 다소 계산된 구석도 있었다. 조만간 부인이 먼저 찾아올 것이다. 이쪽에서 먼저 움직이지 말아야 신의 계시에 더 큰 고마움을 느껴 열심히 귀 기울일 것이다. 이렇게 확신했던 것이다.

아니나 다를까 4월의 어느 맑은 날, 수와송 부인이 찾아왔다.

여자 점술가는 공손하게 부인을 맞이하며 아주 따뜻한 마음씨를 보였다. 드디어 이 귀부인을 자신과 끊을 수 없는 인연으로 엮을 때가 왔음을 직감한 것이다.

지금이야말로 이 저택의 모든 기능을 구사하여, 한껏 고조된 부인의 상상력을 부추길 절호의 기회였다. 부인은 한 번도 이곳을 찾아온 적이 없어 이 집의 비밀을 몰랐기 때문이다.

그날 부인은 두 '은밀한 종복', 즉 제복을 입지 않은 하인이 짊어진 가마를 타고 왔다.

부인을 맞이하기 위해 여자 점술가는 먼저 와 있던 손님 두 명을 돌려보냈다. 한 명은 마레 지구에 사는 유복한 나사(羅紗) 상인의 아내로, 산책 중에 세 번쯤 만난 귀족의 사랑을 빼앗을 기술을 배우러 와 있었다. 또 한 사람은 총괄징세원의 아내로, 돈 많고 까다로운 남편의 유산을 노리고 있었다.

꿍꿍이가 있는 여자 점술가는 수와송 부인을 정원에서 만나는 것이 좋겠다고 생각했다. 심리가 불안정한 부인도 조용한 가로수 길을 산책하자는 제안에 대찬성이었다.

"오늘 비전하께서 오실 줄 알았습니다." 먼저 여자 점술가는 이 직업을 가진 사람들이 흔히 쓰는 상투어를 입에 담았다.

"그래? 나조차 불과 한 시간 전에는 여기를 찾아오겠다는 생각을 하지 않았는데." 수와송 부인이 퉁명스럽게 대답했다.

"그렇다면 비전하는 저를 신뢰하시지 않는군요? 비전하의 가장 충실한 하인을 잊으시고, 중대한 사건이라도 일어나지 않는 한 떠올리지 않으시다니."

"당신을 찾아온 건 사건이 있어서가 아니라 어떤 의문이 들어서야."

"어느 쪽이건 해결해 드리겠습니다." 여자 점술가가 조금도 기죽지 않고 말했다.

"그 여행에서 돌아와 당신이 성 앙투안 문에서 내 마차에서 내린 뒤에 무슨 일이 일어났는지 알아?"

"전 모르는 게 없지요."

"그럼 내가 집을 비운 사이에 엔 남작이 자취를 감췄다는 사실도 알겠군……. 정말이지 왜 이렇게 나쁜 일만 일어나는지……. 그 배신자는 르부아에게 밀고하러 가려고 도망친 게 틀림없어……."

"르부아의 수하에게 끌려가 고문을 당하고 있는지도 모르죠."

"제정신으로 하는 소린가?"

여자 점술가는 당연하다는 듯이 고개를 끄덕여 보였다.

아주 상식적으로 생각해서, 나로가 르부아에게 엔 남작을 좋게 보고할 리 없었을 테니 엔 남작이 제 발로 르부아를 찾아가는 일은 있을 수 없었다.

"어쨌든 그런 건 아무래도 좋아. 문제는 그런 게 아니야." 변덕스러운 수와송 부인은 금세 화제를 바꾸었다. "어제 난 열 번이나 헛걸음한 끝에 르부아를 기다렸어……. 그 꼴사나운 졸부를…… 내가, 왕가의 핏줄을 이어받은 귀부인인 내가, 거지가 부자를 기다리듯이 기다렸다고……. 그야말로 거지처럼 자비를 호소하기 위해서. 한 번이라도 좋으니 필립을 만나게 해 달라고 애원했어……. 불쌍하게도 필립은 아무것도 모른 채 르부아의 계략에 협조하는 바람에 감옥에 갇혀 버렸단 말이야…….

그런데 그자가 뭐라고 대답했는지 알아?"

"절대로 만나게 해 줄 수 없다고 했겠지요."

"맞아. 거기다 필립은 죽었다는 거야……. 이제 내가 당신을 찾아온 이유를 알겠지?"

"학살을 면한 사람이 필립 드 트리인지 모리스 데자르모아스인지 알고 싶은 거군요.

저를 따라오세요. 그러면 누군가가 부인께 대답해 드릴 겁니다." 이렇게 말하고 여자 점술가가 어두운 덤불 쪽을 가리켰다.

"저기로?" 점치는 장소로 우거진 수풀 아래를 지정한 데에 놀라 부인이 되물었다.

"네. 저기서 영혼이 우리를 기다리고 있습니다." 여자 점술가가 엄숙한 투로 대답했다.

"정말 나를 악마와 대면하게 할 생각이군?" 수와송 부인이 떨리는 목소리로 속삭였다.

"제 힘은 무한하답니다. 하지만 사탄을 부르려면 초하루부터 사흘 밤중에 밖에 주문을 욀 수가 없죠.

게다가…… 정말 지옥의 지배자를 볼 만한 용기가 있나요?"

"글쎄, 있을 것 같긴 한데……." 수와송 부인이 조그맣게 말했다. "그럼 오늘 나한테 대답해 줄 존재는 누구지?"

"영혼입니다."

"어떻게 생겼는데?"

"사람의 모습을 하고 있지요."

"그 영혼이 필립이 살았는지 바스티유에 갇혀 있는지 반드시 가르쳐 주겠지?"

"영혼은 한 번도 절 기만한 적이 없습니다. 하지만 부인께서 의심하신다면 입을 열지 않을 겁니다."

"가자." 부인이 말했다. "나는 영혼의 힘을 믿고, 조금도 무섭지 않으니까."

이 흥미로운 대화가 오간 것은 화창한 4월의 어느 날 태양이 쨍쨍 내리쬐는 한낮이었다. 신비로운 환상이 나타나기에는 어울리지 않는 날이었으므로, 어지간히 초자연 현상을 좋아하는 사람이 아니라면 그런 푸른 하늘 밑에서 강령술에 빠질 생각은 도저히 하지 않았을 것이다.

오늘날에는 이런 이야기를 들을 기회도 거의 없어졌다.

그러나 오늘날처럼 악마를 대수롭지 않게 여기는 습관이 없었던 루이 14세 시대에는 신분 높은 사람들이 악마와 자주 만나곤 했다.

악마는 일상회화에 자주 오르내렸다. 가장 이성적인 사람들조차 악마를 볼 수 있다는 사실을 의심하지 않았다. 다만 옛날부터 교회에서 금지한 요술과 되도록 거리를 두는 데에 그쳤다.

또한, 17세기 귀부인 중 오늘날이라면 괴팍하다는 소리를 들을 만한 사람도 당시에는 권세에 우쭐거리는 편협한 사고를 지닌 한가한 사람에 지나지 않았다.

단, 수와송 부인에게는 다른 요소가 몇 가지 더 있었다.

몸 안에 흐르는 이탈리아인의 피 때문에 부인은 당시 여자들보다 훨씬 불같은 성격을 가졌으며 훨씬 미신을 굳게 믿었다.

사실 잘 따지고 보면, 음험한 복수, 효과 빠른 독약, 사악한 점성술과 같은 폐단은 모두 알프스 너머에서 건너온 것들이다.

이러한 악습과 미신은 피렌체에서 시집온 두 왕비, 즉 메디치 가문의 카트린과 마리가 프랑스 풍토에 심어 놓은 것이다. 예로부터 술책을 혐오하고 신비를 의심하는 골인은 필연적으로 무지와 두려움의 산물에 반발하는 기질을 지녔다.

그러나 풍성한 푸른 밭을 덮치는 메뚜기 떼처럼 몇 가구나 되는 이탈리아인이 프랑스로 넘어오면서 남쪽의 미신과 위험한 연애를 가지고 왔다. 수와송 부인은 바로 그런 집안 출신이었다.

부인은 애인과 만나기로 약속한 장소로 향하는 프랑스 여자처럼 아무런 망설임도 없이 마녀의 동굴로 향했다.

여자 점술가는 미로를 지나 부인을 자신의 은밀한 비술의 공간으로 인도했다.

장막처럼 가지를 드리운 측백나무 밑을 빠져나가자 수와송 부인은 햇볕이 즉시 사라지는 것을 느꼈다.

이미 어린잎으로 덮인 가지가 몇 겹으로 겹쳐 형성된 아치는 햇빛을 거의 차단하고 있었다. 어둠에 익숙해지지 않은 눈은 주위 사물을 쉽게 분간하지 못했다.

게다가 식물로 만들어진 이 지하묘지 안은 습하고 싸늘하며 기분 나쁠 정도로 조용했다.

평소 용기는 어디론가 사라지고, 이 신비로운 아치 아래를 열 걸음도 가기 전에 수와송 부인은 이제부터 영혼이 무슨 말을 하건 뭐든 믿어 버리고 싶어졌다.

"필립 드 트리의 운명을 알고 싶다는 거죠?" 여자 점술가가 탁한 목소리로 물었다.

"그래."

"물로 점을 쳐 드릴까요, 불로 쳐 드릴까요?"

"물이 좋겠어." 부인은 대답했지만, 왜 불보다 물이 좋은지 자신도 잘 알 수 없었다.

"물의 정령 카라 수여, 나오라!" 여자 점술가가 세 번 주문을 외웠다.

땅속에서 푸르스름한 요괴 같은 것이라도 나오는 줄 알았던 수와송 부인은 태연한 척하면서도 내심 몹시 불안했다.

그러나 무시무시한 괴물이 나타나는 대신에 덤불 속에 부드러운 빛이 비치기 시작했다.

나뭇잎 사이로 비쳐드는 달빛처럼 보였다. 이윽고 그 푸르스름한 광선 속에 우아한 소녀의 모습이 떠올랐다. 소녀는 길고 검은 옷을 걸치고 있었으며, 풍성한 금발이 어깨에 드리워져 있었다.

그 모습은 요정을 연상케 했다. 게다가 친절한 요정이었다. 생김새는 천사처럼 청순하고, 동양의 진주 같은 새하얀 이를 드러내며 입가에 상냥한 미소를 띠고 있었다.

　또 물의 정령의 힘을 상징하는 기묘한 형태의 수정잔을 들고 있었는데, 잔을 가득 채운 맑은 물은 신비로운 빛 속에서 반짝반짝 빛났다.

　말할 것도 없이, 이 환상적인 광경이 펼쳐진 것은 마법의 오두막 입구, 즉 수와송 부인에게서 불과 몇 걸음 떨어지지 않은 곳이었으나 그래도 여자 점술가의 장치를 간파할 만큼 가깝지는 않았다.

　수와송 부인은 바들바들 떨면서 정령의 계시를 기다렸다.

　"부인," 여자 점술가가 귓전에 속삭였다. "제가 저 정령에게 명령해서, 필립 님이 살아 계신다면 백마가, 돌아가셨다면 호랑이가 저 잔 속에 나타나도록 하겠습니다."

　이 말은 작은 속삭임이었으므로 소녀의 귀에 들릴 리 만무했다.

　수와송 부인이 고개를 끄덕이자 여자 점술가는 알 수 없는 주문을 외기 시작했다. 요정만 알아들을 수 있는 주문인 것 같았다.

　요정은 천천히 잔을 눈높이까지 들어 올리더니 황홀경에 빠졌다. 시선을 한곳에 고정하고 입술을 떨면서 몇 분 동안 명상에 잠겼다가 이윽고 아주 정확한 프랑스어로 다음과 같이 말했다.

　"물이 탁하다…… 곧 온다…… 왔다……."

　수와송 부인이 창백한 얼굴로 불안감에 헐떡이며 여자 점술가에게 매달렸다. 잔 바닥에서 악마라도 툭 튀어나오면 보호받으려는 심산인 것 같았다.

　그때 요정, 즉 소녀의 입에서 환희의 비명이 흘러나왔다.

　"아! 아름다운 백마!"

　그야말로 극적인 순간이었다.

　수와송 부인이 정신을 잃기 직전이었으므로 여자 점술가는 부인을 부축해야 했다.

　부인을 상냥하게 간호하면서 이 여인이 두세 마디 낮게 외쳤다. 그것이 신호라도 되는 듯, 주위를 밝히던 푸르스름한 빛이 조금씩 옅어지더니 요정이 어둠 속으로 사라졌다.

　여자 점술가는 수와송 부인을 수풀에서 곧바로 데리고 나왔다.

　부인이 넋을 놓은 틈에, 이미 격렬하게 동요하고 있는 부인의 마음에 결정타를 날려야 했다.

"카라 수의 계시가 내렸습니다." 여자 점술가가 엄숙하게 말했다.

"카라 수……." 수와송 부인이 앵무새처럼 따라 했다. "물의 요정……."

"물의 요정은 모든 걸 알고 있습니다. 물의 요정에게 소환된 필립 드 트리의 영혼은 백마의 모습을 빌려 나타났습니다. 필립 드 트리는 살아 있습니다."

"아! 역시 내 생각이 맞았어. 르부아 놈, 일부러 날 괴롭히고 좋아했던 거야."

"그자는 필립 님이 죽었다고 하면 비전하가 귀찮게 굴지 않을 줄 알고 비열한 거짓말을 한 겁니다."

"고마워, 카트린. 정말 고마워. 당신 덕분에 용기가 생겼어. 난 거의 포기하려고 했어……. 하지만 처음부터 의심하는 게 아니었어……. 사흘 전부터 간수들이 이렇게 말했으니까―베르트디에르 탑에 있는 죄수가 끊임없이 한탄하는데, 간수들은 독방 안에 들어갈 수는 없어도 문 너머로 죄수가 내 이름을 부르는 소리를 들었다고."

"부인의 이름을요?"

"그래. 그 죄수는 어린애가 엄마를 부르듯이 날 부른대. 필립이 아니라면 누가 그 끔찍한 바스티유 안에서 수와송 백작부인의 이름을 부르겠어?"

여자 점술가는 바로 대답하지 않고 조용히 생각에 잠겼다.

어쩌면 물의 요정은 정말 진실을 맞혔는지도 모른다. 그렇다면 이 상황을 이용하기 쉬워질 것이다.

"비전하는 앞으로 어쩔 생각이신지요?" 여자 점술가가 느릿느릿 물었다.

"필립을 구해야지. 당신도 도와줄 거지?"

"영혼은 벽을 투시하는 힘은 있어도, 벽을 부수는 힘은 없습니다."

"하지만 금화는 문을 열 힘을 갖고 있어. 난 필요하다면 필립을 빼내는 데 전 재산을 써 버릴 각오야."

"빼낸다고요? 하지만 어떻게요?"

"들어 봐! 난 바스티유의 간수를 두 명 매수했어. 필립의 탈옥이 성공하면 그 두 사람을 감옥장보다 더 큰 부자로 만들어 줄 생각이야."

"하지만 간수들은 죄수와 전혀 접촉할 수 없지 않나요?"

"전혀 할 수 없지. 죄수의 독방에 들어갈 수 있는 사람은 르부아와 베스모

12 여자 점술가의 꿍꿍이 319

두 사람뿐이야. 하지만 그 잔인한 대신과 그 수하도 죄수가 미사에 참석하는 것을 금지할 수는 없었어. 그러니까…… 카트린, 말하지 않아도 알겠지?"

여자 점술가는 상대가 무슨 말을 하려는지 전혀 알 수 없었지만, 당연히 안다는 표정으로 고개를 끄덕였다.

"매주 일요일에 필립은 바스티유 안에 있는 예배당으로 호송을 받으며 가. 그때 감옥 안뜰을 가로지르는 거지."

"그럼 간수들이 죄수의 얼굴을 봤겠군요?" 여자 점술가가 냉큼 물었다.

"아니야, 카트린." 부인이 슬픈 목소리로 말했다. "가엾게도 그 사람은 가면을 쓰고 있대."

"가면!" 여자 점술가가 깜짝 놀라 외쳤다.

"그래. 그 잘생긴 얼굴에 검은 벨벳 가면이 아무렇게나 씌워져 있대." 보이지 않는 르부아를 향해 주먹을 휘두르면서 부인이 말했다. "그것을 벗으면 죽는다고 협박한다는군.

알겠어, 카트린? 그런 건 끔찍한 잔학행위 아냐?"

"부인, 평범한 사람이라면 그런 끔찍한 짓을 생각하지 못할 겁니다. 그런 잔인한 예방 장치를 생각해 내다니, 국왕의 신하들은 필립 님에게 원한이 대단한가 봅니다."

"필립은 르부아의 비열한 행위, 학자인 체하는 나로와의 악연, 음험한 모략을 수도 없이 알아 버렸어. 그래서 그런 비밀을 그 사람과 함께 묻어 버리려는 거야. 차마 죽일 수는 없지만, 영원히 이 세상에서 지워 버릴 셈인 거지. 르부아가 두 다리 뻗고 자려면 죄수의 이름과 얼굴을 누구도 알게 해선 안 될 테니까.

이대로 뒀다가는 그 비열한 놈이 필립을 영원히 괴롭힐 거야……. 그자는 아들에게도 복수를 영원히 계속하라고 유언할 사람이야."

"하지만 르부아의 아들은 아직 여섯 살입니다!"

"지금 그게 문제야? 아버지 대부터 그 일족은 집념이 대단하기로 유명해. 내가 구출하지 않는 한 30년이 지나도 필립은 그들에게 붙잡힌 채로 있을 거야.

하지만 난 성공할 테니 문제없어."

"대체 어떤 수를 쓰시려고요, 부인?" 여자 점술가가 물었다. 필립의 운명이야 어찌 되든 상관없었지만, 수와송 부인의 계획은 정확히 알아 두고 싶었다.

"내게 이 사실들을 알려 준 두 간수는 내 편이야. 뇌물을 잔뜩 먹였으니 내게 충성을 다할 텐데.

내일 그 두 사람에게 독방의 쇠창살을 자를 강철 줄을 주기로 되어 있어. 비단으로 만든 사다리도. 해자까지 내려올 수 있을 만큼 긴 사다리야. 게다가 가늘어서 쉽게 감출 수도 있어.

일요일이 되면, 두 사람 중 죄수를 미사에 데리고 가는 임무를 맡은 간수가 어두운 복도를 지날 때 죄수에게 줄과 사다리를 건네고 조용히 이렇게 속삭일 거야—'수와송 부인이 보냈습니다.'

그 다음은 필립이 알아서 하겠지."

여자 점술가는 그다음 일이 그렇게 쉽게 진행될지 의심하는 눈치였다.

"필립 님이 그 물건을 감옥장 눈을 피해 감추고 탈옥 준비를 마친다고 해도 탈옥을 언제 결행할지 부인이 어떻게 아십니까?

운 좋게 해자까지 내려왔다 해도 누가 그를 해자에서 끌어올려서 국외로 도주시킨다는 거죠?"

"내가 해야지. 내가 밤마다 성곽 밖에서 기다릴 거야. 그 사람이 국경을 넘을 수 있도록 만반의 준비를 하고서.

게다가 탈옥 준비는 일주일이면 충분하니까, 그다음 일요일에 미사에 따라가는 간수에게 그 사람이 언제 탈출하기로 정했는지 물어보면 돼.

필립은 내가 자기를 사랑하는 줄 아니까 내가 무슨 생각을 하는지도 알 거야."

"하지만 탈출 중에 발각되면? 보초가 발포라도 하면?"

"그때는 나도 같이 총에 맞아야지."

"기적적으로 탈옥에 성공하면?"

"난 그 사람과 함께 플랑드르로 망명할 거야. 나로가 아직도 거기 있다면 내 손으로 죽여 버릴 텐데."

"맙소사, 부인! 그럼 부인은 궁정에서의 지위도 저택도 버릴 생각이십니까?"

"그래, 카트린! 당신도 금화 말고 뭔가를 사랑한 적이 있었다면, 사랑하는 사람을 위해 살아가는 행복과 비교하면 이 세상 모든 영화도 한없이 보잘것없다는 진리를 알 텐데.

 이제 프랑스 따위에 미련은 없어! 이 나라에서는 모두가 나를 무시하고 까맣게 잊었으니까.

 내가 없어진다고 국왕이 아쉬워할 것 같아? 8년 동안 국왕은 나를 모욕하고 경멸해 왔어. 수와송 백작이 허전해할 것 같아? 그 사람은 마스트리히트 포위군을 따라가는 궁정 귀부인 행렬에 내가 끼어 있지 않다는 사실조차 몰라.

 아이들이 슬퍼할 것 같아? 그 애들은 내 얼굴도 제대로 몰라. 장남은 벌써 아버지의 자리를 노리고, 막내 외젠은 불편한 몸으로 군인이 될 생각밖에 안 해.

 카트린, 이젠 프랑스에 머물러 있을 까닭이 전혀 없어.”

 “전혀요? 그럼 복수를 하겠다는 마음도 없겠군요?” 여자 점술가가 조용히 의중을 떠보았다.

 “복수! 물론 복수하고 싶지만, 상대의 지위가 너무 높은걸. 내가 어떻게 할 수 있는 상대가 아니야.

 게다가…… 그랬다가는 내가 파멸할지도 몰라. 난 필립을 구해 주고 싶다고.”

 “아무리 상대가 왕좌에 있는 사람이라 하더라도, 아무런 혐의도 받지 않고 적을 쓰러뜨릴 수 있는 확실한 방법이 있습니다.”

 “그 방법을 알아?”

 “알지요. 제가 마음만 먹으면 국왕이든 르부아든 왕의 새로운 총비 퐁탕주 공작부인이든 마음대로 죽일 수가 있습니다.”

 “그게 무슨 뜻이지?”

 “국왕이나 르부아에게는 청원서를 내면 되고, 퐁탕주에게는 드레스를 보내면 됩니다.”

 “청원서! 드레스! 그럼 독이 밴 옷을 만져서 죽는다거나 보이지 않는 독이 편지에 들어 있어서 봉투를 찢는 순간 독기를 마시고 절명한다든가 하는 이야기가 사실이군?”

 “20년 전쯤에 로마에 토파나 부인이라는 여자가 있었는데, 휘발성 독을 스며들게 한 편지와 손수건과 꽃다발을 팔았죠. 그밖에도 한순간에 사람의 목숨을 빼앗는 '뇌졸중수'나 어떤 건강한 몸이라도 조금씩 좀먹는 '폐병유발

제' 따위를 취급했어요."

"그 이야기는 어머니한테서 들은 적이 있어." 수와송 부인이 중얼거렸다. "하지만 요즘 세상에 설마······."

"그 여자의 비술은 지금도 전수되고 있답니다. 제가 의심스러우시다면, 먼저 부인의 적 중 가장 비열한 자를 죽여 보라고 명령해 보세요."

"대체 누구 말이지?"

"나로요."

"로렌차를 죽인 자 말이군! 아, 이거야말로 인과응보야! 그자를 죽여 줘, 카트린. 살무사처럼 짓밟아 버려."

"알겠습니다. 뻔뻔스럽게 파리로 돌아온다면 그 즉시 죽여 버리죠."

"벌써 돌아와 있어······. 브랑빌리에 후작부인의 친척 여동생 오블레 부인네 있지······. 죽은 모리스 데자르모아스가 음모 관련 서류를 넣어 둔 상자를 르부아에게 가지고 간 사람이 바로 나로야."

"상자를! 그 안에 든 명부에는 부인의 이름도 올라 있을 것 아닙니까?"

"그렇겠지."

"그런데도 참 태연하시군요······."

"르부아는 물불 가리지 않는 남자지만, 국왕은 나를 어떻게 하지 못할 거야. 법정에서 내가 이렇게 말하면 자기도 곤란할 테니까—'폐하는 일찍이 저를 사랑하셨지만, 그 사랑이 식었기 때문에 제가 복수하려는 겁니다.'"

한편, 물의 요정이 사라진 뒤 점술가는 백작부인과 나란히 널따란 정원의 오솔길을 지나, 기묘한 식물이 자란 곳으로 와 있었다.

곳곳에 길쭉한 화단이 있고, 특이한 색과 모양을 한 식물이 자라 있었다. 꽃도 열매도 없는 이국적인 느낌의 풀만 우거져 있었다.

점술가가 이 기괴한 밭을 가리키며 말했다.

"나로의 사인은 저기에 있습니다. 직접 따 보시겠습니까?"

수와송 부인은 몸서리치며 사방을 둘러보았지만, 다양한 식물이 보일 뿐이었다. 이름을 아는 식물도 있었다.

"그건 무슨 뜻이지?" 부인이 목소리를 낮추어 물었다.

점술가가 웃으며 말했다.

"여긴 제 수익 작물 밭입니다.

"저기 연두색에 보라색 줄이 들어간 이파리를 보세요. 저게 미치광이풀입니다. 저 즙을 마시면 눈이 멀고 정신이 나가 버리죠.

여기 커다란 이삭이 달린 것이 투구꽃입니다. 줄기에 붉은 반점이 있는 것이 독당근이고, 작고 파란 꽃이 피어 있는 것이 무릇이지요."

"다 독초인가?"

"네. 하지만 저것들을 이용해, 절대로 흔적이 남지 않는 독약을 만들 줄 아는 사람은 저뿐이지요. 지금 부인 앞에 있는 땅을 파면 그 안에 녹반이며 계관석, 안티몬, 승홍이 묻혀 있는 것을 알게 되실 겁니다.

이 밭 아래에는 광맥도 있고 금맥도 있습니다. 그것을 이용하면 어떤 막대한 유산이라도 손에 넣을 수 있으니까……."

"쉿! 조용히 해!" 수와송 부인이 속삭였다.

"비전하는 무서우신가 보군요! 대체 왜요? 나로가 죽는다고 해서 그걸 조사하겠다고 내 정원을 파헤치는 사람은 없을 텐데. 나로의 여동생이 천하의 명의 파공을 오빠의 임종 자리에 부른다 해도 걱정 없습니다. 파공도 그럴싸한 이유를 들어 나로를 병사로 판명할 테니까요."

"그렇다면……." 수와송 부인이 입을 열었다.

"그렇다면 뭐죠? 비전하는 그 짐승만도 못한 놈을 살려둘 생각이십니까?"

"아, 아니지." 부인이 겨우 대답했다.

"그럼 르부아는요?"

"그는 내가 필립을 구출해 낸 다음에 처리해 줘."

"그럼…… 국왕은?"

"아직 그럴 때는 아니야."

"알겠습니다. 일단은 나로만 죽이도록 하죠. 다음에는 언제 비전하를 뵐 수 있을까요?"

"필립이 확실히 탈옥할 수 있다는 걸 알았을 때. 난 그와 함께 프랑스를 떠날 생각이야. 그래서 그전에 당신에게 다른 사람들한테 복수해 달라고 부탁해 두고 싶어."

"언제든 기꺼이 비전하께 도움이 되어 드리겠습니다." 여자 점술가가 금화가 가득 든 지갑을 부인 손에서 받아들며 말했다.

그러고는 조용히 이렇게 혼잣말했다.

'이로써 당신은 완전히 내 사람이 됐습니다, 백작부인.'

점술가는 정원에 딸린 작은 문까지 부인을 배웅했다. 신분 높은 사람만이 드나들 수 있는 문이었다.

귀부인과 점술가는 그곳에서 헤어졌다. 서로 상대에게 무척 만족했지만, 그 이유는 전혀 달랐다.

수와송 부인은 매우 흡족한 두 가지 확신을 품고 귀가했다.

필립은 살아 있으며, 나로는 곧 죽을 것이다. 백마술과 흑마술을 모두 열렬히 신봉하는 부인은 그렇게 믿어 의심치 않았다.

점술가는 오래전부터 찾아오던 것을 드디어 발견했다는 생각에 크게 기뻤다. 즉, 경찰 당국이 자신에게 혐의를 씌울 때 자신을 두둔해 줄 수 있을 만큼 큰 힘을 지닌 신분 높은 공범자를 찾은 것이다.

그동안 이 점술가가 '상속촉진제'를 팔아 온 상대는 빨리 부자가 되고 싶어 하는 마을 아낙들, 또는 야심이나 욕심에 눈이 먼 사법관 부인이나 재무관 부인들이 고작이었다.

이런 여자 독살범들은 파리 전역에서 이 점술가를 찾아왔다. 그 무리에 새롭게 낀, 왕가의 핏줄을 이어받은 귀부인은 그야말로 귀중한 존재였.

다른 여자들은 금화밖에 가져다주지 못하지만, 이 여자라면 법 제재를 벗어나는 수단으로 이용할 수 있다.

물론 수와송 부인에게서 증거가 될 만한 문서를 받지는 않았다. 그러나 언젠가 부인을 잘 구슬려 각서를 쓰게 할 생각이었다. 그런 안전 대책을 마련해 놓지 않고서는 나로에게 비술을 쓰고 싶지 않았다.

점술가는 나로를 신속하게 저세상으로 보내겠다는 약속을 지킬 능력을 충분히 갖추고 있었다.

그러나 이 여인이 '수익 작물의 밭'이라 부른 정원 한구석에 심어져 있는 식물이나 광물이 거기에 이용될 가능성은 없었다.

무릇이나 투구꽃이나 미나리아재비는 안티몬이나 녹반처럼 맹독이긴 했지만, 누구를 놀라게 할 필요가 있을 때를 제외하고는 별로 쓸모가 없었다.

그런 독들의 성질을 잘 아는 점술가는 특별한 때에는 실제로 이용하기도 했다. 하지만 그보다는 이름을 열거함으로써, 아무것도 모르는 문외한들의 등골을 오싹하게 하는 편이 재미있었다.

이 독의 정원을 견학한 손님은 자연계의 모든 힘이 그녀의 지배 아래에 있다고 굳게 믿어 버리는 것이었다.

가끔 그녀는 이러한 물질로 야릇한 약을 만들고, 거기에 곱게 간 사람 뼈나 말린 두꺼비 가루 따위의 오싹한 재료를 섞었다.

그러나 이 점술가의 진짜 위대하고 독특한 비술은 이탈리아에서 건너오고, 더 먼 곳에 기원을 둔 것이었다.

그 비술은 네로에게 고용되어 브리타니쿠스 등을 독살한 로쿠스타에서 비롯하여 시대에서 시대로 전수되다가, '화장수'를 이용해 20년 동안 600명—그중 두 명은 교황—을 죽였다는 17세기 로마 여인 토파나에 이르렀다.

보르지아 일족도 이 비술을 알았다. 그들은 자신들의 마키아벨리식 정책의 이익을 꾀하는 데 이 비술을 자주 이용했다. 그러나 그 뒤 이 비술은 이름 없는 사람들에게 전해져 단순한 돈벌이 수단으로 전락했다.

요컨대 이 비법, 즉 이탈리아어로 '보코네'라 불렸던 이 비밀 처방은 아비산 조합법으로, 오늘날이라면 즉시 조사 당국에 적발되고 말 허술한 방법이었다.

현재는 어떤 시골 약사라도 마쉬*¹가 발명한 기구를 이용해 브랑빌리에 부인 같은 독살범의 허를 찌를 수가 있다.

그러나 루이 14세 시대에는 화학이라는 학문이 아직 없었다. 따라서 생트 크루아, 에크지리, 라 보아젱 같은 사람들은 파리 대학 의학부 교수에게 들통 날 걱정 없이 안심하고 '유산상속의 비약'을 썼다.

당시 고관이 원인불명으로 죽었을 때 작성된 검시기록 중 파공을 비롯한 고명한 의사들이 기술한 어이없는 해부학적 견해를 읽으면, 몰리에르의 야유가 얼마나 적확한지, 당시 의사가 얼마나 무능했는지 충분히 이해가 간다.

이러한 상황에서 라 보아젱의 장사는 크게 번창했다. 도브레 일족 독살 사건의 결과 최근 브랑빌리에 후작부인이 기소되기는 했으나, 이 끔찍한 연속 살인 사건이 어떤 범죄 조직과 관련되어 있다는 증거는 포착되지 않았다.

라 보아젱의 스승인 독일인 조제사 글래저도, 그 공범인 바넨스도 붙잡히지 않았다. 이 바넨스라는 인물은 그야말로 독약 판매원이라고 불러도 좋을

---

*1 제임스 마쉬. 영국의 화학자. 비소를 검출하는 기구를 발명함. 1794~1846.

정도로, 토리노에서 브뤼셀로, 브뤼셀에서 마드리드로 독약 조제법을 팔고 다녔다.

뒷날 밝혀진 바에 따르면, 이 비밀 조직은 왕후, 대공, 여왕의 암살을 청탁받았으며, 이 끔찍한 장사는 엄청난 수익을 가져다주었다.

그러나 이런 상태가 언제까지 이어질지는 알 수 없었다. 먼 앞날까지 생각했던 준비성 많은 라 보아젱은 수와송 부인을 배웅한 뒤 "오늘은 아침부터 재수가 좋다"는 듯이 싱글벙글하며 저택으로 돌아갔다.

그러나 이 여자 점술가의 기대에 검은 그림자를 드리우는 것이 딱 하나 있었다. 수와송 부인이 곧 국외로 도망가 버릴 거라는 불안감이었다.

수와송 부인이 필립을 탈옥시키고 함께 프랑스를 떠나는 데 성공하는 날에는 부인의 비호를 의지하겠다는 희망이 영원히 날아가 버린다.

실제 이 무모한 행동 탓에, 정열적인 백작부인은 국왕과도 남편과도, 더 나아가 궁정 귀족 모두와도 결정적으로 대립하게 될 것이다.

부인이 감추려고 노력했던 동안에는 어떤 부정한 행실도 너그럽게 용서되었으나, 이번처럼 대대적인 소동을 일으키는 것은 배수의 진을 치는 거나 다름없었다.

그렇게 되면 이 여자 점술가가 모처럼 공들여 생각해 낸 계략도 물거품이 되어 버린다.

따라서 여자 점술가는 필립 구출 계획을 방해할 방법을 생각하기 시작했다.

이 여자는 바스티유에 갇힌 죄수가 정말 필립인지 아닌지 확신이 없었다. 새삼 설명할 필요도 없이, 아까 덤불 속에서 있었던 장면은 이미 다른 관객 앞에서 몇 번이나 상연된 적 있는 정교하게 연출된 연극이었기 때문이다.

의붓딸 마리에트는 물의 정령 역할을 명배우 뺨치게 잘 연기했으며, 늘 잔 안에 백마가 보인다고 말하기로 약속되어 있었다. 따라서 여자 점술가는 언제나 자기가 설명하기 편한 대답을 들을 수 있으리라고 안심할 수 있었다.

모든 것은 질문 내용에 달려 있었다. 그날은 수와송 부인이 애인이 살아 있다고 믿게끔 하는 편이 부인의 약점에 파고들기에 편리했다.

그러나 필립이 살아 있다는 것은 거의 확실하다고 보아도 좋을 듯싶었다. 꿍꿍이가 있는 르부아의 말보다, 죄수가 수와송 부인의 이름을 부르는 것을 들었다는 간수의 증언이 훨씬 믿음직스러웠기 때문이다.

여자 점술가는 이렇게 생각했다. 따라서 겉으로는 수와송 부인의 계략에 협력하는 것처럼 굴면서, 베스모 감옥장의 새 하숙인이 언제까지고 바스티유에 머물러 있도록 수를 써야 했다.

이 이중 목적을 달성하기란 쉬운 일이 아니었다. 그러나 그날은 여자 점술가에게 재수가 좋은 날인 듯싶었다.

방으로 돌아오자마자 늙은 몸종이 찾아왔다. 이웃 종복들의 운명을 점쳐 주는 여자였다. 그녀가 아주 풍채 좋은 낯선 남자 손님이 오셨다고 전했다.

점술가는 냉담한 미녀의 마음을 얻을 수 있는 사랑의 묘약을 구하러 온 사람이리라 생각하고 만나 보았다. 그러나 그 사람은 페론의 '꽃바구니 여관'에서 만난 가짜 곡물 상인이었다.

브리강디에르는 그때와는 다른 옷을 입고 있었지만, 얼굴까지 변한 것은 아니었다. 따라서 직업상 사람 얼굴을 잘 기억하는 여자 점술가는 곧 그가 누구인지 기억해 냈다.

게다가 브리강디에르는 다소 겸연쩍어 하는 기색은 있을지언정 자기 정체를 숨기려고 하지는 않는 것 같았다.

"부인," 사나이가 입을 열었다. "3주쯤 전에 어떤 여관에서 제게 하셨던 말씀을 기억하십니까?"

"전 아무것도 잊는 법이 없고, 당신이 올 줄도 알았어요." 점술가가 말했다. 누구와 만날 때면 으레 이렇게 그럴싸한 대사를 입에 담았다.

"아, 그럼 전 아무 말도 할 필요가 없겠군요. 당신은 뭐든 꿰뚫어 보시니 제가 찾아온 이유도 물론 눈치채셨겠죠."

"모리스 데자르모아스의 미망인을 적에게서 지켜 달라는 거죠?"

"뭐 대충 그렇지만…… 적의 수가 너무 많고 만만한 상대가 아니라 어떻게 손을 써야 할지 모르겠습니다."

"제게 대적할 만큼 강력한 상대는 아무도 없어요." 점술가는 자신만만했다.

"네? 르부아라도 말입니까?"

"르부아도 예외는 아니죠."

"오호라! 하지만 그래도 전 르부아에게 맞서고 싶지 않군요." 브리강디에르가 중얼거렸다. 이 여자의 힘에 전폭적인 신뢰를 둘 마음은 없었다.

그러고서 이렇게 말했다.

"오늘은 르부아 대신과는 관계없는 일로 당신의 조언을 얻으러 왔습니다. 때에 따라서는 조력도 구하고 싶고요."

"압니다. 수와송 부인에 관해 말하러 오신 거죠?"

"네, 페론 총독이 붙잡아서 지금은 베스모 감옥장이 맡고 있는 죄수에 관해서도요."

"그 죄수가 정말로 필립 드 트리, 즉 당신의 대장을 적에게 팔아넘긴 배신자인지 아닌지 알고 싶은 거군요."

"제 마음을 읽을 수 있습니까?" 브리강디에르가 깜짝 놀라 외쳤다.

"전 미래를 예견할 수도 있지요." 점술가가 차갑게 말했다. "거기 앉아서 제 말을 잘 들으세요."

벌벌 떨며 싸구려 의자에 앉는 브리강디에르를 보면서 여자 점술가는 이렇게 생각했다.

'이 남자를 이용하면, 수와송 부인이 애인과 함께 도망치는 걸 방해할 수 있을 것 같군.'

"베르트디에르 탑에 갇힌 죄수는 필립 드 트리가 틀림없어요." 점술가가 느릿느릿 말을 이었다. "죄수를 지키는 간수들이 그렇게 말했지요."

"간수들이라고요? 하지만 그자들은 한 번도 죄수를 보지 못했습니다. 그런데 어떻게 필립이라는 걸 알죠?"

"모습은 볼 수 없지만, 신음은 들을 수 있지요."

"신음한다면, 대장님이 아니라는 증겁니다."

"게다가 줄곧 수와송 부인의 이름을 부른대요."

한눈에 사람 성격을 파악할 줄 아는 여자 점술가는 브리강디에르 같은 군인에게는 마법에 관해 장광설을 늘어놓기보다 이렇게 현실적인 정보를 주는 편이 효과적이라고 판단했다.

"오호라! 그 옥졸들, 나한테는 그런 이야기를 하지 않았어요." 브리강디에르가 외쳤다.

"당신도 그들을 아는군요!"

"물론 알지요. 우리가 파리에 온 유일한 목적은 그 죄수를 감시하는 거니까. 물론 난 바스티유 안으로 숨어들 대책도 세워 놓았습니다."

"그래, 잘되었나요?"

"아직 충분하다고는 할 수 없지만, 그래도 성문 경비대장과 친해졌지요."

"레퀴에라는 남자 말이군요."

"이름을 아십니까?"

"네. 그밖에도 여러 이름을 알지요." 점술가가 대답했다. 실은 1666년 무렵 브랑빌리에 후작부인의 애인 고단 드 생트 크루아가 수개월에 걸쳐 바스티유에 갇혔을 때 그 주변을 자주 기웃거렸던 것이다.

"그럼 레퀴에란 자는 깐깐한 사나이지만, 술이 들어가면 입이 가벼워진다는 사실도 아시겠군요.

난 그자를 술집으로 데리고 가서 자세한 이야기를 들었습니다. 그래 봤자 막연한 이야기뿐이지만요. 내 두 부하도 술집에서 간수 두 명에게서 정보를 빼냈지요. 녀석들도 상관 못지않은 주당이거든요."

"그래서 구체적으로 어떤 사실을 알았죠?"

"뭐 대단한 건 아닙니다! 게다가 요 며칠, 녀석들 입이 왠지 모르게 무거워져서요.

아무래도 누구한테 돈을 먹고 입단속 하는 것 같습니다."

"누구한테요?"

"아아! 그걸 알면 얼마나 좋겠습니까. 대충 짐작은 가지만."

"전 알아요."

"수와송 백작부인이죠? 아닙니까?"

"당신이 내 질문에 대답해 준다면 그 질문에 대답해 드리죠."

"좋습니다."

"필립 드 트리가 탈옥에 성공해서 바스티유를 빠져나간 직후에 그를 붙잡을 방법을 내가 당신에게 알려 준다면, 당신은 그를 어떻게 하시겠어요?"

"그런 걸 굳이 물을 필요가 있나요? 우리를 적에게 팔아넘긴 악당을 씹어 먹어도 시원치 않을 판인데. 절대로 도망치지 못하도록 할 겁니다."

"죽일 셈이군요?"

"물론이죠. 필요하다면 이 손으로 목을 졸라 죽일 겁니다."

"그럴 생각이라면 내 협력을 기대하지 마세요." 여자 점술가가 차갑게 내뱉었다.

"뭐라고요? 그자를 동정하는 겁니까?"

"난 그 남자를 살려 두고 싶어요. 하지만 그가 자유의 몸이 되어서는 곤란하죠."

"그럼 바스티유에서 도망친 그를 발견하면 어쩌란 말입니까?"

"붙잡아서 보초를 불러 감옥장에게 넘기세요."

"우리가 그렇게 하겠다고 약속하면 우리를 도와주겠다는 겁니까?"

"감옥 안팎에서 꾸며지고 있는 음모에 관해 모든 걸 알려 드리죠. 드디어 탈옥 준비가 완료되면, 그것을 막기 위해 언제 어디서 끼어들어야 좋을지 알려 주겠어요."

조용히 생각에 잠겼던 브리강디에르가 이윽고 입을 열었다.

"사실 이런 일은 저 혼자서 결정할 일이 아닙니다."

"즉, 복수 방법을 선택할 권리는 모리스 데자르모아스의 미망인에게 있다는 거군요.

좋아요! 그렇다면 그녀에게 돌아가 물어보세요. 필립 드 트리를 칼 한 방에 죽이기보다 감옥에서 평생 썩게 하는 편이 그에게 훨씬 심한 고통 아니겠느냐고."

"그건 그럴지도 모르죠……. 하지만 1년 뒤, 아니면 5년이나 10년 뒤에 그자가 바스티유에서 나오지 않으리란 보장은 없습니다."

"그런 일은 있을 수 없어요. 게다가, 아참 그렇지! 그자와 르부아 사이에 어떤 일이 있었는지 가르쳐 줄까요?

그 필립이라는 자는 자기 하나 살겠다고 음모단의 비밀을 르부아에게 팔아넘긴 비겁한 자예요. 그렇지만 그 대신 자신의 자유도 희생하고 말았죠.

르부아는 이렇게 말했어요—'국왕의 자비로 넌 사형은 면했다. 그 대신 두 번 다시 바깥세상은 구경 못할 것이다.' 필립은 수와송 부인이 빼내 주리란 걸 믿었기 때문에 이 굴욕적인 교환 조건을 받아들였어요.

그러니까 당신이 수와송 부인의 계획을 좌절시키면, 그는 죽을 때까지 지옥의 고문을 당할 거예요.

생각해 보세요! 필립은 아직 젊고, 독방 벽에 머리를 찧어 죽을 만한 용기도 없어요. 어쩌면 앞으로도 50년은 더 살지 모르죠.

간수 외에는 누구의 얼굴도 보지 못하고, 바스티유의 망자들에게 시간을 알리는 종소리 외에는 아무 소리도 듣지 못한 채 늙어가는 기분이 어떤 것일지 상상해 보세요.

그는 죽지 않아요……. 산 채로 묻히는 거죠.

아! 그만한 벌을 내릴 수 있다면, 그자 때문에 과부가 된 여자 분도 만족하지 않을까요?"

"게다가" 브리강디에르가 혼잣말했다. "우리는 언제까지고 놈을 감시할 각오지만, 수와송 부인은 머지않아 포기해 버리겠지……."

"그것도 조만간.

난 수와송 부인의 성격을 잘 알아요. 그 여자는 갈대처럼 변덕스럽죠. 르부아의 마음이 변하기 전에 새 애인이 필립에 대한 기억을 지워 버릴 거예요."

"르부아의 마음이 변하는 일이 있을까요?"

"그자가 원한을 잊으리라고 생각한다면 대단한 착각이에요.

르부아는 절대로 적을 용서하지 않죠. 그 죄수를 영원히 이 세상에서 묻어 버리려는 결심이에요.

절대로 석방하지 않을 셈이 아니라면, 죄수 얼굴에 가면을 씌우라고 명령하지도 않았겠죠."

브리강디에르가 깜짝 놀라 상대의 얼굴을 바라보았다.

"간수들이 그 얘기는 안 했나 보군요." 점술가가 놀리듯이 말했다. "하지만 내 말은 언제나 옳아요.

자, 이제 왜 필립 드 트리를 살려 두는 편이 좋은지 알았죠?"

"알았습니다!" 브리강디에르가 외쳤다. "대장님 부인도 저와 같은 생각일 겁니다. 그러니까 제가 책임지고 당신의 조건을 받아들이기로 하죠."

"그럼 죄수의 탈옥을 막을 방법을 가르쳐 줄 테니, 당신은 내 명령대로 움직이고 그 밖의 행동은 자제하겠다고 맹세하세요."

"놈을 살려 둬야 하는 건 분하지만, 반드시 놈을 붙잡게 해 주겠다고 보장해 준다면 당신 명령에 따를 것을 맹세합니다."

"명심하세요! 죄수가 탈옥을 시도하는 밤, 난 그 자리에 가 있을 거예요. 만일 날 속이면, 내 분노를 사서 어디로도 도망가지 못하게 될 거예요."

"난 귀족은 아니지만, 한 번 맹세한 건 반드시 지키는 남잡니다." 브리강디에르가 조용히 말했다.

"그럼 말씀드리죠. 베르트디에르 탑을 지키는 두 간수는 수와송 부인에게 매수당했어요. 일요일에 죄수를 미사에 데리고 가는 도중에 줄과 비단 사다리를 죄수에게 몰래 건네주기로 되어 있죠."

"대충 그런 것이리라 생각했습니다."

"일주일이면 독방의 쇠창살을 자를 수 있을 거예요. 그러니까 그다음 일요일에 필립은 월요일 새벽에 탈옥할 거라고 간수에게 말하겠죠.

간수들은 즉시 수와송 부인에게 달려가, 성곽 바깥쪽 해자에서 연인을 기다리라고 할 거예요.

그날 그야말로 마지막 장애물을 넘은 순간에 죄수를 붙잡으려면 어떻게 해야 좋을지 알려 드리겠어요."

"차라리 간수를 감옥장에게 밀고하는 편이 확실하지 않습니까? 그러면 간수들은 즉시 잘릴 텐데."

"절대로 그래서는 안 돼요. 그랬다가는 간수들이 수와송 부인의 이름을 말할 거예요. 난 부인을 이용하고 싶어요. 그러니까 그 여자까지 붙잡히게 해서는 안 된다고요."

"하지만 부인이 필립을 기다리는 현장을 덮치면 그 여자에게 더욱 불리한 것 아닙니까?"

"그렇게 되지 않을 거예요. 당신은 내가 지정한 장소에 숨어 있다가 탈옥수를 붙잡자마자 도움을 부르세요. 그 소리를 듣고 보초가 달려오는 동안 전 수와송 부인을 데리고 사라질게요. 파멸에 몸을 던지는 허무한 짓은 관두라고 설득해서요.

만약 감옥장이 죄수를 넘겨받을 때 당신을 심문하거든, 당신은 우연히 그곳을 지나가고 있었는데 국왕을 위한 일이라는 생각이 들어 탈옥수를 붙잡았다고 대답하세요."

"정말 훌륭한 작전이군요." 브리강디에르가 감탄하여 외쳤다. "항복입니다. 뭐든 당신이 시키는 대로 하지요."

"꼭 그렇게 하세요." 점술가가 엄숙한 어조로 못을 박았다. "당신이 어디 사는지는 묻지 않겠어요. 내가 다른 뜻을 품은 게 아니라는 증거로 말이죠.

다음다음 주 일요일에 다시 오세요. 그러면 필요한 걸 다 가르쳐 드릴게요."

브리강디에르는 거듭 고맙다고 말했다. 그러고서 허리춤에 찬 지갑에 손을 댔다. 점술가의 주소를 가르쳐 준 마을 사람들이 "그 여자는 공짜로 점을 쳐 주지 않는다"고 했기 때문이다.
　점술가가 거만한 태도로 그것을 저지했다.
　"난 당신보다 부자예요. 페론에서도 말했잖아요? 난 늘 학대받는 사람들 편이라고."
　상대가 여왕 같은 관록으로 그렇게 말하는 것을 듣고서 브리강디에르는 이로써 오늘의 회견이 끝났음을 깨달았다.
　브리강디에르는 깊숙이 고개 숙여 인사한 뒤, 방문 결과에 크게 만족하며 집으로 돌아갔다.

13 결단

여자 점술가 카트린 보아젱이 필립의 적과 아군에게 동시에 조언하는 동안 이 죄수의 운명은 베르사유에서 결정되었다.

그날은 목요일이었다. 궁전에서는 참사원 회의도 재무위원회도 긴급각료 회의도 열리지 않았다. 국왕이 개인을 특별히 접견하기에는 더없이 좋은 날이었다.

생 시몽의 《회상록》을 보면, 목요일은 사생아와 시종이 활개치는 날이라고 쓰여 있다. 이 두 종류의 인간은 엄숙한 공작이 못마땅해하는 부류였던 것이다.

실제로 목요일에 국왕은 거의 할 일이 없었다.

알다시피 루이 14세의 일과는 1분 단위로 짜여 있었다. 당조[*1]의 《루이 14세의 궁정 일기》에 적힌 쳇바퀴처럼 굴러가는 국왕의 삶을 읽으면, 스스로 국가의 시계 같은 존재로 변한 이 군주에 대한 동정을 금할 수 없다.

루이 왕을 태양에 비유할 수 있는 근거가 달리 없다 할지라도, 일과를 준수한 그 성실함만은 숭배자들이 왕을 천체 중 가장 밝은 별에 비유할 충분한 동기가 되었을 것이다.

치세 초 25년을 제외하고 루이는 평생 같은 시각에 일어나고, 점심을 먹고, 산책하러 가고, 사냥을 가고, 저녁을 먹고, 잠자리에 들었다.

왕이 진두에 섰던 원정 때와 퐁텐블루나 말리의 별궁으로 출어할 때조차, 이 절망적일 정도로 단조로운 일과는 거의 변하지 않았다.

궁정 의례는 전쟁터까지 따라다녔다. 요새를 포위할 때도 베르사유의 의식에 따라 진을 쳤다.

규칙적인 생활을 함으로써 왕은 예상외의 사건을 일절 배제하는 데 성공

[*1] 당조 후작(필립 드 크루송). 루이 14세 때 궁정의 주축을 이루었으며, 왕의 원정에도 따라갔다. 1638~1720.

했다.
 뜻밖의 사건을 끔찍하게 싫어하는 왕의 성격은 프롱드의 난의 소용돌이 속에서 보낸 소년 시절의 기억에서 유래했는지도 모른다.
 루이 14세는 불과 열 살 난 어린 국왕이었던 시절, 모후 안 도트리슈와 재상 마자랭에 반대하여 봉기한 군중의 노성을 들었던 때를 잊지 못했다.
 어린 왕은 부랴부랴 허름한 마차에 태워져 뱅센 성으로 피난을 가야 했다. 그리고 1648년 한겨울, 왕의 침실을 따뜻하게 해 주는 장작도 새 옷을 지을 천도 없는 상태가 이어졌다.
 그 뒤 마자랭이 죽고 왕이 드디어 "짐은 국가"라고 선언할 수 있게 되자 연애의 시대가 찾아왔다. 왕은 수와송 궁의 화려한 세계에 빠졌다.
 그곳에서 예의범절과 여자를 대하는 정중함을 배우고 평생 실천했다. 그러나 동시에 이때 왕이 받은 인상은 그 뒤 치세에 강한 영향을 미치게 되었다.
 수와송 궁에서 말려든 음모와 돌발사건 탓에 왕은 조금이라도 형식에서 벗어나거나 평범하지 않은 것에 깊은 혐오감을 품게 되었다.
 왕이 막대한 돈을 들여 거대한 베르사유 궁을 지은 이유도, 우연히 누구와 접촉하게 되거나 연애 문제에 휘말리는 위험에서 자기를 지키기 위해서였다.
 이 궁전은 국왕뿐만 아니라 대신이나 정신들도 살 수 있도록 설계된, 이른바 루이 왕의 정치 기구라는 톱니바퀴가 설치된 상자와도 같았다. 이 시계 장치 태엽은 이후 50년 동안 다시 감을 필요도 없이 줄곧 작동했다.
 베르사유는 1673년에 거의 완성되었는데, 왕은 이미 내일도 모레도 똑같은 일과를 반복하는 생활을 하고 있었다.
 여기서 이 위대한 왕의 일과를 간단히 설명하겠다. 이런 일과를 강요당한다면 현대의 풍족한 소상공인들은 격렬히 반항할 것이다.
 8시 정각에 당번인 제1시종이 왕을 깨운다.
 제1어의, 제1외과의, 그리고 유모가 동시에 들어온다.
 유모는 왕에게 입 맞추고, 다른 두 사람은 왕의 몸을 마사지한 뒤 옷을 갈아입게 한다.
 8시 15분, 시종장, 그리고 왕의 침소에 출입이 허락된 정신들이 불려온다.
 왕은 작고 짧은 가발을 쓰고 일어나 기도하고, 구두를 신고, 옷을 입고, 이틀에 한 번은 면도를 한다. 이 모든 것은 수많은 사람이 지켜보는 가운데서 이루어진다.

그 뒤 왕은 집무실로 옮긴다.

그곳에는 침실 출입이 금지된 대다수가 모여 있다. 그곳에서 왕은 그날 하루에 할 일을 명령한다. 따라서 그날 밤 잠자리에 들기 전까지 왕이 무엇을 하는지가 거의 10분 단위로 미리 공개되어 버린다.

이어서 왕은 예배당 2층에서 미사를 드리고, 그 뒤 어전회의에 출석한다. 단, 목요일에는 휴식을 취하며, 금요일에는 참회한다.

왕은 1시에 점심을 먹는다. 이때만큼은 홀로 침실 중앙 창문을 바라보고 정사각형 식탁에 앉는다.

전쟁터 이외의 장소에서 루이 14세는 반드시 혼자서 식사했다. 가족인 왕자들과도 함께 먹은 적이 없었다.

왕이 점심을 먹을 때 이따금 동석을 허락받은 유일한 사람은 왕제 전하 오를레앙 공, 즉 섭정 오를레앙 공 필립의 아버지뿐이었지만, 그도 겸상을 허락받은 것은 아니었다.

점심을 먹은 뒤 왕은 집무실로 돌아가 잠시 애견들과 장난친 뒤 옷을 갈아입고 뒷계단을 통해 대리석 마당으로 내려간다.

그곳에서 마차에 오른다. 대개 경사륜마차를 직접 몰고 나가 사냥개나 활을 사용해 사냥하거나 정원을 산책한다.

그런 취미 생활을 저녁까지 즐긴 뒤 궁전으로 돌아와 10시까지 몇몇 측근과 만난다.

10시에 모든 정신이 늘어선 앞에서 저녁을 먹는다.

저녁 식사가 끝나면 귀부인들에게 정중하게 인사하고 집무실로 돌아와 1시간 정도 애견을 쓰다듬다가 침실로 가서 아침과 똑같은 순서를 거쳐 잠자리에 든다.

이렇게 왕의 하루를 대충 살펴보기만 해도, 이런 생활을 계속했다가는 대다수 사람은 지루해서 죽어 버릴지도 모른다는 것을 알 수 있을 것이다.

루이 14세는 죽을 때까지 이 생활을 견뎠다. 아주 가끔 왕이 평소와 다른 행동을 하면, 그것은 어김없이 프랑스에 좋지 않은 결과를 불렀다. 변화 원인은 늘 불행한 연애 사건이었기 때문이다.

그러나 왕의 명예를 위해 한마디 해 두자면, 루이 14세는 죽기 직전까지 집무를 손에서 놓지 않았다. 콜베르, 르부아, 퐁샤르트랑, 샤미야르, 데마레와 같은 신하들이 국무에 관해 이야기하러 찾아왔을 때, 왕이 총애하는 여인들의 비위를 맞추느라 그들을 기다리게 한 적은 한 번도 없었다.

그러나 그날, 즉 4월 마지막 목요일, 비할 데 없는 권세를 지닌 르부아 육군대신은 무섭게 생긴 눈썹을 잔뜩 찌푸리고서 베르사유의 대회랑을 큰 보폭으로 서성이고 있었다. 왕의 집무실 앞을 지날 때마다, 안에 들어갈까 말까 망설이는 듯이 걸음을 멈추었다가 다시 맹렬한 기세로 걷기 시작했다.

오후 2시였다. 왕은 점심 식사를 마치고 어떤 친한 사람과 만나고 있는 듯했다.

따라서 지금 왕에게 접근하는 것은 좋은 생각이 아니었다. 왕은 뜻밖의 손님을 접견하거나 미리 생각해 두지 않은 문제에 관해 질문받기를 무엇보다 싫어했다.

그러나 르부아는 가장 고명한 귀족들도 벌벌 떠는 이런 장해물 앞에서도 주눅이 드는 사나이가 아니었다.

이 당시 국왕에게 강한 영향력을 미칠 정도로 성장해 있던 르부아는 큰 문제에 관해 공공연히 국왕에게 반항하기도 서슴지 않았고, 작은 문제에 관해서는 겉으로는 복종하는 척하면서 교묘하게 자기 목적을 관철하는 방법을 알고 있었다.

회랑을 대여섯 바퀴 돈 뒤, 르부아는 드디어 마음을 먹고 국왕 집무실 문을 결연하게 밀었다. 위병들은 대신의 얼굴을 잘 알고 있었으므로 잠자코 들여보내 주었다.

루이 14세는 아끼는 암컷 세터종 사냥개에게 빵을 뜯어 주는 데 여념이 없었고, 방에는 제복 색깔 때문에 "파란 시동"이라 불리는 시종 두세 명이 있을 뿐이었다.

르부아가 평소와 다른 시각에 찾아온 것을 본 왕은 놀라는 빛을 그대로 드러내며, 대체 무슨 일이냐고 물었다.

"폐하께 중대한 문제입니다." 이렇게 대답하는 르부아의 표정을 읽은 왕이 종자들에게 물러나라고 명령했다.

"무슨 일인가, 르부아?" 단둘이 남자마자 왕이 물었다.

"페론에서 체포된 그 사나이와 나로가 브뤼셀에서 가지고 온 상자에 관한 것입니다."

"그래, 그자가 자백을 했나?"

"아닙니다, 폐하. 하지만 놈이 죽어도 말하려 하지 않았던 비밀은 이미 우리도 알아냈습니다."

"어떻게 알았지?"

"상자에 들어 있던 문서를 보고 알았지요."

"그 문서는 암호로 기록되어 무슨 소린지 모르겠다고 하지 않았나?"

"아니요, 폐하. 카르파트리라는 이름의 아주 영리한 제 서기가 암호를 해독할 수 있는 자를 찾아냈거든요."

"오호라! 아주 장하군. 그들에게 충분한 보상을 내리겠다."

"조치는 이미 취했습니다. 암호를 풀 열쇠를 찾아낸 방보아와 라티크셀에게는 각각 1200리브르씩 주었습니다. 만일 그 두 사람이 한낱 서기가 아니었다면, 국가에 몸바친 공헌을 인정하여 그들에게 작위를 내려 주십사 폐하께 간청드렸을 것입니다."

"그래, 그 문서를 해독한 결과, 모반 음모에 관한 네 추측이 모두 들어맞았느냐?"

"네, 폐하. 하지만 그 문서에 배신자들의 이름이 적혀 있을 줄은 저도 예상하지 못했습니다."

"그게 무슨 뜻이지?"

"즉 음모 일당의 명부에는 프랑스에서 가장 높은 지위에 있는 인물…… 폐하와 매우 가까운 관계에 있는 사람의 이름이 수두룩합니다."

"수와송 백작부인 말인가?" 국왕이 조금 겸연쩍은 듯이 말했다.

"수와송 부인이 그 필두입니다." 르부아가 차갑게 대답했다.

"그녀는 그냥 괴팍한 거야."

"하지만 위험한 여자입니다. 무엇보다 폐하와 프랑스의 가장 집요한 적인 리졸라와 브뤼셀에서 접촉했으니까요."

"그 이야기는 나도 아네. 난 화난 여자의 행동을 일일이 신경 쓸 생각 없어."

"그 여자가 폐하의 목숨을 노리는 음모에까지 가담했다고 해도 말입니까?"

"그녀가? 설마!"

"폐하, 분명한 증거 서류를 가지고 드리는 말씀입니다.

수와송 부인은 그 역겨운 음모의 진짜 목적을 잘 알고 있었습니다. 그 목적이란 베르사유에서 생 제르망으로 가는 도중에 폐하를 납치하는 것이지요. 부인은 키펜바하라는 협잡꾼의 국왕암살계획을 전폭 지지했습니다."

"다 새빨간 거짓말이야! 이런저런 말도 하고 글도 썼을지 모르지만, 그 여자는 실제 행동에는 옮기지 않았을 거야."

"그럴지도 모르지만, 계획을 방해하지 않은 것은 사실입니다. 그것만으로도 대역죄에 해당합니다.

그런데 그게 다가 아닙니다."

"또 뭐가 있다는 거야?" 르부아가 끈질기게 묻고 늘어지자 왕은 드러내놓고 화를 냈다.

"폐하, 레니 경찰청장이 받은 보고서에 한결같이 지적된 바로는, 수와송 부인은 카트린 보아젱이라는 자칭 점술가와 어울리고 있는데, 그 여자는 오래전부터 경찰 당국이 감시하는 인물입니다.

최근 수와송 부인이 페론에 갔을 때도 이 여자가 동행했습니다. 부인이 그 종자를 찾으러 무모한 여행길에 올랐을 때로……."

"수와송 부인은 이탈리아 여자야." 국왕이 말을 끊었다. "그 여자는 늘 요술을 믿지. 백부 마자랭 추기경도 마술에 심취했었어."

"폐하 말씀이 맞습니다. 하지만 라 보아젱이라는 여자는 더 엄청난 일에 연루되어 있습니다. 바로 독약 제조와 판매입니다."

"그 독약을 수와송 부인이 샀다는 건가?"

"그 점에 관해서는 확증을 잡지 못했습니다. 하지만 부인이 여차하면 독약을 사용하리라고 믿는 충분한 이유는 있습니다."

"누구에게?"

"브뤼셀에서 꾸민 모반 계획과 관련해서 프랑스에 몸바친 자 전원에게요. 어쩌면 폐하께도."

루이 왕이 인상을 찌푸렸다.

왕은 자기 운명이 독살범의 손에 달렸다고는 상상조차 하기 싫었다. 한때 총애했던 여자에게 목숨을 위협받는다는 건 생각만으로도 끔찍했다.

"그 마녀가 그런 극악무도한 음모를 꾸미고 있다고 생각한다면, 경찰청장은 어째서 그 여자를 체포하지 않지?" 왕이 엄하게 물었다.

"폐하, 그것은 그 여자를 고문해서 자백을 받아냈다가는 수많은 고관이 줄줄이 연루될 것을 두려워해서입니다. 그중에는 수와송 백작부인과 그 언니 부이용 공작부인도 끼어 있을 테고요……."

"뭐라고! 마리 안도 끼어 있다고!" 왕이 외쳤다. 젊은 시절에 만시니 가문의 딸과 모두 알고 지냈던 것이다.

"그 밖에도 수많은 사람이 연루될 겁니다. 경찰청장은 엄청난 파장을 걱정해 형사재판에 부치지 못하는 겁니다.

하지만 폐하께서 명령하신다면 경찰청장도 누구 눈치도 보지 않고 재판을 시작할 수 있습니다."

루이 14세가 가장 싫어하는 것은 즉석에서 결단을 종용당하는 일이었다. 그럴 때마다 그는 결정을 내려야 하는 순간에서 벗어나고자 온갖 핑계를 늘어놓았다.

"대신," 왕이 몹시 쌀쌀맞게 말했다. "난 신하를 통치할 책임이 있는 유일한 사람이다. 그러니 결정은 그 고발이 사실임이 입증된 다음에 내리겠다."

"너무 늦지 않았으면 좋겠군요!" 르부아가 중얼거렸다.

왕은 이 불경한 중얼거림이 들리지 않은 척하며, 더는 말할 필요도 없다는 듯이 말을 이었다.

"모반 음모 이야기나 다시 하라. 수와송 부인에 관해 이야기하자고 여길 찾아온 건 아닐 테지?"

"네, 맞습니다." 르부아가 단호한 투로 말했다. "카르파트리가 해독시킨 문서로 위험에 처하게 될 사람은 수와송 부인만이 아닙니다.

그 문서에는 폐하께서 보시면 깜짝 놀랄 만한 의외의 이름까지 적혀 있습니다."

"어떤 이름이지? 로앙 공인가? 어머니 게메네 공작부인에게 의절 당하고 내 명령으로 궁정에서 쫓겨난 그 방탕한 자? 내가 감금할 가치조차 없는 소인배라고 판단해서 바스티유에서 내보냈더니 런던으로 망명한 자 말이야.

그 상자에서 발견한 이름이 그것뿐이라면 그렇게 호들갑 떨 것까지도 없어."

"폐하," 르부아가 대답했다. "로안 공은 폐하가 생각하시는 것보다 위험한 인물입니다. 어쩌면 폐하는 그자를 석방하셨던 것을 후회하시게 될지도 모릅니다. 그자는 지금 프랑스의 주요 지방 중 하나인 노르망디를 반란 거점으로 삼으려 하고 있습니다.

하지만 제가 고발하러 온 사람은 그 모반자가 아닙니다."

"그건 또 무슨 뜻이지?" 루이 왕이 답답하다는 듯이 말했다. "난 오늘 말리 숲으로 사슴사냥을 하러 갈 예정이야. 이미 마차도 대기 중이라고."

"폐하, 아까 프랑스에서 가장 높은 지위에 있는 인물이 음모에 가담했다고 말씀드린 건 과장이 아닙니다. 콩데 공과 튀렌 원수도 그 일당이니까요."

왕이 부르르 몸서리쳤다. 얼굴은 새빨개졌다.

"말조심하게, 르부아." 왕이 거만한 태도로 경고했다.

"네가 콩데 공을 싫어하는 건 나도 잘 알아. 튀렌 원수가 너와 네 일족에게 호의적이지 않다는 것도.

하지만 그런 사사로운 원한 때문에 왕족과 프랑스군 장교들을 고발하는 건 결단코 용납할 수 없다.

난 너를 오늘의 너로 만들어 주었다. 따라서 내가 만든 걸 부술 수도 있지. 이 점을 단단히 명심해 두도록."

"폐하," 르부아가 태연하게 말했다. ―국왕의 분노가 폭발하는 데는 익숙했던 것이다―"제가 오늘 이 자리에 있는 건 모두 폐하 덕분입니다. 바로 그 이유 때문에 제게는 적도 많지요. 하지만 아무리 강력한 상대라 하더라도 제가 의무를 다하는 걸 방해할 수는 없습니다."

"네 의무는 고발할 때는 그 범죄를 입증하는 것이다."

"증거 서류를 보여 드릴 수도 있습니다. 모반의 주모자들이 '왕위에 가까운 집안의 왕족'과 '역전의 승자인 장군'에게 이 계획을 언급했으며 그 두 사람이 이 어마어마한 계획에 협력을 약속했다고 적힌 편지가 있습니다. 그런 문서를 읽으면 의심의 여지가 없습니다. 전 감히⋯⋯."

"그 편지에 콩데 공과 튀렌 원수의 이름이 적혀 있나?"

"아닙니다, 폐하. 하지만 금방 그 두 사람이라는 걸 알아볼 수 있게 쓰여 있습니다."

"그것만으로는 프랑스를 위해 가장 큰 공적을 세운 두 인물을 공격하기에 충분하지 않아."

"그럼 그 죄수가 두 사람을 고발했다면 어떻게 하시겠습니까?"

"그자가 그 둘을 고발했나?" 국왕이 심하게 동요하며 물었다.

"현재로서는 아닙니다. 하지만 곧 자백시킬 겁니다.

그 죄수가 바스티유에 도착한 이래 저는 오로지 그를 자백시키기 위해 노력했습니다. 놈이 자백하지 않는 한 끝까지 심문할 생각입니다."

여기서 퍽 긴 침묵이 흘렀다.

왕은 생각에 잠겼고, 르부아는 왕의 얼굴에 떠오른 표정을 유심히 관찰했다.

르부아는 자신을 벼락출세했다고 멸시하는 명문 귀족들을 벌레 보듯 혐오했다. 그러나 콩데와 튀렌이 유죄임을 확신하고, 프롱드의 난에서 힘겹게 재기한 프랑스를 위해 행동한 것도 사실이었다.

자신의 권위와 왕국의 안녕을 소중히 생각하는 점에서는 루이 14세도 결코 르부아에게 뒤지지 않았다. 그러나 더 거국적인 견지에서 판단한 그는 아우구스투스 황제가 킨나[*2]를 용서했던 때 품었던 감정을 이 중대한 순간에 품었다.

르부아는 대신으로서 발언했고, 루이는 국왕으로서 대답했다.

"르부아," 왕이 근엄하게 말했다. "새로운 원정길에 오르기 직전에, 국가 방위에 가장 도움이 되는 두 사람을 프랑스에서 빼앗는 것은 시기상 적절하지 않다.

난 이 이상 네가 조사를 진행하는 데 반대하는 바이다."

"하지만 폐하, 죄수가 자백하고 이름을 댄다면……."

"그자가 말하지 못하게 하라."

"그러니까, 조용히 처형하라는 말씀이십니까?"

"아니. 그런 죄수가 있다는 사실조차 알려지지 않을 만한 곳으로 옮기고, 그자가 살아 있는 한 책임지고 감시할 수 있는 충실하고 과묵한 자에게 그를 맡겨라.

바스티유는 시내와 너무 가깝고, 베스모는 프롱드의 음모와 관계가 있었던 자여서 믿을 수 없다. 누구 생각나는 적당한 사람 없나?"

[*2] 코네이우스 코르넬리우스 킨나. 폼페이우스의 회계이자 아우구스투스의 총신. 황제에 대해 음모를 꾸몄지만, 용서받았다.

"폐하," 르부아가 자못 반항적으로 말했다. "그런 사람은 하룻밤 사이에 발견되는 게 아닙니다.

당장 생각나는 사람은 생 마르 정도군요. 제 차관의 아내, 뒤프레누아 부인의 형부죠. 그 사람이라면 틀림없이 믿을 수 있습니다.

지금 피에몬테에 있는 피뉴롤 감옥에서 감옥장으로 일하는데······."

"좋아. 그럼 한시라도 빨리 죄수를 은밀히 피뉴롤로 이송하도록 해. 생 마르 감옥장에게 편지를 써서 이렇게 전해 줘. 감옥장에게 죄수의 감시를 맡기는 사람은 국왕이고, 만일 죄수가 무슨 말을 하면 자백 내용은 나와 너 이외에는 아무도 알게 해선 안 된다고. 자, 어서 가봐."

르부아는 물러났다. 이 이상 왕을 거스르는 것은 쓸데없고 위험한 짓이라고 판단한 것이다.

가면을 쓴 죄수의 운명은 결정되었다. 그러나 르부아는 반역죄를 저지른 고관들의 이름을 죄수 입으로 직접 듣겠다는 희망을 버리지 않았다.

14 탈옥 계획

바스티유 죄수들의 일과는 저 위대한 국왕의 일과와 비슷하리만큼 자잘하게 정해져 있었다.

베스모 감옥장의 죄수들은 루이 14세처럼 정해진 시간에 일어나 정해진 시간에 식사하고 정해진 시간에 잠자리에 들었다.

단, 죄수들을 지켜보는 사람은 주르륵 늘어선 궁정 신하들이 아니라 간수뿐이었다.

일요일만큼은 단조로운 감옥 생활에 어느 정도 변화가 생겼다.

일요일에는 식사 질도 조금은 나아지고, 미사도 있었다.

미사는 감옥 내 예배당에서 교화사의 주관으로 이루어졌다. 예배당은 죄수전용으로, 이 불운한 신자들을 위해 특별히 개조되어 있었다.

사제가 미사를 올리는 제단은 죄수들한테는 사제가 보이지만 사제한테는 죄수가 안 보이도록, 또 죄수끼리 서로 얼굴을 마주치지 않도록 설계되어 있었다.

이런 상황이 가능했던 것은 창의력 뛰어난 어느 감옥장의 발안으로 예배당 바닥에서 7미터쯤 높이에 긴 의자를 설치하고 몇 칸으로 나눈 다음, 앞쪽에 쇠창살을 끼워서 칸 하나에 죄수 한 사람이 들어가는 우리처럼 만들었기 때문이다.

예배당으로 올라가는 나선 계단은 두세 군데에 뚫린 좁은 총안을 제외하면 불빛이 들어올 구멍 하나 없었으므로 거의 캄캄했다.

그러나 예배당으로 가려면 반드시 감옥의 넓은 안뜰을 가로질러야 했다. 그것은 오가는 2~3분 동안 바깥 공기를 들이마시며 창공 아래를 걸을 수 있다는 것을 의미했다.

사방이 두꺼운 벽으로 둘러싸인 돌 상자 안에서 신음하며 일주일을 보낸 불쌍한 죄수들은 이 멋진 일요일 아침에야 겨우 신선한 공기를 마실 수 있었다.

죄수들이 이 특권에 얼마나 집착했을지는 쉽게 상상할 수 있으리라. 냉혹한 명령을 내리는 르부아 대신이나 레니 경찰청장도 이 특권만큼은 빼앗으려고 하지 않았다.

바스티유 사람들은 모든 형벌 중 미사 참석 금지를 가장 가혹하게 여겼다.

그러나 이 형벌이 내려지는 일은 좀체 없었다. 칙명체포장에 서명하는 사람들은 육체적 고문이라면 뭐든 해도 상관없다고 생각했지만, 죄수의 영혼이 영적인 식량을 얻는 권리까지 빼앗으려고 하지는 않았다.

페론에서 붙잡힌 죄수도 매주 일요일에 미사에 참석했다. 르부아는 이 죄수를 맹수를 가두듯 감금하라고 명령했지만, 종교적인 위안을 금할 만큼 잔인하지는 않았다.

아까 보았듯이, 바로 이것이 수와송 부인이 노리는 점이었다.

금화를 듬뿍 받고 완전히 매수된 간수들은 바로 다음 일요일에 탈옥에 필요한 도구를 가면 쓴 사나이에게 건네주겠노라고 약속했다.

마침내 그날이 왔다.

바스티유의 낡은 시계가 9시를 알렸다. 옥리들은 모두 자기 구역에 있었다. 수많은 죄수를 예배당으로 데리고 가기란 쉬운 작업이 아니었다.

죄수들이 말이나 신호를 주고받는 것을 방지하고 지정된 통로에서 벗어나지 못하도록 눈을 부릅뜨고 감시해야 했으며, 느릿느릿 걷는 죄수를 재촉하고 성급한 죄수의 속도를 늦추어 예배당의 좁은 계단이 붐비지 않도록 조절해야 했다.

이런 작업을 능숙하게 할 수 있는 것은 오래된 간수들뿐이었다.

따라서 이 어려운 임무는 뤼와 브루그앙 같은 노련한 옥리에게만 맡겨졌다. 이 두 사람은 수와송 부인에게 매수되어 브리강디에르의 감시를 받는 바로 그자들이었다.

그러나 대다수 죄수는 그리 철저한 감시 속에 호송되지 않았다.

일반 죄수는 한 줄로 걷기만 하면 그만이었다. 얼굴에 천을 뒤집어써야 하는 일도 없었다. 간수들은 장터로 향하는 양 떼 주위에서 컹컹 짖는 개처럼 죄수들을 똑바로 몰아가기만 하면 되었다.

그러나 베르트디에르 탑 3층의 죄수는 사정이 달랐다.

의심 많은 감옥장은 죄수 얼굴에 검은 벨벳 가면을 씌우는 것만으로는 안심하지 못하고, 가장 능력 있는 간수를 골라 죄수를 예배당 좌석까지 호송시켰다. 간수 네 명이 일주일마다 돌아가며 이 임무를 맡았는데, 호송 절차는 다음과 같았다.

가면 쓴 죄수는 베스모 감옥장 손으로 직접 독방에서 끌려 나와, 감옥장의 감시 아래 네 헌병에게 둘러싸여 계단을 내려갔다. 그 헌병들은 전 세기에 유행했던 자수가 들어간 조끼 같은 것을 입고 있어 '조끼 입은 사수(오크톤)'라 불렸다.

죄수가 안뜰에 발을 들여놓기가 무섭게, 감옥장의 두터운 신임을 받는 간수들이 양쪽에서 죄수의 팔짱을 끼고 예배당이 있는 탑 쪽으로 걸음을 뗐다. '조끼 입은 사수'들은 조금 거리를 두고 그 뒤를 따랐다.

감옥장은 베르트디에르 탑의 계단을 거의 다 내려왔을 때쯤에 멈춰 서서, 죄인이 안뜰을 가로지르는 것을 지켜볼 뿐 그보다 더는 가지 않았다.

미사에서 돌아올 때도 똑같은 순서를 거쳤다.

모든 것이 아주 오랜 규칙과 형식에 얽매여 있었다. 바스티유에 갇힌 죄수의 정체를 숨기는 데 가면이 사용된 것도 이때가 처음이 아니었다.

베스모 감옥장은 스스로 정한 지점에서 한 발짝도 앞으로 나아가려 하지 않았으며, 어떤 일이 있어도 부하의 역할을 변경하는 일은 없었을 것이다.

어느새 자기 역할에 완전히 동화한 간수들은 기계인형처럼 되어 버렸다.

간수들은 안뜰을 걷고 계단을 올랐지만, 열쇠는 늘 같은 자물쇠 안에서 돌아갔다. 그것이 유일한 차이였다.

또한, 주인이 가축에게 길들듯이 간수도 죄수에게 길들어 가해자와 피해자가 서로 정들었다고 표현해도 좋을 관계가 확립되는 경우가 있었다.

사자나 호랑이도 먹이를 갖다 주는 사육사의 손은 핥게 된다.

따라서 간수가 죽거나 전임되는 일은 감옥 안에서는 큰 사건이었다.

뤼와 브루그앙은 베스모 감옥장과 똑같은 시기에 바스티유에 와서 14년을 보냈다.

4월 마지막 일요일 아침, 두 사람은 평소보다 꼼꼼히 제복에 솔질하고, 수염을 깨끗이 깎고, 삼각 모자를 비뚜름하게 쓰고서 제 구역에 있었다.

두 사람 모두 일어나자마자 식당에서 한잔 걸치고 오는 길이었다. 수와송 부인한테 받은 금화로 주머니가 두둑했으므로 평소 같지 않게 대단히 기분이 좋았다.

그날은 두 사람이 당번이었다. 그러나 안뜰에 15분쯤 서 있는데, 놀랍게도 그 주에 비번인 동료 두 사람이 다가오는 것이 아닌가. 바스티유의 관례를 아는 사람이 보기에 이런 인원 증강은 대단한 사건이었다.

수와송 부인에게 매수된 두 간수는 자신들의 배신이 발각된 것이 아닌가 하는 불안감에 사로잡혀 얼굴을 마주 보았다. 만약 그렇다면 보통 문제가 아니었다.

동료보다 성질이 조급한 뤼는 느긋하게 생각에 잠기는 대신, 지금 온 두 사람 쪽으로 성큼성큼 걸어갔다.

"이봐, 무슨 일이야! 꼭두새벽부터 취한 거야? 비번인데 술집의 라페나 찾아가지 않고 이런 곳에 어슬렁어슬렁 나타나다니!"

"누가 비번인 걸 몰라서 그래?" 한 사람이 불쾌한 얼굴로 말했다. "안 그래도 한잔하러 가던 길인데 '영감'의 명령으로 호출된 거라고.

하지만 미사가 끝나면 우리는 근무 해제될 거야."

'영감'이란 간수들이 쓰는 은어로 감옥장을 뜻했다.

"도대체 자네들한테 뭘 하라는 거야? 이번 주는 브루그앙하고 내가 당번이잖아."

"누가 아니래! 그런데 이번에는 두 명이 됐다나 봐."

"뭐가 두 명이 돼?"

"가면을 쓴 베르트디에르 탑의 죄수가 두 명이라고!"

"뭐? 도대체 언제부터?"

"오늘 아침부터. 둥근 천장의 사나이에게도 가면을 씌우라는 명령이 떨어졌어."

바스티유에서 '둥근 천장의 사나이'란 탑의 꼭대기 층, 즉 평지붕 바로 아래 납으로 된 둥근 천장이 달린 감방에 갇힌 죄수를 말했다.

"그럼 자네들은 그자를 예배당으로 데리고 가고, 우리는 나머지 한 사람을 호송하면 되는 게로군." 뤼가 조급하게 물었다.

"그래. 그런데 벨벳 천 쪼가리를 뒤집어쓰고 있으니 아마 누가 누군지 알 수 없을 거야."

뤼는 그 이상 아무 말도 하지 않고 다소 의기소침한 얼굴로 동료에게 되돌아왔다.

"이봐, 들었나?" 뤼가 조용히 속삭였다. "이게 대체 무슨 일일까?"

"걱정할 것 없어! 우리는 우리가 맡은 쪽에 그 도구를 건네주면 그만이야."

"하지만 그자가 백작부인이 말한 죄수가 아니라면?"

"부인한테는 미안하지만 어쩔 수 없지."

"하지만 이건 정말 위험한 일이야."

"어째서? 그자가 탈옥을 거절이라도 할 것 같아?"

"아니, 하지만……."

"그럼 뭐가 문제야! 만약 그자가 탈옥한다면, 우린 돈을 거저로 먹은 셈은 아니지. 어쨌든 가면 쓴 죄수를 구해 준 거니까.

가면 쓴 사나이가 두 명이라는 건 우리가 알 바 아니잖아."

"그것도 그렇군." 뤼는 이 궤변을 순순히 인정했다.

"생각을 해봐. 일이 어떻게 진행됐는지 수와송 부인은 알 턱이 없다고."

"게다가" 뤼가 덧붙였다. "가면 쓴 죄수가 둘밖에 없다면, 제대로 된 쪽에 도구를 넘길 확률은 반반인 셈이지.

하지만 역시 일단 시험을 해 보는 편이 좋겠어."

"응? 시험이라니?"

"우리가 약속대로 '수와송 부인이 보냈다'라고 전했을 때, 상대가 알았다는 태도를 보이는지 아닌지를 살피는 거야. 놀라는 기색을 보인다면 도구는 도로 빼앗는 거지."

"하지만 그랬다가는 다음 주에 다시 시도해야 해. 난 반댈세. 이런 일은 되도록 빨리 해치우는 게 좋아."

"하긴, 다음 주에는 계획대로 되리란 법은 없지."

"다음 주에도 실패한다면 수와송 부인은 우리에게 속았다고 생각할 거야. 만시니 가문의 딸들은 모두 괴팍해……. 수와송 부인을 화나게 했다가는 그 여자의 종복들에게 뼈가 으스러지고 말 거야……."

"반대로 만일 죄수가 탈옥에 성공하고 부인이 해자 바깥에서 기다린다면, 두 경우를 생각할 수 있지―그 죄수가 부인이 말한 자가 맞다면 이제 걱정은 없지. 그렇지 않다면 부인은 탈옥한 자의 이야기를 듣고, 우리가 최선을 다했다는 걸 이해해 줄 거야."

"그런 귀부인들은 자기 멋대로 남한테 위험한 일을 시켜 놓고 이러쿵저러쿵 불평만 해대지."

"하지만 그 여자는 씀씀이가 좋잖아!"

"우리가 하는 일에 비하면 새 발의 피도 안 된다고. 그런 말을 하는 걸 보니, 자네, 그 가면 쓴 죄수가 부인의 정부라는 사실을 눈치채지 못한 모양이군."

"무슨 말을 하는 건가, 브루그앙! 어휴, 복잡해. 머리가 아플 지경이군. 수와송 부인과 거래한 사람은 자네야. 감옥장이 죄수의 저녁 식사를 감시할 때 자네가 감방 밖에서 보초를 서고 있는데, 베르트디에르 탑 3층의 죄수가 어린애처럼 울부짖으며 수와송 부인의 이름을 불렀다고 말했잖아."

"'베르트디에르 4층'이라고 했겠지. '3층'이라고 말한 기억은 없는데."

"하지만 난 분명히……."

"자네가 착각한 게지. 3층 죄수는 절대로 입을 열지 않아. 4층 죄수는 지금 이 순간에도 울부짖고 있을지 모르겠군. 놈은 일주일 전부터 천장이 둥근 독방에 갇혔는데, 난 그 이후 그곳에 올라가 보지 않았으니까."

"그렇다면 자넨 수와송 부인에게 거짓말을 했군. 그자가 가면 쓴 사나이가 분명하다고."

"거짓말은 무슨! 그자가 가면 쓴 죄수가 아니라는 증거라도 있어?"

"하긴 일요일에 영감이 베르트디에르 탑 독방의 자물쇠를 딸 때 우리가 그 자리에 있는 건 아니니, 벨벳 가면을 쓴 남자가 어디에서 나오는지 아는 사람은 '조끼 입은 사수'들뿐이지."

"하지만 그자들에게 그런 걸 묻고 싶진 않군. 이제는 가면 쓴 죄수가 두 명으로 늘었으니, 누가 그렇게 울부짖는 쪽인지 그자들도 알 수 없을 테고. 요컨대 이건 악마가 수와송 부인의 사랑을 방해하는 거야. 그냥 시키는 대로 하기나 하자고."

"쉿! 계단 돌바닥에 창이 닿는 소리가 들리는 것 같아."

두 간수는 베르트디에르 탑 쪽에 서 있던 동료들에게서 몇 걸음 떨어진 곳에서 목소리가 새어나가지 않도록 속닥거리고 있었다.

뤼가 말한 대로 규칙적인 발소리가 들렸다. 죄수 중 한 사람이 호송되어

온 것이다.

먼저 감옥장이 나타나더니 한쪽으로 비켜서서 행렬을 통과시키고는, 늘 호송대의 움직임을 지휘하는 돌계단 위에 자리 잡고 섰다.

이어 금 손잡이가 달린 커다란 지팡이로 바닥을 세 번 쳐서, 임시로 호출된 두 간수에게 앞으로 나오라는 신호를 했다.

"우리가 먼저가 아닌 것 같군." 뤼가 중얼거렸다.

"곧 우리 차례가 올 거야." 브루그앙이 속삭였다. "나중이라 잘된 거야. 내 생각에, 둥근 천장의 죄수는 계단을 더 많이 내려와야 할 테니까 나중에 내려올 게 틀림없어."

"그럼 우린 운 좋게…… 진짜…… 수와송 부인이 원하는 죄수를 맡게 되겠군."

"조용히 해! 한 사람이 먼저 나왔다."

한 사나이가 헌병에게 둘러싸여 탑 출구에 모습을 드러냈다.

"거기 두 사람!" 베스모 감옥장이 고함을 질렀다.

그 호령을 들은 간수들이 앞으로 나가 죄수의 팔을 붙잡고 안뜰을 가로지르기 시작했다. 뤼와 브루그앙은 눈을 한껏 크게 뜨고서, 그 죄수가 자신들이 이미 호송한 적 있는 사람인지 아닌지 확인해 보려고 애썼다.

가면 쓴 사나이는 키가 훌쩍 크고 날씬했으며, 동작은 절도 있었다.

헐렁한 회색 저고리를 입고 있었는데, 아마 바스티유에서 비통한 죽음을 맞은 자의 유품일 것이었다.

그것이 바스티유의 관례였다. 그렇게 하면 복장이 죄수의 사회적 지위를 암시할 염려도 없었다. 성문 경비대장을 비롯한 탐욕스러운 간수들은 죄수의 의류 중 값나가는 것은 즉시 나눠 가졌다.

따라서 옷에서 어떤 표시가 될 만한 것을 찾을 수 있을 것 같지 않았다. 감옥장은 자신의 권한으로 죄수에게 옷을 얼마든지 갈아입힐 수 있었다.

가면 때문에 용모의 특징은 전혀 알 수 없었다. 가면은 얼굴뿐만이 아니라, 이마에서 목덜미까지 머리를 완전히 덮었다.

검은 벨벳 천에는 눈구멍과 숨구멍이 최소한으로 뚫려 있을 뿐이었으므로, 그 아래 어떤 얼굴이 있는지 추측하기란 불가능했다.

그것은 가면이라기보다는 속죄회 수도사들이 쓰는 두건과 비슷했다.

즉, 보는 이에게 심한 혐오감 또는 강한 공포감을 주는 음침한 모양이었다.

"저자가 우리가 찾는 죄수일 것 같은데." 뤼가 동료에게 속삭였다.

"그럴지도 모르고 아닐지도 모르지." 브루그앙이 잘난 체하며 응수했다.

그 사이 수수께끼의 죄수는 두 간수 사이에 낀 채 안뜰을 가로질러, 예배당이 있는 탑 입구로 사라졌다.

죄수의 모습이 시야에서 사라질 때까지 집중해서 지켜보던 감옥장이 다시 헌병들을 데리고 베르트디에르 탑으로 올라갔다가 10분 뒤 가면 쓴 다른 죄수를 데리고 돌아왔다.

"너희 차례다!" 감옥장이 고함을 질렀다.

브루그앙과 뤼는 평소처럼 발맞추어 나아가 두 번째 죄수의 팔짱을 끼었다.

이 사나이는 차림은 아까 전 죄수와 별반 다르지 않았지만, 키가 더 크고 체격이 좋은 것 같았다.

사나이는 얌전히 팔을 붙들린 채 체념한 듯이 호송되어 갔다.

두 간수는 미리 역할을 분담해 두었다.

뤼는 호주머니에 줄을 숨기고 있었고, 브루그앙은 비단으로 엮은 사다리를 갖고 있었다.

계단 위에서 눈을 부라리고 있는 감옥장의 시선을 느끼는 동안에는 둘 다 절대로 수상한 행동을 보이지 않도록 주의했다.

그러나 계단을 오르기 시작하고부터는 사정이 바뀌었다.

그곳에서라면 남의 눈을 의식하지 않고 금지품을 죄수에게 넘길 시간이 넉넉히 5분은 있었다.

한번 마음먹은 일은 실행해야만 직성이 풀리는 뤼는 아까 시험해 봐야겠다고 생각한 대로 죄수 귓전에 암시의 말을 속삭여 보았다.

"수와송 부인이 보냈소."

죄수는 흠칫 몸을 떨었으나 그리 놀란 기색은 보이지 않고 나지막한 목소리로 대꾸했다.

"그래? 뭘 갖고 왔지?"

"여기." 이렇게 말하면서 뤼는 재빨리 작은 꾸러미를 건넸다.

브루그앙은 이렇게 죄수와 말을 섞는 일은 위험하다는 듯이 얼른 비단 사다리를 내밀었다. 가면 쓴 사나이는 그들이 건넨 것을 잠자코 웃옷 아래에 감추었다. 바로 그날 도움이 오리란 것을 알고 있었다는 듯이 아주 침착한 태도였다.

수다스러운 뤼가 계속 지껄였다.

"당신이 도망칠 준비를 마치면 수와송 부인이 해자 바깥에서 기다린다고 했소."

브루그앙이 동료를 째려보았다. 죄수는 고개만 끄덕였다.

그 이상 대화를 계속할 수는 없었다. 이미 예배당 좌석으로 이어지는 층계참에 가까웠기 때문이다.

먼저 도착한 간수들은 이미 죄수를 우리 안에 가두고, 비번인데도 불려나온 것에 대해 투덜거리면서 복도를 왔다 갔다 하고 있었다.

뤼와 브루그앙도 두 번째 가면 쓴 죄수를 우리에 넣고 문에 자물쇠를 채웠다. 교화사는 언제나 죄수의 미사를 후다닥 끝냈으므로 두 사람은 길어야 40~50분을 기다리면 되었으나, 심심풀이로 수다를 떨 수도 없는 형편이라 무료하게 시간을 보내야 했다.

먼저 도착한 동료들에게는 비밀을 털어놓지 않았으므로, 쓸데없는 말로 의심을 사지 않도록 조심해야 했다.

하는 수 없이 간수들은 그 자리에서 건들거리며, 미사가 끝나기를 기다렸다.

예배당에서 돌아갈 때도 왔을 때와 똑같은 순서를 지켜야 하는 것이 규칙이었다. 따라서 미사가 끝나자, 나중에 온 죄수가 나중에 예배당을 나왔다.

계단 중간에서 가면 쓴 사나이가 사무적인 어조로 이렇게 말했다.

"계산해 보니 쇠창살을 자르는 데는 48시간이면 충분하오. 그러니 4월 30일 밤에 탈출하겠소. 수와송 부인에게 그렇게 전해 주시오."

"알겠소." 뤼가 대답했다.

그 뒤로는 한마디도 오가지 않았다.

계단 위에서 기다리고 있다가 부하에게서 죄수를 넘겨받은 베스모 감옥장은 바로 조금 전 어떤 일이 일어났는지 알 도리가 없었다.

"그것 봐! 내가 걱정하지 말라고, 다 잘될 거라고 했잖아." 동료와 단둘이 되자 브루그앙이 얼른 속삭였다.

"이로써 맡아 두었던 물건을 틀림없이 제 주인에게 준 셈이야." 뤼가 두 손을 비비며 말했다. "이젠 수와송 부인에게 알리는 일만 남았군."

15 가면의 정체

1673년 4월 30일 밤 9시 무렵, 베르트디에르 탑의 총안 밑에 둥지를 튼 까마귀들은 이상한 소리에 잠에서 깼다.

하계가 까마득히 내려다보이는 별천지의 고요함에 익숙한 이 사랑스러운 새들은 자신들의 평화로운 둥지 입구를 스쳐 지나가는 사람 소리에 까악까악 울어대기 시작했다.

한 사나이가 가느다란 비단 사다리에 매달린 채 벽에서 몇 센티 떨어진 곳에서 빙글빙글 돌며 멈춰 있었다.

비 내리는 캄캄한 밤으로, 강한 서풍이 불었다.

가면 쓴 사나이가 친절한 간수들에게 "48시간이면 준비가 끝난다"고 말했던 것은 거짓말이 아니었다.

사나이는 독방 창문에 달린 쇠창살을 솜씨 좋게 자른 뒤, 뭉친 빵조각으로 그 자국을 때우고 그 위에 쇳가루를 발라 노련한 베스모 감옥장의 눈을 속였다. 그러고는 그가 그릇을 가지고 자리를 뜨자마자 탈옥을 감행했다.

앞으로 열여섯 시간은 누구에게도 방해받을 염려가 없었다. 다음에 감옥장이 나타나는 시각은 다음 날 정오 점심때였다.

먼저 침대 매트리스 밑에 쑤셔 박았던 비단 사다리를 꺼냈다.

용도에 딱 들어맞는 사다리였다. 수와송 부인을 위해 이 사다리를 만든 기술자는 체면이 크게 섰다.

장인기질을 지닌 이 기술자는 여러모로 꼼꼼히 생각해서 만들었다.

바스티유 탑은 꼭대기에서 맨 아래까지 거의 60미터였다.

사다리 길이는 70미터였다.

사다리 맨 밑에는 납 구슬이 두 개 달려 있어 그 무게로 늘어지게 되어 있었다. 다른 한쪽 끝에는 아무리 잡아당겨도 꿈쩍도 하지 않는 강철 고리와 갈고리가 두 개씩 달려 있었다.

그럼에도 비단 끈이 아주 가늘어서 사다리 전체 부피는 조금도 크지 않았으므로 브루그앙도 가면 쓴 사나이도 문제없이 호주머니에 감출 수 있었다.

강철 고리는 어딘가 튀어나온 곳에 거는 용도였고, 갈고리는 가로대 같은 곳에 걸거나, 수부가 닻을 던지듯이 던져서 돌벽 틈에 박아 넣는 용도였다.

수와송 부인이 사랑하는 사나이는 고리가 마음에 들었다.

그는 먼저 절단한 쇠창살의 남은 부분에 고리를 걸고, 내려갈 때 자기 체중 때문에 고리가 빠지는 일이 없도록 망치로 두드려 쇠를 구부렸다.

망치는 난로 굴뚝 아가리에 끼워져 있던 쇠창살의 잔해를 이용해 사나이가 직접 만들었다.

금속과 금속이 부딪치는 소리를 완화하기 위해 담요 조각으로 감싼 이 도구는 그다지 사용하기 편하지는 않았다. 그래도 죄수는 약 30분 만에 쇠창살을 갈고리못처럼 만들었다.

강철 고리가 쇠창살에서 벗겨질 염려가 없어지자 죄수는 사다리를 탑 아래까지 조용히 늘어뜨렸다.

창은 팔꿈치 높이였으므로 창틀로 올라서기란 그리 어렵지 않았다.

창은 좁았지만, 사람이 통과할 만큼은 넓었으며 위아래로 길쭉했다.

죄수는 다리를 밖으로 내민 채 창문에 걸터앉았다. 이제부터 내려가야 하는 심연이 내려다보였다.

위험한 곡예를 마친 뒤 또 어떤 장애물을 넘어야 하는지 미리 봐 둘 필요가 있었다.

베르트디에르 탑은 성곽 바깥쪽을 향하고 있었다. 수와송 부인이 기다리겠다고 약속한 쪽과 같은 방향이었다. 그러나 오래된 성벽 아래까지 무사히 내려간다 하더라도 그곳에서 약속 장소까지 가는 것은 쉬운 일이 아니었다.

벽에서 내려가면 곧바로 바스티유 내호 안쪽에 다다를 터였다. 해자를 둘러싼 흙벽 위에는 보초들이 끊임없이 왔다 갔다 하고, 30분마다 야경이 순찰했다.

그 흙벽 너머에는 파리 시의 해자가 있었다. 그것은 성 앙투안 문에서 센 강까지 이어졌다.

이 마지막 난관을 돌파하면 해자의 외벽, 즉 도시 외곽에 도달할 수 있었다. 그러나 어떻게 거기까지 간단 말인가?

내호 안쪽에서 감옥장 관사 앞 마당으로 기어올랐다가 그곳에서 제2 해자로 내려갈 수 있을지도 모른다.

그러려면 강한 완력과 가벼운 몸놀림, 그리고 기어오를 때 디딤판으로 삼을 수 있도록 돌담 틈에 박아 넣을 갈고리못이 무엇보다 필요했다.

내려갈 때는 밧줄 끄트머리를 적당한 곳에 묶어 두면 충분할 것이다.

이렇게 늦은 밤에 감옥장 관사 앞마당을 산책하는 사람이 있을 리 만무했지만, 알고 보면 그곳은 탈옥에 더없이 불리한 장소였다.

사실 그곳은 이름만 마당이지, 군데군데 빈약한 화단이나 잔디가 있는 휑한 공터에 불과했다.

감옥 안이니까 그런 곳도 마당이라고 불러 줬지만, 사실 운동장이라고 부르는 편이 적절할지도 몰랐다.

그곳은 감옥 내 어느 흉벽에서도 잘 보였다. 어지간히 짙은 안개가 끼지 않는 한, 누가 이 넓은 공터를 가로지른다면 즉시 보초에게 발각될 것이었다.

다행히 내호에서 제2 해자로 가는 데는 다른 길이 있었다. 더 고생스럽고 시간도 걸리지만 훨씬 안전한 방법이었다.

바로 벽을 뚫는 것이었다.

파리의 낡은 성곽이 지어진 이래 센 강은 몇 번이나 범람했다.

강물 때문에 돌이 군데군데 물러지고 회반죽이 떨어져 있을 것이 분명했다.

따라서 특히 부서지기 쉬운 곳을 골라 돌을 조금씩 밀어내어 빼내면 되었다.

이 방법을 쓴다면 시간은 3배에서 4배가 걸리겠지만, 곧장 자유로운 세계로 나갈 수 있었다.

게다가 아무리 해도 벽이 뚫리지 않는다면 마당으로 기어 올라가는 쪽으로 작전을 바꿀 수도 있었다.

매우 총명하고 실무적인 죄수는 두 종류의 도구를 준비했다.

하나는 침대 틀을 고정하던 구부러진 못이었다. 이것은 벽을 기어오를 때 디딤판이 되어 주었다.

또 하나는 난로 굴뚝에 있던 쇠창살이었다. 이것은 매우 튼튼한 지레로 쓰였다.

이렇게까지 주도면밀한 준비를 했으니, 죄수는 바스티유와 그 주변 지리를 잘 아는 사람이 분명했다. 마음씨 착한 두 간수도 탈옥에 확실히 성공하려면 어떤 길을 지나야 하는지까지는 가르쳐 주지 않았다.

예배당 계단을 올라가는 짧은 시간에 그만한 정보를 가르쳐 줄 여유도 없었거니와, 수와송 부인도 거기까지는 요구하지 않았다.

필립 드 트리는 자유의 몸이었을 때 스위스 위병대 기수로서 몇 번이고 바스티유를 방문한 적이 있었다. 수와송 부인은 그 사실을 알고 있었다.

한번은 감옥장의 저녁 식사에 초대되었을 때 부인이 필립을 데리고 그의 관사로 간 적도 있었다.

따라서 부인은 필립이 경험과 육감으로 올바른 길을 찾으리라 확신했다.

이 점에 대해 부인의 예감이 적중했는지 아닌지는 잠시 설명을 보류하겠다. 어쨌든 죄수는 구부러진 못을 저고리 주머니에 넣고, 임시로 만든 지레를 시트로 만든 끈으로 어깨에 둘러멘 뒤 사다리를 내려가기 시작했다.

창에서 2미터쯤 아래 60센티미터 정도 튀어나온 돌림띠에 도착할 때까지는 모든 일이 순조로웠다.

그러나 그곳에서부터는 허공에 대롱대롱 매달린 채 조금만 움직여도 몸이 빙글빙글 도는 꼴이 되었다.

젖 먹던 힘을 다해 신경을 집중하지 않으면 현기증 때문에 기절할 것 같았다.

더구나 조금이라도 발을 헛디디면 출렁이는 사다리의 230계단을 내려가기란 대단한 근력이 필요한 일이었다.

붙잡을 것이라고는 손가락에 파고드는 가느다란 비단 끈뿐이었다. 온몸에 견디기 어려운 고통이 전해졌다.

그렇지만 땅에 발을 디딜 때까지 아무런 사고도 일어나지 않았다.

녹초가 된 죄수는 탑 아래 야트막한 언덕에 앉아 잠시 쉬면서 다음 작전을 생각했다.

그해 4월은 비가 많이 내려 센 강이 범람하기 직전이었다.

곧 죄수는 예기치 않은 난제가 기다리고 있음을 깨달았다.

평소에는 메마른 해자에 물이 가득했던 것이다.

따라서 차가운 물에 잠겨 작업을 진행해야 했다. 물이 너무 깊으면 계획을 단념해야 하는 사태가 벌어질지도 몰랐다.

여전히 캄캄한 밤이었지만, 비는 잦아들고 있었다. 대단히 불리한 상황이었다. 비가 올 때는 보초도 막사로 돌아가지만, 조금이라도 비가 그치면 곧바로 순찰을 시작하기 때문이다.

건조한 언덕 위에서 30분쯤 쉰 뒤, 죄수는 해자를 건너기로 마음먹고서 일어났다.

그때 규칙적인 소리가 희미하게 들려왔다.

죄수는 탑 벽에 몸을 딱 붙이고 숨죽인 채 귀를 기울였다.

소리는 불과 20미터쯤 떨어진 곳에서 들렸다. 그게 무슨 소리인지 금방 알 수 있었다.

흉벽 위를 걷는 보초의 발소리였다.

죄수는 비구름을 몰고 간 바람을 저주했지만, 따지고 보면 충분히 예상되던 상황이었으므로 거기에 연연해봤자 소용없었다.

어쨌든 어느 길을 선택할까 하는 문제는 이로써 확실히 해결된 셈이었다.

날씨가 개어 보초가 막사에서 나온 지금으로서는 감옥장 관사 앞마당으로 올라가는 방법은 버려야 했다.

좋든 싫든 벽 아래에 구멍을 뚫어야 했는데, 이 작업도 대단히 고생스러울 것이 분명했다.

무엇보다 보초 바로 아래 불과 10미터 지점에서 작업해야 했기 때문이다.

보초가 돌아다니는 높은 지대에서 가장 안 보이는 곳은 흉벽 토대 부분이었다.

죄수를 보려면 보초는 몸을 내밀어야 했다. 이상한 움직임이 포착되지 않는 한 그렇게까지 열심히 감시할 사람은 없을 터였다.

게다가 여전히 강한 서풍이 불었으므로, 돌벽을 밀어낼 때 지레가 삐걱거리는 소리도 조금만 조심하면 바람 소리에 묻힐 것이었다.

더구나 인제 와서 무를 수는 없는 일이었다.

1분 1분이 귀중했다. 이 계절에는 해가 빨리 떴다. 새벽녘까지 마지막 장해물을 넘지 않으면, 탈옥 현행범으로 체포되어 감옥으로 도로 끌려가 눅눅한 1층 감방에 갇히게 될 것이다. 그렇게 되면 산 채로 무덤에 묻힌 거나 마찬가지였다. 1년도 지나지 않아 비참하게 죽거나 미쳐버릴 게 분명했다.

따라서 가면 쓴 사나이는―물론 이때는 가면을 쓰지 않았지만―마음을 굳게 먹고서, 머리가 나올지 안 나올지조차 알 수 없는 해자의 물로 들어갔다.

물론 보초가 가장 멀어질 때를 기다렸다가 천천히 신중하게 행동했다.

센 강은 꽤 대규모로 범람했지만, 다행히 물의 깊이는 1미터 정도로 죄수 허리께까지밖에 오지 않았다.

해자는 쉽게 건널 수 있었다.

사방이 캄캄했다. 거대한 성채가 드리운 그림자가 어둠을 더욱 짙게 만들었다.

그런데 반대쪽 벽 아래까지 왔을 때 갑자기 발밑이 푹 꺼졌다.

옛날 그곳에 폭 2미터, 깊이 50센티미터쯤 되는 작은 운하가 있었던 것이다.

그곳에 빠지자 물은 겨드랑이 아래까지 왔다.

그러나 죄수는 조금도 당황하지 않았다. 갑자기 발밑이 꺼졌음에도 비명 하나 지르지 않고, 부자연스러운 자세로 정력적으로 작업을 시작했다.

물론 두 팔은 자유롭게 쓸 수 있었고, 벽을 고정한 회반죽이 침수 때문에 헐거워졌다는 이점도 있었다.

곧 죄수는 안주머니에 손을 넣어 못 한 개를 꺼낸 다음 돌 틈을 더듬어 찾았다.

이윽고 오랜 세월 동안 회반죽이 풍화되어 버린 곳을 찾자 죄수는 지레를 끼울 구멍을 뚫기 위해 못을 박아 넣기 시작했다.

이 준비 작업은 몇 분 만에 끝났다.

이미 부식된 회반죽은 거의 저절로 부스스 떨어졌다.

충분히 깊은 구멍을 파자 죄수는 목에 걸고 있던 쇠막대기를 빼서 구멍에 꽂은 다음 있는 힘껏 밀었다.

지레의 힘으로 돌이 들어 올려졌다. 천천히 계속해서 미는 사이에 돌은 별다른 어려움 없이 완전히 파내졌다.

그러나 커다란 돌이 물에 떨어지는 소리가 보초의 귀에 들어가서는 안 되었다.

이 위험을 피하려고 죄수는 두 손으로 돌을 잡고 구멍에서 빼낸 다음 세심한 주의를 기울여 조용히 물에 넣은 뒤 손을 놓아 해자 밑바닥으로 가라앉혔다.

이 동작은 아주 정교하게 소리 없이 이루어졌다.

작업은 성공이었다. 그러나 아직 시작 단계일 뿐이었다.

통로를 만들기까지 앞으로 몇 개의 돌을 빼내야 할까?

죄수가 빠져나가려면 적어도 지름 1미터짜리 구멍이 필요했다. 또한, 죄수가 기억에 의지해 계산한 바로, 벽의 두께는 1미터 20센티미터는 족히 되는 것 같았다. 하기야 벽 위는 위병들의 산책로로 쓰일 정도였으니까.

이 계산은 거의 맞아떨어졌다. 실제로 1미터 30센티쯤 돌벽을 파내야 했다.

또한, 목적을 달성하기까지 몇 시간이 걸릴지 예측할 필요가 있었다. 죄수가 시간을 잴 수 있는 유일한 수단은 바스티유의 시계 종뿐이었다.

작업을 개시했을 때 시계는 10시를 쳤다.

날이 밝기 시작하는 시각은 4시 반쯤일 것이다.

여유를 부릴 때가 아니었다.

20분도 되지 않아 죄수는 돌 세 개를 들어냈다. 딱 한 사람이 빠져나갈 만한 구멍이 뚫렸다.

그러나 구멍을 파갈수록 작업은 점점 어려워질 것이었다. 하반신은 물에 잠긴 채 두 팔을 뻗어 구멍 속으로 상반신을 들이밀고 작업해야 했기 때문이다.

그래도 죄수는 꿋꿋하게 그 안쪽 돌을 빼내는 작업에 들어갔다.

그런데 이 어려운 작업을 시작한 순간 한 줄기 빛이 수면에 반사되었다.

동시에 머리 위에서 사람 목소리가 들렸다.

처음에 죄수는 탈옥이 발각된 줄 알았지만, 곧 소리와 빛의 원인을 깨닫고 가슴을 쓸어내렸다.

야경대장이 커다란 석유등을 든 헌병을 앞세운 채 흉벽 위를 지나가고 있었다.

죄수는 보이지도 않을 만큼 재빠르게 주저앉아 차가운 시궁에 턱까지 잠겼다.

죄수의 걱정은 기우로 끝났다. 야경은 그대로 지나갔다.

그러나 이 순찰은 30분마다 반복되었다.

따라서 앞으로 몇 번은 물에 잠겨야 할 것이었다.

그 뒤에도 작업은 부지런히 착착 진행되었다.

단 한 번, 사실은 아무 일도 아니었지만, 죄수의 가슴이 철렁 내려앉은 사건이 있었다.

배를 깔고 구멍을 파내고 빼낸 돌을 물속에 버리려던 찰나, 보초의 규칙적인 발소리가 뚝 멎은 것이었다.

동료와 교대한 지 얼마 안 되는 그 보초가 구멍 바로 위 난간에서 몸을 내밀었다.

죄수는 황급히 몸을 쪼그려 가능한 한 작게 말았다.

당장에라도 "누구냐!" 하는 고함이 울리고, 그것을 들은 당직 헌병이 모조리 달려나올 것이 분명했다.

그러나 밤은 쥐 죽은 듯 고요한 채였다.

보초가 무슨 의심이라도 품은 것일까? 아니면 그냥 난간에 팔꿈치를 괴고 잠깐 쉰 것뿐일까?

그것은 끝내 알 수 없었다. 그러나 보초가 다시 걷기 시작하는 소리를 들었을 때, 죄수는 난파한 사람이 다시 육지를 밟았을 때만큼이나 기뻤다.

절박한 사태에 직면한 사람이 이런 위기를 넘기면 십중팔구 용기백배하는 법이다.

베르트디에르 탑에서 도망친 죄수도 이 사건으로 하늘은 자기편이라는 믿음이 생겨 전보다 더욱 용기 있게 작업에 몰두했다.

손에는 피가 배어 나오고, 까진 무릎으로 몸을 지탱하기란 쉬운 일이 아니었다. 돌로 둘러싸인 통로 안은 숨이 막힐 것 같았으며, 구멍은 언제 다 파질지 알 수 없었다.

그러나 죄수는 언젠가는 반드시 자유의 몸이 되리라는 확신에 고통을 견뎠다.

5시간에 걸친 초인적인 노력 끝에 마침내 죄수는 마지막 돌을 들어내고 신선한 밤공기를 얼굴로 느끼는 표현하기 어려운 기쁨을 맛볼 수 있었다.

벽에는 완전히 구멍이 뚫렸다.

그러나 다 끝난 것은 아니었다.

아직 파리 시의 넓은 해자를 건너는 일이 남았다. 내호와 마찬가지로 이것도 침수된 데다 폭은 훨씬 넓었다.

게다가 동녘은 이미 훤해지기 시작했다. 해자를 건너는 중에 흉벽 위 보초에게 발각될 위험이 커졌다.

그러나 재수 없게 발각된다 하더라도, 물에 빠지지 않도록 조심하면서 최대한 빨리 달린다면 해자 바깥의 완만한 경사로 기어오를 수 있을지도 모른다.

단, 도중에 총알에 맞지 않는다면.

"수와송 부인이 약속 장소에 있어야 할 텐데." 벽 구멍에서 조심조심 나오면서 죄수가 중얼거렸다.

조금만 더 주위가 밝았더라면 앞쪽을 바라보는 것만으로 죄수의 불안감은 해소되었을 것이다.

날이 밝았더라면, 해자 바깥 비탈 위에 있는 몇 명을 보고 죄수는 성곽 밖에서 수와송 부인이 하인과 함께 기다리고 있다는 사실을 알아챘을 것이 틀림없었다.

수와송 부인은 필립이 화요일 밤부터 수요일 새벽에 걸쳐 탈주를 시도할 거라는 소식을 두 간수에게서 일요일에 들었다.

이 기쁜 소식을 듣고 부인은 즉시 준비를 개시했다.

먼저 당장 그날 밤 여자 점술가 카트린 보아젱을 만나러 갔다. 사정을 들은 점술가는 그 자리에서 작전을 세웠다.

그에 따르면, 무장하고 말에 탄 종자 서넛을 데리고 준마 두 마리를 끌고서 한밤중에 외호*¹둔덕 위에서 기다리면 된다는 것이었다.

점술가는 죄수가 모든 장해물을 넘으려면 하룻밤이 걸릴 것으로 예상했으며, 사실 그 예상은 들어맞았다.

수와송 부인은 필립을 데리고 전속력으로 말을 몰아 상리스까지 간 다음 그곳에서 하룻밤을 자고 역마차로 플랑드르로 향할 생각이었다. 더 좋은 방법으로는, 불로뉴 칼레 방면으로 급히 방향을 꺾어 그곳에서 영국행 배를 타는 수가 있었다.

어쨌거나 중요한 것은 한시라도 빨리 파리에서 벗어나는 일이었다. 레니 경찰청장의 부하는 매우 기민하지만, 파리 주변부 밖에서 활동하는 일은 드물었다.

교통기관과 통신망이 발달하지 않았던 당시로서는 추적자들에게서 80킬로미터나 거리를 떼어 놓으면 다 도망간 거나 다름없었다.

이러한 작전을 제공했다고 해서 점술가가 필립과 수와송 부인이 무사히 도망치기를 바랐던 것은 아니다.

오히려 이 여자는 먹잇감을 놓치고 싶지 않다는 생각이 지금까지보다 더

---

*1 성의 바깥 둘레의 해자.

강해졌다. 즉, 부유하고 미신을 잘 믿는 악녀 수와송 부인을 자기 지배하에 두고 싶었다.

그러나 점술가는 부인에게 충성을 다하는 것처럼 굴 필요가 있었다.

따라서 탈옥에 성공한 필립을 기다리는 장소까지 아주 구체적으로 지정해 주었다. 바스티유와 그 주변에 관한 풍부한 지식에 근거해, 대기 장소로서는 라페 가도 부근에 있는 저지대가 가장 적합하다고 단언했던 것이다.

그곳이라면 밤에는 누구와 맞닥뜨릴 염려도 없었으며, 해자 전체를 내려다볼 수 있었다.

따라서 그곳에서 대기하고 있으면, 탈옥한 사나이가 성벽 어딘가에서 모습을 드러내자마자 신호를 보내든가 하인을 보내 데리고 올 수가 있었다.

수와송 부인은 이 계획에 전면 찬성했으며, 점술가는 이 계획이 실현되도록 협력하겠노라고 적극 약속했다.

점술가는 4월 30일 저녁에 수와송 궁을 방문해 작전을 지휘하기로 했다.

수와송 부인은 희망에 부푼 채 집으로 돌아가 이틀 동안 갑작스럽고도 비밀스러운 여행 준비에 전념했다.

그동안 점술가는 다른 준비로 바빴다.

필립의 탈옥을 돕는 척하면서 그 성공을 방해하려면 아무래도 브리강디에르의 협력이 필요했다.

브리강디에르는 분명히 헌신적인 협력을 약속했지만, 다음 일요일까지 모습을 드러내지 않을 것이었다. 게다가 점술가는 딴마음을 품지 않았다는 증거를 보이기 위해 브리강디에르와 방다의 주소조차 일부러 묻지 않았다.

그러나 탈옥 날이 일주일 앞당겨졌으므로, 당장 브리강디에르를 찾지 않으면 필요할 때에 써먹을 수 없었다.

다행히 점술가도 르부아 못지않게 우수한 첩보기관을 갖고 있었다.

운세를 점치러 오는 손님들은 한결같이 그녀에게 심취해 있었고 근처에 사는 최하층 아낙 중에도 친구가 있었는데, 그들은 필요에 따라 정보를 주면서 모르는 사이에 조금씩 점에 필요한 거의 모든 재료를 제공했던 것이다.

교활한 점술가는 자기 주위에 이른바 상호 첩보망이라고도 할 만한 조직을 구축해 놓고 있었다. 정보 제공이 무의식적으로 이루어지는 만큼 이 첩보망은 더욱 확실한 것이었다.

방다의 거처를 알아내야 할 필요가 생겼을 때도 점술가는 성 앙투안 거리의 식료품점 안주인과 투르넬 거리의 빵집 안주인을 찾아가는 것만으로 목적을 달성할 수 있었다.
 이 두 여자와 5분쯤 대화를 나누는 사이에 점술가는 다음과 같은 이야기를 들었다. 랑파르 거리와 장 보쉬르 거리 사이에 있는 낡은 저택에 지방에서 올라온 젊은 과부가 집사와 두 종복을 거느리고 산다. 그 과부의 생김새는 방다와 흡사했다.
 점술가는 월요일 오전에 이 정보를 입수했으며, 그날 중에 브리강디에르와 이야기를 나눌 수 있었다.
 그러나 조심성 많은 점술가는 직접 방다의 집을 찾아가는 실수는 저지르지 않았다.
 그 대신 은밀히 브리강디에르에게 심부름꾼을 보내, 중대한 소식을 듣고 싶으면 자기 집으로 찾아오라고 전했다. 물론 브리강디에르는 부랴부랴 찾아왔다.
 점술가는 죄수를 죽이지 않겠다는 다짐을 브리강디에르에게 다시 한 번 시킨 뒤, 탈옥한 죄수를 붙잡을 방법에 관해 아주 상세히 지시했다.
 또 수와송 부인도 그 자리에서 기다리고 있다가 누구의 방해도 없다면 연인을 구출할 생각이라는 사실도 숨기지 않고 털어놓았다. 그리고 당신이 교묘하고 대담하게만 행동한다면 반드시 부인의 계획을 저지할 수 있으리라고도 덧붙였다.
 그러려면 수와송 부인이 하인들과 대기할 예정인 곳보다 훨씬 유리한 지점에서 기다려야 했다.
 점술가의 설명에 주의 깊게 귀를 기울이던 브리강디에르는 성공하도록 전력을 기울이겠노라고 약속했다.
 집으로 돌아온 브리강디에르는 이 계획을 시도해 보자고 방다를 쉽게 설득하고, 이튿날에는 그날 밤을 대비해 종일 사전답사를 갔다.
 그것은 모리스 밑에서 게릴라로서 싸우던 무렵에 몇 번이고 했던 본격적인 정찰 활동이었다.
 브리강디에르는 성 앙투안 문에서 바스티유 외호가 센 강과 만나는 지점까지, 해자 바깥쪽 기슭 일대를 구석구석까지 살피고 다니며 여자 점술가의 계획이 최선임을 확인했다.

점술가가 지정한 장소는 외호가 툭 튀어나온 모서리에 해당했는데, 금방 알아볼 수 있었다.

그곳에서라면 감옥장 관저 앞마당을 떠받치는 보루 전체를 한눈에 볼 수 있었다.

꽤 멀리 떨어진 오른편에는 성 앙투안 문이 보이고, 200미터쯤 떨어진 왼쪽에는 수와송 부인이 하인을 거느리고 대기할 예정인 저지대가 보였다.

남은 일은 두 눈 크게 뜨고 온 신경을 집중해 지켜보는 것이었다. 브리강디에르는 그런 일에는 자신 있었다.

시간이 자정을 알리고, 베르트디에르 탑에서 도망친 사나이가 흙벽 돌들과 씨름하고 있을 무렵, 이 두 소대는 이미 제 위치에 있었다.

수와송 부인은 점술가와 충실한 종복 여섯 명, 준마 여섯 필을 데리고 성곽 바로 바깥에 있는 작은 저지대에 있었다.

방다와 브리강디에르는 터키인 알리와 폴란드인 크스키를 데리고 지정된 모퉁이에 몸을 숨겼다.

죄수의 적과 아군은 각자 위치에서 이렇게 기다리고 있었다.

단, 점술가의 간계로 적이 단연 유리한 위치를 차지했다. 적은 죄수 쪽 아군의 계획을 알고 있는 데 반해 아군은 적의 존재조차 몰랐기 때문이다.

적에게도 아군에게도 길고 괴로운 밤이었다.

브리강디에르는 방다를 바깥쪽 둔덕 위에, 알리와 크스키를 그보다 조금 아래쪽 좌우에 배치하고, 자신은 여차하면 가장 먼저 행동에 나설 수 있도록 둑 아래에 자리 잡았다.

오전 4시까지는 아무 일도 일어나지 않았다. 주위 정적을 깨는 것은 보초의 말소리뿐이었다.

단, 가끔 멀리서 말이 우는 소리가 들렸다. 그때마다 브리강디에르는 수와송 부인을 필두로 한 부대를 생각하면서, 똑똑히 망봐야겠다는 결의를 새로이 다졌다.

어둠 속에서 눈을 부릅뜨고 있는 사이에 어둠에 적응한 브리강디에르는 죄수가 모습을 드러낼 가능성이 있는 벽면의 전모를 퍽 똑똑히 관찰할 수 있게 되었다.

게다가 4시 조금 전이라 어둠도 얼마간 옅어지기 시작했으므로, 죄수가 벽 구멍에서 나오기가 무섭게 브리강디에르는 그 모습을 발견했다.

브리강디에르는 죄수가 다음 행동에 나서는 것을 말없이 침착하게 지켜보았다.

죄수는 외호 물에 어깨까지 조용히 잠긴 채 벽에서 세 걸음쯤 걷다가, 흙벽을 지나가는 보초를 지나 보내려는 건지 잠시 움직임을 멈추었다.

죄수는 어느 쪽으로 움직일 생각일까? 수와송 부인이 기다리는 곳까지 해자를 따라갈 것인가? 아니면 곧장 해자를 건너, 방다가 앉아 있는 둑 밑으로 올라올 것인가?

죄수가 어느 길을 선택하느냐에 따라, 죄수를 붙잡기 위해 취할 행동도 달라졌다.

브리강디에르로서는 기쁘게도, 이윽고 죄수는 최단거리를 이용해 탈출하기로 결심했다.

죄수는 천천히 세심한 주의를 기울여 해자를 건너기 시작했다. 그렇게 조심한 보람이 있어서, 보초는 해자 안에서 일어나는 일을 전혀 눈치채지 못하고 계속 거닐었다.

이미 붙잡은 거나 다름없다. 브리강디에르가 이렇게 생각하면서 보고 있는데, 죄수가 별안간 물속으로 잠기더니 완전히 모습을 감추어 버렸다.

이 돌발 사고의 원인은 아주 단순했다.

벽에서 40미터쯤 떨어진 외호 한가운데에 빗물을 강으로 흘려보내기 위해 폭 2미터 깊이 5미터 정도 되는 배수로가 설치되어 있었던 것이다.

이 수로는 해자가 메말랐을 때는 한눈에 보였지만, 물이 고이면 보이지 않게 되었다.

센 강의 범람으로 물속에 감추어진 이 수로는 그 존재조차 예상할 수 없는 만큼 더욱 위험한 수렁이 되어 있었다.

죄수는 그 무시무시함을 뼈저리게 체험했다.

해자를 건너는 요령을 파악하여 목까지 물에 잠긴 채 천천히 신중하게 나아가는 도중에 갑자기 발이 바닥에 닿지 않더니 눈 깜짝할 새에 물에 삼켜진 것이다.

그러나 돌발적인 사고였다는 것이 불행 중 다행일는지 몰랐다. 이렇게 순식간에 물에 빠지지 않았더라면 죄수는 공포의 비명을 질렀을 것이기 때문이다.

그 비명은 순식간에 보초의 주의를 환기했을 것이다. 그랬다면 불쌍한 탈옥수는 총알이 머리 위를 스치고 곧 바스티유 내의 온 헌병이 쫓아올 것을 각오했어야 할 것이다.

그러나 죄수의 입은 비명을 내지르려고 벌어졌을 때 이미 물속에 잠겨 있어 그 목소리는 보초의 귀에 도달하지 못했다.

게다가 이 불운한 사나이는 목까지 물에 잠겨 있었고 수로 가장자리는 수직이었으므로, 사나이의 몸은 아무런 소리도 내지 않고 똑바로 가라앉았다.

사나이는 빨려들듯이 물속에 잠겼다.

고양이처럼 밝아진 밤눈으로 모든 상황을 지켜보던 브리강디에르는 사나이가 자기 의지로 물속으로 들어간 것이 아님을 직감했다.

문제는 사나이가 헤엄을 칠 수 있느냐 그냥 빠져 죽어 버리느냐 하는 것이었다.

어느 쪽이든 적어도 일단은 수면으로 떠오를 게 분명했다.

그때는 어떻게 해야 좋을까?

브리강디에르는 완전히 당황했다.

이대로 사나이가 죽어 가는 모습을 지켜보는 것이 가장 좋을 듯싶었다.

그렇게 해도, 점술가에게 한 맹세를 깨는 것은 아니었다. 죄수의 죽음은 브리강디에르 탓이 아닌 것이다. 게다가 방다는 모리스를 적에게 팔아넘긴 배신자의 얼굴을 다시 보지 않아도 된다.

그러나 물에 빠진 사나이가 정말 도르빌리에일까?

그를 죽게 내버려 두었다가, 평생 그 의문에 시달리게 되어도 좋은가?

남자의 시체는 센 강까지 떠내려가 행방불명될 것이다.

바스티유 간수들에게서는 어떤 분명한 얘기도 들을 수 없을 것이다.

탈옥 소문이 세상에 퍼질 가능성은 극히 적었다. 바스티유 감옥장은 곤란한 일이 생기면 그 사실을 감추는 데 온 힘을 쏟았고, 죄수 탈옥이란 최악의 사태였기 때문이다.

아무리 희박하다고는 하나 그가 도르빌리에가 아닐 가능성도 있는 이상, 진상이 규명될 때까지 방다는 안심하지 못할 것이다.

그러나 보초의 총알을 피해 그를 구해 내려면 어떻게 해야 좋단 말인가?

물에 빠진 사람은 물 밖으로 건져 올려질 때 반드시 버둥거려 물소리를 낸다. 그 소리는 분명 보초의 귀에 들어갈 것이고, 구조한 사람과 구조된 사람 모두 발각되어 버릴 것이다.

그런 위험을 무릅썼다가는 탈옥수와 함께 감옥으로 끌려갈지도 모른다. 일단 바스티유에 갇히면 다시 밖으로 나올 수 있다는 보장이 없다.

게다가 아마도 브리강디에르는 탈옥방조 혐의를 받을 것이다. 불구대천의 적의 공범으로 몰리는 것은 너무나도 견디기 어려운 모욕이다.

열거하자면 한도 끝도 없지만, 이런 온갖 생각이 브리강디에르의 뇌리를 순식간에 스치고 지나갔다.

살다 보면 여러 생각이 전광석화처럼 빠르게 잇달아 떠오르는 때가 있다. 만일 형장으로 향하는 사형수의 머릿속을 들여다보면, 마지막 5분 동안 그 두뇌가 평범한 하루에 활동하는 것보다 더 활발하게 움직인다는 사실을 알 수 있을 것이다.

브리강디에르는 그렇게까지 절박한 심정은 아니었지만, 그래도 이때만큼 마른침을 삼키며 사태를 지켜본 적은 별로 없었다.

별안간 수면에 검은 점이 보이는가 싶더니 이내 다시 사라져 버렸다.

틀림없이 한순간 물에 떠오른 죄수의 모습이었다. 죄수는 헤엄칠 줄 모르며, 구해 내지 않으면 해자 바닥에 가라앉은 채로 있으리라는 것이 확실해지기 시작했다.

모든 고통 중 의심만큼 견디기 어려운 것은 없다. 수수께끼를 푸는 열쇠가 영영 사라지려는 현장을 보자 브리강디에르는 가만히 있을 수가 없었다.

브리강디에르는 물고기처럼 헤엄치고 오리처럼 잠수하는 것이 특기였다.

유일한 난제는 물소리를 내지 않고 구출하는 것이었지만, 그것도 어떻게든 할 수 있을 것 같았다.

아마도 죄수는 이미 기절했을 것이며, 그렇다면 그만큼 건져 올리기 쉬울 것이다.

단, 한시라도 빨리 건져내지 않으면 물살에 떠내려갈 것이다.

해자는 센 강 쪽으로 꽤 기울어 있었다. 이제 홍수가 빠지기 시작하면서 범람했던 물이 조금씩 강으로 되돌아감에 따라, 물에 빠진 사나이도 떠내려갈 것이었다.
 사실 브리강디에르에게 사나이의 생사는 중요한 문제가 아니었다.
 탈옥수의 얼굴을 확인만 하면 되었다.
 그 외에는 별로 관심이 없었다.
 오히려 죄수가 벌써 익사했다면, 붙잡는 수고가 덜어져 고마울 정도였다.
 방다는 꼼짝 않고 앉아 있었다.
 크스키와 알리도 요지부동이었다.
 아마 이 세 사람은 죄수를 보지 못한 모양이었다. 동료들과 의논할 여유도 없었으므로 브리강디에르는 결심하고 곧장 행동에 옮겼다.
 먼저 납작 엎드려 팔꿈치와 무릎을 사용해 물가로 내려간 다음, 풍덩 소리도 내지 않고 뱀처럼 스르륵 물에 들어갔다.
 힘차게 한 번 발장구쳐서, 남자가 가라앉은 지점으로 간 다음 바닥을 여기저기 뒤졌다.
 그러나 손에 닿는 것은 성벽에서 떨어져 물살에 여기까지 떠내려온 돌멩이뿐이었다.
 30~40초쯤 지나자 숨이 차서 어쩔 수 없이 물 위로 한 번 떠올랐다.
 물론 주의해서 고개만 물 밖으로 내민 뒤, 이 짧은 순간을 이용해서 사방을 둘러보았다.
 커다란 구름이 꼬리에 꼬리를 물고 서풍에 떠밀려 하늘을 뒤덮으며 새벽빛을 가렸다.
 보초는 아무것도 모르고 있었다.
 어쩌면 방다와 두 부하도 브리강디에르가 모습을 감춘 사실을 눈치채지 못했을지 모른다.
 안심한 브리강디에르는 크게 숨을 들이마시고서 다시 물속에 잠겼다. 이번에는 아까보다 조금 하류 쪽을 찾기 시작했다.
 이번에도 사나이의 몸은 손에 잡히지 않았지만, 그 대신 브리강디에르가 덜컥 발목을 붙잡혔다.
 물에 빠진 사나이가 죽을힘을 다해 브리강디에르의 발목에 매달린 것이다.
 당장 이 손을 뿌리치지 않으면 나도 물귀신이 되어 버린다. 브리강디에르는 직감했다.

불쌍한 탈옥수의 손가락이 바이스처럼 꽉 물려 그 체중 때문에 브리강디에르도 바닥으로 가라앉을 것만 같았다.

본의 아니게 짊어진 이 위험한 짐을 뿌리치려고 브리강디에르는 죽자사자 몸부림쳤다.

그러나 버둥댈수록 죄수는 더 강하게 달라붙었다. 브리강디에르는 숨이 턱까지 차올랐다.

그때 문득 브리강디에르의 머리에, 옛날 보헤미아의 몰다우 강을 건너다가 똑같은 사고를 만났을 때의 기억이 떠올랐다.

같은 부대 기갑기병 중 하나가 여울에서 미끄러져 낙마하면서 브리강디에르의 옷에 매달렸다. 브리강디에르는 하마터면 같이 빠질 뻔했지만, 발로 세게 걷어차서 상대의 손을 놓게 하여 말에서 떨어지지 않았던 것이다.

이번에도 그 방법을 쓰면 잘될 것 같았다.

예상대로, 브리강디에르의 징 박힌 군화에 차이자 탈옥수는 손을 놓았다.

3초 뒤, 브리강디에르는 겨우 공기를 마실 수 있었다.

좋은 일은 겹쳐서 일어나는 법이다. 브리강디에르가 물에서 얼굴을 내민 직후에 2미터쯤 떨어진 지점에 죄수의 옷자락이 떠올랐다.

강하게 걷어차인 죄수의 몸은 먼저 해자 밑바닥까지 가라앉았다가 고무공처럼 튕겨서 수면으로 떠올랐던 것이다.

브리강디에르는 순간적으로 그 저고리 자락을 한 손으로 붙잡고, 다른 한 손으로 조용히 물을 저어 기슭으로 향했다.

해자 중앙의 도랑은 깊은 대신 폭이 좁아서 곧 발이 닿는 곳으로 나올 수 있었다.

브리강디에르는 죄수를 어렵잖게 둑 아래까지 끌고 가서 풀밭에 똑바로 눕히고 얼굴을 들여다보았다.

그러나 당시 브리강디에르가 놓여 있던 상황에서는 죄수의 얼굴을 분간하기가 쉽지 않았다.

잠시 개었던 하늘도 지금은 완전히 두꺼운 구름에 뒤덮여, 동틀 무렵이 가까웠음에도 주위는 거의 캄캄해져 있었다.

조금 전부터 날씨는 브리강디에르의 편을 들어주듯이 이 노병의 계획에 유리하게 변해 있었다.

15분 전쯤 하늘이 이렇게 어두웠더라면 브리강디에르는 탈옥수를 발견하지 못했을지도 모른다.

지금은 어둠이 깊어진 덕분에 누구에게 발각될 염려가 없었다.

그 대신, 죄수의 생김새를 확인하기 위해 얼굴이 맞닿을 정도로 고개를 숙여야 했다.

이렇게 불구대천의 원수지간인 두 사람이—한쪽은 걱정스러운 모습으로, 다른 한쪽은 정신을 잃고 꼼짝 못하는 채로—구조자와 피구조자라는 형태로 몸을 딱 붙이고 있는 모습은 그야말로 기묘한 광경이었다.

그러나 브리강디에르는 그런 것은 개의치 않았다. 오로지 증오스러운 배신자 도르빌리에의 얼굴을 보려고 열심이었다. 그러나 물에 빠진 남자는 한 번 도랑 바닥까지 잠겼던 터라 얼굴이 온통 진흙투성이가 되어 생김새를 전혀 분간할 수가 없었다.

예배당에 갈 때 사나이가 쓰고 있던 검은 벨벳 가면도 그 질척한 진흙만큼 사나이의 얼굴을 완전히 가리지는 못했을 것이다.

마음이 급한 브리강디에르는 자기 웃옷 자락으로 사나이의 얼굴을 북북 문지르기 시작했다.

이 거친 행위로 먼저 알게 된 사실은 사나이가 아직 살아 있다는 것이었다.

얼굴이 난폭하게 문질러지자 불쌍한 사나이는 그 자극에 숨을 되찾더니 팔을 움직이며 알아들을 수 없는 소리를 중얼거렸다.

브리강디에르는 아랑곳하지 않고 사나이의 얼굴을 계속 문질렀다. 그를 살리려는 것이 아니라, 그저 한시라도 빨리 상대의 정체를 알고 싶었기 때문이다.

곧 진흙이 씻긴 이마, 코, 입이 보이기 시작했다. 아니, 만질 수 있게 되었다는 표현이 옳으리라. 주위는 여전히 컴컴했던 것이다.

절반은 눈을 가까이 들이댐으로써 절반은 손으로 더듬음으로써 브리강디에르는 겨우 수수께끼 사나이의 생김새를 정확히 추정할 수 있었다.

그 결과가 너무나도 뜻밖이었으므로, 브리강디에르는 자기가 착각을 했나 싶어 몇 번이나 다시 확인했다.

그러나 사나이의 얼굴을 이리저리 돌리며, 차츰 고른 숨을 되찾기 시작한 사나이의 숨결이 느껴질 정도로 얼굴을 바싹 들이댄 끝에 그는 마침내 확신을 얻었는지 사나이를 풀 위에 내려놓고 벌떡 일어나 방다가 기다리는 쪽으로 서둘러 돌아갔다.

지나가면서 크스키와 알리도 불렀으므로, 곧 네 사람은 둑 위에 모였다.

브리강디에르가 뭐라고 속삭이자 일동은 즉시 그 자리에서 물러났다.

방다만은 둑 아래 누워 있는 사나이의 얼굴을 직접 확인하고 싶다고 했지만, 브리강디에르의 설득에 단념하고 다른 사람들 뒤를 쫓아갔다.

브리강디에르가 물에 빠진 사나이의 신원 확인을 마치고 5분쯤 지났을 때, 해자 바깥 기슭 위에는 아무도 없게 되었다.

그러나 그곳에서 200미터쯤 떨어진 저지대에는 여자 점술가 라 보아젱의 지시에 따라 수와송 부인과 그 종복들이 여전히 기다리고 있었다.

기적적으로 익사를 면한 사나이는 아직 완전히 의식을 회복하지 못했지만, 몇 번이나 거칠게 흔들어진 덕분에 상당히 정신이 돌아왔다.

사나이는 큰 숨을 몰아쉬고 몇 번 뒤척이더니 윗몸을 일으키고서, 깊은 잠에서 깬 듯이 눈을 문질렀다.

그러고는 꽤 오랫동안 비탈에 등을 기대고 앉아서, 대체 자신한테 무슨 일이 일어났는지 파악하려는 듯이 눈을 깜빡거리며 주위를 둘러보았다.

날씨가 다시 나빠져 비가 내리기 시작했다. 추적추적 내리는 비 때문에 보초들은 모두 막사로 돌아가 있을 터였다.

바스티유에서 도망친 사나이는 조금씩 기억을 회복했다. 해자 중간쯤에서 갑자기 발이 닿지 않아 물속에서 허우적거렸던 것은 똑똑히 기억났다.

그러나 브리강디에르에게 걷어차인 다음부터는 아무것도 기억나지 않았.

대체 어떻게 기슭으로 올라온 걸까?

아무리 머리를 굴려도 알 수 없었으므로, 사나이는 이 행운은 우연의 결과가 분명하다고 생각했다. 죽을힘을 다해 발버둥치는 사이에 뭍을 향하고 있었던 것이리라.

어쨌든 지금은 느긋하게 그런 생각이나 할 때가 아니었다.

하늘은 완전히 구름에 덮여 있었지만, 이미 날은 시시각각 밝아오고 있었다. 얼른 그 자리를 벗어나지 않으면 탈옥수는 보초에게 발각될 위험이 컸다.

본인도 그것을 깨달았는지, 아직 체력이 충분히 회복되지 않았음에도, 조금 전까지 방다가 앉아 있던 지점까지 비탈을 기어올랐다.

그곳에서 사나이는 한숨 돌리고 재빨리 주위를 둘러보았다.

눈앞에는 거대한 성채와 감옥장 관저 앞마당을 지지하는 보루가 보였다.

오른쪽으로 눈을 돌리니, 어스름 속에서 성 앙투안 문이 흐릿하게 보였다. 문은 아직 닫혀 있었지만, 곧 열릴 모양인지 병사들이 도개교를 내리는 쇠사슬 소리가 들렸다.

왼쪽에는 앞을 가로막는 것이 없었다. 적어도 눈에 보이는 장해물은 없는 것 같았다.

해자 바깥 둘레를 따라 불분명한 오솔길이 센 강변의 라페 거리까지 이어져 있는 것 같았다.

성 앙투안 거리도 같은 방향에 있었다. 하지만 그 길은 그리 멀리까지 이어지지 않았으며, 주변에는 평범한 집보다는 수도원이나 농가가 많았다.

탈옥수가 그 방향으로 도망쳐야 한다는 것은 분명했다. 그러나 붙잡히지 않으려면 단순히 멀리 도망가는 것이 능사는 아니었다.

안내자도 없이 혼자서 파리 외곽을 헤매다가는 어떻게 될까?

옷은 돌벽에 쓸려 찢긴 데다 흠뻑 젖고 진흙 범벅이니 사람들의 시선을 끌 것이 분명했다. 금세 호기심의 대상이 되어 질문공세를 받을지도 모른다.

선택할 길은 한 가지, 최대한 빨리 수와송 부인의 도움을 구하는 것이었다.

부인은 해자 근처에서 기다리고 있을 터지만, 정확한 지점은 알 수 없었다.

줄과 비단 사다리를 건넨 간수들은 그에 관해서는 정확한 정보를 알려 주지 않았다.

지금은 부인이 기다리는 곳을 신속하고 신중하게 찾아야 했다.

탈옥수는 지치고 추웠지만, 저린 손발을 열심히 움직여 오솔길을 걷기 시작했다.

상당한 속도로 걸었지만, 이따금 멈춰 서서 주위를 살피고 귀를 기울였다.

곧 해가 뜨려는지 꽤 멀리까지 보이기 시작했으므로 불시의 습격을 받을 염려는 없었다.

이윽고 저 멀리에 한 농부가 손수레에 채소를 싣고 성 앙투안 문 쪽으로 천천히 걸어가는 것이 보였다. 탈옥수는 농부들과 마주치지 않으려고 다시 둑을 내려가 해자 둘레의 완만한 비탈을 걷기로 했다.

생각하기에 따라서는 경솔한 행동이었다. 해자 둘레를 걸으면 보루 위에서 보일 위험이 있었기 때문이다. 그러나 당면 문제를 해결하는 것이 먼저였다. 지금으로서는 이런 차림으로 농부들과 맞닥뜨리느니 보초들에게 발각될 위험을 무릅쓰는 편이 나았다.

빨리 걸어서 몸이 따뜻해짐에 따라 기운을 되찾은 사나이는 약속 장소를 확실히 알려 주지 않은 수와송 부인의 부주의함을 욕하기 시작했다.

"제기랄! 기껏 구해 주겠다고 하더니 겨우 이렇게밖에 못해? 수와송 부인은 정말 꼼꼼하지 못한 여자로군……. 아니, 어쩌면 그 멍청한 간수 놈들이 부인에게 전언하는 걸 까먹은 건지도 몰라……."

이렇게 분개하며 걷는데 갑자기 말 우는 소리가 들렸다. 사나이는 다시 희망을 품기 시작했다.

수와송 부인이 하인을 데리고 온 것이다. 이렇게 생각하자 몹시 초조해졌다. 사나이는 말 우는 소리가 들린 방향으로 전속력으로 뛰어갔다.

백 걸음도 못 가 길모퉁이가 나왔다. 반갑게도 그 저지대에는 사람과 말이 무리지어 숨어 있었다!

맨 앞에는 두 여자가 있었는데, 그중 한 사람은 수와송 부인이었다.

두 사람은 금세 사나이를 발견하고 달려왔다.

"여기요! 접니다!" 사나이가 반색하며 외쳤다.

길 입구에 사나이가 모습을 드러낸 순간, 눈이 밝은 점술가는 그를 발견하고 수와송 부인에게 황급히 알렸다. 그러나 아직 모습이 똑똑히 보이지 않았으므로 부인은 조심스럽게 몇 발짝 앞으로 나갈 뿐이었다.

사나이가 내지른 환성을 듣고 부인의 의심은 완전히 사라졌다.

수와송 부인은 한시라도 빨리 사나이를 껴안고 싶어 두 팔을 활짝 벌리고 달려갔다.

바스티유에서 도망친 사나이는 이 정도로 열렬한 환영을 받으리라고는 생각하지 못했는지 순간 당황한 듯했다. 그러나 곧 마음을 다잡고 수와송 부인의 목을 끌어안았다.

순간, 마법에 걸린 듯이 상황이 일변했다.

수와송 부인은 자신을 이렇게 다정하게 끌어안은 사람이 누군지 깨닫자 놀라움과 분노의 비명을 지르며 뒷걸음질쳤다.

"이 사람은 필립이 아니야!" 부인이 짓눌린 목소리로 말했다. "엔 남작이잖아!"

"그렇습니다, 부인." 엔 남작이 어리둥절해서 대답했다. "접니다……. 절 구해 주신 부인에게 뭐라 감사를 드려야 할지……."

"나한테 감사라고요? 어떻게 그런 뻔뻔스러운 말을!" 수와송 부인이 길길이 날뛰며 외쳤다.

"당연히 감사해야지요." 엔이 더욱 당황하며 중얼거렸다. "비전하의 도움이 없었더라면, 비전하가 비단 사다리와 줄을 보내 주시지 않았더라면, 전 아직 바스티유에 있을 테니까……."

"맙소사, 내가 당신 같은 시골뜨기를 구하겠다고 그 고생을 한 줄 알아요?"

이렇게 내뱉듯이 말하고서 수와송 부인은 엔 남작의 코끝에 주먹을 들이대고 잡아먹을 듯한 표정으로 노려보았다. 남작은 겁에 질려 흠칫 뒤로 물러났다.

"부디 용서하십시오, 부인……. 제발 용서해 주세요." 엔이 두 손을 모으고 외쳤다. "전 그만…… 간수 말로는……."

"아아, 카트린. 그 간수 놈들이 날 속였어." 수와송 부인이 지금까지 아무 말 없이 이 장면을 지켜보던 점술가에게 말했다.

"아니면 간수들도 속았는지도 모르죠." 점술가가 조용히 말했다.

"필립은 어디에 있지? 바른대로 말해, 이 고얀 놈! 그 사람은 어디 있어?" 수와송 부인이 고함을 질렀다.

"필립 드 트리 님 말입니까? 그건…… 저도 잘……. 저도 부인께 여쭤보려고 했습니다." 엔이 처량하게 말했다.

"세상에, 뻔뻔스러워라! 그 사람인 체해 놓고 시치미를 뗄 생각이군요! 그가 탈옥에 쓸 도구를 빼돌린 주제에!

혹시 그 사람을 죽인 거 아니에요?"

"당치 않습니다, 부인. 전 맹세코……."

"당신 맹세 따위는 듣기 싫어요. 그보다 진실을 말하세요. 어째서 당신이 여기에 와 있는지 설명하라고요. 이러는 동안에도 필립은 절망에 빠져 죽어 가고 있는지도 모르는데…….

어서 설명해요! 설명하라니까! 그러지 않으면 종복들을 시켜 머리통을 부수고 목에 돌을 매달아 해자 속에 던져 버릴 테야. 당신 같은 파렴치한에게는 그게 딱이야!"

"부인," 엔이 아까보다 단호한 어조로 말했다. "절 어떻게 하시든 그건 부인 마음입니다. 그렇게 해서 마음이 풀리신다면 물속에 던져 넣으세요……. 조금 전에 죽을 고생을 해서 물에서 기어나온 참이지만……. 하지만 어떻게 하셔도, 전 필립 님이 어디에 계시는지 말씀드릴 수 없습니다. 자업자득으로 부득이 플랑드르를 뒤로한 이래 그 사람 소문을 전혀 듣지 못했으니까요……."

"거짓말! 당신 같은 악당은……."

"비전하께서 오해를 하신 것 같군요." 점술가가 수와송 부인의 귀에 입을 갖다 대고 속삭였다. "확실히 이번에는 참으로 유감스러운 착오가 있었던 것 같지만, 부인은 지금 엉뚱한 곳에 분풀이하고 계십니다. 이 남자를 겁준다고 뭐가 해결되는 건 아니지요. 그보다 요령 있는 질문으로 이야기를 유도하는 편이……."

"당신 말이 맞을지도 모르지만" 수와송 부인이 대답했다. "지금은 화가 나서 견딜 수가 없어요."

"부인만 괜찮으시다면 제가 이 남자에게 질문하겠습니다. 하지만 그러기 전에 이곳에서 떠나야 합니다……. 곧 날이 밝습니다……. 헌병들이 경보를 발령할지도 몰라요……. 이곳에서 이 남자와 함께 계신 장면을 들키면 모든 게 끝장입니다."

"그럼 어쩌라고?"

"이 남자를 수와송 궁으로 데리고 갑시다. 그곳에서라면 누구의 방해도 받지 않고 이야기를 들을 수 있으니까."

"그럴까, 카트린? 하지만 이자를 집으로 데리고 가다니! 두 번 다시 필립과 만날 수 없게 된 게 이자 탓일지도 모르는데! 싫어, 싫어! 이런 놈은 지금 당장 자백하게 하든지 죽여 버려야 해!"

"하긴 성 앙투안 문을 지키는 위병의 이목을 끌지 않고 이자를 데리고 돌아가기란 어려울지도 모르겠군요."

"그러니까 지금 당장 자백하게 한 다음 해치우는 게 좋다고." 수와송 부인이 큰 목소리로 주장했다.

두 여자의 대화 중 불운한 엔 남작의 귀에 들어온 것은 이 불길하기 그지없는 결론뿐이었다.

"제게 맡기시고 편히 계십시오." 점술가는 이렇게 속삭이고서 엔 남작에게 다가가 차분하게 말을 걸었다.

"남작, 한 달 쯤 처음으로 수와송 부인과 만났을 때 내가 그 자리에 있었던 걸 기억하죠?"

엔이 잠자코 고개를 끄덕였다.

"그때 당신이 제공한 정보를 근거로 비전하는 페론으로 가셨고, 저도 동행했다는 사실도 알죠?"

엔이 다시 고개를 끄덕였다.

"좋아요. 그럼 비전하가 돌아오실 때까지 수와송 궁에 머물겠다고 약속했던 것도 잊지 않았겠군요……?"

"그야 물론 기억하지만……."

"그런데 왜 그날 밤 누구에게도 알리지 않고 자취를 감춰 버렸죠? 르부아 대신에게 밀고하러 간 건 아니었나요?"

"제가요?" 이 외침은 자못 진실성이 있었다. 도저히 거짓이라고는 생각되지 않았다. "제가 수와송 부인을 르부아에게 밀고한다고요! 전 그놈 때문에 감옥에 갇혔습니다. 부인이 구해 주시지 않았더라면 죽을 때까지 나오지 못했을 거라고요!"

"르부아의 명령으로 체포되었다고 주장하는 건가요?"

"'주장'이라니요! 보면 모릅니까? 애초에 내가 바스티유에 갇히지 않았더라면 도대체 어떻게 탈옥이란 걸 했겠습니까?"

"그것도 그렇군요! 하지만 비전하께서 당신 말을 믿어 주길 바란다면, 바스티유로 끌려간 뒤 당신한테 무슨 일이 일어났는지 있는 그대로 정확히 설명하는 게 좋을 거예요."

"네! 기꺼이 말씀드리고말고요.

비전하께서 떠나신 뒤 사흘째 되는 날 아침, 전 그르넬 거리와 코퀼리에르 거리가 만나는 곳에 있는 저택의 대문 앞에 있었습니다. 그런데 어떤 풍채 좋은 남자가 다가오더니 '어젯밤에 지방에서 올라온 사람인데, 크루와 데 프티샹으로 가려면 어떻게 가야 합니까?'라고 정중하게 묻더군요.

전 천성이 착한지라, 기꺼이 거기까지 안내해 주겠다고 대답했지요. 우리는 유쾌하게 떠들면서 걸어갔습니다.

그런데 모퉁이를 돌자마자 헌병 하나가 부하 여섯 명을 데리고 제 앞을 막아서는 겁니다.

아까 길을 물었던 남자는 헌병의 귀에 뭐라고 속삭이더니 어디론가 가 버렸고요.

전 저항할 틈도 없이 붙잡혔고, 바로 근처에서 대기하던 마차에 강제로 태워져 곧장 바스티유로 끌려온 겁니다."

"좋아요! 감옥장은 당신에게 뭐라고 말했죠?"

"감옥장은 저와 말도 섞지 않았습니다. '난 수와송 부인을 섬기는 사람이다. 곧 부인께서 직접 내 석방을 요구하러 오실 거다'라고 제가 계속 주장했지만 소용없었습니다. 그 교활한 영감은 간수에게 명령해서 날 독방에 가뒀어요. 베르트디에르 탑 꼭대기에 있는 독방에 말이죠."

"베르트디에르 탑! 필립이 갇힌 곳과 같은 곳이잖아!" 수와송 부인이 외쳤다.

"그렇군요." 점술가가 중얼거렸다. "이제야 좀 알 것 같아요. 이야기를 계속해 보세요, 남작."

"저녁 식사 시간이 되어서야 감옥장 놈이 찾아와서 '넌 중죄를 저지른 죄로 체포되었다. 그러니 누구와도 말할 수 없다' 하는 겁니다.

감옥장은 그 이상 아무 말도 하지 않았습니다. 전 수와송 부인의 이름을 부르며 필사적으로 항의했지만, 효과는 없었습니다. 그렇게 고래고래 소리를 질렀으니, 아마 바스티유 내 모든 헌병이 제 목소리를 들었을 겁니다.

하지만 더 이상한 일이 있었습니다. 제가 체포된 주 말에 르부아 대신이 직접 찾아온 겁니다."

"르부아가?" 수와송 부인이 외쳤다.

"네, 부인. 그 뻔뻔한 놈이, 자기 조상이 옷감이나 팔며 근근이 먹고살던 300년 전부터 귀족 자리를 유지하던 집안 출신인 제게 이렇게 말하는 겁니다. '넌 플랑드르에서 임무를 제대로 수행하지 못했으니 국왕에 대한 반역자다.'"

"르부아가 수와송 부인과 필립 님에 관해 무슨 말을 하던가요?" 점술가가 끼어들었다.

"놈은 제가 파리에 와서 비전하께 국가기밀을 판 것을 용서할 수 없다며 씩씩거렸습니다. 모반자들은 반드시 처벌될 거라고도 했죠. 돌아가면서는 '넌 평생 바스티유에서 썩을 줄 알아라'라고 으름장을 놓더군요."

"그 뒤로는 르부아를 보지 못했나요?"

"르부아는 고사하고, 감옥장 빼고는 누구하고도 만나지 못했습니다. 지난주 일요일에 죽자사자 애원한 덕분에 그 재수 없는 감옥장 놈이 드디어 절 미사에 데리고 가 주기 전까지는요.

그제야 저는 두 간수 틈에 끼어 예배당으로 가도 좋다는 허가를 받았습니다."

"그 둘이 당신에게 줄과 사다리를 주었군요?" 수와송 부인이 격앙된 표정으로 물었다.

"네, 부인. 간수들이 '비전하께서 보낸 겁니다'라고 귓속말하기 전부터 전 그런 줄 알았습니다. 충직하고 순종적인 저를 기억해 주신 위대하고 너그러운 비전하께 진심으로 감사를 드렸지요.

아무튼 부인, 그 친절한 간수들은 부인의 명령을 실행하느라 엄청 애를 먹었을 겁니다. 제 목소리는 수도 없이 들었지만 모습은 한 번도 본 적이 없고, 감옥장 놈은 제 얼굴에 검은 벨벳 가면을 씌웠으니까요."

"아! 이제 다 알겠어." 수와송 부인이 가슴을 치며 말했다. "그 얼간이들이 이 사람을 필립으로 착각한 거야."

"네? 그럼 부인께서 전달한 물건이 필립 님을 위한 것이었단 말입니까?" 엔 남작이 외쳤다.

"아직도 못 믿다니." 수와송 부인이 불쾌하다는 듯이 중얼거렸다.

"그럼 필립 님은 바스티유에 계십니까?"

수와송 부인은 잠자코 상대를 노려보았다. 점술가는 다시 두 사람 사이에 끼어들어야겠다고 느꼈다.

지금은 이런 영양가 없는 대화로 귀중한 시간을 낭비할 때가 아니라 얼른 사태를 수습할 때라고 판단한 것이다.

"남작," 점술가가 딱딱한 투로 말했다. "당신 예상대로 필립 님은 솜 강을 건널 때 체포되어 며칠 뒤 파리로 연행되었습니다. 우리가 아는 한 현재는 베르트디에르 탑 3층에 갇혀 있지요."

"그렇다면 내가 갇혀 있던 독방 바로 아래란 말이군요." 엔이 깜짝 놀라 중얼거렸다.

"아마 그럴 겁니다. 그러니 간수들이 수와송 부인께 탑 4층에도 죄수가 있다고 말했더라면 이런 돌이킬 수 없는 착오는 피할 수 있었겠죠."

"저한테는 둘도 없는 행운이군요." 엔이 혼잣말했다.

"하지만 오해의 원인은 분명 다른 데도 있습니다." 점술가가 말을 이었다. "아까 당신은 미사에 참석하러 안뜰을 가로지를 때 감옥장의 명령으로 얼굴에 가면을 썼다고 했어요. 그런데 감옥장은 필립 님에게도 같은 경계 조치를 취한 겁니다……. 적어도 그렇게 생각되는군요. 그래서……."

"그렇군요. 앗, 잠깐만요. 지금 생각해 보니…… 음, 그래요…… 틀림없습니다."

"그 사람을 봤나요?" 수와송 부인이 비통한 목소리로 말했다.

"아닙니다, 부인. 하지만……."

"빨리요! 확실히 설명해 봐요! 내가 죽을 만큼 걱정하는 게 안 보여요?"

"부인, 전 필립 님은 한 번도 보지 못했습니다. 감옥장의 경비에는 1분의 틈도 없었으니까요. 하지만 토요일 저녁 식사 때였어요. 감옥장이 제게 다음 날 예배당에 갈 때 가면을 씌우겠다고 하기에 제가 화를 냈더니 그놈이 뭐라고 한 줄 아십니까?"

"짧게 하세요, 남작. 짧게!" 점술가가 답답하다는 듯이 외쳤다.

"감옥장 놈, 건방지게 이러더군요. '너 따위는 불평할 가치도 없다. 네놈보다 훨씬 중요한 죄수도 같은 꼴을 당하고 있으니까.'

그런 다음…… 아, 그래그래! 놈의 말이 고스란히 생각났어요……. 지팡이로 바닥을 두드리며 이런 말도 했습니다. '네놈 발밑에 있는 사람은 100만 리브르를 준대도 르부아 각하가 절대로 풀어 주지 않을 남자다. 프랑스 왕국에서 가장 신분 높은 사람들의 명운을 쥔 인물이지. 그 남자도 독방을 나올 때는 반드시 가면을 쓰지만, 네놈처럼 생난리를 쳐서 날 골치 아프게 하지 않아.'"

"틀림없어! 그가 바로 필립이야!" 수와송 부인이 머리카락을 쥐어뜯으며 외쳤다. "그는 무척 용감하니까 신음 한마디 내뱉지 않았을 거야."

"그에 관해서 들은 이야기는 그게 다인가요?" 필립의 용기에 수와송 부인만큼 확신이 없는 점술가가 거듭 물었다.

"전 아무것도 묻지 않았습니다." 엔 남작이 대답했다. "감옥장은 대답하지 않을 게 뻔했고, 그놈의 거만한 태도에 화가 나서 말을 섞고 싶지도 않았으니까요."

"알겠어요." 점술가가 피고를 심문하는 판사처럼 냉정한 투로 말했다. "그럼 비전하가 보낸 물건을 간수가 당신에게 건네줬을 때의 상황을 이야기해 보세요."

"전 그 두 사람을 그때 처음 보았습니다. 그때까지는 감방 밖으로 나온 적이 없었고, 감방 안으로 들어오는 사람은 감옥장뿐이었으니까요. 두 사람이 그 도구들을 살며시 건네며 '수와송 부인이 보냈다'고 속삭였을 때, 전 그리 놀라지 않았습니다. 그때까지 몇 번이나 목소리를 있는 대로 쥐어짜서 '난 수와송 부인을 섬기는 사람이다'라고 외치며 수와송 부인을 만나게 해 달라고 요구했기 때문에, 설마 상대를 잘못 선택했으리라고는 생각도 못한 거죠."

"아아!" 수와송 부인이 신음했다. "난 저주받은 여자야. 이건 분명 악마가 꾸민 짓이야."

"괜찮습니다. 악마는 우리 편입니다." 점술가가 수와송 부인의 귓전에 속삭이고서 큰 목소리로 말을 이었다.

"엔 남작, 간수들의 어이없는 실수가 당신 탓이 아니라는 것은 지금 이야기를 듣고 잘 알았어요. 하지만 이 실수를 바로잡기 위해 수와송 부인은 당신의 도움을 빌릴 권리가 있다고 생각해요."

"그야 물론이지요! 비전하를 위해서라면 전 백번이고 생명의 위험을 무릅쓸 각오입니다." 엔 남작이 분연히 외쳤다.

"그렇게 대단한 일은 아니에요. 저 안에서 일어나는 일에 관해 이야기만 해 주면 돼요." 이렇게 말하면서 점술가는 아침 안개 속에서 모습을 드러내기 시작한 바스티유를 가리켰다. "당신이 탈옥하기 위해 한 일은 같은 도구만 있으면 다른 죄수도 할 수 있을 거예요. 필립 님은 아직 저 안에 계시니······."

15 가면의 정체

"죄송합니다만, 부인." 엔이 말을 끊었다. "베르트디에르 탑의 제 감방 아래에 있던 죄수가 필립 님이라면 그는 벌써 바스티유에 없을 겁니다."

"그게 무슨 뜻이죠?" 수와송 부인이 외쳤다.

엔 남작이 대답하려고 입을 열었을 때, 별안간 진작 예상했었어야 할 사태가 벌어져 이야기가 중단되었다.

탈옥수가 구멍을 뚫은 성벽에서 긴급 상황을 알리는 고함이 들리더니 보초들이 잇달아 그 경보를 전하기 시작한 것이다.

새벽빛이 비쳐듦과 동시에 한 병사가 탑 벽에 늘어져 흔들거리는 비단 사다리를 발견하고 탈옥 사실을 알린 것 같았다.

엔 남작과 두 여인이 있는 곳에서는 감옥장 관사 아래에 있는 보루밖에 보이지 않았지만, 거기에도 침상에서 튀어나온 헌병들이 이미 모여 있었다. 당장 도망치지 않으면 그새 바스티유 내 모든 수비병이 무장할 것이며, 감옥장은 사방팔방에 정찰대를 파견할 것이 틀림없었다.

"당장 말에 오르셔야 합니다, 부인. 이 남자도 데리고 가시지요." 점술가가 재촉했다.

"알았어. 혹시 이자가 도망치려 하거든 죽여 버려야지." 수와송 부인이 덧붙였다.

"제가 부인 곁을 떠나다니, 그런 생각은 추호도 하지 않습니다." 엔 남작이 중얼거렸다. 무서운 감옥장의 추적에서 보호받을 필요성을 지금만큼 절실하게 느꼈던 적은 없었던 것이다.

수와송 부인의 명령도 기다리지 않고, 엔 남작은 저지대 반대편 구석에서 말을 지키는 종복들 쪽으로 허둥지둥 달려갔다.

수와송 부인과 점술가도 치맛자락을 밟지 않도록 조심하면서 필사적으로 달렸다. 경보가 발령된 지 2분 뒤에는 모두 말에 올라타 있었다.

두 여인은 말을 타기에 적합한 옷을 입고 있었다. 즉, 벨벳 조끼에 같은 천으로 된 긴 소매를 달고, 프롱드의 난 때 몽팡시에 공주가 썼던 것 같은 깃털 장식 모자를 썼다. 몽팡시에 공주란 루이 14세의 사촌으로, "대 아가씨(그랑 마드무아젤)"라 불렸으며, 자기 손으로 바스티유의 대포를 발사한 인물이다.

수와송 부인이 데리고 온 종복들은 모두 체격이 좋은 사나이로 완전무장하고 있었다.
 엔 남작은 말에 타기에 적합하지 않은 차림이었으나, 노련한 무사인 만큼 그런 것에는 조금도 개의치 않았다. 신발은 찢어지고 양말은 발꿈치까지 흘러내렸으나, 일단 말에 올라타자 위풍당당한 면모를 뽐냈다.
 수와송 부인은 엔 남작에게 권총을 든 두 종복 사이에 끼라고 명령했다. 그러고는 다른 하인들을 척후병으로서 출발시키고, 자신은 점술가와 함께 후미에서 기세 좋게 말에 박차를 가하며 외쳤다.
 "뱅센 숲으로 가자!"
 말들이 일제히 달렸다. 저지대 비탈을 단숨에 오르더니 성 앙투안 거리를 전속력으로 질주하기 시작했다.
 이른 새벽이었으므로, 인가도 드문 이 조용한 외곽의 주민은 아직 잠들어 있었다.
 수와송 부인 일행이 도중에 만난 것은 장터로 채소를 팔러 가는 농민들뿐이었는데, 그들은 별다른 방해를 하지 않았다.
 이 일행이 멀리서 모습을 드러내자 농부들은 얼른 손수레를 길가로 치우고 대피했다. 신분 높은 사람과 관련한 사건이 벌어졌음을 본능적으로 감지하고, 긁어 부스럼을 만들지 않으려고 피하는 것이었다.
 부인 일행은 여기저기 양배추며 당근을 싣고 가는 나귀를 밀어 쓰러뜨리고 때로는 미처 피하지 못한 농부까지 치면서 돌풍처럼 내달렸다.
 뱅센이 가까워져 오자 수와송 부인은 앞에서 달리던 종복들에게 왼쪽으로 꺾으라고 명령했다. 가장 깊은 숲으로 들어가는 길이었다.
 뱅센 성에 너무 가까이 다가가는 것은 위험했다. 이렇게 질주하다간 성 수비대의 의심을 살 우려가 있었기 때문이다.
 그에 반해 곧장 노장 쪽으로 가면 누구와 마주칠 걱정도 없었다. 실제로 45분 정도 질풍처럼 말을 달린 일행은 빽빽한 덤불 안에 있는 원형 교차점에 무사히 도착했다.
 그곳이 자신이 원하던 곳이라고 판단한 수와송 부인은 일행에게 말을 멈추라고 명령했다. 일동은 즉시 말에서 내렸다.
 열심히 말을 몰던 엔 남작은 두세 시간 더 그대로 말을 달리고 싶었다.
 점술가도 빗자루에 걸터앉아 하늘을 나는 데 익숙한 진짜 마녀처럼 아주 훌륭한 승마 솜씨를 선보였다.

그러나 수와송 부인에게는 추격자와의 거리를 벌리는 것보다 중요한 문제가 있었다.

아까 엔 남작의 이야기는 드디어 핵심에 접근하려는 찰나 헌병들의 경보로 중단되어 버렸다. 수와송 부인은 한시라도 빨리 그다음이 듣고 싶었던 것이다.

베르트디에르 탑에서 도망친 엔 남작은, 필립은 이미 바스티유에 없다고 말했다.

수와송 부인은 먼저 그 점을 해명하지 않는 이상, 본의 아니게 탈옥을 도와줘 버린 남작의 운명을 결정할 수가 없었다.

아무리 단시간에 끝난다 하더라도, 이른바 약식 재판이라고도 할 수 있는 이 심문이 이루어지는 동안 방해물이 끼어들지 못하게 예방책을 마련해 둘 필요가 있었다.

여자치고 작전 행동에 정통한 수와송 부인은 부하들을 척척 배치했다.

원형 교차점과 이어지는 모든 길 입구에는 종복이 한 사람씩 서서 망을 보았다. 수상한 그림자가 보이는 즉시 보고하라는 명령을 받았다.

한 종복은 말을 지키라는 명령을 받았다.

가장 충직하고 똑똑한 종복은 죄수를 얌전히 시키는 역할을 맡았다.

수와송 부인은 이 종복과 점술가, 엔 남작을 데리고 잡목림 깊숙이 들어갔다. 종복을 조금 뒤에 따라오게 하고, 엔 남작이 도망가는 기색을 보이면 머리에 총알을 박아 넣으라고 말했다.

그러나 불쌍한 엔 남작은 도망칠 생각은 추호도 하지 않았다. 뜻밖의 사건 전개에 멍할 뿐이었다. 베스모 감옥장과 헌병들의 손에서 벗어나고 싶은 생각밖에 없었다.

다시 베르트디에르 탑에 갇힌다고 생각하면 어떤 가혹한 상황에라도 견딜 수 있었다. 그곳에 갇힐 바에는 이곳에서 죽는 편이 나았다.

이렇게 생각하는 한편, 수와송 부인과 점술가가 무척 두려운 존재로 느껴졌다. 앞으로 자기 운명이 어떻게 될지 불안했다.

"어째서 필립이 바스티유에 없을 거라고 생각하죠?" 수와송 부인이 쩌렁쩌렁한 목소리로 물었다.

"죄송합니다, 부인." 남작이 온순하게 대답했다. "저도 단언할 수는 없습니다. 일단 3층 독방에 있는 죄수가 필립 님인지 아닌지조차 확실하지 않으니까요."

"필립이 틀림없어요." 수와송 부인이 단언했다.

"그렇다면 필립 님은 떠난 게 맞습니다."

"그걸 어떻게 알죠?"

"제가 보고 들은 걸 있는 그대로 말씀드리죠. 절대로 거짓말은 하지 않겠습니다.

엊그제, 즉 월요일 밤 9시경 저녁 식사를 마치고 저는 독방 쇠창살을 잘랐습니다. 부인께서 주신 줄로요."

"당신한테 준 게 아니에요!" 수와송 부인이 나지막하게 말했다.

이 굴욕적인 말은 무시하는 편이 현명하다고 판단한 엔 남작은 아주 순진한 표정으로 말을 이었다.

"전 다음 날까지 마음 놓고 작업할 수 있으리라 생각했습니다. 감옥장이 다음에 제 방에 오는 것은 다음 날 정오경 점심을 가지고 들어올 때일 테니까요.

그런데 놀랍게도 한창 작업 중에 아래층에서 커다란 소리가 들렸습니다. 전 놀라서 침대로 기어들어가 줄을 숨겼죠. 누군가가 제 독방을 찾아오는 줄로만 알았으니까요. 그런데 아무도 오지 않았습니다.

그러나 뭔가 이상이 생긴 것은 확실했습니다.

계단을 올라오는 헌병들의 발소리며 포석에 닿는 개머리판 소리가 울리기 시작했습니다.

한 달 전에 투옥된 이래 제 귀는 여러 소리를 분간할 수 있게 되었습니다. 열쇠가 철컥거리는 소리나 자물쇠가 삐걱거리는 소리는 똑똑히 알아들을 수 있었죠.

제 방 아래층에서 독방 문이 열리는 소리가 났습니다."

"필립의 독방이군요."

"저처럼 미사에 갈 때 가면을 쓰는 사나이의 독방이지요. 이렇게밖에 말씀드릴 수 없군요.

이윽고 소동은 가라앉았습니다. 두 사나이가 뭐라고 말하는 소리가 천장을 통해 들려올 뿐이었지요.

베스모 감옥장이 혼자 들어와 베르트디에르 3층의 죄수와 이야기하는 게 틀림없었습니다.

그런 시간에 그런 일이 있다는 건 대사건이었습니다. 한밤중에 감옥장이 탑에 올라온 적은 그때가 처음이었으니까요.

처음에는 아래층 사나이가 급병에 걸려 의사나 고해신부가 불려 온 게 아닐까 생각했습니다. 그런데 생각해 보니 그런 일은 있을 수 없었습니다. 소등 종이 울린 다음에는 아무도 감방을 감시하지 않았으니까요. 죄수들이 중병으로 죽을 지경이 되더라도 간수가 살리러 오는 일은 없었습니다.

게다가 아래층 죄수는 감옥장의 명령에 항의하는 것처럼 고래고래 고함을 지르고 있었습니다.

얼마쯤 지나자, 제 추측이 맞았음이 밝혀졌습니다. 다시 문 열리는 소리가 나더니, 계단 쪽에서 무슨 소리가 들리기 시작했습니다.

말다툼하는 소리, 비명, 계단을 쿵쾅쿵쾅 내려가는 소리, 벽에 칼이 부딪치는 소리가 들렸습니다. 몸싸움하는 기색도 느껴졌고요.

하지만 이윽고 모든 것이 끝나고, 헌병들은 계단을 내려간 것 같았습니다. 죄수는 강제로 끌려간 게 분명했습니다.”

“아아!” 수와송 부인이 절망의 비명을 질렀다. “필립은 처형장으로 끌려간 거야.”

“처음에는 저도 그렇게 생각했습니다. 바스티유 안에서 한밤중에 몰래 사형이 집행된다는 소문을 예전에 들은 적이 있거든요.

사실 저도 언제 그런 꼴을 당하게 될지 몰라 불안해졌을 정도랍니다.”

“당신이 어떻게 생각하건 상관없으니 이야기나 계속해요.” 여자 점술가가 재촉했다. 수와송 부인이 당장에라도 히스테리를 일으키려는 걸 보았기 때문이다.

“하지만 부인! 마지막 말은 곁다리로 한 것뿐입니다.” 엔 남작이 풀이 죽어 변명했다. “아무튼, 전 몹시 당황했습니다. 쇠창살 자르는 작업을 재개해야 할지 말지 결정을 내리지 못하고 창틀에 올라앉아 쇠창살에 얼굴을 갖다대고 바깥을 보려고 했지요. 밖은 캄캄해서 아무것도 보이지 않았지만, 그 대신 무기고 쪽에서 도개교가 내려가는 소리가 분명히 들렸습니다.

"필립은 바스티유 밖으로 끌려간 거군요." 수와송 부인이 화색을 띠며 말했다.

"저도 그렇게 생각했습니다. 평소 도개교는 밤새 들어 올려진 상태니까요. 하지만 이윽고 전 그렇게 확신하게 되었습니다.

제 감방 창문은 파리 교외 쪽으로 나 있었습니다. 부인도 아까 필립 님을 기다리시던 장소에서 그 창문을 보셨을 겁니다.

창가에서 20분쯤 있는데, 갑자기 커다란 불빛이 보였습니다. 처음에는 감옥장 관저에 불이 난 줄 알고, 그 악당이 굴에 든 여우처럼 새카맣게 타는 모습을 상상하고는 쾌재를 불렀죠.

그런데 자세히 보니, 불빛은 해자 바깥 기슭에서 교외 쪽으로 이동하는 것이었습니다.

그때 전 모든 것을 깨달았습니다. 그것은 횃불을 든 기마 병사들에게 호송되어 가는 가마였던 것입니다."

"페론을 나올 때 필립이 탔던 것과 똑같은 가마예요!" 수와송 부인이 외쳤다. "도대체 그는 어디로 끌려간 걸까?"

"부인, 그건 저도 모릅니다. 다만 그 행렬은 리옹 아니면 부르고뉴 방면으로 가는 것 같았습니다. 어쩌면 죄수는 디종 성이나 피에르 앙시스로 끌려갔는지도 모르죠."

"하지만 당신 추측이 맞다는 보장은 없어요." 점술가가 특유의 의심하는 정신을 발휘해 끼어들었다. "막연한 소리, 움직이는 불빛…… 그것만으로는 필립 님이 다른 성으로 옮겨졌다는 증거가 되지 못해요."

"하지만 부인," 엔 남작이 조심스럽게 반론했다. "제가 그렇게 믿는 이유는 그 밖에도 있습니다."

"그럼 어서 이야기해 보세요."

"다음 날 감옥장은 몹시 언짢은 상태에서 제 점심을 가지고 왔습니다. 제가 식사가 맛이 없다고 투덜대자 불같이 성을 내며 이렇게 말하는 것이었습니다. '네놈은 바스티유에 있는 걸 고맙게 생각해라. 네놈보다 훨씬 괜찮은 남자도 훨씬 끔찍한 옥사로 옮겨졌으니. 네놈도 너무 반항하다간 르부아 대신의 명령으로 파리에서 멀리 떨어진 감옥 안에서 일생을 마치게 될 거다.'"

"감옥장이 정말로 '파리에서 멀리 떨어진 감옥'이라고 말했어요?" 점술가가 확인하듯이 물었다.

"네, 그렇습니다. 그러고는 갖은 욕설을 퍼붓고서 돌아갔죠.

제가 상상하기로 감옥장은 식비에서 많은 돈을 떼어먹게 해 주던 죄수가 사라져서 그렇게 화가 난 겁니다.

지금쯤은 더 길길이 날뛰고 있겠죠. 저까지 없어져 버렸으니까요. 그놈이 우는 꼴을 한번 봐야 하는데."

"입 다물어요!" 엔 남작의 너스레에 짜증이 난 수와송 부인이 쏘아붙였다.

그러고는 점술가를 곁으로 불러 격앙된 목소리로 물었다.

"이를 어쩌면 좋아, 카트린? 응? 어쩌면 좋지?"

"행동에 옮기기 전에 필립 님이 어디로 끌려갔는지 알아볼 필요가 있습니다." 점술가가 침착하게 대답했다.

"하지만 어떻게 알아본단 말이야? 그 가마가 출발한 지 벌써 36시간이나 지났는데. 어느 쪽을 찾아야 할까?"

"비전하께서 직접 찾으실 수는 없지만, 이자에게 호송대를 뒤쫓으라고 명령하면 되지 않습니까."

"누구한테? 엔 남작한테?"

"그렇습니다. 이 남자의 목숨은 부인 손에 달려 있으니, 싫다고는 못할 겁니다. 게다가 충분한 보상을 주겠다고 약속하면 분명 부인께 충성을 다할 겁니다."

"이 남자는 날 배신할 거야. 르부아를 배신한 것처럼."

"아니요, 부인의 심복 샹파뉴와 브리를 감시로 붙이면 그럴 걱정은 없습니다. 노자로 금화 백 닢과 준마 세 필을 주시면 셋에서 꽤 멀리까지 갈 수 있을 겁니다."

"저 꼴로?" 수와송 부인이 엔 남작의 비참한 몰골을 가리키며 말했다.

"첫 역참에서 적당한 옷을 사면 되죠. 제 생각에 가마는 리옹 쪽으로 갔을 겁니다. 세 사람이 머리를 쓰면 이틀 이내에 따라잡을 겁니다.

그동안 우리는 성 도니 평야를 지나 파리를 우회하여 성 오노레 문으로 시내로 돌아가기로 하죠."

"그게 좋겠군." 수와송 부인이 순순히 인정했다. "엔을 데리고 와. 내가 직접 명령할 테니."

점술가는 부인의 지시에 따르려고 했다. 그때 원형 교차점을 지키던 종복 중 하나가 외쳤다.

"비상! 말을 탄 척후대가 온다!"

이 경고는 일행을 혼란에 빠뜨렸다.

저마다 허둥지둥 말을 타러 달려갔다. 순간 수와송 부인과 점술가는 당황한 나머지 엔 남작을 까맣게 잊었다.

그러나 남작은 자신의 몸을 지키는 것을 잊지 않았다.

엔 남작은 가장 먼저 말에 올라타, 수와송 부인과 점술가가 이제 겨우 고삐를 끌어당기는 사이에 기세 좋게 말에 박차를 가해 가장 가까운 길을 질주하기 시작했다.

종복 하나가 전속력으로 그 뒤를 따라갔다. 그리고 셋은 명령도 기다리지 않고 당장 반대쪽으로 달려갔다.

"기다려! 기다리라니까!" 수와송 부인이 소리 질렀다.

그러나 모두 부인의 제지에 귀를 기울이려 하지 않고 척후대의 출현에 겁을 먹어 뿔뿔이 줄행랑쳤다.

척후대는 빠르게 다가왔다. 이제 1초도 지체할 수 없었다.

수와송 부인은 엔 남작의 뒤를 쫓아가려 했으나, 언제나 침착한 점술가가 즉시 그것을 말렸다.

"추격자들에게 잡히고 싶지 않으면 그쪽 길로 가선 안 됩니다."

이렇게 말하고는 수와송 부인의 고삐를 휙 당겨 말을 반 바퀴 회전시켰다.

수와송 부인은 비명을 지르며 말을 멈추려고 했지만 헛수고였다. 점술가, 그리고 마지막까지 부인 곁에 남아 있던 두 종복을 따라 부인의 말은 질풍처럼 달리기 시작했다.

이 대담한 작전은 대성공을 거두었다.

원형 교차점에 도착한 척후병은 세 방향으로 달아나는 사람 그림자를 보고 크게 당황했다.

감옥장의 명령으로 탈옥수를 찾으러 뱅센 숲에 온 이 척후병은 이제 상대는 독 안에 든 쥐나 다름없다고 생각하고 있었다.

그런데 수와송 부인 일행이 뿔뿔이 흩어지는 바람에 누구를 쫓아야 할지 알 수가 없어졌다. 척후장은 잠시 멈춰 서서 생각에 잠겨야 했다.

여자들 일행은 파리로 향했다.

그쪽은 아닌 것 같았다. 베르트디에르 탑에서 도망친 죄수는 되도록 바스티유에서 멀어지고 싶을 것이었다.

한편, 척후장은 부하를 나누고 싶지 않았다. 체포 때 죄수와 그 일행이 저항하리라고 예측했기 때문이다.

척후장은 마른 강 쪽으로 향하는 기마 무리를 쫓기로 하고, 그 성과에 대해서는 반신반의하면서 전속력으로 추적을 개시했다.

이 결정으로 수와송 부인은 불쾌한 경험들을 하지 않아도 되었다. 이것도 점술가의 사려 깊은 생각 덕분이었다.

수와송 부인은 충직한 조언자와 두 종복과 함께 누구의 방해도 받지 않고 파리 시내로 들어갔으며, 꽤 멀리 돌아가야 하긴 했지만 정오 전에 수와송 궁에 도착했다.

저택으로 돌아가 점술가와 단둘이 되자 부인은 분노를 마음껏 폭발시켰다.

모든 것을 아는 점술가는 부인이 충분히 울분을 토하도록 내버려 두었다.

이로써 점술가의 목적은 달성되었다. 수와송 부인은 두 번 다시 필립의 소식을 들을 수 없을 것이다.

점술가는 부인의 성격을 잘 알았다. 수와송 부인은 이루어질 수 없는 꿈을 끝까지 좇는 여자가 아니었다. 그 정열의 불길은 지금은 활활 타오를지언정 언젠가는 사그라질 것이다.

바로 이것이 점술가가 노리는 바였다. 그때야말로 완전히 부인을 자신의 지배 아래에 두겠다는 꿍꿍이였다.

그날 무단 행동을 했던 세 종복도 무사히 저택으로 돌아왔다.

하마터면 척후대에게 따라잡힐 뻔했지만, 종복들의 말이 훨씬 빨랐으므로 붙잡히지 않은 것이다.

엔 남작과 함께 달아난 종복은 다음 날에야 돌아왔다.

그 보고에 따르면, 뱅센 숲을 나가자마자 남작의 말이 쓰러져 버렸다. 남작이 혼자 힘으로 어떻게든 그 자리를 빠져나가겠다고 했으므로 종복은 그 이상 아무것도 묻지 않고 홀로 돌아온 것이다.

그 뒤 엔 남작은 틀림없이 추격자들에게 잡혔을 것이다. 그러나 수와송 부인에게 그런 건 아무래도 좋았다.

다만 부인이 대단히 애석하게 생각한 것은 필립의 행방을 찾는 데엔 남작을 이용한다는 점술가의 훌륭한 계획을 포기해야 한다는 점이었다.

교통도 불편하고 통신도 전혀 발달하지 않았던 당시, 가면 쓴 죄수의 행방을 찾을 수단으로 그 계획 외에는 전혀 생각나지 않았다.

죄수를 태운 가마는 설령 프랑스 끝에서 끝까지 횡단한다 하더라도, 바다를 지나가는 배의 항로 정도의 흔적밖에 남기지 않았으리라.

몇 개 되지 않는 신문은 사회면에 당국의 분노를 살 만한 기사를 싣는 위험한 짓은 하지 않을 것이었다.

시민과 농민도 유괴·납치, 죄수 호송, 그밖에 당국의 비밀스러운 활동에 대해서는 보고도 못 본 척하는 것이 관례였다.

따라서 행방불명된 사나이가 발견될 가능성은 없었다.

이런 사실들을 잘 아는 수와송 부인은 불가능한 계획에 집착하지 않았다.

오히려 궁정과의 연고 관계를 활용하거나 그나마 남아 있는 자신의 영향력을 이용해 불쌍한 죄수의 운명에 관한 정보를 얻으려고 했다. 아마 르부아는 그 죄수를 베스모 감옥장의 손에서 빼앗아 더 믿음직하고 엄격한 옥리의 손에 넘겼을 것이다.

그러나 수와송 부인의 시도는 다시 실패로 끝났다.

당시 베르사유 궁정은 잠시 플랑드르로 이사해 있었기 때문이다.

5월 1일, 즉 엔 남작이 탈옥한 다음 날, 또는 검은 벨벳 가면을 쓴 사나이가 어디론가 실려 갔던 다음다음 날, 국왕은 대신, 수와송 백작을 비롯한 요직에 있는 귀족들, 심지어 궁정 귀부인들까지 거느리고 위풍당당하게 궁을 나섰다.

화려하게 차려입은 국왕 일행은 마스트리흐트 포위전이라는 원대한 포부를 안고 길을 나섰던 것이다.

오늘날에는 군주가 원정에 나설 때 시종을 모두 데리고 갔다가는 시대착오적이라는 비난을 받을 것이고, 19세기 궁정 귀부인들은 전쟁터로 간다는 말만 들어도 꽁무니를 뺄 것이다.

그러나 뜻밖의 사건을 끔찍하게 싫어하는 루이 14세는 군사행동에 나설 때도 예상 밖의 사태가 발생하는 것을 허락하지 않았고, 적들도 이 기묘한 전쟁 규칙이 적용되는 것을 방해하지 않았다.

포위전이나 원정은 발레 무대처럼 미리 정해진 줄거리대로 진행되었다.

참호 파기, 공격, 약탈, 전진, 후퇴, 퇴각, 전투 등 모든 것이 순서대로 착착 진행되었다. 이렇게 국가끼리 결투를 벌일 때에 〈상공인 귀족〉에 나오는 주르당 씨처럼 상대가 순서상 네 번째 행동에 나서기 전에 세 번째 행동에 나섰다가는 빈축을 사기 십상이었다.

따라서 17세기 우아한 한량들은 남녀 할 것 없이 극장에 갈 때와 같은 가벼운 마음으로 전쟁터로 향할 수 있었다. 수와송 부인도 조금만 더 국왕의 총애를 받는 몸이었다면 당연히 이 행사에 초대되었을 것이다.

그러나 부인은 파리의 저택에 남아 초조한 나날을 보내야 했다.

행방불명된 엔 남작은 그 이후 홀연히 자취를 감추어 버렸다.

얄궂은 착각 덕분에 자유의 몸이 된 남작은 어느 숲 한구석에서 굶어 죽었을까, 재수 좋게 국경을 넘었을까? 아니면 어느 독방에서 자신의 불행을 한탄하고 있을까?

아무런 정보도 얻지 못한 채 어느새 수와송 부인은 남작에 관해 까맣게 잊고 말았다.

나쁜 행실을 거듭한 백작부인을 완전히 지배하에 둘 절호의 기회를 맞이한 여자 점술가는 이 이야기 후반에서 밝혀지듯이 그 기회를 철저하게 활용했다.

단, 점술가의 예상과는 달리 잘생긴 종자 필립의 추억은 수와송 부인의 마음속에 계속 살아 있었다. 그 그림자를 지우려면 더 기괴한 새 사건이 필요했다.

부인 말고도 필립 드 트리와 모리스 데자르모아스, 그리고 솜 강 여울에서 벌어진 끔찍한 사건을 잊지 못하는 사람들이 있었다.

수와송 부인에게도 그들에게도 가면 쓴 죄수의 수수께끼는 여전히 불가사의로 남아 있었다.

방다와 브리강디에르는 이 수수께끼의 해명을 포기하지 않았다. 그러나 당분간 수와송 부인은 이 두 사람과 마주치지 않았다.

1673년 5월 1일 밤, 왕 일행이 원정을 떠나자마자 점술가는 브리강디에르 일행의 소식을 알아내려고 했다. 앞으로도 계속 방다의 증오와 브리강디에르의 열의와 용기를 이용하려는 속셈이었다.

점술가는 직접 방다와 대화하기 위해, 장 보쉬르 거리에 있는 저택을 당당히 방문했다.

그러나 놀랍게도 그곳은 이미 빈집이었다.

'라에 부인'과 집사와 두 종복은 엔 남작이 탈옥한 이틀 뒤 몰래 자취를 감추었던 것이다.

이웃들은 너나 할 것 없이 그 소문에 술렁였다. 생 물 재판소장 부인에게조차 이웃집의 이사는 아닌 밤중의 홍두깨 같은 일이었다.

점술가는 이 의외의 사건이 어째서 일어났는지 이리저리 머리를 굴리며 추리해 보았지만, 아무리 생각하고 조사를 거듭해도 아무런 결과도 얻지 못했다. 베르트디에르 탑에서 탈옥한 사나이를 도중에 붙잡기 위해 자신이 내렸던 지시를 브리강디에르가 수행했는지조차 알 수 없었다.

하기야 필립이 사라진 지금으로서 그런 건 큰 문제가 아니었다.

점술가는 방다와 브리강디에르 따위는 잊어버리고 자신의 요술에 전념했다.

그러나 방다 일행은 아직 살아 있었고, 가면 쓴 죄수는 앞으로 30년이나 고통에 견뎌야 했다.

16 판사의 구혼

그로부터 7년이 흘렀다.

1680년 1월, 지금까지 등장한 인물들은 대부분 살아 있었지만 이런저런 사정 때문에 다들 흩어져서 이제는 각자의 삶을 살아가는 듯했다.

모리스 데자르모아스가 주도했던 원대한 음모는 문제의 상자를 빼앗기는 바람에 완전히 실패하고 말았다.

노르망디, 생통주, 기옌, 랑그도크 지방의 무장 봉기는 미연에 저지되었다.

프랑스 북부에서 반란을 지휘했던 로앙 공 루이는 체포되어 사형 선고를 받고 목이 잘렸다.

프랑스 남부에서 모반을 꾀했던 주모자 폴 사르당과 오디조는 국외로 도망쳤다.

르부아는 음모를 실행한 사람들을 가차 없이 처벌했다. 그러나 몰래 계획에 가담했던 사람들의 죄는 개개인의 명성이나 권세와 상관없이 무조건 불문에 부치는 것이 현명하리라고 판단했다.

그들이 모반에 가담했다는 증거를 잘 갖고 있다가 뒷날 기회를 봐서 공격할 셈이었다.

특히 이 음모에는 베일에 가려진 측면이 있었는데, 르부아는 그 측면을 중시하여 계속 내밀하게 감시했다.

루이 왕에게 반감을 품은 불평분자들이 세운 계획에는 두 가지 목적이 있었다.

첫째는 국외 전쟁, 국내 내란을 통해 정면으로 국왕을 공격하는 것이었다.

둘째는 프랑스 사회에 붕괴의 씨앗을 뿌려 루이 왕의 권력 기반을 암암리에 조금씩 무너뜨리는 것이었다.

국왕에게 정면으로 대든 적들은 음모가 발각된 지 1년 만에 모조리 처벌받아 깨끗이 뿌리 뽑혔다.

그러나 독약같이 눈에 보이지 않는 무기를 사용한 숨은 적들은 살아남아 꾸준하게 암약했다.

이윽고 궁정과 파리 사교계는 퇴폐적인 풍조에 서서히 말려들었으며, 음모 앞잡이들의 영향 아래 저도 모르게 왕국의 붕괴를 열심히 돕는 꼴이 되었다. 르부아는 이 상황을 지켜보고 있었지만 구체적인 증거는 손에 넣을 수 없었다.

그동안 태양왕은 잇따라 승리를 거두었다. 겉으로 보기에 프랑스는 유례 없이 강력하고 풍요로운 나라로 성장했다.

1678년에 체결된 니메그 조약으로 플랑드르 지방과 프랑슈콩테 지방은 프랑스령에 속하게 되었다.

루이 14세 치세는 그야말로 영광의 절정이었다. 그러나 동시에 프랑스가 이토록 멸망의 위기에 처한 적도 없었다.

프랑스 왕국은 장려한 성처럼 우뚝 서서 이웃 나라들을 감시했다.

그러나 그 토대는 침식되고 있었다.

조금만 있으면 프랑스는 무너져 버리리라.

르부아만은 그 화근이 어디에 숨어 있는지 정확히 알고서, 그것이 모습을 드러내는 즉시 뿌리 뽑아 버리려고 감시의 눈을 번뜩였다.

우리는 늘 우연을 고려해야 한다. 우연은 '신의 섭리'라고도 불린다. 어느 날, 그 우연이 진상을 밝힐 실마리를 르부아에게 선사했다.

1677년 9월 21일, 생 앙투안 거리에 있는 예수회 성당을 청소하던 성당지기가 고해실 입구에서 익명의 편지를 주워 한 신부에게 건네주었다.

편지를 읽은 신부는 소름끼치게 무서운 그 내용에 대경실색하여 당장 레니 경찰청장에게 편지를 보냈다.

그 편지에는 휘발성 독약을 이용한 국왕 암살 계획과, 베리스에 사는 은행가 파코벨리의 계좌에서 20만 리브르 환어음을 발행하여, 고귀한 분들을 위해서 일한 루이 바낭이라는 남자에게 보수를 지불하겠다는 내용이 적혀 있었다.

매우 막연하기는 해도 이것은 커다란 범죄조직의 존재를 알려 주는 실마리가 되었다.

단서를 손에 넣은 르부아는 그것을 결코 놓치지 않았다.

단, 조사는 극비리에 진행됐다.

경찰청장은 신중하고 은밀하게 행동하라는 명을 받았다.

주범에 해당하는 거물이 누구인지 알아내려면 먼저 끄나풀들을 붙잡아 심문할 필요가 있었다.

르부아는 타고난 끈기를 발휘해서 이 고생스러운 일에 2년이나 매달렸다.

각지에서 체포된 음모 가담자들은 다양한 계급에 속해 있었다. 일부는 지방 상류사회에 드나드는 인물이기도 했다.

파리에서도 그들 일당의 소굴이 몇 군데 파헤쳐졌고, 주술과 독살을 생업으로 삼은 여자 두 명이 체포되었다. 한 사람은 라 보스라는 마소 거간꾼의 미망인이었고, 다른 한 사람은 비글이라는 양복장이의 아내였다.

나이유와 라그랑주라는 두 사내는 연금술에 쓰이는 돌과 '유산 상속의 묘약'을 밀매했음을 자백하고 재판을 받아 처형되었다.

물론 이들은 송사리에 지나지 않았다. 하지만 고문을 받으면 아는 대로 모두 불었으므로, 이런 자백을 바탕으로 당국은 마침내 확실한 단서를 잡았다.

1679년 3월 12일, 라 보아젱—카트린 보아젱—은 '노트르담 드 본느 누벨' 성당에서 아주 경건하게 미사를 보고 나오는 길에 체포됐다.

역사상 가장 유명한 이 여성 점술가는 샤틀레 감옥으로 연행됐다. 라 보아젱은 요술을 부렸다는 사실은 순순히 인정했으나, 자기 직업을 이용해서 남에게 위해를 가한 적은 한 번도 없다고 완강하게 주장했다.

이 여인의 말에 따르면 자기는 미약을 팔고 점성술로 점을 치고 병을 치료할 방법을 가르쳐 줬지만, 전부 다 손님을 위해서 한 일이었으며 나쁜 짓은 조금도 하지 않았다는 것이었다.

이 사건의 예심은 1679년이 끝날 무렵까지 끊임없이 계속되었는데 그 내용은 외부에 전혀 알려지지 않았다.

일반 시민이 알 수 있었던 것은 사건의 표면적인 결과뿐이었다. 즉, 6, 7, 8월 석 달에 걸쳐 센 강변 그레브 광장에서 남녀 요술사들이 교수형이나 거열형이나 화형을 당했던 것이다.

지체 높은 사람들은 이 사건에 누구 하나 연루되지 않았고, 적어도 표면상으로는 혐의조차 받지 않았다. 그 시대 형사재판은 예심부터 판결까지 내내 비공개로 진행됐기 때문이다.

여러 증거가 조금씩 모아졌다. 당국은 증거를 모아 분류하고 비교해서 방대한 자료를 정리해 놓았지만, 좀처럼 행동에 나서지 않고 뜸을 들였다.

그때, 파리에 사는 한 귀부인은 무시무시한 불안감에 휩싸여 있었다.

수와송 백작부인은 라 보아젱이 체포됐다는 소식을 들었을 때 당장에라도 엄청난 재난이 닥쳐올 거라고 생각했다.

가면 쓴 죄수를 바스티유에서 탈옥시킨 다음부터 백작부인과 라 보아젱은 전보다 더 긴밀한 관계를 맺게 되었다. 하지만 그것은 여자 점술가가 필립의 운명에 관한 새로운 정보를 가져다줬기 때문이 아니라, 이 여자가 백작부인을 위해서 해준 일이 의뢰인을 영원히 속박할 만한 일이었기 때문이다.

가면 쓴 남자가 행방불명이 된 지 채 두 달도 지나지 않아, 상냥하고 관대한 남편이던 수와송 백작이 플랑드르 원정지에서 병으로 죽었다. 갑작스러운 죽음이었고 원인은 불명이었다.

젊은 과부가 된 백작부인은 백부 마자랭 추기경에게서 물려받은 막대한 유산뿐만 아니라 이제는 남편의 어마어마한 재산까지 자유롭게 쓸 수 있게 되었다.

그로부터 3주가 지난 1673년 7월 15일에는 '하얀 침대'의 발명자 나로 노인도 겨우 몇 시간 만에 세상을 떠났다. 이 뜻밖의 죽음 덕분에 백작부인은 위험한 적을 물리칠 수 있었다.

마지막으로 거의 비슷한 시기에 백작부인의 인척인 사보이 공작 가문의 당주가 어느 날 사냥을 마치고 집에 돌아와서 땀에 젖은 셔츠를 벗고 루이 바낭이란 남자가 지은 이탈리아식 셔츠를 입더니, 갑자기 기묘한 열병에 걸려 오한과 구토 증세를 보이다가 덜컥 세상을 떠나고 말았다.

이런 범죄에 실제로 손을 댔는지 어쨌는지 모르겠지만, 하여튼 수와송 백작부인은 1680년 초까지는 한 번도 경찰의 부름을 받지 않았다.

사법 당국은 백작부인의 시녀 하나를 소환했을 뿐이었다. 르퓨지 부인이라는 이름의 이 시녀는 백작부인을 따라 라 보아젱의 집에 간 적은 있었지만 자세한 사정은 하나도 몰랐다.

르퓨지는 그 뒤 저택에 돌아오지 않았다. 수와송 백작부인은 샤틀레 재판소에 가서 시녀의 소식을 물어보는 경솔한 짓은 하지 않았다.

그래도 그때는 시녀의 증언이 중대한 결과를 낳을 줄은 꿈에도 생각지 못했으므로, 백작부인은 여전히 호사스러운 저택에서 여왕님과도 같은 부귀영화를 마음껏 누렸다.

그 무렵 수와송 백작부인은 마흔이 다 되어 있었다. 미모는 세월 따라 쇠퇴했지만 성격은 옛날 그대로였다.

그녀는 예로부터 긍지 높고 정열적이며 자유분방한 만시니 가문의 딸이었다. 나이를 먹으면서 성격이 차분해지기는커녕 결점은 점점 더 굳어졌고 정열은 뜨겁게 타올랐다.

이상하게도, 격정의 폭풍에 몸을 내맡기고 가슴속에 야심을 간직한 채 불안에 떠는 동안에도 백작부인은 아름다운 종복 필립을 잊지 못했다.

백작부인이 아직도 필립을 사랑한다고 단언하는 것은 섣부른 판단일지도 모른다. 하지만 부인이 그 사랑의 추억에, 라 보아쟁의 공범이 되기 전에 마지막으로 맛봤던 행복한 나날의 추억에 집착했던 것은 분명한 사실이다.

6년 전부터 부리는 첩자가 이따금 가져오는 새로운 정보에 행방불명된 가면 죄수의 소식이 섞여 있으면, 백작부인은 또다시 부질없는 희망을 품는 것이었다.

그러나 이윽고 그 희망도 덧없이 사라져 부인은 다시 슬픔에 잠기고 분노에 몸부림쳤다.

이런 파란만장한 나날을 보내던 백작부인은 어느 추운 1월 밤에 두건 달린 망토로 얼굴을 가리고, 회색 제복을 입은 종복 하나만 데리고서 살며시 저택을 빠져나왔다. 그 늦은 시각에 변변한 하인도 거느리지 않고 외출하다니, 어지간히 중대한 이유가 있는 게 틀림없었다.

소등을 알리는 종도 울리고 포장도로는 눈으로 덮여 있는데 대체 어디로 가는 걸까? 이 시각이면 아름다운 파리는 노상강도 같은 도둑들이 횡행하는 장소로 변하건만.

그 시대에는 아무리 가진 것 없는 동네 아낙네라도 해 저문 뒤에는 혼자 외출하지 않았다. 그런데도 수와송 백작의 유복한 미망인은 있으나 마나 한 종복 하나만 데리고 대담하게도 먼 길을 떠난 것이다.

백작부인네 저택을 자주 방문하는 카리냥 공비, 알루이 후작부인, 부이용 공작부인 같은 유명한 귀부인들이 이 얘기를 들으면 깜짝 놀랐을 것이다.

그런데 늦은 밤에 수와송 백작부인이 저택을 몰래 빠져나온 것은 그날이 처음이 아니었다.

몇 달 전부터 부인은 매주 이렇게 먼 길을 떠났다. 밤놀이하러 가던 궁정 멋쟁이가 이처럼 남의 눈을 피해 걸어가는 수와송 부인을 봤더라면, 아마 필립의 후임이라도 찾아가나 보다고 생각했을 것이다.

그러나 이 비밀스러운 외출은 연애하고는 거리가 멀었다. 그것은 오히려 7년 전인 1673년 2월, 극악무도한 나로 노인이 놓은 죽음의 덫을 피해 브뤼셀 거리를 헤매던 일을 부인에게 상기시켰다.

지금 부인의 목숨은 또다시 위험에 처해 있었다.

부인을 호위하는 종복은 이런 비밀스러운 외출에 동행하는 데 익숙한 모양이었다. 그는 칼을 들고 앞장서서, 그 무렵 수와송 저택과 센 강 사이에 이어져 있던 미로 같은 골목길을 누비며 씩씩하게 나아갔다.

종복의 결연한 태도 덕분인지 백작부인은 아무에게도 방해받지 않고 무사히 '퐁네프(새로운 다리)'에 도착했다.

이제부터가 정말로 위험했다.

그 무렵 노상강도들은 현재의 사마리텐 백화점 근처에 자주 모였다. 밤중에 센 강을 건너려는 사람들은 반드시 그들의 표적이 되었다.

어쩌다 야경이 나타나면 강도들은 재빨리 흩어져 시테 섬의 어두운 골목길로 숨어들었다가, 순경이 지나가고 나면 다시 한자리에 모였다.

그러나 이 강도들은 대개 융통성 있는 놈들이었다. 얌전히 지갑이나 보석이나 칼이나 구두 버클 따위를 넘겨주는 사람한테는 결코 쓸데없는 폭력을 쓰지 않았다.

그들은 정말로 어쩔 수 없을 때에만 살인을 저질렀다.

수와송 부인도 그들이 이 부근에 출몰한다는 사실을 모를 리 없었다. 다른 여자라면 이렇게 '관대한' 강도를 만날지도 모르는 무모한 행동은 하지 않았을 것이다.

사실 밤 10시 이후에 퐁네프를 건넌다는 것은 매우 대담한 행동이었다.

그러나 이 무모한 짓이 어떤 결과를 불러오더라도 어쩔 수 없다고 이미 각오했는지 절대로 강도를 만나지 않으리라는 확신이 있었는지, 백작부인은 이 악명 높은 다리를 용감하게 건너기 시작했다.

실제로 부인의 생각이 옳았음이 증명되었다.

여기저기서 어둠 속에 모여 있던 사람들이 움직였다. 망토로 몸을 감싸고 모자를 푹 눌러쓴 사내들이 몇 번이나 나타나서, 감히 자기네 구역에 발을 들인 대담한 통행인들의 얼굴을 유심히 바라봤다.

하지만 그게 다였다.

신사적인 도둑들은 상대가 누구인지 확인하자마자 말없이 물러갔다.

두목에게서 무슨 특별한 지시라도 받은 것 같았다. 수와송 부인은 미리 많은 돈을 지불하여, 파리 강도단이 차지한 구역을 자유롭게 지나다닐 권리를 손에 넣은 모양이었다.

어쨌든 수와송 부인과 종복은 다리를 건너기 시작했다. 가운데에 있는 시테 섬에 이르자 왼쪽으로 꺾어, 둘로 갈라진 센 강가를 따라 걸어갔다.

오늘날처럼 그 시대에도 이 오르페브르 강변 거리에는 금은세공사, 보석상, 귀금속상 등이 즐비했다.

얼핏 초라해 보이는 가게 안쪽에는 엄청난 보물이 숨겨져 있었다. 귀족과 평민을 막론하고 당시 돈 많은 사람들의 사치 행위라고 하면 바로 은식기나 다이아몬드를 사는 것이었다. 그 시대 다이아몬드는 조잡하게 세공됐을망정 보석 자체의 가치는 매우 높았다.

이런 보물을 파는 가게는 해가 지자마자 철저히 문단속이 되었으며, 군대의 공격도 버텨 낼 만큼 튼튼한 쇠창살로 보호되었다.

게다가 이 부근에 출몰하는 도둑들과 센 강변의 귀금속상들은 서로 암묵의 계약을 맺은 듯했다.

강도들은 행인들만 덮칠 뿐 가게에는 손을 대지 않았다. 귀금속상들도 이 의리 있는 강도들이 길거리에서 무슨 짓을 해도 모르는 척 눈감아 줬다.

수와송 부인은 한동안 강을 따라 걷다가 꽤 훌륭해 보이는 집 앞에 멈춰 섰다.

지난 세기에 세워진 듯한 낡은 건물로서, 지붕에 울퉁불퉁한 네덜란드식 박공이 붙어 있었다.

5층 집인데 1층은 가게여서 튼튼한 쇠창살이 설치돼 있고 간판도 달려 있었다.

왼쪽 건물은 그보다 훨씬 낮았다. 작은 출입문에는 큼직한 청동 손잡이가 달려 있었다. 오른쪽에는 높은 담장이 있었다.

그 낮은 건물과 담장 사이에 있는 뜰은 분명히 5층 건물에 딸려 있었다. 좀더 주위가 밝았더라면 가게 정면에 적힌 글귀도 읽을 수 있었으리라—'앙투안 몽보아젱, 귀금속·보석상'.

이 커다란 건물은 그 여자 점술가의 남편, 즉 한때 경솔하게도 카트린 데제와 결혼하고 그 아내가 라 보아젱이라는 이름으로 활동하게 허락해 버린 유복한 상인의 집이었다.

라 보아젱이 남편에게서 빼앗은 것은 그 이름뿐이었다. 결혼한 지 얼마 안 돼서 그녀는 남편과 별거하고, 부정한 수단으로 혼자 모은 재산을 따로 관리했다.

부부가 따로 산다는 것은 주지의 사실이었으므로 사법 당국도 독살범 라 보아젱을 조사할 때, 오르페브르 강변에서 귀금속을 파는 남편에게 혐의를 둔 적은 한 번도 없었다.

그런데 라 보아젱이 체포되기 직전까지 이 부부 사이에는 한 가닥 인연이 남아 있었다.

앙투안 몽보아젱은 전처가 낳은 외동딸을 어리석게도 악처 라 보아젱한테 맡겨 놓았던 것이다.

그 딸이 마리에트였다. 필립 드 트리의 생사를 알기 위해서 수와송 부인이 여자 점술가를 방문했을 때, 참으로 멋지게 물의 요정을 연기한 바로 그 소녀였다.

왜 마리에트의 아버지는 그토록 요사스러운 말을 하는 새어머니에게 외동딸을 맡긴 걸까?

몽보아젱이란 사내가 유복하고 신망 있는 귀금속상들 사이에서도 특히 존경받고 있었다는 사실을 생각해 보면 더더욱 그 이유를 이해할 수 없다.

어쩌면 몽보아젱은 아내의 진짜 직업을 몰랐는지도 모른다.

아니면 딸이 새어머니의 환심을 사서 언젠가 그 막대한 유산을 물려받기를 바랐던 걸까.

어쨌든 여기서 몽보아젱을 위해 한마디 변명해 두자면, 라 보아젱이 경찰에 잡혀갔다는 소문을 듣자마자 이 귀금속상은 서둘러 마리에트를 자택으로 데려왔다.

1주일 뒤 여자 점술가 라 보아젱은 샤틀레 감옥에 갇힌 신세가 되었다.

어느새 성숙한 처녀가 된 마리에트는 마지못해 새어머니 집을 떠났다. 물론 이 아가씨가 라 보아젱의 무서운 범죄에 가담한 적은 한 번도 없었다. 다만 생판 남이나 다름없는 아버지와 함께 산다는 것이 두려웠다.

라 보아젱의 집에 있는 동안 마리에트는 언제나 새어머니 명령에 충실히 따랐을 뿐, 독살 계획에 대해서는 아무것도 몰랐다.

라 보아젱도 딸의 순진무구한 마음을 더럽히고 싶지는 않았는지, 자신의 부끄러운 범죄를 딸에게 감추려고 노력했다.

새어머니는 딸에게 특별한 기대를 걸고서 장차 대부호에게 시집보내려고 했다.

마리에트가 그렇게 자신에게 잘 대해 주는 사람을 따르지 않았다면 오히려 이상한 노릇이었을 것이다.

라 보아젱이 체포된 뒤에도 마리에트는 여전히 새어머니에게 애정과 고마움을 느끼고 있었지만 아버지 앞에서는 내색을 안 하려고 노력했다.

귀금속상은 애초에 라 보아젱과 결혼한 적이 없는 것처럼 아내의 운명에는 조금도 신경 쓰지 않았다.

이 남자는 하루 종일 장사하느라 바빴으므로 겨우 식사할 때에나 마리에트와 얼굴을 마주하곤 했다.

게다가 마리에트는 아버지가 사는 안채가 아니라, 안채와 복도로 이어진 별채로 쫓겨났다.

수와송 부인은 이러한 집안 사정을 잘 알고서 마리에트를 만나러 온 듯했다. 부인이 2층 창문을 손가락으로 가리키며 종복에게 말했다.

"램프가 켜져 있구나. 그 애가 나를 기다리는 거야. 노크를 해 봐야겠어. 내가 안에 들어가거든, 너는 다리 난간 쪽에 가서 기다려라."

"비전하님, 눈치채셨습니까? 금은세공사가 아직 안 자는 것 같은데요." 종복이 말했다.

수와송 부인이 가게를 보니 정말로 문짝 밑에서 불빛이 새어 나오고 있었다.

"이상하네." 부인이 중얼거렸다. "저 사람은 보통 저녁만 먹으면 바로 잠자리에 드는데, 이렇게 늦게까지 가게에서 뭘 하는 걸까?"

혼잣말을 하면서 수와송 부인은 살금살금 문으로 다가가 열쇠 구멍에 눈을 대려고 했다. 그때 종복이 부인의 망토를 홱 잡아당겼다.

깜짝 놀란 수와송 부인은 기막히게 무례한 그 행동을 꾸짖으려고 종복을 돌아보았다.

그런데 종복이 작은 소리로 속삭였다.

"누가 있어요."

희미한 별빛 아래 담장을 따라 이쪽으로 걸어오는 사람 그림자가 보였다.

처음에 수와송 부인은 이 수상쩍은 인물한테 용감하게 다가가려고 했다.

그러나 그가 첩자일 가능성은, 그가 도둑이거나 애인을 만나러 가는 사내일 가능성만큼이나 컸다.

수와송 부인은 강도를 무서워하지 않았고 지금은 사랑에 빠진 사내하고도 인연이 멀었지만, 첩자를 만나고 싶지는 않았다.

그래서 부인은 얼른 그늘에 숨었다.

마리에트가 사는 별채 출입문은 차양에 깊이 가려져 있었으므로 두 사람이 몸을 숨기기에 딱 좋았다.

수와송 부인은 그곳에 종복과 나란히 숨어서 수상한 인물이 지나가기를 기다렸다.

"라 브리." 부인이 자기를 모시는 덩치 큰 종복의 귓가에 속삭였다. "저놈이 이쪽으로 와서 우리 얼굴을 자세히 보려고 하거든, 네 검으로 썩둑 베어 버려라."

라 브리는 "걱정 마십쇼, 꼭 그러겠습니다" 하고 대답하는 대신 묵묵히 고개를 끄덕였다.

그러나 수상한 남자는 두 사람이 숨어 있는 줄은 꿈에도 모르는 눈치였다.

사내는 한 걸음 뗄 때마다 발을 멈추다시피 하면서 천천히 이동했다. 주의 깊게 주변을 둘러보면서 귀를 기울이는 것 같기도 했고, 전진하기를 망설이는 것 같기도 했다.

수와송 부인은 숨어서 상대를 훔쳐보기에 알맞은 위치에 있었으므로, 조금만 고개를 내밀어도 그 사내의 일거수일투족을 지켜볼 수 있었다.

사내는 드디어 가게 앞까지 왔다.

그는 간판을 올려다보더니 목표물을 발견했는지 그 자리에 멈춰 섰다.

꽤 어두운 밤이었지만 수와송 부인은 그가 키 크고 마른 남자이며, 품이 넉넉한 외투를 걸쳤어도 젊은 귀족처럼 세련된 차림새를 하고 있음을 알아했다.

"이런 데서 대체 뭘 하는 걸까?" 부인은 불안해했다.

저 수상한 인물은 귀금속상 몽보아젱네 집을 찾아온 것이 틀림없었다.

그런데 아버지를 만나러 온 걸까? 아니면 딸을 만나러?

답은 금방 나왔다.

낯선 남자는 가게 진열창을 콩콩 두드렸다.

곧 안에서 퉁명스러운 목소리가 들려왔다.

"누구요?"

"나요." 손님이 조그맣게 대답했다.

"나? 그게 누군데?" 가게 안 목소리가 다시 물었다.

"나요, 피에르 드 빌라루소." 남자의 목소리가 한층 낮아졌다.

그가 이름을 대자마자 빗장 벗기는 소리가 들렸다. 귀금속상이 문을 열기로 한 것이다.

"저 사람이 왜 여기에!" 혼잣말을 하면서 수와송 부인은 서둘러 문간에 숨었다.

"마님." 충성스러운 종복 라 브리가 속삭였다. "마리에트 아가씨도 조심하시는 편이 좋을 것 같습니다."

"시끄러워. 네가 뭘 안다고 그래. 저 사람이 돌아갈 때까지 여기서 기다려야겠어."

그동안 귀금속상은 손님을 집 안으로 들이고 조심스레 문을 닫았다.

"너무 늦으셔서 오늘은 안 오시는 줄 알았습니다, 판사님." 귀금속상은 부자연스러울 정도로 깊이 머리를 숙였다.

"오늘 오후에 임시 의회가 열리는 바람에 늦었소." 이렇게 대답하면서 손님은 외투를 벗고, 들고 온 커다란 자루를 장롱 위에 놓았다.

"하기야 아스날(포병 공창)에서 퐁네프까지는 꽤 먼 길이니까요." 귀금속상이 맞장구를 쳤다.

"게다가 이쪽으로 오기 전에 어머니와 함께 저녁을 먹어야 했소. 루아얄 광장에 있는 저택을 떠날 때는 이미 소등 종이 울린 뒤였지."

"이렇게 늦은 밤에 돌아다니는 건 정말 무모한 행동입니다. 특히 금화를 잔뜩 가지고 다닐 때는 말이죠."

"나는 검을 가지고 있소." 청년이 조용히 말했다. "그리고…… 나는 죽음을 두려워하지 않소."

"그건 당찮은 생각이십니다. 항상 죽음을 두려워하고…… 무엇보다도 죽음에 대비해야 합니다." 귀금속상은 점잔 빼면서 타일렀다.

"걱정 없소, 나는 비명횡사하지는 않을 거요. 늘 죽음에 대해 생각하니까."

"네? 아니, 곧 결혼하실 분이 왜 그런 생각을 하십니까!"

손님은 씁쓰레한 미소를 띠면서 의자에 앉더니 귀금속상한테도 앉으라고 손짓했다.

두 남자는 떡갈나무 탁자를 사이에 두고 마주 앉았다. 탁자 위에는 화구(火口)가 셋 달린 램프가 켜져 있었다.

이토록 좁은 방에서 이토록 대조적인 두 사람이 얼굴을 마주한 예는 달리 찾을 수 없을 것이다.

귀금속상 앙투안 몽보아젱은 예순 남짓한 땅딸막한 노인으로, 낡은 회색 조끼와 꼭 끼는 타이츠를 입고 있었다.

울퉁불퉁 네모난 얼굴, 얇은 입술, 번뜩이는 오목눈, 짙은 눈썹, 매부리처럼 휘어진 코, 이런 이목구비가 한데 어우러져 별로 좋지 않은 인상을 풍기는 남자였다.

얼굴에는 언제나 교활한 표정이 떠올라 있었다. 그것도 뻔뻔함과 때로는 잔인함까지 곁들여진 교활함이었다.

입매는 거짓말쟁이 같은 입매였고 눈빛은 위협적이었다.

한마디로 말해 방심할 수 없는 생김새였다.

반면에 이제 막 찾아온 손님, 피에르 드 망고 드 빌라루소 드브레는 아직 서른 정도밖에 안 되었으며 실제로는 더 젊어 보였다.

이 젊은 판사는 이보다 더 단정하고 온화하고 매력적인 얼굴은 없다고 해도 좋을 만큼 미모가 수려한 청년이었다.

아름다운 이마를 돋보이게 해 주는 짧은 금색 가발 때문에 이 젊은이는 소년처럼 보였다.

큼직한 푸른 눈은 부드럽고 우수에 찬 느낌이었으며, 입술은 오직 사랑을 속삭이기 위해 만들어진 듯했다. 우아하고 나긋한 그 모습을 보면 궁정인 복장이 매우 잘 어울릴 듯했다.

피에르 빌라루소는 최근에 파리 최고법원 판사로 임명되었고, 현재는 파리 시내를 뒤흔든 독살 사건을 조사하기 위해 국왕이 설치한 특별 법정에서 판사를 맡고 있었다.

역사상 '화형 법정'이라 불리는 이 무시무시한 법정은 아스날에서 열렸으며, 지금까지 수많은 범죄자에게 교수형이나 거열형이나 화형을 선고한 바 있었다.

이 젊은 판사는 개인적인 이유로도 독살범들이 조속하고 엄중한 처벌을 받기를 바랐다. 이유인즉 이 청년은 바로 앙투안 드브레 민사대관(民事代官), 즉 악명 높은 누나 브랑빌리에 후작부인에게 독살당한 남자의 아들이었기 때문이다.

드브레 집안은 프랑스 명문 귀족과 인연이 있는 고귀한 사법관 집안으로서 재산도 많았다.

독살범 브랑빌리에 후작부인이 단죄됐어도 드브레 본가(本家)는 끄떡도 안 했다. 청년 판사 피에르도 극악무도한 백모의 범죄로 피해를 보지는 않았다.

피에르는 외가의 성을 따라 빌라루소라는 이름을 썼다. 그의 어머니는 자기 남편과 시아버지와 시동생이 목숨을 잃은 독살 사건을 해명하는 데 크게 공헌했다. 어머니는 가족들의 복수를 하려는 정숙한 여인의 집념으로 마침내 범인을 잡아냈으며, 그 목적을 이루자 이번에는 그 끔찍한 후작부인에게서 '상속 촉진제' 제조 비법을 전수받은 악당들에게 맹렬한 증오의 불꽃을 불태웠다.

피에르가 '화형 법정' 판사가 되기로 한 것도 어머니의 엄명 때문이었다. 본디 이 청년은 형사재판 판사라는 무서운 직책을 맡을 만한 성품이 아니었다. 피에르가 사촌누이와 결혼하는 데 동의한 것도 어머니가 그러길 바랐기 때문이었다. 르 부르츠 재판소장의 딸로서 막대한 유산을 상속한 사촌누이는 브랑빌리에 후작부인의 범죄로 드브레 집안이 입은 재산 피해를 보상하고도 남을 만한 지참금을 가지고 올 것이 틀림없었다.

귀금속상 몽보아젱은 이런 사정을 잘 아는지 젊은 판사의 결혼 이야기를 자꾸 꺼내려고 했다.

"판사님." 몽보아젱은 차가운 시선으로 상대를 보면서 말했다. "이렇게 늦게 오시다니, 진심으로 유감입니다. 우리 거래는 내일로 미루는 게 좋지 않을까요."

"아니, 그럴 순 없소, 몽보아젱." 피에르 드 빌라루소는 건성으로 대답했다. "내일도 오늘과 똑같이 종일 심문을 해야 할 거요. 그러니까 오늘 밤에 꼭 그 장신구를 받아 가야겠소."

"정말로 그러실 겁니까?"

"물론이오."

"하지만 말이죠, 그랬다가 판사님이 댁으로 돌아가시는 길에 강도라도 만난다면, 사람들이 나를 뭐라고 생각하겠습니까?"

"당신이 정직한 사람이라는 것쯤은 다 아는 사실이오. 몽보아젱, 아무도 당신을 비난하지 않을 거요. 게다가 이 자루에 든 돈을 내가 그대로 가지고 돌아가도 위험하기는 마찬가지 아니겠소?"

"판사님은 우리 가게에 오시는 지체 높은 손님들 대부분이 피치 못하고 말려드는 그 운명이 두렵지 않다는 말씀이십니까?"

"아, 그 멍청한 기사 몽그라가 당했던 재난 말이오?"

"네. 그거 말고도 비슷한 일이 몇 번이나 있었습니다. 이 근방에는 강도들이 득시글거린다고요. 몽그라 씨는 몽둥이로 머리를 얻어맞아 쓰러져서, 은화 2000닢을 주고 산 반지를 뺏겼다지 뭡니까.

지난 1년간 어떤 사람들이 퐁네프 강도들한테 습격을 받았는지 판사님은 모르십니까?"

"다 알고 있소, 몽보아젱." 판사가 웃으면서 말했다. "당신은 자기가 정교하게 세공해 놓은 보석을 남에게 넘겨주기가 아까운 거요. 나한테 자꾸 겁주는 것도, 오늘 밤 내가 사러 온 루비 목걸이를 내주기 싫어서 그러는 게 아니오?"

몽보아젱의 몸이 부르르 떨리고 낯빛이 달라졌다.

속마음을 들켰다고 생각하는 눈치였다.

"왜 그렇게 생각하십니까?" 몽보아젱은 약간 화난 듯이 말했다. "저는 일개 상인에 지나지 않습니다. 자기가 만든 물건에 애착을 느낀다니, 그런 어리석은 소릴 하다가는 장사 못해 먹지요."

"당신이 부자라는 건 잘 알고 있소." 피에르의 말투는 좀 냉소적이었다.

"세상에, 누가 그런 말을 합니까?" 몽보아젱이 소리를 버럭 질렀다. "아, 성질 고약한 놈들이나 나를 질투하는 놈들이 그랬겠죠. 압니다. 제가 그럭저럭 먹고사는 것은 열심히 일하면서 검소한 생활을 하고 있기 때문입니다. 그런데 동네 사람들은 그걸 시샘한단 말이지요. 이 집 말고 내가 다른 재산을 갖고 있다면, 어디 그 증거나 보여 줬으면 좋겠군요."

"집 말고도 이 가게에 보석이랑 귀금속이 한가득 있지 않소?" 판사가 가게 안을 둘러보며 중얼거렸다.

"아니 그럼 이 물건들이 저절로 제 손안에 굴러 들어온 줄 아십니까? 인도나 페르시아 오지까지 가서 보석을 구해 오는 무역상들한테 제가 돈을 안 내는 줄 아십니까? 저는 벌써 40년 동안이나 밤낮으로 열심히 일했단 말입니다."

"너무 흥분하지 마시오, 몽보아젱." 판사는 주인장의 거친 말투에 놀라서 그를 달래려고 했다. "그거야 나도 알고 있소. 당신이 정직한 사람이라는 건 인정하오. 혹시 조금이라도 당신한테 의심스런 점이 있었다면 지금 진행중인 불쾌한 재판 과정에서 다 밝혀졌을 테니까."

아내가 받고 있는 재판 이야기가 슬쩍 나왔는데도 몽보아젱은 눈썹 하나 까딱하지 않았다.

"아내랑 저는 이미 남남이나 다름없습니다." 몽보아젱은 차갑게 딱 잘라 말했다. "그 여편네가 많은 사람을 고발한 모양이더군요. 그놈들은 그 여편네 악행에 편승했으니까 당연한 벌을 받는 거지요. 하지만 아내가 과연 저에 대해서도 뭔가를 폭로할 수 있을까요? 할 수 있으면 해 보라죠."

"확실히 라 보아젱은 아무 말도 하지 않았소. 다만……."

"흥, 그 여편네가 우리 딸 마리에트에 대해 말했구먼. 그렇죠, 판사님?"

이번에는 피에르 드 빌라루소 판사가 속마음을 들켜서 흠칫했다.

"뭐, 그렇소." 판사가 우물거렸다. "마리에트 씨는 새어머니 집에 살고 있었으니까요. 지난 몇 년 동안 거기서 일어난 사건에 대해 심문을 받았소. 하지만 아가씨가 사건과 무관하다는 사실이 밝혀졌으니 다시 재판에서 그 문제가 불거지는 일은 없을 거요."

"그야 당연하지요." 몽보아젱이 격하게 말했다. "걔는 제 딸이니까요. 피는 못 속이는 겁니다. 제가 마리에트를 아내한테 맡긴 것은, 그때 아내가 돈을 잘 벌고 있어서 제 딸을 잘 길러 줄 거라고 생각했기 때문입니다. 부모로서 그러는 것이 당연하지 않습니까?"

판사는 아무 말도 하지 않았다. 그러나 심각한 표정으로 눈을 내리깔고 있는 것으로 보아, 상대의 말에 찬성하는 것 같지는 않았다.

"게다가 말이죠." 몽보아젱은 점점 더 흥분해서 말을 이었다. "그 여편네 범죄 소식을 듣자마자 저는 당장 마리에트를 데리러 갔다고요. 아직 스무 살도 안 된 여자애를 돌본다는 건 저 같은 늙은이한테는 힘겨운 일이지만요."

피에르 드 빌라루소는 이 귀금속상이 딸을 돌보는 데 얼마나 신경 쓰는지 잘 아는 모양인지 씁쓸한 미소를 지었다.

"뭐, 그래도요." 몽보아젱이 불쑥 말을 뱉었다. "제가 걔를 돌봐 주는 일도 조만간 끝날 테지만 말이죠. 남편감을 찾았거든요."

"남편?" 젊은 판사가 파랗게 질린 얼굴로 앵무새처럼 외쳤다.

"네, 판사님." 몽보아젱은 상대의 동요를 조금도 눈치채지 못한 듯이 말을 이었다. "아주 훌륭한 남자입니다. 나이도 적당히 많고 집안도 좋아요. 더구나 지참금 없이 우리 딸을 기꺼이 받아 준다더군요."

피에르 드 빌라루소는 엉거주춤 일어서서 설명을 요구하려는 듯이 입을 열었지만, 말을 잃은 채 엄청난 고뇌에 휩싸여 그대로 얼어붙고 말았다.

"제가 딸아이 지참금도 못 내줄 정도라는 걸 알면, 저를 돈 많은 수전노라고 부르는 놈들도 아무 말 못할 테지요." 몽보아젱은 단호한 어조로 말했다. "하지만 지금은 이게 문제가 아니죠."

판사는 상대의 말이 귀에 안 들어오는 듯했다. 그는 탁자에 팔꿈치를 대고 두 손으로 머리를 싸안은 채, 몽보아젱이 자리에서 일어난 줄도 모르고 있었다.

"지금 당장은 또 다른 문제에 대해서 내 결백함을 증명해야 하는데 말이죠." 귀금속상이 반쯤은 진지하게, 또 반쯤은 비웃듯이 말했다. "판사님은 제가 상품 팔기를 아까워한다고 말씀하셨죠. 좋습니다. 그럼 제가 금화나 은화를 받고 제 작품을 기꺼이 팔아넘기는 일개 세공사일 뿐이라는 증거를 보여 드리지요."

그러면서 몽보아젱은 주머니에서 열쇠 꾸러미를 꺼내 거대한 철제 캐비닛을 열려고 했다.

이 남자의 가게는 보물을 빽빽하게 진열한 현대 보석상과는 전혀 달랐다.

오늘날처럼 투명한 진열창 안에서 반짝이는 보석들이 가게에 온 손님들뿐만 아니라 지나가는 사람들까지 유혹하는 광경은, 몽보아젱 귀금속점에서는 도무지 찾아볼 수 없었다.

낮에는 잠깐 동안이나마 몽보아젱도 이웃 동업자들을 흉내 내서, 튼튼한 철 격자가 달린 케이스 안에다가 훌륭한 교회용 금세공품이나 묵직한 은식기를 진열해 놓기도 했다. 그러나 보란 듯이 상품을 진열해 놓는 것은 도핀 광장의 보석상들이나 하는 짓이라고 생각했다. 17세기 사람들은 오늘날 우리가 팔레 루아얄 아케이드에서 보석을 구경하듯이 도핀 광장에서 보석을 구경했다.

몽보아젱 상점에선 진열창을 구경하는 사람은 적었지만, 가게 안에서 보석을 사는 손님은 많았다.

해가 지자마자 가게는 문을 닫았다. 문이란 문에는 빗장이 걸리고 자물쇠가 채워졌다.

가게 안쪽 벽에는 삼중 자물쇠가 채워진 금속 캐비닛이 설치돼 있었다. 폐점한 뒤의 가게는 마치 커다란 금고같이 보였다.

몽보아젱은 신중에 신중을 기하여, 특히 중요한 거래는 되도록 초저녁에 하려고 했다. 그래야 손님이 가게 물건을 훔칠 가능성이 적기 때문이다.

그날 밤에도 신분이나 재산을 생각하면 이 손님이 그런 불측한 짓을 할 리 없다는 사실을 잘 알면서도, 귀금속상은 늘 그렇듯이 세심하게 주의를 기울였다.

몽보아젱은 캐비닛 한쪽 문을 살짝 열어 보석함과 저울을 꺼내고 재빨리 문을 닫았다. 피에르 드 빌라루소는 캐비닛 안에 들어 있는 보물들을 슬쩍 볼 틈도 없었다.

몽보아젱이 보석함을 주머니에 넣고 저울을 자기 앞에 놓더니, 판사가 가게에 들어올 때 한쪽에 놔뒀던 자루를 집어 들고 그 내용물을 탁자 위에 쏟아부었다.

스페인 금화가 빗줄기처럼 요란하게 쏟아져 램프 불빛에 반짝반짝 빛났다.

몽보아젱은 금화를 한 닢씩 저울에 달아 진품인지 확인한 다음 차곡차곡

쌓아 올렸다.

하지만 젊은 판사는 상대의 의심 많은 태도에 화내기는커녕, 딴생각을 하는지 멍한 눈길로 그 모습을 바라보고만 있었다.

"네, 정확하군요, 판사님." 금화를 다 세고 나서 몽보아젱이 무뚝뚝하게 말했다. "정확히 금화 2500닢, 즉 2만 5천 리브르입니다. 자, 이 목걸이 받으십시오."

말을 마친 몽보아젱은 판사 앞에 보석함을 던져 놓고선, 도로 자루에 넣은 금화를 보관하려고 다시 캐비닛 쪽으로 걸어갔다.

"아니, 판사님!" 몽보아젱이 철문을 닫고 열쇠 꾸러미를 주머니에 넣고 나서 말했다. "목걸이에 달린 보석이 진짜인지 아닌지 확인도 안 하실 겁니까?"

"나는 당신을 전면적으로 믿소." 판사는 여전히 딴생각하면서 건성으로 대답했다.

"아니, 아니, 그러시면 안 되죠." 귀금속상은 떨리는 손을 조그만 상자 쪽으로 내밀었다. "더구나…… 이 아름다운 보석은 꼭 한번 보실 만한 가치가 있습니다."

몽보아젱은 상자를 열어 목걸이를 꺼냈다.

"이거 보십시오! 이 보석 크기하고…… 투명도랑…… 불꽃같이 타오르는 빛을……." 몽보아젱은 애정 어린 손길로 목걸이를 만지작거리면서 램프 불빛에 비춰 보았다. "이 보석 한 알을 실론 땅에서 캐낼 때마다 노예가 한 명씩 목숨을 바쳤는지도 몰라요……. 제가 가진 루비는 모두 인도에서 구해 온 겁니다……. 도핀 광장에서 동업자들이 파는 브라질산 돌멩이는 한 톨도 안 섞여 있지요……. 이 아름다운 붉은색 좀 보세요. 이 우윳빛 광택도, 희미한 보랏빛도…… 이게 발라스 루비(balas ruby)라는 건 어린애가 봐도 알 겁니다."

"그래, 참 멋지군." 피에르가 중얼거렸다.

"이 목걸이 세공도 보세요." 몽보아젱이 큰 소리로 말했다. "저는 20일 동안이나 밤마다 이걸 세공했습니다……. 제 영혼이 담긴 작품…… 말하자면 제 딸이나 마찬가지죠……."

"당신 딸!" 피에르는 쉰 소리로 외쳤다.

루비에 푹 빠져 있던 몽보아젱이 그 소리에 퍼뜩 정신을 차리고 냉정하게 말했다.

"아, 죄송합니다, 판사님. 제가 헛소리를 늘어놔서 판사님을 붙들었군요. 자, 이 목걸이는 이제 당신 겁니다."

피에르 드 빌라루소는 노인이 내민 상자를 받아들어 반쯤 무의식적으로 조끼 주머니에 집어넣었다.

"판사님, 부디 강도를 만나지 않도록 조심하십시오……. 댁에 가실 때 퐁네프는 건너지 않으시는 편이 좋을 겁니다."

"알겠소." 젊은 판사가 일어나면서 대답했다. "그쪽으로 가면 루아얄 광장까지 멀리 돌아서 가는 셈이니까, 그냥 왔던 길로 돌아가겠소."

"강변길로 가다가 노트르담 다리를 건너시려는 거군요. 그래요, 그게 가장 안전할 겁니다, 판사님. 그럼 무사히 댁에 돌아가시길 기원하겠습니다."

이 귀금속상은 언제나 손님에게 이런 작별 인사를 건넸다.

이렇게 말하는 몽보아젱의 얼굴은 목걸이를 되찾고 싶다는 유혹에 지기 전에 빨리 손님을 보내 버려야겠다는 생각이라도 하고 있는지, 기묘하게 일그러져 있었다.

그러나 피에르 드 빌라루소는 그런 줄도 모르고 주인장의 배웅을 받으면서 묵묵히 입구로 갔다. 속으로는 마리에트의 이름을 꺼내고 싶어서 안달이 났지만 도무지 입을 뗄 용기가 나지 않았다.

해 지고 나서 가게에 드나드는 사람들이 이용하는 작은 출입문 근처에서 몽보아젱이 복잡한 자물쇠를 푸는 동안, 피에르는 잠시 가만히 서 있었다.

그 짧은 시간 덕분에 피에르가 강가로 나왔을 때 수상한 그림자는 눈에 띄지 않았다.

하지만 피에르가 곧장 바깥으로 나왔더라면, 가게 진열창에 귀를 댄 채 이야기를 엿듣고 있었던 수와송 부인을 발견했을 것이다.

수와송 부인은 판사가 가게로 들어간 것을 확인하자마자 얼른 숨어 있던 곳에서 나와, 판사와 귀금속상이 대체 무슨 짓을 하는지 염탐했던 것이다.

아마 두 사람의 대화 내용도 부인의 귀에 들어왔을 것이다. 빗장 여는 소리가 들린 순간 부인은 재빨리 뒤로 물러나 종종걸음으로 강기슭을 가로질러서 다리 난간 그늘에 숨었다. 충성스러운 종복 라 브리도 여주인에게서 떨어지지 않고 서둘러 쫓아왔다.

수와송 부인이 고른 장소는 귀금속상네 가게 정면을 감시하기에 딱 좋은 곳이었다.

판사가 몽보아젱의 충고에 따라 왼쪽으로 가도, 강도를 만날 위험을 무릅쓰고 퐁네프로 가도, 수와송 부인은 그의 행동거지를 지켜볼 수 있었다.

더구나 수와송 부인은 또 다른 가능성도 염두에 두었던 모양이다. 피에르가 곧장 집으로 돌아가지 않고, 마리에트가 사는 별채의 문을 두드릴 가능성이었다.

어쩌면 수와송 부인은 뭔가 특별한 이유 때문에 이렇게 생각했는지도 모른다—'저 판사가 늦은 시각에 여기까지 온 진짜 목적은, 몽보아젱한테서 목걸이를 사는 것이 아니라 그 딸을 만나는 것이 아니었을까?'

2층 창문에는 여전히 불이 켜져 있었다. 마리에트가 아직 깨어 있는 모양이었다.

지금은 가만히 기다리면서 상황을 지켜보는 것이 상책이었다.

잠시 후 피에르 드 빌라루소는 슬며시 거리로 나와 강가를 걷기 시작했다.

하지만 그대로 노트르담으로 가는 대신, 청년은 갑자기 멈춰 서더니 살그머니 가게 앞까지 되돌아왔다.

아마도 청년은 몽보아젱이 박공지붕 집 최상층에 있는 자기 침실로 올라갔는지 확인하려는 것 같았다.

가게 조명이 다 꺼졌다. 굵은 쇠창살로 둘러싸인 가게 안은 쥐 죽은 듯 조용해졌다.

의심할 여지가 없었다. 몽보아젱은 잠자리에 든 것이다.

수와송 부인과 종복은 모든 것을 낱낱이 지켜보았다.

두 사람은 정원 담장을 따라 움직이는 사람 그림자를 보았고, 누가 슬그머니 문을 여는 듯한 소리를 들었다.

그러나 피에르 드 빌라루소는 아무것도 보지 못하고 듣지 못했는지, 주위에 누가 없나 한번 둘러보더니 재빨리 별채 입구로 가서 문고리를 붙잡고 일정한 간격으로 두드렸다.

미리 정해 놓은 신호임이 분명했다. 이에 대답하듯이 2층 창문에서 램프 불빛이 사라졌다.

"우리가 너무 일찍 왔나 봅니다, 마님." 종복 라 브리가 속닥거렸다. "마리에트는 한 시간은 족히 판사님과 함께 있을 테니까요. 마님께서 그 아가씨를 만나시려면 한밤중까지 기다리셔야 할 것 같습니다."

"그래도 이렇게 눈 내리는 밤에 그렇게까지 하실 필요는……."

"네놈이 뭘 안다고 나서느냐?" 수와송 부인이 엄하게 꾸짖었다. "어디서 건방지게 이래라저래라지? 나도 가만히 참고 있는데 말이야. 사보이 공국의 왕관과 바꿔서라도 나는 오늘 밤에 마리에트를 만나고 말 거야."

부인의 서슬 퍼런 태도에 기가 죽은 종복은 입을 꾹 다물었다.

"저거 봐! 마리에트가 문을 열었어." 수와송 부인이 중얼거렸다.

그 말대로였다.

피에르 드 빌라루소가 설레는 마음으로 기다리는 동안 별채 문이 살짝 열리더니 마리에트가 아름다운 모습을 드러냈다.

피에르는 얼른 안으로 들어갔고 문이 소리 없이 닫혔다.

"늦으셨네요, 아까부터 기다렸는데." 아가씨가 말했다.

"당신 아버지한테 붙들려 있었어요." 판사가 변명했다.

"어머! 여태까지 아버지랑 함께 있었나요?" 마리에트가 깜짝 놀라더니 의아하다는 눈초리로 쳐다보며 물었다. "우리 아버지한테 무슨 볼일이 있었는데요?"

"나중에 설명할게요, 마리에트. 먼저 오늘 재판소에서 있었던 일을 얘기합시다."

"아! 벌써 판결이 내려졌나요? 당신 얼굴이 창백해요! 그럼, 우리 어머니는……."

피에르는 이런 곳에서 중대한 얘기를 할 순 없다는 표시로 입술에 손가락을 갖다댔다.

"이쪽으로 오세요."

그렇게 말하고 처녀는 앞장서서 자기 침실로 통하는 계단을 올라갔다.

부유한 귀금속상이 딸에게 내준 방은 수녀가 사는 독실 같았다. 방은 좁았고 벽은 석회로 하얗게 칠해져 있었다. 커튼도 없는 초라한 침대, 벌레 먹은 장롱, 나무 의자 두 개가 놓여 있었다.

이 간소한 침실에 있는 장식물이라고는 성상 몇 개와 성스러운 회양목 가지뿐이었다.

그러나 이 수도원처럼 수수한 방은 마리에트의 놀라운 미모를 한층 돋보이게 해 줬다.

커다란 검은 눈동자와 어깨까지 늘어진 긴 금발 곱슬머리를 지닌 이 아가씨는 독실한 수녀의 기도에 응해 지상으로 내려온 천사처럼 보였다.

이런 착각이 일어나는 데에는 다른 이유도 있었다. 보통 젊은 아가씨가 남자와 단둘이 있으면 당황한 표정을 보이게 마련인데, 마리에트의 부드럽고 매력적인 얼굴에는 당황한 기색이 전혀 없었다.

이 지성적이고 진지한 얼굴에서는 되바라지거나 정숙하지 못한 표정도 찾아볼 수 없었다.

그것은 이미 인생의 고난과 싸운 여자, 위험을 알고 있지만 두려워하지는 않는 여자의 태도였다.

박복한 처녀 마리에트는 라 보아젱을 단죄하는 화형 법정 판사 피에르 드 빌라루소보다 훨씬 용감해 보였다.

"자, 말씀해 보세요, 판사님." 마리에트가 판사의 얼굴을 물끄러미 쳐다보면서 재촉했다. "무슨 소식을 가져오셨나요?"

"무척 슬픈 소식입니다, 아가씨." 피에르는 아무리 애써도 마음의 동요를 완전히 억누르지 못하는 듯했다.

"어머니한테 유죄 판결이 내려졌군요!" 마리에트가 소리를 질렀다.

"아뇨, 판결은 아직 안 내려졌습니다. 하지만 안타깝게도 곧 내려질 거예요. 틀림없이 무서운 형벌이 선고될 겁니다."

"아니, 그럴 리 없어요! ……독살했다는 증거도 없는데……. 판사님도 말씀하셨잖아요. 어머니는 요술을 부렸다는 사실은 인정했어도, 살인에 대해서는 범행을 부정하고 계신다고……."

"다른 놈들이 사실을 털어놨어요." 판사가 나지막이 말했다.

"그들이 거짓말을 하는 거예요……. 내가 증명할 거예요……. 난 계속 어머니랑 한집에 살았지만 아무것도 못 봤단 말이에요……. 이성을 잃은 귀부인이나 어리석은 귀족이 사랑의 묘약을 사러 오는 것을 봤을 뿐이에요……. 마치 사랑을 돈으로 살 수 있다는 것처럼."

그 말을 듣자 피에르는 새파랗게 질려 입을 다물었다.

"그 높으신 궁정 나리들과 귀부인들은 우리 어머니를 실컷 이용해 놓고서, 이제 어머니가 고통 받으며 죽어 가는 것을 그냥 입 다물고 지켜보기만 하는군요……. 정말로 나쁜 건 그 사람들인데…… 괜히 사건에 말려든 우리 어머니 말고 그 사람들이 벌을 받아야 하는데!"

"그 사람들도 벌을 받게 될 겁니다, 아가씨." 판사가 슬픈 듯이 말했다.

"어머! 그렇게 지체 높으신 분들도 법의 심판을 받나요?"

"국왕 폐하께서 그러길 바라고 계십니다. 폐하의 결단에 따라 화형 법정은 아무런 예외도 두지 않게 되었습니다."

"혹시 용의자가 왕가의 친척이어도?"

"왕족이어도 예외가 될 수는 없습니다. 폐하께서 그렇게 결정하셨습니다. 프랑스군 원수 한 사람과, 여러 공작과 왕족 귀부인이 기소될 예정입니다."

"왕족 귀부인이라니요." 마리에트가 걱정스럽게 물었다. "설마 수와송 백작부인인가요?"

"네, 아가씨. 수와송 부인*1과 그분의 언니 부이용 공작부인은 조만간 특별 법정으로 소환될 예정……."

"아아! 우리 어머니는 이제 끝났군요!" 마리에트는 비명을 지르고 무너져 내리듯이 주저앉더니 그대로 석상처럼 굳어 버린 채 입을 다물었다.

불쌍한 처녀의 마지막 희망이 끊어진 것이다.

이 처녀가 지금도 '어머니'라고 부르는 라 보아젱은 여차하면 수와송 부인이 자기를 구해 줄 테니 걱정하지 말라고, 수와송 부인한테는 자기를 구할 힘이 있다고 말했었다.

라 보아젱은 증인으로 불려온 마리에트와 딱 한 번 만날 수 있었다. 그녀는 그 기회를 이용해 살짝 귓속말을 했다—"재판이 열리는 동안 무조건 수와송 부인과 계속 연락해야 해." 마리에트는 그 명령에 충실히 따랐다.

수와송 부인도 실은 라 보아젱의 운명에 관심을 가지고 있었기 때문인지, 아니면 자기도 고발당해 심문을 받게 될까 봐 두려웠기 때문인지, 어쨌든 마

---

*1 여기서는 수와송 부인이 만시니 집안의 막내딸로 되어 있지만 실제로는 부이용 공작부인이 막내였다.

리에트한테 협력하기로 약속하고 몰래 만나러 오곤 했었다.

두 사람이 심리 진행 상황을 알 수 있었던 것은 피에르 드 빌라루소 덕분이었다. 피에르는 백작부인과는 일면식도 없었지만 이따금 이렇게 마리에트를 찾아왔다.

피에르는 수와송 부인이 체포됨으로써 라 보아젱의 한 줄기 희망이 사라지는 줄은 몰랐으므로, 마리에트에게 조심스레 물어봤다.

"왜 그렇게 낙담하시는 거죠, 아가씨?"

"이제 곧 저는 외톨이가 될 테니까요." 마리에트는 퉁명스럽게 대답했다.

"외톨이라뇨! 아닙니다, 아가씨. 당신을 사랑하는 사람들이 어찌 당신을 버리겠습니까?"

"누가 절 사랑한다고 그러세요?" 마리에트가 쏘아붙였다.

"제가 사랑합니다." 이렇게 대답하고서 피에르는 눈을 내리깔았다.

"당신이요? 그 말인즉슨 당신이 저를 동정하신다는 거지요? 그건 저도 잘 알아요. 진심으로 감사하고 있습니다. 하지만 무시무시한 내 운명 앞에서 당신이 뭘 하실 수 있단 말이죠?"

"안타깝게도 무서운 판결이 내려지는 것을 막을 능력은 없습니다. 하지만 당신만 괜찮으시다면, 수와송 부인 대신 제가 당신을 지켜 드리겠습니다."

"그럴 순 없어요." 처녀는 쓸쓸하게 말했다. "수와송 부인은 비전하라고 불릴 만큼 고귀한 신분이지만, 저를 가엾이 여기셔도 남한테 눈총 받을 걱정은 없었어요. 저는 어머니 댁에서 몇 번이나 그분을 뵈었고, 어머니는 적어도 그분의 상담 상대였으니까요.

하지만 당신은 우리 어머니를 단죄하는 처지잖아요. 그러니까 앞으로 계속 저를 돌봐 주시다가는 분명히 좋지 않은 소리를 듣게 되실 거예요."

젊은 판사는 고개를 수그리고 한동안 아무 대답도 하지 않았다.

이 청년의 마음속에서 심각한 갈등이 일어나고 있다는 것은 누가 봐도 알 수 있었다.

마리에트는 조용히 눈물을 흘렸다.

처녀가 그렇게 말없이 괴로워하는 모습을 본 순간, 피에르는 마침내 우유부단함을 떨쳐 내고 감동으로 떨리는 목소리로 말했다.

"내 말 들어 보세요, 아가씨.

1년 전 당신이 화형 법정에서 증언했을 때 저는 처음으로 당신을 만났습니다. 저는 좋아서 그 사건의 심리를 맡은 것도 아니었고, 더구나 그런 무시무시한 재판에 연루된 아가씨에게 공평무사한 재판관답지 않은 감정을 품게 될 줄은 꿈에도 몰랐습니다.

그러나 위험을 무릅쓰고 피고인 라 보아쟁을 변호하는 당신의 목소리를 듣고 두 뺨에 흐르는 눈물을 보았을 때, 순진무구한 당신 얼굴을 보았을 때, 아아, 그때 저는 제가 재판관이기 전에 한 남자라는 사실을 깨달았습니다."

"그게 무슨 말씀이세요?" 마리에트가 놀란 듯이 상대의 얼굴을 보면서 말했다.

"그 순간부터 저는 당신을 사랑하게 됐단 말입니다."

"아, 하느님께서 '네 이웃을 사랑하라', '불쌍한 이를 사랑하라'고 말씀하셨으니까요. 맞아요, 정말로 당신은 저한테 친절하게 대해 주셨어요. 일주일에 한 번은 꼭 여기까지 오셔서 화형 법정에서 무슨 일이 있었는지 말씀해 주시고, 저를 위로하고 격려해 주셨잖아요. 판사님, 이 은혜는 평생 잊지 않을게요……."

"아가씨." 청년이 말을 가로막았다. "당신은 저를 과대평가하고 계십니다. 단순히 동정심만 느꼈다면, 제가 굳이 제 의무에 위배되는 짓을 해서 최고법원의 문책을 받을 위험까지 무릅썼겠습니까?

아니, 당신에 대한 제 사랑은 그런 게 아닙니다……. 그런 게 아니에요……."

"무슨 말씀 하시는 건지 모르겠어요. 제대로 설명해 주세요."

"저는 당신한테…… 연정을 품고 있습니다." 피에르 드 빌라루소는 겨우 사랑을 고백했다.

"연정이요?" 소리를 지르더니 마리에트가 벌떡 일어섰다. "세상에! 전 당신을 믿었는데, 당신은 그런 말로 저를 모욕하시는군요! 당신이 그렇게 나쁜 분인 줄 몰랐어요!"

"제가 당신을 모욕하다니요! 저는 당신을 위해서라면 목숨까지 버릴 각오가 돼 있는데! 어떤 희생을 치러도 상관없다고……."

"이제 그만하세요, 판사님!

전 아직 어린애라서 세상 물정은 잘 몰라요. 하지만 파리 최고법원의 판사님이 여자 점술가 카트린 보아젱의 의붓딸과 결혼할 수 없다는 사실 정도는 안다고요."

"그래요, 그건 그럴지도 몰라요. 하지만 나도 한 남자로서는 뭐든지 내 맘대로 할 수 있소." 피에르는 흥분해서 열띤 어조로 말했다.

"그럼 당신은 판사 일을 그만두게 되더라도 저같이 별 볼 일 없는 계집애의 남편이 되시겠다는 건가요?

판사님, 이제 그런 시시한 연극일랑 그만두세요. 저는 당신의 계획을 잘 알아요. 오늘 밤 당신이 무슨 일로 아버지를 찾아오셨는지도 알아맞힐 수 있는걸요."

"뭐요? 그럼 당신은 이미 다 알고서……."

"당신과 르 부르츠 양 사이에 혼담이 오가서, 두 분이 조만간 결혼식을 올릴 예정이라는 건 저도 알고 있어요. 조금 전에 당신이 우리 아버지한테서 산 물건은 결혼식 때 신부가 쓸 보석이지요?"

피에르 드 빌라루소는 순간 얼굴이 창백해졌지만 이런 비난을 받자 오히려 용기가 샘솟았다. 사랑에 빠진 사람의 본능으로, 혹시 마리에트가 자기에게 전혀 관심이 없다면 그 혼담에 신경 쓸 리도 없다고 직감했던 것이다.

"그래요!" 피에르가 열정적으로 외쳤다. "바로 그렇습니다. 하지만 저는 당신에게 뭘 숨길 생각은 없었습니다.

우리 가족들은 그 여자와 결혼하라고 저한테 강요하고 있습니다. 어머니는 절대로 거절하지 말라고 하셨죠. 하지만 효도도 때와 장소를 가려서 해야지요. 부모님 말씀을 듣지 않는다 해서 꼭 사람 된 도리를 어겼다고 할 수는 없을 거요.

마리에트, 당신은 세상 물정을 잘 모른다고 하셨지요. 그렇다면 지체 높은 집안에 태어난 사람이 얼마나 심한 편견과 속박에 사로잡혀 괴로워하는지 모르실 겁니다. 벌써 1년 전부터 저는 어떻게든 부모님 명령을 따르지 않으려고 온갖 구실을 만들어 냈습니다. 그랬는데도 그 혼담은 도무지 깨지지 않더군요……. 하지만 이제 결심할 때가 왔습니다. 절박한 순간에는 용기가 나는 법이지요……."

"하지만 아직은 망설이고 계시는 거죠? 그 증거로, 신부에게 줄 보석을 우리 아버지한테서 사셨잖아요." 마리에트가 끼어들었다.

"그래요, 이 목걸이! 맞아요. 이 목걸이를 산 것은 내가 아직도 가족들 뜻을 따르고 있기 때문입니다. 하지만 나로서는 먼저 당신을 만나, 당신이 내 사랑을 받아들이는 것을 확인하지 않고서는 아무것도 할 수 없었습니다. 아아! 당신이 내 마음을 알아준다면, 오늘 밤 내가 당신 아버지를 찾아간 진짜 이유를 알아준다면……."

"계속 말씀해 보세요." 마리에트는 냉정하게 재촉했다.

"저는 말이죠." 청년은 진심 어린 목소리로 말했다. "맹세코 저는 당신에 대해 얘기하려고 당신 아버지를 찾아간 겁니다. 우리 두 사람이 몰래 만나고 있으며 내가 당신을 사랑한다는 얘기, 그리고 당신 아버지는 훌륭한 상인이라고 평판이 자자한 부자이시니까 우리가 결혼하는 것도 불가능한 일은 아닐 거라는…… 그런 얘기를 하려고 했습니다."

"아버지는 당신의 부탁을 거절하셨을 거예요. 어차피 당신은 아무 말도 못했으니까 인제 와선 아무래도 상관없지만요."

"네, 저는 아무 말도 못했습니다. 말하려고 했을 때 갑자기 아버지께서……."

"아버지께서 무슨 말씀을 하셨나요?"

"당신도 곧 결혼할 예정이라고……." 피에르는 나직이 중얼거렸다.

"그래서 아버지 말씀을 그대로 믿었어요?" 마리에트는 청년의 얼굴을 똑바로 바라보면서 외쳤다.

"네? 그럼, 그 얘긴 사실이 아닌가요?"

"전 아버지가 정해 주신 상대하고는 절대로 결혼하지 않을 거예요."

"상대가 누군지 아십니까? 만나 보셨어요?"

"네. 누군지 아니까 그런 사람의 아내가 되느니 차라리 죽는 게 낫겠다고 생각한 거예요."

"당신도 사랑하지 않는 사람하고는 결혼할 수 없다고 생각하시는군요?"

"사랑하지 않는 데다 경멸하기까지 하는 사람하고는 말이죠."

"네, 뭐라고요? 아니, 그토록 유복하고 존경받는 당신 아버지가 왜 그렇게 나쁜 남자를 당신 남편감으로……."

"그 사람은 음울하고 수상쩍은 생활을 하면서, 우리 아버지 말고는 아무하고도 교제하지 않는 사람이에요. 수시로 여행을 다니면서 왠지 수상한 일만 하고 있어요."

"이름은? 이름을 가르쳐 주세요."

"로마니. 리옹에 사는 사람이에요."

"로마니! 어디서 들어 본 이름 같은데." 청년 판사는 낮게 중얼거렸다.

"저는 그 사람이 찾아왔을 때에도 안 만나겠다고 했어요. 아버지한테도 아버지 뜻에 따르지 않겠다고 분명히 선언했어요."

"하지만 당신 아버지는 당신을 억지로 시집보낼 수도 있어요."

"아뇨, 못해요. 내 방 창문 밑에는 센 강물이 흐르고 있으니까요." 마리에트는 딱 부러지게 말했다. "억지로 시집가게 될 것 같으면 차라리 강물에 몸을 던질 거예요."

그러더니 조그맣게 한마디 덧붙였다.

"여자인 나도 그 정도는 각오하고 있다고요."

"그렇게 말씀하시니 겁쟁이 같은 저 자신이 부끄럽군요!" 피에르가 큰 소리로 외쳤다. "하지만 저도 이제는 가족의 노예로 사는 데 지쳤습니다. 마리에트, 한마디만 해 줘요. 당신이 내 청혼을 받아들이겠다고만 하면, 내일 당장 저는 어머니께 선언하겠습니다. 어머니가 원하시는 여자와는 결혼할 수 없다고요.

자, 이거 봐요. 이 목걸이도, 억지 결혼의 예물이 될 뻔했던 이 보석도, 이제 확 내던져 버립시다. 내일은 나를 괴롭히는 가족들을 향해서 거절하는 말을 내던질 거요. 바로 이렇게 말이지!"

그 말과 동시에 피에르는 보석함을 꺼내서 마리에트의 발밑에 힘껏 내던졌다.

아가씨는 부르르 떨더니 천천히 입을 열었다.

"제가 그 한마디를 한다면, 우리 어머니를 구해 주실 건가요?"

"제 능력으로는 당신 어머니를 무죄로 만들 수 없습니다." 청년 판사는 가라앉은 목소리로 대답했다. "그러나 탈옥할 방도를 마련할 수는 있겠지요."

"정말로 그렇게 해 주신다면, 판사님, 전 당신의 아내가 되겠다고 맹세하겠어요. 그때까지 당신 마음이 변치 않는다면."

피에르가 무릎 꿇으려는 것을 만류하면서 마리에트가 말을 이었다.

"그런데 앞으로 어떤 운명이 당신을 기다리고 있을지 잘 생각해 보셨어요?

고르고 골라서 하필이면 라 보아젱의 딸과 결혼하려는 무모한 남자에게 어떤 비난이 쏟아질지 알고 계세요?"

"마리에트, 우리 함께 프랑스에서 도망칩시다. 그러면 우리는 자유로워질 거예요. 저한테는 재산도 있고……."

"아아, 그만 말씀하세요, 피에르 씨." 처녀가 말허리를 잘랐다. "저는 당신을 믿어요. 당신도 저를 믿어 주시겠지요. 다만 저에게 약속해 주세요. 판결을 내리는 날이 정해지거든, 그 전날 저한테 꼭 알려 주겠다고."

"꼭 알려 줄게요, 마리에트."

"고마워요, 판사님. 그럼 이 목걸이 가지고 가세요."

피에르는 벅찬 감동에 사로잡혀 그 이상은 한마디도 못하고 처녀의 말대로 했다.

마리에트가 가늘고 아름다운 손을 내밀자 피에르는 그 손에 입을 맞췄다.

그게 다였다.

서로 마음을 터놓은 두 사람은 그것만으로도 가슴이 벅차서, 자기네 운명이 정해진 이날 밤 만남을 더 이상 길게 끌려고 하지 않았다.

이윽고 별채의 작은 문이 조용히 열리더니 피에르 드 빌라루소가 다시금 강기슭으로 나왔다. 그곳에서는 수와송 부인이 여전히 끈기 있게 기다리고 있었다.

17 도망

피에르 드 빌라루소는 방금 나눈 이야기에 충격과 황홀감을 느끼면서 귀로에 올랐다.

한 시간 사이에 너무나 많은 사실을 알게 되어서 머릿속이 뒤죽박죽이었다.

마음속에서는 마리에트와 맺은 약속, 자기가 준 언질, 그리고 그 처녀가 종종 수와송 부인을 만났다는 뜻밖의 사실 등등이 마구 뒤엉켜 소용돌이치고 있었다.

언제나 어머니에게 복종하면서 사회적 규율을 준수해 왔던 명문가 자제에게 그 모든 것은 참으로 강렬한 체험이었다.

게다가 이제까지 직무에 위배되는 행동을 한 적이 없는 재판관으로서는 더없이 무서운 일이었다.

그러나 이때 피에르는 자기가 내린 결단의 무시무시한 결과를 어렴풋이 감지했을 뿐이었다.

피에르 드 빌라루소는 성격이 특이했다.

브랭빌리에 후작부인에게 독살당한 불쌍한 민사대관의 장남은, 직업상의 명예와 전통적으로 온갖 계급 질서를 신성시하는 유서 깊은 사법관 집안에서 순수하고 엄격한 교육을 받으며 청춘을 모르는 채 성장했다.

그 시대 훌륭한 파리 부르주아 계급 자제들이 받는 충실한 교육을 받고 자란 피에르는 담임교사의 엄중한 감시로부터 드디어 해방됐다고 생각할 겨를도 없이 이번에는 완고한 아버지의 권위에 굴복해야 했으며, 이어 긍지 높고 엄격한 어머니의 지배를 받게 되었다.

피에르가 그 또래 청년들이 즐길 만한 오락과 거리가 멀었던 것은, 그의 아버지가 목숨을 잃었던 그 비참한 사건 때문이기도 했다. 하지만 이 청년은 그 전부터 이미 타고난 내성적 성격 때문에 젊은이다운 오락을 기피하는 경향이 있었다.

스물다섯 살이 됐는데도 피에르는 아직까지 '쿠르라렌느(여왕님 거리)'를 산책한 적도 없었고, 유복한 청년들이 승마술이나 검술을 배우는 도장에 다닌 적도 없었으며, 코르네유나 라신의 연극을 보러 간 적도 없었다.

이 청년은 한 번도 궁정에 발을 들이지 않았다. 또 저택에서 엎어지면 코 닿을 데에 파리 사교계의 중심지가 있었는데도, 루아얄 광장 근처에 사는 아름다운 부인들의 살롱에 드나들지도 않았다.

피에르가 조상 대대로 살아온 '파드라뮈르(노새 거리)'의 저택에서 외출하는 것은 기껏해야 생 앙투안 거리의 예수회 성당에 갈 때 정도였다. 보통은 자택에 틀어박혀 종교 서적을 읽거나 법률 공부를 했다. 그 시대 법률 공부는 지금보다 훨씬 더 어려웠다.

피에르는 여성에게 공포에 가까운 감정을 느꼈으므로 무슨 역병신 피하듯이 여자를 멀리했다. 참고로 어머니 빌라루소 부인이 아들의 이런 비사교적인 성격을 마음에 들어 했다는 것은 부정할 수 없는 사실이다.

엄숙하고 우울한 드브레 저택에 자주 드나드는 상류층 노부인들과 1년에 네 번 정도 아버지를 따라 이곳을 방문하는 사촌누이 르 부르츠 양을 제외하면, 피에르는 이성(異性)이라는 무시무시한 종족과 어울릴 일이 없었다.

국왕은 이렇게 은둔 생활을 하는 피에르를 특별히 발탁하여, 사법관으로서 매우 중요한 임무를 그에게 맡겼다.

피에르는 그때 이미 최고법원 판사가 될 자격을 인정받아 법조계의 일원이 되어 있었으며, 성실하고 총명한 재판관으로서 두각을 나타내고 있었다.

그런데 아스날에서 열리는 특별 법정, 형사재판인 동시에 정치성도 띠고 있는 그 유명한 재판의 판사로 임명됨으로써, 청렴하고 명민한 사법관 피에르의 명성은 더더욱 높아졌다.

처음으로 화형 법정에 들어선 날부터 피에르는 지나치다 싶을 만큼 엄청난 열의와 엄정함을 발휘하여 심리에 임했다.

죄를 숨기려는 독살범의 교묘한 책략을 날카롭게 꿰뚫어 보는 데에는 피에르만한 인물이 없었다. 피고의 유죄가 입증되면 피에르는 누구보다도 강경하게 잔혹한 형벌을 주장했다. 그 시대 법률에는 상당히 야만적인 구석이 남아 있었으므로, 죄인들에게 매우 끔찍한 형벌이 내려지곤 했다.

온화하고 내성적인 청년 판사는 유죄가 확정된 악당들에게 주저 없이 몰

인정하게 거열형이나 화형을 선고했다.

마치 이 청년의 순진무구한 마음속에 오랫동안 쌓여 있던 온갖 감정이 재판에 대한 정열로서 단숨에 분출되는 것 같았다.

눈치 빠른 사람들은 이처럼 극단적으로 정의를 부르짖는 태도에 억압된 병적 감수성이 숨어 있다는 사실을 짐작했을지도 모른다.

피에르 드 빌라루소는 여성을 열렬히 사랑하는 대신, 죄인에게 가혹한 형벌을 내리고 있었던 것이다.

하느님은 이 남자에게 그 역시 잘못을 저지를 수 있다는 사실을 깨우쳐 줌으로써, 인간의 잘못을 용서하는 관대한 마음을 심어 주려고 하신 걸까?

어쨌든 라 보아젱이 체포된 지 얼마 안 되어 이 청년 판사는 여자 점술가와 마리에트를 법정에서 대면시키는 임무를 맡았는데, 그 자리에서 이 아름다운 처녀를 보자마자 그는 큰 충격을 받았다.

이 청년의 마음속에 갑자기 일어난 변화는 너무나 격렬했으므로, 혹시 마리에트가 새어머니의 악행에 가담했더라도 피에르는 그녀의 죄를 규탄할 용기를 내지 못했을지도 모른다.

그러나 마리에트가 무죄라는 사실은 명명백백했으므로, 이 첫 번째 심리에서 피에르는 양심의 가책을 받을 필요가 없었다.

하지만 그날 밤 자택으로 돌아왔을 때 피에르는 마음의 동요를 어머니에게 들키지 않으려고 애를 써야 했다.

몇 년 전부터 피에르가 계속 거부하고 무시했던 사랑의 감정이 이제 청천벽력처럼 그를 덮쳐 마침내 설욕한 것이다.

화형 법정의 청년 판사가 라 보아젱의 딸에게 품은 연정은 평생토록 변함없이 남자의 마음을 뒤흔들든지 그를 죽음에 이르게 할 만한 크나큰 격정이었다.

심문 과정에서 피에르는 마리에트가 아버지와 함께 살고 있음을 알았다.

사흘 뒤 그는 재판의 의문점에 대해 다시 한 번 심문할 필요가 있다는 이유로 처녀에게 면회를 요청했다. 대담한 마리에트는 남몰래 판사와 만났다.

그때는 물론이고 그 뒤 두 사람이 몇 번이나 만나는 동안 마리에트의 아버지한테 들키면 안 될 만한 일은 하나도 일어나지 않았다.

마리에트는 여자의 직감으로, 피에르로 하여금 이렇게 위험한 행동을 하게 하는 감정이 대체 무엇인지 정확히 꿰뚫어 보고 있었지만, 이 청년과 만나도 전혀 위험하지 않다는 사실 역시 정확히 알고 있었다.

한편 피에르는 마리에트에게 끌리는 자기 마음을 도무지 억누를 수 없었다. 그녀를 만나지 못하면 죽을 것 같다는 생각까지 들었지만, 그래도 사랑을 고백할 용기는 나지 않았다.

재판 초기에는 아직 라 보아젱이 저지른 중죄의 전모가 밝혀지지 않았으므로, 피에르가 마리에트에게 비밀스러운 심리 내용을 가르쳐 준들 그렇게 위험한 짓이라고 할 수는 없었다.

그러나 이윽고 증거가 차례차례 발견돼서 라 보아젱이 지옥의 괴물 같은 여자라는 사실이 밝혀지고 나서도, 피에르는 이미 내려가기 시작한 내리막길 중간에서 멈춰 설 수가 없었다.

그때부터 피에르는 의무와 정열 사이에서 끊임없이 괴로워했다.

매일 아침, 피에르는 독살범 라 보아젱의 죄를 가차 없이 추궁하기로 맹세했으며 실제로 그렇게 했다.

매일 밤 마리에트를 만나 그 아름다움에 취하고, 희망을 버리지 말라고 그녀를 위로했다.

이런 식으로 열 달이 흘러 1680년 새해가 밝았다.

마리에트의 아버지 몽보아젱이 이 기묘한 밀회를 눈치챘을까?

최근 피에르는 이 점을 걱정했지만, 이윽고 더 걱정스러운 사태가 발생하는 바람에 그런 불안감은 잊고 말았다.

어머니가 피에르를 결혼시키기로 마음먹었는데 피에르는 어머니 뜻을 거스를 수 없었던 것이다.

청년은 어쩌지도 못하고 세월만 보냈다. 하루하루가 지옥 같았다.

운명의 날이 다가옴에 따라 자기 사랑을 포기할 수 없다는 피에르의 생각은 점점 더 강해졌지만, 마리에트의 마음은 여전히 알 수가 없었다.

피에르는 마리에트 앞에서 무릎 꿇고 사랑을 고백할 용기도, 어머니에게 사형 선고나 마찬가지인 잔혹한 명령을 취소해 주십사 애걸할 용기도 없었다. 그러나 조만간 딸을 시집보낼 예정이라는 몽보아젱의 말을 계기로 이 괴로운 상황은 순식간에 끝나 버렸다.

이 결정적인 만남을 마치고 나서, 얼어붙은 길거리로 나온 피에르는 술 취한 사람처럼 비틀비틀 걸어갔다. 이토록 커다란 행복과 후회를 동시에 느끼는 일이 이 청년에게는 영 익숙지 않았기 때문이다. 그 행복은 사랑받는 사람의 행복이요, 그 후회는 독살범을 구하겠다고 약속했을 뿐만 아니라 수와송 부인의 체포에 관한 비밀 칙령을 그녀에게 알려 줌으로써 신성한 재판관의 직무를 저버렸다는 후회였다.

그때 수와송 부인은 피에르를 지켜보고 있었다. 이 청년이 사라지자마자 마리에트를 만나서 응분의 처벌을 면하기 위해 그녀에게서 정보를 캐낼 작정이었다. 이 사실을 알았더라면 피에르는 스스로 한 약속을 실행할 용기를 잃었을지도 모른다.

함박눈 내리는 추운 겨울밤인데도 수와송 부인은 느릿느릿 걸어가는 청년 판사를 끈질기게 감시하면서 초조하게 중얼거렸다.

"저 멍청이, 꾸물대지 말고 썩 가 버리지 왜 저런담? 그 애도 그래. 다 큰 처녀가 남자를 이렇게 오래 붙잡아 두는 법이 어디 있어!"

"조금만 더 참으십시오, 마님. 저 남자도 이제 겨우 떠날 결심을 한 것 같으니까요." 종복 라 브리가 작은 소리로 달랬다. "저놈이 강기슭 모퉁이를 돌아가거든 아가씨네 집 문을 두드립시다."

라 브리는 눈이 밝은 사내였다.

정말로 청년은 떠날 결심을 하고, 귀금속상네 집 담장을 따라 걷기 시작했다. 생각에 잠긴 듯 고개를 숙이고 팔을 축 늘어뜨린 모양새였다.

눈송이가 얼굴을 때리고 북풍이 휘몰아치는데도 피에르는 천천히 걸어갔다. 바람을 피하려고 무의식적으로 붙어서 걷고 있던 담장이 끝나기 직전, 느닷없이 사람 그림자가 나타나 앞길을 가로막았다.

그 순간 피에르가 막연히 위기감을 느낀 것은 육감 덕분이었다. 청년은 뭔가를 눈으로 보거나 귀로 들을 만한 정신상태가 아니었던 것이다.

그래도 피에르는 돌연 걸음을 멈추고, 홀연히 나타난 망령에게서 벗어나려고 본능적으로 뒷걸음질을 쳤다.

그러나 도망치려 해도 소용없었다.

그것은 망령이 아니라 살아 있는 사람이었다. 그 증거로 그는 피에르의 머리에 몽둥이로 강력한 일격을 가했다.

피에르는 반쯤 의식을 잃고 그 자리에 쓰러졌지만, 완전히 기절하지는 않고 희미하게나마 주위 상황을 인식했다.

누군가의 손이 피에르의 목을 졸랐다. 완전히 숨통을 끊어 놓으려는 것이리라. 또 다른 손이 주머니를 뒤졌다. 루비 목걸이가 든 보석함을 찾는 것이리라.

피에르는 질식하여 정신을 잃고 말았다.

그동안 수와송 부인과 종복은 여전히 다리 난간에 숨어 있었다.

물론 두 사람은 청년의 뒷모습을 지켜보고 있었으므로 금세 무슨 이변이 일어났음을 깨달았다.

그렇다고 사태를 정확히 파악한 것은 아니었다. 피에르는 저항도 없이 쓰러졌고, 주위는 몹시 캄캄했기 때문이다. 고양이처럼 밤눈이 좋지 않고서야 그 광경을 확실히 보기란 불가능했다.

하지만 두 사람은 사람 그림자가 움직이는 것을 보았고, 이상한 소리를 들었다.

그것만으로도 두 사람이 경계심을 품기에는 충분했다.

"어머나." 수와송 부인이 중얼거렸다. "저 기생오라비 같은 청년이 뭔가에 얻어맞아서 쓰러졌나 봐."

"네. 길바닥에 쓰러져 있는 것 같네요." 브리가 속삭였다.

"어쩌지?"

"어쩌긴요. 마님, 저런 녀석은 내버려 두고 아가씨네 집으로 가셔도 아무 문제 없을 것 같은데요."

"안 돼. 저대로 죽게 내버려 둘 순 없어."

"아니, 무슨 말씀이십니까! 화형 법정 판사가 죽는 게 뭐 대수라고."

"입 다물어. 넌 정말 아무것도 모르는구나. 나한테는 저 남자가 필요해."

"그렇다면 마님께 안타까운 소식을 전해 드려야겠군요. 누가 저 남자의 숨통을 멋지게 끊어 놓은 모양입니다."

"누가 죽였지?"

"글쎄요, 아마 퐁네프 일대에 모여 있는 녀석들이겠죠. 브리즈몰이나 생카르티에 일당일 겁니다."

"그놈들이라면 내가 여기 있는 줄 알면서도 그런 짓을 저지르지 않을 텐데."

"마님, 무례한 말을 용서하십시오. 하지만 그놈들은 마님께서 여기 계시는 줄 꿈에도 모를 겁니다."

"어째서? 아까 다리에서 우리 얼굴을 확인하려고 다가왔었잖아?"

"맞는 말씀입니다. 그러나 그놈들은 마님께서 벌써 댁에 돌아가셨을 거라고 생각할 겁니다."

"하긴 그래." 백작부인이 아쉽다는 듯이 말했다.

"게다가 그놈들은 마님과 협정을 맺었지만 다른 통행인한테도 손대지 않겠다고 약속한 적은 없으니까, 저 남자를 공격했다고 해서 비난받을 이유는 없지요."

"하여튼 저 사람을 구해야겠어. 어쩌면 내 목숨은 저 남자가 사느냐 죽느냐에 달려 있을지도 몰라. 당장 가서 저 사람을 일으켜 주어라."

"이미 죽었으면 어쩌지요?"

"죽었을 리 없어." 수와송 부인은 호언장담했다.

"글쎄요! 브리즈몰은 상당히 거칠거든요. 그런데 저 청년이 살아 있으면 어떻게 하실 겁니까?"

"군소리하지 말고 당장 시키는 대로 해. 뒷일은 나중에 생각하면 되니까."

라 브리는 어쩔 수 없이 부인의 명령에 따라 살금살금 강변길을 가로질러 피에르가 쓰러져 있는 곳까지 갔다.

수와송 부인도 잠자코 기다릴 수 없었는지 멀리 떨어져서 그를 따라갔다.

이 기묘한 습격 사건의 피해자는 하얀 눈밭 위에서 까만 점처럼 뚜렷이 보였다.

주위를 둘러보니 그 밖에는 개미 새끼 한 마리 없었다. 귀금속상네 집 근처는 쥐 죽은 듯이 고요했다.

살인은—이게 정말로 살인이라면—피해자가 입도 뻥긋할 새 없이 순식간에 일어났으며, 범인은 고요한 파리 거리에서 발소리 하나 내지 않고 모습을 감추었다.

종복은 흠칫흠칫하면서 앞으로 나아갔다. 담장 밑에 쓰러져 있는 불쌍한 사내에게 다가갈수록 발걸음은 더욱 느려졌다.

뒤쫓아 온 수와송 부인은 종복의 등을 떠밀어 억지로 전진시켜야 했다.

드디어 종복은 피해자가 있는 곳에 도착해서 무릎 꿇고 그의 몸을 건드려

보더니 입을 열었다.

"아직 맥은 뛰지만 몸은 꿈쩍도 안 하는군요. 오래 버티지 못할 겁니다."
"어딜 다쳤지? 흉기는 뭔데?" 수와송 부인이 냉정하게 물었다.
"몽둥이 같은 걸로 이마에서 목덜미 사이를 얻어맞은 모양입니다. 보세요, 얼굴도 어깨도 피투성이지 않습니까.
그리고 누가 품속을 뒤졌나 봅니다……. 윗옷 단추가 뜯어졌고 조끼 주머니도 뒤집어져 있어요."
"그래…… 목걸이를 뺏겼구나."
"네, 보석함이 안 보입니다. 지금쯤 도둑놈들이 안전한 곳에다 숨겨 놨겠지요."
"그게 무슨 상관이야? 나한테 필요한 건 이 남자이지, 보석이 아니야."
"이 남자도 상당히 중태여서, 목걸이랑 마찬가지로 우리 손이 닿지 않는 곳으로 멀리 가 버릴 것 같지만요."
"이 사람을 업어 날라야겠어."
"대체 어디로요?"
"어디긴. 당연히 수와송 저택이지, 이 멍청이야!"
"농담이시겠죠, 마님!" 종복이 비명을 질렀다. 이런 무거운 짐을 짊어지고 거리를 걷기는 정말 싫었던 것이다.
"아니, 진담인데. 자, 빨리 업어."
"그러다가 도중에 야경한테 붙잡히면 어쩌죠?"
"걱정할 것 없어. 퐁네프를 건너면 생카르티에한테 가서, 부하를 대여섯 명쯤 데리고 우리를 호위해 달라고 부탁할 거니까."
"야경이 도둑놈들을 건드리지 않는 건 사실이죠." 종복은 마지못해 인정했다. "그러나 도둑놈들한테 우리를 방해하지 말라고 약속하게 해 놓고서 우리가 그놈들 일을 방해한다면, 대체 놈들이 뭐라고 말하겠습니까?"
"아무 말도 안 할 거야. 그 녀석들은 내가 밀고나 할 여자가 아니라는 것을 알고 있으니까. 게다가 금화를 50닢이나 준다는데, 당연히 내 말을 듣겠지."
종복은 자꾸 꾸물거리면서 백작부인의 명령을 따르려고 하지 않았다.
그러나 백작부인을 모시면 돈을 많이 벌 수 있었으므로 해고되기는 싫었다. 종복은 어쩔 수 없이 명령대로 행동했다.

힘세고 건장한 라 브리는 의식 불명이 된 피에르를 가볍게 들어 올려 어깨에 걸머졌다.

그동안 피에르는 죽은 듯이 꼼짝도 않고 축 늘어진 채 겨우 두세 번 크게 숨을 쉬었을 뿐이다. 숨넘어가기 직전의 마지막 헐떡임 같았다.

"자, 어서 가자." 수와송 부인이 재촉했다.

"그런데 마님께선 몽보아젱네 따님하고 만나실 예정이었잖습니까?" 종복이 물었다.

"이 남자가 다시 살아난다면." 수와송 부인은 퉁명스럽게 대답했다. "그 애보다 훨씬 많은 것을 나한테 가르쳐 줄 거야. 당연하잖아? 나는 생명의 은인이니까.

혹시 이 남자가 가는 도중에 죽거나 우리 집에서 죽는다면, 내일 밤 다시 마리에트를 만나러 오면 돼."

라 브리는 더 반론할 여지가 없었으므로 부상자를 메고 낑낑거리면서 천천히 다리 쪽으로 걸어갔다. 수와송 부인도 그 뒤를 바짝 쫓아갔다.

강기슭에는 사람이 하나도 없었으며 귀금속상네 집 별채의 등불도 꺼져 있었다.

그러나 수와송 부인과 충성스러운 종복이 센 강 오른쪽 기슭에 닿자마자, 세 남자가 그림자처럼 스르르 다가와 순식간에 그들을 둘러쌌다.

"비전하셨군요!" 그중 한 사람이 공손히 모자를 벗어 손에 들고 뒤로 물러나면서 중얼거렸다.

"그래." 수와송 부인이 위압적인 어조로 말했다. "집으로 가는 길에 당신 부하들의 호위를 받고 싶은데."

"저 생카르티에는 언제나 비전하의 충실한 종입니다." 유명한 강도단 두목은 이렇게 대답했다. 이 우람한 사나이는 깃털 장식이 달린 커다란 모자를 쓰고, 끝자락이 너덜거리는 펑퍼짐한 구멍투성이 외투를 걸치고 있었다.

이 남자라면 로렌 출신 판화가 칼로가 자주 그린, 누더기를 입은 긍지 높은 연대장 초상화의 모델이 될 수 있었으리라.

"그럼 부하 네 명을 데리고 앞장서 다오."

"네, 괜찮으시다면 여섯 명을 데려오겠습니다."

"넷이든 여섯이든 상관없어. 야경이 나타났을 때 돌격해 주기만 한다면."

"걱정 마십시오, 비전하. 저 혼자서도 경찰청장의 부하 나부랭이쯤이야 모조리 쫓아 버릴 수 있습니다."

"이봐요, 대장님." 라 브리가 말을 걸었다. "당신이 용맹을 떨칠 기회가 올 때까지, 이 남자를 운반하는 것 좀 도와주지 않겠소? 무거워서 영 힘든데."

"어?" 생카르티에가 불쌍한 청년 판사를 주의 깊게 살펴보면서 말했다. "이거 원, 일솜씨가 형편없구먼……. 몽둥이로 제대로 못 때리고 뼈만 스쳤으니, 치명상을 입히기는커녕 현기증만 일으키고 말았겠는걸……. 내 부하가 이런 얼빠진 짓을 했다면, 한 2주일은 배당금을 안 줬을 겁니다."

"하지만 이런 짓을 한 사람은 네 부하야." 수와송 부인이 말했다.

"실례지만 비전하, 절대로 그럴 리 없습니다." 강하게 부정하고 나서 강도단 두목은 라 브리에게 물었다. "이봐, 이 남자를 어디서 발견했나?"

"강변길에 있는 커다란 정원 담장 앞에서."

"그렇군. 지난달에 몽그라라는 남자의 시체가 발견된 곳이구먼. 지난 1년간 그곳에서 변을 당한 사람이 이 남자를 포함해서 벌써 스무 명이나 돼. 하지만 마님, 결코 우리가 한 짓이 아닙니다."

"그렇다면 누가 한 걸까?" 수와송 부인이 중얼거렸다.

"머잖아 그놈 정체를 밝혀내겠습니다." 생카르티에가 약속했다. "제 구역에서 소란 피우는 놈을 가만둘 수는 없죠."

"우리를 저택까지 데려다 주면 금화 50닢을 주겠어." 수와송 부인이 말했다. "이 남자를 죽이려고 했던 범인의 이름을 알려 준다면, 그때는 금화 200닢을 더 주지. 자, 그만 출발하자."

일행은 무사히 수와송 궁에 도착했다.

생카르티에는 두목의 명예를 걸고 완벽하게 임무를 마쳤다. 그 노고를 치하하는 의미에서 수와송 부인은 저택 현관에서 직접 금화 50닢을 세어 두목에게 건네줬다.

남편이 세상을 떠난 다음부터 백작부인은 호화로운 저택에서 수많은 고용인들을 거느리고 여왕처럼 군림하고 있었다. 따라서 부인이 부상자를 업은 수상한 놈들과 함께 돌아왔어도 쓸데없는 질문을 하거나 깜짝 놀란 기색을 보이는 사람은 하나도 없었다.

하인들은 부인의 기이한 행동—요즘 같으면 좀 별난 행동이라고도 할 수 있겠지만—에 익숙했으므로 이번 일에도 별로 신경 쓰지 않았다.

왕궁같이 으리으리한 저택을 둘러싼 높다란 담장 덕분에 수와송 부인은 정원에서 호랑이와 코끼리를 싸움 붙여 놓고 구경하거나 저택 안에서 인간을 제물로 바친다 할지라도 그런 고대 로마 황제 같은 오락이 소문날까 봐 걱정할 필요는 없었다.

하물며 누더기를 걸친 도둑놈 네 명이 짊어진 빈사의 부상자를 한밤중에 몰래 저택으로 데리고 들어오는 일쯤이야 수와송 부인에게는 누워서 떡 먹기였다.

청년 판사는 백작부인의 침실 옆방으로 운반되어, 플랑드르 직물로 덮인 커다란 침대에 눕혀졌다.

판사는 여전히 의식을 회복하지 못했다. 이따금 경련하듯이 헐떡거리면서 아직 죽지 않았음을 알려 줄 뿐이었다.

수와송 부인은 도둑놈들을 돌려보내고 나서 서둘러 잘 아는 의사를 불렀다. 자코모 바니니라는 이 피렌체 출신의 능구렁이는 한때 부인의 백부 마자랭 추기경을 모셨으며, 벌써 20년 가까이나 부인의 후원을 받고 있었다.

이 외과의는 물론 의술도 뛰어났지만, 곤란한 사태에 직면한 사람에게 좋은 조언을 해 주기도 했다.

그래서 수와송 부인은 자주 이 남자의 의학적 지식과 현명한 충고를 이용했다. 그날 밤에도 부인은 그에게 외과의로서 환자를 진료해 달라고 부탁하는 동시에, 책사로서 상담에 응해 달라고 할 생각이었다.

외과의는 신중하게 피에르를 진찰한 다음, 치명상은 아니니까 충분히 쉬게 해 주고 잘 간호하면 곧 회복될 거라고 했다.

책사는 살인 미수 사건의 피해자를 저택에 숨기는 것은 매우 경솔한 행위라고 수와송 부인에게 충고했다. 이 사건은 분명히 소문날 것이다. 그러면 일시적으로나마 화형 법정 판사가 행방불명됐다는 사실이 드러나지 않을 리 없다. 바니니는 그렇게 주장했다.

그러나 수와송 부인은 그 의견에 귀를 기울이지 않았다. 자기가 세운 작전대로 만사가 잘 풀릴 것이라고 확신했다. 머잖아 의식을 회복한 청년 판사가 틀림없이 부인의 도움에 감사하면서, 화형 법정 심리에 관한 비밀 정보를 가르쳐 주리라는 것이었다.

수와송 부인은 지금까지 마리에트에게서 얻었던 정보를 이제는 저택에서 한 발짝도 나가지 않고 쉽게 얻을 수 있으리라고 기대했다. 지금 당장은 그것밖에 생각하지 않았다.

그리하여 외과의 바니니는 느닷없이 치료하게 된 이 환자의 머리맡에 밤낮으로 붙어서 자신의 모든 기술을 발휘하여 한시라도 빨리 그 상처를 치료하는 임무를 떠맡게 됐다.

외과의는 최선을 다해 치료했으나 기대한 만큼 빠른 성과를 거두지는 못했다.

다행히 두개골은 골절되지 않았지만 뇌가 심한 충격을 받았다. 그래서 부상자는 몇 시간 만에 의식 불명 상태에서 깨어나긴 했지만 이번에는 고열에 시달려야 했다.

부상자는 끊임없이 몸부림을 치고 알 수 없는 헛소리를 해 댔다. 가끔 의식이 좀 또렷해졌나 싶을 때에는 난처한 질문을 해서 의사를 당황하게 했다.

이 피렌체 출신 의사는 용의주도한 남자였으므로, 피에르가 대체 무슨 일이 일어났는지, 여기가 어딘지 아무리 물어봐도 대답해 주지 않았다.

그러나 열에 들뜬 이 불쌍한 남자를 도망치지 못하게 감시하는 것은 매우 힘든 일이었다.

부상자는 새벽까지 조금 얌전해지나 싶다가도 다시 발작하기를 반복했다. 수와송 부인은 그 증세가 사라지기를 초조하게 기다렸다.

다음 날에도 부상자의 발작은 가라앉지 않았다. 의사는 환자의 증세가 악화되길 바라지 않는다면 당분간 여기 오지 말아 달라고 수와송 부인에게 간청했다.

사정이 이렇다 보니 수와송 부인은 하느님의 은총으로 피에르가 제정신을 차릴 때까지 그에게 질문하기를 포기할 수밖에 없었다.

이런 불안한 상태가 계속 이어지는 데 백작부인이 특히 조바심을 냈던 이유는, 이날이 수요일인데 매주 수요일에는 수와송 궁에서 성대한 만찬회와 노름판이 벌어지기 때문이었다.

백작부인은 이미 초대해 놓은 귀부인들을 그냥 돌려보내고 싶지 않았다.

그랬다가는 파리 사교계 사람들이 기회는 이때다 하고 험담을 할 테고, 운이 나쁘면 당국이 의심을 품을 수도 있었다.

하지만 수와송 부인은 하룻밤 내내 귀부인들을 상대하느라 피에르에게서 정보를 얻어내는 일이 그만큼 늦어진다면, 차라리 손님들을 모조리 쫓아 버리고 싶다는 생각도 했다.

그러나 결국 부인은 파티 계획을 변경하지 않았다. 틈을 봐서 연회석에서 빠져나가 환자의 상태를 보러 갈 수도 있고, 여차하면 그의 머리맡에 붙어 있을 수도 있으리라고 생각했기 때문이다.

그날 밤에는 많은 손님이 올 예정이었으므로 부인이 가끔 모습을 감추더라도 남들 눈에 띄지는 않을 터였다.

수와송 저택 홀은 환자가 누워 있는 방과 멀지 않았다.

모든 사정을 아는 종복 라 브리는 그날 밤 전달책을 맡았다.

그는 바니니 의사 곁에서 대기하고 있다가, 의사가 부인에게 전할 소식이 있으면 그 내용을 부인에게 알릴 예정이었다.

이렇게 준비를 마치고 나서 수와송 부인은 몸종들의 시중을 받아 정성스레 머리를 손질하고 아름답게 치장했다. 전보다 더 사치를 즐기고 차림새에 신경 쓰게 된 것이다.

세월의 힘을 이기기 위해서는 쇠퇴한 미모를 화장의 힘으로 메워야 했다.

날이 저물자 수와송 저택 정면 현관에 손님을 태운 마차가 잇따라 도착하기 시작했다.

일주일에 한 번씩 수와송 부인이 여는 파티의 순서는 언제나 똑같았다.

형식적인 인사와 궁정에 관한 이야기를 마치고 나면 손님들은 돈을 걸고 '바셋'이라는 카드 게임을 시작한다. 이것은 매우 위험한 게임이었다. 게임을 하다 보면 어느새 엄청난 돈을 잃게 되는 것이다.

국왕의 총희 몽테스팡 후작부인은 '바셋'을 하다가 하룻밤에 200만 리브르나 되는 돈을 날렸다고 한다.

수와송 부인의 여자 친구들은 모두들 몽테스팡 부인 못지않은 도박꾼들이라서 다른 어떤 오락보다도 돈내기를 좋아했다.

10시가 되면 산해진미가 가득한 진수성찬이 차려졌다.

그들은 종종 꽤 늦게까지 식사를 계속하면서 이런저런 이야기나 남의 험담으로 이야기꽃을 피웠는데, 17세기 상류 사교계 풍습에 안 맞는 말을 하는 사람은 없었다.

손님을 접대하러 가기 전에 수와송 부인은 환자의 용태를 물었다. 부인은 그가 드디어 편안히 잠들었다는 이야기를 듣고 크게 기뻐했다.

바니니 의사 선생 말로는 그렇게 푹 쉬면 피에르도 체력이 회복될 테고, 다음번에 눈떴을 때에는 수와송 부인과 이야기를 나눌 수도 있으리라는 것이었다.

안심한 수와송 부인은 첫 번째 손님인 알루이 후작부인과 라 페르테 공작부인을 상냥하게 맞이했다.

두 귀부인은 수와송 저택에 문턱이 닳도록 드나들었으며, 여자 점술가 라 보아젱네 집에도 몇 번인가 간 적이 있었다.

특히 알루이 후작부인은 여자 점술가와 관계가 깊었다는 소문이 돌았다. 그 위험한 관계는 아직 표면에 드러나지 않았으나, 사람들은 후작부인에 대해 이러쿵저러쿵 쑥덕거렸다.

라 페르테 공작부인은 어떤 범죄 행위와도 무관한 것 같았다. 그로부터 일주일 뒤 국왕이 주최한 도박판에서 앙탱 공작이 이런 말을 했기 때문이다— "공작부인이 누군가를 저주했다는 것은 있을 수 없는 일이오. 그 여자가 미워하는 사람은 세상에서 나 하나뿐인데, 보다시피 난 이렇게 쌩쌩하잖소?"

그 말을 들은 사람이 어쩌다가 라 페르테 부인한테 미움을 받게 되었냐고 묻자, 앙탱 공작은 이렇게 설명했다—"한번은 내가 부인을 깊이 존경한다고 말했는데, 그보다 조금 전에 나는 못난이나 어리석은 여자만 존경한다고 공언했었거든."

앙탱 공작의 의견이 옳은지 어떤지는 둘째 치고, 어쨌든 수와송 부인은 어수룩한 공작부인과 음흉한 후작부인을 상냥하게 대접하면서 그날 밤 열심히 미소를 지었다.

세 사람은 이런저런 잡담을 나눴지만 가장 큰 관심사인 화형 법정에 대해서는 한마디도 하지 않았다. 이윽고 다른 손님들도 도착해서, 이 호화로운 살롱의 단골손님들이 하나도 빠짐없이 다 모였다.

수와송 부인은 은근한 불안을 강렬한 자극으로 없애 보려고 서둘러 도박판을 열고서 '바셋' 게임에 참가했다.

부인은 좀처럼 집중하지 못하고 게임을 대충 했지만 이상하게도 그날 밤에는 처음부터 운이 따랐다.

어느새 부인 앞에는 금화가 산더미처럼 쌓였고 계속해서 믿을 수 없을 만큼 행운이 찾아왔다. 반면에 구두쇠로 소문난 라 페르테 공작부인은 계속 지기만 해서 불쾌한 표정을 감추지 못하고 있었다.

수와송 부인은 자기가 딴 막대한 돈도, 공작부인의 불만도 안중에 없었다.

시간이 흐를수록 부인은 점점 더 건성으로 게임을 하면서 자꾸만 출입문 쪽을 돌아봤다. 슬슬 피에르가 눈을 뜰 시간이 됐다.

부인이 또다시 엄청나게 돈을 땄을 때 드디어 종복 라 브리가 나타나서 짧게 귓속말했다.

"알루이 부인." 즉시 수와송 부인이 말했다. "잠깐 나 대신 게임을 해 주실 수 없을까요?

우리 언니 부이용 부인의 집사가 와서 나한테 직접 전할 말이 있다고 하네요. 지금 당장 가 봐야겠어요. 곧 돌아올게요." 그 말을 남기고 부인은 자리를 떴다.

자모코 바니니 의사의 예상대로 환자는 푹 잔 덕분에 빨리 회복되었다.

꼼짝도 않고 꼬박 다섯 시간을 자고 일어난 피에르는 완전히 회복세를 보이고 있었다.

아직 온몸에 힘이 없고 두통이 심했지만 정신은 멀쩡했다.

눈을 떠 보니 낯선 침대에 누워 있었다. 가구도 낯설어서 피에르는 어리둥절해졌다.

처음에 피에르는 아직 꿈을 꾸는 줄 알고 악몽에서 깨어나려고 이마를 몇 번이나 문질렀다.

그러나 아무리 눈을 비벼 봐도 주위 풍경은 변하지 않았다.

오히려 머리맡에 있는 기묘한 이탈리아인을 발견하고는 순간 흠칫했다.

바니니 선생은 피렌체 사람답게 극적인 것을 매우 좋아했기 때문에 남들과는 사뭇 다른 복장을 하고 있었다.

이 외과의의 홀쭉한 몸은 넉넉한 붉은 옷에 감싸여 있었고, 옷 안감은 흰 담비 모피로 되어 있었으며, 허리에는 가느다란 검은 끈이 묶여 있었다.

그의 백발은 큼직한 사각 모자 속에 숨어 있었고, 탐스러운 잿빛 턱수염은 가슴을 덮을 정도였다.
 그 복장과 용모는 의사보다는 차라리 점성술사에 가까웠다.
 물론 그 시대에 이 두 직업에는 많은 공통점이 있었으므로 헷갈린다 해도 이상한 일은 아니었지만.
 환자는 어스름한 램프 불빛 속에서 이 이상한 인물을 뚫어져라 쳐다봤다. 질문을 던지고 싶었지만 용기가 나지 않았다.
 그 모습을 보고 바니니 선생이 먼저 입을 열었다.
 "몸은 좀 어떠십니까, 판사님?" 의사는 간살스러운 목소리로 물었다.
 "당신, 내가 누군지 알고 있군요!" 피에르가 소리쳤다.
 "알고말고요. 작고하신 민사대관님의 훌륭한 후계자이시자 최고법원의 자랑, 프랑스 법조계의 기대주를 모르는 사람이 어디 있겠습니까!" 의사는 과장스러운 어조로 답했다.
 "당신은 대체 누굽니까?" 청년은 조심스럽게 물었다.
 "저는 일개 의사입니다. 제 하잘것없는 기술로 판사님 같은 분을 돕게 되다니, 분에 넘치는 영광입니다."
 "그렇다면 내가 부상을 입은 건가요?"
 "네, 중상을 입으셨지요. 하지만 다행히 제 치료가 효험이 있어서 이제는 위기를 넘기셨습니다."
 "그래…… 그랬지……. 머리를 얻어맞아서…… 정신을 잃었어……."
 "의식 불명 상태로 오르페브르 강변에 쓰러져 계시다가 구조되셨지요."
 "아, 맞아!" 피에르가 반쯤 몸을 일으키면서 말했다. "그놈이 내 품을 뒤져서…… 소지품을 훔쳤어……. 그 도둑놈이 훔쳐 간 건……."
 여기까지 말하고서 피에르는 낯선 사람에게 너무 많은 것을 밝혀서는 안 된다는 사실을 깨달았는지 입을 다물었다.
 "그 도둑놈이 당신한테서 훔쳐 간 것은 루비 목걸이지요. 약혼녀 르 부르츠 양에게 줄 결혼 예물로서, 당신이 보석상 몽보아젱한테서 구입한 물건입니다."
 "아니, 그런 것까지 알고 있소?"
 "그 밖에도 많은 것을 알지요." 피렌체 출신 의사는 의미심장한 미소를 지었다.

잠시 침묵이 흘렀다.

피에르는 여기가 어디인지 빨리 알아내고 싶었지만 선뜻 말을 꺼낼 수 없었다.

바니니 선생은 환자의 놀란 얼굴을 찬찬히 바라보면서 그 당황하는 꼴을 즐겼다.

"내가 여기 누워 있은 지 얼마나 됐죠?" 드디어 청년 판사가 입을 열었다.

"한 스물네 시간 됐습니다, 판사님. 그동안 판사님은 댁에 계시는 것과 조금도 다를 바 없는 극진한 간호를 받으셨습니다."

"감사합니다. 조만간 선생님 은혜에 꼭 보답하겠습니다. 그런데 내가 길바닥에서 죽지 않도록 도와주신 분은 대체 누구신가요?"

"어느 부인이시지요." 의사가 두루뭉술하게 대답했다.

"부인?" 피에르가 놀라서 물었다.

"네, 그렇습니다. 무척 신분이 높고 무척 유력한 어느 부인께서 하인을 시켜 당신을 저택까지 모셔 왔습니다."

"그분 존함을 가르쳐 주실 순 없나요?"

"그건 그분께서 직접 말씀하실 겁니다. 당신이 체력을 회복돼서 그분을 만나실 수 있게 되면 제가 그분께 연락을 드리기로 했거든요."

그 말이 환자에게 어떤 영향을 줬는지 확인하지도 않고 바니니 선생은 자리에서 일어나 슬쩍 밖으로 나갔다.

피에르의 머릿속에 오만 가지 생각이 떠올랐다. 지금 들은 이야기가 너무 충격적이라서 하마터면 또 열이 날 뻔했다.

피에르는 전날 밤에 일어난 일들을 하나하나 회상해 봤지만, 생각하면 생각할수록 자기가 누구 집에 있는지 더더욱 알 수가 없었다.

피에르가 누워 있는 방은 천장이 높고 넓었으며 호화로운 가구로 채워져 있었다.

이윽고 청년 판사는 벽에 걸린 직물 여기저기에 수놓인, 왕관 붙은 방패 모양의 자수를 발견했다.

더 자세히 살펴보니 그것은 유명한 사보이 집안의 문장이었다.

이 발견은 피에르의 마음을 뒤흔들어 놓았다.

그 무렵 프랑스에서 '붉은 바탕의 은 십자가' 문장을 쓰는 사람은 수와송 백작의 미망인뿐이었는데, 피에르는 이 미망인을 몹시 싫어했기 때문이다.

그렇다고 피에르가 수와송 부인의 분노나 증오로 피해를 본 것은 아니다. 다만 어릴 때부터 마자랭 재상과 만시니 집안을 경멸하라는 교육을 받은 것이다.

이 청년의 생가인 드브레 저택에 모이는 고결한 사람들 사이에서도 수와송 부인의 소문이 돌았다. 자연스레 피에르는 이 부인을 악귀 같은 여자라고 생각하게 되었다.

게다가 며칠 전부터 피에르는 마침내 이 여자 독살범이 천벌을 받을 날이 다가왔음을 알게 되었다. 부인이 화형 법정에 출두하면 가차 없이 추궁할 생각이었다.

그러므로 상황을 파악한 순간 피에르가 얼마나 낭패했을지는 쉽게 상상할 수 있으리라.

피에르는 충동적으로 이 악마의 저택에서 도망치려고 했다.

그러나 겨우 몸을 일으킨 그가 침대에서 벗어나 옷을 입어야겠다고 생각한 찰나, 수와송 부인이 방 안에 들어왔다.

그때까지 피에르는 먼발치에서 수와송 부인의 모습을 얼핏 봤을 뿐이었다. 게다가 그때 부인은 수많은 시녀와 종자에게 둘러싸여 마차 안에 앉아 있었다. 그러나 수와송 백작부인의 얼굴은 한 번 보면 잊을 수 없는 얼굴이었으므로 금세 부인인 줄 알아보았다.

피에르는 파랗게 질리더니 힘없이 베개에 머리를 묻었다. 백작부인은 천천히 침대로 다가왔다.

부인의 표정은 점잖았고 입가에는 미소까지 떠올라 있었다.

"판사님." 부인이 말했다. "제 이름은 굳이 말씀드릴 필요 없겠지요. 어쨌든, 묘한 우연의 일치로, 정말 중요한 순간에 당신을 도와드릴 수 있어서 제가 얼마나 기쁜지 판사님도 알아주셨으면 해요."

청년 판사는 몸을 들썩이면서 입속으로 혼잣말을 중얼거렸다.

"오르페브르 강변에서 일어난 사건에 대해서는 이미 의사 선생님한테 들으셨겠지요." 수와송 부인은 상대의 차가운 태도에도 아랑곳하지 않고 이야기를 계속했다. "하지만 의사 선생님은 내가 왜 그런 곳에 있었는지 당신한테 말씀드릴 수 없었을 거예요. 그 사람은 내가 마리에트 몽보아젱을 만나러

간 줄 몰랐고, 앞으로도 영원히 모를 테니까요."

그 이름을 듣자 불쌍한 청년 판사는 정신이 아찔해지는 것 같았다. 백작부인이 무슨 말을 할지 뻔했기 때문이다.

"나도 그 아가씨한테 마음을 쓰고 있어요." 수와송 부인이 말을 이었다. "판사님만큼은 아닐지도 모르지만……."

"저요?" 피에르가 중얼거렸다.

"왜 그 아이를 사랑하신다는 사실을 숨기시나요, 판사님?" 수와송 부인은 조용히 물었다. "마리에트는 나한테 뭐든지 이야기해 준답니다. 당신이 그 애한테 친절을 베풀어 주신다는 것도, 그 애를 열심히 변호하셨다는 것도, 불쌍한 그 애 어머니의 재판 경과를 모두 가르쳐 주신다는 것도……."

청년 판사는 부정하려는 듯한 태도를 보였다. 그러나 수와송 부인은 태연하게 말을 계속했다.

"물론 판사님이 그 애랑 관련된 일을 떳떳하지 못하다고 느끼시는 것도 이해는 가요. 그럴 만도 하죠. 판사님네 집안사람들이 어릴 때부터 가문의 명예를 중시하게끔 철저히 교육받는다는 것도 잘 알고 있습니다. 하지만 살다 보면 때로는 가문의 명예를 더럽혀도 괜찮은 경우가 있어요.

마리에트는 그저 그런 귀부인들보다도 훨씬 더 맑고 고귀한 영혼의 소유자입니다. 그러니까 왕가의 피를 이어받은 남자와 결혼했던 저조차도, 그 아이가 피에르 드 빌라루소 부인이 된다면 기꺼이 내 저택에 초대할 거예요."

그 말을 들은 피에르의 얼굴에는 만족보다는 오히려 경악의 표정이 떠올랐다. 그러나 수와송 부인은 더욱더 열띤 어조로 이야기를 늘어놓았다.

"그래요, 판사님, 난 정말로 그럴 거예요. 그뿐만이 아녜요. 이 결혼을 허락해 달라고 내가 당신 어머니를 설득할 수도 있어요."

"어머니 얘기는 그만두십시오." 청년 판사가 발끈해서 말했다.

"어머, 왜요? 마리에트는 신분이 낮은 처녀잖아요. 그 애 재산도 아버지한테 뺏길지도 몰라요. 하지만 나는 마리에트를 부자로 만들어서, 아무도 그 애의 출신을 문제 삼지 못하게 할 거예요. 아무리 오만한 사람이라도 그 애를 신부로 맞이하고 싶다고 생각할 정도로요.

당신이 한마디만 해 주신다면, 사랑하는 여자와 결혼하실 수 있도록 내가 책임지고 도와드릴게요……. 당신이 사랑하는 여자, 당신을 사랑하는 여자와…….”

수와송 부인은 마지막 말을 특히 강조하면서, 피에르가 어떤 반응을 보일지 초조하게 지켜보았다.

그러나 이 방법이 실패했다는 사실은 금세 밝혀졌다. 피에르는 괴로움으로 딱딱하게 굳은 얼굴로 내뱉듯이 말했다.

"그 한마디를 저한테 기대하지 마십시오. 저는 그 말을 할 수 없습니다."

수와송 부인은 순간 눈을 희번덕했지만, 간신히 화를 눌러 참았다.

"알았어요." 부인의 말투가 강경해졌다. "그런데 어젯밤에 내가 당신을 여기로 데려오지 않았더라면 당신은 길바닥에서 비참하게 죽었을 거예요.

그러니까 나로서는 당신이 조금이나마 나한테 감사할 거라고 기대할 수 있는 권리가 있지 않을까요?"

"아니, 그렇다고 해서 국왕 폐하를 배신하라고 저에게 요구하실 권리는 없을 겁니다. 저를 화형 법정 판사로 임명해 주신 분은 바로 국왕 폐하이시니까요." 피에르는 당당하게 딱 잘라 말했다.

"아, 정말 너무하네요!" 수와송 부인은 상대에게 속마음을 들켜 버리자 속상해서 소리를 질렀다. "그래요! 판사님, 이 저택에서 그렇게 내 뜻을 거슬러도 괜찮을 것 같아요? 당신이 그 끔찍한 특별 법정 심리에 관한 비밀 정보를 다 털어놓기 전에 여기서 나갈 수 있을 것 같아요?

자기 목숨이 내 손아귀에 달려 있다는 사실을 잊으셨나 보군요!"

"제 목숨은 하느님께 맡겼지만, 제 명예는 스스로 지킬 겁니다."

"당신이 이 저택으로 운반되는 모습을 본 사람은 아무도 없고, 여기서 내 권력은 절대적이에요.

내가 명령만 내리면, 살짝 신호만 하면, 당신은 터키 황제의 노예만큼이나 충성스럽고 과묵한 남자들한테 넘겨질 거예요."

"저도 압니다."

"당신은 돈도 많고, 유력한 가족들의 후원도 받고 있는 파리 고등법원 판사지요. 그러니까 설마 내가 당신을 죽이지는 못할 거라고 생각하고 계시나 봐요?

그건 착각이에요, 판사님. 나는 내가 증오하는 사람은 꼭 처치해 버리거든요. 모욕을 받으면 반드시 복수합니다. 저항하는 자는 굴복시킵니다."

"그럼 저를 굴복시켜 보십시오. 저는 결코 당신 뜻대로 되지 않을 것입니다." 청년 판사는 태연하게 대답했다.

신기하게도 수와송 부인이 가면을 벗어던지고 자기 의도를 공공연히 드러내면서 무섭게 협박하기 시작하자, 피에르의 천성적인 소심함이 마법에 걸린 듯 사라져 버렸다.

대대로 사법관을 지낸 조상들의 피가 그의 마음속에 되살아나고, 법복을 입음으로써 조상들에게서 이어받은 사명을 다하기 위해서는 죽음도 마다하지 않겠다는 강경한 마음가짐이 생겨났다.

1년 가까이나 사랑하는 마리에트에게 한마디 고백도 못하고 그녀의 아버지 앞에서도 도무지 기를 못 폈던 겁쟁이 연인은, 지금 이 순간 사납게 날뛰는 수와송 부인 앞에서 더없이 의연한 태도를 보이고 있었다. 그 모습은 봉기한 민중과 바리케이드를 넘어 용감하게 맞서는 마티외 몰레 수상과 같았다.

피에르의 눈매와 그 얼굴에 떠오른 차갑고 단호한 표정을 보자, 수와송 부인은 이 청년이 두려움 앞에서도 꿈쩍도 하지 않으리란 사실을 깨달았다.

그래서 부인은 이 두려움을 모르는 그의 마음을 움직이기 위해 다른 방법을 택했다.

"알았어요!" 부인이 경멸하듯이 말했다. "당신은 폭력에 굴복할 마음은 없고, 입을 여느니 차라리 죽음을 택하겠다는 거군요.

참으로 훌륭한 각오예요. 당신의 영웅적인 행동을 안다면 고등법원은 분명히 당신의 흉상을 대법원에다 장식해 놓을 겁니다.

하지만 아쉽게도 당신이 무슨 이유로 어떻게 죽었는지는 아무도 모를 테지요. 당신이 쓸데없는 고집 때문에 자기 자신을 희생하더라도, 당신의 사후 명예에는 아무 보탬이 안 될 거예요.

뭐, 그건 그렇고, 당신이 이렇게 열심히 정의를 지키느라 애쓰고 있는 것을 안다면 마리에트가 과연 뭐라고 말할까요?"

"마리에트!" 피에르는 문득 불안을 느끼며 중얼거렸다.

"그래요. 당신 말고는 자기를 지켜 줄 만한 보호자도 없고, 오직 당신만 의지하면서 살아가는 마리에트 말예요. 당신이 세상을 떠난다면 그 애는 어떻게 될까요?

그 애 새어머니는 머잖아 당신 동료들한테 사형을 선고받아 그레브 광장에서 불길에 휩싸이겠지요.

 아버지는 이름도 없는 어느 직공한테 딸을 빨리 시집보내 버리고 속 편하게 살 기회만 노리고 있고요.

 정말 불쌍하기도 하죠. 그 상냥한 아가씨는 어쩌면 피에르 드 빌라루소 부인이 됐을지도 모르는데!”

 청년 판사는 아무 말도 하지 않았으나 얼굴이 심하게 일그러졌다. 그는 자기에게 유혹의 손길을 내미는 악마 같은 여자를 보지 않으려고 눈을 감았다.

 “혹시나 해서 말씀드리지만, 나는 그 아이의 장래에 대해서 얼토당토않은 소릴 하고 있는 게 아니에요.

 당신은 아직 모르실지도 모르지만, 나는 몽보아젱이 딸을 형편없는 남자랑 결혼시키려고 한다는 것을 알고 있어요. 지금까지 온갖 더러운 일을 하고 다닌 끔찍한 사기꾼, 그르노블에서 태어난 로마니라는 남자······.”

 “그래, 그게 사실이었군!” 마리에트가 소름 끼친다는 듯이 로마니의 이름을 언급했던 것을 떠올리면서 피에르는 혼잣말을 했다.

 “이제야 좀 차분히 생각해 볼 마음이 드셨나 보군요, 판사님.” 수와송 부인은 말을 이었다. “당신이 마리에트를 버린다면, 그 애가 당신을 저주한들 어쩔 수 없지 않을까요?”

 “마리에트는 아버지 명령에 따르지 않을 겁니다. 마리에트가 내 앞에서 그렇게 단언했다고요!” 피에르가 소리쳤다.

 “이렇다 할 경험도 없는 외톨박이 스무 살 처녀가 아버지의 뜻을 거스를 수 있다고 생각하세요? 당신도 참 한심하시네요!

 판사님, 당신은 세상 물정을 전혀 모르시는군요. 법정 심문에는 절대로 빠지지 않으면서도 사교계에는 코빼기도 안 내미시니까 여자 마음을 연구할 기회가 없었나 봐요.

 마리에트는 처음에는 저항할 테지만 결국 굴복할 거예요.

 어쩌면 당신을 깨끗이 잊어버리고 로마니라는 남자를 좋아하게 될지도 모르죠. 왜냐하면 그 남자는 한 인물 하는 데다가 여자를 상당히 잘 다루는 모양이니까······.”

 “아니······ 그럴 리 없어요······. 마리에트는 그런 여자가 아닙니다.”

 “하지만 자기를 버린 남자를 마리에트가 과연 믿고 기다릴까요? 당신이 자취를 감춘다면 그 애가 어떻게 생각할 것 같아요? 그 애가 만나는 사람이라고는 나 하나뿐인데, 나는 당신이 어떻게 되었는지 그 애한테 가르쳐 주지 않을 거예요. 그렇다고 마리에트가 아버지한테 당신 소식을 물어볼 수도 없잖아요.

그러니까 마리에트는 당연히 이렇게 생각할 테죠—'피에르 드 빌라루소 판사님은 마음이 변하신 거야. 자기가 어리석은 사랑을 하고 있다는 사실을 깨닫고, 집안의 명예를 더럽히지 않기 위해 라 보아젱의 의붓딸과 결혼하기를 포기하신 게 틀림없어.'"

환자는 몸을 들썩이더니 알아듣기 힘든 소리를 중얼거렸다.

논리정연해서 반박할 여지가 없는 수와송 부인의 논법은 불쌍한 청년 판사의 마음을 눈에 띄게 뒤흔들어 놓았다.

부인은 자기가 한 악담이 그의 마음에 충분히 스며들 때까지 기다렸다가 말투를 싹 바꿔서 이야기를 계속했다.

"하지만 말이죠, 앞으로 죄 없는 마리에트를 괴롭히게 될 수많은 불행을 당신은 막을 수 있어요. 당신 마음먹기에 따라서는.

그저 당신이 지금까지 그 애한테 백 번은 하셨을 이야기를 이번에는 나한테 해 주시기만 하면 돼요.

당신은 라 보아젱에 대한 심문 결과를 거의 날마다 그 아이한테 가르쳐 주셨죠?

벌써 1년 전부터 피고인의 의붓딸에게 그런 비밀을 밝힘으로써 당신은 판사로서의 의무를 저버리셨잖아요.

게다가 나는 피고가 아니에요. 그러니까 내가 원하는 정보를 가르쳐 주셔도 당신은 위험한 짓을 하시는 건 아니고, 양심의 가책을 느끼실 필요도 없어요."

"대체 뭘 원하시는지, 좀더 확실하게 말씀하시지 않으면……." 피에르는 수와송 부인의 교묘한 말솜씨에 반쯤 넘어가서 우물우물 말했다.

"네, 판사님. 그럼 확실하게 말씀드리죠." 수와송 부인은 속으로 쾌재를 불렀으나 애써 태연한 척하면서 대답했다. "당신도 내가 어떤 사람인지는 아실 테지요? 당신이 아무리 젊고 궁정과는 거리가 멀다 해도, 내가 한때 국왕 폐하의 총애를 받았지만 지금은 냉대받고 있다는 사실쯤은 들어서 아실 거예요.

 옛날에 나는 왕가의 피를 이은 귀족의 아내가 되었고 왕비의 여관장으로 일했으며 마침내 국왕 폐하의 사랑을 받아, 폐하의 총애만을 존중하는 궁정인들의 질투와 아첨을 받게 되었습니다.

 그러나 이제는 남편을 잃고 궁정에서 쫓겨났으며 국왕 폐하께 버림받고 말았지요. 한때 내 발밑에 엎드리던 궁정 멋쟁이들과 수다쟁이 여자들한테도 멸시받는 신세가 됐습니다.

 하지만 이렇게 내 신세가 바뀌었어도 난 아무렇지도 않아요. 다 상관없어요. 나를 파멸시키겠다고 맹세한 어떤 남자의 무시무시한 증오만 아니면 말이죠.

 르부아 총리는 내가 그 사람의 부당한 요구에 저항하자 앙심을 품고, 가차 없이 나를 박해하면서 내가 사랑하는 사람들을 공격했어요. 내 가장 충성스러운 종복은 벌써 7년이나 어느 감옥에 갇혀 있는 신세예요…… 쇠사슬에 묶이고…… 얼굴에 가면이 씌워진 채…… 단지, 나를 위해 일했다는 이유만으로……"

 미목수려한 종자 필립을 떠올리자 수와송 부인은 목이 메고 눈물이 날 뻔 했지만, 얼른 정신 차리고 격한 어조로 이야기를 계속했다.

 "지금 르부아 총리는 나에게 남은 마지막 재산, 명예와 목숨마저 빼앗으려 하고 있어요.

 르부아는 그 끔찍한 재판 심리를 통해서 얻었다는 증거를 가지고 나를 함정에 빠뜨릴 생각이에요.

 글쎄, 그 남자는 내가 경솔하게 저지른 일을 범죄라고 주장하고 있어요. 그게 말이 되나요? 그 정도 일은 나 말고도 수없이 많은 귀부인이 하는 짓이라고요. 난 그저 라 보아젱이라는 여자네 집에 가서, 아무런 해도 없는 약을 샀을 뿐인데.

 요컨대 르부아는 나를 독살범으로 만들고 싶은 거예요. 어떻게 해서든 나를 거꾸러뜨리겠다는 거죠.

 그러니까 판사님, 내가 내 몸을 지키기 위해 당신의 힘에 의지한다 해도 전혀 부끄러운 일은 아닐 거예요. 그렇죠?

 최고법원의 아실 드 아를레 재판장도 그랬어요. '혹시 내가 기소된다면,

설령 노트르담 성당 탑을 훔친 죄로 기소됐다 하더라도 우선은 안전한 장소에 숨을 것이다.'

　그러니까 말이죠, 그만큼이나 얼토당토않은 죄명으로 내가 기소될 처지에 놓인다면, 부디 그걸 나한테 알려 주세요. 그것만으로도 내가 당신 목숨을 구해 준 은혜는 충분히 갚으실 수 있을 거예요."

　이 마지막 말에는 뜨거운 열의가 담겨 있었다. 마음이 흔들린 피에르는 저도 모르게 소리쳤다.

　"아를레 재판장님의 말씀이 옳소!"

　"내가 체포될지 어떨지, 가르쳐 주시겠어요?" 이 질문을 하는 수와송 부인의 얼굴은 긴장해서 파랗게 질려 있었다.

　피에르는 입을 다물었다. 그러나 그 속마음을 짐작하기는 어렵지 않았다.

　수와송 부인은 형형하게 빛나는 눈으로 피에르의 얼굴을 들여다보면서, 그 동요한 표정에서 상대의 마음을 읽어 내려고 했다.

　그때 침실 입구를 가린 두꺼운 직물 너머로 사람 목소리가 들려왔다.

　누가 말다툼을 하는 것 같았다. 수와송 부인은 깜짝 놀라 문간으로 달려갔다. 그러나 그보다 한발 앞서 문이 벌컥 열렸다.

　"물러서라, 이 무례한 놈아!" 부인의 귀에 익은 목소리가 울려 퍼졌다. "부인한테 급히 할 얘기가 있다!"

　침실 입구를 지키고 있던 라 브리가 상대에게 떠밀려 비켜섰다. 상대는 바로 수와송 부인의 형부 부이용 공작 각하였다.

　조금 전 수와송 부인이 자리를 뜰 때 핑계 삼아서 손님들에게 했던 거짓말이 현실이 된 것이다.

　다만 저택을 방문한 사람은 언니[*1]의 집사가 아니라 남편이었다. 게다가 공작이 용건도 없이 여기까지 왔을 리 만무했다.

　어떤 종류의 바닷새가 날아다니는 것을 보고 선원들이 폭풍을 예감하듯이, 수와송 부인은 이 뜻밖의 방문이 나쁜 징조임을 금세 알아차렸다.

　부이용 공작, 즉 국왕의 시종장 고드프루아 모리스 드 라 투르 도베르뉴는 위대한 장군인 튀렌 원수의 조카로, 1662년에 마리 안 만시니와 결혼했다.

[*1] 실제로는 여동생.

그때 그는 아직 마흔도 안 된 사내였지만 엄격하고 오만하게 생겨서 실제보다 훨씬 더 나이 들어 보였다.

톡톡 튀고 정열적인 아내와는 대조적으로 이 고상한 귀족은 냉정하고 신중하게 처신하면서 아내의 비상식적 행동에는 일절 관여하지 않았지만, 그래도 부부 사이는 원만했다.

공작부인은 새로운 것을 무척 좋아해서 합법이니 불법이니 따지지 않고 무조건 신기한 것에 관심을 보였다. 그래서 먼저 학자, 예술가, 시인을 살롱에 초대했으며, 나중에는 동생 수와송 부인과 마찬가지로 연금술사나 점쟁이 같은 온갖 사기꾼들에게 놀아나게 되었다.

공작은 조용히 궁정 임무에 열성을 다하면서 아내의 변덕스런 행동을 묵인하고 있었다. 공작부인은 그 무렵에 유행하던 키니네에 관심을 쏟고, 증류기를 사용하고, 그보다 더 위험한 취미에 열중하기도 했다.

남편으로서의 부이용 공작은 1673년에 급사한 수와송 백작과 비슷한 남자였다. 만시니 집안의 다섯 자매 중 밑에 두 사람[*2]은 천생연분을 찾아냈던 것이다.

그러나 부이용 공작은 집안의 불명예를 모른 척할 수 있는 남자는 아니었으므로, 지난 1년간 자기 아내와 수와송 부인의 나쁜 소문을 들으면서 많은 고통을 겪어야 했다.

공작은 아내가 사는 저택에 별로 돌아가지 않게 되었고, 수와송 부인하고도 거의 만나지 않았으며 어쩌다 만나면 무뚝뚝하게 대했다.

사정이 이러했으므로 수와송 부인은 공작이 뭔가 중대한 소식을 가져온 게 틀림없다고 직감했다.

문간으로 달려가기 전에 수와송 부인은 피에르가 누워 있는 침대 휘장을 빈틈없이 쳐 놓았다. 그래서 안으로 들어온 공작은 이 자리에 처제랑 자기만 있다고 생각했다.

피에르도 자기가 수와송 저택에 있다는 사실을 남에게 들키고 싶지 않았으므로 가만히 숨을 죽이고 있었다.

"무슨 일이신가요, 공작님?" 수와송 부인은 부이용 공작의 얼굴을 보더니

---

*2 사실 올랭프(수와송 부인)는 둘째였다.

위엄 있게 물었다.

"부인." 공작이 싸늘하게 말했다. "당장 프랑스에서 탈출하시오. 안 그러면 바스티유에 갇히게 될 거요."

"그게 무슨 뜻이죠?" 안색이 변한 수와송 부인이 낮게 중얼거렸다.

"당신이 국왕 폐하의 명령으로 체포되리라는 뜻이오."

"언제?"

"내일."

"말도 안 돼요. 내가 체포될 것 같으면 진작 체포됐을 거예요. 일부러 도망칠 기회를 줄 리가 없잖아요?"

"그건 착각이오. 지금 베르사유에서 오는 길인데, 거기서 국왕 폐하가 나를 불러서 말씀하셨소—'독살 사건 관계자는 모조리 재판에 회부할 걸세. 신분 고하를 막론하고 한 사람도 빠짐없이.'"

"폐하는 또 이렇게 말씀하셨소—'자네 집안이 짐에게 헌신한 공적을 생각해서, 또 자네에 대한 짐의 우정의 표시로서 이렇게 자네에게 짐의 결정을 알려 주는 걸세. 어쩌면 짐은 수와송 부인에게 도망칠 기회를 준 데 대해서, 하느님과 백성들 앞에서 해명해야 할지도 모르겠군.'"

"세상에, 별 시답잖은 일을 참 과장스럽게 말씀하시는군요." 수와송 부인은 억지웃음을 지으면서 말했다. "도대체 내가 무슨 죄를 지었다는 거죠?"

"여러 독살 사건과 그보다도 더 끔찍한 범죄를 저질렀지."

"거짓말이에요! 내가 누굴 독살했다는 거죠? 설마 내가 남편을 죽였다고 말씀하시는 건 아니겠죠? 그이는 단 한 번도 나를 괴롭히지 않고 언제나 내 마음대로 하게 내버려 뒀어요. 그 비열한 여자들은 그저 무죄 판결을 받고 싶어서 나한테 불리한 증언을 하고 있는 거예요. 자기네 죄를 용서해 준다니까 옳다구나 하고 되는대로 거짓 진술을 한 거죠. 내 앞에서 똑같이 증언해 보라고 하면 그 여자들은 분명히 한마디도 못할 거예요. 우리를 대면시켜 준다면, 내가 그 거짓말쟁이들을 꼼짝 못하게 만들 수 있어요."

"그건 그만두는 편이 좋을 거요, 부인. 결국 당신의 파멸을 자초하게 될 테니까. 최근 심리에서 라 보아젱이 뭐라고 했는지 아시오?"

"거짓말…… 아무 근거도 없는 중상모략을 했겠죠……."

"그 여자와 법정에서 대면하겠다는 계획이 얼마나 부질없는지 알아줬으면

하는 마음에서, 그 여자가 한 말을 그대로 가르쳐 주겠소—'수와송 부인은 백 번도 넘게 우리 집에 와서, 국왕 폐하의 총애를 되찾고 총희 라 발리에르 양을 해치울 수 있는 비약(祕藥)을 얻고 싶다고 말했습니다.

제가 드린 약이 효과가 없자 어느 날 부인은 이렇게 소리쳤습니다—만일 국왕 폐하의 마음도 되돌리지 못하고 그 여자도 처치하지 못한다면, 철저하게 복수하고 말겠어! 둘 다 처치해 버리겠어.'"

"그건 다 그 여자가 지어낸 얘기예요. 설령 내가 정말로 그런 말을 했더라도, 내가 국왕 폐하에게 위해를 가하지 않았다는 것은 분명한 사실이잖아요. 실제로 폐하는 건강하게 살아 계시니까요."

"그렇다면 그 천벌 받을 기부르가 뭐라고 증언했는지 가르쳐 드리지. 그 극악무도한 놈은 당신 눈앞에서 가톨릭교회의 신성한 의식을 흉내 내어 미사를 거꾸로 집전하고 어린애를 제물로 바쳤다고 하더군."

안 그래도 파랗게 질려 있던 수와송 부인의 얼굴은 죽은 사람처럼 창백해졌다. 공작은 뚜렷한 목소리로 이야기를 계속했다.

"그 소름 끼치는 의식을 할 때 당신이 왼 주문을 그대로 들려 드리리까? '아스타로트, 아스모데오, 사랑의 신들이여, 이 어린 제물을 받고 내 소원을 들어 주소서. 국왕 폐하의 사랑이 다시 내게 오기를.'*3

그리고 그 기부르란 놈하고 라 보아젱이 국왕 폐하의 밀랍인형을 당신 앞에서 불태우는 동안, 당신이 왼 주문도 여기서 재현해 드리리까?

당신은 이렇게 말했소—'이것은 루이 드 부르봉의 육체, 영혼, 정신, 마음이니라.'"*4

"악마가 나를 배신했구나." 수와송 부인이 멍하니 중얼거렸다.

"그뿐만이 아니오, 부인. 당신은 가루약을 동봉한 청원서를 스스로 국왕 폐하께 건네 드려서 폐하를 독살하려는 계획을 세웠고, 또 비단옷 주머니에 숨긴 휘발성 독약으로 폐하의 총희 퐁탕주 부인을 죽일 생각이었소.

청원서가 준비되었다는 증거도, 리옹에서 어떤 사내가 문제의 비단옷을

---

*3 원주. 이 기묘한 기도문의 전문은 법원 도서관에 보관돼 있는 사본에 실려 있다. 그 사본의 표제는 《라 레니 경찰청장의 유족이 대법관 각하에게 제출한 화형 법정 관계 서류에서 발췌한 글》이다.

*4 원주. 여기에 인용한 내용은 모두 아스날 도서관에 있는 《아스날 문서》에서 발췌한 것이다.

살다는 증거도 이미 확보되었소. 라 보아젱이 부리는 로마니라는 악당 말이오……."

"아아, 다 틀렸구나!" 수와송 부인이 비명을 질렀다.

그 비명 덕분에, 보석상 몽보아젱이 딸을 떠넘기려고 했던 결혼 상대의 이름을 듣는 순간 피에르가 저도 모르게 흘렸던 신음은 아무에게도 들리지 않았다.

"자, 부인, 당신이 지금 당장 도망쳐야 할 이유를 이제 아시겠소?" 공작이 말을 이었다.

"네, 알고말고요!" 수와송 부인이 몹시 흥분해서 소리를 질렀다. "이게 다 누가 꾸민 짓인지 알겠어요. 르부아가 이겼군요. 그놈이 나를 눈엣가시처럼 여기는 것은, 내가 그놈 아들한테 우리 딸을 시집보내지 않겠다고 했기 때문이에요. 르부아는 자기 세력을 이용해서 나를 기소하는 데 성공한 거죠. 그 모든 증언은 다 그놈이 꾸며 낸 거예요. 나 같은 사람한테까지 체포령을 내리는 데 국왕 폐하께서 동의하셨으니, 이제 르부아는 나를 사형대에 보내거나 평생 감옥에 가둬서 마침내 복수를 해내겠지요.

그런 꼴을 당하느니 도망치는 게 낫겠어요. 결백을 입증하는 것은 그 다음 일이에요."*5

"그것이 하느님의 뜻이오, 부인. 한시도 지체해선 안 되오. 내일은 너무 늦소."

"하나만 더 가르쳐 주세요, 공작님. 체포 영장이 발부된 사람은 나 하나뿐인가요?"

"아니라오, 부인. 프랑스에서 가장 지체 높은 귀족과 귀부인이 그 비열한 요술사 놈들과의 관계에 대해 추궁 받게 될 것이오. 국왕 폐하는 당신에게 베푸신 친절을 그 사람들에게는 베푸시지 않은 모양이오."

"폐하께서 한때는 저를 사랑하셨다는 사실을 기억해 주신 거군요!" 수와송 부인은 씁쓸하게 말하더니 문득 생각난 듯이 또 다른 질문을 던졌다. "마리 안도 이 사건에 휘말렸나요?"

공작은 무의식적으로 얼굴을 붉혔지만, 그런 질문이 나올 줄 예상하고 있

---

*5 원주. 소와지 신부의 《루이 14세의 역사에 대한 수기》에 인용된 수와송 부인의 말이다.

없는지 침착하게 대답했다.

"내 아내도 심문을 받을 거요, 부인. 아내한테 해명할 기회를 달라고 내가 직접 국왕 폐하께 부탁드렸소. 그러니까 나는 이 엄청난 시련 앞에서도 우리 부이용 집안의 명예는 더럽혀지지 않을 것이라 확신하고 있소."

"국왕 폐하께서 관대한 조치를 내리시길 기원하겠어요." 수와송 부인은 냉소적으로 말했다. 언니가 저지른 죄를 잘 알고 있었기 때문이다.

수와송 부인은 문간으로 달려가, 문 건너편에서 계속 대기하고 있던 충성스러운 부하 라 브리를 불렀다.

"손님들한테 나는 외식하러 나간다고 전해라. 그리고 종복과 마부한테 회색 제복을 입으라고 해. 마차에는 말 여덟 마리를 매어 놓고. 우리는 플랑드르로 떠날 거야. 한 시간 내에 파리를 떠나야 해. 같이 갈 사람은 너와 바니니 의사와 몸종 둘이야."

라 브리는 눈이 휘둥그레졌지만 군말 없이 명령에 복종했다. 수와송 부인이 뜬금없이 변덕 부리는 데에는 이미 익숙해져 있었기 때문이다.

"그럼 안녕히 계세요, 공작님. 아마 두 번 다시 만날 일은 없겠죠." 작별 인사를 내뱉고서 수와송 부인은 나머지 사람들에 대해서는 싹 잊어버리고 방 밖으로 뛰쳐나갔다.

부이용 공작은 이 저주 받은 집에 오래 머물러 봤자 좋을 게 없다는 듯이, 황급히 자기 마차로 돌아갔다.

피에르 드 빌라루소는 홀로 병상에 남았다. 그동안 수와송 부인의 종복들은 이 독살범이 국외로 가져가려는 옷가지와 돈과 보석을 마차에 실었다.

18 보석상의 비밀

　이튿날인 1860년 1월 23일에 발표된 무시무시한 소식은 그야말로 청천벽력이나 다름없었다.
　그날 아침, 프랑스에서 가장 중요한 지위를 차지하고 있는 인물 몇 명이 칙명에 의해 구속됐다는 사실을 알고서 궁정 및 파리 사람들은 대경실색했으며 심지어 두려움까지 느꼈다.
　외가 쪽 조상이 부르봉 왕조의 피를 이은 클레르몽 로데브 백작, 고(故) 마자랭 추기경의 두 조카딸, 수와송 백작부인과 부이용 공작부인, 왕비의 여관 티그리 공비, 알루이 후작부인, 루르 백작부인, 기병연대장 폰테의 아내 마리 드 라 마르크, 라 페르테 공작부인, 푸키에르 후작부인, 테름 후작, 위대한 콩데 공의 제자로서 혁혁한 공을 세운 원수 뤽상부르 공 부트빌 몽모랑시, 이상이 매우 중대한 죄를 저질렀다는 이유로 칙명에 의해 체포된 사람들의 이름과 직함이다.
　이윽고 대대로 최고법원 판사를 배출한 집안의 일원, 르 페롱 재판장의 미망인, 도르 청원위원(請願委員)의 아내도 체포됐다는 소문이 돌았다.
　게다가 풍문으로는, 위기를 감지한 수와송 백작부인은 서둘러 도망쳐서 이미 파리를 멀리 떠나 브뤼셀로 가고 있다는 것이었다.
　한편 백작부인의 언니 부이용 공작부인은 결연히 파리에 남아 심문을 기다리고 있었다.
　뤽상부르 원수는 바스티유에 유폐되었다.
　이런 기괴한 소문이 최하층 파리 시민에 이르기까지 모든 사람에게 얼마나 큰 영향을 주었는지는 쉽게 상상할 수 있으리라.
　이번에 루이 14세가 취한 행동은 하나의 쿠데타였으며, 이에 대한 동시대인들의 평가는 몹시 다양했다.
　상류계급 사람들은 대체로 국왕의 결단을 비난했다. 그 결정은 가장 유명한 귀족들을 체포함으로써 귀족계급을 욕보이고 공격하는 것이었다.

이런 감정은 세비녜 부인의 편지에서도 드러난다.

이 유명한 후작부인은 1월 31일에 쓴 편지에서 만시니 집안의 두 딸들에 대해 이렇게 말했다—"아직은 그 두 사람이 저질렀다는 어리석은 행위에서, 그들을 범죄자라고 단정할 만한 근거는 발견되지 않았습니다. 아니, 범죄는 커녕 수상한 구석조차 찾을 수 없을 정도입니다. 이 이상 아무런 죄도 발견되지 않는다면, 그토록 지체 높은 사람들을 이런 엄청난 추문에 시달리게 할 필요는 없었다는 생각이 들 것 같습니다."

반면에 일반 대중은 물론이고 부르주아들도 '법 앞에 만민이 평등하다'는 원칙에 입각한 국왕의 조치를 환영하면서, 기소된 귀족들에게 격렬한 적의를 품었다.

어쨌든 이 사건은 방방곡곡에서 흥분의 소용돌이를 일으켰다. 이어지는 한 달 동안 국민들은 재판 상황에 뜨거운 관심을 보였다.

그러나 화려했던 사건의 발단에 비하면 그 뒤의 경과는 기대에 못 미쳤다.

곧 밝혀진 바에 따르면, 부이용 공작부인은 화형 법정 판사들 앞에서 매우 거만한 태도를 취했다고 한다.

공작부인은 많은 사람을 거느리고 위풍당당하게 재판소에 도착했다. 부이용 집안, 엘뵈프 집안, 그리고 두 집안 연고자들의 마차를 스무 대 이상이나 끌고 온 것이다.

세비녜 부인의 편지를 인용하자면 이렇다.

"부이용 부인은 마치 여왕님처럼 입장해서 준비된 의자에 앉자마자 먼저 한마디 했습니다. 자신이 이곳에 온 것은 어디까지나 국왕 폐하의 명령을 존중했기 때문이지 화형 법정의 소환에 응했기 때문이 아니라고요. 부인은 공작 집안의 특권을 방패로 삼아, 화형 법정의 권위 따윈 인정할 필요가 없다고 생각했던 겁니다.

부인은 장갑을 벗어 아름다운 손을 드러내더니 매우 솔직한 자세로 질문에 답했습니다. 나이를 묻는 질문에도 정직하게 대답했습니다. 부인은 라 보아젱을 안다는 사실은 인정했지만, 왜 남편을 죽이려고 했냐는 질문에는 이렇게 대답했습니다.

'내가 남편을요? 그런 일이 있었는지 직접 본인에게 물어보시지요. 우리

남편이 저기 입구까지 나를 데려다 줬으니까요.'

라 보아젱에게 금화 한 자루를 주지 않았느냐는 질문에 공작부인은 이렇게 대답했습니다. '아뇨, 안 줬습니다. 그럴 이유가 없는걸요.' 정말 영문을 모르겠다는 말투였습니다.

결국 부인은 무사히 풀려나서 환호를 받으며 친척들과 친구들 품으로 돌아갔습니다. 그만큼 부인은 아름답고, 천진난만하고, 대담하고, 기품 있고, 침착했습니다."

항간에서는 이런 소문도 떠돌았다. 눈 뜨고 보기 힘든 추남인 라 레니 경찰청장이 "당신이 악마를 봤다는 것이 사실입니까? 그놈 생김새가 어떻던가요?" 하고 묻자 부인은 경찰청장의 얼굴을 뚫어져라 쳐다보면서 이렇게 대답했다고 한다.

"지금 보고 있습니다. 법복을 입고 네모난 모자를 쓰고 있네요."

부이용 부인의 농담이 국왕 폐하를 진노케 했다는 소문도 있었다. 부인이 화형 법정을 조롱거리로 만들었기 때문이다.

그러나 만시니 집안의 여자들 가운데 밑에서 둘째 딸이 무죄 방면됐다는 것은 틀림없는 사실이었고, 막내딸은 플랑드르에서 안전한 은신처를 찾아냈다.

뤽상부르 원수에 대해서도 특별 법정은 그다지 눈에 띄는 성과를 거두지 못했다.

재기 발랄하고 용감한 원수는, 그 시절에 몰래 유포되었고 후세에도 알려지게 된 편지 한 통을 통해서 자신의 결백을 증명했다. 편지 내용은 다음과 같다.

"저는 제 무고함을 확신하고 있으므로, 제 안전을 도모하기 위해 즉시 도망치라는 친절을 가장한 충고에는 귀를 기울이지 않았습니다.

저와 인척이 되고자 했던 르부아의 음모에 희생되어 조용히 입 다물고 있을 수만은 없었던 것입니다. 저는 역경에 부닥쳐도 긍지를 잃지 않는 남자이므로, 굳이 이렇게 말했습니다―우리 일족은 범죄 행위를 통해 인척 관계를 맺으려는 짓은 하지 않습니다. 우리 아들이 르부아 집안의 영양과 결혼한다면 크나큰 영광일 것이라고 생각합니다만, 그 때문에 양심에 거리끼는 행동을 할 마음은 전혀 없습니다.

더욱이 저는 이런 말도 덧붙였습니다―우리 조상님 마티외 드 몽모랑시가

선왕 폐하의 비전하이시자 어린 국왕 폐하의 어머니이신 귀부인과 결혼했을 때에도, 그 결혼을 성사시키려고 악마한테 영혼을 팔지는 않았습니다. 왜냐하면 그것은 프랑스 삼부회에 의해 의결된 사안이었기 때문입니다. 삼부회는 몽모랑시 일족이 국왕에게 충성하길 바라는 마음에서 이 결혼을 성사시킬 필요가 있다고 선언했습니다.

그때 저는 왕가를 존중하는 의미에서, '국왕에게 충성하길 바라는 마음에서'라는 표현을 썼습니다. 실제로 삼부회 선언에서는 '국왕을 보호하길 바라는 마음에서'라는 표현이 쓰인 것으로 기억하고 있습니다."

이 당당한 항의문은 판사들에게 큰 감명을 준 듯했다. 바스티유에 갇힌 룩상부르 원수의 처지는 점점 개선되었다. 그는 조만간 석방될 것처럼 보였다.

만시니 집안의 두 사람 외에 다른 귀부인들도 이윽고 무죄로 방면되었다. 클레르몽 로데브 백작은 수와송 부인과 마찬가지로 국외로 도망갔고, 르 페롱 재판장 부인과 도르 부인은 국외 추방을 당하는 데 그쳤다.

그러나 경찰청장이 쳐 놓은 거미줄은 말벌이라면 쉽게 뚫고 도망칠지언정, 조그만 날벌레라면 한번 걸려든 이상 결코 도망칠 수 없는 무서운 덫이었다.

그 유명한 1월 23일 칙명 이후로 한 달도 지나지 않았건만, 각지의 감옥에는 이제 평민 독살범과 비천한 요술사들만 남게 되었다.

그중에서도 가장 유명한 카트린 보아젱은 한동안 샤틀레 감옥에 갇혀 있다가 뱅센 성 감옥으로 이송되어, 여전히 매일같이 화형 법정에 출두했다.

재판관들은 이 여자에게서 더는 아무런 정보도 끌어낼 수 없다고 생각했다. 새로운 사실을 알아내려면 이 여자를 고문할 수밖에 없다고 판단했다.

그리하여 2월 19일에 판결이 내려졌다.

피고는 고문을 받은 뒤 대중 앞에서 죄를 인정해야 하며, 불에 달군 쇠꼬챙이로 손이 꿰뚫리고 잘려 나간 다음 불에 태워질 것이고, 그 재는 사형집행인이 바람에 날려 보내기로 결정된 것이다.

이것이 그 시대 법률상 요술과 독살이라는 이중 범죄를 저지른 자에게 내려지는 형벌이었는데, 피에르 드 빌라루소는 이 잔혹한 판결을 낭독하면서 극심한 마음의 동요를 느끼지 않을 수 없었다.

청년 판사는 수와송 부인이 황급히 출발한 직후의 혼란을 틈타 수와송 저택을 빠져나왔다.

피에르의 어머니는 몇 시간 전부터 걱정하면서 아들이 돌아오기를 이제나저제나 기다리고 있었다. 피에르는 귀가가 늦어진 이유와 그 원인이 된 사건에 대해서 난생처음 거짓말을 할 수밖에 없었다.

피에르는 보석상 몽보아젱네 집에서 돌아오다가 어둠 속에서 심하게 넘어지는 바람에 정신을 잃었는데, 그 사이에 도둑놈이 보석을 훔쳐갔고 낯선 서민들이 자기를 도와줬다고 거짓말을 했다.

빌라루소 부인은 아들의 은인에게 일부러 인사하러 갈 만한 성품도 아니었고, 잃어버린 목걸이에도 별로 신경 쓰지 않았다. 어머니는 아들이 지어낸 이야기를 곧이곧대로 받아들였으며, 피에르는 이 사건 덕분에 사촌누이와의 결혼을 연기할 수 있었다. 목숨이 위태로울 만큼 중상을 입진 않았어도 피에르의 건강 상태는 그다지 좋지 않았기 때문이다.

그러나 이삼일 쉬고 나자 피에르는 벌써 화형 법정에 나갈 수 있을 만큼 회복됐고, 참으로 기쁘게도 다시 마리에트를 몰래 만나러 갈 수 있게 되었다.

보석상의 딸은 누가 피에르의 목숨을 노렸다는 이야기와 수와송 부인이 국외로 도망갔다는 소식을 듣고 놀라움과 슬픔을 드러냈다.

수와송 부인이 사라짐과 동시에, 라 보아젱의 운명에 대해 마리에트가 품었던 부질없는 희망도 사라져 버렸다. 이 불쌍한 처녀는 이제 청년 판사에게 매달리는 것 말고는 새어머니를 감옥에서 꺼낼 도리가 없었다.

마리에트는 아버지가 억지로 강요하는 불쾌한 결혼을 연기하는 데 성공했다. 실은 결혼 상대가 평소같이 여행을 떠났다가 좀처럼 돌아오지 않았기 때문이지만.

따라서 2월 19일 밤 피에르가 보석상 별채 문을 두드렸을 때, 연인들은 아직 모든 희망을 잃어버린 상태는 아니었다. 마리에트는 이 마지막 밤에 두 사람의 운명이 결정되리라는 것을 알고 있었으므로 불안한 마음으로 피에르가 오기를 기다리고 있었다.

"어떻게 됐나요?"

피에르를 데리고 침실로 들어가자마자 마리에트는 의미심장한 눈길로 상대를 쳐다보며 불쑥 질문을 던졌다.

청년은 대답 없이 슬픈 표정으로 눈을 내리깔았지만, 그 침묵은 큰 소리로 사실을 밝히는 것이나 마찬가지였다.

"판결이 내려졌군요?" 보석상의 딸이 중얼거렸다.

"네, 아가씨. 하지만……."

"언제 형을 집행하나요?"

"사흘 안에."

"아니, 그러게 놔둘 순 없어요!"

"안타깝지만 뱅센 감옥은 경계가 엄중해서 죄수를 탈옥시키기는 불가능하오."

"간수를 매수하든지 경찰한테 뇌물을 주면 되잖아요. 하여튼 무슨 일이 있어도 우리 어머니를 죽게 놔둘 순 없어요."

"내 말 들어 봐요, 아가씨." 마침내 마음을 가라앉힌 피에르가 입을 열었다. "저는 당신과 맺은 약속을 잊어버리지 않았습니다. 하느님께서 굽어보시니, 저는 당신을 친딸처럼 보살핀 여성을 구하기 위해 힘닿는 데까지 온갖 방법을 써 볼 것입니다.

저는 이미 결심했습니다. 제가 얼마나 막중한 책임을 떠안게 될지 잘 알고 있으며, 이 계획 때문에 명예는 물론이고 목숨까지 잃을지 모른다는 사실도 숙지하고 있습니다.

하지만 저는 당신을 사랑합니다. 당신은 제 아내가 되어 주겠다고 약속했습니다. 그러니까 제가 어떻게든 해 보겠습니다."

"어쩌시려고요? 당신 계획은 뭔가요?"

"그걸 설명하려면 먼저 당신이 모르는 사정을 가르쳐 드려야겠군요.

제가 누군가에게 습격 받아 기절한 채 수와송 저택으로 실려 갔던 날 밤, 수와송 부인을 도와준 퐁네프의 도둑이 우연히 제 이름과 주소를 알게 됐습니다.

도둑 중 한 사람이 내 조끼 주머니에서 떨어진 서류를 주워서 제가 누군지 알게 됐던 거지요.

사흘 뒤 저는 재판소로 가려고 루아얄 광장을 가로지르고 있었습니다. 그때 말쑥하게 차려입은 낯선 사내가 다가와서 잃어버린 서류를 돌려주더군요. 정말 깜짝 놀랐습니다.

사례를 하려고 했지만 그 사람은 그저 나를 돕고 싶었다면서 돈을 받지 않앉어요. 그러더니 자기는 강도단 두목으로, 이따금 수와송 부인의 야간 외출에 동행한 적이 있다면서 거침없이 정체를 밝히더군요.

그 태도가 너무 뻔뻔해서 화가 날 정도였어요. 저는 지나가는 사람한테 명령해서 샤틀레 감옥으로 끌고 가게 하겠다고 위협했죠. 그러나 상대는 겁먹기는커녕 싱글싱글 웃으면서 이렇게 말했습니다. '당신을 죽이려고 한 범인을 제가 찾아 드리려고 했는데 말이죠.'

그 남자 말로는 수와송 부인이 범인을 붙잡으면 금화 200닢을 주겠다고 그에게 약속했던 모양입니다. 그런데 부인은 이미 국외로 도망쳤으니, 부인 대신 나한테 같은 조건을 제시하러 온 거지요.

처음에는 그저 어안이 벙벙했지만 이윽고 어떤 생각이 떠올랐습니다. 저한테서 목걸이를 빼앗은 악당을 찾아내는 것보다도 더 중요한 일을 하는 데 이 남자의 도움을 빌릴 수 있겠다는 생각이 들었죠.

저는 혐오감을 꾹 참고, 그가 어떤 수단을 쓸 수 있는지 단도직입적으로 물어봤습니다.

그러자 그는 이렇게 대답했습니다—파리 강도단은 동업조합 비슷한 것을 조직해 놓았다. 야경들은 경찰청장한테는 비밀로 이 조합을 묵인하고 있다. 자기는 생카르티에라고 하는데, 파리 시내의 모든 경찰과 맞붙을 수 있을 만큼 대단한 도적 군단을 지휘하고 있다.

이런 파렴치한 폭언을 듣자 피가 거꾸로 솟는 기분이었지만, 그래도 꾹 참고 대화를 계속했습니다. 실은 속으로 어떤 계획을 세우고 있었거든요……."

"그럴 줄 알았어요. 정말 고맙습니다, 판사님." 마리에트가 끼어들어 한마디 하면서 피에르에게 손을 내밀었다. 피에르는 그 손을 잡아 입맞춤했다.

"네." 피에르는 감동해서 떨리는 목소리로 말을 이었다. "저는 용기를 내어 그 사내의 이야기를 끝까지 들었습니다. 원래라면 교수대에 보내야 할 악당의 이야기지요. 어쨌든 이야기를 듣고 나서 제가 말했습니다—'조만간 위험한 계획을 실행하기 위해 자네 도움을 빌릴지도 몰라. 돈은 충분히 지불하겠네.'

그러자 도둑은 '설령 바스티유 감옥 문을 부수라고 하셔도 반드시 당신 명령을 따르겠습니다' 하고 약속했어요. 그리고 자기한테 볼일이 있거든 밤에 퐁네프로 찾아오라면서, 그들 일당의 암호를 가르쳐 줬습니다.

저는 이렇게까지 타락해 버렸어요, 아가씨. 모든 악인을 엄정히 재판하겠다고 하느님과 국왕 폐하 앞에서 맹세한 고등법원 판사가 말이죠."

"당신이 저를 진심으로 사랑하신다는 사실을 이제 확실히 알겠어요." 그러면서 마리에트는 피에르의 얼굴을 바라봤다. 그 눈빛을 본 피에르는 양심의 가책 따윈 깨끗이 잊어버렸다. 마리에트가 말을 이었다.

"그럼 어서 행동으로 옮겨야겠네요. 그 남자를 만나서 부하들을 모으라고 해요. 우리 어머니를 형장으로 데려가는 옥리들을 습격하라고 해야지요."

"준비는 다 되어 있어요. 방금 전에 강도단 두목을 만났습니다. 이제 우리는 공범이에요. 계약을 맺었으니까요.

형이 집행되는 날, 두목은 결사의 각오를 한 부하 백 명을 데리고 그레브 광장에서 대기할 겁니다. 부하들은 군중 속에 흩어져 있다가 두목의 지시에 따라 죄수 호송대에게 돌격할 거예요.

두목은 반드시 죄수를 구출해서, 노트르담 다리 근처에 있는 동료의 집으로 데려가겠다고 했습니다. 그 동료가 죄수를 변장시켜 파리에서 도망칠 수 있게 해 줄 겁니다."

"어머니가 안전한 장소에 도착하시면 저는 약속대로 당신의 아내가 될 거예요."

"그날 밤 즉시 우리 둘이서 도망칠 수 있도록 준비를 해 놨습니다.

아버지의 유산은 현금으로 바꿔 놨어요. 심려를 끼쳐서 죄송하다고 어머니께 사과하는 편지도 썼고, 고등법원장님께 드리는 사표도 썼습니다.

플랑드르로 가는 길에 마차가 대기하고 있을 예정이니까 우리는 그걸 타고 브뤼셀로 가면 돼요."

"아아! 역시 하느님께서 제 기도를 들어주셨군요." 마리에트는 혼잣말을 했다. "우리 어머니가 그렇게 끔찍하게 돌아가실 리 없다고, 분명히 당신이 구해 주실 거라고 믿었어요…… 저기, 꼭 구해 주실 거죠?"

"네. 하지만……."

"하지만? 뭔가요?"

피에르는 실패 가능성을 언급함으로써 이 아가씨를 슬프게 만들고 싶지 않다는 듯이 말을 멈췄지만, 이윽고 간신히 입을 열었다.

"아가씨, 이렇게 소름 끼치는 이야기를 해서 미안합니다. 용서해 줘요. 하지만 당신은 강한 사람이니까, 솔직하게 말씀드릴게요. 실은 내일 죄수가 고문을 받을 예정입니다. 그러다가 혹시 손발의 뼈가 부러지면……."

"세상에, 어쩜 그리 잔인한 짓을!" 마리에트는 피에르의 말을 듣고 눈앞에 떠오른 무서운 광경을 떨쳐 내려는 듯이 팔을 내저었다.

"그러면 죄수를 국외로 탈출시키기가 훨씬 힘들어질 겁니다." 청년 판사는 시선을 떨어뜨리며 말을 이었다. "그래도 제 생각엔 물고문 정도로 그칠 것 같지만……."

"제발 그렇게 해 주세요, 판사님! 인도(人道)의 이름 아래, 이 세상 모든 신성한 존재의 이름을 걸고, 다른 재판관들을 설득해 주세요……."

"노력해 보겠습니다." 피에르는 우울하게 대답했다. "그런데 아가씨, 죄수가 외국에서 안전하게 살 수 있도록 제가 어떤 준비를 해 놓았는지 한번 들어 보세요.

죄수는 생카르티에의 부하와 함께 디에프로 갈 겁니다. 거기서 대기하고 있는 조각배를 타고 영국으로 건너가는 거지요. 한편 우리 두 사람은 플랑드르 국경을 넘어……."

"무슨 말씀이신지 잘 알겠어요. 그러니까 피에르 드 빌라루소 부인은 두 번 다시 카트린 보아젱을 만날 수 없다는 말씀이시죠?

우리 새어머니가 살 수만 있다면 저는 그것으로 족해요."

청년 판사의 얼굴이 환해졌다. 아가씨의 그 말을 듣자 묵직한 마음의 짐이 한결 가벼워졌기 때문이다.

"그래요, 그럼 다행입니다! 틀림없이 하느님께서 우리를 보우하사, 우리는 영원히 맺어질 수 있을 겁니다."

"그 행복이 실현되려면." 마리에트는 한숨 섞인 목소리로 말했다. "서두르는 게 중요해요. 앞으로 일주일만 더 이 집에 있다가는 제 삶이 완전히 망가질 거예요."

"그게 무슨 소립니까?"

"저는 죽든지, 아니면 아버지가 정하신 끔찍한 결혼을 받아들이든지 해야 할 거예요."

"네? 아니, 그 남자는……."

"그 남자는 뭔가 수상한 짓을 하려고 리옹에 갔다가 어제 파리로 돌아왔

18 보석상의 비밀

어요."

"저는 그놈이 무슨 짓을 했는지 알고 있습니다. 당신이 억지로 결혼하게 될지도 모르는 그 로마니란 놈의 정체를 드디어 알려 드릴 때가 됐군요.

로마니는 오래전부터 이번 사건의 관계자로 지목되었습니다. 그 증오스러운 범죄를 벌하기 위해 경찰청장이 찾고 있는 남자지요.

국왕 폐하 및 퐁탕주 부인 독살 계획을 세운 사람들의 부하 중에서도 그놈이 제일 큰 거물입니다."

"저도 어렴풋이 짐작하고 있었어요." 마리에트가 중얼거렸다.

"그 남자를 두려워할 필요 없습니다, 아가씨. 내일 그놈이 파리에 있다는 사실을 경찰청장에게 통보할게요. 그러면 그놈은 체포될 테고, 곧……"

"그러시면 안 돼요, 판사님!"

"뭐라고요? 그 남자를 감싸시는 건가요?"

"아뇨. 하지만 아버지가 사건에 휘말려 체포되면 곤란해요."

"아버지가요?"

"네, 아버지와 로마니는 공범이에요. 로마니가 체포되면 틀림없이 우리 아버지 얘기를 할 거예요.

친어머니처럼 저를 길러 주신 분이 극악무도한 죄인으로 낙인찍힌 것만으로도 이미 충분해요. 더 이상 제 이름을 치욕스럽게 만들지 말아 주세요."

"하지만, 아니, 어떻게 그럴 수가! 부유하고 모두에게 존경받는 보석상 몽보아젱이 그렇게 부도덕한 짓을 하다니……"

"아버지가 무슨 짓을 할 수 있는지는, 그 사람이 1월 22일 밤에 저지른 짓만 봐도 짐작이 가실 거예요." 그러면서 마리에트는 장롱으로 달려가 보석함을 꺼내 뚜껑을 열었다. "보세요, 어제 아버지가 가져오신 결혼 예물이에요. 이런 호화로운 선물을 받으면 제가 결혼에 동의할 거라고 생각하셨나 봐요."

"루비 목걸이! 세상에, 나를 죽이려고 했던 범인이 내 품속에서 훔쳐 간 목걸이잖아요!"

"맞아요." 마리에트가 말을 내뱉었다. "지난 1년 동안 오르페브르 강가에서 수많은 통행인을 죽인 범인, 경찰청장이 아무리 애를 써도 못 잡고 있는 살인범은 말이죠, 명예로운 보석상 동업조합의 가장 유복하고 가장 존경받는 일원인 앙투안 몽보아젱⋯⋯ 바로 우리 아버지예요!"

"맙소사!" 피에르는 무서운 진실을 깨닫고 신음했다.

"그러니까 이 사건의 범인은 단순한 제 은인이 아니에요. 그 범인의 피가 제 몸속에 흐르고 있으니까요. 독살범으로서 유죄 선고를 받은 여자가 제 새어머니였다는 사실은 당신도 이미 잘 알고 계시지요. 하지만 제가 강도 살인범의 친딸이라는 사실은 모르셨을 거예요.

우리가 결혼식을 올리기 전에 이 사실을 당신한테 고백할 수 있어서 얼마나 다행인지 몰라요. 하느님, 감사합니다."

"그럼 당신은, 그 사실 때문에 제 결심이 바뀔 거라고 생각하시는 건가요?"

"모르겠어요. 다만 당신이 모든 것을 아시는 상태에서 결심하시기를 바랄 뿐이에요."

고귀하고 명예롭고 욕심 없는 그 태도는 사랑에 빠진 청년의 마음을 흔들어, 그의 망설임을 없애 버렸다.

"고맙습니다, 아가씨. 제가 당신을 사랑한다는 사실을 다시 한 번 증명할 기회를 줘서 정말 고마워요. 그런데 제가 당신을 위해 저 자신을 희생하고 있다고 생각하지는 마세요. 우리가 외국으로 떠나는 덕분에, 저는 이제까지 누구도 경험한 적 없을 만큼 잔혹한 입장에 놓이지 않을 수 있게 됐으니까요."

"무슨 말씀이신지 잘 모르겠어요."

"카트린 보아젱을 심판하는 화형 법정의 판사가 되기로 했을 때 저는 아직 당신을 몰랐습니다.

그러나 이제 저는 당신 아버지한테 유죄 판결을 내리는 법정의 재판관이 된다는 위험을 무릅쓰고 싶지 않아요. 언젠가 분명히 그런 사태가 일어날 테니까."

"하지만 진상을 아는 사람은 저와 당신밖에 없는걸요." 마리에트는 자신만만하게 말했다.

"무슨 근거로 장담하시는 거죠? 일전에 강도단 두목 생카르티에가 저한테 말했듯이, 자신의 담당 구역을 어지럽히는 강도를 찾아서 그 정체를 밝혀내지 않았다고 어찌 확신할 수 있습니까?"

"생카르티에는 우리 아버지를 밀고할 용기가 없을 거예요. 게다가 그자는 당신 명령에 따르잖아요? 그러니까 당신이 입 다물고 있으라고 말씀해 주세요. 다음엔 언제 만나실 예정인가요?"

"오늘 밤에요. 만나면 당신이 시킨 대로 명령할게요. 그런데 정말이지, 아무리 생각해 봐도 당신 아버지가 그토록 극악무도한 사람이라니 믿을 수 없군요."

"저로선 믿지 않을 수 없어요. 제 눈으로 똑똑히 봤는걸요."

"뭐라고요?"

"제 말 들어 보세요. 그러면 한 달 전부터 제가 얼마나 괴로워했는지 당신도 알게 되실 거예요.

당신이 하마터면 목숨을 잃을 뻔했던 그 무시무시한 사건 이후, 당신한테서 직접 그 상황을 들었을 때 제 마음속에는 무서운 의혹이 싹텄어요.

저는 아버지가 이상한 행동을 하시는 것을 여러 번 봤습니다. 날이 저물면 수습생들을 집에 돌려보내고, 식사를 마치자마자 저를 침실로 쫓아 보내셨어요.

그런데 저는 값비싼 물건을 사러 오는 귀족들이 상당히 늦은 시간에 아버지를 찾아온다는 사실을 눈치챘습니다.

그것뿐이라면 저도 제 마음속에 생겨난 의혹을 쉽게 물리쳤을 거예요. 하지만 보석상 조합장을 맡고 계신 아버지와 로마니 같은 인간이 친구라는 사실은 아무리 봐도 이상했어요."

"혹시 아버지가 정말로 죄를 저지르셨다면, 그 친구 관계 때문에 진상이 밝혀지게 될 겁니다." 청년 판사는 형사재판 전문가답게 말했다.

"당신 말씀대로 될까 봐 걱정이에요. 그런데 그 로마니라는 악당은 강도 사건과 관계가 없는 모양이에요.

지난 1년 동안 그 남자는 파리에 있었던 적이 별로 없거든요. 그 시기가 사건 발생 시기와 일치했던 적은 한 번도 없고요."

"그렇다면 몽보아젱 혼자서⋯⋯ 그렇게 유복한 당신 아버지가⋯⋯ 대체 무슨 목적으로?"

"모르시겠어요? 당신은 보석을 볼 때 아버지 눈이 번쩍거리고, 보석을 만질 때 아버지 손이 떨리는 것을 보지 못하셨나요? 당신 눈앞에 있는 목걸이를 자랑할 때 아버지가 목멘 소리를 내는 것을 깨닫지 못하셨나요?"

"아, 그리고 보니…… 당신 아버지는 그것을 남한테 넘겨주고 싶지 않은 것 같았어요."

"아버지가 목걸이를 계속 쳐다보고 계셨지요? 먼 동쪽 나라에서 애써 들여온 루비를 박아 넣은 정교한 금세공품을 뜨겁게 바라보셨지요?

아버지는 저보다도 보석을 훨씬 더 사랑하세요."

"뭐라고요! 외동딸인 당신보다 더?"

"만일 그 사람이 아버지다운 감정을 품고 있었다면, 과연 별거하는 아내에게 저를 키우라고 보냈을까요? 게다가 저를 이 집으로 데려오고 나서 외톨이가 된 딸에게 아버지가 해 준 일이라고는, 그 끔찍한 결혼을 억지로 강요한 것뿐이잖아요?

아버지가 사랑하는 것은 재물뿐이에요. 그 사랑을 위해서라면 아버지는 뭐든지 할 수 있어요. 사람도 얼마든지 죽일 수 있죠.

이 집에는 임금님 보물창고하고도 비교가 안 될 만큼 어마어마한 재물이 있어요. 아무리 탐욕스러운 사람이라도 만족할 만한 재산이 있고, 그것이 하루하루 불어나요. 그런데도 아버지는 충분하다고 생각지 않아요. 아버지는 끊임없이 재산을 모으지 않고는 못 배기는 사람이에요. 비싼 값을 치른 손님한테 보석을 건네줄 때에도, 심장이 갈가리 찢어지는 고통을 느끼는 거죠."

"그래서 보석을 되찾으려고 손님을 죽여 버리는 거군요?"

"네. 다만 의문점이 하나 있었어요. 아버지가 어떻게 집 근처에서 피해자를 습격한 걸까요? 하지만 그것도 이제는 알았어요.

비극적인 1월 22일 사건 직후에 있었던 일이에요. 어느 날 저녁에 저는 정원을 산책하고 있었어요. 아버지가 살고 계시는 안채 건너편에 있는 넓은 정원 말이에요.

그때 저는 몸이 별로 좋지 않았어요. 강변길 담장을 따라 걷다가 갑자기 현기증이 나서 담장에 기댔지요. 그런데 담이 좀 흔들리는 것 같더라고요.

현기증이 가라앉고 나서 저는 그 흔들리는 담장을 자세히 조사하다가 기묘한 사실을 발견했어요.

그 자리에는 돌 비슷한 색깔로 칠해 놓은 문짝이 정말 교묘하게 숨겨져 있었어요. 얼른 봐서는 눈치챌 수 없는 용수철을 누르면, 문이 저절로 열리게

끔 되어 있었죠.

그것을 보고 저는 모든 것을 깨달았습니다. 아버지는 비싼 보석을 산 손님을 가게 입구로 내보내고 나서, 서둘러 정원 담장 쪽으로 달려가 살그머니 문을 열어 놓고 사냥감을 노리는 호랑이처럼 숨죽이고 있다가, 불운한 손님이 눈앞을 지나갈 때 재빨리 덮쳤던 거예요."

"아, 제가 습격당했을 때에도 그랬던 게 틀림없어요……."

"당신도 그렇고, 당신처럼 밤늦은 시각에 보석을 사서 귀가하려고 했던 경솔한 사람들도 모두 그런 식으로 습격당한 거예요."

피에르는 곰곰이 생각에 잠겼다. 판사라는 직업상, 하나의 범죄를 다양한 방면에서 검토하는 버릇이 있었기 때문이다.

"이상하네요." 피에르가 한동안 침묵하다가 입을 열었다. "1월 22일 밤에 당신 아버지는 왜 그렇게 끈질기게 저를 기다렸던 걸까요?

저는 가게에서 나오자마자 강변길을 걷기 시작한 게 아니라 이곳으로 당신을 만나러 왔습니다. 만일 당신 아버지가 저를 감시하고 있었다면, 그 행동을 다 봤을 텐데요?"

"그건 그래요." 마리에트가 중얼거렸다.

"그런데 당신 아버지는 지치지도 않고 저를 기다렸습니다. 제가 당신과 같이 있다는 걸 알았던 걸까요?"

"그럴지도 몰라요."

"하지만 그랬다면 그 사람은 무서운 계획을 포기하고 당장 여기로 달려왔을 겁니다. 아무리 박정한 아버지라도, 딸이 사는 곳에 외간 남자가 숨어 들어가는 꼴을 그냥 지켜보고 있지는 않을 테니까요. 당신 아버지는 제가 당신과 결혼할 생각이라는 건 전혀 몰랐잖아요?"

마리에트는 고개를 숙인 채 대답하지 않았다.

"저기, 혹시 당신은, 당신 아버지가 모든 것을 알면서도 모른 체하고 있다고 생각하는 건가요?"

"그런 생각이 든 적은 있었어요. 그것도 여러 번. 하지만 깊이 생각해 본 적은 없었어요.

지금 당신 말씀을 들으니까 역시 그랬구나 하는 생각이 드네요.

네, 아버지는 당신이 이곳에 드나든다는 사실을 분명히 알고 계셨을 거예요, 하지만 어떤 목적이 있어서 그냥 묵인하신 거겠지요."

"어떤 목적?"

"자기 범죄가 발각됐을 때 당신이 입 다물고 있어 주기를 바라니까, 아니, 당신이 자길 지켜 주길 바라니까요."

"과연, 로마니 같은 악당의 공범이 생각해 낼 만한 못된 꾀로군요. 하지만 만일 우리가 만난다는 사실을 알고 있었다면, 그 사람이 당신에게 그 목걸이를 주지는 않았을 겁니다. 그 목걸이는 그가 나한테 팔았다가 억지로 빼앗은 물건이니까 엄연한 범죄의 물적 증거이고, 또……"

피에르가 거기까지 말했을 때 마리에트가 한 손으로 피에르의 입을 막고, 다른 손으로 귀를 기울여 보라고 신호했다.

이쪽으로 다가오는 사람 발소리가 벽을 통해 똑똑히 들려왔다.

"아버지예요!" 처녀가 속삭였다. "안채와 이어져 있는 비밀 통로로 오고 계신 거예요. 통로 문은 잠겨 있지만, 내가 문을 열지 않는다면 아버지가 문을 부수고 들어오실 거예요. 아아, 이제 우린 끝났어요!"

"아니, 지금이라면 도망칠 수 있어요." 피에르가 힘차게 말했다.

마리에트는 마지막 각오를 다질 용기를 달라는 듯이 청년의 눈을 쳐다봤다.

"저는 당신을 믿어요. 당신은 머잖아 아내로 맞이하게 될 여자를 배신하실 분이 아니에요. 당신을 따라가겠어요. 우리 도망쳐요."

말을 마치자마자 마리에트는 서둘러 망토를 걸치고 계단으로 내려갔다.

피에르도 그 뒤를 따랐다. 이내 두 사람은 탁 트인 도로에 발을 디딜 수 있었다. 그동안 보석상 몽보아젱은 딸의 침실 문을 쾅쾅 두드리고 있었다.

두 사람은 몽보아젱이 쫓아올 기회를 주지 않았다.

피에르는 처녀의 손을 잡고 퐁네프로 달려갔다.

"대체 어디로 가실 건가요, 판사님?" 다리를 건너자 마리에트가 질문했다.

"노트르담 다리 근처에 있는 집으로 갈 겁니다. 강도단 두목 생카르티에가 라 보아젱을 옥리들 손아귀에서 구해 내서 데려가기로 한 곳 말입니다.

그곳에 가면 우리 동료들이 숨겨 줄 테니까 당신도 안전할 거예요. 그리고 당신이 한 번 더 어머니를 만나고 나면, 그날 밤 우리는 이 저주 받은 도시와 영영 작별하게 될 겁니다."

19 고문

앞서 말했듯이 라 보아젱은 재판이 시작된 뒤 뱅센 성으로 이송되어 탑 꼭대기에 있는 널찍한 독방에 감금되었다.

라 보아젱은 보통 국사범들이 들어가는 독방에 감금되는 영광을 누린 것이다.

그곳은 30여 년 전에 앙리 4세의 사생아 보포르 공이 유폐되어 있었던 곳이며, 그 밖에도 많은 위대한 인물이 이 감옥에 수용되었다.

확실히 라 보아젱은 평범한 악녀가 아니었다. 귀족계급의 총애를 받은 여자 점술가로서, 또한 상류층 귀부인 여러 명에게 고용된 독살범으로서, 그녀가 이 귀족적인 감옥에 수용될 자격은 충분했다.

그러나 라 보아젱이 이 성에 유폐된 진짜 이유는, 화형 법정이 아스날에서 심리를 행하기 전까지는 뱅센에서 열렸기 때문이었다. 재판관들은 이번 사건의 가장 중요한 피고인을 가까운 곳에 가둬 두려고 했던 것이다.

판결이 내려진 지금으로서는, 살 날이 이틀밖에 안 남은 죄수를 굳이 이송할 필요는 없었다. 그래서 라 보아젱은 사형수가 감금되는 파리 재판소 부속 감옥으로 옮겨지지 않고, 뱅센 성에서 직접 그레브 광장 형장으로 가게 되었다. 따라서 라 보아젱에 대한 고문도 뱅센 성에서 진행될 예정이었다.

화형 법정 수명(受命) 판사 피에르는 사형 집행의 전주곡이라고 할 수 있는 이 잔인한 일에 참가할 수밖에 없었으며, 본의는 아니지만 개인적인 이유 때문에도 이 임무를 방기할 수는 없었다.

그래서 2월 20일 늦저녁에 피에르는 뱅센으로 갔다.

그 전날 밤 피에르와 마리에트에게는 행운이 따랐다.

두 사람은 늘 그렇듯이 퐁네프 근처에 대기하고 있던 생카르티에를 만났다.

강도단 두목은 청년 판사에게서 최종 지령을 받아, 형장에 도착하는 대로 라 보아젱을 구출하겠다고 다시 한 번 맹세했다.

두목은 노트르담 다리에 있는 헌옷가게로 두 사람을 데려갔다. '그랑 생 마르탱'이란 간판이 걸려 있는 가게였다.

가게 주인은 보석상 몽보아젱과 마찬가지로 겉으로는 동업자들의 존경을 받는 근엄한 상인이었으나, 실은 도둑들이 통행인에게서 빼앗은 외투나 검이나 구두 버클 따위를 헐값에 사들이는 장물아비였다.

그런데 이 헌옷장수는 성격이 온후해서, 장물을 매매하는 것만 빼면 나쁜 짓이라고는 하나도 못할 정도였다.

그의 이름은 장 르 메주리어. 훌륭한 가톨릭교도로 평가받고 있었지만 실은 몰래 프로테스탄트로 개종한 상태였다.

아내 재클린은 고네스의 평민 가정에서 태어난 선량한 여자였다. 부인은 남편의 종교에 대해서도, 퐁네프 도적들과의 관계에 대해서도 전혀 몰랐다.

그런데 이 무슨 기묘한 우연의 일치인지, 재클린은 남편이 아직 가난한 행상인이었을 때 드브레 드 빌라루소 부인의 아들 피에르의 유모로 일한 적이 있었다.

피에르는 지금도 가끔 유모를 만나곤 했었다. 그래서 이 집이 도적의 연락처로 쓰인다는 사실을 알자 상당히 놀랐지만, 곧 이 불가사의한 우연을 이용하기로 마음먹었다.

이 부인은 틀림없이 성실한 사람이었다. 강도단 두목 생카르티에도 그녀가 남편의 진짜 직업을 모를 것이라고 단언했다.

그래서 청년 판사는 이 부인에게는 안심하고 마리에트를 맡길 수 있다고 생각했다. 마리에트도 헌옷장수 부인의 선량한 얼굴을 보니, 이 노트르담 다리에 있는 집에서 이틀 동안 머무르는 데 조금도 반대하지 않았다.

피에르가 그럴듯한 거짓말을 지어내서 재클린을 설득한 덕분에 마리에트는 센 강에 면한 어느 방에 머무르게 되었다. 이 헌옷가게는 다리 위에 세워져 있었던 것이다.

피에르와 마리에트는 물론 아쉬움 가득한 마음으로 작별했다. 그들은 라 보아젱이 생카르티에의 도움으로 구출되어 무사히 파리를 벗어난 다음에 다시 만나기로 약속했다.

라 보아젱은 헌옷가게에 오래 머무를 수 없었다. 옷을 갈아입고 양녀 마리에트를 만났다가, 밤이 되면 곧바로 출발할 예정이었다.

2월 20일 밤, 뱅센 성의 한 감방에서 피에르는 법률에 따라 고문을 받게 될 여자 독살범이 오기를 기다리고 있었다.

그곳에 가구라고는 재판관들이 앉을 벤치 하나와, 죄수가 누울 매트리스 깔린 접이식 침대 하나가 있을 뿐이었다.

그러나 그곳에는 몇 세기 전부터 잔인한 사법제도에 의해 잇따라 발명된 온갖 종류의 고문도구들이 즐비하게 널려 있었다.

벽에는 나무망치, 톱, 쐐기, 못, 밧줄, 주전자, 쇠고리, 갈고리못 등등, 겉보기에도 소름 끼치는 고문도구들이 걸려 있었다. 그것들을 보기만 해도 죄인은 물론이고 무고한 사람조차 죄를 자백하고 싶어질 정도였다.

방 한가운데에는 고문대가 있었다. 나무 의자처럼 생긴 이 기구에는 죄수의 몸을 수평으로 고정하는 튼튼한 쇠붙이와, 주리를 틀 때 죄수의 다리를 벌리는 용수철이 설치돼 있었다.

건너편에는 물고문을 할 때 죄수를 눕히는 좁은 대(臺)와, 공중에 매달았다가 떨어뜨릴 때 죄수의 사지를 탈구시키기 위한 대가 준비돼 있었다.

피에르 드 빌라루소는 이 무시무시한 방에 혼자 있지는 않았다.

주위에는 많은 관리가 있었다.

먼저 서기가 있었다. 힘없고 겁 많아 보이는 이 조그만 노인은 손에는 펜을 들고 허리에는 뿔로 된 잉크병을 달고서, 무릎 위에 큼직한 기록부를 펼쳐 놓은 채 조심스럽게 벤치 끝에 앉아 있었다.

다음으로 외과의가 있었다. 명랑하고 얼굴이 불그스름한 이 뚱보는 커다란 담뱃갑에서 코담배를 잔뜩 집어 들어 침착하게 들이마시면서 제 차례가 오기를 기다리고 있었다. 그의 역할은 죄수의 맥을 짚어서, 앞으로 얼마 동안이나 이 죄수를 죽이지 않고 고문할 수 있을지 예측하는 것이었다.

마지막으로 피에르와 같은 수명 판사 두 사람, 브종 고등법원 판사와 라레니 경찰청장이 대기하고 있었다.

말랐지만 몸집이 큰 브종 판사는 얼굴이 꼭 석상처럼 무표정했다. 땅딸막한 경찰청장은 누런 얼굴을 검은 가발로 반쯤 가리고 있었다.

험악하게 생긴 이 두 사람은, 피에르의 상냥한 얼굴이 죄수에게 주는 안심감을 없애 버리려고 일부러 선택된 듯이 보였다.

방 한구석에는 형리와 두 조수가 벽에 기댄 채, 화형 법정 판사들의 명령에 따라 죄수를 고문하려고 대기하고 있었다.
　이 형리는 사형집행인이기도 했다. 그 무렵에는 니콜라 르바쇠르, 통칭 라리비에르라 불리는 인물이었다. 1847년까지 대대로 사형집행인을 했던 상송 일족은 1688년에 처음으로 이 직업을 얻었다.
　라리비에르는 체격이 좋은 남자였다. 거대한 손은 털투성이였고, 얼굴은 울퉁불퉁했다.
　두 조수도 악당 같은 생김새였다.
　"간수들이 죄수를 데려오느라 시간을 많이 잡아먹고 있는데." 브종 판사가 회중시계를 꺼내면서 중얼거렸다. "죄수의 자백이 길어지면 우리는 9시가 돼도 퇴근하지 못할 거요. 이거 참, 10시에 생 무어 재판소장 부인 댁에서 식사를 하기로 했는데."
　"걱정 마쇼!" 경찰청장이 냉소적인 웃음을 띠며 말했다. "라 보아젱도 그렇게 심술궂은 짓은 하지 않을 거요. 오히려 한마디도 안 할 테지."
　"네, 저도 그 여자가 이미 할 말은 다 했다고 생각합니다." 피에르가 조심스레 맞장구를 쳤다.
　"흥, 과연 그럴까?" 브종 판사는 코웃음을 쳤다. "라 보아젱이 빨리 한 줌 재가 돼 버리길 간절히 바라는 아름다운 부인들이 파리 시내에 많이 있을 텐데. 지난 1년 동안 밤마다 잠을 설쳤던 부인을 내가 알고 있소만⋯⋯."
　"그나저나⋯⋯." 경찰청장이 끼어들었다. "무슨 고문을 한담?"
　"원칙적으로 나는 주리를 트는 데 찬성하오만." 브종 판사가 말했다. "그러면 아마 특별 고문을 10단계까지 하게 될 테니까, 시간이 너무 많이 걸리는 데다가⋯⋯."
　"게다가 재판소장 부인을 기다리게 하기는 싫다는 거 아니오?" 경찰청장이 말허리를 잘랐다. "나는 물고문이 적당할 것 같은데. 주리를 트는 것만큼이나 효과는 확실하면서도 너무 소란하지 않으니까."
　"저도 그렇게 생각합니다." 피에르가 떨리는 목소리로 말했다. "솔직히 말씀드리지요. 혹시 주리를 튼다면, 저는 죄수의 비명 소리나 피 흘리는 모습을 견뎌 내지 못할지도 모르겠습니다."

"자네도 빨리 익숙해져야지." 경찰청장이 냉정하게 말했다. "하지만 이번에는 생명에 지장이 없는 고문을 하는 게 적절하다는 확신이 드는구려.

그 지독한 악녀가 내일모레 화형을 당할 예정이잖소. 절박한 순간에 또 다른 공범의 이름을 대고 싶어질지도 모르니까, 제대로 말을 할 수 있는 상태로 놔두고 싶소."

"저도 같은 의견입니다." 잘하면 처형되는 날 라 보아젱이 무사히 걸을 수 있겠다는 생각에, 피에르는 크게 기뻐하면서 한마디 했다.

"좋소. 라리비에르 형리, 주전자를 준비해." 경찰청장이 소리쳤다.

"간수들 발소리가 들리는군." 브종이 말했다. "수와송 부인의 상담자가 등장하는 순간이구먼."

실제로 방문이 삐걱대며 열리더니, 라 보아젱이 문간에 모습을 드러냈다.

마리에트의 새어머니였던 여자가 두 간수들 틈에 낀 채 걸어오는 모습을 보자 피에르는 전율을 느꼈다.

벌써 7년이나 지났는데도 라 보아젱은 수와송 부인의 마차를 타고 페론으로 갔을 때에 비해서 거의 늙지 않은 것 같았다.

1년 동안 옥살이를 하느라 다소 야위기는 했어도 자세는 꼿꼿했고, 여전히 기운이 있었으며, 얼굴도 예전과 다르지 않았다.

그 얼굴은 변함없이 대담하고 교활한 표정을 띠고 있었다. 눈동자는 맑고 생기가 넘쳤으며, 입가에는 조롱 섞인 미소가 떠올라 있었다.

소문으로 이 여자는 악마에게 영혼을 팔았다던데, 과연 그 악마의 도움을 받아 시련을 견디고 있는 듯한 모습이었다. 간수들은 라 보아젱이 죽음을 앞두고도 태연하게 있을 수 있는 까닭은 지옥에 친구가 있기 때문이라고 굳게 믿었다.

라 보아젱은 문간에 잠시 멈춰 서서 판사들을 가만히 노려봤다. 다른 두 사람보다도 피에르를 뚫어져라 쳐다보더니, 피에르가 눈을 내리깔자 조용히 입을 열었다.

"화형 재판소 판사 나리들, 안녕하세요."

그렇게 인사하면서 라 보아젱은 허리를 굽혀 절한 다음 팔짱을 꼈다.

그동안 두 간수는 문을 닫고 떠났다. 간수는 고문에 참석하지 않는 것이 관례였다.

"피고가 이 자리에 불려온 것은 첫째로 판결문 낭독을 듣기 위함이다." 경찰청장이 말했다.

"그거라면 전에 들었는데요. 이러다가 외울 지경이야." 라 보아젱은 어이없을 만큼 뻔뻔스럽게 말참견을 했다.

"그리고 피고는 고문을 받을 것이다." 경찰청장은 엄격한 태도로 이야기를 계속했다.

"새삼스레 말할 필요도 없어요! 임금님 밑에서 일하는 당신네 벼슬아치들이 하는 짓을 내가 모를 줄 알아?"

"군소리 말고 당장 무릎 꿇어라!"

"참 쓸데없는 의식이야. 어차피 서 있어도 잘 들리고, 또 그편이 빨리 끝나서 좋을 텐데. 저 판사님도 나랑 같은 의견이신가 보네. 아주 급하신가 봐." 그러면서 라 보아젱은 브종 판사의 얼굴을 빤히 쳐다봤다.

'이놈은 악마의 화신임에 틀림없어.' 속마음을 들킨 판사가 속으로 중얼거렸다.

라 레니의 신호를 받은 형리가 조수 두 명과 함께 다가오더니, 죄수의 어깨를 붙잡아 방 한가운데에 꿇어 앉혔다.

"낭독을 시작하게." 브종 판사가 서기에게 명령했다.

조그만 노인이 일어서서 기록부를 펼쳐 들고 떨리는 목소리로 잔인무도한 판결문을 읽기 시작했다.

"1679년 4월 7일 칙명에 의해 아스날에 설치된 특별 법정 수명 판사 세 사람은 피고 카트린 몽보아젱, 옛 성 데제, 통칭 라 보아젱을 독신(瀆神)·독살·요술·저주·절도·살인 공동모의, 불경 등 여러 죄목으로 취조하여……."

"나 참, 구구절절 길기도 하지!" 라 보아젱이 훼방을 놓았다. "그 선행의 4분의 1만 가지고도 나를 화형시키기에는 충분할 텐데 말이야."

"……피고를 심문한 결과……." 서기는 계속 낭독했다. "본 법정은 독신·살인·살인미수 죄 및 요술을 사용한 죄로 피고를 유죄라고 판단하여, 다음과 같은 형을 선고한다─피고 라 보아젱은 노트르담 성당 입구에서 대중이 지켜보는 가운데 참회해야 하며, 그때 오른손에 2kg의 촛불을 들고……."

"꽤 무겁겠지." 라 보아젱이 중얼거렸다. "하지만 오래 들고 있을 것도 아니니까……."

서기가 말을 이었다.

"그 뒤 그레브 광장으로 끌려가 화형을 당할 것이며, 이후……."

"요점만 말해 줬으면 좋겠는데." 라 보아젱이 또다시 말참견했다. "축제 순서 따위는 안 가르쳐 줘도 다 안다고."

그때 뜻밖에도 라 보아젱을 편들어 주는 사람이 나타났다. 그날 밤 만찬회에 출석할 예정인 브종 판사가 입을 열어, 당장 판결문 마지막 항목을 읽으라고 서기에게 명령한 것이다. 서기는 서둘러 다음 문장을 낭독했다.

"법정은 공범에 관해서 라 보아젱을 다시금 심문하여 고문할 것을 명하며……."

"그것도 다 아는 사실이에요. 그래서 내가 여기까지 끌려온 거니까." 여전히 뻔뻔한 태도로 라 보아젱이 중얼거렸다.

"마지막으로 법정은, 동산·부동산을 불문하고 라 보아젱의 재산을 모두 국왕 폐하의 재산으로서 몰수할 것을 결정했소."

"어머! 폐하도 참 빈틈없는 분이시네! 이번 일로 단단히 한몫 챙기시려나 봐. 하긴 그래, 르부아 총리가 자기 마음대로 프랑스를 좌지우지하게 되고 나서부터는 국왕 폐하도 돈을 조달하기가 힘드신 모양이니까. 뭐, 내가 나쁜 짓으로 번 돈도 임금님 금고에 들어가면 깨끗한 돈이 될 테니, 나도 편안히 눈을 감을 수 있겠어."

"자!" 경찰청장이 명령을 내렸다. "그 여자를 일으켜 세워라. 이 이상 무례한 말을 한다면 입에 재갈을 물려 버려라!"

"내가 뭘 실토하길 바란다면 재갈은 물리지 않는 편이 좋을 텐데!" 형리와 조수들이 그녀를 일으켜 세우는 동안에도 라 보아젱은 지치지 않고 반박했다.

"마지막으로 한 번만 더 묻겠다. 공범의 이름을 밝힐 생각은 없나? 없다면……."

"공범? 나 참! 그렇게 많은 사람의 이름을, 그것도 그렇게 지체 높은 사람들 이름을 줄줄이 읊어 줬는데도 아직 충분하지 않은가 봐요? 세상에! 대체 뭐가 부족한데? 왕가의 귀부인, 공작을 비롯한 귀족들, 재판소장 이름을 다 늘어놨는데도 아직 만족을 못하셨나? 내가 귀족 명부에 다 실리지 못할 만큼 기나긴 명단을 만들어 줬는데 말이야."

"그럼 자백하지 않겠다는 거군?"

"그야 당연하죠. 다른 사람들 이름을 대 봤자 무슨 소용이 있겠어요. 내가 지목했던 놈들은 이미 다들 자유의 몸이 돼 버렸는걸. 아아! 혹시 그 귀족이랑 귀부인이 나랑 같이 화형을 당한다면 또 모르죠. 나는 옛날부터 궁정 신사 숙녀들을 좋아했거든. 그러니까 그 고귀한 사람들과 함께 저세상에 갈 수 있다면 참으로 행복할 텐데. 뭐, 하지만 어차피 혼자 떠나게 될 테니, 괜히 남은 사람들을 괴롭히고 싶진 않아요."

"형리, 시작해!" 라 레니가 명령했다.

라 보아젱의 충격적인 발언을 듣고 피에르 드 빌라루소는 가슴이 꽉 막히는 기분을 느꼈다. 이 여자의 냉소적인 항의에는, 터무니없는 폭언으로 치부할 수 없는 무언가가 있음을 피에르도 인정하지 않을 수 없었다.

피에르는 본디 정의감이 강했고, 아직 젊기 때문에 그 정의감이 왜곡되지 않은 상태였다.

그래서 청년 판사는 지체 높은 범죄자들이 특권적으로 사면되는 것을 매우 불공평하다고 생각했다. 그렇다고 라 보아젱이 저지른 죄를 용서할 수는 없었지만, 그래도 이 독살범에게 깊은 연민을 느꼈다.

형리와 조수가 불쌍한 여자의 팔을 뒤로 묶고 또 발목과 무릎을 구속하는 모습을 바라보면서, 피에르가 과연 어떤 생각을 했을지 짐작하고도 남음이 있으리라.

라 보아젱은 침착한 태도로 형리들에게 몸을 맡겼다.

경찰청장이 그 무서운 역할을 상징하는 흑단 지휘봉을 들자, 고문이 시작되었다.

형리가 죄수를 안아 들어 고문대에 눕혔다. 그 대는 가느다란 막대기 두 개로 구성됐는데, 심하게 흔들려도 쓰러지지 않도록 튼튼한 나사로 고정돼 있었다.

그곳에 누운 라 보아젱의 몸은 마치 공중에 붕 뜬 것 같았다. 폭이 6cm밖에 안 되는 가로대에 모든 체중이 실렸다.

이어서 형리의 조수들은 죄수의 손발을 묶은 밧줄과 연결된 윈치를 작동시켜, 가능한 한 사지가 쭉 펴지게 했다.

이 무서운 장치는 죄수의 배에 물이 가득 찰수록 고통이 점점 더 심해지게 하는 것이었다.
　형리들의 작업을 잘 감독하려고 의사가 고문대에 다가감과 동시에 피에르는 눈을 돌렸고, 브종 판사는 또다시 회중시계를 꺼내 들여다봤다.
　"물고문 시작! 첫 번째!" 경찰청장이 엄숙하게 선언했다.
　"뭐, 목마르지는 않지만, 어쨌든 부이용 부인을 위해 건배할게요. 사실 그 여자가 이 자리에 와서 나를 변호해 줘야 하는 건데……."
　라 보아젱이 거기까지 말했을 때 형리 조수 한 사람이 움직였다. 그는 죄수가 이를 악물지 못하도록 그 입에다 강철 재갈을 물리더니, 또 다른 조수가 죄수의 코를 붙잡고 있는 동안, 미리 놋쇠 주전자에 담아 놓은 2리터나 되는 물을 되도록 높은 위치에서 천천히 죄수의 입에다 부어 넣었다.
　주전자가 텅 비자 형리는 윈치를 작동시켰다. 죄수의 몸은 6cm 정도 더 늘어났다.
　그러나 라 보아젱은 신음 소리 하나 내지 않았다. 틀림없이 괴로울 텐데도 무의식중에 몸을 움찔거리지도 않았다.
　"아직도 할 말이 없나?" 경찰청장이 물었다.
　"많죠." 라 보아젱이 헐떡이며 대답했다. 숨이 찰 텐데 어떻게 말을 하는 건지 신기할 정도였다.
　고문이 당장 효과를 나타내자 기분이 좋아진 경찰청장은 몸을 구부려 죄수를 굽어보면서 어르듯이 말했다.
　"아는 건 다 말해. 그러면 조금이라도 하느님께서 자비를 베풀어 주실 테니."
　"기꺼이 말해 드리죠." 간신히 한숨 돌린 라 보아젱이 말했다. "그런데 너무 많은 것을 알고 있어서 뭐부터 말해야 할지 모르겠네."
　"뭐든지 좋아. 하여간 공범의 이름을 좀더 말해 봐."
　"아아! 그거라면 수두룩하죠! 깜짝 놀랄 만한 얘기들을 얼마든지 해 줄 수 있어요.
　아…… 그래, 르부아랑 관련된 재밌는 이야기를 들려 드릴까요?"
　"르부아 각하라고?" 경찰청장이 아연실색해서 되물었다.
　"그래요. 그 사람의 '하얀 침대'."

"이 여자, 제정신이 아니구먼!" 브종 판사가 소리를 질렀다.

"난 제정신이에요, 판사님." 라 보아젱이 딱 잘라 말했다. "'하얀 침대'가 뭔가 하면, 나로라는 악당이 발명해 낸 교묘한 장치예요……."

"네가 그 나로라는 자를 독살하지 않았느냐." 판사가 말했다.

"글쎄, 혹시 그게 사실이라도 그놈이 죽은 건 자업자득이에요. 하지만 그 살인자의 재주를 잘 이용하셨던 고명한 분, 르부아는 아직 멀쩡히 살아 있어요. 르부아는 브뤼셀에 있는 나로의 저택에서 무슨 일이 일어났는지, 그곳에서 수와송 백작부인을 암살하려고 했던 자기 계획이 어째서 실패했는지, 분명히 알고 싶을 거예요. 뭣하면 여기 경찰청장한테 물어보시든가."

"두 번째 물고문을 시작해!" 경찰청장은 형리들에게 신호하면서 소리를 지르더니, 다시금 죄수의 입에 재갈을 물리는 동안 서기에게 말했다.

"지금 그 이야기는 기록하지 마."

두 번째 물도 첫 번째와 같은 방식으로 죄수의 입속에 쏟아졌다. 고문대가 두 눈금 늘려졌다.

"자, 이번에야말로 진실을 밝힐 생각이 드나?" 경찰청장이 물었다.

라 보아젱은 한동안 대답하지 않았다. 얼굴은 붉어졌고 이마 혈관은 당장이라도 터질 것만 같았다. 손발은 격통에 못 이겨 부들부들 떨렸고, 몸은 이미 눈에 띄게 부풀어 올랐다.

그러나 라 보아젱의 기력은 조금도 약해지지 않았고 어조도 차분했다.

"방금 내가 한 말은 엄연한 진실이에요. 르부아가 그 사건에 관계한 것이 분명해."

"고명한 인물에 대한 중상이나 시시한 악담만 늘어놓지 말고, 재판과 관련된 사실을 진술해라."

"아, 그래요!" 라 보아젱이 중얼거렸다. "임금님의 충실한 신하로서, 폐하의 마음을 어지럽힐까 봐 이 말만은 하지 않으려고 했었는데요. 우리 재판관 나리들을 아무 소득도 없이 집에 돌아가시게 하기도 죄송하니까, 특별히 알려 드리죠. 실은……."

"빨리 말해 봐!" 브종 판사가 초조하게 외쳤다.

"잠깐만, 숨 좀 돌리고." 라 보아젱은 일부러 숨을 크게 헐떡이면서 말했다. "아아! 이제 좀 살겠네……."

"다시 한 번 말하지만, 숨기지 말고 다 털어놔." 경찰청장이 엄숙하게 명령했다. "양심의 가책에서 벗어나 편안한 죽음을 맞이하라고."

"그럼, 판사 나리." 라 보아젱이 말했다. "옛날에 내가 어느 고귀한 부인과 상담했을 때의 이야기를 들려줄게요."

"서기, 받아쓸 준비는 됐나?" 경찰청장이 소리쳤다.

"그 여자는 집안으로 보나 임금님의 크나큰 총애로 보나, 지금까지 내가 말한 부인들보다도 훨씬 더 굉장한 인물이었어요."

"그게 누군지 말해 봐! 어서!" 경찰청장은 날고기 냄새를 맡은 식인귀처럼 흥분했다.

"아, 안달복달하지 마요! 안 그래도 가르쳐 줄 테니까. 이 이름을 듣고도 만족하지 못한다면, 당신은 정말 세상에서 제일 까다로운 사람일 거야.

이건 1673년에 있었던 일이에요. 나중에 내가 간단히 설명할 또 다른 사건과 같은 시기에 일어난 일이죠.

어느 날 밤 베일을 쓴 두 여자가 나를 만나러 왔어요. 그들은 어느 고귀하신 나리의 사랑을 얻기 위해, 그의 애첩을 죽일 방법을 알고 싶다고 했지요.

내가 이것저것 꼬치꼬치 물어봤더니, 두 사람은 마침내 자기들이 노리는 상대가 국왕 폐하와 라 발리에르 양이라는 걸 털어놨어요."

"그 두 사람은 수와송 부인의 부탁을 받고 온 거겠지?" 브종 판사는 죄수가 이미 했던 얘기를 되풀이하는 게 아닌가 하고 의심하면서 질문을 던졌다.

"아뇨. 수와송 부인은 사람을 시키진 않았어요. 부인은 늘 직접 날 만나러 왔거든.

베일을 쓴 두 여자는 백작부인보다 훨씬 더 궁정에서 권세를 누리는 여자가 보낸 심부름꾼이었어요."

"한마디도 빠짐없이 적어라." 경찰청장은 서기를 돌아보면서 엄명을 내렸다. 서기는 강의 내용을 필기하는 학생 못지않게 열성적인 태도로, 무릎에 펼쳐 놓은 기록부에다 글을 적고 있었다.

경찰청장은 라 보아젱의 코앞에 자기 얼굴을 바싹 들이대고 질문했다.

"이름이 뭐지? 그 끔찍한 범죄를 계획한 여자 이름이 뭐야?"

"이름이 여러 개 있는 사람이에요."

"전부 말해!"

"네, 네, 알겠습니다, 경찰청장 나리. 처녀 시절에 그 사람은 토네 샤랑트 양이라고 불렸어요."

경찰청장은 펄쩍 뛰면서 무슨 말을 하려고 입을 열었지만 한마디도 할 수 없었다. 엄청난 경악과 분노에 사로잡혀 말문이 막혀 버렸다.

"실은 말이죠." 라 보아젱이 말을 이었다. "그 여자는 명문가 출신으로, 세례명은 프랑수아즈 아테나이라고 하거든요."

"됐다, 그만해라! 이 요망한 계집! 헛소리 그만해!"

"결혼 상대는 파르다이앙 드 공드렝이었는데, 좀 거칠긴 해도 훌륭한 귀족이었어요. 그와 결혼함으로써 그 여자는…… 몽테스팡 후작부인이 된 거예요."

"입 다물어, 지독한 마녀야!" 경찰청장은 주먹을 휘두르며 소리 질렀다.

"당신이 진실을 말하라고 하니까 말한 거잖아." 라 보아젱은 차갑게 말을 내뱉었다.

이 위험한 진술을 중단시킬 방법은 단 하나뿐이었으므로 경찰청장은 즉시 그 수단을 쓰려고 이렇게 외쳤다.

"세 번째 물고문, 시작!"

그것은 경찰청장이 보유한 비장의 수단이었다. 국왕이 마지막 수단으로 대포를 사용하듯이, 경찰청장은 세 번째 물고문으로 죄수의 입을 막으려고 한 것이다.

그 시대에 루이 14세가 가장 총애하던 몽테스팡 부인의 이름을 듣자, 그 자리에 있던 사람들은 한결같이 강렬한 충격을 받았다.

모든 이의 동요가 너무나 극심하여 형리와 조수들은 의미심장한 눈빛을 교환했고, 늙은 서기는 펜을 내려놓았다.

"설마 이 어처구니없는 헛소리를 기록하진 않았겠지?" 경찰청장이 물었다.

"앞부분만 썼습니다, 각하. 정말 앞부분만."

"이런 멍청이 같으니!"

"하지만, 각하……."

"일을 그따위로밖에 못해? 네놈 상사한테 말해야겠군."

"당장 지우겠습니다, 각하, 당장……."

"그래, 어서 지워 버려. 지금부터는 내가 허가한 내용 말고는 아무것도 적지 마."

 말대답할 용기도 없는 가엾은 서기는 그저 열심히 기록을 삭제하기 시작했다.

 의사는 동요를 감추기 위해 코담배를 자꾸만 들이마셨고, 브종 판사는 태연한 척하면서 끊임없이 회중시계를 만지작거렸다.

 피에르는 어땠는가 하면, 그는 끓어오르는 의분에 못 이겨 속이 뒤집힐 것만 같았다. 만인 앞에 평등한 정의를 요구하고 싶은 충동을 억누르느라 죽도록 고생해야 했다.

 죄수가 심하게 고통스러워하는 꼴을 보고도 냉담하기 짝이 없는 경찰청장의 잔인함도, 신분에 따라 인간을 차별하는 불공평한 태도도, 피에르의 강한 반발심을 불러일으켰다.

 그러나 사흘만 지나면 피에르는 이 혐오스러운 관직을 걷어차고, 조상 대대로 입었던 법복을 벗어던지고, 자유롭게 사랑하면서 살아갈 수 있을 터였다.

 그러므로 지금 이 자리에서 헛되이 반항하다가 위험에 빠질 수는 없었.

 피에르가 그런 생각을 하는 동안 참혹한 비극의 제3막이 시작됐다.

 불쌍한 라 보아젱의 몸은 더더욱 잡아 당겨지고 점점 더 부풀어 올랐다. 그 얼굴은 심한 고통으로 일그러졌다.

 피에르는 차마 볼 수 없어서 눈을 감았다.

 새로운 고문이 끝났을 때 브종 판사가 작은 소리로 물었다.

 "심문을 계속할 필요가 있을까요?"

 "우리는 법으로 정해진 규칙에 따라야 하오." 경찰청장은 그렇게 대답했지만, 속으로는 라 보아젱이 이 이상 어처구니없는 진술을 했다가는 큰일 나겠다고 생각하고 있었다. "게다가 심문해도 별문제는 없을 것 같소. 어차피 이 여자는 이제 입을 열 기운도 없는 것 같으니까."

 실제로 죄수는 죽은 듯이 축 늘어져 있었으므로 경찰청장은 안심하고 심문을 재개할 수 있었다.

 라 보아젱은 꼼짝도 안 했다. 입도 열지 않았다.

 의사가 죄수의 맥을 짚어 보더니 의견을 말했다. "여러분만 괜찮으시다면, 고문은 네 번째 물고문 정도로 끝내시는 게 좋을 듯합니다.

 그 이상 고문했다가는 이 여자의 영혼이 저세상으로 날아가 버릴 겁니다.

물론 이 여자에게 영혼이 있다면 말입니다."

판사들이 고개를 끄덕이자 형리와 조수가 마지막 작업을 시작하려 했다. 그때 라 보아젱이 가느다란 목소리로 속삭였다.

"한마디만 더……. 경찰청장, 빌라루소 판사, 이리 와 봐요……. 내 말 똑똑히 들었으면 하니까. 브종 판사, 5분만 더 기다려요……."

"아직도 할 말이 남았나?" 경찰청장이 물었다.

"정말로 중요한 이야기예요. 지금부터 내가 하는 말을 르부아에게 전하면, 그 사람은 틀림없이 기뻐할 거예요. 약 7년 전 바스티유에서 모습을 감춘 가면 죄수에 대한 이야긴데.

르부아는 그 죄수가 그 뒤 어떻게 됐는지 아무도 모른다고 믿고 있을 거예요. 하지만 나는 다 알지. 그러니까 지옥에 떨어지기 전에 이 비밀을 털어놓고 편안히 죽을래요."

"이봐! 어서 이놈 입을 막아!" 경찰청장은 또다시 이 여자에게 당한 게 분해서 고래고래 악을 썼다.

"가면 쓴 죄수는 피뉴롤 감옥에서 생 마르 감옥장의 감시를 받고 있어!" 라 보아젱은 입이 막히기 전에 황급히 소리 질렀다. "빌라루소 판사, 이거 잘 기억하고 있다가 나중에 수와송 부인을 만나거든 꼭 전해 줘요! 가면 죄수의 이름은……."

그러나 그 말이 끝나기 전에 형리가 라 보아젱에게 재갈을 물리고 다시 고문을 시작했다.

네 번째 물고문의 효과는 결정적이었다.

고문이 개시된 지 5분 뒤 라 보아젱은 의식 불명 상태에 빠져 침대에 눕혀졌다. 피에르 드 빌라루소는 무아지경 속에 그 자리를 빠져나왔고, 그동안 경찰청장은 조서 작성을 감독했으며, 브종 판사는 재판소장 부인의 만찬회에 늦지 않으려고 마차로 달려갔다.

20 그레브 광장

무시무시한 광경이 펼쳐진 그날 밤으로부터 이틀이 지났다. 1680년 2월 22일 오후 4시 무렵, 그레브 광장은 악명 높은 여자 독살범의 처형 장면을 구경하려고 몰려오는 사람들 때문에 북새통을 이루었다.

1676년 7월 브랭빌리에 부인이 처형된 이후, 이토록 많은 구경꾼이 모인 적은 처음이었다.

광장과 강변과 다리가 구경꾼들로 온통 뒤덮였을 뿐만 아니라, 주변 건물의 창문들도 다닥다닥 들러붙은 사람들로 빠짐없이 채워져 있었다. 심지어 지붕에 올라가 구경하는 사람들도 있었다.

그 무렵 그레브 광장은 지금보다 훨씬 좁았다.

일반적으로 그레브 광장이라 불리는 좁은 삼각형 공간의 한 변에는 보카들이 설계한 옛 시청 건물이 자리하고 있었다.

삼각형의 다른 한 변에는 뾰족한 박공지붕 집들이 줄지어 있었고, 다른 변은 센 강으로 이어지는 완만한 비탈길로 되어 있었다. 그 무렵에는 아직 제방이 건설되지 않았었다.

잔혹한 사형이 수도 없이 집행된 장소인 삼각형 광장의 꼭짓점은 '무통 거리'라는 좁은 길과 연결돼 있었다. 그 길 가장 안쪽에는 아름다운 고딕 양식으로 지어진 작은 탑이 있는 건물이 자리 잡고 있었다. 이 건물은 19세기 중반 도시계획에 의해 파괴될 때까지 그대로 남아 있었다.

거열형에 쓰이는 수레, 화형대, 단두대, 교수대 등 다양한 처형 도구는 이 광장 한가운데에, 시청 건물 정면 현관과 마주 보게 설치되었다.

그 까닭은 다음과 같았다. 사형수들은 종종 처형되기 직전에 아직 실토할 것이 있다고 말하기도 한다. 그럴 때 그들은 시청 건물 2층의 어느 방으로 끌려가, 그곳에 대기하고 있던 재판관들과 서기 앞에서 '유언'을 남기는 것이다.

불쌍한 사형수들 중 상당수가 끔찍한 죽음의 순간을 조금이라도 미뤄 보려고 이 수단을 사용하곤 했다.

이러한 심리가 얼마나 으스스한 것이었을지는 충분히 상상할 수 있으리라. 계단 밑에서는 사형집행인이 심리가 끝나기만을 기다리고 있었으니 말이다.

때로는 사형수의 진술이 몇 시간 동안이나 계속되는 바람에 처형이 늦어져서, 밤에 횃불을 켜고 형을 집행하는 경우도 있었다.

지난해 화형 법정에서 사형 선고를 받은 하찮은 독살범들이 처형됐을 때에도 몇 번인가 이런 일이 일어났다.

그러니까 이렇게 음침하고 참혹한 것을 좋아하는 사람들은 지금보다 그 시절에 훨씬 더 많은 행복을 누렸을 것이다.

오늘날에는 사회가 범죄자의 목숨을 빼앗을 때 신속하고 간단한 처형이 이루어진다.

모든 것은 미리 정해져 있으므로, 커다란 범죄사건의 재판 막바지에 이르러서 돌발 사태가 일어날 가능성은 전혀 없다.

그런데 17세기에는 사형집행이 여러 막으로 구성된 연극과도 같아서 뜻밖의 사태로 인해 상황이 뒤집어지기도 했으니, 사람의 죽음에 대해 이렇게 말해도 괜찮다면, 그것은 마지막까지 관중의 손에 땀을 쥐게 하는 구경거리였다.

라 보아젱도 시청 건물로 들어갈까? 처형 준비가 되어 있는 것을 보면, 고문에 굴하지 않았던 그 여자도 결국 입을 열 생각이 들지 않을까? 죽음이 눈앞에 닥쳐오면 그토록 고집스럽고 오만한 여자도 약한 모습을 보이지 않을까?

요술사가 화형당하는 모습을 보러 온 수천 명의 구경꾼들은 이런 생각을 하고 있었다. 파도 소리 같은 술렁임이 군중 사이에 퍼져 나갔다.

화형대는 광장 한가운데에 설치됐으며 그 주위를 보초들이 쭉 둘러싸고 있었다. 경찰들은 열심히 사람들을 밀어내느라 바빴다.

장작과 잔가지들을 쌓아 올리고서 인화성 액체를 듬뿍 뿌려 놓은 음침한 화형대 위에는 기둥이 하나 세워져 있었다. 사형수는 그 기둥에 묶일 운명이었다.

그곳에 올라가기 위한 사다리가 장작더미 위에 걸쳐져 있었다.

시청 종탑의 종이 4시를 알리자, 기다리다 지친 군중이 술렁거리면서 더욱더 파도같이 꿈틀대기 시작했다.

나중에 온 사람들은 조금이라도 처형대에 가까이 다가가려고 필사적으로 앞사람을 밀어 댔고, 일찍 온 사람들은 밀려나지 않으려고 기를 쓰고 저항했다. 그러나 이런 군중의 소동에서 벗어날 수 있는 특권계급도 있었다.

돈을 내고 광장에 면한 집 창문을 빌린 사람들은 밑에서 밀치락달치락하는 군중의 모습을 우아하게 바라보면서, 흥미로운 쇼가 시작되기를 느긋하게 기다리고 있었다.

그러니까 그 시절부터 그레브 광장에 집을 소유한 사람들한테는, 사형 구경을 즐기는 부자들에게 자리를 빌려 주고 돈을 받는 것이 매우 수지맞는 장사였다.

브랑빌리에 후작부인의 목이 잘린 날에는 집주인들이 단단히 한몫 잡았었다. 궁정 귀부인들이 앞다투어 좋은 자리를 빌리려고 했기 때문이다.

세비녜 부인도 편지에서 그 일을 언급했다. 부인은 쇼를 구경하는 일부 공작부인들의 조심성 없는 태도를 비난했지만, 실은 자기도 죄수가 지나가는 것을 보려고 노트르담 다리까지 갔다는 사실을 밝히면서 다음과 같이 썼다.

"물론 불쌍한 여자 죄수는 얼굴을 꽁꽁 가리고 있었으므로, 저는 두건과 기다란 흰 옷밖에 보지 못했습니다."

그레브 광장이 내려다보이는 창문 중에서도 단연 인기가 좋은 것은, 광장과 강변길이 마주치는 한 모퉁이에 위치해 있는 '노아의 포도'라는 술집 창문이었다.

그곳에서는 사형수가 도착하는 순간부터 형이 집행되는 순간까지 모든 과정을 빠짐없이 지켜볼 수 있었다.

사형수는 먼저 노트르담 성당 앞에서 참회를 한다. 그 뒤 죄수와 형리를 태운 호송차는 반드시 노트르담 다리를 건너서 그 행운의 술집 앞을 통과하는 것이었다.

2월 22일이 되자 대낮부터 잘 차려입은 귀족 두 사람이 술집 2층에 일찍 감치 진을 쳤다. 그들은 전날 밤 이 자리를 빌리려고 찾아와서 술집 주인과 흥정을 했다.

주인장은 그 창문을 외국 귀족에게 빌려 주기로 이미 약속했다면서, 그들에게 좀처럼 빌려 주려고 하지 않았다. 그 귀족은 라 보아젱이 화형당하는 장면을 보려고 일부러 파리로 온다는 것이었다. 그래서 예약금까지 치르고 갔는데, 그 뒤로는 행방이 묘연했다.

결국 술집 주인은 혹시 그 귀족이 시간 내에 온다면 반드시 자리를 비켜 줘야 한다는 조건을 걸고서, 새로운 두 손님이 내민 금화를 받아들였다.

4시 종이 울렸을 때 두 사람은 오래된 부르고뉴산 포도주를 다 마시고서 창틀에 팔꿈치를 짚고 있었다.

"호송차가 늦는군." 키 큰 사내가 노트르담 다리 쪽을 보면서 말했다.

"그편이 낫지." 다른 사내가 맞받았다. "요즘에는 해가 일찍 저무니까, 어두울 때 일을 해치울 수 있다면 우리 부하들로서는 바라던 바야."

"기다리는 동안 그놈들이 소매치기하느라 진을 다 빼서 정작 중요한 일을 제대로 못하지만 않는다면야, 만사가 잘 풀릴 텐데."

"제일 성가신 문제는 죄수 호송차를 확 뒤집어서 라 보아젱을 구출한 다음에, 헌옷장수 르 메주리어네 집까지 어떻게 저 인파를 헤치고 나아가느냐는 거야."

"괜찮아, '꼬마 코에슬'이랑 '삼발이' 둘이서 그 여자 손발에 묶인 밧줄을 끊고, 망토를 씌워서 죄수를 변장시킬 테니까. 그 둘은 아주 영악한 놈들이니까, 여우처럼 짭새들 가랑이 사이를 쏙 빠져나갈 거야."

"게다가 광장에 있는 동료들이 칼을 휘둘러서 일반인들을 위협할 테니까 말이지. 아마 졸도하는 여자도 있겠지. 이 동네 전체가 들썩들썩할 거야. 너도 반대쪽에서 엄호사격을 할 테고. 그렇게 난리가 난 와중에 라 보아젱은 무사히 탈출할 수 있을 거야.

하지만 말이야, 브리즈몰, 조심하고 또 조심해야 해. 신호가 있을 때까지 아무도 함부로 움직여선 안 돼."

"알았어, 생카르티에. 난 광장으로 내려가서 저기서 대기할게. 저기 봐, 저기 '꼬마 코에슬'이 엄청 활개 치고 다니는 거 보이지? 저 군중 속에 숨어 들어야겠어.

네가 모자를 흔들면 내가 암호를 외치고, 우리 모두 일제히 짭새들한테 돌격하는 거야."

"좋아! 그런데 꼭 내가 신호할 때까지 기다려야 해. 알았지? 죄수 호송차가 강변길 모퉁이를 돌자마자 신호할 수도 있지만, 어쩌면 그보다 조금 늦게 신호할 수도 있으니까."

"알았다니까. 명령을 내리는 지휘관은 너야. 네가 아무것도 하지 않으면 우리도 아무것도 안 할 거야. 그나저나 이 방을 예약했다는 외국인이 일을 치르기 직전에 도착하지나 말아야 할 텐데."

"그게 뭐 어때서? 괜찮아. 그놈이 여기 있어도 내가 모자를 흔드는 데에는 아무 지장 없으니까. 그놈은 그게 무슨 신호인지 모를 거야."

"하긴 그래. 그놈이 방해되진 않겠지. 노트르담 쪽에서는 아직 아무것도 안 오는 모양이지만, 그래도 시간이 다 됐으니 나는 정해진 장소에 가 있어야겠어."

"그래, 브리즈몰. 정신 바짝 차리고 있어. 판사님이 돈을 듬뿍 주겠다고 하셨으니까."

"이런 위험한 짓을 할 생각을 다 하다니, 그 사람도 어지간히 그 계집애한테 반했나 봐."

"그야 뭐, 그렇지!" 생카르티에는 어깨를 으쓱했다. "사랑에 푹 빠진 이상, 최고법원 판사도 보통 남자랑 다를 바 없어. 덕분에 우리는 떼돈을 벌 수 있으니 잘됐지. 하여튼 라 보아젱을 꼭 구출해서 금화를 받아야 해. 그다음 일은 아무래도 상관없어."

이렇게 뻔한 결론과 더불어 두 사람은 대화를 마쳤다. 브리즈몰은 부하 도둑들이 있는 곳으로 갔고, 생카르티에는 창가로 돌아가 감시를 계속했다.

생카르티에는 삼삼오오 모여서 군중 속에 숨어 있는 도둑들을 총사령관처럼 한번 내려다보더니, 부하들의 상태가 만족스러운지 도둑들 은어로 된 노래를 조그맣게 흥얼거리기 시작했다.

노래가 끝날 무렵 방문이 열리더니 술집 주인의 안내를 받아 한 사내가 들어왔다. 이 방 창문을 예약했다는 외국인인 듯했다.

생카르티에는 새로 들어온 인물을 험악한 눈초리로 바라봤다. 상대가 조금이라도 공격적인 태도를 보이면 당장 싸움을 벌일 기세로 벌써 칼자루에 손을 대고 있었다.

그러나 외국인은 모자를 손에 든 채 다가왔다. 그 태도가 참으로 온화해서 생카르티에도 저절로 기분이 풀렸을 정도이다.

사나이는 정중히 양해를 구했다. "안녕하십니까. 이렇게 억지로 동석을 청하게 돼서 정말로 미안합니다. 아무리 지난주부터 이 방 창문을 예약해 놨다지만 다른 분을 방해하기는 영 꺼림칙했습니다만, 주인장 말로는 당신이 매우 예의바른 분이셔서……."

"기꺼이 창가 자리의 절반을 양보해 주실 게 틀림없다고 하셨겠지요." 생카르티에가 끼어들었다. "네, 옳으신 말씀입니다. 저 때문에 훌륭한 신사분이 라 보아젱의 최후를 구경하지 못하셨다는 소리를 듣고 싶진 않으니까요.

다만 조건이 하나 있습니다."

"뭐든지 말씀해 보세요. 기꺼이 따르겠습니다."

"우정의 표시로, 오래된 스페인 포도주나 같이 마십시다. 주인장을 시켜서 술 창고에서 한 병 가져오라고 할 테니까."

"그거 좋지요. 그 대신 두 병째는 제가 사겠습니다."

"좋소, 그럽시다! 주인장, 얼른 가서 좋은 포도주 좀 가져오게."

술집 주인장은 창문 대여료를 이중으로 챙긴 데다 두 손님이 의기투합까지 하자 몹시 만족한 얼굴로 방에서 나갔다. 혹시나 둘 중 누군가한테 돈을 돌려주는 사태가 벌어질까 봐 걱정했던 것이다.

생카르티에는 갑자기 동석하게 된 손님에게 자리를 내주면서 은근슬쩍 상대를 관찰했다.

그는 서른 살쯤 된 귀족으로, 옷차림도 훌륭했고 인상도 좋았다.

그러나 침착하지 못한 그 눈은 왠지 남의 시선을 피하는 것 같았고, 꾹 다문 입에는 단 한 번도 진심 어린 미소가 떠오르지 않았다.

요컨대 얼핏 봐서는 이 남자가 진짜 귀족인지, 몰리에르의 〈웃음거리 재녀(才女)들〉에 등장하는 마스카리유처럼 후작인 척하는 종복인지 판단하기가 어려웠다.

생카르티에는 날 때부터 통찰력이 뛰어난 데다 직업상 매우 신중한 사나이였으므로 경계심을 풀지 않고, 먼저 상대의 정체를 알아내기 위해 태연한 말투로 교묘한 수작을 부렸다.

"당신도 그 마녀가 화형당하는 꼴을 꼭 보고 싶으셨나 보군요. 주인장이 그러던데, 이걸 보려고 일부러 먼 데서 여기까지 오셨다고요?"

"네, 토리노에서 왔습니다." 외국인은 주저 없이 대답했다. "저는 토리노에 삽니다. 비단 장사를 해서 재산을 좀 모았는데요. 실은 나폴리 출신이지요."

"아하, 알겠어요! 이탈리아에서는 이런 흥미로운 구경거리를 찾아보기 어려우니까……."

"그렇지도 않습니다. 작년에는 스페인을 여행하다가 세비야 중앙 광장에서 십여 명 되는 유대인 남녀 이교도가 화형당하는 모습을 봤습니다. 토리노에서도 1678년에 마녀가 가마솥에 삶아지는 놀라운 광경을 보았지요. 하지만 이 사람들은 그 유명한 라 보아젱에 비하면 아무것도 아닙니다."

"실제로 그 여자는 궁정에서도 파리 사교계에서도 상당히 중요한 인물이었지요. 아, 참! 당신이 산다는 토리노 말인데, 거긴 사보이 공국 영지였지요? 그 사보이 집안 출신인 어느 백작부인도 그 여자와 친한 사이였다고 하더군요."

"네, 수와송 부인 말씀이시죠? 그런 소문이 좍 퍼져 있더군요. 그런데 백작부인은 국외로 도망쳤다면서요?"

"그게 말이죠, 국왕 폐하께서 백작부인한테 안전한 곳으로 도망치라고 경고를 하셨답니다. 솔직히 말하자면 참 불공정한 처사지요."

"뭐, 어쩔 수 없죠." 외국인은 한숨 섞인 목소리로 말했다. "귀족의 존엄성은 지키지 않을 수 없으니까요.

어쨌든 라 보아젱은 혼자서 화형을 당하게 됐군요. 그런데 그 여자가 여기 오려면 아직 멀었나요?"

"아뇨, 지금 당장 저 노트르담 다리 위에 호송차가 나타나도 이상하지 않을 겁니다."

"그러고 보니 시테 섬 강변에 모인 사람들이 왠지 술렁거리는 것 같은데요……."

"착각이겠죠. 호송대가 오는 거라면, 말 탄 파수병이 앞장설 테니까."

그때 술집 주인이 스페인산 포도주 두 병을 들고 돌아왔으므로 두 사람의 대화는 중단됐다.

"호송차가 노트르담 성당 앞을 출발했나 보오." 가게 주인이 말했다. "그 증거로 바리유리 거리에 있는 사람들이 움직이기 시작했소. 이제 반 시간만 지나면 라 보아젱은 지옥으로 가게 될 거요. 굳이 빗자루를 탈 필요도 없이."

기분 나쁜 농담을 던지고 가게 주인은 서둘러 나가 버렸다.

"그럼, 얼른 이 훌륭한 술을 마셔 볼까요?" 그러면서 생카르티에는 술잔 두 개에다 술을 남실남실 채웠다. "자, 당신의 건강을 위하여. 건배!"

"당신의 건강을 위하여!"

"그리고 우리의 묘한 인연을 위하여, 건배! 이렇게 흠잡을 데 없는 신사분을 만나서 진심으로 기쁩니다. 앞으로도 부디 저를 친구처럼 대해 주시길 바랍니다."

"아, 감사합니다. 그토록 정중히 말씀하시는데, 어찌 제가 후의를 외면할 수 있겠습니까."

"혹시 파리에 아는 사람은 있으십니까? 파리 시장이 제 친구니까, 원하신다면 장사 편의를 봐 드릴 수도 있습니다."

생카르티에라면 스페인 희극에서 무어인을 물리쳤다고 자랑하는 허풍쟁이 역할을 멋지게 연기할 수 있었으리라. 천연덕스러운 얼굴로 되는대로 떠들어 대는 것이 특기였으니까.

그러나 그의 허풍도 이 토리노 사람한테는 별로 감명을 주지 못했다.

"친절하시군요. 감사합니다." 그는 냉정하게 대답했다. "하지만 저는 보잘것없는 인간이라서, 시장님께 소개를 받을 만한 자격은 없습니다. 게다가 저는 귀금속상 조합 굴지의 거물인 몽보아젱 씨에게 드릴 소개장을 가지고 있거든요."

"네? 강변 거리의 그 보석상 말입니까? 아니, 그 사람 부인이······."

"이제 곧 처형될 증오스런 마녀란 말씀이시지요? 네, 압니다. 저는 그 남자를 진심으로 동정하고 있습니다. 그도 그럴 것이, 그는 훌륭한 인물로 정평이 나 있잖습니까?"

"글쎄, 과연 그럴까." 생카르티에는 혼잣말을 했다.

"하여튼 내일 저는 그 사람을 만나러 갈 겁니다. 물론 오늘 이런 구경을 했다는 사실은 비밀로 할 생각이지만요."

생카르티에는 갑자기 진지한 표정으로 생각에 잠겼다.

이 강도단 두목은 라 보아젱 구출 작전에 얽매이느라고 다른 돈벌이 기회를 놓칠 인물이 아니었다. 이 유복한 토리노 상인을 꾀어서 인적 없는 곳으로 데려가기만 하면, 그야말로 봉 잡는 거라는 생각이 들었다.

그러려면 먼저 파리에서 몽보아젱에게 신세를 지겠다는 그의 계획을 포기하게 만들어야 했다.

"실례되는 질문일지 모르겠습니다만, 혹시 그 사람과 거래하실 건가요?"

"네. 그것도 꽤 규모가 큰 거래지요. 그런데 왜 그런 걸 물으십니까?"

"실은 그 남자에 대한 이상한 소문이 돌아서……."

"네? 그거 참 의외군요. 무슨 소문인지 여쭤 봐도 될까요?"

"그게…… 저…… 몽보아젱은 이제 곧 화형당할 사랑하는 아내와는 분명히 별거하고 있었지만, 실은 그 자신도 악행을 저지르고 있었던 모양입니다……. 그러니까 예를 들면, 늦은 밤에 보석을 사 가지고 돌아가는 손님을 가게 밖에서 습격해서 물건을 강탈한다든가, 뭐 그런 거죠."

"어이구, 세상에! 듣기만 해도 소름 끼치는 얘기군요."

"그런데 그게 사실이랍니다. 보석을 비싸게 팔고 나서는, 가게 근처에서 다시 빼앗는 거죠.

지난 1년 동안 강변길에서 벌써 스무 명이 넘는 피해자가 나왔어요."

"아니, 경찰청장은 그걸 가만히 두고 본답니까?"

"네, 범인이 누구인지 모르니까요."

"그런데 당신은 잘 알고 계시는군요!" 외국인은 순진하게 감탄한 듯이 말했다.

"뭘요, 그냥 발이 좀 넓어서 그런 거지요." 생카르티에는 겸손하게 대답했다.

"물론 경찰에 통보하실 거지요?"

"아뇨, 아뇨. 저하고는 상관없는 일이니까요. 다만 당신같이 훌륭한 신사한테는 꼭 알려 드려야겠다고 생각한 것뿐입니다. 이런 말씀 드려도 될지 모르겠습니다만, 제가 몽보아젱보다 훨씬 신뢰할 만한 인물과 숙소를 소개해 드릴 수 있는데요."

"오, 정말 친절하시군요!" 토리노에서 온 사내가 말했다. "이 얘기는 나중에 다시 합시다.

그나저나 제가 잘못 본 게 아니라면, 드디어 호송대가 다리 위에 등장한 것 같은데요."

"아, 그러네요. 행렬 앞에서 멍청이 디글레가 말을 거칠게 몰아대고 있군요."

"디글레가 누구죠?"

"경찰대장입니다. 경찰청장의 부하들을 다 합친 것과 맞먹을 만큼 실력 있는 남자예요. 전에 브랑빌리에 후작부인을 리에주에서 붙잡은 사람이 바로 저 사람이죠."

"아, 정말, 당신 같은 만물박사를 만나서 다행입니다. 아마 당신은 이 창문 밑을 지나가는 사람들 이름을 하나도 빠짐없이 다 알고 계실 테지요."

"그야 물론이죠." 그렇게 대답하면서 강도단 두목은 창문 밖으로 몸을 쑥 내밀고, 부하들이 전부 정해진 위치에 있는지 확인했다.

두 사람이 마주 앉은 테이블은 창가에 붙어 있었다.

생카르티에가 바깥을 내다보는 사이에 외국인은 주머니에서 작은 병을 꺼내더니, 아직 반쯤 술이 남아 있는 상대의 술잔에다 뭔가를 흘려 넣었다.

21 화형대로 가는 길

고문을 받고 나서 라 보아젱은 독방으로 돌려보내졌다. 정확히는 짐짝처럼 운반됐다고 말해야겠지만.

라 보아젱은 몇 시간 동안 의식 불명 상태였다. 그러나 본디 튼튼한 체질이어서 이 시련도 잘 이겨 내고 이튿날 아침 무사히 일어나 간수들을 깜짝 놀라게 만들었다.

그날 처형될 거라고 생각했던 여자 점술가는 마지막까지 악마의 제자답게 행동하려고 오전 내내 외설한 노래를 소리 높여 불러 댔다.

한낮이 되자 라 보아젱은 맛있는 점심 식사와 카나리아 제도의 포도주를 달라고 말했다.

그 요구가 받아들여진 덕분에 여자 독살범은 죽기 전 몇 시간을 기분 좋게 보낼 수 있었다.

그런데 저녁이 되자 처형이 다음 날로 연기됐다는 소식이 들려왔다. 그 원인은 쉽게 짐작할 수 있었다.

경찰청장이 다음 단계로 넘어가기 전에, 고문실에서 있었던 일을 국왕에게 보고하고서 지시를 받으려고 했던 것이다.

라 보아젱의 공범에 관한 정보를 이 이상 알아낼 가능성이 없으니 이제 그만 포기해야 할까? 아니면 사형의 공포나 고문의 고통에조차 굴하지 않았던 죄수라도 특별사면이라는 한 줄기 희망을 얻는다면 입을 열지도 모르니까, 잠시 사형 집행을 보류해야 할까?

루이 14세는 주저 없이 결단을 내렸다. 그는 그렇게 타협함으로써 왕의 위신을 떨어뜨리는 것을 부끄럽게 여기어, 하느님이든 국왕이든 모든 권력을 능멸하는 데 희열을 느끼는 그 악마 같은 여자를 한시라도 빨리 처리해 버리라고 명령한 것이다.

그리하여 2월 22일 저녁, 라 보아젱이 하느님 앞에서 자신의 행위를 설명할 수 있도록 만반의 준비가 갖춰졌다.

마지막 날 오전에도 라 보아젱은 여전히 태도로 보나 말투로 보나 간수들을 경악하고 분노하게 만들 뿐이었다.

선량한 간수들은 사형을 눈앞에 두고도 이토록 평정을 유지하는 사람을 지금까지 본 적이 없었다. 결국 간수들은 악마의 군대가 한꺼번에 이 사형수의 몸속에 깃들었으며, 악마의 우두머리가 이 여자의 입을 빌려 이야기하는 게 틀림없다고 확신하기에 이르렀다.

그러나 라 보아젱이 태연할 수 있었던 이유는 따로 있었다.

죄수가 고문을 받기 직전의 어느 날, 피에르 드 빌라루소가 죄수의 귓가에 이렇게 속삭였다.

"마리에트가 뱅센 성에서 형장으로 가는 도중에 당신을 구출할 준비를 해 놨습니다."

서기가 동석하고 있었으므로 피에르는 그 이상 자세한 이야기를 할 수 없었다.

그러나 라 보아젱은 하나를 듣고 열을 아는 여자였으므로 그 얘기만 듣고도 모든 사정을 짐작했다―피에르가 자기 의붓딸을 사랑한다는 사실도, 호송대를 습격할 계획도, 젊은 두 남녀가 국외로 탈출할 생각이라는 것까지 다 알아차렸다.

라 보아젱으로서는 잔혹하고 불명예스러운 죽음을 의연하게 받아들일 각오가 이미 되어 있었지만, 그래도 플랑드르에 있는 수와송 백작부인 곁으로 도망칠 수 있을지도 모른다는 것은 상상도 못한 행운이었다.

수와송 부인의 비호를 받는다면 외국 궁정에서 자신의 온갖 재능을 발휘하여 다시 한 번 활약할 수 있으리라.

브뤼셀에도, 토리노에도, 마드리드에도, 점을 보려는 귀족이나 남편을 해치워 버리려는 여자가 있을 것이 틀림없었다.

게다가 그런 대도시에는 엑실리, 바엔스, 샤스튀유 같이 예의 독살 사건 음모에 가담한 사람들이 있었다. 하나같이 대담한 이 악당들은 라 보아젱같이 고명한 여자 요술사를 위해서라면 기꺼이 일해 줄 것이다.

이렇게 생각한 라 보아젱은 프랑스에서 멀리 떨어진 곳에서 안락하게 살아가는 삶을 꿈꿨다. 프랑스는 위대한 국왕과 총리가 손을 잡고서 독약 제조자들과 요술사들을 궁지로 몰아넣으려고 하는 위험한 나라였다.

라 보아젱은 피에르가 약속한 구출 계획을 성공시키기 위해서 자기도 가능한 한 노력하기로 마음먹었다.

여러 가능성을 검토해 본 결과, 라 보아젱은 구출 계획이 실행되는 장소는 분명히 그레브 광장 근처일 것이라고 결론을 내렸다. 사형이 집행되는 날이면 언제나 그곳에 구경꾼들이 몰려들어 큰 혼잡이 일어났기 때문이다.

또한 라 보아젱은 자기를 구해 줄 결사대가 어디에 있는지 반드시 찾아낼 수 있을 것이라고 믿었다.

그렇게 생각하고 안심했기 때문에 라 보아젱은 출발 시각을 기다리는 동안에도 놀랄 만큼 침착한 태도로 잘 먹고, 잘 마시고, 쉴 새 없이 신나게 떠들어 댔다.

3시 조금 전에 사형집행인이 조수와 함께 모습을 드러냈다.

라 보아젱은 오랜 친구라도 맞이하는 것처럼 아무런 저항 없이 얌전히 호송되었다. 그리고 재판관들에게 몰수되지 않은 약간의 돈을 형리들에게 주었다.

화형대까지 사형수와 동행하기로 한 고해신부에게도 라 보아젱은 상냥한 태도를 보였다. 그 경건한 충고를 들으면서도 인상 한 번 찌푸리지 않았다.

소르본 신학교의 늙은 학사인 이 고해신부는 가는귀를 먹은 독실한 신자였다.

그는 사형수가 회개하여 훌륭한 최후를 맞이할 것이 틀림없다고 굳게 믿었다.

사형집행인의 조수들이 죄수의 옷 위에다 기다란 흰 셔츠를 입히고, 목에는 굵은 밧줄을 둘둘 감았다. 그리고 슬리퍼와 양말을 벗긴 뒤, 두건 자락을 턱 밑에서 묶고 두건을 눈언저리까지 깊숙이 씌워서 얼굴을 가려 주려고 했다. 그러나 라 보아젱은 저승으로 가는데 앞이 안 보이면 곤란하다는 이유로 이를 거부했다.

그것은 물론 이승에 있는 동안 주변 상황을 잘 살펴볼 필요가 있었기 때문이었다.

뱅센 성 탑 밑에 짐마차 한 대가 세워져 있었다. 자갈 운반용 짐차와 비슷한 3인승 죄수 호송차였다.

형리의 조수 가운데 한 사람은 걸어서 호송차를 쫓아오고, 다른 한 사람은 차 앞판에 걸터앉아서 끌채에다 다리를 얹은 채 고삐를 쥐었다.

형리는 마부를 등지고 섰다.

라 보아젱과 고해신부는 그 발밑에 있는 짚 더미 위에 앉았다.

유명한 디글레 경찰대장이 지휘하는 말 탄 파수병들이 성문 근처에서 기다리고 있었다.

일행은 조금 빠른 걸음으로 출발하여 이윽고 성 앙투안 문을 지나 파리로 들어갔다.

음침한 일행은 바스티유 앞을 통과한 뒤 오른쪽으로 돌아서 강변길 따라 노트르담 성당으로 갔다.

그때까지는 길가에 모여 있는 사람이 그리 많지 않았다. 야만적인 공개 처형을 즐기는 호기심 많은 사람들은 이왕이면 그레브 광장 근처에서 구경하고 싶어했다.

하지만 아스날에서 별로 멀지 않은 쉴리 저택 창문에는 궁정 귀족과 귀부인 여러 명이 자리를 차지하고 있었다. 모두 아는 사람들이었으므로 라 보아젱은 심술궂게도 일부러 친밀하게 인사를 했다.

그 순간만 제외하면 라 보아젱은 시종일관 입을 다문 채, 진지하기 짝이 없는 고해신부의 기도에 가만히 귀를 기울이고 있는 듯했다.

그러나 마차가 노트르담 성당 앞 광장에 도착하자 라 보아젱의 태도가 약간 변했다. 자기를 구출하려는 계획이 결행될 순간이 다가왔음을 깨닫고, 온갖 사태에 대비할 준비를 한 것이다.

고문의 통증은 이미 사라졌고 다리도 자유로웠다. 몸은 유연하고 힘이 넘쳐흘러, 자기를 구해 줄 사람들에게 협력할 수 있는 상태였다.

라 보아젱은 주의 깊게 군중을 둘러보았다. 인파 속에 휩쓸린 호송차는 느릿느릿 전진할 수밖에 없었다.

군중을 살펴보니 적개심에 불타는 얼굴이나 무관심한 얼굴밖에 보이지 않았다. 귀에 들려오는 소리라고는 독살범을 매도하는 욕설뿐이었다.

'역시 내 생각이 맞았어.' 라 보아젱은 생각했다. '그레브 광장에 도착했을 때 나를 구해 내려는 거야.'

호송차는 성당 앞에 다다랐다. 죄수는 차에서 내려 군중 앞에서 참회해야 했다.

성당 정면 현관은 활짝 열려 있었고 그 안에도 많은 사람이 있었다. 희미한 제단 촛불 빛을 받아서 오래된 성당 내부가 어렴풋이 눈에 들어왔다.

거대한 궁륭 밑에서 나지막한 웅성거림이 일어났다. 그것은 증오스런 여자 요술사를 저주하는 신자들의 목소리가 하느님의 귀에 닿기를 바라는 기도 소리처럼 울려 퍼졌다.

이 두렵고도 엄숙한 무대 장치 앞에서도 평정을 유지했던 라 보아젱은 정말로 정신력이 강한 여자였음에 틀림없다.

라 보아젱은 호송차에서 훌쩍 뛰어내리더니, 서기가 기다리고 있는 성당 입구까지 종종걸음으로 뛰어갔다.

고해신부는 죄수를 뒤따라가서 불붙은 초를 건네 줬다. 여기까지 오는 길에 죄수에게 초를 들라고 하기가 미안해서 계속 자기가 들고 있었던 것이다. 그 뒤 고해신부는 죄수를 무릎 꿇렸다.

라 보아젱은 서기가 읽어 주는 문구를 순순히 또박또박 되풀이해서 말했다. 죄수와 신부는 다시 호송차에 올랐다. 일행은 그레브 광장을 향해 출발했다.

라 보아젱은 점점 불안해졌다. 차는 시시각각 화형대로 다가간다. 이제 슬슬 아군이 모습을 나타낼 때가 되었는데.

한편 경찰들은 인파를 헤치느라 애를 먹고 있었다. 차는 거북이걸음을 하고 있었다.

노트르담 다리를 건널 때에는 좁은 장소에 구경꾼들이 하도 빽빽이 들어차 있어서 호송차가 여러 번 멈출 수밖에 없었다.

그렇게 차가 멈췄을 때, 주위를 주의 깊게 둘러보던 라 보아젱은 다리 앞 건물들 가운데 어느 창문에서 한 여자를 발견했다. 검은 옷을 입고 큼직한 두건을 눌러쓴 여자였다.

처음에 라 보아젱은 지체 높은 귀부인이 호기심 때문에 구경하러 왔나 보다고 생각했으므로, 상대를 냉소적인 눈빛으로 노려보려고 했다. 그런데 그때 갑자기 그 여자가 두건을 벗어 얼굴을 내보였다.

마리에트였다.

뜻밖의 사태에 라 보아젱은 몹시 동요했다.

터질 듯한 비명을 간신히 삼키고서 라 보아젱은 의붓딸의 얼굴을 뚫어져라 쳐다봤다.

마리에트는 두건을 벗자마자 일어서더니 창가에서 한 발짝 물러났다.

얼굴은 매우 창백했지만 태도는 침착했다.

딸이 끔찍한 죄수 호송차를 일부러 보러 온 것은, 뭔가 구출 계획과 관련된 행동이 틀림없었다.

마리에트는 손을 들어 그레브 광장을 가리켰다. 그 모습은 양어머니에게 이렇게 말하는 것 같았다―"동료가 어머니를 구출하려고 저쪽에서 대기하고 있어요."

이어서 마리에트는 내민 손을 얼른 내리더니 자기가 있는 방을 잠깐 가리키면서 양어머니에게 뜨거운 눈길을 보낸 다음, 무릎 꿇고 기도를 올리기 시작했다.

이 동작의 의미는 너무나 분명해서 착각하려야 착각할 수 없었다.

'아하!' 라 보아젱은 생각했다. '내가 구출되고 나서는 저 집에 숨게 된다는 거군.

정말이지, 멍청한 청년이 홀딱 반할 만큼 예쁜 딸을 길러 놓은 보람이 있어!

그 판사가 일을 꽤 잘 꾸며 놓은 모양이야. 그래, 나는 다시 한 번 수와송 부인과 손잡고 일할 수 있을 거야.'

이렇게 생각한 라 보아젱은 고개를 들고 표정을 싹 바꿨다.

이제는 만사 포기한 척하면서 구경꾼들을 기쁘게 해 줄 필요가 없었다.

고해신부는 여전히 주 예수 그리스도의 수난에 대해 열변을 토하고 있었다. 그 경건한 이야기는 군중을 헤치는 경찰들의 고함과 기묘한 대조를 이루었다.

디글레 경찰대장이 아무리 필사적으로 노력해도, 사형집행인이 몸을 돌려서 말을 채찍질하라고 조수에게 소리 질러도, 호송차는 도무지 앞으로 나아가지 못했다.

이 상황은 사형수에게는 뜻밖의 행운이었다. 벌써부터 이렇게 혼잡하다면 그레브 광장은 그야말로 난리가 났을 테니까 말이다.

라 보아젱의 얼굴이 환하게 빛나고 입가에는 악마 같은 미소가 떠올랐다.

그때 파수병이 간신히 길을 뚫었다. 호송차는 움직이기 시작했다.

사형집행인은 다시 뒤로 돌아서 팔짱을 낀 채 호송차 칸막이에 기대었다.

"이봐요, 거 이상할 정도로 서두르시네." 라 보아젱이 냉소적인 말투로 말을 걸었다. "우리가 도착하기도 전에 형이 집행될까 봐 걱정하는 건가?"

형리는 말없이 어깨를 으쓱했을 뿐이지만, 근엄한 신부는 이 고약한 농담을 듣더니 그러지 말고 마음을 비우라고 타이르기 시작하면서, 온갖 상냥한 말을 동원하여 죄수의 마음을 가라앉히려고 했다.

"신부님, 악마를 믿으세요?" 아닌 밤중에 홍두깨처럼 라 보아젱이 질문을 던졌다.

"아니, 갑자기 무슨 소릴 하는 거요?" 당황한 신부가 중얼거렸다.

"신부님, 전 악마를 믿어요. 혹시 사탄 할아범이 세상에 존재하지 않는다면 정말로 아쉬울 거예요. 그럴 수밖에 없잖아요? 그 할아범이 도와주지 않는다면 저는 이제 곧 끔찍한 일을 당하게 될 테니까요."

"그런 불경한 소릴 하는 것도 다 악마의 꼬임에 넘어갔기 때문이겠지. 자, 옳지 못한 생각은 그만두고 나를 따라 기도하시오."

"됐어요, 사양할게요! 코맹맹이 소리로 시편 따윌 낭송하느니, 차라리 사형집행인 니콜라 씨랑 수다나 떠는 게 낫겠어요."

형리는 자기 이름이 나오자 멸시하는 눈초리로 죄수를 슬쩍 보았지만, 여전히 거만한 태도로 꼼짝도 하지 않고 있었다.

"나 참!" 라 보아젱이 말을 이었다. "이봐요, 잘난 척이 심하시네. 하지만 내가 당신 태도를 바꿔 놓고 싶다면, 그냥 시청 건물 2층으로 가서 판사님들한테 할 말이 있다고 하기만 하면 되거든?"

"그래, 그렇게 하시오." 고해신부가 말했다. "하느님께 자비를 구할 시간이 있을 때 어서 모든 것을 고백하고 양심의 짐을 내려놓으시오.

한번 생각해 보구려. 당신이 공범의 이름을 밝히기를 끝까지 거부한 채 저 세상으로 간다면, 공범들이 앞으로 이 세상에서 저지르게 될 죄의 책임까지 당신이 지게 될 거요."

"그럼 신부님은 아무도 감싸지 말라고 말씀하시는 건가요?"

"그렇소. 죄 지은 사람은 누구도 감싸선 안 되오."

"어머, 그래요? 알았어요. 신부님, 여기 니콜라 씨한테 물어보세요. 어느 날 밤 이 사람이 독약을 얻으려고 나를 찾아왔다고 말해도 될지 어떨지.”

"그게 무슨 헛소리야, 이년아!" 발끈한 사형집행인은 저도 모르게 소리를 질렀지만 얼른 다시 입을 다물었다.

"어휴, 왜 그렇게 화를 낸담? 내가 맘만 먹으면 당신도 계속해서 어깨에 힘주고 있을 수만은 없다 이거야.

생각만 해도 유쾌하지 않아? 지금까지 수많은 사람을 처형한 장본인이 거열형에 처해진다면, 파리 사람들이 기뻐 날뛰면서 구경하려고 할 거야.”

형리는 이번에는 대꾸하지 않고 경찰들에게 호송대 속도를 높이라고 호통쳤다.

이 난처한 상황에 빨리 종지부를 찍고 싶었던 것인지, 정말로 사형수한테 약점을 잡혀서 그게 폭로될까 봐 두려웠던 것인지는 확실치 않다.

짐작컨대 사형집행인은 양심에 거리낄 만한 짓은 하지 않았으며, 라 보아젱은 그저 재미 삼아 이 남자를 위협했던 것 같다.

그러나 라 보아젱이 사형집행인에게 이런 말을 했다는 것은 분명한 사실로서, 〈네덜란드 신문〉을 비롯한 그 시대의 모든 기록에 남아 있다.

고해신부는 죄수의 언동이 돌변하자 당황해서 넋을 잃었다. 그로서는 이 개탄스런 변화의 원인을 짐작할 수 없었다.

이제 라 보아젱은 의기양양하게 고개를 쳐들고 뻔뻔한 태도로 주위를 둘러보면서, 입만 열면 신을 모독하는 말과 조롱을 내뱉었다. 조금 전까지만 해도 그토록 얌전히 회개하는 모습을 보였던 것이 이제 와서는 거짓말같이 느껴졌다.

그동안 다리를 다 건넌 호송차는 인파를 헤치고 강변길로 돌아 들어갔다.

그레브 광장은 코앞에 있었다. 호송차는 한층 더 전진하기 힘들어졌다.

디글레 경찰대장은 말을 거칠게 몰아 군중을 흩어 놓으려고 하면서, 구경꾼을 그냥 밟고 지나가라고 부하에게 명령했다. 그러나 다 소용없었다. 호송차 마부가 몰려오는 구경꾼들을 향해 채찍을 휘둘러도 전혀 효과가 없었다.

흥분한 군중에 둘러싸인 호송차는 북극 얼음 속에 갇혀 버린 배와도 같았다.

이따금 파수병이 말 가슴으로 인파를 밀어 헤치고 돌파구를 만드는 데 성공하여, 차바퀴가 열 번쯤 회전할 때까지 앞으로 나아갈 수 있었다. 하지만 금세 사람들의 벽이 또다시 길을 가로막아 전보다도 더 전진하기 어려워졌다.

열성적인 구경꾼 중에는 말 다리 밑으로 기어 들어가 마차 가로대 근처까지 다가가는 사람도 있었다.
　흥분한 수많은 구경꾼의 밉살스런 상기된 얼굴이 코앞에 다가오자, 라 보아젱보다도 오히려 신부가 겁을 먹었다.
　신부는 눈을 감고 열심히 묵주를 세면서 기도를 올렸다. 라 보아젱은 자기 얼굴을 가까이에서 보려고 다가오는 호기심 많은 놈들을 하나하나 주의 깊게 관찰했다.
　이윽고 라 보아젱은 누구보다도 대담한 두 남자를 발견했다.
　그들은 떠밀리든 채찍질을 당하든 굴하지 않고 꿋꿋하게 호송차에 딱 붙어서 따라오고 있었다.
　두 남자는 때로는 뱀장어처럼 바닥을 기면서 파고들었고, 때로는 수풀 사이로 돌진하는 멧돼지처럼 인파를 뚫고 나가 사형수를 향해 주먹을 휘두르면서 시끄럽게 소리를 질러 댔다. 그러나 라 보아젱은 두 사람의 의도를 간파했다.
　그들은 다른 구경꾼들과 함께 여자 독살범을 매도하는 척하면서, 의미심장한 눈빛을 보내거나 이중적으로 해석될 만한 말을 입에 담는 듯했다.
　라 보아젱의 이러한 생각은 착각이 아니었다.
　'헛똑똑이'와 '삼발이' 두 사람은 브리즈몰 두목을 술집 앞에 놔둔 채 호송차에 접근해서, 신호가 나자마자 차를 덮칠 준비를 하고 있었던 것이다.
　나머지 일당 대부분은 생카르티에가 진을 치고 있는 창문 밑에서 대기하고 있었다.
　"이봐, 마녀 할망구!" '삼발이'가 소리쳤다. "저기 모퉁이에 있는 술집에라도 들어가서, 지옥으로 떠나기 전에 이별의 술잔이라도 나누자고!"
　"네 친구들이 '노아의 포도'에서 기다리고 있어!" '헛똑똑이'가 광장 모퉁이에 있는 집을 가리키면서 소리를 질렀다.
　라 보아젱의 눈이 번쩍 빛났다. 모든 것을 이해한 것이다.
　"저리 꺼져, 이 쓰레기들아! 꺼져, 안 그러면 확 밟아 버린다!" 고함을 치면서 디글레가 두 도둑한테 달려들었다. 그러나 두 사람은 재빨리 차 밑으로 기어 들어가더니 반대편으로 쏙 나와서 경찰대장을 놀려 댔다.
　경찰대장은 두 사람을 그 이상 쫓지 않고 가까이 있는 구경꾼을 칼등으로

쳤다. 그 사이에 '삼발이'는 욕설을 퍼붓는 체하면서 라 보아젱에게 마지막으로 주의를 줬다.

"잘 봐, 마녀 할멈! '노아의 포도' 창문을 빌려서 네가 지나가는 모습을 구경하고 있는 남자를 잘 보라고. 그 사람이 곧 모자를 흔들어서 너를 전송할 테니까."

"알았어!" 라 보아젱이 큰 소리로 대꾸했다. "그렇게 알고 기다리겠어!"

이 대화는 점점 더 심해지는 소동에 묻혀서 거의 들리지 않았으므로 사형집행인도 고해신부도 전혀 눈치채지 못했다.

라 보아젱은 때가 되면 언제든지 차에서 뛰어내리기 위해 무릎을 살짝 구부렸다.

호송차는 드디어 술집 앞에 도착했다. 내내 차를 뒤쫓던 두 소매치기는 군중 속에서 불쑥 솟아 나와 있는 거구의 브리즈몰을 발견했다.

라 보아젱은 고개를 돌려 창문을 쳐다봤다.

창가에는 모자 쓴 남자가 서 있었다.

'저 남자가 신호를 보내는 사람이구나.' 그렇게 생각한 사형수는 고해신부의 어깨를 두드리더니 악마 같은 냉소를 지으면서 말했다. "저기, 신부님. 악마가 어떤 놈인지 한번 보고 싶으시거든 저기 좀 보세요. 저놈이 나를 어떻게 구해 내는지, 곧 보실 수 있을 거예요."

하지만 이 신성모독의 죗값을 치르게 된 걸까. 아군으로 추정되는 그 인물을 자세히 본 순간, 여자 독살범은 이렇게 중얼거릴 수밖에 없었다.

"로마니잖아! 아아, 이제 난 끝장이야!"

22 인과응보

호송대가 화형대를 향해 죽음의 행진을 계속하는 동안 마리에트는 내내 무릎 꿇은 채 눈물을 흘리면서 기도하고 있었다.

호송차가 지나가 버리자 긴장이 순식간에 풀려 버렸다. 마리에트는 차가 다리를 다 건너 갈 때까지 지켜볼 기력도 없었다.

결정적인 순간이 다가오면 다가올수록 창문 밖을 내다볼 용기가 나지 않았다.

게다가 아까 마지막 신호를 보냄으로써 마리에트는 양어머니를 위해 자기가 할 수 있는 일을 다 한 셈이었다.

이제 뒷일은 하늘에 맡길 수밖에 없었다. 마리에트는 그저 끊임없이 기도했다. '부디 우리 어머니를 살려 주셔서, 하느님의 심판을 받기 전에 죗값을 치를 시간을 주옵소서.'

노트르담 다리에 있는 집에 온 다음부터 마리에트는 아무런 불편 없이 지내고 있었다.

헌옷장수 부부는 마리에트를 따뜻하게 맞이했다. 특히 부인인 재클린은 마리에트를 친딸이나 다름없이 아껴 주었다.

아버지한테서는 결코 받을 수 없었던 그 따뜻한 애정에 감동한 마리에트는 금세 이 부부를 좋아하게 되었다.

헌옷장수 아저씨가 퐁네프 도적들과 한패라는 사실은 알고 있었지만, 왠지 이 사람도 싫어할 수가 없었다.

하기야 이 장물아비의 태도와 인상은 정직한 상인의 표본과도 같았으므로, 아마 오랫동안 같이 살아도 그가 부정한 장사를 하는 사람임을 간파하기는 어려웠을지도 모른다.

더구나 마리에트는 이 헌옷장수와 도적의 연줄을 이용해서 양어머니를 구출하려 하고 있었으니, 이러쿵저러쿵 불평할 권리도 없었다.

첫날은 더없이 고요하게 흘러갔다. 마리에트가 방에 틀어박혀 있자 부인이 찾아와서, 피에르 드 빌라루소의 어린 시절 이야기를 들려주었다. 유모는 '피에르 도련님'한테 푹 빠져 있었다.

청년 판사와 마리에트가 서로 사랑한다는 사실은 부인도 어렴풋이 짐작하고 있는 듯했지만, 두 사람이 이대로 도망쳐서 외국에서 결혼하겠다는 엄청난 계획을 세우고 있는 줄은 꿈에도 모르는 것 같았다.

마리에트는 사실을 숨긴 채 부인의 이야기에 귀를 기울였다.

사랑하는 남자를 칭찬하는 이야기를 듣는 것은 마리에트로서도 기쁜 일이었다.

저녁이 되자 부인은 식사를 준비하러 내려갔다. 마리에트는 저녁 햇살을 받아 빛나는 센 강의 아름다운 풍경을 바라보며 우수에 잠겼다.

그때 뱅센 성 탑 독방에서는 라 보아젱이 고문실로 내려갈 준비를 하고 있었다.

이튿날 연인이 마리에트를 방문했다.

피에르는 다음 날 형이 집행되기로 결정됐으며, 라 보아젱 구출 준비가 완벽하게 끝났다는 사실을 알리러 왔다.

전날 밤 다시 한 번 생카르티에를 만나서 상세한 계획 설명을 들은 피에르는 분명히 성공할 것이라고 확신했다.

그 말을 듣자 마리에트도 안심했다. 피에르는 사형수 탈주로 인한 대소동이 가라앉는 대로 마리에트에게 돌아오겠다고 약속한 다음 떠났다.

두 사람은 함께 헌옷가게를 떠나 도보로 플랑드르 가도까지 가서, 그곳에 대기하고 있는 마차를 탈 예정이었다.

마리에트는 구출된 라 보아젱에게 작별 인사를 하자마자 바로 떠나겠다고 다시 한 번 약속했다.

이렇게 만반의 준비를 해 놓았으므로, 드디어 처형 날이 되었을 때 마리에트는 마음이 평온하지는 못할망정 충분히 근거 있는 희망을 품고서 두려움을 떨쳐 버릴 수 있었다.

그래서 아까 보았듯이 마리에트는 호송차가 지나가는 길을 바라보는 창가에 앉아서 죄수에게 격려의 신호를 보내는 역할까지 자진해서 맡았던 것이다.

한편 헌옷장수 르 메주리에도 라 보아젱을 숨기기 위한 준비를 철저히 했다.

그는 혼잡한 상황을 틈타 누가 상품을 훔쳐 갈지도 모른다는 이유로, 한낮이 되자 가게 덧문을 엄중히 닫아 버렸다.

이제 온 집 안에서 탁 트여 있는 곳이라고는 2층 창문뿐이었다.

평소에 집안일을 담당하는 뚱뚱한 두 하녀와 가게 점원은 그날 휴가를 받았다. 그들은 옳다구나 하고 좋은 자리를 선점하려고 일찌감치 그레브 광장으로 달려갔다.

재클린 부인은 이런 구경거리를 좋아하지 않으므로 점심을 먹은 뒤 성 야곱 성당으로 갔다. 해 지고 나서야 돌아올 거라는 말을 남기고.

부인은 마리에트한테 같이 가자고 권했지만, 길거리에서 아는 사람과 마주치면 곤란하다면서 마리에트가 거절하자 강요하진 않았다.

이 집에 임시로 머무는 젊은 처녀와 단둘이 남게 된 헌옷장수는 친절한 위로의 말을 건넸다. 그리고 마리에트를 2층 방 창가에 앉히고서 부디 조심하라고 당부한 다음, 그도 현관문 뒤에서 망을 보기 시작했다.

현관문은 두껍고 튼튼한 고리가 달려 있어서 쉽게 부서지지 않을 것 같았다. 그 시대 상인들은 보안을 철통같이 했으므로 상인의 집은 하나의 요새나 다름없었다.

빈틈없는 가게 주인은 현관문에 뚫린 감시창을 살짝 열어 놓고 의자에 앉아, 밖에서 보면 거의 눈에 띄지 않는 그 조그만 창문을 통해서 다리 위의 상황을 낱낱이 파악할 준비를 마쳤다.

도적 동료가 라 보아쟁을 구출해서 데려오는 모습이 보이는 즉시, 가게 주인은 재빨리 문빗장을 열어 그들을 안으로 들여놓고서 다시 문을 잠그기만 하면 되었다.

가게 주인은 브리즈몰과 그 일당들 말고는 아무한테도 문을 열어 주지 않을 생각이었다. 그러나 일을 계획하는 것은 사람이요, 실행하는 것은 하늘이라 했다. 만사는 예정대로 되지 않는 법이다.

호송차가 지나가면서 혼잡이 절정에 달했을 때였다. 계속 바깥을 감시하던 헌옷장수는 이제껏 구경꾼의 뒷모습밖에 안 보이던 감시창에 불쑥 피에르의 얼굴이 나타나자 깜짝 놀랐다.

꾸물거릴 상황이 아니었으므로 헌옷장수는 얼른 문을 열어 청년 판사를 안으로 들여놓고 다시 문을 닫았다. 워낙 혼잡해서 문을 열고 닫기도 쉽지가 않았다.

"무슨 문제라도 생겼나요?" 헌옷장수가 공손하게 인사하면서 물었다.

"아니, 문제없소." 피에르가 대답했다. "생카르티에 일행은 정해진 장소에서 대기하고 있소. 만사 잘 풀릴 거요. 단지 가만히 기다리고 있을 수가 없어서 예정보다 빨리 와 버린 거요. 여기까지 인파를 뚫고 오느라 어찌나 힘들었는지."

피에르는 마리에트가 어디 있는지 물어보려고 했다. 그러나 청년의 마음을 꿰뚫어 본 헌옷장수가 묻기도 전에 먼저 대답했다.

"아가씬 2층에 있습니다, 판사님. 죄송하지만 안내해 드릴 순 없겠는데요. 당장에라도 동료들이 올지도 모르니까, 자리를 비울 수 없어요."

피에르는 더 듣지도 않고 계단을 뛰어 올라갔다.

그는 이미 여행 준비를 마쳤는데, 복장이 평소와 달라서인지 꼭 딴사람같이 보였다.

판사라는 직업상 언제나 입는 수수한 옷 대신에 피에르는 군복같이 생긴 우아한 조끼, 검은 깃털이 달린 커다란 모자, 박차 달린 롱부츠, 넉넉한 망토를 몸에 걸치고 있었다.

우울한 재판관이 순식간에 씩씩한 기병대원으로 변신한 것이다. 그 모습은 이 청년에게 매우 잘 어울렸다.

피에르가 방 안에 들어왔을 때 마리에트는 양어머니가 사형집행인의 발밑에 앉은 채 호송차에 실려 가는 모습을 본 충격에서 아직 헤어나지 못한 상태였다.

그래서 그녀는 "왜 이렇게 빨리 왔어요?" 하고 물어보지도 않고 그저 눈물이 그렁그렁한 눈으로 피에르를 쳐다보더니 손을 잡고 창가로 데려가서, 이제 막 그레브 광장 모퉁이를 돌아 사라져 가는 호송차를 말없이 가리켰다.

"조금만 더 참으면 돼요." 피에르가 힘주어 말했다. "우리의 근심도 이제 곧 사라질 거예요. 호송차가 저 모퉁이를 다 돌면 생카르티에가 신호를 보낼 테니까."

"좀처럼 날이 저물지 않네요." 마리에트가 중얼거렸다.

실제로 해가 상당히 기울긴 했어도 라 보아젱이 야음을 틈타 도망치기에는 아직 주변이 너무 밝았다.

"그 사람들의 용기와 재치를 믿어 봅시다." 말은 그렇게 했어도 피에르도 실은 불안한 마음이 없지 않았다.

피에르의 말이 끝나기도 전에 호송차는 술집 모퉁이를 돌아 자취를 감추었다.

젊은 남녀는 서로 바싹 붙어서, 이루 형용할 수 없는 불안감에 휩싸인 채 상황을 지켜봤다.

두 사람은 운명의 광장을 뚫어져라 바라보면서 그쪽에서 들려오는 소리에 귀를 기울였다. 호송차가 습격당하는 장면을 본 시민들이 일제히 환성을 지르지나 않을까 하고 신경을 곤두세웠다.

그러나 들리는 소리라고는 군중의 숨결처럼 낮은 웅성거림뿐이었다. 광장 입구에 몰려드는 인파 속에서는 동요의 기색을 전혀 찾아볼 수 없었다.

마리에트는 얼굴이 새파랗게 질렸다. 피에르도 가슴이 꽉 막히는 기분이었다.

두 사람의 시야를 가로막고 있는 저 뾰족한 박공지붕 너머에서 대체 무슨 일이 일어나고 있는 걸까?

강도단 두목이 계획을 변경해서, 호송차가 광장에 완전히 들어간 다음에 습격 신호를 보내기로 한 걸까? 아니면 호송차는 아무 이상 없이 화형대 밑에 도착해 버린 걸까?

아무것도 알 수 없는 상태에서 15분이 넘는 시간이 흘렀다.

별안간 멀리서 엄청난 함성이 들려왔다.

"해냈어!" 피에르가 소리쳤다. "도둑놈들이 경찰들을 덮친 거야……. 그 사람이 구출된 거예요."

"구출됐다고요!" 마리에트가 피에르를 와락 끌어안았다. "아니…… 아녜요…… 다 틀렸어요……. 저기, 저기 봐요!"

피에르는 처음엔 그녀가 무슨 소릴 하는지 이해할 수 없었다. 눈앞에 보이는 것은 꿈틀거리는 군중 사이로 파도에 씻기는 절벽처럼 우뚝 솟아 있는 검은 집들뿐이었다.

그러나 이윽고 광장 상공에 모락모락 연기가 피어오르고, 하늘이 불빛을 받아 붉게 물들었다.

화형대에 불이 붙은 것이다.

아까 습격 신호라고 착각했던 함성은 실은 여자 독살범의 처형이 시작됐음을 알리는 신호였다.

마리에트는 정신을 잃었다. 피에르는 그녀를 끌어안아 비틀거리면서 큰 침대 위에 눕혔다. 그것은 평소에 헌옷장수 부부가 사용하는 침대였다.

피에르는 침대 옆에 무릎 꿇고, 서지(serge)로 된 침대보 위에 힘없이 놓여 있는 처녀의 손에 끝없는 입맞춤을 퍼부었다.

피에르도 몹시 당황해서, 기절한 여성을 간호하는 일반적인 방법을 써 볼 생각조차 하지 못했다.

하기야 얼굴에 물을 끼얹지 않았어도 마리에트는 저절로 정신을 차렸지만. 눈을 뜨자마자 그녀가 한 말은 피에르를 질책하는 말이었다.

"당신이 나를 속였군요."

"내가 당신을 속이다니, 말도 안 돼요! 생카르티에가 우리를 배신한 겁니다!

아아! 내가 용기를 내서 그놈 뒤를 따라갈 걸 그랬어요. 옆에 붙어서 감시했어야 했는데. 그런 놈을 신용하면 안 되는 거였는데……."

"우리 어머니가 돌아가셨어요." 불쌍한 처녀는 흐느껴 울었다. "그것도 지독히 끔찍하게 돌아가셨다고요!"

피에르는 위로할 말을 찾지 못했다. 그는 풀죽은 어두운 얼굴로 무릎 꿇은 채, 죄인처럼 고개를 푹 수그리고 팔짱을 끼고 있었다.

화형 법정의 청년 판사는 사랑에 눈이 멀어 라 보아젱을 구출하려 했기 때문에 지금 이렇게 가혹한 벌을 받게 된 것이다.

"하느님께서 이 계획을 옳지 못하다고 여기셔서 벌을 내리신 거야." 피에르는 가슴을 치면서 혼잣말을 했다.

그러나 청년의 사랑은 후회보다도 훨씬 더 강했다. 피에르는 마리에트가 절망한 나머지 그와 함께 도망치기를 거부할지도 모른다고 생각하자 불안해서 견딜 수 없었다.

문득 피에르의 머리에 이런 생각이 떠올랐다. 어쩌면 사형수가 구출되는 과정에서 대소동이 일어나자 민중이 당황해서 실수로 불을 붙였는지도 모른다. 아니면 습격 신호를 늦게 보내는 바람에, 라 보아젱이 화형대에 오르는 순간부터 경찰에 대한 습격이 시작됐는지도 모른다.

그렇게 생각한 피에르는 창가로 달려갔다.

날이 저물어 어두워진 지평선 근처를 무시무시한 불꽃이 한층 더 붉게 비추고 있었다.

시청 종탑은 붉은 하늘을 배경으로 우뚝 서 있었다. 꽤 강한 북풍에 실려 오는 연기가 노트르담 다리까지 유황 냄새를 퍼뜨렸다.

이윽고 그보다 더 확실하게 모든 희망이 사라졌음을 알려 주는 현상이 나타났다.

군중은 자극적인 광경을 보는 데 질렸는지 너무나 잔혹한 장면에 혐오감을 느꼈는지, 슬슬 센 강 강변으로 돌아오기 시작했다. 그런데 인파는 조용히 움직이고 있었다. 혹시 건달패와 경찰들이 난투를 벌였다면 군중도 지금보다 훨씬 흥분했을 것이다.

더는 의심할 여지가 없었다. 무서운 형벌이 완전히 집행되어 여자 독살범은 하느님의 심판을 받기 위해 저세상으로 떠났고, 그 몸뚱이는 한 줌 재로 변한 것이다.

그런데 생카르티에는 어째서 약속을 지키지 않았을까? 그토록 면밀하게 짜 놓은 교묘한 계획이 대체 무엇 때문에 좌절됐단 말인가?

짚이는 구석이 하나도 없는 상태에서 피에르는 군중을 멍하니 보면서, 자기 계획이 실패한 원인을 찾아내려는 듯이 행인들의 무표정한 얼굴 또는 냉소를 머금은 얼굴을 바라봤다.

마리에트는 상반신을 일으킨 채 가만히 피에르를 쳐다보고 있었다.

피에르는 창가를 떠나 마리에트의 발밑에 몸을 던지려고 했다. 그런데 그때 혼잡한 군중 속에서 두 남자가 뛰쳐나와 현관문을 두드리는 것이 보였다. 금세 문이 열렸다.

"그놈들이야!" 피에르는 마리에트에게 다가가면서 외쳤다. "그 도둑놈들이 왔어요!"

"분명히 모든 게 끝장났다고 보고하러 온 거겠죠." 마리에트가 거칠게 내뱉었다.

"그리고 우리가 출발할 시간이 다 됐다는 것을 알려 주러 온 걸 테지요." 피에르가 조심스럽게 속삭이듯 말했다.

"출발? 그런 말씀 하지 마세요! 우리 어머니를 구해 주신다면 당신을 따라가겠다고 약속했지만, 사형집행인 때문에 이제는 그 약속을 지킬 필요가 없어졌어요……."

"마리에트 양, 당신은 정말 잔인한 사람이군요. 혹시 저를 사랑하신다면……."

청년이 말을 마치기도 전에 문이 벌컥 열리더니 브리즈몰이 '헛똑똑이'를 데리고 방 안으로 들어왔다.

생카르티에의 오른팔은 당황한 기색이 역력했으며, 눈도 빨갛게 충혈돼 있었다.

한편 똘마니는 격렬한 운동이라도 한 것처럼 거칠게 숨을 몰아쉬었다.

"이봐, 대체 뭐가 어떻게 된 거야!" 피에르의 목소리는 분노로 떨리고 있었다.

"어떻게 되긴요, 악마가 방해하는 바람에 계획이 실패한 거죠."

"네놈 탓이잖아!"

"아니, 전 분명히 정해진 자리에 있었습니다. 여기 '헛똑똑이'도 '삼발이'랑 같이 호송차에 딱 붙어 있었고요. 우리는 생카르티에 두목이 신호를 보내기를 기다리고 있었습니다. 그런데 말이죠, 신호가 없었어요."

"그래, 내 신뢰를 저버린 악당은 바로 그놈이었군……."

"두목을 너무 나무라지 마십시오, 판사님. 두목은 죽었단 말입니다. 아니, 혹시 살아 있어도 이미 죽은 거나 마찬가지입니다."

"거짓말! 허튼소리 하지 마!" 청년 판사가 소리쳤다. 절망이 분노로 변한 것이다.

브리즈몰은 어깨를 으쓱하더니 방에서 나가려고 했다. 그때 마리에트가 침대에서 펄쩍 뛰어내려 그 남자 앞을 가로막고 낭랑한 목소리로 말했다.

"저는 무슨 일이 일어났는지 알고 싶어요. 그러니까 전부 다 말씀해 주세요. 모든 이야기를 들을 각오가 되어 있습니다."

지금까지 실내가 어두워서 있는 줄도 몰랐던 젊은 아가씨가 눈앞에 불쑥 나타나자 도둑은 깜짝 놀라 걸음을 멈췄다.

무의식적으로 모자를 벗은 브리즈몰은 호기심과 연민이 섞인 눈빛으로 마리에트를 바라봤다.

"저는 라 보아젱의 딸입니다." 마리에트는 냉정하게 딱 잘라 말했다. "그러니까 우리 어머니를 돌아가시게 만든 책임이 누구한테 있는지, 한시라도 빨리 알아내고 싶어하는 것도 당연하지 않겠어요?"

피에르는 부르르 떨었다. 마리에트가 자기를 용서해 줄지 말지는 이제 브리즈몰의 이야기에 달려 있었다.

"아가씨." 도둑도 그런 사정을 알고서 입을 열었다. "감히 맹세하지만, 판사님은 할 수 있는 모든 노력을 다하셨습니다. 우리가 성공하지 못했던 것은 판사님 탓도 아니고, 우리 탓도 아닙니다.

마지막 순간까지 모든 것이 순조로웠습니다.

생카르티에 두목은 미리 빌려 놓은 술집 2층 창가에 진을 치고 있었습니다. 두목이 모자를 흔들어 신호할 때까지는 아무도 움직이지 않기로 했으니까, 저는 두목한테서 계속 눈을 떼지 않고 있었습니다.

그러던 중에 호송차가 다가왔어요. 경찰들이 인파를 헤치는 것이 보였지요. 우리는 다 합쳐서 백 명 정도 됐으니까, 순식간에 짭새들과 망나니 놈들을 해치워 버릴 수 있었어요."

"그런데 누가 그걸 방해했지?" 피에르가 초조하게 물었다.

"빌어먹을 외국인 새끼가 어디서 갑자기 툭 튀어나와서 우리한테 천벌을 내렸어요.

그놈은 그럴싸하게 생긴 멋쟁이였는데, 우리보다 먼저 그 술집의 방을 예약했었나 봅니다. 그래서 우리는 그놈과 한방을 쓸 수밖에 없었죠. 저는 그놈 목을 확 졸라 버리고 싶었는데, 생카르티에 두목이 소란을 피우면 안 된다면서 고집을 부렸습니다. 그 바람에 일이 이렇게 돼 버렸죠."

"그래, 무슨 일이 일어났나?"

"그 외국인 새끼가 두목한테 한잔하자고 했나 봅니다. 두목도 거절할 순 없었겠죠. 자칫하면 의심받을 수도 있었으니까요.

그때 두 사람은 창가에 있었는데, 호송차가 오기 직전에 마지막 한 잔을 쭉 들이켜려고 테이블 쪽으로 가더군요.

그런데 창가로 돌아온 사람은 그 외국인뿐이었습니다.

저는 속으로 생각했습니다. '괜찮아! 두목도 금방 나올 거야. 일부러 이 방해꾼 뒤쪽에 서서 몰래 신호를 보내려는 거야.'

그런데 아무리 기다려도 두목은 그 뒤로 모습을 드러내지 않았습니다."

"그 외국인한테 살해된 건가?"

"살해된 거나 마찬가지예요. 제가 가 보니까 두목은 죽은 사람처럼 방바닥에 쓰러져 있었습니다. 같이 있던 놈은 달아나 버렸고요. 그 악마의 졸개 같은 놈이 두목의 술에다 독을 탄 거예요. '삼발이'가 술잔 바닥에 남아 있는 술을 마셨다가 목구멍이 타는 듯한 고통을 느꼈대요."

"아! 그래, 뒷이야기는 짐작이 가는군. 자네들은 계속 신호를 기다리고 있었는데…… 호송차가 지나가고……."

"디글레가 칼끝으로 말 엉덩이를 찌르는 바람에, 호송차를 끄는 붉은 말이 속도를 높였어요……. 우리 부하들은 줄곧 차를 쫓아갔지만, 두목이 신호를 보내지 않았고…… 그러다가 결국 화형대 밑에 도착해서……."

"누구죠? 이름을 가르쳐 줘요! 그 증오스런 외국인 이름이 뭐죠?"

"아직은 모릅니다. 하지만 우리는 꼭 그놈을 찾아내서 복수할 겁니다."

"나는 그놈 이름이 뭔지 알아요." '헛똑똑이'가 조심스럽게 입을 열었다. "호송차 바로 옆에 있었으니까요. 그래서 라 보아젱이 그놈을 보더니, '로마니잖아! 이제 난 끝장이야!' 하고 중얼거리는 걸 들었죠."

"로마니!" 젊은 남녀가 이구동성으로 소리쳤다.

"이탈리아 놈인가 보군." 브리즈몰이 중얼거렸다.

"이봐요, 오늘 밤 당장 두목의 원수를 갚고 싶지 않으세요?" 마리에트가 또렷한 목소리로 질문했다.

"그야 물론이죠. 설령 그 때문에 내일 아침 교수형을 당한다 해도 상관없어요."

"그럼 당장 오르페브르 강변에 있는 보석상 몽보아젱네 집 앞에 가서 기다렸다가, 그 살인자 놈이 오거든 붙잡으세요."

마리에트가 그렇게 말하는 순간 일동의 표정이 싹 변했다.

얼굴이 온통 새빨개진 피에르는 위험한 비밀을 입 밖에 내지 말라고 애원하는 듯한 몸짓을 했다.

반면에 브리즈몰은 마리에트의 말을 듣자 희색을 감추지 못하고 몸을 앞으로 기울였다.

"뭐라고요, 아가씨!" 브리즈몰은 일부러 깜짝 놀란 것처럼 크게 소리쳤다. "그 악당이 그토록 훌륭한 상인네 집에 드나든단 말입니까? 아니, 몽보아젱 씨는 분명히 당신…….”

"네, 우리 아버지예요. 하지만 우리 아버지가 나쁜 짓을 하셨다는 건 아니에요. 아버지는 그놈한테 속으신 거예요. 그놈은 아무리 극악무도한 짓이라도 다 해치울 수 있는 지독한 악당이에요."

마리에트는 아버지가 청렴결백한 사람이 아니라는 것쯤은 잘 알고 있었지만, 그래도 아버지를 이 일에 말려들게 하기는 꺼림칙했으므로 강도들의 분노를 그 악마 같은 로마니한테 돌리려고 했다.

로마니한테는 인정을 베풀 이유도 없었고, 어떻게든 양어머니의 원수를 갚고 싶었다.

"아하!" 브리즈몰이 말했다. "그래, 그놈이 우리 두목을 해치려고 한 이유를 알겠구먼.

지난 1년 동안 강변길을 지나가는 통행인을 습격해서 우리 구역을 어지럽혔던 인간이 바로 그놈인 게 틀림없어. 그냥 놔뒀다간 분명히 퐁네프까지 나와서 멋대로 설치고 다닐 테지. 지금 당장 싹을 잘라 버려야겠군. 올겨울에 우리 영업을 크게 방해하고 두목까지 살해했으니, 이 빚은 톡톡히 갚아 줘야겠어.

이봐요 아가씨, 그놈이 오늘 밤 몽보아젱네 집을 방문할 거란 말이죠?"

"틀림없이 그럴 거예요." 마리에트가 주저 없이 단언했다.

"좋아요, 그거면 됐습니다." 이어서 도둑은 동료에게 말했다. "'헛똑똑이'야, 가자! 우리 일을 방해한 대가로, 우리 둘이서 그놈 몸뚱아리에다 칼끝을 한 15cm 정도만 박아 넣어 주자고."

피에르는 두 사람을 말리려고 한 발 앞으로 나섰다. 그러자 그 의도를 오해한 브리즈몰이 죽은 두목처럼 거만한 말투로 말했다.

"판사님, 혹시 약속한 대금을 치르실 생각이시라면, 우리는 받을 자격이 없으니 정중히 사양하도록 하겠습니다.

게다가 우리는 아가씨가 주신 정보만으로도 충분합니다. 그럼 안녕히 계십시오."

말을 마친 도둑은 베르사유 궁정 귀족이라도 되는 양 젠체하는 태도로 빙글 돌아서서 문을 열고 계단을 내려갔다.

똘마니도 그 뒤를 따라갔다. 이제는 피에르와 마리에트 두 사람만 남았다.

"왜 그런 이야길 한 겁니까?" 또다시 살인 사건의 공범이 되어 버렸다는 생각에 피에르는 가슴이 무거워지는 기분을 느끼며 한숨을 내쉬었다.

"저는 제 의무를 다했을 뿐이에요." 마리에트는 가슴을 펴고 대답했다. "그 남자가 우리 어머니를 죽였다고요. 그러니까 그놈도 죽어야죠."

"하지만 당신 아버지는? 설마 당신, 아버지까지……."

"저는 아버지에 대해서는 도적들한테 한마디도 안 했어요. 혹시 아버지가 로마니의 악행에 가담했다면, 하느님께서 아버지를 벌하실 테지요."

피에르는 고개를 숙였다. 마리에트를 진심으로 사랑하지만, 지금은 이 처녀가 두려웠다.

"판사님." 마리에트가 말을 이었다. "이제 저는 당신을 따라갈 결심이 섰어요.

물론 저 같은 여자를 아내로 맞이하기 싫으시다면 어쩔 수 없지만요." 이렇게 덧붙인 처녀의 말 속에는 가시가 있었다.

"제가 얼마나 당신을 사랑하는지는 이미 충분히 증명한 것 같은데요." 청년 판사가 서글프게 말했다. "하지만 다시 한 번 맹세하길 바라신다면 기꺼이 맹세하지요. 브뤼셀에 도착한 다음 날 우리는 교회에서 결혼식을 올릴 겁니다."

그 말 속에 진정성과 애정이 넘쳐흘렀으므로 마리에트는 청년의 품에 뛰어들어 하염없이 눈물을 흘렸다.

"마차가 기다리고 있어요. 자, 갑시다." 처녀를 꼭 끌어안고 나서 피에르가 출발을 재촉했다.

출발 준비는 금방 끝났다. 피에르는 처음부터 여장을 챙긴 상태였고, 마리에트도 망토를 걸치기만 하면 되었다.

헌옷장수에게 하는 작별 인사도 짧게 끝났다.

헌옷장수는 두 도둑이 들어왔다 나갔을 때에도 시종일관 침착했고, 젊은 남녀가 내려와서 엄중히 닫혀 있는 문을 열라고 했을 때에도 전혀 동요하지 않았다.

마리에트는 "재클린 아주머니께 안부 전해 주세요. 신세 많이 졌습니다" 하고 말했다. 재클린 부인이 아직 성당에서 돌아오지 않았던 것이다.

헌옷장수는 "집사람한테 그렇게 전하지요. 그럼, 안녕히 가시오" 하고 말했을 뿐, 더 이상 쓸데없는 호기심을 보이지는 않았다. 보수는 선물로 듬뿍 받은 데다가, 평판 좋은 자기네 집을 그 이상 위험한 음모의 소굴로 제공하지 않아도 된다는 생각에 속으로 안도의 한숨을 내쉬었는지도 모른다.

피에르와 마리에트가 노트르담 다리의 도로에 발을 디뎠을 때에는 이미 완전히 날이 저물어 있었다.

화형대의 소름 끼치는 불꽃은 사라졌고, 군중은 천천히 집으로 돌아가고 있었다.

두 사람은 서로 꼭 붙은 채, 그레브 광장에서 돌아오는 사람들과는 반대 방향으로 걸어갔다. 그들은 남한테 얼굴을 보이지 않으려고, 또 라 보아젱의 처형에 대해 떠들어 대는 민중들의 무서운 대화를 듣지 않으려고, 망토를 머리끝까지 뒤집어썼다.

덕분에 두 사람은 강변으로 나왔을 때 마주친 한 남자에게 얼굴을 보이지 않을 수 있었다. 두 사람도 그 남자를 알아보지 못했다.

아직 화형대에서 연기가 피어오르고 있는 끔찍한 광장을 지나가는 대신, 생 드니 거리로 가기 위해서 두 사람은 생 자크 드 라 부쉴리 교회로 향했다. 한편 그들과 스쳐 지나간 남자는 이 동네 지리에 밝은지 시테 섬의 좁은 뒷골목으로 들어갔다.

그는 성큼성큼 걸으면서 주위 사람들을 거칠게 팔꿈치로 밀어 젖혔다. 누가 욕을 해도 전혀 아랑곳하지 않고 인파를 헤치며 나아갔다.

피에르와 마리에트가 아직 중앙 시장도 지나가지 못했을 때 이 성급한 남자는 벌써 오르페브르 강변에 있는 몽보아젱의 가게 앞에 도착했다.

하지만 그 전에 마리에트의 지시에 따라 두 도둑들이 강변의 난간 그늘에 매복하고 있었다. 그곳은 예전에 수와송 부인과 라 브리가 오랫동안 숨어 있던 곳이었다.

브리즈몰은 고양이만큼 밤눈이 밝은 사내였으므로, 술집 창문에서 본 외국인이 모습을 드러내자 금세 그놈인 줄 알아봤다.

생카르티에 두목의 원수를 갚을 절호의 기회라는 듯이 두 도둑은 단검을 빼어 들고, 로마니를 저세상에 보내 버릴 준비를 했다.

그런데 두 사람이 움직이기 직전에 가게 문이 열리더니, 로마니가 안으로 들어가자마자 재빨리 닫혀 버렸다. 귀금속상은 로마니가 오기를 기다리고 있었던 게 틀림없었다.
 두 도둑은 로마니를 놓치지 않기 위해 밤새도록 감시할 각오를 다지고, 이 근처에서 대기하기로 했다.
 하지만 또다시 불의의 습격을 받을 우려가 있었으므로 이번에는 장소를 바꿔 건물 벽에 붙어서 기다렸다.
 한편 보석상의 성급한 환영을 받은 로마니는 이 늙은이의 속내를 꿰뚫어 보기라도 한 듯이 이렇게 입을 열었다.
 "이제 당신도 발 뻗고 주무실 수 있을 겁니다. 지금쯤 부인은 화형대의 불과 지옥 불 중에서 무엇이 더 뜨거운지 직접 체험하고 계실 테니까."
 "그럼 그 여편네가 분명히 죽었단 말이지?"
 "분명히 죽었고말고요. 당신 금고에 금화가 가득 들어 있는 게 분명한 사실인 것처럼 말이죠."
 "시청 2층으로 올라가서 마지막 진술을 하고 싶다고 말하지 않던가?"
 "아뇨. 화형 법정 판사님들을 귀찮게 하고 싶지 않았던 건지, 군말 없이 화형대에 오르더군요.
 사실 그 여자는 기분이 무척 좋아 보였어요. 떠들썩한 소동을 즐기는 것 같던데요. 술집 앞을 지나갈 때에는 나를 보더니 그야말로 오만상을 찌푸렸지만요."
 "마지막 순간까지 그 여편네는 누가 자길 구하러 올 거라고 생각했던 거야. 확실히 용감한 여자이긴 했지만, 그래도 어떻게든 좀더 살고 싶었을 테지."
 "어쨌든 중요한 건 그 여자가 이미 저세상으로 갔다는 겁니다. 하지만 저도 당신 생각에 동의해요. 그 여자는 구출되기를 기다리고 있었을 겁니다. 실은 제가 그 구출 계획을 무너뜨리는 데 한몫했지요."
 "그건 또 뭔 소리야?"
 "흠! 술집 2층에 말이죠, 저 말고도 덩치 큰 남자가 하나 있었어요. 무슨 신호를 보내려고 거기에 있는 것 같았지요. 군중 속에 숨어 있는 동료를 찾는 것처럼 자꾸만 주위를 두리번거리더군요.
 저는 그놈이랑 잡담을 하면서 술을 마셨습니다. 참 재밌는 얘기를 들었지요. 그러다가 저는 기회를 봐서 그 친구한테 저만의 특별한 요리를 대접했습니다. 그러니까 우리 동료 약제사 그라젤의 처방전에 따라 조합한 약을 그놈 술잔에다 몇 방울 떨어뜨려 준 겁니다."

"잘했어, 로마니 군. 그런데 누구한테 들키거나 미행을 당하지는 않았겠지?"

"걱정 마십시오. 그 덩치 큰 사내가 다 죽어 가는 꼴로 바닥에 쓰러지는 것을 보고 나서 곧바로 술집을 빠져나와 광장으로 숨어들었으니까요. 거기서 라 보아젱의 모닥불이 활활 타오르는 것을 구경한 다음, 일부러 빙 돌아서 여기까지 왔어요."

"자, 몽보아젱 씨, 이제 당신도 안심하셨을 테지요. 그럼 이제 우리 거래에 대해서 이야기해 볼까요? 저는 내일 리옹으로 가는 역마차를 타고 출발해야 하거든요.

유산 상속의 길을 열어 주길 바라는 사람이 토리노에서 기다리고 있어서요."

"우리 거래? 아니, 하지만 마리에트가 집을 나가 버렸으니, 이제 우리 거래도 끝장난 거 아닌가?"

"요컨대 저는 당신 사위가 된다는 꿈을 버려야 한다는 거지요. 그건 저도 압니다. 무척 아쉽긴 하지만, 어차피 따님은 저를 별로 안 좋아하시는 것 같았으니까요. 그런데 지금은 그게 문제가 아닙니다."

"그럼 뭐가 문제인데?"

"당신이 저한테 주겠다고 한 지참금 말입니다. 그건 주셔야지요."

귀금속상은 순식간에 험악한 표정을 짓더니 무뚝뚝하게 말했다.

"결혼도 안 했는데 지참금을 내야 한다고? 그런 법이 어디 있어?"

"파혼 당한 사람은 위자료로 지참금을 받을 권리가 있을 텐데요." 로마니가 뻔뻔하게 대꾸했다.

"그런 논리가 재판관 앞에서 통용될 것 같나?"

"재판? 재판소에는 안 갈 겁니다! 제가 패소할 게 뻔하니까요. 게다가 이런 개인적인 일은 우리 둘이서 해결해야죠."

"이미 해결됐을 텐데."

"저는 그렇게 생각하지 않습니다. 그렇지 않다는 것을 당신도 곧 알게 되실 거예요."

첫째로, 우리 계약 조건에 의하면……."

"계약이라고 해 봤자 그냥 말로 한 약속이잖아."

"물론 구두 계약이었지요. 우리 사정상 공증인을 찾아갈 수는 없었으니까요. 어쨌든 당신 따님 지참금은 첫째로, 각인이 새겨진 규정된 중량의 유통 금화 또는 은화 10만 리브르, 둘째로 당신이 세공한 아름다운 발라스 루비 목걸이……."

"거짓말 마. 루비 목걸이는 마리에트의 재산이 될 예정이었잖아."

"어차피 그게 그거 아닙니까! 아내의 재산은 곧 남편의 재산이니까. 게다가 지금 당신 이야기를 들어 보면, 그 돈은 분명히 나한테 주겠다고 약속했다는 사실을 당신도 무의식중에 인정하고 있는 셈이잖아요."

"결혼식이 끝난 뒤에 주겠다고는 했지만, 그 전에 주겠다고 말한 기억은 없는데."

"아뇨, 당신은 무조건으로 약속했습니다. 그 돈은 벌써 1년이 넘도록 당신을 위해서 내가 했던 온갖 일들에 대한 정당한 보수니까요.

당신은 거기다 따님을 덤으로 얹어 줬지요. 그런데 따님은 가출해 버렸고요. 그게 내 책임은 아니지만, 뭐, 어쩔 수 없으니 포기해야지요. 하지만 보석과 금화는 그리 쉽게 포기할 수 없습니다.

저는 그만한 보수를 받을 자격이 있는 사람입니다. 오늘 저녁에도 술집에 있던 남자가 라 보아젱을 구출하는 것을 막았으니까요."

"그놈이 정말로 그러려고 했었다는 증거도 없잖아."

"아, 증거가 왜 없어요. 당신도 조금 전에 그럴 거라고 인정했잖아요.

제가 없었으면 부인은 틀림없이 시청 2층으로 올라가겠다고 말했을 겁니다. 그 여자는 자기가 감옥에 들어가고 나서 당신이 취한 태도를 원망하고 있었을 게 분명하니까, 아마 몇 가지 사실을 경찰청장한테 고백했을지도 몰라요……. 이를테면 당신과 제가 친하다는 사실을요. 부인은 저를 몹시 싫어해서 벌써 몇 번이나 고발했다고요."

"나를 직접 고발할 생각이었다면, 그 여편네도 마지막 날까지 입을 다물고 있지는 않았을 거야."

"글쎄, 과연 그럴까요? 따님이 당신 집에 있는 이상, 부인은 당신 심기를 건드릴 수 없었을 겁니다. 마리에트 양은 새어머니를 버리지 않고, 구출할 계획을 세우고 있었으니까요. 하지만 마리에트 양이 가출했다는 사실을 알았다면……."

"그걸 그 여편네가 어떻게 알아!"

"당연히 알죠! 부인한테 정보를 제공해 주는 사람이 있었다고요. 글쎄, 제 얘기 좀 하자면요. 그 여자가 진술을 했는데도 제가 체포되지 않은 것은 정말이지 기적이라고 할 수밖에 없어요. 아, 이야기가 옆길로 샜군요. 하여튼 몽보아젱 씨, 이제 그만 툴툴거리고 약속을 지키시죠."

"아니, 절대로 그렇게는 못해!" 귀금속상이 딱 잘라 말했다.

"돈이랑 보석을 저한테 주기 싫다는 말씀이십니까?"

"그래."

"조심하시는 게 좋을 겁니다, 몽보아젱 씨! 제가 마음만 먹으면 말이죠, 부인께서 화형 법정 판사한테 말하지 않았던 사실을 밀고할 수도 있어요."

"뭐, 자네가? 자네 거열형을 당하고 싶은가 보군. 자네가 밀고하겠다는 그 악행에는 자네도 적극 가담했으니까 말이야. 자네는 재판소에 코빼기만 내비쳐도 당장 붙잡혀서 바스티유 감옥으로 직행하게 될 거야."

"직접 가지 않고 편지를 써서 보내면 되죠."

"그래 봤자 아무도 안 믿을걸."

"그럴지도 모르죠. 하지만 뭐, 상관없어요. 그러지 않아도 당신한테 약속을 지키게 할 더 좋은 방법이 있으니까요."

"흥, 무슨 방법인데?"

"당신 말씀대로 '유산 상속 촉진제' 문제로 당신을 고발한다면 저도 말려들겠지요.

우리는 거의 언제나 함께 일했고, 저는 앞으로도 계속 당신과 협력하고 싶어요. 그러니까 지금은 그 문제에 대해서 이야기하는 게 아닙니다. 당신이 비밀리에 혼자 계획해서 이익을 독점하고 있는 일에 대해서 이야기하는 거예요. 저한테도 수익 좀 나눠 주지 그러셨어요. 물론 당신이 혼자서 위험을 무릅쓴 것은 사실이지만요."

"어허, 못하는 말이 없구먼! 대체 무슨 소릴 하는 건가?"

"어휴, 너무 화내지 마세요. 제가 무슨 말 하는 건지 다 아시잖아요? 왜, 그거 있잖아요. 당신이 세공해서 비싼 가격에 팔아넘겼다가 나중에 도로 되찾아오는 보석 말입니다……. 보석을 구입한 돈 많은 귀족들은 당신 가게 코앞에서 당신한테 맞아 죽죠."

"지금 무슨 소릴 하는 거야?"

"사실을 말하는 겁니다. 당신 얼굴에도 그렇게 쓰여 있는데요, 뭐."

그 순간 귀금속상의 표정과 태도는 상당히 볼 만했다. 귀금속상은 경계하는 자세로 의자를 뒤로 빼고, 무기를 찾으려는 듯이 품속에 손을 넣었다.

노인의 얼굴은 붉으락푸르락 달아올랐고, 입술은 경련을 일으켰으며, 눈은 형형하게 빛났다.

"아, 진정하세요, 몽보아젱 씨. 진정하시라니까요." 로마니는 상대의 위협적인 태도에 겁먹는 기색도 없이 침착하게 말했다. "저는 당신한테 아무런 악의도 없고, 우리가 서로 이해할 수 있으리라고 믿고 있어요. 당신은 궁정에 드나드는 멋쟁이 몇 사람을 죽이고 보석을 빼앗았지요. 그 행동을 비판할 생각은 없습니다. 아니, 오히려 당신 솜씨에 감탄했을 정도예요.

게다가 저는 그 사건에 일절 관여하지 않았으니까, 제 몫을 나눠 달라고 할 생각도 없습니다. 하지만 제가 당연히 받아야 할 돈까지 안 주려고 억지를 부리지는 마십시오. 그 돈만 주시면 우리는 서로 기분 좋게 헤어질 수 있을 겁니다."

"강변에서 일어난 일을 자네가 어떻게 알았지?" 보석상이 음침한 얼굴로 물었다.

"그건 비밀입니다. 제가 함부로 말하지 않는 편이 당신한테도 이득이지 않겠습니까? 어쨌든 당신 목숨은 이제 내 손안에 있습니다. 그러니 고집은 그만 부리시죠. 당신은 지금 당장에라도 쉽게 저를 만족시킬 수 있잖아요."

"그럴 수 없다는 건 자네도 잘 알 텐데……. 10만 리브르나 되는 금화는 지금 내 수중에 없어. 설령 있다 해도 오늘 밤 자네 혼자서 그걸 들고 갈 수는 없을 걸세."

"확실히 좀 무거울지도 모르겠네요. 그럼 내일 우리 집까지 가져다주세요. 그 대신 선금은 오늘 밤에 받아 갈 수 있겠지요?"

"선금?"

"네, 루비 목걸이 말입니다. 듣자하니 따님께서 가출하실 때 참으로 의리 있게도 목걸이를 그냥 두고 가셨다고요. 그러니까 제 생각에는 그게 지금 당신 주머니 속에 들어 있을 것 같은데요."

귀금속상은 겁에 질렸는지 흠칫 뒤로 물러나서 로마니의 얼굴을 뚫어져라 쳐다봤다.

"아시겠죠? 저도 요술을 좀 부릴 줄 안답니다. 그러니 쓸데없는 저항은 그만두시죠." 그러면서 로마니는 심술궂게 히죽거렸다.

"네 이놈, 비열하기 짝이 없구나! 감히 이런 식으로 날 협박하다니! 내가 지금까지 너한테 벌게 해 준 돈이 얼만데! 네놈을 사위로 삼아서 같이 장사를 하려고 했는데. 나는 너와 내 딸 사이에서 태어난 손자한테 내 재산을 물려줄 생각이었단 말이다."

"어쩔 수 없잖습니까, 몽보아젱 씨! 제가 당신 사위가 되지 못한 것은 결국 인연이 없었기 때문입니다. 게다가 당신도 말이죠, 젊은 처녀는 아주 변덕스러우니까 마리에트 양이 결혼을 승낙했다고 해서 마냥 안심할 수 없다는 것쯤은 알고 있었을 겁니다.

뭐, 그건 그렇고, 가출하고 나서 마리에트 양이 어떻게 됐는지 소식은 들으셨습니까?"

"아니. 하지만 같이 간 놈이 누구인지는 알고 있으니까, 조만간 둘 다 내 손에 걸려서 뜨거운 맛을 보게 될 거야."

"아멘!" 로마니가 크게 외쳤다. "그 계획에 협력할 수 없다는 것이 아쉽군요. 저는 내일 저녁에 파리를 떠나야 하니까요.

이제 슬슬 가 봐야겠습니다. 목걸이를 이리 주시죠. 그리고 내일 오후에는 금화를 가지고 우리 집으로 오십시오. 이번에 저를 충분히 만족시켜 주신다면, 결코 손해 보실 일은 없을 겁니다.

유산 상속과 관련된 제 장사는 번성하고 있습니다. 손님이 나날이 늘고 있어요. 저는 앞으로도 당신과 계속 협력할 생각이니까, 그만한 지참금 정도는 금방 다시 버실 수 있을 겁니다."

몽보아젱은 몹시 화가 났지만 공범에게 약점을 잡힌 상태였으므로 지금 당장은 상대의 요구를 들어줄 수밖에 없었다.

"알겠네!" 몽보아젱은 억지웃음을 지었다. "겨우 금화 네댓 자루와 번쩍번쩍 빛나는 돌멩이 때문에 오랜 친구와 절교해 버렸다는 소리를 듣고 싶진 않으니까.

이렇게 말하면서 노인은 어느 날 밤 피에르 드 빌라루소의 목숨을 빼앗을 뻔했던 그 보석함을 탁자 위에다 던졌다.

로마니는 보석함을 열고 루비를 잠깐 살펴보더니, 얼른 뚜껑을 닫고 아주 온화한 표정으로 그것을 바지 주머니에 넣었다.

"멋진 보석이군요." 로마니가 말했다. "사보이 공의 궁정 귀족에게 팔면 적어도 4만 리브르는 받을 수 있겠어요."

보석상은 풍차라도 돌릴 기세로 크나큰 한숨을 쉬었지만 아무 말도 하지 않았다.

"그런데 말이죠, 몽보아젱 씨." 로마니가 말을 계속했다. "설마 부유한 손님들한테 했던 짓을 저한테도 하실 생각은 아니겠지요?"

몽보아젱은 당치도 않다는 듯한 몸짓을 했다.

"하긴 그렇겠죠." 로마니도 고개를 끄덕였다. "한집안 식구끼리 싸우면 안 되니까요. 게다가 오늘 밤 길바닥에서 나를 습격하는 무분별한 놈이 있다면 분명히 지독한 꼴을 당할 겁니다. 제가 단검 다루는 게 특기거든요. 또 황소 배도 가를 수 있을 만큼 커다란 놈을 가지고 있고요.

그럼 편히 쉬십시오, 몽보아젱 씨. 내일 봅시다."

"그래, 내일 보자고." 그렇게 대답하면서 보석상은 공범을 가게 현관으로 안내했다. "조심해서 돌아가게."

몽보아젱의 시커먼 속내를 아는 사람이라면 그가 목걸이를 건네줄 때, 틀림없이 나중에 억지로 빼앗을 마음이 있었음을 간파했을 것이다.

로마니도 그 점은 충분히 알고 있었다. 하지만 빈틈없이 경계한다면 갑자기 습격당할 염려는 없었고, 또 나폴리에서 만들어진 호신용 단검이 워낙 날카로운 데다가 자기가 노인보다 힘도 세니 괜찮을 거라고 생각했다.

현관문을 나서자마자 로마니는 방어 태세를 취했다.

물론 그는 보석상이 손님을 어떻게 습격하지에 대해서는 잘 몰랐다.

생카르티에가 친절하게 알려 준 대략적인 정보만 가지고는, 마리에트의 아버지가 강도질을 하는 정확한 장소까지 알아낼 수는 없었다.

강도단 두목은 '강변길에서' 사건이 일어났다고 말했을 뿐, 그 이상 자세한 설명은 하지 않았다.

따라서 로마니는 담장 중간에 비밀 문이 있는 줄은 꿈에도 몰랐다. 그는 몽보아젱이 도핀 광장에 면한 출입구로 나와서 퐁네프 다리 근처에 매복할 거라고 추측했다.

로마니는 성 야곱 거리에 살았으므로 귀갓길에 그 다리를 건널 필요가 없었다.

생각건대 결코 습격당할 리 없는 상대를 습격할 만큼 몽보아젱이 무모하지는 않을 것이다.

그렇게 생각한 로마니는 커다란 단검을 뽑아서 한 손에 꼭 쥐고, 다른 손으로는 보석함을 넣은 주머니를 보호하면서 노트르담 성당 쪽으로 걸어가기 시작했다.

한편 몽보아젱은 가게 문을 닫자마자 호랑이처럼 날쌔게 정원으로 이어진 비밀 통로로 달려갔다.

노인의 차갑고 교활한 얼굴에는 무섭도록 잔인한 표정이 떠올라 있었다. 나이 들어서 살짝 구부러진 등은 쭉 펴졌고, 두 눈은 번쩍번쩍 빛났다.

명예로운 귀금속상 조합의 일원은 순식간에 흉악한 강도로 둔갑했다. 재빠르게 변신하는 그 모습은, 명배우가 무대에서 퇴장하지도 않고 단번에 다른 인물로 변신하는 장면을 연상시켰다.

다만 지금부터 상연될 연극은 희극이 아니었다.

통로 한구석에는 흉기가 놓여 있었다. 끝에다 쇠붙이를 붙여 놓은 몽둥이였다. 굵은 곤봉처럼 무거웠지만, 몽보아젱은 그것을 깃털처럼 가볍게 다루었다.

몽보아젱은 몽둥이를 집어 들더니 가죽끈을 손목에 꿰어 꽉 붙들고서 정원으로 뛰쳐나갔다.

걷잡을 수 없는 분노에 사로잡혀 이성을 잃은 그는 평소 악행을 저지를 때 발휘하는 신중함 따위는 아예 필요 없다고 생각했다.

몽보아젱은 두려움을 잊었다. 이미 한 번 피에르 드 빌라루소의 품속에서 빼앗았던 목걸이에 대한 생각만이 그의 머릿속을 꽉 채우고 있었다.

다시 한 번 그것을 되찾기 위해서라면 로마니의 단검보다 더 커다란 위험도 얼마든지 감수하겠다는 각오로, 노인은 똑바로 비밀 문을 향해 달려갔다.

마치 어둠 속에서 루비가 빛나는 것을 보고 그쪽으로 끌려 들어가는 것 같았다.

'내가 비밀 문에 늦게 도착해서 제때 습격하지 못하거나 그놈이 다른 길로 집에 돌아갔다면, 곧장 뒤를 밟아 쫓아가서 무조건 공격해 버리겠어.'

몽보아젱은 담장 옆에 난 오솔길을 쏜살같이 달려갔다. 돌 속에 숨겨져 있는 걸쇠를 풀 때에는 소리가 나지 않도록 조심할 만큼 침착함을 되찾은 상태였다.

경첩에 기름칠을 해 뒀으므로 문은 소리 없이 스르르 열렸다. 몽보아젱은 몽둥이를 쳐들고 빈틈없이 감시의 눈을 번뜩이며 좁은 문을 지나갔다.

주위는 캄캄해서 두 발짝 앞도 보이지 않을 정도였다. 그러나 귀금속상의 예민한 귀에는 조심조심 걸어오는 남자의 발소리가 똑똑히 들렸다.

이윽고 어둠 속에서 어렴풋한 사람 그림자가 나타났다.

"왔구나!" 혼잣말과 동시에 노인은 팔을 번쩍 치켜들어 상대를 공격했다.

노인의 솜씨는 완벽했다. 그러나 로마니는 기습을 경계하고 있었다.

"어이구, 장인어른!" 로마니가 놀려 댔다. "적과 아군을 분간할 줄 모르시나 보군요.

이렇게 사위를 공격하시면 어떻게 되는지, 제가 직접 보여 드리지요."

말을 마치자마자 로마니는 재빨리 단검으로 상대를 찔렀다. 피할 틈이 없었던 노인은 겨우 왼손으로 그 공격을 막았다. 단검이 손을 꿰뚫었다.

노인은 상처 입은 멧돼지처럼 길길이 날뛰면서 몽둥이를 휘둘러 로마니에게 맹렬한 일격을 가했다. 혹시 머리에 명중했다면 십중팔구 치명상을 입혔을 것이다.

그러나 로마니는 라 보아젱의 남편 손에 죽을 운명은 아니었다.

옆으로 펄쩍 뛰어 그 무시무시한 몽둥이 공격을 피하고서 몽보아젱의 숨통을 끊어 놓으려던 찰나, 로마니는 얼음같이 차가운 칼날이 자기 옆구리에 푹 꽂히는 것을 느꼈다.

브리즈몰의 실력은 훌륭했다. 그의 칼끝은 설마 옆에서 공격당할 줄은 몰랐던 악당의 심장에 정확히 꽂혔다.

거의 동시에 '헛똑똑이'한테도 등을 찔린 로마니는 그 자리에 털썩 쓰러졌다.

순식간에 일어난 일이었으므로 몽보아젱은 뭐가 뭔지 하나도 알 수 없었다.

발밑에 적이 쓰러져 있는 모습을 보자, 자기가 때려눕힌 거라고 착각한 노인은 목걸이를 빼앗으려고 쭈그려 앉았다.

그는 보석함을 손에 쥐고 일어나서, 사냥감을 잡은 호랑이가 은밀한 굴속으로 돌아가듯이 담장 안쪽의 안전한 장소로 피난하려 했다. 그러나 그때 굵직한 손가락이 노인의 목을 턱 붙잡더니 숨이 막힐 때까지 졸라 댔다.

"악당은 죽었나?" 브리즈몰이 물었다.

"되살아날 가망은 전혀 없는데. 형님의 일격에 즉사했어. 내가 놓은 칼침은 소용도 없었구먼."

"좋아! 그럼 그 시체는 내버려 두고, 이 영감님 묶는 거나 도와줘."

"아니, 도대체 어디서 튀어나왔대?"

"거기 정원에서 튀어나온 거야. 아무래도 이놈이 그 보석상인가 보군."

"허! 이거 엄청난 먹잇감인데, 형님."

"그렇지. 어쨌든 이놈을 담장 안쪽으로 끌고 가자. 서두르느라 문 닫는 것도 잊어버린 모양이야."

이 으스스한 대화가 과연 불운한 귀금속상의 귀에 들어갔을까? 노인은 목이 졸려 질식하기 직전이었으니 아마 아무것도 듣지 못했을 것이다.

어쨌거나 노인은 꼼짝도 하지 않았으므로 두 도둑은 별 어려움 없이 그 몸뚱이를 정원 안으로 운반할 수 있었다. '헛똑똑이'는 부싯돌을 쳐서, 언제나 품속에 넣고 다니는 램프에다 불을 붙였다. 그리고 램프를 부상자의 얼굴에 들이댔다.

"그래, 확실히 몽보아젱이야." 브리즈몰이 말했다.

"모처럼 붙잡았으니까 몸값을 받아 낼 때까지는 풀어 줄 수 없겠어."

"암, 그렇지. 이놈이 딴 녀석이랑 손잡고서 강도질을 했다는 사실이 밝혀졌으니 더더욱 그렇고말고. 오늘 밤 두 녀석이 배당금 문제로 다퉜는데, 그 자리에 우리가 끼어들어서 멋지게 중재해 준 거야."

"똘마니는 해치워 버렸는데, 이 두목님은 어떻게 한담?"

"나한테 좋은 생각이 있어. 이놈 손발을 꽉 묶고, 입에는 쇠 재갈을 물려 버려."

명령은 즉시 실행되었다.

'헛똑똑이'는 뱃사람 못지않게 교묘한 매듭을 지어 노인의 손발을 꽉 묶고, 입에는 용수철 장치로 벌어지게 돼 있는 표주박 모양의 고문용 재갈을 물려 놓았다.

이 정교한 기구로 노인의 턱은 곧 찢어질 정도로 벌어졌다. 목구멍에서는 불명확한 소리밖에 나오지 않았다.

몽보아젱은 지독한 고통 때문에 정신을 차렸지만, 몸부림치려 해도 손발이 묶여 있었고 소리치려 해도 소리가 나오지 않았다.

"자, 이놈을 들어서 가게 안으로 나르자."

"잠깐만, 문부터 닫을게."

"아니, 그러지 마. 섣불리 닫았다가 다시는 못 여는 수가 있어."

"하긴 그래……. 애초에 이렇게 늦은 시각에 돌아다니는 사람은 없겠지. 그래도 빨리 해치워 버리자고."

"걱정 마. 오래 걸리진 않을 테니까."

가게로 들어가는 길은 금방 발견되었다. 정원 오솔길 끝에서 가게 안으로 이어지는 통로가 있었다.

그들이 불쌍한 보석상을 가게 안으로 운반해서, 평소에는 보석을 늘어놓거나 금화를 세는 데 쓰이는 탁자 위에 내려놓기까지는 3분도 채 걸리지 않았다.

"이봐." 브리즈몰이 명령했다. "이놈 주머니를 뒤져서 열쇠 꾸러미를 찾아봐."

이번에는 몽보아젱도 그 말을 들었는지, 가느다란 신음 소리를 내더니 험상궂게 얼굴을 찡그렸다.

'헛똑똑이'는 형님의 명령을 충실히 이행해 열쇠 꾸러미를 찾아냈다. 그것을 넘겨받은 브리즈몰은 열쇠 몇 개를 구멍에 꽂아 보더니 가장 큰 캐비닛을 여는 데 성공했다.

그 순간 두 도둑은 현기증을 느꼈다.

램프 불빛을 받아 은식기와 보석 장신구가 반짝반짝 빛나고, 커다란 상자 속에 스페인 및 프랑스 금화가 수북이 들어 있었던 것이다.

'헛똑똑이'는 너무 기뻐서 기절할 지경이었다. 그러나 냉정한 브리즈몰은 주머니에 보물들을 집어넣으라고 명령한 다음 스스로 모범을 보였다.

두 사람이 특히 다이아몬드를 골라서 챙긴 것은 참으로 현명한 행동이었다.

두 척의 스페인 범선처럼 두 사람이 산더미 같은 보물을 품속에 챙겨 넣었을 때, 브리즈몰이 유쾌한 목소리로 말했다.

"이만 튀자. 단단히 한몫 잡았으니."

"몽보아쟁은 어쩌지?" 동료가 물었다.

"금고 속에다 눕혀 놓자. 세상에서 돈을 제일 좋아하는 사람이니까 거기가 가장 편안한 침대일 테지. 그러면 이 영감이 우리를 경찰에다 고발할 염려도 없을 테고."

"그거 참 좋은 생각이야!"

그 끔찍한 생각은 노인이 발버둥치고 소리를 질러 댔는데도 결국 실현되고 말았다.

브리즈몰이 금고 문을 닫고 히죽 웃었다.

"부디 이 사람이 금화 깔개 위에서 편안히 잠들기를!"

큰일을 마치고 나서 두 도둑은 퇴각했다. 담장의 비밀 문을 통해 밖으로 나와 문을 닫고, 로마니의 시체가 너부러져 있는 강변길로 나와서 열쇠 꾸러미를 센 강에다 던져 넣었다.

23 슬픈 재회

 불행한 몽보아젱이 금화 깔개 위에서 죽어 갈 무렵, 마리에트는 흔들리는 역마차에 몸을 싣고 플랑드르 가도를 달리고 있었다. 아버지가 겪게 된 무시무시한 고통을 알았더라면 이 처녀는 자신의 정당한 원한조차 잊어버리고 아버지를 구하러 달려갔을 것이다.
 오랫동안 하느님의 율법을 무시했던 남자가 마침내 천벌을 받을 날이 올 것이다.
 음흉하고 끔찍한 라 보아젱 사건과 조금이라도 관련된 인물 중에서 청렴 결백한 사람은 마리에트뿐이었다. 피에르 드 빌라루소도 양심에 거리낄 것이 아예 없다고 할 수는 없었다.
 그런데도 생 드니 거리 끄트머리에서 대기하던 마차에 타자마자 마리에트는 하염없이 눈물을 흘렸다. 그 슬픔은 길고 힘든 여행길 내내 가라앉을 줄을 몰랐다.
 피에르는 마리에트를 세심하게 배려하면서 상냥하고 예의 바른 태도로 대했지만, 그 어떤 위로의 말로도 마리에트의 기운을 북돋워 줄 수는 없었다.
 여행길에 피에르는 마부에게 돈을 듬뿍 줬다. 그래도 두 사람이 브뤼셀에 도착한 것은 파리를 떠난 지 5일째 되던 날이었다.
 물론 이 기나긴 여행은 특별한 사고 없이 무사히 끝났다.
 피에르는 연인의 자존심을 지켜 주려고 여러모로 신경을 썼다. 그는 무례한 행동을 철저히 삼갔다.
 브뤼셀에 도착하고 나서 두 사람이 묵게 된 건물은 두 채로 구성돼 있었다.
 이 집은 수년 전 피에르가 플랑드르 지방을 방문했을 때 알게 된 부시장이 빌려 준 건물이었다. 약혼한 남녀가 결혼하기 전까지 함께 살기에 딱 좋은 조건을 갖춘 곳이었다.
 마리에트는 이러한 애인의 배려에 감동했다. 게다가 합법적으로 결혼하기 위한 준비가 순조롭게 진행되고 있는 것도 기뻤다.

그 시대 결혼 절차는 별로 복잡하지 않았다.

신원이 확실한 입회인 네 사람만 있으면 사제가 기꺼이 결혼식을 올려 줬던 것이다. 브뤼셀 부시장 코르넬리우스 바텐베르크 씨는 금세 네 명을 모아 주었다.

요즘 사람들이 보기에는 이런 절차가 영 허술해 보일지도 모른다. 그러나 스코틀랜드의 국경 마을 그레트나그린에서는 대장장이가 한 손으로는 망치질을 하면서, 잉글랜드에서 탈출한 연인들을 결혼시켰다고 한다. 그에 비하면 17세기는 그나마 나았다고 할 수 있다.

브뤼셀에 도착한 지 한 달도 안 되어 젊은 남녀는 생 구들 성당에서 결혼식을 올렸다. 예식은 간소하게 치러졌으며, 그때 신랑의 넉넉한 마음 씀씀이를 절절히 느낀 사람은 동냥을 얻은 동네 가난뱅이들뿐이었다.

이리하여 두 사람은 이제껏 꿈도 꾸지 못했던 평화롭고 행복한 삶을 누리게 되었다.

상당히 오래전부터 마리에트는 가난한 데다 든든한 보호자도 없고, 세상 사람들에게 무시당할 뿐만 아니라 눈총까지 받던 자기를 굳이 선택해서 자기를 위해 모든 것을 희생한 이 남자를 속으로는 깊이 사랑하고 있었다.

마리에트는 이 남자에게 점점 빠져드는 자기 마음과 오랫동안 싸워야 했다.

그동안 그녀의 타고난 자존심이 정열을 억눌렀기에, 무서운 사건이 일어나고 나서야 비로소 마리에트는 속마음을 솔직히 털어놨던 것이다.

이제 마리에트의 마음은 순수한 기쁨으로 가득 찼다. 마리에트는 오로지 피에르를 행복하게 하려고 노력했으며, 하늘이 주신 훌륭한 매력을 일부러 조금씩 드러내서 남편의 마음을 한층 강하게 사로잡았다.

피에르는 난생 처음으로, 정말로 살아 있는 기분을 느꼈다.

오랜 세월 동안 무수한 사회적 속박을 받아 억압되었던 그의 너그럽고 정열적인 성질이 드디어 자유로이 날개를 펼치게 되었다.

내 손으로 지켜야 할 아내가 있다는 책임감은 피에르에게 자신감을 심어 주었다.

사실 피에르는 거의 자책할 필요가 없었다. 다만 무모한 행동을 함으로써 세상 사람들의 비난을 받게 됐을 뿐이다.

판사 일을 그만둔 것은 당연한 권리였다. 아버지의 유산은 법적으로 그의 재산이었으므로 외국에 가져온들 전혀 문제될 게 없었다.

외동아들에게 버림받은 어머니가 슬퍼하는 것은 물론 자연스러운 일일지도 모른다. 하지만 그것도 어머니가 참으로 어머니답게 아들을 대했다고 가정했을 때의 이야기이다.

드브레 드 빌라루소 부인의 인품을 짐작하려면, 먼저 루이 14세 시대의 사법관 집안이 과연 어땠는지 알아봐야 할 것이다.

그 무렵 파리 사법관들이 살던 마레 지구의 오래된 저택에서는 모든 것이, 심지어 육친의 애정조차도 법정에서 일어나는 일처럼 규칙적이고 형식적이었다.

아이들은 피고인이 재판관 앞에 출두하듯이 정해진 시각에 부모님을 뵈었다.

요람에 있을 때부터 언젠가는 최고법원 판사가 되리라는 운명을 짊어진 채, 어린 도련님들은 알파벳을 배우면서부터 위엄 있는 태도를 동시에 배워야 했다. 어머니의 입맞춤도 언제나 엄숙하게 이루어졌다.

이런 교육은 부모에 대한 존경심을 기르는 데에는 분명 효과가 있었으나, 애정을 길러 주지는 못했다.

오만하고 엄격한 재판관 부인의 전형이었던 빌라루소 부인은 자기 아들을 오직 미래의 판사로서만 사랑했다. 부인은 조상의 전통을 지키지 못할 바에야 차라리 아들이 죽는 게 낫겠다고 생각했다.

아들은 부인을 두려워할망정 사랑하지는 않았다. 청년 판사가 사랑의 도피를 감행했다는 스캔들이 터지자, 부인은 슬퍼하기보다는 오히려 분노했다.

그날 이후 부인에게 아들은 존재하지 않는 것이나 마찬가지였다. 부인은 즉시 유언장을 고쳐 써서 자신의 전 재산을 가장 가까운 친척인 르 부르츠 가족에게 물려주겠다고 했다.

피에르가 브뤼셀에서 아무리 진심 어린 편지를 보내서 자기가 한 행동을 설명하고 용서를 구해도 결국 소용없었다.

부인은 답장조차 하지 않았다. 피에르는 어머니에게 용서받기를 영원히 단념할 수밖에 없었다.

태어나서 처음으로 맛보는 사랑의 행복이 피에르의 슬픔을 누그러뜨리고, 그의 희망을 다른 목표로 향하게 했다.

플랑드르로 가져온 돈 덕분에 피에르는 평생 유복하게 독립적으로 살아갈 수 있었다. 그는 뭐든지 마음대로 할 수 있었으며, 마리에트도 완전히 자유로웠다.

그래서 젊은 부부는 원하는 대로 장래 계획을 세울 수 있었다. 그들은 먼저 어느 나라에서 살지 선택해야 했다.

몇 가지 이유에서 브뤼셀은 두 사람에게 적합하지 않았다.

마리에트는 브뤼셀의 기후를 좋아하지 않았고, 피에르는 이렇게 프랑스 국경과 가까운 도시에서 생활하는 것은 너무 위험하다고 생각했다.

법률상 피에르는 조금도 두려워할 필요가 없었다. 재판소장에게 사표를 제출했으니 그 점은 전혀 문제가 없었지만, 단지 가족의 복수가 두려웠다.

가족의 요청에 따라 칙명 체포 영장이 발부될 가능성이 있었으며, 르부아 총리라면 중립국 영토에 첩자를 파견해서 피에르를 납치하는 일쯤이야 쉽게 해치울 수 있을 것 같았다.

그래서 젊은 부부는 좀더 태양이 밝게 빛나고, 르부아 총리의 검은손이 닿지 않는 곳으로 이사하기로 결정했다.

나폴리야말로 두 사람이 원하는 조건에 딱 맞는 나라인 듯했다. 부부는 여행 준비를 시작했다.

그 시대에 브뤼셀에서 나폴리까지 가는 길은 멀고도 험했다.

프랑스를 지나갈 순 없었으므로 그들은 독일과 스위스를 거쳐 이탈리아로 가야만 했다.

그런데 6월이 되기 전에는 알프스를 넘을 수 없었다.

그리하여 두 사람은 두 달 더 브뤼셀에 머물게 되었다.

그들은 참을성 있게 기다렸다. 사람들의 이목을 끌지 않으려고 집 안에 틀어박혀 있는 것은 조금도 괴롭지 않았다. 둘이 함께 있을 수 있다면 그것만으로 충분히 행복했으니까.

코르넬리우스 부시장과 그의 아내만이 이따금 젊은 부부를 찾아왔다.

그런데 브뤼셀에는 종종 마리에트의 마음속에 떠오르는 인물이 하나 있었다. 바로 수와송 백작부인이었다.

피에르는 자기네보다 한 달 먼저 수와송 부인이 플랑드르로 왔다는 사실을 모르거나 아예 잊어버린 척했다. 새색시도 남편 앞에서 라 보아젱의 친구

이름을 꺼내기를 삼갔다.

그러나 코르넬리우스 부시장 앞에서는 그렇게 삼갈 필요가 없었으므로, 마리에트는 화형 법정의 추궁을 피해서 달아난 악명 높은 귀부인에 대한 소식을 몇 번인가 물어봤다.

하지만 그때마다 부시장은 불쾌한 듯 얼굴을 찌푸리면서 모호하게 대답할 뿐이었다. 이 선량한 플랑드르 사람은 지체 높은 여자 독살범에게 강한 반감을 가지고 있었다.

그의 말로는 수와송 부인이 한때 브뤼셀로 피난 온 것은 사실이지만, 그 뒤에도 계속 머무르고 있는지 어떤지는 알 수 없다는 것이었다.

마리에트는 그 이상 자세히 캐물으려고 하지 않았다. 자신의 위험한 은인이 이 도시를 떠났다는 사실을 알았다면 그녀는 아마 안심했을 것이다.

마리에트는 백작부인이 양어머니에게 베풀어 준 친절에는 지금도 깊이 감사하고 있었지만, 피에르가 그 무서운 여자와 마주치면 싫어할 것이 뻔했으므로 굳이 부인이 있는 곳을 알아내려고 하지 않았다.

한편 피에르도 아내에게 어떤 사실을 숨기고 있었다.

어느 날 피에르는 〈네덜란드 신문〉을 읽다가 다음과 같은 기사를 발견했다. 파리에서 제일가는 부자인 보석상 몽보아젱 씨가 행방불명됐는데 다방면으로 수색했어도 아직 찾지 못했다는 것이었다.

그 기사에 의하면 당국은 보석상의 가게를 봉인하고, 그 재산을 곧 몰수할 예정이었다.

피에르는 아내가 아버지의 유산을 탐낼 만한 여자가 아니라는 사실은 잘 알고 있었으나, 그 꼴 보기 싫은 보석상이 언제 그들의 눈앞에 불쑥 나타날지 모른다고 생각하니 몹시 두려워졌다.

외출할 때마다 피에르는 몽보아젱과 딱 마주칠까 봐 남몰래 겁을 냈으며, 마리에트는 백작부인과 우연히 만나면 어쩌나 하고 끊임없이 걱정을 했다.

어느 날 저녁, 두 사람은 생 구들 성당에서 하느님께 기도를 드리고 있었다. 그때 매우 기묘한 사건이 일어났다.

두 사람은 그들이 결혼식을 올렸던 제단 아래쪽에 나란히 무릎 꿇고 앉아 있었다. 그런데 성당이 있는 광장 쪽에서 요란한 소리가 들려왔다.

젊은 부부는 눈썹을 찡그렸지만, 그것이 무슨 소리이고 왜 그런 소리가 나는지는 짐작도 하지 못했다.

그것은 사람 목소리, 동물 울음소리, 쇠붙이 부딪치는 소리가 복잡하게 뒤섞인 소음이었다.

요컨대 도떼기시장같이 시끌벅적한 소리였다.

하지만 1680년 브뤼셀에서는 도떼기시장이라는 말이 쓰이지 않았고, 애초에 그런 것 자체가 존재하지 않았다.

플랑드르 사람들은 독립을 위해서는 용감하게 싸우지만, 천성이 온화해서 쓸데없는 소동은 일으키지 않았다.

스페인의 가혹한 압정이 끝나고 오스트리아 대공의 비교적 온건한 지배가 시작된 다음부터 대규모 폭동은 더 일어나지 않게 되었다.

따라서 정치적인 원인 때문에 이 소음이 발생한 것 같지는 않았다. 처음에 피에르는 술에 취한 학생들이 못된 장난이라도 치는 줄 알았다.

마리에트는 섬세한 성격이라서 그 소음이 몹시 신경 쓰였지만, 밖에 나가 보자고 남편에게 말하고 싶지는 않았다. 두 사람은 열심히 기도를 계속했다.

그러나 소음이 점점 심해지자 그들도 가만히 있을 수 없게 되었다.

성당에 기도하러 왔던 몇몇 신자는 서둘러 자리에서 일어났다. 어떤 사람은 소동을 피해 도망쳤고, 어떤 사람은 무슨 일인지 구경하러 갔다.

피에르는 후자에 속했다. 그는 아내와 함께 광장에 면한 출입구를 통해 밖으로 나왔다.

그곳에서는 반쯤은 여자들과 아이들로 구성된 군중이 서로 밀치락달치락하면서, 인간 장벽에 둘러싸여 모습도 보이지 않는 누군가를 향해 하나같이 욕을 퍼붓고 있었다.

플랑드르어로 욕설을 늘어놓는 사람도 있었고, 정확한 프랑스어로 "죽여 버린다"고 협박하는 사람도 있었다.

그러나 이 무시무시한 대규모 합창 속에서 가장 크게 울려 퍼진 것은, 하나로 연결돼 있는 2, 30마리의 고양이들이 야옹야옹 우는 소리였다.

그 광경은 마치 마법사들의 집회 같았다. 군중은 아우성을 치면서 기분 나쁜 윤무(輪舞)를 추기 시작했고, 고양이들도 억지로 둥글게 원을 이루며 춤을 추어야 했다.

그 바람에 더더욱 심한 소음이 울려 퍼졌다.

겁에 질린 마리에트는 빨리 이 미친 사람들을 피해 도망가지고 피에르에게 재촉했다. 그러나 피에르는 움직이지 않았다. 군중의 적의가 한 사람에게 집중되고 있는 것이 틀림없는데, 그 사람을 구해 줘야 할지도 모르겠다고 생각했던 것이다.

피에르의 경험상 군중의 흥분은 자칫하면 비극을 낳을 수도 있었다. 처음에는 욕설만 퍼붓던 군중이 어느새 유혈 참극을 일으키는 경우도 적지 않았다.

어쩌면 누가 죽을지도 몰랐다. 피에르는 그런 사태를 미연에 방지하기로 결심했다.

그가 아내의 귓가에 대고 두세 마디 속삭이자 아내도 그 계획에 찬성했다. 피에르는 떠들썩한 군중 속으로 혼자 걸어가서, 이 광포한 사람들에게 둘러싸여 있는 불쌍한 인간이 누구인지 살펴보려 했다.

꼬리가 서로 묶인 고양이들이 누더기를 걸친 아이들이 지휘하는 대로 기괴하게 꿈틀거리는 가운데, 긴 망토를 걸치고 커다란 두건으로 얼굴을 가린 검은 옷의 여자가 그 자리에 서 있었다.

멀리서 보면 그 모습은 요정 합창대를 지휘하는 마녀같이 보였을지도 모른다. 그러나 이 불쌍한 여자가 스스로 원해서 그 자리에 있는 게 아니라는 사실을 피에르는 금세 알아차렸다.

그 여자는 자기를 박해하는 사람들에게 저주라도 내리려는 듯이 두 팔을 휘두르면서, 몇 번이나 군중을 뚫고 나가려고 했다.

하지만 그때마다 악동들이 끈을 확 잡아당겨 고양이들을 날뛰게 만들었으므로, 그 여자는 고양이들의 발톱을 피해 뒷걸음질을 칠 수밖에 없었다.

우습다고 하기에는 너무나 비참한 광경이었다. 분개한 피에르는 이 고약한 짓을 중단시키기로 했다.

심술궂은 여자들을 팔꿈치로 밀치고 못된 개구쟁이들을 발로 차면서 나아간 끝에, 피에르는 겨우 피해자 곁에 도착했다.

"자, 내 팔 잡으세요. 두려워할 필요 없습니다." 피에르는 재빨리 말했다.

그 여자는 하늘의 도움이라도 받은 것처럼 그 지시에 따라, 또렷한 목소리로 "고맙습니다" 하고 말하더니 피에르의 팔에 매달렸다.

아이들과 고양이는 꽥꽥 야옹야옹 소리만 질러 댔지만, 어른들은 노골적인 적의를 드러냈고 군중 사이에 커다란 웅성거림이 일어났다.

"저 여자 독살범을 죽여 버리자! 프랑스인을 죽여 버려!"

성당 옆문에서 상황을 지켜보던 마리에트는 이 소리를 듣자 몸을 부르르 떨었다.

다행히 피에르는 조금도 허둥대지 않았다.

이때 만일 피에르가 도망치려고 했다면, 그는 자기가 구해 준 여자와 함께 처참하게 살해됐을 것이다. 그러나 피에르는 의연한 태도로, 가장 사납게 날뛰는 사람들에게 다가가 침착하게 딱 잘라 말했다.

"나는 코르넬리우스 부시장의 친구이며, 시장의 보호를 요청할 수 있는 사람입니다. 나는 당신들이 연약한 여자를 학대하는 것을 그냥 두고 볼 수 없습니다.

지금 당신들의 행동은 자유를 존중하는 브뤼셀 시민의 얼굴에 먹칠을 하는 행위입니다. 자, 우리가 지나가도록 길을 열어 주시오."

대담한 언동은 언제나 군중을 감동시키는 법이다. 게다가 피에르가 언급한 시청 관리들은 시민들의 존경을 받는 인물이었다.

몇몇 사람은 여전히 흥분해서 소리를 질렀지만, 그래도 누구 하나 고결한 프랑스인이 감행한 구출 작업을 방해하려고 하지는 않았다.

군중은 길을 열어 줬다. 피에르는 생 구들 성당 뒷문까지 여자를 무사히 데려가서 서둘러 안으로 들여보냈다.

브뤼셀 시민들은 브라방 지방의 수호성인을 모시는 이 건물에 경의를 품고 있었으므로, 시끄러운 군중도 감히 성당으로 쳐들어갈 생각은 하지 못했다. 플랑드르인 특유의 온화하고 선량한 천성이 되살아나고 군중의 흥분은 가라앉았다. 피에르가 마리에트와 함께 성당으로 들어갔어도 아무도 그 뒤를 쫓아가지 않았다.

폭도들에게 또다시 습격당하는 일을 피하기 위해 피에르는 두 여자를 데리고 황급히 성당을 가로질러 반대쪽 출입구를 통해 밖으로 나가, 미행당할 염려가 없는 좁은 뒷골목으로 들어갔다.

세 사람이 쉰 발짝쯤 걸었을 때 갑자기 여자가 멈춰 서서 입을 열었다.

"이것으로 비긴 셈이군요, 피에르 씨."

그러더니 그 여자는 두건을 벗어 얼굴을 드러냈다.

"수와송 백작부인!" 젊은 부부가 동시에 외쳤다.[1]

분명히 수와송 부인이었다. 얼굴은 파랗게 질렸고 야위었으며, 한 달 사이에 10년의 세월을 겪은 듯이 늙어 버렸지만, 그래도 그 오만한 태도는 변함없었다.

부인의 눈도 옛날 그대로였다. 그 검고 깊은 눈빛과 마주친 사람은 누구나 눈을 내리깔 수밖에 없었다.

"내가 오르페브르 강변에서 당신 목숨을 구해 드렸지요." 부인이 말을 이었다. "그리고 지금 당신은 그 끔찍한 놈들 수중에서 나를 구해 주셨고요. 당신이 은혜를 모르는 사람이 아니라는 것은 일찍부터 잘 알고 있었어요."

"저는 제 의무를 다했을 뿐입니다." 피에르는 뜻밖의 만남에 놀라서 우물우물 대답했다.

"아, 마리에트!" 수와송 부인이 획 돌아보면서 말했다. "애인이랑 같이 도망쳤구나. 그래, 잘 생각했어."

"부인, 저희는 결혼했습니다." 피에르가 점잖은 어조로 말했다.

"결혼요? 세상에! 피에르 씨, 모든 것을 버리고 이 아이와 결혼하신 거군요? 아아! 나도 그렇게 사랑받고 싶었는데. 하지만 이제 나는 어딜 가도 미움만 받을 뿐이야."

"저는 마님을 사모하고 있어요." 마리에트가 상냥하게 말했다. "마님의 은혜를 잊을 수가 없는걸요. 마님께선……."

"라 보아젱을 구하려고 했단 말이지? 아, 그 사람은 나보다 훨씬 행복한 사람이야. 이미 세상을 떠났으니까."

"부인." 피에르가 끼어들었다. "이런 곳에서 오래 이야기하는 것은 위험합니다. 언제 또 그들이……."

"내가 사는 집은 이 골목 끝에 있어요. 같이 가요."

그러더니 백작부인은 젊은 두 사람한테 같이 갈 의향이 있는지 없는지 확인하지도 않고, 마리에트의 손을 잡고 달려가기 시작했다.

"이거 참, 운 나쁘게 이상한 일에 말려들었군." 피에르는 그렇게 중얼거렸지만 아내를 그냥 내버려 둘 수도 없었으므로 마지못해 그들을 뒤따라갔다.

세 사람은 상당히 허름해 보이는 집 앞에 도착했다. 백작부인이 문을 콩콩

---

*1 원주. 수와송 백작부인이 춤추는 고양이들에게 둘러싸였다는 이야기는 세비녜 부인의 편지에 쓰여 있다(1680년 서간).

두드렸다.
그러자 나이 든 하녀가 문을 열었는데, 그 여자는 귀부인의 시녀라기보다는 싸구려 여인숙 종업원처럼 보였다. 그 여자는 천장이 낮고 변변한 가구도 없는 방으로 세 사람을 안내했다.

"르부아 때문에 내 신세가 이렇게 비참해졌어. 이래 봬도 왕족의 피를 이어받은 백작의 미망인인데." 수와송 부인이 거칠게 말했다. "하긴, 이렇게 다 쓰러져 가는 집에라도 묵을 수 있는 것을 다행으로 여겨야겠지. 파리를 떠난 직후에 브뤼셀에서 추방당해 버린 신세니까."

마리에트의 얼굴에 놀라움과 동정의 빛이 떠올랐다.

"그래, 난 추방돼 버렸어." 수와송 부인은 점점 흥분하여 같은 말을 되풀이했다. "그래서 다른 도시로 도망가려고 했지. 하지만 나멘도, 앤트워프도 나한테 문을 열어 주지 않았어.

그 증오스런 르부아의 첩자가 선수를 쳐서, 멍청한 플랑드르 인간들한테 내 악담을 하고 다녔기 때문이지.

할 수 없이 나는 브뤼셀로 돌아와서 간신히 이 집에 숨어 살게 되었어. 옛날 같았으면 내 하인조차도 이런 집에 머물게 하지는 않았을 테지만.

그런데 나를 증오하는 르부아의 감정은 아직도 식지 않았나 봐.

르부아는 이번엔 민중을 부추겨서 나를 공격하게 하고 있어. 지난주에는 내가 베긴회 수도원에 들어가려는데 사람들이 나를 붙잡았지. 그리고 총독인 몽트레 백작이 중재해 줄 때까지 풀어 주지 않았어.

오늘 밤에도 내가 살짝 외출하려고 했더니, 집에서 백 발짝도 떨어지지 않았는데 그놈들이 나를 발견해서 빙 둘러싸고 욕을 퍼부으며 위협하지 뭐야. 아마 피에르 씨가 그 자리에 없었더라면, 나는 그 악당들한테 지독한 짓을 당했을 거야.

아아! 이렇게 힘들게 사느니 차라리 죽는 게 낫겠어."

"아녜요, 마님, 하느님께서 틀림없이 도와주실 거예요!" 마리에트가 소리쳤다.

"하느님? 난 하느님한테 저주받은 여자야. 이제 이 세상에서 내가 할 수 있는 일이라고는 사람들에게 복수하는 일뿐이야.

저기, 마리에트, 나를 도와주겠니?"

"아니, 그럴 순 없어요, 마님." 마리에트는 한숨을 내쉬었다. "르부아 총리를 상대로 제가 뭘 할 수 있겠어요? 저는 한낱 여자일 뿐이고, 제 남편도 그 사람한테는 도저히 대적할 수 없어요. 실력 차이가 너무 많이 나니까요."

"아, 그래!" 백작부인이 퉁명스럽게 말했다. "내가 잘못 생각했나 보네. 그래, 이 이야기는 그만하자."

"하지만 이 나라 사람들의 모욕과 박해로부터 마님을 지키는 일이라면, 저희 둘이 최선을 다해서 해 볼게요."

"아니, 그럴 필요 없어. 내 몸은 내가 지킬 거야."

"그래도 마님, 오늘 밤에는 다행히 이이가 도와드릴 수 있었지만, 이러다가 마님이 또 습격을 받으실지도 몰라요. 그때는 이이가 아까처럼 마님을 도와드릴 거예요.

아니, 그뿐만이 아니에요! 혹시 이 집이 위험해지거나 마님께서 이 집을 떠나야만 할 일이 생긴다면, 우리 집으로……."

"말조심하렴, 마리에트." 수와송 부인이 경멸하듯이 웃으면서 말허리를 잘랐다. "그런 소릴 해도 되겠니? 더 말하기 전에 먼저 피에르 씨 얼굴부터 보지 그러니."

실제로 피에르는 허둥대고 있었다. 표정이 풍부한 그의 얼굴에는 당황한 빛이 역력했다.

솔직히 말해서 피에르는 이 무서운 백작부인과 더는 얽히고 싶지 않았다. 하물며 부인을 숨겨 주기는 더더욱 싫었다.

그러나 마리에트가 부인에게 신세를 진 것은 사실이었고, 피에르도 부인 덕분에 목숨을 건진 셈이었다.

게다가 피에르는 부인의 불행을 보고도 못 본 체할 수 없었다.

확실히 그것은 자업자득이었다. 그러나 한순간에 영락해서 그 장려한 수와송 저택을 떠나 브뤼셀의 허름한 집에서 살게 된 귀부인에게 피에르는 연민을 느낄 수밖에 없었다.

한때 궁정과 파리 사교계가 자기 발밑에 엎드리는 모습을 보았던 귀부인은 어느 어두운 겨울밤 허둥지둥 파리를 떠나, 가는 곳마다 모욕을 당하게 되었다. 커다란 여관에서는 문전 박대를 당해서 이렇게 마차꾼이나 머무는 여인숙에 머물며, 민중의 욕을 먹게 되었다. 민중은 수와송 부인의 이름을 수군수군 언급하면서 "마녀, 여자 독살범"이라고 큰 소리로 부인을 매도했다.

백작부인의 과거와 현재의 기막힌 대조가 피에르의 마음을 흔들었다. 5년간 판사로 일하긴 했지만, 피에르는 남의 고통을 무심하게 보아 넘길 만큼 냉혹해지지는 않았다.

그는 백작부인에게 관용을 베풀라고 하는 연민의 감정과, 아무것도 하지 말라고 충고하는 이성 사이에서 갈팡질팡하고 있었다. 그때 부인의 노골적인 공격이 가해지자, 피에르는 우유부단한 태도를 버리고 각오를 다져야 할 처지에 놓였다.

"부인." 피에르는 상당히 확고한 어조로 말했다. "저도 마리에트가 부인에게 제안한 것을 취소할 마음은 없습니다. 저는 당신이 프랑스를 떠나야 했던 이유를 조사할 생각은 없습니다. 아니, 실은 다 잊어버리고 싶어요.

당신은 홀로 낯선 나라에서, 누구 하나 의지하지도 못하고 온갖 박해를 받고 있습니다. 그 사실만 알면 됐습니다. 저는 아까 당신을 지켜 드렸듯이 앞으로도 가능한 한 당신을 지킬 것입니다. 하지만 그 이상을 바라진 말아 주십시오."

"흠, 그러니까 생명의 은인에게 당신이 최대한 할 수 있는 감사의 표시는, 자기 집 한구석을 제공하는 것이란 말이지요. 아니, 혹시 나를 숨겨 줬다가 자기가 위험해지는 것조차 싫다는 건가요?

걱정하지 마세요. 마지못해 나를 숨겨 주는 사람한테 신세 질 생각은 없으니까. 다행히 나는 아직 당신의 자비를 구해야 할 만큼 몰락하지는 않았어요. 난 그저 당신들이 내 복수 계획에 협력해 주길 바랐을 뿐이에요."

"저는 누구한테도 복수할 이유가 없습니다." 피에르가 차갑게 말했다.

"어머, 그래요? 그 친절하신 총리님한테도? 당신이 국외로 탈출한 것은 곧 국왕 폐하를 배신하는 행위라고 소문내면서, 각지의 첩자들을 시켜 당신에 대한 민중의 반감을 불러일으키고 있는 르부아한테도 말이죠?"

"르부아 총리는 국정 담당자로서 당연한 일을 하고 있을 뿐입니다. 저는 제가 한 행동을 후회하지 않지만, 그렇다고 해서 그 사람의 조치에 대해 원망하지는 않습니다."

"아, 정말로요? 당신은 착한 사람이라서, 누구한테 모욕을 받아도 상대를 용서하라는 성서의 가르침을 실행하고 있나 보군요.

하지만 라 보아젱의 딸도 당신처럼 너그럽게 이해할 수 있을까요?"

"마님!" 마리에트는 수와송 부인이 깜짝 놀랄 만큼 격렬한 어조로 말을 가로막았다. "저는 제가 누굴 미워해야 하는지 모르겠지만, 이것 하나는 압니다. 저는 피에르를 사랑하며 우리 두 사람은 일심동체라는 겁니다."

수와송 부인은 날카로운 눈초리로 마리에트를 쏘아보더니 입을 다물었다. 방금 들은 이야기 때문에 뭔가 다른 일이 떠올라서 갑자기 생각에 잠긴 듯했다.

이윽고 부인은 성큼성큼 방 안을 걸어 다니면서 입속으로 중얼거렸.

"그래……. 당연한 이야기야. 어머니가 처형을 당하든, 아버지가 비열한 놈이든, 사랑에 빠진 여자한테 그게 다 무슨 상관이람? 다 덧없는 추억, 애인의 희미한 숨결만으로도 쉽게 흩어져 버리는 연기에 지나지 않아."

그렇게 말하고서 백작부인은 별안간 멈춰 섰다. 그리고 피에르 드 빌라루소의 얼굴을 똑바로 바라보며 다소 침착한 어조로 말했다.

"당신과 마리에트 말이 맞아요. 당신들은 나를 도와서 내 개인적인 복수에 가담할 의무가 없어요. 아까 당신은 충분히 은혜를 갚았어요. 더는 당신들에게 뭔가 요구하진 않을게요. 그럼 잘 가요, 행복하시길! 내 문제는 내 운명에 맡기면 되겠지요."

이렇게 작별 인사를 하는 수와송 부인의 태도는 참으로 훌륭했으므로 피에르는 마리에트보다도 더 큰 감명을 받았다.

마리에트는 눈을 내리깔고, 이 불편한 만남을 빨리 끝내자고 부탁하는 듯이 남편에게 몸을 기대었다.

그러나 피에르는 백작부인에게 위로의 말 한마디 건네지 않고서는 차마 그 자리를 떠날 수 없었다.

"부인." 피에르가 조용히 말했다. "당신이 어떤 계획을 세우고 계신지는 모르겠지만, 당신이 어디에 계시든지, 무슨 일이 있든지 간에 저는 힘닿는 데까지 기꺼이 부인을 돕겠습니다."

"당신 말씀을 의심할 생각은 추호도 없어요." 수와송 부인은 당당한 태도로 대답했다. "하지만 그래도 나에게는 아직 몇몇 친구가 남아 있어요. 프랑스에도 외국에도 말이죠. 파르마 공께서도 자기 궁정으로 오라고 끊임없이 권하시고, 또 내가 마음만 먹으면 마드리드에 가서도 환영받을 수 있을 거예요, 나는 이제 곧 이 지긋지긋한 나라를 떠날 거예요. 아마 당신한테 보호를 요청할 일은 없을 겁니다."

피에르는 누구를 '보호한다'는 주제넘은 소리는 한 적이 없다고 항의하려 했으나, 수와송 부인은 이야기를 계속했다.

"그런데 당신이 정말로 나한테 친절을 베풀어 줄 생각이 있다면, 당신에게 딱 하나만 물어보고 싶어요."

"네, 뭐든지 물어보세요. 기꺼이……."

"그렇게 쉽게 수락했다가는 나중에 후회할 텐데요. 이 질문에 대한 대답을 당신이 알고 있다면 틀림없이 재판 심리 과정에서 알아낸 걸 텐데, 당신네 사법관들은 직업상의 비밀을 남에게 흘리면 절대로 안 된다고 생각하잖아요?"

피에르는 낯빛이 흐려졌지만, 상대의 요구를 딱 잘라 거부할 용기는 없었다.

"그럼 질문할게요." 수와송 부인이 말을 이었다. "당신은 여러 번 라 보아젱을 심문하셨지요. 그런데 심리 도중에 혹시, 내가 신경 쓰는 어떤 남자에 대한 이야기를 라 보아젱이 단 한 번이라도 언급하지 않았나요?"

전직 판사는 흠칫했다. 그런 질문에는 대답할 수 없다는 표정이 얼굴에 뚜렷이 떠올랐다.

"분명히 말씀드리지만, 그 남자에 관한 이야기는 화형 법정에서 다뤄진 사건과는 전혀 무관한 이야기예요. 그건 이미 오래전 일입니다. 모두가 잊어버린 것을 오직 나만이 기억하고 있지요. 라 보아젱은 아직 자유의 몸이었을 때 내 부탁을 받고 그 남자에 대해 조사했어요. 그리고 마침내 내가 오랫동안 원했던 귀중한 정보를 입수했죠.

그녀는 드디어 정보를 입수했으니 오늘 밤 알려 드리러 가겠다는 편지를 나에게 보냈어요. 그리고 바로 그날, '노트르담 드 본느 누벨' 성당에서 나오는 길에 체포돼 버렸죠.

나는 그 뒤로 라 보아젱을 만날 수 없었습니다. 그래서 그 비밀이 라 보아젱과 함께 매장돼 버렸는지, 누군가에게 전달되었는지 알고 싶어요."

"안타깝지만 저는 부인의 기대에 부응할 수 없을 것 같군요. 라 보아젱은 아무 말도 하지 않았습니다."

"그 남자가 누구냐 하면, 1673년 바스티유에 감금됐다가 어느 날 밤 어째서인지 비밀리에 다른 감옥으로 이송돼 버린 죄수예요."

"그 사람이 혹시 얼굴에 가면을 썼나요?"

"당신, 알고 있었군요! 라 보아젱이 말한 거죠? 아아, 다행이야!"

"그 사람은 르부아 총리의 명령으로 체포된 게 아닙니까?"

"맞아요, 맞아……. 부탁이에요, 피에르 씨, 라 보아젱이 그 남자에 대해서 뭐라고 하던가요? 제발 가르쳐 줘요. 그 사람 이름이 뭐죠?"

"라 보아젱은 그 사람 이름을 말하려던 순간에 기절해 버렸습니다……. 고문을 받은 직후라서……."

피에르는 순간 아차 하고 입을 다물었다. 마리에트의 팔이 부들부들 떨리는 것을 눈치챘기 때문이다.

"아아!" 수와송 부인이 비통한 비명을 질렀다. "내 마지막 희망마저 사라져 버렸구나."

"그 죄수에 대해서 라 보아젱이 말했던 구체적인 정보는 딱 하나밖에 없습니다." 피에르가 이야기를 계속했다. "그가 이송된 곳은 피뉴롤 감옥이라고 하더군요."

"피뉴롤? 푸케와 로쟁이 유폐되어 있는 피에몬테 감옥 말이에요?"

"네, 옛날부터 그 요새는 정치범을 감금하는 데 이용됐지요."

"아아, 피에르 씨, 당신이 나를 살렸어요. 나는 벌써 7년이나 아무런 단서도 얻지 못하고 있었어요. 이 비밀을 알 수만 있다면 전 재산의 절반을 내놔도 좋다고 생각하고 있었죠.

그런데 당신이 그 비밀을 나에게 가르쳐 줬어요. 그러니 내 전 재산을 당신과 마리에트에게 줄게요……. 자, 부탁이니까, 이제 나를 혼자 있게 해 주세요! 도무지 정신을 못 차리겠네요. 너무 기뻐서 미칠 것 같아요."

실제로 백작부인은 제정신이 아닌 것 같았다. 젊은 부부는 깜짝 놀라기도 했고 왠지 무섭기도 해서 서둘러 물러났다.

두 사람은 살그머니 출입구로 향했다. 지독히 흥분한 탓에 기진맥진해진 수와송 부인은 방 한구석에 있는 의자에 털썩 주저앉아 혼잣말을 중얼거렸다.

"아아, 사랑하는 필립! 다시 한 번 당신을 만날 수 있겠군요!"

24 피뉴롤 감옥장

아시다시피 피뉴롤은 피에몬테에 있는 소도시로, 토리노에서 28km쯤 떨어진 알프스 산맥 기슭에 자리 잡고 있다. 그곳에서 시작되는 클루소네 강은 산지를 흘러 내려와 도도한 포 강으로 흘러드는 수많은 지류 가운데 하나이다.

17세기 말에 이곳은 프랑스의 지배를 받았다.

피뉴롤은 루이 14세와 리슐리외에게 정복되어 1632년 프랑스 수중으로 넘어갔다가, 1696년에 겨우 사보이 공에게 반환되었다.

이 이야기의 배경이 된 시대에는 아직 피뉴롤이 반환되지 않은 상태였다. 그러기는커녕 이 도시의 방위 시설은, 1670년 몰래 이곳을 방문했던 보방 원수의 설계에 의해 상당히 대대적으로 강화되어 있었다.

피뉴롤은 성채, 감시탑, 성곽마을로 구성돼 있었으며, 도시 전체가 난공불락의 성벽으로 둘러싸여 있었다.

이곳은 그 시대 도시치고는 꽤 규모가 컸다. 포병 공창(工廠)이나 주조소 같은 군사 시설 외에도 다섯 개의 성당과 많은 수도원이 세워져 있었다.

이곳 주민들은 속으로는 다들 피에몬테 사람이라는 자부심을 간직한 채, 여차하면 언제든지 영지 탈환을 노리는 사보이 공의 계획을 지지할 각오를 하고 있었다. 사보이 공은 루이 14세의 절대 권력에 굴복하기는 했어도, 피뉴롤을 탈환한다는 희망을 버리지 않았다.

그리하여 주민들은 요새에 배치돼 있는 수많은 프랑스인 관리와 끊임없이 대립했다.

난투, 결투, 소규모 반란 같은 폭력 사태나 프랑스의 지배에 대항하는 적대 행위가 발생하지 않는 날은 단 하루도 없었다.

한번은 요새에서 4km도 안 떨어진 페루자 계곡에서 매복하던 사나이들이 르부아의 사자를 납치하기도 했다.

또 수도승으로 변장한 이탈리아인 기술자가 요새에 잠입해서 약도를 훔치기도 했다.

게다가 프랑스군 병사들의 횡포를 견디다 못한 피뉴롤 주민들이 병사 두세 명을 때려죽이는 사건도 일어났다.

요컨대 이 도시에서는 누구나 임전 태세로 살아갔다.

그 결과 점령군 당국 요원은 요새의 수용 인원을 훨씬 넘어설 정도로 많아졌다.

피뉴롤 성벽 안쪽에는 총독, 도시 경비대장, 요새 사령관 겸 국왕대리인, 감시탑 경비대장을 비롯한 많은 장교와 군정관이 살았다.

주둔 부대는 각 연대에서 선발된 병사들의 혼성 부대로서 사분기마다 교대되는 6개 중대와, 그곳에 상주하는 2개 중대로 구성되어 있었다. 상주 중대 가운데 하나는 총독의 지휘를 받았고, 다른 하나는 감시탑 경비대장 휘하에 있었다.

성벽 왼쪽 끝에 프랑스를 향해서 세워져 있는 성채는 도시를 내려다보고 있었다. 그리고 감시탑에서는 그 성채가 내려다보였다. 감시탑은 다섯 개의 탑으로 된 커다란 사각 건물이었다.

요새 규율은 몹시 엄격했다. 요새와 도시 사이의 왕래가 허용되는 것은 군량이나 마초를 조달할 때와 사자를 송영할 때뿐이었다.

이런 예외적인 상황을 제외하고는 절대로 도개교가 내려지는 일이 없었다.

1680년 당시 이곳의 경비대장은 베르캉티에르라는 남자였다. 그는 루르시에서 국왕대리인으로 일한 적이 있었는데, 이렇다 할 성과는 없었다. 전임자 생 레옹은 품행이 좋지 않았으므로 1673년 르부아의 명령으로 해임됐다.

요새 사령관 리상은 몸이 약해서 종종 근무지를 비웠다.

도시와 요새와 감시탑을 지배하는 총독은 에르빌 후작이었다.

현재의 총독은 1674년 피엔 후작의 후임으로서 이 중요하지만 불쾌한 자리에 앉게 되었으며, 전임자와 마찬가지로 이따금 토리노를 방문하는 것 말고는 아무런 즐거움도 없는 이 고장에서 지루한 세월을 보내고 있었다.

게다가 총독은 직속 부하인 감시탑 경비대장과 견원지간이었다.

감시탑 경비대장은 앞으로 이 이야기에서 중요한 역할을 하게 되므로 특별히 자세하게 설명하고 넘어가야겠다.

디몽 및 파르트의 영주 베니뉴 도베르뉴 드 생 마르라는 이 남자는 1626

년 몽포르 라모리에서 태어났다.

고로 1680년에 그의 나이는 54세였다.

이름은 화려했지만 사실 그는 귀족 출신이 아니었다.

생 마르는 열두 살 때 소년병이 되었고, 1650년에 가까운 친척인 비오라는 샹파뉴 지방 하급 귀족의 주선을 받아 일반 총사(銃士)로서 제1총사연대에 입대했다.

생 마르는 성실히 근무하다가 1660년에 하사로 승진해서, 그 유명한 달타냥의 지휘 아래 푸케 재무장관을 체포했던 총사대의 일원이 되었다.

그 무렵 생 마르는 다모레장이라는 재정관의 여동생과 결혼했다.

다모레장의 또 다른 여동생은 뒤프레누아 육군 차관과 결혼했는데, 1670년에 독보적인 권세를 자랑하는 르부아 총리의 정부가 되었다.

이를 계기로 생 마르의 출셋길이 열렸다.

궁정에서 활약하게 된 르부아의 정부는 그 어리석음이 아름다움과 필적할 정도라는 평을 들으면서도, 총리의 총애를 방패삼아 이윽고 상당한 영향력을 지니게 되었다.

세비녜 부인과 쿨랑주 부인은 편지에서 몇 번이나 이 여성을 언급했으며, 라 파르도 회상록의 1673년 부분에서 다음과 같이 기록했다.

"남녀를 불문하고 매우 지체 높은 사람들이 이 여자의 비위를 맞추려고 애썼다. 그 여자는, 미모와 재산이 천한 출신 및 어리석은 두뇌와 결합했을 때 나타나는 오만한 태도로 그들을 응대했다."

뒤프레누아 부인의 가족들은 이 뜻밖의 행운에 큰 은혜를 입었다.

조금이라도 이 여자와 관계가 있는 사람들은 출세해서 유복해졌는데, 그 중에서도 생 마르만큼 이 기회를 잘 이용한 사람은 없었다.

1664년 생 마르는 중사가 되었고 그즈음에 약간의 유산을 상속했다.

이어서 그는 중대장으로 임명됐으며, 피뉴롤 감시탑에 유폐되어 있는 푸케를 감시하는 일을 맡게 되었다.

아리따운 뒤프레누아 부인에게서 생 마르에 대한 이야기를 들은 르부아는 이 남자가 간수장 자리에 딱 어울리는 인물임을 금세 알아차렸다.

확실히 생 마르는 전제적 지휘관의 명령을 실행하는 데 가장 적합한 인물이었다.

이 남자는 직속 상사나 동료 앞에서는 무뚝뚝하고 까다로운 태도를 보이면서 나에게나 남에게나 엄격하게 대했다. 마치 주인 말고는 아무에게나 덤벼드는 불도그같이 경계심 강하고 충성스런 인물이었다.

그는 무엇을 감시하라는 지시를 받으면, 명령대로 그 자리에서 한시도 눈을 떼지 않고 계속 감시했다.

주어진 임무를 수행하기 위해 평생을 감옥에서 보낸다는 것은 엄청난 인내력을 요구하는 일이었지만, 생 마르는 그것을 견뎌 냈다.

르부아는 먼저 생 마르에게 푸케를 감시하라고 명령했고, 이어 1671년에는 루이 13세의 조카딸 몽팡시에 공비의 애인 로쳉을 생 마르에게 보냈으며, 또 1673년에는 페론에서 체포된 가면 죄수를 보냈다. 그 뒤에도 그만큼은 중요하지 않은 수많은 죄수를 그의 감옥에 보냈다.

이윽고 피뉴롤 감시탑은 생 마르의 지휘 아래, 전제정치의 희생자 중에서도 그 지위나 전력이나 그가 지닌 비밀의 중요성 때문에 특별히 엄중한 감시를 받아야 할 사람들이 모두 유폐되는 감옥이 되었다.

이러한 직무는 충실히 수행하기만 하면 당연히 막대한 이익을 얻을 수 있었다. 머지않아 생 마르는 어마어마한 부를 축적하게 되었다.

생 마르는 1679년에 총사대 소위로 임명됐으나 이것은 대단한 출세는 아니었다. 이 남자는 그보다 현실적인 이익을 챙기고 있었다.

바스티유와 마찬가지로 피뉴롤에서도 죄인 수용비(收容費)는 감옥장의 막대한 수입원이었다.

더구나 경비대 대원의 급료, 피복비, 식비도 있었다.

이 모든 것이 생 마르의 손을 거쳐 분배되면서 그의 주머니를 두둑이 채워 주었다.

15년 동안 생 마르는 200만 리브르가 넘는 수입을 얻었고, 그 밖에도 1만 또는 3만 리브르 정도 되는 상여금을 수시로 받았다.

그리하여 이 남자는 상스 근교 파르트의 훌륭한 땅을 구입할 수 있었으며, 막대한 재산을 남기고 세상을 떠나게 되었다.

그의 금고에서는 60만 리브르 이상의 현금이 발견됐다. 조카 페르마누아르 형제가 상속한 그의 유산은 오늘날로 치면 1000만 프랑 정도 되었다.[*1]

바로 이 생 마르라는 남자가 약 8년 전부터 솜 강 여울에서 체포된 죄수를 감시하고 있었다. 그는 방다와 수와송 부인이 저마다 미움과 사랑의 마음으로 찾아다니던 죄수였다.

그 불쌍한 죄수는 가면이 씌워진 채 가마에 실려, 육군 총사령부 배속 헌병대장 르그랑이 이끄는 경비대에 호송되어 이곳으로 왔다.

생 마르는 부관 한 사람과 믿을 만한 부하 열 명을 파견해서, 리옹보다 조금 앞쪽에 있는 조그만 마을 브롱에서 죄수를 인도받아 먼 길로 돌아 피뉴롤까지 데려오라고 명령했다.

호송대는 매우 교묘하게 행동했으므로 그들이 요새 뒷문으로 들어가는 모습을 본 사람은 아무도 없었다. 들판으로 이어진 그 뒷문은 호송대 일행이 심야에 도착하자마자 곧바로 열렸다.

감시탑의 다섯 개 가운데 첫 번째 탑은 예배당으로 쓰였다.

거기서 두 번째 탑으로 가는 도중에 있는 건물에는 생 마르와 가족들이 살았다.

두 번째 탑에는 푸케와 로죙의 독방이 있었다.

가면 죄수는 세 번째 탑에 수감됐다. 이 탑은 다른 탑들보다 낮은 곳에 세워져 있어서 '아랫탑'이라고 불렸다.

다른 탑에서는 조금이나마 산이 보였지만, 이 탑에서는 밖이 전혀 보이지 않았다.

그곳에는 이미 1669년부터 갇혀 있는 외스타슈 도제라는 남자와, 곤나라는 도미니크회 수도사가 있었다.

페론에서 체포된 죄수는 3층 독방에 갇혔다.

1680년 3월 어느 어두운 날, 이 죄수는 독방의 작은 창에 설치된 쇠창살에 기대어 탑 밑에서 들려오는 소리에 귀를 기울이고 있었다.

죄수는 가면을 안 쓰고 있었다. 그러나 체포되기 전에 그를 본 적이 있는 사람이 지금 다시 그를 만나더라도 틀림없이 누군지 몰라볼 것이다.

죄수의 머리는 눈처럼 하얗게 세었고, 얼굴은 야위었고, 등은 구부러졌다.

연령은 40일까 50일까, 아니면 60세일까? 아마 아무도 알아맞힐 수 없으리라.

---

*1 마르셀 파뇰이 쓴 《'철가면'의 비밀》에 의하면, 이 유산은 1960년에는 60억 구(舊) 프랑 (6000만 신 프랑)에 상당하는 금액이었다.

죄수는 연령 미상이라고 표현할 수밖에 없었다.

복장도 그의 신원을 알 만한 단서가 되지는 못했다. 조끼는 낡아 빠진 누더기나 다름없어서 애초에 무슨 색이었는지 짐작할 수도 없었다. 타이츠는 너덜너덜했고, 신발은 구멍투성이라 거의 신발 구실을 못하고 있었다.

지난 7년간 죄수의 의복이 한 번도 바뀌지 않았음은 명백했다.

잔인한 르부아 총리와 욕심 많은 생 마르 간수장 탓에 불쌍한 죄수는 매우 빈곤한 생활을 하고 있었다. 그 모습을 보면, 무자비한 옥리들의 지배를 받게 된 다음부터 이 남자가 얼마나 큰 괴로움을 맛보았는지 충분히 상상할 수 있었다.

그래도 이 남자는 여전히 살아 있었고, 심지어 씩씩한 태도까지 보였다.

특히 그 눈은 지금도 놀랍도록 생생하게 빛나고 있었다.

마치 이 남자의 생명력이 그 눈동자 속에 숨어들어 있는 것 같았다.

그러나 현재 이 눈은 거의 쓸모가 없었다. 독방에서는 한 조각 하늘을 보는 것조차 거의 불가능했기 때문이다.

창문이 있는 벽은 두께가 3m도 넘었고, 쇠창살 벽 안쪽에 설치돼 있었다.

그 대신 청각은 죄수에게 매우 도움이 되었다.

죄수는 철 격자에 귀를 대고 저 멀리 아래쪽에서 들려오는 여자 목소리를 듣고 있었다.

목소리는 느릿하게 노래를 부르고 있었는데, 노래 가사는 군데군데밖에 알아들을 수가 없었다.

그 여자가 있는 곳은 분명히 감시탑을 에워싸고 있는 해자 건너편 기슭일 것이다. 이쪽에는 뜰도 빈터도 없으니까. 그런데 평소에는 보초밖에 지나다니지 않는 요새 안에서 저 여자는 대체 뭘 하고 있는 걸까?

"어디서 들은 노래일까?" 죄수는 이마를 손으로 짚고 중얼거렸다. "프랑스어로 된 노래인데, 왠지 들어 본 것 같단 말이지."

죄수가 열심히 생각해 내려는데 또 다른 소리가 귀에 들어왔다. 큰 소리로 고함치는 남자 목소리였다.

즉시 노랫소리가 그치고 주위는 쥐 죽은 듯 고요해졌다.

"경비병이 조용히 하라고 했나 보군." 생 마르의 불쌍한 노예는 우울하게 말했다. "두 번 다시 저 노랫소리를 들을 순 없을 테지."

죄수는 창가를 떠나 독방 안을 천천히 거닐기 시작했다.

"저 노랫소리가 매일 같은 시각에 들려오기 시작한 지 벌써 7일째야." 죄수가 조그맣게 중얼거렸다. "게다가 처음 저 노래를 들은 날 받았던 세탁물 꾸러미 속에는 이상한 냅킨이 들어 있었지. 한쪽 끄트머리에 낯선 글씨체로 메시지가 적혀 있었어—'당신은 누구신가요? 당신의 친구가 당신 이름을 알고 싶어합니다. 그 친구는 혹시 당신의 정체가 자기가 예상한 인물이라면, 당신을 고통 속에서 구해 내기 위해 노력할 것입니다. 손수건에 답장을 써 주세요.'

그래, 그래서 나는 답장을 썼어……. 그러니까 오늘 밤 일주일 치 세탁물을 가지러 오는 감옥장은, 아직까지 나에게 관심을 기울이고 있는 유일한 사람에게 저도 모르게 내 메시지를 전하게 될 테지."

그건 사실이었다. 죄수는 자유를 사랑하는 마음이 일으키는 기적을 멋지게 실현시켰다.

물론 그는 잉크도 펜도 종이도 갖고 있지 않았다.

지난 7년 동안 죄수는 해마다 한 번씩 허가를 받아 르부아에게 탄원서를 쓸 수 있었다. 하지만 허가가 떨어져도 생 마르는 반드시 자기 앞에서 편지를 쓰게 하고, 끝나자마자 모든 필기용구를 잊지 않고 회수했다.

하기야 불쌍한 죄수로서는 그런 건 아무래도 좋았다.

편지를 쓸 수 있다 한들 대체 누구에게 자신의 슬픔을 전하고, 자기 신세를 이야기할 수 있단 말인가? 이 남자는 행방불명된 상태로 사람들의 기억 속에서 사라지고 이 세상에서 말살되어, 감옥장 말고는 아무도 자기 이름을 아는 사람이 없는 감옥 안에서 이토록 오랜 세월 동안 갇혀 있었던 것이다.

그러나 기묘한 방법으로 전달된 그 메시지를 받는 순간, 죄수의 정신이 깨어나 움직이기 시작했다.

종이는 찾을 필요도 없었다. 답장은 손수건 귀퉁이에 쓰기로 정해져 있었다.

그는 점심때 먹은 잉어 등뼈를 이용해서 금세 훌륭한 펜을 만들어 냈다.

이제 남은 것은 잉크였다. 죄수는 이 문제를 자기 피로 해결했다.

그는 구두 버클에 달린 침으로 엄지손가락을 찔러서 피를 몇 방울 짜낸 다음, 입소할 때 받았던 얼마 안 되는 옷가지 중에서 가장 오래된 낡은 천 조각을 골라, 간신히 판독할 수 있는 문자를 거기에 쓰는 데 성공했다.

이제는 편지가 수신자에게 무사히 전달되기를 기도할 수밖에 없었다.

평소처럼 감옥장이 등장할 시간을 이 죄수가 얼마나 초조하게 기다렸는지!

생 마르는 바스티유 감옥장인 유명한 동료 베스모에게서 이어받은 전통을 좀더 완벽하게 하기 위해 노력하고 있었다.

생 마르는 언제나 혼자서 죄수의 식사를 지켜보거나, 부관 네 사람 가운데 한 명에게 그 일을 시켰다. 감옥장은 기분이 좋을 때에는 부관들을 '엉덩이 무거운 놈들'이라고 부르면서 놀려 댔다.

식사하는 모습을 지켜보는 것은 그렇다 쳐도, 감옥장은 심지어 더러워진 그릇까지 직접 점검했다. 또 요즘에는 저녁 식사 때 밝히는 양초를 한 자루 한 자루 부러뜨려서 안에 심지 대신 종이가 들어있지 않은지 꼼꼼히 확인할 정도였다.

그러나 이토록 극성스러운 감옥장도 세탁물은 그냥 가져가기 전에 탈탈 털어 보기만 했다. 잉크도 펜도 없는데 죄수가 무슨 수로 천 조각에다 몰래 편지를 쓰겠냐면서 안심하고 있었던 것이리라.

그래서 죄수는 세탁물에 자잘한 글씨로 빽빽하게 써 놓은 석 줄의 메시지가 감옥장의 눈에 띌 리 없다고 믿었다.

그런데 이 전언이 누구에게 전해질지는 그 자신도 예상할 수 없었다. 다만 해자 변두리에서 노래하는 사람이 이 계획에 참가해 있다는 사실은 거의 확실해 보였다.

침대 위에 준비돼 있는 세탁물 꾸러미 쪽으로 다가간 죄수는 그 자리에 멈춰 서서 이미 열 번쯤 그랬듯이 세탁물을 다시 꾸리려고 했다. 그때 열쇠와 빗장 움직이는 소리가 들렸다. 감옥장이 온 것이다.

죄수는 얼른 침대에서 떨어져 독방 반대편 구석에 앉았다.

생 마르 감옥장이 안으로 들어와서 신중하게 문을 닫았다.

평소에 감옥장이 오는 시간이 아니었다. 게다가 감옥장은 무슨 불만스런 일이라도 있는지 오늘따라 한층 음울하고 거만한 표정을 짓고 있었다.

죄수는 자리에서 일어나 인사를 하고 나서 감옥장의 말을 기다렸다.

그러나 꼴 보기 싫은 감옥장은 죄수에게 눈길도 주지 않고 성큼성큼 창가로 다가가 지팡이로 쇠창살을 두들겨서 텅 빈 소리가 나는지 확인했다. 그리고 짧은 다리로 최대한 발돋움해서, 쇠창살과 바깥세상을 갈라놓는 벽의 두께를 재려고 했다.

"조금 전에 네놈 창문 밖에서 노랫소리가 들렸지?" 감옥장이 불쾌한 어조로 말했다.

"글쎄요⋯⋯ 저는⋯⋯ 아무것도 못 들었는데요." 죄수가 우물거렸다.

"그럴 리가 있나. 목소리는 위로 올라오는 법이니까 분명히 여기까지 들렸을 텐데. 뭐, 하긴 아무래도 상관없지. 그 문제에 대해선 이미 명령을 내렸으니까. 지금은 다른 게 문제야.

장관 각하께서 네놈이 보낸 탄원서에 대한 답장을 나에게 보내셨어."

"아니, 뭐라고요! 장관님께서 제 정당한 하소연을 들어주셨단 말입니까? 제 부탁을 듣고⋯⋯."

"장관 각하께서 네가 쓴 탄원서를 국왕 폐하께 보여 드리셨어. 그러자 폐하께선 내가 너한테 성무일과서(聖務日課書)와 기도서를 몇 권 주기를 바란다고 말씀하셨어. 또 1년에 한 번, 크리스마스 때에는 사제가 네놈의 참회를 듣는 것을 허락하겠다고 하셨지."

"폐하는 참으로 자비로운 분이시군요." 죄수는 좌절하여 의자에 털썩 주저앉았다.

생 마르는 괴로워하는 죄수의 모습을 즐기는 듯이 잠깐 그쪽을 보더니, 코담배를 잔뜩 집어 들이마시고는 조금 부드러운 목소리로 말을 이었다.

"절망해 봤자 무슨 소용 있나? 네놈은 여기 있기 싫다고 투덜거리지만, 어쩌면 이보다 더 끔찍한 꼴을 당했을 수도 있다고. 지금은 네 집세도 식비도 세탁비도 다 국왕 폐하께서 내주시고 계시잖나. 그런데 대체 뭐가 부족하다는 거지?"

"지난 7년 동안 저는 한 번도 햇빛을 보지 못했습니다."

"아, 그거? 그건 나도 거의 마찬가지야. 이 산골 마을에는 좀처럼 햇빛이 들지를 않는다니까. 뭐, 그래도 우리가 언제까지나 피뉴롤에 눌러앉아 있을 것도 아니잖아."

"우리라고요?" 죄수가 깜짝 놀라 소리쳤다.

"그래, 우리 두 사람이 영영 떨어지려야 떨어질 수 없는 운명이라는 걸 아직도 모르겠나? 르부아 각하께서 진심으로 신뢰하는 사람은 나뿐이야. 그분은 네놈이 언제나 나와 함께 있기를 바라시지. 혹시 내 청원이 받아들여져서 내가 승진하게 된다면, 나는 내 두 마리 티티새, 특히 하얀 티티새처럼 귀중한 네놈을 데리고 갈 거야."

감옥장은 어설픈 농담을 던지면서 껄껄 웃었다.

죄수가 외부와 연락할 염려가 없다는 사실을 확인하자, 다시 가볍게 농담을 하기 시작한 것이다.

"이봐, 그렇게 침울해하지 마. 오늘 밤 책을 가져다줄 테니까." 감옥장이 살살 달래는 목소리로 말했다. "오! 세탁물을 벌써 모아 놨구먼. 이왕 온 김에 조사해 볼까."

말을 마치자 감옥장은 꾸러미를 풀어 세탁물을 하나하나 털어 보기 시작했다.

그는 죄수에게 등을 돌리고 있었으므로 파랗게 질린 죄수의 얼굴을 보지 못했다.

게다가 수상한 것은 하나도 발견되지 않았다. 매우 간단한 검사를 마친 생 마르는 세탁물을 다시 둘둘 말아 옆구리에 낀 채, 감옥장으로서 위엄을 지킬 생각도 안 하고 턱짓으로 죄수에게 인사한 뒤 독방을 나가 버렸다. 그 순간 죄수는 털썩 무릎 꿇고 앉아서 하느님께 감사 기도를 올렸다.

죄수를 만날 때 감옥장은 혼자서 독방에 들어갔지만 호위병을 반드시 문간에 대기시켜 놓았다. 생 마르는 경계심이 강한 남자였으므로, 절망에 사로잡힌 죄수가 난동을 부릴까 염려했던 것이다.

위급할 때에는 그가 큰 소리를 지르면 당장 경호원이 달려와서, 무기도 없는 불쌍한 죄수를 제압할 터였다.

감옥장은 대개 자기가 지휘하는 경비대 병사 네 사람을 데리고 다녔다.

그날은 예외적으로 두 사람만 데려왔지만, 둘 다 엄선된 병사들이었다.

두 사람은 누구보다도 감옥장의 두터운 신임을 받았다. 그들은 피뉴롤에 온 지 얼마 안 된 감옥장의 눈에 들어 채용된 다음부터 벌써 7년이나 이 임무를 맡고 있었던 것이다.

두 사람은 모두 외국 군대에서 도망친 탈주병인 듯했다. 그러나 생 마르는 그런 문제에는 별로 신경 쓰지 않았다. 그는 감시탑 경비를 전적으로 책임지고 있었으므로 자기 마음대로 경비대원을 고를 수 있었다.

이 엄선된 두 병사는 상관이 '아랫탑' 3층 죄수와 이야기하는 동안 복도를 이리저리 오가고 있었다.

생 마르가 세탁물 꾸러미를 옆구리에 끼고 진지한 얼굴로 복도에 나오자, 두 사람은 벽에 일직선으로 나란히 붙어 서서 길을 열어 주었다. 그리고 상관 앞에 선 훌륭한 군인답게 정중히 경례를 했다.

"세탁부 바르톨로메아는 와 있나?" 감옥장이 무뚝뚝하게 물었다.

"네! 통로 끝에 있는 방에서 감옥장 각하께서 오시길 기다리고 있습니다." 두 병사가 입을 모아 대답했다.

"좋아. 전진!"

한 병사가 세탁물 꾸러미를 받아 들려고 하는 것을 곁눈으로 째려보면서 감옥장이 한마디 덧붙였다.

"전진하라는 소리 못 들었나! 이건 내가 직접 가지고 간다."

감옥장은 단호한 말투로 말했다. 일행은 두 번째 탑에서 첫 번째 탑으로 건너가는 통로를 지나 감옥장이 사는 곳으로 갔다.

왼쪽에는 당시 총 156명이나 되던 경비대 대원들의 숙소가 있었다.

그런데 탑 사이의 연결 통로는 낮에도 일반 병사의 통행이 금지돼 있었다. 밤에는 엄중히 경계하라는 명령과 더불어 보초가 배치되었다.

생 마르만이 그 통로로 들어가는 암호를 알고 있었다. 감시탑의 맞은편 구역에 살고 있는 요새 사령관 리상조차도 그 통로에는 들어갈 수 없었다. 절대 권력을 지닌 감옥장은 두 호위병을 앞세운 채 위풍당당하게 걸어가면서 무슨 생각에 잠겨 있는 듯했다.

통로와 감옥장의 주거지 사이에 위치한 대기실에 도착해 보니, 병사들의 말대로 세탁부가 거기서 기다리고 있었다.

그 여자는 이 지방 풍습대로 소박하지만 깔끔한 옷을 입고 있었다.

키는 크지도 작지도 않았고, 몸매는 신분이 낮은 사람답지 않게 선이 고왔다.

얼굴 생김새는 한때는 아름다웠을 테지만 지금은 나이에 비해 몹시 피곤하고 초췌해 보였다. 평민 여자, 특히 남부 지방의 평민 여자는 이렇게 실제 나이보다 더 늙어 보이는 경우가 많았다.

감옥장을 보자마자 여자는 다소곳이 인사한 다음, 산더미 같은 세탁물을 바닥에 내려놓고 공손한 태도로 고용주의 말을 기다렸다.

"오, 우리 예쁜이, 와 있었구먼!" 생 마르가 거들먹거리며 말했다. "오늘은 꽤 늦었군."

"네, 감옥장님. 실은 라 프라드 부관님께서 로쳥 님과 푸케 님의 세탁물을 주신다고 하셔서, 그쪽에 들르느라 늦었습니다."

"흠! 그런데 아까 두 번째 탑 밑에 있는 해자에서 대체 뭘 하고 있었던 거지?"

"그곳에 널어 둔 경비대원의 빨래를 걷고 있었습니다."

"누구 허락을 받고 거기다 빨래를 널어 둔 거냐?"

"이 요새에서 조금이라도 햇빛이 드는 곳은 그곳밖에 없습니다. 다른 곳은 산그늘이 져서 어둡거든요.
그래서 지난주에 라 프라드 부관님께 그곳을 쓰게 해 주십사 부탁드렸습니다. 그랬더니 라 프라드 부관님께서 쾌히 허락해 주셨습니다."

"라 프라드, 멍청한 놈 같으니. 이봐, 앞으로는 절대로 그곳에 가지 마라. 그런데 문제는 그것만이 아니야. 넌 대체 무슨 생각으로 감히 죄수들의 창문 아래에서 소리 높여 노래를 부른 거냐?"

"아, 감옥장님! 실은 죄수들에 대해서는 깜빡 잊어버리고 있었습니다. 오늘따라 이 동네에서는 보기 드물게도 날씨가 참 좋아서, 기분이 들뜬 나머지 그만 노래를 흥얼거리고 말았습니다……."

"그것도 프랑스 노래를 말이지."

"그것은 제가 파리의 재판소장 마님 댁에서 일할 적에 배운 노래입니다. 마님은 무척 친절한 분이셔서 저에게도 가정을 꾸리게 해 주셨지요. 결코 나쁜 의도로 그 노래를 부른 것은 아닙니다. 전에도 빨래를 널면서 노래를 했었는데, 오늘 처음으로 지나가던 하사 보좌관에게서 그만두라는 명령을 들은 것입니다."

"그래, 당연히 그래야지. 이봐, 내 말 잘 새겨들어. 지금까지는 너에 관한 나쁜 소문이 하나도 없었는데, 요즘에는 좀 주제넘은 짓을 하는 것 같단 말이야. 다음에 혹시라도 다시 한 번 규칙을 위반한다면, 네 남편을 하사 자리에서 끌어내리고 너희 둘 다 이 도시 밖으로 쫓아내서, 또다시 이곳에 발을 들여 놓으면 교수형에 처해 버리겠다는 결정을 내릴 테다. 알겠느냐?"

본디 살결이 하얀 세탁부는 이 말을 듣자 여윈 뺨을 살짝 붉혔다.

잔인한 감옥장에게 협박을 받아 두려워졌던 것일까? 아니면 치밀어 오르는 분노를 애써 억눌렀기 때문일까? 어느 쪽인지 알아보기는 쉽지 않았다.

그러나 그 여자는 매우 평온한 말투로 말했다.

"앞으로는 주의하겠습니다, 감옥장님. 이제 빨래는 요새 뒷문 근처의 성 브리지트 V자형 보루 밑에 있는 들판에다 널겠습니다. 그럼 그 꾸러미를 이리 주세요……"

그러면서 여자는 간수에게서 세탁물을 받으려고 손을 내밀었다. 그러나 생 마르는 그 손을 뿌리치고 불쾌하다는 듯이 소리를 질렀다.

"어이구, 목청 좋은 아주머니! 이거 왜 이러시나? 이 세탁물을 가져가고 싶어서 안달이 났나 본데?"

"아뇨, 감옥장님, 저는…… 그저 오늘 밤에 얼른 빨아서…… 그래서……"

"빨래는 내일 해. '아랫탑' 티티새들은 내 맘대로 다뤄도 되거든. 그러니까 내 마음대로 네 빨래를 방해해도 된단 말이다."

그러더니 감옥장은 상대의 얼굴에 당황한 빛이 떠오르는 것을 관찰하려는 듯이, 작고 날카로운 눈으로 뚫어져라 상대를 쳐다봤다.

세탁부의 얼굴에서 핏기가 가셨다. 그 얼굴은 붉어지기 전보다도 훨씬 더 창백해진 듯했지만, 그녀의 태도는 비교적 침착했다.

"감옥장님께서 그리 말씀하신다면 어쩔 수 없지요." 조그맣게 중얼거리면서 그 여자는 허리를 굽혀, 아까 내려놨던 세탁물 꾸러미를 주워 들었다.

생 마르는 훈계의 효과가 충분히 있었다고 생각했는지, 위엄이 넘쳐흐르는 자세로 병사들을 물리친 뒤 자기 주거지로 들어갔다.

감옥장은 자신의 이익과 생활의 편의를 소홀히 하는 남자가 아니었으므로, 수많은 불쌍한 죄수가 추위와 배고픔에 괴로워하는 이 음침한 감시탑 안에 훌륭한 주거지를 꾸며 놓았다.

감옥장은 로청 및 푸케의 감옥과 인접한 건물 4층에 살았다. 그는 그들 부부와 두 아이가 사용하는 방 네 개에다 가구를 배치하고, 또 방문객을 접대하기 위한 멋진 서재를 만들었다.

그는 이 서재를 즐겨 이용했고, 생 마르 부인도 거의 종일 그곳에서 생활했다. 감옥장 부부는 심한 구두쇠였으므로 그런 식으로 광열비를 절약했던 것이다.

그들 부부의 안방이 된 이곳은 본디 감방으로 사용되던 장소였다. 지금도 오래된 직물로 덮여 있는 벽에는, 이 방의 옛 주인들이 감옥살이를 기념하여 남긴 이름과 글귀가 새겨져 있었다.

가구는 상당히 호화로웠다.

안락의자와 걸상은 벽과 마찬가지로 직물로 덮여 있었다. 생 마르가 르부아 총리에게 편지를 쓸 때 이용하는 흑단 나무 책상은 금도금을 한 구리 황소 발과 뿔로 장식돼 있었다. 조그만 이탈리아제 쪽매붙임 수납장에는 상아가 박혀 있었는데, 이 가구는 기밀 서류를 보관하는 데 쓰였다.

이러한 가구들은 아치형 천장이나 성채의 거무칙칙한 돌들과 기묘한 대조를 이루었다.

게다가 생 마르 부인은 이 방을 화사하게 빛내 줄 만한 여자가 아니었다.

처녀 시절에 앙리에트 다모레장이라고 불렸던 이 여자는 늘 미모의 여동생 뒤프레누아 부인을 질투했다. 여동생은 베르사유 궁정에서 화려하게 살아가는데 자기는 피뉴롤로 쫓겨난 신세라고 생각했으므로, 안 그래도 까다롭던 성질이 더더욱 날카로워지고 말았다.

부인은 남편에게도 거침없이 대들었고 생 마르도 그리 관대한 성격은 아니었다. 그래서 부부 사이는 늘 냉전 상태였다.

감옥장이 '아랫탑'에서 돌아왔을 때 부인은 커다란 안락의자에 앉아 난롯불을 피우고 있었다. 추운 알프스 산기슭에 있는 이 감시탑에서는 한여름에도 불을 피웠다.

부인은 남편을 돌아보더니 멸시하는 듯한 눈초리로 가만히 쳐다보고 나서 말없이 다시 난로 쪽으로 눈길을 돌렸다.

남편은 아내의 그런 태도에 익숙했으므로 그저 어깨를 좀 으쓱하고 나서 난로 반대편에 앉아, 무릎에 세탁물 꾸러미를 올려놓았다.

"그 누더기들은 대체 뭐예요?" 생 마르 부인이 거만한 말투로 물었다.

"내 두 마리 티티새 중 하나의 세탁물이야." 감옥장이 침착하게 대답했다.

"그런 걸 왜 들고 왔어요?"

"이걸 하나하나 검사해서 무슨 글자라도 쓰여 있지 않은지 확인해 달라고 당신에게 부탁하려고 가져왔지."

"세상에, 감히 나한테 그런 짓을 시키겠다고요?" 아내는 화가 나서 소리를 질렀다.

"어쩔 수 없잖아." 생 마르는 여전히 침착하게 대답했다. "당신도 알다시피 이 끔찍한 동네의 습기 때문에 내 눈은 이미 완전히 어두워졌어. 그래서 의사가 나한테 글자를 읽지 말라고 했지. 특히 밤에는 절대로 안 된다고 말이야."

"그런 말 들어 봤자 당신은 신경도 안 쓰잖아요? 어차피 태어나서 지금까지 책 따위 펼쳐 보지도 않았으니까."

"그야 나는 《아스트레》 같은 유행 소설을 읽을 마음은 없어. 하지만 지금은 그런 허황된 이야기가 문제가 아니야.

난 그저 내 하얀 티티새가 속옷이나 손수건에다가 몰래 편지를 쓰지나 않았을지 확인하고 싶을 뿐이야."

"어머나, 참 신중하시기도 하지. 이제까지는 한 번도 그런 적 없잖아요?"

"오늘 처음으로 그 생각이 떠올랐거든. 죄수들은 지치지도 않고 새로운 방법을 생각해 내니까 말이야.

왜, 전에도 푸케가 양말 실과 빵 부스러기로 만들어 낸 근사한 종이를 내가 찾아냈었잖아? 그때 나는 푸케가 편지를 쓰게 내버려 뒀다가 한밤중에 그 편지를 훔쳐 냈지. 그놈이 반바지 안쪽에 꿰매 놓은 주머니 속에서 말이야.

나는 그 편지를 르부아 각하께 보내서 크게 체면을 세웠어.

그러니까 이제부터는 세탁물을 전부 여기로 가져와서, 내 눈앞에서 한번 빤 다음에 세탁부에게 넘겨주기로 결정한 거야."

"그래, 그 신나는 일을 내가 받아들일 거라고 생각하셨어요?"

"아니지, 여보. 그건 아니야. 빠는 것은 하녀한테 시키면 돼. 다만 당신이 세심한 주의를 기울여서 직접 이것들을 확인해 주기만 한다면……."

"난 하기 싫어요. 당신이 꼭 나한테 하녀 일을 시키는 것 같잖아요."

"하지만 여보, 이게 다 국왕 폐하를 위한 일이야. 폐하의 기쁨을 위해서라면 아무리 비천한 일을 하더라도 전혀 부끄러워할 필요가 없어."

"당신이나 그러시겠죠." 생 마르 부인이 신랄하게 대꾸했다. "당신은 죄수들을 모시는 하인이라도 된 것처럼 그 사람들이 사용한 더러운 접시를 치우는 일도 마다하지 않으니까요.

하지만 난 당신처럼은 못해요."
"그래, 죽어도 싫다는 건가?" 감옥장은 슬슬 인내심이 바닥나는 것을 느끼면서 거친 어조로 물었다.
"네, 싫어요."
"아내는 남편 명령에 따라야 할 의무가 있다는 사실도 잊어버렸어?"
"아니, 내가 더러운 세탁물을 검사해야 할 의무가 있다는 조항이 우리 결혼 계약서 어디에 적혀 있었다는 거죠?
나는 이런 굴욕을 당하려고 당신과 결혼한 게 아니라고요."
"그럴지도 모르지. 하지만 우리 결혼을 통해서 얻은 이익을 생각한다면, 당신도 이 정도 일은 해 줄 수 있는 거 아닌가?"
"이익? 아니, 내가 무슨 이익을 얻었다고 그래요? 설마 이런 산골짝에서 평생을 보내는 걸 고맙게 여기라는 말씀인가요?"
"여기가 뭐 어때서. 나도 잘 참고 있잖아."
"당신이야 그렇겠죠. 우리 아버지가 당신을 사위로 삼기 전부터 당신은 여기서 살고 있었고, 또 여길 벗어날 생각은 조금도 없었잖아요. 하지만 나는 내 동생처럼 궁정에서 모두의 주목을 받을 수도 있었다고요.
난 말이죠, 이런 운명이 나를 기다리고 있는 줄 알았더라면, 애초에 신분이 다른 당신 같은 남자와 결혼한다는 멍청한 짓은 하지 않았을 거예요."
"신분이 다르다고!" 생 마르는 분개했다. "별 웃기는 소릴 다 하는군. 총사대 중사와 재정관의 딸이면 잘 어울리는 한 쌍 아닌가?
그나저나 당신은 정말이지, 지난 7년 동안 우리가 모은 돈을 너무 우습게 보는군."
"어머, 그 돈을 누구 덕분에 벌었다고 생각하는 거예요? 다 내 덕분이잖아요. 내 동생이 당신을 위해서 끊임없이 좋은 말을 해 주지 않았더라면, 당신은 상여금 한 푼 못 받았을 거라고요."
"그야 뒤프레누아 부인의 영향력과 호의에는 나도 정말로 감사하고 있어!" 감옥장은 진심 어린 목소리로 외쳤다. 권력을 가진 인물에 대해 이야기할 때마다 그는 꼭 그런 말투로 말했다. "하지만 르부아 각하께선 내가 내 의무를 다하기를 강하게 바라고 계셔. 내가 장관님 명령을 충실히 실행하면 실행할수록, 우리가 이 우울하기 짝이 없는 피뉴롤 감시탑에서 다른 곳으로 옮겨 갈 날도 그만큼 가까워질 거라고."

"그게 정말이라면……. 아니, 그건 달콤한 환상이에요. 어차피 당신은 장관님의 뜻에 따라 옥리가 됐고, 감시해야 할 죄수가 있는 한 옥리 일을 그만둘 수는 없을 테니까."

조만간 다른 곳으로 이사할 수 있을지도 모른다는 소리를 듣자 까다로운 아내의 눈이 희망으로 빛났다. 그것을 본 감옥장은 자기 작전이 성공했음을 알았다.

"하지만 말이지, 여보." 감옥장은 열띤 목소리로 크게 말했다. "조만간 국왕 폐하께서 나를 승진시키지 않으실 거라고 누가 단언할 수 있겠어? 설령 그때 내가 여기 죄수들을 다 데리고 이동하게 되더라도 말이야.

언젠가 내가 바스티유 감옥장이 되지 말라는 법도 없잖아? 현재 바스티유 감옥장으로 일하는 베스모는 이미 꼬부랑 늙은이야. 나야말로 그 늙은이의 뒤를 이을 사람이라고. 무려 15년 전부터 나는 프랑스에서 가장 중요한 죄수들을 감시해 왔으니까.

여보, 한번 생각해 봐. 지금 가지고 있는 재산에다가, 바스티유에서 매년 벌어들이는 돈이 더해진다면 우리가 얼마나 큰 부자가 될지! 우리는 상류 귀족들과 대등하게 사귈 수 있을 테고, 우리 애들은 공작이나 왕족 따님과 결혼할 수 있을 거야.

그렇게 되면 당신 동생도 당신을 질투하느라 정신을 못 차릴걸."

이번에는 감옥장 부인도 남편의 말에 넘어가서 얼굴에 야심을 드러냈다. 남편은 얼른 아내를 설득하려고 마지막 일격을 가했다.

"하지만 내가 조금만 실수를 해도 그런 희망은 덧없이 사라져 버릴 거야.

극히 사소한 한마디나 신중하지 못한 행동 때문에, 극비에 부쳐진 죄수의 신상이 혹시 이름만이라도 외부에 알려진다면, 나는 즉시 장관님의 신뢰를 잃고 엄청난 냉대를 받게 될 거야. 그러면 우리는 파리에서 멀리 떨어진 우리 영지나, 어느 변방 요새에서 평생을 보내게 될지도 몰라."

여기서 생 마르는 잠시 입을 다물고 자기 이야기의 효과를 확인했다.

부인은 마음이 흔들리긴 했어도 아직 완전히 설득되진 않았는지, 교활한 감옥장이 은근슬쩍 내미는 문제의 꾸러미를 선뜻 받아 들려고 하지 않았다.

"어휴, 정말이지." 부인은 상당히 부드러운 어조로 말했다. "당신은 꼭 그렇게 작은 일 가지고 호들갑을 떤단 말이죠.

 "좋아요. 혹시 그런 사소한 일 때문에 우리 부부와 아이들의 일생이 좌우된다면, 나도 당신의 뜬금없는 부탁을 들어줄 수도 있어요. 하지만 정체도 알 수 없는 남자의 더러운 옷가지를 조사하는 일이 그렇게까지 중대한 일이라니, 도통 믿을 수가 없네요! 푸케나 로쳥의 옷이라면 그래도 이해하겠는데."

 "아냐, 여보. 그건 커다란 착각이야! 로쳥과 푸케가 피뉴롤에 유폐돼 있다는 것은 누구나 아는 사실이야. 그런데 내 하얀 티티새는 이미 죽었다고 알려져 있는 남자란 말이지. 그놈의 정체가 외부에 알려졌다는 소문이 장관님 귀에 들어갔다가는 만사 끝장이야. 난 당장에 목이 잘릴 거라고.

 그러니 내가 세심한 주의를 기울이는 것도 당연하잖아? 여보, 앙리에트, 부탁이니까 나 좀 도와줘."

 그러면서 생 마르는 꾸러미를 집어 들어, 고집 센 아내가 앉아 있는 안락의자 쪽으로 슬그머니 내밀었다.

 그러나 허영심과 욕망의 충돌이 아직 끝나지 않은 상태였으므로 부인은 의자를 뒤로 슬쩍 빼면서 마지막 저항을 시도했다.

 "저기, 여보." 부인이 간살스런 목소리로 말했다. "꼭 그래야만 한다면 나도 자존심을 버리겠어요. 하지만 이렇게 비천한 일은 당신 부관인 브랑빌리에나 뒤플레시스한테 시키는 게 좋지 않을까요?"

 "뭐, 부관들? 당치도 않아. 그놈들은 죄수를 만난 적은 있지만 그놈의 이름이 뭔지는 모르고, 또 앞으로도 영원히 몰라야 해. 이 비밀을 아는 사람은 국왕 폐하와 장관님과 나뿐이야!

 그런데 내가 실수하는 바람에 다른 누군가가 비밀을 알게 된다면?

 안 돼, 절대 안 돼! 이 꾸러미 속에 우리 하얀 티티새의 전언이 숨겨져 있을지도 모르는데, 부관들한테 함부로 보여 줄 순 없지. 내가 안심하고 이 꾸러미를 보여 줄 수 있는 상대는 당신뿐이란 말이야."

 감옥장은 더 이상 체면 차리는 것도 그만두겠다는 듯이 자기 의자를 움직여서 아내 쪽으로 다가갔다.

 "설마 일주일마다 똑같은 짓을 시킬 생각은 아니겠지요?" 부인은 그렇게 중얼거렸지만 이번에는 뒤로 물러나지 않았다.

 "아, 그럴 리가 있나, 앙리에트. 다음부터는 그냥 내가 보는 앞에서 하녀들이 세탁물을 적셔서 대충 비누칠만 하면 될 거야.

하지만 오늘은 예외야. 아무래도 뭔가 수상하거든. 그럴 만한 이유가 있어. 그러니까 여보, 앙리에트, 나 좀 도와줘."

마침내 세탁물 꾸러미는 감옥장의 상냥한 아내 무릎 위에 슬그머니 안착했다.

"아아, 당신은 항상 자기 뜻대로 하지 않고서는 못 배기는군요!" 부인은 한숨 섞인 목소리로 중얼거렸다.

"아 글쎄, 여보, 여기에 내 승진이 걸려 있다니까." 생 마르가 속삭였다.

"뭐라고요? 저기, 내가 뭐 수상한 거라도 찾아내면, 당신은……."

"당장 장관님께 편지를 써서 당신이 큰 성과를 거뒀다고 보고할 거야. 그러면 장관님도 자기 애인의 언니가 하는 부탁을 거절하시진 못할 테지. 좀더 살기 좋은 곳으로 이사하고 싶다는 부탁 말이야."

"할 수 없군요." 부인은 꾸러미를 풀면서 말했다. "자식을 위해 희생하는 것이 어미의 역할이니까요."

부인은 비천한 인간의 소원을 들어주기 위해 하늘에서 내려온 여신이라도 된 것처럼 오만한 태도로, 너덜너덜한 옷가지를 하나하나 조사하기 시작했다.

주의 깊게 그 작업을 지켜보면서 감옥장은 뭔가를 초조하게 기다리는 듯이 조그만 눈을 깜빡거렸다.

꾸러미 표면에서는 아무것도 나오지 않았다. 신중한 죄수는 위험한 손수건을 꾸러미 속에 깊숙이 숨겨 놨던 것이다.

그러나 감옥장 부인은 끝내 그것을 찾아내서 이리저리 뜯어보더니 큰 소리를 질렀다.

"아, 비밀을 찾아냈어요! 여기 글자가 쓰여 있어요!"

생 마르는 용수철이 튕긴 듯이 벌떡 일어나더니, 운 좋게 발견된 손수건을 부인의 손에서 거칠게 낚아챘다.

그러나 그 글자는 너무나 작았다. 눈이 나쁜 생 마르에게는 그저 줄줄이 이어진 빨간 점들로밖에 보이지 않았다.

감옥장은 서둘러 조끼와 반바지 주머니를 뒤졌지만 안경을 찾아낼 수가 없었다. 그는 이마를 치고 가발을 마구 쥐어뜯더니, 결국 다시 한 번 아내의 도움을 구하기로 했다.

"여보, 빨리 이거 좀 판독해 봐." 감옥장은 증거물을 아내에게 건네줬다.

"당신이 난폭하게 빼앗아 가지만 않았더라면 벌써 옛날에 읽어 줬을 거라고요." 부인이 비아냥거렸다. "나 참, 그놈의 거친 태도는 고쳐지지도 않는군요. 안 되겠어요, 더는 못 도와줘요. 당신도 혼 좀 나 봐야죠."

"읽어 줘, 앙리에트. 제발 읽어 달라고."

앙리에트는 어쩔 수 없다는 듯이 남편의 간절한 부탁을 들어줬다.

그러나 손수건에 쓰인 글자를 판독하기란 쉬운 일이 아니었다. '아랫탑' 죄수의 피는 무척 묽었고, 그가 펜 대신 사용한 생선뼈는 뚜렷한 선을 긋기에 적합한 도구가 아니었기 때문이다.

그래도 열심히 들여다본 끝에 감옥장 부인은 간신히 다음과 같은 글귀를 읽을 수 있었다.

"나는 페론 근처에서 1673년에 체포된 사람으로, 이름은……."

부인이 끝까지 읽기도 전에 생 마르가 호랑이처럼 덤벼들더니, 손수건을 낚아채 난롯불 속에다 던져 넣었다. 그리고 한시라도 빨리 태워 버리려고 서둘러 불꽃을 일궜다.

"이게 뭐하는 짓이에요!" 부인은 두 팔을 휘두르며 쇳소리를 지르고는 1분 동안이나 끊임없이 지껄여 댔다. 그러나 남편은 전혀 아랑곳하지 않았다.

감옥장은 손수건이 불타는 광경을 뚫어져라 지켜보면서, 마지막 실 한 오라기가 불꽃 속으로 사라져 버릴 때까지 부지깽이를 움켜쥐고 있었다.

"후유!" 감옥장이 안도의 한숨을 내쉬면서 크게 말했다. "이것으로 국왕 폐하의 비밀은 지켜졌어."

"네, 그렇고말고요!" 생 마르 부인은 화가 나서 씩씩거렸다. "당신은 내가 그 비밀을 알 자격이 없다고 생각한 거군요, 맞죠? 나를 믿는다고 말해 놓고서는, 어떻게 감히 그런 짓을……."

"나는 아무도 믿지 않아. 내 오른손이 하는 일을 왼손이 안다면, 나는 오른손을 잘라 버릴 거야!" 흥분한 감옥장이 소리를 질렀다.

"아, 그래요, 맘대로 하시죠! 다만 이런 짓은 앞으로 두 번 다시 하지 마세요. 당신의 그 잘난 생각인지 뭔지 때문에 날 귀찮게 하지 말라고요."

"앞으로는 세탁물을 여기서 밖으로 내보내기 전에 꼭 한번 빨아야겠어. 내가 직접 빠는 한이 있어도."

아, 진짜 간 떨어질 뻔했네! 만일 내 육감이 발동하지 않았더라면 큰일 날 뻔했어! 생각만 해도 끔찍하군. 뭐, 그래도 잘됐어. 르부아 각하께 편지를 써서, 내가 끊임없이 감시한 덕분에 그 죄수의 음흉한 계획이 실패로 돌아갔다고 보고할 수 있게 됐으니까. 그러면 각하께선 그놈을 탑의 지하 감옥에 가두고 난방도 의복도 제공하지 말라고 명령하실 테지.

어이구, 불쌍하기도 해라, 우리 하얀 티티새! 나를 속여 넘길 시기를 잘못 잡으셨구먼!"

유쾌하게 혼잣말을 하면서 생 마르는 의기양양하게 방 안을 걸어 다녔다.

한편 속이 뒤집힌 부인은 남편의 콧대를 확 꺾어 주려고, 은근히 가시 돋친 말투로 말했다.

"르부아 장관님께 편지를 보내는 건 좋지만, 뭐 보고할 만한 게 있어야지요……."

"뭐? 아니, 내 교묘한 술책에 대해서 보고하면……."

"교묘하다고요? 어머나, 자화자찬에도 정도가 있죠. 당신은 그 전언을 받으려던 사람이 누구인지도 모르잖아요?"

정확한 지적을 받자 감옥장은 찬물을 뒤집어쓴 기분이었다.

그는 갑자기 걸음을 멈추고 멍하니 아내의 얼굴을 바라봤다.

"게다가 그 중요한 정보를 알아낼 방법은 무척이나 간단했다고요. 그저 나한테 끝까지 읽게 해 줬더라면……."

"뭐라고? 그럼, 그놈이 쓴 편지에는……."

"난 아무것도 몰라요. 다만 확실한 것은, 그 손수건에는 자잘한 글씨가 빽빽하게 적어도 대여섯 줄은 적혀 있었으니까, 죄수가 이름과 날짜 말고도 뭔가 다른 내용을 적었으리라는 것뿐이에요."

생 마르는 허둥지둥 난로 쪽으로 달려가서 그 앞에 무릎 꿇더니, 손가락에 화상을 입을 위험을 무릅쓰고 잿더미 속을 뒤져 보았다.

그러나 감시탑 난로에 쓰이는 알프스 전나무 장작개비는 활활 타오르면서, 낡아 빠진 천 조각 따윈 순식간에 불살라 버렸다.

귀중한 손수건은 눈 깜짝할 새에 사라져 버렸다.

"아, 내가 너무 성급했어." 감옥장은 어깨를 축 늘어뜨린 채 몸을 일으켰다.

"이제 승진은 물 건너갔군요! 나를 믿지 않으면 어떻게 되는지, 이것으로 잘 아셨겠죠?"

"그래, 분명히 내가 실수를 하긴 했어. 하지만 뭐 어때! 역시 장관님께는 알려 드려야겠어. 나는 하얀 티티새의 행동을 보고할 거야. 그리고 공범은, 도저히 못 찾아내겠거든 날조라도 해야지 뭐. 하지만 내가 꼭 찾아낼 거야. 안 그래도 몹시 수상쩍은 녀석이 있거든."

"아까처럼 또 실수하지 않도록 조심하세요."

"아, 걱정 마. 범인은 틀림없이 그 여자일 테니까."

"그 여자가 누군데요?"

"누구긴 누구야, 그 짜증나는 세탁부지!"

"바르톨로메아요? 세상에, 당신 제정신이에요? 다른 사람은 몰라도 그 여자는 절대로 그런 혐의를 받을 만한 짓은 안 한다고요."

"무슨 근거로 그런 말을 하는 거야? 누구든지 다 의심하는 것이 내 습관이라고."

"네, 그래요. 당신한테 그런 습관이 있다는 건 나도 알아요. 하지만 그랬다가 일이 잘 풀린 적이 별로 없잖아요? 애초에 그 여자가 감시탑에 드나들도록 허락한 사람은 바로 당신이에요. 그러니까 그 여자를 의심하는 짓은 그만둬요."

"난 그저 그 여자 남편을 경비대 하사로 고용했을 뿐이야. 그 여자는 남편한테 붙어서 여기로 들어온 거라고."

"그 두 사람은 벌써 7년이나 여기에 있었잖아요. 그런데 이제껏 한 번이라도 당신한테 꼬투리 잡힐 만한 짓을 한 적이 있었나요? 만일 바르톨로메아가 당신의 '하얀 티티새'한테 관심을 갖고 있다면, 지금까지 내내 연락을 안 하고 있었다는 것이 이상하지 않아요?"

"아니, 그 죄수가 이번에 처음으로 그 여자에게 편지를 보냈다는 증거가 어디 있어?"

"맙소사, 그러고도 당신이 수완 좋은 간수장이라니, 믿을 수가 없네요. 혹시 그들이 오래전부터 서로 연락을 취하고 있었다면, 죄수가 이제 와서 이름을 밝히거나 자기 신상에 관해 이야기할 이유가 없잖아요?"

"일리 있는 말이군. 하지만 나도 나름대로 생각이 있어. 나는 며칠 전부터 바르톨로메아가 영 수상하다고 생각했단 말이야."

"설마 당신, 내가 그 여자를 돌봐 주기로 한 것이 거슬려서 그러는 거예요?"

"당신이 그 여자를 돌봐 주는 것은 분명히 마음에 안 드는 일이야. 하지만 그거랑 이거는 별개야. 실은 하사 보좌관이 나한테 보고를 했다고.

일주일 전부터 그 여자가 하얀 티티새의 창문 밖에서 큰 소리로 노래를 부르고 있다고 말이야."

"어머나, 그거 참 커다란 잘못이군요! 나도 그렇게 노래라도 흥얼거리고 싶을 만큼 즐거워져 봤으면 좋겠네요."

"게다가 아까 그 여자는 세탁물을 빨리 받으려고 묘하게 서두르더란 말이야."

"당신도 참, 이번에는 그 여자가 열심히 일하는 게 맘에 안 드신다는 거예요?"

"더구나 그 여자도 남편도 둘 다 신원이 불분명하잖아. 나도 더는 못 참아. 남편은 토굴 감옥에다 처넣고, 아내는 고문을 해야겠어. 둘 중 누군가한테서는 반드시 자백을 받아낼 거야."

"그런 방법으로 대체 뭘 알아낼 수 있을지, 원!"

"그럼 당신은 더 좋은 방법을 알고 있다는 거요?"

"저요? 저야 뭐, 어차피 믿을 수도 없는 여자잖아요?"

"이봐요 앙리에트, 여보." 감옥장은 또다시 살살 달래는 목소리로 말했다. "그렇게 화내지 말구려. 당신 지혜를 빌리고 싶어. 내가 바스티유 감옥장이 되면 얼마나 큰 부자가 될지 한번 생각해 봐, 응? 그러려면 당신 내조가 필요하다니까."

"혹시 당신이 운 좋게 승진한다면, 그게 다 내 덕분이라고 인정하시겠다는 건가요?"

"암, 당신이 원한다면 뭐든지 인정할게. 하여튼 부탁이니까 좀 가르쳐 줘. 내가 뭘 어떡하는 게 가장 좋을까?"

"아무것도 안 하는 게 최선이에요."

"아무것도 안 한다고? 아니, 왜?"

"당신은 가만히 기다리면서 관찰하기만 하면 돼요. 만일 당신이 죄수나 바르톨로메아를 윽박지른다면 두 사람은 겁을 먹고 더욱 조심하게 되겠지요. 그럼 당신은 결코 그들의 꼬리를 잡을 수 없을 거예요."

"음, 일리 있는 말이야." 생 마르는 벌써 반쯤 설득돼서 중얼거렸다.

"그런데 우리가 모른 척하고 있으면, 당신의 하얀 티티새는 안심하고서 또다시 세탁물에 편지를 쓸 거예요. 그러니까 다음 번 세탁 날에 당신이 오늘같이 흥분하지만 않는다면, 그 남자가 무슨 내용을 썼는지 쉽게 알아낼 수 있을 거예요."

"훌륭해, 앙리에트!" 감옥장은 아내의 똑똑함에 감복하여 큰 소리로 외쳤다. "앙리에트, 당신은 내 구세주야. 당신같이 훌륭한 아내를 둔 내가 자랑스러워."

"어머, 무슨 말씀이세요! 어차피 난 바보 같은 여자인걸요. 나야 뭐 당신한테는 악처나 다름없죠."

"여보, 제발 내가 흥분해서 했던 헛소리는 잊어 줘. 당신 여동생이 아니라 당신이야말로 베르사유 궁정의 꽃으로 추앙받아야 할 사람이야. 만일 하느님이 우리를 오래오래 살게 해 주신다면 우리도 언젠가 베르사유에 가서, 온 세상 뒤프레누아가 다 덤벼도 못 당할 정도로 막강한 권세를 휘두르게 될 거야."

"그러려면 먼저 어떻게 해서든 이 동네에서 벗어나야지요." 부인이 냉정하게 말했다.

"맞아, 좋은 일은 즉시 실행해야지." 그렇게 말하면서 생 마르는 출입구로 걸어갔다.

"어디 가요?"

"하얀 티티새가 함정을 눈치채지 못하도록, 그놈을 상냥하게 위로해 주러 가는 거야. 하는 김에 로죙의 비위도 맞춰 주고 와야지. 로죙은 조만간 석방될 예정이니까, 다시 국왕 폐하의 사랑을 받게 되었을 때 우리한테 큰 도움을 줄 거야."

"그거 좋은 생각이네요! 그런데 바르톨로메아는 어쩌실 거죠?"

"걱정하지 마. 그 여자한테도 친절을 베풀 거니까. 다만 사람을 시켜서 감시하게 할 거야."

25 집요한 추적

생 마르 감옥장의 혐의를 받은 세탁부 바르톨로메아의 남편은 감시탑 경비대 하사였으므로, 부하들과 함께 감시탑 내부의 병영에서 숙식해야 했다.
그러나 그의 아내는 죄수들의 세탁물을 결코 요새 밖으로 가져가지 않는다는 조건으로, 시내에서 사는 것을 허락받았다.
그 여자는 피뉴롤 중앙 광장에 면한 조그만 집에 살았다. 요새 안에서 종일 일하다가 저녁이 되면 홀로 그곳으로 돌아왔다.
즉 그녀는 남편이 비번일 때 요새 안에서 그를 만나기는 했어도, 요새 밖에서는 좀처럼 만나지 못했다. 감옥장은 부하들에게 거의 외출 허가를 내주지 않았던 것이다.
그녀의 남편은 장 카라도스라는 늙은 병사로, 유럽 각지의 군대에서 근무한 적이 있는 듯했다.
그 시대에는 그것도 드문 일이 아니었다. 거의 모든 나라에서 용병대가 군대의 핵심을 이루었던 것이다. 그리하여 1673년 한여름에 이 남자가 "얼마 전까지 나폴리 부왕(副王) 친위대에서 하사로 근무했다"면서 피뉴롤에 찾아오자 생 마르는 주저 없이 그를 고용했다.
그로부터 7년 동안 이 남자는 흠잡을 데 없이 완벽한 태도로 근무했다.
그는 겸손하고 기민한 데다 꼼꼼하고 신중하며, 규칙을 엄격히 준수했다. 이 하사는 그야말로 부사관의 모범이었다. 상관에게 높은 평가를 받았고 부하들에게도 존경을 받았다. 동료들도 좀 과묵하다는 것만 빼고는 이 남자의 결점을 찾아내지 못했다.
수많은 전투를 치른 고참병들은 대개 수다스러운 허풍쟁이인데, 카라도스는 한 번도 제 자랑을 한 적이 없었다.
아내도 활발하긴 하지만 말수가 적다는 점에서는 남편과 거의 다를 바 없었다.

처음 피뉴롤에 도착했을 때 그 여자는 상당히 아름다운 미녀였으므로 요새에서도 시내에서도 많은 남자의 관심을 모았다. 하지만 그 여자는 애초부터 그들의 접근을 허락하지 않았다.

바르톨로메아는 그렇게 신분이 낮은 여자로서는 보기 드물게 의연한 태도로 달콤한 유혹을 물리쳤다. 결국 장교들도 마을 남자들도 두 손 들 수밖에 없었다.

이 여자는 프랑스어와 이탈리아어를 유창하게 말했으며 피에몬테 사투리도 금방 익혔지만, 꼭 필요할 때 말고는 좀처럼 말을 하지 않았다.

그녀의 집이 있는 중앙 광장 변두리에 사는 아낙네들은, 이 여자의 신상은 물론이고 요새에서 일어난 사건에 관한 이야기도 전혀 들을 수 없었다.

감옥장은 곳곳에 첩자를 심어 놓았으므로 이윽고 그런 여자의 행동에 대한 보고를 듣게 되었다. 그는 그렇게 입이 무겁다면 그녀한테 죄수들의 세탁물을 맡겨도 괜찮을 것이라고 판단했다.

감옥장의 판단은 정확했다. 그 여자는 불쾌하고 고된 일을 매우 성실하게 잘 해냈다.

바르톨로메아는 동이 트자마자 일어나서 매서운 추위에도 아랑곳하지 않고 요새 세탁장에서 부지런히 일했다. 아랫사람을 고용하는 것은 허락되지 않았으므로 언제나 혼자서 일해야 했다. 그래도 그 여자는 결코 피로하거나 우울한 기색을 보이지 않고 순교자처럼 묵묵히 일에 몰두했다.

그래서 바르톨로메아는 누구에게나 호의적인 대접을 받았고, 때로는 동정까지 받았다.

까다로운 감옥장 부인마저 바르톨로메아의 세심한 마음 씀씀이에 감동하여 그녀를 좋아하게 되었다. 거칠기 짝이 없는 생 마르 감옥장도 지금까지는 이 여자를 함부로 대할 만한 구실을 찾지 못했는데, 이번에 처음으로 감시탑 바깥에서 노래를 불렀다는 이유로 그녀를 질책했던 것이다.

그날 저녁에 감옥장이 실컷 윽박지르고 나서 자기 주거지로 들어가는 모습을 지켜본 뒤, 바르톨로메아는 생 마르가 '아랫탑' 죄수의 세탁물을 돌려줄 때까지 한가하게 기다리고 있지는 않았다.

그녀는 감옥장의 두터운 신임을 받고 있는 두 병사와 눈짓을 주고받았다. 그리고 재빨리 대기실을 빠져나와, 첫 번째 탑 밑으로 이어지는 감시탑 계단을 내려가서 요새 문 옆에 있는 '왕의 성루(城壘)'로 갔다.

그곳에서는 시내와 계곡 일부분의 아름다운 풍경이 내려다보였으므로 주둔 부대 병사들은 틈만 나면 그곳으로 나와서 산책하거나 대포 포가(砲架) 위에 걸터앉곤 했다.

한없이 음울한 이 요새에 사는 사람들은 모두 미칠 듯한 지루함을 느끼고 있었다. 운 나쁘게 이곳으로 와 버린 사람은 어떻게든 소일거리를 찾으려고 애를 썼다.

카라도스 하사는 군대 주점에 드나들지도 않았고, 페탕크*1를 즐기지도 않았다. 그의 유일한 즐거움은 '왕의 성루'에서 파이프 담배를 피우는 것이었다. 그러므로 특정한 시간에 그곳으로 가면 아내는 십중팔구 남편을 만날 수 있었다.

지금도 카라도스는 요새 흉벽에 기대어 팔짱을 낀 채 아래쪽을 가만히 내려다보고 있었다.

이 남자는 자주 그런 자세를 취했다. 때로는 하룻밤 내내 꼼짝도 않고 그런 자세로 입을 꾹 다문 채 담배 연기만 뿜어내기도 했다.

바르톨로메아의 발소리를 듣자 그는 고개를 들더니 먼저 담뱃불을 끄고 나서 천천히 그녀에게 다가왔다.

동료 하사들은 자기 아내에게 그렇게까지 예의바른 태도를 취하진 않았다.

그러나 이 남자도 보통 신분이 낮은 남편들과 그렇게 다른 태도를 보이지는 않았다. 그는 아내에게 인사하지 않고 상대가 입을 열 때까지 조용히 기다렸다.

다만 이 남자는 근처에 다른 사람이 없는지 확인하려는 듯이 주위를 한번 둘러보았다.

다행히 근처에는 아무도 없었다. 보초는 밤이 되어야 성벽 위에 나타날 것이다. 오늘 날씨가 꽤 쌀쌀해서 한가한 병사들은 성루를 한가롭게 산책하기보다는 술집에서 기분 좋게 떠드는 쪽을 선택한 모양이었다.

게다가 누가 감시탑에서 이쪽을 볼 염려도 없었다. 생 마르 감옥장의 주거지 창문은 안뜰로 나 있었고, 죄수들의 감방 창문에서는 밖을 내다볼 수 없

---

*1 두 팀으로 나뉘어 목표물을 향해 공을 던지는 운동 경기.

었기 때문이다.

"우리 둘뿐입니다. 둘밖에 없어요." 하사가 조그맣게 속삭였다.

"네, 그런가 봐요. 그런데 내 얘기 들을 시간은 있나요? 할 얘기가 많아요."

"7시부터 V자형 보루에서 망을 볼 예정이지만, 지금은 아직 4시도 안 됐으니까요."

"아, 다행이에요. 실은 한시가 급하거든요."

"대체 무슨 일이 있었나요, 부인?"

"감옥장이 뭔가 눈치챘나 봐요. 어쩌면 지금쯤 모든 것이 들통 났을지도 몰라요."

"뭐라고요! 그럼 손수건에 쓴 글은……."

"내가 쓴 편지는 무사히 전달됐고, 그 죄수는 틀림없이 답장을 썼을 거예요. 그런데 아까 내가 평소처럼 세탁물 꾸러미를 받으러 갔더니, 생 마르가 글쎄, 못 주겠다면서 자기 주거지로 가지고 가 버렸어요. 그때 나를 협박하면서 했던 말이랑 나를 노려보던 그 눈빛으로 볼 때, 그놈이 뭔가 눈치챈 게 분명해요."

"큰일 났군요, 부인. 어서 대책을 마련해야겠어요."

"네, 맞아요." 바르톨로메아가 낮은 소리로 말했다. "그래서 이렇게 의논하러 온 거예요."

"이미 늦었을지도 모릅니다. 그 지독한 간수장은 전언을 발견하는 즉시 부인을 체포해서 감금할 겁니다.

제 의견을 말씀드리자면, 부인은 폐문 시간이 되기 전에 이곳을 떠나셔서 오늘 밤 안으로 토리노에 가시는 게 좋겠습니다.

적어도 그곳에서는 부인이 위험해질 염려는 없을 테니까요."

"당신을 놔두고 가라고요? 감옥장이 당신한테 보복하도록? 아니, 안 돼요, 그럴 수는 없어요."

"제 걱정은 하지 마십시오. 감옥장이 저를 고발하지는 않을 테니까요. 저도 조만간 탈출해서 부인을 만나러 가겠습니다."

"하지만 그랬다가는 7년에 걸친 우리의 인내와 노력이 다 물거품이 되고 말 거예요. 아아, 그건 절대로 안 돼요!" 바르톨로메아는 세차게 머리를 흔들며 소리쳤다.

하사는 어두운 얼굴로 잠시 아무 말도 못하고 있었다.

고백하기 어려운 진실이나 무슨 불평 같은 것을 차마 말하지 못하고 망설이는 듯한 모습이었다.

잠시 후 하사는 목멘 소리로 말문을 열었다.

"부인, 저는 지금까지 충분히 충성의 증거를 보여 드렸다고 생각합니다. 그러니 이제부터 제가 하는 말도 결코 나쁜 뜻으로 하는 말이 아니라는 것은 부인께서도 아실 겁니다. 부인, 저도 이제는 솔직히 말씀드릴 수밖에 없겠군요. 우리가 시작한 계획은 그야말로 미친 짓입니다."

"아니, 당신은 모리스를 구출하려는 계획이 터무니없는 짓이라고 말하는 건가요?"

"부인! '아랫탑'에 갇혀 있는 남자가 진짜 대장님이라고 확신할 수만 있다면, 저도 대장님을 구출하기 위해 아무리 무모한 짓이라도 얼마든지 해낼 것입니다. 하지만 그 점에 관해서는, 그 죄수가 바스티유를 떠나 이곳으로 온 날부터 지금 이 순간까지 새로운 정보라고는 하나도 알아내지 못한 상태입니다."

"당신은 엔 남작이 한 말을 잊었나요?"

"아뇨, 잊지 않았습니다. 하지만 그 사기꾼의 이야기는 영 미심쩍어요. 7년 전 르그랑의 호송대가 호위하는 가마를 뒤쫓던 도중에 우리는 리옹의 여관에서 우연히 엔 남작을 만났지요. 르부아의 추적을 피해 도망치던 그 사람을 말입니다. 그때 그는 되는대로 이것저것 주워섬겨서……"

"하지만 그중에 적어도 한 가지는 사실이었어요. 그 남자 덕분에 예의 죄수가 피뉴롤에 유폐되어 있다는 사실을 알았잖아요."

"네. 엔 남작은 호송대 녀석들과 역참 술집에서 한잔하면서 그 이야기를 들었다고 했죠. 하지만 가면 죄수를 봤다는 그 남자의 주장은 도무지 사실 같지가 않아요. 혹시 정말로 봤다 해도, 엔 남작이 우리 앞에서 묘사했던 죄수의 모습이나 복장만 가지고는 그 죄수가 대장님이라고 단정할 순 없는 노릇이고요."

"엔 남작이 묘사했던 내용은 모리스의 체격이나 몸가짐과 정확히 일치했는걸요."

"그러나 배신자 도르빌리에도 대장님과 엇비슷할 정도로 키가 크고 날씬했습니다.

부인도 처음에는 엔 남작의 말을 믿지 않으셨잖아요. 온갖 고통을 다 감수하면서 피뉴롤에 머무르기로 결심하신 것도, 페론에서 우리를 배신한 악당을 평생을 다 바쳐서라도 계속 감시하기 위해서가 아니었습니까? 그때 부인은 헛된 꿈을 꾸고 계시지는 않았습니다."

"그래요, 그건 맞아요. 하지만 그 꿈은 어느새 내 마음속에 뿌리내려 버렸어요. 이제 와서 그것을 뿌리 뽑아 버린다면, 아마 나는 죽어 버릴 거예요."

"하지만 부인, 이렇게 큰일이 터진 이상 그 꿈은 버릴 수밖에 없지 않겠습니까? 이런 위험을 무릅쓰느니, 차라리 죄수의 정체를 영영 모르고 사는 것이 나을 뻔했습니다."

"난 이도저도 아닌 상태에 질려 버렸다고요!" 7년 동안 바르톨로메아라는 이름으로 살아 온 고귀한 여인이 소리를 질렀다.

현세의 모든 기쁨을 포기하고, 그 무엇보다도 귀중한 자유마저 버리고, 거의 불가능하다고 여겨지는 목적을 이루는 데 온몸을 바치는 용감한 여자가 과연 방다 프레스니츠 말고 누가 있겠는가?

또한 이 성공할 수 없는 계획을 실행하기 위해서 옛 대장님의 미망인을 돕겠다고 나서는 남자가 과연 충성스런 브리강디에르 말고 누가 있으랴?

두 사람의 기이한 운명은 우연에 크게 좌우되고 있었다.

1673년 4월 30일 밤, 엔 남작이 바스티유에서 탈옥한 다음 날 브리강디에르는 친구인 바스티유 성문 경비대장에게서 새로운 정보를 입수했다. 또 다른 가면 죄수의 행방은 알 수 없지만, 호송대는 리옹 가도를 따라서 이동했다는 것이었다.

방다는 곧장 그 뒤를 쫓았다.

부하 세 명을 데리고 서둘러 파리를 떠난 방다는 암중모색 끝에 우연히 엔 남작을 만나서 마침내 죄수의 행방을 알게 되었다.

엔 남작은 뱅센 숲에서 미친 듯이 도망쳐서 말이 쓰러질 때까지 정신없이 질주했다. 그리고 어찌어찌 도피행을 계속하는 한편, 수와송 부인의 명령대로 가면 죄수의 뒤를 쫓다가 운 좋게 호송대를 따라잡았다.

리옹 여관에서 브리강디에르에게 말을 걸었을 때 엔 남작은 빈털터리라서 숙박비도 치를 수 없는 상태였다. 그래서 그는 돈을 듬뿍 준다는 말에 넘어가, 백작부인을 순식간에 배신하고 자기가 아는 것을 모조리 방다에게 가르쳐 줬다.

정보를 제공한 보수를 충분히 받은 남작은 르부아의 마수로부터 자기를 구해 준 두 여자—한 사람은 본의 아니게, 다른 한 사람은 사실을 알면서도 그의 탈옥을 도와줬는데—의 은혜는 깨끗이 잊어버리고 서둘러 국경으로 향했다.

그 뒤로는 수와송 부인도 라 보아젱도 끝내 엔 남작의 소식을 듣지 못했다.

방다는 가면 죄수가 피뉴롤에 있다고 확신하자 자기도 그곳으로 가겠다고 결심했다. 목적을 달성하려는 열의에 찬 그녀는 마침내 매우 교묘하지만 실행하기 어려운 계획을 생각해 냈다.

먼저 방다는 소지금을 모두 리옹 은행에 맡기고, 만일의 경우에 대비하여 다이아몬드와 금화 약간만 가지고 다니기로 했다.

그 뒤 방다와 브리강디에르는 부부 행세를 하며 토리노로 가서 신분을 감추기 위해 변장을 했다.

토리노에서 제대병과 잡담을 나누던 브리강디에르는 생 마르 감옥장이 경비대 인원을 늘리려 한다는 소문을 들었다.

브리강디에르는 잔인한 감옥장을 만나러 갔고, 감옥장은 그의 당당한 태도를 높이 사서 그를 채용했다. 새로운 임무를 맡은 브리강디에르는 아내를 피뉴롤로 데려와도 된다는 허락을 받았다.

그뿐만이 아니었다.

폴란드인 병사 크스키와 터키인 병사 알리도 브리강디에르로부터 상세한 지시를 받아, 방다에게서 몰래 높은 보수를 받기로 약속하고서 일반 병졸로 경비대에 지원해 무사히 채용되었다.

두 사람은 브리강디에르와 미리 약속한 대로 브리강디에르도, 또 그의 '아내'도 전혀 모르는 척했다. 그들은 모두 가명을 썼다.

알리는 브리케라는 이름을 사용했고, 크스키는 '성큼이'라는 별명을 썼다.

이 계획은 매우 순조롭게 진행됐다.

카라도스 하사로 분한 브리강디에르와, 바르톨로메아로 변신한 방다는 이윽고 요새 안에서 자유롭게 활동할 수 있게 되었다.

브리케와 '성큼이'는 감옥장의 두터운 신임을 얻었다. 감시탑의 어려운 임무는 십중팔구 두 사람에게 맡겨졌다.

'하사 부부'와 두 병사는 사실 우정과 충절과 감사의 마음으로 굳게 맺어져 있었지만, 피뉴롤에 오기 전까지는 전혀 몰랐던 사이인 척하면서 표면적으로는 어디까지나 업무상 필요할 때에만 서로 접촉했다.

뿐만 아니라 브리강디에르는 두 병사를 다른 부하들보다도 더 차갑게 대하는 척했고, 방다는 두 사람에게 말을 걸지 않았다.

그러나 매일 저녁 안뜰에서 서로 스쳐 지나가거나 '왕의 성루' 또는 V자형 보루를 산책할 때 잽싸게 두세 마디 건네기만 해도, 네 사람은 그날 각자가 목격한 사실에 대한 정보를 교환할 수 있었다.

그리고 달마다 한 번씩 남들의 눈을 피해서 브리강디에르는 방다의 주머니에서 나온 꽤 많은 돈을 두 병사에게 건네줬다.

이처럼 그들이 신중하게 행동한 덕분에 1년이 지나자 요새 내부, 특히 감시탑 내부에서 벌어지는 일들은 모조리 네 사람의 주도면밀한 감시망에 걸리게 되었다.

방다는 서서히 여러 정보를 손에 넣을 수 있었다. 감시탑에 감금된 죄수의 정확한 숫자, 독방 배치, 죄수의 이름까지도 알아낼 수 있었지만, 오직 한 사람의 이름만은 도저히 알 수가 없었다.

1673년 방다가 세탁부로서 요새에서 일하기 시작했을 때 푸케 재무장관과 로젱 백작은 이미 첫 번째 탑에 유폐되어 있었다.

감시탑의 다른 탑에는 다양한 인물이 차례차례 감금됐다. 그중 어떤 사람은 이미 풀려났고, 어떤 사람은 오랫동안 계속 갇혀 있었다.

예를 들어 외스타슈 도제라는 남자는 르부아 육군장관의 명령으로 됭케르크에서 이곳으로 이송된 죄수였다. 브티칼리스라는 피뉴롤 시민은 옛 주인인 사보이 공과 내통했다는 이유로 투옥되었다. 카루지오, 카르타네르, 뒤브레이유 세 사람은 유럽 전역에서 활동하던 사기꾼들이었다. 마티올리도 있었다. 그는 만토바 공의 가신인데, 오랫동안 첩자 활동을 하면서 이중으로 배신행위를 했다가 1679년에 체포됐다.

이러한 죄수들의 전력은 딱히 비밀에 부쳐진 것이 아니었으므로 방다도 대충은 파악할 수 있었다.

그러나 '아랫탑' 죄수들은 예외였다.

'아랫탑' 즉 두 번째 탑에 유폐된 사람들은 생 마르가 농담 삼아 '두 마리 티티새'라고 부르는 두 남자였다.

탑 2층에 갇혀 있는 사람은 젊고 튼튼한 갈색 머리 남자였다. 그는 감옥장의 검은 티티새였다.

나머지 한 사람은 고통스런 옥살이 때문에 머리가 새하얗게 세어 버렸다. 그가 하얀 티티새였다.

이 두 사람에 대해서는 더 자세한 정보를 입수할 수 없었다.

그러나 은근슬쩍 이리저리 탐색해 본 결과, 방다는 검은 티티새가 곤나라는 도미니크회 수도사임을 알아냈다. 이 남자가 이곳에 감금돼 있는 이유는 확실치 않았지만, 매우 가혹한 취급을 받고 있는 것으로 보아 어지간히 중대한 죄를 저지른 모양이었다.

남은 것은 하얀 티티새뿐이었다. 그가 1673년에 이곳으로 온 가면 죄수임에 틀림없었다.

지금은 이 죄수도 바스티유에서 이곳으로 올 때 쓰고 있던 가면을 종일 쓰고 있지는 않았다. 그러나 죄수의 정체를 숨기기 위한 이 엄중한 조치는 병사들 사이에서도 일반 시민들 사이에서도 소문이 나 있었다.

시내에서나 요새에서나 이 인물에 대하여 참으로 기상천외한 소문이 돌았다.

어떤 사람은 그 죄수가 보포르 공이라고 자신 있게 말했다. 또 어떤 사람은 그가 영국 호국경 크롬웰의 아들이라고 주장했다.

방다는 그런 추측들이 엉터리라는 사실을 잘 알고 있었다. 게다가 생 마르는 그 소문을 부정하기는커녕 그만큼 터무니없는 다른 소문들까지 퍼뜨려서 호기심 많은 사람들을 혼란시키려고 하는 듯했다.

그러나 방다도 정확한 사정은 전혀 몰랐다.

처음에는 그 죄수가 도르빌리에일 것이라고 확신했지만, 시간이 지날수록 방다는 마음속에 의문이 싹트는 것을 느꼈다.

곰곰이 생각해 보면, 솜 강에서 참사가 일어났을 때 방다가 뭔가 착각하지 않았으리라는 보증은 어디에도 없었다. 적의 흉탄에 쓰러진 사람은 도르빌리에였고, 강기슭에 올라갔다가 산 채로 사로잡힌 사람이 모리스였을지도 모른다.

아무리 자세히 기억을 더듬어 봐도, 또 아무리 브리강디에르에게 물어봐도 좀더 확실한 사실은 알아낼 수 없었다.

페론 참사 현장에서 살아남은 극소수의 생존자 가운데 하나인 바시몽을 다시 한 번 만날 수만 있다면! 그것은 방다의 간절한 소망이었다. 바시몽은 플랑드르로 도망쳤지만, 그 뒤 페론 부근으로 돌아와서 뭔가 귀중한 정보를 입수했을지도 모른다.

어쩌면 그 동네 사람이 솜 강 기슭으로 밀려온 시체를 매장하다가 무슨 명확한 특징을 눈치챘을 수도 있다.

그러나 안타깝게도 방다는 페론으로 돌아갈 수 없었고, 바시몽에게서도 아무런 연락이 없었다.

이리하여 무려 7년 동안이나 방다는 자기가 감시하는 남자가 연인을 죽게 만든 배신자인지, 아니면 자기 연인인지 알지 못하는 채로 무시무시한 고통을 맛봐야 했다.

마침내 더는 참을 수 없게 된 방다는 어떤 위험을 무릅쓰더라도 사정을 명확히 밝혀내기로 결심했다.

브리강디에르는 이 무모한 계획에 필사적으로 반대했지만 여주인의 명령에 거스를 수는 없었다. 결국 계획은 실행됐고, 앞서 설명한 바와 같은 결과를 낳았다.

브리강디에르는 본디 남을 비난하는 것을 좋아하지 않았으므로, '왕의 성루'에서 그가 방다와 나눈 대화도 처음에는 다소 거칠었으나 마지막에는 원만한 의견일치로 끝이 났다.

"부인." 브리강디에르가 말했다. "저는 어떤 위험을 무릅쓰더라도 부인의 명령을 따르겠다고 이미 각오했습니다. 당신이 정녕 원하신다면 우리 둘 다 여기에 남기로 합시다.

게다가 이 모든 걱정이 우리의 기우일지도 모릅니다. 만일 감옥장이 뭔가 수상한 것을 발견했다면 지금쯤 부인은 추적자한테 붙잡혔을 겁니다. 오늘 밤 제가 알리와 크스키하고 이야기를 해 보겠습니다. 감옥장이 우리 의도를 알아채면 어떻게 할지 의논하고, 조금이라도 위험한 낌새가 보이면 즉시 도망칠 준비를 해 놓겠습니다.

하지만 부인, 제발 오늘은 중앙 광장의 집으로 돌아가지 마시고 피에몬테 수녀원에 가서서 하룻밤 재워 달라고 하십시오. 거기 수녀들이라면 당신을 잘 알고 있으니 절대로 거절하지 않을 겁니다."

"알았어요, 꼭 그렇게 할게요." 방다는 내키지 않는다는 투로 대답했다. "그런데 왜 그래야 하는 거죠?"

브리강디에르가 이유를 설명하려고 입을 여는 순간, 엄청난 일이 일어났다. 감시탑 모퉁이에서 생 마르 감옥장이 모습을 드러낸 것이다.

감옥장이 바깥을 산책하는 것은 참으로 보기 드문 일이었다.

오랫동안 죄수를 감시하다 보니 어느새 감옥장도 죄수처럼 생활하는 습관이 몸에 배었던 것이다.

감옥장은 거의 언제나 감시탑의 음울하고 높다란 벽 안쪽에 틀어박혀, 그처럼 자진해서 은둔 생활을 하는 사람이 아니면 도저히 견딜 수 없을 만큼 단조로운 하루하루를 보내고 있었다.

감옥장은 마치 올빼미같이 햇빛을 피해 다녔다.

감옥장의 습성을 잘 아는 브리강디에르는 이 남자가 '왕의 성루'까지 나온 데에는 뭔가 중대한 이유가 있으리라는 사실을 단번에 알아차렸다.

지금 같은 상황에서 그 이유란, 바로 방다의 책략을 그가 눈치챘다는 것이리라. 그럴 가능성이 매우 높았다.

어쩌면 이 무서운 노인은 직접 방다를 잡으러 온 것인지도 몰랐다. 그렇게 생각한 브리강디에르는 분노와 불안으로 얼굴이 창백해졌다.

그러나 감옥장이 혼자 온 것을 보고 브리강디에르는 다소 안심해서 되도록 친절하게 그를 맞이하려고 했다.

방다도 감옥장이 불쑥 나타나자 크게 동요했지만, 안색 하나 바꾸지 않고 침착하게 행동했다.

평소처럼 몸을 좌우로 흔들며 걸어오는 생 마르에게서는 화난 기색을 찾아볼 수 없었다.

그러나 감옥장은 세탁물 꾸러미를 들고 있었다. 그것을 물적 증거로서 가져왔을 가능성도 충분히 있었다.

"거기 잉꼬부부! 이리 오시게!" 감옥장은 열 발짝쯤 떨어진 곳까지 다가와서 큰 소리로 말했다.

'끝장이다!' 그렇게 생각한 브리강디에르는 이대로 방다까지 붙잡히게 하느니 차라리 이 자리에서 감옥장의 목을 졸라 버리겠다고 결심했다.

브리강디에르는 재빨리 주위를 둘러보아 아무도 없다는 사실을 확인했다. 얼른 상대를 처리해 버리면 무사히 탈출할 수도 있겠다는 생각이 들었다.

그는 '아내'한테 따라오라는 신호를 한 다음 모자를 손에 든 채 상관에게 다가갔다.

"안녕하신가, 노병 나리." 감옥장이 놀리듯이 말했다. "오늘 저녁에는 재미 좀 보고 계시는구먼? 바르톨로메아랑 마주 보고 시시덕거리고 있으니."

"지금은 비번이라서요." 하사는 허를 찔려 허둥거리면서 대답했다. "그러니까 괜찮을 거라고 생각해서……."

"아, 그래, 그래! 그렇게 주눅들 필요 없어. 자네가 점호 시간에 절대로 지각하지 않는다는 것쯤이야 알고 있으니까. 자네가 틈날 때 아내와 대화하는 것을 나무랄 생각은 없네. 아니, 오히려 부부 금슬이 좋으니까 보기가 좋아. 좀전에 우리 집사람도 자네 부부를 칭찬했다네."

"네? 감옥장 각하의 부인께서 저희를 생각해 주고 계시다는 말씀입니까?"

"아, 당연한 거 아닌가? 우리 집사람은 바르톨로메아를 좋아하고, 나는 자네의 근무 태도가 맘에 들거든. 그래서 우리끼리 그런 얘기를 했어. 자네들처럼 잘 어울리는 부부가 서로 떨어져 살아야 한다는 것은 참으로 안타까운 일이라고 말이야."

"아, 아닙니다! 저희는 오랫동안 그런 생활을 하는 데 익숙해져서……."

"그게 무슨 소린가! 서로 사랑하는 부부라면 그런 생활에 익숙해질 리가 없지. 자네 부인도 중앙 광장의 쓸쓸한 집에서 혼자 살지 않아도 된다면 분명히 기뻐할 걸세."

"글쎄요, 과연 그럴까요, 감옥장님?" 자칭 카라도스는 일부러 농담조로 말했다. "세상 사람들은 다 아는데 남편만 모르는 사정이라는 것도 있다지 않습니까. 어쨌든 저는 질투심 많은 남편은 아니라서 현실에 만족하고 있습니다."

"애초에 어쩔 수 없는 문제라는 것을 저희도 잘 알고 있는걸요." 방다도 한마디 거들었다.

"아니, 그건 착각이야. 실은 내가 우리 집사람이랑 상의해서 다른 방법을 생각해 봤거든."

집사람 침실 옆에 가구랑 헌옷을 넣어 두는 넓은 창고가 하나 있는데, 그 방은 병영과도 인접해 있단 말이지.

그래서 우리가 그 방을 너한테 빌려 주기로 했어. 그 방은 살기 좋을 거야. 아침저녁으로 시내와 요새를 왕복할 필요도 없어질 테고. 게다가 네가 우리 가족들 일을 여러모로 도와줄 테니까 더더욱 좋지."

"친절하신 제안에 감사드립니다, 감옥장 각하." 브리강디에르는 그렇게 감사 인사를 했지만 속으로는 이런 생각을 했다.

'이 나쁜 놈이 부인을 의심해서 가까이 두려고 하는구나.'

"좋아, 그럼 그렇게 하자고." 생 마르가 말을 이었다. "아주 잘됐어. 카라도스, 이제 자네는 사랑하는 마누라를 언제든지 만날 수 있을 거야. 아, 물론 그렇다고 규율을 어길 수는 없지.

부사관의 아내가 감시탑에서 남편과 함께 사는 것은 금지돼 있어. 하지만 자네 마누라는 감옥장 부인의 거처에 살면서 살림을 돕는 거니까, 아무도 뭐라고 할 수 없을 거야."

"감옥장 나리, 여러모로 신경 써 주셔서 정말 감사합니다." 방다가 우물우물 말했다. "그런데 이사하는 데 네댓새는 걸릴 테니까……."

"네댓새는 무슨. 그냥 내일 아침에 꼭 필요한 것들만 요새로 옮기고, 내일 밤부터는 우리 거처에서 묵도록 해. 나는 한시라도 빨리 자네들을 행복하게 해 주고 싶거든."

의심할 여지 없이 감옥장은 친절하게 권유하는 척하면서 실은 명령을 하고 있었다. 방다는 저항해 봤자 소용없다고 판단하여 공손하게 대답했다.

"그럼 내일 아침까지 어떻게든 준비를 마치겠습니다."

"그래, 그렇게 해. 아 참, 여기 하얀 티티새의 세탁물이나 받아 가게. 아까 내가 실수로 우리 집까지 가져갔지 뭔가.

앞으로는 죄수들의 누더기를 무겁게 들고 다닐 필요도 없겠구먼. 그래, 그 편이 훨씬 낫겠지?

나는 너를 전적으로 신뢰하지만, 피뉴롤 주민들은 자기랑 상관도 없는 일에 끼어들기를 좋아하다 보니까 세탁물 사이에다 편지를 끼워 넣을 수도 있단 말이지."

그러자 자칭 '세탁부'는 "말도 안 된다"는 식으로 부정적인 몸짓을 했다.

"아냐, 아냐!" 감옥장이 이야기를 계속했다. "나는 그 동네 사람들을 잘 알거든. 누가 뭐라고 해도 그놈들은 절대로 신용할 수 없어. 그놈들은 밤낮으로 프랑스인을 욕하면서, 내가 국왕 폐하의 명령을 받아 감시하고 있는 인물에 대해 터무니없는 이야기를 꾸며 낸다니까.

나야 생각이 있어서 그놈들이 멋대로 떠들도록 내버려 두고 있지만, 그것도 도가 지나치면 끝이야. 여차하면 그놈들을 모조리 붙잡아서 알프스 건너편으로 보내 버릴 거야. 혹시 국왕 폐하의 문제에 관심을 보이는 놈이 있거든, 내가 그렇게 말하더라고 꼭 전해 주게. 알았지?

그럼 내일 보자고, 바르톨로메아. 슬슬 야경이 순찰을 돌 시간이군. 카라도스, 자네는 오늘 밤 근무를 해야 하지?"

그 말을 들은 방다는 난처한 상황이 어찌어찌 마무리돼서 다행이라는 듯이 서둘러 그곳을 떠났다.

무서운 감옥장이 모습을 나타낸 다음부터 이 가련한 여인은 바늘방석에 앉아 있는 기분이었다. 빨리 혼자서 차분히 생각을 정리하고 싶어서 안달이 나 있었다.

방다는 생 마르에게 인사하더니, 감히 브리강디에르와 눈짓을 주고받지도 못하고 서둘러 그곳을 떠났다. 브리강디에르는 말없이 여주인의 뒷모습을 전송했다. '왕의 성루'에서 요새 문까지는 엎어지면 코 닿을 거리였으므로 방다는 금세 문 밖으로 나가 버렸다.

병사들은 이 세탁부를 잘 알고 있었고 호감을 느꼈다. 도개교를 지키는 경비병은 친근하게 인사하더니 얼른 그녀를 통과시켜 주었다.

성채 돌출부의 해자를 건넌 방다는 시가지로 이어지는 완만하고 넓은 비탈길로 나왔다.

이곳에서는 피뉴롤 시내 전체가 내려다보였다. 도시는 띠처럼 생긴 성루에 둘러싸여 있었고, 오래된 집들 사이사이로 수많은 종탑이 솟아올라 있었다.

높은 산맥으로 감싸인 이 풍경의 암울한 분위기는 방다의 우울한 기분과 묘하게 잘 어울렸다. 처음 그 풍경을 봤던 날과 마찬가지로 지금도 방다의 눈에는 눈물이 넘쳐흘렀다.

그러나 울고 있을 때가 아니었다. 어서 결단을 내려야 했다.

예상 밖으로 친절한 생 마르의 태도 뒤에는 함정이 도사리고 있는 게 분명했다. 그렇게 생각하면서 방다는 조금 전 브리강디에르의 충고를 떠올렸다. 감옥장의 등장으로 두 사람의 대화가 중단되기 직전에 브리강디에르는 오늘 밤 자기 집에서 자지 말라고 방다한테 진지하게 충고했었다.

브리강디에르가 방다더러 피난가라고 했던 피에몬테 수녀원은 비탈길 저 아래쪽에 있었으므로 꾸물거릴 틈이 없었다. 이미 만종이 울릴 때가 다 된 것이다.

그러나 방다는 망설였다. 그녀가 수녀원에 묵었다는 사실을 감옥장이 알게 된다면 상황이 더 악화되지나 않을까.

게다가 감옥장은 아직 막연한 의심만 품고 있는 모양이니까, 확실한 증거를 잡을 때까지는 섣불리 난폭한 짓을 하지는 않을 것 같았다. 방다는 내일 다시 한 번 브리강디에르와 이야기한 다음에 결단을 내려도 늦지 않을 것이라고 생각했다.

그래서 방다는 오른편에 있는 수녀원을 그냥 지나쳐서, 프란체스코회 수도원과 육군 병원 앞을 지나 중앙 광장으로 이어지는 큰길로 꺾어 들어갔다.

방다는 급히 걸음을 옮겼다. 한시라도 빨리 자기 방에 혼자 틀어박혀서 세탁물 꾸러미를 풀어 보고 싶었다.

세탁물이 감옥장의 손아귀에 들어갔다 나온 이상, 그 속에서 죄수의 답장이 발견될 가능성은 거의 없었다.

그러나 감옥장이 전언을 눈치채지 못했을 가능성도 아주 없지는 않았다.

아니, 감옥장이 조금도 화난 기색을 보이지 않았다는 점에서 오히려 그럴 가능성은 충분히 있었다. 감옥장은 본디 분노를 억누르는 성격이 아니었기 때문이다.

기대와 불안으로 가슴을 두근거리면서 방다는 중앙 광장으로 나왔다.

방다가 사는 집은 광장 반대편 골목길 모퉁이에 있었다. 거기까지 가려면 성 도나투스 성당과 시청 사이를 지나가야 했다.

그런데 시청 계단 근처에서 잘 차려입은 부인이 화려한 이탈리아식 옷을 입은 두세 명의 귀족들과 함께 서서 이야기하고 있었다. 그 모습을 본 방다는 조금 놀랐다.

그 화려한 무리는 방다가 계단 앞까지 왔을 때 걸음을 옮기기 시작했다. 방다는 할 수 없이 멈춰 서서 길을 비켜 주었다.

피뉴롤에 외국 귀족이 찾아오는 일은 극히 드물었다.

이 도시는 그 자체로선 아무런 매력도 없고, 프랑스나 독일에서 이탈리아로 가는 주된 길목에 위치해 있지도 않았다. 그래서 여행자는 거의 이곳에 들르지 않았다.

보통 이곳을 찾아오는 사람은 토리노에 사는 주민들이었다. 그러나 현재의 정치 정세 때문에, 사보이 공국 수도와 프랑스 국왕이 지배하는 피에몬테의 요새 사이의 왕래는 뜸한 편이었다.

그런 까닭에 때마침 경건한 저녁 기도를 마치고 대성당에서 나온 주민들은 이 화려한 방문객들을 구경하느라 잠시 걸음을 멈추었다.

방다도 지금은 훨씬 더 중요한 볼일이 있었지만 다른 사람들과 마찬가지로 그 방문객들을 쳐다봤다.

휘황찬란한 일행 가운데 남자들은 장식 끈이나 리본이나 훈장을 몸에 다닥다닥 붙이고 있었지만, 얼굴은 천박했고 태도도 왠지 비굴해 보였다.

방다는 한눈에 그들의 정체를 짐작했다. 왕후장상처럼 잘 차려입고 종복처럼 굽실거리는 이 남자들은 이탈리아 어느 작은 궁정의 시종들이 틀림없었다.

그러나 그들을 거느린 부인의 태도는 전혀 달랐다.

날씬한 몸을 쭉 펴고 있는 자세도 그렇고, 당당한 풍채도 그렇고, 기품이 넘치는 몸가짐도 그렇고, 어느 모로 보나 이 여자는 타고난 권리 덕분에 궁정에서 귀한 대접을 받으며 위풍당당하게 행동하는 습관이 몸에 밴 사람처럼 보였다.

부인은 참으로 아름답게 치장하고 있었으므로 얼굴 생김새보다도 옷차림이 훨씬 더 사람의 이목을 끌었다.

방다는 부인의 얼굴을 슬쩍 봤을 뿐이지만, 옛날에는 상당히 아름다웠으리라는 것을 충분히 짐작할 수 있었다. 특히 이상할 정도로 반짝반짝 빛나는 그 눈동자가 느닷없이 방다의 눈을 똑바로 바라봤다.

방다는 본능적으로 눈길을 피했다. 이렇게 지체 높은 귀부인이 자기를 알 리 없다고 확신했지만, 그래도 주의 깊게 사람들의 시선을 피하는 습관이 몸에 배어 있었던 것이다.

그러나 고개를 숙이고 있어도 방다는 계속 자기를 바라보는 상대의 시선을 확실히 느낄 수 있었다.

방다는 그 광경을 구경하려고 모여든 사람들 사이를 슬그머니 빠져나와서 뒤도 안 돌아보고 집으로 걸어갔다.

중앙 광장은 매우 넓었다. 방다가 광장 반대편에 다다를 무렵에는 아름다운 귀부인과 화려한 시종들도 예수교회와 최고법원이 있는 길로 들어가 버렸다.

그것을 본 방다는 저 높으신 분들이 그쪽 길에 있는 시장의 저택에 머무를 계획인가 보다고 생각했다. 그리고 더는 그들에 대해 생각하지 않았다.

집에 거의 다 왔을 때 방다는 동네 아낙네들에게 붙잡혀 걸음을 멈췄다. 아낙네들은 대성당 뒤쪽에 모여서 오늘 있었던 사건을 큰 소리로 떠들어 대고 있었다.

본의 아니게 방다는 "그 잘 차려입은 신사들은 파르마 궁정의 관리들이고, 부인은 대공 일족의 귀부인임에 틀림없다"는 이야기를 듣게 되었다.

그들은 피뉴롤에 무엇을 하러 온 것일까? 아낙네들은 정확한 사실은 하나도 몰랐기에 멋대로 터무니없는 억측을 하기 시작했다.

어떤 사람은 피뉴롤과 그 주변 영토가 마침내 정당한 영주 사보이 공에게 반환될 때가 왔으며, 그 귀하신 일행은 이 결정을 프랑스 당국에 알리러 온 사절단일 것이라고 주장했다.

그것은 참으로 비상식적인 억측이었다. 그러나 당시 신문이라고는 〈프랑스 신문〉과 〈네덜란드 신문〉밖에 없었으며 그것도 알프스 산맥을 넘어 여기까지 오지는 않았으므로, 누구나 맘만 먹으면 얼마든지 뉴스를 지어낼 수 있었다.

확실한 사실은 그 화려한 외국인 일행이 육두마차를 타고 오늘 정오에 토리노에서 이곳으로 왔으며, 최고법원 판사 피에르 나사의 저택에 들렀다가 곧장 위풍당당하게 행진하여 피뉴롤 주재 프랑스 총독 에르빌 후작을 방문했다는 것뿐이었다.

그 일행이 생 마르 감옥장이나 리상 사령관 같은 다른 고관들을 무시하고 있는 것이 영 이상하다면서 고개를 갸웃거리는 사람들도 있었지만, 아마 내일이면 요새에 찾아갈 예정일 거라고 다들 의견을 모았다.

방다는 그 이야기를 멍하니 듣고 있었다.

정치에는 거의 흥미가 없었고, 파르마 공 일족에게는 더더욱 관심이 없었다.

그래서 방다는 낮에 열심히 일해서 피곤하니 얼른 들어가 쉬어야겠다는 이유로 이웃 아낙네들에게 작별을 고했다. 아낙네들은 좀더 새로운 정보를 얻을 수 있을지도 모른다고 생각했는지, 재잘재잘 떠들면서 예수 거리로 걸어갔다.

방다는 드디어 혼자 자기 방에 틀어박혀 문제의 꾸러미를 천천히 조사해 볼 수 있게 되었다고 생각했다.

그러나 운명의 장난인지, 그날따라 방다의 앞길을 가로막는 장해물이 자꾸만 나타났다.

이미 해가 많이 기울어 있었다. 방다의 집이 있는 광장 한구석에는 대성당의 높은 벽이 그림자를 드리웠고, 주위는 이미 어두워져 있었다.

한 남자가 이쪽으로 걸어오는 것이 보였지만 방다는 신경 쓰지 않고 똑바로 자기 집 현관으로 향했다.

방다가 열쇠 구멍에 열쇠를 꽂으려는 순간, 그 남자가 뒤에서 다가와 방다의 어깨를 살짝 두드렸다.

방다는 그 파렴치한 행동에 경악하고 분개하여 뒤를 홱 돌아보았다. 그런데 놀랍게도 그 남자는 아까 봤던 훌륭한 신사 가운데 하나였다.

그는 살집이 없고 피부색이 짙은 조그만 노인이었다. 코가 삐죽하고 입술은 꾹 다물렸으며 눈매가 날카로웠다. 어디로 보나 전형적인 이탈리아 집사였다.

그 남자는 눈을 깜빡거리며 미소 띤 얼굴로 방다를 쳐다보면서, 심한 이탈리아 억양이 섞인 프랑스어로 말했다.

"아가씨, 이름이 뭐죠?"

"내 이름은 들어서 뭐하시게요?" 방다는 퉁명스럽게 쏘아붙였다. 하룻밤같이 잘 상대를 찾는 호색한 늙은이일 거라고 생각했기 때문이다.

"정말 알고 싶어서 그래요, 예쁜 아가씨." 남자는 하트형 입을 오므리면서 달콤한 목소리로 말했다. "당신 이름을 물어보라는 명을 받고 왔거든요. 그렇게 명령하신 분은 말이죠, 영광스럽게도 내가 시종장으로서 모시고 있는 고명한 귀부인입니다."

더욱 어리둥절해진 방다는 잠시 생각해 봤지만, 뭔가 잘못된 것이 틀림없다는 결론을 내릴 수밖에 없었다. 그녀는 조용히 대답했다.
 "내 이름은 바르톨로메아 카라도스예요. 감시탑 주둔 부대에서 세탁부로 일하죠. 남편은 감시탑 감옥장 직속 경비대의 하사이고요.
 자, 이제는 당신이 모신다는 그 귀부인께서 저 같은 것을 아실 리 없다는 사실을 이해하셨겠지요?"
 "하지만 말이죠, 근사한 세탁부 아가씨, 비전하께서 당신의 훌륭한 일솜씨를 들어서 알고 계실지도 모르잖아요?"
 "절 놀리시는 거라면 그만두세요." 방다는 딱 잘라 말했다. "저는 가난한 세탁부이지만, 이 마을에서 누구한테도 이렇게 바보 취급을 받아 본 적은 없어요."
 "제가 당신을 바보 취급 한다고요? 말도 안 돼요, 아름다운 아가씨. 비전하께서 저에게 매우 중대한 임무를 맡기셨거든요. 그러니까 제 이야기 좀 들어 봐요……."
 "서론이 너무 길군요. 대체 저한테 무슨 볼일이신가요?"
 "그 고명한 귀부인께서 당신을 데려오라고 명령하셨습니다."
 "저를요?" 방다가 소리쳤다. "사람을 잘못 보신 거겠죠!"
 "잘못 본 게 아닙니다. 비전하께서는 분명히 이렇게 말씀하셨어요. '카펠로 백작—저는 모데나 출신으로, 카펠로 백작이라고 합니다—, 저기 옆구리에 짐을 끼고 걸어가는 갈색 옷 입은 여자를 데리러 가 주세요.'
 어때요, 틀림없이 당신이 맞죠?
 게다가 비전하께서는 황공하게도 이렇게 말씀하셨습니다. '당신이 직접 내 방까지 저 여자를 데리고 와요. 아무한테도 들키지 않게 뒷계단을 이용해서.'
 이것이 제 볼일입니다. 자, 상냥한 아가씨, 저를 따라오시죠."
 상대가 그렇게 재촉해도 방다는 움직이지 않았다.
 꼭 여우에게 홀린 기분이었다. 이 기묘한 사건을 어떻게 해석해야 할지 열심히 머리를 굴려 봤지만 도무지 영문을 알 수 없었다.
 사실 방다는 상대의 요구를 일언지하에 거절하고 싶었다. 그러나 감옥장과의 관계가 일촉즉발 상태인 이 시점에서 지체 높은 귀부인을 화나게 하는 것은 현명한 행동이 아닐지도 몰랐다. 그 귀부인이 감옥장에게 큰 영향력을 행사할 가능성도 있었다.

잠시 생각한 뒤 방다는 그럴싸한 핑계를 꾸며 냈다.
"하지만 이런 꼴로 그분을 뵐 수는 없잖아요." 그러면서 방다는 현관문을 열려고 했다.
"아뇨, 괜찮아요! 오히려 그편이 낫습니다. 우연히 나사 판사의 하인들과 계단에서 마주치는 날에는 당신의 그 꾸러미가 효과를 발휘할 테니까요. 아마 하인들은 당신을 비전하의 세탁부로 생각할 겁니다. 그러니까 그냥 따라오세요. 비전하께서 기다리고 계십니다."
어쩔 수 없이 방다는 넉살 좋은 카펠로 백작을 따라 예수 거리로 갔다.
귀부인이 머무는 저택은 이 좁은 골목길 중간쯤에 있는 최고법원 옆에 있었다.
외국의 빈객을 환영하는 파티라도 열렸는지 그 집 창문은 환하게 빛나고 있었다. 그런데 이제는 동네 아낙네들도 그 창문을 쳐다보다가 지쳐서 다들 돌아갔는지, 길거리에는 사람이 거의 없었다.
덕분에 방다와 잘 차려입은 백작은 누구에게도 들키지 않고 나사 판사의 집에 들어갈 수 있었다.
두 사람은 뒷계단을 통해 2층으로 올라갔다.
"자, 들어가시죠, 아가씨." 카펠라 백작이 문을 열었다.
이제 와서 물러날 수도 없었으므로 방다는 순순히 안으로 들어갔다. 그곳은 이 도시 유력자의 저택에 걸맞게 훌륭하지만 사치스럽진 않은 가구들이 놓인 응접실이었다.
"당신이 왔다고 비전하께 보고하러 다녀오겠습니다." 그 말을 남기고 카펠로 백작은 살금살금 조용히 응접실을 가로질러 휘장 뒤쪽으로 모습을 감추었다.
홀로 남은 방다는 한동안 이 기묘한 사건에 대해 곰곰이 생각해 봤다.
그러나 아무리 머리를 굴려도, 다양한 각도에서 사태를 검토해 봐도, 자신과 파르마 궁정의 비전하 사이에 무슨 관계가 있는지 알 수가 없었다.
문득 감옥장이 파 놓은 함정인지도 모른다는 생각이 들었다. 방다의 경계심은 한층 강해졌다.
5분쯤 지나자 휘장이 걷히더니 화려하게 치장한 여성이 천천히 다가왔다.
이 여성이 비전하가 틀림없었다. 아까 중앙 광장에서 방다는 귀부인의 얼굴을 제대로 보지 못했지만, 그 당당한 태도와 사치스런 복장 덕분에 금세 알아봤다.

방다는 정중히 허리를 굽혀 인사하고, 조신하게 눈을 내리깐 채 이 고귀한 부인이 말을 걸 때까지 기다렸다.

사실 방다는 모르긴 몰라도 뭔가 심문 비슷한 것이 시작되리라고 예상했다. 그래서 속으로 열심히 그럴듯한 핑계를 찾고 있었다.

그러다가 청천벽력 같은 다음 질문을 들었을 때에는 얼마나 놀랐던지!

"방다 프레스니츠, 내가 누군지 알겠습니까?"

난생 처음 보는 이탈리아 귀부인이 그녀의 본명을 부르면서 자기가 누구인지 알겠냐고 물어보는 것이었다. 방다가 놀라움과 두려움에 사로잡힌 나머지 기절했다 해도 이상하진 않았을 것이다.

실제로 이 가련한 여인은 하마터면 정신을 잃을 뻔했다.

방다는 비틀거리면서 손으로 가슴을 누른 채로 가까운 안락의자 등받이를 붙잡았다.

그러나 방다는 얼른 정신을 차리고, 자신에게 말을 거는 기묘한 귀부인의 얼굴을 똑바로 쳐다봤다. 그러자 놀라움 대신 또 다른 감정이 일어났다.

그 외국인 여성의 뺨에 발린 불그레한 분이나 이탈리아식 머리 모양에도 불구하고, 방다는 이 사람을 어디선가 본 것 같다는 느낌을 받았다.

방다의 눈앞에 있는 여자는 정확한 나이는 짐작할 수 없어도 아직 상당한 여성적 매력을 갖춘 품위 있는 여성이었으며, 놀랍도록 생기 있는 눈동자와 새하얗게 빛나는 치아를 지니고 있었다.

폭풍우 치는 바다처럼 변화무쌍한 그 얼굴은 겨우 몇 초 사이에 환하게 웃는 얼굴에서 몹시 음침한 얼굴로, 또 오만하고 차가운 얼굴로 자꾸만 변해 갔다.

"저런." 수수께끼의 귀부인이 갑자기 입을 열었다. "아무래도 내가 당신 기억을 되살려 줘야 할 것 같군요.

우리가 마지막으로 만난 것은 7년 전 페론의 '꽃바구니 여관'에서였어요."

"수와송 부인!" 방다는 소리를 질렀다. "맙소사! ……이럴 수가, 말도 안 돼……."

"그래, 내가 완전히 변해 버렸다고 말하고 싶은 거죠?" 수와송 부인이 내뱉듯이 말했다. "그게 아니라면 내가 이름을 밝혔는데도 당신이 확신하지 못할 이유가 없으니까."

"무례를 용서하세요, 부인." 방다가 조그만 목소리로 사죄했다. "하지만 설마 이런 곳에서, 이렇게 차려입고서 외국인을 거느리고 계시는 당신을 뵙게 될 줄은……"

"나도 설마 평민 여자로 변장한 당신을 다시 만날 줄은 꿈에도 몰랐어요. 하지만 나는 당신 얼굴을 금방 기억해 냈어요. 그야 당신은 여전히 젊은걸요. 그에 비해서 나는 불행이 겹치는 바람에 완전히 늙어 버렸죠."

"아니, 부인이 불행하시다고요?"

"그래요, 불행해요. 내가 사치스럽게 차려입고 화려한 시종들에게 둘러싸여 있으니까 행복할 거라고 생각했나요?

내가 프랑스 궁정에서 어떤 지위를 차지하고 있었는지, 어떤 재난을 당해 궁정에서 쫓겨나게 되었는지, 설마 잊어버리진 않았겠죠?"

"저는 아무것도 모릅니다. 벌써 오래전부터 세상일에는 관심을 끊고 살았으니까요."

"뭐라고요? 아니 그럼 당신은, 내 적수가 마침내 승리를 거두고 국왕 폐하께서 터무니없는 중상을 귀담아 들으셔서, 그 증오스런 르부아의 책략으로 내가 크나큰 모욕을 당한 채 프랑스에서 추방된 줄도 몰랐단 말이에요?"

"네, 부인께서 여전히 엄청난 재산과 권력을 가지고 계신 줄 알았습니다."

"다행히 재산은 가지고 있어요. 권력도 조만간 손에 넣을 수 있을 테고요. 내가 마음만 먹으면 파르마 대공과 더불어 파르마 궁정에 군림할 수도 있으니까 말이죠. 하지만 그런 건 내가 잃어버린 것에 비하면 아무것도 아니에요. 내가 바라는 것은 복수예요. 복수와…… 필립 드 트리예요."

수와송 부인이 불쑥 필립의 이름을 꺼내자 방다는 순식간에 안색이 변하더니 온몸을 부들부들 떨었다.

"그래요." 부인이 열정적으로 말을 이었다. "나는 아직도 필립을 사랑해요. 그리고 필립은 여기 있어요. 저 감시탑 감옥 속에서 고통을 받고 있죠. 나는 필립을 구해 내겠다고 맹세했어요.

내 착각이라고 말해 봤자 소용없어요. 페론에서 체포된 죄수는 피뉴롤에 없다고 말해도 난 속아 넘어가지 않을 거예요.

달리 아무런 증거가 없어도, 당신이 변장한 채 이곳에 있다는 사실 자체가 내 추측이 맞았다는 증거라고 할 수 있으니까.

그 옛날 당신은 증오에 불타서 여기까지 왔겠죠? 지금 내가 애정에 불타서 여기로 온 것처럼 말이지요. 우리 둘 중에 누가 이길지, 어디 한번 두고 봐요."

"저도 부인의 말씀을 부정하지는 않겠습니다." 방다는 서글프게 말했다. "부인께선 제 비밀을 단숨에 꿰뚫어 보셨습니다. 이제 제 목숨도 자유도 부인 손에 달려 있습니다. 보잘것없는 세탁부인 제가 어찌 감히 부인과 대등하게 겨룰 수 있겠습니까?

부인께서 생 마르 감옥장에게 한마디만 하신다면, 저는 곧바로 파멸할 테지요. 하지만 그 한마디를 하시기 전에 부디 제 이야기를 들어 주세요."

"우리 불쌍하고 어리석은 아가씨, 내가 당신 이야기를 들을 생각이 없었다면 일부러 여기까지 불렀겠어?" 수와송 부인은 갑자기 친근한 말투로 크게 외쳤다. "자, 어서 뭐든지 말해 봐! 나를 적으로 돌리고 싶지 않다면, 아무것도 숨기지 말고."

"저는 아무것도 숨기지 않을 겁니다." 방다는 의연하게 말했다. "저는 당신의 연인이 모리스를 함정에 빠뜨리는 바람에 모리스가 죽었다고 생각했습니다. 그래서 당신이 연인을 탈옥시키려는 것을 알고는 그 계획을 방해하기로 맹세했습니다.

당신도 저와 같은 처지였다면 분명히 똑같이 행동하셨을 겁니다."

"그건 그래." 수와송 부인이 대답했다. "그런데 대체 무슨 이야기를 하려는 거지?"

"이런 이야기를 해 드리려는 겁니다. 저는 바스티유 근처에서 살았을 때 몰래 당신의 동정을 살폈습니다. 당신이 매수한 간수가 실수하는 바람에 엔 남작이 탈옥했던 그날 밤, 저는 앙투안 문 근처의 해자에 있었습니다."

"맙소사, 뻔뻔하게 잘도 그런 사실을 고백하는군!" 수와송 부인은 화가 나서 펄펄 뛰며 소리를 질렀다.

"그러면 안 되나요? 제가 뭘 잘못했다고 말씀하시는 겁니까? 저는 모든 것을 보고 들었습니다. 마음만 먹는다면 르부아 총리에게 당신을 밀고할 수도 있었죠. 하지만 저는 침묵을 지켰습니다."

"아, 그래! 그래서 그 다음에 당신은 무슨 짓을 했지?"

"갖은 고생을 하면서 탐색하다가 저는 마침내 죄수의 행방을 알아낼 수 있었습니다. 그래서 저는 모든 것을 버리고 죄수가 갇혀 있는 요새 안에 틀어박혀 살기로 결심했습니다.

지난 7년 동안 저는 허드렛일을 하면서 살았습니다. 그리고 앞으로도 죄수나 저나 둘 중 하나가 죽을 때까지 계속 그렇게 살아갈 생각입니다."

"그건 너무 무분별한 짓이야! 필립은 영원히 감옥에 갇혀 신음할 운명이니까, 당신도 그 사람한테 더 신경 쓸 이유가 없잖아? 그 사람이 갇혀서 결코 빠져나오지 못할 감옥의 벽을 1년 내내 쳐다보기만 하는 것이 뭐 즐거운 일이라고? 혹시 당신이 사랑하는 사람을 자유롭게 풀어 주고 싶다는 간절한 마음에서 그런 고통을 참아 내며 끝까지 포기하지 않는 거라면, 그 심정은 나도 이해할 수 있을 거야. 하지만 당신이 미워하는 상대는 이미 충분히 가혹한 벌을 받고 있어. 그런데 당신은 도대체 뭘 더 바라는 거지?"

"제게 인내할 용기를 주는 감정이 미움뿐이라고 제가 언제 말씀드렸던가요?"

"그게 무슨 소리지? 뜸들이지 말고 빨리 설명해 봐."

"확실히 처음에는 저도 복수를 위해 이 한 몸 바칠 생각이었습니다. 아마 그런 상태가 계속됐다면 언젠가 인내심이 바닥났을지도 몰라요.

하지만 시간이 흐르자 제 마음속에 또 다른 생각이 떠올랐습니다.

저는 솜 강 여울을 건넜던 그 끔찍한 밤에 주위가 몹시 어두웠다는 사실을 기억해 냅니다. 어둠 속에서 적의 홍탄에 맞아 낙마하여 강물에 빠져 버린 인물이 누구였는지, 저는 제대로 볼 수가 없었습니다."

"분명히 필립 혼자서 살아남은 거야." 수와송 부인이 끼어들었다.

"아무도 그 남자의 모습을 보지 못했는데, 어떻게 단정할 수 있겠습니까?"

"그러는 당신은 무슨 근거로 모리스가 살아남았다고 말하는 거야? 당신은 단지 내 연인이 죽었고 당신 연인이 살아 있다고 생각하고 싶은 것뿐이잖아?"

"아뇨, 그렇게 생각하고 싶은 것이 아닙니다. 단지 의심하고 있을 뿐입니다."

"그럼 당신은 그렇게 의심하면서도 진상을 알려고 노력하지도 않았던 거야? 생 마르의 감시를 받는 죄수와 연락해서, 그가 자신의 정체를 당신에게 알릴 수 있는 방법을 마련하지 않고?"

"부인은 아무것도 모르시니까 그렇게 쉽게 말씀하시는 겁니다." 방다는 허리를 곧게 펴고 대답했다.

"아아! 그렇게 이도 저도 아닌 상태로 몇 년을 보내다니, 나라면 도저히 못할 거야. 내 손톱으로 감방 벽을 긁어 무너뜨려서라도 가면 죄수의 얼굴을 보든지, 아니면 차라리 죽음을 택했을 거야."

"부인, 제 이야기를 들어 주신다면……."

"이봐요, 당신." 수와송 부인이 성급하게 말을 가로막았다. "나하고 거래하지 않겠어?"

"거래라고요!" 방다가 분개하여 소리를 질렀다. "그 죄수를 당신한테 넘기라고 말씀하시는 건가요?"

"거래라는 표현이 부적절하다면 협정이라고 해도 상관없어. 난 지금 단어를 고를 만한 여유가 없거든.

당신은 죄수의 정체를 의심한다고 했지?"

"네, 의심하고 있습니다."

"그렇군! 그래, 나도 겨우 2주일 전에 가면 죄수가 피뉴롤로 이송됐다는 이야기를 들었을 뿐이지, 그 죄수의 이름을 모른다는 점에서는 당신과 마찬가지야. 우리는 필립과 모리스 두 사람 중에서 누가 죽었고 누가 살았는지 몰라. 그렇다고 페론 사건의 목격자들이 되살아나서 우리에게 정확한 사실을 알려 줄 리도 없고.

그러니까 이 수수께끼를 해명할 수 있는 사람은 우리 둘밖에 없어.

우리가 따로따로 행동한다면 우리한테도 득 될 것이 없고, 지금 감시탑 감옥 안에서 고통받고 있는 불쌍한 남자가 누구든지 간에 그 사람한테도 해가 될 거야.

그러니까 차라리 우리 둘이 협력해서 죄수를 자유의 몸으로 만들어 주는 게 낫지 않을까?

죄수를 구해 내면 우리 둘 중 한 사람은 행복해질 거야. 그리고 다른 한 사람은 깨끗이 포기하는 거지. 그러기 위해서 우리 둘이 맹세하면 어떨까?"

일단 탈옥한 죄수에게는 두 번 다시 손대지 않겠다고.

이 협정을 맺음으로써 우리 운명을 하늘에 맡기는 거야. 그게 가장 현명하고 공평한 방법이 아닐까?"

"아니요, 부인. 그건 불공평합니다. 혹시나 제가 결과적으로 필립 씨를 구출하는 것을 돕게 된다면, 저는 모리스의 원수를 갚겠다는 맹세를 저버린 꼴이 될 거예요. 반면에 당신은 설령 모리스의 탈옥에 협력하신다 해도, 그것은 당신의 연인이 저지른 죄를 뒤늦게나마 갚는 것일 뿐입니다. 그러니까 이 '거래'는 저에게 조금도 이득이 되지 않습니다."

"조금도 이득이 안 된다고?" 수와송 부인이 분노하여 소리쳤다. "이봐요 당신, 날 적으로 돌리고도 무사할 것 같아?

나는 과거의 영화를 모두 잃어버리긴 했지만, 지금까지 없었던 절대적인 권력을 이 손에 쥐고 있어. 당신은 전혀 모르나 본데, 나는 베르사유에서 잃어버린 지위와 세력을 외국에서 다시 손에 넣었거든.

내가 마음만 먹으면 내일 당장 파르마 궁정에 군림할 수 있어. 과거의 루이 왕처럼 나에게 푹 빠진 파르마 대공은 사실 태양왕보다도 적극적인 사람이라서, 사랑의 증거로 왕좌를 나와 함께 공유하겠다고 했단 말이다."

"피뉴롤은 파르마 대공의 영지가 아닙니다." 방다는 조그맣게 중얼거렸다.

"그렇지. 하지만 프랑스인이 사보이 공에게서 억지로 피뉴롤을 빼앗았잖아? 그래서 이탈리아 제후들은 모두 자기네 국토를 강탈한 프랑스인을 저주하고 있지.

이 도시에서는 최고 법정의 가장 유력한 판사부터 가장 비천한 직공에 이르기까지, 모두가 루이 14세와 르부아 총리에 대한 증오로 똘똘 뭉쳐 있어.

루이 왕과 총리의 사형집행인 노릇을 하는 생 마르는 모두에게 미움을 받고 있으니까, 기회만 생긴다면 민중이 들고일어나서 감옥장을 붙잡아 버릴 거야.

그래! 나를 여왕님처럼 환대해 준 이 집 주인은 르부아 총리 수하의 육군 재무관에게 세금을 납부하는 것을 몇 번이나 거부한 판사야. 파르마 대공의 명령으로 국경까지 나를 마중하러 온 시종들과 함께 내가 토리노에 머물고 있었을 때, 그 판사가 서둘러 나를 찾아왔지. 피뉴롤을 방문하고 싶다는 내 말을 듣고서 부디 자기 집에 머물러 달라고 부탁하러 온 거야. 그 사람이 이곳 주민들의 감정과 희망에 대해서 나에게 뭐라고 얘기했는지 혹시 당신이 안다면……."

"그런 건 이미 알고 있어요. 이 지방 사람들이 프랑스를 미워한다는 것은 잘 알고 있습니다. 하지만 이곳 주민들이 프랑스를 두려워하고 있는 것도 사실입니다. 당연한 얘기지요.

요새에는 대규모 부대가 주둔해 있는 데다 대포도 많이 있어요. 감옥장이 명령만 내리면 시내를 포격할 수도 있죠. 10년 전에 보방 원수가 증강해 놓은 요새 방어 시설은 설령 정규군이라도 도저히 파괴할 수 없을 정도입니다.

그러니 시민들의 폭동으로 요새가 함락되기를 기대하는 것은 어리석은 짓입니다."

"그 늙은 올빼미 같은 생 마르에게 정면으로 돌격하겠다고 누가 그랬지? 난 그렇게 허황된 꿈을 꿀 정도로 무분별한 사람은 아니야. 그런 거친 방법 말고, 좀더 현실적이고 확실한 방법이 있거든."

"그게 무슨 방법인가요, 부인?"

"먼저 이 도시의 유력자가 그 죄수의 운명에 관심을 가지도록 손을 쓰는 거야. 이를테면 이 집 주인 같은 사람이 적당하겠지. 나에게는 식은 죽 먹기보다 쉬운 일이야."

"그럴까요? 프랑스 국왕의 명령으로 투옥된 외국인의 운명에 나사 판사가 대체 무슨 관심이 있겠어요?"

"아무 관심도 없겠지. 그건 나도 인정해. 하지만 나사 판사는 감시탑에 갇혀 있는 또 다른 죄수를 무척 염려하고 있어. 그게 누군가 하면, 바로 만토바 공 카를로 3세의 충실한 가신인 에르콜레 마티올리라는 사내야. 그 사람은 작년에 르부아의 심복인 에스트라드 신부의 명령으로, 비열한 수단에 의해 토리노에서 납치되고 말았지.

그러니까 나는 마티올리를 구출하고 싶다고 나사 판사에게 말하기만 하면 돼. 조만간 파르마 대공비가 될 사람이 이탈리아인 동포를 구출하고 싶어하는 것은 지극히 당연한 일이잖아? 그 사람 좋은 판사가 베르사유의 폭군에게 대항하는 이 음모에 협력하지 않을 리 없어."

"그럴지도 모르겠네요. 하지만 요새 도개교를 건너지도 못하는 나사 판사가 무슨 수로 죄수를 구출할 수 있겠어요?"

"적어도 판사는 죄수를 숨겼다가 안전한 곳으로 탈출시킬 수단을 나에게 제공해 줄 거야. 어차피 판사는 마티올리를 만난 적도 없을 테니까, 탈옥한 남자를 마티올리라고 믿을 거야. 그리고 그 밖의 일은 모두 당신이 맡아야지."

"제가요?"

"그래. 아까 당신이 그랬잖아? 요새 안에 들어갈 수 있다고."

"네, 하지만……."

"요새에서 무슨 일을 하는데?"

"죄수의 옷을 세탁해요. 그리고 모리스의 충성스런 부하였던 남자가 제 남편인 척하면서 경비대 하사로 일하고 있지요."

"그래, 그런데도 당신은 십중팔구 성공하게 될 계획에 가담하기를 망설이는 건가? 나는 그렇게 유리한 상황은 아니었지만, 그래도 베르트디에르 탑 3층에 갇혀 있던 가면 죄수에게 줄과 비단 사다리를 쥐어주는 데 성공했어. 그 멍청한 간수들이 실수하지만 않았더라면 벌써 필립을 구해 내고도 남았을 텐데. 어쨌든 그때 나는 바스티유 안에 한 발짝도 들어갈 수 없었어."

"피뉴롤 감시탑은 바스티유하고는 전혀 다릅니다. '아랫탑'도 베르트디에르 탑과는 전혀 다르고요. 게다가 생 마르 감옥장은 베스모 감옥장과 하나도 닮은 구석이 없어요." 방다가 어두운 표정으로 말했다.

"설령 수단은 다르더라도 목적이 같고, 또 목적을 달성하려는 강한 의지가 있다면 아무 문제 없지 않아? 대체 뭐가 부족한데? 돈이 필요하다면 내가 얼마든지 낼게. 당신한테 용기가 부족해서 그래? 나한테 두 사람분의 용기가 있으니까 괜찮아. 아아! 할 수만 있다면 내가 기꺼이 당신 역할을 대신할 텐데. 그래서 몇 주일도 지나기 전에 일생일대의 도박을 해서 반드시 성공시킬 텐데."

"실은 저도 커다란 도박을 해 봤어요. 결국 실패한 것 같지만요."

"아니, 그게 무슨 뜻이지?"

"지금 당장 설명해 드리지요. 하지만 그 전에 먼저 맹세해 주세요. 만일 제가 부인과 동맹을 맺는 데 동의한다면, 설령 그 죄수가 모리스라고 판명되더라도 필립 씨임이 밝혀졌을 때와 마찬가지로 성심껏 탈옥 수단을 마련하시겠다고 말이에요."

"좋아, 맹세할게. 만일 필립이 죽었다면, 르부아의 피해자를 구출한다는 것은 다름 아닌 그 사람에게 복수하는 일이 될 테니까.

내가 직접 나서서 당신을 도울 거야.

난 지금 카스트로빌라리 후작부인이라는 이름으로 여행하고 있어. 시종들에게도 내 신분을 밝히지 말라고 명령해 놓았지. 이 조그만 요새에 있는 프랑스인 사령관들은 벌써 몇 년 전부터 이곳에 틀어박혀 있는 신세니까 아마 내 얼굴을 모를 거야. 그나마 옛날에 제일 빈번하게 궁정을 출입했던 에르빌 후작조차도, 내가 아까 친선 방문을 했을 때 내가 수와송 백작부인이라는 사실을 눈치채지 못했어.

생 마르 감옥장은 본디 비천한 신분이었다가 벼락출세한 남자라서 이제껏 베르사유 궁전 문턱도 밟아 보지 못했을 거야. 그 녀석은 분명히 나를 이탈리아 귀부인이라고 착각할 테지. 그놈은 권력자에게 빌붙는 데 급급한 남자니까, 신이 나서 자기 관할지를 나에게 안내해 주려고 할 거야.

내일 나는 시종들을 전부 거느리고 가서, 감옥장에게 감시탑을 구경시켜 달라고 부탁할 거야."

"그 사람은 아마 구경을 허락하지 않을 겁니다. 몹시 의심이 많고 무뚝뚝한 인간이니까요."

"하지만 파르마 대공의 여자 친구를 그렇게 불친절하게 대할 수는 없을 거라고 생각해. 뭐, 그건 나한테 맡겨 둬. 나를 만나면 그 남자도 틀림없이 태도를 누그러뜨릴 테니까. 일단 그놈의 신뢰를 얻고 나면 일사천리야. 내가 반드시 그놈을 잘 이용해 보겠어."

"가능성이 높아 보이지는 않지만, 부디 부인께서 성공하시길 빌겠습니다. 그나저나 부인께서 아직 모르시는 점을 알려 드려야겠군요.

저는 이미 죄수와 연락을 취하려고 시도해 봤습니다."

"언제? 어떻게?"

"지난주에 제가 빤 세탁물에다가 전언을 써서 죄수에게 보냈어요. 어떤 사람이 당신에게 관심을 갖고 있으니 부디 이름을 알려 달라고 말이지요."

"그래서, 그 편지가 상대에게 잘 전달됐어?"

"실은 문제가 생겼어요. 아무래도 그 편지를 생 마르 감옥장한테 들킨 것 같아요."

"그럴 리 없어. 만일 들켰다면 당신은 벌써 감옥에 갇히거나 이 도시에서 추방됐을 테니까."

"아니면 감옥장은 시치미를 뚝 떼고서 나한테 더욱 불리한 증거가 나오기를 기다리고 있는지도 모르죠."

"흠, 어쨌든 그래서 답장은 받았어?"

"아직 못 받았어요." 방다는 눈에 띄게 망설이면서 대답했다.

"답장은 어떤 방법으로 보내기로 했는데?"

"똑같은 방법으로요."

"죄수가 세탁물에 답장을 쓰기로 한 거군? 그래, 그 세탁물은 언제 받으러 갈 거지?"

"실은 지금 제가 가지고 있습니다."

"뭐? 그 짐 꾸러미에……."

"우리 두 사람의 운명을 결정지을 편지가 들어 있을지도 모릅니다. 좀전에 요새에서 이 꾸러미를 받았는데, 풀어 볼 틈도 없이 중앙 광장에서 부인의 시종에게 붙들려 버렸지요."

"맙소사, 그 얘기를 먼저 했어야지!" 소리를 버럭 지르면서 수와송 부인이 손을 뻗어 그 꾸러미를 당장 풀어 보려고 했다.

그러나 방다가 부인의 팔을 붙잡아 누르면서 말했다.

"조금 전에 하셨던 맹세는 잊지 않으셨겠죠?"

"물론 기억하지. 원한다면 다시 한 번 맹세해도 좋아." 수와송 부인은 초조하게 말했다.

"그렇다면 부인, 하느님께 맹세해 주시겠어요? 만일 그 죄수의 이름이 모리스 드 키펜바하라는 증거가 이 꾸러미 속에 들어 있더라도, 당신은 그를 탈옥시키는 데 협력해 주실 건가요?"

"그래, 맹세할게. 대체 몇 번이나 같은 말을 시킬 생각이지?"

"알겠습니다. 부인의 말씀을 믿겠습니다." 그러면서 방다는 꾸러미를 풀려고 했다.

이번에는 수와송 부인이 그 손을 붙잡을 차례였다.

"잠깐만, 당신은 아무것도 맹세하지 않았잖아! 혹시 그 죄수가 필립이라면……."

"혹시 그 사람이 필립 씨라면, 저는 중립을 지키겠다고 약속하겠습니다. 그 이상은 요구하지 말아 주세요. 필립 씨의 탈옥에 협력하다니, 저는 도저히 그럴 수 없습니다."

"좋아, 그럼 나 혼자서 하면 되지. 나도 참 이해심 많은 여자야. 안 그래? 자, 어서 풀어 보자."

방다는 아직도 망설이고 있었다. 사실 두 여인은 저마다 딴마음을 품고 있었다. 둘 다 자신의 연인을 위해서 싸우는 것이라고 굳게 믿었기 때문이다.

그렇기에 수와송 부인은 자신의 계획을 방해하지 않겠다는 방다의 약속을 받아 낸 것만으로도 상당히 만족하고 있었다.

한편 방다는 이른바 양심과 타협하려고 애쓰는 눈치였다. 상황에 따라서는 수와송 부인의 구출 작업을 수수방관할 수밖에 없을지도 모르지만, 그렇다고 배신자에 대한 복수를 완전히 포기할 마음도 없었다.

방다가 수와송 부인과의 약속에 얽매이는 것은 어디까지나 죄수가 탈옥할 때까지로 한정돼 있었다. 필립이 일단 자유의 몸이 된다면 이제 방다가 그를 어떻게 대해도 상관없으리라. 그가 어디로 가든지 방다는 반드시 따라가서 모리스의 원수를 갚을 생각이었다.

방다는 모든 것을 하늘에 맡기고 떨리는 손으로 세탁물 꾸러미를 풀기 시작했다.

수와송 부인은 방다의 손끝을 뚫어져라 지켜보았다. 그렇게 두 여인이—한 사람은 초라한 옷을 입고 또 한 사람은 궁정 귀부인답게 화려하게 차려입은 채—더러운 누더기들을 자세히 살펴보는 모습은 참으로 기묘한 광경이었.

만일 그 모습을 나사 판사가 봤더라면 깜짝 놀라면서 파르마 궁정 귀부인들에게 다소 환멸을 느꼈을지도 모른다.

'아랫탑' 죄수의 옷가지는 별로 많지 않았으므로 금방 조사가 끝났.

방다는 누더기들을 하나하나 꼼꼼히 살펴봤지만 처음부터 거의 절망하고 말았다. 아무리 봐도 그 옷가지들은 한번 물에 빤 다음 난롯불에 쬐어서 서둘러 말린 듯한 흔적이 있었기 때문이다.

이 교묘한 방법을 생각해 낸 사람은 생 마르 부인이었다. 감옥장은 입에 침이 마르도록 아내를 칭찬하고, 앞으로 계속 이 방법을 쓰기로 마음먹었다.

"역시 제 예상이 맞았어요." 방다는 작게 중얼거렸다. "감옥장은 저를 의심하고 있어요. 그놈이 평소처럼 저한테 세탁물을 건네주지 않고, 자기 거처로 가지고 가서 빨아 버린 게 틀림없어요. 보세요, 살짝 물기가 남아 있잖아요?"

"그럼 우리는 여전히 아무것도 알 수 없는 거군?" 수와송 부인이 화난 목소리로 말했다.

"그런 것 같네요. 애초에 기대한 게 잘못이었어요. 그나마 감옥장이 수상한 점을 발견하지 못했기를 바랄 수밖에 없겠네요."

"아니, 포기하기엔 아직 일러!" 그렇게 외치면서 수와송 부인이 기세등등하게 천 조각 하나를 번쩍 들어 올렸다. 그 끄트머리에는 조그만 붉은 반점이 남아 있었다. "조금이나마 뭔가 알아낼 수 있을 것 같아. 봐, 여기 글자가 있잖아."

흥분한 나머지 얼굴이 창백해진 방다는 수와송 부인이 찾아낸 물건을 자세히 살펴보려고 서둘러 다가갔다.

정말로 그 천 조각에는 글자가 쓰여 있었고, 그중 일부는 아직 형체가 남아 있었다. 그러나 죄수가 스스로 지워 버렸는지, 아니면 물에 씻겨 나갔는지, 그 글자는 거의 판독이 불가능했다.

"죄수가 답장을 쓰긴 했지만 감옥장한테 들켜 버린 모양이에요. 아아, 이젠 다 틀렸어요." 방다는 절망했다.

"그렇게 한숨만 쉬지 말고 판독하는 거나 도와줘." 수와송 부인이 거칠게 명령했다.

"판독하고 싶어도 뭐가 뭔지 알 수가 없는걸요."

"아니, 하나는 알 것 같아. 이건 'V', 이건 'O', 그리고 이 단어는 'Z'로 끝나니까, 여기엔 'Voyez(보라)'는 말이 적혀 있었던 거야."

"그런 것 같기도 하네요. 하지만 그거 하나 알아냈다고 해서 무슨 소용이 있나요?"

"그 다음부터는 쭉 지워져 있네." 수와송 부인은 예심 판사 같은 면밀함과 통찰력을 발휘하여 판독 작업을 계속했다. "하지만 맨 마지막에 'oir'라는 세 글자는 온전히 남아 있어. 이 마지막 단어는 'M'으로 시작하는 것 같은데……."

"그것만 가지고는 아무것도 알 수 없어요."

"글쎄, 그럴까? 아! 알았어. 그 죄수는 'Voyez ma réponse sur le mouchoir (손수건에 쓴 답장을 보라)'고 썼던 거야.

왜 이런 말을 써 놨는지 알겠어? 맞아, 죄수는 남들 눈에 띄지 않는 주름진 부분에다 답장을 숨겨 놨기 때문에, 상대가 혹시라도 모르고 지나칠까 봐 걱정했던 거야."

"그런데 안타깝게도 감옥장은 그것을 모르고 지나치지 않았나 봐요. 실제로 손수건이 안 들어 있는걸요."

"아니야, 말도 안 돼!" 수와송 부인이 큰 소리를 지르더니 열심히 꾸러미 안을 뒤졌다. "아, 정말, 어디에도 손수건이 없어!"

"부인도 이제는 아시겠죠? 다 틀렸어요. 끝났다고요."

수와송 부인은 이 새로운 실패에 실망한 나머지 한동안 멍하니 있었다.

목표를 이루기 일보 직전에 그 목표가 덧없이 사라지는 모습을 보는 것은 정말 괴로운 일이었다.

그러나 수와송 부인은 쉽게 좌절하는 여자가 아니었으므로 이윽고 고개를 번쩍 들고 열띤 어조로 말했다.

"아니, 끝나지 않았어, 방다. 오히려 이대로 가면 우리는 분명히 무슨 단서를 얻게 될 거야. 그런 예감이 들어. 앞으로 며칠만 더 참고 견디면 틀림없이 죄수가 우리에게 답장을 보낼 거야."

"아뇨, 그 손수건은 감옥장의 손으로 넘어간 게 틀림없어요."

"너도 참 어리석구나. 그 손수건은 처음부터 이 꾸러미에 들어 있지 않았던 거야. 하지만 다음번에는 반드시 들어 있을 거야.

그게 바로 저 반쯤 지워진 메시지의 의미였던 거지. 나도 이제는 자신 있게 말할 수 있어. 내 육감을 믿어 봐. 내 육감은 이제껏 한 번도 빗나간 적이 없거든. 그러니까 단 하루도, 한 시간도 허비하지 말고 빨리 행동하자."

"아녜요, 부인." 방다는 슬픈 얼굴로 고개를 저으며 말했다. "설령 부인의 추측이 정확하다 해도, 이번 편지와 마찬가지로 다음 편지도 우리에게 전달되지 못할 거예요.

감옥장은 세탁물을 한번 빨아서 나에게 넘겨준다는 예방책을 생각해 냈어요. 앞으로도 그렇게 계속 주의를 기울이겠지요. 그러니 우리는 언제까지나 속절없이 기다릴 수밖에 없을 거예요."

"아니, 그럴 리 없어. 일주일 안에 우리는……."

수와송 부인은 순간 당황해서 입을 다물었다. 하마터면 '필립을 구해 낼 수 있다'고 말할 뻔했던 것이다.

"……당신 연인이나 내 연인을 구할 수 있을지도 몰라. 우리가 누구를 위해서 탈옥 계획을 세우고 있는지 꼭 알아야 할 이유는 없어. 만일 처음부터 자기 운명을 알게 된다면, 이 도박에서 지게 될 여자는 내키지도 않는 일을 마지못해 할 수밖에 없을 테니까.

그러니 아까 맺은 협정대로, 죄수를 구출하는 그날까지 우리 함께 노력하자."

"부인, 정말로 우리가 이렇게 많은 장애를 극복할 수 있을 거라고 생각하세요?"

"생각이라니! 아니, 난 확신하고 있어."

"부인은 생 마르 감옥장이 어떤 사람인지 모르시고, 또 감시탑 벽의 높이나 요새를 지키는 병사들에 대해서도 모르시니까 그런 말씀을 하실 수 있는 거예요."

"생 마르도 결국은 한낱 인간일 뿐이야. 감시탑이 아무리 높아도 몽스니 고개보다는 낮을 테고, 병사들은 돈이라면 사족을 못 쓰지.

나는 며칠이든지 원하는 만큼 피뉴롤에 머물 수 있어. 파르마 대공은 참으로 인내심 있는 분이시거든. 하지만 일주일 안에는 이 음침한 피에몬테의 감옥과 옥리에게 작별 인사를 고하고 싶어.

당신이 좀전에 그랬지? 당신 남편인 척하는 남자가 경비대 하사로 일한다고."

"네. 그리고 몸과 마음을 바쳐 저에게 충성하는 병사 두 사람도 경비대에서 근무하고 있습니다."

"아군이 그만큼 있으면 충분하겠군. 그럼 내일 그 세 사람을 만나서, 철저히 내 명령에 복종하라고 말해 줘. 그리고 당신은 해 질 무렵 중앙 광장에 있는 당신 집 앞에서 대기하고 있어.

그러면 내가 아까 당신을 이곳으로 데려온 얼간이 카펠로 영감한테 명령해서 당신을 데려오라고 할게.

내일 낮에 나는 생 마르를 만날 거야. 그리고 저녁때까지 작전을 짜서, 당신과 당신 부하들이 어떤 식으로 내 계획에 협력하면 될지 당신에게 가르쳐 줄게."

방다는 이것저것 반박하고 싶었지만 수와송 부인의 당당한 태도에 압도되어 버렸다. 게다가 방다는 자신의 계획이 거의 완전히 좌절돼 버린 이상, 부인의 명령대로 움직여 봤자 더 잃을 것은 없다고 생각했다.

"부인." 방다가 말했다. "저는 부인의 말씀을 믿고, 설령 그로 인해 목숨을 잃게 되더라도 부인의 명령을 수행할 각오가 되어 있습니다."

"수와송 백작부인과 운명을 함께하기로 결심한 것을 당신은 결코 후회하지 않을 거야.

우리가 서로 다투기만 하면 아무것도 해낼 수 없지만, 서로 손을 잡는다면 반드시 성공할 수 있을 거야. 내가 보증하겠어.

자, 과거 일은 다 잊어버리자. 앞으로 무슨 일이 있어도 나를 믿어 줘. 우리 둘 중에 누가 연인과 재회하는 행운을 얻게 될지 모르겠지만, 혹시 그 행운의 주인공이 나라면, 난 당신을 파르마 궁정에서 지내게 해 줄 거야. 그러면 당신도 언젠가 르부아에게 복수할 기회를 잡게 될지도 몰라. 안 그래?"

"만일 모리스가 확실히 죽었다는 사실을 알게 된다면, 저는 아마 그 사람을 뒤따라가겠다는 생각밖에 못할 겁니다." 방다는 상대의 제안을 거절하기도 싫고 무슨 언질을 주기도 싫었으므로 일부러 말꼬리를 흐렸다.

"자, 그만 집으로 돌아가렴." 수와송 부인은 방다의 모호한 대답에는 별로 신경도 안 쓰고 그렇게 재촉했다. "나사 판사가 소중한 귀부인을 소개하겠다면서 피뉴롤 사람들을 초대했거든. 너무 오래 기다리게 하면 그 사람이 불쾌해 할지도 몰라. 조만간 그 판사를 이용해야 하니까 비위를 맞춰 줘야지. 자, 그럼 내일 이 시간에 여기서 다시 만나자."

방다는 말없이 허리를 굽혀 인사했다. 그리고 세탁물 꾸러미를 품에 안은 채 뒷계단을 통해 저택 밖으로 나왔다. 다행히 계단에서 누군가와 마주치지는 않았다.

"잘 가, 방다." 문이 닫히자 수와송 부인은 혼잣말을 했다. "집에 가서 잠을 이룰 수 있다면, 부디 희망을 가슴에 안고 잠들렴.

그래도 당신보다는 내 희망이 좀더 근거가 있어. 당신은 나를 위해서 분골쇄신하게 될 거야. 나는 그게 필립의 글씨라는 걸 이미 알아봤거든."

26 백작부인의 책략

　이미 사십 고개를 넘은 수와송 백작부인의 미모에 푹 빠져 있었던 파르마 공은 참으로 기묘한 상황 덕분에 자신의 사랑이 이루어진 줄은 꿈에도 몰랐다.
　"파르마 공은 절대로 멋쟁이라고 할 수는 없었지만, 사랑하는 이의 마음을 얻기 위해 하루 만에 전 재산을 다 써 버린다는 점에서는 결코 남에게 뒤지지 않았다"고 빌라르 부인은 적은 바 있다.[*1]
　물론 수와송 부인은 파르네세 집안의 보잘것없는 후손인 이탈리아의 소군주(小君主)를 사랑하지 않았다.
　영화의 절정에 이르렀을 때 수와송 부인은 코키예르 거리의 저택으로 찾아온 공작을 몹시 오만하게 대했다. 그리고 뒷날 플랑드르에서도 이미 나라에서 쫓겨나 몰락한 신세이면서도 여전히 공작을 차갑게 대했다.
　그러나 공작은 결코 포기하지 않았다. 나이 들어 매력을 잃어버린 여성에게 왜 그렇게 공작이 집착했는지 이해하려면, 그 당시 유럽에서 루이 14세 궁정의 위신이 얼마나 대단했는지 생각해 봐야 할 것이다.
　뒷날 프랑스인이 어쩔 수 없이 왕으로 승격시켜 주거나 그런 승격을 묵인해야 했던 독일 선거후들도, 그 시대에는 군주의 귀감으로 추앙받던 루이 왕을 무작정 모방하느라 바빴다. 그리고 그중 대부분은 루이 왕의 사치를 흉내 내다가 파산할 지경에 이르렀다.
　보잘것없는 변방 귀족들도 베르사유 궁전과 비슷한 정원을 만들고, 여기저기 금이 간 낡은 성에서 마를리 성의 대연회 비슷한 것을 베풀었다.
　라퐁텐의 시를 읽고 〈황소와 개구리〉라는 우화의 의미를 깊이 생각하는 대신, 이 허영에 들뜬 독일인들은 태양왕을 정신없이 흉내 내면서 20년치 수입을 단번에 써 버리고 민중을 착취했다.

[*1] 원주. 빌라르 원수의 어머니, 빌라르 후작부인이 쓴 편지(마드리드, 1680년 12월 16일).

개중에는 루이 왕을 너무 열심히 모방하느라 애첩까지 만들고, 또 측근들의 부인인 견실한 독일 여자들 중에서 적당한 여성을 골라 몽테스팡 부인 역할을 맡긴 사람들도 있었다.

사정이 이러했으므로 라인 강을 건너 독일인의 사랑을 받아들인 프랑스 여자는 그 어떤 부귀영화도 누릴 수 있었다. 이를테면 낭트 칙령이 폐지되자 다른 나라로 망명한 푸아티에 하급 귀족의 딸 엘레오노라 데니에 도블뢰즈는 첼레 공과 결혼한 뒤 딸을 하노버 선거후에게 시집보냄으로써, 오늘날 영국에 군림하고 있는 왕가의 시조가 되었다.

루이 14세를 무작정 흉내 내는 풍조는 이탈리아 반도의 약소국 왕들 사이에서도 널리 유행했다. 따라서 이탈리아 북부의 소군주가 수와송 부인에게 매료된 것도 전혀 이상한 일이 아니었다.

이 정열적인 대공은 자주 프랑스를 방문했다. 그는 별로 눈에 띄는 존재는 아니었지만, 그래도 그 무렵 영화의 절정에 다다랐던 아름다운 수와송 부인을 몇 번이나 황홀한 눈길로 바라보곤 했다.

한때 루이 왕의 총희였던 수와송 부인이 역경에 처하자 대공은 드디어 기회가 왔다는 듯이 용감하게 브뤼셀로 갔다. 그러나 부인은 그를 쌀쌀맞게 대했다.

이 끈질긴 남자가 부인을 계속 쫓아다닌 지 한 달쯤 지났을 때, 우연히 부인은 피에르 드 빌라루소에게서 가면 죄수가 피뉴롤에 있다는 이야기를 들었다.

수와송 부인은 파리를 탈출한 뒤부터 시작된 생활에 질려 있었다. 지저분한 욕설을 듣고 환멸의 슬픔을 맛보고, 과거에는 굴욕을 느끼고 미래에는 불안을 느꼈으며 현재에는 지겨움을 느꼈다. 그래서 부인은 자기가 사랑했던 단 하나뿐인 남자와 재회할 수 있을지도 모른다는 희망에 필사적으로 매달렸다.

순진하고 사람 좋은 파르마 공은 이러한 부인의 희망을 실현시키는 도구로서 딱 알맞은 인물이었다.

어제까지만 해도 냉대를 받았던 공작은 하룻밤 만에 상대가 자신의 사랑을 받아들이자 띨 듯이 기뻐했다.

그러나 수와송 부인은 연인의 열의를 이용해 자기에게 유리한 조건을 내

걸었다.

먼저 대공은 홀로 영지로 돌아가서 고귀한 수와송 부인에게 걸맞은 환영 준비를 하는 데 동의해야 했다.

부인은 파르마 궁정에서 꽤 모호한 지위를 차지하여, 공공연히 인정된 측실도 아니고 비밀리에 맺어진 애인도 아닌 존재가 되기로 약속했다.

부인을 받들라는 명을 받은 관리들은 국경까지 마중 나가 부인을 모시면서, 이탈리아 여러 도시를 위풍당당하게 통과하여 파르마로 갈 예정이었다.

이는 한 치의 거짓도 없는 실화지만 오늘날에는 아마 꿈처럼 비현실적인 이야기로 여겨질 것이다. 더구나 수와송 부인이 자식을 여덟이나 둔 초로의 여인이며, 심지어 독살범 라 보아젱의 공범으로 밝혀졌다는 사실을 아울러 생각하면 더더욱 믿을 수 없는 이야기이다.

그러나 외교 문서 형식을 빌려 표현하자면, 파르마 대공과 수와송 백작부인 사이에 체결된 조약 규정은 세세한 항목에 이르기까지 완벽하게 실시됐다.

수와송 부인은 빌라루소 부부에게도 알리지 않고 남몰래 브뤼셀을 떠나서 독일 쪽 라인 강변을 따라 천천히 이탈리아로 내려갔다.

샹베리에서 부인은 마중 나온 가신들을 만났다. 누가 봐도 가신처럼 생긴 꼬부랑 늙은이 네 명이었는데 카펠로 백작도 그중 하나였다. 부인은 곧장 토리노로 가서, 피뉴롤에 관한 정보를 얻기 위해 이삼 일쯤 그곳에 머무르기로 했다.

사실 부인이 가면 죄수와 재회할 계획을 꼼꼼히 세운 것은 아니었다. 그저 뜻밖의 행운을 만날지도 모른다는 막연한 기대를 품고 있었을 뿐이다.

부인은 파르마 공의 비호와 현지인의 반불(反佛) 감정, 더 나아가 하늘이 내려 주신 자신의 재치와 용기를 믿었다.

실제로 우연은 부인에게 놀라운 행운을 가져다주었다.

먼저 나사 판사가 제 발로 찾아와 준 덕분에 부인은 자연스레 피뉴롤에 머물 수 있게 되었다.

게다가 운 좋게 방다까지 만났다. 그 순간 부인은 자신이 성공하리라는 것을 믿어 의심치 않았다.

일 처리가 빠르고 시원시원한 그녀는 피뉴롤에서 보내는 첫날 밤을 유효하게 이용해서 한때 적이었던 방다로부터 귀중한 정보를 얻어 내고, 나머지 시간 동안 나사 판사의 협력을 얻는 데 성공했다.

이 선량한 피에몬테 주민은 부인의 이야기를 철석같이 믿었다. 이탈리아인 마티올리를 폭군의 마수로부터 구출하는 계획에 협력하기로 마음먹은 판사는 교활한 수와송 부인의 요구를 모두 들어주기로 했다.

신이 난 부인은 전투 개시 시각이 다가오자 몹시 흥분하여 그날 밤 한숨도 자지 못했다.

손수건에 쓰여 있는 글씨가 필립의 필적임을 눈치챈 순간부터 부인은 자기가 애인을 위해 노력하고 있다고 확신했으며, 아무것도 모르는 방다의 협력을 반드시 얻어 낼 수 있으리라고 예상했고, 생 마르 같은 무뢰한은 간단히 농락할 수 있다고 생각했다. 그녀는 이미 성공한 것이나 마찬가지라고 굳게 믿었다.

부인은 다음 날 일찌감치 일어나서 네 명의 가신들을 완전히 무장시켰다. 즉 그들에게 화려한 옷을 입히고 이탈리아의 온갖 훈장을 온몸에 달게 했다.

전날 에르빌 후작을 방문했을 때 부인은 요새 고관들에 대해 유익한 정보를 얻을 수 있었다.

이를테면 다행스럽게도 리상 요새 사령관은 자리를 비우기 일쑤이며 실제로 지금도 요새에 없다는 것이었다. 반면에 감시탑 경비 책임자인 무시무시한 생 마르 감옥장은 결코 제 자리를 떠나지 않았다.

감옥장이 아무리 상대하기 힘든 남자라 해도, 꼴 보기 싫은 국왕대리인의 비위까지 맞추느라 고생하느니 감옥장 하나만 상대하는 것이 그나마 나을 것 같았다. 수와송 부인은 그렇게 생각했다.

부인은 또 감옥장 아내의 성격과 집안에 대해서도 알 수 있었다.

감옥장 아내의 여동생 뒤프레누아 부인은 수와송 부인의 얼굴을 잘 알고 있었으므로 부인이 신분을 숨겨도 금세 알아봤을 것이다.

하지만 그녀의 언니는 어릴 때부터 피뉴롤에서 살았고, 생 마르와 결혼한 뒤에도 거의 피뉴롤을 떠난 적이 없었다.

따라서 수와송 부인은 아무 걱정 없이 태연하게 감옥장 부인을 만날 수 있었다.

오전에 부인은 넉살 좋은 카펠로 백작을 요새에 파견해서 감옥장에게 다음과 같은 말을 전했다. "파르마 대공 전하의 총희 카스트로빌라리 총비(寵

妃)께서 현재 피뉴롤 시에 머무르고 계시는데, 지체 높은 사람들 사이의 예법에 따라 생 마르 감옥장 부인을 친선 방문하고자 하십니다."

이 뜻밖의 요청에 감시탑의 늙은 멧돼지는 몹시 당황했다.

그가 옥리가 되고 나서부터 감옥장을 만나고 싶어하는 사람은 지금까지 한 명도 없었던 것이다.

그나마 요새 관리들이 규칙에 따라 형식상 인사하러 왔을 뿐인데, 그들도 두 번 다시 감옥장의 우울한 거처를 방문하지는 않았다. 하물며 외국에서 온 빈객이 회견을 요청한다는 것은 전대미문의 사건이었다.

애초에 이런 알프스 산골짜기까지 외국인이 찾아오는 일이 극히 드물었으므로 이 귀부인의 방문은 굉장한 사건이었다.

그래서 처음에 생 마르는 르부아 총독의 명령을 구실로 부인의 방문을 거절하려고 했다. 그 명령에 의하면 주둔 부대 대원 이외의 사람이 요새에 들어오는 것은 엄격히 금지돼 있었다. 감옥장이 독단적으로 그 규칙을 바꿀 수는 없었다.

그러나 생 마르는 경비견처럼 직무에 충실한 옥리인 동시에, 권력자에게 빌붙어 그의 비호를 받고 싶어하는 관리였다.

난처해진 감옥장은 카펠로 백작의 요청에 즉답하지 않고 대충 둘러댄 다음 아내에게 상담하러 갔다.

야심가 앙리에트는 이 고마운 제안을 거절하는 것은 실례일 뿐더러 현명하지 않은 행동이라고 말했다.

파르마 공은 루이 왕의 신임을 받고 있으니 그가 총애하는 부인의 비호를 가볍게 여겨서는 안 된다고 감옥장 부인은 지적했다.

감옥장은 마지못해 부인의 의견에 따라, 귀부인이 보낸 당당한 사자에게 회답했다. 오늘 오후에 생 마르 부인과 자신은 기쁜 마음으로 비전하께서 오시기를 기다리겠다고.

카펠로 백작은 그 말을 전하러 여주인에게 돌아갔다. 물론 수와송 부인은 방문 약속을 어길 생각이 없었다.

시계가 2시를 알렸을 때 수와송 부인은 종자를 데리고 도개교 근처에 모습을 나타냈다.

흔히 겁쟁이는 궁지에 몰려 자포자기하게 되면 만용을 부린다고 한다.

마찬가지로 지독한 구두쇠도 어떤 계기로 돈을 물 쓰듯이 쓰기도 한다. 그래서 "극단끼리는 서로 통하는 면이 있다"고들 하는 것이다.

불쌍한 죄수들의 식비를 떼어먹고 수많은 수입과 재산이 있으면서도 자린고비처럼 생활하던 감옥장은 갑자기 허영에 들떠 버렸다. 요즘 연극 선전 문구를 빌리자면, 그는 파르마 공의 총희를 깜짝 놀라게 해 주려고 "어떤 희생도 다 감수했다."

감시탑 경비대는 의류 창고에서 나온 새로운 제복을 지급받았다. 오래전부터 대원들은 새로운 제복을 요구했건만 지금까지 받지 못했던 것이다.

감옥장은 양복장에서 훌륭한 예복을 꺼냈다. 1665년 그가 감시탑 경비대 사령관으로 임명됐을 때 총리에게 인사하러 가기 위해서 마련한 옷이었다.

그 예복은 15년 동안이나 빛을 보지 못했기에 상당히 낡아 있었다. 그러나 생 마르 부인이 바지런히 손질한 덕분에 거의 옛날과 같은 광택을 되찾아 꽤 그럴듯해 보이게 되었다.

손님의 방문 요청을 수락해야 한다고 강경하게 주장했던 감옥장 부인은 남편뿐만 아니라 자기 자신과 주거지도 멋지게 꾸미기 위해 필사적으로 노력했다.

부인은 가지고 있는 옷 중에서 제일 화려한 옷을 골라 입었다. 특히 붉은 리본이 달린 연노랑 치마는 부인이 결혼할 때 피뉴롤에 주둔하던 해군 사관들을 감탄하게 한 옷이었다.

자기네 우울한 거처를 아름답게 꾸미기 위해서 부인은 휴가 간 리상 요새 사령관네 집에 있는 직물 벽걸이들을 싹쓸이해서 빌려 왔다. 다행히 샹파뉴 연대 대위가 훌륭한 직물을 갖고 있어서 그것도 빌려 왔다.

감옥장의 침실과 집무실은 그럭저럭 산뜻한 느낌으로 바뀌었다. 피에몬테 출신의 뚱뚱한 두 하녀도 이 기회에 청결한 작업복을 얻을 수 있었다.

통 큰 감옥장 부부는 그보다 더 사치스러운 일도 했다. 두 번째 탑에 인접한 홀에다가 맛있어 보이는 가벼운 식사까지 준비한 것이다.

감시탑도 감옥장 부부도 순식간에 변신해 버렸다.

감옥장이 이렇게 법석을 떠는 것은 전대미문의 사건이었으므로 주둔 부대에 기상천외한 소문이 나돌 정도였다.

어떤 사람은 카티나 원수가 요새를 방문하는 것이라고 말했다. 병사들이

'지혜 주머니'라고 부르는 카티나 원수는 전에도 한 번 몰래 피뉴롤을 방문했었다.

또 어떤 사람은 이 모든 것이 바로 르부아 총리를 맞이하기 위한 준비라고 그럴싸하게 주장했다.

마을 사람들과 접촉할 기회가 거의 없다 보니 병사들은 이탈리아 귀부인이 이 도시에 머무른다는 소문도 아직 듣지 못했던 것이다.

그러나 카라도스 하사, 즉 브리강디에르는 진상을 알고 있었다.

잠 못 이루는 하룻밤을 보낸 방다는 아침 일찍 도개교를 건너와서, 일하느라 요새 안을 이리저리 돌아다니던 와중에 자신의 가짜 남편과 이야기할 기회를 어렵지 않게 포착했다. 그녀는 전날 밤 수와송 부인과 만났던 일을 자세히 이야기했다.

브리강디에르는 이 기괴한 이야기를 눈썹 하나 까딱하지 않고 끝까지 듣더니 뜻밖에도 수와송 부인의 계획에 찬성했다.

브리강디에르의 의견에 따르면 확실히 그 계획은 실행하기 어렵겠지만 꼭 불가능한 것만은 아니며, 어쨌든 지난 7년의 세월같이 막연하고 위험한 상황을 계속 유지하느니 차라리 뭐든지 시도해 보는 편이 낫다는 것이었다.

브리강디에르는 수와송 부인을 좋아하지는 않았지만, 부인이 빈틈없고 대담한 여자라는 사실은 알고 있었다.

그래서 그는 부하 두 명과 함께 부인에게 협력하기로 약속했다.

게다가 이제는 꾸물거릴 틈이 없었다. 생 마르가 오늘 아침에도 바르톨로메아를 감시탑에서 살게 할 거라고 또 못을 박았던 것이다.

일단 감시탑의 칙칙한 벽 안쪽에 갇혀 버리면 만사 끝장이었다. 불쌍한 방다는 완전히 감옥장의 손아귀에 들어가고 말 것이다. 브리강디에르는 그것이 무엇보다도 두려웠다.

브리강디에르와 헤어질 때 방다는 아직 반신반의 상태였다. 그래도 그날 밤에는 약속대로 수와송 부인을 만나러 가기로 결심했다.

브리강디에르와의 대화는 충분히 유익했지만, 병사들의 주의를 끌면 곤란했기 때문에 별로 길게 이야기할 수 없었다. 그 무렵에는 이미 병사들이 바쁘게 안뜰을 돌아다니고 있었던 것이다.

게다가 '카라도스 하사'는 근무에 전념해야 했다.

감옥장 각하는 귀빈 일행을 데리고 감시탑을 돌 때 동행할 의장대로서 카라도스 하사가 이끄는 소부대를 선발했던 것이다.

정확히 정오에 하사는 도개교 초소 앞에서 대기하고 있었다. 부하 열두 명은 모두 새로운 제복을 입고 나란히 정렬했다. 하사는 대열 끄트머리에 직립 부동 자세로 서서 모범적으로 팔을 쭉 편 채 방패를 똑바로 들어 올리고 있었다.

그날 보초를 서던 나바르 연대 퇴역 중위 클레니는 담당 구역을 이리저리 왔다 갔다 했다. 그러나 그는 감시탑 경비대원에게 뭐라고 할 권리가 없었으므로 잠자코 모르는 체하고 있었다.

이 퇴역 중위는 생 마르를 별로 좋아하지 않았으므로 그의 모습이 눈에 띄자마자 서둘러 그 자리를 떠났다.

존귀하신 총비 일행이 시내에서 요새로 이어지는 비탈길을 오르기 시작했다는 소식이 들어오자 감옥장은 위풍당당하게 모습을 나타냈다.

감옥장은 의장대를 한번 휙 둘러본 다음 하사 앞을 지나가면서 두세 마디 명령을 내리더니, 누구보다도 먼저 빈객들을 환영하기 위해 성문 아치 밑에서 대기했다.

머지않아 화려한 일행이 성채 비탈길 꼭대기에 모습을 드러냈다. 조금 떨어진 곳에서는 이 멋진 일행에 반한 피뉴롤 개구쟁이들이 슬금슬금 뒤따라왔다.

선두에 선 현란한 모란꽃 같은 인물은 진홍색 예복을 입은 카펠로 백작이었다.

백작은 등을 구부린 고양이같이 유연하고 가볍게 걸어왔다. 그는 의젓하게 서 있는 감옥장에게 가까이 다가올수록 몇 번이나 굽실굽실 절을 했다.

생 마르는 그렇게 자꾸 인사를 시키기도 뭣해서 모자를 손에 들고 성채의 V자형 보루 중간까지 마중을 나갔다.

그때 카펠로 백작이 갑자기 옆으로 물러나는 바람에 감옥장은 백작보다 세 발짝쯤 뒤처져서 걸어오던 총비와 정면으로 마주 보게 되었다.

총사 출신인 감옥장은 상류사회의 예법을 잘 몰랐다. 그래서 불쑥 나타난 대포와 마주친 병사처럼 깜짝 놀랐다.

수와송 부인은 날 때부터 위엄을 지닌 데다 화려하게 차려입어 한층 더 당당해 보였다. 이날 부인은 절정의 영화를 누리던 때와 마찬가지로 아름답게 꾸몄을 뿐만 아니라, 여왕 같은 기품과 여성적인 매력으로 상대를 압도하려고 작정하고 있었다.

생 마르는 어쩔 줄 모르고 당황한 채로 인사말도 하지 못하고 머리만 깊이 조아렸다. 그때 범접할 수 없는 기품을 지닌 부인이 구원의 손길을 내밀었다.

"감옥장님." 귀부인은 더없이 상냥한 목소리로 말했다. "이렇게까지 저를 환대해 주시다니, 어떻게 감사 인사를 드려야 할지 모르겠군요. 감옥장님의 배려에 대해서는 제가 반드시 파르마 대공 전하께 말씀을 드리겠습니다."

"아아, 부인! 친절한 말씀 감사합니다."
감옥장은 너무 기뻐서 숨이 막힐 지경이라 간신히 그렇게만 말했다.
처음부터 수와송 부인은 상대의 급소를 찌른 것이다.

"물론 프랑스 귀족 나리들은 모두 예의바르시니까 이 정도로 놀라서는 안 될지도 모르겠지만요."

생 마르는 모자 깃털 장식으로 땅바닥을 쓸 기세로 머리를 깊이 숙였다.

"그런데······." 총비가 말을 이었다. "이런 데서 머뭇거릴 것이 아니라 어서 부인을 만나 뵙고 싶네요. 부인이 계신 곳으로 저를 안내해 주시겠어요?"

감옥장은 즉시 상대의 소원을 들어줬다. 자기보다 아내가 더 말을 잘한다는 사실을 알고 있었기에 그는 이 외국 귀부인을 접대하는 일을 아내에게 맡기면 귀부인의 환심을 살 수 있을 것이라고 큰 기대를 걸었다.

감옥장은 "누추한 저희 집을 찾아와 주서서 참으로 영광입니다······" 비슷한 말을 중얼거리면서 총비를 성문 쪽으로 안내했다.

일행이 문을 통과하자마자 브리강디에르의 호령으로 의장대가 받들어총을 했다.

"어머나, 훌륭한 병사들이네요!" '카스트로빌라리 총비'가 큰 소리로 말했다. "더없이 질서 정연한 부대군요. 당신처럼 훌륭한 신하를 두신 프랑스 국왕 폐하는 정말로 복 받으신 분이에요."

과장기 섞인 칭찬을 들은 감옥장은 또다시 굽실굽실 고개를 숙였다. 그 사이에 수와송 부인은 주의 깊게 하사를 바라보았다.

수와송 부인은 여러 가지 탁월한 능력을 가지고 있었는데, 특히 한번 본 사람 얼굴은 절대로 잊어버리지 않는 놀라운 기억력을 지니고 있었다.

부인은 7년 전에 딱 한 번 브리강디에르를 만났다. 그것도 겨우 몇 분 동안 페론의 여관 한구석에서 대화를 나눴을 뿐이다.

그러나 부인은 브리강디에르의 정체를 순식간에 파악할 수 있었다.

하기야 전날 밤 방다가 고백했던 이야기가 어느 정도 부인의 기억력을 보조해 준 것도 사실이지만.

'이 사람이 방다의 가짜 남편이구나.' 부인은 금세 이렇게 생각했다. '먼저 이 남자를 내 편으로 만들어야지.'

수와송 부인은 생 마르를 향해 여왕님 같은 말투로 질문했다.

"감옥장님, 제가 이 훌륭한 병사들에게 팁을 좀 줘도 되겠지요?"

말을 마치자마자 수와송 부인은 감옥장의 찌푸린 얼굴에도 아랑곳하지 않고 금화가 가득 든 자루를 하사의 손에 쥐어 줬다. 감옥장은 부인의 호탕한 씀씀이가 별로 달갑지 않았지만 어쩔 도리가 없었다.

"그런데……." 수와송 부인이 태연하게 말했다. "이런 걸 여쭤 보면 참 호기심 많은 여자라고 생각하실지도 모르겠지만요. 지금 우리 눈앞에 있는 저 높다란 벽은 대체 뭔가요? 꼭 감옥 벽같이 생겼네요."

부인이 이런 질문을 던진 것은 마지막 도개교를 건너 '왕의 성루'와 '여왕의 성루' 사이의 길고 좁은 테라스로 나왔을 때였다.

성문을 등지고 서면 눈앞에 감시탑 벽이 나타난다. 그 위에는 정면 탑 세 개의 뾰족지붕이 솟아올라 있다.

실제로 그 음침한 건물은 척 봐도 감옥이라는 걸 알 수 있었으므로, '총비'가 그런 질문을 한 것도 당연한 노릇이었다.

그러나 의심 많은 감옥장은 그 질문에 기분이 상했는지 퉁명스럽게 대답했다.

"저것은 요새 내부 방어 시설의 일부분입니다. 제 거처가 있는 감시탑을 둘러싸고 있는 벽이지요."

"아, 그렇군요!"

"저기서 우리 집사람이 부인께서 오시길 기다리고 있습니다." 감옥장이 다소 누그러진 태도로 한마디 덧붙였다.

"아니, 뭐라고요? 베르사유에서 살기 위해 태어나신 듯한 당신 같은 분께서 저토록 음침한 건물에 살고 계시다니, 정말 놀랍군요! 부인도 그래요.

궁정에서의 화려한 삶을 포기하고 저런 감옥 같은 건물에서 생활하는 것을 용케도 받아들이셨군요!"

"하지만 저희로선 어쩔 수 없습니다! 국왕 폐하의 명령이니까요."

"아, 물론 그게 잘못됐다는 것은 아닙니다. 다만 놀랐을 뿐이에요. 만일 나나 파르마 대공 전하가 국왕 폐하께 부탁드림으로써 당신이 승진하게 된다면, 당신은 곧 실력에 걸맞은 중요한 지위를 차지하게 될 텐데 말이지요."

"저도 끊임없이 승진을 요구하고 있습니다만, 안타깝게도 든든한 후원자가 없다 보니 벌써 15년이나 이곳에서 썩고 있습니다."

"그럼 제가 당신을 후원해 드릴 테니 안심하세요. 뭐, 이 이야기는 나중에 다시 하지요. 빨리 부인을 뵙고 싶네요."

"네, 알겠습니다! 어서 가시지요." 감옥장은 이 지체 높은 부인이 자신의 간절한 소원을 들어주겠다고 약속하자 기분이 좋아져서 큰 소리로 외쳤다.

감옥장은 하사에게 신호해서 부하들과 함께 따라오라고 명령한 뒤, 사근사근한 태도로 '총비'를 에스코트하며 걸음을 옮겼다.

시종들은 예의바르게 얼마쯤 떨어져서 그 뒤를 따라갔다. 위풍당당하게 감시탑 입구를 향해 나아가는 일동의 맨 끝에는 브리강디에르의 의장대가 위치했다.

감시탑 입구는 건물 북쪽에 있었으므로 일행은 빙 돌아서 가야 했다.

일행은 테라스를 지나 '왕의 성루'에 도착하자 왼쪽으로 꺾어서 외호(外濠) 옆 순찰로(巡察路)를 따라 '폭약 성루'까지 갔다.

그동안 일행은 누구와도 마주치지 않았다. 용의주도한 감옥장은 비번 병사들이 병영 밖에서 어슬렁거리는 것을 엄격히 금지했던 것이다.

좁은 순찰로 끝에는 보초 한 사람이 지키는 나지막한 문이 있었다. 그 문은 감시탑 안뜰로 이어졌는데, 거기까지 똑바로 갈 수 있는 것이 아니라 복잡하게 이리저리 구부러진 길을 따라가야 했다.

도중에 '총비'는 프랑스 국왕의 요새 내부의 엄격한 규율에 감탄하면서 생마르를 열심히 칭찬하는 것을 잊지 않았다.

감시탑 앞뜰에 도착하자 '총비'는 탄성을 질렀다.

"세상에! 바깥쪽에서만 봐서는 상상도 못할 만큼 훌륭한 거주지군요. 저 세 건물의 위용은 정말 압도적이네요."

"왼쪽 건물이 저희 집입니다." 감옥장이 가슴을 활짝 펴고 말했다. "정면에 있는 것이 병영이고, 오른쪽 건물은 리상 요새 사령관과 장교들이 머무는 곳입니다."

"그렇군요. 그런데 건물 전체를 내려다보듯이 높이 솟아 있는 저 네 개의 탑에는 아무도 안 사나요?" 부인은 순수한 호기심에 찬 얼굴로 물어봤다.

"아니요, 그건 아닙니다." 감옥장은 어물어물 대답했다. "저 탑에는 국왕 폐하의 명령으로 제가 감시하는 사람들이 살고 있습니다."

"분명히 정치범일 테지요?"

감옥장은 무겁게 고개를 끄덕였다.

"아아, 역시 그랬군요!" 부인은 즐겁다는 듯이 소리쳤다. "아까 저 높은 벽을 봤을 때부터 그럴 거라고 생각했어요. 왠지 무서운 느낌이 들었거든요……."

"이 계단 위에서 집사람이 부인을 기다리고 있습니다." 감옥장은 서둘러 이렇게 말함으로써 난감한 화제에서 벗어났다.

'총비'는 그 이상 끈질기게 캐묻지 않았다. 그녀는 이윽고 희색만면한 생 마르 부인의 환영을 받았다.

두 여인은 생글생글 웃는 낯으로 마주 보며 공손하게 인사했다. 그러나 수와송 부인은 몹시 유행에 뒤떨어진 상대의 연노랑 치마를 보고 웃음을 참느라 애써야 했다.

남편보다 말솜씨도 좋고 상당히 재치도 있는 감옥장 부인은 금세 이 외국의 귀부인과 편하게 이야기를 나눌 수 있게 되었다.

게다가 수와송 부인은 이 여자를 기분 좋게 해 주려고 노력했다. 그리하여 두 사람이 몇 번이나 정중한 인사를 나누고 기나긴 말로 경의를 표한 뒤 의자에 앉자, 곧 열띤 대화가 시작되었다.

그동안 생 마르는 '카스트로빌라리 부인'의 시종들에게 가벼운 식사를 대접했다. 부인은 별로 먹고 싶지 않다면서 일찌감치 사양했었다.

"정말 신기하네요!" 인사가 끝나자 '총비'가 큰 소리로 말했다. "이렇게 매력적인 부인께서 오래된 성 안에 틀어박혀 지내시다니요. 대체 어떻게 참고 사시는 건가요?

제가 보기에 이것은 살인이나 다름없는 범죄 행위예요. 베르사유 궁전에 있는 친구들한테 편지를 써서 그렇게 말해 볼게요."

"아뇨, 부인! 설령 부인께서 도와주신다 해도 저희가 이 지긋지긋한 곳을 떠날 수 있을지 어떨지는 모르는 일이랍니다. 장관님께서는 저희가 이곳에 있다는 사실조차 잊어버리신 모양이니까요."

"그러나 장관도 무시할 수 없을 만큼 커다란 영향력을 지닌 인물도 있답니다. 제가 당신을 도와드릴 수 있다면, 파르마로 가는 도중에 일부러 먼 길을 택한 보람이 있었다고 할 수 있겠지요.

그런데 부인, 당신은 이런 시골에서 하루하루를 어떻게 보내고 계시나요? 피뉴롤 주민을 만나기라도 하시나요? 지체 높은 부인이 겨우 그런 만남으로 만족해야 한다는 것도 참으로 가슴 아픈 일이지만, 다른 방법이 없으니 어쩔 수 없지요.

아니면 혹시 에르빌 총독부인과 어울리면서 시간을 보내시나요? 어제 총독님 말씀을 들어 보니 지금은 부인이 자리를 비우신 모양이더군요. 하지만 피뉴롤에 계실 때에는 당신의 좋은 이야기 상대가 되어 주실 테지요?"

"아닙니다, 부인. 안타깝게도 저는 누구하고도 사귀지 않습니다. 마을 여자들은 꼴 보기 싫을 정도로 건방져서, 신분이 다르다는 사실은 제쳐 두더라도 그 사람들과는 절대로 사귀고 싶지 않거든요.

게다가 에르빌 총독부인은 무척 잘난 분이셔서 저를 하찮게 대하시고, 총독은 우리 바깥양반을 방해하기만 한답니다."

"어머나, 그런 줄은 꿈에도 몰랐어요. 왜 사이가 안 좋으신 거죠?"

"세력 다툼 때문이죠. 바깥양반은 르부아 각하의 깊은 신뢰를 받고 있기 때문에 전임자들처럼 총독의 지휘를 받지는 않거든요. 총독은 그게 마음에 안 드는 거지요."

"그렇다면 더더욱 르부아 장관이 남편분을 승진시켜 줘야 할 텐데요. 당신들은 지금 곤란한 처지에 놓여 있는 거잖아요?"

"실은 그뿐만이 아니에요. 에르빌 총독부인은 개인적으로 저를 미워하고 있어요. 제가 감시탑 안에서 일어난 일을 그 사람한테 낱낱이 알려 주지 않기 때문이지요. 하지만 저는 국가 기밀을 누설할 만큼 입이 가벼운 여자는 아니거든요."

"세상에, 국가 기밀이라고요!" '총비'는 깜짝 놀란 표정을 지어 보였다.

"네, 그렇습니다. 그것도 무척 중대한 기밀이에요. 국왕 폐하의 뜻으로 이곳에 갇혀 있는 죄수들은 모두 중요한 인물들이거든요. 그 사람들에 대한 총독부인의 염치없는 호기심을 만족시켜 줄 수는 없지요."

"아, 맞아요, 그랬죠!" '총비'는 시치미를 뚝 떼고 말했다. "까맣게 잊고 있었어요. 그러고 보니 이곳에는 죄수들이 있었지요.

아아! 이 감시탑에 갇혀 있는 지체 높은 귀족들을 날마다 만날 수 있다니, 부인께선 참 좋으시겠어요. 어쨌든 그 귀족들은 언젠가 다시 높은 지위를 되찾을 테니까요.

물론 부인께서 죄수들을 위문하시는 것을 국왕 폐하가 금지하지는 않으셨겠지요?"

"아닙니다, 부인. 죄수들은 대단히 엄중한 감시를 받고 있어요. 독방에 들어갈 수 있는 사람은 우리 바깥양반뿐이랍니다."

"네? 부인도 못 들어가신다니……."

"네, 그렇습니다. 저도 언제나 그 점을 아쉽게 여기고 있어요. 부인께서 말씀하셨듯이 죄수들 중에는 말이죠, 제가 친절하게 대해 주면 언젠가 석방돼서 베르사유 궁정에 다시 드나들게 됐을 때 분명히 은혜를 갚을 만한 인물들도 있으니까요."

"그것 참 지나치게 엄격한 규칙이군요. 하지만 상황에 따라서는 규칙을 좀 어겨도 괜찮지 않을까요? 나라면 그런 규칙에는 따르지 않을 거예요."

방구석에서 두 여자가 그렇게 소곤소곤 이야기를 나누는 동안 감옥장은 식탁 위에 한가득 차려진 맛있는 음식을 권하고 있었다.

시종들이 거품 나는 아스티산(產) 술을 마시면서 이야기꽃을 피우고 있었으므로 감옥장은 아내와 '총비'의 대화에는 전혀 신경을 안 쓰고 있었다.

이윽고 건배할 차례가 되었다. 감옥장은 먼저 아름다운 '총비'의 건강을 위해 건배하는 것이 예의라고 생각했다.

그는 술잔을 손에 들고 걸어가서 '카스트로빌라리 총비'에게 정중히 절을 한 다음 뭔가 세련된 한마디를 하려고 했다.

그러나 부인은 감옥장에게 입을 열 틈을 주지 않았다.

"저기, 생 마르 님." '총비'가 불쑥 말을 꺼냈다. "혹시 제가 무슨 부탁을 드리면 흔쾌히 들어주실 건가요?"

"그야 물론이죠." 감옥장은 그렇게 약속했다.

"어머, 역시 들어주시는 거군요. 그러면요, 여기 있는 죄수들을 면회하게 해 주세요."

설령 '총비'가 요새와 감시탑과 시가지를 다 합쳐서 피뉴롤 전역을 사보이 공에게 반환해 달라고 부탁했더라도 감옥장은 이 정도로 놀라진 않았을 것이다.

이 노련한 감옥장에게 죄수를 면회하게 해 달라는 요구는 그야말로 말도 안 되는 불가능한 이야기로 여겨졌다. 감옥장은 뭐라 대꾸도 못하고 온몸이 마비된 듯이 딱딱하게 굳었다.

'총비'를 위해 건배하려고 술잔을 들고 있던 손이 부들부들 떨렸다. 안 그래도 주름투성이인 이마에 한층 깊은 주름이 잡히면서 가발이 묘하게 흔들렸다.

감옥장은 입을 열었으나 한마디도 할 수 없었다. 그저 겁먹은 눈으로 '카스트로빌라리 총비'와 자기 아내를 번갈아 바라보면서, 그런 요구는 절대로 들어줄 수 없다는 사실을 아내도 증언해 주기를 바라는 듯한 태도를 보였다.

감옥장의 그 모습이 어찌나 우스꽝스럽던지 '총비'는 그만 웃음을 터뜨리고 말았다.

"이보세요, 생 마르 님!" '총비'는 짐짓 진지한 얼굴로 말했다. "저의 첫 번째 부탁에 대한 대답이 고작 그건가요?

그렇게까지 깜짝 놀라시다니. 혹시 제가 터무니없는 말이라도 한 건가요?"

"부인." 감옥장이 입을 열었다. "저는 설마…… 설마, 아무리 그래도……"

"제가 이런 부탁을 할 줄은 몰랐다고 말씀하시는 건가요? 아니, 왜요? 저는 파르마 공의 친구이고, 파르마 공은 프랑스 국왕 폐하의 신임을 받고 계세요. 그런데 당신은 베르사유에서 직접 찾아온 귀부인에게는 기꺼이 허락해 주실 일을 저에게는 허락해 주지 않으시는 거군요?"

"아뇨, 그게 아닙니다. 그것만은 상대가 누구라 해도 절대로 허락할 수 없습니다. 장관님의 특별 허가를 받은 사람이 아니고서야."

"장관님? 그게 누구신데요?"

"르부아 육군장관 각하이십니다."

"아, 그 사람이라면 파르마 공의 친한 친구인데. 이런 문제가 생길 줄 알았으면 미리 파르마 공에게 부탁해서 장관님께 편지 한 통 써 달라고 부탁할 걸 그랬네요."

"그런다고 장관님께서 허가해 주실 것 같지는 않습니다만. 제가 받은 명령은 몹시 엄중해서……."

"그래도 한번 시도는 해 볼래요. 사실 저는 호기심이 무척 강한 여자랍니다. 당신이 일반 방문객에게는 절대로 안 보여 주는 비밀 죄수를 만나지 못하고 그냥 돌아간다면 너무 아쉽고 속상할 것 같아요."

"어이구, 아닙니다!" 생 마르는 그럴싸한 핑계를 찾아냈다고 생각했다. "그깟 비밀이 뭐라고요. 부인께서 흥미를 가지실 만큼 중대한 비밀은 아닙니다."

"조심하세요, 생 마르 님." '총비'는 아까보다도 더 우습다는 듯이 웃음을 지으며 말했다. "당신이 그렇게 말씀하시니까 더더욱 죄수를 만나고 싶어지잖아요. 본디 여자는 한번 결심하면 좀처럼 포기하지를 못하거든요."

"부인, 솔직히 말씀드릴게요." 감옥장 부인이 남편에게 가세했다. "상부의 엄명만 없었다면 이이는 일찌감치 부인의 소원을 들어드렸을 겁니다. 하지만 그 명령을 어기면 이이는 이 자리에 있을 수 없게 돼요."

"혹시 그렇게 되면, 제가 잘 말해서 조만간 좀더 좋은 지위를 얻게 해 드릴게요." '총비'는 감옥장 부인의 귓가에 대고 이렇게 속삭이더니 감옥장을 돌아보며 약간 불쾌한 어조로 말했다.

"이 이야기는 이 정도로 끝냅시다. 당신의 지위가 위태로워지면 안 되니까요. 당신은 제가 베르사유에서 웬만큼 영향력 있는 여자라는 사실을 믿지 않으시니까 저를 특별 대우 할 수 없다는 말씀이시지요? 그래요, 그럼 다음에 프랑스로 가서 국왕 폐하의 허락을 받아 올게요. 맹우 파르마 공의 부탁이라면 폐하도 틀림없이 들어주실 거예요."

"부인, 그렇게 된다면 저도 기꺼이 부인의……."

"변덕을 받아 주시겠다는 거지요? 그래요, 내가 괜히 변덕을 부리고 있는 건 맞아요. 하지만 말이죠! 나는 어딜 가나 내 뜻대로 하는 데 익숙해져 버렸어요. 당신이 감시탑 규칙을 중시하듯이 나도 내 변덕을 중시한답니다."

"정말 죄송합니다." 생 마르는 송구스러운 듯이 말했다. "그 규칙은 절대로 어길 수 없지만, 그것 말고 다른 것이라면 뭐든지 부인의 부탁을 들어드리겠습니다."

"네, 그래요. 알았어요. 그러면 말이죠, 제가 당신을 조금도 원망하지 않는다는 증거로, 부인과 함께 이 성을 위에서부터 아래까지 다 구경하도록 하죠. 탑 꼭대기에 올라가면 분명히 알프스 산맥과 골짜기의 멋진 풍경이 보일 테지요."

"아니 뭐, 부인께서 굳이 구경하실 만큼 대단한 풍경은 아닙니다." 감옥장은 또다시 얼굴을 심하게 찌푸리면서 대답했다.

"아, 설마……." '총비'는 빈정거리듯이 말을 이었다. "탑에 올라가는 것도 예의 엄격한 규칙으로 금지되어 있나요?"

생 마르는 이번에도 손님의 부탁을 거절하려고 했다. 그러나 파르마 공과 친한 부인의 반감을 사고 싶지 않았던 감옥장 부인은 의미심장한 눈짓으로 남편을 입 다물게 했다.

"무한한 영광입니다, 부인." 감옥장 부인이 큰 소리로 말했다. "저희가 내내 갇혀서 지내는 이 변변찮은 숙소를 구경해 주신다니!"

"당신이 이곳에서 참고 견뎌야 할 날도 얼마 남지 않았어요." '총비'는 의미 있는 한마디를 했다.

"부인, 이이가 시종 분들께 식사를 대접하는 동안 제가 부인을 안내해 드리겠습니다. 그러면 신사 분들의 식사가 끝나기 전에 이곳으로 돌아올 수 있을 겁니다. 저희 성은 별로 크지 않거든요."

불쌍한 감옥장은 어쩔 줄 모르고 몸을 좌우로 흔들거나 술잔을 올렸다 내렸다 할 뿐이었다.

'카스트로빌라리 총비'는 이 기회를 놓치지 않았다.

'총비'는 식탁으로 다가가 시종 한 사람의 술잔을 들었다. 시종들은 잘 훈련된 가신답게 아무것도 모르는 척 평정을 유지하고 있었다.

"생 마르 님, 당신은 저를 위해 건배하려고 하셨지요?" '총비'는 기품이 넘쳐흐르는 태도로 말했다. "호의에 감사드립니다. 그렇다면 저는 프랑스 국왕 루이 14세 폐하의 건강을 위해 건배하겠습니다."

그렇게 말하면서 술잔 가장자리에 솟아오른 가벼운 거품에 '총비'가 입술을 대자, 이탈리아인들은 일제히 "국왕 폐하 만세!" 하고 진심으로 외쳤다.

생 마르도 가만히 있을 수는 없었으므로 "국왕 폐하 만세!" 하고 소리 높여 외쳤다.

이런 식으로 '총비'의 요구를 쉽게 들어줄 수 있겠다는 생각이 들자 감옥장도 갑자기 마음이 차분해진 모양이었다.

그러나 수와송 부인이 한때 자기를 사랑했고 그 뒤 자기를 추방해 버렸던 국왕을 위해 건배하면서 속으로 어떤 생각을 하고 있었는지는 오직 악마밖에 몰랐다.

언제나 경계를 늦추지 않는 감옥장은 부인들한테 이렇게 말했다.

"여자 둘이서 감시탑의 어두운 복도를 지나다니고 낡은 계단을 오르내리는 것은 위험합니다.

의장대 지휘관인 카라도스 하사가 계단 위에 있을 겁니다. 하사에게 명령해서 부하 두 사람을 데리고 동행하라고 해야겠어요."

그러더니 아내에게만 들리도록 목소리를 낮춰서 한마디 덧붙였다.

"브리케와 '성큼이'를 데려가. 그 두 놈은 믿을 만하니까."

수와송 부인의 눈이 반짝 빛났다. 자신의 호위병으로 지명된 하사가 바로 방다의 남편으로 위장하고 있는 남자임을 알았기 때문이다.

두 여자가 방을 나설 때 감옥장도 문간까지 나왔다. 스스로 부하에게 명령을 내리는 편이 안전하다고 생각했던 것이다.

브리강디에르는 계단 위에서 대기하고 있다가 지명된 두 부하와 함께 즉시 다가왔다. 두 부하란 다름 아닌 폴란드인 크스키와 터키인 알리로, 둘 다 가명을 쓰고 있었다.

실로 모든 상황이 수와송 부인에게 유리하게 돌아가고 있었다.

"어디부터 안내해 드릴까요, 부인?" 생 마르 부인은 남편이 방 안으로 돌아가자 싹싹하게 질문했다.

"글쎄요. 우선은 어디 옥상 같은 곳으로 올라가서 영내 전체를 둘러보고 싶네요."

"실은 그게 가장 재미있는 구경거리랍니다. 감시탑 안에서는 어딜 가나 긴 복도만 이어져 있고 그 양쪽에 병졸들과 장교들의 방이 죽 늘어서 있을 뿐이니까요."

"어머, 그래요? 그렇다면 감시탑 안을 돌아다니는 건 관둡시다. 그럼 천상으로 가는 길을 안내해 주세요. 바깥공기가 너무 그립군요. 이렇게 높은 벽에 둘러싸여 있으니 숨이 막히는 것 같아요."

"네, 그 기분은 저도 뼈저리게 느끼고 있습니다." 불쌍한 감옥장 부인은 한숨 섞인 목소리로 대답했다. 그리고 중앙 회랑 입구 근처에서 시작되는 나선 계단을 오르기 시작했다.

수와송 부인도 그 뒤를 따랐고 브리강디에르와 두 병사가 후미에 섰다.

스무 계단쯤 올라가서 좁고 둥그런 평지붕으로 나오자, 시내와 요새의 풍경이 갑자기 두 여자 눈앞에 펼쳐졌다.

"와, 정말 멋져요!" '총비'는 난간에서 몸을 쑥 내밀어 벽 아래쪽을 살펴보며 큰 소리로 외쳤다. "이봐요, 혹시 말이죠, 우리 지금 그 유명한 죄수들이 갇혀 있는 탑 꼭대기에 있는 건가요?"

"네, 맞아요. 이 탑에 두 명이 있고, 저기 오른쪽에 보이는 탑에 세 명이 있습니다."

"저기 세 번째 탑에도 죄수가 갇혀 있을 테죠?"

"아뇨, 저곳은 리상 요새 사령관의 거처입니다."

"네? 다 합쳐서 다섯 명밖에 안 되나요? 겨우 그것밖에 안 되는 죄수를 감시하려고 이렇게 많은 돈과 노력을 쏟아붓는다고요? 역시 그 사람들은 어지간히 중요한 인물인가 봐요."

"르부아 장관님은 그 죄수들을 감시하는 일을 그만큼 중요시하고 계십니다. 그 사람들이 죽지 않는 한, 우리 바깥양반은 여기서 벗어나지 못할 거예요."

"하지만 죄수들을 데리고 전근 가라는 허가가 떨어질 수도 있잖아요?"

"그게, 좀처럼 일이 그렇게 잘 풀리지 않아서요."

"제가 나서서 한마디 하지 않는다면 일이 그렇게 잘 풀리지는 않겠지요. 하지만 제가 파르마 공에게 잘 말해서 프랑스 국왕 폐하께 부탁한다면, 폐하는 틀림없이 허가를 내려 주실 거예요."

"아아, 부인! 만일 정말로 그렇게 된다면……."

"그렇게 된다면, 내가 여기 죄수 중 한 사람과 만날 수 있도록 남편을 설득해 주실 수 있으시겠어요?"

"아니…… 그건…… 정말로 그렇게 되리라고는, 도저히……."

"딱 한 사람이라도 좋아요. 어느 죄수로 할지는 당신 마음대로 선택해 주세요. 나는 그 죄수에게 절대로 말을 걸지 않겠다고 맹세하겠어요. 아, 그리고 6개월 이내에 당신을 여기서 꺼내 주겠다고 맹세할게요."

생 마르 부인은 버찌같이 새빨개진 채 흥벽에 앉아서 곰곰이 생각에 잠겼다. 두 사람의 대화는 아무도 들을 수 없었다. 브리강디에르는 두 부하와 함께 계단 쪽에서 대기하고 있었다.

따라서 수와송 부인은 마음 놓고 다시 한 번 부탁할 수 있었다. 그녀는 이 좋은 기회를 놓치지 않았다.

"어려운 부탁이라는 것은 잘 알고 있어요." '총비'는 감옥장 부인의 손을 꼭 잡고 부드럽게 속삭였다. "정말 터무니없는 억지지요. 하지만 전 도저히 포기할 수 없어요. 당신만 마음먹고 저를 도와주신다면……."

"저만요? 아뇨, 부인. 아쉽게도 그게 그렇지가 않아요."

"당신 남편이 그럴 마음을 먹어야 한다는 거죠? 하지만 어차피 똑같은 거잖아요. 당신처럼 재색을 겸비한 여성이 남편에게 영향을 미치지 못할 리 없으니까요. 제가 파르마 공에게 영향을 미치듯이 말이죠."

"제가 약속드릴 수 있는 것은 우리 바깥양반을 한번 설득해 보겠다는 것 뿐입니다. 그이는 일에 관해서는 정말로 철두철미한 사람이거든요.

게다가 솔직히 말씀드리자면, 그이는 부인께서 대체 왜 그렇게 죄수를 만나고 싶어하시는지 궁금하게 여길 거예요. 분명히 그이는 부인께서 특정한 죄수에게 관심을 갖고 있다고 오해할 겁니다."

"알았어요!" '총비'는 상대의 말허리를 잘랐다. "이렇게 된 이상 솔직히 말씀드릴 수밖에 없겠군요.

실은 제가 말이죠, 파르마 공과 내기를 했어요. 그분은 제가 피뉴롤 감시탑에 들어갈 수나 있을지 모르겠다고 하셨고, 저는 반드시 생 마르 감옥장을 설득해 보겠다고 했지요. 우리는 이 내기에 금화 2000닢을 걸었어요. 그리고 파르마 공은 관대한 분이셔서, 감옥장을 설득할 수단으로서 그분의 비호를 약속해도 좋다고 하셨죠.

그러니까 당신만 마음을 먹으면 당신들은 든든한 후원자를 얻게 될 테고, 저는 내기에서 이길 수 있다는 거예요. 아시겠어요?

"죄수들은 아무래도 상관없어요. 저는 그 사람들 이름도 모르고, 그다지 알고 싶지도 않아요. 그 증거로 저는 감옥장님께서 마음대로 고르신 죄수를 한 번 보기만 하면 그것으로 만족할 거예요."

이렇게 설명하는 수와송 부인의 어조는 더없이 자연스러웠다. 귀빈의 요구에 몹시 당황했던 감옥장 부인은 크게 마음이 흔들렸다.

생각해 보면 이 귀부인의 변덕을 받아 주는 것은 극히 간단한 일이었고, 남편이 출세하려면 든든한 후원자가 꼭 필요했다. 잘하면 자신이 바스티유 감옥장 부인이 될 날도 멀지 않은지도 모른다……

"그래도 말이죠, 부인." 생 마르 부인은 한숨 섞인 목소리로 말했다. "절대로 그 현장을 남에게 들키면 안 되고, 그게 외부로 소문나서도 안 돼요. 그랬다가는 우리 바깥양반의 지위가 위태로워질 거예요."

"저는 아무 말도 하지 않을 겁니다. 약속해요. 또 파르마 공은 세상에서 가장 입이 무거우신 분입니다. 이 일은 다른 누구에게도 알려지지 않을 테니까……"

"그럼 부인께서 데려오신 가신들은요?"

"네? 아니, 당신은 궁정 예복을 입은 그 얼간이들 때문에 걱정하시는 건가요? 제가 그 사람들한테 비밀을 고백할 것 같나요? 말도 안 돼요. 저는 그렇게 어리석은 여자는 아니에요. 당신이 제 계획에 찬성하신다면 우리 이렇게 하기로 해요.

먼저 저는 시종들과 함께 감시탑을 떠나서 시내의 숙소로 돌아갈게요. 당신은 오늘 밤 천천히 시간을 들여서 남편을 설득해 주세요. 저의 조그만 부탁을 들어 달라고 말이죠. 내일 2시에 저는 혼자서 요새 근처에 있는 프란체스코회 수도원에 기도하러 갈 겁니다.

그러면 당신이 그곳으로 날 맞이하러 오셔서, 남들 눈에 띄지 않게 저를 여기까지 데려와 주시는 거예요. 어때요, 간단하죠?

그 자리에서 감옥장이 직접 고른 죄수와 저를 딱 1분만 만나게 해 준다면, 저는 내기에서 이길 테고 당신은 능력에 걸맞게 출세하게 될 거예요."

"알겠습니다, 부인! 저는 아무것도 약속드릴 수 없지만, 가능한 한 노력해 보겠습니다." 생 마르 부인은 상대의 청산유수 같은 설득에 넘어가 저도 모르게 큰 소리로 말했다.

"어머, 든든한 말씀이군요. 정말 기뻐요!" 수와송 부인은 두 팔을 벌려 노란 드레스를 끌어안으려고 했다.

그러나 감옥장 부인은 그 팔을 피하더니, 이렇게 갑자기 친해진 모습을 남들이 보기라도 하면 곤란하다는 듯이 하사 쪽을 슬쩍 보았다.

"신중에 신중을 기해야 합니다." 감옥장 부인이 조그맣게 속삭였다. "이제 슬슬 방으로 돌아가는 것이 좋겠어요."

"그래요. 여기 더 있을 이유도 없으니까!" 수와송 부인은 들뜬 어조로 말했다. "하지만 우리가 밀담하러 이곳에 왔다는 것을 저 병사들에게 들키면 안 되니까, 여기서 좀더 풍경을 구경하다가 감옥장님께 작별을 고하러 가야겠어요."

말을 마친 수와송 부인은 재빨리 평지붕을 한 바퀴 돌았다. 그리고 마지막으로 한 번 더 해자 쪽을 바라보더니, 그 밑에 있는 키 큰 나무들의 잔가지가 거의 탑 3층까지 다다라 있는 것을 보고 회심의 미소를 지으면서 소리 높여 외쳤다.

"아, 정말 멋진 풍경이에요! 하지만 이제 슬슬 밤이슬이 내리는군요. 이러다 감기라도 걸리면 큰일이죠. 자, 어서 돌아갑시다."

올라올 때와 마찬가지로 내려갈 때에도 병사들에게 뒤를 맡긴 채 두 부인은 방으로 돌아왔다. 그곳에서는 아직도 유쾌한 연회가 벌어지고 있었다.

특히 생 마르 감옥장은 기분이 좋아 보였다. 그는 자신이 멋지게 난국을 타개했으며, 이로써 유력한 외국 귀부인의 환심을 사는 데 성공했다는 헛된 희망을 품고 있었다.

감옥장은 파르마 대공과 그의 친구인 귀부인을 칭송하는 장광설을 늘어놓으려 했다. 그러나 귀부인은 파르마에서 중요한 사자가 오기로 되어 있어서 아쉽지만 그만 가 봐야겠다고 말했다.

그 자리에 모인 사람들은 모두 진심 어린 작별 인사를 나눴다. 감옥장은 자신의 관할 구역 바깥까지 손님을 배웅했다.

감옥장은 '총비'가 무척 마음에 들었다. 사실 '총비'는 그보다 더 감옥장에게 만족했지만 말이다.

'총비' 즉 수와송 부인은 이미 면밀한 계획을 세워 놓았다. 그 계획은 다음과 같은 상황을 상정한 것이었다.

감옥장 부인은 틀림없이 남편을 설득하는 데 성공할 것이다. 또한 다섯 죄수 중에서 수와송 부인이 원하는 인물을 감옥장이 고를 가능성은 충분히 있었다.

게다가 그 가능성은 수학적 확률보다 더 높을지도 모른다. 수와송 부인이 이런 기대를 품은 데에는 그럴 만한 이유가 있었다.

페론 사건은 오래된 일이라 이미 세상 사람들의 기억 속에서 사라졌다. 솜 강 여울에서 체포된 남자는 감옥장이 보기에는 다른 죄수들만큼 중요해 보이지 않을 수도 있다. 떠도는 소문에 의하면 다른 죄수들은 모두 대단한 인물들이라고 했다.

수와송 부인은 그 다섯 명 중에 푸케와 마티올리가 포함돼 있다는 사실을 알았다. 그리고 이 두 사람을 감옥장이 고를 리 없다고 예상했다.

푸케와 마티올리에 관해서는 국왕이 특별히 엄중한 명령을 내렸을 게 틀림없었다.

나머지 세 명 가운데 수와송 부인이 이름도 얼굴도 잘 알고 있는 인물이 실은 하나 더 있었다. 바로 로쳉 백작이었다. 그러나 백작은 1671년에 궁정에서 모습을 감췄으므로 부인은 이 남자를 완전히 잊고 있었다.

또한 수와송 부인은 이렇게 예측했다. 감옥장이 자기에게 보여 줄 죄수는 다른 사람들만큼 유명하지도 않고, 이탈리아 귀부인과 아는 사이일 리도 없는 남자일 것이라고.

그 정도면 수와송 부인이 모험을 해 보기에 충분한 근거였다.

어쩌면 감옥장은 약속을 부분적으로만 지켜서 열쇠 구멍을 통해 죄수를 엿보는 일만 허락할지도 모른다.

하지만 그것만으로도 소기의 목적은 달성하는 셈이었다. 아니, 오히려 그 편이 나을지도 몰랐다. 직접 대면하면 죄수가 수와송 부인의 얼굴을 보고 동요할 염려가 있었다.

만일 부인이 기대하는 대로 그 죄수가 필립 드 트리라면, 이제 뒷일은 방다와 부하들에게 맡기고 나사 판사의 집에서 작전 결과를 기다리기만 하면 되었다.

반대로 손수건에 적힌 글씨가 필립의 글씨라는 것이 부인의 착각이었을 뿐이며 그 죄수가 실은 모리스라면, 부인은 나머지 사람들이 이 위험한 계획을 어떻게 처리하든지 신경 쓰지 않고 재빨리 피뉴롤에서 도망칠 생각이었다.

감옥장이 보여 주는 죄수가 필립도 아니고 모리스도 아니라면 어떻게 할까. 그건 그때가 돼 봐야 알 것 같았다.

이처럼 수와송 부인이 이리저리 열심히 머리를 굴린 까닭은 다음 날 밤에 필립을 구출할 예정이기 때문이었다. 부인은 다음 날 다시 감시탑을 방문했다가 그날 밤 즉시 탈옥 계획을 결행할 생각이었으므로 서둘러 준비하기 시작했다.

숙소에 돌아가자마자 수와송 부인은 나사 판사를 불렀다. 부인은 감옥에 갇힌 동포 마티올리의 구출에 협력해 달라고 부탁했다. 그리고 그날 밤 안으로 줄, 밧줄, 갈고리, 평민 옷을 입수하는 역할을 판사에게 맡겼다.

두 시간이 지나자 필요한 물건이 모두 준비됐다. 부인은 방다가 오기를 기다렸다. 그러나 생 마르 부부와 맺은 약속에 대해서는 물론 한마디도 안 할 생각이었다.

약속 시간에 방다가 찾아오자 수와송 부인은 당장 용건을 말했다.

"준비는 다 끝났어. 내가 직접 가서 다 보고 왔어. 창문에는 쇠창살이 끼워져 있더군. 그건 이 줄로 자를 거야. 또 벽을 두 번이나 넘고 해자를 건너야 하니까 갈고리와 밧줄도 준비해 놨어. 그리고 이건 이 도시에서 탈출할 때 입을 변장용 옷이야.

자, 어때? 세탁물 꾸러미 속에다 이 줄과 밧줄을 숨겨서 내일 당신 남편이라는 그 하사에게 건네줄 수 있겠어?"

"네."

"좋아, 잘 부탁해. 그러면 하사는 내일 한밤중에 그 죄수가 유폐되어 있는 탑의 평지붕으로 올라가서, 흉벽 총안에 밧줄을 걸고 죄수의 독방 창문이 있는 데까지 내려가서 쇠창살을 자르는 거야. 그 다음엔 죄수와 함께 해자 속으로 내려가는 거지. 그곳에 당신의 충성스런 부하나 미리 매수한 병사가 대기하고 있다가, 감시탑을 둘러싼 성벽 너머로 나머지 밧줄 하나를 던져 주는 거야. 그렇게 성벽을 넘으면 셋이서 해자를 건너 우리가 기다리는 이 집으로 달려오는 거지.

당신 남편이라는 남자가 과연 이 일을 해낼 수 있을까?"

"그 사람은 적어도 최선을 다할 겁니다. 설령 그러다가 목숨을 잃는다 해도."

"그렇군. 그럼 방다, 내일모레 아침 해가 뜰 무렵이면 우리 둘 중 누군가는 연인과 다시 만날 수 있을 거야!" 수와송 부인이 큰 소리로 외쳤다. "자, 이 도구들을 가져가. 부디 하느님께서 우리에게 은총을 내리시길!"

"만일 하느님께서 제 편을 들어 주신다면……." 방다는 천천히 말했다. "모리스에게 위해를 가하지 않겠다고 맹세하실 수 있겠지요?"

"그래. 이 자리에서 다시 한 번 맹세할게. 자, 어서 가 봐! 내일 밤 같은 시각에 다시 만나자."

방다는 탈옥수가 나사 판사네 집에 와서 입을 옷만 빼고 나머지 탈옥 도구들을 모두 챙긴 다음 침착하게 밖으로 나갔다.

마침내 자신의 운명이 결정될 순간이 다가왔다. 방다는 결사적인 각오를 다졌다.

27 발각

그날 밤 생 마르 감옥장의 서재에서 심한 말다툼이 벌어졌으리라는 것은 누구나 쉽게 상상할 수 있으리라.

불운한 감옥장은 손님을 전송한 다음 자신의 외교적 수완에 감탄하여 우쭐거리면서 돌아왔다. 그러나 감옥장의 기쁨은 오래가지 않았다.

감옥장 부인은 이례적인 대연회 때문에 뒤죽박죽이 돼 버린 집안일을 수습하는 일도 제쳐 두고 곧바로 공격을 개시했다.

'총비'가 그녀의 변덕스런 욕구에 아직도 집착하고 있다는 사실을 알자 감옥장은 소스라칠 정도로 놀랐다.

그것이 '총비'의 비호를 얻기 위해 치러야 할 대가였던가!

물론 감옥장은 정신 나간 귀부인에게도, 또 그 요구에 귀를 기울인 어리석은 아내에게도 몹시 화를 냈다.

감옥장 부인은 남편의 비난을 말없이 듣기만 했다. 그렇게 상대를 실컷 떠들게 해 주고 나서 그녀는 '총비'의 제안에 관해 다음과 같이 말했다.

얼마 전부터 그 대단한 뒤프레누아 부인은 언니 부부의 독촉에 진저리가 났는지 이따금 냉정한 답장만 보내게 되었다. 또 르부아 총리는 국왕 폐하를 위해서라는 대의명분을 방패삼아 당분간 생 마르를 승진시킬 마음이 없는 듯했다. 요컨대 감옥장 부부는 피뉴롤 산골짜기에서 평생 벗어나지 못할 수도 있었다.

안타깝지만 감옥장도 이 사실은 인정할 수밖에 없었다. 하지만 그렇다고 해서 자신의 직무에 위배되는 행동을 할 수는 없다, 국왕 폐하의 비밀을 누설했다가는 정말로 파멸할 것이라고 감옥장은 강하게 주장했다.

그러자 감옥장 부인은 이렇게 반론했다. "아니, 왜 그렇게 극단적으로 생각하시는 거예요? 이 정도 사소한 규칙 위반을 우리 말고 누가 안다고 그러세요?

생각해 보세요. 별것도 아닌 직업적 양심을 지키느라 한 나라 영주의 지지를 잃고 유력한 귀부인을 적으로 돌릴 위험을 무릅쓰다니, 그건 현명한 행동이 아니에요."

이처럼 아내가 청산유수로 말하자 까다로운 감옥장의 마음도 점점 흔들렸다. 그는 어느새 손님에게 보여 줘도 될 만한 죄수를 찾기 시작했다.

두 마리 티티새는 처음부터 논외였다.

그 두 사람에 대한 르부아의 명령은 엄격하기 짝이 없었다. 그 명령을 조금이라도 어기는 것은 너무 위험한 짓이었다.

마티올리도 국적 때문에 면회 대상에서 제외됐다. 단 1분이라도 파르마 대공의 총희인 이탈리아 귀부인과 마티올리를 만나게 하는 것은 몹시 경솔한 행위로 여겨졌다.

남은 사람은 푸케와 로죙뿐이었다.

감옥장 부인은 망설임 없이 로죙을 골랐다. 그녀는 자신의 선택에 대해 더 없이 상식적인 이유를 들었다.

로죙은 세상 사람들의 머릿속에서 사라졌지만 그가 피뉴롤에 갇혀 있다는 사실은 널리 알려져 있었다.

게다가 1년 전부터 로죙에 대한 처우는 많이 나아졌다.

국왕은 오랫동안 이 남자를 엄중한 감시 아래 가혹한 옥살이를 하게 했지만, 이윽고 그에게 편안한 방과 좋은 식사와 시중 들 하인을 제공하는 것을 허락했다. 그리고 이따금 푸케 재무장관이나 주둔 부대 장교 중 희망하는 사람은 누구나 만날 수 있게 해 주었다.

이러한 은전(恩典)으로 볼 때 로죙은 머지않아 석방될 것으로 예상되었다. 그러므로 외국 귀부인과 잠시 어울리면서 기분 전환할 기회를 로죙 백작에게 주는 것도 괜찮을 것 같았다.

아니, 괜찮은 정도가 아니라 그렇게 함으로써 일석이조의 효과를 거둘 가능성도 있었다.

궁정의 판도는 시도 때도 없이 변하는 법이다. 로죙은 언젠가 다시 왕의 총애를 받을 수도 있었다. 그때가 되면 그는 자신에게 친절을 베푼 감옥장을 떠올릴지도 몰랐다.

더구나 지난 10년 동안 로죙은 한 번도 여자 얼굴을 보지 못했다. 아마

'총비'를 만나게 해 준다면 크게 감사할 것이다.

감옥장 부인은 그 밖에도 여러 가지 이유를 들었으며 결국 생 마르도 마지못해 고개를 끄덕였다. 이 문제는 이것으로 결론이 났다.

그러나 아내의 의견을 받아들이는 대신에 감옥장은 이 비밀을 아무에게도, 심지어 로찡 본인에게도 알리지 않는다는 조건을 달았다.

이 면회는 로찡이 혼자서 침실에 있을 때 이루어질 예정이었다. 병사들뿐만 아니라 두 하녀도 근처에 접근하지 못하도록 충분히 신경 쓰면서 감옥장 부인이 데려온 '총비'를 감옥장이 직접 안내할 것이다. 독방 자물쇠도 손수 열고, 두 사람의 만남을 옆에서 지켜보면서 면회 시간이 길어지지 않도록 조절할 것이다.

이렇게 정하고 나서 부부는 침상에 누웠다. 아내는 커다란 만족감을 느꼈지만 남편은 심한 불안을 느끼면서 잠들었다.

감옥장 부인이 승진하는 꿈을 꾸고 감옥장이 장관의 노여움을 사는 악몽을 꾸던 무렵, 수와송 부인과 방다는 저마다 다음 날의 결전을 준비하고 있었다. 두 사람에게는 그날 밤이 너무나 길게만 느껴졌다.

이튿날 오전은 특별한 사건 없이 평화롭게 흘러갔다. 다만 세탁부가 '왕의 성루'에서 오랫동안 남편과 이야기를 했고, 이어 카라도스 하사와 충성스런 두 부하 브리케 및 '성큼이'가 간단한 대화를 나누었을 뿐이다.

약속 시각이 되자 생 마르 부인은 걸어서 요새를 빠져나와 '총비'가 기다리는 프란체스코회 수도원 성당으로 갔다.

한편 생 마르 감옥장은 이리저리 왔다 갔다 하면서 이런저런 명령을 내렸다. 부하를 멀리 쫓아 버리거나 오랫동안 감시탑을 비워야 할 용건을 만들어 내거나 하면서 쓸데없는 목격자가 한 명도 생기지 않도록 신경을 썼다.

이처럼 감시탑 사람들이 바쁘게 움직이는 와중에 느긋하고 편안하게 지내는 사람이 딱 한 명 있었다. 바로 첫 번째 탑 3층에 갇혀 있는 로찡 백작이었다.

로찡은 늘 그렇듯이 늦게 일어나서 오전 면회를 하러 온 감옥장을 실컷 골려 줬다. 그 다음에는 맛있는 점심을 배불리 먹은 뒤 두 손을 호주머니에 찔러 넣고 미뉴에트를 흥얼거리며 실내를 산책했다.

막대한 재산을 모은 이 남자는 점잖은 루이 14세 궁정에서 유난히 눈에 띄는 특이한 존재였다. 그리하여 그 이름은 좀더 중요한 다른 인물들을 제치고 후세에 길이 남았다.

로젱의 이름은 여자 복 많은 남자의 대명사가 되었다. 실제로 이 남자의 경력은 상당히 재미있으므로 짧게나마 소개할 만한 가치가 있으리라.

로젱은 가스코뉴 지방에 사는 가난한 귀족의 아들로 태어났다. 5남 3녀 중 삼남이었다.

어릴 때 고향을 떠나 파리로 상경한 로젱은 아버지의 사촌인 그라몽 원수의 집에서 살게 되었다.

그때 아무런 지위도 없었던 이 남자는 퓌이기엠 후작이라고 불렸다. 그런데도 그는 궁정에서 출세해 왕의 총애를 받는 신하가 되었다. 순식간에 베리 지방 총독으로 추대되고 소장 자리에 올랐다. 이어서 그를 위해 특별히 마련된 용기병대 명예대장으로 취임하더니 나아가 근위대장으로 임명됐다.

그러나 로젱은 신하로서 출세하는 것보다 여자를 유혹하는 데에서 더 눈부신 성공을 거뒀다.

이 남자가 정복한 여자 중에서 가장 유명한 인물은 바로 오를레앙 공 가스통의 딸이자 루이 13세의 조카딸이며 루이 14세의 사촌인 몽팡시에 공주였다. 이 여자는 로젱을 무척 사랑했으므로 로젱이 마음만 먹으면 언제든지 결혼할 수 있었을 것이다. 그러나 어느 날 갑자기 그는 그녀를 걷어찼다.

사회가 예의범절을 기반으로 성립돼 있던 시대에 태어났으면서도 로젱은 누구 앞에서도 예의를 차리지 않는 특이한 성격의 소유자였다.

어느 날 로젱은 그때 호의를 품고 있던 모나코 공비에게 짜증이 나 버렸다. 공비가 생클루 궁전의 커다란 홀에서 쿠션 위에 앉아 한 손을 바닥에 늘어뜨린 모습을 보자, 로젱은 다른 부인들에게 정중히 인사하는 척하면서 그 손을 구두 뒷굽으로 꽉 밟은 채 한 발로 빙글 돌아서 나가 버렸다.

또 한 번은 당시 왕의 사랑을 듬뿍 받던 몽테스팡 부인에게 차마 듣지 못할 저급한 욕설을 퍼붓기도 했다.

루이 14세로 하여금 일생에서 가장 훌륭한 행동을 하게 만든 것도 바로 이 남자였다. 국왕이 그를 포병대장으로 임명해 준다는 약속을 지키지 않자 로젱은 국왕에게 대놓고 말했다. "저는 이토록 비열하게 약속을 어기는 군주를 더 이상 모실 수 없습니다." 그 순간 루이는 돌아서서 창문을 열고 자기 지팡이를 밖으로 내던지더니 "암, 귀족을 때릴 수는 없지!"라는 한마디를 남기고 방을 나가 버렸다.

그러나 여자를 후리면서 자유분방하게 살아갔던 이 대단한 남자는 뛰어난 미남도 아니었고 탁월한 재주꾼도 아니었다.

생시몽은 이렇게 말했다. "로죙은 연한 금발 머리를 지닌 조그만 사내였다. 몸매는 날씬하고 얼굴 생김새는 우아하지만 별로 매력이 없었다. 야심이 많고 제멋대로이며 변덕스러운 데다 질투심도 강했다. 매사에 불만이 많았으며 학식도 없고 재기도 부족했다. 천성이 우울하고 고독하고 낯을 심하게 가리는 남자였다. 태도는 기품이 넘쳐흘렀다. 타고난 못된 심보에 야심이 박차를 가하긴 했지만, 그래도 그는 친구에게 끈끈한 우정을 느끼고 가족에게 깊은 애정을 쏟았다. 그러나 남에게는 적의를 품고 신분에 무관심한 사람에게도 증오를 느꼈다. 남의 결점을 가차 없이 지적하고 남을 웃음거리로 만드는 재주가 뛰어나며 매우 용감하고 무모했다."

이 초상에 설명을 덧붙일 필요는 없으리라. 다만 어떤 운명의 장난으로 로죙이 감옥에 갇히게 되었는지는 잠시 설명하고 넘어가겠다.

국왕과 몽테스팡 부인은 로죙의 무례한 언동에 화가 나서 언젠가 기회가 되면 혼쭐내 주려고 했다. 그때 로죙을 몹시 싫어하는 르부아가 "이런 불손한 위험인물은 즉시 쫓아 버려야 한다"고 루이 14세를 설득했다. 그리하여 1671년 9월 어느 날 밤 로죙은 비밀리에 체포되어 피뉴롤로 옮겨진 뒤 거기서 10년의 세월을 보내게 되었다.

듣자 하니 감옥에 갇힌 직후 로죙은 심적인 괴로움 때문에 병에 걸려 참회하고 싶다는 말을 꺼냈는데, 신부로 변장한 첩자가 자신의 비밀을 알아내려고 올까 봐 꼭 카푸친회 수도사를 보내 달라고 완강하게 주장했다고 한다. 그리고 신부가 모습을 드러내자마자 로죙은 그 턱수염을 확 잡아당겨 가짜 수염인지 아닌지 확인했던 모양이다.

이런 경력과 일화를 알고 있다면, 지금 환한 햇살 아래 깔끔한 가구가 놓인 넓은 방 안을 거닐고 있는 기묘한 죄수의 모습을 누구나 쉽게 상상할 수 있으리라.

이 특별실은 '아랫탑'의 어두운 독방과는 전혀 달랐다. 피뉴롤 주민 중에서도 이만큼 쾌적한 곳에 살지 못하는 사람이 많았다.

한참동안 휘파람을 불거나 발로 박자를 맞추거나, 너무 자주 읽어서 너덜너덜해진 책 두세 권을 들춰 보거나, 천장을 올려다보거나 하다가 로죙은 마침내 턱이 빠지도록 늘어지게 하품한 뒤 혼잣말을 했다.

"하인은 돌아오지도 않고, 감옥장도 저녁 식사 때까지는 안 오겠지. 어휴, 심심한데 아래층 사람이랑 수다나 떨어 볼까."

로죙은 그 계획을 즉시 실행에 옮겼다.

먼저 침대를 잡아당기자 벽 쪽의 쪽매붙임 바닥이 드러났다.

오래전에 하인의 도움을 받아 이 마루 판자를 잘라 내서 아래층 사람과 연락을 취할 수 있게 해 놨던 것이다.

그 작업은 조금도 힘들지 않았다. 특별대우를 받는 죄수는 필요한 도구를 다 가지고 있었다. 톱, 펜치, 망치, 못뽑이 등등 별의별 것이 다 있었다는 사실은 그 시절 로죙의 회계 보고 내용을 보면 알 수 있다.

국립 기록보관소에 보관돼 있는 1672년 2월 10일자 계산서에는 이런 도구들을 구입하는 데 250리브르가 쓰였다고 기록돼 있다. 참고로 이 계산서의 총액은 1만 574리브르, 즉 현재(19세기 후반)로 치면 약 5만 프랑이나 된다.

이처럼 로죙은 아무런 부족함 없이 잘살고 있었으므로 독방 바닥이나 벽을 뚫기 위해 일반 죄수들처럼 눈물겨운 노력을 할 필요가 없었다.

그러나 로죙은 그런 도구들을 써서 탈옥을 시도하지는 않았다. 아마 탈옥에 실패해서 국왕의 분노를 샀다가는 큰일이라고 생각했던 것이리라.

그 대신 남아도는 시간을 이용해 그는 자기 침실 밑에 있는 방으로 이어지는 비밀 출입구를 만들었다. 그것은 마루판을 뚜껑처럼 여닫는 형태였다.

유감스럽게도 이 작업을 끝내고 보니 아랫방은 텅 비어 있었다. 헛수고를 한 것이다.

그때 푸케는 아직 1층 독방에 갇혀 있었다. 그가 특혜를 받아 2층으로 이동한 것은 나중 일이었다.

게다가 2층으로 이동함과 동시에 푸케는 공식적으로 로죙을 만날 수 있게 되었다. 결국 로죙은 비밀 출입구를 쓸 기회가 없었다.

두 죄수는 일주일에 한 번씩 만나는 것을 허락받았다. 로죙은 별로 수다 떨기를 좋아하는 성격도 아니라서 그보다 자주 푸케를 만나고 싶지는 않았다.

따라서 그는 지금까지 한 번도 비밀 통로를 사용해 본 적이 없었다. 그런데 오늘따라 그런 생각을 떠올린 것은, 어지간히 심심했기 때문이기도 하겠지만 실은 또 다른 이유도 있었다.

로쳥은 왠지 푸케가 마음에 들지 않았다. 겉으로는 그를 상냥하게 대했지만 기회만 있으면 실컷 비웃었다.

그러다가 오늘은 또 변덕이 나서, 푸케를 깜짝 놀라게 해 줘야겠다고 생각한 것이다.

침대를 옮긴 뒤 로쳥은 서랍장을 뒤져서 마루판을 들어올리기에 적합한 긴 끈을 꺼내더니 바닥에 꿇어앉아 작업을 하기 시작했다. 그 바람에 녹색 태피터 타이츠에 달린 아름다운 붉은 리본과 레이스 소맷부리가 더러워졌지만 로쳥은 조금도 신경 쓰지 않았다.

5분도 지나지 않아 바닥 뚜껑이 소리 없이 열렸다.

로쳥은 벽에다 등을 기댄 채 바닥에 난 구멍 아래로 다리를 내려뜨려 흔들흔들하면서 아랫방을 자세히 살펴봤다.

푸케는 낡아 빠진 서지로 덮인 볼품없는 침대에 누워 잠을 자고 있었다. 한때 프랑스 재정을 손아귀에 넣었던 유복하고 호탕한 재무장관은 이제 매우 빈약한 가구를 쓰고, 또 온통 벌레 먹은 궤짝에 보관된 초라한 옷가지 몇 벌만 가지고 있을 뿐이었다.

심술궂은 위층 주민은 한동안 그 모습을 재미있다는 듯이 바라보고 있었다. 하긴 마자랭의 후계자이자 라 발리에르와의 연애 문제로 국왕과 다투었을 만큼 대단했던 남자가 지금은 노령과 심적 고통 때문에 이토록 비참한 신세가 되어 있다는 것은 상당히 흥미로운 일이긴 했다.

창백하고 여윈 푸케의 얼굴에는 슬픔과 고뇌가 어려 있었다. 잿빛 턱수염은 가슴까지 길게 늘어졌고 은색 곱슬머리는 어깨를 덮을 정도였다.

장려한 보 궁전의 주인, 여자에게 무시당한 적이 한 번도 없는 호탕한 바람둥이 재무장관, 200만 리브르나 들여서 대연회를 열기도 하고 한번은 모든 손님의 냅킨 밑에다 금화 500닢이 든 지갑까지 놔뒀을 만큼 사치를 즐기는 신하, 타의 추종을 불허할 정도로 위대한 남자 푸케는 이제 그리스도의 사도 또는 은둔자처럼 살아가고 있었다.

푸케는 꿈을 꾸는지 이따금 몸을 꿈틀거리거나 무슨 말을 하려는 듯이 자꾸만 입술을 달싹거렸다.

"잃어버린 영광에 대한 꿈이라도 꾸고 있나 보군." 로죙은 혼잣말을 했다. "저러다 깨어나면 분명히 실망할 텐데. 흠, 그러면 계속 꿈을 꾸게 해 줘 볼까?"

로죙은 돌연 큰 소리로 엄숙하게 그를 불렀다.

"푸케 각하! 재무장관 각하!"

불쌍한 남자는 희미하게 눈을 뜨고 대답했다.

"왜 부르느냐?"

"재정 평의회가 열릴 시간입니다. 국왕 폐하께서 기다리고 계십니다, 재무장관 각하!"

푸케는 윗몸을 벌떡 일으키더니 환상을 물리치려는 듯이 두 팔을 휘저으며 얼떨떨한 얼굴로 질문을 던졌다.

"나를 부르는 것이 대체 누구냐?"

"누구긴요, 접니다." 로죙이 우습다는 듯이 대답했다. "앙토냉 농파르 드 코몽, 로죙 백작입니다."

"아, 퓌이기엠이었군!" 푸케가 중얼거렸다. "아아! 역시 꿈이었어."

"뭐, 저를 퓌이기엠이라고 불러도 상관없긴 하지만요." 심술궂은 위층 남자는 다리를 대롱대롱 늘어뜨린 채 유쾌하게 말했다. "그래도 꽤 오래전부터 저는 퓌이기엠이라고 불리지 않게 되었단 말이죠.

그새 잊어버리셨습니까? 저는 베리 지방 총독이자 용기병대 명예대장, 국왕 폐하의 근위대장이란 말입니다."

"저런, 저 친구가 또 정신이 이상해진 모양이야." 푸케가 작은 소리로 중얼거렸다.

"전에도 말했듯이 저는 잘하면 왕족 여인과 결혼할 수도 있었습니다. 그 여자는 지금도 저를 잊지 못해서 저에게 전 재산을 남기려고 한답니다. 그러니까 몽팡시에와 동브 대공령(大公領), 우 백작령과 오마르 백작령을 말이지요."

"여보게, 자네는 이토록 비참해진 사람을 놀리는 게 그렇게 재미있나?"

"아니, 놀리다니요! 저는 그저 1661년에 당신이 재무장관이었다는 것 만큼이나 엄연한 사실만 말하고 있을 뿐입니다.

게다가 말이죠, 저는 여단장이거든요. 1670년 플랑드르 원정 당시에는 군사령관으로 임명됐다고요.

그러니까 저는 여기서 나가면 곧 원수가 될 테고, 귀족원 의원도 될 수 있다고요."

푸케는 침대에서 일어나 팔짱을 끼고 천장 출입구 밑으로 걸어왔다.

이때 푸케는 속으로 무슨 생각을 하고 있었을까? 아마 자기가 사귈 수 있는 유일한 죄수가 제정신이 아니라니 내 운명도 참으로 기구하다고 생각하고 있었을 것이다.

1661년 9월 5일 낭트에서 체포된 뒤로 재무장관은 완전히 이 세상에서 매장돼 버렸다.

바깥세상 이야기는 푸케의 귀에 하나도 들어오지 않았다. 그는 자기를 미워하는 젊은 왕이 여전히 옥좌에 앉아 있는지, 가족들이 아직 살아 있는지 전혀 모르는 채로 살아가고 있었다. 감옥장은 그를 철저히 감시했다. 그가 죄수에게 하는 말이라고는 자기 직무에 관한 불평뿐이었다.

푸케는 생 마르가 이곳의 감옥장이라는 사실 외에는 아무것도 몰랐다.

로죙은 20년이나 고독하게 살아온 끝에 푸케가 처음으로 만난 인간이었다. 생 마르는 인간으로 칠 수 없었다. 생 마르는 감시용 기계에 지나지 않았다.

푸케는 윗방 죄수가 누구인지 금세 알아차렸다. 옛날에 로죙을 여러 번 만난 적이 있었던 것이다.

그러나 푸케가 궁정을 떠날 무렵에 로죙은 이름만 번드르르하지 변변한 자산도 없는 시골 귀족의 셋째 아들일 뿐이었다. 그런 로죙이 자기 칭호며 공직이며 영지에 대해 이야기하고 심지어 루이 14세의 사촌과 결혼할 뻔했다는 말까지 하자, 푸케는 야심과 불행 때문에 이 청년이 드디어 미쳐 버린 모양이라고 생각했다.

로죙은 이 오해를 무척 재미있게 여겼다. 그래서 틈만 나면 이 이야기를 꺼내 재무장관을 놀리면서 은밀한 기쁨을 맛보았다.

그러나 오늘은 로죙의 예상이 빗나갔다. 푸케는 얼른 화제를 바꿔 이렇게 질문했다. "도대체 이 천장에 난 구멍은 뭔가? 이걸 왜 뚫은 거지?"

"좀더 자주 당신을 만나고 싶어서요." 로죙은 베르사유 궁전 어딘가에 앉아 있는 것처럼 우아하게 고개를 까딱이며 대답했다.

"아니, 생각 좀 해 보게. 이러다가 감옥장한테 들키기라도 하면 우리는 또 옛날같이 엄중한 감시를 받게 될 거야."

"흥, 저하고는 상관없는 문제예요. 저는 올해 안에 분명히 석방될 테니까요. 몽팡시에 공주는 저를 못 만나는 슬픔 때문에 그만 쇠약해진 모양입니다. 국왕 폐하는 사촌을 아끼시는 분이니까 우리 둘 사이를 더 갈라놓으려고 하시지 않을 겁니다."

"그래? 그럼 나 혼자서 생 마르 감옥장의 분노를 받아 주면 된다 이거군. 알았네, 마음대로 하게." 푸케는 완전히 체념한 듯한 어조로 말했다.

"어이구, 무슨 말씀이세요! 당신도 머잖아 석방될 겁니다. 그 멍청한 라 발리에르가 카르멜회 수녀원에 들어갔으니까 이제는 국왕 폐하도 당신을 미워할 이유가 없잖아요?"

이 말이 결정타였다. 가엾은 푸케는 독방에 딱 하나밖에 없는 의자에 풀썩 주저앉아 눈물을 감추려고 두 손으로 얼굴을 감쌌다.

그래서 푸케는 로죙의 행동을 볼 수 없었다. 순간 발소리와 열쇠 소리가 들리자 로죙은 벌떡 일어나 바닥 뚜껑을 덮지도 않고 침대만 제자리에 돌려놓았다.

"멍청한 하인이 돌아온 모양이군." 로죙은 혼잣말하면서 벨벳 조끼와 새틴 웃옷에 붙은 먼지를 털었다.

그러나 놀랍게도 문간에 모습을 드러낸 사람은 생 마르였다. 몸을 뒤로 젖히고 거만한 태도로 방 안에 들어온 생 마르는 평소의 그답지 않게 문을 그냥 열어 놓고 있었다.

로죙은 언제나 감옥장 앞에서 건방진 태도를 취했다. 사소한 것까지 일일이 트집을 잡으면서 불쌍한 감옥장을 늘 매몰차게 대했다. 감옥장이 보기에 로죙은 다른 죄수들을 전부 합친 것보다도 훨씬 더 다루기 힘든 상대였.

"오, 감옥장, 안녕하신가!" 로죙이 오만하게 말했다. "자네 얼굴을 하루에 두 번씩이나 보는 것은 참으로 유쾌한 일이지만, 이러다가 질리면 곤란하니까 너무 자주 얼굴을 내밀지는 말게."

"아, 백작님. 백작님도 오늘은 그렇게 불평하실 수 없을 겁니다." 감옥장은 공손하게 말했다. "실은 당신을 꼭 만나고 싶다는 아름다운 부인을 모셔 왔거든요."

"뭐, 부인?" 로죙이 소리쳤다. 자신을 풀어 주려고 몽팡시에 공주가 몸소 행차한 것이 틀림없다고 생각한 것이다.

감옥장은 몸을 돌렸다. 문 뒤에서 기다리고 있던 면회자의 손을 잡아 죄수 앞으로 안내하더니 그는 거들먹거리는 태도로 소개했다.

"파르마 대공 전하의 측실, 카스트로빌라리 후작부인이십니다."

허를 찔린 로죙은 두어 발짝 뒤로 물러나서 부인의 얼굴을 찬찬히 뜯어보았다. 그는 그대로 잠시 침묵을 지키더니 갑자기 큰 소리로 너털웃음을 터뜨렸다.

'총비'는 상대의 무례한 태도에 분개했는지 똑같이 뒤로 물러났다. 그리고 방에 들어온 다음부터 계속 열심히 관찰하던 죄수의 얼굴을 새삼 뚫어져라 쳐다봤다.

불안한 하룻밤과 오전이 지나간 뒤 약속 시간에 감옥장 부인이 프란체스코회 수도원 성당에 모습을 나타내자 수와송 부인은 후유 하고 가슴을 쓸어내렸다.

그 다음에는 만사가 계획대로 진행됐다. 두 여인은 무사히 요새로 들어갔고, 감옥장이 아내 대신 안내자 역할을 맡아서 귀부인을 어느 감방 문간까지 서둘러 데리고 갔다. 그러나 감옥장은 그곳에 갇혀 있는 죄수가 누구인지 가르쳐 주지 않았다.

열쇠가 열쇠 구멍에 꽂혔을 때 수와송 부인의 심장이 얼마나 격렬하게 뛰었을지 누구나 쉽게 상상할 수 있으리라.

부인은 육중한 독방 문 너머로 벌써 필립의 얼굴이 보이는 것 같았다. 그러다가 미목수려한 종자와는 하나도 안 닮은 남자가 눈앞에 나타나자, 부인은 갑자기 달콤한 꿈에서 깨어나 슬픈 현실 세계로 돌아와 버린 기분이었다.

그러나 슬픈 기색을 보일 새도 없었다. 부인은 로죙의 커다란 웃음소리를 듣자 재빨리 다른 생각을 하기 시작했다.

궁정인 복장을 한 이 죄수의 얼굴은 확실히 본 기억이 있었다. 하지만 그 이름을 떠올릴 만큼 기억이 명확하게 되살아나지는 않았다.

그 사이에 로죙은 웃음을 그쳤다. 그리고 참으로 친절해 보이면서도 거만한 이 남자 특유의 표정, 베르사유에 드나드는 여자들의 마음을 사로잡았던 그 표정을 지으면서 그는 일부러 무례한 태도로 '이게 대체 무슨 일입니까?'라고 묻는 듯이 상대를 바라보았다.

한편 심상치 않은 분위기에 당황한 생 마르는 이번에는 상대부터 다시 소개하려고 했다.

"부인." 감옥장은 '총비'에게 가볍게 절한 다음 입을 열었다. "이분은 국왕 폐하께서 저에게 맡기신 죄수 중에 가장 고명하신 로죙 백작님이십니다. 백작님은 머잖아 이곳을 떠나실 예정이며 저도 그렇게 되기를 간절히 바라고 있습니다. 그러니까……."

불쌍한 감옥장은 안색이 변한 '총비'가 문 쪽으로 슬슬 뒷걸음질하는 것을 보자 깜짝 놀라 입을 다물었다.

"로죙!" 수와송 부인은 입속으로 중얼거렸다. "아아, 난 정말 멍청한 여자야! 이 사람이 여기 있다는 걸 깜빡하다니. 이제 난 끝장이야."

"여보게, 감옥장." 심술궂은 궁정 귀족이 부드러운 목소리로 말했다. "자네는 사람 이름을 참 기묘하게 발음하는 버릇이 있나 보군. 지금 자네가 '카스트로빌라리 후작부인'이라고 부른 이 부인은 내가 20년 전부터 알고 지낸 사람인데, 나도 다른 사람들도 모두 이 사람을 '수와송 백작부인'이라고 불렀거든."

생 마르는 놀라 자빠질 뻔했다. 가발 머리털이 다 쭈뼛해질 정도였다.

아무리 이런 산골짜기에 살고 있다지만, 수와송 부인이 과거에 굉장한 영화를 누렸다가 지금은 왕의 미움을 샀다는 사실을 모를 만큼 감옥장은 현대사에 어둡지 않았다.

그런 인물이 가명을 써서 피뉴롤에 오다니, 뭔가 꿍꿍이가 있는 것이 틀림없었다.

의심할 여지 없이 부인은 뭔가 좋지 않은 계획을 꾸미고 있었다. 그런데 다름 아닌 국왕 폐하의 충성스런 신하이자 르부아의 심복인 생 마르가 이 여자의 계획을 도와줘 버린 것이다.

그러니 감옥장이 질겁하는 것도 당연했다. 실제로 감옥장은 놀라서 정신을 못 차렸다.

"이거 참, 부인, 대체 무슨 일로 이런 곳까지 오셨습니까?" 그렇게 말하면서 로죙은 자꾸만 뒤로 물러나는 수와송 부인에게 다가갔다. "저같이 귀양살이하는 인간에게는 분에 넘치도록 기쁜 일이군요. 생각해 보세요! 지난 10년 동안 베르사유나 파리의 소식 따위는 하나도 듣지 못하고 살았으니 말입니다. 파리의 수와송 궁에서는 참 즐거운 시간을 보냈었죠. 그런데 그 벼락출세한 르부아는 요새 어떻게 지내고 있나요? 잘나신 몽테스팡 부인은 여전히 우쭐거리면서 잘살고 있겠지요? 옛날에 제가 그 여자를 좀 괴롭혔거든요. 그 여자는 지금도 저를 미워하고 있을 게 틀림없어요. 하지만 그 대신 저는 몽팡시에 공주에게 사랑받고 있으니까…… 아! 그렇군요! 부인, 몽팡시에 공주의 부탁을 받고 여기까지 찾아오신 거군요? 맞죠?"

"백작님! 제발 그만하세요, 백작님." 생 마르는 로죙이 터무니없는 소리를 지껄이기 시작하자 서둘러 두 사람 사이에 끼어들었다.

그런데 직무에 충실한 이 감옥장의 행동이 뜻밖의 결과를 낳고 말았다.

로죙은 허리를 쭉 펴고 매우 거만한 말투로 말했다.

"이게 무슨 짓이지? 감히 내 몸에 손을 대다니, 참으로 무례하구나! 내가 아는 한 자네가 모시는 장관님은 나처럼 지체 높은 귀족에게 손대도 된다는 허가를 내리지 않았을 텐데?"

"아, 아닙니다. 결코 그러려던 것이 아닙니다." 몹시 당황하여 허둥거리면서도 감옥장은 여전히 로죙과 수와송 부인 사이를 갈라놓으려고 했다.

"그럼 당장 비켜! 베르사유에 내가 부인에게 인사하는 법도 잊어버렸다는 소문이 돌게 놔둘 순 없으니까."

"백작님, 제가 백작님 대신 부인께 인사를 드리겠습니다. 어쨌든 이 이상 규칙에 어긋나는 면회는 허락할 수 없습니다."

그것은 대단히 우스꽝스러운 광경이었다.

생 마르는 죄수보다 훨씬 몸집이 컸으므로 죄수의 앞을 완벽하게 가로막을 수 있었다.

로죙은 까치발을 한 채, 넓게 벌린 감옥장의 두 팔 너머로 수와송 부인을 보려고 했으나 그것도 쉽지가 않았다.

마침내 로죙은 몸을 웅크려 상대의 팔 밑으로 부인을 훔쳐보려고 했다.

하지만 금세 그는 "젠장!" 하고 소리를 지르며 뒤로 돌아섰다. "이 멍청한 녀석아, 너 때문에 모처럼 찾아와 주신 수와송 부인이 겁먹었잖아. 놀라서 도망가 버렸다고."

감옥장은 서둘러 뒤를 돌아봤다. 정말로 손님의 모습은 어디에도 보이지 않았다.

열쇠를 두 번 사용하느라 꾸물거리면 면회 시간이 그만큼 길어질 거라는 생각에 어리석게도 감옥장은 일부러 독방 문을 열어 놨던 것이다. 수와송 부인은 그 틈을 노려 도망쳐 버렸다.

"아, 맙소사! 큰일 났다!"

감옥장은 소리를 꽥 지르더니, 조용히 가발을 매만지기 시작한 로칭을 내버려 두고 복도로 뛰쳐나와 문을 잠근 다음 가짜 총비를 쫓아갔다.

그러나 수와송 부인은 발이 빠른 데다 그보다 3분 먼저 출발했다.

생 마르가 계단, 복도, 안뜰, 순찰로를 정신없이 뛰어 도개교에 도착해 보니, 수와송 부인이 쏜살같이 시내로 내려가는 모습이 보였다.

감옥장은 요새 해자 안쪽에서만 절대적인 권력을 휘두를 수 있었다. 피뉴롤 시내까지 수와송 부인을 쫓아가는 것은 무의미한 짓이었다.

하기야 계속 쫓아가 봤자 무슨 소용이 있겠는가? 감옥장은 부인을 체포하라는 명령을 받은 적도 없었다. 괜히 큰 소동을 일으켰다가 이 기막힌 사건이 외부로 알려지기라도 하면 큰일이었다.

감옥장은 퇴각하기로 결심했다. 그는 이 재난을 초래한 자기 아내를 혼내 주려고 주거지로 돌아갔다.

불같이 화를 내는 남편에게서 자기들이 함정에 빠졌다는 이야기를 듣고 감옥장 부인은 기절할 듯이 놀랐다. 그러나 머리 회전이 빠른 부인은 순식간에 자신의 실패를 만회할 방법을 생각해 냈다.

"대체 그 여자가 무슨 목적으로 그런 연극을 한 걸까요? 먼저 그걸 알아야 해요." 감옥장 부인은 지극히 타당한 의견을 내놓았다.

"무슨 목적이냐고? 그야 당연히 그 멋쟁이 로칭이랑 만나서 그놈의 탈옥을 도우려던 거 아냐?"

"제 생각은 달라요. 그렇다면 그 여자는 도망치는 대신 면회 시간을 길게 끌려고 했을 거예요. 그리고 뭣보다도 로칭 백작이 자신을 구하러 온 여자의 정체를 폭로하지는 않았을 거라고요."

"아니, 로칭은 부인이 찾아올 줄 몰랐기 때문에 깜짝 놀라서 말실수를 한 걸 거야."

게다가 당신도 알다시피 여자들은 죄다 그 바람둥이한테 푹 빠져 있잖아. 왜, 그놈이 마지막으로 사귀었던 두 여자 있잖아? 몽팡시에 공주랑 라 모트 부인. 그 여자들이 온갖 수단을 써서 그놈과 연락하려고 한 것을 설마 잊어버린 거야? 응? 그 여자들이 보낸 에르트라는 놈이 편지를 못에다 감아서 감방에 던져 넣었다가 1672년에 체포됐잖아. 기억 안 나?"

"8년이나 헤어져 있으면 여자 마음은 변하기 마련이에요." 감옥장 부인은 다 안다는 듯이 말했다.

"그럼 수와송 부인이 도대체 누구 때문에 여기까지 왔다는 거야?" 감옥장이 말을 이었다. "두 마리 티티새 때문일 리는 없지. 그런 죄수가 있다는 사실조차 세상에 알려져 있지 않으니까. 그렇다고 예순다섯이 다 돼 가는 푸케 영감 때문에 왔을 리도 없고."

"마티올리가 있잖아요. 어쩌면 이건 연애 문제가 아니라 정치 음모일지도 몰라요. 수와송 부인은 프랑스에서 추방된 했지만 파르마 공과는 친하게 지내는 모양이에요. 파르마 공의 시종을 데리고 여행할 정도니까. 그런데 파르마 공은 이탈리아 사람이잖아요?"

"그래, 그럴 수도 있겠군." 감옥장이 고개를 끄덕였다. "한데 이 일을 어쩌면 좋을까?"

"아무것도 안 하는 것이 최선이에요. 수와송 부인은 정체가 들통 났으니 서둘러 프랑스 국왕의 영토에서 도망칠 거예요. 하지만 이 일을 크게 떠들고 다니지는 않을 테죠."

"흠. 그나저나 요즘 여기서 자꾸 이상한 일들이 일어나는군. 난데없이 수와송 부인이 나타나질 않나, 세탁부가 하얀 티티새에게서 편지를 받질 않나. 우리는 적들에게 둘러싸여 있는 거야. 내 눈에는 모든 사람이 수상해 보여. 닥치는 대로 다 체포해 버리고 싶다고."

"그러지 마세요. 그랬다가는 정말로 음모가 있었다손 치더라도 그걸 파헤칠 단서를 놓쳐 버릴 거라고요. 그러지 말고 한동안은 아무것도 모르는 척하고 있으면……."

"그래, 알았어! 그냥 아무것도 모르는 척하고 있을게. 하지만 나는 빈틈없이 감시할 거야. 내가 만일 그놈들을 모조리 현행범으로 체포하지 못한다면, 베니뉴 도베르뉴 드 생 마르라는 이름과 파르트 영지를 다 잃어도 할 말은 없을 거야!"

감옥장 부인도 남편의 말에 고개를 끄덕였다. 감옥장은 서재 안을 초조하게 거닐기 시작했다.

"아!" 감옥장이 돌연 걸음을 멈추었다. "그래, 아무래도 오늘 밤 무슨 일이 일어날 것 같아. 빌어먹을 수와송 부인은 미리 정찰을 하러 온 걸 거야. 주둔 부대 안에 공범이 있는 게 분명해.

그러니까 오늘 밤에는 브리케와 '성큼이'에게 명령해서 감시탑 주변 성벽을 감시하게 해야겠어. 적어도 그 둘은 믿을 수 있으니까. 그리고 나는……."

"당신은 어쩌시려고요?"

"다 생각이 있지." 감옥장은 낮은 소리로 대답했다.

28 노병의 죽음

방다가 가슴 졸이며 기다리던 밤이 어느새 찾아왔다.
낮에는 하늘이 맑았건만 오후 들어 갑자기 날씨가 나빠졌다.
높은 알프스 산봉우리에서 돌풍이 불어 내려오는 바람에 피뉴롤의 협곡에 느닷없이 비와 우박이 쏟아졌다.
그래서 저녁이 되자 시내에 인적이 뜸해졌고, 소등을 알리는 종이 칠 무렵에는 온 동네에서 세탁부 바르톨로메아의 조그만 집에만 불이 켜져 있을 정도였다.
피에르 나사 판사의 저택도 등불이 모두 꺼져 있었다. 지금 그곳에 머물고 있는 손님들은 그렇게 일찍 잠드는 편이 아니었는데도 말이다.
요새도 쥐 죽은 듯이 고요했지만 평소와 다름없이 엄중한 경계 태세가 갖춰져 있었다.
보초는 성루 위에서 주위를 감시했다. 다만 요새 규칙은 감시탑 규칙만큼 엄격하지는 않았으므로 초소에서 비를 피할 수 있었다.
그러나 생 마르 감옥장의 경비대에 소속된 병사들은 불쌍하게도 근무 시간에는 비를 피할 수도 없었다.
천둥이 치든 폭우가 쏟아지든 눈보라가 몰아치든 간에 감시탑 병사들은 무조건 밖으로 나가야 했다.
오래된 탑의 총안이 부서지지나 않을까 걱정될 만큼 엄청난 돌풍 속에서도 간단한 외투만 걸친 병사들은 소총을 멘 채 눈을 번뜩이고 귀를 세우고서 성벽 주위를 정찰했다.
야경은 자주 순찰을 돌았다. 깜빡 졸거나 지정된 자리에서 벗어난 것을 들킨 병사는 엄한 벌을 받았다.
하기야 이제는 경비대 인원이 꽤 증강됐으므로 이 괴로운 야간 근무를 서는 것도 그리 자주 있는 일은 아니었지만.

매일 밤 스물네 명의 병사가 당번이 되었다. 그들은 여러 반으로 나뉘어 네 시간마다 교대로 근무했다.

감시탑 주변을 감시하는 데에는 보초 여덟 명이면 충분했다.

이 직사각형 건물의 네 벽면 가운데 삼면을 통해서는 죄수가 도망칠 여지가 전혀 없었다.

북쪽 벽면은 앞뜰에 면해 있었는데, 앞뜰을 빙 둘러싼 벽에 있는 유일한 출입구는 바로 초소 옆 출입구뿐이었다.

동쪽과 서쪽 벽면은 하나는 생 마르 감옥장의 주거지 벽, 또 하나는 리상 사령관과 장교들의 주거지 벽이었다.

그곳에는 많은 사람이 살았다. 굳이 감시할 필요도 없을 만큼 평소에도 사람들 눈에 띄는 곳이었다. 그 벽면을 통해 탈옥하는 것은 미친 짓이었다.

남은 것은 남쪽 벽면, 즉 피뷰롤 시내와 요새 문 쪽으로 세워져 있는 벽이었다. 이쪽 벽면에는 죄수들이 갇혀 있는 두 개의 탑이 솟아 있었다.

이쪽을 통해 자유의 세계로 탈출하는 길은 다른 세 방면보다 짧기는 해도 결코 쉬운 길은 아니었다.

독방 격자창 밑에는 메마른 해자가 있었다. 대야처럼 둥글게 파인 도랑 양옆에는 잔디로 덮인 둑이 있었고, 밑바닥 이쪽 끝에서 저쪽 끝까지는 일렬로 나무가 심어져 있었다.

이 해자 건너편 기슭에는 높이가 10m쯤 되는 미끈한 벽이 길게 이어져 있었다. 수와송 부인이 처음으로 감시탑을 방문했을 때 가장 먼저 주목했던 것도 바로 이 벽이었다.

그 너머에는 '왕의 성루'와 '여왕의 성루'를 잇는 광장이 펼쳐져 있고, 그 다음에는 시가지로 내려가는 넓은 성채 비탈길이 있었다.

탈옥을 시도하는 죄수가 반드시 이 길을 선택하리라는 것은 쉽게 추측할 수 있었다.

물론 이 길에는 위험한 장애물들이 있기는 했지만, 외부의 도움을 빌린다면 극복하지 못할 것도 없었다. 이 사실을 잘 아는 생 마르 감옥장은 이에 맞춰 적절히 부하들을 배치했다.

여덟 명의 보초 가운데 두 명은 길이가 겨우 50걸음 정도밖에 안 되는 이 남쪽 벽의 경비를 맡게 되었고, 남은 여섯 명은 성벽의 나머지 넓은 부분에 한 사람씩 띄엄띄엄 배치됐다.

또 매번 보초들이 교대하기 전에는 순찰대가 감시탑 상하와 안팎을 살펴봤다.

감옥장은 이만한 예방책을 마련해 두면 죄수가 탈출할 염려는 없을 것이라고 확신했지만, 자기 자신도 감시의 눈길을 번득이고 있었다.

감옥장은 어떤 명안이 떠오르면 관할 구역 안에서 무슨 일이 일어나는지 확인하기 위해서 수단 방법을 가리지 않는 남자였다. 가짜 총비와 로칭이 만났던 그날 밤, 감옥장의 두뇌는 평소보다 더 활발하게 움직였다.

아내의 의견을 듣고 나서 감옥장은 그날 밤 경비 계획을 짜기 위해 밖으로 나왔다.

이 계획에는 엄선된 부하를 써야 했다. 그래서 감옥장은 최고참인 데다가 가장 우수한 카라도스 하사에게 분견대 지휘를 맡기려고 했다.

그러나 카라도스는 세탁부 바르톨로메아의 남편이었다. 바르톨로메아는 영 수상쩍은 여자였다.

이 사실을 깨달은 감옥장은 그날 당번이었던 카라도스를 제쳐 두고 다른 남자를 쓰기로 마음먹었다. 그 남자는 술고래이긴 해도 매우 기민하고 정력적이며 명령을 철저히 지키는 고참병이었다.

감옥장은 자신이 불안해하는 원인은 비밀로 하고서 그저 오늘 밤에는 특히 엄중히 경계하라고 명령했다.

이어서 감옥장은 그의 심복인 브리케와 '성큼이'를 불러서 가장 중요한 장소, 즉 탑 아래쪽 해자 건너편에 세워진 벽을 밤새도록 경비하는 임무를 그들에게 맡겼다.

지금까지 감옥장은 몇 번이나 이 두 사람에게 특별한 임무를 맡겼으며 그 성과에 언제나 크게 만족했다.

이 두 사람은 마치 로봇 같았다. 물고기처럼 입이 무겁고 경비견처럼 충성스러웠다. 가라는 곳에 가고 있으라는 곳에 가만히 있었다.

게다가 경비대 병사들 중에서 카라도스 하사가 좋아하지 않는 사람은 이 두 사람밖에 없는 것 같았다. 그래서 감옥장은 이 녀석들을 고른 것은 탁월한 선택이라면서 속으로 자화자찬했다.

카라도스 하사는 수시로 이 두 사람에게 다른 병사들보다 엄한 벌을 내렸으며 심지어 거의 말도 걸지 않았다. 물론 독자 여러분은 그 이유를 잘 아시 겠지만.

감옥장은 이 두 사람을 완전히 믿고 있었다. 그는 빈틈없이 효과를 계산한 다음에 관대한 태도를 보이면서, 철야 근무의 대가로 그들에게 소액의 특별 수당을 주기로 약속했다.

물론 감옥장은 자신의 시찰 계획은 철저히 숨긴 채로 두 병사를 돌려보냈다. 그는 아내와 함께 저녁 식사를 하려고 자택으로 돌아가서 밥을 게걸스럽게 먹어 치웠다. 그리고 저녁상이 치워지자마자 오늘은 일찍 자야겠다고 일부러 큰 소리로 떠들면서 하녀들을 물러가게 했다.

실제로 감옥장은 침실에 들어가긴 했지만 잠잘 생각은 손톱만큼도 없었다.

침대에 눕는 대신 그는 수수한 외투를 걸치고 벽에 걸려 있던 2연발총을 집어 들었다. 안에 총알이 들어 있는지 확인하고 화약통에 새 화약을 채워 넣은 다음, 총을 어깨에 비스듬히 걸머멨다.

전투 준비가 끝나자 감옥장은 허리에 열쇠 꾸러미를 차고 불붙인 각등(角燈)을 손에 든 채 살그머니 자택을 빠져나왔다. 열쇠에는 하나하나 이름표가 붙어 있었다.

먼저 감옥장은 경비대 병영과 '아랫탑' 감옥 사이의 복도를 살금살금 소리 죽여 걸어갔다.

하얀 티티새의 독방 앞을 지나갈 때 감옥장은 주의 깊게 문에다 귀를 대 봤지만 수상한 소리는 들리지 않았다.

돌아가는 길에 감옥장은 신중에 신중을 기하여 카라도스 하사의 침실 문에다 귀를 대 봤다. 안에서 커다란 기침 소리가 들렸다. 하사가 아직 깨어 있긴 하지만 제시간에 자기 방에 돌아와 있는 것은 틀림없었다.

다행히 이쪽은 아무 문제 없는 것 같았다.

복도 끝에 도착한 생 마르는 자기 혼자만 애용하는 나선 계단을 통해 감시탑 지하로 내려갔다. 그는 낮고 조그만 문 앞에 다다르자 열쇠 하나를 골라 잡았다.

이 통로는 평소에 거의 이용되지 않았으므로 열쇠 구멍이 뻑뻑해서 열쇠가 잘 들어가지 않았다. 그래도 감옥장은 이윽고 문을 열고 밖으로 나와 문을 닫았다. 그곳은 감시탑 남쪽 벽면의 메마른 해자 안이었다.

감옥장은 불빛이 벽 쪽으로 향하게끔 주의 깊게 각등을 바닥에 내려놨다. 그리고 손으로 더듬어 나아가려는 듯이 두 팔을 앞으로 뻗은 채, 신중하게 한 발 한 발 확실히 디디면서 해자의 비탈길을 내려갔다.

그가 비밀 출구를 통해 나온 곳은 로칭과 푸케가 유폐되어 있는 탑 아래쪽에 있는 해자 끄트머리였다. 해자 양끝은 감시탑과 수직으로 만나는 격벽으로 막혀 있었다.

감옥장은 똑바로 전진했다. 해자 밑바닥에 일렬로 늘어서 있는 나무들 중 맨 끝에 있는 나무에 다다랐다.

이 나무들은 쑥쑥 자라난 젊은 느릅나무들이었다.

그중 몇 그루는 잔가지가 하늘 높이 뻗어 있었다. 거대한 건물 그늘에 가려진 이 도랑 속에서 느릅나무들이 이토록 쑥쑥 자라나다니, 그야말로 경이로운 일이었다.

어쩌면 감시탑 아래까지는 좀처럼 비쳐 들지 않는 햇빛을 받기 위해 위로 쑥쑥 자란 것인지도 모른다.

생 마르는 느릅나무 줄기를 손으로 더듬으면서 어둠 속에서도 정확한 방향으로 전진했다. 두 번째, 세 번째, 이렇게 한 그루씩 나무줄기를 더듬으며 조그맣게 숫자를 세면서 앞으로 나아갔다.

이따금 뭔가 실수했는지 다음 나무를 찾지 못할 때도 있었다. 그러면 감옥장은 걸음을 멈추고 몇 발짝 뒤로 돌아가서 문제의 나무가 발견될 때까지 열심히 찾아다녔다.

한번은 나무와 정면충돌하는 바람에 나무줄기에 코가 부딪치기도 했다. 그래도 감옥장은 욕설 하나 뱉지 않고 까진 콧잔등을 어루만졌을 뿐, 당황해서 나무 숫자를 잘못 세거나 하지는 않았다.

아홉 번째 나무를 발견했을 때 감옥장은 입속으로 중얼거렸다. "이거다! 겨우 찾았군."

그것은 다른 나무들보다 똑바로 높게 솟아올라 있는 중간 크기의 느릅나무였다.

감옥장은 틀림없이 오래전부터 이 나무를 알고 있었을 것이다. 그렇지 않다면 어둠 속에서 그 형태와 크기를 판단하기란 불가능하지는 않을망정 매우 어려운 일이었으리라.

그러나 감시탑 벽돌 숫자까지 알고 있을 만큼 직업 정신이 투철한 감옥장은 결코 어떤 나무를 다른 나무와 착각하진 않았다.

감옥장은 그 나무줄기를 두 손 두 발로 답삭 끌어안았다. 그리고 새 둥지를 찾는 개구쟁이처럼 원시적인 방법으로 나무를 오르기 시작했다.

쉰네 살이나 된 남자가 이런 곡예를 펼친다는 것은 매우 건강하다는 증거이리라. 어쨌든 이 사람은 독방 창문의 쇠창살만큼이나 튼튼한 몸의 소유자였다.

두꺼운 외투와 어깨에 멘 총이 방해되기는 했지만, 그래도 감옥장은 나무 타기의 달인 뺨치게 빠른 속도로 나무를 올라갔다.

잠시 후 감옥장은 느릅나무 줄기가 두세 개의 굵직한 가지로 갈라지는 곳에 도착했다. 가지는 구불구불 사방팔방으로 뻗어 있었다.

거기서도 감옥장은 방향을 정확히 확인하고 거의 수직으로 뻗어 있는 가지를 골라서 계속 올라갔다. 그러다가 앉기에 딱 좋은 장소를 찾아냈다.

그 분기점에서 굵직한 가지는 서로 다른 굵기의 어린 가지 세 개로 갈라져 있었다. 하나는 등받이로, 나머지 둘은 팔걸이로 쓰기에 딱 알맞았다. 세 가지가 갈라져 나가는 부분은 중키의 통통한 남자가 편히 앉을 수 있을 만큼 적당히 넓었다.

감옥장은 이 장소를 아무에게도 가르쳐 주지 않았다. 그는 특별히 중요한 때에만 이 장소를 이용했다.

로쳉이 투옥된 직후 그의 연인들은 말 그대로 감시탑을 포위하고 있었다. 그 위험한 시기에 감옥장은 몇 번이나 이 감시소에서 밤을 꼬박 새웠는데, 그것은 결코 헛수고가 아니었다.

이 방법으로 감옥장은 라 모트 양의 편지를 로쳉의 독방 창문에 던져 넣으려던 보초를 붙잡는 데 성공했던 것이다.

수와송 부인의 방문을 받고 나서 감옥장은 이 상공에서의 정찰 수단을 다시 한 번 이용하기로 결심했다.

이 방법을 쓰면 반드시 결정적인 증거를 잡을 수 있으리라. 감옥장은 그런 기대를 품고 있었다. 게다가 이 장소는 문제의 벽면을 감시하는 데 안성맞춤이었다.

이 나무는 죄수들이 갇혀 있는 두 개의 탑에서 거의 비슷한 거리만큼 떨어져 있었지만 '아랫탑'에 조금 더 가까웠다.

앉기에 딱 좋게 나뭇가지가 갈라져 있는 장소에서는 두 개의 탑이 잘 보였다. 더구나 탑 최상층과 거의 같은 높이인 이곳은 벽에서 겨우 20m 정도밖에 안 떨어져 있었다.

이만한 높이와 거리라면 아무한테도 들키지 않고 모든 것을 빠짐없이 감시할 수 있었다.

생 마르는 먼저 어깨에 메고 있던 총을 무릎에 올려놓고 나뭇가지에다 몸을 딱 붙인 다음 다리를 편안하게 늘어뜨렸다. 그 상태로 눈을 부릅뜨고 귀를 세운 채 경계하기 시작했다.

주위는 온통 깜깜했다. 여전히 비가 내리고 있었다. 그러나 하늘을 뒤덮고 있던 커다란 비구름이 심한 돌풍에 휩쓸려 흩어지는가 싶더니 이번에는 더 짙은 비구름이 몰려오는 식으로, 이따금 잠깐이나마 날이 개기도 했다.

말할 것도 없이 감옥장이 가장 먼저 살펴본 것은 독방 창문이었다.

'아랫탑' 창문에는 불빛이 전혀 안 보였다.

그곳에 있는 불운한 세 남자들은 아마 자신들의 비참한 처지를 잊기 위해 잠을 청하고 있으리라.

이에 반해 로죙의 방 창문은 환하게 빛나고 있었다.

"아, 저 고얀 놈!" 생 마르는 혼잣말을 했다. "그래, 깨어 있을 줄 알았어. 이렇게 늦은 밤에 대체 뭐하는 거야? 하루가 너무 길어서 지루해 죽겠다고 투덜거리더니, 막상 밤이 되니까 잠은 안 자고……. 이거 정말 수상하구먼. 저 불빛은 무슨 신호일지도 몰라……."

감옥장은 자기 등 뒤에서도 신호용 불빛이 빛나고 있는 게 아닐까 하고 재빨리 뒤를 돌아보았다.

"아니, 아니야!" 감옥장은 중얼중얼 혼잣말을 했다. "그럴 리 없지. 마을은 이 요새보다 낮은 곳에 있으니까 거기서 감시탑을 보려면 성 도나투스 성당의 높은 돔 위에라도 기어 올라가야 할 거야.

하지만 로죙이 아무 이유도 없이 깨어 있을 리 없는데. 그놈이 구조의 손길을 기다리고 있는 게 아니라고 단정할 수도 없는 노릇이지.

그래, 좋아! 할 수 있다면 어디 한번 구출해 봐! 내가 당신보다 더 똑똑하다는 걸 보여 주지, 백작 나리!"

독백을 마치자 감옥장은 조금 마음이 가라앉은 듯했다. 차가운 비가 스며들기 시작해서 좀더 외투 옷깃을 꽉 여며야 했다.

그는 화약이 젖지 않도록 세심한 주의를 기울여 외투 옷자락으로 총신을 덮었다.

"젠장, 건방진 놈 같으니!" 감옥장은 또다시 투덜대기 시작했다. "그놈 하나 대신에 우리 두 마리 티티새 같은 죄수가 여섯 명 있으면 좋으련만! 그놈들은 얌전히 자고 있잖아. 그래, 마티올리도, 푸케도 자고 있어."

이렇게 감옥장이 모범수들을 정당하게 평가하는 도중에 감시탑 주위 성벽 근처에서 뭔가 희미한 소리가 들렸다.

생 마르는 몸을 90도로 돌리더니 목을 쭉 빼고 머리를 숙인 채 귀를 기울였다.

소리는 그 이상 들리지 않았다.

그것은 짧고 희미한 소리였다. 뭔가 딱딱한 물체가 성벽에 부딪치는 소리 같았다.

"그 계집년이 지치지도 않고 또 못에다 감은 편지를 던져 넣으려고 한 건가?" 감옥장은 불안한 마음으로 머리를 굴렸다. "아니, 아니야. 지금 소리는 아래쪽에서 들렸어. 무슨 돌멩이 같은 것이 굴러간 걸 테지. 그래, 보초의 발소리가 들리는군. 브리케와 '성큼이'가 있으니까 저쪽은 문제없을 거야."

실제로 충성스런 두 병사의 묵직하고 규칙적인 발소리가 순찰로 포석 위에서 똑똑히 울리고 있었다. 혹시 이상한 사태가 발생했다면 두 사람은 멈춰 섰을 것이다.

그래서 생 마르는 감시할 필요가 있다고 여겨지는 벽면에 주의를 집중했다. 그렇게 나무 위에서 어둠 속을 꿰뚫어 보려고 작은 눈을 가늘게 뜨고 있는 감옥장의 모습은 밤중에 사냥감을 노리고 있는 올빼미 그 자체였다.

지금 감옥장이 노리고 있는 작은 새는 죄수들, 특히 그중 한 사람이었다.

로죙은 좀처럼 불을 끄지 않았다. 감옥장은 두 번째 탑 쇠창살에서 흘러나오는 불빛에서 눈을 뗄 수가 없었다.

그야 물론 감옥장은 '아랫탑'에도 가끔 눈길을 주었다. 그러나 두 마리 티티새에 관해서는 안심하고 있었으므로 건성으로 그쪽을 바라볼 뿐이었다.

그동안 비는 그치지 않고 계속 내렸다. 바람은 끊임없이 거세게 몰아쳤다.

느릅나무는 뿌지직뿌지직 하고 무서운 소리를 내면서 심하게 흔들렸다. 보통 사람이라면 멀미를 느꼈을 것이다. 그러나 튼튼한 전직 총사대장의 위장은 이 정도 일에는 꿈쩍도 하지 않았다.

르부아 장관은 실로 운 좋게도 훌륭한 옥리를 손에 넣은 것이다. 폭풍우 치는 날 지상에서 12, 3m 떨어진 나무 위에서 밤을 지새울 정도로 직업 정신이 투철한 감옥장은 그리 많지 않으니까.

아직 자정이 조금 넘은 시각이었다. 이 계절에는 5시가 넘어야 날이 밝기 때문에 앞으로 몇 시간은 감시를 계속해야 했다. 게다가 주변은 아무 일 없이 고요했다. 모든 것이 헛수고로 끝날 가능성도 있었다.

감옥장은 저도 모르게 침실에서 자기를 기다리고 있는 부드럽고 따뜻한 침상을 떠올렸다.

그러나 출세를 바라는 야심이 감옥장의 귓전에 대고 속삭였다—"포기하지 마. 아주 잠깐 부주의했던 탓에 장관님한테 미움 받게 된다면 큰일이라고."

감옥장은 몸을 데우려고 이리저리 슬슬 흔들었다. 그리고 무인의 모범이라고 할 만한 불굴의 정신을 발휘하여 차가운 빗줄기 속에서 감시를 계속했다. 이윽고 이 인내가 보상받을 순간이 왔다.

시내에 있는 시계가 12시를 알린 지 20분쯤 지났을 때였다. 끈질기게 감시를 계속하던 감옥장은 '아랫탑'의 총안 위에서 뭔가 수상한 것이 움직인 듯한 낌새를 느꼈다.

그것은 하늘을 등지고 어렴풋이 떠오른 사람 그림자처럼 보였다.

"어, 이상하군." 감옥장이 혼잣말을 했다. "평지붕 위에다 보초를 배치한 기억은 없는데. 누가 저기서 걸어 다니나?"

눈을 부릅뜨고 그쪽을 뚫어져라 바라보던 감옥장은 드디어 그것이 진짜 사람 그림자임을 알아볼 수 있었다.

"젠장, 야단났군. 내가 수와송 부인과 로쟁한테만 정신이 팔려 있는 사이에 바르톨로메아가 하얀 티티새와 연락이라도 하려는 건가? 맙소사, 큰일이야! 하얀 티티새의 독방은 저 탑 꼭대기에 있는데!"

돌연 감옥장의 입에서 분노와 공포의 비명이 흘러나왔다.

사람 그림자가 수직 벽을 타고 조용히 미끄러져 내려가기 시작한 것이다!

더는 의심할 여지가 없었다. 밧줄에 매달린 남자가 독방 창문 쪽으로 슬슬 내려간다. 지붕에서 창문까지의 거리는 고작 6, 7m이니까 그 남자는 금세 창문에 도착할 것이다.

감옥장은 총을 들고 총알 두 개를 장전했다.

독방 쇠창살은 창문 안쪽에 설치돼 있었다. 고로 격자창 앞쪽 공간은 두꺼운 감시탑 벽 안쪽으로 움푹 들어간 벽감처럼 되어 있었다. 감옥장은 그 사실을 알았기에 서둘러 총을 겨누고 혼잣말을 중얼거렸다.

"저놈이 하얀 티티새와 연락을 취하게 놔뒀다간 만사 끝장이다."

감옥장은 신중하게 목표물을 조준했다. 어디선가 불쑥 튀어나온 남자가 창턱에 발을 디디는 순간, 감옥장은 방아쇠를 당겼다.

어둠 속에서 섬광이 번쩍이고 엄청난 총성이 감시탑에 울려 퍼졌다. 그 총에는 두 발 분량의 탄약이 들어 있었던 것이다.

그만큼 많은 화약을 넣어 놨으니 당연히 발포의 반동도 컸다. 감옥장은 뺨에 대고 있던 총대에 얼굴을 호되게 얻어맞았다.

이 조그만 사고 때문에 감옥장은 잠시 정신을 차릴 수 없었다. 그 바람에 그는 자신의 공격이 성공했는지 확인하지 못했다.

사람 몸뚱이가 젖은 땅바닥에 털썩 떨어지는 소리가 들린 것 같기도 했지만 확실한 것은 알 수 없었다.

그러나 한동안 눈을 부릅뜨고 열심히 살펴본 끝에 감옥장은 벽에 매달려 있던 사람 그림자가 사라졌음을 확신하게 되었다.

탑 벽면은 물론이고 아래쪽에서도 움직이는 것은 아무것도 없었다.

그 남자는 즉사한 걸까, 아니면 움푹 팬 창문 속으로 무사히 피난한 걸까? 감옥장도 딱 잘라 말할 수는 없었다. 그러나 그 남자가 아직 살아 있다 해도 이미 독 안에 든 쥐였다.

하지만 그 남자가 왔던 길로 도로 도망쳐 나가지 못하도록 당장 수색을 개시할 필요가 있었다.

감옥장은 다시 어깨에 총을 멘 다음 느릅나무 줄기를 타고 젊은이처럼 날렵하게 나무 아래로 미끄러져 내려갔다.

감옥장의 발이 땅바닥에 닿는 순간, 떠들썩한 목소리와 요란한 발소리와 경첩 삐걱대는 소리가 들려왔다.

감옥장이 발탁한 하사가 이끄는 야경대가 총성을 듣고 전속력으로 달려와 동쪽 격벽 한가운데에 있는 격자문을 열고 해자 속으로 들어온 것이다.

그 순간 생 마르 감옥장은 후세의 모든 옥리와 염탐꾼의 귀감이 될 만한 타고난 자질을 마음껏 발휘했다.

그는 상황에 맞춰 즉석에서 대규모 작전을 세웠다.

줄줄이 늘어선 나무들 저쪽 끝에서 하사의 램프가 빛나는 것을 잽싸게 발견한 감옥장은 큰 소리로 외쳤다.

"이봐, 나다! 감옥장이야! 명령을 내릴 테니 당장 이리 와!"

상대는 깜짝 놀란 듯한 소리를 냈지만 즉시 그 명령을 따랐다.

하사는 병졸들에게서 떨어지더니 주의 깊게 자신을 부른 인물의 얼굴을 램프 불빛으로 비춰 보면서 다가왔다.

상관의 모습을 확인하자 하사는 당장 공손하게 받들어총을 하고 명령을 기다렸다. 감시탑 경비대에서는 상관에게 함부로 말을 걸 수 없었던 것이다.

"방금 그 총은 내가 쐈다." 감옥장이 말했다. "자네도 자네 부하들도 여기 있어 봤자 소용없어. 당장 부하들을 데리고 초소로 돌아가. 그 다음에 자네 혼자 '아랫탑' 평지붕 위로 가서, 내가 그만하라고 할 때까지 거기서 계속 감시해라. 만일 외부에서 기어 올라오는 놈이 있거든 그놈 머리통에 총알을 박아 줘. 알았지?"

"알겠습니다, 감옥장 각하."

"그래, 어서 가 봐. 개미 새끼 한 마리 놓치지 마. 혹시라도 놓쳤다가는 내일 아침 일개 병졸로 강등될 테니 각오하라고. 아, 내 집 계단으로 올라가. 그게 지름길이니까."

"그렇게 하겠습니다, 감옥장 각하."

"아 참, 그렇지! 저기 성벽 바깥에서 보초를 서고 있는 브리케와 '성큼이'를 다른 녀석과 교대시켜서 당장 이쪽으로 보내 줘."

"알겠습니다, 감옥장 각하. 두 사람이 최단거리로 올 수 있도록 이곳 철문은 그냥 열어 두겠습니다."

"자, 어서 가! 꾸물거릴 때가 아니야."

하사는 상관의 명령대로 서둘러 돌아서서 자기 부대를 이끌고 사라졌다.

"탑 위에 있는 악당 새끼한테 선수를 빼앗기기라도 하면 안 되는데." 홀로 남은 감옥장이 중얼거렸다. "아니, 그럴 리 없어. 설령 내 총알이 빗나갔다 해도 내려갈 때처럼 쉽게 올라가지는 못할 거야. 흥, 악당 같은 놈아, 절대로 놓치지 않겠다!"

그렇게 중얼대면서 감옥장은 아까 감시탑 벽에 있는 비밀 문 근처에 놔뒀던 각등을 찾으러 돌아갔다.

어둠이 한층 더 짙어져서 감옥장은 가다가 몇 번이나 넘어질 뻔했다. 하지만 정찰에 꼭 필요한 그 도구는 어떻게든 손에 넣을 수 있었다.

그러나 감옥장은 당장 발걸음을 떼지는 않았다.

어쩌면 탑 위에서 떨어진 남자는 아직 저항할 수 있는 상태일지도 몰랐다. 총에 탄환이 하나 남아 있긴 했지만, 감옥장은 혼자서 사내와 격투하는 위험을 무릅쓰고 싶지는 않았다.

브리케와 '성큼이'가 곧 올 것이다. 두 사람을 기다리는 편이 현명하리라.

감옥장이 두 사람의 협력을 구하기로 한 이유는 두 가지였다.

첫째로 두 사람의 완력이 필요해질 가능성이 있었다. 더욱이 이런 중대한 사건은 극비리에 탐사할 필요가 있었는데, 감옥장이 정말로 신뢰하는 사람은 이 엄선된 두 병사뿐이었다.

그래서 감옥장은 벽에 기대어 한동안 가만히 귀만 기울이고 있었다.

해자 안에서는 신음 하나 들려오지 않았다. 이 침묵으로 보건대 그 남자는 움푹 팬 석벽 안쪽에 숨었든지, 목숨을 잃었든지, 아니면 사지 멀쩡한 상태로 탑 아래에서 조용히 숨을 죽이고 있든지, 셋 중 하나가 틀림없었다.

잠시 후 뭔가 부스럭거리는 소리가 들렸다. 아까 희미한 소리가 났던 해자 건너편의 성벽 근처에서 들린 듯했다.

이어 하사의 명령으로 두 보초병과 교대하러 온 병사들을 향해서 '성큼이'가 "누구냐!" 하고 외치는 소리가 들렸다.

따라서 저쪽 방면에 관해서는 전혀 걱정할 필요가 없었다.

5분도 지나기 전에 두 명의 심복이 헐레벌떡 달려와서 열린 격자문으로 들어왔다.

생 마르는 각등을 들고 두 사람 쪽으로 달려가 짧게 명령했다.

"내 뒤를 따라와. 내가 신호하면 즉시 발포해."

말을 마치자마자 한 손에는 각등을 들고 다른 손에는 총을 든 채 감옥장은 부하들을 거느리고 앞장서 걷기 시작했다.

세 사람은 해자 경사면을 조금 올라가서 '아랫탑' 쪽으로 걸어갔다.

탑 토대에서 열다섯 걸음쯤 떨어진 곳에 왔을 때 풀밭에 누가 쓰러져 있는 것이 보였다.

"누구냐?" 이렇게 외치자마자 감옥장은 용의주도하게 병사들 뒤에 숨었다.

그러나 대답하는 이는 아무도 없었다.

"그만 항복해라, 이 악당아! 항복하지 않으면 죽여 버리겠다!" 감옥장은 한층 소리 높여 고함쳤다.

상대는 아무 말이 없었다. 꿈쩍도 하지 않았다.

"치명상을 입은 모양이군. 좋아, 전진!"

세 사람은 전진했다. 그러나 풀밭에 쓰러져 있는 불행한 남자로부터 4m도 안 떨어진 지점에서 감옥장은 마음을 고쳐먹고 "멈춰"라고 말했다.

감옥장은 팔을 뻗어 창백한 등불 빛으로 그 남자를 쓱 훑어보더니 입을 열었다.

"엎드려 있군. 무슨 함정일지도 몰라……. 이봐, 저놈을 뒤집어서 아직 숨이 붙어 있는지 확인해 봐! 조금이라도 움직이면 확 총대로 갈겨 버려!"

브리케와 '성큼이'는 과연 감옥장의 심복답게 기계처럼 완벽하게 명령을 실행했다.

감옥장도 여전히 각등을 앞으로 내민 채 망설임 없이 두 사람을 뒤따랐다.

이윽고 그 남자의 몸이 뒤집혀 하늘을 보게 되었다.

"죽었어." 브리케가 중얼거렸다. "총알이 오른쪽 어깨에 맞아 목을 관통했어."

"흥, 꼴좋구먼!" 감옥장은 안도의 한숨을 내쉬더니 히죽 웃었다. "내 눈은 아직 멀쩡하고 실력도 녹슬지 않은 모양이야. 그래, 이 오밤중에 어슬렁거리던 놈이 누군지 얼굴이나 한번 볼까."

그러면서 감옥장은 몸을 숙여 죽은 자의 얼굴을 똑바로 비춰 보았다.

"하사님!" 두 병사가 이구동성으로 외쳤다.

"카라도스!" 감옥장도 소리를 질렀다. "아아, 역시 이놈이 날 배신했구나!"

그 순간 소리 없는 저주의 말이 쏟아져 나왔다. 그때 만일 감옥장이 뒤를 돌아봤더라면, 브리케와 '성큼이'의 무시무시한 표정을 보고 모골이 송연해졌을 것이다.

그러나 감옥장은 곰곰이 무슨 생각을 하느라 두 부하에 대해서는 까맣게 잊어버렸다.

배신자 카라도스 하사의 공범이 무사히 도망쳐 버린다면 모처럼 감옥장이 세운 공도 의미가 없어져 버릴 것이다.

공범을 잡으려면 어떻게 하는 것이 가장 좋을까?

"세탁부 바르톨로메아는 지금 감시탑에서 자고 있나?" 감옥장은 그렇게 질문했지만 대답은 듣지 않아도 알 수 있었다.

"아니요." '성큼이'가 어두운 표정으로 고개를 저었다.

"그렇군. 그럼 내일 아침 일찍 그 여자를 데리러 가서, 오늘 밤 일은 절대로 얘기하지 말고 나한테 데려와.

그 불쌍한 여자한테는 내가 직접 이 불상사를 알려 줘야겠어." 감옥장은 참으로 그녀를 동정하는 듯이 한숨을 쉬면서 말했다.

"알겠습니다." 병사는 짧게 대답했다.

"자, 그럼 둘이서 이놈의 머리와 발을 들고 나를 따라와라."

브리케와 '성큼이'는 무슨 의논할 거리라도 있는지 재빨리 시선을 교환했지만, 결국 말없이 감옥장의 명령을 따랐다.

감옥장은 선두에 서서 이 장례 행렬을 비밀 문까지 안내한 뒤 문을 열었다.

"시체를 눕혀." 계단 밑 움푹 팬 곳을 가리키며 감옥장이 명령했다.

가엾은 브리강디에르의 몸이 축축한 돌바닥 위에 눕혀지자 용의주도한 감옥장이 상냥한 목소리로 한마디 덧붙였다.

"그래, 잘했어. 내일 아침 너희들에게는 특별수당을 주마. 오늘 밤은 초소로 돌아가지 말고 내 침실 옆방에서 자도록 해."

두 병사는 감옥장의 상냥한 말을 듣고도 한마디도 하지 않았다. 그러나 감옥장을 뒤따라 계단을 올라가면서 브리케는 '성큼이'에게 소리 죽여 속삭였다.

"해치워 버릴까?"

"아니." '성큼이'도 작은 소리로 대답했다. "그 전에 먼저 방다 님한테 안전한 곳으로 도망치시라고 해야 해."

29 눈물 젖은 하룻밤

　방다는 슬픈 하룻밤을 보냈다.
　신호가 있으면 바로 출발할 수 있도록 방다는 침상에 눕지도 않은 채 기다리고 있었다. 그러나 그날 밤에는 초저녁부터 이미 좋지 않은 사건이 일어났다.
　수와송 부인과 약속한 시각에 나사 판사네 집에 갔더니 뒷계단 문이 닫혀 있었다. 이상하게 여긴 방다는 길거리를 걸으면서 그 집 창문을 쳐다봤다.
　어느 창문에도 불은 켜져 있지 않았다. 저택은 마치 빈집 같았다.
　이 기묘한 변화에 방다가 고개를 갸웃거리고 있는데 마침 지나가던 동네 아주머니가 소식을 가르쳐 주었다. 이 집에 머물던 화려한 일행은 오후에 서둘러 떠나 버렸다고.
　그들 일행은 외국 귀부인의 명령에 따라 말을 준비한 뒤 황급히 마차를 타고 토리노로 출발했다는 것이다.
　나사 판사도 손님을 배웅하고 싶다면서 그들과 동행했다. 그들은 성문이 닫히기 전에 이 도시를 빠져나가려고 서두른 것 같았다.
　방다는 시치미를 뚝 떼고 이 이야기에 귀를 기울였지만 속으로는 심히 동요했다. 그녀는 불안한 마음으로 집까지 돌아왔다.
　수와송 부인 일행이 꼭 도망치듯이 급히 출발한 이유가 뭘까?
　수와송 부인이 나를 배신한 걸까? 아니면 변덕스러운 부인이 별생각 없이 갑자기 마음을 바꾼 것일까?
　열심히 머리를 굴린 끝에 방다는 수와송 부인의 기묘한 행동을 이렇게 해석해 봤다.
　부인은 어찌어찌해서 그 죄수가 필립 드 트리가 아니라는 확실한 정보를 입수하자 완전히 낙담해 버린 것이리라.
　그 여자는 쉽게 불타고 쉽게 식어 버리는 성격이다. 그러니까 순식간에 자신의 감정을 정리하고, 뒤에 남은 방다가 궁지에서 어떻게 벗어날지는 생각조차 안 하고 얼른 계획을 포기해 버린 것이다.

이렇게 확신한 방다는 이 사건을 안타깝지만 어쩔 수 없는 일이라고 생각하게 되었다. 아니, 곰곰이 생각해 보면 오히려 이것은 행운이라고 할 수 있었다.

우선 수와송 부인이 떠남으로써 죄수가 탈옥한 직후에 온갖 골치 아픈 일을 생각할 필요가 없어졌다.

지금까지 방다는 만일 모리스가 구출된다면 수와송 부인의 분노를 사게 될 것이라는 생각에 불안을 느끼지 않을 수 없었다.

과격하고 질투심 많은 그 암사자가 그렇게 고생해서 구해 낸 사람이 생판 남이라는 사실을 알았을 때 과연 얌전히 물러나 줄까? 아니, 모리스는 생판 남이 아니라 부인의 적이라고 할 수 있었다. 솜 강 여울에서 헌병대의 총알에 맞지 않은 사람은 두 청년 가운데 한 사람뿐이므로, 모리스가 살아 있다는 것은 바로 필립이 죽었다는 뜻이기 때문이다.

결국 수와송 부인이 떠남으로써 위험이 하나 사라진 셈이었다. 게다가 성공 가능성은 조금도 줄어들지 않았다.

오전에는 만사가 순조로웠다.

밧줄과 줄과 갈고리를 받은 브리강디에르는 방다가 간단히 설명해 준 계획에 열렬히 찬성했다.

감시탑 생활에 질려 버린 노병은 이 상황을 타개해 줄 과감한 시도를 환영했다.

'왕의 성루'에서 대장의 미망인과 이야기를 나눈 뒤 브리강디에르는 이 계획이 틀림없이 성공할 거라고 확신했다.

모든 상황이 계획을 실행하기에 더없이 적합했다.

한밤중에 자기 방을 살짝 빠져나와 '아랫탑' 평지붕으로 올라간다. 거기에 매듭 있는 밧줄을 걸고 독방 창문으로 내려가서 죄수에게 자기 정체를 밝히고 쇠창살을 잘라 낸 다음, 구출한 죄수와 함께 해자 속으로 조용히 내려간다. 그 정도야 브리강디에르에게는 식은 죽 먹기였다.

게다가 그날 밤에는 브리케와 '성큼이', 즉 폴란드인과 터키인이 당번이 될 예정이었다.

브리강디에르는 두 사람의 충성심과 재치를 믿었다. 그래서 해자 밖에서 성벽 너머로 줄사다리를 던지는 역할을 그들에게 맡겼다.

이 계획은 참으로 단순하고도 교묘했다. 우연한 사고가 일어나지 않는 한 절대로 실패하지 않을 것 같았다.

다만 브리강디에르는 방다에게는 비밀로 어떤 계획을 세웠다.

만일 그 죄수가 수와송 부인의 종자였던 배신자라면, 독방 안에 발을 들여 놓자마자 브리강디에르는 그 남자의 목을 졸라 버리고서 사정을 보고하러 방다에게 갈 생각이었다.

그러면 방다 일행 네 사람은 피뉴롤을 떠날 수밖에 없으리라. 그것이 브리강디에르의 목적이었다. 그것도 그 자신을 위해서라기보다는, 이 끔찍한 동네에서 불안과 고통으로 완전히 초췌해져 버린 소중한 여주인 방다를 위한 일이었다.

물론 브리강디에르가 필립 드 트리를 미워하는 데에는 충분한 이유가 있었다. 만일 합법적인 복수라는 것이 존재한다면 이보다 더 정당한 복수는 없었을 것이다. 그러나 하느님께서는 남에게서 받은 모욕을 용서하라고 명령하셨다. 그분은 브리강디에르가 남몰래 그렸던 계획 살인의 죄를 벌하려고 하셨던 것이리라. 그리하여 생 마르가 쏜 총알은 이 살인 미수범에게 명중했던 것이다.

하느님의 뜻을 알 도리가 없는 방다는 하룻밤 내내 충성스런 부하를 기다렸다. 브리강디에르는 방다네 집 열쇠를 가지고 있었으므로 먼저 여기로 도망쳐 와서 죄수를 숨긴 뒤, 나사 판사의 저택으로 가서 두 여자에게 작전 경과를 보고할 예정이었다.

하지만 수와송 부인이 떠난 덕분에 귀찮은 절차가 줄어든 셈이었다.

새벽이 다가오자 방다는 계획이 실패했을지도 모른다는 생각을 하기 시작했다.

그로부터 두 시간 동안 방다는 무시무시한 불안감에 휩싸인 채 유리창에 이마를 딱 붙이고 있었다. 중앙 광장의 아무리 사소한 변화라도 놓치지 않으려고 온 신경을 집중했다. 그녀는 간절히 기다리는 두 남자가 지금 당장에라도 모습을 나타낼지 모른다는 기대를 품고 있었다.

그렇게 방다는 동틀 무렵까지 기다렸다. 그러나 성당 탑으로 걸어가는 종지기 사내 말고는 누구 하나 발견하지 못했다.

마침내 아침 해가 떠올라 마을 사람들이 눈을 뜨기 시작했을 때였다. 알리로 추정되는 남자가 황급히 이쪽으로 오는 것이 보였다.

방다는 현관으로 달려가 문지방에서 그를 기다렸다.

알리가 점점 다가와 그의 표정이 뚜렷이 눈에 들어올수록, 이 사람이 나쁜 소식을 가져왔다는 사실이 확실해졌다.

두 사람이 마주 섰을 때 방다는 커다란 재앙이 닥쳤다는 것은 확실히 알았지만 아직 사태의 심각성은 모르고 있었다.

"대체 무슨 일이 있었던 거죠?" 방다는 문을 닫자마자 물었다.

터키인 알리는 뭐든지 단도직입적으로 말하는 성미였으므로 주저 없이 사실을 말했다.

"브리강디에르가 죽었습니다, 부인. 한시라도 빨리 도망치세요."

"브리강디에르가 죽었다고!" 가련한 여인은 맥없이 되풀이했다.

그런데 사랑은 모든 정열 중에서도 가장 이기적인 감정이다. 그렇기에 방다는 얼른 이런 질문을 했다.

"그럼 그 사람은?"

"페론에서 붙잡힌 죄수는 여전히 그 독방에 있습니다. 브리강디에르는 독방 창틀에 발을 디디려던 순간 소총에 맞아 죽었습니다."

"누가 죽였는데?"

"감옥장입니다. 그 빌어먹을 염탐꾼이 해자 바닥에 심어져 있는 나무 위에 기어 올라가 있다가, 지붕에서 내려오는 브리강디에르를 발견한 겁니다. 그놈만 없었다면 분명히 성공했을 텐데. 크스키와 저는 그때 해자 바깥 성벽에 줄사다리를 걸쳐 놨었는데 총성을 듣고 다 틀렸다는 사실을 깨달았습니다. 그래서 서둘러 줄사다리를 치웠죠."

"그럼 당신들은 아직 의심을 받지 않은 거군?"

"네. 하지만 부인은 지금 감시탑에 가시면 두 번 다시 나오시지 못할 겁니다. 게다가 감옥장이 부인을 데려오라고 저한테 명령했어요."

"난 괜찮아! 어차피 죽기밖에 더하겠어? 감옥장은 내 곁에 남아 있던 유일한 친구를 죽여 버렸어."

"당신 편은 아직 두 사람 더 남아 있습니다." 알리가 상냥하게 말했다.

방다는 알리를 쳐다봤다. 그 구릿빛 뺨에 한 줄기 눈물이 흐르는 것을 보자 방다는 울음을 터뜨리며 그의 가슴에 매달렸다.
알리는 누가 이렇게 자기 품에 안기는 것은 처음이었으므로 당황한 나머지 몹시 기묘한 표정을 지었다.
그러나 알리는 곧 정신을 차리고 대장의 미망인을 가능한 한 달랜 뒤 차근차근 설명했다.
"부인, 당장 떠나셔야 합니다. 이제 막 성문이 열렸을 겁니다. 한시바삐 피에몬테 영지로 도망치세요. 그곳에 도착하기 전까지는 결코 안심할 수 없습니다. 저는 감옥장한테 가서 당신을 찾지 못했다고 보고하겠습니다. 감옥장은 당신이 평소와 같은 시각에 감시탑으로 올 거라고 생각하면서 얌전히 기다릴 겁니다. 그 사람은 이 사건이 외부로 소문나길 바라지 않거든요. 그러니 부인이 안전한 곳으로 도망칠 시간은 있을 겁니다."
"하지만 그 죄수를 그냥 두고 갈 순 없어."
"뒷일은 저희에게 맡기십시오."
"뭐? 당신들은 여기 남을 생각이야? 그런데 나는……."
"저희는 필요하다면 10년이든 20년이든 이곳에 머물 겁니다. 빌어먹을 생 마르가 가면 죄수를 어디로 데려가더라도 반드시 쫓아갈 거예요. 그리고 부인이 어디에 계시든, 저희는 무슨 일이 일어났는지 꼬박꼬박 보고하고 부인의 명령을 따를 것입니다.
부인, 브리강디에르를 믿으셨듯이 저희를 믿어 주십시오."
"고마워. 당신들의 호의를 고맙게 받아들일게." 방다는 짧게 대답했다. "내 돈을 맡아 준 리옹의 은행가가 누군지는 알지? 나한테 보낼 편지는 그 사람에게 보내 줘. 어쩌면 내가 멀리 떠나 있는 편이 우리 목적을 달성하는 데 도움이 될지도 몰라. 그러니까 나는 일단 이곳을 떠날게. 하지만 반드시 돌아올 거야.
그럼 알리, 하느님께서 우리 세 사람을 지켜 주시기를! 대장님을 구하려다가 목숨을 잃은 용감한 무사의 영혼이 천국에서 우리를 위해 기도해 줄 거야."
15분 뒤 방다는 토리노 문을 지나 피뉴롤을 떠났다.
멍하니 기다리다가 뒤늦게 사태를 깨달은 생 마르가 추격자를 보냈을 때 방다는 이미 국경을 넘어간 뒤였다.

30 밀고

그로부터 11년의 세월이 흘렀다. 프랑스 국왕을 무겁게 짓누르는 11년이었다.

1691년, 루이 14세는 53세가 되었다. 이미 태양왕은 과거의 찬란한 빛을 잃어버렸다.

그토록 화려했던 왕의 연애도 이제는 평범하고 시시한 남녀 관계로 전주하고 말았다.

지금은 라 발리에르 양, 퐁탕주 공비, 몽테스팡 부인 대신 맹트농 부인이 왕의 총애를 한 몸에 받고 있었다.

다리가 불편한 시인 스카롱의 미망인이자 왕의 서자를 양육하는 사람이었던 맹트농 부인은 한때 "짐이 곧 국가다"라고 호언했던 긍지 높은 제왕과 비밀리에 결혼했다.

낭트 칙령 폐지로 나라에서 쫓겨난 신교도들은 프랑스의 부와 산업 일부를 외국으로 가져가 버렸다.

게다가 다시 시작된 전쟁은 나날이 심해지기만 했다.

귀족 계급은 군무에 지칠 대로 지쳤다. 전쟁을 하지 않을 때에는 의무적으로 궁정에 출사해야 했다. 특권이 흔들리고 체면이 손상됐다. 귀족들은 불만을 품지 않을 수 없었다.

시민 계급은 사법관과 재무관으로 출세하려고 기를 썼다. 그들은 고급 관료 자리를 독점하다시피 하면서 한편으로는 이미 절대군주의 권력을 은근히 비판하기 시작하고 있었다.

평민은 어땠을까? 평민은 힘들게 살아가고 있었다. 그들의 삶이 어찌나 힘들던지, 이따금 서민의 한탄이 간접적으로 국왕의 귀에 들어가기도 했다.

1664년에 착공한 베르사유 궁전은 이미 8100만 리브르나 되는 건설비를 들였는데도 아직 완성되지 못한 상태였다.

마를리 성에서는 12년 동안 600만 리브르 정도 되는 돈이 소비됐다.

루이 14세 치세는 쇠퇴기를 맞이했다. 프랑스는 쇠망의 길을 걷고 있었다. 그러나 르부아는 여전히 장관 자리에 앉아 있었다.

생 마르 감옥장의 감시를 받는 불쌍한 죄수들을 박해하는 냉혹하고 무자비한 인간, 방다가 세상에서 가장 미워하던 이 남자는 현재 국왕의 은총을 듬뿍 받고 있는 것처럼 보이기도 했다.

르부아의 아들 바르브주는 1685년에 아직 열여덟 살도 안 된 나이로 육군장관 자리 계승권을 얻었다.

이제 늙은 르테리에의 자손은 절대 권력을 손에 넣었다.

그러나 이때 르부아는 사상 최대의 몰락 위기에 직면해 있었다.

거상(巨像)은 여전히 우뚝 서 있었으나 그 발밑은 침식되고 있었다. 그 토대를 서서히 무너뜨리려는 사람들의 끊임없는 노력으로 자칫하면 붕괴될 판이었다.

1678년 네이메헌 강화조약이 체결되어 프랑스가 전성기를 누릴 때 총리는 이미 국왕이 자기로부터 멀어지리란 것을 예상했다. 그는 국왕의 마음을 다시 끌어당기려고 1688년에 무시무시한 팔츠 계승전쟁을 일으켰다.

9년에 걸쳐 유럽을 전화(戰火) 속으로 몰아넣은 이 전쟁의 기묘한 발단은 세상에 널리 알려져 있다.

어느 날 트리아농 궁전 창문 너비를 두고 국왕과 입씨름을 벌인 르부아는 자신의 실수를 지적받아 끽소리도 못하게 되자 씩씩거리며 집으로 돌아가 측근에게 말했다. "그런 사소한 문제 가지고 국왕 폐하가 나를 이 꼴로 만들다니, 이제 내 세상도 끝난 모양이야. 궁정 건축에 정신이 팔려 있는 국왕 폐하에게 내 필요성을 새삼 일깨워 주려면 전쟁을 일으키는 수밖에 없어…… 좋아, 두고 봐! 내 손으로 전쟁을 일으킬 테니까!"

르부아는 그 결심을 실행에 옮겼지만 그것도 언 발에 오줌 누기였다. 왜냐하면 르부아는 그 누구보다도 무서운 맹트농 부인을 적으로 돌렸기 때문이다.

여기서 르부아의 명예를 위해 한마디 하자면, 그가 맹트농 부인의 반감을 산 것으로 칭찬받아 마땅한 행동을 했기 때문이다.

르부아는 루이 왕의 비밀 결혼식에 입회한 두 사람 가운데 한 명이었다. 그런데 뒷날 이 결혼식을 공표하자는 이야기가 나오자 르부아는 그 비상식적인 계획을 저지하려고 굳이 나서서 국왕과 심한 언쟁을 벌였다.

그 사실을 안 맹트농 부인은 르부아를 파멸시키겠다고 맹세했다. 그녀는 이를 갈면서 적당한 기회가 오기를 기다렸다.

1691년 7월, 마침내 그 기회가 왔다.

어느 날 르부아는 평소처럼 국왕과 함께 정무를 보기 위해 맹트농 부인을 찾아갔다. 그 무렵 국왕은 자기와 결혼하기 전에 많은 신하의 애첩이 되었던 이 늙은 여자의 방 난롯가에서 정무를 보는 버릇이 있었기 때문이다.

그때 전쟁은 그야말로 절정에 다다라 있었다. 르부아 총리는 이미 보름스와 슈파이어 두 도시를 불태웠으며 더 나아가 트리어에도 불을 지르려 하고 있었다.

총리는 앞서 이 계획을 진언했을 때 국왕의 허락을 받지 못했었다. 그래서 이번에야말로 어떻게든 승낙을 받아 내겠다고 결의하고 한 가지 계책을 꾸몄다. 그러나 그의 예상은 보기 좋게 빗나갔다.

일이 끝날 무렵 르부아는 뻔뻔하게도 왕에게 이렇게 말했다. "폐하께서 양심의 가책을 느끼시지 않도록, 제가 이 끔찍한 계획의 실행에 대한 모든 책임을 지고서 독자적인 판단으로 전령을 보내 도시에 불을 지르라고 명령했습니다."

그 말을 듣자 루이 왕은 길길이 날뛰며 부지깽이를 움켜쥐고 르부아에게 덤벼들었다. 그 순간 맹트농 부인이 간신히 그들 사이에 끼어들었다.

엄청난 실수를 저지른 총리가 간이 콩알만 해져서 출입문 쪽으로 도망가자, 국왕이 시뻘건 얼굴로 눈을 부릅뜨고 소리를 질렀다.

"당장 전령을 보내서 그 명령을 철회해라. 늦기 전에 어서 전령을 보내. 만일 집이 한 채라도 불탔다가는 네 목이 날아갈 줄 알아라!"

르부아는 벌벌 떨며 물러났다. 자신이 저지른 짓의 결과가 두려웠던 것은 아니다. 애초에 정말로 전령을 보내지는 않았으므로 그저 전령의 장화를 벗기고, 도시를 불태우라는 지령서를 회수하기만 하면 될 터였다. 그러나 진짜 중요한 문제는 이로써 르부아가 영원히 국왕의 총애를 잃어버렸다는 느낌을 받은 것이었다.

이 사건이 일어난 다음 날 페론에서 모리스를 함정에 빠뜨렸던 장본인, 1673년 베스모 감옥장의 만찬회 자리에 난입하여 위압적이고 뻔뻔한 눈길로 방다를 위협했던 그 무서운 총리는 대체 무엇을 하고 있었을까?

때는 1691년 7월 11일이었다. 그날 르부아는 뫼동에서 식사를 한 다음, 로슈포르 원수 부인과 그녀의 딸 블랑샤크 부인을 마차에 태우고 직접 말을 몰아 베르사유로 돌아갔다.

그때 르부아는 이미 쉰 살이었다. 그러나 뜨거운 투지와 지칠 줄 모르는 활동력으로 프랑스 및 브라방의 음모자들과 맞서 싸워서 미증유의 위기로부터 국왕을 구해 냈던 18년 전에 비해서 별로 달라진 것도 없었다.

그 눈은 여전히 날카로웠고 짙은 눈썹엔 흰 털도 거의 없었다.

다만 배는 눈에 띄게 나왔으며 옛날부터 붉었던 얼굴은 아예 자줏빛이 되었다.

평소에도 음울한 르부아의 얼굴이 그날따라 한층 어두워 보였던 까닭은 그가 국왕의 분노를 곱씹고 있었기 때문이었을까?

르부아는 딱딱하게 굳은 얼굴로 고개를 숙인 채 구부정하게 앉아 있었다. 그는 때로는 고삐를 늦추고, 때로는 두 마리 준마를 채찍질해 전속력으로 질주하게 했다. 뒤에 두 귀부인을 태우고 있었지만 그저 애첩 뒤프레누아의 시녀 두 사람을 태운 정도로밖에 생각하지 않는 눈치였다.

이처럼 마부가 기묘하게 말을 모는 바람에 불쌍한 두 부인은 내내 식은땀을 흘려야 했지만 그래도 르부아의 몽상을 방해하려 하지는 않았다.

두 여인의 귀에는 르부아가 혼잣말로 이렇게 중얼거리는 소리가 들려왔다.

"그 사람이 과연 그렇게 할까? ……그렇게 할 수 있을까? ……설마. 하지만…… 아니, 아무리 그래도 그렇지……."

이 두서없는 말을 들은 부인들은 이런저런 억측을 했다. 이미 베르사유에서는 조정 신하가 왕에게 내쳐질 징조라고 할 만한 온갖 소문이 퍼지고 있던 것이다.

실제로 명석하고 선견지명이 있는 르부아는 현재 자신을 위협하는 위험의 중대성을 정확히 파악하려고 애쓰고 있었다.

정말이지 태양왕에게 잘못 걸렸다가는 무슨 꼴을 당할지 몰랐다—국외추방, 투옥, 재판 등 온갖 가능성이 존재했다. 게다가 푸케 재무장관의 사례를 봐도 알 수 있듯이, 장관은 권세가 정점에 달했을 때 가장 심각한 실각 위기에 처해 있는 셈이다.

그러나 앙리 3세가 암살 계획을 세우고 있다는 경고를 받았을 때의 기즈 공과 마찬가지로, 르부아도 설마 루이 왕이 자기에게 위해를 가할 리 없다고 생각했다.

그래도 르부아는 만사를 하늘에 맡긴 채 멍하니 있기보다는 공격에 맞설 방법을 찾으려고 열심히 지혜를 짜냈다.

'국왕이 나를 거꾸러뜨리려고 하는 것은 이제 나 없이도 잘할 수 있다고 생각하기 때문이야.' 르부아는 씁쓸하게 생각했다. '그러니 내가 여전히 꼭 필요한 존재라는 사실을 증명해야 해. 하지만 무슨 수로? 1688년에는 전쟁이 나를 구해 줬지. 이번에는 뭔가 다른 문제로 국왕의 관심을 돌려야만 해. 안 그러면 난 끝장이야.

아아! 1673년 그때처럼 국왕의 목숨을 노리는 음모 계획을 다시 한 번 발견할 수 있다면 얼마나 좋을까!

안타깝게도 지금 프랑스 국내에는 불온한 움직임이 전혀 없어. 국왕의 탄압을 받은 신교도들조차 얌전히 있으니, 원.'

그때 고삐가 늦춰지자 말들이 아예 멈춰 버린 것을 깨닫고 르부아는 퍼뜩 정신을 차렸다.

4시에는 베르사유에서 어전회의가 열린다. 꼭 출석해야 하는 회의였다.

르부아는 힘껏 채찍을 휘둘러 말을 전속력으로 몰았다.

뫼동 숲을 빠져나와 샤빌을 지나 베르사유로 가는 지름길로 접어든 마차는 이른바 '스위스 연못'으로 이어지는 가파른 언덕길을 내려가기 시작했다.

그날은 무척 더웠다. 나뭇잎을 간질이는 산들바람 한 줄기조차 불지 않았다. 마차는 뽀얀 흙먼지를 일으키며 전진했다.

두 귀부인은 숨 쉬기가 힘들었다. 르부아의 얼굴은 더더욱 벌게졌다.

언덕 밑에 도착하자 똑바른 길이 나왔다. 마차는 연못가의 좁은 길로 들어갔다.

고삐를 잡은 장관은 다시금 말을 몰기를 그만두고 생각에 잠겼다.

원수 부인과 그 딸은 고개를 숙인 채 꾸벅꾸벅 졸고 있었으므로 고명한 마부가 또다시 넋 놓고 있다는 사실을 눈치채지 못했다.

바로 그 순간, 갑자기 마차가 기우뚱하더니 물에 빠지려다가 간신히 멈춰 섰다.

오른쪽 말의 다리는 이미 물속에 잠겨 있었다. 뜻밖의 구세주가 나타나지 않았더라면 마차에 탄 세 사람은 모두 목숨을 잃었을 것이다.

한 여인이 불쑥 말 앞에 나타나서 고삐를 붙잡고 말을 기슭으로 끌어냈다. 순식간에 일어난 일이었다. 그러나 위기감을 느낀 두 여인은 귀청이 찢어질 듯한 비명을 질렀다.

퍼뜩 몽상에서 깨어난 르부아는 허둥지둥 땅으로 뛰어내려 낯선 여자와 함께 말을 안전한 쪽으로 끌고 간 다음, 주머니를 뒤져 금화 몇 닢을 꺼내려고 했다.

낯선 여자는 그 동작의 의미를 알아챘는지 무뚝뚝하게 말했다.

"각하, 혹시 제 도움을 감사하게 여기신다면, 부디 그 뜻을 금화 말고 다른 형태로 보여 주시길 바랍니다."

뜻밖의 말에 기분이 상한 장관은 비로소 상대의 얼굴을 똑바로 쳐다봤다.

그 여자는 소박한 검은 옷을 입고 있었는데 평민 여인의 옷차림은 아니었다. 태도는 기품이 있었고 용모도 단정했다. 특히 생생하게 빛나는 두 눈동자는 눈처럼 새하얀 머리와 묘한 대조를 이루었다.

"그럼 내가 뭘 어쩌길 바라느냐?" 르부아가 퉁명스럽게 질문했다.

"알현을 허락해 주시길 바랍니다, 각하."

"내가 누구인지 아느냐?"

"네."

"그렇다면 내가 시간을 낭비할 수 없다는 사실도 잘 알 텐데."

"제 이야기를 들으셔도 시간을 낭비하실 일은 없을 것입니다."

"넌 대체 누구냐?"

"제 이름을 말씀드려도 모르실 겁니다."

"그렇다면 네 이야기를 들어 봤자 아무 소용없겠구나. 이 지갑을 받든지 길가에 두고 가든지 마음대로 해. 어쨌든 이 이상 날 귀찮게 하지 마." 말을 마치자마자 난폭한 총리는 안에 든 금화가 훤히 보이는 조그만 그물주머니를 거칠게 풀밭 위에 던졌다.

장관은 당장 마부 자리로 돌아가려고 했다. 더워서 죽을 지경이었던 로슈포르 부인과 블랑사크 부인은 장관과 그 여인이 뭘 하는지도 몰랐다. 그저 이제 출발할 수 있겠구나 하고 안도의 한숨을 쉬었다.

그러나 낯선 여자는 물러서지 않았다.

"각하, 저는 일주일 전부터 베르사유 궁전 근처를 배회하면서 당신에게 접근할 기회를 찾고 있었습니다.

그런데 이제 겨우 기회가 왔어요. 그것도 뜻밖에도 제가 당신의 목숨을 구한다는 적절한 형태로 말이지요.

당신은 꼭 제 이야기를 들으셔야 합니다. 이 이야기는 몹시 중대하므로 혹시 거부하신다면 조만간 후회하시게 될 겁니다."

그 말에 깜짝 놀란 르부아는 상대의 속마음을 꿰뚫어 보려는 듯이 이 기묘한 여인을 뚫어져라 응시했다.

여인은 눈썹 하나 까딱하지 않고 장관의 시선을 받아 냈다. 그녀의 결연한 태도에는 그 대단한 르부아도 압도되고 말았다.

"혹시 네 이야기가 국가의 이익과 관련된 것이라면……." 장관은 불쾌한 듯이 말했다. "들어줄 수도 있다만……."

"국가의 이익과 국왕 폐하의 안녕에 관한 이야기입니다." 상복을 입은 여인이 그의 말허리를 잘랐다.

"음모에 관한 이야기인가?"

"네."

"국왕 폐하에 대한 반역인가?"

"폐하와 프랑스에 대한 반역입니다."

"헛소리하지 마라! 국가에 대한 음모라고? 그런 걸 꾸미는 자가 있을 리 없어."

"그런 자가 있다는 사실은 각하께서 가장 잘 알고 계실 겁니다. 각하께서는 1673년에 프랑스의 적들이 꾸몄던 전대미문의 위험하고 교묘한 음모를 파헤쳐서 그 계획을 물거품으로 만드시지 않았습니까."

르부아는 저도 모르게 흠칫하더니 낯선 여자의 팔을 꽉 잡고 그 얼굴을 날카롭게 쩌려보면서 질문을 던졌다.

"1673년 이야기는 누구한테 들었느냐?"

"이번 음모 계획을 알려 준 사람들에게서 들었습니다."

성질 급한 장관은 잠시 망설였지만, 모호한 상태를 대단히 싫어하는 성미였으므로 얼른 결단을 내렸다.

장관은 말고삐를 잡더니 길가의 커다란 나무 그늘로 말을 끌고 갔다. 그리고 마차 안에 있는 두 귀부인의 항의에는 아랑곳하지 않고 말을 그대로 방치했다.

"자!" 르부아가 큰 소리로 말했다. "나에게 할 말이 있다면, 이리 와서 사태를 간단명료하게 설명해 봐라."

"여기서는 아무것도 말씀드릴 수 없습니다."

"왜?"

"제 이야기를 뒷받침할 증거가 지금은 제 수중에 없기 때문입니다. 제가 말씀드려도 아마 각하는 믿지 못하실 겁니다."

"궁전에서 나를 면회하게 해 준다면, 오늘 당장 그 증거를 보여 줄 수 있겠느냐?"

"네."

"그래! 그럼 알현을 허락해 주마. 다만 조건이 하나 있다."

"어떤 조건입니까?"

"지금 이 자리에서 정말로 음모가 꾸며지고 있다는 증거를 하나만 들어 봐라."

"그러지요! 모반의 수령은 1673년 3월 28일 밤 솜 강 여울에서 죽음을 면한 두 남자 가운데 하나입니다."

"말도 안 돼. 살아남은 건 한 사람뿐이고, 그놈은…… 절대로 흉계를 꾸밀 수 없는 상태인데."

"지금 각하께서 말씀하시는 사람은 지난 18년 동안 생 마르 감옥장이 데리고 다닌 죄수가 아닌가요?"

"어떻게 그런 것을 알고 있지?" 르부아는 험악한 표정으로 물었다.

"어떻게 알았는지는 별로 중요하지 않습니다. 안 그런가요? 저는 오직 국왕 폐하와 프랑스를 구하기 위해서 이 비밀을 이용할 생각이니까요.

제가 사정을 훤히 알고 있다는 사실을 증명하기 위해 한 말씀 드리지요— 그 남자는 먼저 바스티유로 연행되었고, 그 뒤 8년 동안 피뉴롤에 유폐되어 있었으며, 1681년 피뉴롤에서 48km 떨어진 에그지르 요새로 옮겨졌습니다. 브리앙송에서 토리노로 가는 길 중간에 있는 도리아 강 골짜기에 위치한 요새지요.

"저는 이런 것도 알고 있습니다. 현재 그 죄수는 각하의 명령에 따라, 프로방스 연안 앙티브 앞바다에 있는 성 마르그리트 섬의 성에 감금돼 있어요. 창문 없는 가마에 태워져 생 마르 감옥장이 이끄는 특별 경비대의 호송을 받으면서 1687년 4월 30일에 그곳에 도착했습니다."

낯선 여자가 이야기하는 동안 르부아의 얼굴은 자주색에서 보라색, 보라색에서 푸르죽죽한 색으로 바뀌었다.

"이봐, 조심하는 게 좋을걸." 르부아는 위협적인 어조로 말했다. "그래, 분명히 너는 극비 정보를 알고 있는 것 같군. 한데 그런 정보를 아는 사람은 당장 바스티유에 처넣어질 수도 있단 말이야."

"제가 오늘 말씀드리는 이야기를 다 들으신 뒤에도 저를 감옥에 가두고 싶으시다면, 부디 원하는 대로 하십시오."

"그래. 계속 말해 봐. 그렇다면 1673년 사건 당시 생존자가 하나 더 있었단 말이냐?"

"네. 그 증거도 있습니다."

"그리고 그 남자가 과거의 음모를 다시 꾸미는 중이라고?"

"그 정도가 아닙니다. 그는 옛날보다 훨씬 더 규모가 큰 계획을 세우고 있습니다. 프랑스의 적은 그때보다 지금이 더 많으니까요."

"이름은?"

"바시몽 백작 로베르 드 라 미르. 한때 피카르디 연대 대위였습니다."

"그래, 기억나는군. 1669년에 그 남자를 부대에서 쫓아냈었지." 기억력이 좋은 르부아가 중얼거렸다. "그 남자가 페론 근교에서 살해되지 않았다는 말이냐?"

"네. 그 사람이 살아남아서 지난 18년 동안 첫 번째 반란군의 잔당을 모으려고 꾸준히 노력한 끝에 마침내 새로운 모반을 일으킬 준비를 거의 다 하기에 이른 것입니다."

"그 바시몽이란 자는 지금 어디에 있지?"

"그것은 각하께서 제 소원을 들어주실 때까지는 말씀드릴 수 없습니다."

"호! 그래, 밀고의 대가로 이익을 얻으려는 게냐?"

"그렇습니다."

"뭐, 어차피 내 알 바 아니지만. 다만 한 가지 충고해 주지. 혹시 나에게 거짓말을 한다면 절대로 용서치 않을 것이다. 그리고 네가 바라는 특혜는……."

"저는 특혜를 바라는 것이 아닙니다."

"그럼 바라는 게 뭐지?"

"제 소원은 각하의 이익과도 관련돼 있습니다. 혹시 제 소원이 이루어지지 않는다면, 저는 모반자 일당을 체포할 방법을 각하께 말씀드린다고 약속할 수 없게 되기 때문입니다.

저는 생 마르 감옥장이 감시하는 죄수를 면회하고 싶습니다."

그 뜻밖의 소원을 듣자 르부아는 두세 걸음 뒷걸음질하더니 한층 어두운 표정을 지었다.

"겨우 그거면 된다고? 어지간히 그 남자를 사랑하거나 증오하나 보군그래." 르부아는 탐색하는 듯한 눈초리로 여자를 바라보면서 말했다.

"아뇨, 아닙니다. 그 증거로 저는 죄수의 석방도 처형도 요구하지 않을 것입니다. 그저 입회인 앞에서 그 남자를 만나 이야기를 나누고 싶습니다."

"내 대답은 이따가 우리 두 사람의 이야기가 끝날 때까지 보류해 두도록 하지.

5시 정각에 궁전으로 와서, 오렌지 온실 맞은편 건물에 있는 영선사(營繕司) 입구까지 와라. 거기서 내 종복이 기다리고 있다가 너를 내 방으로 안내해 줄 거다."

"알겠습니다, 각하."

"그럼 기다리겠다. 혹시라도 나를 속이려고 허튼수작을 부렸다가는 큰일 날 줄 알아라."

"저를 위협하시려고 해도 소용없습니다, 각하. 게다가 저는 지금까지 한 번도 거짓말을 하지 않았습니다." 여자는 차갑게 딱 잘라 말했다.

르부아는 상대의 마음속 깊이 숨겨진 감정을 꿰뚫어 보는 데 이골이 난 날카로운 눈으로 다시 한 번 그 여자를 응시했다. 그리고 그 결과에 만족했는지 호의적이라고도 할 수 있는 작별 인사를 한 뒤 마차 쪽으로 달려갔다.

마차에 남아 있던 두 귀부인은 더위에 지쳐 축 늘어져 있었다. 둘 다 르부아의 기묘한 행동에 질려 버린 모양이었다.

"실례를 용서해 주십시오, 부인." 르부아가 유쾌하게 말했다. "남을 좀 도와주느라 어쩔 수 없었습니다. 저 여자는 성 루이 훈장 수훈자의 미망인인데, 연금을 달라고 청원하러 왔다더군요."

"확실히 저 사람은 연금을 받을 만한 일을 했어요." 블랑샤크 부인이 끼어들었다. "저 사람이 없었더라면 지금쯤 우리는 연못 바닥에 가라앉아 있었을 테니까요."

"베르사유에 돌아가면 당장 국왕 폐하께 저 사람에 대해서 말씀드릴 겁니다." 그러면서 장관은 말을 채찍질했다. 말은 전속력으로 달리기 시작했다.

그때 장관은 이렇게 혼잣말을 했다.

"실은 국왕에게 할 말이 또 있지. 아직 만사가 끝장나지는 않았나 보군.

안 그래도 모반 계획이 발견되면 좋겠다고 생각했는데, 때마침 저 여자가 모반에 관한 정보를 가져왔으니 말이야.

좋아. 내가 이기나 스카롱의 미망인이 이기나, 어디 한번 두고 보자고!"

31 죽음과 태양왕

무사히 피뉴롤을 탈출한 뒤 방다는 한동안 토리노에 머물렀다. 이것은 아주 경솔한 행위였다. 토리노에는 아무 거리낌 없이 사보이 공의 주권을 침해하는 프랑스 정부 첩자들이 우글거렸기 때문이다.

다행히 생 마르 감옥장은 수와송 부인 때문에 자신이 저질러 버린 커다란 실수와 그로 인해 발생한 탈옥 미수 사건을 필사적으로 숨기느라 바빴다.

감옥장은 카라도스의 '미망인'을 굳이 추적하려고 하지 않았다. 더구나 며칠 동안 생각한 결과, 그 여자를 영원히 쫓아 버렸으니 차라리 잘됐다고 생각하기에 이르렀다.

감옥장으로서는 그 '부부'가 수와송 부인의 사주를 받았다고 생각할 수밖에 없었다.

수와송 부인은 명백한 허위와 음모의 현장을 감옥장에게 들켜 버렸으므로 두 번 다시 똑같은 음모를 꾸밀 리 없었다.

카라도스는 죽었다. 그 시체를 목격한 두 병사가 비밀을 굳게 지켰기 때문에 주둔 부대 사람들은 아무도 카라도스의 사인을 알지 못했다.

그런 까닭에 감옥장이 바르톨로메아를 두려워할 이유는 전혀 없었다. 생 마르 감옥장이 지배하는 장소에 그녀가 뻔뻔하게 모습을 드러내리라는 것은 상상조차 할 수 없었다.

실제로 그 뒤 바르톨로메아의 소식은 하나도 들리지 않았다. 감옥장 부부는 그 여자가 수와송 부인을 따라갔든지 길바닥에서 죽었을 거라고 생각했다.

감옥장은 전보다도 더 하얀 티티새를 가혹하게 대하면서 심술궂게 괴롭혀 댔다. 그러나 아무리 심문하고 무서운 협박을 늘어놔도 그에게서 정보를 얻어 내지는 못했다.

이러한 온갖 실패의 쓰라림을 잊기 위해 감옥장은 심복인 브리케와 '성큼이'를 한층 더 신뢰하게 되었다.

이런 사태를 예측했기 때문에 방다는 수와송 부인의 행동에 대한 정보를 충분히 얻을 때까지 안심하고 토리노에 머무를 수 있었던 것이다.

이윽고 방다의 귀에 들려온 소식에 의하면, 파도처럼 변덕이 심한 수와송 부인은 그 뒤 곧장 파르마로 가서 호화로운 생활로 연인의 신하들을 놀라게 했지만, 그새 파르마 궁정에 질려 버렸는지 이제 슬슬 마드리드 궁정으로 옮겨 가서 친구인 공작과 화려하게 놀아 볼 생각인 듯했다.

아마 수와송 부인은 또다시 필립을 잊어버린 모양이었다.

이로써 수와송 부인의 방해를 받을 염려는 사라졌다. 방다는 중대한 볼일을 보러 알프스를 넘어 리옹으로 갔다.

방다는 이 도시에 사는 북부 이탈리아 출신 은행가에게 전 재산을 맡겨 놨었다. 몇 년 전부터 프랑스에 사는 이 남자는 큰 부자인 데다 몹시 정직하기도 했다.

방다는 1673년에 그에게 금화 2만 5천 닢을 맡긴 뒤 7년이나 연락을 끊고 살았다. 그러나 은행가는 금세 방다의 얼굴을 기억해 내고 맡았던 돈을 돌려주었다.

예금은 그동안 이자가 많이 붙어서 그 시절로 치면 상당히 큰 재산이 되어 있었다. 방다는 마음만 먹으면 어디에서나 부족함 없이 살아갈 수 있었다.

리옹은 피뉴롤과 연락을 주고받기에 딱 좋은 위치에 있었다. 그래서 방다는 이 도시의 성 니제 성당 근처에 있는 집을 구입한 뒤, 이탈리아인 장교의 미망인인 척하면서 매우 경건하고 폐쇄적인 생활을 했다.

머지않아 방다는 감시탑에 남은 두 병사가 보낸 편지를 받았다.

알리는 터키인이라 읽고 쓰기를 못했지만, 야겔로 왕가의 자손임을 자처하는 폴란드인 크스키는 교양인임을 자부하면서 훌륭한 문체를 자랑하곤 했다. 그래서 크스키가 이 비밀결사의 서기를 맡았다. 이 남자가 쓴 편지는 프랑스어 명문이라고는 할 수 없지만 매우 신중하고 교묘하게 고안된 문장인 것은 틀림없었다.

이 편지는 은행가에게 보내는 봉투에 담겨 발송됐다. 검열을 피하기 위해 겉으로는 상업문 형태를 띠었지만 방다는 그 내용을 충분히 알아볼 수 있었다.

그런데 두 병사가 이에 대한 답장을 받기는 훨씬 힘들었다. 생 마르가 편지를 발견하면 당장 뜯어볼 것이 뻔했기 때문이다.

그래도 영리한 폴란드인은 적당한 방법을 마련했다. 그는 피뉴롤 시내에 사는 술집 주인에게 편지를 대신 받아 달라고 부탁했다. 그리고 외출 허가를 받아 요새에서 나왔을 때 편지를 건네받았다.

불쌍한 브리강디에르가 세상을 떠난 뒤 11년 동안 방다의 마음을 달래 준 유일한 위안거리는 바로 이 편지였다.

하기야 이 편지는 기쁜 소식은커녕 희망적인 암시조차 주지 않았지만.

페론에서 체포된 죄수는 아직 살아 있었지만 여전히 엄중한 감시를 받고 있어서 누구도 그 모습을 볼 수 없었다.

1681년 가을, 그동안 열심히 불평불만을 늘어놓은 덕분인지 생 마르 감옥장은 드디어 다른 곳으로 전근하게 되었다. 에그지르 요새 사령관으로 임명된 그는 10월 15일 예의 두 마리 티티새와 45명의 경비대원을 데리고 새로운 근무지에 부임했다. 그 45명 중에는 물론 브리케와 '성큼이'도 포함돼 있었다.

두 죄수의 삶은 예나 지금이나 변함없었다. 여기서도 그들은 '아랫탑'과 다름없는 독방에 갇혀 있었다.

로죙은 석방됐고, 마티올리는 피뉴롤에 계속 머물렀으며, 푸케는 이미 세상을 떠났다.

방다는 에그지르에서 일어나는 일들을 모두 알았지만 그곳에 직접 갈 수는 없었다. 에그지르 요새는 마을에서 멀리 떨어진 바위산 같은 곳이었다. 그곳에서 생 마르는 독재자처럼 군림했다.

할 수 없이 방다는 적당한 때가 오기를 끈기 있게 기다리면서 7년 동안 꿋꿋이 고통을 견뎌 냈다.

1687년 봄이 되자 어렴풋한 희망의 빛이 비쳤다.

4월 초에 크스키가 편지를 보내, 생 마르가 부하들을 데리고 성 마르그리트 섬으로 간다는 소식을 전해 준 것이다.

두 죄수 가운데 감옥장이 검은 티티새라고 부르던 남자는 1월 4일에 사망했다.

따라서 남은 죄수는 하얀 티티새—바스티유의 가면 죄수, 페론 기습 사건의 희생자, 방다가 생사를 함께하기로 결심한 바로 그 수수께끼의 남자뿐이었다.

폴란드인이 보낸 편지에 의하면 섬까지 가는 길은 멀고도 힘들 것으로 예상되며, 죄수는 방수 천으로 완전히 밀폐한 가마에 실려 갈 예정이었다. 이미 그 준비를 하라는 명령이 내려졌다고 했다.

하지만 두 병사는 감옥장이 이렇게 세심한 주의를 기울인다 해도 어쩌면 틈을 봐서 죄수의 얼굴을 확인할 수 있을지도 모른다고 은근한 기대를 품고 있었다.

가련한 방다는 당장 리옹을 떠나 일행과 합류하고 싶은 마음을 꾹 참아야 했다.

그 우울한 행렬이 지나가는 길은 미리 알고 있었으므로 마음만 먹으면 쉽게 합류할 수 있었으리라.

그러나 생 마르 감옥장이 직접 호송대를 지휘할 것이 틀림없었다. 그 무서운 감옥장이라면 방다가 어떻게 변장하더라도 반드시 그 정체를 꿰뚫어 볼 터였다.

이번에도 방다는 눈물을 삼키고 모든 것을 하늘에 맡겨야 했다. 운이 좋으면 하느님의 뜻으로 가마가 뒤집어진다든가 하는 종류의 사고가 일어나서 가면을 안 쓴 죄수의 얼굴을 알리와 크스키가 볼 수 있을지도 몰랐다. 하지만 기대와는 달리 그들은 결국 무사히 목적지에 도착했다.

성 마르그리트 섬에 도착한 다음부터는 편지가 전보다 뜸해졌다.

터키인과 폴란드인은 새로운 환경에 잘 적응하지 못했고, 본토와 연락하기가 매번 쉽지는 않았기 때문이다.

다만 방다는 이 섬에서도 모든 일이 피뉴롤이나 에그지르에서와 똑같이 이루어지고 있다는 정보를 얻었다.

죄수가 죽을 때까지 이 잔혹한 감금 상태가 유지되리라는 사실은 더 의심할 여지도 없었다.

가련한 여인은 모든 희망이 사라져 버렸다고 생각하기 시작했다.

거듭된 충격 탓에 방다의 영혼은, 오랜 세월 끊임없이 마음고생 하느라 지쳐 버린 육체를 떠받칠 힘을 잃고 말았다.

방다의 머리는 하얗게 세고 건강은 급속도로 나빠졌다.

만일 1690년 끝 무렵에 우연한 사건으로 자극받아 기운을 되찾지 못했더라면 이 여인은 머잖아 세상을 떠났을지도 모른다.

어느 날 저녁 솜 강 강둑길에서 방다는 우연히 바시몽을 만났다.

두 사람은 17년이 넘도록 만나지 못했지만 금세 서로의 얼굴을 기억해 냈다. 전직 피카르디 연대 대위는 모리스 데자르모아스의 미망인에게 이런저런 이야기를 들려주었다.

바시몽은 먼저 그동안 연락을 못해서 미안하다고 사과했다. 외국에서 방랑 생활을 할 수밖에 없었다는 것이다.

재회를 기뻐하는 방다의 모습을 보자 그는 차츰 속내를 털어놓기 시작했다.

이 남자는 세계 방방곡곡을 돌아다니는 동안 프랑스를 적대시하는 나라들에서 이용 가치가 있는 동지들을 발견했다. 그리하여 마침내 과거의 모리스 데자르모아스와 마찬가지로 루이 14세에 대항하는 대규모 음모 계획의 수령이 된 것이다.

그들의 근거지는 리옹이었다.

계획 내용을 자세히 들은 방다는 처음에는 적극적인 태도를 보였다.

그것은 모리스를 박해한 놈들에게 복수할 절호의 기회였다. 또한 가면 죄수를 감옥에서 꺼낼 가장 확실한 방법은 바로 그를 감옥에 가둔 사람들을 권좌에서 끌어내리는 것이었다.

1690년에서 91년으로 넘어가는 겨울 동안 모반 준비가 착착 이루어졌다. 방다는 이 계획을 물심양면으로 열심히 지원했다.

봄이 되자 모든 준비가 끝났다. 프랑스군의 여름 원정이 끝나면 모반자들은 국내와 동쪽·북쪽 국경 지대에서 반란을 일으킬 예정이었다.

그러나 이 시점에서 방다는 어떤 사실을 깨닫고 바시몽과 갈라서게 되었다.

한때 모리스의 전우였던 이 남자는 페론 사건 이후 타락해 버렸던 것이다. 그는 샤스튀유, 바낭, 카스텔마조르 같은 전문 독살범들과 친교를 맺고 그런 악당들의 범죄에 가담했다. 게다가 어리석게도 그 사실을 방다에게 말해 버렸다.

"사보이 공 카를로 에마누엘레 2세의 목숨을 빼앗은 독약을 내가 제조했다"고 떠들어 대는 남자가 주도하는 음모에 깊이 발을 들여 버렸다는 사실을 깨닫자 방다는 그만 모골이 송연해졌다. 그녀는 빨리 이 집단에서 빠져나오려고 기를 썼다.

그와 동시에 방다의 마음속에 어떤 생각이 떠올랐다. 이 음모를 밀고하고

서 그 대가로 성 마르그리트 섬의 죄수를 면회할 자격을 얻자는 생각이었다.

이런 거래를 할 만한 상대는 르부아밖에 없었다.

르부아는 베르사유에 있었다. 방다는 즉시 베르사유로 갔다.

그러나 권세 높은 육군장관에게 접근하기란 결코 쉬운 일이 아니었다.

르부아는 정무를 보느라 눈코 뜰 새 없이 바빴다. 게다가 본디 사교성 없는 남자라서 측근 말고 다른 사람들에게는 좀처럼 알현을 허락하지 않았다.

방다는 궁정 신하 중에 아는 사람도 없었고, 궁정에 당당하게 드나들어도 될 만한 칭호도 없었다.

그렇다고 신변의 위험을 무릅쓰고 장관에게 편지를 보낼 수도 없었다.

그래도 방다는 그녀의 마지막 희망이라고 할 수 있는 상대를 어떻게든 꼭 만나야겠다고 결심했다.

필요는 발명의 어머니라고 했다. 마침내 방다는 매우 간단하고도 십중팔구 성공하리라 여겨지는 방법을 찾아냈다.

뚱뚱하고 다혈질인 르부아는 꾸준히 바깥에서 운동을 해야 직성이 풀리는 남자였다.

그래서 어쩌다 시간이 나면 자주 베르사유 주변의 전원 지대를 달렸다. 때로는 생클루 궁전의 왕제 전하를 방문하고, 때로는 뫼동에서 왕태자 전하를 만났다. 아름다운 자신의 성이 있는 샤빌에도 자주 갔다.

한평생 겉치레나 거드름 따위를 싫어했던 르부아는 이렇게 산책할 때 굳이 수행원을 대동하지 않았다.

방다는 교묘한 수를 써서 이런 르부아의 습관에 관한 정보를 입수했다. 따라서 언제 어디선가 반드시 르부아를 만나 이야기를 할 수 있을 것이라고 확신했다.

아까 보았듯이 하늘은 방다를 도와주었다.

그야말로 천재일우의 기회였다.

2주일 전이었다면 장관은 자신이 국왕의 총애를 받고 있다고 굳게 믿으면서 방다를 완전히 무시해 버렸을 것이다.

그러나 전날 일어난 사건 때문에 르부아의 심경은 크게 바뀌었다. 이제 그는 자신에게 가장 필요한 것, 즉 국왕에 대한 모반 정보를 가져다준 여자를 위해서라면 뭐든지 해 주리라는 심정이었다.

호숫가에서 우연히 르부아를 만나는 데 성공한 방다는 소 거리에 있는 숙소의 자기 방으로 재빨리 돌아왔다.

그곳에 숨겨 둔 조그만 상자 속에는 틀림없이 음모가 꾸며지고 있음을 증명하는 서류가 들어 있었다.

그중에는 바시몽과 외젠 공이 교환한 편지가 있었다. 그때 외젠 공은 사촌동생인 사보이 공 비토리오 아마데오를 반불동맹에 끌어들이려고 하는 중이었다. 또 반란 준비를 마친 세벤과 라 로셀의 신교도가 쓴 편지도 있었고, 도피네 및 프로방스 지방의 여러 귀족이 모반에 가담했음을 보여 주는 문서도 있었다.

그야말로 1673년의 대대적인 무장봉기를 방불케 하는 계획이었다. 다만 이번 반란을 선동한 사람은 바시몽 같은 극악무도한 놈들이었다.

방다는 목적을 이루기 위해서라면 무슨 짓이든지 다 할 작정이었다. 먼저 성 마르그리트 섬의 죄수를 면회할 자격을 얻기 위해 그 비밀의 일부를 르부아에게 팔아넘길 생각이었다.

그리고 혹시 그 죄수가 모리스라면 그의 특별사면을 위해, 모반의 주모자들이 계획을 결행할 때까지 숨어 있는 은신처를 밀고할 것이다.

옛날 같았으면 방다는 이런 행위에 심한 혐오감을 느꼈을 것이다. 그러나 지금은 아무런 양심의 가책도 느끼지 않았다.

'아직 모리스가 살아 있다면 그를 꼭 구출해야 해.' 오직 이 생각만 하면서 목적을 위해서는 수단 방법을 가리지 않겠다고 마음먹었던 것이다.

방다는 가지고 있는 문서 중에서 증거 서류를 두세 통 골라낸 다음, 르부아가 지정한 시각에 늦지 않도록 서둘러 숙소를 빠져나와 궁전으로 갔다.

대왕 루이 14세의 거처는 오늘날 우리가 상상하는 것보다 훨씬 더 출입하기 쉬운 장소였다. 척 보기에 '건달'같이 생긴 놈이 아닌 이상 누구나 쉽게 궁전에 들어갈 수 있었다.

이처럼 자유로운 궁전 출입이 허락된 데에는 몇 가지 이유가 있었다.

첫째로 이 궁전에는 거의 모든 장관이 살았다. 그들은 외부인과 접촉하지 않을 수 없었다.

또한 절대군주들은 대개 대중 앞에 서기를 좋아하며 신분 고하를 막론하고 수많은 구경꾼에게 둘러싸이기를 마다하지 않는데, 루이 14세도 예외는 아니었다.

그래서 날마다 국왕이 궁전 정원을 산책할 시간이 되면 다양한 사람이 그 자리에 모여들었다.

지방에서 올라온 사람도, 파리 시민도, 근교에서 온 촌뜨기도 누구나 왕의 산책을 구경할 수 있었다. 다만 국왕을 뒤따라갈 수 있는 사람은 지체 높은 사람들로 한정돼 있었다. 평민들은 먼발치에서 구경만 할 뿐이었다.

그것은 신민(臣民) 앞에서 루이가 타고난 우아한 자태와 기품이 넘치는 태도와 비할 데 없는 위엄을 과시하는 특별 공연과도 같았다.

마를리 성에서는 상황이 전혀 달랐다. 국왕은 특권을 가진 극소수의 귀족들에게만 모습을 보였다. 그러나 베르사유에서 태양왕은 이름 없는 지지자들에게도 날마다 밝은 빛을 비춰 주었다.

그렇기에 방다는 아무 문제 없이 영선사 입구까지 갈 수 있었다.

마침 어전회의 시간이어서 오렌지 온실 앞 잔디밭에는 아무도 없었다. 신하들은 국왕을 수행할 때 말고는 좀처럼 이 근처에 오지 않았다.

방다는 건물 아치 밑에서 보초를 서고 있는 스위스인 호위병에게도 제지받지 않고 거침없이 나아갔다. 주위에 보이는 사람이라고는 바쁘게 정원을 가로질러 가는 종복 두세 명뿐이었다.

약속 장소로 지정된 계단 아래쪽 문은 열려 있었다. 그러나 문간에는 아무도 없었다.

르부아가 약속을 어기다니, 뭔가 좋지 않은 징조인 듯했다. 하지만 방다는 그저 조금 늦나 보다 하고 거기서 계속 기다렸다.

그런데 15분이 지나도 누구 하나 나타나지 않았다.

그 대신 기묘한 소음이 들려왔다. 건물 2층에서 나는 소리 같았다.

판자로 된 마루 위를 바쁘게 뛰어다니는 발소리, 둥근 천장 밑에서 메아리치는 시끌시끌한 목소리들이 들려왔다.

이윽고 고함과 흐느낌이 똑똑히 귀에 들어왔다. 뭔가 슬픈 일이 일어난 것이 틀림없었다. 방다는 앞뒤 가리지 않고 허둥지둥 계단을 올라갔다.

계단 꼭대기 문은 활짝 열려 있었다. 그 너머 복도에서는 12, 3명 정도의 종복, 위병, 종자, 그 밖에 많은 하인이 우왕좌왕하면서 눈물을 흘리며 탄식하고 있었다. 다들 놀라서 제정신이 아닌 것 같았다.

아무도 방다에게 신경 쓰지 않았다. 방다는 뭐 하러 왔냐는 질문도 받지 않고 무사히 문 안쪽으로 들어갈 수 있었다.

사람들의 시선은 죄다 복도 끝에 쏠려 있었다.

방다도 그쪽을 보았다. 잠시 후 그곳에 나타난 사람들을 보자 그녀도 이 혼란의 원인을 알 수 있었다.

귀족 두 사람이 한 남자를 부축하면서, 아니 정확히는 간신히 발을 질질 끌고 있는 남자를 끌어안다시피 하면서 이쪽으로 다가왔다.

그 남자는 르부아였다.

그러나 불쌍한 장관은 그새 딴사람이 된 것 같았다.

얼굴은 시뻘겠고 눈은 툭 튀어나왔고 입은 심한 경련을 일으키고 있었다.

프랑스인을 통치하던 이 위대한 인물의 뇌가 뇌졸중을 일으킨 것이다.

이미 손쓸 방법이 없었다.

르부아는 아직 숨은 붙어 있었지만 축 늘어진 고깃덩이나 다름없었다. 육체는 살아 있을망정 정신에게 버림받은 빈껍데기에 지나지 않았다.

"외과의 디오니스를 불러…… 당장 사혈(瀉血)을 해야…… 숨 막혀……."

르부아는 온힘을 다해 띄엄띄엄 몇 마디 말을 했다.

방다 앞을 지나칠 때 그는 그녀의 얼굴을 알아보고 무슨 명령이라도 하려는 듯이 입을 열었다.

그러나 그게 마지막이었다.

순간 퉁퉁 부은 얼굴이 단말마의 경련을 일으켰다. 르부아는 완전히 의식을 잃고 축 늘어져서 두 귀족의 품에 안겼다.

하인들이 두 사람을 돕기 위해 앞다투어 달려들었다. 리슐리외 추기경이 죽은 뒤 프랑스에서 가장 강대한 권력을 쥐었던 장관은 짐짝처럼 운반되어 갔다.

방다는 계단을 뛰어 내려가 잔디밭 중간까지 달려갔다. 거기까지 오자 갑자기 힘이 쭉 빠졌다. 그녀는 커다란 청동 항아리 밑에서 넘어지고 말았다. 심신이 다 지칠 대로 지쳐서 그냥 그 자리에서 가만히 웅크리고 있었다.

모리스 데자르모아스의 복수가 실현되었다. 모리스의 적이 드디어 천벌을 받은 것이다.

그러나 르부아가 쓰러짐과 동시에 방다의 희망도 다 사라져 버렸다.

대체 얼마나 그렇게 넋을 놓고 있었을까? 방다 본인도 알 수 없었다.

많은 사람이 미친 듯이 뛰면서 방다 앞을 지나가고 고래고래 소리를 질러 댔다. 단편적인 말들이 방다의 귀에도 들어왔다.

"디오니스가 사혈을 했지만 효과가 없나 봐."

"어의(御醫) 다캥과 파공은 이미 가망이 없다고 포기했어."

그리고 머지않아…….

"다 틀렸어. 장관님은 세롱 의사가 지켜보는 가운데 숨을 거두셨어."

"소문으로는 독살이라던데."

방다는 몇 번이나 일어나서 도망치려고 했다. 그러나 다리가 말을 듣지 않았다. 심한 충격으로 온몸에서 힘이 빠져 버린 것이다.

방다는 자신의 나약함을 저주하며 버둥거렸다. 그때 궁전 저쪽 끝에서 화려한 일행이 나타나 이쪽으로 오는 것이 보였다.

하나같이 장식 끈과 자수로 뒤덮인 옷을 입은 그들은 햇빛을 받아 금덩어리처럼 번쩍번쩍 빛나고 있었다.

앞장서서 걷는 남자는 다른 사람들만큼 화려하지는 않았다. 그는 지팡이에 의지해 걷다가 이따금 멈춰 서서 동행자에게 말을 걸곤 했다. 그러면 상대는 당장 모자를 벗어 손에 들고 더없이 공손한 태도로 한 발 앞으로 나섰다.

"국왕! 저 사람이 국왕이구나!" 방다가 중얼거렸다.

방다는 눈을 의심했다.

국무총리가 숨을 거둔 지 15분도 지나지 않았는데 루이 14세는 느긋하게 궁전 정원이나 산책하고 있다니! 방다보다 궁정 풍습을 잘 알고 있는 사람이라도 이 모습을 보면 깜짝 놀랐을 것이다.

그러나 그 사람은 틀림없이 국왕이었다.

저 자연스럽고도 규칙적인 걸음걸이, 저 당당한 풍채, 긍지 높은 모후 안도트리슈에게서 물려받은 위엄 있는 태도는 루이 14세의 전유물이었다.

이제껏 한 번도 국왕을 보지 못했던 방다도 그 사실은 금세 깨달았다.

방다는 모처럼 세운 계획이 뜻밖의 사건 때문에 물거품이 되자 심한 충격을 받아 망연자실해진 상태였다. 그래서 왕의 모습을 본 순간 도망치려고 했다. 신분이 낮은 자가 태양왕의 빛을 정면으로 받았다가는 눈이 멀어 버릴

게 틀림없었다.

모리스가 이 찬란하게 빛나는 천체의 운행을 막으려고 했던 것을 방다는 아직 기억하고 있었다.

모리스는 기괴한 참극과 더불어 자취를 감추었다. 태양왕은 서쪽으로 기울기 시작했지만 여전히 빛나고 있었다.

방다는 이런 슬픈 기억을 불러일으키는 광경을 차마 더는 쳐다볼 수 없었다.

그녀는 간신히 몸을 일으키자마자 아치형 통로 쪽으로 갔다. 영선사 밑을 지나 오렌지 온실 옆길로 빠져나가려고 했다.

그런데 그쪽에서도 방다의 앞길을 가로막으며 다가오는 사람들이 있었다. 그들은 국왕 일행만큼 화려하지는 않았다. 그들과 마주치지 않고 이곳을 빠져나가기는 힘들 것 같았다.

그 일행은 귀족 네다섯 명으로 구성돼 있었다. 그리고 늘 그렇듯이 위병이 말없이 통과시켜 준 다양한 구경꾼이 멀리 떨어져 쫓아오면서 국왕의 행차를 구경하려 하고 있었다.

방다는 그 구경꾼들 속에 숨고 싶었지만 이미 독 안에 든 쥐여서 이러지도 저러지도 못하고 있었다. 이쪽으로 가면 '대리석 정원'에서 오는 귀족들을 만날 테고, 저쪽으로 가면 더욱 곤란하게도 정원에서 오는 루이 14세 일행을 만날 터였다.

오도 가도 못하게 된 방다는 벌벌 떨면서 청동 항아리 받침대 뒤에 숨으려고 했지만 그것도 불가능했다.

그러는 동안에도 루이 14세는 점점 가까이 다가왔다. 방다는 저도 모르게 국왕을 뚫어져라 쳐다봤다. 그 당시 대왕의 위신은 실로 엄청났으므로 누구나 태양을 우러러보듯이, 심지어 왕의 적까지도 그 모습에 시선을 빼앗기지 않을 수 없었다.

그날 국왕은 자수가 매우 깔끔하게 들어간 갈색 옷과 타이츠를 입고, 그 위에 금실로 수놓은 녹색 새틴 웃옷을 걸치고 있었다. 국왕은 평소에도 그런 옷을 즐겨 입었다.

왕은 보석으로 치장하지 않았다. 단지 구두 버클과 양말대님에만 보석을 박았다. 커다란 갈색 가발 위에 쓴 모자에는 스페인 자수로 된 가장자리 장식과 하얀 깃털 장식이 달려 있었다.

국왕을 뒤따르는 신하들은 모두 주군보다 아름답게 치장하고 있었다. 그러나 어떤 사람이 국왕인지는 누가 봐도 확실했다.

루이 14세만큼 날 때부터 위엄을 갖춘 인물은 달리 없을 것이다. 그의 얼굴 특징 하나하나가 당당한 인상을 주기 위해 특별히 만들어진 것처럼 보였다.

방다는 국왕이 코앞에 다가오자 황급히 눈을 내리깔았지만, 그래도 국왕이 모자를 들고 자기에게 인사하는 것을 알 수 있었다.

루이 14세는 아무리 비천한 여자 앞을 지나가더라도 반드시 모자를 들고 인사했다. 심지어 하녀들과 마주쳐도 상대의 신분을 잘 알면서 꼭 인사를 했다. 이러한 왕의 습관을 알았더라면 방다도 그렇게 깜짝 놀라지는 않았을 것이다. 물론 상대에 따라 왕이 인사하는 방법도 조금씩 차이가 났다.

귀부인 앞에서 왕은 완전히 모자를 벗었다. 그리고 자기 쪽에서 다가갔을 때에는 그 자리를 떠날 때까지 다시 모자를 쓰지 않았다.

방다는 왕이 이토록 예의바른 태도를 보일 줄은 상상도 못했으므로 몹시 당황했다. 자기가 무슨 이유로 베르사유에 왔는지 국왕이 다 알고서 말을 걸려는 것이 틀림없다고 생각했던 것이다.

그러나 루이는 그대로 지나쳐 갔다. 그런데 그 직후 국왕은 궁전 밖에서 온 귀족들과 마주쳤다. 그들은 영국 왕 제임스 2세의 신하들이었다. 제임스 2세는 자국민들에 의해 왕좌에서 쫓겨나자 이곳으로 와서 우호적인 프랑스 국왕의 보호를 받고 있었다.

영국인들은 주군의 명령을 받아 르부아 장관을 잃은 루이 14세에게 조의를 표하러 온 것이었다.

방다는 쥐구멍이 있으면 들어가고 싶은 심정으로 그 자리에 서 있었다. 루이 왕의 신하들은 예의바르게 적당히 거리를 두고 멈춰 섰다. 그렇게 때문에 왕이 태연하게 툭 던진 한마디를 들은 사람은 아마 방다밖에 없었을 것이다.

"영국 국왕 부부께 감사를 표하며 이렇게 전하게. 이번 일로 나도 영국 국왕도 결코 손해 보지는 않을 것이라고."

르부아에 대한 이 기묘한 추도사를 듣고 제임스 2세의 사자들이 깜짝 놀란 표정을 짓는 것을 방다는 똑똑히 보았다.

절대 권력을 쥐었던 장관의 시체에는 아직도 온기가 남아 있건만, 장관이 27년이나 모셨던 제왕은 벌써 그의 죽음을 잊어버린 모양이었다.

루이 왕은 산책을 계속했다. 신하들은 항아리 받침대 뒤에 있는 소박한 옷차림의 여인에게는 눈길도 주지 않고 그냥 지나가 버렸다. 여인은 아예 받침대를 뚫고 들어가려는지 거기에 찰싹 달라붙어 있었다.

화려한 행렬은 오렌지 온실 발코니를 따라서 난 오솔길 쪽으로 갔다. 한동안 방다도 그 일행을 계속 지켜봤다.

국왕은 조금 전 장관이 숨을 거둔 건물 창문을 바라보면서 자랑스럽게 고개를 쳐들었다. 그는 흡사 우리에서 빠져나와 자유로운 바깥 공기를 들이마시는 사자처럼, 풍성한 갈기 같은 가발을 흔들며 발걸음도 경쾌하게 걸어갔다. 마치 자유의 몸이 되어 신이 난 것처럼 보였다.

그러나 국왕이란 은혜를 모르는 뻔뻔한 존재임을 온몸으로 보여 주고 있는 루이의 모습을 보면서도 방다는 느긋하게 철학적인 생각이나 하고 있을 여유가 없었다.

방다가 오랫동안 고심해서 세웠던 계획은 지금 이 궁전에서 일어난 뜻밖의 재난에 좌절되고 말았다. 이렇게 된 이상 한시라도 빨리 여기서 도망쳐야 했다.

궁전 출구로 가던 길에 방다는 구경꾼들과 마주쳤다. 그날 호기심 많은 인간들은 산책하는 국왕의 모습이 아니라, 프랑스의 운명을 좌우할지도 모르는 엄청난 사건에 모든 관심을 쏟고 있었다.

소문이 퍼지는 속도는 예나 지금이나 별로 다르지 않았으므로 군중 속에는 꽤 대단한 소식통도 있었다.

방다는 귀를 기울여 다음과 같은 정보를 입수했다. 이미 국왕은 오랫동안 혁혁한 공을 세운 샴레를 육군장관으로 임명하려고 사자를 보냈다고 한다. 그러나 이 용감한 군인은 르부아의 아들을 밀어내고 그 지위를 차지할 수는 없다면서 사퇴 의사를 표했다.

그리하여 르부아의 아들 바르브주 후작이 24세라는 젊은 나이로 장관 지위 계승권을 유지하게 되었다.

이 정보를 입수한 방다는 새로운 희망을 품기 시작했다.

아버지가 모반 계획에 그토록 강한 관심을 보였으니, 그 뒤를 이은 젊은 장관도 아마 비슷한 반응을 보이지 않을까?

취임하자마자 화려한 공적을 세워 국왕의 환심을 살 기회를 신임 장관도 환영하지 않을 리 없었다.

게다가 그는 방다가 밀고한 대가로 얻고자 하는 혜택을 아버지만큼 중요시하지는 않을 것이다.

바르브주 장관이 1673년에 체포된 죄수에게 관심이 있을 리 없었다.

애초에 그 청년은 그런 죄수가 존재한다는 사실을 알고나 있을까? 페론 사건이 일어났을 때 그는 아직 어렸다. 어쩌면 사건 이야기를 듣지 못했을 수도 있다.

아니, 혹시 르부아에게서 그 이야기를 들었더라도 아들은 아버지만큼 죄수를 엄중하게 감금하지는 않을지도 모른다.

스물네 살 난 청년의 마음은 동정심에 전혀 흔들리지 않을 정도로 딱딱하게 굳어 있지는 않을 것이다. 특히 운 좋게 르테리에 집안의 후계자로 태어나서 이제껏 즐겁고 행복하게 살아왔던 남자, 정치로 인해 성격이 냉혹해지거나 삐뚤어지지 않은 남자라면 더더욱 그럴 것이다.

심지어 국왕들도 즉위 초기에는 인심 좋게 은혜를 베풀지 않던가. 나중에는 비정한 '국익상의 이유'로 거부하게 될 은혜까지도 말이다.

그런데 장관이라고 그러지 말라는 법이 있으랴?

이런 생각을 하면서 방다는 슬그머니 구경꾼들 곁을 떠났다. 그녀는 쇠뿔도 단김에 빼는 성격이었다. 당장 제 운을 시험해 보겠다는 각오로 베르사유 궁전 정원을 뒤로했다.

신임 장관은 아버지와 전혀 다른 습관을 가지고 있었다. 따라서 지나가는 길목에서 기다렸다가 만날 수는 없었다.

방다는 이번엔 정공법을 택해서 바르브주에게 면회 신청 편지를 쓰기로 했다. 편지에서 방다는 간단히 이렇게 설명했다. 르부아는 갑자기 세상을 떠났던 바로 그 시각에 자기를 만날 예정이었다. 필요하다면 르부아의 종복이 그 사실을 증언해 줄 것이다. 또한 자기가 르부아에게 말할 예정이었던 이야기는 매우 중대한 것이므로, 그 후계자도 분명히 국가 기밀을 알고 있는 귀족 여인의 이야기에 귀를 기울여 줄 것이라고 믿는다.

방다는 이 편지를 장관 저택 위병에게 건네줬다. 그러자 기쁘게도 그날 밤 육군장관이 직접 쓴 답장이 날아왔다. 다음 날 당장 알현을 허가하겠다는 내용이었다.

32 젊은 장관

이튿날 아침 일찍 방다는 신임 장관이 지정한 장소로 갔다. 그곳은 전날 저녁 르부아가 숨을 거뒀던 장관실 앞 대기실이었다.

그곳에는 이미 죽은 대신을 추억할 만한 것은 하나도 남아 있지 않았다. 초상을 치른 슬픔이 어딘가에 남아 있다면 그것은 아마 르부아를 모셨던 하인들 마음속에만 존재할 것 같았다.

초상을 치른 슬픔이 감돌기는커녕 그곳의 분위기는 몹시 유쾌했다. 고인에 대한 배려 따위는 눈 씻고 찾아봐도 없을 정도였다. 성급한 사람들은 이제 막 떠오르는 새로운 태양 바르브주에게 열렬한 시선을 보내고 있었.

복도에는 이미 오랫동안 르부아에게 빌붙어 살던 수많은 귀족이 몰려와서 강대한 국무총리의 후계자에게 알랑거릴 준비를 하고 있었다.

귀족 중에는 방문 접수계를 슬쩍 불러내서, 뒷돈 좀 줄 테니 나 먼저 장관을 만나게 해 달라고 부탁하는 사람도 있었다.

그들은 마치 각설탕에 몰려드는 개미 떼 같았다. 그 모습을 본 방다는 오지 말걸 그랬다고 후회했다.

애초에 이렇게 많은 귀족이 몰려와 있는 판국에 장관이 방다 같은 생면부지의 여인을 만나고 싶어할 리 없었고, 또 그럴 틈도 없을 것 같았다.

그렇게 생각한 방다는 알현 허가서도 제시하지 않고 그냥 그 자리에서 도망치려 했다.

그런데 계단 쪽으로 돌아가는 방다의 모습을 재빨리 알아본 검은 옷의 사나이가 있었다. 그 사나이는 번쩍거리는 옷을 입은 귀족과 이야기하고 있었는데, 지체 높은 상대를 내버려두고 성큼성큼 방다를 향해 걸어왔다.

그 하인이 낮은 소리로 물었다. "부인, 혹시 어제 바르브주 장관님께 편지를 보내 답장을 받으신 분이 아니십니까?"

방다가 고개를 끄덕이자 하인은 자기를 따라오라고 말한 뒤, 이쪽을 빤히 쳐다보며 수군거리는 귀족들 사이를 지나 방다를 안내해 주었다.

"어제 돌아가신 장관님의 명령으로 당신을 맞이하기로 했던 사람이 바로 접니다." 하인이 조심스럽게 설명했다. "바르브주 장관님께서 그 일에 관해 물어보시더군요. 그래서 저는 자신 있게 대답했습니다. 아버님께서는 부인의 방문을 몹시 중요시하셨다고요."

방다는 감사의 표시로 고개를 끄덕였지만 흥분한 나머지 입을 열 수가 없었다.

열렬히 바라면서 일일여삼추로 애타게 기다렸던 일이 생각보다 훨씬 빨리 실현된다면 누구나 이렇게 당황할 수밖에 없으리라.

간절히 바라던 일이 실현된 것은 물론 기쁘지만, 아직은 마음의 준비가 덜 돼서 일단 도망치고 싶어지는 것이다.

이번에야말로 주사위는 던져졌다. 한판 승부가 시작되었다. 방다는 이제 물러설 수 없었다. 이 대담한 여자는 모리스 데자르모아스를 석방시키기 위해 자신의 자유를 내건 것이다.

검은 옷을 입은 하인은 문을 열고 방다를 안으로 들여보냈다. 소박한 가구들이 놓인 넓은 방이었다. 하인은 정중히 절을 하고 밖으로 나갔다.

홀로 남은 방다는 이 기묘한 대접에 깜짝 놀랐다. 앞으로 무슨 일이 일어날지 짐작해 보려고 했지만, 곰곰이 생각해 볼 틈도 없이 3분 뒤에는 젊은 장관이 그곳에 나타났다.

장관은 직물 휘장을 가르며 소리 없이 방 안으로 들어왔다. 그는 가볍게 목례하고 나서 방다에게 의자를 권하고 자기도 안락의자에 앉았다.

바르브주 후작은 역사상 아버지만큼 중요한 지위를 차지하지는 못했지만, 그래도 많은 걸물을 배출한 루이 14세 시대에 특별히 걸출했던 인물이었다. 그러니 그가 어떤 인물인지 여기서 간단히 소개하더라도 시간 낭비는 아닐 것이다.

인물 묘사 능력이 탁월했던 동시대 문인 생시몽은 이렇게 말했다. "그는 몹시 남성적이고 강렬한 인상을 주는 풍모를 지니고 있었다. 얼굴 생김새는 우아하고 부드러우면서도 야무진 면이 있었다.

이 남자는 무척 재치 있고 통찰력이 뛰어나며 기운이 넘쳤다. 그는 타고난 재주꾼이라서 놀라우리만치 쉽게 일을 해냈다. 남들이 하루 걸려 할 일보다

많은 일을 두 시간 만에 멋지게 해치우고서 남는 시간을 여유롭게 즐길 수 있었다.

이 남자만큼 척 보기에 사교계 신사처럼 보이는 사람은 없었고, 동경의 대상이었던 대귀족의 태도를 이 남자만큼 멋지게 흉내 낼 수 있는 사람도 없었다.” (참으로 자존심 강한 생시몽 공작다운 냉소적인 평가이다. 생시몽은 르테리에 일족을 그저 벼락출세한 인간들이라고 생각했다) “이 남자는 누구보다도 예의바르다. 여성 앞에서는 누구보다도 자연스럽고 세심한 배려를 할 줄 안다.

이 남자는 마음만 먹으면 누구나 사로잡을 수 있었고, 누구에게 친절을 베풀면 남보다 세 배쯤 되는 감사를 받았다.

그러나 안타깝게도 이 인물에게는 많은 결점이 있었다.

바르브주는 아버지를 닮아서 더없이 오만하고 화를 잘 냈다.

그도 이러한 자신의 성질을 잘 알고 있었으며 이 때문에 고민하기도 했지만 결국 결점을 고치지 못했다.”

천성이 난폭하고 고집스러웠던 바르브주는 뭐가 제 맘에 안 들면 광포해져서 이성을 잃고 미친 듯이 날뛰었다.

요컨대 이 남자는 세상에서 가장 믿음직한 친구가 될 수도 있었지만, 자칫하면 더없이 위험하고 잔인하고 집요하고 피도 눈물도 없는 적이 될 수도 있었다.

아버지 르부아와 마찬가지로 아들도 뭐든지 자기 뜻대로 해야 직성이 풀리는 성미였다. 그는 매우 뻔뻔한 남자였다.

뒷날 바르브주는 이러한 본성을 드러냈다. 막판에는 숙취에 시달릴 때나, 빌뇌브 레탕에 있는 자택에서 친구와 야단법석을 떨며 놀고 싶을 때에는 몸이 안 좋다는 핑계를 대면서 국왕과의 정무회의를 내일로 미루기까지 했다.

아버지보다 한층 심한 결점을 지닌 바르브주는 온갖 쾌락을 즐기느라 바빴다. 이 결점이 결국 그의 발목을 잡았다. 서른두 살 때 그는 평소처럼 일은 안 하고 야단법석을 떨면서 놀다가 그만 나흘 만에 세상을 떠났던 것이다.

생시몽은 “그는 아주 건강하고 기운찬 상태에서 죽어 갔다”고 적음으로써 그의 장렬한 죽음과 극단적인 성격을 한마디로 잘 표현해 놓았다.

하지만 방다는 그의 이런 성격을 전혀 몰랐다. 그녀 앞에서 바르브주는 처음엔 어디까지나 예의바른 청년의 모습을 보여 주었다.

그는 먼저 단어를 잘 골라서 호감 가는 어조로 "아들의 의무로서 아버지에게 제출된 안건을 살펴봤다"고 말한 다음, 정중하게 방다의 방문 목적을 물어보았다.

상대의 이런 태도에 조금 안심한 방다는 상당히 편안하게 자신의 용건을 이야기하기 시작했다. 방다가 모반 계획과 그 주모자를 언급하자 바르브주는 강한 관심을 보였다.

바르브주는 방다의 이야기에 열심히 귀를 기울였다. 이따금 조용한 어조로 질문을 던질 때 말고는 결코 말허리를 자르지 않았다.

이야기가 끝나자 바르브주는 증거 제출을 요청했다. 드디어 방다가 어려운 문제를 거론할 때가 왔다.

방다는 잠시 입을 다물고 있었다. 그러나 마침내 결심을 굳히고 꽤 확실하게 자신의 조건을 제시했다. 다만 예의 죄수에 관해서는, 먼 옛날 어떤 사건에 휘말려서 별다른 이유도 없이 투옥된 뒤 세상에서 잊혀 버린 무명의 남자라고만 말했다.

그 말을 듣자 바르브주는 의미심장한 미소를 지으며 말했다. "제 생각이 틀림없다면 그 사람은 1673년 3월 28일 밤, 솜 강 여울에서 체포된 남자일 텐데요."

방다는 당황해서 얼굴이 창백해졌다. 대꾸할 기운도 없었.

분명히 이 젊은 장관은 방다의 예상과는 달리 아버지의 비밀을 다 알고 있는 것이리라. 그의 무지(無智)를 이용할 수는 없었다.

"부인." 바르브주는 말을 이었다. "당신은 모반에 관한 증거를 나에게 주는 대신, 그 죄수의 얼굴을 보여 달라고 하시는 건가요. 약 20년 동안 생 마르 감옥장 말고는 아무도 그 얼굴을 보지 못한 남자, 오직 국왕 폐하와 저만이 그 이름을 알고 있는 남자와 대면시켜 달라고 요구하시는 거군요."

"그것이 저의 첫 번째 요구입니다." 방다가 딱 잘라 말했다. "그 남자의 얼굴을 보고 나면, 이번에는 그를 석방시켜 달라고 부탁드릴지도 모릅니다."

"호! 그럼 그 두 번째 특혜를 받기 위해 무엇을 내놓으시려고요?"

"모반자들의 수령이 숨어 있는 은신처를 가르쳐 드리지요. 제가 도와드리지 않는다면 당신은 결코 그 은신처를 발견할 수 없을 거예요."

"아뇨, 그렇지 않습니다, 부인. 바시몽이 있는 곳이라면 이미 알고 있습니다. 그 남자는 리옹 근교에 있는 외딴집에 살고 있지요. 브르타뉴 최고법원장의 따님이었던 아내도 함께 있고요. 그 집이 그 남자가 판매하는 독약 제조소라는 것도, 또 그놈이 이끄는 독살범 일당의 소굴이라는 것도 알고 있습니다.

제가 몰랐던 것은 딱 하나뿐입니다. 그 남자가 프랑스 국가에 대한 모반을 꾸민 장본인이라는 것이지요. 그 사실은 지금 당신 말씀을 듣고서야 알았습니다."

방다는 심장을 푹 찔린 것처럼 무너져 내리면서 눈을 질끈 감았다. 르부아의 아들이 내뱉은 한마디로 방다의 모든 꿈이 산산이 부서진 것이다.

"기운 차리세요, 부인." 바르브주는 상냥하게 말했다. "저는 당신이 절망하길 바란 것이 아닙니다. 부인께서는 바시몽의 은신처 말고도 중요한 정보를 저에게 제공해 주실 수 있을 겁니다.

우선 저에게는 증거가 필요합니다. 증거 서류가 있다면 그것도 괜찮아요."

"하지만……." 방다는 갑자기 기운을 차리고 큰 소리로 말했다. "그걸 당신에게 넘겨주면 그 죄수를 만나게 해 준다는 보장이 어디 있나요?"

바르브주는 싱긋 웃으며 부드럽게 말했다.

"부인, 저는 마음만 먹으면 언제든지 그 서류를 빼앗을 수 있답니다."

불쌍한 방다는 말실수를 하는 바람에 지금 자기가 가지고 있다는 사실을 들켜 버린 서류를 지키려는 듯이 몸을 움찔했다.

그러나 방다는 숙적 르부아의 아들의 뜻에 따를 수밖에 없다는 사실을 금방 깨달았다. 이제 방법은 하나뿐이었다. 모든 사실을 솔직히 털어놓는 수밖에 없었다. 그녀는 저항을 그만두었다.

"장관님." 방다는 단도직입적으로 이야기를 시작했다. "저는 속이 시커먼 밀고자 흉내를 내서 이렇게 당신을 만나는 데 성공했습니다.

하지만 이제는 제 정체를 밝힐 때가 되었군요."

바르브주는 상대가 갑자기 아까와는 다른 말투로 뜻밖의 이야기를 꺼내자 깜짝 놀랐다. 그는 고명한 아버지 르부아에게 뒤지지 않을 만큼 날카로우면서도 그보다 더 생기있는 눈초리로 방다를 뚫어져라 응시했다.

"말씀 계속하십시오, 부인." 바르브주는 정중하게 고개를 숙이더니 이야기를 재촉했다. "기꺼이 듣겠습니다. 다만 당신이 귀족 출신이라는 것은 굳이 말씀하시지 않아도 짐작하고 있습니다."

"제 이름은 방다 프레스니츠입니다. 아버지는 보헤미아에 영지를 가지고 계신 귀족이시지요. 저희 집안은 '붉은 수염' 프리드리히 1세의 십자군 원정 시대까지 거슬러 올라가는 오래된 집안입니다."

젊은 장관은 불쾌한 표정을 지으며 눈썹을 찡그렸다.

이때 방다는 상당히 냉정해진 상태였으므로 자신이 말실수를 했음을 깨달았다.

동시대 사람들에게서 '촌티를 다 못 벗은 시골뜨기' 취급을 받았던 늙은 르테리에의 손자는 조상님이 이러니저러니 하는 이야기 따위 듣고 싶지 않았던 것이다.

방다는 서둘러 이야기를 계속했다. "저는 젊을 때 신성로마제국 황제 밑에서 일하는 대령과 결혼했다가 금세 과부가 되고 말았습니다."

바르브주는 여전히 차가운 표정을 짓고 있었다.

"그때 저는 한 남자를 진심으로 사랑하게 되었습니다. 그래서 그 사람을 위해 모든 것을 버렸지요.

저는 조금도 망설이지 않고 그 사람을 따라갔습니다. 그때부터 둘이서 파란만장한 생활을 하면서 성공과 위험을 함께 나누었죠. 때로는 평화롭고 행복하게 살았고, 때로는 경찰에 쫓기면서 방랑 생활을 했습니다."

방다는 다시금 입을 다물었다. 장관이 차가운 눈초리로 자기를 쳐다보면서 "네 연애담이 나와 무슨 상관이 있다는 거냐?"고 묻는 듯한 표정을 짓고 있었기 때문이다.

그러나 방다가 다음 한마디를 하자 그의 눈초리는 순식간에 바뀌었다.

"제 연인은 모리스 데자르모아스. 키펜바하라는 이름을 쓰던 남자입니다."

바르브주는 속마음을 들키지 않으려고 조심했지만 그래도 놀라움을 숨기지 못했다.

"장관님, 당신은 1673년 사건을 잘 알고 계시는 모양이니, 아마 제가 말씀드리지 않아도 모리스에게 무슨 일이 일어났는지 다 알고 계실 테지요."

르부아의 아들은 잠시 생각에 잠겼다. 뭐라고 대답하면 좋을지 고민하는 눈치였다. 그러나 그는 곧 조용히 대답했다.

"압니다."

"그런데 저는 아직 아무것도 몰라요!" 방다는 비통한 목소리로 외쳤다. "그래서 그 사람의 운명을 알기 위해 여기까지 온 겁니다."

"실례지만, 부인." 바르브주는 천천히 말했다. "조금 전까지만 해도 당신은 그 모리스 데자르모아스라는 악당이 바로 생 마르의 감시를 받고 있는 죄수라고 확신하고 계신 것 같았는데요."

"저도 처음에는 그렇게 생각하지 않았어요. 하지만 시간이 지나자 혹시 그럴지도 모른다는 생각이 들기 시작했죠. 그래서 지난 10년 동안은 무엇이 진실인지 모르는 채로 너무나 답답하게 살아왔습니다.

솜 강 여울에서 모리스 데자르모아스의 부대가 헌병대의 기습을 받았던 운명의 그날 밤에는 오직 한 남자만이 살아남았습니다. 동료들이 치명상을 입어 강바닥으로 가라앉아 가는데 그 남자만은 아무런 상처 없이 적들이 기다리고 있는 반대편 기슭에 도착했습니다.

그런데 그 남자가 타고 있던 말이 총에 맞았어요. 그 남자는 말에서 떨어졌죠. 적들은 그 남자를 밧줄로 묶어서 질질 끌고 갔습니다……."

"그렇다면 당신은 그 현장에 있었군요?" 바르브주가 불쑥 끼어들었다.

"네, 있었습니다." 방다는 눈을 내리깔지도 않고 당당하게 대답했다.

"아주 용감하게 솔직히 대답하시는군요." 장관은 의미심장한 말투로 말했다. "하지만 말이죠, 그렇다면 당신은 무슨 일이 일어났는지 다 알고 계실 게 아닙니까."

"아니요. 모리스는 우리를 적에게 팔아넘긴 비겁한 배신자 필립 드 트리와 나란히 강을 건넜습니다. 그 캄캄한 어둠 속에서는 총알에 맞아 죽은 사람이 둘 중 누구였는지 확실히 알아볼 수가 없었습니다."

"그렇군요. 부인께서 무슨 말씀을 하시는 건지 저도 이제 알 것 같습니다. 그러니까 당신은 이번 모반 계획의 비밀을 저에게 모조리 알려 주는 대신, 성 마르그리트 섬의 성에 유폐되어 있는 남자를 당신이 사랑해야 하는지 미워해야 하는지 확실히 알 수 있게 해 달라는 말씀이시군요."

"네. 제발 부탁입니다." 말을 마친 방다는 바르브주의 발아래 무릎을 꿇으려고 했다.

바르브주는 얼른 그 동작을 제지하고 침착한 목소리로 말했다.

"부인, 부인께서 바라시는 그 특혜는 실은 먼 옛날 두 왕가와 인연이 있었던 어느 부인께서 저희 아버지께 탄원했던 것입니다……."

"수와송 부인, 그 배신자의 애인 말씀이시군요……."

"아버지는 그 부인의 요청을 무시했습니다. 그때 저는 아직 어렸어요. 그로부터 몇 년이 지난 뒤에야 아버지에게서 그 이야기를 들었지요. 그런데 그때 저는 페론에서 붙잡힌 남자의 이름을 철저히 비밀로 해야 한다는 가르침도 받았습니다.

저는 그 비밀을 아무에게도 누설하지 않겠다고 맹세했습니다. 그리고 국왕 폐하께서 맹세를 취소하시지 않는 한, 저도 맹세를 계속 지킬 생각입니다. 그러니까 우리가 이 점에서 의견 일치를 볼 수는 없을 것입니다, 부인. 그보다는 프랑스 국가에 공헌한 보수로서 다른 것을 요구하시는 편이 현명할 겁니다."

"보수라고요!" 방다는 차갑게 내뱉었다. "제가 돈을 받고 프랑스와 국왕을 도와줄 것 같나요? 아아! 그런 짓을 한다면 저는 모리스의 사랑을 받은 여인이라고 말할 자격이 없어질 거예요.

제가 비겁하게 밀고나 하려고 했던 것은 오직 모리스를 위해서, 모리스를 구하고 싶다는 마음이 간절했기 때문입니다."

방다는 계속 말하려고 했다. 그런데 그 순간 르부아의 아들의 얼굴에 감동하는 기색이 떠오른 것 같았다. 그녀는 입을 다물었다.

실제로 도저히 얻을 수 없는 특혜를 어떻게든 얻어 내고자 자기 자신의 자유와 목숨까지 내걸고 사력을 다해 발버둥치는 이 여자의 모습을 보자, 바르브주도 감탄하지 않을 수 없었다.

"장관님." 방다는 목멘 소리로 말을 이었다. "당신은 아직 젊으십니다. 분명 누군가를 사랑하신 적이 있을 테지요……. 지금도 누군가를 사랑하고 계실지도 모르고…… 그러니 제 심정도 이해해 주시리라 믿어요."

"하지만 저는 이미 맹세를 했습니다." 바르브주는 무거운 어조로 말했다.

"제가 바라는 것은 모리스의 사면도, 배신자의 처형도 아닙니다. 그저 한 시간, 아니, 딱 1분 만이라도 모리스를 만나게 해 주시길 바라고 있을 뿐입니다. 아아, 그래요! 원하신다면 저도 맹세하겠습니다. 제 영혼의 구원을 걸고 맹세할게요. 만일 살아남은 남자가 모리스라는 사실을 알게 되더라도,

저는 그 사람을 구하려 하지 않고 단지 그를 위해 기도하면서 여생을 보내겠습니다."

"만일 그 남자가 필립 드 트리라면?"

"어차피 저는 곧 모리스를 뒤따라 죽을 테니까, 오래 괴로워할 필요는 없을 테지요."

장관은 전율했다. 방다의 고결함에 저도 모르게 감동했던 것이다.

"아시겠습니까, 부인?" 바르브주는 절대로 동요하지 않겠다고 굳게 결심한 듯했다. "저에겐 당신의 소원을 들어줄 권한이 없습니다. 저는 국가 기밀을 맡아서 지키는 사람일 뿐입니다.

페론에서 체포된 남자는 그 이름이 무엇이든지 이미 이 세상 사람이 아닙니다. 그 남자에 대한 판결은 1673년에 내려졌습니다. 그 판결은 절대로 철회될 수 없어요. 설령 앞으로 20, 30년을 더 산다 해도 그 남자는 솜 강 여울에서 살해된 거나 마찬가지입니다. 과거에 그 남자가 가담했던 악행이 사람들 기억 속에서 사라져 버렸듯이, 그 남자도 그렇게 사라진 채 일생을 마쳐야 합니다."

방다의 입에서 대답 대신 신음이 흘러나왔다.

"그러나……." 바르브주가 말을 이었다. "저는 당신의 고통을 이해합니다. 게다가 당신은 국왕 폐하께 커다란 도움을 주실 분이지요.

그러니까 국익에 반하지만 않는다면 저는 당장 당신의 요구를 받아들였을 겁니다."

"국익이라고요? 정녕 뜨거운 피를 지닌 인간이라면 국익이란 단어를 입에 담지 않을 거예요." 방다가 중얼거렸다.

"그건 오해입니다, 부인." 바르브주는 냉엄한 어조로 말했다. "저는 돌아가신 아버지를 그리면서 어젯밤 내내 울었습니다. 하지만 지금은 이렇게 당신 이야기를 듣고 있지요. 당신이 프랑스의 운명과 관련된 정보를 가지고 있기 때문입니다."

가련한 여인은 고개를 푹 숙였다. 대신의 냉혹한 논리에 이의를 제기하지도 못하고 그저 눈물만 흘렸다.

"저는 당신에게 이렇게 말할 수도 있습니다." 바르브주는 이야기를 계속했다. "국왕 폐하께서는 끔찍한 모반 계획에 가담했던 당신의 과거를 불문에 부치시는 것만으로도 당신에게 크나큰 은혜를 베푸시는 것이라고 말이지요.
하지만 저는 그 말을 하는 대신 이렇게 약속하겠습니다. 만일 당신이 몇 가지 조건을 받아들이신다면, 언젠가 당신이 가장 간절히 바라는 일이 실현되게 해 드리지요."
방다는 환성을 지르며 하늘을 향해 부들부들 떨리는 팔을 뻗었다. 그러나 감사 인사를 할 기력은 없었다.
"첫째, 앞으로 한 시간 이내에 당신이 가지고 있는 증거 서류를 전부 제출해 주세요."
"그건 지금 여기 가지고 왔어요."
"둘째, 이제부터 당신은 베르사유 또는 파리에서 살면서, 제 허가 없이는 다른 지방으로 가지 않겠다고 약속하셔야 합니다."
"약속할게요. 하지만……"
"저는 당신이 이 약속을 잘 지키는지 감시할 겁니다. 만일 약속을 어긴다면 심한 꼴을 당하시게 될 겁니다. 마지막으로, 당신은 죄수의 얼굴을 보고 나서는 누구한테도…… 아시겠습니까? 그 누구한테도 그의 진짜 이름을 절대 가르쳐 주지 않겠다고 맹세하셔야 합니다."
"맹세할게요. 저는 장관님을 믿습니다. 당신은 여자를 속이실 분이 아니라고 믿고 있어요."
"그런데 말이죠, 당신이 죄수와 만날 날을 지금 당장 정할 수는 없습니다. 그것은 몇 달 뒤일지도 모르고, 몇 년 뒤일지도 몰라요……"
"저는 그날까지 살아갈 힘을 주십사 하느님께 기도하면서 기다리겠습니다."
"좋습니다. 그럼 저는 귀족의 명예를 걸고, 페론에서 체포된 남자를 당신에게 보여 주겠다고 맹세하겠습니다.
혹시 그날이 오기 전에 제가 먼저 세상을 떠나더라도 반드시 이 약속이 지켜지도록 미리 손을 써 놓겠습니다.
그 죄수와 언제나 함께할 운명인 생 마르 감옥장은 우리 아버지 덕분에 출세한 사람이니까 제 명령에 무조건 복종할 겁니다.
이 문제에 관해서 그 남자에게 특별 명령을 내리겠습니다. 그 남자는 틀림없이 이 명령을 충실히 실행할 겁니다."

"장관 각하!" 방다는 미칠 듯이 기뻐하며 소리쳤다. "제 목숨이 붙어 있는 한 각하께 끊임없이 감사드릴 것입니다!"

"감사하기에는 아직 이릅니다, 부인." 바르브주는 서글픈 목소리로 말했다. "저는 아직 당신이 언제 어떤 식으로 죄수와 재회하게 될지 말씀드리지 않았으니까요……."

"네, 말씀해 보세요……."

"당신이 제 말에 따르겠다고 맹세하셨으니 저도 이렇게 맹세하겠습니다. 당신이 그 남자와 재회할 날은, 그 남자가 죽어서 관 속에 눕는 날입니다."

방다는 비통한 비명을 지르더니 정신을 잃고 쓰러졌다.

33 하얀 티티새라 불리운 남자

그로부터 7년이 흘렀다. 1698년 9월 11일, 상스 근교의 한적한 숲 속에 솟아오른 아름다운 성의 영내로 들어가는 기묘한 행렬이 있었다.

튼튼한 장정 여섯 명이 가죽 장막으로 뒤덮인 가마를 짊어졌고, 완전 무장한 기병 세 사람이 준마를 타고 있었다. 그 밖에도 교대로 가마를 짊어지는 남자 여섯 명과, 소총을 걸머멘 병사 열두 명 정도가 걷고 있었다.

말을 탄 남자들이 선두에 섰다. 셋 중 가운데에 있는 사람은 이미 허리가 꼬부라진 늙은이였지만 나이에 비해 아직 정정해서 당당한 모습으로 말을 타고 있었다.

독자 여러분은 이미 짐작하셨을 것이다. 이 부대를 이끄는 지휘관은 바로 72세가 된 생 마르 감옥장이었다.

감옥장 왼쪽에는 경비대 사관 중 하나인 로자르주, 오른쪽에는 조카 기욤 드 페르마누아르가 있었다. 감옥장은 1694년에 이 조카를 중위로 승진시켜 주었다.

뒷날 생 마르의 상속인이 된 이 남자는 그때부터 이미 어디로 보나 감옥장의 우수한 제자였다. 뒷날 이 남자가 근무하는 모습을 본 바스티유 죄수 콩스탕탱 드 렌빌은 이렇게 정확한 평가를 내렸다. "그는 숙부보다도 더 악질적이다. 이마는 겨우 엄지손가락만 한 크기인데 꼭 양피지 벽보처럼 생겼다. 그 밑에 있는 눈은 검은 돼지 눈처럼 움푹하고 조그마하며, 말린 자두를 물에 불린 것같이 새까맣다."

한편 로자르주는 하급 장교들이 대개 그렇듯이 평범한 얼굴이었다.

생 마르 감옥장은 머리가 새하얗게 세고 허리가 구부러지기는 했을망정, 풍모는 예나 지금이나 변함없었다.

밀폐 용기 속에 보관된 독초가 독성을 유지하듯이 감옥장은 30년 동안 감옥에 틀어박혀 살면서 자신의 특성을 그대로 유지했던 것이다.

감옥장 일행은 8월 말 성 마르그리트 섬을 떠나 천천히 파리로 가는 중이었다.

윗사람에게 꾸준히 간청하고 온갖 책략을 사용한 끝에 감옥장은 드디어 평생의 소원을 이루게 되었다.

생 마르는 바스티유 감옥장으로 임명된 것이다.

1697년 12월 18일, 이 영예로운 지위를 차지하고 있던 베스모 감옥장이 세상을 떠났다. 그러자 생 마르는 끊임없이 바르브주 장관에게 청원서를 보내고 또 보냈다. 그 끈기에 두 손 든 장관은 마침내 가면 죄수 담당 옥리를 바스티유 감옥장의 후임으로 결정했다.

1698년 4월 8일 후임자로 임명된 생 마르는 5개월에 걸쳐 출발 준비를 했다. 물론 생 마르는 예의 불행한 남자를 데리고 오라는 명령을 받았다. 장관의 편지 속에서 이 남자는 이제 단순히 '감시하의 죄수, 오랫동안 감시한 죄수' 또는 '25년 된 죄수'라고 불리게 되었다.

먼 길을 안전하고 내밀하게 여행하기 위해 여정을 결정하는 것은 쉬운 일이 아니었다.

이 문제를 두고 바르브주 장관과 신임 바스티유 감옥장 사이에 몇 번이나 편지가 오갔다.

베르트디에르 탑 3층도 미리 손봐 둬야 했고, 여행 경로와 숙영지도 결정해야 했다. 그러다 보니 최종 지령이 발송됐을 때에는 벌써 8월 4일이 다 되어 있었다.

그러나 출발 준비가 늦어져도 생 마르는 별로 신경 쓰지 않았다.

1693년에 외아들이 사망하는 불행한 사고가 있긴 했지만, 그래도 성 마르그리트 섬은 이전 부임지에 비하면 훨씬 살기 좋은 곳이었다.

섬의 기후는 온난했고 경치도 아름다웠다. 그런데 감옥장이 이 새로운 임지에서 살면서 무엇보다도 크게 만족했던 것은, 장관의 허락을 받아 한 달에 이틀 정도는 맞은편 기슭의 칸이나 앙티브나 니스에 가도 된다는 것이었다.

게다가 감옥장 일도 상당히 편해졌다.

이곳에서 푸케나 로죙 대신 감옥장이 하얀 티티새 외에 감시해야 할 대상은 신교도 목사들뿐이었다. 그들은 낭트 칙령 폐지로 종교 박해를 받아 감옥에 갇혀 있었다.

이 불쌍한 죄수들은 말썽은 하나도 일으키지 않고 종일 성가만 불렀다.[*1]

하얀 티티새는 전보다도 더 순순하게 굴었다. 이미 만사를 포기한 듯했다. 언젠가 자유로워지리라는 희망을 다 버리고 탈옥할 생각도 안 하는 것 같았다.

애초에 피뉴롤에서 벌어졌던 탈옥 미수 사건은 하얀 티티새가 저지른 일도 아니었다. 생 마르 감옥장도 그 사건은 옛날에 잊어버리고 지금은 이 얌전한 죄수와 무척 사이좋게 지내고 있었다.

심지어 감옥장은 이 죄수에게 애착까지 느끼고 있었다. 만일 그를 섬에 두고 가야 했다면 진심으로 아쉬워했을 것이다.

감옥장은 심복 브리케와 '성큼이'에 맞먹을 정도로 이 하얀 티티새에게도 강한 애착을 느꼈다.

한데 아버지 르부아와 마찬가지로 바르브주 장관도, 페론에서 잡힌 죄수를 생 마르 이외의 인물에게 맡길 생각은 없었다.

그리하여 가면 죄수와 그의 영원한 옥리는 함께 성 마르그리트 섬을 떠나게 되었다. 그들은 프로방스 지방을 가로질러 아를르로 간 다음, 배를 타고 론 강을 거슬러 올라갔다.

여행길에 특별한 사건은 없었다. 각지 주민들도 이 일행에게 별 관심을 보이지 않았다.

감시는 빈틈없이 계속되었다. 감옥장이 세심한 주의를 기울인 덕분이기도 했지만, 특히 브리케와 '성큼이'가 지치지도 않고 성실하게 근무한 덕분이었다. 방다의 옛 부하들은 몇 년 전에 둘 다 상병으로 승진했다.

두 사람은 특별 명령을 받아 누구도 가마에 접근하지 못하도록 지키고 있었다. 감옥장 자신도 낮에는 결코 가마에서 눈을 떼지 않았고, 밤에는 가마를 자기 침실에다 두었다.

일행은 잠깐 동안 리옹에 머물고 나서 부르고뉴 지방을 지나 여행을 계속했다.

생 마르는 장관의 이례적인 허가를 받아 파르트의 자기 영지에 들르게 되

[*1] 원주. 이러한 죄수들 중 하나였던 위제스 마을 목사 발제크가 던진 접시를 한 어부가 발견했다. 이 사실이 왜곡되어 가면 죄수가 접시를 던졌다는 이야기가 전해지게 된 것이다. 이것은 일반적으로 은 접시로 알려져 있지만 실은 주석 접시였고, 발제크가 거기에 새겨 놓은 글도 의미 없는 낙서였다.

었다.

그는 지난 30년 동안 겨우 두세 번 정도밖에 자기 영지에 가 보지 못했다. 그래서 이번 기회에 잠시나마 영주님 노릇을 해 보기로 마음먹었다.

옛날 같았으면 이런 개인적인 행동은 허락되지 않았을지도 모른다. 그러나 바르브주는 아버지의 규율 엄수 전통을 얼마쯤 완화시켜 놓았다.

장관은 현재 생 마르를 전폭적으로 신뢰하고 있었다. 또 나중에 밝혀지겠지만, 그는 다른 이유 때문에도 외부적인 위험을 두려워할 필요가 전혀 없다고 생각하고 있었다.

그리하여 9월 어느 맑은 날, 신임 바스티유 감옥장은 슬레이트 지붕을 머리에 인 장려한 성관 탑을 올려다보면서 가슴 가득히 기쁨과 자랑스러움을 느낄 수 있었다.

아쉽게도 감옥장의 상냥한 아내는 남편과 함께 이 기쁨을 맛볼 수 없었다. 야심가 앙리에트는 영화의 꿈이 실현될 때를 기다리지 못하고 저세상으로 가 버렸다.

앙리에트는 에그지르 요새에 있을 때 검은 티티새보다 조금 일찍 세상을 떠났다. 하인들은 그녀의 죽음을 거의 슬퍼하지 않았고, 남편도 크게 비탄에 잠기지는 않았다. 지금 성관으로 이어지는 근사한 떡갈나무 가로수길을 지나가는 감옥장의 마음속에 아내의 모습은 전혀 떠오르지 않았다.

감옥장은 말 위에서 계속 흥분을 감추지 못했다. 그는 이 위풍당당한 성관의 모습을 두 사관에게 열심히 자랑했다.

또 그는 이따금 가마 쪽을 돌아보았다. 마치 가마에 탄 죄수에게도 이 장려한 풍경을 보여 주고 싶다는 듯이.

그러나 가로수길 저편에서 화려한 옷을 입은 가신들의 모습이 보이자 감옥장은 죄수 따윈 까맣게 잊어버렸다.

생 마르는 기쁜 나머지 이성을 잃고 말을 몰았다. 한시라도 빨리 가신들의 환영을 받고 싶었다.

이윽고 "영주님 만세!" 하는 환호성이 일제히 울려 퍼졌다. 오페라 코미크 극장 합창대도 울고 갈 정도로 멋진 합창이었다.

장원(莊園) 관리인이 조용히 앞으로 나와서 무척 사교적인 환영 인사를 했다. 눌변인 생 마르는 변변찮은 두세 마디로 이에 답했다.

그때 한 사내가 불쑥 나타났다. 비교적 젊고 풍채도 좋은 그 사내는 감옥장 앞에서 모자를 벗더니 공손한 태도로 입을 열었다.

"생 마르 씨, 이렇게 우연한 기회에 당신을 뵙게 되어 영광입니다. 저로선 더없이 큰 기쁨입니다.

저는 파리 최고법원 전직 민사대관의 아들, 피에르 드브레 드 빌라루소라고 합니다."

"존함은 들어서 알고 있습니다." 생 마르는 최대한 정중하게 말하려고 했다. 그러나 애초에 세련된 태도를 익힌 적도 없었고, 설령 익혔다 해도 오랫동안 옥리 일을 하느라 그만 잊어버렸으리라. "무척 훌륭한 사법관 집안이지 않습니까……. 저는 사법관을 정말 좋아합니다. 저는 군인이지만…… 앞으로는 바스티유 감옥장으로서 재판관 여러분을 자주 만나게 될 테지요……. 어쩌면 당신도……."

"저는 한때 재판관이긴 했지만 지금은 아닙니다." 피에르는 웃으면서 말했다.

"아, 저녁 식사라도 함께하시겠습니까?" 생 마르는 뜬금없이 그런 제안을 했다.

골치 아픈 인사 따윈 빨리 끝내 버리고 싶었던 것이다.

"친절하신 말씀 감사합니다. 하지만 아내가 마차에서 기다리고 있어서요."

"네? 그럼 당장 인사를 드려야겠군요!" 여자 밝히는 감옥장은 큰 소리로 말하더니 두 사관에게 나직이 명령을 내렸다. "로자르주, 죄수를 내 침실로 데려가라. 문은 꼭 잠가 놔.

페르마누아르, 넌 먼저 들어가서 집사 라피에르가 우리를 맞이할 준비를 빈틈없이 하도록 잘 감독해라."

그렇게 명령하고 나서 감옥장은 말에서 내려 고삐를 병사에게 맡겼다. 그리고 거만한 태도로 소작농들과 장원 관리인을 물러가게 한 다음, 안내해 달라는 듯이 피에르를 향해 고개를 살짝 끄덕였다.

그러나 피에르는 그 자리에서 꿈쩍도 안 했다. 조금 전부터 가마에 정신이 팔려서 생 마르가 하는 말을 하나도 안 듣고 있었던 것이다.

"무례한 질문을 하나 해도 될까요." 전직 판사가 입을 열었다. "참 기묘한 걸 데리고 여행하시는군요. 괜찮으시다면 저게 뭔지 가르쳐 주실 수 없을까요……."

"저 가마 안에 뭐가 들어 있는지 궁금하신 거군요?" 생 마르가 말허리를 잘랐다. "뭐, 그건 비밀도 뭣도 아니니까요! 저 안에는 제가 성 마르그리트 섬에서 바스티유로 호송하는 죄수가 타고 있습니다."

"아니, 그게 정말입니까? 저는 또 당신이 지체 높은 인물을 모시고 오신 줄 알았지요.

돌아가신 아버지께서는 소싯적에 리슐리외 추기경이 저런 가마를 타고 여행하는 모습을 봤다고 하셨거든요."

"허허!" 감옥장은 히죽거리면서 말했다. "제가 맡은 죄수는 추기경은 아니지만 추기경 못지않게 중요한 인물입니다.

저는 벌써 25년이나 저 남자를 감시하고 있어요. 우리는 둘 중 하나가 저세상으로 갈 때까지 헤어질 수 없는 운명이랍니다."

"세상에, 25년이나요? 아니, 그 불쌍한 남자가 대체 무슨 죄를 저질렀는데요?"

"그것은 설령 제가 안다 해도 당신께 가르쳐 드릴 수 없는 내용입니다."

"아니, 하지만 판결문에는 죄상이 적혀 있을 것 아닙니까."

"애초에 판결이 내려지지 않았거든요. 판사님이야 놀라실 수도 있겠지만 실제로 그랬답니다.

저희 같은 군인들은 여러분과는 달리 소송 절차를 따지지 않습니다.

국왕 폐하께서 우리에게 누구를 보내신다면, 그것은 틀림없이 그 사람을 감금할 만한 충분한 이유가 있기 때문이겠지요. 그러니까 우리는 그 이상 이러쿵저러쿵 따지지 않습니다."

노련한 옥리가 당당하게 늘어놓는 실천적 법률 이론에 대해서 피에르는 뭐라 반박할 수도 없었다.

"이거 죄송합니다." 피에르는 차갑게 말했다. "저는 법률 형식을 중시하는 버릇이 몸에 배어 있거든요. 그래서 치워 버리고 싶은 인물이 있을 때에는 칙명 체포 영장이 사용된다는 사실을 깜빡했던 모양입니다."

'이런!' 생 마르는 속으로 생각했다. '상당히 엄격한 법률가인가 보군. 이 남자 앞에선 입조심을 해야겠어.'

이어서 감옥장은 피에르에게 말했다.

"그럼 슬슬 부인께 인사를 드리러 갈까요?"

피에르는 무슨 핑계를 대서 이 이웃의 호의를 거절하고 싶었다.

방금 들은 이야기는 영 마음에 들지 않았다. 이런 남자와 그 이상 친교를 맺고 싶지는 않았다.

그러나 이제 와서 도망칠 수도 없었다. 피에르는 결국 마음을 정하고 생마르를 마차까지 안내했다. 마차는 가로수길 근처에 있는 마을 도로에 멈춰 있었다.

피에르의 아내는 사랑스러운 두 아이, 열여섯 살 된 딸과 열네 살 된 아들과 함께 마차 안에서 남편을 기다리고 있었다.

결혼한 지 십 수 년이 흘렀는데도 마리에트 몽보아젱은 여전히 매력적이었다. 마리에트는 젊은 시절의 우아함을 조금이라도 잃어버리기는커녕, 아버지와 함께 살고 있을 때 그녀에게 부족했던 유일한 미덕—사교계에 출입함으로써 얻게 되는 세련된 태도까지 몸에 익힌 상태였다.

젊은 부부의 망명 생활은 그리 오래가지 않았다.

그들은 브뤼셀을 떠나 나폴리에 자리를 잡고 6, 7년쯤 살았다. 그런데 그때 피에르의 어머니 빌라루소 부인이 세상을 떠나면서 두 사람의 처지는 크게 바뀌었다.

파리 민사대관의 냉혹한 미망인은 죽을 때까지 아들을 용서하지 않았지만, 그래도 그의 재산 상속권을 빼앗지는 않았다.

별안간 막대한 재산을 얻게 된 피에르는 이윽고 자신이 프랑스 땅을 밟는 것을 방해하던 장애물들이 모두 사라졌다는 사실을 깨달았다.

피에르가 프랑스를 떠난 직후에 일어났던 엄청난 비난의 소리가 가라앉자 여론은 점점 그를 편들어 주기 시작했다.

고등법원 동료들도 처음에는 피에르를 강하게 비난했지만 나중에는 동정하게 되었다.

경찰청장도 실은 피에르나 그의 아내에게 무슨 중대한 혐의를 두고 있었던 것은 아니었다. 베르사유 사람들은 이내 그 사건을 잊어버렸다.

게다가 독약 사건은 이미 옛날 일이었다.

그리하여 1688년 피에르 드 빌라루소는 아무런 거리낌 없이 처자식을 데리고, 선조 대대로 살아왔던 광대한 저택으로 돌아올 수 있었다.

부자는 항상 친구가 많다고 한다. 과연 피에르는 차고 넘치도록 많은 친구를 사귀었다. 한때 피에르를 비난했던 사람들도 그에게 교제 신청을 했다.

따라서 피에르는 상대를 고르고 골라 좋아하는 사람들하고만 교제할 수 있었다.

이 행복한 부부의 가장 큰 관심사—거의 유일한 관심사는 자식 교육이었다. 그들 가족은 겨울에는 루아얄 광장 저택에서 지냈고, 날씨가 풀리면 최근에 구입한 시골 영지로 내려갔다.

우연의 일치로 이 영지는 유복한 생 마르 감옥장의 영지와 붙어 있었다. 피에르 부부는 생 마르라는 이름도 잘 몰랐고 그의 평판도 들은 적이 없었다. 두 사람은 생 마르가 어느 요새의 사령관이라는 사실만 어렴풋이 알고 있을 뿐이었다.

혹시 두 사람의 기억력이 뛰어났더라면, 여자 점술가 카트린 보아쟁이 처형되기 전에 무시무시한 고문을 받으면서 생 마르의 이름을 언급했던 것을 기억해 냈을지도 모른다.

수와송 부인과의 마지막 만남도 기억해 냈을지 모른다. 수와송 부인은 다름 아닌 피에르 드 빌라루소의 입을 통해 자신의 연인이 피뉴롤 요새에 갇혀 있다는 소식을 듣고, 그 정보를 바탕으로 연인을 찾아 나섰으니 말이다.

하지만 수와송 부인은 그 뒤로 소식이 없었다. 젊은 부부는 서로 사랑하느라 바빠서 부인을 생각할 틈이 없었다.

그 오래된 사건은 이 부부의 기억 속에서 사라졌다. 그래서 18년이 흐른 지금, 전직 판사 피에르 드 빌라루소는 가면 죄수가 탄 가마를 보고서도 무엇 하나 떠올리지 못했다.

어쨌든 생 마르 감옥장을 소개하는 일은 형식적으로 이루어졌다. 아름다운 빌라루소 부인을 보자마자 감옥장은 기꺼이 그들에게 이 영지를 안내해 주겠다고 고집을 부렸다.

마리에트와 남편은 이럴 때 흔히 사용되는 이런저런 구실을 열심히 내세워 봤다. 그러나 결국 아내와 아이들은 마차에서 내려 적어도 한 시간 정도는 이 이웃 사람의 접대를 받아야 했다.

생 마르 감옥장은 최대한 우아한 태도로 아름다운 부인을 에스코트하여 성관 계단까지 안내해 주었다. 그곳에서는 집사를 비롯한 고용인 전원이 2열로 늘어서서 그들을 기다리고 있었다.

호송대 병사들은 이미 가로수길에서 좀 벗어난 나무 그늘에다 야영지를 마련하고 있었다. 죄수가 내려서 텅 비어 버린 가마는 안뜰 구석에 놓여 있었다. 말은 마구간으로 옮겨져서 로자르주의 감독 아래 정성스럽게 관리를 받은 상태였다.

감옥장의 조카는 저택 문이란 문에는 모조리 보초를 세워 놓았다.

생 마르는 늘 그렇듯이 거만한 태도로 하인들의 인사를 받고 나서 손님들을 커다란 홀로 안내했다. 집주인의 인색한 성격이 반영된 이곳의 실내 장식은 좀 조잡한 편이었다.

벽에는 일족의 초상화가 걸려 있을 뿐이었다.

총사대 소년병 출신인 감옥장에게는 조상님이라고 부를 만한 사람이 별로 없었다. 그러니까 아마 이 초상화는 파산한 귀족의 가재도구 경매 같은 데서 구입한 물건이리라.

그래도 집사 라피에르는 꽤 영리한 남자였다. 덕분에 홀 탁자 위에는 저택 정원에서 따 온 맛있는 과일과 오래된 포도주가 한 상 가득 차려져 있었다. 그 포도주는 감옥장이 전에 이 저택을 방문하고 나서부터 계속 술 창고에 보관돼 있었다면 지금쯤 충분히 숙성되어 있을 터였다.

마리에트는 포도주를 한 모금 마시더니 칭찬을 했다. "정말 훌륭한 포도원을 가지고 계시나 봐요." 그러자 의기양양해진 감옥장은 영주가 손님에게 으레 그렇듯이 "그럼 영내를 안내해 드리지요" 하고 말했다.

물론 손님은 이 제안을 받아들였다. 일행은 아름다운 잔디가 깔린 정원으로 걸어갔다. 이 정원은 고(故) 생 마르 부인이 만든 것이었다. 부인은 동생 뒤프레누아 부인이 베르사유에서 보내 준 조경설계가 르노트르의 도면을 바탕으로 정원을 만들었다.

때는 아름다운 초가을 저녁 무렵이었다. 피에르의 아이들은 신이 나서 이리저리 돌아다녔다.

누나 카트린은 이미 다 큰 처녀였으므로 얌전히 길가에 핀 꽃을 따면서 놀았지만, 남동생 샤를은 사방팔방으로 뛰어다녔다. 그는 전부터 군인을 동경했으므로 특히 병사들의 야영지 근처에서 신나게 뛰놀았다.

그동안 아이들 부모는 유복한 이웃 사람의 이야기를 참을성 있게 들어주고 있었다. 그는 영지 개량 계획을 설명하면서 아름다운 정원과 과수원을 자랑해 댔다.

감옥장은 심지어 멜론과 서어나무 묘목까지 언급하면서 끊임없이 자기 자랑을 했다.

그러다가 겨우 화제가 바뀌어서 이 지방과 근처 영주들 이야기가 나왔다. 생 마르는 감옥장 일이 좀 한가해지면 이 지방 귀족들을 초대해서 대연회를 열 예정이라고 말했다.

세 사람은 파리에 대해서도 이야기했다. 놀랍게도 파르트에서와 마찬가지로 파리에서도 감옥장이 피에르네 집 근처에서 살게 되었다는 사실이 밝혀졌다. 바스티유에서 루아얄 광장까지는 엎어지면 코 닿을 거리였다.

생 마르는 모처럼 이렇게 친해졌으니 이번 겨울에는 더 친하게 지내자고 말했다.

마리에트는 사교계에 자주 드나들고 싶지는 않았다. 그래서 실례가 되지 않도록 조심하면서 교묘하게 말을 얼버무렸다. 한편 피에르는 어떻게든 죄수 쪽으로 화제를 돌리고 싶었지만, 감옥장이 그 이야기를 기피하는 것 같았으므로 상대가 싫어하는 화제를 굳이 꺼내지는 않았다.

저택으로 돌아가는 길에 그들 부부는 저녁 식사를 하고 가시라는 생 마르의 끈질긴 권유를 사양하느라 애먹고 있었다. 그때 샤를이 헐레벌떡 달려왔다. 소년은 무척 흥분한 듯이 보였다.

"애야, 왜 그러니?" 마리에트가 걱정스레 물어봤다.

소년은 아무 대답도 하지 않고 무슨 위험을 피해 도망치려는 듯이 어머니 품속으로 뛰어들었다.

겁에 질린 아들을 보고 이번에는 아버지가 물어봤다. "무슨 일 있었니?"

소년은 생 마르를 빤히 쳐다봤다. 이 사람 앞에서는 이야기하기 싫다고 말하는 듯한 눈초리였다.

"아버지." 소년이 마침내 입을 열었다. "저 진짜 무서웠어요. 저기 저 성 창문에요, 새까맣고 커다란 남자가 서 있었어요. 얼굴에 가면을 쓰고서!"

"아니, 그게 무슨 말도 안 되는 소리니, 애야?" 빌라루소 부인이 자식을 타일렀다.

"아녜요 어머니, 제가 두 눈으로 똑똑히 봤다고요." 샤를이 확고한 어조로 말했다. "그 사람은 얼굴을 유리창에 딱 붙이고 있었어요. 눈만 번쩍번쩍 빛났는데, 꼭 유령 같았어요. 그 사람을 본 순간 소름이 끼쳐서 달아날 수밖에 없었다고요."

마리에트는 눈짓으로 남편의 뜻을 물었다. 그리고 남편의 표정을 통해, 아들이 거짓말을 하는 게 아니라는 사실을 깨달았다.

그런데 그 유령이 실제로 존재한다는 사실을 증명해 준 것은 다름 아닌 생 마르 본인의 태도였다. 소년의 이야기를 듣자마자 감옥장은 독거미에게 물린 사람처럼 펄쩍 뛰었다.

"아! 젠장, 그 멍청이가! 얼간이 같으니! 그놈이 덧문 닫는 걸 깜빡했나 보군." 감옥장은 이를 갈면서 중얼거렸다.

물론 이 혼잣말은 조카 페르마누아르에 대한 것이었다. 조카가 죄수를 방으로 데려가서 가둬 놓는 역할을 맡았으니까.

"아니, 생 마르 감옥장님!" 아름다운 이웃 사람이 큰 소리로 말했다. "가면 쓴 죄수를 데리고 오셨나요? 그런데 왜 우리한테는 그런 말씀을 하나도 안 하신 거죠?"

"그게 실은 국가 기밀이라서 말이죠." 감옥장은 우물우물 대답했다. "저에게는 감옥장으로서의 의무가, 책임이 있거든요……. 저기…… 이해하시겠지요? ……잠시만 기다려 주십쇼. 저쪽 상태를 확인하고서 금방 다시 돌아오겠습니다."

이렇게 웅얼거리면서 감옥장은 슬그머니 도망치듯이 발을 뗐다. 그는 손님의 대답도 듣지 않고 재빨리 달려 나가는가 싶더니 어느새 성관 모퉁이를 돌아 모습을 감추었다. 물론 조카를 찾아내서 실컷 질책하고, 이번에는 자신의 명령이 빈틈없이 잘 실행되도록 직접 감독하러 간 것이었다.

"이게 대체 무슨 일인가요?" 마리에트가 남편에게 물었다.

"샤를이 말한 대로야." 남편이 대답했다. "그 가면 남자는 20년도 넘게 생 마르 감옥장이 감시하는 죄수인데, 지금 성 마르그리트 섬에서 바스티유로 호송되고 있는 모양이야."

"그렇다면 그 죄수는 피뇨롤에서도 생 마르와 함께 있었던 걸까요?"

"그럴지도 모르지. 그러고 보니 이 생 마르란 사람은 피뇨롤 감옥장이었던 것 같은데."

"그럼 그 남자는 수와송 부인이 찾고 있는 사람이고…… 우리 어머니가…

…"

마리에트가 끝까지 말하기도 전에 전직 판사의 기억이 불현듯 되살아났다.

"아아!" 피에르가 소리를 질렀다. "어쩌다 그렇게 슬픈 일을 까맣게 잊어버리고 있었을까?

그래, 맞아! 그 가면 죄수는 수와송 부인이 그토록 가엾이 여기던 종자가 틀림없어. 게다가 부인은 그 남자가 결백하다고 했었지. 아, 정말 불쌍한 사람이야! 아무런 죄도 없이 저렇게 고통 받고 있는 거라면, 참으로 불행한 남자야!"

마리에트는 저도 모르게 부르르 떨면서 소리 죽여 말했다.

"저기, 여보, 우리 빨리 집에 가요. 왠지 저 옥리가 무서워요."

그러면서 마리에트는 아들을 지키려는 듯이 감싸 안았다.

피에르는 잠시 생각해 본 뒤, 멋진 꽃다발을 만들고 있는 딸을 이리 오라고 부르더니 아내와 같은 말을 했다.

"자, 가자."

그 말대로 네 사람은 나란히 걷기 시작했다. 성관 주인에게 말도 없이 돌아가 버리는 것은 예의에 어긋나는 행위였지만, 상대가 베니뉴 도베르뉴 드 생 마르라는 잔인한 인물인 이상 접촉을 피하는 것이 상책이었다.

5분 뒤 네 사람은 마차를 타고 자기네 아담한 성으로 돌아갔다. 그들은 두 번 다시 이웃 저택에는 가지 않겠다고 속으로 맹세했다.

정원으로 돌아온 감옥장은 손님들의 모습이 보이지 않자 깜짝 놀랐다. 그러다가 이윽고 불같이 화를 내기 시작했다.

이렇게 인사도 하지 않고 멋대로 돌아가 버린 무례한 법률가에 대해서 감옥장이 퍼부었던 온갖 욕설을 여기서 굳이 소개할 필요는 없으리라.

감옥장이 어찌나 상스러운 군대 용어를 쓰던지, 조카 페르마누아르도 자기 귀를 의심했을 정도였다.

바스티유 감옥장은 흥분한 나머지 저도 모르게 총사대원 시절에 쓰던 말투로 지껄여 댔던 것이다.

막판에 가서 감옥장은 사관들에게 분통을 터뜨렸다. 애초에 사관들이 직무 수행을 게을리 하는 바람에 감옥장이 자리를 비워서 이런 모욕을 당하게 된 것이다.

"잘 들어!" 감옥장이 소리를 질렀다. "앞으로 두 번 다시 이런 일이 있었 다가는 너희들 다 죽을 줄 알아. 응? 페르마누아르! 너같이 얼빠진 놈은 난생처음 본다! 나 참, 내가 아무리 온갖 지혜를 동원해서 하얀 티티새를 숨기려고 해 봤자 어차피 다 헛고생이야. 그래, 네놈은 그 녀석이 두 짝 창문을 통해 밖을 자유롭게 내다볼 수 있도록 내버려 두고 있으니 말이야."

"저는 창문에 덧문이 있는 줄도 몰랐는걸요." 조카 페르마누아르가 항의했다.

"아니, 당연히 알았어야지! 어쨌든 잘 들어. 여기서 우리는 성 마르그리트 섬에 있었을 때와 똑같이 행동해야 해.

오늘 밤 죄수는 1층 홀에서 나와 함께 식사할 거다. 그때 네가 직접 음식을 가져오고 치워야 해."

"네, 저도 압니다. 그런데 그때 누가 밖에서 죄수의 모습을 보더라도 제 탓은 아닙니다. 아시다시피 1층 홀에는 덧문이 없으니까요."

"흥, 뭐가 문제야? 그 꼴 보기 싫은 법률가는 처자식을 데리고 도망가 버렸는데.

다만 그놈이 쓸데없는 소리를 하고 다닐지도 모른다는 게 문제지. 그런 인간은 사교계에서 발이 넓거든. 그놈이 파리에 돌아가서 뭐라고 떠들어 대면, 그 소문이 장관님 귀에 들어갈지도 모른단 말이지.

영지 백성들한테는 신경 쓸 필요 없어. 그놈들은 성 주위에 얼씬도 하지 않을 거야. 그리고 병사들도 걱정할 필요 없어. 만일을 대비해서 브리케와 '성큼이'한테 병사들을 몰래 감시하라고 명령해 놨거든."

"글쎄, 그럴까요? 그 악당들이 감시를 제대로 할지 모르겠네요!" 두 병사를 몹시 싫어하는 감옥장 조카는 그렇게 말했다.

"입 다물어. 아무것도 모르면서 건방진 소리 하지 마."

감옥장이 단호한 어조로 호통을 쳤다. 두 사람의 대화는 거기서 끝났다.

아직 분이 덜 풀린 감옥장은 죄수에게 화풀이를 하러 갔고, 조카 페르마누아르는 이미 저녁나절이었으므로 저녁 식사 준비를 감독하러 갔다. 그들 일행은 그날 점심을 일찍 먹고 먼 길을 행군했던 것이다.

한편 20년 전부터 감옥장의 심복으로 활약하고 있는 상병 두 사람은 서둘러 저녁 식사를 마친 상태였다. 이곳 집사는 인심 좋은 사람이었다. 덕분에 그날 밤 식사는 평소보다 훨씬 괜찮았다.

오래전부터 브리케와 '성큼이'는 단둘이 식사를 하게 되었다. 이에 대해 불평하는 사람은 아무도 없었다. 생 마르는 두 사람을 특별히 우대했고, 또 다른 병사들은 두 사람을 감옥장의 첩자라고 여기면서 기피했기 때문이다.

방다의 충성스러운 부하들은 겉보기에는 별로 나이를 먹지 않았지만, 오늘날 같았으면 둘 다 일찌감치 은퇴해서 연금을 받고 있을 나이였다.

터키인은 옛날보다 뚱뚱해졌고 폴란드인은 더 홀쭉해졌다.

겉모습은 이처럼 대조적이었으나 두 사람의 성격은 드디어 일치하게 되었다. 옛날에 그토록 서로 싸우고 질투했던 것이 거짓말처럼 느껴질 정도였다.

피뉴롤에서 공동생활을 하는 동안 두 사람은 점점 가까워졌다. 그러다가 브리강디에르가 비극적인 최후를 맞이하자 과거의 경쟁자들은 똑같은 복수를 꿈꾸며 하나로 뭉치게 되었다.

"이봐." 크스키가 오세르 구릉지대의 맛있는 술이 가득 담긴 잔을 기울이면서 말했다. "파리에 가면 우리 일도 훨씬 편해질 거야. 대장님 부인하고도 자주 만날 수 있을 테고."

두 사람은 방다를 '대장님 부인'이라고 불렀다.

"하지만 그래 봤자 우리 일이 잘 풀린다는 보장은 없어." 알리가 불퉁하게 말했다. "우리는 벌써 18년 가까이나 부인을 위해 일하고 있는데, 아직도 그분한테 아무런 정보도 못 드리고 있잖아."

"괜찮아, 조만간 어떻게든 될 거야."

"어떻게든 된다고? 도대체 무슨 근거로 입을 나불거리는 거야? 에그지르에서도, 성 마르그리트 섬에서도, 그 지독한 감옥장 녀석은 조금도 변하지 않았어. 가끔은 그놈이 혹시 인간이 아니라 로봇일지도 모른다는 생각이 들 정도라고.

그야 물론 감옥장은 우리를 좋아하지. 터무니없는 약속도 이것저것 해 주고, 우리가 없으면 진짜 큰일 난다는 식이야······. 하지만 그놈은 그 죄수의 코빼기조차도 우리에게 보여 주지 않아.

그놈은 한시도 경계를 늦추지 않아. 잠깐이라도 자리를 비울 때에는 그놈 조카인가 하는 개자식을 대리인으로 내세우지. 그러면 그놈은 주인 못지않게 험상궂은 얼굴로 이를 드러내며 으르렁거린단 말이야.

솔직히 말할게. 이번 여행을 시작할 때 나는 이런 생각을 했었어. 여행 도중에 틀림없이 무슨 일이 일어나서 뭔가 새로운 정보를 입수할 수 있을 거라고. 숙소 문단속이 제대로 안 되어 있거나, 가마가 뒤집어지거나 할지도 모른다고. 그런데 실제로는 어때? 벌써 파리에 거의 다 왔는데, 첫날에 비해 뭔가 새로운 사실은 하나도 알아내지 못했잖아."

"아직 7~8일 정도 남아 있어."

"어차피 지금까지와 똑같을 거야."

"꼭 그렇다고 단정할 순 없지."

"아냐, 아니라고! 난 말이지, 이렇게 자기 집에 있을 때에는 감옥장도 조금쯤은 긴장이 풀어질 거라고 생각했어. 그래서 죄수 주위에서 짖어 대는 경비견 노릇을 그만둘지도 모른다고. 하지만 실제로는 평소보다 상황이 더 나빠졌지.

아까 그 꼬맹이가 창가에 있는 가면 쓴 남자를 봤다고 했잖아. 그때 감옥장이 꽥꽥대던 소리, 자네도 들었을 거 아냐?"

"이봐, 잘 들어." 폴란드인이 말허리를 잘랐다. "이런 말도 있잖아? '구하라, 그러면 얻을 것이다.' 끈기 있게 기다리면 반드시 좋은 기회를 잡을 수 있을 거야.

아마 그 기회는 조만간 올 거야. 아니, 벌써 와 있는지도 몰라."

"대체 기회가 어디에 있다는 거야?"

"저기." 그러면서 크스키는 저택 1층의 커다란 창문 하나를 가리켰다.

두 병사는 가로수길 입구에 있는 풀밭에 앉아 있었다. 거기서 병사들이 야영하는 곳까지는 스무 발짝, 저택 앞뜰 문까지는 고작 열 발짝 정도밖에 안 되는 거리였다.

"곧 해가 저물 거야." 폴란드인이 이야기를 계속했다. "반시간 뒤, 아니, 빠르면 10분 뒤에 감옥장은 저기로 와서 죄수와 함께 저녁밥을 먹을 거야."

"그걸 네가 어떻게 알아?"

"아까 집사가 식기를 늘어놓는 것을 봤거든."

"흠. 정말로 저기서 두 사람이 밥을 먹는다 해도, 그게 우리한테 무슨 소용이 있는데?"

"그냥 나를 믿어 봐. 그러면 조만간 알게 될 거야. 나한테 좋은 생각이 있어. 분명히 성공할 거야.

저기 봐! 식사 시간이 다 됐나 봐. 창문에 불이 켜졌어."

과연 창문 너머로 환한 불빛이 보였다.

라피에르 집사는 완벽한 형태로 영주의 귀가를 환영하려고 여러모로 애쓰고 있었다. 그래서 특별한 순간을 위해 찬장 깊숙이 보관해 둔 커다란 은촛대 두 개를 일부러 꺼내 놨다.

집사가 식탁 주위를 돌아다니면서 식기를 늘어놓는 모습이 두 병사에게도 보였다.

"그래, 확실히 저 검은 옷을 입은 남자는 꺽다리 집사 양반이구먼. 저놈이 저녁 식사 준비를 하고 있다는 것도 알겠어. 하지만 그게 네 계획이랑 무슨 상관이 있는데?"

"곧 알게 될 거야. 하여튼 내 말 잘 들어. 단 한순간도 허투루 낭비할 수 없으니까."

"알았어. 잘 새겨 들을게."

"그 불도그 영감은 이제 곧 죄수와 함께 나타날 거야. 물론 두 사람은 마주 앉아 저녁밥을 먹을 테지. 홀에 난 창문은 딱 하나뿐이야. 이쪽으로 난 저 창문. 생 마르는 '손님'과 마주 앉을 테니까, '손님'은 우리에게 등을 돌리고 앉을 거야."

"그렇지! 그런데 그게 뭐 어쨌다고?"

"죄수는 우리를 등지고 앉을 테지만, 저녁을 먹는 동안에 몸을 움직여서 우리에게 얼굴을 보여 줄지도 몰라. 적어도 옆얼굴은 말이지."

"하지만 가면을 쓰고 있잖아?"

"아니, 그래도 밥 먹을 때에는 벗을걸!"

"그럴까?"

"그럼, 물론이지. 내가 그 놀라운 발명품을 자세히 관찰해 봤거든. 우선 벨벳 천이 죄수의 얼굴을 이마부터 턱까지 푹 감싸고 있지. 머리 뒤쪽에 강철 잠금 장치가 달려 있고, 눈과 코 부분에만 작은 구멍이 뚫려 있어. 입은 열 수 없는 구조야."

"그래. 나도 여행하면서 죄수가 가마를 타고 내릴 때 몇 번인가 그 가면을 보긴 봤었어."

"그러니까 저녁 식사 때 죄수는 틀림없이 가면을 벗을 거야."

"그렇군. 네 말이 맞아. 그런데 감옥장은 왜 위층 자기 침실에다 상을 차리라고 하지 않았을까? 이해가 안 가는군."

"그건 네가 생 마르라는 남자를 잘 몰라서 그래. 나는 그놈 성격을 연구해서 하나부터 열까지 다 알고 있거든. 그놈은 더없이 악랄하고 고집스런 인간이야. 게다가 무서울 정도로 허영심이 강하지.

그러니까 자기 성에 머무르는 동안에는 자기가 왕후장상같이 호화롭게 살 수 있는 남자라는 사실을 죄수에게도 보여 주고 싶어할 것이 뻔해.

분명히 그놈은 은식기를 있는 대로 다 늘어놓으라고 명령했을 거야.

혹시 우리가 사흘쯤 이곳에 머무른다면, 감옥장은 아까 애 딸린 귀족 부부를 끌고 다녔듯이 가면 죄수도 끌고 다니면서 정원과 가로수길을 보여 줄 거야."

"응, 그럴 수도 있겠군."

"그러니까 우리는 이렇게 하자.

저쪽에 있는 병사들은 술을 너무 많이 마셔서 앞으로 20분만 있으면 다들 곯아떨어져 버릴 거야.

보초는 세 사람. 저택 출입문에 한 사람씩 배치돼 있을 뿐이야. 두 시간이 지나기 전에는 교대할 리도 없고.

로자르주 중위는 평소에도 일찍 자는 남자야. 벌써 침실에 틀어박혀 있지. 혼자서 저녁밥을 먹은 다음에는 곧바로 침대 속에 기어 들어갈 거야."

"음, 그래. 그런데 페르마누아르는?"

"감옥장의 조카는 성 마르그리트 섬에서도 그랬듯이 음식 나르는 역할을 할 거야. 그러니까 그놈은 식사 시간 내내 홀과 주방을 왔다 갔다 해야 한다는 거지.

그놈이 이쪽으로 올 염려는 전혀 없다는 얘기야."

"천만에! 그놈은 틀림없이 기회를 봐서 영내를 순찰할 거야."

"응, 저녁 식사가 끝난 다음에 말이지. 하지만 그 전에 우리는 이미 볼 것 다 볼 텐데 뭐. 그 재수 없는 놈이 우리를 살펴보러 올 때쯤에는, 우린 이 떡갈나무 밑에서 코를 골고 있을 거야."

"이야, 굉장한데? 정말 용의주도하군."

"그럼 나랑 같이 갈래?"

"물론이지."

"좋아, 그럼 가자. 시간이 거의 다 됐으니."

빈틈없는 폴란드인이 자리에서 일어나자 동료도 똑같이 일어났다.

두 사람은 주위를 둘러봤다. 가로수길도 앞뜰도 쥐 죽은 듯 고요했다.

긴 행군에 지친 병사들은 풀밭에 드러누워 있었다. 그들은 두 상병에게는 신경도 쓰지 않았다.

생 마르의 하인들은 라피에르 집사의 지휘 아래 주인의 저녁 식사를 준비하려고 다들 성관 안에 들어가 있었다.

따라서 누가 두 사람을 지켜볼 염려는 전혀 없었다.

더구나 그날은 초승달 뜨는 날이라서 몹시 어두컴컴했다.

두 사람은 조금만 주의하면 누구에게도 들키지 않고 행동할 수 있었다.

물론 둘 중에 폴란드인이 지휘를 맡았다.

폴란드인은 뒤를 따라오라고 동료에게 신호하더니 살금살금 성관 쪽으로 다가갔다.

앞뜰의 부드러운 잔디가 두 사람의 발소리를 지워 주었다.

창문에서 10m쯤 떨어진 곳에서 크스키는 걸음을 멈췄다.

더 가까이 다가가는 것은 경솔한 짓이었다. 여기서도 충분히 홀 내부 상태를 파악할 수 있었다.

현재 홀에는 아무도 없었다.

집사는 어느새 식기를 다 늘어놓고 밖으로 나가 버렸다.

식탁 주위에는 서로 마주 보게 놓아 둔 의자 두 개가 있을 뿐이었다.

정면으로 보이는 안락의자는 누가 봐도 감옥장을 위해 마련된 것이었다.

창문을 등진 평범한 의자는 죄수가 앉을 의자였다.

크스키의 예상은 한 치의 어긋남 없이 멋지게 적중했다.

"아무도 없군." 터키인이 중얼거렸다.

"걱정 마. 곧 올 거야." 폴란드인이 동료의 귀에 대고 속삭였다.

바로 그때 촛대에서 환하게 타오르는 열 개의 촛불 빛을 받으면서 생 마르가 죄수의 손을 잡아당기며 안으로 들어오는 모습이 보였다.

감옥장은 죄수에게 끊임없이 말을 걸고 있었다. 그 몸짓으로 보아 아마도 뒤를 돌아보지 말라고 엄하게 주의를 주고 있는 듯했다.

이어서 감옥장은 창가로 다가오더니 심술궂은 얼굴을 유리창에 딱 붙이고서 밖에 수상한 사람이 없는지 확인했다.

알리와 크스키는 말뚝처럼 가만히 서 있었다. 주위는 몹시 캄캄했다. 그래서 고양이같이 밤눈이 밝은 감옥장도 두 사람을 발견할 수 없었다. 감옥장이 천천히 안락의자로 다가가는 모습을 보자 두 사람은 안도의 한숨을 내쉬었다.

감옥장은 과장스런 몸짓으로 허리에서 권총 두 자루를 뽑아 식탁 위에 올려놓았다. 손 뻗으면 닿을 거리였다.

이처럼 매우 우호적인 분위기로 저녁 먹을 준비를 마치고 나서 감옥장은 불쌍한 손님에게 미소를 보내더니 정중하게 수프를 권했다.

이 장면을 조용히 바라보는 두 병사의 처지는 참으로 기묘했다.

25년이 넘게 추구하던 목표가 지금 두 사람의 눈앞에 있었다.

죄수가 아주 조금만 움직여 주면 마침내 두 사람은 그 얼굴을 볼 것이다. 그리하여 비밀이 밝혀지고 두 사람의 임무는 완수될 것이다. 그 다음엔 방다에게 달려가서, 우연이 방다에게 어떤 운명을 짊어지웠는지 보고하기만 하면 되었다.

그러나 불쌍한 죄수는 꼼짝도 하지 않았다.

눈처럼 하얗고 덥수룩한 죄수의 머리카락이 보였다. 지금도 여전히 날씬하고 곧바른 동체도 보였다.

죄수는 깔끔한 갈색 조끼와 타이즈를 입고 있었다. 바르브주 장관은 1673년에 체포된 남자에게 아버지 르부아보다 관대한 태도를 보이면서, 필요하다면 언제든지 새로운 의류를 지급하는 것을 허락했다.

그때 갑자기 무시무시한 페르마누아르가 두 손에 접시를 들고 방 안으로 들어오는 것이 보였다.

감옥장은 조카에게 뭐라고 말을 했다. 문 여는 소리가 들렸을 텐데 죄수는 고개도 들지 않고 자기 접시만 쳐다보고 있었다.

아마도 죄수는 이 하급 간수의 얼굴을 보기도 싫어서 일부러 그쪽을 쳐다보지 않는 것 같았다.

페르마누아르는 진짜 하인처럼 능숙하게 음식을 차리고 나서 재빨리 밖으로 나갔다. 본디 근성 자체가 하인 같은 남자였다.

크스키는 좋은 기회가 왔다는 듯이 방 안을 열심히 지켜봤다. 그러나 아무

일도 일어나지 않자 크게 낙담했다.

"망했어. 죄수가 움직일 생각도 안 해." 알리가 조그맣게 속삭였다. "헛수고했군."

"글쎄." 폴란드인이 중얼거렸다.

"아직도 무슨 변화가 일어날 거라고 생각하나?"

"산이 이쪽으로 오지 않는다면 내가 산에게 다가갈 수밖에 없지. 이 말을 한 사람은 바로 네가 믿는 예언자 마호메트야."

"하지만 마호메트는 죄수가 이쪽을 돌아볼 거라고 예언하지는 않았어."

"돌아보게 만들어야지."

"뭐?"

"바닥에 있는 돌멩이를 주워 유리창에다 던지는 거야. 그래도 죄수가 이쪽을 보지 않는다면, 페르마누아르가 내 목을 졸라 죽인다 해도 불평하지 않을 테다."

"이봐, 미쳤어? 저 죄수가 살해돼도 상관없다는 거야? 네 눈에는 저 권총이 안 보이냐?"

"생 마르는 저걸 사용할 정도로 멍청한 녀석이 아니야. 저 죄수를 죽인다는 것은 황금 알을 낳는 거위를 죽이는 거나 마찬가지거든. 그러니까 내 말대로 해."

알리는 잠시 망설였다.

그것은 몹시 위험한 짓 같았다. 그러나 알리는 동료의 말대로 하는 습관이 몸에 배어 있었다. 게다가 이런 절호의 기회를 놓치는 것은 너무 아까운 일이었다.

그래서 알리는 바닥에 꿇어앉아 적당한 크기의 돌을 찾아냈다. 유리창에 부딪치면 소리를 낼 테지만 창문을 깨뜨리지는 않을 만한 크기의 돌이었다. 이윽고 알리는 몸을 일으켜서 그 돌을 크스키에게 보여 줬다.

"좋아, 던져." 크스키가 재촉했다.

돌멩이는 유리창에 명중했다.

그 순간 죄수가 움찔하며 이쪽을 돌아보았다.

모든 일은 순식간에 일어났다.

유리창에 돌멩이 부딪치는 소리는 죄수의 귀에만 들린 것이 아니었다.

생 마르도 그 소리를 들었다. 죄수가 창문 쪽을 돌아보는 것과 동시에 생 마르도 권총을 움켜쥐었다.

"봤어. 누군지 알았어!" 크스키가 외쳤다. "저건……."

그러나 크스키의 말은 거기서 끊겼다.

크스키는 이마에 권총 총알이 박힌 채 즉사하여 풀썩 쓰러졌다.

광포한 감옥장이 쏜 총알이 죄수의 머리를 스치고 지나가 유리창을 깨뜨리고 가련한 폴란드인에게 명중했던 것이다.

알리는 동료만큼 방 안이 잘 보이는 위치에 있지는 않았으므로 권총 섬광 밖에 보지 못했다. 그는 당장 크스키를 도우려고 무릎을 꿇었다.

그러나 이미 늦었다는 사실을 금세 알 수 있었다.

"살인자! 네놈이 둘이나 죽였어!" 알리는 창문을 향해 주먹을 휘두르면서 소리쳤다. "어제는 브리강디에르, 오늘은 크스키, 그래, 내일은 나일 테지. 악당 새끼, 우리를 다 죽일 셈이로구나!"

그러나 알리는 금세 정신을 가다듬고 체념한 표정을 지었다. 그는 회교도가 좋아하는 상투어를 중얼거렸다.

"이것도 다 하늘의 뜻이리라."

알리는 몸을 일으켜 저택 쪽을 바라보았다.

모든 것이 암흑에 휩싸여 있었다.

무슨 일이 있어도 당황하지 않는 생 마르 감옥장이 서둘러 촛불을 꺼서 아무도 죄수의 모습을 보지 못하게 만든 것이다.

그러나 죄수를 침실로 데려간 뒤 감옥장은 곧장 밖으로 뛰쳐나와서 성관 주위를 샅샅이 수색하여 돌멩이를 던진 범인을 찾아내려고 할 것이다.

현행범으로 체포되기 싫다면 알리도 꾸물거릴 틈이 없었다.

가능하다면 이대로 버티고 있다가 이 손으로 감옥장을 목 졸라 죽여 버리고 싶었다.

알리는 강한 충동을 느꼈다. 그러나 총성을 들은 페르마누아르와 집사와 하인들이 이곳으로 몰려올 것이 뻔했으므로 간신히 참았다.

그들이 몰려올 때까지 여기 있다가는 틀림없이 발견돼서 붙잡혀 버릴 것이다.

용감한 터키인은 방다를 위해 살아남아야겠다고 생각했다.

눈에 보이지 않을 만큼 빠른 동작으로 알리는 동료의 시체를 짊어지더니 열 발짝쯤 떨어진 곳으로 옮겨 놓았다.
이렇게 해 놓으면 적을 속일 수 있으리라.
이어서 알리는 아까 크스키와 함께 식사했던 나무 밑으로 돌아가서 자는 척했다.
다행히 총성은 홀의 둥근 천장에 갇혀서 바깥까지 울려 퍼지지는 않았다. 병사들은 모두 잠들어 있었다.
이에 반해 저택 안에서는 벌집을 쑤셔 놓은 듯한 소동이 일어났다.
하인들이 복도와 계단을 쿵쾅쿵쾅 뛰어다녔다. 2층 창문에 불이 켜졌다. 의심할 여지 없이 죄수는 이미 침실로 끌려가 버린 것이다.
알리는 몇 분 동안 손에 땀을 쥐면서 기다리고 있었다. 이윽고 횃불을 든 하인들을 거느린 감옥장이 나타났다.
하인들은 사방으로 흩어져서 앞뜰 전체를 뒤지기 시작했다.
잠시 후 하인들이 소리를 질러 댔다. 폴란드인의 시체가 발견된 것이다.
"브리케! 브리케, 어디 있느냐?" 감옥장의 고함 소리가 울려 퍼졌다.
상대가 자신의 가명을 불러 대자 알리는 모습을 드러낼 때가 되었음을 깨닫고 자리에서 일어나 감옥장 앞으로 달려갔다.
"대체 어디 있었느냐? 뭐하고 있었어? 이게 어찌 된 거냐?" 감옥장은 크스키의 시체를 손가락으로 가리키면서 소리를 질렀다.
터키인은 방금 잠에서 깨어난 사람처럼 눈을 비볐다. 그러더니 아까와는 딴판으로 변해 버린 동료의 모습을 이제 막 눈치챘다는 듯이 펄쩍 뛰면서, 두 손을 하늘로 뻗치고 절망한 듯한 울음소리를 냈다.
"야, 이놈아, 당장 무슨 말이라도 좀 해 봐!" 생 마르가 말을 이었다. "이게 대체 무슨 일이지? 난 분명히 죄수의 얼굴을 보려고 하는 놈한테 총을 쐈는데, 그 총알이 네놈 친구인 '성큼이'에게 맞았단 말이다. 이게 어찌 된 일이냐?
아, '성큼이' 그놈이 내 동태를 염탐한 거로구나!"
"'성큼이'가요? 아니, 우리는 초저녁에 나란히 잠들었습니다. 겨우 10분 전까지만 해도 그놈이 코고는 소리를 들었다고요."
그렇게 말하는 알리의 태도가 무척 솔직하고 자연스러워 보였으므로 생 마르의 분노도 조금은 가라앉았다.

조카 페르마누아르는 영 미심쩍다는 듯이 고개를 갸웃거렸다. 그때 떠들썩한 소리를 듣고 달려온 로자르주가 감옥장의 귀에 대고 속삭였다.

"이건 우연히 일어난 사고입니다. 그놈이 술에 취했던 거예요……. 그러니까…… 그놈은 자다가 일어나서 비몽사몽인 상태로 무심코 앞뜰을 가로질러 갔던 겁니다. 그러다가 재수 없게 그쪽으로 날아온 총알을 맞은 거지요."

"그렇군, 그럴지도 몰라." 감옥장이 중얼거렸다. "시체는 치우고, 산 놈은 마구간에 가둬 놔. 내일 아침에 다시 확실히 조사해 보자."

그러나 이튿날 아침에도 확실히 밝혀진 사실은 하나도 없었다.

주의 깊게 조사하고 심문한 끝에 '성큼이'의 죽음은 사고사로 단정되었다. 브리케는 업무에 복귀하여 다시 감옥장의 심복이 되었다.

다만 생 마르는 영지에서 머무는 기간을 줄이고 예정보다 빨리 떠나기로 했다.

일행은 48시간 쉬고 나서 출발했다. 그로부터 일주일이 지난 목요일, 1698년 9월 18일에 감옥장은 두 부관과 병졸들과 가면 죄수를 데리고 위풍당당하게 바스티유에 도착했다.

34 철가면

　세월이 흘러 1703년 11월이 되었다. 1703년은 암흑시대가 시작된 해이다. 프랑스는 또다시 끔찍한 전쟁에 돌입했다. 이 전쟁은 이후 10년이나 계속되었고 프랑스는 파멸을 향해 서서히 나아갔다.
　유럽의 절반이 동맹을 맺은 채 루이 14세 손자의 스페인 왕위 계승에 반대하면서, 이리저리 토막 난 신성로마제국 영토를 차지하려고 별렀다.
　적에게는 병력과 자금이 있었으며 두 명의 위대한 장군이 있었다. 말버러 공이 영국군을 지휘했고 외젠 공이 오스트리아군을 지휘했다.
　외젠 공은 수와송 부인의 막내아들로, 먼 옛날 루이 14세가 연대장으로 임명하기를 거부했던 그 병약한 신부였다. 이 남자가 외국 군대에 입대했을 때 국왕은 어깨를 으쓱하면서 "이거 참, 크나큰 손실이구먼" 하고 빈정거렸다.
　파리는 어둠에 휩싸였고 베르사유도 분위기가 우울해졌다.
　프랑스 전체에 암운이 드리웠다. 하늘은 점점 더 어두워질 것만 같았다.
　머지않아 국왕이 왕실 은식기를 조폐국에 보내고, 가난한 민중이 굶주림과 추위로 길거리에서 죽어 가는 시대가 찾아오리라.
　왕실 가족들도 이제는 얼마 남지 않았다. 왕제 전하는 1701년에 세상을 떠났다. 그와 동시에 늙은 국왕 주위에 조금이나마 남아 있던 밝은 분위기도 사라져 버렸다.
　앞으로 8년만 지나면 황태자와 황태손도 세상을 떠나게 되어, 프랑스 국왕의 무거운 왕관을 이어받을 인물이라고는 갓 태어난 아기 하나만 남게 되리라. 그가 바로 미래의 루이 15세이다.
　르테리에 육군장관 가족에게도 별로 행운이 따르지는 않았다.
　바르브주는 1701년 1월 6일에 숨을 거뒀다. 그 옛날 아버지 르부아가 방다와의 만남을 앞두고 숨을 거뒀던 바로 그 방에서.
　후임 장관 샤미아르는 온화하고 정직하고 무능한 남자였다.

르부아 부자를 모셨던 사람들 가운데 아직까지 살아 있는 남자가 딱 한 명 있었다.

바로 생 마르 감옥장이었다.

77세가 된 감옥장은 이제 힘없는 꼬부랑 늙은이였다.

그러나 악독한 성질은 예나 지금이나 변함없었다. 게다가 전보다 더 욕심도 많아졌고 걸핏하면 화를 내게 되었다.

감옥장은 바스티유 내부에 있는 장려한 저택에 홀로 살면서, 마치 깊숙한 동굴 속에 숨은 늙은 사자처럼 으르렁거리고 거칠게 매도하고 욕설을 줄줄이 늘어놓으면서 탐욕스럽게 재산을 긁어모았다.

감옥장은 언제 어디서나 모든 기회를 이용해서 돈을 모으고 저축하고 빼돌렸다.

그의 금고에는 금은보화가 넘치도록 가득 들어 있었다.

파르트 영지만 해도 충분히 굉장한데도 감옥장은 디농과 에르봉의 땅을 구입하여 영지를 더욱 넓혔다.

이 전직 총사대원은 샹파뉴 지방에서 제일가는 유복한 지주가 되었다.

하기야 감옥장은 바스티유에서 한 발짝도 밖으로 나가지 않았고 손님을 초대하지도 않았으므로 그 모든 영지도 있으나마나였지만.

감옥장은 날이면 날마다 부관 세 사람에게 호통을 쳐 댔다. 그 부관들이란 옛날부터 감옥장 밑에 있었던 페르마누아르와 로자르주, 그리고 1690년에 바스티유 배속 국왕대리인으로 임명된 보르도 근교 출신의 소귀족 뒤 장카였다.

당연한 이야기지만 감옥장은 자기네 영지 옆에 사는 피에르 드 빌라루소 부부와 절교한 상태였다. 피에르 부부도 다시 교제를 신청하지는 않았다.

바스티유 요새의 외과의는 님 출신인 아브라함 레이유라는 남자였다. 교활하고 탐욕스러운 이 남자는 상관에게 알랑거리는 솜씨가 일품이었다.

고해신부와 식량 조달 담당자 역할을 겸임하는 지로 신부는 성 마르그리트 섬에서 감옥장을 따라온 사람이었다.

바스티유 간수들은 거의 1673년에도 근무하던 사람들이었다.

욕먹는 사람일수록 오래 산다는 말이 있듯이, 남에게 해를 끼치는 직업에 종사하는 사람일수록 건강하게 장수하는 법이다.

그런데 바스티유에 도착한 가면 죄수는 어찌 되었을까. 그는 일시적으로 바지니엘 탑에 갇혔지만, 그날 밤 즉시 옛날에 쓰던 베르트디에르 탑 3층으로 옮겨졌다.

뒤 장카는 일지에 이렇게 기록했다. "나는 생 마르 감옥장님의 명령으로 죄수가 도착하기 전에 독방에 필요한 가구를 넣어 두었다."

이 가스코뉴 출신 부관은 매우 꼼꼼한 남자였다. 전설의 '철가면'이라고 불리게 된 불행한 죄수가 죽은 날짜가 정확히 기록되어 있는 유일한 증거 문헌도 이 남자가 쓴 것이다.

따지고 보면 가면 죄수는 1703년 말까지 30년이 넘게 옥살이를 했다.

이런 생활을 견뎌 낸 죄수의 육체는 대체 어떤 구조로 만들어진 걸까? 아무런 희망도 없는 상태에서도 절망하지 않는 영혼은 대체 얼마나 강인한 정신력을 지니고 있었던 걸까?

죄수 본인도 이 감옥살이에 종지부를 찍으려면 죽는 수밖에 없다는 사실을 확실히 알고 있었다.

죄수는 이미 이 세상에서 매장되었다. 아직도 그 이름을 아는 사람은 생 마르 한 사람뿐인지도 몰랐다.

국왕도, 장관들도, 죄수의 적도 아군도 모두 이 남자의 존재를 잊어버렸다.

예외라고는 브리케 상병으로 활동하고 있는 알리와 한때 방다 프레스니즈라고 불리던 가련한 여인밖에 없었다.

1691년 7월에 바르브주 장관을 만나고 나서 방다는 깨달았다. 이제는 모든 것을 버리고 체념할 수밖에 없다고.

방다는 모든 비밀을 털어놓아 버렸으므로, 그녀의 자유도 생명도 장관의 손에 달린 셈이었다.

어리석게도 받아들여 버린 계약에서 벗어날 방법은 전혀 없었다.

그날 이후 방다가 할 수 있는 일이라고는 1673년에 체포된 죄수가 하느님의 부름을 받는 날이 오기를 참을성 있게 기다리는 것뿐이었다.

처음에 방다는 잇따라 밀려오는 격렬한 절망의 파도에 몸을 맡겼다.

스스로 목숨을 끊으려고 한 적도 있었다. 그러나 이런 극한 상태에서는 죽음을 택하기보다는 살아남는 편이 오히려 용감한 행위라는 생각이 들어서 자살만은 그만둘 수 있었다.

바르브주가 약속한 특혜는 분명히 무척 슬픈 것이었다. 그러나 시간이 흐르자 그것도 결코 무시할 수는 없다는 생각이 들었다.

그토록 오랜 세월 동안 쫓아다녔던 남자가 관 속에 누운 모습을 본다는 것은 적어도 아무것도 못 보는 것보다는 나았다.

방다는 또 이런 기대도 품었다. 자신의 온갖 노고를 이렇게 슬픈 방식으로 보상해 주시는 하느님께서는 틀림없이 자신을 얼른 이 세상에서 떠나게 해 주실 것이라고.

이렇게 생각한 방다는 르부아의 아들의 명령을 매우 충실하게 따랐다.

방다는 옛날에 살았던 아스날 변두리의 슬리제 거리에 조그만 집을 하나 빌렸다. 그리고 자신의 운명을 좌우하게 된 절대 권력자인 장관에게 그 주소를 알려 주었다.

하기야 이것은 형식적인 통보에 지나지 않았다. 장관의 첩자가 방다를 계속 미행했으니까. 방다는 파리에서도 계속 감시를 받았다.

물론 이 감시는 눈에 띄지 않게 이루어졌다. 또 장관은 방다를 감시하는 대신 세심하게 배려해 주기도 했다.

옛날처럼 라에 부인이라는 이름을 쓰게 된 방다에게 석 달에 한 번씩 육군차관이 찾아와서 소식을 전해 주었다. "장관님께서 안부를 전하라고 하셨습니다. 가면 쓴 남자는 아직 살아 있으니 안심하십시오."

이것만 봐도 알 수 있듯이 바르브주는 약속을 철저히 지키는 남자였다.

어느 날 방다는 그 당시 파리에서 800km 이상이나 떨어진 곳에 유폐되어 있는 죄수를 사후에 어떻게 자기한테 보여 줄 것이냐고 물어봤다.

그러자 장관의 사자는 딱 잘라 대답했다. "그런 건 걱정하실 필요 없습니다. 장관님이 약속하신 것만으로도 충분하니까요."

바시몽 일당에 관한 소식은 끝내 들을 수 없었다.

다만 리옹과 파리에서 중대한 사건을 일으킨 범인이 체포됐다는 막연한 소문만 들었을 뿐이다.

당국은 신속하고 유효한 조치를 내린 모양이었다. 모반 계획은 완전히 실패하고 말았다.

그러나 방다는 그런 일에는 전혀 관심이 없었다. 그녀는 오직 성 마르그리트 섬에 대해서만 생각했다.

경비대의 두 병사하고는 여전히 연락을 취했다. 방다는 두 사람에게 편지를 보내서 앞으로는 가면 죄수의 얼굴을 보는 것만 목표로 삼으라고 명령했다.

방다가 장관에게 약속한 것은 죄수를 탈옥시키지 않겠다는 것뿐이었다. 따라서 죄수의 정체를 알아내려고 하는 것은 장관과 맺은 약속에 위배되는 일이 아니었다.

독자 여러분도 아시다시피 알리와 크스키의 노력은 안타깝게도 물거품이 되었다. 그 마지막 시도 때문에 크스키는 목숨을 잃었다.

방다는 생 마르 일행이 바스티유에 도착했다는 소식과 더불어 크스키의 비참한 죽음에 대해서도 알게 되었다.

터키인 알리는 파리에 도착한 다음 날 즉시 대장 부인을 찾아와서 그 발밑에 몸을 던지고, 목숨이 붙어 있는 한 충성을 다하겠다고 맹세했다.

그날부터 방다는 전보다 평온한 나날을 보냈다.

죄수는 바로 근처에 있었다. 이제 다른 곳으로 옮겨질 염려는 없었다. 방다의 마지막 소망은 틀림없이 이루어지리라.

다만 방다가 딱 한 번 불안해진 적이 있었다. 1701년 1월 6일 바르브주가 급사했을 때였다.

그러나 죽은 장관의 사자가 찾아와 준 덕분에 방다의 불안은 사라졌다.

그 사자는 방다에게 다음과 같은 말을 전하기 위해 일부러 찾아왔다. 바스티유 감옥장은 이미 필요한 지시를 받았으며, 죄수가 죽으면 즉시 방다에게 알려 주고서 매장하기 전에 그 시체를 보여 줄 것이라고.

이제 방다는 오로지 죄수의 고통이 끝나는 순간을 기다릴 뿐이었다.

알리는 틈만 나면 방다를 찾아와 바스티유 안에서 일어난 일들을 가르쳐 주었다.

2년 동안 감옥에서는 특별한 변화는 일어나지 않았다.

죄수는 매주 일요일 미사에 참석하러 갈 때에만 베르트디에르 탑에서 나올 수 있었다. 그때마다 그는 가면을 썼다.

죄수의 건강은 나쁘지 않아 보였다. 그 고통이 끝날 날이 다가올 기미는 없었다.

그런데 1703년 11월 19일 월요일 밤, 방다가 성 폴 성당에서 기도를 드리고 집에 돌아와 보니 현관에서 알리가 기다리고 있었다.

그 얼굴을 본 순간 방다는 뭔가 중대한 사태가 발생했음을 깨닫고 안으로 들어가자마자 다급하게 물었다.

"무슨 일이야, 알리?"

"부인, 저기, 실은 지금쯤 그 죄수는 죽었을지도 모릅니다." 알리는 이렇게 대답했다. 이 남자는 에둘러 말할 줄 모르는 성격이었다.

방다는 안색이 변하더니 쓰러질 듯이 비틀거렸다.

이런 소식을 들을 마음의 준비가 전혀 안 된 상태였으므로 그만큼 크게 동요했던 것이다.

바스티유에는 아무런 변화도 없다는 소식을 알리가 전해 준 것이 바로 엊그제였다.

"자세한 사정을 들려줘." 방다가 간신히 입을 열었다. "대체 무슨 일이 일어난 거야?"

"죄수는 어제 미사에 갔다가 돌아오면서 안뜰을 지나가다가 갑자기 심한 현기증을 일으켜 쓰러졌습니다.

호송 임무를 맡았던 부르기뇽과 부토니어가 죄수를 부축해 줬는데, 거의 업다시피 하면서 베르트디에르 탑 계단을 올라갔다고 하더군요.

저는 어제 종일 도개교 초소에서 근무했기 때문에 오늘 아침에야 비로소 이 사실을 알게 되었습니다.

어젯밤 지로 신부가 죄수의 참회를 들었고, 오늘은 외과 의사 레이유가 세 번이나 진찰하러 갔다가 세 번째 진찰을 마치고서 감옥장에게 보고하러 갔습니다.

제가 감옥장 관사 앞을 걷고 있는데 지나가던 레이유가 로자르주 중위에게 말하더군요. 오늘 밤을 넘기기 힘들 거라고."

"그래, 알았어." 방다가 냉정한 어조로 말했다. "그럼 당장 바스티유로 돌아가. 모든 일이 끝나거든 꼭 나한테 와서 알려 줘."

"그거야 쉬운 일이지요. 생 마르가 저한테 하룻밤 내내 대기하고 있으라고 명령했거든요.

감옥장은 성 폴 성당 관리인에게 매장 준비를 시키는 역할을 저에게 맡겼습니다."

"그래, 그럼 어서 가. 당신 대신 다른 사람을 보내기라도 하면 큰일이니까. 나는 밤새도록 성당 계단 근처에서 기다릴게."

알리는 결코 말대답하지 않고 명령에 절대복종하는 남자였으므로 더는 말하지 않고 서둘러 달려갔다.

"아아! 드디어 내 운명이 결정될 날이 왔구나."

말을 마친 방다는 곧장 지나왔던 길을 통해서 다시 성 폴 성당 입구로 갔다. 성당 문은 아직 열려 있었다.

방다는 안으로 들어가 짧고도 간절한 기도를 올린 뒤 급히 밖으로 나와서 돌계단 밑 그늘 속에 몸을 숨겼다.

주위는 캄캄했다. 지나다니는 사람도 없었다. 잠시 후 성당 문도 닫혔다. 아무도 방다가 거기 있는 줄 몰랐다.

그렇게 몇 시간이나 흘렀을까? 그것은 방다 본인도 몰랐다. 머릿속이 너무 혼란스러워서 시간을 가늠할 수도 없었다.

오랫동안 숨 막히는 불안감에 시달린 끝에 방다는 마침내 성당 계단 앞에 한 남자가 멈춰 서서 누군가를 찾는 듯이 사방을 두리번거리는 것을 보았다.

그 남자가 알리라는 사실을 알자 방다는 숨어 있던 곳에서 나와 조그만 소리로 물어봤다.

"어떻게 됐어?"

"그 사람은 10시에 죽었습니다. 갑자기 증세가 악화되는 바람에 신부도 위로의 말밖에 할 수가 없었답니다. 감옥장은 내일 밤까지는 시체를 매장할 생각입니다. 자, 이거 보세요. 감옥장이 성 폴 성당 주임 사제에게 보내는 편지입니다."

"이리 줘 봐." 방다는 짧게 말했다.

알리가 내민 편지는 반으로 접혀 있었지만 봉인이 붙어 있지는 않았다.

방다는 떨리는 손으로 편지를 받아 들더니, 바로 근처에 있는 성모상 곁에 촛불이 켜져 있는 것을 보고는 그쪽으로 달려갔다.

일렁이는 희미한 불빛 속에서 편지를 읽기란 여간 어려운 일이 아니었다. 그래도 방다는 어찌어찌 다음과 같은 내용을 알아낼 수 있었다.

"사제님, 오늘 밤 저희 죄수 한 명이 죽었습니다. 내일 오후 4시에 그를 성 폴 성당 묘지에 매장하고 싶습니다. 매장 비용은 40리브르가 넘지 않도록 신경 써 주시기 바랍니다.

제 부관 로자르주와 외과의 레이유가 장례식에 참가하여 입회인으로서 사망증명서에 서명할 것입니다.

사망증명서는 미리 준비해 주십시오. 사망자 성명 기입란에는 '마르키엘'이라는 죄수의 본명을 적어 주시면 됩니다."

"마르키엘이라고!" 깜짝 놀란 방다가 큰 소리로 외쳤다.

처음에 방다는 자기가 잘못 읽은 줄 알았다. 그러나 아무리 종이를 불빛에 바싹 대고서 주의 깊게 읽어 봐도, 거기에는 본 적도 들은 적도 없는 마르키엘이라는 이름이 쓰여 있을 뿐이었다.

방다는 엄청난 착각을 했던 것이다. 무려 30년 동안이나 자신의 사랑을 받을 자격도 없거니와, 증오의 대상이 될 만한 죄도 저지르지 않은 남자를 쫓아다니면서 인생을 헛되이 살았다. 생면부지의 인간을 위해 자기 자신을 희생해 버렸다.

이렇게 생각한 방다는 절망에 빠져 말없이 알리에게 편지를 돌려주더니 수신인에게 가져다주라고 몸짓으로 명령했다. 그리고 집을 향해 성큼성큼 걸어가기 시작했다.

알리는 그 뒷모습을 지켜보았다. 그러나 주제넘게 위로의 말을 건네지는 않았다.

"내일 아침에 부인을 다시 찾아뵈어야지." 알리는 혼잣말을 했다. "아, 정말이지 뭐가 어떻게 된 건지 모르겠군."

이런 생각을 하면서 알리는 성당지기의 방 초인종을 울렸다. 어쨌든 맡은 임무는 완수해야 했으니까.

그 무렵 방다는 집으로 돌아와서 무너지듯이 안락의자에 주저앉아 깊은 슬픔에 잠겼다.

대체 어쩌다가 이런 끔찍한 착각을 하게 된 걸까? 방다는 눈물지으며 자문해 보았다.

혹시 오랫동안 방다를 박해했던 놈들이 방다에게 마지막으로 치명타를 가하려고 간계를 꾸민 것이 아닐까?

그놈들이 죄수를 바꿔치기한 걸까?

하지만 그렇다면 페론에서 체포된 죄수는 어떻게 된 걸까?

솜 강 여울에서 참극이 일어났을 때 한 남자가 살아남은 것은 분명한 사실이었다. 그 남자는 모리스나 필립, 둘 중 하나가 틀림없었다.

그 남자는 어디로 가 버린 걸까? 처음 바스티유에 투옥된 직후에 제거돼 버린 걸까?

그렇다면 1673년에 피뉴롤 요새로 이송된 불행한 남자와 모반자 일당 수령과의 유일한 공통점은 단지 얼굴에 가면을 쓰고 있었다는 것뿐이란 말인가?

이처럼 방다는 여러모로 추측해 보다가 결국 뭐가 뭔지 모르는 상태에 빠져 버렸다. 도통 제대로 된 결론을 낼 수가 없었다.

그러나 막판에 가서 방다는 이제껏 생각도 안 해 봤던 가능성을 떠올렸다.

"이건 생 마르의 극악무도한 계략이 틀림없어." 방다는 큰 소리로 말했다. "감옥장은 죽은 죄수에게 가짜 이름을 붙여 놓으면, 장관의 명령을 실행하지 않아도 될 거라고 생각한 거야."

확실히 그럴싸한 추측이었다.

감옥장은 바르브주의 유언 때문에 이 일에 관해서는 육군차관의 감독을 받고 있었다. 그는 이것을 성가시게 여긴 게 분명했다.

이 기묘한 사건에 관심을 보이는 여자가, 바스티유 죄수가 죽을 날을 기다리고 있다는 사실은 감옥장도 물론 눈치챘을 것이다.

그 여자가 성 폴 성당 근처에 산다는 것도 감옥장은 알고 있었던 게 틀림없다. 그러나 방다는 무척 운이 좋았다. 감옥장은 이 여자를 한 번도 보지 못했던 것이다. 만일 그가 한 번이라도 그녀를 봤더라면, 라에 부인이라고 자칭하는 이 여자가 실은 '카라도스 하사'의 아내인 척하던 가짜 세탁부 바르톨로메아라는 사실을 간파해 버렸을 것이다.

어쨌든 사정이 이렇다 보니 감옥장이 머리를 써서 그 여자에게 아무것도 알리지 않고 죄수의 시체를 매장해 버린 다음, 장관의 부하에게는 '실수로 깜빡했다'고 뒤늦게 변명하기로 마음먹었을 가능성은 충분히 있는 것 같았다.

그러나 다행히 방다는 죄수의 죽음을 알 수 있었다. 그녀가 장례식 시간에 맞춰 묘지에 가더라도 문제될 것은 없으리라.

"꼭 가야지." 이렇게 중얼거린 뒤 방다는 기도대(祈禱臺)에 무릎을 꿇고 하느님께 기도를 드렸다. 이 마지막 시련의 순간에 부디 자신을 버리지 말아 달라고.

그렇게 기도를 드리는 동안 마음이 편안해지고 조그만 희망도 샘솟았다.

이윽고 방다는 잠시 눈을 붙일 수 있었다.

동이 튼 지 한 시간도 지나지 않아 낯선 남자 하나가 찾아왔다.

무척 낡은 제복을 입은 그 남자는 자신을 생 마르 감옥장의 사자라고 소개했다. 그는 바스티유 감옥장의 부관 로자르주였다.

"부인." 로자르주가 정중하게 말했다. "감옥장 각하께서는 바르브주 장관님이 생전에 내리신 명령에 따라, 어제 베르트디에르 탑 3층에 있던 죄수가 사망했음을 부인께 알려 드리라고 하셨습니다.

오늘 오후 4시부터 극비리에 시신을 매장할 예정입니다.

그때 묘지 입구는 봉쇄될 것이며, 제 부하는 당신 말고는 누구도 묘지 안으로 들여보내 주지 않을 것입니다.

그러니 혹시 이 장례식에 참석하고 싶다면 묘지로 오십시오. 저는 그곳에서 당신을 기다리겠습니다."

말을 마치자마자 로자르주는 인사를 하고 떠나가 버렸다. 생 마르의 급격한 태도 변화에 깜짝 놀란 방다가 미처 뭐라고 대답하기도 전에.

예상치 못했던 연락을 받은 방다는 더더욱 뭐가 뭔지 알 수 없게 되어 버렸다.

이처럼 의리 있는 태도를 취한 것을 보면, 감옥장은 방다에게 가면 죄수의 시체를 보여 줘도 상관없다고 생각하는 모양이었다.

그렇다면 사망증명서에 기입된 이름이 가짜라는 추리는 성립될 수 없는 셈이다. 그럼 죄수의 이름은 정말로 마르키엘인 걸까?

이 수수께끼는 앞으로 몇 시간만 지나면 해명될 터였다. 그러나 방다에게 그 몇 시간은 끝없는 불안에 떨어야 할 시간처럼 여겨졌다.

그때 마침 알리가 찾아왔다. 덕분에 방다의 초조한 마음도 다소 누그러졌다. 알리는 밤중에 성 폴 성당 사제에게 무사히 편지를 전해 줬는데, 전날 밤보다 자세한 정보는 입수하지 못한 상태였다.

바스티유에서는 모든 일이 은밀하게 진행된다―누가 투옥될 때에도, 죽을 때에도.

그러므로 베르트디에르 탑 3층에 살던 사람이 급사한 사건도 계급 고하에 관계없이 간수들의 주의를 전혀 끌지 못했다.

그 죄수가 살아생전에 누구였는지, 어디에서 왔는지, 왜 감옥에 갇혔는지를 문제 삼는 사람은 없었다.
 하물며 죄수가 저세상으로 가 버린 지금 그 죽음에 신경 쓰는 사람은 없었던 것이다.
 다만 국왕대리인 뒤 장카는 가장 좋은 펜을 골라잡아서 감옥 명부에다가 오늘날까지 길이 남을 유명한 구절을 기록했다.
 위병들과 간수들은 공실이 생겼다는 사실은 알고 있었지만 그 방도 머잖아 다시 채워질 거라고 생각했다. 그 무렵 바스티유에서는 방이 오랫동안 비어 있는 일은 거의 없었다.
 죄수의 죽음은 그 정도 반향밖에 불러일으키지 못했다.
 그러나 알리는 매장 방식이 평소와는 다를 것이라는 정보를 입수했다.
 불운하게도 생 마르 감옥장의 감시를 받다가 죽은 죄수들은 교구 내 성 폴 성당 묘지에 묻혔다.
 그들의 장례식은 공개적으로 진행됐다.
 죽음으로써 감옥에서 벗어난 불쌍한 죄수의 시체는 바스티유 병사 네 명의 손으로 매장되었다. 이 의식은 행인의 눈길을 끌지 않도록 특별히 통제되지는 않았다.
 애초에 그렇게 신경 쓸 필요도 없었다. 무시무시한 바스티유 감옥에 유폐되어 있는 산송장들에게 관심을 보이는 사람은 한 명도 없었기 때문이다.
 그러나 이번만은 예외였다. 간단한 장례식이 치러질 동안 묘지는 출입이 금지될 예정이었다. 로자르주의 병사 여덟 명만이 장례식에 참석할 수 있었다. 알리도 장례 행렬에 참가하는 병사 중 하나로 선발되었다.
 그 소식을 듣고 방다는 무척 기뻐했다.
 결정적인 순간에 친구가 곁에 있어 준다는 사실이 든든하게 여겨졌다.
 지난 30년 동안 슬픔과 희망을 함께 나눈 충성스런 부하에게 방다는 이렇게 말했다.
 "알리, 오늘이 내 인생의 마지막 날이 될 거야.
 죄수의 얼굴을 보고 나면 내 운명이 결정될 테지. 그러면 나는 이 지긋지긋한 도시에 더 머무르지 않을 거야.
 모리스가 곧 무덤으로 들어갈 관 속에 누워 있든지, 솜 강 바닥에 잠들어 있든지, 그 사람이 이미 죽었다는 사실은 변함이 없어. 그러니까 나로서는 이제 저세상에서 모리스를 다시 만나게 해 달라고 하느님께 기도드릴 수밖에 없어. 나는 프랑스를 떠나 수도원에 들어갈 거야."

알리는 너무나 슬프다는 듯이 고개를 푹 숙였다. 평소에는 무표정한 그 얼굴이 지금은 눈에 띄게 일그러져 있었다.

"모리스를 사랑하고 받들었던 사람들 중에서 마지막까지 살아남은 사람은 당신 하나뿐이야.

나는 당신의 호의에 보답하고 싶어. 내가 이 세상을 떠나기 전에 당신의 장래를 보증해 주고 싶어. 그래서 묻는 건데, 계속 파리에 있을 생각이야? 아니면 고국으로 돌아갈 거야?

어쨌든 나는 당신이 독립해서 부유하고 행복하게 살아갈 수 있도록 다 준비해 놨어."

"행복하게 산다고요? 아뇨, 그건 불가능합니다." 터키인은 주먹으로 눈물을 훔치면서 중얼거렸다.

"당신이 언제까지나 나와 함께 슬퍼해 주리라는 것은 나도 잘 알아." 방다는 목멘 소리로 말했다. "나도 언제까지나 당신을 잊지 않을 거야. 자, 이제 당신의 소원을 말해 봐."

"부인과 같이 가고 싶습니다." 알리는 주저 없이 대답했다.

"이번에는 내가 '그건 불가능하다'고 말할 차례네. 나는 이미 수도원에 들어가기로 결심했으니까."

"하지만 부인께서 들어가시는 수도원이 있는 도시에서 제가 살 수는 있잖아요? 게다가……." 알리는 멋쩍은 듯이 조그맣게 덧붙였다. "어차피 부인께서 안 된다고 하셔도 저는 따라갈 겁니다."

"그렇게까지 말한다면, 그래, 알았어! 우리 계속 같이 살자."

루이 14세 시대에는 파리 각 교구에 묘지가 있었다. 성 폴 성당 묘지는 같은 이름의 거리에 있었다.

그 주변은 주택이 밀집한 곳이라 땅값이 무척 높았다. 그래서 묘지는 별로 크지 않았다.

마레 지구는 오늘날에는 귀족 계급에게 외면당하고 있지만 그 시절에는 훌륭한 저택이 늘어서 있는 주택가였다. 이 저택 주인들은 어떻게 해서든지 이 고급 주택가의 묘지에 묻히고 싶어했다.

그래서 성당 안은 물론이고 묘지에도 훌륭한 무덤들이 즐비했다.

하지만 이곳에도 불행한 사람들을 위한 공간이 한 귀퉁이에 마련되어 있었다. 바스티유 죄수들은 죽으면 그곳에 묻혔다.

그곳은 성 폴 성당 본당에서 가장 멀리 떨어진 장소였다.

빽빽하게 들어찬 봉분들은 무성히 자란 잡초로 뒤덮여 있었다.

군데군데 서 있는 나무 십자가가 생 마르 감옥장의 불쌍한 죄수들이 영원히 잠들어 있는 장소를 가르쳐 주는 유일한 표지였다.

그 광경은 사형수들이 묻힌 묘지의 풍경과 비슷했다.

1703년 11월 20일. 흐리고 차가운 하늘 아래 그 우울한 장소는 평소보다 더욱 적막해 보였다.

두 남자가 무덤구덩이를 다 파고서 삽에 기대어 쉬고 있었다.

묘지 담장 근처에서는 감옥장의 부하 한 사람이 총을 짊어지고 걸어 다니면서 누가 드나들지 못하도록 지키고 있었다.

하지만 그런 경계는 거의 쓸모가 없었다. 성 폴 거리에는 인적도 드물었고, 철책 건너편에서 무슨 일이 일어나는지 보려고 그쪽을 돌아보는 사람도 없었다.

만일 지나가던 사람이 주의해서 그쪽을 살펴봤더라면, 묘지 한가운데에 제복을 입은 바스티유 감옥장 부관과 상복 입은 여인이 나란히 서 있는 것을 보고 다소 놀랐을 것이다.

로자르주는 예의 바른 남자였다. 그는 방다가 위병에게 붙잡혀 곤욕을 치를까 봐 걱정돼서 약속 시간보다 일찍 묘지로 왔다. 잠시 후 방다도 그곳에 모습을 나타냈다.

아직 4시도 되지 않았는데 해는 벌써 기울기 시작했다. 장례 행렬은 이제 곧 도착할 예정이었다.

늙은 부관은 상관의 명령에 따라 매장 장소로 안내해서 장례식이 치러지는 동안 함께 있어 줘야 할 부인에게 몇 번이나 말을 걸어 보았다.

그러나 부인은 무심하게 대답할 뿐이었다. 로자르주의 노력은 수포로 돌아갔다.

이 부관은 직업상 쓸데없는 탐색을 하지 않는 버릇이 몸에 배어 있었으며, 애초에 호기심을 가지는 것이 금지되어 있었다. 그러나 오늘 감옥장이 그에게 맡긴 기묘한 임무 내용에 대해서는 강한 호기심을 느낄 수밖에 없었다.

생전에 남들 눈에 띄지 않도록 그토록 세심한 주의를 기울여서 숨겨 왔던 죄수의 얼굴을 이렇게 외국인 여성에게 일부러 보여 주다니. 옥리 로자르주의 상식으로서는 도저히 이해할 수 없는 일이었다.

로자르주는 베르트디에르 탑 3층에 갇힌 죄수의 신상을 전혀 몰랐다. 이제껏 알고 싶다고 생각한 적도 없었다.

로자르주가 보기에 죄수 한 사람 한 사람은 단순한 번호에 지나지 않았다.

게다가 그는 성 마르그리트 섬과 바스티유에서만 생 마르 밑에서 일했으므로, 피뉴롤에서 일어난 사건—특히 1680년 탈옥 미수 사건에 관해서는 아무것도 몰랐다.

로자르주는 누군가가 '하얀 티티새'에게 관심을 가지고 있는 줄은 꿈에도 몰랐던 것이다.

그러므로 이 세상에서 그토록 불쌍한 죄수에게 애착을 느끼면서 일부러 그 시신에 작별 인사를 하러 올 여자가 있다는 사실을 알자 로자르주는 뛸 듯이 놀랐다. 더구나 그런 마지막 임무를 허가받았다는 점에서 이 여자는 어지간히 지체 높은 인물의 비호를 받고 있는 듯했다.

없는 지혜를 짜내서 열심히 생각해 본 결과, 로자르주는 이번 일에는 국익과 관련된 중대한 이유가 있는 것이 틀림없다고 결론을 내렸다. 이 남자는 그런 이유는 절대로 탐색하지 않는 습관이 있었다. 방다에게 말을 걸어 봐야 소용없다는 사실을 깨닫자 그는 공식 임무만 형식대로 잘 수행하기로 결심했다.

기나긴 침묵 끝에 로자르주가 입을 열었다.

"부인, 감옥장 각하께서 저에게 지시하신 내용에 대해 말씀드려도 괜찮을까요?"

"네, 말씀하세요." 방다는 일말의 불안을 느끼면서 대답했다. 생 마르의 마음이 변하지나 않았을까 걱정했던 것이다.

"그럼 설명해 드리겠습니다.

조만간 제 부하 네 명이 관을 들고 와서 구덩이 옆에 내려놓을 것입니다. 관 뚜껑에는 못질을 하지 않았으니, 부인께서 지켜보시는 가운데 그 뚜껑을 열고 죽은 죄수의 얼굴을 보여 드릴 겁니다.

당신께서 그 죄수의 얼굴을 확인하시자마자 관은 다시 닫히고, 구덩이 속으로 내려질 것입니다.

안타깝지만 저로서는 그 외에 다른 일은 할 수 없습니다."

"그거면 충분해요." 방다는 차갑게 말했다.

"부인, 부디 마음 상하지 않으셨으면 좋겠습니다. 가능하다면 저는…… 아, 성 폴 거리에서 발소리가 들리는군요. 부하들이 시체를 가져왔나 봅니다."

정말로 잠시 후 일행이 묘지 입구에 도착했다. 초라한 장례 행렬이었다. 그것만 봐도 생 마르가 자기 죄수들의 시체를 어떻게 다루는지 확실히 알 수 있었다.

너절한 옷을 입은 병사 네 사람이 귀찮다는 듯이 관을 짊어지고 왔다. 전나무 관 위에는 낡아 빠진 검은색 천이 형식적으로나마 덮여 있었다.

관을 교대로 짊어지기 위해 다른 네 명의 병사가 뒤따라오고 있었다. 장례 행렬 선두에 서서 걷고 있는 사람은 브리케였다.

그토록 많은 고통을 겪었던 불행한 남자의 시체 곁에는 단 한 명의 신부도 없었다.

장례 행렬은 성당에 들렀다 오는 길이었다. 성당에서는 이 죄수만큼 세상에서 소외되어 있지는 않은 죽은 자의 영혼을 위로하기 위해 사제가 기도를 드리고 있었으므로, 거기에 편승한 것이다.

로자르주는 일을 빨리 해치우고 싶었다. 그래서 바스티유 죄수를 위해서는 간단한 기도만 올리면 충분하다고 결정해 버렸다.

그래도 이 남자의 명예를 위해 한마디만 덧붙이겠다. 로자르주는 지금부터 시작될 이례적인 일이 세상에 널리 소문나는 것을 막기 위해 쓸데없는 목격자는 만들지 말라는 명령을 받았던 것이다.

브리케가 묘지 입구에 모습을 드러내자마자 로자르주는 그쪽으로 달려가서 장례식에 관한 마지막 협의를 했다.

성가대 소년 한 사람이 성수를 들고 거기까지 따라와 주었다.

의심 많은 로자르주는 소년의 손에서 성수 그릇과 관수 장치를 홱 뺏어 가더니 썩 물러가라고 명령했다.

빈손으로 따라온 병사 네 명에게도 로자르주는 똑같은 명령을 내렸다.

나머지 네 사람은 짐을 내려놓을 때까지는 쫓아낼 수 없었으므로 묘지 안으로 들어왔다. 그 즉시 출입문이 닫혔다.

로자르주는 앞장서 걸으면서 곧장 구덩이 쪽으로 일행을 안내했다.

브리케는 맨 끝에서 따라갔다.

그동안 방다는 묘지 한구석의 울타리 쪽으로 다가갔다. 인부들은 이미 울타리 밑에다가 구덩이를 다 파 놓았다.

인부들이 호기심 어린 눈초리로 방다를 쳐다봤지만 방다는 그들에게 전혀 관심을 가지지 않았다.

방다는 울타리에 기댄 채 음울한 몽상에 젖어 있었다. 창백한 얼굴로 한 곳만 뚫어져라 쳐다보면서 이를 악물고 두 팔을 축 늘어뜨리고 있었다.

"거기 봉분 위에다 관을 내려놔라." 로자르주가 명령하자 병사들은 그대로 행동했다. 그는 곧바로 말을 이었다.

"자, 너희도 그만 물러가서 도로에서 대기해. 뒤돌아보지 말고.

혹시 민간인이 접근하거든 호통을 쳐서 쫓아내 버려. 말을 안 듣는 놈은 묵사발을 만들어 버려도 된다."

이렇게 부하들에게 엄명을 내리고서 명령이 즉시 실행되는 것을 확인한 다음에 로자르주는 일순 망설이는 것처럼 보였다.

아마 상병을 자기 옆에 놔둘지 말지 고민했던 것이리라.

결국 로자르주는 상병을 옆에 놔두기로 했다. 만에 하나 이 낯선 부인이 절망한 나머지 이상한 행동을 할 경우를 대비해서 그랬는지도 모른다.

"브리케, 넌 여기 남아서 나를 도와라."

알리로서는 생각도 못한 행운이었다. 다만 방다가 슬퍼하는 모습을 지켜봐야 한다는 것은 괴로운 일이었다.

알리는 절박한 순간에는 방다가 자신의 도움을 필요로 할 것이라고 생각했다.

묘지 입구로 슬쩍 눈길을 돌려서 감시병이 제대로 감시하고 있는지 확인한 다음, 로자르주는 모자를 손에 들고 방다에게 다가가 조용히 말을 걸었다.

"부인, 감옥장 각하께서 내리신 명령에 관해 드릴 말씀이 하나 더 있습니다."

모리스의 애인은 움찔하더니 늙은 부관의 얼굴을 물끄러미 쳐다봤다.

"저는 당신에게 이런 말을 전하는 임무를 맡았습니다. '그 옛날 바르브주 장관님과 하셨던 약속을 기억하십시오.' 그 약속이 무엇인지 저는 모릅니다만, 당신은 잘 알고 계실 테지요."

"약속은 지키겠습니다." 방다는 중얼거렸다.

"그리고 이것도 명심해 주십시오, 부인. 모든 일은 신속히 진행해야 합니다. 아마 부인께서 시체를 찬찬히 살펴볼 시간은 없을 것입니다."

"그건 잘 알고 있어요. 그래서 아까부터 이렇게 기다리고 있는 겁니다."

"어이, 자네들, 준비는 다 됐나?" 로자르주는 무덤 파는 인부들에게 질문을 던졌다.

인부들은 대답 대신 관을 구덩이 속에 넣을 때 쓰는 밧줄을 흔들어 보였다.

"좋아. 브리케, 관 뚜껑을 열어라."

알리는 최대한 감정을 억누르면서 서둘러 관 옆에 무릎을 꿇었다. 빨리 자신의 슬픈 임무를 끝내 버리고 싶었고, 또 로자르주에게 지금 얼굴을 보였다가는 무슨 의심을 살지도 모른다고 생각했기 때문이다.

알리는 관을 덮고 있는 검은 천을 떨리는 손으로 벗겨 냈다. 가면 죄수의 시신이 누워 있는 관이 방다의 눈앞에 나타났다.

그 순간 방다는 격렬한 마음의 동요를 억누를 수 없어서 축축한 흙 위에 무릎 꿇고 말았다.

알리도 관을 사이에 두고 방다와 마주 앉았다.

로자르주는 그 자리에 서서 팔짱을 낀 채 두 사람을 내려다보고 있었다.

그런데 상병은 이 괴로운 작업을 계속하려 하지 않았다. 그는 검은 천을 한쪽으로 밀어 놓더니, 고개를 숙인 채 시신을 감싸고 있는 전나무 판자 위에 한 손을 올려놓고서 그대로 가만히 있었다.

"어이, 뭘 꾸물거리는 거야?" 로자르주가 호통을 쳤다. "관 뚜껑에 못질을 해 놓은 것도 아닌데, 그냥 들어 올리면 되잖아? 자, 빨리 해치워 버리자."

이제는 무시무시한 순간을 더는 뒤로 미룰 수 없었다.

알리는 몸을 숙이고 뚜껑을 붙잡았다. 그리고 가볍게 들어 올렸다.

조악한 천에 감싸인 시신이 드러났다. 생 마르 감옥장은 30년 동안 계속 감시했던 남자에게 수의를 선물했던 것이다.

이것은 매우 자비로운 행위였다. 바스티유에서는 이렇게 인심 쓰는 일이 거의 없었다. 많은 죄수가 그냥 전나무 판자에 둘러싸인 채 무덤으로 들어갔다.

방다는 죽은 남자의 얼굴이 바로 드러날 것이라고 예상했다. 그래서 하얀 천 밑에서 경직된 몸의 윤곽만 떠올라 있는 것을 보자 흠칫했다.
 이 반응에는 아랑곳하지 않고 로자르주는 이렇게 명령했다.
 "자! 어서 그 천을 걷어라. 그런 게 덮여 있으면 부인께서 아무것도 못 보시지 않느냐."
 알리는 눈에 띄게 주춤거렸다. 천성이 심약한 편은 아니었고 시체라면 지금까지 질리도록 많이 봤지만, 그래도 이 시체에는 왠지 손대고 싶지 않았다.
 "수의를 꿰매 놓은 것도 아닌데 왜 그래?" 로자르주가 거칠게 말했다. "끄트머리를 살짝 들어 올려서 얼굴이 보이게만 하면 되잖아."
 더 명령을 거스를 수는 없었다. 가련한 상병은 눈을 질끈 감고 상관의 지시에 따랐다.
 알리는 태어나서 처음으로 공포를 느꼈다.
 이 늙은 부하보다는 방다가 훨씬 더 굳센 마음으로 용기를 내어 관 속을 들여다보았다.
 죄수의 얼굴은 기다란 흰 수염으로 반쯤 뒤덮였고, 이마에는 은색 곱슬머리가 드리워 있었다.
 언뜻 보았을 때 방다는 이 창백하고 야윈 얼굴을 한 번도 본 적이 없다는 느낌을 받았다.
 역시 처음에 의심했던 대로 생 마르는 악랄한 수법으로 방다를 속여서 생판 모르는 죄수의 장례식에 입회하게 만든 것일까.
 그렇게 생각한 방다는 이 볼품없는 시신을 미련 없이 외면하고 자리에서 일어나려고 했다.
 그러나 그 순간, 마침내 기운을 되찾은 알리도 관 속을 뚫어져라 바라보더니 작은 소리로 중얼거렸다.
 "대장님이잖아요."
 그 말은 로자르주의 귀에는 들리지 않았다. 하지만 그 말을 들은 방다는 다시 정신 바짝 차리고 아까보다 더 몸을 굽혀서 주의 깊게 시체의 얼굴을 들여다보았다.
 그러자 방금 전까지 잊어버리고 있었던 기억이 되살아났다. 고통과 죽음으로 야위어 버린 그 노쇠한 얼굴에서 방다가 그토록 사랑했던 모리스의 모습이 서서히 떠올랐다. 이 사람은 분명히 모리스였다.

혁혁한 무공을 세웠던 그 대담무쌍한 모리스 데자르모아스의 변해 버린 모습이 눈앞에 있었다.
　바스티유 감옥은 용감하고 긍지 높은 무인 귀족을 삼켜 버리더니, 이제 완전히 과거의 모습을 잃어버린 지치고 힘없는 노인을 뱉어낸 것이다.
　그러나 방다는 그가 모리스임을 알아보았다. 그녀는 비명을 지르고 두 손을 앞으로 뻗으면서 쓰러져 버렸다.
　방다는 정신을 잃었다. 그러나 그녀의 입술은 얼음처럼 차가운 모리스의 입술에 겹쳐져 있었다.
　30년 동안 헤어져 있었던 두 연인이 마침내 관 속에서 마지막 입맞춤을 했던 것이다.
　"이봐, 서둘러! 어서 이 부인을 부축해서 저쪽으로 데리고 가!" 로자르주가 소리쳤다.
　그 명령을 듣기도 전에 알리는 소중한 여주인을 부축하려고 달려가서 그 단단한 팔로 안아 올렸다. 그리고 당장 묘지 반대편 구석으로 달려가서 묘석 위에다 그녀를 눕혀 놓았다.
　"이거 참!" 로자르주는 혼잣말을 했다. "이런 일이 일어나면 어떻게 하라는 지시는 받지 못했는데. 뭐, 어쨌든 저 부인에 대한 약속은 지켰으니까. 저 사람이 의식을 되찾기 전에 일을 마쳐 버려도 별문제는 없겠지."
　로자르주가 신호하자 인부들은 얼른 알아듣고 순식간에 관 뚜껑을 덮더니 관을 무덤구덩이 속으로 내려 보냈다.
　이어서 삽으로 퍼 넣은 흙이 관에 부딪치며 저세상의 메아리 같은 둔탁한 소리가 났다. 로자르주는 더 기다릴 필요가 없다고 판단하고서 상병을 향해 소리를 질렀다.
　"그 사람을 집까지 데려다줘라!"
　알리는 기꺼이 그 명령에 복종했다. 두 번 다시 바스티유에 발을 들여놓지 않겠다고 이미 굳게 결심했던 것이다.
　알리는 방다가 의식을 되찾았을 때 모리스의 무덤을 보지 않는 편이 좋겠다고 생각했으므로, 잠든 어린아이를 안듯이 방다를 안아 들고 묘지를 떠났다.
　인부들은 무척 빠르게 일하고 있었다. 모리스 데자르모아스의 시체는 벌써 1m쯤 흙으로 덮여 있었다.

에필로그

진실로 철가면에 대한 이 기나긴 이야기를 읽고 나서 독자 여러분은 아마 등장인물들이 그 뒤 어떻게 되었는지 궁금하게 여길 것이다.

또한 필자는 이 이야기의 자료가 된 매우 확실한 문서와, 여기서 채용된 가설을 뒷받침하는 증거에 대해서도 독자 여러분께 설명할 의무가 있으리라 생각한다.

방다 프레스니츠는 묘지에서 기절한 뒤 충성스런 부하의 극진한 간호를 받아 의식을 되찾았다. 그리고 그토록 수많은 고통을 견디면서 살아왔던 도시를 뒤로했다.

보헤미아로 간 방다는 프라하의 성 우르술라 수도원에 들어갔다.

물론 방다는 약속대로 알리가 자기를 따라오는 것을 허락했다.

늙은 터키인은 바스티유 감옥장의 경비대에서 멋대로 탈주했지만 추적을 당하지는 않았다. 그는 대장의 미망인이 선택한 도시에 눌러앉아 5년이란 세월을 보냈다.

이윽고 방다는 병에 걸려 점점 쇠약해지더니 1709년 초에 전 재산을 알리에게 남기고 세상을 떠났다. 덕분에 알리는 터키로 돌아가서 행복하게 살고도 남을 만한 재산을 손에 넣었다.

진정한 회교도답게 하느님의 섭리를 달게 받아들일 줄 아는 알리는 보스포루스 해협 기슭으로 돌아가서 정원 딸린 집을 구입하여 스스로 정원을 가꾸면서 살았다.

그곳에서 알리는 무척 오래 살았으며, 파란만장한 삶을 살아온 것과는 딴판으로 조용히 편안한 죽음을 맞이했다.

생 마르도 번영을 누리는 가운데 생을 마감했다.

생 마르는 1708년 9월 26일, 바스티유 구내에 있는 자신의 저택에서 천수를 누린 뒤 막대한 재산을 남기고 저세상으로 떠났다.

조카들에게 상속된 그의 유산은 오늘날*¹로 치면 1200만 프랑이 넘는다.

이토록 어마어마한 부를 축적하기까지 얼마나 많은 죄수가 괴로워하고 얼마나 많은 눈물이 흘렸을까.

감옥장 부관 로자르주는 그 전에 이미 세상을 떠났다.

로자르주는 1705년 5월 19일 뱅센에서 사망했다.

뒤 장카는 두 사람이 세상을 떠난 뒤에도 오래오래 살았다. 그러나 이 남자는 베일에 싸인 가면 죄수의 정체를 끝까지 알 수 없었다. 실제로 이 비밀은 생 마르가 무덤 속까지 가져갔다고 봐도 과언은 아닐 것이다. 감옥장 사후에 이 비밀을 알고 있었던 사람은 섭정과 루이 15세, 그리고 루이 16세의 아버지인 황태자뿐이었다.

이윽고 이 수수께끼를 둘러싼 전설이 생겨나고 진상은 점점 왜곡되어 갔는데, 이 과정에 대해서는 나중에 자세히 설명하겠다.

피에르 드 빌라루소 부부는 이 두 사람에게 어울리는 행복한 일생을 보냈다. 그들의 자손은 1789년 혁명이 일어날 때까지 파리 최고법원 판사로 일했다.

여자 점술가 카트린 보아젱의 딸은 오래오래 살면서 많은 선행을 하여 의붓어머니의 극악무도한 죄를 보상했다. 덕분에 그 출생의 오점이 자손에게 영향을 미치지는 않았다.

그러나 수와송 부인은 사정이 달랐다.

수와송 부인처럼 성격이 불같은 사람은 한번 악한 길에 들어서면 멈출 줄 모르고 비탈길을 굴러떨어지듯이 한없이 타락하는 법이다.

1680년 피뉴롤에서 벌였던 죄수 구출 작전이 실패로 끝나자 부인은 파르마로 도망쳤다. 부인은 과거의 열렬한 사랑을 깨끗이 잊어버리고 다시금 온갖 권모술수와 모험에 몸을 던졌다.

부인은 파르마에 그리 오래 머무르지 않았다.

그녀는 자신을 연모하는 파르마 대공을 버리고 스페인으로 떠났다. 그때 스페인에 군림하고 있었던 사람은 합스부르크 왕가의 마지막 왕인 병약한 카를로스 2세였다. 나중에 그의 죽음으로 유럽 전체는 전란의 소용돌이에

---

*1 19세기 후반

휘말리게 된다.

왕비 마리 루이즈 도를레앙은 루이 14세의 아우의 외동딸로, 남편이 반불동맹에 참가하는 것을 막으려고 애쓰고 있었다.

수와송 부인은 오스트리아 측의 음모에 가담했다. 그녀는 상황을 유리하게 만들려고 서슴없이 남을 독살하기도 했다.

"1689년 여름, 마드리드는 불볕더위에 시달렸다." 생시몽은 이렇게 적었다. "스페인에서 우유는 귀중한 식품이었다. 특히 여름에는 손에 넣기 어려웠다. 왕비는 우유를 마시고 싶었지만 구할 수가 없었다.

수와송 부인은 악명이 높았을 뿐만 아니라 국왕에게도 미움을 받고 있었다. 그러나 그녀는 왕비에게 교묘하게 아첨하면서 꽤 자주 뒷계단을 통해 몰래 궁전에 드나들었다.

부인은 무척 맛있는 우유가 있다고 마리 루이즈 왕비에게 말했다. 그리고 다음에 얼음으로 식힌 우유를 가져오겠다고 약속했다. 부인은 약속을 지켰고, 왕비는 우유를 마신 다음 날 서거했다."

일설에 의하면 이 음료는 오스트리아 대사 만스펠트 백작 저택에서 준비되었다고 한다. 만스펠트 백작은 수와송 부인의 친구이자 마리 루이즈의 불구대천의 원수였다.

이 사건이 일어나자 수와송 부인은 마드리드에 더 머물 수가 없었다.

부인은 독일, 한자동맹도시를 전전하다가 결국은 다시 네덜란드 지방으로 돌아왔다.

그곳에서 부인은 세상 사람들에게 외면당하고 경멸받으면서 몇 년이나 더 살았다. 그때 영화의 절정에 다다랐던 아들 외젠 공도 단 한 번밖에 어머니를 방문하지 않았다.

1708년 10월 9일, 외롭고 쓸쓸하게 가난에 허덕이던 수와송 부인은 마침내 브뤼셀에서 숨을 거두었다.

그럼 이제 모리스 데자르모아스가 '철가면'이라 불리던 죄수와 동일 인물임을 보여 주는 역사적 증거를 살펴보자.

먼저 그 전설이 언제 생겨났는지, 또 어떤 식으로 발전했는지 알아보자. 루이 14세 치세에서는 어떤 사료에도 철가면에 관한 기록은 남아 있지 않다.

단지 1695년과 1698년에 발행된 〈네덜란드 신문〉에 이 사건에 관한 단편적인 기사가 실려 있을 뿐이다.

생시몽이 쓴 《회상록》은 그토록 길고 정확하고 상세한데도 철가면에 관한 이야기는 하나도 없고, 생 마르라는 이름도 실려 있지 않았다.

1715년이 되자 비로소 그럴싸한 이야기가 나왔다. 바스티유에 갇힌 적이 있는 콩스탕탱 드 렌빌이란 남자가 암스테르담에서 비밀리에 인쇄·발매된 서적에서 베르트디에르 탑의 죄수에 관해 이야기했던 것이다.

1745년 익명으로 출판된 《페르시아 역사에 관한 비록》에서도 이 이야기는 약간의 다른 가설과 더불어 다시금 기술된다.

그러다가 1751년에 간행된 《루이 14세 시대》에서 볼테르가 이 이야기에 확고한 지위를 부여하기에 이르렀다.

이로써 전설이 확립되고 문제가 제기되었다. 그때부터 오늘날까지 '철가면'은 끊임없이 사람들의 호기심을 자극해 왔다.

볼테르의 뒤를 이어 줄줄이 발표된 온갖 추측과 가설들은 굳이 여기서 설명하지 않아도 될 것이다.

그보다는 참모 본부 장교 융의 조사와 추리에 관해 설명하는 것이 현명하리라. 그런 조사 및 추리 결과를 이용해서 융은 잡다한 대량의 자료—종종 서로 모순되는 산더미 같은 자료들—속에서 진상을 발굴하는 데 성공했다.

융이 그 자료를 찾아낸 육군 자료관에는 르부아의 편지 대부분이 보관되어 있다.

그중에는 1673년의 대규모 모반 계획에 관한 상세한 기록도 포함되어 있다. 그 계획의 주모자는 파리에서는 키펜바하라 불렀고 브뤼셀에서는 모리스 데자르모아스라는 이름을 쓰던 남자였다.

솜 강 여울에서 벌어진 참극, 모리스가 먼저 페론 요새에 갇혔다가 바스티유에 투옥됐던 일, 3월 28일 밤에 모리스의 공범자들이 학살된 사건, 이런 극적인 이야기들이 모두 자료관 자료에 기록되어 있었다. 이 책에서 필자는 그런 기록들을 거의 그대로 인용했다.

르부아의 편지에서는 모리스의 애인 방다의 이름도 자주 등장했고, 엔 남작, 바시몽 대위, 수와송 부인의 잘생긴 애인 필립 드 트리, 나로 노인, 비밀 상자, 그리고 예의 '하얀 침대'도 언급된 바 있다.

여기까지는 이론의 여지가 없을 정도로 모든 사실이 명백하다. 약 1년 동안 르부아와 첩자들의 유일한 관심거리는 바로 음모 계획과 그 주모자였다. 끔찍한 모반의 장본인은 결국 체포되어 잠정적으로 바스티유에 갇혔다.

그러나 바스티유에서 피뉴롤로 이송된 죄수가 정말로 그 모반의 주모자인지는 아직 증명되지 않았다.

이 점을 증명하기 위해서 융은 교묘한 방법을 사용했다. 거의 30년 치에 해당하는 육군성 공문서들을 비교하고, 특히 생 마르가 감시했던 온갖 죄수들의 성격과 전력을 샅샅이 검토한 것이다.

이 소거법에 의한 논증은 여기서 재현할 수 없을 만큼 광범위하다. 어쨌든 이 논증을 통해서 많은 죄수 가운데 연령, 유폐 시기, 출신 등으로 볼 때 1673년 사건과 연관돼 있을 듯한 사람은 단 한 명밖에 없다는 사실이 밝혀졌다.

그는 바로 솜 강 여울에서 체포되어 바스티유에 투옥된 뒤 피뉴롤, 에그지르, 성 마르그리트 섬에 갇혔다가 마침내 바스티유로 돌아와 그곳에서 숨을 거두어 마르키엘이란 이름으로 매장된 남자였다.

이 점에 관해서는 융이 모은 증거들 말고도 또 다른 기묘한 사실이 눈에 띈다.

르테리에 일족 덕분에 출세하여 그들의 명령에 무조건 복종했던 생 마르는 언제나 가면 죄수 곁에 붙어서 그를 감시했다. 두 사람 사이는 그야말로 불가분의 관계였다. 심지어 생 마르는 이 죄수를 자신의 분신으로 여기기까지 했다.

그런데 1673년 음모를 밝혀 낸 사람은 늙은 르테리에와 그의 아들 르부아였다. 두 사람은 직접 이 중대한 사건을 처리했으며 모든 일을 극비리에 진행했다.

이때 두 사람은 자기네 권력을 걸고 위험하기 짝이 없는 엄청난 도박을 벌였던 셈이다. 그들이 맞서 싸우던 적 중에는 프랑스의 위대한 귀족들, 특히 튀렌 원수와 콩데 공이 있었으니 말이다.

마침내 승리했을 때 두 사람은 자신들의 이익을 위해 이 비극적인 이야기를 영원히 어둠 속에 묻어 버려야겠다고 생각했다.

그러려면 모반자 일당의 유일한 생존자, 이 사건을 소문낼 가능성이 있는 유일한 인물의 입을 영원히 막아 버리고 그를 평생토록 세상에서 격리해 놓을 필요가 있었다.

가장 좋은 방법은 심복 부하 생 마르에게 이 죄수를 맡기는 것이었다.

그렇다면 그들은 왜 그 죄수를 죽여 버리지 않았을까? 쉬운 방법을 놔두고서 왜 굳이 감시하기로 한 걸까? 그리고 왜 가면을 씌운다는 이례적인 조치를 한 걸까? 이 점에 대해 설명할 필요가 있을 것이다.

여기서 가장 먼저 지적할 점이 있다. 이처럼 죄수에게 가면을 씌웠다는 사실이 '철가면'에 관한 글을 쓴 사람들 대부분의 판단을 흐리게 했다는 점이다.

"세상에서 이미 죽은 사람으로 간주되어야 할 필요성이 있는 유명한 인물의 얼굴을 숨기기 위해 죄수에게 가면을 씌웠다." 이렇게 생각하는 것은 매우 자연스러운 일이었다.

그 때문에 가면 죄수는 망모스 공이라느니, 보포르 공이라느니 하는 가설이 생겨났고, 더 나아가 철가면이 루이 14세의 쌍둥이 동생이라는 극적이고도 매력적인 가설까지 나오게 된 것이다.

하지만 이 모든 추측은 매우 간단한 설명 앞에서 맥없이 무너지고 만다.

생 마르와 르부아가 교환한 편지를 보면 가면 쓴 죄수가 여러 명 있었다는 사실을 알 수 있다.

가면이란 어떤 죄수의 존재를 보다 철저하게 이 세상에서 없애 버리기 위해 장관이 필요에 따라 사용하던 수단이었다.

의심 많은 장관은 감옥 벽만 가지고는 불충분하다고 생각했던 것이다.

이렇게 산 채로 매장된 불쌍한 죄수의 얼굴은 간수들도 볼 수가 없었다.

따라서 예의 죄수가 결코 가면을 벗지 않았다는 전설과는 달리, 실제로 죄수는 특별한 경우에만 가면을 썼다.

이를테면 죄수가 바스티유에서 미사에 참석하려고 안뜰을 가로질러 갈 때라든가 어딘가로 여행을 갈 때처럼, 하급 간수들이 죄수의 모습을 볼 가능성이 있는 때에만 가면이 사용된 것이다.

한편 가면 죄수가 여러 사람 있었다고는 하지만, 1698년 바스티유로 돌아온 죄수는 1673년에 처음 바스티유에 투옥된 남자와 동일 인물임에 틀림없다. 뒤 장카의 일지와 생 마르·르부아의 편지가 이 사실을 증명해 준다.

장관과 감옥장의 편지에서는 항상 '옛날부터 있었던 죄수'가 언급되었다. 편지 날짜에 따라서는 '25년 전부터' 또는 '30년 전부터 갇혀 있는 죄수'라는 표현도 나온다.

그렇다면 모리스 데자르모아스는 어쩌다가 끔찍한 가면을 쓰게 된 걸까?

그 이유는 사실을 조금만 자세히 검토해 보면 확실히 알 수 있다.

1673년에 일어난 모반 사건은 매우 교묘하고 신속하게 진압되었으므로 역사상에 전혀 흔적을 남기지 못했다. 그 존재를 확인하기 위해서는 르부아의 비밀문서를 꼼꼼히 조사할 수밖에 없었다.

국왕과 르테리에 일족은 이 사건을 묻으려고 했다. 이런 위험하고 대담한 계획이 세워질 수 있었다는 사실을 아예 세상 사람들에게 알리지 않는 것이 상책이었으니까.

루이 14세의 권력이 절정에 다다랐던 그 시대에, 프랑스나 다른 유럽 국가 사람들에게 "이 권력에 대항하는 것도 불가능하지는 않다"고 생각할 만한 재료를 제공하는 것은 바람직한 일이 아니었다.

그래서 이 무서운 계획을 세운 당사자들이 전멸하는 와중에 홀로 살아남은 남자가 체포되자, 당국은 즉시 그 남자를 영원히 감금하기로 했다.

방다, 바시몽, 브리강디에르와 두 부하에 관해서는 별로 자세히 통보된 바가 없었다. 그들에 관한 문제는 불문에 부쳐졌다.

모반자들을 함정에 빠뜨렸던 필립 드 트리는 솜 강 여울에서 살해됐으므로 문제될 것이 없었다.

그리하여 오직 모리스 데자르모아스 혼자만이 가혹한 형벌을 받게 된 것이다. 그렇다면 왜 그들은 모리스를 공범자들과 마찬가지로 죽여 버리지 않았던 걸까?

확실히 이것은 모리스의 생애에서 가장 설명하기 어려운 부분이다.

그러나 이 점을 주의 깊게 검토해 보면 르부아가 이런 결정을 내린 이유가 명백해진다.

모반 계획에는 많은 저명인사가 연루되어 있었다.

예의 비밀 상자에는 그들 대부분의 이름이 기록된 명부가 들어 있었다. 그러나 그 명부에는 모든 사람의 이름이 실려 있진 않았다.

특히 이 음모에서 콩데 공이 맡았던 역할은 끝내 명확히 밝혀지지 않았다. 콩데 공을 불구대천의 원수로 여겼던 르부아는 눈에 불을 켜고 이 사람이 유죄임을 입증하는 증거를 입수하려고 했다.

에필로그 745

장관이 직접 찾아가서 여러 번 심문했는데도 모리스는 자신의 가장 중요한 비호자의 이름을 끝까지 밝히지 않았던 모양이다.

처음에 장관은 외진 감옥에서 가혹한 옥살이를 하다 보면 모리스도 틀림없이 항복할 거라고 생각했다.

죄수가 피뉴롤과 에그지르 요새에 감금되어 있을 때 르부아는 1년에 몇 번이나 생 마르에게 편지를 띄워, 죄수가 르부아에게 보내는 편지를 쓰거든 반드시 이쪽으로 보내라고 명령했다.

르부아는 언젠가 모리스도 고통을 견디다 못해 중대한 비밀을 털어놓을 거라고 생각했다.

그러나 그 기대는 무너지고 말았다. 르부아는 세상을 떠났으며 아들 바르브주가 그 뒤를 이었다.

아들은 새로운 사실이 밝혀지리라는 기대를 품지 않았다. 벌써 많은 세월이 흘러서 그 사건에 대한 관심도 엷어진 상태였다.

모리스는 감옥에 갇혀 있었다. 그는 언제까지나 그렇게 감금된 채 세상 사람들의 기억에서 사라져 옥중에서 숨을 거두리라.

생 마르가 막대한 재산을 모으는 동안에 대충 이런 일이 일어났던 것이다.

그럼 마지막으로 모리스 데자르모아스라는 사람이 어떤 인물이었는지 살펴보자.

루이 14세 시대 로렌 지방에는 데자르모아스라는 가문이 있었다. 그 이름은 des Armoises라고도 쓰고, des Harmoises라고도 썼다.

매우 유서 깊고 고귀한 이 집안은 본디 플랑드르 지방 출신이었다.

집안의 문장은 '은 방패에 그려진 열두 개의 금은 삼각형'이었다.

그 무렵에 이미 이 집안은 네 계통으로 나뉘어 있었으며, 그 지방의 다른 명문가인 부테리에 집안, 라투르 집안, 마르세유 집안 등과 인척 관계를 맺었다.

여기서 우리는 국가 공문서에서 가면 죄수가 여러 이름으로 불렸다는 사실에 주목해야 한다.

이 남자가 체포되기 직전에 썼던 데자르모아스라는 이름은 확실히 이 남자의 본명이었다. 아니, 정확히는 본명 가운데 하나였다.

그런데 르부아는 이 남자를 때로는 데자르모아스라고 부르고, 때로는 키펜바하라고도 했다. 르 프루와라고도 불렀다. 생 마르는 '아랫탑 죄수' 또는 '티티새'라고 불렸으며, 페르마누아르는 라투르(탑의 남자)라고 일컬었다. 게다가 뒤 장카는 이 남자의 이름을 마르키엘이라고 명부에 기입했다.

그런데 방다를 대경실색하게 만들었던 이 마르키엘이라는 이름도 실은 가면 죄수의 본명이었다.

마르셰유 집안은 로렌 지방의 귀족 가문이었다. 집안 문장은 '붉은 바탕에 은 탑 세 개'이다.

17세기 중반에 로베르 데자르모아스라는 남자는 알리에노르 드 마르셰유라는 아가씨와 결혼했다.

아시다시피 그 시대에는 공식 문서에서도 온갖 기묘한 표기법이 사용되었다.

예컨대 육군 자료관에 있는 문서를 보면 슈아죌이라는 이름이 Choiseuil, Choiseul, Choisiel, Choisel이라고 적혀 있고, 샤스튀유 후작의 이름이 Chasteuil, Chastiel, Chastuel이라고 되어 있다.

뒤 장카는 정확한 철자를 안다고 자부할 만한 남자는 아니었다. 그래서 그는 마르셰유(Marcheuille)를 마르키엘(Marchiel)이라고 적어 버렸던 것이다.

성 폴 교구 명부에는 이 이름이 또 한 번 바뀌어서 마키알리(Marchiali)라고 기재되어 버렸다.

이 마지막 변화 때문에 가면 죄수가 만토바 공의 가신 마티올리라는 잘못된 가설이 생겨나기도 했다.

그런데 이 사건에 관련된 여러 사실을 전체적으로 파악하면서 수없이 많은 자료를 조사한 결과, 죄수는 실제로 드 마르셰유 데자르모아스라는 남자인데 그중 첫 번째 이름으로 매장되었다는 사실이 밝혀졌다. 물론 그 이름은 상당히 변형되었지만 그래도 원형을 알아볼 수는 있다.

그러니까 많은 논란을 불러일으켰던 그 유명한 바스티유 죄수 명부에는 문제 해결의 실마리가 포함돼 있었던 것이다.

그런데 1673년 음모의 주모자는 이 두 집안의 어느 계통에 속해 있었을까? 그의 조상은 누구였을까?

이 점에 관해서는 아직 정확한 문헌이 발견되지 않았다.

또한 철가면 이야기에도 아직 충분히 해명되지 않은 측면들이 남아 있다.

육군 자료관에 보관된 문헌 자료가 아무리 풍부하다고는 하지만, 30년이나 되는 기나긴 세월에 관한 자료에는 아무래도 결락된 부분이 있게 마련이다.

모리스의 체포 및 그 전후 상황에 관해서는 수많은 정보가 존재한다. 그러나 각지의 감옥에서 모리스가 어떤 생활을 했는지 알려 주는 자료는 별로 없다. 이러한 공백은 영원히 메워질 수 없는 것일까?

아니, 그럴 리 없다. 확실한 문헌은 틀림없이 존재한다. 비록 각지에 흩어져 있더라도 발견될 가능성이 아예 없지는 않다.

런던에서도, 브뤼셀에서도, 빈이나 페테르부르크에서도 우리는 귀중한 문헌을 조사할 수 있을 것이다.

그러나 다른 어떤 장소보다도 이곳 파리에서, 육군 자료관에서 새로운 자료를 찾아봐야 한다.

육군 자료관 자료 중에서도 특히 '비밀 첩보원 관련 문서'로 분류되어 있는 문서를 면밀히 조사한다면 틀림없이 가면 죄수의 정체를 해명할 결정적인 증거를 발견할 수 있으리라.

그 새로운 사실은 융의 치밀한 장기적 연구 결과를 뒷받침해 줄 것이다.

이번 기회에 독자 여러분께서 이 이야기에 관심을 가지게 되었다면 필자로서는 더없이 행복한 일일 것이다. 이토록 유명하면서도 여전히 베일에 싸여 있는 '진짜 철가면'에 관한 기나긴 이야기를 끝까지 읽어 주신 여러분께 진심으로 감사드린다.

철가면과 부아고베에 대하여

바스티유 감옥에 철가면

부아고베 《철가면》은 누구나 즐겨 읽는 영원한 세계적 베스트셀러로 꼽는다. 수수께끼 주인공 철가면은 루이 14세 시절 바스티유 감옥에 수감되었다고 알려진, 프랑스 역사와 전설에 등장하는 유명한 정치범이다. 역사기록에는 그 가면이 검정색 벨벳으로 만들어졌다고 써 있으나, 사람들 입에서 입으로 이야기가 전해오면서 살이 덧붙여져 철가면으로 굳어졌다.

기록에 따르면 그 죄수의 이름은 '마르시올리'이며 나이는 45세가량이다. 1681년 이전에 피에몬테의 피뉴롤 감옥에 수감되었으며, 그 뒤 여러 감옥을 전전하다 1698년 9월 18일 바스티유 감옥에 옮겨져 결국 1703년 11월 19일 숨졌다. 그의 유해는 그 다음날 생폴 교구 묘지에 매장되었다.

그가 몇 차례 감옥을 옮겨 다니는 동안 '배니뉴 도베르뉴 드 생 마르'라는 사람이 책임자로서 늘 따라다녔다. 20여 년이라는 기나긴 세월 동안 한 사람이 관리를 도맡았던 것으로 보아 아주 중요한 죄수였던 것으로 보이며, 이 때문에 과연 그가 누구이며 무슨 죄목으로 수감되었는지, 수많은 전설이 생겨났다.

가면을 쓴 이 사람의 정체는 죽기 이전에 이미 신비의 대상이었으며, 18세기부터 그의 정체에 대해서 여러 가지 추측이 난무했다.

1745년에는 루이 14세와 루이즈 드 라 발리에르 사이에 태어난 아들인 베르망두아 백작 루이 드 부르봉이라는 설이 나돌았다.

1738~71년에는 루이 14세의 형이라는 설이 가장 널리 퍼졌다. 이 설득력 없는 설명은 볼테르가 퍼뜨렸으며 나중에는 알렉상드르 뒤마에 의해 《10년 뒤 *Dix Ans plus tard ou le Vicomte de Bragelonne*》(1848~50)라는 작품의 소재가 되었다. 이 작품은 《철가면 *The Man in the Iron Mask*》으로 영어로 번역되었다.

1883년에는 1669년에 발표된 《타르튀프 *Tartuffe*》에 대한 보복으로서 예수회가 감옥에 잡아넣은 저자 몰리에르라는 설도 생겨났다.

그 밖에도 루이 13세의 왕비 안 도트리슈의 사생아, 직위에 걸맞지 않은 부정을 저질러 투옥된 푸케 재무대신, 반란을 일으킨 보포르 공, 루이 14세의 어린 시절 소꿉동무였던 근위기병대 중사 카보아 후작의 형제, 외스타슈 도제 드 카보아, 군명을 어긴 장군 또는 왕에게 무례를 범한 영국 귀족 등, 그 정체에 대해 수많은 추측이 난무했다.

그 가운데 단 2가지만이 근거 있는 것으로 입증되었는데, 그것은 바로 철가면의 정체가 에르콜 마티올리라는 설과 외스타슈 도제르라는 주장이었다.

만토바 공작 페르디난도 카를로의 시종이었던 마티올리는 권한을 위임받아 1678년 조약의 성사를 위해 비밀리에 협상을 벌였다. 당시 재정적으로 곤궁한 형편에 있던 만토바 공작은 이 협정을 통해 카살레의 성채를 10만 에퀴를 받고서 프랑스에 넘겨주기로 했다. 그러나 협정이 조인되자마자 마티올리는 협상과 관련된 비밀들을 몇몇 나라의 궁정에다 누설함으로써 조약을 무효로 만들어 버렸다. 농간이 벌어진 데 분노한 루이 14세는 1679년 그를 소리 없이 납치해 피뉴롤에 가두어 버렸다. 그러나 마티올리는 1694년 4월 일생트마르그리트에서 죽었기 때문에, 가면을 쓴 죄수는 외스타슈 도제르라는 설에 대체로 의견이 일치하고 있다.

루이 14세의 장관이었던 르부아의 서한을 살펴보면, 도제르는 1669년 7월 됭케르크 근처에서 알 수 없는 이유로 르부아의 명령에 의해 체포된 시종에 불과한 인물임을 알 수 있다. 피뉴롤에서 도제르는 또 다른 죄수 니콜라 푸케의 시종으로 일했으며, 1680년 푸케가 죽은 뒤에는 푸케의 시중을 들던 또 다른 한 사람과 함께 감금당했다. 1681년 생 마르는 그를 피뉴롤에서 엑실로 데리고 갔으며(마티올리는 뒤에 남겨졌음) 그 뒤 1687년 일생트마르그리트로 옮겼다. 그즈음 르부아는 푸케와 적대관계에 있었으며, 도제르를 비롯한 시종들이 푸케의 시중을 들면서 귀띔을 받았을 법한 비밀들을 털어놓지나 않을까 걱정하고 이들을 감금해두고자 했을 가능성이 있다. 아마도 도제르는 당초 범한 죄보다는 오히려 이러한 이유에서 그의 죄명에 대한 철저한 비밀유지가 이루어졌으며 그러한 조치의 하나로 가면이 사용된 듯하다.

그러나 이 두 사람의 이야기도 결국 추측일 뿐, 과연 철가면이 누구였는지는 분명하게 밝혀지지 않았으며 수수께끼로 영원히 남았다.

철가면을 소재로 한 작품들

지금까지 수없이 많은 작가들이 철가면이라는 소재를 다루었다. 그중에서 여기 소개된 것은 프랑스 소설가 포르튀네 뒤 부아고베(Fortuné du Boisgobey)가 쓴 《Deux Merles de Monsieur de Saint-Mars》(1878)이다. 본디 제목은 '생 마르 씨의 두 마리 티티새'.

저자 부아고베에 대해서는 알려진 것이 많지 않다. 그의 본디 이름은 포르튀네 이폴리트 오귀스트 아브라함—뒤부아(Fortuné Hippolyte Auguste Abraham-Dubois)이다. 1821년 9월 11일 프랑스 그랑빌의 부유한 가정에서 태어난 부아고베는 생루이 학교에서 공부했으며, 그의 가족은 7월 왕정(1830~48년에 걸쳐 프랑스에서 성립한 루이 필리프의 왕정)의 지지자였다. 1844년부터 1848년까지 육군경리부원으로 일하면서 알제리에 주둔한 뒤 동방 여러 나라를 돌아다녔다.

그가 문학에 발을 들여놓은 것은 1843년인데, 〈다브랑쉬 신문(Journal d'Avranche)〉이 출간되면서 '포르튀네 아브라함—뒤부아'의 이름으로 글을 쓴 것이 '시칠리아에서 온 편지'라는 제목으로 신문에 연재되었다.

이런 체험들을 살려 1868년에 《두 희극배우 Deux comédiens》라는 작품을 〈르 프티 주르날(Le Petit Journal)〉지에 발표하면서 정식 작가로 데뷔한다.

그 뒤 1872년에 발표한 《죄수 대령 Le Forçat Colonel》으로 좋은 평가를 받아 대중적인 인기작가 대열에 합류했다.

《새로운 파리의 비밀 Le Mystères du nouveau Paris》이나 《철가면》《콘스탄티노플의 밤 Le Nuit de Constantinople》 등, 수많은 작품을 발표하면서 높은 판매고를 올렸고, 그의 작품 대부분이 영어권에서도 번역되기에 이른다.

부아고베는 작가 에밀 가보리오를 숭배하여 그의 후계자를 자처했다. 그래서 가보리오의 탐정 르콕을 자신의 작품에 등장시키기도 했다(《르콕 씨의 만년 La Vieillesse de M. Lecoq》).

역사소설과 경찰소설 위주의 작품을 많은 쓴 부아고베는 에밀 가보리오와 함께 미스터리소설사에서 중요한 프랑스 작가 가운데 한 사람이다. 또한 프랑스 미스터리계의 선구자로 여겨진다.

1889년에 발표한 《잠수부 Le plongeur》는 1820년대 남부 프랑스 지중해 연안을 무대로 한 모험소설로, 추리소설이라고 볼 수는 없지만 초보적인 알리바이(현장부재증명) 트릭이 쓰였다.

　어느 날 밤, 바닷가의 집에서 잠수업자가 살해되고 유언장이 사라진다. 유력한 용의자가 있었지만 사건이 일어난 시각, 현장에서 25킬로미터쯤 떨어진 마을에 있었으며 그곳에는 말이나 마차 등 교통수단이 전혀 없고, 걸어서 갔다가 돌아오는 것은 시간적으로 불가능해 혐의를 벗어난다. 다만 경찰의 탐문 결과 이웃집 양치기가 한밤중에 무슨 바퀴 소리를 들은 것 같다고 증언했으나 무시당한다. 결국 사건의 진상은 한참 뒤에야 밝혀지는데, 범인은 마을에 숨겨두었던 자전거를 타고 범행을 저지른 뒤 돌아와 자전거를 강에 버린 것이었다. 오늘날 시점에서는 '트릭'이라는 표현을 꺼내기조차 어려운 엉성한 수준이지만, 자전거의 발명이 18세기 끝무렵이었던 만큼 그 시절로서는 첨단 교통수단을 이용한 알리바이 조작이었던 셈이다.

　하지만 부아고베는 한 탐정을 주인공으로 삼은 연작을 집필하지 않았다. 자칫하면 연작의 인기에 취해서 안이하게 글을 계속 쓰게 될까 봐 걱정했기 때문이다. 그런 까닭에 에밀 가보리오와 대등한 미스터리 작가임에도 시리즈 탐정을 창조하지 않은 신문 연재작가로만 머물러 아쉬움을 남기고 있다.

　부아고베는 1891년 2월 21일 파리에서 죽었다.

　모험과 로맨스 스릴러에 주목적을 둔 그의 작품들은, 긴장감과 괴기와 모험으로 가득 차 흘러넘친 작품이 주종을 이루고 있는데 그 대표적인 작품이 《철가면》이라고 할 수 있다.

　그 밖에도 프랑스에서는 이 흥미로운 《철가면》을 테마로 삼은 작품이 줄줄이 출판되었다.

　이 불가사의한 죄수의 존재를 세상에 처음으로 널리 알린 사람은 바로 볼테르이다. 그는 《루이 14세 시대》라는 책에서 철가면을 언급했다. 그때부터 수많은 시·희곡·소설에 철가면이 등장하기 시작한다. 주요 작품을 들자면, 먼저 시로는 알프레드 드 비니 〈감옥〉, 샤를 르콩트 〈철가면〉이 있다. 희곡으로는 빅토르 위고 〈철가면을 쓴 사나이〉, 알렉상드르 뒤마 〈바스티유의 죄수〉, 모리스 로스탕 〈철가면〉이 있다. 소설로는 알렉상드르 뒤마 《브라질론 자작》, L. 르투르네르 《철가면 사나이의 이야기》, 아르튀르 베르네드 《철가면 사나이》, 르네 뒤낭 《철가면 또는 사랑의 죄수》가 있다. 또 비소설로는 마르셀 파뇰이 쓴 《'철가면'의 비밀》도 있다.

영국 극작가 버나드 쇼는 이렇게 적었다. "이 세상에서 내가 가장 알고 싶은 것이 바로 철가면의 정체다."

그 정체에 대해 여러 가지 추측이 있지만, 부아고베의 《철가면》은 이 모든 가설들을 완전히 무시하고 기발한 해석을 내놓았다. 이 이야기는 죄수에게 철가면을 씌워야 했던 필연성도 충분히 설명해 주고 있다. 게다가 소설로서 무척 재미있기도 하다.

민태원의 《무쇠탈》이 《철가면》

한국에서는 민태원(閔泰瑗 1894~1935)이 부아고베의 《철가면》을 번안하여 《무쇠탈》이라는 제목으로 처음 소개하였다. 1948년 덕흥서림(德興書林)에서 간행되었다. 책의 표지에는 '무쇠탈'이라는 제목 아래 '탐정(探偵)'이라는 두 글자가 찍혀 있듯이 추리소설 성격이 짙은 작품을 드러내고 있다.

민태원은 소설가, 번역문학가, 언론인으로서 호는 우보(牛步)다. 충청남도 서산에서 태어나 일본 와세다대학교 정경과를 졸업하고 동아일보 사회부장, 조선일보 편집국장, 중외일보 편집국장 등을 역임했다. 뛰어난 화려체 산문으로 일가를 이루었다.

우리나라 신문학기에 있어 1918년 《애사(哀史)》《레미제라블》을 번역하여 〈매일신보〉에 연재하였으며, 1920년 〈폐허(廢墟)〉 동인이 되어, 단편 〈음악회〉(폐허 제2호, 1921 1) 〈겁화(劫火)〉(동명, 1922 9) 〈세 번째의 신호〉 〈천아성〉(매일신보, 1933~1934 연재) 등을 발표하였다.

논문으로 《경제적 파멸에 직면하여》(신민 제9호, 1926 1) 《보기 싫은 현실의 환영(幻影)》(신민 제17호, 1926 9) 등이 있으며, 번안소설로 〈동아일보〉 창간호부터 연재한 《무쇠탈》(부아고베의 철가면)이 있다. 이는 덕흥서림에서 단행본으로 출판되었다.

이 밖에 오승은(吳承恩)의 《서유기》 엑토르 말로의 《집 없는 아이》를 《부평초》(1925 7 박문서관). 역사서로 《갑신정변과 김옥균》이 있다. 그의 산문 〈청춘예찬〉은 교과서에 실려 널리 읽혀진 바 있다. 지금도 우리 젊은 날의 아름다운 추억이다.

청춘! 이는 듣기만 하여도 가슴이 설레는 말이다. 청춘! 너의 두 손을 가슴에 대고, 물방아 같은 심장의 고동을 들어 보라. 청춘의 피는 끓는다. 끓는 피에 뛰노는 심장은 거선(巨船)의 기관과 같이 힘있다. 이것이다. 인류의 역사를 꾸며 내려온 동력은 바로 이것이다. 이성은 투명하되 얼음과 같으며, 지혜는 날카로우나 갑 속에 든 칼이다. 청춘의 끓는 피가 아니더면, 인간이 얼마나 쓸쓸하랴? 얼음에 싸인 만물은 얼음이 있을 뿐이다. 그들에게 생명을 불어넣는 것은 따뜻한 봄바람이다. 풀밭에 속잎 나고, 가지에 싹이 트고, 꽃 피고 새 우는 봄날의 천지는 얼마나 기쁘며, 얼마나 아름다우냐? 이것을 얼음 속에서 불러내는 것이 따뜻한 봄바람이다. 인생에 따뜻한 봄바람을 불어 보내는 것은 청춘의 끓는 피다. 청춘의 피가 뜨거운지라, 인간의 동산에는 사랑의 풀이 돋고, 이상의 꽃이 피고, 희망의 놀이 뜨고, 열락(悅樂)의 새가 운다.

《무쇠탈》 옮긴이 서문에는 다음과 같은 내용의 글이 실려 있다.
"파란곡절이 많은 이 《무쇠탈》의 사실은 프랑스에서 실제로 있던 일을 그 뒤의 역사소설가 부아고베가 호기심에 번뜩이는 놀란 눈을 가지고 다년간 조사한 결과 자신 있는 자료를 모아들고 그 유려한 붓을 든 정사실적의 일대 기록이다."
이와 같은 기록을 조선 풍속에 맞도록 번역한 것은 일반 독자의 편의를 위함이며, 아울러 이 기록에 있는 인물들이 실제 인물인 만큼 이 작품을 세상에 널려 있는 일상적인 탐정소설처럼 보지 않기를 바란다고 역자는 덧붙인다.
작품의 시대적 배경은 1600년대 후반 무렵이며, 공간적 배경은 프랑스를 중심으로 한 유럽 지역이다. 프랑스의 루이 왕에게 원한을 품은 백작 안택승은 동지를 모아 책략을 꾸며 왕을 축출하고자 한다. 그러나 그는 동지의 배반 등 곡절을 겪으며 뜻을 이루지 못한 채 감옥에 갇히고 만다.
그는 나라의 중죄인인 만큼 얼굴을 알아볼 수 없도록 고안된 무쇠탈을 쓰고 감옥 생활을 하게 되는데, 아내 방월희가 남편을 구하기 위하여 백방으로 노력하는 애타는 모습이 작품의 흥미진진한 줄거리를 이룬다.
루이 왕에게 충성을 다하는 경시총감 겸 육군대신 노봉화, 노봉화를 도와 간교한 계략을 내는 경시회계장 나한욱, 루이 왕과 어린 나이에 백년가약을 맺었으나 소박맞은 뒤 사람들을 모아 음모를 도모하는 오부인이 등장한다.

그리고 오부인의 측근이었으나 나한욱의 꾐에 넘어가는 이창수, 남편 안택승을 구하기 위하여 노봉화의 노리개가 되는 일마저 감수하는 방월희, 그를 돕는 나매신과 춘풍 등이 작품의 주요 등장인물이다.

17세기 후반 프랑스를 배경으로 벌어지는 정치적 대결과 30여 년에 걸친 모험담, 그리고 무쇠로 만든 탈을 쓴 죄수라는 기발한 착상을 바탕으로 비밀과 추적의 이야기를 풀어나간다. 서양의 낯선 일상적 감각, 새로운 문화적 감수성과 대중적 취향을 집약하였다.

《무쇠탈》은 영원한 수수께끼에서 비롯되는 음모와 결투, 그리고 살인과 배신, 탈옥, 연정 등 여러 가지 대중적 흥미를 끌 수 있는 요소들이 결합된 작품으로서, 1948년 초판 간행되어 독서계의 화제를 일으키며 중판을 거듭한 베스트셀러이다.

옮긴이 김문운

일본대학 문과 수학. 대구고보 불어 영어 교사. 매일신문 편집국장 역임. 지은책 종군기 《조국의 날개》 옮긴책 마르키 드 사드 《소돔의 120일》 《악덕의 번영》 모리스 르블랑 《아르센 뤼팽》 란포 《음울한 짐승》 하이스미스 《태양은 가득히》 등이 있다.

World Book 205
Fortuné du Boisgobey
DEUX MERLES DE MONSIEUR DE SAINT-MARS
철가면
부아고베/김문운 옮김
1판 1쇄 발행/2012. 11. 1
1판 2쇄 발행/2022. 9. 1
발행인 고윤주
발행처 동서문화사
창업 1956. 12. 12. 등록 16-3799
서울 중구 마른내로 144(쌍림동)
☎ 546-0331~2 Fax. 545-0331
www.dongsuhbook.com

*

이 책의 출판권은 동서문화사가 소유합니다.
의장권 제호권 편집권은 저작권법에 의해 보호를 받는 출판물이므로
무단전재와 무단복제를 금합니다.
사업자등록번호 211-87-75330
ISBN 978-89-497-0792-1 04080
ISBN 978-89-497-0382-4 (세트)